W0061989

Rankl/Effing
Handbuch der Chipkarten

Wolfgang Rankl/Wolfgang Effing

Handbuch der Chipkarten

Aufbau – Funktionsweise – Einsatz von Smart Cards

Mit einem Vorwort von Jürgen Dethloff

3., völlig überarbeitete und erweiterte Auflage

Carl Hanser Verlag München Wien

Internet: http://www.hanser.de

Alle in diesem Buch enthaltenen Informationen und Bilder wurden nach bestem Wissen zu-
sammengestellt und mit Sorgfalt getestet. Dennoch sind Fehler nicht ganz auszuschließen. Aus
diesem Grund sind die im vorliegenden Buch enthaltenen Informationen mit keiner Verpflichtung
oder Garantie irgendeiner Art verbunden. Autor und Verlag übernehmen infolgedessen keine
juristische Verantwortung und werden keine daraus folgende oder sonstige Haftung übernehmen, die
auf irgendeine Art aus der Benutzung dieser Informationen oder Teilen davon entsteht, auch nicht für
die Verletzung von Patentrechten und anderen Rechten Dritter, die daraus resultieren könnten.

Ebenso übernehmen Verlag und Autor keine Gewähr dafür, daß die beschriebenen Verfahren usw.
frei von Schutzrechten Dritter sind. Die Wiedergabe von Gebrauchsnamen, Handelsnamen, Waren-
bezeichnungen usw. in diesem Buch berechtigt auch ohne besondere Kennzeichnung nicht zu der
Annahme, daß solche Namen im Sinne der Warenzeichen- und Markenschutz-Gesetzgebung als frei
zu betrachten wären und daher von jedermann benutzt werden dürften.

Die Deutsche Bibliothek – CIP-Einheitsaufnahme

Rankl, Wolfgang:
Handbuch der Chipkarten : Aufbau - Funktionsweise - Einsatz von
Smart-Cards / Wolfgang Rankl und Wolfgang Effing. Mit einem Vorw.
von Jürgen Dethloff. - 3., völlig überarb. und erw. Aufl. -
München ; Wien ; Hanser, 1999
    ISBN 3-446-21115-2

Dieses Werk ist urheberrechtlich geschützt.
Alle Rechte, auch die der Übersetzung, des Nachdrucks und der Vervielfältigung des Buches, oder
Teilen daraus, vorbehalten. Kein Teil des Werkes darf ohne schriftliche Genehmigung des Verlages in
irgendeiner Form (Fotokopie, Mikrofilm oder ein anderes Verfahren), auch nicht für Zwecke der
Unterrichtsgestaltung, reproduziert oder unter Verwendung elektronischer Systeme verarbeitet,
vervielfältigt oder verbreitet werden.

© 1999 Carl Hanser Verlag München Wien
Umschlaggestaltung: MCP • Susanne Kraus GbR, Holzkirchen, unter Verwendung des Bildes
„Rote Preisbeere" aus „Friedrich/Petzold, Obstsorten" (Neumann Verlag, Radebeul, 1993)
Datenbelichtung: Wolframs Direkt Medienvertrieb GmbH, Attenkirchen
Druck und Bindung: Druckerei Wagner GmbH, Nördlingen
Printed in Germany

Vorwort von Jürgen Dethloff zur dritten Auflage

Verehrte Leserinnen,
sehr geehrte Leser,
liebe junge Kolleginnen und Kollegen:

Dies ist ein etwas ungewöhnliches Vorwort; denn ich schreibe es nicht für i r g e n d ein Buch.

In diesem Werk wird das Wissen zusammengefaßt, der sogenannte „Stand der Technik", am Beginn des Wirksam-Werdens der neuen Technologie 'SmartCard', der Mikroprozessorkarte im besonderen.

Die Funktionen und die Wirkung der neuen Mikroprozessorkarte werden weit über die heute bekannten, geplanten, ja angedachten Aufgaben und Anwendungen hinausgehen; sie werden uns Bürger auch in unserem Verhalten beeinflussen.

Ich sage bewußt nicht 'uns Menschen', denn die künftige Wirksamkeit der Mikroprozessorkarte wird uns als Mitglieder der Gesellschaft, einer Organisation oder als Angehörige einer Nation, einer Wirtschafts- bzw. Zusammenlebens-Gemeinschaft – eben als 'Bürger' – beeinflussen.

Sie sollte jedoch nicht zum Instrument – mehr oder weniger subtilen – Zwanges werden, sondern uns Bürgern mit der Vielfalt ihrer Möglichkeiten dienen.

Wenn wir aufmerksam sind, wird sie nicht zum Büttel der Vollstrecker von Sanktionen werden, um erwünschte Verhaltensweisen zu bewirken. Im Gegenteil: sie vermag Freiwilligkeit zu stimulieren. In dieser künftigen Funktion liegt meiner Meinung nach ihr schließlicher Reiz, weniger im F u n k t i o n a l e n eines Transaktions-/Berechtigungs-/Identifizierungs-Mediums nach gegenwärtigem Verständnis – so wichtig derartige Funktionen für Wirtschaft und Staat in Zukunft auch sein mögen.

Deshalb fragen vielleicht auch Sie: SmartCard – Quo Vadis?

–   In die gar nicht so schöne 'Brave New World' noch größerer Transparenz des Bürgers und damit seiner Beherrschbarkeit?

–   Oder etwa mit Hilfe der wohlbedachten Ausschöpfung des Potentials der Mikroprozessorkarte in die Wiedergewinnung der Selbstbestimmung des Individuums, seiner Privatheit – Oder wenigstens der Bewahrung des status quo?

Die Autoren sind klug genug, das Kapitel „Anwendungen" auf 'beispielhafte' zu beschränken; denn weder sie und auch wohl kaum einer von uns vermöchte derzeit das gesamte Anwendungs-Potential auch nur annähernd zu umschreiben.

1978 hat mir der damalige Leiter der Patentabteilung des französischen Computer-Konzerns Honeywell Bull SA gesagt: „Das Geschäft mit IC-Karten wird einmal so bedeutend werden wie das mit Computern heute". Wir können bereits erkennen, wie Recht er hatte.

Die Entwicklung einer neuen Technik oder ihrer Technologie erfolgt stets in Schritten, die viele, viele Beteiligte mit jeweils ganz unterschiedlichen Interessen tun – Frauen und Männer – (Grundlagen-)Wissenschaftler, Ingenieure, Kaufleute, sog. Entscheidungsträger ... .

Was bewegt sie zu ihrem Tun?

Neugier, der Drang zu erfahren, gehört zu den Antrieben: geht es, geht es nicht? – dann wohl auch Geltungsbedürfnis und – je weiter entfernt vom Labor, vom Reißbrett, vom Rechner – schließlich das Geld und die Macht, beide oft im Verein miteinander.

Ist aber nicht der Fortschritt als Weiterentwicklung Aufgabe unseres Lebens? Man nennt sie auch Evolution – 'trial and error' des Lebens. Wie könnten wir an diesem Spiel teilnehmen, wenn uns nicht die Neugier antriebe, zu versuchen, ob unser nächstes 'trial' sich n i c h t als 'error' erweist.

Wie leicht sich die sog. Technikfolgen-Abschätzung ins Spekulative verlieren kann, wird verständlich, wenn man die Komplexität und die immer neu entstehenden und sich im Verlauf der Entwicklung wandelnden Interdependenzen bedenkt.

Die Technikfolgen-Abschätzung versucht, einen weiten Bogen zu spannen. Seine Sehne reicht von dem sichtbaren Bereich in den Anfängen der betrachteten Entwicklung, und sie soll für ihr anderes Ende die vielen möglich erscheinenden, die schließlichen Endpunkte eines breiten Fächers erkennbar machen.

Ist dieser Bogen nicht zu groß?

Ich glaube nicht, daß wir die künftige Bedeutung der Mikroprozessorkarte überschätzen und mithin auch wohl noch nicht abschätzen können. Sie ist ein mächtiges Werkzeug – weit bedeutender als z.B. der PC es als quasi anonymes Arbeitsmittel geworden ist und je werden wird.

Wenn wir gegenwärtig feststellen können, daß die Technik der SmartCard sich zu einer Technologie erweitert, werden wir uns auch fragen müssen, ob wir womöglich die Büchse der Pandora öffnen.

Was mag sie enthalten – verstärkte Transparenz oder Kontrolle des Bürgers?

„Die Kartei-K a r t e ist die subtilste Art des Terrors" (E. v. Salomon).

Um wieviel mehr vermöchte hierzu die M i k r o p r o z e s s o r -Karte im Verein mit den bereits vorhandenen Großrechner- und Datenbanken-Netzwerken (und ihrem Potential des Datenabgleichs) als „Karteikarte" der Gegenwart und Zukunft beitragen – wenn sie, ja wenn sie zum Instrument „der Organisation", z.B. der Bürokratie, würde.

Unterstünde sie jedoch der Autorität ihres(r) Inhabers(in), würde sie zum Vehikel in die Fahrt zu größerer Unabhängigkeit des Individuums.

Ich glaube, wir stehen an einem bedeutungsvollen Scheideweg, vor dem bereits vor uns Generationen von Ingenieuren, Unternehmern und Politikern angesichts des Entstehens neuer Techniken gestanden haben.

Deshalb meine jungen Freunde/innen, will ich erinnern an die weise Mahnung der alten Römer: „Et respice finem" – „... und bedenke das Ende".

Fragen Sie sich, wohin IHR Weg führen wird!

Die Mikroprozessorkarte vermag mittels Software zum Substrat unterschiedlichster Systeme zu werden. Ihrem/r jeweiligen Inhaber/in sozusagen 'intim' zugeordnet, wird sie – ich wiederhole – ein gewaltiges Potential bilden.

Lassen Sie uns den r i c h t i g e n Weg wählen, die 'Straße der Unabhängigkeit'! Treffen wir uns auf dem Königspfad der 'Selbstbestimmung' (wenn nicht die Barrikaden bereits zu stark befestigt sind ...).

Lesen Sie dieses Buch nicht als Zyniker oder als Indifferente – nutzen Sie es mit – skeptischem – Optimismus! Erweisen wir Bürger/innen uns der angebotenen Emanzipation nicht als unfähig und mithin unwürdig!

Ja, dies ist ein etwas ungewöhnliches Vorwort für ein Technik-Buch. Ich habe es sehr gerne geschrieben, denn es ist ein wichtiges Buch, das das Richtige und Wichtige zum besten Zeitpunkt beschreibt:

–   r i c h t i g, weil seine Autoren wie nur wenige zu den 'Auserwählten' gehören, zum 'harten Kern', der noch zu den Pionierzeiten der Chipkarten-Technik an ihrer Entwicklung Beteiligten; sie wissen um die 'intimsten' Geheimnisse der neuen Technik, die sie uns mit diesem Handbuch offenbaren; in den Frühzeiten der Geschichte hätte man die Verfasser vielleicht als Hohepriester bezeichnet.

–   w i c h t i g, weil es uns quasi die Lego-Steine zum Zusammenfügen immer neuer Kombinationen oder Konfigurationen liefert.

Hätte man mich nach einem Titel gefragt, so wäre mein Vorschlag gewesen:

„ 'Hütte' der Chipkarten-Technik".

(Die Inhaber der Rechte des Titels mögen mich mit Unterlassungsansprüchen verschonen – sondern die Referenz erkennen).

Ist die 'Hütte' seit mehr als 130 Jahren DAS 'Hand'-Buch des Maschinenbauers, so wünsche ich diesem Kompendium eine vergleichbare Bedeutung:

–   dem Lernenden als Lehrbuch

–   dem Wissen-Begehrenden als Lexikon

–   dem Fachmann als Nachschlagewerk

–   dem Erfinder als 'Stand der Technik'

–   dem Weiterdenkenden für Bau und Architektur neuer Systeme und Gebäude neuer Anwendungen als Fundament.

Das Buch verdient es; ein Blick in das Inhaltsverzeichnis dieser vollständig überarbeiteten Neuauflage zeigt uns, daß wir nichts vergeblich in ihm suchen werden.

Helmut Gröttrup, mein so früh verstorbener genialer Weggenosse der ersten Schritte, würde gewiß nichts hinzuzufügen haben.

Wir schulden den Autoren und dem Verlag großen Dank.

Jürgen Dethloff
im Frühjahr 1999

Vorwort der Autoren zur dritten Auflage

Verehrte Leser,

das Handbuch der Chipkarten liegt nunmehr in der dritten Auflage vor. Sie wurde gegenüber der letzten Auflage erheblich erweitert und an vielen Stellen dem aktuellen Stand der Technik angepaßt.

Wie schon in den vorherigen beiden Auflagen haben wir getreu dem Motto „lieber einen Satz zuviel als ein Wort zuwenig" das immer umfangreicher werdende Thema so detailliert wie möglich beschrieben und erläutert. Auch sind sowohl mehr Beispiele als auch mehr erklärende Bilder und Fotos hinzugekommen, da man dadurch die immer komplexer werdenden Zusammenhänge am einfachsten verstehen kann. Zugleich gibt es in dieser Auflage an vielen Stellen erstmals Klassifizierungsbäume, um dem Leser Systematiken in anschaulicher Form nahezubringen. Diese Ergänzungen, Erweiterungen und Verbesserungen haben dazu geführt, daß dieses Buch nunmehr einen Umfang von 261 647 Wörtern besitzt. Die erste Auflage aus dem Jahr 1995 umfaßte 97 145 Wörter.

Anfang der neunziger Jahre mußte man als ein in der Chipkartenbranche Tätiger manchmal neuen Bekannten als erstes erklären, was überhaupt eine Chipkarte ist. Mittlerweile ist dieser Begriff der Fachwelt entwachsen, und beinahe jeder weiß, was sich dahinter verbirgt. Die kleinen bunten Plastikkarten mit dem Halbleiterchip breiten sich von ihren Ursprungsländern Deutschland und Frankreich über die ganze Welt aus. Diesem Siegeszug wird auch in den nächsten Jahren keine andere Technologie Einhalt gebieten, zudem wir uns immer noch am Anfang der Entwicklung befinden, und weder ein Ende noch eine Konsolidierung abzusehen ist.

Während die Chipkarten-Technologie in großen und schnellen Schritten voranschreitet, kann das Handbuch der Chipkarten natürlich nicht mit gleicher Geschwindigkeit auf den neuesten technischen Stand gebracht werden. Es repräsentiert den aktuellen technischen Wissensstand, und sollten manche Dinge zu einem späteren Zeitpunkt in einem etwas anderen Lichte erscheinen, so können wir nur anmerken, daß niemand die verwirrenden Pfade der Zukunft kennt. Trotzdem oder gerade deswegen freuen wir uns über jeden Kommentar, jede Anregung und jeden Verbesserungsvorschlag, damit dieses Buch auch weiterhin das Thema Chipkarten so vollständig wie möglich behandeln kann. In jedem Fall wird es auf dem Web-Server des Carl Hanser Verlages [Hanser] ein Errata-Dokument sowie bei Bedarf Ergänzungen zu diesem Buch geben.

München, im Februar 1999
Wolfgang Rankl
[Rankl@gmx.net], [Rankl]

Wolfgang Effing
[Effing_Wolfgang@compuserve.com]

Inhalt im Überblick

Inhaltsverzeichnis

Symbole/Notationen

- Kommandos im Zusammenhang mit Chipkarten sind in Großbuchstaben geschrieben (z.B.: SELECT FILE).

- Das niederwertigste Bit wird analog ISO einheitlich mit der Nummer 1 bezeichnet und nicht mit der Nummer 0.

- Die Längenangaben von Daten oder Objekten sowie alle zählbaren Größen sind, analog der in der Chipkarten-Normung üblichen Notation, in dezimaler Schreibweise dargestellt. Alle anderen Werte sind als Hexadezimalzahlen aufgeführt und auch als solche gekennzeichnet.

- Die Präfixe „Kilo" und „Mega" haben, wie im IT-Bereich üblich, im Zusammenhang mit Daten- oder Speichergrößen immer die Werte 1 024 (= 2^{10}) und 1 048 576 (= 2^{20}).

Zeichen- und Zahlendarstellung

"ABC"	ASCII-Wert
'00'	hexadezimaler Wert
°0°, °1°	binärer Wert
42	dezimaler Wert
Bn	Byte mit der Nummer n (z.B.: B1)
bn	Bit mit der Nummer n (z.B.: b2)
Dn	Stelle (Digit) mit der Nummer n (z.B.: D3)

logische Funktionen

‖	Verkettung (von Datenelementen oder Objekten)
⊕	logische XOR-Verknüpfung
∧	logische UND-Verknüpfung
∨	logische ODER-Verknüpfung
a ∈ M	a ist ein Element der Menge M
a ∉ M	a ist kein Element der Menge M
{a, b, c}	Menge der Elemente a, b, c

kryptografische Funktionen

enc $_{X\,n}$ (K; D)	Verschlüsselung mit dem Algorithmus X, der Schlüssellänge n Bit, dem Schlüssel K und den Daten D (z.B.: enc $_{DES\,56}$ ('1 ... 0'; 42)).
dec $_{X\,n}$ (K; D)	Entschlüsselung mit dem Algorithmus X, der Schlüssellänge n Bit, dem Schlüssel K und den Daten D (z.B.: dec $_{IDEA\,128}$ ('1 ... 0'; 42).
S := sign $_{X\,n}$ (K; D)	Erzeugung der Signatur S mit dem Algorithmus X, der Schlüssellänge n Bit, dem Schlüssel K und den Daten D (z.B.: sign $_{RSA\,512}$ ('1 ... 0'; "Wolf")).
verify $_{X\,n}$ (K; S)	Prüfung der Signatur S mit dem Algorithmus X, der Schlüssellänge n Bit und dem Schlüssel K (z.B.: verify $_{RSA\,512}$ ('1 ... 9'; 42)).

Verweise

siehe: „ ... “	Dies ist ein Querverweis auf eine andere Stelle innerhalb des Buches.
[...]	Dies ist ein Hinweis auf im Anhang genannte World-Wide-Web-Seiten.
[X Y]	Dies ist ein Querverweis auf im Anhang genannte weiterführende Literatur oder Normen. Es gilt X $\in$ {Familienname des erstgenannten Autors} und Y $\in$ {auf die Zehnerstellen gekürzte Jahreszahl des Erscheinungsdatums}.

Programmcode

Der in diesem Buch verwendete Programmcode orientiert sich in Syntax und Semantik an den gängigen BASIC-Dialekten. Zur Vereinfachung des Verständnisses ist es jedoch zusätzlich erlaubt, innerhalb des Programmcodes Erklärungen in natürlicher Sprache einzufügen. Damit wird es für den Leser zwar einfacher, den dargestellten Programmcode zu verstehen, einer automatischen Übersetzung in Maschinencode ist dadurch allerdings der Weg versperrt. Die deutlich erhöhte Lesbarkeit rechtfertigt aber diesen Kompromiß in jedem Falle.

:=	Zuweisungsoperator
=, <, >, <>, <=, >=	Vergleichsoperatoren
+, -, *, /	Rechenoperatoren
NOT	logisches Nicht
AND	logisches Und
OR	logisches Oder
||	Verkettungsoperator (z.B.: von zwei Bytestrings)
_	Zeilenende innerhalb mehrzeiliger Anweisungen
// ...	Kommentar
IO_Buffer	Variable (in kursiver Schrift gesetzt)
Label:	Sprungziel / Aufrufziel (in fetter Schrift gesetzt)
GOTO ...	Sprung
CALL ...	Funktionsaufruf
RETURN	Funktionsrücksprung
IF ... THEN ...	Entscheidung, Variante 1
IF ... THEN ... ELSE ...	Entscheidung, Variante 2
SEARCH (...)	Suchen in einer Liste, Beschreibung als Text in Klammern
LENGTH (...)	Berechnung von Längen
EXIST	Test auf Vorhandensein (z.B.: eines Objekts oder Datenelements)
WITH ...	Beginn der Festlegung einer Variablen / eines Objekts als Referenz
END WITH	Ende der Festlegung einer Variablen / eines Objekts als Referenz

Abkürzungen

3DES	Triple-DES (siehe Glossar)
A3, A5, A8	GSM Algorithm 3, 5, 8
ABA	American Bankers Association
ABS	Acrylnitril-Butadien-Styrol
ACK	acknowledge
ACD	access control descriptor
ADN	abbreviated dialing number
AFNOR	Association Française de Normalisation (siehe Glossar)
AGE	Autobahngebührenerfassung
AGE	automatische Gebührenerfassung
AID	application identifier (siehe Glossar)
Amd.	Amendment
AND	logische UND-Verknüpfung
ANSI	American National Standards Institute (siehe Glossar)
APACS	Association for Payment Clearing Services
APDU	application protocol data unit (siehe Glossar)
A-PET	amorphes Polyethylenterephtalat
API	application programming interface (siehe Glossar)
ARM	Advanced RISC Machine
ASC	application specific command
ASCII	American Standard Code for Information Interchange
ASIC	application specific integrated circuit
ASK	amplitude shift keying
ASN.1	abstract syntax notation one (siehe Glossar)
ATM	asynchronous transfer mode
ATM	automated teller machine
ATR	answer to reset (siehe Glossar)
BASIC	beginners all purpose symbolic instruction code
BCD	binary coded digit
Bellcore	Bell Communications Research Laboratories
BER	basic encoding rules
BER-TLV	basic encoding rules tag, length, value
BEZ	Börsenevidenzzentrale
BGT	block guard time
BIN	bank identification number
bit	binary digit
BS	base station
BWT	block waiting time
CA	certificate authority
CAD	chip accepting device
CAFE	conditional access for Europe (EU-Projekt)
CAP	card application
C-APDU	command-APDU (siehe Glossar)
CAPI	Crypto API (application programming interface)

CASCADE	Chip Architecture for Smart Card and portable intelligent Devices
CASE	computer aided software engineering
CBC	cipher block chaining
CC	Common Criteria
CCD	card coupling device
CCD	charge coupled device
CCITT	Comité Consultatif International Télégraphique et Téléphonique (jetzt ITU) (siehe Glossar)
CCR	chip card reader
CCS	cryptographic checksum (siehe Glossar)
CD	committee draft
CDM	card dispensing machine
CEN	Comité Européen de Normalisation (siehe Glossar)
CENELEC	Comité Européen de Normalisation Eléctrotechnique (Europäisches Kommitee für elektrotechnische Standardisierung)
CEPT	Conférence Européenne des Postes et Télécommunications (siehe Glossar)
CFB	cipher feedback
CHV	card holder verification
CICC	contactless integrated circuit card
CISC	complex instruction set computer
CLA	class
CLK	clock
CMOS	complementary metal oxide semiconductor
COS	chip operating system (siehe Glossar)
CRC	cyclic redundancy check (siehe Glossar)
CRCF	clock rate conversion factor
CRT	chinese remainder theorem
Cryptoki	cryptographic token interface
C-SET	Chip-SET (secure electronic transaction)
CT	card terminal
CVM	cardholder verification method
CWT	character waiting time
DAD	destination address
DAM	draft amendment
DB	database
DBF	database file
DCS	digital cellular system
DEA	data encryption algorithm
DECT	digital enhanced cordless telecommunications (früher: digital european cordless telecommunications)
DES	data encryption standard
DER	distinguished encoding rules
DF	dedicated file (oft auch: directory file) (siehe Glossar)
DFA	differential fault analysis (siehe Glossar)
DFÜ	Datenfernübertragung
DIL	dual inline
DIN	Deutsche Industrienorm
DIS	draft international standard
DO	data object

DoD	US Department of Defense
DOV	data over voice
DPA	differential power analysis
dpi	dots per inch
DRAM	dynamic random access memory (siehe Glossar)
DSA	digital signature algorithm
DTAUS	Datenträgeraustausch
DVD	digital versatile disc
DVS	Dateiverwaltungssystem
E/A	Eingabe/Ausgabe
EBCDIC	extended binary coded decimal interchange code
EC	elliptic curve
ec	eurocheque
ECB	electronic code book
ECC	elliptic curve cryptosystems
ECC	error correction code (siehe Glossar)
ECTEL	European Telekom Equipment and Systems Industrie
EDC	error detection code (siehe Glossar)
EDI	electronic data interchange
EDIFACT	electronic data interchange for administration, commerce and transport
EEPROM, E^{2}PROM	electrical erasable programmable read only memory (siehe Glossar)
EF	elementary file (siehe Glossar)
EFF	electronic frontier foundation
EFTPOS	electronic found transfer at point of sale
EMV	Europay, MasterCard, Visa (siehe Glossar)
EPROM	erasable programmable read only memory (siehe Glossar)
ESD	electrostatic discharge
ESPRIT	European Strategic Programme of Research and Development in Information Technology (EU Projekt)
ETS	European Telecommunication Standard (siehe Glossar)
ETSI	European Telecommunications Standards Institute (siehe Glossar)
etu	elementary time unit (siehe Glossar)
f	folgende Seite
FAQ	frequently asked questions
FAR	false acceptance rate
FBZ	Fehlbedienungszähler
FCB	file control block
FCFS	first come first serve
FDN	fixed dialing number
FEAL	fast data encipherment algorithm
FET	field effect transistor
ff	folgende Seiten
FID	file identifier (siehe Glossar)
FIFO	first in last out
FIPS	Federal Information Processing Standard (siehe Glossar)
FPGA	field programmable gate array
FRAM	ferroelectric random access memory
FRR	false rejection rate

FSK	frequency shift keying
FTAM	file transfer, access, and management
ggt	größter gemeinsamer Teiler
GND	ground
GPS	global positioning system
GSM	Global System for Mobile Communications, früher: Groupe Special Mobile (siehe Glossar)
GUI	graphical user interface
GTS	GSM Technical Specification
HiCo	high coercivity
HSM	hardware security module
HSM	high security module
HSM	Hochsicherheitsmodul
HSM	host security module
HTML	hypter text markup language
HTTP	hyper text transfer protocol
HV	Härte Vickers
HW	hardware
I/O	input/output
I^2C	inter-integrated circuit
IATA	International Air Transport Association
IBAN	international bank account number
ICC	integrated circuit card
ID	identifier
IDEA	international data encryption algorithm
IEC	International Electrotechnical Commission
IEEE	Institute of Electrical and Electronics Engineers
IEP	inter-sector electronic purse
IFD	interface device
IFS	information field size
IFSC	information field size for the card
IFSD	information field size for the interface device
IIC	institution identification codes
IMEI	international mobile equipment identity
IMSI	international mobile subscriber identity
INS	Instruction
INTAMIC	International Association of Microcircuit Cards
IP	internet protocol
IPES	improved proposed encryption standard
IrDA	Infrared Data Association
ISDN	integrated services digital network
ISF	internal secret file
ISO	International Organization for Standardization (siehe Glossar)
IT	Informationstechnik
ITSEC	Information Technology Security Evaluation Criteria (siehe Glossar)
ITU	International Telecommunicatios Union (siehe Glossar)
IuKDG	Informations- und Kommunikations-Gesetz

IV	Initialisierungsvektor
IVU	in vehicle unit
J	Jahr
JCF	Java Card Forum
JECF	Java electronic commerce framework
JIT	just in time
JOS	Java Operating System
JTC1	Joint Technical Commitee One
JVM	Java Virtual Machine
K	key
KD	key derived
KFPC	key fault presentation counter
KID	key identifier
KM	key master
KS	key session
KVK	Krankenversichertenkarte
LAN	local area network
Lc	command length
Le	expected length
LEN	length
LIFO	last in first out
LND	last number dialled
LOC	lines of code
LoCo	low coercivity
LRC	longitudinal redundancy check
LSAM	load secure application module
lsb	least significant bit
LSB	least significant byte
LFSR	linear feedback shift register
M	Monat
MAC	Message Authentication Code / Datensicherungscode (siehe Glossar)
ME	mobile equipment
MF	master file (siehe Glossar)
MFC	multifunktionale Chipkarte
MIME	multipurpose internet mail extensions
MIPS	million instructions per second
MKT	Multifunktionales Kartenterminal
MLI	multiple laser image
MM	moduliertes Merkmal
MMI	man machine interface
MMU	memory management unit
MOO	mode of operation
MOSAIC	microchip on surface and in card
MOSFET	metal oxide semiconductor field effect transistor
MoU	Memorandum of Understanding (siehe Glossar)
MS	mobile station

msb	most significant bit
MSB	most significant byte
MTBF	mean time between failure
NAD	node address
NBS	US National Bureau of Standards (siehe Glossar)
NCSC	National Computer Security Center (siehe Glossar)
NDA	non disclosure agreement
NIST	US National Institute of Standards and Technology (siehe Glossar)
nok	nicht ok
NPU	numeric processing unit
NRZ	non return to zero
NSA	US National Security Agency (siehe Glossar)
NU	not used
OBU	on board unit
OFB	output feedback
OR	logische ODER-Verknüpfung
OS	operating system
OSI	Open Systems Interconnections
OTA	Open Terminal Architecture
OTA	over the air
OTASS	over the air SIM services
OTP	one time password
OTP	one time programmable
OTP	open trading protocoll
OVI	optically variable ink
P1, P2, P3	Parameter 1, 2, 3
PA	power analysis
PB	procedure byte
PC	personal computer
PC	Polycarbonat
PC/SC	personal computer/smart card
PCB	protocol control byte
PCD	proximity coupling device
PCMCIA	Personal Computer Memory Card International Association
PCN	personal communication networks
PCS	personal communication system
PDA	personal digital assistant
PES	proposed encryption standard
PET	Polyethylenterephtalat
PETP	teilkristallines Polyethylenterephtalat
PGP	Pretty Good Privacy
PICC	proximity ICC
PIN	personal identification number
PIX	proprietary application identifier extension
PKCS	publik key cryptography standards (siehe Glossar)
PKI	public key infrastructure
PLL	phase locked loop

POS	point of sale
POZ	POS ohne Zahlungsgarantie
PPM	pulse position modulation
PPS	Produktionsplanungs- und steuerung
PPS	Protocol Parameter Selection
prEN	pre Norme Européenne
prETS	pre European Telecommunication Standard
PROM	programmable read only memory
PSAM	purchase secure application module
PSK	phase shift keying
PTS	protocol type selection
PTT	Postes Télégraphes et Téléphones
Pub	publication
PUK	personal unblocking key
PVC	Polyvinylchlorid
PWM	pulse width modulation
R-APDU	response-APDU (siehe Glossar)
RAM	random access memory (siehe Glossar)
REJ	reject
RES	resynchronisation
RF	radio frequency
RF-ID	radio frequency identification
RFC	request for comment
RFID	radio frequency identification
RFU	reserved for future use
RID	record identifier
RID	registered application provider identifier
RIPE	RACE (EU-Projekt) integrity primitives evaluation
RIPE-MD	RACE integrity primitives evaluation message digest
RISC	reduced instruction set computer
RND	random number
ROM	read only memory (siehe Glossar)
RSA	Rivest, Shamir und Adleman Kryptoalgorithmus
SAD	source address
SAM	secure application module
SC	smart card
SCC	smart card controller
SCQL	structured card query language
SDL	specification and description language
SEMPER	Secure Electronic Marketplace for Europe (EU-Projekt)
SEPP	secure electronic payment protocol
SET	secure electronic transaction
SFI	short file identifier (siehe Glossar)
S-HTTP	secure hyper text transfer protocol
SigG	Signaturgesetz (siehe Glossar)
SigV	Signaturverordnung (siehe Glossar)
SIM	subscriber identity module (siehe Glossar)
SIMEG	subscriber identity module expert group (siehe Glossar)

SM	secure messaging
SMD	surface mounted device (siehe Glossar)
SMG9	Special Mobile Group 9 (siehe Glossar)
SMIME	secure multipurpose internet mail extensions
SMS	short messages service
SPA	simple power analysis
SQL	structured query language
SQUID	superconducting quantum interference device
SRAM	static random access memory (siehe Glossar)
SSC	send sequence counter
SSL	secure socket layer
STARCOS	Smart Card Chip Operating System (Produkt von G+D)
STC	sub technical committee
STT	secure transaction technology
SVC	stored value card (Produkt von Visa International)
SW	Software
SW1, SW2	status word 1, 2
SWIFT	Society for Worldwide Interbank Financial Telecommunications

T	tag
TAB	tape automated bonding
TAL	terminal application layer
TAN	Transaktionsnummer (siehe Glossar)
tbd	to be defined
TC	Technical Commitee
TC	thermochrom
TCOS	Telesec Card Operating System
TCP	transport control protocol
TCSEC	Trusted Computer System Evaluation Criteria (siehe Glossar)
TDES	Triple-DES (siehe Glossar)
TLV	tag, length, value (siehe Glossar)
TMSI	temporary mobile subscriber identity
TOE	target of evaluation
TPDU	transmission protocol data unit (siehe Glossar)
TS	technical specification
TTCN	the tree and tabular combined notation
TTL	terminal transport layer
TTL	transistor transistor logic

UART	universal asynchronous receiver transmitter
UIM	user identity module (siehe Glossar)
UML	unified modeling language
UMTS	Universal Mobile Telecommunication System
URL	uniform resource locator
USB	universal serial bus
USIM	universal subscriber identity module

VAS	value added services
Vcc	Versorgungsspannung
VCD	vicinity coupling device
VEE	Visa Easy Entry (siehe Glossar)
VKNR	Versichertenkartennummer
VLSI	very large scale integration
VM	virtual machine
Vpp	Programmierspannung
W3C	World Wide Web Consortium
WAN	wide area network
WG	working group
WORM	write once read multiple
WWW	World Wide Web (siehe Glossar)
XOR	logische exclusive ODER-Verknüpfung
ZKA	Zentraler Kreditausschuß

1 Einleitung

Dieses Buch wendet sich an Studenten, Ingenieure und technisch Interessierte, die mehr über das Thema Chipkartentechnik wissen möchten. Es versucht, dieses sehr breite Gebiet größtenteils abzudecken, um so dem Leser einen Überblick über die Grundlagen und den aktuellen Stand der Technik zu geben.

Wir haben großen Wert darauf gelegt, die Thematik möglichst praxisnah darzustellen. Anhand der vielen Bilder, Tabellen und Bezüge zu realen Anwendungen von Chipkarten möchten wir dem Leser helfen, sich in die Thematik wesentlich schneller einzuarbeiten als bei einer streng wissenschaftlichen Darstellungsweise. Deshalb erhebt dieses Buch auch nicht den Anspruch auf wissenschaftliche Vollständigkeit, sondern auf eine praxisnahe Gebrauchsfähigkeit. Dies ist auch der Grund, warum die Erklärungen sowenig abstrakt wie möglich gehalten sind. Es war an vielen Stellen eine Entscheidung für wissenschaftliche Exaktheit oder für leichte Verständlichkeit zu treffen. Wir haben versucht, einen Mittelweg zu gehen, falls dies aber nicht möglich war, ging uns die Verständlichkeit des Themas immer vor.

Der Aufbau des Buches ist derart, daß es ganz normal von vorne nach hinten gelesen werden kann, da wir soweit wie möglich versucht haben, Vorwärtsbezüge zu vermeiden. Die einzelnen Kapitel sind in ihrem Aufbau und Inhalt so gestaltet, daß sie auch separat ohne Einbußen an Verständnis gelesen werden können. Das ausführliche Sachverzeichniss und Glossar machen das Handbuch der Chipkarten darüber hinaus zu einem praktischen Nachschlagewerk. Möchte man mehr über ein spezielles Gebiet wissen, dann helfen die Querverweise im Text und das kommentierte Normenverzeichnis, die entsprechende Stelle zu finden.

Eine kleine Einschränkung muß an dieser Stelle aber noch gemacht werden: In diesem Buch sind hauptsächlich Mikroprozessorkarten im Scheckkartenformat behandelt. Soweit es vom Umfang her möglich war, wurden daneben noch Speicherkarten und Terminals für Karten beschrieben.

Leider haben sich, wie in so vielen Gebieten der Technik und des täglichen Lebens, auch in der Chipkartentechnik mittlerweile sehr viele Abkürzungen eingebürgert. Dies macht gerade für den Neuling den Einstieg besonders schwer. Auch hier haben wir wiederum versucht, sowenig wie möglich von den kryptischen und oft auch unlogischen Kurzformen Gebrauch zu machen. Allerdings mußte in vielen Fällen ein Mittelweg zwischen dem international üblichen Fachjargon der Spezialisten und der allgemein verständlichen Umgangssprache der Laien gewählt werden. Falls uns dies nicht immer gelungen ist, so soll wenigstens das sehr umfangreiche Abkürzungsverzeichnis die (hoffentlich nur) anfängliche Mauer der Unverständlichkeit überwinden helfen. Ein umfangreiches Glossar am Ende des Buches erläutert die wichtigsten Fachbegriffe in prägnanter Form und ergänzt so das Abkürzungsverzeichnis.

Aktives Lernen ist unbestritten wesentlich effektiver und interessanter als passives Lernen. So lernt man eine neue Sprache am schnellsten und einfachsten durch einen Aufenthalt in einem Land, in dem diese Sprache gesprochen wird. Unser mittlerweile recht bekanntes Simulationsprogramm für Chipkarten „The Smart Card Simulator" wird so bald wie möglich in einer neuen und verbesserten Version erscheinen. Es hat auch weiterhin den Status einer frei kopierbaren Software und befindet sich auf dem WWW-Server des Verlages [Hanser]. Viel Spaß und großen Lernerfolg dabei!

1.1   Geschichte der Chipkarten

Die Verbreitung von Plastik-Karten begann Anfang der 50er Jahre in den USA. Der preisgünstige Kunststoff PVC ermöglichte die Herstellung von robusten langlebigen Karten, die für den Gebrauch im täglichen Leben weit besser geeignet waren als die bis dahin gebräuchlichen Karten aus Papier oder Karton, welche mechanischen Belastungen und Klimaeinwirkungen nur unzureichend standhielten.

Die erste Vollplastik-Karte für den überregionalen Zahlungsverkehr wurde 1950 vom Diners-Club ausgegeben. Sie war für einen exklusiven Personenkreis bestimmt, diente somit auch als Statussymbol und ermöglichte es dem Karteninhaber, statt mit Bargeld, mit seinem „guten Namen" zu bezahlen. Die Akzeptanz dieser Karten war zunächst auf Restaurants und Hotels der gehobenen Klasse beschränkt, weshalb sich für diesen Kartentyp der Begriff „Traveller and Entertainment Card" eingebürgert hat.

Durch den Eintritt von VISA und Mastercard in die Kartenszene verbreitete sich das Plastikgeld sehr rasch, zunächst in Amerika, einige Jahre später auch in Europa und dem Rest der Welt.

Heute ermöglichen es die Plastikkarten dem Reisenden, weltweit ohne Bargeld einzukaufen. Der Karteninhaber ist jederzeit zahlungsfähig, ohne das Risiko des Geldverlustes durch Diebstahl oder andere, gerade auf Reisen schwer abschätzbare Gefahren eingehen zu müssen. Außerdem entfällt der lästige Geldumtausch bei Auslandsreisen. Diese einzigartigen Vorteile verhalfen den Plastikkarten zu einer schnellen Verbreitung weltweit. Heute werden jährlich viele hundert Millionen Karten produziert und ausgegeben.

Die Funktion der Karten war zu Beginn recht einfach. Sie dienten zunächst als gegen Fälschung und Manipulation geschützter Datenträger, wobei die allgemeinen Daten, wie z.B. der Name des Kartenausgebers, aufgedruckt waren, während individuelle Daten, wie z.B. der Name des Karteninhabers oder die Kartennummer, durch Hochprägung aufgebracht wurden. Darüber hinaus hatten viele Karten ein Unterschriftsfeld, auf welchem der Karteninhaber seine Referenzunterschrift leisten konnte. Der Fälschungsschutz wurde bei diesen Karten der ersten Generation durch visuelle Merkmale wie Sicherheitsdruck und Unterschriftsfeld hergestellt. Die Sicherheit des Systems hing infolgedessen ganz wesentlich von der Qualität und Sorgfalt des Personals in den Kartenakzeptanzstellen ab, was bei der anfänglichen Exklusivität der Karten jedoch kein großes Problem war. Mit der zunehmenden Verbreitung der Karten reichte diese doch recht einfache Funktionalität nicht mehr aus, zumal auch die Gefährdung durch organisiertes Verbrechen stetig wuchs.

Zum einen erforderte der steigende Kostendruck im Handel und bei den Banken eine maschinenlesbare Karte, andererseits stiegen von Jahr zu Jahr die Verluste der Kartenausgeber durch Zahlungsunfähigkeit von Kunden oder durch Betrug. Es war somit offensichtlich, daß Betrugs- und Manipulationssicherheit sowie die Funktionalität erweitert und verbessert werden mußten.

Als erste Verbesserung wurde zunächst ein Magnetstreifen auf die Kartenrückseite aufgebracht, wodurch außer den visuellen Informationen noch zusätzliche digitalisierte Daten in maschinenlesbarer Form gespeichert werden konnten. Hierdurch wurde es möglich, die bis dahin erforderlichen Papierbelege auf ein Minimum zu reduzieren. Die Unterschrift des Kunden zur Personenidentifizierung ist bei den klassischen Kreditkartenanwendungen jedoch nach wie vor auf einem Papierbeleg erforderlich. Neue Anwendungen konnten jedoch so konzipiert werden, daß Papierbelege gänzlich überflüssig wurden, so daß das Ziel, die Zettelwirtschaft durch elektronische Datenverarbeitung zu ersetzen, endlich erreicht werden konnte. Die Benutzeridentifizierung, die bis dahin durch die Leistung der Unterschrift erfolgte, mußte hierzu durch ein neues Verfahren ersetzt werden. Allgemein durchgesetzt hat sich die Verwendung einer persönlichen Geheimzahl (abgekürzt PIN für *personal identification number*), die mit einem Referenzwert verglichen wird. Der Leser kennt sicherlich dieses Verfahren von der Benutzung der Geldausgabeautomaten. Dieser Kartentyp (hochgeprägte Karte mit Magnetstreifen) hat auch heute noch die größte Verbreitung im Zahlungsverkehr.

Die Magnetstreifentechnik hat jedoch einen entscheidenden Nachteil: Die auf der Magnetpiste gespeicherten Daten können beliebig von jedem, der sich eine Schreib-/Lesevorrichtung für Magnetkarten verschafft, gelesen, gelöscht und geschrieben werden. Der Magnetstreifen eignet sich daher nicht zur Speicherung von geheimen Informationen. Zur Sicherstellung der Vertraulichkeit sowie der Manipulationssicherheit der Daten sind zusätzliche Techniken notwendig. Zum Beispiel kann der Referenzwert für die PIN nicht auf dem Magnetstreifen gespeichert werden, sondern muß entweder im Terminal oder im Host in einer gesicherten Umgebung aufbewahrt werden. Das ist der Grund dafür, daß die meisten Systeme, in denen Karten mit Magnetstreifen eingesetzt werden, aus Sicherheitsgründen eine Online-Verbindung zum Hostrechner des Systems haben, was jedoch hohe Kosten für die erforderliche Datenübertragung verursacht. Um die Kosten möglichst niedrig zu halten, wurde nach Lösungen gesucht, die es ermöglichen Kartentransaktionen Off-Line durchführen zu können, ohne die Sicherheit des Systems zu gefährden.

Die Entwicklung der Chipkarte parallel zur Ausweitung der elektronischen Datenverarbeitung erschloß völlig neue Möglichkeiten zur Lösung dieses Problems.

Die rasanten Fortschritte der Mikroelektronik ermöglichten es, in den 70er Jahren Datenspeicher und Rechnerlogik auf einem einzigen kleinen Siliziumplättchen von wenigen Quadratmillimetern Fläche zu integrieren. Die Idee, solch einen integrierten Schaltkreis in eine Identifikationskarte einzubauen, wurde bereits 1968 von den Erfindern Jürgen Dethloff und Helmut Grötrupp in Deutschland zum Patent angemeldet. Im Jahre 1970 folgte eine ähnliche Anmeldung in Japan von Kunitaka Arimura. Richtig in Bewegung kam die Entwicklung der Chipkarten jedoch erst, nachdem Roland Moreno 1974 seine Chipkartenpatente in Frankreich angemeldet hatte. Erst jetzt war die Halbleiterindustrie in der Lage, die erforderlichen integrierten Schaltungen zu akzeptablen Preisen zu liefern. Es gab aber immer noch eine Menge technologischer Probleme zu lösen, bis aus den ersten Prototypen mit teilweise mehreren integrierten Schaltkreisen ein marktgerechtes Produkt wurde, das zu angemessenen Preisen mit einer ausreichenden Zuverlässigkeit und Qualität in großer Stückzahl produziert werden konnte.

Da die grundlegenden Erfindungen für die Chipkartentechnik aus Deutschland und Frankreich stammen, ist es nicht verwunderlich, daß diese Länder die Vorreiterrolle in der Entwicklung und Vermarktung der Chipkarten spielten.

Der große Durchbruch wurde 1984 erzielt, als die französische PTT einen Feldversuch mit Telefonkarten erfolgreich durchführte. Bei diesem Feldversuch konnten die an die Chipkarte gestellten Erwartungen wie Manipulationssicherheit und hohe Zuverlässigkeit auf Anhieb unter Beweis gestellt werden. Bezeichnend war, daß der Durchbruch für die Chipkarte nicht in einem System geschafft wurde, in dem bereits konventionelle Karten zum Einsatz kamen, sondern in einer für Karten neuen Anwendung. Die Einführung einer neuen Technologie in einer neuen Anwendung hat den großen Vorteil, daß man nicht auf Kompatibilität zu vorhandenen Systemen Rücksicht nehmen muß und somit die neuen Möglichkeiten der neuen Technik uneingeschränkt nutzen kann.

In Deutschland fand 1984/85 ein Pilotversuch mit Telefonkarten verschiedener Technologien statt. Es kamen Karten mit Magnetstreifen, Karten mit optischer Speicherung (sogenannte Hologrammkarten) und Chipkarten in einem vergleichenden Test zum Einsatz.

Aus diesem Pilotversuch ging die Chipkarte als Sieger hervor. Neben hoher Manipulationssicherheit und Zuverlässigkeit versprach die Chiptechnologie für die Zukunft die größte Flexibilität in der Anwendung. Während in den französischen Telefonkartenchips noch die ältere aber preisgünstige EPROM-Technologie verwendet wurde, kamen in den deutschen Telefonkarten von Anfang an die neuen EEPROM-Chips zum Einsatz, die keine externe Programmierspannung mehr benötigen. Das hat aber leider dazu geführt, daß die französischen und deutschen Telefonkarten nicht kompatibel sind. Daher ist zu befürchten, daß auch nach der Einführung des Euro kurzfristig deutsche und französische Telefonkarten nicht im jeweils anderen Land benutzt werden können.

Nach diesen erfolgreichen Versuchen mit Telefonkarten in Frankreich und dann in Deutschland ging es mit atemberaubender Geschwindigkeit weiter. Im Jahr 1986 waren in Frankreich bereits mehrere Millionen Chipkarten zum Telefonieren im Umlauf. 1990 waren es fast 60 Millionen und 1997 weltweit mehrere hundert Millionen.

Deutschland erlebte eine ähnliche Entwicklung mit einer Verzögerung von ungefähr drei Jahren. Nach der erfolgreichen Einführung der öffentlichen Chipkartentelefone in

Frankreich und Deutschland wurden diese Systeme weltweit vermarktet. Telefonkarten mit Chip kommen heute in über 50 Ländern weltweit zum Einsatz.

Bei den Bankkarten verlief die Entwicklung wesentlich langsamer, was unter anderem auch auf die höhere Komplexität der Bankkarten im Vergleich zu den Telefonkarten zurückzuführen ist. Diese Unterschiede werden in den folgenden Kapiteln noch im Detail erläutert. An dieser Stelle sei nur darauf hingewiesen, daß für die Verbreitung der Bankkarte neben der Halbleitertechnologie die Entwicklung der modernen Kryptographie von entscheidender Bedeutung war.

Mit der allgemeinen Verbreitung der elektronischen Datenverarbeitung in den 60er Jahren erlebte die Entwicklung der Kryptographie sozusagen einen Quantensprung. Die moderne Hard- und Software ermöglichte die Implementierung von komplexen und anspruchsvollen mathematischen Algorithmen, mit denen ein Grad an Sicherheit erreicht wurde, wie er bis dahin ohne Beispiel war. Was noch hinzukam war, daß diese neue Technik für jedermann verfügbar wurde, während bis dahin die Kryptographie eine Geheimwissenschaft für das Militär und die Geheimdienste war.

Durch den Einsatz dieser modernen kryptographischen Verfahren wurde die Stärke der Sicherheitsmechanismen in der elektronischen Datenverarbeitung berechenbar. Man war nicht mehr auf die doch stark subjektive Bewertung herkömmlicher Verfahren angewiesen, deren Sicherheit wesentlich auf der Geheimhaltung der angewandten Verfahren beruhte.

Die Chipkarte war das ideale Medium, welches die hohe Sicherheit auf der Basis der Kryptographie für jedermann zugänglich machen konnte, weil sie geheime Schlüssel vor unbefugtem Zugriff geschützt speichern kann und weil sie gleichzeitig Kryptoalgorithmen ausführen kann. Außerdem sind Chipkarten so klein und einfach in der Handhabung, daß sie von jedermann im täglichen Leben überall mitgeführt und benutzt werden können. Es war naheliegend, daß man versuchte, diese neuen sicherheitstechnischen Möglichkeiten im kartengestützten Zahlungsverkehr zu nutzen, um die mit zunehmender Verbreitung der Magnetstreifenkarten wachsenden Sicherheitsrisiken in den Griff zu bekommen.

Als erste entschieden sich die französischen Banken im Jahre 1984 dazu, diese neue faszinierende Technik einzuführen, nachdem bereits 1982/83 ein Pilotversuch mit 60 000 Karten stattgefunden hatte. Es dauerte dann noch 10 Jahre, bis alle französischen Bankkarten mit Chip ausgerüstet waren. In Deutschland fand 1984/85 ein erster Feldversuch mit einer multifunktionalen Zahlungsverkehrskarte mit Chip statt. Es sollte dann aber noch bis 1996 dauern, bis der Zentrale Kreditausschuß (ZKA) eine Spezifikation für die multifunktionale eurocheque-Karte mit Chip herausgab. Im Jahr 1997 wurden dann von allen Sparkassen und vielen Banken die neuen Chipkarten herausgegeben. Ein Jahr zuvor wurden bereits in Österreich multifunktionale Chipkarten mit POS-Funktion, elektronischer Geldbörse sowie möglichen Zusatzanwendungen landesweit herausgegeben, so daß Österreich weltweit das erste Land mit einem flächendeckenden elektronischem Geldbörsensystem wurde.

Ein wichtiger Meilenstein für die zukünftige weltweite Verbreitung der Chipkarten im Zahlungsverkehr war die Verabschiedung der sogenannten EMV-Spezifikation, die gemeinsam von Europay, Mastercard und Visa erarbeitet wurde und in der ersten Version 1994 veröffentlicht wurde. Sie beschreibt im Detail Kreditkarten mit einem Mikroprozessorchip und gewährleistet die Kompatibilität der zukünftigen Chipkarten der drei großen Kreditkartenorganisationen.

Als weiteres Zugpferd für die internationale Verbreitung der Chipkarten im Zahlungsverkehr haben sich die elektronischen Geldbörsensysteme erwiesen. In Dänemark wurde 1992 das erste System mit dem Namen Danmønt in Betrieb genommen. Bis heute gibt es allein in Europa mehr als 20 nationale Systeme, von denen sich viele an der europäischen Vornorm prEN 1546 orientieren. Aber auch außerhalb Europas nehmen die Anwendungen zu. Selbst in den USA, wo die Chipkarte bisher kaum Fuß fassen konnte, wurde bei den olympischen Sommerspielen 1996 in Atlanta von Visa eine Chipkarte als elektronische Geldbörse erprobt. Neue vielversprechende Anwendungsmöglichkeiten für die elektronische Geldbörse bieten sich beim Bezahlen im Internet. Das Problem, im offenen Internet sicher aber anonym weltweit auch kleine Beträge bezahlen zu können ist bis heute noch nicht zufriedenstellend gelöst. Die Chipkarte kann bei der Lösung dieses Problems eine entscheidende Rolle spielen.

Eine andere Anwendung hat in Deutschland dafür gesorgt, daß heute beinahe jeder eine Chipkarte besitzt. Bei der Einführung der Krankenversichertenkarten mit Chip wurden über 70 Millionen Chipkarten an alle gesetzlich Versicherten ausgegeben.

Die hohe funktionale Flexibilität der Chipkarte, die so weit geht, daß eine bereits in Benutzung befindliche Karte für neue Anwendungen nachprogrammiert werden kann, hat über die traditionellen Anwendungen von Karten hinaus völlig neue Einsatzbereiche erschlossen.

1.2   Anwendungsgebiete

Wie bereits in dem geschichtlichen Überblick dargestellt wurde, sind die Anwendungsmöglichkeiten von Chipkarten äußerst vielseitig und nehmen mit der steigenden Rechenleistung und Speicherkapazität der verfügbaren integrierten Schaltungen noch stetig zu. Es ist unmöglich, im Rahmen dieses Buches alle Anwendungen im Detail zu erläutern. Statt dessen sollen an einigen typischen Beispielen die wesentlichen Eigenschaften der Chipkarten veranschaulicht werden. In diesem einleitenden Kapitel soll nur ein erster Überblick über die vielfältige Verwendbarkeit gegeben werden. Einige beispielhafte Anwendungen werden im Kapitel 13 detaillierter dargestellt.

Um sich einen besseren Überblick zu verschaffen, ist die Einteilung der Chipkarten in Speicherkarten und Mikroprozessorkarten hilfreich.

1.2.1   Speicherkarten

Die ersten Chipkarten, die in großer Menge zum Einsatz kamen, waren Speicherkarten für die Telefonanwendung. Diese Karten werden im voraus bezahlt, und der im Chip elektronisch gespeicherte Wert wird bei der Benutzung um den jeweils verbrauchten Betrag reduziert. Es muß natürlich verhindert werden, daß der Benutzer einer solchen Karte den gespeicherten Wert wieder erhöhen kann, was bei einer Magnetstreifenkarte

problemlos möglich wäre. Der Benutzer müßte sich nur die beim Kauf der Karte gespeicherten Daten merken, um diese nach Benutzung der Karte wieder auf den Magnetstreifen zu schreiben. Die Karte hätte dann wieder den ursprünglichen Wert und könnte
erneut benutzt werden. Dieser auch „Buffern" genannte Angriff wird bei Chipkarten
durch eine Sicherheitslogik im Chip verhindert, die es unmöglich macht, daß eine einmal geschriebene Speicherzelle wieder gelöscht werden kann. Die Reduzierung des
Wertes der Karte um die verbrauchten Einheiten ist somit irreversibel.

Chipkarten dieses Typs lassen sich außer zum Telefonieren natürlich überall einsetzen, wo gegen Vorbezahlung eine Ware oder Dienstleistung bargeldlos verkauft werden soll. Beispiele hierfür sind der öffentliche Personennahverkehr, Verkaufs-
automaten aller Art, Kantinen, Schwimmbäder, Parkgebühren und vieles andere. Der
Vorteil dieses Kartentyps liegt in der einfachen Technik (die Chipfläche beträgt typisch
nur wenige Quadratmillimeter) und dem damit verbundenen günstigen Preis. Der
Nachteil liegt darin, daß die Karte nach Verbrauch des Wertes nicht mehr verwendet
werden kann, sondern als Müll entsorgt werden muß, soweit sie nicht in einer Karten-
sammlung landet.

Eine weitere typische Anwendung von Speicherkarten ist die Krankenversichertenkarte, die seit 1994 an alle Versicherten in Deutschland ausgegeben wird. Bei dieser
Karte sind im Chip die Daten gespeichert, die bisher auf dem Krankenschein eingetragen waren und die jetzt auch auf der Karte aufgedruckt, bzw. mittels eines Laser-
strahls geschrieben sind. Die Speicherung im Chip macht die Karte mit einfachen Mitteln maschinenlesbar.

Zusammenfassend halten wir fest: Speicherchipkarten sind von der Funktion beschränkt. Sie ermöglichen es, durch die integrierte Sicherheitslogik, die gespeicherten
Daten vor Manipulation zu schützen. Sie eignen sich als Wertkarten oder Ausweiskarten in Systemen, bei denen es besonders auf einen günstigen Kartenpreis ankommt.

1.2.2   Mikroprozessorkarten

Die erste Anwendung von Mikroprozessorkarten war – wie bereits erwähnt – die Anwendung als Bankkarte in Frankreich. Die Möglichkeit, geheime Schlüssel sicher speichern zu können und moderne Kryptoalgorithmen ausführen zu können, ermöglichte
die Realisierung von Offline-Zahlungssystemen mit hohem Sicherheitsniveau.

Da der Mikroprozessor in der Karte frei programmiert werden kann, ist die Funktionalität von Prozessorkarten nur durch den verfügbaren Speicherplatz und die Rechenleistung des Rechenwerkes beschränkt. Der Phantasie sind bei der Implementierung
von Chipkartensystemen somit nur diese technologischen Grenzen gesetzt, die sich mit
jeder neuen Generation von integrierten Schaltungen stark erweitern.

Nachdem in Folge der Massenproduktion die Preise für Mikroprozessorkarten bis
Anfang der 90er Jahre stark gefallen waren, wurden auch tatsächlich jedes Jahr neue
Anwendungen erschlossen. Eine besondere Bedeutung für die internationale Ver-
breitung der Chipkarten kam hierbei der Anwendung im Mobiltelefon zu.

Nachdem die Chipkarte bereits im nationalen deutschen C-Netz (analoges Mobiltelefonnetz) die Bewährungsprobe für den Einsatz in mobilen Endgeräten bestanden hatte,

wurde sie als Medium für den Zugang zum digitalen europäischen Mobiltelefon (GSM) vorgeschrieben. Mit der Chipkarte war es möglich, zum einen ein Höchstmaß an Sicherheit für den Zugang zum Mobiltelefonnetz zu erreichen. Andererseits bot die Chipkarte neue Möglichkeiten und damit große Vorteile bei der Vermarktung des Mobiltelefons, weil sie die einfache Trennung des Verkaufs von Geräten und des Verkaufs der Dienstleistungen durch die Netzbetreiber und Diensteanbieter ermöglichte. Ohne die Chipkarte hätte sich das Mobiltelefon in Europa sicher nicht so schnell verbreiten und zum Weltstandard entwickeln können.

Bild 1.1   Typische Anwendungsfelder von Chipkarten und dazu erforderliche Speicherkapazität und Rechenleistung

Weitere beispielhafte Anwendungen für Mikroprozessorkarten sind Ausweiskarten, Zugangskontrolle, Zugriffskontrolle auf Rechner, geschützte Datenspeicher, elektronische Unterschrift, elektronische Geldbörse sowie multifunktionale Karten, die mehrere Anwendungen in einer Karte enthalten. Zur Zeit werden Chipkarten-Betriebssysteme entwickelt, die es ermöglichen, auch nach der Ausgabe der Chipkarte an den Benutzer noch neue Anwendungen auf die Karte laden zu können, ohne die Sicherheit der verschiedenen Anwendungen zu gefährden. Mit dieser neuen Flexibilität erschließen sich völlig neue Anwendungsfelder. Um z.B. den Handel und das Bezahlen im Internet auf eine vertrauenswürdige Basis zu stellen, werden unbedingt persönliche Sicherheitsmodule benötigt, in denen die persönlichen Schlüssel geschützt aufbewahrt werden können und die leistungsfähige Verschlüsselungsalgorithmen rechnen können. Diese Aufgabe kann eine Mikroprozessorkarte mit einem Cryptoprozessor elegant lösen. Zur Zeit wird weltweit an Spezifikationen für sichere Anwendungen mit Chipkarten im Internet gearbeitet. Es ist zu erwarten, daß in wenigen Jahren jeder PC mit einem Chipkarteninterface ausgestattet ist.

Zusammenfassend halten wir fest: Die wesentlichen Vorzüge der Mikroprozessorkarte sind hohe Speicherkapazität, die sichere Speicherung geheimer Daten und die Fähigkeit, Kryptoalgorithmen rechnen zu können. Diese Vorzüge ermöglichen außer der traditionellen Anwendung als Bankkarte eine Fülle neuer Anwendungen. Das Potential der Chipkarten ist heute noch längst nicht ausgeschöpft und wird obendrein durch den Fortschritt der Halbleitertechnologie ständig erweitert.

1.2.3   Kontaktlose Karten

In den letzten Jahren wurden die kontaktlosen Karten, bei denen die Energie- und Datenübertragung ohne galvanische Kopplung zwischen Karte und Terminal erfolgt, zur Produktionsreife entwickelt, so daß heute sowohl Speicherkarten als auch Mikroprozessorkarten verfügbar sind. Während die kontaktlosen Mikroprozessorkarten wegen der höheren Leistungsaufnahme meist nur über eine Entfernung von wenigen Zentimetern funktionieren, ermöglichen kontaktlose Speicherkarten einen Betrieb bis zu einem Meter Abstand vom Terminal. Das bedeutet, daß die Karte zum Betrieb nicht unbedingt in die Hand genommen werden muß, sondern z.B. in der Geldbörse oder der Brieftasche bleiben kann. Deshalb eignen sich diese Karten besonders für Anwendungen, bei denen Personen oder Gegenstände schnell identifiziert werden sollen. Beispielhafte Anwendungen sind:

• Zugangskontrolle
• öffentlicher Personennahverkehr
• Skipaß
• Flugticket
• Gepäckidentifikation

Es gibt jedoch auch Anwendungen, bei denen die Funktion über eine größere Entfernung kritisch ist und deshalb verhindert werden muß. Ein typisches Beispiel hierfür ist die elektronische Geldbörse. Um den Bezahlvorgang durchzuführen, ist in der Regel eine Willenserklärung des Karteninhabers erforderlich, in der der Betrag und die Einwilligung zur Zahlung bestätigt wird. Bci der kontaktbehafteten Karte stellt das Einführen der Karte in das Terminal und die Bestätigung des angezeigten Betrages diese Willenserklärung dar. Wäre ein Bezahlvorgang kontaktlos über eine größere Entfernung möglich, könnte ein Betrüger vollkommen unbemerkt vom Karteninhaber Geld aus der Karte abbuchen. Eine mögliche Lösung für dieses Problem bieten die sogenannten Dual-Interface-Karten (auch Combicard genannt). In ihnen werden beide Funktionen, die der kontaktbehafteten und die der kontaktlosen Chipkarten, auf einem

einzigen Chip vereint. Eine solche Karte kann somit wahlweise über die kontaktbehaftete oder die kontaktlose Schnittstelle mit dem Terminal kommunizieren.

Großes Interesse an solchen Karten besteht beim öffentlichen Personennahverkehr.
Würde man die Chipkarten des Zahlungsverkehrs, die in der Regel kontaktbehaftete
Karten sind, um die Funktion des elektronischen Fahrscheins über eine kontaktlose
Schnittstelle erweitern, so könnten die Verkehrsbetriebe auf die vom Kreditgewerbe
ausgegebenen Karten und deren Infrastruktur zurückgreifen.

1.3   Normung

Die Voraussetzung für die weltweite Verbreitung der Chipkarte im täglichen Leben,
wie wir sie heute in Deutschland in Form der Telefonkarten, Krankenversicherungs-
karten und Zahlungsverkehrskarten haben, war die Schaffung von nationalen und internationalen Normen. Wegen der besonderen Bedeutung der Normen werden wir in
diesem Buch immer wieder auf die vorhandenen und die in Arbeit befindlichen Normen verweisen. Warum sind Normen so wichtig für die Verbreitung der Chipkarte?

Die Chipkarte spielt in der Regel die Rolle einer Systemkomponente in einem komplexen System. Das bedeutet, daß die Schnittstellen zwischen der Karte und dem System genau spezifiziert und aufeinander abgestimmt sein müssen. Natürlich ist es
möglich, dies für jedes System im Einzelfall zu tun, ohne auf andere Systeme Rücksicht zu nehmen. Das würde aber bedeuten, daß für jedes System eine spezielle Chipkarte benötigt würde. Der Anwender müßte für jede Anwendung eine spezielle Karte
bei sich haben. Um dies zu vermeiden, wurde versucht, anwendungsunabhängige
Normen zu entwickeln, die eine multifunktionale Chipkarte möglich machen. Da die
Chipkarte meist diejenige Komponente des Systems darstellt, die der Benutzer in der
Hand hält, kommt ihr eine hervorragende Bedeutung für die Bekanntheit und die Akzeptanz des gesamten Systems zu. Aus technischer und organisatorischer Sicht ist die
Chipkarte jedoch meist nur die Spitze des Eisberges. Hinter dem Kartenendgerät ver-
bergen sich nämlich häufig komplexe, meist vernetzte Systeme, die den Kundennutzen
überhaupt erst ermöglichen.

Nehmen wir als Beispiel die aus technischer Sicht recht einfache Telefonkarte: Für
sich allein genommem ist sie fast wertlos, allenfalls als Sammlerobjekt zu gebrauchen.
Ihren Nutzen – nämlich ohne Münzen an öffentlichen Fernsprechern telefonieren zu
können – kann sie erst entfalten, wenn zigtausende von Endgeräten flächendeckend installiert und an ein Netz angeschlossen sind. Die hohen Investitionen, die hierzu erforderlich sind, lassen sich erst dann rechtfertigen, wenn entsprechende Normen und Spezifikationen die Zukunftssicherheit eines solchen Systems gewährleisten. Unab-
dingbare Voraussetzungen sind Normen für multifunktionale Chipkarten, die für verschiedene Anwendungen, wie z.B. Telefonieren, elektronische Geldbörse, elektronischer Fahrschein etc., benutzt werden können.

Was sind Normen?

Diese Frage ist nicht so trivial, wie es auf den ersten Blick erscheinen mag, zumal da die Begriffe „Normung", „Standard" und „Spezifikation" im Deutschen recht bedenkenlos durcheinandergeworfen werden, was noch dadurch verstärkt wird, daß der englische Begriff „standard" meist mit „Norm" und nicht mit „Standard" übersetzt werden muß. Schauen wir uns zur Klärung die Definition bei ISO/IEC an:

Norm: Dokument, das mit Konsens erstellt und von einer anerkannten Institution angenommen wurde und das für die allgemeine und wiederkehrende Anwendung Regeln, Leitlinien oder Merkmale für Tätigkeiten oder deren Ergebnisse festlegt, wobei ein optimaler Ordnungsgrad in einem gegebenen Zusammenhang angestrebt wird.

Anmerkung: Normen sollten auf den gesicherten Ergebnissen von Wissenschaft, Technik und Erfahrung basieren und auf die Förderung optimaler Vorteile für die Gesellschaft abzielen.

Internationale Normen sollen dazu beitragen, das Leben einfacher zu machen und die Zuverlässigkeit und Nützlichkeit der Produkte und Dienstleistungen zu steigern.

Und um Unklarheiten von vornherein zu vermeiden, ist auch der Begriff „Konsens" bei ISO/IEC definiert:

Konsens: Allgemeine Zustimmung, die durch das Fehlen aufrechterhaltenen Widerspruches gegen wesentliche Inhalte seitens irgendeines wichtigen Anteils der betroffenen Interessen und durch ein Verfahren gekennzeichnet ist, das versucht, die Gesichtspunkte aller betroffenen Parteien zu berücksichtigen und alle Gegenargumente auszuräumen.

Anmerkung: Konsens bedeutet nicht notwendigerweise Einstimmigkeit.

Obwohl hier keine Einstimmigkeit gefordert wird, braucht der demokratische Konsensweg natürlich etwas Zeit, zumal nicht nur die Techniker, sondern alle betroffenen Parteien gehört werden müssen, da Normen ja die Förderung optimaler Vorteile für die Gesellschaft zum Ziel haben. Die Fertigstellung einer ISO- oder CEN-Norm dauert deshalb meist mehrere Jahre. Die Trägheit dieses Prozesses hat häufig zur Folge, daß ein eingeschränkter Interessentenkreis, z.B. die Industrie, eigene Spezifikationen erstellt, sogenannte Industriestandards, um eine schnellere Systemeinführung zu ermöglichen. Dies gilt besonders für den Bereich der Informationstechnologie, der sich durch besonders schnelle Entwicklung und damit besonders kurze Innovationszyklen auszeichnet. Industriestandards haben zwar den Vorteil, daß sie wesentlich schneller verfügbar sind als Normen, bergen aber die Gefahr in sich, daß wichtige Interessen derer, die nicht am Entstehungsprozeß beteiligt sind, unberücksichtigt bleiben. Bei der ISO versucht man deshalb Möglichkeiten zu schaffen, daß wichtige öffentlich zugängliche Spezifikationen nachträglich in die Normung eingebracht werden können.

Was ist ISO?

Für die Chipkarte sind die relevanten ISO-Normen von besonderer Bedeutung, da sie die grundlegenden Eigenschaften der Chipkarten festlegen. Doch was versteckt sich hinter dem Wort ISO?

Die internationale Organisation für Standardisierung (ISO) ist ein weltweiter Verband von ca. 100 nationalen Standardisierungsgremien, jeweils einem pro Land. Die ISO wurde 1947 gegründet und ist eine nichtstaatliche Organisation. Sie hat den Auftrag, die Entwicklung von Normen weltweit voranzutreiben mit dem Ziel, den internationalen Austausch von Gütern und Dienstleistungen zu erleichtern und die Zusammenarbeit im wissenschaftlichen, technologischen und wirtschaftlichen Bereich zu entwickeln.

Die Ergebnisse der Arbeit von ISO sind internationale Übereinkünfte, die als ISO-Normen veröffentlicht werden.

Der Name ISO ist übrigens kein Akronym. Ein Akronym für den offiziellen Titel „International Organisation of Standardization" müßte ja IOS heißen. Vielmehr wurde „ISO" aus dem griechischen „isos" abgeleitet, was „gleich" bedeutet. Die daraus abgeleitete Vorsilbe „iso-" ist in den drei offiziellen Sprachen der ISO – Englisch, Französisch und Russisch – sowie in vielen anderen Sprachen gebräuchlich.

Wie bereits erwähnt, sind die Mitglieder der ISO die nationalen Standardisierungsgremien der einzelnen Länder, wobei nur ein Gremium pro Land zugelassen ist. Die Mitgliedsorganisationen haben vier grundsätzliche Aufgaben:

- Information möglicher Interessenten im jeweiligen Land über relevante Aktivitäten und Möglichkeiten der internationalen Normung;
- Bildung einer abgestimmten nationalen Meinung und deren Vertretung bei den internationalen Verhandlungen;
- die Einrichtung eines Sekretariates für diejenigen ISO-Komitees, an denen das Land ein besonderes Interesse hat;
- Zahlung des Landesbeitrags zur Finanzierung der zentralen ISO-Organisation.

Deutschland wird in der ISO durch den DIN vertreten.

Wie entsteht eine ISO-Norm?

Der Bedarf für eine Norm wird in der Regel durch einen Industriebereich bei der nationalen Normungsorganisation angemeldet, die diesen bei der ISO als neues Arbeitsthema vorschlägt. Wird der Vorschlag von der zuständigen Arbeitsgruppe, die aus technischen Experten der an dem Thema interessierten Länder besteht, angenommen, so wird zunächst das Ziel der zukünftigen Norm definiert.

Nachdem Übereinstimmung erzielt wurde, welche technischen Aspekte in der Norm berücksichtigt werden sollen, werden in der zweiten Phase die Detailspezifikationen der Norm zwischen den Ländern diskutiert und verhandelt. Ziel ist es, dabei möglichst einen Konsens aller beteiligten Länder zu erreichen. Das Ergebnis dieser Phase ist ein „Draft International Standard".

Die letzte Phase beinhaltet die formale Abstimmung über den Normentwurf. Für die Annahme ist die Zustimmung von zwei Drittel der ISO Mitglieder, die aktiv an der Norm mitgearbeitet haben, erforderlich, sowie von 75% aller Mitglieder, die an der Abstimmung teilnehmen. Bei Annahme wird der abgestimmte Text als ISO-Norm veröffentlicht.

Um einer Veralterung der ISO-Normen durch technische Weiterentwicklung vorzubeugen, sehen die ISO-Regeln spätestens nach fünf Jahren eine Überprüfung und gegebenenfalls Überarbeitung der Normen vor.

Zusammenarbeit mit IEC und CEN
Die ISO ist nicht die einzige internationale Normungsorganisation. Um Doppelarbeit zu vermeiden, arbeitet sie sehr eng mit der „International Electrotechnical Commission", IEC, zusammen. Die Zuständigkeitsbereiche wurden folgendermaßen definiert: IEC deckt den Bereich Elektrotechnik und Elektronik ab, für alle anderen Bereiche ist die ISO zuständig. Zu Themen von gemeinsamem Interesse werden vereinte technische Arbeitsgruppen gebildet, die gemeinsame ISO/IEC-Normen erarbeiten. Hierzu zählen auch die meisten Chipkartennormen.

Auch zwischen ISO und CEN (*Comité Européen de Normalisation*), dem europäischen Komitee zur Standardisierung, wurden Regeln für die Entwicklung von Normen vereinbart, die sowohl als europäische wie auch als internationale Normen anerkannt werden. Hierdurch können Zeit und Kosten eingespart werden.

Die internationale Chipkartennormung
Die internationale Chipkartennormung findet unter dem Dach von ISO/IEC und/oder CEN statt. Der DIN ist in allen relevanten Gremien vertreten und unterhält Spiegelgremien als nationale Arbeits- und Abstimmungsgremien. Die Abbildung 1.2 gibt einen Überblick über die Struktur der relevanten ISO-Arbeitsgruppen und die von ihnen betreuten Normen.

Wie man sieht, gibt es zwei technische Komitees, die sich mit der Chipkartennormung befassen: Zum einen das ISO TC68/SC6, welches für die Normung der Transaktionskarten im Zahlungsverkehr zuständig ist, zum anderen ISO/IEC JTC1/SC17, welches für allgemeine Anwendungen verantwortlich ist. Diese Zweiteilung hat historische Gründe, da die ersten internationalen Anwendungen für Identifikationskarten im Zahlungsverkehr waren. Mittlerweile haben sich die Anwendungen jedoch stark ausgeweitet, so daß heute die allgemeinen Normen, die vom SC17 betreut werden, die größere Bedeutung haben und die bankenspezifischen Normen im wesentlichen als eine Untermenge der allgemeinen Normen betrachtet werden können. Eine Kurzbeschreibung und der aktuelle Status der in Bild 1.2 aufgeführten Normen findet sich im Anhang.

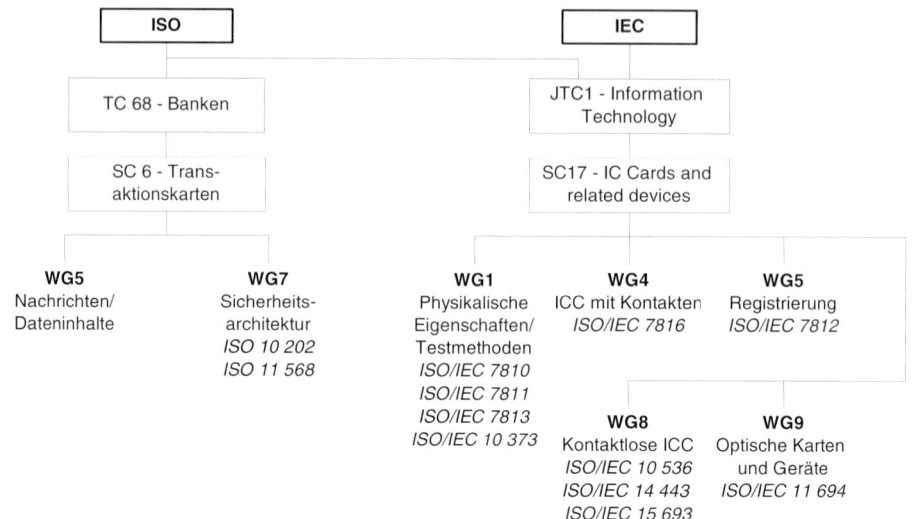

Bild 1.2   Überblick und Hierarchie der Arbeitsgruppen in der weltweiten Chipkartennormung.

Beim CEN wird das Thema Chipkarten im TC 224 (Maschinenlesbare Karten und zugehörige Geräteschnittstellen und Verfahren) bearbeitet. Bild 1.3 gibt einen Überblick über die Arbeitsgruppen und die von ihnen betreuten Normen.

Die Arbeit beim CEN ist eine Ergänzung der Arbeit bei ISO. Die ISO-Normen werden nach Möglichkeit als CEN-Normen übernommen, hierzu müssen sie z. B. in die drei offiziellen CEN Sprachen (Deutsch, Englisch, Französisch) übersetzt werden. Bei Bedarf werden sie jedoch auch um europaspezifische Teile ergänzt oder auch eingeschränkt. Darüber hinaus werden von den CEN-Arbeitsgruppen anwendungsorientierte Normen erstellt, die bei der ISO in dieser Form nicht möglich wären. Eine Kurzbeschreibung der in Bild 1.3 aufgeführten Normen befindet sich im Anhang.

Nach mehr als fünfzehnjähriger Normungsarbeit sind heute die wichtigsten grundlegenden ISO-Normen für Chipkarten fertig und bilden die Basis für weitere, eher anwendungsorientierte Normen, die zur Zeit bei der ISO und CEN in Arbeit sind.

Grundlage waren die bereits existierenden ISO-Standards der Reihen 7810, 7811, 7812 und 7813, in denen die physikalischen Eigenschaften von Identifikationskarten im sogenannten ID-1 Format definiert sind. Diese Standards schlossen hochgeprägte Karten und Karten mit Magnetstreifen ein, wie wir sie heute von den Kreditkarten her kennen.

Bei der Standardisierung der Chipkarten (in der ISO-Norm als integrated circuit(s) card (ICC) bezeichnet) wurde von Anfang an auf Kompatibilität zu diesen bestehenden Standards geachtet, wodurch ein problemloser Übergang von der Anwendung hochgeprägter Karten und Karten mit Magnetstreifen auf Chipkarten ermöglicht wird. Das wird dadurch erreicht, daß alle Funktionselemente wie Hochprägung, Magnetstreifen, Kontakte und Interface-Elemente für kontaktlose Übertragung gleichzeitig in einer Karte integriert sein können. Dies hat allerdings auch zur Folge, daß empfindliche elektronische Bauelemente, wie sie integrierte Schaltungen nun einmal sind, harten Belastungen bei der Hochprägung von Karten oder den regelmäßigen Schlägen beim Abdruck der Hochprägung ausgesetzt sind. Dies stellt hohe Anforderungen an die Verpackung der integrierten Schaltkreise und deren Einbettung in die Karte.

Eine Übersicht der heute verfügbaren Normen mit einer kurzen Inhaltsangabe befindet sich im Anhang.[1]

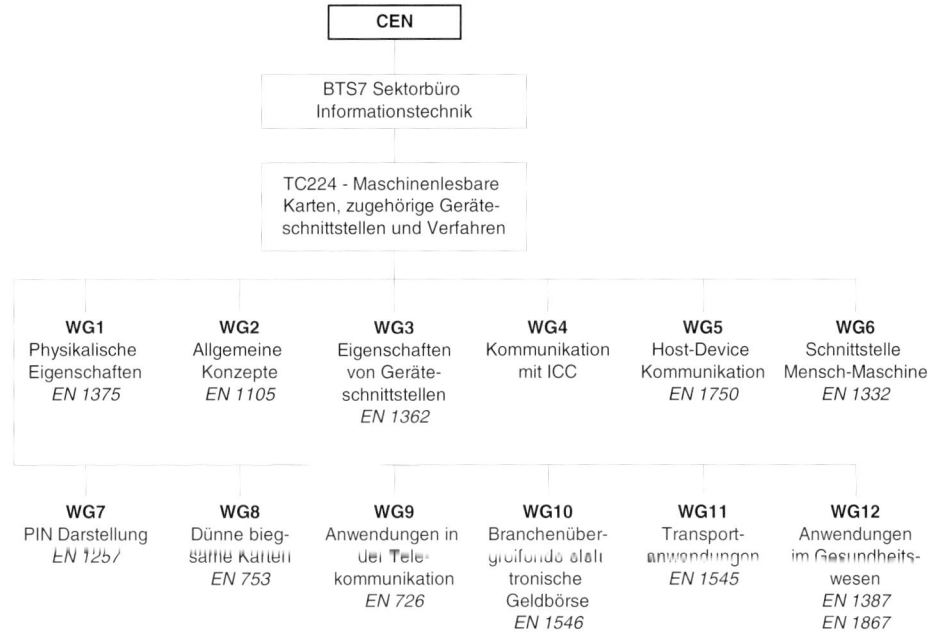

Bild 1.3   Überblick und Hierarchie der Arbeitsgruppen in der europäischen Chipkartennormung.

In den letzten Jahren wurden vermehrt Spezifikationen von der Industrie oder anderen nicht öffentlichen Organisationen erarbeitet und veröffentlicht, ohne zu versuchen, sie in die Normungsarbeit der ISO einzubringen. Als Argument für diese Vorgehensweise wird meist angeführt, daß die Arbeitsweise der ISO zu langsam ist, um mit den kurzen Innovationszyklen der Informations- und Kommunikationsindustrie schritthalten zu können. Da bei der Erstellung dieser Industriestandards häufig nur wenige Firmen beteiligt sind, besteht die große Gefahr, daß bei dieser Vorgehensweise die Interessen kleinerer Firmen und vor allem Interessen der Allgemeinheit nicht berücksichtigt werden können. Es ist eine große Herausforderung für die Zukunft der ISO, eine Arbeitsweise zu definieren, die es ermöglicht, allgemeine Interessen weiterhin zu wahren und trotzdem die Innovationsgeschwindigkeit nicht zu bremsen.

---

[1] siehe auch Abschnitt 15.4 Kommentiertes Normenverzeichnis

2 Arten von Karten

Wie bereits in der Einleitung erwähnt, sind die Chipkarten das jüngste Kind der Familie der Identifikationskarten im ID-1 Format, wie sie in der Norm ISO 7810 „Identification Cards – Physical Characteristics" definiert sind. Diese Norm spezifiziert die physikalischen Eigenschaften von Identifikationskarten einschließlich der Materialeigenschaften wie Flexibilität, Temperaturbeständigkeit und Abmessungen für drei verschiedene Größen von Karten (ID-1, ID-2 und ID-3). Die Basis für die Chipkartennormen ISO 7816-1 ff bildet die ID-1 Karte, wie sie heute millionenfach als Karte für den Zahlungsverkehr verbreitet ist.

Dieses Kapitel gibt einen Überblick über verschiedene Arten von Karten im ID-1 Format. In vielen Anwendungen ist nämlich eine Kombination der Kartenfunktionen von besonderem Interesse, und zwar immer dann, wenn in einem bereits bestehenden System die vorhandenen Karten, wie z.B. Magnetstreifenkarten, durch Chipkarten abgelöst werden sollen. In der Regel ist es nämlich unmöglich, die vorhandene Infrastruktur – in diesem Falle die Terminals für Magnetstreifenkarten – von heute auf morgen durch eine neue Technik zu ersetzen.

Die Lösung wird im allgemeinen darin bestehen, daß man für eine Übergangszeit Karten ausgibt, die mit Magnetstreifen und mit Chip ausgerüstet sind, so daß die Karten sowohl an den alten Magnetkartenterminals wie auch an den neuen Chipkartenterminals benutzt werden können. Neue Funktionen, die nur mit dem Chip möglich sind, können dann natürlich an den Magnetkartenterminals nicht genutzt werden.

2.1   Hochgeprägte Karten

Die Hochprägung ist die älteste Technik zur Beschriftung von Identifikationskarten in maschinenlesbarer Form. Die hochgeprägten Zeichen auf der Karte können mit einem einfachen und billigen Gerät durch Abdruck auf Papier übertragen werden. Auch das visuelle Lesen der Hochprägung ist ohne weiteres möglich. Die Art und Lage der Hochprägung ist im Standard ISO 7811 „Identification Cards – Recording Technics" spezifiziert. Dieser Standard besteht aus fünf Teilen und behandelt außer der Hochprägung auch den Magnetstreifen.

In ISO 7811, Teil 1 sind die Anforderungen an hochgeprägte Zeichen, wie deren Form, Größe und Prägehöhe, spezifiziert.

Im Teil 3 wird die genaue Lage der Zeichen auf der Karte festgelegt, und zwar sind zwei verschiedene Bereiche definiert. Der Bereich 1 ist für die Kartenidentifikationsnummer reserviert, durch welche der Kartenausgeber sowie der Karteninhaber festgelegt sind. Der Bereich 2 ist für weitere Daten des Karteninhabers wie z.B. Name und Adresse vorgesehen.

Auf den ersten Blick mag die Informationsübertragung durch Abdruck hochgeprägter Zeichen recht primitiv erscheinen. Die Einfachheit dieser Technik hat jedoch ihre weltweite Verbreitung auch in unterentwickelten Ländern der Erde ermöglicht. Die Anwendung dieser Technik erfordert weder elektrische Energie noch Anschluß an das Telefonnetz.

Bild 2.1   Lage der Hochprägung nach ISO 7811-3. Der Bereich 1 ist für die Identifikationsnummer (19 Zeichen) vorgesehen. Der Bereich 2 für Name und Adresse (4 · 27 Zeichen). Die folgenden Abmessungen sind in der Norm festgelegt:

A: $21{,}42\,\text{mm} \pm 0{,}12\,\text{mm}$ B: $10{,}18\,\text{mm} \pm 0{,}25\,\text{mm}$

D: $14{,}53\,\text{mm}$ E: $2{,}41\,\text{mm} \ldots 3{,}30\,\text{mm}$

F: $7{,}65\,\text{mm} \pm 0{,}25\,\text{mm}$

2.2   Magnetstreifenkarten

Der wesentliche Nachteil der hochgeprägten Karten liegt darin, daß bei ihrer Nutzung eine Flut von Papierbelegen entsteht, deren Handhabung und Auswertung hohe Kosten verursacht. Abhilfe schafft hier die digitale Codierung der Kartendaten auf einem Magnetstreifen, der sich auf der Rückseite der Karte befindet.

Zum Lesen des Magnetstreifens wird dieser von Hand oder maschinell an einem Lesekopf vorbeigezogen, wobei die Daten gelesen und elektronisch gespeichert werden. Zur Bearbeitung dieser Daten ist dann kein Papier mehr erforderlich.

In den Teilen 2, 4 und 5 der ISO-Norm 7811 sind die Eigenschaften des Magnetstreifens, die Codiertechnik sowie die Lage der Magnetspuren spezifiziert. Insgesamt können sich drei Spuren auf dem Magnetstreifen befinden.

Die Spuren 1 und 2 sind nur für den Lesebetrieb spezifiziert, während die Spur 3 auch beschrieben werden kann.

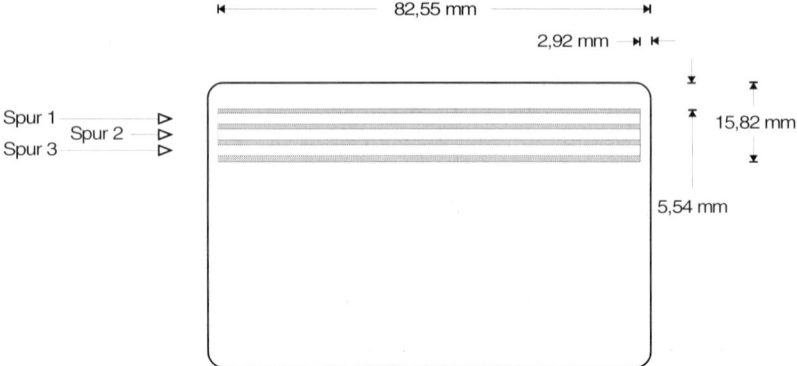

Bild 2.2   Die Lage des Magnetstreifens auf der ID-1 Karte. Der Datenbereich des Magnetstreifens reicht bewußt nicht bis zu den Kartenkanten, da die handbedienten Magnetstreifenleser dort zu einer sehr frühzeitigen Abnutzung des Magnetstreifens führen.

Die Speicherkapazität des Magnetstreifens ist allerdings mit ca. 1 000 Bit nicht sehr groß. Sie reicht jedoch leicht aus, um die Informationen der Hochprägung zu speichern. Auf der Spur 3 können zusätzliche Daten gelesen und geschrieben werden, wie z.B. Daten der letzten Transaktion bei Kreditkarten.

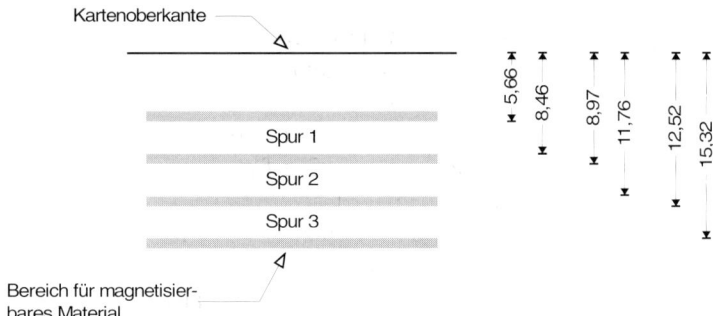

Bild 2.3   Die Lage der einzelnen Spuren auf der ID-1 Karte. Ale Maße sind in Millimeter angegeben.

Der Hauptnachteil der Magnetstreifentechnik besteht darin, daß die gespeicherten Daten sehr leicht verändert werden können. Während die Manipulation an hochgeprägten Zeichen zumindest einiges handwerkliches Geschick erfordert und von einem geschulten Auge auch leicht entdeckt werden kann, ist die Veränderung der auf der Magnetpiste kodierten Daten mit einem handelsüblichen Schreib-/Lesegerät problemlos möglich und später nur schwer nachweisbar. Hinzu kommt noch, daß die Magnetstreifenkarte häufig in Automaten zum Einsatz kommt, an denen eine visuelle Echtheitsprüfung unmöglich ist, wie z.B. in Geldausgabeautomaten. Der potentielle Betrüger, der sich gültige Kartendaten verschafft hat, kann an solchen unbemannten Automaten einfache Duplikate von Karten verwenden, ohne daß er die visuellen Sicherheitsmerkmale fälschen muß.

Die Hersteller von Magnetstreifenkarten haben verschiedene Techniken entwickelt, um die Daten auf der Magnetpiste gegen Verfälschen und Duplizieren zu schützen. So sind z.B. die deutschen Eurocheque-Karten mit einer unsichtbaren und unveränderbaren Codierung im Kartenkörper versehen, die eine Veränderung der Daten auf der Magnetpiste sowie ein Duplizieren unmöglich macht. Dieses und andere Verfahren erfordern allerdings einen speziellen Sensor im Kartenterminal, wodurch deren Kosten deutlich erhöht werden. Deshalb konnte sich bisher keines dieser Verfahren international durchsetzen.

Tabelle 2.1   Die einzelnen Spuren einer Magnetstreifenkarte mit ihren üblichen Eigenschaften nach ISO 7811.

Eigenschaft	Spur 1	Spur 2	Spur 3
Anzahl der Daten	max. 79 Zeichen	max. 40 Zeichen	max. 107 Zeichen
Codierung der Daten	6 Bit alpha-numerischer Code	4 Bit BCD Code	4 Bit BCD Code
Datendichte	210 Bit/inch = 8,3 Bit/mm	75 Bit/Inch = 3 Bit/mm	210 Bit/inch = 8,3 Bit/mm
Schreibbar	nicht erlaubt	nicht erlaubt	erlaubt

2.3   Chipkarten

Die Chipkarte ist das jüngste und schlaueste Kind in der Familie der Identifikations karten im ID-1 Format. Es zeichnet sich dadurch aus, daß im Kartenkörper eine integrierte Schaltung versteckt ist, die über Elemente zur Datenübertragung, zum Speichern von Daten und zur Verarbeitung von Daten verfügt. Die Datenübertragung kann dabei entweder über die Kontakte an der Oberfläche der Karte erfolgen, oder aber kontaktlos durch elektromagnetische Felder.

Die Chipkarte bietet gegenüber der Magnetstreifenkarte eine Reihe von Vorteilen. So ist z.B. die maximale Speicherkapazität von Chipkarten um ein vielfaches größer als bei Magnetstreifenkarten. Heute werden bereits Schaltkreise mit mehr als 32 kByte Speicher angeboten, und dieser Wert wird sich mit jeder neuen Chipgeneration noch vervielfachen. Nur die im nächsten Kapitel beschriebenen optischen Speicherkarten haben eine noch größere Kapazität.

Einer der wichtigsten Vorteile der Chipkarte liegt jedoch darin, daß die in ihr gespeicherten Daten gegen unerwünschten Zugriff und gegen Manipulation geschützt werden können. Da der Zugriff auf die Daten nur über eine serielle Schnittstelle erfolgt, die vom Betriebssystem und einer Sicherheitslogik gesteuert wird, ist es möglich, geheime Daten in die Karte zu laden, die niemals mehr von außen gelesen werden können. Diese geheimen Daten können dann nur noch intern vom Rechenwerk des Chips verarbeitet werden. Grundsätzlich können die Speicherfunktionen Schreiben, Löschen und Lesen sowohl per Hardware als auch per Software eingeschränkt und an bestimmte

Bedingungen geknüpft werden. Dies ermöglicht die Konstruktion einer Vielzahl von Sicherheitsmechanismen, die auf die speziellen Anforderungen der jeweiligen Anwendung maßgeschneidert werden können.

Zusammen mit der Fähigkeit, Kryptoalgorithmen zu rechnen, ermöglicht die Chipkarte die Realisierung eines handlichen Sicherheitsmoduls, welches jederzeit, z.B. in der Brieftasche, mitgenommen werden kann.

Weitere Vorteile der Chipkarten liegen in der hohen Zuverlässigkeit und Lebensdauer im Vergleich zur Magnetstreifenkarte, deren Umlaufzeit im allgemeinen auf ein bis zwei Jahre begrenzt ist.

Die wesentlichen Eigenschaften und Funktionen von Chipkarten sind in den ISO-Normen der Reihe 7816 festgelegt. Wir werden in den folgenden Kapiteln noch ausführlich auf diese Standards eingehen.

Wegen der Unterschiede in der Funktionalität, aber auch im Preis, werden die Chipkarten in Speicherkarten und Mikroprozessorkarten eingeteilt.

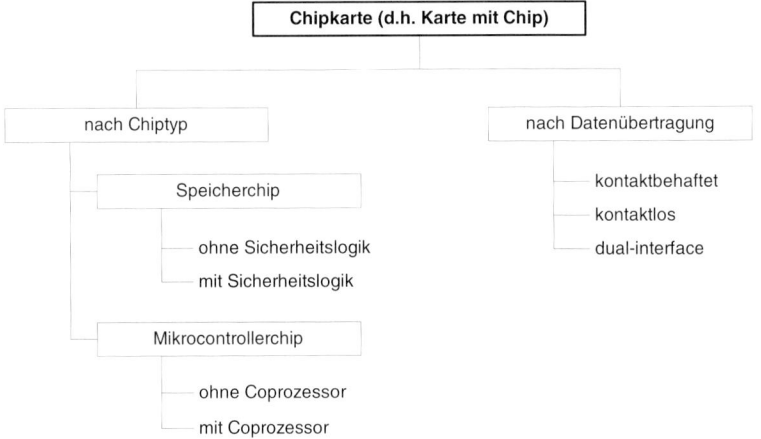

Bild 2.4   Klassifizierungsbaum der Karten mit einem Chip.

2.3.1   Speicherkarten

Die Architektur einer Speicherkarte ist im Bild 2.5 als Blockschaltbild dargestellt. Im Speicher – meist ein EEPROM – werden die für die Anwendung erforderlichen Daten abgelegt. Der Zugriff auf den Speicher wird durch die Sicherheitslogik kontrolliert, welche im einfachsten Fall nur aus einem Schreib- oder Löschschutz für den Speicher oder einzelnen Bereichen des Speichers besteht. Es gibt aber auch Speicherchips mit einer komplexeren Sicherheitslogik, die auch einfache Verschlüsselungen durchführen können. Über das I/O-Port werden die Daten von und zur Karte übertragen. Hierzu ist in Teil 3 von ISO 7816 ein spezielles synchrones Übertragungsprotokoll definiert, welches eine besonders einfache und damit preiswerte Realisierung im Chip ermöglicht. Es kommt aber auch der bei Speichern mit seriellem Zugriff weitverbreitete I^2C-Bus in Chipkarten zum Einsatz.

Die Funktionalität der Speicherkarten ist meist auf eine spezielle Anwendung hin optimiert. Hierdurch ist die Flexibilität in der Anwendung zwar stark eingeschränkt, dafür sind Speicherkarten aber auch besonders preisgünstig. Typische Anwendungen für Speicherkarten sind vorbezahlte Telefonkarten oder die Krankenversicherungskarte.

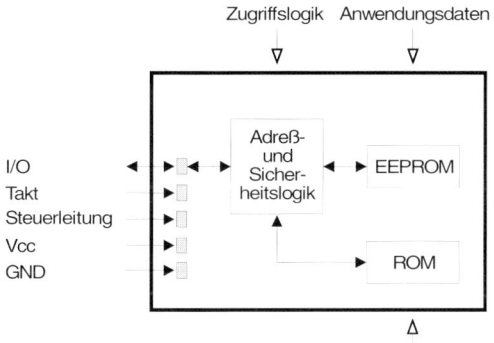

Bild 2.5   Typische Architektur einer kontaktbehafteten Speicherkarte mit Sicherheitslogik. Die Abbildung zeigt lediglich die grundlegenden Informations- und Energieflüsse und ist kein Stromlaufplan.

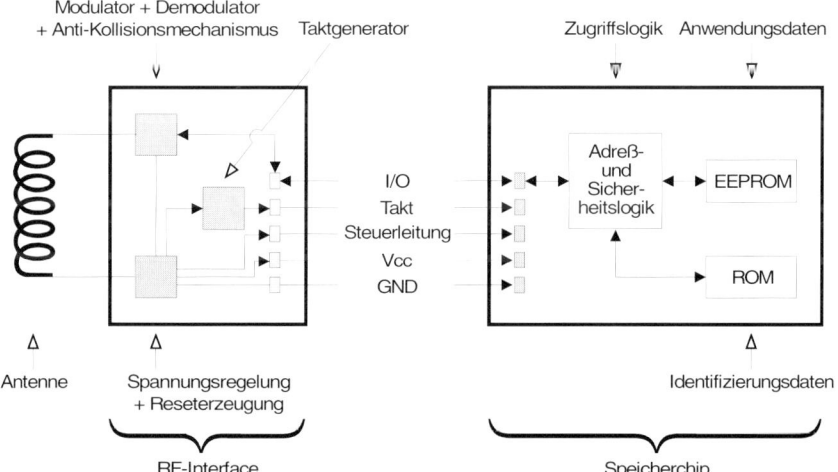

Bild 2.6   Typische Architektur einer Speicherkarte mit kontaktlosem Interface und Sicherheitslogik. Die Abbildung zeigt lediglich die grundlegenden Informations- und Energieflüsse und ist kein Stromlaufplan.

2.3.2   Mikroprozessorkarten

Das Herz des Chips einer Mikroprozessorkarte ist – wie der Name schon sagt – der Prozessor, der in der Regel von vier weiteren Funktionsblöcken umgeben ist: Dem Masken-ROM, dem EEPROM, dem RAM und dem I/O-Port. In Bild 2.7 ist die typische Architektur eines solchen Bausteins dargestellt.

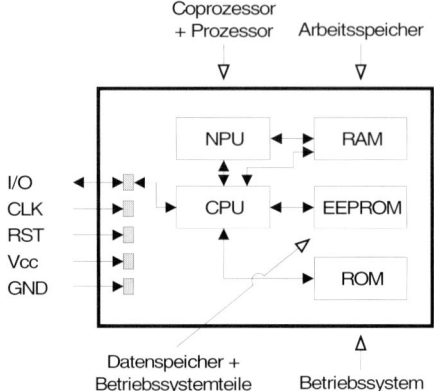

Bild 2.7   Typische Architektur einer kontaktbehafteten Mikroprozessorkarte mit Coprozessor. Die Abbildung zeigt lediglich die grundlegenden Informations- und Energieflüsse und ist kein Stromlaufplan.

Das Masken-ROM enthält das Betriebssystem des Chips und wird während der Herstellung eingebrannt. Der Inhalt des ROM ist herstellungsbedingt für alle Chips eines Produktionsloses identisch und während der Lebensdauer des Chips unveränderbar.

Das EEPROM ist der nichtflüchtige Speicherbereich des Chips, in dem Daten oder auch Programmcode unter Kontrolle des Betriebssystems geschrieben und gelesen werden können.

Das RAM ist der Arbeitsspeicher des Prozessors. Dieser Speicherbereich ist flüchtig, und alle darin gespeicherten Daten gehen verloren, wenn die Versorgungsspannung des Chips abgeschaltet wird.

Die serielle I/O-Schnittstelle besteht meist nur aus einem einzigen Register, über welches die Daten Bit für Bit übertragen werden.

Mikroprozessorkarten sind in der Anwendung sehr flexibel. Im einfachsten Fall enthalten sie ein auf eine einzige Anwendung hin optimiertes Programm und sind somit auch nur für diese eine Anwendung verwendbar.

Moderne Chipkartenbetriebssysteme ermöglichen jedoch, verschiedene Anwendungen in einer einzigen Karte zu integrieren. Das ROM enthält in diesem Falle nur die Basiskommandos des Betriebssystems, während die anwendungsspezifischen Teile des Programms erst nach der Kartenproduktion in das EEPROM geladen werden. Neueste Entwicklungen ermöglichen es sogar, Anwendungen in die Chipkarte nachzuladen, nachdem die Karte personalisiert und an den Kartenbenutzer ausgegeben wurde. Durch entsprechende Hardware- und Softwaremaßnahmen wird hierbei sichergestellt, daß die unterschiedlichen Sicherheitsbedingungen der einzelnen Anwendungen hierbei nicht verletzt werden. Speziell hierfür optimierte Mikroprozessorchips mit hoher Rechenleistung und Speicherkapazität befinden sich zur Zeit in Entwicklung, so daß erwartet werden kann, daß in 1999 entsprechende Karten angeboten werden.

2.3.3   Kontaktlose Chipkarten

Die Kontaktierung der kontaktbehafteten Chipkarte erfolgt über die acht in der ISO-Norm 7816 Teil 1 festgelegten Kontakte. Die Zuverlässigkeit der Chipkarten mit Kontakten konnte aufgrund der steigenden Produktionserfahrung der Hersteller in den vergangenen Jahren stetig verbessert werden, so daß zum Beispiel die Ausfallquote von Telefonkarten über eine Lebensdauer von einem Jahr heute deutlich unter ein Promille liegt. Nach wie vor sind jedoch Kontakte eine der häufigsten Fehlerquellen in elektromechanischen Systemen. Störungen können zum Beispiel durch Verschmutzung oder Abnutzung der Kontakte entstehen. Beim Einsatz in mobilen Geräten können Vibrationen zu kurzzeitigen Kontaktunterbrechungen führen. Da die Kontakte auf der Oberfläche der Chipkarte direkt mit den Eingängen der integrierten Schaltung verbunden sind, besteht die Gefahr, daß elektrostatische Entladungen – einige tausend Volt sind durchaus keine Seltenheit – die integrierte Schaltung im Innern der Karte schwächen oder gar zerstören.

Diese technischen Probleme werden von der kontaktlosen Chipkarte elegant umgangen.

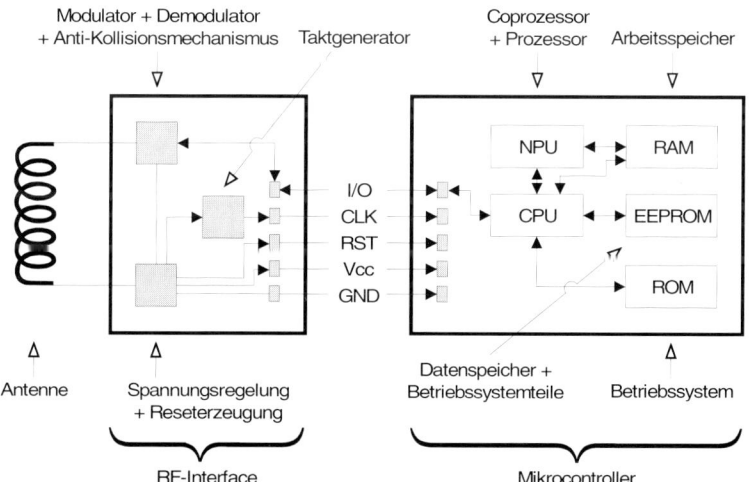

Bild 2.8   Typische Architektur einer Mikroprozessorkarte mit Coprozessor und kontaktlosem Interface. Die Abbildung zeigt lediglich die grundlegenden Informations- und Energieflüsse und ist kein Stromlaufplan.

Außer diesen technischen Vorteilen bietet die Technik der kontaktlosen Chipkarte aber auch eine Reihe interessanter neuer Möglichkeiten in der Anwendung für den Kartenherausgeber und den Kartenbenutzer. So müssen kontaktlose Chipkarten zum

Beispiel nicht unbedingt in einen Kartenleser eingesteckt werden, sondern es gibt Systeme, die über eine Entfernung von bis zu einem Meter funktionieren. Dies ist beispielsweise in Zugangskontrollsystemen, bei denen eine Tür oder ein Drehkreuz geöffnet werden soll, ein großer Vorteil, da die Zugangsberechtigung einer Person geprüft werden kann, ohne daß diese die Karte aus der Tasche nehmen und in ein Kartenlesegerät einstecken muß. Ein großes Anwendungsgebiet ist hierfür der öffentliche Personennahverkehr, wo in möglichst kurzer Zeit möglichst viele Personen erfaßt werden müssen.

Aber auch in Systemen, in denen das bewußte Einführen der Karte in das Lesegerät ausdrücklich verlangt wird, bietet die kontaktlose Technik den Vorteil, daß die Orientierung der Karte beim Einstecken in den Leser beliebig sein kann, im Gegensatz zur Magnetstreifenkarte oder kontaktbehafteten Karte, die nur in einer ganz bestimmten Lage funktioniert. Das erleichtert die Handhabung wesentlich und erhöht damit die Akzeptanz beim Kunden.

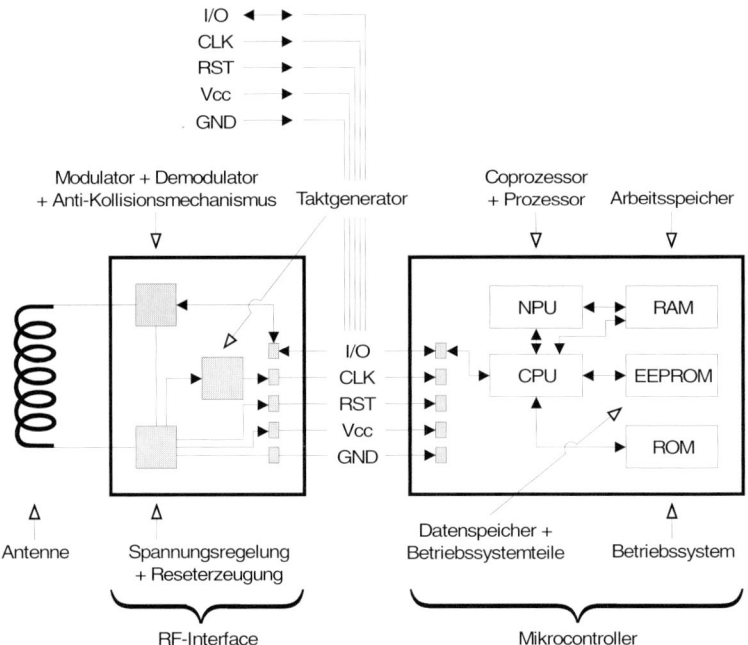

Bild 2.9   Typische Architektur einer Mikroprozessorkarte mit Coprozessor, kontaktlosem sowie kontaktbehaftetem Interface. Die Abbildung zeigt lediglich die grundlegenden Informations- und Energieflüsse und ist kein Stromlaufplan.

Eine weitere interessante Variante der Anwendung von kontaktlosen Karten ist die Benutzung an der Oberfläche des Lesers. Hierbei wird die Karte nicht in einen Schlitz gesteckt, sondern einfach auf eine markierte Stelle auf der Oberfläche des Kartenlesers gelegt. Neben einfacher Handhabung besticht diese Lösung noch dadurch, daß die Gefährdung durch Vandalismus (typische Beispiele: Kaugummi oder Sekundenkleber im Kartenschlitz) deutlich geringer ist.

Für die Vermarktung der Karten bietet die kontaktlose Technik den Vorteil, daß keine technischen Elemente an der Kartenoberfläche sichtbar sind, so daß die optische Gestaltung der Kartenoberfläche nicht durch Magnetstreifen oder Kontaktflächen eingeschränkt wird.

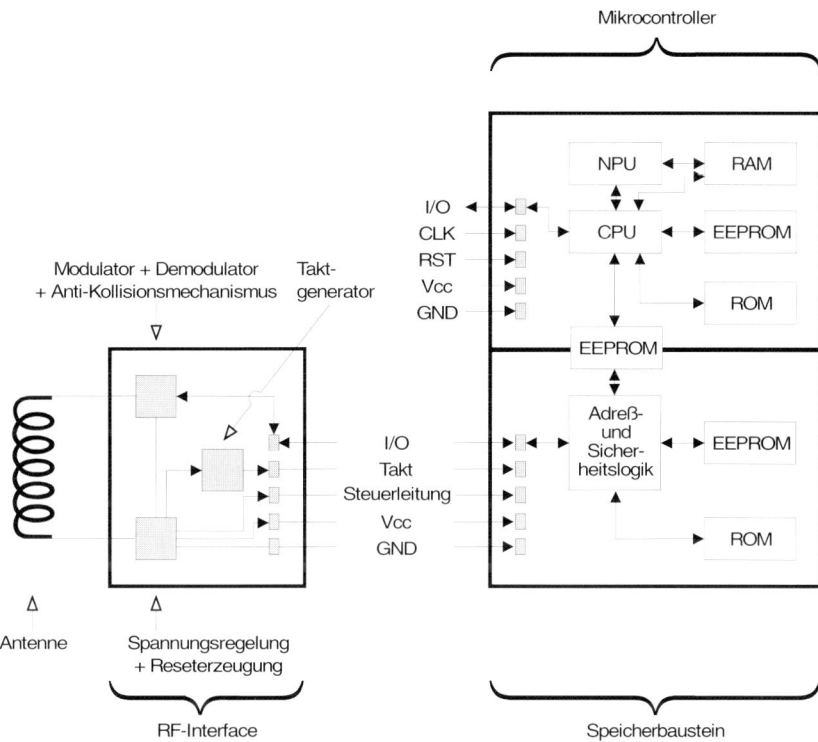

Bild 2.10   Typische Architektur einer Dual-Interface-Karte, die eine kontaktlose Speicherkarte mit einer kontaktbehafteten Mikroprozessorkarte kombiniert. Die Abbildung zeigt lediglich die grundlegenden Informations- und Energieflüsse und ist kein Stromlaufplan.

Die Produktionstechnik für die Massenfertigung von kontaklosen Karten ist inzwischen so weit ausgereift, daß qualitativ hochwertige Produkte zu Preisen angeboten werden, die nur unwesentlich höher sind als bei vergleichbaren kontaktbehafteten Erzeugnissen. Die häufigsten Anwendungen finden die kontaktlosen Chipkarten bisher im öffentlichen Personennahverkehr, wo sie als elektronisches Ticket ein modernes elektronisches Fahrgeldmanagement ermöglichen. Während die gegenwärtig betriebenen Systeme in der Regel noch monofunktionale Karten verwenden, wozu preisgünstige Speicherchips mit festverdrahteter Sicherheitslogik entwickelt wurden, zeichnet sich mehr und mehr der Bedarf ab, das elektronische Ticket mit einer zusätzlichen Bezahlfunktion zu versehen. In naher Zukunft werden deshalb vermehrt Multifunktionskarten mit integriertem Mikroprozessor zum Einsatz kommen, wobei die Bezahlfunktion meist noch über die konventionelle Technik mit Kontakten erfolgt, um die vorhandene Infrastruktur z. B. der elektronischen Geldbörsensysteme mit benutzen zu können. Diese Karten verfügen sowohl über Kontakte wie auch über kontaktlose Koppelelemente und werden als Dual-Interface-Karten oder auch Combikarten bezeichnet.

Eine ausführliche Beschreibung der Technik und Funktionsweise der kontaktlosen Chipkarten findet sich in Abschnitt „3.6 Kontaktlose Karten".

2.4   Optische Speicherkarten

Für Anwendungen, bei denen die Speicherkapazität der Chipkarten nicht ausreicht, bietet sich die optische Speicherkarte an, auf der mehrere MByte an Daten Platz finden. Bei den heute verfügbaren Techniken können die Karten allerdings nur ein einziges Mal beschrieben und nicht wieder gelöscht werden.

Die Normen ISO/IEC 11 693 und 11 694 definieren die physikalischen Eigenschaften und die Technik für die lineare Datenaufzeichnung der optischen Speicherkarten.

Interessante Aspekte ergeben sich, wenn man die hohe Speicherkapazität der optischen Speicherkarte mit der Intelligenz der Chipkarte kombiniert. Man kann dann z.B. die Daten in verschlüsselter Form in den optischen Speicher schreiben und den Schlüssel im geheimen Speicher des Chips sicher aufbewahren. Hierdurch können die optisch gespeicherten Daten vor unerlaubtem Zugriff geschützt werden. In Bild 2.11 ist eine typische Ausführung einer Chipkarte mit Kontakten und Magnetstreifen dargestellt. Man sieht, daß die verfügbare optische Speicherfläche durch die Chipkontakte eingeschränkt wird, was natürlich auch die maximale Speicherkapazität verringert. Der Magnetstreifen befindet sich auf der Rückseite der Karte.

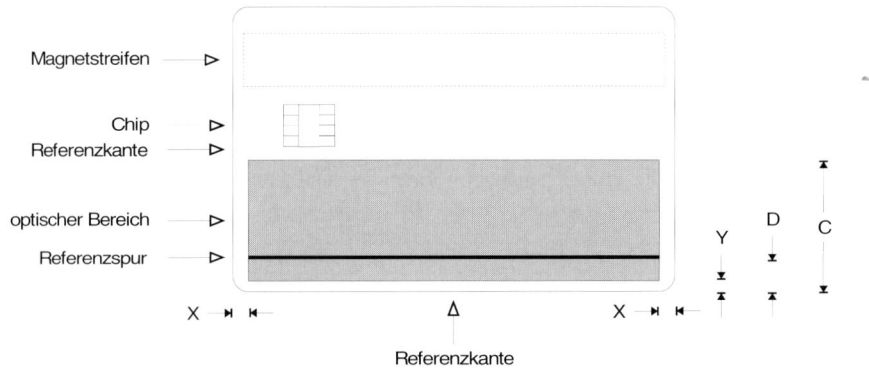

Bild 2.11   Anordnung des optischen Bereiches nach ISO/IEC 11 694-2 bei einer ID-1 Karte.
C: 9,5 mm ... 49,2 mm   D: 5,8 mm ± 0,7 mm
X: bei PWM: maximal 3 mm; bei PPM: maximal 1 mm
Y: bei PWM: Y<D und minimal 1 mm; bei PPM: maximal 4,5 mm
(*PWM: pulse width modulation; PPM: pulse position modulation*)

Die Schreib- und Lesegeräte für optische Speicherkarten sind zur Zeit noch sehr teuer, was ihre Anwendungsmöglichkeiten bisher sehr eingeschränkt hat.

Eingesetzt werden optische Karten z.B. im Gesundheitswesen zur Speicherung von Patientendaten, wobei die hohe Speicherkapazität sogar die Speicherung von Röntgenbildern auf der Karte ermöglicht.

Bild 2.12   Foto einer typischen optischen Speicherkarte mit einer Nettospeicherkapazität, d.h.
                       mit Fehlerkorrektur von ca. 4 MByte. Die Bruttospeicherkapazität, d.h. ohne Fehler-
                       korrektur, bewegt sich in der Größenordnung von 6 MByte.

3 Physikalische und elektrische Eigenschaften

Die grundlegenden Eigenschaften des Kartenkörpers von Chipkarten stammen von den Vorgängern dieser Karten. Dies sind die seit langem bekannten Prägekarten, die vor allem im Kreditkartensektor momentan immer noch marktbeherrschend sind. Technisch gesehen sind sie einfach aufgebaute Karten aus Kunststoff, die durch Einprägung von diversen Benutzermerkmalen wie Name und Kundennummer personalisiert sind.

In weiterentwickelten Ausführungen wurden die Karten dann mit einem Magnetstreifen versehen, der so die einfache maschinelle Verarbeitung ermöglichte. Als dann die Idee aufkam, Karten mit einem Chip auszustatten, verwendete man die ursprünglichen Karten als Grundlage und implantierte zusätzlich noch einen Mikrocontroller. Viele Normen über die physikalischen Eigenschaften einer Karte sind gar nicht spezifisch für Chipkarten, sondern decken ebenfalls auch noch Magnetstreifen- und Prägekarten ab.

3.1   Physikalische Eigenschaften

Nimmt man eine Chipkarte in die Hand, dann ist das unmittelbar auffallende Merkmal das Format der Karte. Danach sieht man vielleicht, ob die Karte mit einem Kontaktfeld ausgestattet ist, obwohl manchmal überhaupt keine sichtbare elektrische Schnittstelle vorhanden ist (kontaktlose Chipkarte). Magnetstreifen, Hochprägung und Hologramm fallen eventuell als nächstes ins Auge. Alle diese Merkmale und Funktionsteile sind Teil der physikalischen Eigenschaften einer Chipkarte.

Ein Großteil der physikalischen Eigenschaften sind in Wahrheit rein mechanischer Natur, wie Größe, Biege- und Torsionsfestigkeit. Diese kennt man auch im praktischen

Umgang mit Chipkarten unmittelbar aus der Erfahrung. In der Praxis spielen jedoch sehr wohl typische physikalische Eigenschaften, wie Temperatur-, Lichtempfindlichkeit oder Feuchtebeständigkeit eine Rolle.

Man muß auch immer das Zusammenwirken von Kartenkörper und implantierten Chip betrachten, da nur beide miteinander eine funktionsfähige Chipkarte bilden. Ein Kartenkörper, der beispielsweise für sehr hohe Umgebungstemperatur geeignet ist, nützt wenig, wenn dies nicht auch der Mikrocontroller ist. Beide Teile müssen sowohl einzeln als auch miteinander alle notwendigen Anforderungen erfüllen, da es sonst zu hohen Ausfallraten beim Einsatz kommen kann.

3.1.1   Formate

Es wurden schon sehr lange kleine Kärtchen in der typischen Chipkartengröße von 85,6 mm Länge und 54 mm Breite verwendet. In diesem Format, das mit Sicherheit auch das bekannteste ist, werden fast alle Chipkarten produziert. Es hat die Bezeichnung ID-1 und ihre Größe ist in der internationalen Norm ISO 7810 festgelegt. Anhand der Abkürzung „ID", die für Identifikationskarte steht, sieht man deutlich, daß diese erste Norm aus dem Jahre 1985 noch nichts mit den Chipkarten, wie wir sie heute kennen, zu tun hatte. Dort wird lediglich eine Kunststoffkarte mit einem Magnetstreifen und Hochprägung beschrieben, die zur Identifizierung von Personen dient. An einen in die Karte eingebauten Chip war damals noch nicht gedacht. Erst einige Jahre später definierte man in weiteren Normen das Vorhandensein eines Chips und die Position seiner Kontaktflächen auf der Karte.

Bei der heutigen Vielfalt an Karten, die für alle möglichen Zwecke verwendet werden und die verschiedenste Abmessungen haben, ist es mittlerweile oft schwierig fest zustellen, ob eine Karte nun eigentlich eine ID-1 Chipkarte ist oder nicht. Eines der besten Erkennungsmerkmale ist neben dem implantierten Chip die Dicke der Karte. Beträgt die Dicke einer Karte mit implantiertem Mikrocontroller 0,76 mm, kann man im eigentlichen Sinne von einer Chipkarte nach ISO-Norm sprechen.

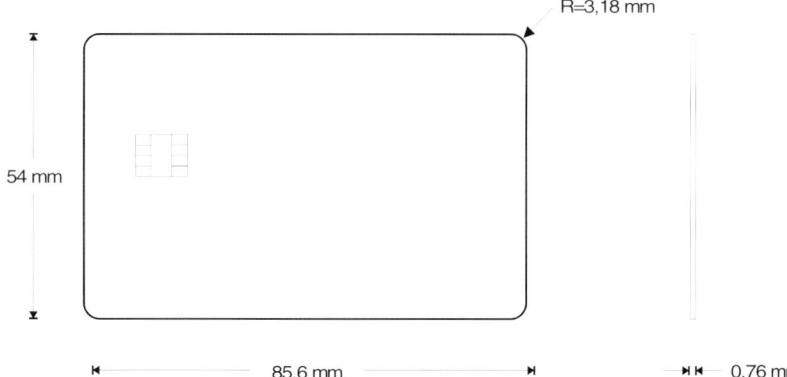

Bild 3.1   Das ID-1 Format. Dicke: 0,76 mm ± 0,08 mm, Radius der Ecken: 3,18 mm ± 0,30 mm. Die eingezeichneten Abmessungen stellen die Maße ohne Toleranzen dar.

Das gebräuchliche ID-1 Format hat den Vorteil, daß es manuell sehr gut handhabbar ist. Das Format der Karte ist so festgelegt, daß man sie in einer üblichen Geldbörse noch mit sich führen kann und ist aber nicht zu klein, als daß man sie leicht verlieren könnte. Außerdem ist sie wegen ihrer Flexibilität weniger störend, als ein Gegenstand, der steif ist.

Allerdings entspricht das Format oft nicht mehr den Erfordernissen der heutigen Miniaturisierung. Tragbare Telefone sind zum Teil nur mehr 100 g schwer und nicht viel größer als eine Packung Papiertaschentücher. Deshalb war es notwendig, neben ID-1 ein kleineres Format zu definieren, das die Belange der kleinen Endgeräte berücksichtigt. Die Karte durfte dabei sehr klein sein, da sie üblicherweise nur ein einziges Mal in das Endgerät gesteckt werden muß und dann dort für immer bleibt. Unter diesen Voraussetzungen definierte man das ID-000 Format, dessen einprägsamere Bezeichnung „Plug-In" oder in deutsch „Einschubkarte" lautet. Dieses Format kommt momentan nur im GSM-Bereich in Endgeräten zum Einsatz, in denen mechanisch sehr wenig Platz ist und in denen die Karte nicht öfter gewechselt werden muß.

Da jedoch die Handhabung der ID-000 Karte sowohl in der Fertigung als auch bei den Benutzern nicht gerade einfach ist, führte dies zu einem weiteren Format. Benannt ist dieses Format als ID-00 bzw. „Mini-Karte". Es stellt in der Größe ungefähr den Mittelwert zwischen ID-1 und ID-000 dar. Dadurch läßt sich die Karte einfacher manuell handhaben und ermöglicht auch eine kostengünstigere Fertigung, weil sie sich z.B. besser bedrucken läßt. Die Definition von ID-00 ist allerdings ziemlich neu, und dieses Kartenformat hat sich zur Zeit weder national noch international etabliert.

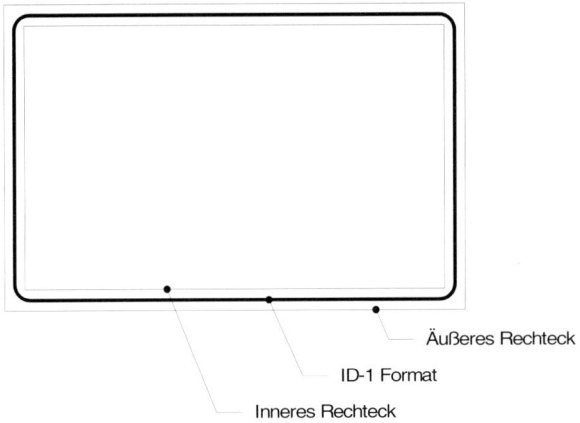

Äußeres Rechteck

ID-1 Format

Inneres Rechteck

Bild 3.2   Die Definition der Maße des ID-1 Formats für Chipkarten.

Die Definition der Formate in den jeweiligen Normen wurde auf meßtechnische Belange hin optimiert. So muß ein Kartenkörper im Format ID-1 in seiner Höhe und Breite so beschaffen sein, daß er ohne die abgerundeten Ecken innerhalb zweier konzentrischer und symmetrisch zueinander angeordneter Rechtecke mit den folgenden Abmessungen paßt:

Äußeres Rechteck:	Breite 85,72 mm (= 3,375 inch)
	Höhe 54,03 mm (= 2,127 inch)
Inneres Rechteck:	Breite 85,46 mm (= 3,365 inch)
	Höhe 53,92 mm (= 2,123 inch)

Die Dicke muß 0,76 mm (= 0,03 inch) mit einer Toleranz von ± 0,08 mm (= ± 0,003 inch) betragen. Die Radien der Ecken und die Dicke des Kartenkörpers sind auf konventionelle Art bemaßt. Aufgrund dieser Definitionen kann man die Abmessungen einer ID-1 Karte in dem Bild 3.1 darstellen.

Dem ID-000 Format dienen ebenfalls zwei konzentrische Rechtecke als Grundlage der Formatdefinition. Da dieses Format seine Ursprünge in Europa hat (Grundlage war das Mobiltelefonsystem GSM), basiert es auf metrischen Grundmaßen. Die Abmessungen der beiden Rechtecke sind:

Äußeres Rechteck:	Breite 25,10 mm
	Höhe 15,10 mm
Inneres Rechteck:	Breite 24,90 mm
	Höhe 14,90 mm

Die rechte untere Ecke des Plug-In ist im Winkel von 45° abgetrennt, um damit die Orientierung der Karte beim Einlegen in den Kartenleser zu vereinfachen.

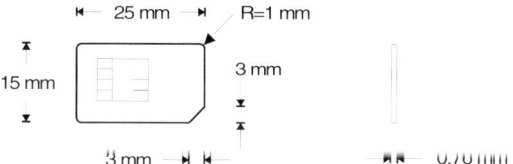

Bild 3.3   Das ID-000 Format. Dicke: 0,76 mm ± 0,08 mm, Radius der Ecken: 1 mm ± 0,10 mm, Ecke: 3 mm ± 0,03 mm. Die eingezeichneten Abmessungen stellen die Maße ohne Toleranzen dar.

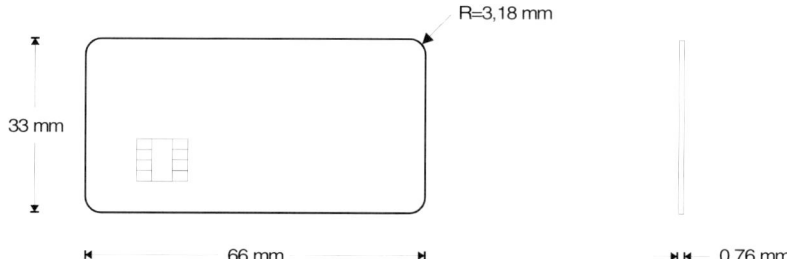

Bild 3.4   Das ID-00 Format. Dicke: 0,76 mm ± 0,08 mm, Radius der Ecken: 3,18 mm ± 0,30 mm. Die eingezeichneten Abmessungen stellen die Maße ohne Toleranzen dar.

Das ebenfalls auf metrischen Grundmaßen basierende ID-00 Format ist gleichfalls in seinen Maximal- und Minimalgrößen durch zwei konzentrische Rechtecke definiert. Die Abmessungen dieser beiden Rechtecke sind:

Äußeres Rechteck: Breite 66,10 mm
                              Höhe   33,10 mm
Inneres Rechteck: Breite 65,90 mm
                              Höhe   32,90 mm

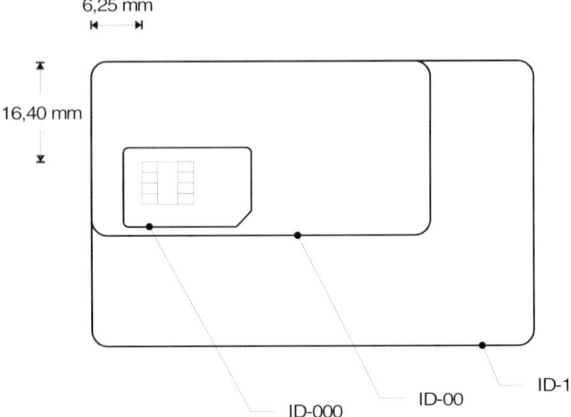

Bild 3.5   Die Zusammenhänge zwischen den Kartenformaten ID-1, ID-00 und ID-000.

Bild 3.6   Beispiel für eine GSM-Karte im ID-1 Format, die vom Kunden durch Auftrennen dreier Stege in das ID-000 überführt werden kann. (Giesecke und Devrient)

Die drei Formate ID-1, ID-00 und ID-000 können von den größeren Kartenkörpern zu den kleineren durch Stanzen überführt werden. Dies ist vor allem für die Kartenhersteller interessant, da sich damit der Fertigungsprozeß sehr gut optimieren und kostengünstiger gestalten läßt.

So ist es zum Beispiel denkbar, daß ein Hersteller nur Karten in einem einzigen Format (vorzugsweise ID-1) produziert, dann die Module einbettet und komplett personalisiert. Abhängig vom genauen Einsatzgebiet der so hergestellten Chipkarten können diese dann in einem nachgeordneten Produktionsschritt auf das gewünschte Format gebracht werden.

Alternativ dazu kann dies auch der Kunde machen, wie es im GSM-Bereich zum Teil schon durchgeführt wird. Der Kunde erhält eine ID-1 Karte, die vorgestanzt ist, so daß man durch Auftrennen von drei Bruchlaschen eine ID-000 Karte erhält. In einem anderen Verfahren ist die ID-000 komplett aus der ID-1 ausgestanzt und auf der den Kontakten abgewandten Seite durch ein einseitiges Klebeband mit dem restlichen Kartenkörper der ID-1 Karte verbunden. Damit kann der Kunde je nach vorhandenem Endgerät sein Kartenformat selber herstellen, und die Produktion und der Versand bleiben bei den Kartenherstellern ohne Varianten.

3.1.2   Kartenelemente und Sicherheitsmerkmale

Da Chipkarten meist als Berechtigungen für bestimmte Dinge oder zur Identifizierung des Inhabers genutzt werden, sind oft zusätzlich zu dem implantierten Chip noch Sicherheitsmerkmale auf dem Kartenkörper vonnöten. Da eine Kartenechtheitsprüfung auch durch Menschen und nicht nur durch Maschinen durchgeführt wird, beruhen viele Sicherheitsmerkmale auf optischen Merkmalen. Es gibt allerdings auch Sicherheitsmerkmale, die auf einem modifizierten Chipkarten-Mikrocontroller beruhen und deshalb nur durch Computer prüfbar sind. Die üblichen Merkmale für die manuelle Echtheitsprüfung einer Karte basieren im Gegensatz zu denen des Mikrocontrollers nicht auf kryptografischen Verfahren (z.B.: gegenseitige Authentisierung). Grundlage ist größtenteils die Geheimhaltung von Materialien und Herstellungsverfahren oder die Benutzung von technischen Verfahren, die nur mit sehr großem Aufwand, erheblichem Know-how oder technisch schwierig zu beherrschen sind.

Unterschriftsstreifen

Ein eher einfaches Verfahren zur Identifizierung des Besitzers ist ein fest mit dem Kartenkörper verbundener Unterschriftsstreifen, wie er z.B. auf Kreditkarten üblich ist. Einmal beschrieben, kann er nicht mehr geändert werden, ist also radierfest. Ein Überkleben des Streifens würde durch einen sehr feinen Farbdruck sofort sichtbar. Die irreversible Befestigung des Unterschriftsstreifens wird durch ein Heißklebeverfahren für den bedruckten Papierstreifen gewährleistet. Bei einem anderen Verfahren ist der Unterschriftsstreifen ein Teil der obersten Schicht des Kartenkörpers und wird beim Zusammenbau einlaminiert.

Guillochen

Etwas aufwendiger sind unter der transparenten obersten Schicht der Karte eingefügte Folien mit farbig aufgedruckten Guillochen. Als Guillochen werden die meist runden oder ovalen geschlossenen und miteinander verwobenen Linienfelder bezeichnet, die sich auch auf vielen verschiedenen Geldscheinen oder Aktien befinden. Diese Muster können aufgrund ihrer feinen Struktur momentan nur auf drucktechnischem Wege erzeugt werden und sind deshalb ebenfalls nicht kopierbar.

Mikroschrift
Ein weiteres Verfahren, das ebenfalls auf der Sicherheit von feinen gedruckten Strukturen basiert, sind Mikroschrift-Linien. Diese für das Auge nur als Linie erkennbare Schrift kann nur mit einer Lupe erkannt werden und ist auch nicht kopierbar.

UV-Schrift
Um das sichtbare Kartenlayout nicht zu beeinflußen, können Kontrollzeichen oder Kontrollnummern mit einer nur unter UV-Licht sichtbaren Farbe auf den Kartenkörper aufgedruckt werden. Die Fälschungssicherheit ist dabei jedoch als eher gering zu bewerten.

Hologramm
Ein mittlerweile allen Kartenbenutzern bekanntes Sicherheitsmerkmal sind in die Karte integrierte Hologramme. Die Sicherheit der Hologramme liegt vor allem darin, daß es weltweit nur sehr wenige Hersteller gibt und sie nicht an jeden abgegeben werden.

Die bei Chipkarten benutzten Hologramme sind sogenannte Prägehologramme, da sie auch bei diffusem weißem Tageslicht in Draufsicht erkannt werden müssen. Deshalb heißt diese Art von Hologramm auch Weißlicht-Reflexionshologramm. Übliche Durchlichthologramme würden nämlich kohärentes Laserlicht benötigen, um auf ihnen Bilder zu sehen. Manchmal besitzen Hologramme noch zusätzliche integrierte Sicherheitsmerkmale, die nur mit einem Laser sichtbar gemacht werden können. Um Prägehologramme herzustellen, muß zuerst ein Masterhologramm in der üblichen Technik für holografische Aufnahmen erstellt werden. Aus diesem wird mit einem Transferprozeß ein Mutterprägestempel mit darauf befindlicher Mikrostruktur des späteren Prägehologramms erzeugt. Auf galovanotechnischem Wege können nun Tochterprägestempel gefertigt werden, mit denen dann die Mikrostruktur in Kunststoffolien geprägt wird. Die Folien werden anschließend mit Aluminium bedampft, und man erhält die bekannten Weißlicht-Reflexionshologramme.

Hologramme werden irreversibel mit dem Kartenkörper verbunden, so daß sie sich nur mehr zerstörend von ihm lösen lassen. Dies ist entweder mit einem Laminierverfahren möglich oder auch durch das sogenannte Roll-On Verfahren. Dabei wird das auf einem Zwischenträger befindliche Hologramm mit einer beheizten Walze auf die Karte gepreßt und die Trägerfolie nach diesem Heißsiegeln abgezogen. Das Hologramm wird dabei unwiderruflich mit dem Kunststoffkartenkörper verschweißt. Das dritte mögliche Verfahren heißt „Hot-Stamp-Verfahren" und verläuft ähnlich dem Roll-On Verfahren, nur daß statt einer beheizten Walze ein beheizter Stempel benutzt wird.

Kinegramm, Kippbild
Ein Kinegramm, oft auch Kippbild genannt, ist vom Aufbau her ein Hologramm, dessen Abbildung sich sprunghaft mit dem Betrachtungswinkel ändert. Kinegramme sind ähnlich schwer zu fälschen wie Hologramme, haben aber den Vorteil, daß sie vom Betrachter schneller erkannt und damit geprüft werden können.

Multiple Laser Image

Ähnlich einem Hologramm ist das Multiple Laser Image (MLI). Dies ist eine Art Kippbild, das einfachen Hologrammen sehr ähnlich ist. Es basiert auf einem auf die Oberfläche einer Karte geprägten Linsensystem, in dem Teile mit einem Laser geschwärzt werden. Der Hauptunterschied zum Hologramm ist, daß beim MLI kartenindividuelle Informationen auf dem kleinen Bild dargestellt sind. Es ließe sich bei diesem Verfahren beispielsweise individuell der Name des Kartenbesitzers als Kippbild aufbringen.

Lasergravur

Die Schwärzung von speziellen Kunststoffschichten durch Verbrennen mit einem Laser nennt man Lasergravur oder schlicht und einfach „Lasern". Dies ist im Gegensatz zum Hochprägen eine sichere Art, individuelle Daten, wie Name und Kartennummer, auf die Karte zu schreiben, da die dazu notwendigen technischen Gerätschaften und das dazugehörige Know-how nicht jedermann zur Verfügung stehen.

Es gibt bei der Lasergravur die beiden Funktionsprinzipien Vektor- und Rastergravur. Beim Vektorverfahren führt man den Laserstrahl ohne Unterbrechung einer Bahn nach. Dies eignet sich sehr gut für die Darstellung von Zeichen und hat den Vorteil einer hohen Geschwindigkeit. Im Gegensatz dazu werden bei der Lasergravur im Rasterverfahren, ähnlich einem Tintenstrahl- oder Nadeldrucker, sehr viele nebeneinander liegende Punkte geschwärzt. Einsatz findet dieses Verfahren vor allem bei der Aufbringung von Bildern auf Karten. Es hat jedoch neben dem Vorteil der hohen, detailgetreuen Auflösung den Nachteil, daß es sehr zeitintensiv ist. Die Lasergravur eines typischen Paßbildes in üblicher Qualität bewegt sich beispielsweise im Bereich von zehn Sekunden.

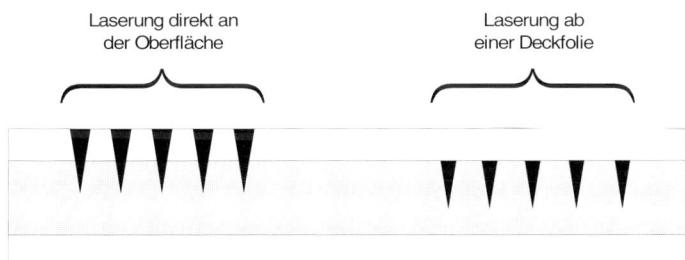

Bild 3.7   Schnittbild einer nicht maßstabsgetreu dargestellten Karte, die mit einem Laser beschriftet worden ist. Dabei gibt es zum einen die Variante der Laserung an der Kartenoberfläche und zum anderen die der Laserung unter einer für den Laser transparenten Deckfolie.

Hochprägung (Embossing)

Eine weitere Variante des Aufbringens von Benutzerdaten auf den Kartenkörper ist die Hochprägung von Schriftzeichen. Dazu werden Metallbuchstaben mit großer Wucht auf die Kunststoffkarte geschlagen. Das Verfahren funktioniert dem Prinzip nach wie eine alte mechanische Schreibmaschine. Die Hochprägung hat in der heutigen Zeit nur noch einen Vorteil, der aber im praktischem Einsatz sehr wichtig ist. Die Zeichen von hochgeprägten Karten lassen sich ohne großen Aufwand mit Kohlepapier auf vorgedruckte Formulare übertragen. Bei Kreditkarten ist dies beispielsweise immer noch die weltweit häufigste Art zu bezahlen.

Hochprägung läßt sich sehr leicht manipulieren. Man muß nur die hochgeprägten Buchstaben und Ziffern mäßig erhitzen (z.B.: mit einem Bügeleisen), und der geprägte Kunststoff wird wieder flach. Um diese Manipulationsmöglichkeit zu verhindern, legt man oft einige Zeichen der Hochprägung überlappend in das Hologramm, denn dieses würde beim Erhitzen zerstört werden.

Thermochrome-Anzeige

Es gibt durchaus Anwendungen, bei denen es wünschenswert ist, den Kartenaufdruck in Form von Text und Bildern im Laufe der Zeit zu ändern. Ein griffiges Beispiel dazu ist ein Studentenausweis in Form einer Chipkarte, der zweimal im Jahr verlängert werden muß. Idealerweise sollte das Verfallsdatum aber ohne technische Hilfsmittel visuell lesbar sein, was bedeutet, man muß es auf die Karte aufdrucken und kann es nicht nur im Chip speichern. Ein ähnliches Beispiel sind elektronische Geldbörsen auf Chipkartenbasis, bei denen man einen Taschenkartenleser benutzen muß, um den aktuellen – und im Chip gespeicherten – Börsensaldo sichtbar zu machen.

Chipkarten mit vom Mikrocontroller angesteuerten Display sind zum jetzigen Zeitpunkt zwar technisch möglich, aber für Massenanwendungen noch zu teuer. Es gibt jedoch eine einfache Alternative, die zwar gegenüber einem echten Display einige Nachteile besitzt, dafür aber kostengünstig und bereits verfügbar ist: Die Thermochrome-Anzeige (TC-Anzeige) auf der Chipkarte. Dies ist ein zusätzliches Kartenelement, auf das von speziellen Kartenlesern Zeichen und Bilder reversibel gedruckt werden können.

Das technische Funktionsprinzip ist verhältnismäßig einfach. Ein Druckkopf mit 200 dpi oder 300 dpi Auflösung, wie er auch für Thermotransfer- und Thermosublimationsdruck verwendet wird, erhitzt an den zu schwärzenden Stellen den auf die Karte laminierten und 10 μm bis 15 μm dicken Thermochromstreifen. Dieser färbt sich dabei an den bis zu 120 °C erhitzten Stellen dunkel. Diese Färbung kann aber durch Erhitzen des gesamten TC-Streifens wieder in einen annähernd transparenten Zustand überführt werden, was dann de facto einem Löschvorgang gleichkommt.

Das Thermochrome-Verfahren ist damit zur Zeit die einzige wirtschaftliche Möglichkeit, temporäre und ohne technische Hilfsmittel lesbare Daten auf der Kartenoberfläche dem Kartenbenutzer zur Verfügung zu stellen. Die größten Nachteile bestehen darin, daß das Verfahren nicht fälschungssicher ist und daß besondere Kartenterminals mit einem eingebauten Thermochrome-Druckwerk benötigt werden.

MM-Verfahren

Im Jahr 1979 hat die deutsche Kreditwirtschaft beschlossen, alle deutschen ec-Karten mit einem maschinell lesbaren Sicherheitsmerkmal auszustatten. Nach Prüfung von mehreren unterschiedlichen Methoden wurde das von der Firma GAO entwickelte

MM-Verfahren als das Sicherungsverfahren für die deutschen ec-Karten ausgewählt. Dieses Sicherheitsmerkmal wird immer noch in allen deutschen ec-Karten eingesetzt, obwohl diese mittlerweile größtenteils mit einem Mikrocontrollerchip ausgerüstet sind. Der Zweck dieses Merkmals war und ist, das unbefugtes Kopieren und Manipulieren des Magnetstreifens zu verhindern.

Das MM-Verfahren ist ein typisches Beispiel für ein geheimes und sehr effektives Sicherheitsmerkmal. Es wird seit über zwei Jahrzehnten in Millionen von Karten eingesetzt. Ein Artikel von Siegfried Otto [Otto 82] beschreibt überblickshaft den grundsätzlichen Aufbau dieses Sicherheitsmerkmals.

Der Begriff „MM-Verfahren" leitet sich von dem Terminus „moduliertes Merkmal" ab und kann als ein Hinweis für eine im Innern des Kartenkörpers eingebrachte, maschinell lesbare Substanz aufgefaßt werden [Meyer 96]. Dieser MM-Code wird bei der Kartenprüfung von einem besonderen Sensor aus der Karte ausgelesen und an ein Sicherheitsmodul, die MM-Box, weitergegeben. Diese MM-Box erhält zusätzlich den gesamten Dateninhalt des Magnetstreifens und insbesondere den MM-Prüfwert, welcher ebenfalls auf dem Magnetstreifen gespeichert ist. Im Innern der MM-Box wird nun eine auf dem DES basierende Einwegfunktion angestoßen, die aus Magnetstreifendaten und MM-Code einen Wert berechnet. Ist dieses Ergebnis nun identisch mit dem MM-Prüfwert, dann wird entschieden, daß der Magnetstreifen und die Karte zusammengehören.

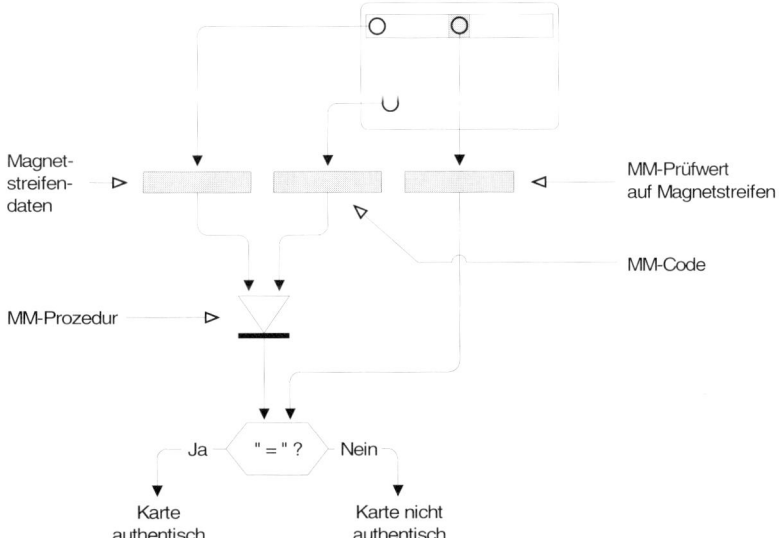

Bild 3.8   Prinzipieller Ablauf einer Echtheitsprüfung der deutschen ec-Karte bei der Verwendung des MM-Verfahrens. Das Sicherheitsmodul „MM-Box" schützt die MM-Prozedur und den anschließenden Vergleich, so daß lediglich eine Ja/Nein-Aussage als Ergebnis dem übergeordneten System gemeldet wird.

Würde man nun versuchen auf dem Magnetstreifen einer Blankokarte einen gültigen Magnetstreifeninhalt zu schreiben, so würde dies erkannt, da eine Blankokarte kein MM-Merkmal besitzt. Ebenso würde es erkannt, wenn man den Magnetstreifen einer ec-Karte auf eine andere ec-Karte kopiert, da dann der MM-Prüfwert falsch wäre. Das MM-Merkmal ist unsichtbar und seine Position in der Karte und die genaue Funktionsweise sind unbekannt. Es wird des weiteren aus Materialien und mit Hilfe einer Technologie hergestellt, die auf dem Markt nicht käuflich erhältlich sind.

Die MM-Box ist in allen deutschen Geldausgabeautomaten und in POS-Terminals eingebaut. Diese Geräte erlangen dadurch die Fähigkeit, die Zusammengehörigkeit von Magnetstreifen und Kartenkörper zu prüfen. Das Verfahren als solches ist durch keine Norm festgelegt und wird nur in Deutschland benutzt. Durch das MM-Verfahren sind die Magnetstreifen der deutschen ec-Karten vor dem technisch mittlerweile völlig problemlosen Kopieren des Magnetstreifens geschützt.

Da die Sicherheit des MM-Verfahrens nicht ausschließlich auf einigen geheimen Schlüsseln beruht, sondern vor allem auf Materialien und Technologie, kann es nur durch Geheimhaltung gegen Angriffe geschützt werden. Im übrigen ist Vertraulichkeit bei dieser Art von physikalischen Sicherheitsmerkmalen ein weithin übliches und auch durchaus notwendiges Mittel, um zusätzlichen Schutz zu gewährleisten. In diesen Fällen genügt es nicht, analog Kerckhoffs Prinzip, nur einige Schlüssel geheimzuhalten.

Sicherheitsmerkmale
Gerade in dem Zeitraum zwischen Masseneinsatz von Karten ohne Chip und der Einführung von Chipkarten wurden die unterschiedlichsten visuellen Sicherheitsmerkmale entwickelt. Es war während dieser Zeit die einzige Möglichkeit, Karten auf Echtheit zu prüfen. Durch den in neuen Karten implantierten Mikrocontroller und die dadurch möglichen kryptografischen Verfahren sind diese Echtheitsmerkmale etwas in den Hintergrund getreten. Doch sind sie auch heute noch von großer Bedeutung, wenn Karten nicht durch eine Maschine, sondern durch einen Menschen auf ihre Echtheit hin überprüft werden müssen, da dieser nie ohne Hilfsmittel direkt auf den Chip zugreifen kann.

Hier konnten nur stark zusammengefaßt die wesentlichen und bekanntesten Sicherheitsmerkmale von Karten aufgezählt werden. Es gibt noch eine große Zahl weiterer Merkmale, wie unsichtbare, nur im IR-/UV-Licht lesbare und magnetisch lesbare Codes oder spezielle Drucke in Regenbogenfarben. Doch lassen sich diese sicherlich sehr interessanten Merkmale hier aus Platzgründen nicht alle erläutern.

In Zukunft wird es nicht nur auf der Karte Sicherheitsmerkmale geben, sondern auch im Chip. Es ist vorstellbar, daß man mit Sicherheitschips ähnlich wie mit Banknotenpapier verfährt. Echtes Banknotenpapier mit spezifischen Echtheitsmerkmalen ist eine wesentliche Voraussetzung, um echte Geldscheine drucken zu können. Um ähnliche Merkmale im Chipbereich einzuführen, sind spezielle Chips mit modifizierter Hardware notwendig. Das Terminal kann dann die Veränderungen, d.h. das Merkmal, an der Hardware messen und aufgrund des Meßergebnisses die Echtheit des Chips beurteilen.

Als Beispiel für ein Hardwaremerkmal könnte man sich vorstellen, daß ein schneller kryptografischer Algorithmus als Zusatzhardware auf einem bestimmten Chip realisiert ist. Die zur Berechnung eines bestimmten Wertes notwendige Zeit wäre durch die Hardwarelösung so klein, daß man eine Emulation mit Software auf einem anderen Chip in ähnlich kurzer Zeit nicht durchführen könnte. Damit könnte ein Terminal einen Chip durch bloße Zeitmessung von anderen unterscheiden. Mittlerweile existieren mehrere Chips auf dem Markt, die ein Hardwaremerkmal in der beschriebenen oder einer ähnlichen Form haben und dann natürlich, ähnlich wie dem Banknotenpapier, nicht mehr frei erhältlich sind. Allerdings sind solche Merkmale durch die hohen Kosten für die eigens zu entwickelnde Hardware nur für sehr große Anwendungen geeignet. Auch ist die dann fast zwangsläufig daraus folgende Monopolstellung eines bestimmten Chips ohne die Möglichkeit eines Zweitlieferanten für viele Kartenherausgeber schwierig zu akzeptieren. Aber Hardwaresicherheit ist eine unverzichtbare Komponente in der Sicherheitsarchitektur eines Chipkartensystems, und sie ist leider nicht zum Nulltarif zu haben.

3.2   Kartenkörper

Die Materialien, der Aufbau und die Herstellung des Kartenkörpers werden im wesentlichen durch die Funktionselemente der Karte sowie durch die Belastung der Karte bei der Handhabung während der Anwendung bestimmt. Typische Funktions- oder Kartenelemente der Karte sind:

- Magnetpiste
- Unterschriftsstreifen
- Hochprägung
- Darstellung von Personalisierungsdaten durch Laserstrahl (Schrift, Foto, Fingerabdruck)
- Hologramm
- Sicherheitsdruck
- Unsichtbare Echtheitsmerkmale (z.B. Fluoreszenz)
- Chip mit Kontakten oder anderen Koppelelementen

Man sieht, die relativ kleine Karte mit ihrer Dicke von nur 0,76 mm muß unter Umständen eine Vielzahl von Funktionselementen aufnehmen. Dies stellt höchste Anforderungen an die Qualität der Materialien sowie des Herstellungsprozesses.

Die Mindestanforderungen an die Belastbarkeit der Karte sind in den ISO-Normen 7810, 7813 und 7816 Teil 1 festgelegt. Diese Anforderungen betreffen im wesentlichen folgende Themen:

- UV-Strahlung
- Röntgen-Strahlung
- Oberflächenprofil der Karte
- Mechanische Belastbarkeit der Karte und der Kontakte
- Elektromagnetische Verträglichkeit

- Elektrostatische Entladungen
- Temperaturbeständigkeit

Im ISO-Standard ISO/IEC 10 373 sind für viele dieser Forderungen Testmethoden festgelegt, die dem Anwender und Hersteller von Karten eine objektive Prüfung der Kartenqualität ermöglichen. Für Chipkarten sind dabei die Biege- und Torsionstests von besonderer Wichtigkeit. Der Chip ist nämlich wegen seiner Materialeigenschaften (spröde und zerbrechlich wie Glas) ein empfindlicher Fremdkörper in der elastischen Karte und muß durch besondere konstruktive Maßnahmen gegen mechanische Beanspruchung bei Biegung und Torsion der Karte geschützt werden. In Kapitel 9 befindet sich eine detaillierte Aufstellung von Tests und dazu angewandter Methoden.

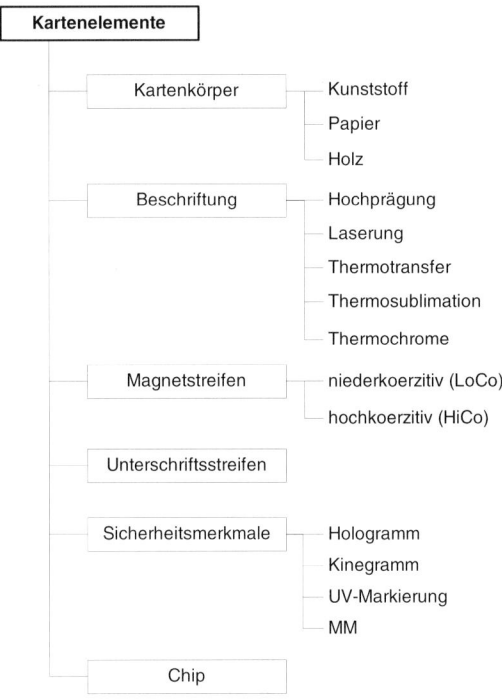

Bild 3.9   Die Systematik der Kartenelemente.

3.2.1   Kartenmaterialien

Das als erstes und auch heute noch am meisten verwendete Material für Identifikationskarten ist der amorphe Thermoplast PVC (Polyvinylchlorid). Es ist das preisgünstigste aller verfügbaren Materialien, läßt sich gut verarbeiten und deckt ein weites Einsatzspektrum ab. So kommt es beispielsweise weltweit bei Kreditkarten zum Einsatz. Nachteile von PVC sind die begrenzte Lebensdauer wegen der Alterung des Materials sowie die geringe Temperaturbeständigkeit. Als Ausgangsmaterial für die Kartenkörperproduktion wird PVC als Folie verwendet, der Spritzguß von PVC ist nicht möglich. Die weltweite Produktion an PVC betrug im Jahr 1996 ungefähr 13 Millionen Tonnen, davon entfielen 35 000 Tonnen auf Karten, was einem Anteil von ca. 0,27 % entspricht. PVC gilt allgemein als umweltschädlich. So ist der Ausgangsstoff Vinylchlorid als krebserregend eingestuft, und bei der Verbrennung kann Salzsäure und unter ungünstigen Bedingungen sogar Dioxin entstehen. Weiterhin enthält PVC zur Stabilisierung oft Schwermetalle. Allerdings ist PVC noch immer mit Abstand der am häufigsten benutzte Kunststoff für Karte. Dies ist vor allem durch den Preis und die gute Verarbeitbarkeit begründet. Aufgrund der schlechten Umwelteigenschaften sinkt aber der Einsatz von PVC von Jahr zu Jahr. Viele Kartenherausgeber lehnen mittlerweile dieses Material aus umweltpolitischen Erwägungen prinzipiell ab.

Um die Nachteile von PVC zu umgehen, werden seit einiger Zeit Karten aus ABS (Acrylnitril-Butadien-Styrol) gefertigt. Dieses Material ist ebenfalls ein amorpher Thermoplast und zeichnet sich durch hohe Festigkeit und Temperaturbeständigkeit aus. Deshalb ist ABS das üblicherweise bei Mobilfunkkarten eingesetzte Material, die aus naheliegenden Gründen sehr hohen Temperaturbelastungen ausgesetzt sind. ABS läßt sich sowohl als Folie als auch im Spritzguß gut verarbeiten. Die Hauptnachteile dieses Materials sind seine eingeschränkte Farbgebung sowie die Empfindlichkeit gegen Witterungseinflüsse. Der Ausgangsstoff Benzol ist krebserregend, doch sonst sind keine die Umwelt betreffenden Nachteile bekannt.

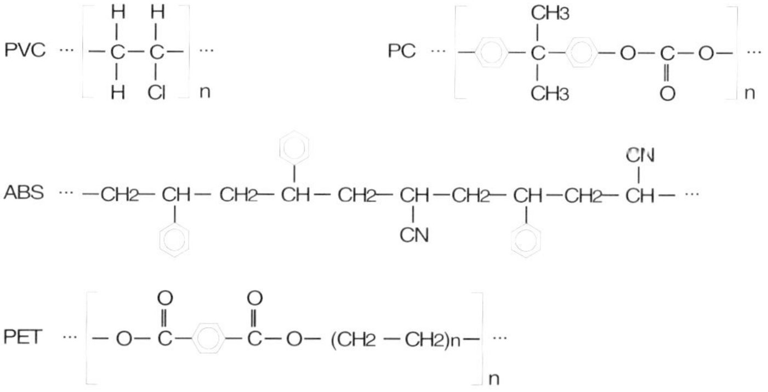

Bild 3.10   Strukturformeln der wichtigsten Kunststoffe für Kartenkörper.

Für Anwendungen, bei denen hohe Festigkeit und Langlebigkeit gefordert ist, wird Polycarbonat (PC) eingesetzt. Es ist ein typisches Material für Ausweiskarten und am Rande bemerkt auch das Trägermaterial für CDs. Aufgrund der guten Wärmebeständigkeit von Polycarbonat benötigt man zum Aufbringen von Hologrammen oder Magnetstreifen im Hot-Stamp-Verfahren relativ hohe Temperaturen, was leicht zu Problemen mit der Temperaturbeständigkeit des aufzubringenden Materials führen kann. Die Hauptnachteile von Polycarbonat sind die Kerbempfindlichkeit sowie der gegenüber allen anderen Kartenmaterialien sehr hohe Preis. Ungünstigerweise sind für die Herstellung von Polycarbonat die beiden umwelttechnisch bedenklichen Stoffe Phosgen und Chlor vonnöten. Polycarbonatkarten lassen sich sehr leicht erkennen, indem man sie auf einen harten Untergrund fallen läßt und es „blechern" klingt.

Ein umweltfreundliches Ersatzmaterial vor allem für PVC, das im Verpackungsbereich schon seit längerer Zeit eingesetzt wird, ist Polyethylenterephtalat (PET), dessen umgangssprachlicher Name Polyester lautet. Dieser thermoplastische Kunststoff wird bei Chipkarten sowohl in seiner amorphen (A-PET) als auch in der teilkristallinen (PETP) Form verwendet. Beide eignen sich sowohl für Folien- als auch für Spritzgußverarbeitung. Allerdings läßt sich das teilkristalline PET schwierig laminieren, was zusätzliche Arbeitsschritte bei der Fertigung notwendig macht.

Tabelle 3.1   Die üblichen Materialien für Kartenkörper und ihre Eigenschaften im Überblick.[1] Die Preise sind relativ zu PVC angegeben.

Eigenschaften	PVC	ABS	PC	PET
Haupteinsatz	Kreditkarten	Mobiltelefonkarten	ID-Karten	KV-Karten
Haupteigenschaft	kostengünstig	temperaturbeständig	langlebig	umweltfreundlich
Kartenherstellung	nur Folie	Folie und Spritzguß	Folie und Spritzguß	Folie und Spritzguß
Wärmebeständigkeit	65 – 90 °C	75 – 100 °C	160 °C	bis 80 °C
Kältebeständigkeit	mittel	hoch	mittel	mittel
mechanische Festigkeit	gut	gut	gut	sehr gut
Embossing	gut	schlecht	gut	gut
Bedrucken	gut	mittel	mittel	gut
Hot-Stamping (z.B.: für Hologramme u.ä.)	gut	gut	schwierig	gut
Lasergravur	ja	schlecht	gut	gut
typ. Lebensdauer	ca. 2 Jahre	ca. 3 Jahre	ca. 5 Jahre	ca. 3 Jahre
Anteil an der weltweiten Kartenproduktion (1998)	85 %	8 %	5 %	2 %
Preis	1 fach	2 fach	7 fach	2,5 fach
Umwelt	• u.U. Bildung von Dioxin bei Verbrennung • Stabilisatoren aus Schwermetallen	• krebserregendes Benzol ist einer der Ausgangsstoffe • verbrennt schadstoffarm	• Phosgen / Chlor sind für die Herstellung notwendig • verbrennt schadstoffarm	• z.Zt. umweltfreundlichstes Kartenmaterial • verbrennt schadstoffarm
Besonderheiten	negatives Image		kerbempfindlich	

Es gibt immer wieder Versuche, neben den vier üblichen Materialien für Kartenkörper PVC, ABS, PC und PET verbesserte oder neue Kunststoffe zu verwenden. Ein Beispiel dafür ist Zelluloseacetat, des zwar gute Umwelteigenschaften hat, sich aber bislang als sehr schwierig für die Massenfertigung von Karten herausstellte. Echte alternative Materialien zu Kartenkörpern aus Kunststoffen, wie etwa Papier, sind oft diskutiert, aber bisher nirgends in relevanten Stückzahlen eingesetzt worden. Die Anforderungen an Preis, Lebensdauer und Qualität an eine Karte sind nun einmal sehr hoch und momentan nur von Kunststoffen erfüllbar.

Keine echte Alternative zu den Kunststoffkartenkörpern, aber zumindest ein interessanter (oder auch kurios) zu nennender Feldversuch wurde 1996/97 in Dänemark von

---

[1] z.T. nach [Houdeau 97, Grün 96]

Danmønt durchgeführt.[1] Es wurden etwa 6 000 Chipkarten mit einem Kartenkörper aus schichtlaminiertem und bedrucktem Birkenholz ausgegeben (8 Schichten zu je 0,1 mm). Die emittierten Karten erfüllten zwar nicht die diversen Tests nach ISO 10 373, wie etwa Biegung und Torsion, und waren logischerweise auch nicht hochprägbar, doch etwa 90 % der Benutzer äußerten sich positiv und sagten, daß sie keine Probleme mit ihren Karten hatten. Aus Umweltsicht ist die Chipkarte aus Birkenholz leider keine Innovation, da die Holzschichten mit einem Kunststoffklebstoff zusammenlaminiert werden müssen und auch die üblichen Druckfarben notwendig sind.

3.2.2   Chipmodule

Bild 3.11   Die Evolution von Chipmodulen der Chip-on-Flex-Technik anhand einiger Bei-spiele, beginnend oben links mit einigen der ersten Chip-on-Flex-Module mit 8 Kontakten bis zu den heutigen Modulen mit 8 bzw. 6 Kontakten.

---

[1] [a la Card 97]

Das wichtigste Kartenelement einer Chipkarte ist natürlich der Chip. Dieses sehr emp-findliche Bauteil kann allerdings nicht einfach wie ein Magnetstreifen auf die Kar-tenoberfläche laminiert werden, sondern benötigt zum Schutz vor dem rauhen Karten-alltag eine Art von Gehäuse – das Modul. Zusätzlich zur Sicherung vor Umweltein-flüssen benötigen die kontaktbehafteten Chipkarten noch sechs bzw. acht Kontaktflä-chen, um Energieversorgung und Datenübertragung mit dem Terminal aufbauen zu können. Ein Teil der Moduloberfläche dient dieser Funktion der galvanischen Kontak-tierung mit der äußeren Welt. Das Chipmodul sollte natürlich möglichst kostengünstig sein.

Um die beiden technischen Funktionen, Schutz des zerbrechlichen Halbleiterchips und Verfügungstellung von Kontaktflächen, zu bewerkstelligen, wurden seit Anfang der Chipkartenentwicklung die unterschiedlichsten Modulbauformen ersonnen. Die wichtigsten davon werden im folgenden im Detail dargestellt.

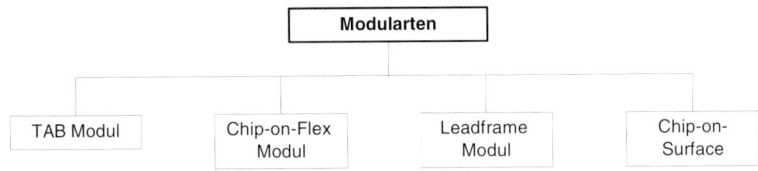

Bild 3.12   Klassifizierungsbaum der unterschiedlichen Modularten.

3.2.2.1   Elektrische Kontaktierung zwischen Chip und Modul

Zwischen dem Chip im Modul und den an der Modulaußenseite befindlichen Konta-ktelementen muß eine elektrische Verbindung hergestellt werden. Dafür gibt es heute prinzipiell zwei gängige Verfahren: Beim Draht-Bond-Verfahren (Wire-Bonding) wird mit einem automatischem Bonder ein nur wenige Mikrometer dünner Golddraht zwi-schen Chip und der Rückseite der Kontaktflächen gelegt. Die elektrische Verbindung zwischen Draht und Chip bzw. Modul wird durch Ultraschallschweißen hergestellt. Die Chipoberfläche ist bei diesem Verfahren immer in entgegengesetzter Richtung der Kontaktflächen orientiert. Dieses Verfahren ist in der Halbleiterindustrie seit langer Zeit Standard und läßt sich auch problemlos für die Massenproduktion von Chipmo-dulen einsetzen. Allerdings muß jeder Chip mit fünf Drähten elektrisch mit dem Modul verbunden werden, was durchaus Zeit und damit Geld kostet.

Eine Weiterentwicklung zur Reduzierung der Kosten des Chipeinbaus in Module ist das Die-Bonding. Bei diesem Verfahren findet die elektrischen Verbindung zwischen Chip und Modul nicht durch Drähte statt, sondern der Chip wird mit der Modulrück-seite so mechanisch verbunden, daß jeweils ein Kontakt für die fünf elektrischen Ver-bindungen hergestellt ist.

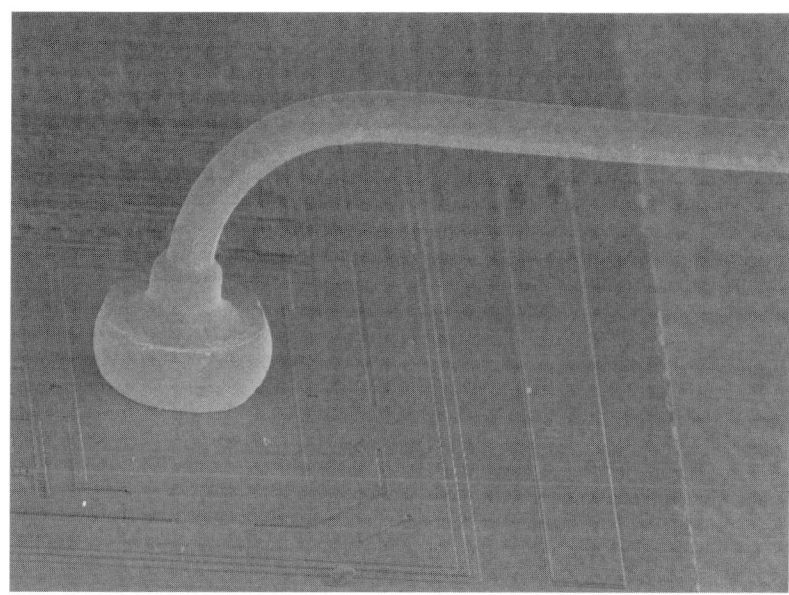

Bild 3.13   Foto der Verbindungsstelle zwischen Bonddraht und Bondpad auf einem Chip-karten-Mikrocontroller in 1 000facher Vergrößerung. (Giesecke & Devrient)

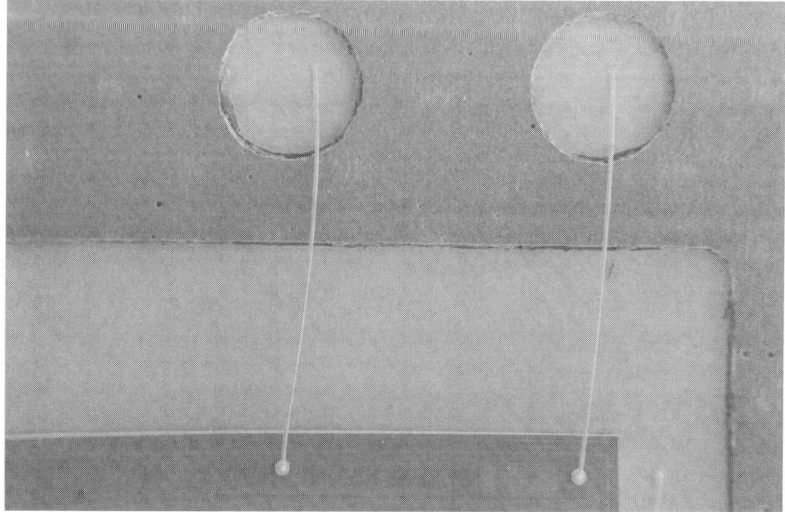

Bild 3.14   Aufsicht der elektrischen Verbindung zwischen Chipkarten-Mikrocontroller (am unteren Bildrand) und dem Chipkarten-Modul (am oberen Bildrand) in 400facher Vergrößerung. (Giesecke & Devrient)

3.2.2.2   TAB-Modul

Die TAB-Technik (*tape automated bonding*) wird weltweit immer seltener eingesetzt, obwohl sie noch Anfang der neunziger Jahre ein Standardverfahren für Chipverpakkung in großen Stückzahlen war. Es ist mittlerweile jedoch technisch überholt und auch zu teuer. Es ist hier vor allem der Vollständigkeit halber aufgeführt.

Ein Chipmodul in TAB-Technik ist in Bild 3.15 dargestellt. Das besondere an dieser Technik ist, daß zunächst auf die Anschlußflächen (pads) des Chips metallische Hökker (*bumps*) galvanisch aufgebracht werden. Auf diese Höcker werden dann die Leiterbahnen des Trägerfilms aufgelötet. Diese Lötverbindung ist mechanisch so belastbar, daß der Chip selbst nicht weiter befestigt werden muß, sondern nur an den Leiterbahnen hängt. Die aktive Fläche des Chips wird noch durch eine Abdeckmasse gegen Umwelteinflüsse geschützt. Der Vorteil des TAB-Verfahrens liegt in der hohen mechanischen Belastbarkeit der Chipanschlüsse und in der geringen Bauhöhe des Moduls. Dieser Vorteil muß allerdings durch einen höheren Preis gegenüber den anderen Modul-Techniken erkauft werden.

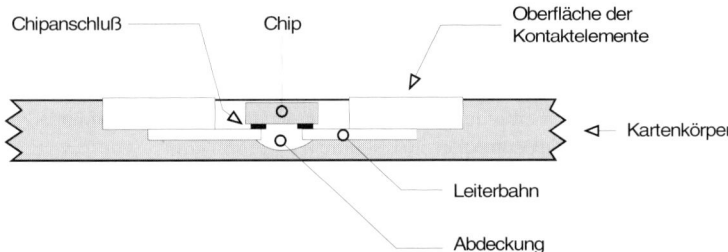

Bild 3.15   Querschnitt durch ein Chipmodul in der TAB-Technik.

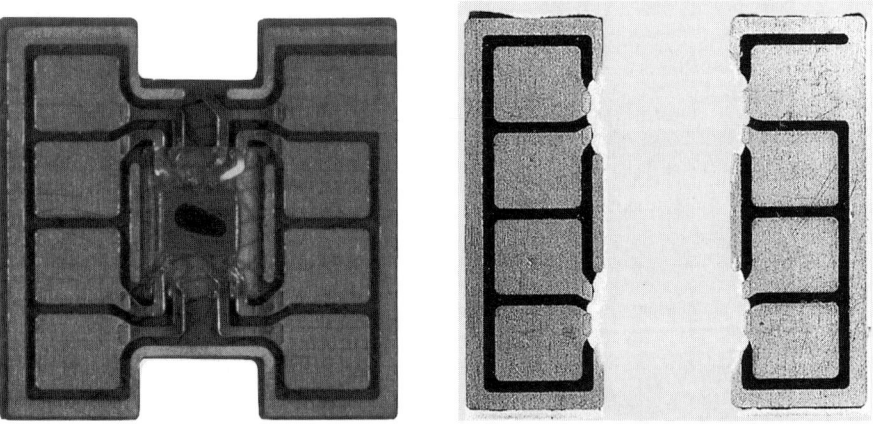

Bild 3.16   Auf der linken Seite ist ein TAB-Modul im uneingebauten Zustand zu sehen und auf der rechten Seite ein in eine Chipkarte eingebautes TAB-Modul.

Der Einbau eines TAB-Moduls in eine Karte ist nicht gerade einfach, da er schon bei der Laminierung der einzelnen Folien berücksichtigt werden muß. Es werden vor dem Laminieren passende Aussparungen in die Folien gestanzt und passend dazu die Chipmodule eingesetzt. Beim Laminiervorgang wird dann das Chipmodul fest mit dem Kartenkörper verschweißt. Mit diesem Verfahren lassen sich hohe Ansprüche an die Verbundqualität zwischen Chipmodul und Kartenkörper erfüllen. Der Chip kann praktisch nicht mehr aus der Karte herausgelöst werden, ohne diese zu zerstören.

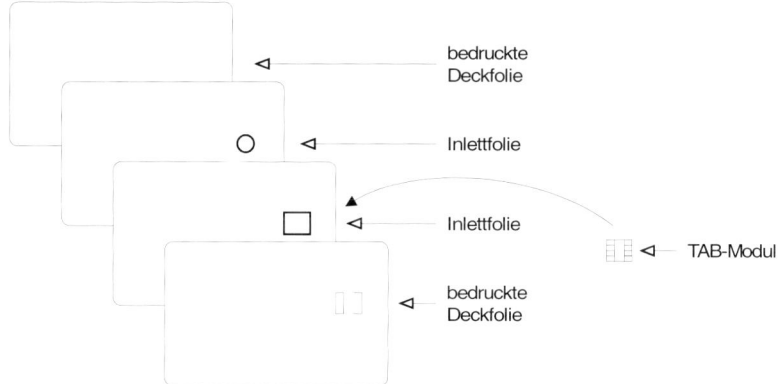

Bild 3.17   Einbringen des TAB-Moduls beim Laminierprozeß.

3.2.2.3   Chip-on-Flex-Modul

Am weitesten verbreitet sind heute Module in der Chip-on-Flex-Technik und mit im Draht-Bond-Verfahren kontaktierten Chips. Der Aufbau solch eines Moduls ist in Bild 3.19 als Schnittzeichnung dargestellt. Bei diesem Verfahren wird in den fertigen Kartenkörper ein Loch gefräst, in das dann die Chipmodule eingeklebt werden.

Das Trägermaterial ist eine dünne Leiterplatte aus glasfaserverstärktem Epoxidharz mit einer Dicke von 120 µm. Die späteren Kontaktflächen bestehen aus 35 bzw. 75 µm auflaminiertem Kupfer, das in einem späteren Prozeßschritt galvanisch vergoldet wird. Damit wird die Kontaktfläche unempfindlich gegenüber die elektrische Leitfähigkeit einschränkenden Einflüssen wie beispielsweise Oxidation. Zur Aufnahme des Chips und der Drahtverbindungen sind Löcher aus dem Träger ausgestanzt. Der ca. 200 µm dicke Chip wird mit einem Pick-and-Place-Automat vom gesägten Wafer genommen und auf der Rückseite des Moduls in die vorgesehene Ausstanzung der Leiterplatte befestigt. Anschließend werden die Chipanschlüsse mit einigen Mikrometer dünnen Bonddrähten mit der Rückseite der Kontaktflächen verbunden. Zum Schluß werden der Chip und die Bond-Drähte durch eine Vergußmasse gegen Umwelteinflüsse geschützt. Die Gesamtdicke des fertigen Moduls bewegt sich dann typischerweise in einem Bereich von 600 µm.

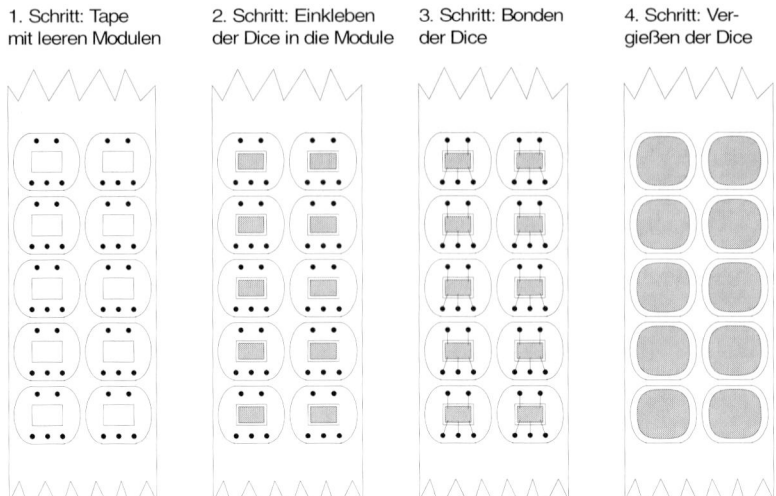

Bild 3.18   Darstellung der vier wesentlichen Prozeßschritte bei der Herstellung eines Chip-on-Flex-Moduls.

Der Vorteil dieses Verfahrens liegt darin, daß es sich weitgehend an das in der Halbleiterindustrie übliche Verfahren zur Verpackung von Chips in Standardgehäusen anlehnt. Es ist weniger spezielles Know-how erforderlich als beim TAB-Verfahren, und es ist dadurch preisgünstiger. Dieses Verfahren ist auch gut einsetzbar, wenn sehr komplexe Kartenkörper mit vielen Funktionselementen produziert werden sollen. Karten mit Fertigungsfehlern können dann nämlich aussortiert werden, bevor die teuren Chips eingebaut werden. Der Nachteil liegt darin, daß sowohl die Bauhöhe wie auch die Länge und Breite des Moduls deutlich größer sind als beim TAB-Modul, weil nicht nur der Chip, sondern auch die Bond-Drähte durch die Abdeckmasse geschützt werden müssen. Dies ist vor allem deshalb ungünstig, da die genormte Chipkartendicke von 0,76 mm nur sehr wenig Spielraum für allzu dicke Module läßt.

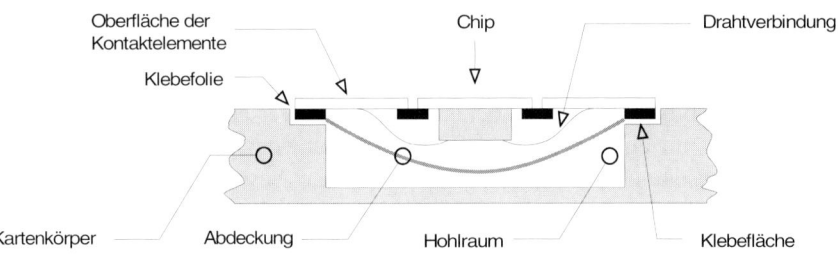

Bild 3.19   Querschnitt durch ein Chipmodul in der Chip-on-Flex-Technik.

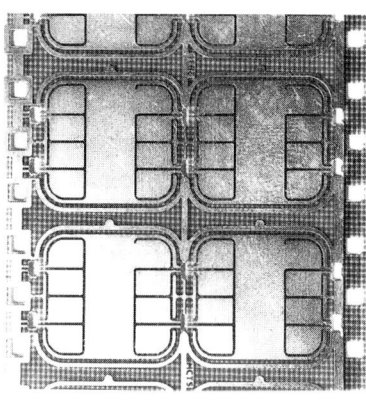 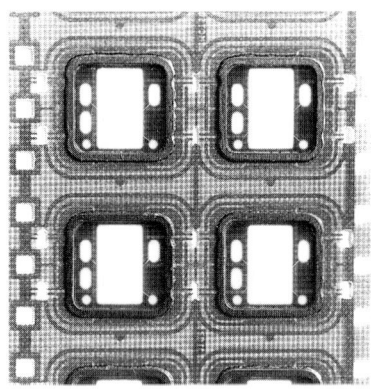

Bild 3.20   Vorder- und Rückseite von Modulen in Chip-On-Flex-Technik auf 35 mm Tape. Man sieht an der Rückseite deutlich die fünf Aussparungen auf der Trägerplatine, für die elektrische Verbindung zum Chip durch Bonddrähte.

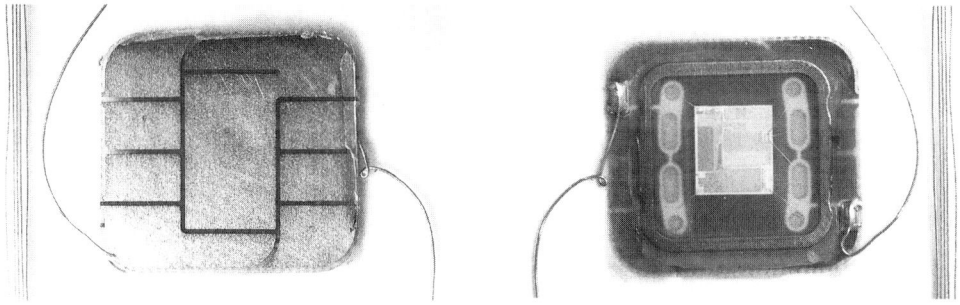

Bild 3.21   Vorder- und Rückseite eines Moduls in Chip-On-Flex-Technik für eine Dual-Interface-Karte.

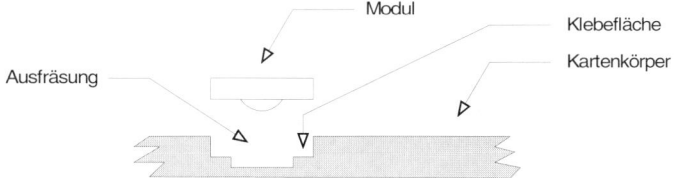

Bild 3.22   Einbringen des Chipmoduls in einen gefrästen Kartenkörper.

3.2.2.4   Lead-Frame-Modul

Technisch gesehen ist sowohl TAB-Technik als auch die Chip-on-Flex-Technik nicht optimal, da beide Verfahren wenig Raum für eine Reduktion des fertigungstechnischen Aufwands bieten. Bei der TAB-Technik ist die Herstellung des Kartenkörpers aufgrund des Moduls sehr aufwendig, und bei der Chip-on-Flex-Technik sorgt sowohl der komplizierte Modulkörper als auch das Bonden für ungünstige Herstellkosten. Diese Gründe führten zu einem Modultyp, der mechanisch genauso stabil wie TAB- und Chip-on-Flex-Technik ist, aber kostengünstiger zu produzieren: das Lead-Frame-Modul.

Der Aufbau eines Lead-Frame-Moduls ist relativ unkompliziert. Die aus einer Kupferlegierung mit galvanisierter Goldoberfläche gestanzten Kontaktflächen werden durch einen sogenannten Moldkörper aus Kunststoff zusammengehalten. Auf diesem wird dann mit Pick-and-Place der Chip aufgesetzt und im Wire-Bond-Verfahren mit den Rückseiten der Kontaktflächen verbunden. Anschließend schützt man den Chip noch mit einem Überzug aus lichtundurchlässigem, meist schwarzem Epoxidharz.

Das Lead-Frame-Verfahren ist zur Zeit eines der kostengünstigsten Verfahren zur Modulherstellung, ohne Nachteile bei der mechanischen Stabilität dafür in Kauf nehmen zu müssen.

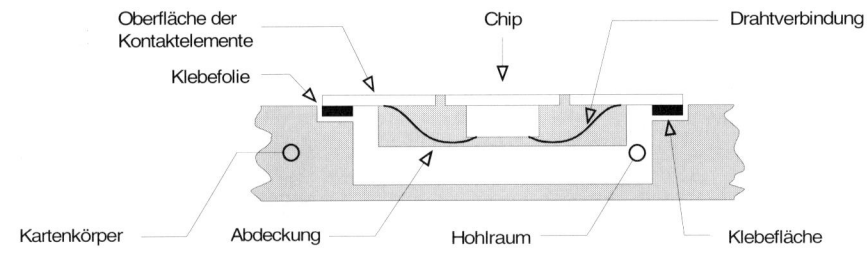

Bild 3.23   Querschnitt durch ein Chipmodul in der Lead-Frame-Technik.

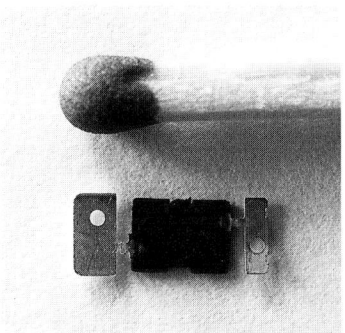

Bild 3.24   Ausgestanztes Modul in Lead-Frame-Technik mit den zwei Spulenanschlüssen für kontaktlose Chipkarten im Vergleich mit einem Streichholz.

Bild 3.25   Paarweise nebeneinander angeordnete Lead-Frame-Module auf einem 35 mm Tape
               für kontaktlose Chipkarten. Am oberen Bildrand sind die zwei leeren Plätze von be-
               reits ausgestanzten Modulen zu sehen.

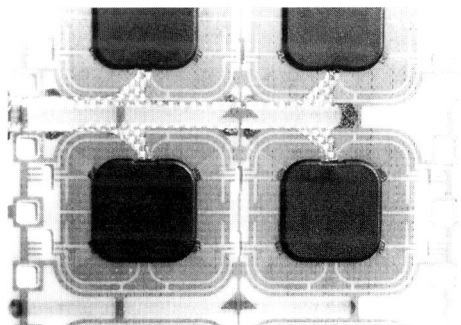

Bild 3.26   Paarweise nebeneinander angeordnete Lead-Frame-Module auf einem 35 mm Tape
               für kontaktbehaftete Chipkarten.

3.2.2.5   Chip-On-Surface-Verfahren

Für flächenmäßig kleine Chips existiert seit Mitte der neunziger Jahre neben den bekannten Verfahren des Chipeinbaus in ein Modul eine technisch sehr interessante Alternative. Die von Solaic [Sligos] entwickelte MOSAIC (Microchip On Surface And In
Card) -Technologie benötigt kein Modul für den Chip, denn dieser befindet sich direkt
auf dem Kartenkörper.

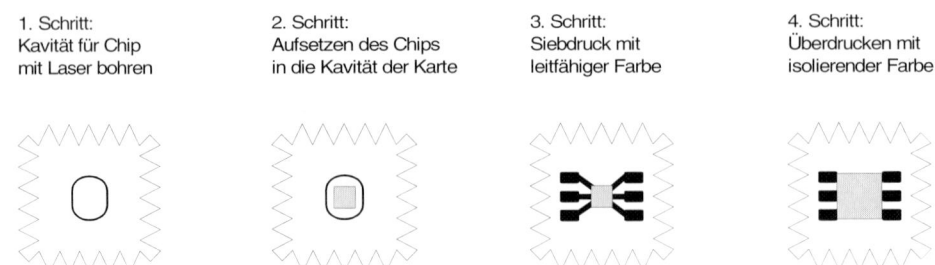

1. Schritt:
Kavität für Chip
mit Laser bohren

2. Schritt:
Aufsetzen des Chips
in die Kavität der Karte

3. Schritt:
Siebdruck mit
leitfähiger Farbe

4. Schritt:
Überdrucken mit
isolierender Farbe

Bild 3.27   Die vier Fertigungsschritte beim Chip-on-Surface-Verfahren zur Herstellung einer
Karte mit Chip.

Das MOSAIC-Verfahren eignet sich für Chipgrößen von etwa 1 mm^2, was den Einsatz zur Zeit auf reine Speicherchips reduziert, da Mikrocontroller für diese Technologie noch zu groß sind. Die Technik funktioniert folgendermaßen: Zuerst wird mit einem Laser an der späteren Chipposition Material abgetragen und dann an diese Stelle der Speicherchip geklebt. Im nächsten Arbeitsschritt wird sowohl der Chip mit einer Silberleitpaste im Siebdruckverfahren an seinen Anschlußstellen überdruckt als auch gleichzeitig die Kontaktflächen auf die Karte aufgedruckt. Im abschließenden Arbeitsschritt wird der Chip und die gedruckten Leiterbahnen zu den Kontaktflächen mit einem nichtleitendem Lack abgedeckt. Damit sind sie einerseits zur Außenwelt hin elektrisch isoliert und andererseits gegenüber Umwelteinflüssen abgesichert.

Bild 3.28   Foto eines Speicherchips mit einer Seitenlänge von 0,5 mm (= 0,25 mm^2) mit Kontaktflächen nach ISO/IEC 7816-3, der samt den Kontakten im Chip-On-Surface-Verfahren auf eine Telefonkarte aufgebracht wurde.

Die Darstellung zeigt deutlich, daß das Verfahren sehr gut für hohe Stückzahlen in der Massenproduktion von Karten geeignet ist, da es im wesentlichen nur aus einem kurzen Laserbeschuß des Kartenkörpers und zwei Druckvorgängen besteht. Diese Technologie erfordert aber ein äußerst positionsgenaues Druckverfahren, damit die Anschlußstellen am Chip genau getroffen werden. Als Kartenmaterial wurde bislang hauptsächlich Polycarbonat verwendet, das sich für das Chip-On-Surface-Verfahren besonders gut eignet. Der Durchsatz an produzierten Chipkarten bewegt sich im Bereich von 5 000 Stück pro Stunde und Maschine.

3.3   Elektrische Eigenschaften

Die elektrischen Eigenschaften einer Chipkarte sind nur vom implantierten Mikrocontroller abhängig, da er das einzige elektrisch beschaltete Bauelement auf einer Chipkarte ist. In den Anfängen der Chipkartentechnik war oft nur entscheidend, daß der Mikrocontroller funktionsfähig war, und weniger die elektrischen Randbedingungen. Es gab damals fast ausnahmslos geschlossene Anwendungen mit einem einzigen Chipkartentyp und einem dazu passend entwickelten Terminaltyp. Die elektrischen Eigenschaften der Chipkarte waren nur insoweit relevant, als daß man die Terminals auf den verwendeten Chipkartentyp auslegte. Dies hat sich in den letzten Jahren aber zunehmend geändert. Bei den heutigen großen Anwendungen, in denen verschiedene Chipkarten mit vielen unterschiedlichen Terminals zusammenarbeiten müssen, ist es unabdingbar, daß sich alle eingesetzten Karten elektrisch gleich oder zumindest in klar definierten elektrischen Bereichen einheitlich verhalten.

Die allgemeine Grundlage in diesem Bereich, die vor allem internationalen Charakter hat, bildet die Norm ISO/IEC 7816-3. In ihr sind sehr viele grundlegende elektrische Bedingungen, wie z.B. Ein- und Ausschaltsequenz, von Chipkarten definiert.

Eine große Anwendung, die auch hier die Vorgaben setzte, war das Mobiltelefonnetz GSM. Dieses System, bei dem verschiedene Terminaltypen, die auch noch von den unterschiedlichsten Herstellern stammen, mit mehreren Kartentypen zusammenarbeiten müssen, setzte ganz klar die Rahmenbedingungen. Auch durch die großen Stückzahlen an eingesetzten Chipkarten haben die in der GSM 11.11 definierten elektrischen Eigenschaften Vorbildcharakter für alle Halbleiterhersteller. Alle Neuentwicklungen von Chipkarten-Mikrocontrollern für den Weltmarkt erfüllen die elektrischen Rahmenwerte der GSM 11.11 Spezifikation, da sie sonst praktisch nicht mehr zu verkaufen sind.

3.3.1   Beschaltung

Meistens haben Chipkarten acht Kontaktfelder an der Vorderseite. Diese sind die elektrische Schnittstelle zwischen dem Terminal und dem Mikrocontroller der Chipkarten. Alle elektrischen Signale werden über diese Kontakte geführt. Zwei der acht Kontaktfelder (C4 und C8) sind jedoch gemäß ISO/IEC 7816-2 für spätere, noch zu definierende Funktionen reserviert und sollten deshalb aus Kompatibilitätsgründen noch nicht benutzt werden. Einer der beiden Kontakte ist dabei für eine zweite I/O-Schnittstelle vorgesehen, so daß irgendwann mit einer Chipkarte eine voll Duplex-Datenübertragung aufgebaut werden kann. Einige neuere Module für Chipkarten haben deshalb auch nur mehr sechs Kontaktfelder, da dies die Fertigungskosten geringfügig reduziert. Die Funktionalität ist aber identisch mit den Modulen mit acht Kontakten.

Die Kontakte sind analog den üblichen Halbleiterbausteinen von links oben nach rechts unten durchnumeriert. Die acht definierten Kontakte sind dabei nach ISO folgendermaßen bezeichnet und elektrisch belegt:

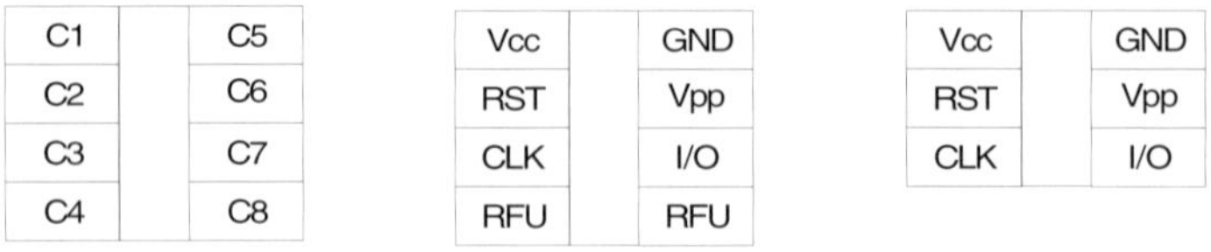

C1	C5
C2	C6
C3	C7
C4	C8

Vcc	GND
RST	Vpp
CLK	I/O
RFU	RFU

Vcc	GND
RST	Vpp
CLK	I/O

Bild 3.29   Die elektrische Belegung und die Numerierung der Kontaktfelder einer Chipkarte nach ISO 7816-2.

Vor einigen Jahren war es noch notwendig, die Programmier- und Löschspannung für das EEPROM auf dem Chip extern zuzuführen, da die verwendeten Mikrocontroller keine Ladungspumpe hatten. Deshalb wurde für diese Spannung ein Kontaktfeld (C6) reserviert. Da es aber mittlerweile Stand der Technik ist, diese Spannung mit einer Ladungspumpe direkt auf dem Chip zu erzeugen, wird dieses Kontaktfeld nicht mehr verwendet. Allerdings kann es auch nicht für andere Funktionen benutzt werden, da dies der ISO-Norm widerspräche. So hat jede Chipkarte ein Kontaktfeld, das keine eigentliche Funktion mehr aufweist, aber vorhanden sein muß. Da jedoch der Kontakt für die Programmierspannung zwischen zwei für die Funktion der Chipkarte notwendigen Kontakten liegt, kann das Kontaktfeld sowieso nicht eingespart werden, was den Nachteil etwas mindert.

Tabelle 3.2   Die Bezeichnungen und Funktion der Kontakte nach ISO 7816-2.

Kontakt	Bezeichnung	Funktion
C1	Vcc	Versorgungsspannung
C2	RST	Eingang Reset
C3	CLK	Eingang für Takt
C4	RFU	Reserviert für zukünftige Verwendung und zur Zeit nicht benutzt
C5	GND	Masse
C6	Vpp	Programmierspannung (wird normalerweise nicht mehr benutzt)
C7	I/O	Ein-/Ausgang für die serielle Kommunikation
C8	RFU	Reserviert für zukünftige Verwendung und zur Zeit nicht benutzt

3.3.2   Versorgungsspannung

Die Versorgungsspannung einer Chipkarte beträgt 5 Volt mit einer maximalen Abweichung von ± 10 %. Diese an übliche TTL-Versorgungen angelehnte Spannung ist für alle auf dem Markt und in der Anwendung befindlichen Chipkarten der Standardwert.

Im Bereich der Mobiltelefone führt die vom Markt geforderte Gewichtsreduktion der Endgeräte immer mehr zum Übergang von 6 Volt- oder 4,5 Volt-Akkus auf 3 Volt-Typen. Da mittlerweile alle Bauteile eines Mobiltelefons in 3 Volt-Technik verfügbar sind, ist somit die Chipkarte das einzige Bauteil, das in einem Mobiltelefon noch 5 Volt benötigt. Deshalb brauchen diese zur elektrischen Versorgung der Chipkarte einen Spannungswandler, was aufwendig ist und die Kosten unnötig erhöht. Die zukünftige Entwicklung wird aus diesem Grund bei Chipkarten zu einem Spannungsbereich von 3 Volt bis 5 Volt mit einer Toleranz von ± 10 % führen. Letztendlich ergibt sich daraus ein effektiver Spannungsbereich von 2,7 Volt bis 5,5 Volt.

Theoretisch wäre es auch möglich, Chipkarten-Mikrocontroller speziell für den 3-Volt-Spannungsbereich zu entwickeln. Dies hätte aber den Nachteil, daß die Kompatibilität mit den Millionen vorhandener 5-Volt-Chipkarten nicht mehr gegeben wäre. Im schlechtesten Fall würde die Verwendung einer 3-Volt-Karte in einem 5-Volt-Terminal den Chip auf der Karte zerstören. Die Folge wäre, daß der Benutzer immer darauf achten müßte, seine Chipkarte nicht in Terminals mit der falschen Spannung zu stecken, was diesem sicherlich nicht zugemutet werden kann. Die Vorteile einer einfachen und problemlosen Handhabung der Karte wären dahin.

Der erweiterte Spannungsbereich stellt prinzipiell weder für einen Prozessor noch für die Speicherbausteine ein Problem dar. Auf dem Mikrocontroller ist jedoch noch ein EEPROM integriert. Und genau dieses EEPROM, bzw. die Ladungspumpe für das EEPROM, ist das größte Hindernis auf dem Weg in die 3-Volt-Technik. Es ist technisch aufwendig und erst seit einigen Jahren möglich, EEPROMs mit dazugehörigen Ladungspumpen auf Chips unterzubringen, die im Bereich zwischen 2,7 Volt und 5,5 Volt funktionsfähig sind. Allerdings wird dieser große Spannungsbereich mehr und mehr für alle Mikrocontroller obligatorisch.

Die ISO/IEC 7816-3 sieht zur Kennzeichnung des Spannungsbereichs zwei Klassen vor. Die Class A deckt die Spannung 5 V (± 10 %) ab und die Class B die Spannung 3 V (± 10 %). Beide Klassen sind sowohl einzeln als auch gemeinsam einsetzbar. Erfüllt eine Chipkarte beide Klassen, so kann sie sowohl für 3 Volt als auch für 5 Volt verwendet werden. Dabei ist jedoch Vorsicht geboten, da der Bereich zwischen 3,3 V und 4,5 V außerhalb der Spezifikation ist!

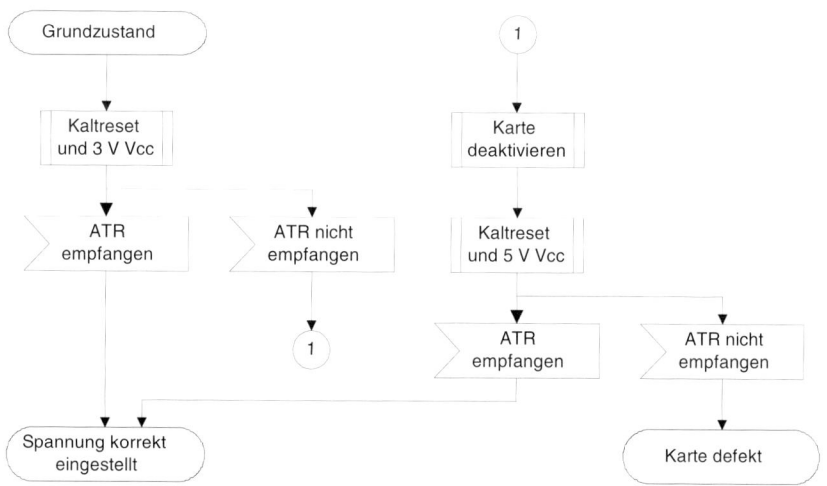

Bild 3.30   Zustandsautomat des Terminals bei der Auswahl der Versorgungsspannung. Der dargestellte Automat stellt die geringste notwendige Spannung ein.

3.3.3   Versorgungsstrom

Der Mikrocontroller der Karte bezieht seine Versorgungsspannung und damit den Versorgungsstrom über den Kontakt C1. Dabei darf der Strom den Wert 10 mA nach GSM 11.11 Norm nicht übersteigen. Die ISO-Norm sieht in der derzeitig aktuellen Version hierfür zwar noch einen Wert von 200 mA vor, dies ist jedoch technisch überholt und wird wohl in Zukunft an den Stand der Technik angepaßt werden.

Bei einer Versorgungsspannung von 5 Volt und einem angenommenen Stromverbrauch von 10 mA hat eine Chipkarte eine Leistungsaufnahme von 50 mW. Dies ist so gering, daß man sich über eine Eigenerwärmung des Chips während des Betriebes keine Sorgen zu machen braucht, auch wenn diese Energiemenge auf einer Fläche von etwa 25 mm^2 umgesetzt wird.

Der Stromverbrauch eines Mikrocontrollers ist direkt proportional mit der angelegten Taktfrequenz, was dazu führt, daß man entweder den maximal möglichen Stromverbrauch angibt oder den Stromverbrauch in Abhängigkeit vom Takt. Eine weitere, wenn auch nicht so starke Abhängigkeit des Stromverbrauchs besteht noch mit der Temperatur.

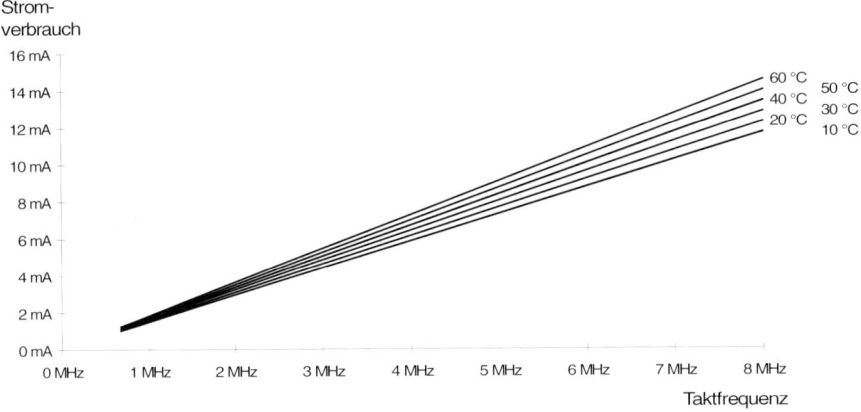

Bild 3.31   Abhängigkeit des Stromverbrauchs eines Chipkarten-Mikrocontrollers vom angelegten Takt und der Temperatur. Der Chip befindet sich in normalen Betrieb und nicht im stromsparenden Sleep-Modus. Der Stromverbrauch im Sleep-Modus ist ebenfalls linear von der angelegten Taktfrequenz abhängig und beträgt bei 5 MHz je nach Mikrocontroller ca. 50 µA.

Im Zusammenhang mit dem Versorgungsstrom existiert noch ein wichtiges Detail, dessen Mißachtung einigen Terminalherstellern schon arges Kopfzerbrechen eingebracht hat. Alle verwendeten Mikrocontroller basieren auf der CMOS-Technologie. Daher können bei Schaltvorgängen von Transistoren unter Umständen hohe Querströme auftreten. Diese Querströme verursachen Spikes mit einem Vielfachen des Nennstromes im Nanosekundenbereich. Auch durch das Anschalten der Ladungspumpe für das EEPROM können diese Spikes entstehen. Kann dieser hohe Strom vom Terminal in der kurzen Zeit nicht aufgebracht werden, so fällt die Versorgungsspannung unzulässig weit ab. Dies kann zu einem Schreibfehler im EEPROM führen oder zum Auslösen der Unterspannungsdetektion im Chip.

Das Vorhergehende ist der Grund dafür, warum mittlerweile in praktisch jeder Norm und Spezifikation ein Hinweis auf diese möglichen Spikes zu finden ist. Dort wird gefordert, daß die Stromversorgung fähig sein soll, Spikes mit einer maximalen Dauer von 400 ns und einer maximalen Amplitude von 200 mA abzufangen. Das entspricht bei einem angenommenen dreieckförmigen Spike einer bereitzustellenden Ladung von 40 nAs. Durch Anbringung eines 100 nF Keramikkondensators zwischen Masse und Versorgungsspannung sehr nahe an den Kontakten zur Chipkarte kann das Problem auf einfache Weise gelöst werden.

In Zukunft sieht die GSM Norm vor, den maximal erlaubten Stromverbrauch auf einen Wert von 1 mA zu reduzieren, um die Betriebsdauer von batteriebetriebenen Mobiltelefonen so lange wie möglich zu machen. Dies dürfte bei der rasch voranschreitenden Halbleitertechnik bald kein Problem mehr sein. Lediglich der Strombedarf beim Schreiben des EEPROMs stellt hier noch ein Hindernis dar. Mit steigender Miniaturisierung der EEPROM-Zellen und der damit einhergehenden Verringerung der in den Zellen enthaltenen Ladungen sollten die 1 mA aber in wenigen Jahren realisierbar sein.

Fast alle Mikrocontroller haben einen speziellen Strom-Spar-Modus, bei dem alle Teile des Chips bis auf den I/O-Interrupt deaktiviert sind. Befindet sich der Mikrocontroller in diesem auch Sleep-Modus genannten Zustand, so sinkt der Stromverbrauch erheblich, da die meisten Teile des Chips dann von der Versorgungsspannung abgetrennt sind. Prinzipiell muß nur mehr die Interruptlogik der I/O-Schnittstelle sowie das RAM bestromt werden, der Rest des Bausteins kann abgeschaltet sein. Das RAM muß seinen Inhalt während der Sitzung erhalten, um die aktuellen Zustände zu speichern. In der Praxis wird oft auch noch der Prozessor versorgt, aber ROM und EEPROM sind ausgeschaltet. Dieser Modus ist besonders für batteriebetriebene Endgeräte im Mobiltelefonbereich von Interesse. Deshalb ist auch in der GSM 11.11 der maximale Strom, der im Sleep-Modus verbraucht werden darf, festgelegt. Er beträgt 200 µA bei 1 MHz Takt und 25 °C. Es ist vorgesehen, in Zukunft den Maximalverbrauch im Sleep-Modus auf einen Wert von 10 µA zu reduzieren.

3.3.4   Taktversorgung

Chipkartenprozessoren besitzen keine interne Takterzeugung. Deshalb muß von außen ein Takt angelegt werden, der dann auch die Referenz für die Geschwindigkeit der Datenübertragung ist. Das Tastverhältnis muß sich dabei nach GSM 11.11 im Bereich zwischen 40 % und 60 % bewegen.

Der am Kontaktfeld angelegte Takt ist nicht unbedingt identisch mit dem intern dem Prozessor zur Verfügung gestellten. Bei einigen Mikrocontrollern kann optional ein Teiler zwischen externem und internem Takt eingefügt werden. Oft hat dieser den Wert zwei, so daß der externe Takt doppelt so hoch ist wie der interne. Die Gründe dafür liegen einerseits bei der Chiphardware und andererseits in der somit geschaffenen

Möglichkeit, im Terminal schon vorhandene Oszillatoren für die Takterzeugung der Chipkarte zu nutzen.

Die meisten Chipkarten-Mikrocontroller erlauben ein Abschalten der Taktversorgung, wenn sich die CPU im Sleep-Modus befindet. Abschalten bedeutet dabei ein Einfrieren der Taktversorgung auf einen bestimmten Pegel. Je nach Halbleiterhersteller kann der bevorzugte Abschaltpegel high oder low sein.

Die Stromaufnahme der Chipkarte an der Taktversorgung beträgt nur wenige Mikroampere, deshalb mag das Abschalten des Taktes auf den ersten Blick verwunderlich erscheinen. Allerdings ist der Stromspareffekt bei der Takterzeugung im Terminal erheblich, so daß es sich je nach Anwendung durchaus lohnen kann.

3.3.5   Datenübertragung

Bei Fehlern während der Datenübertragung kann es unter Umständen vorkommen, daß sowohl Terminal als auch Chipkarte gleichzeitig senden. Dies verursacht auf der verbindenden I/O-Leitung eine Datenkollision. Unabhängig vom Problem auf der Anwendungsebene kann dies auf der physikalischen Schicht zu mehr oder minder großen Strömen auf der I/O-Leitung führen, die die Schnittstellenbausteine zerstören können.

Um für diesen Fall Beschädigungen an den Halbleitern zu vermeiden, wird die I/O-Leitung im Terminal mit einem 20 kΩ Pull-Up-Widerstand auf + 5 Volt Pegel gelegt. Mit der zusätzlichen Vereinbarung, nie einen aktiven 5 Volt Pegel zu senden, wird das Problem, daß die Kommunikationspartner im Fehlerfall mit verschiedenen Pegeln gegeneinander treiben, vermieden. Muß also im Laufe der Kommunikation die I/O-Leitung auf + 5 Volt Pegel gebracht werden, so schaltet der jeweilige Partner seinen Ausgang in den hochohmigen Zustand (Tri-State), und durch den Pull-Up-Widerstand wird die Leitung von alleine auf den + 5 Volt Pegel hochgezogen.

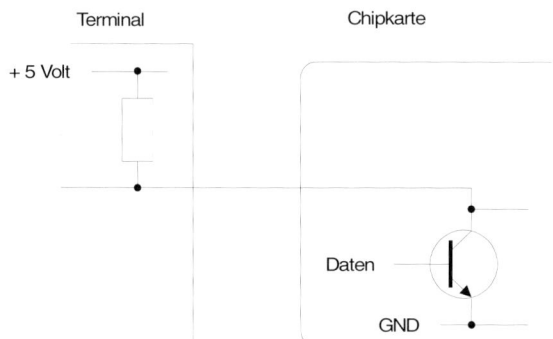

Bild 3.32   Die Beschaltung der I/O-Leitung zwischen Terminal und Chipkarte.

3.3.6   An-/Abschaltsequenz

Gegenüber Ladungen und Spannungen an den Kontakten sind alle Chipkarten-Mikrocontroller abgesichert. Um undefinierte Zustände zu vermeiden ist eine genau festgelegte An- und Abschaltsequenz vorgeschrieben und muß auch strikt eingehalten werden. Dies spiegelt sich auch im entsprechenden Teil der ISO/IEC 7816-3. Die Sequenzen definieren den elektrischen Teil des An- und Abschaltens, sie haben nichts mit der Reihenfolge der mechanischen Kontaktierung zu tun, die im übrigen nicht festgelegt ist.

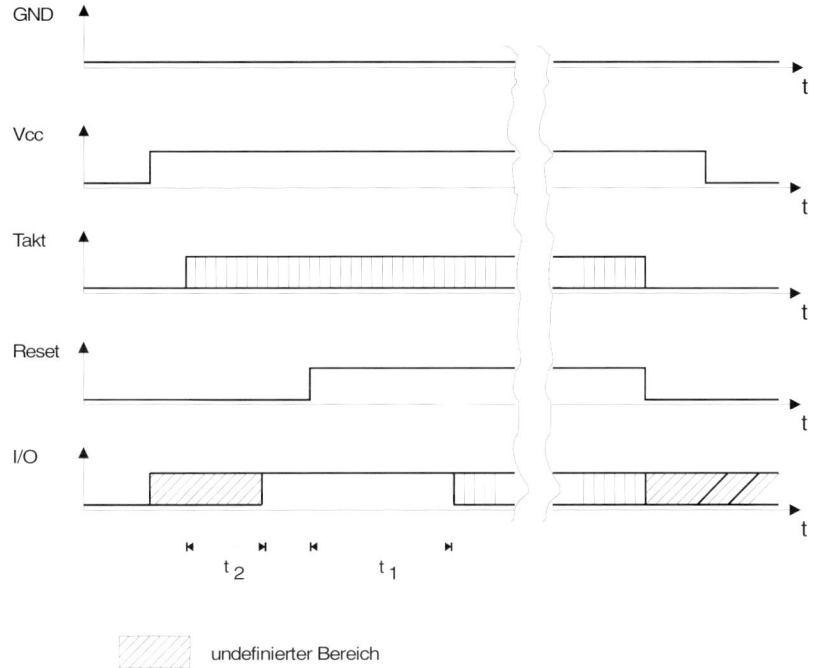

Bild 3.33   An- und Abschaltsequenz einer Chipkarte nach ISO/IEC 7816-3. Die Zeiten t_1 und t_2 sind in den Bereichen: $(400/f) \leq t_1 \leq (40\,000/f)$ und $t_2 \leq (200/f)$.

Das Bild 3.33 zeigt, daß zuerst Masse angelegt werden muß und erst danach die Versorgungsspannung. Anschließend folgt der Takt. Würde man beispielsweise vor der Versorgungsspannung den Takt anlegen, so versucht der Mikrocontroller seinen gesamten Versorgungsstrom über die Taktversorgung zu ziehen. Dabei kann der Chip irreversibel beschädigt werden und ist dann nicht mehr funktionsfähig. Die gleichen Auswirkungen auf den Mikrocontroller wären auch bei einer nicht eingehaltenen Abschaltsequenz zu befürchten.

Ist der Mikrocontroller in Betrieb, so kann er über die Resetleitung zurückgesetzt werden. Dazu ist zuerst ein low-Pegel auf dieser Leitung notwendig, und mit der steigenden Flanke wird dann der Reset eingeleitet. Dieser Reset während des Betriebs wird analog zu anderen Computersystemen als Warmreset bezeichnet. Ein Kaltreset ist demnach ein Reset, der über das ISO-gerechte Anschalten aller Versorgungsleitungen zustande kommt.

3.4   Mikrocontroller für Chipkarten

Aus informationstechnischer Sicht ist der zentrale Bestandteil einer Chipkarte der unter
dem Kontaktfeld eingebettete Mikrocontroller. Er steuert, initiiert und überwacht alle
Aktivitäten. Die speziell für diese Belange abgestimmten und entwickelten Mikrocontroller sind vollständige Computer. Das heißt, sie sind mit einem Prozessor, Speicher und einer Schnittstelle zur äußeren Welt ausgestattet.

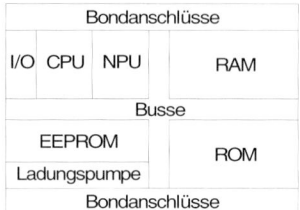

Bild 3.34   Typische Anordnung der Funktionseinheiten eines Chipkarten-Mikrocontrollers auf
                  einem Die.

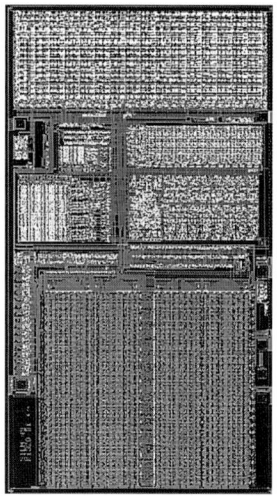

Bild 3.35   Größenvergleich von zwei funktional vollständig identischen Chipkarten-Mikro-
                  controllern vor und nach einer Chipflächenreduzierung („Shrink-Prozeß"). Links ist
                  ein SLE 44C80 in 1 μm Technologie mit 21,7 mm^2 Fläche abgebildet und rechts ein
                  SLE 44C80S in 0,8 μm Technologie mit 10 mm^2 Fläche. (Siemens)

   Die wichtigsten funktionellen Bausteine eines typischen Chipkarten-Mikro-
controllers sind: der Prozessor, der Adreß- und Datenbus und die drei verschiedenen
Speicherarten (RAM, ROM, EEPROM). Zusätzlich befindet sich noch eine einfache
Schnittstellenbaugruppe auf dem Chip, die die serielle Kommunikation mit der äußeren
Welt übernimmt. Diese Schnittstelle darf man sich allerdings nicht als komplexe

Funktionseinheit auf dem Chip vorstellen, die autark senden und empfangen kann. Serielle Schnittstelle bedeutet in diesem Bereich nur eine von der CPU ansprechbare Adresse, die als I/O-Leitung auf das Kontaktfeld herausgeführt ist.

Zusätzlich bieten manche Hersteller noch spezielle Rechenwerke auf dem Chip an, die als eine Art mathematischer Coprozessor fungieren. Die Funktionalität dieser Recheneinheiten umfaßt allerdings nur Exponential- und Modulooperationen mit Ganzzahlen. Beide Operationen sind elementare Bestandteile und Notwendigkeit von Public-Key-Verschlüsselungsverfahren, wie z.B. dem RSA-Algorithmus.

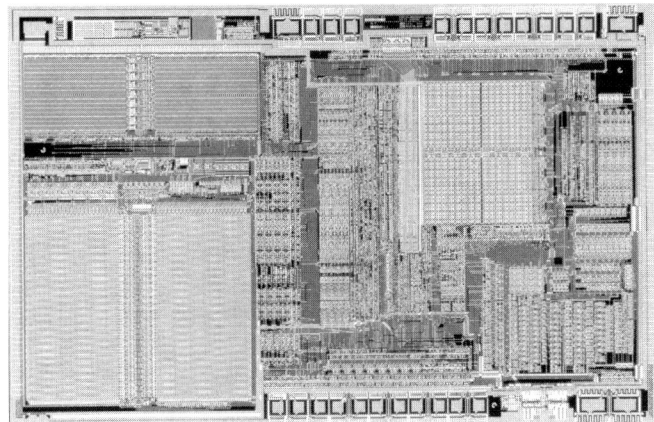

Bild 3.36   Foto des Chipkarten-Mikrocontrollers P 83 C 852 mit den Funktionseinheiten ROM, EEPROM, Prozessor mit Coprozessor und RAM (von links oben nach rechts unten). Der Chip hat eine Fläche von 22,3 mm^2 und besitzt 183 000 Transistoren. (Philips)

Die bei Chipkarten verwendeten Mikrocontroller sind keine Standardbauelemente, die man überall kaufen kann. Sie sind speziell für diesen Einsatzzweck entwickelte Bausteine und werden auch nicht für andere Anwendungszwecke verwendet. Dafür gibt es einige gewichtige Gründe:

Herstellungskosten
Die benötigte Fläche für den Mikrocontroller auf dem Silizium-Wafer ist eine der entscheidenden Einflußgrößen auf die Herstellungskosten. Auch verursachen großflächige Chips eine aufwendigere und damit teure Verpackung in Module. Deshalb versucht man die Chipfläche so weit wie möglich zu reduzieren.

Weiterhin sind viele auf dem Markt erhältliche Standardbauelemente mit technischen Funktionen ausgestattet, die für Chipkarten nicht benötigt werden. Da diese Funktionen zusätzliche Flächen auf dem Silizium belegen, können sie bei Chips, die speziell für Chipkarten gestaltet sind, gestrichen werden. Durch diese Flächenoptimierung lassen sich die Herstellungskosten für einen einzelnen Chip zwar nur minimal senken, doch durch die großen Stückzahlen summieren sich die kleinen Einsparungen zu signifikanten Beträgen, die eine Anpassung des Chip-Designs rechtfertigen.

Funktionalität

Aufgrund der Bedingung, alle funktionellen Komponenten eines Computers auf einem einzelnen Silizium-Chip zu integrieren, ist das Angebot der in Frage kommenden Halbleiterbauelemente äußerst eingeschränkt. Unter der Vorgabe einer minimalen Chipfläche, 5 Volt Spannungsversorgung und einer seriellen Schnittstelle auf dem Chip scheiden dann im wesentlichen alle Standardbauelemente aus. Zusätzlich muß sich auf dem Chip auch noch ein Speicher (EEPROM) befinden, der gelöscht und beschrieben werden kann, aber zur Speicherung von Daten keine permanente Spannungsversorgung benötigt.

Sicherheit

Da Chipkarten meist in sicherheitsrelevanten Bereichen eingesetzt werden und damit auf dem Chip sowohl passive als auch aktive Schutzmaßnahmen notwendig sind, ergibt sich zwangsmäßig die Forderung nach einem speziell für diesen Einsatzzweck entwickelten Chip.

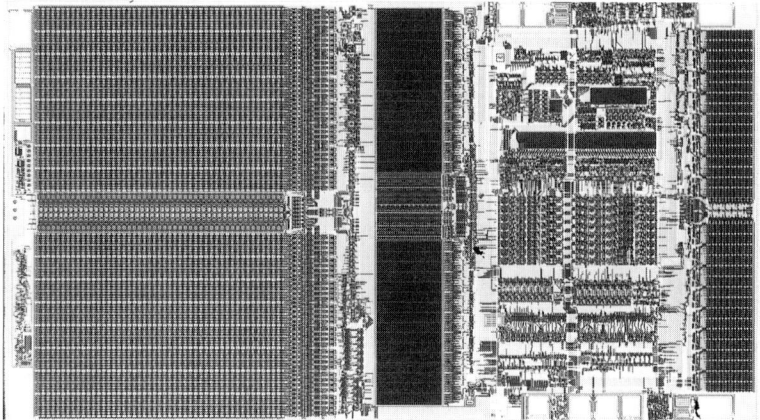

Bild 3.37   Foto des Chipkarten-Mikrocontrollers ST 16 623 mit den Funktionseinheiten (von links nach rechts) EEPROM, ROM, Prozessor und RAM. Dies Chip wird mittlerweile nicht mehr produziert, zeigt aber sehr gut die Anordnung der einzelnen Funktionseinheiten auf dem Die. (ST Microelectronics)

Chipfläche

Die Fläche, die der Mikrocontroller auf dem Silizium einnimmt, beeinflußt stark die Bruchempfindlichkeit des Chips. Je größer diese Fläche, desto leichter kann bei einer Biege- oder Torsionsbeanspruchung der Karte ein Chipbruch eintreten. Man denke nur an die in einer Geldbörse mitgeführte Telefonkarte. Die Beanspruchung der Karte und des in ihr eingebetteten Chips durch Biegung ist dabei enorm. Selbst feinste Haarrisse im Chip reichen aus, die Chipkarte funktionsunfähig zu machen. So ist von den meisten Kartenherstellern eine Obergrenze der Chipfläche von ca. 25 mm^2 in einem möglichst quadratischen Chiplayout festgelegt, um die Bruchgefahr so weit wie möglich zu minimieren.

Verfügbarkeit
Manche Kartenhersteller vertreten die Sicherheitsphilosophie, daß die eingesetzten Chipkarten-Mikrocontroller nicht auf dem freien Markt verfügbar sind. Dadurch erschwert man Analysen der Chiphardware beträchtlich, da ein Angreifer dazu normalerweise keinen Zugang hat.

Die Spezialisierung auf einige wenige Mikrocontroller und damit Hersteller hat aber den Nachteil, daß die Abhängigkeit der Kartenhersteller sehr groß ist. Im Falle von Produktionsengpässen bei einem Halbleiterhersteller ist es dadurch nicht möglich, schnell auf andere Bausteine zu wechseln.

3.4.1   Prozessortypen

Die in Chipkarten eingesetzten Prozessoren sind keine Spezialentwicklungen, sondern in anderen Bereichen bewährte und seit langem eingesetzte Bauelemente. Es ist nämlich nicht üblich, Prozessoren für spezielle Einsatzgebiete neu zu entwickeln, da dies im allgemeinen zu teuer ist. Auch hätte man dann einen völlig unbekannten Prozessor, für den es bei den Betriebssystemherstellern keine entsprechenden Funktionsbibliotheken gibt.

Zudem müssen Prozessoren für Chipkarten extrem zuverlässig sein, und darum vertraut man älteren und damit in der Praxis bewährten Prozessoren wesentlich mehr als den jeweils neuesten Entwicklungen der Halbleiterhersteller. In den sehr auf Funktionssicherheit bedachten Bereichen der Luftfahrt- und Weltraumtechnik setzt man aus den gleichen Gründen auch nur Bausteine ein, die ein oder zwei Generationen hinter dem aktuellen Stand der Technik sind.

Im Jahr 1947 wurde der Transistor bei Bell erfunden, und im Jahr 1971 brachte Intel den ersten Mikroprozessor auf den Markt. Er hatte die Bezeichnung 4004 , 2 300 Transistoren, 108 kHz Taktfrequenz, 45 Maschinenbefehle, 4 bit Datenbusbreite und daraus resultierenden 0,06 MIPS Rechenleistung. Seitdem hat es bei diesen Bausteinen eine immense Weiterentwicklung gegeben. Neuere Produkte wie der Pentium II Prozessor mit 7,5 Millionen Transistoren in 0,25 µm-Technologie zeigen dies deutlich. Im Bereich der Chipkarten werden aber aus obigen Gründen nicht die technologisch fortschrittlichsten Prozessorbausteine eingesetzt. Eine Transistorzahl von 200 000 für den gesamten Chip gilt hier bereits als hoch.

Dadurch, daß sich die Größe des adressierbaren Speichers zwischen 6 kByte und maximal 30 kByte bewegt, ruft es keine großen Einschränkungen hervor, wenn Chipkartenprozessoren mit einer Speicherbreite von 8 Bit verwendet werden. Die Prozessoren selber basieren auf einer CISC (*complex instruction set computer*) -Architektur. Sie benötigen also für jeden Maschinenbefehl mehrere Takte und haben meist einen sehr umfangreichen Befehlssatz. Der Adreßbereich der 8-Bit-Prozessoren ist durchweg 16 Bit, mit denen sich maximal 65 536 Byte adressieren lassen. Die Befehlssätze der Prozessoren orientieren sich entweder an der Motorola 6805 oder an der Intel 8051-

Architektur. Zum Teil sind die vorhandenen Befehle je nach Halbleiterhersteller durch Erweiterungen ergänzt. Diese betreffen meistens zusätzliche Möglichkeiten der 16-Bit-Adressierung der Speicher, die bei den beiden als Grundlage dienenden Befehlssätzen nur in sehr rudimentärer Form vorhanden sind.

Es gibt eine Ausnahme eines Chipkartenprozessors, der von den beiden vorangehenden Architekturen abweicht. Es ist dies der Hitachi H8 Chip, der einen 16-Bit-Prozessor auf der Grundlage einer RISC (reduced instruction set computer) -ähnlichen Architektur und Befehlssatzes verwendet.

Bild 3.38   Foto des 21 mm² großen Chipkarten-Mikrocontrollers SLE 66CX160S in 0,6 μm-Technologie mit 32 kByte ROM, 16 kByte EEPROM und 1 280 Byte RAM. Die beiden nicht beschrifteten Bereiche auf der linken Seite des Chips sind der numerische Coprozessor sowie Peripheriebaugruppen (Timer, Zufallszahlengenerator, CRC-Rechenwerk). Auf dem Foto sind am Chiprand sehr gut die fünf Bond-Pads für die elektrische Verbindung mit den Modulkontakten zu erkennen. (Siemens)

Die zukünftigen Prozessoren für High-end-Chipkarten werden allerdings in Bälde die 8-Bit-Welt hinter sich lassen und eine 32-Bit-Architektur besitzen. Vor allem bei durch Software interpretierten Programmcode, wie es beispielsweise bei den heutigen Java-Implementationen der Fall ist, kann eine akzeptable Ausführungsgeschwindigkeit nur durch einen leistungsfähigen Prozessor erreicht werden. Der erste Schritte in die 32-Bit-Gefilde wurden ab 1993 im europäischen CASCADE Projekt (Chip Architecture for Smart Card and portable intelligent Devices) gemacht. Das Ziel war unter anderem, einen leistungsfähigen Prozessor für Chipkarten bereitzustellen. Die Wahl fiel auf den modernen RISC Prozessor ARM 7M , der häufig in tragbaren Geräten (z.B.: Vi-

deokameras, PDAs u.ä.) eingesetzt wird.[1] Er besitzt eine 32-Bit-Architektur, kann bis
20 MHz bei 3 Volt Versorgungspannung betrieben werden und benötigt dann maximal
40 mA. In 0,8 µm-Technologie nimmt der ARM 7 Kern eine Fläche von 5,9 mm^2 ein
(3,12 mm auf 1,90 mm), und die dazugehörige Recheneinheit für die üblichen Public-
Key-Algorithmen (RSA, DSA, EC) benötigt noch zusätzliche 2 mm^2. Der Prozessor
unterstützt durch seinen Supervisor- und User-Mode auch eine Separierung des Programmcodes von Chipkarten-Betriebssystem und Anwendung.

Obwohl die 32-Bit-Prozessoren durch ihre breitere Busstrukturen und aufwendigere
interne Organisation deutlich mehr Fläche in gleicher Halbleitertechnologie als 8-Bit
CPUs auf dem Die benötigen, werden sie in Zukunft mehr und mehr Einzug in Chipkarten halten. Die von ihnen zur Verfügung gestellte Rechenleistung ist für zukünftige
Chipkarten-Anwendung zwingend erforderlich, so daß die Nachteile der größeren Leistungsaufnahme und des erhöhten Flächenbedarfs auf dem Chip dafür in Kauf genommen werden können. Allerdings wird es wohl auf absehbare Zeit nicht dazu kommen,
daß die 8-Bit-Prozessoren aussterben, da diese eine solide Grundlage für kostengünstige Chips bilden.

3.4.2   Speicherarten

Neben dem Prozessor sind die verschiedenen Speicher die wichtigsten Bestandteile eines Mikrocontrollers. Sie dienen zur Ablage von Programmcode und Daten. Dadurch,
daß Chipkarten-Mikrocontroller vollständige Computer sein müssen, ergibt sich die
charakteristische Aufteilung des Speichers in RAM, ROM und EEPROM. Die Aufteilung hängt sehr stark vom späteren Anwendungsgebiet des Chips ab. Allerdings
wird immer versucht, RAM- und EEPROM-Speicher so klein wie möglich zu halten,
da diese am meisten Platz pro Bit benötigen.

Für Chipkarten, die mehrere Anwendungen gleichzeitig verwalten können, d.h.
Multiapplication-Chipkarten, benutzt man meist Chips, bei denen das ROM etwa doppelt so groß wie das EEPROM ist, um dort das sehr aufwendige Betriebssystem unterzubringen. Für Chipkarten, die nur für eine einzige Anwendung verwendet werden,
wählt man Mikrocontroller aus, dessen EEPROM-Speicher nur etwas größer ist als die
Daten der Anwendung. Damit können alle variablen Anwendungsdaten einschließlich
einigen Teilen des Betriebssystems im EEPROM gespeichert werden, und das auf dem
Silizium sehr flächenintensive und darum teure EEPROM ist bestmöglich ausgenutzt.

Die Integration von drei verschiedenen Speicherarten auf einem einzigen Stück Silizium ist halbleitertechnisch aufwendig. Es erfordert eine erhebliche Anzahl von Prozeßschritten und Belichtungsmasken. Der Platzbedarf der einzelnen Speichertypen ist
durch den unterschiedlichen Aufbau und die Funktionsweise auch sehr unterschiedlich.
So braucht eine RAM-Zelle etwa 4mal mehr Platz als eine EEPROM-Zelle und diese
wiederum 4mal so viel wie eine ROM-Zelle. Dies ist auch der Grund, warum Chipkarten-Mikrocontroller so sparsam mit RAM ausgestattet sind. RAM-Speicher mit
256 Byte Inhalt gelten schon als groß. Überlegt man sich, daß auf der gleichen Fläche

---

[1] nach [Peyret 97]

1 024 Byte EEPROM oder 4 096 Byte ROM untergebracht werden könnten, so ist dies verständlich.

Seit kurzer Zeit ist von einigen Halbleiterherstellern eine neue Speichertechnologie für Chipkarten verfügbar. Es sind die sogenannten Flash-EEPROM-Zellen, die sehr viel schnellere Schreib- und Löschzugriffe gestatten als die bisher üblichen EE-PROMs. Die Größe beträgt je nach Realisation ungefähr die Hälfte einer heute üblichen EEPROM-Zelle.

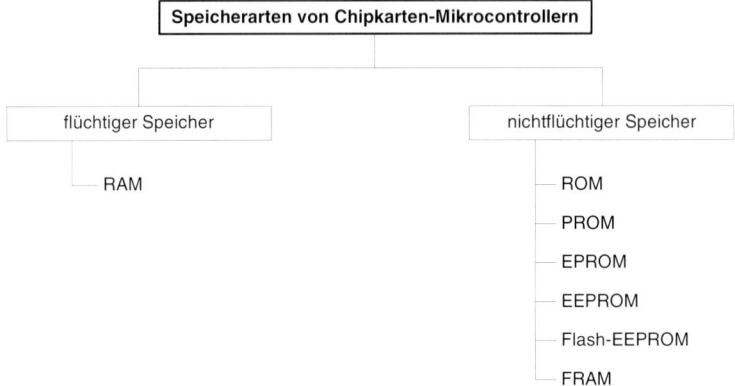

Bild 3.39 Klassifizierungsbaum der Speicherarten von Chipkarten-Mikrocontrollern. Die Speicherarten PROM, EPROM werden bei modernen Mikrocontrollern in der Regel nicht mehr verwendet. Flash-EEPROM und FRAM sind Speicher, deren Entwicklung bei Chipkarten erst am Anfang steht.

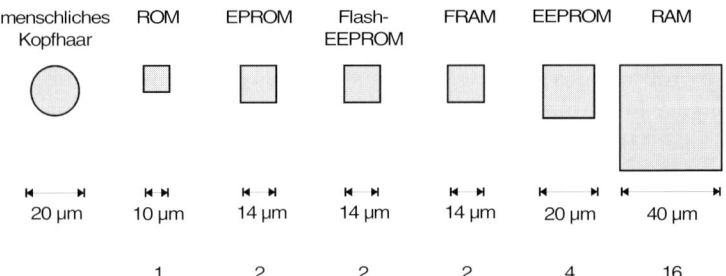

Bild 3.40 Größenvergleich des Platzbedarfs für je 1 Bit in Abhängigkeit von der Speicherart. Die Größenangaben sind circa-Werte und beziehen sich auf 0,8 µm-Technologie. Zum Vergleich: Durchmesser des ersten Planartransistors von 1959: 764 µm [Buchmann 96, Stix 96]; Durchmesser der Punkte an den Satzenden in diesem Buch: ≈ 400 µm; Wahrnehmungsgrenze des menschlichen Auges: ≈ 40 µm; Größe von Bakterien: 0,4 µm – 2 µm; ☞ DNA-Doppelhelix: ≈ 0,1 µm.

Tabelle 3.3   Vergleich der in Chipkarten-Mikrocontrollern verwendeten Speicherarten. Als Vergleich: Die Fläche der Punkte an den Satzenden in diesem Buch beträgt $\approx 125\,660\ \mu m^2$.

Speicherart	Anzahl der Schreib-/ Löschzyklen	Schreibzeit pro Speicher- zelle	typische Zellgröße bei 0,8 µm-Technologie
flüchtige Speicher			
RAM	∞	≈ 70 ns	$\approx 1\,700\ \mu m^2$
nichtflüchtige Speicher			
EEPROM	$10\,000 - 1\,000\,000$	$3 - 10$ ms	$\approx 400\ \mu m^2$
EPROM	1	≈ 50 ms	$\approx 200\ \mu m^2$
	(da Löschen mit UV-Licht nicht möglich)		
Flash-EEPROM	$\approx 100\,000$	$\approx 10\ \mu s$	$\approx 200\ \mu m^2$
FRAM	$\approx 10^{10}$	≈ 100 ns	$\approx 200\ \mu m^2$
PROM	1	≈ 100 ms	---
ROM	0	---	$\approx 100\ \mu m^2$

Zur Verdeutlichung der Größenverhältnisse im folgenden drei Zahlenbeispiele: Ein durchschnittlicher Laserdrucker arbeitet mit einer Auflösung von 600 dpi (*dots per inch*). Umgerechnet ist damit eine minimale Punktgröße von 42,6 µm möglich. Im übrigen hat der Punkt am Ende dieses Satzes einen Durchmesser von 400 µm. Wollte man in der heute in der Halbleitertechnik üblichen Strukturbreite von 0,8 µm drucken, dann müßte der Drucker eine Auflösung von 32 000 dpi haben!

Die neuesten Hochleistungsfestplatten können bis zu 11,6 Milliarden Bits pro Quadratzoll speichern. Unter der idealisierten Annahme, daß ein Bit eine quadratische Fläche benötigt, ergibt sich daraus eine Kantenlänge von 0,24 µm für den notwendigen Speicherplatz eines Bit. Die ROM-Zelle eines Chipkarten-Mikrocontrollers zur Speicherung eines Bits in 0,8 µm-Technologie hat einen mehr als 1 700-fachen Platzbedarf!

Anders sieht es jedoch bei einer CD-ROM aus. Dort beträgt die Speicherdichte 7,3 MByte/cm^2, was umgerechnet einer Kantenlänge von 1,3 µm für ein Bit bei quadratischer Anordnung entspricht und somit etwa 60mal weniger Platz als eine ROM-Zelle in 0,8 µm-Technologie beansprucht. Bei den neueren DVDs (*digital versatile disc*) können bereits 50,5 MByte/cm^2 untergebracht werden. Ein Bit benötigt dort die Fläche eines Quadrats mit 0,5 µm Seitenlänge und ist somit 400mal kleiner eine einbittige ROM-Zelle in 0,8 µm-Technologie.

ROM (read only memory)

Diese Speicherart kann nur gelesen werden, ein schreibender Zugriff ist nicht möglich, was der Name „read only memory" ja schon aussagt. Um die Daten im Speicher zu erhalten, wird keine Spannung benötigt, da die Daten durch eine feste „Verdrahtung" im Chip repräsentiert sind.

Im ROM-Speicher einer Chipkarte befinden sich die meisten Betriebssystemroutinen, sowie diverse Test- und Diagnosefunktionen. Diese Programme werden vom Halbleiterhersteller bei der Produktion der Chips eingebracht. Dabei wird aus dem Programm

eine sogenannte ROM-Maske erstellt. Diese wird dann dazu verwendet, auf lithografi-
schem Weg bei der Chipproduktion das Programm in den Chip einzubringen. Nur
während der Halbleiterproduktion können die für alle Chips gleichen Daten für das
ROM in den Chip gebracht werden.

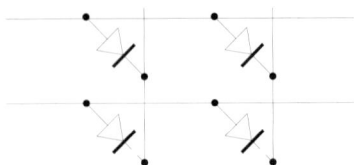

Bild 3.41   Grundsätzlicher funktioneller Aufbau eines ROMs.

Bild 3.42   Foto einer ROM-Zelle. Links in 1 000facher Vergrößerung und rechts in
                       11 200facher Vergrößerung. (Giesecke & Devrient)

PROM (programmable read only memory)
Die Speicherart PROM wird in Chipkarten-Mikrocontrollern nicht eingesetzt, obwohl
sie einige große Vorteile hätte. Dieser Speicher müßte im Gegensatz zum ROM nicht
während der Chipproduktion programmiert werden, sondern ließe sich kurz vor dem
Einbau der Chips in Module mit Daten versehen. Auch würde ein PROM zum Datenerhalt keine Spannung benötigen. Der Grund, warum dieser Speichertyp keine Verwendung findet, liegt vor allem darin, daß man zur Programmierung auf den Adreß-,
Daten- und Steuerbus zugreifen muß. Genau dies darf aber bei Chipkarten nicht möglich sein, da mit freiem Zugriff auf die Busse nicht nur Daten geschrieben, sondern

auch gelesen werden können. In Anbetracht der geheimen Daten im Speicher ist dies aber strikt verboten.

EPROM (erasable read only memory)

In den Anfangsjahren der Chipkartentechnik fanden oftmals EPROMs Verwendung, da es damals die einzige Speicherart war, in der auch ohne Spannung Daten erhalten blieben und (allerdings nur einmal pro Bit) geschrieben werden konnten. Da sich EPROMs aber nur mit UV-Strahlung wieder löschen lassen, konnten diese Speicher nie mehr gelöscht werden. Dies ist auch der Grund dafür, warum sie heute für Neuanwendungen keine praktische Bedeutung mehr haben.

Der einzige sinnvolle Einsatz ist die irreversible Speicherung einer Chipnummer bei der Halbleiterproduktion, was aber mittlerweile durch ein spezielles EEPROM ohne Löschmöglichkeit bewerkstelligt wird.

EEPROM (electrical erasable read only memory)

Diese technisch gegenüber ROM und RAM aufwendigere Speicherart wird in Chipkarten für alle Daten und Programme verwendet, die irgendwann einmal verändert oder gelöscht werden sollen. Der Funktionalität nach entspricht ein EEPROM der Festplatte eines PCs, da Daten auch ohne Stromzufuhr erhalten bleiben und sich bei Bedarf ändern lassen.

Bild 3.43   Foto einer EEPROM-Zelle. Links in 1 000facher Vergrößerung und rechts in 4 000facher Vergrößerung. (Giesecke & Devrient)

Eine EEPROM-Zelle stellt dem Prinzip nach einen winzigen Kondensator dar, der geladen oder entladen sein kann. Der Ladezustand kann durch eine Art Sensorik abgefragt werden. Ein geladener Kondensator repräsentiert eine logische eins und umgekehrt. Man braucht also, um ein Byte zu speichern, genau acht dieser kleinen Kondensatoren plus die entsprechende Sensorik.

Um Daten in eine EEPROM-Zelle zu schreiben, ist vor allem der gelöschte Zustand der Zelle entscheidend, welcher bei den meisten Zellentypen °1° ist. Ein EEPROM hat nun die Eigenschaft, daß es von seinem gelöschten Zustand immer nur auf den nicht gelöschten Zustand, im Beispiel also °0°, gesetzt werden kann. Befindet sich eine EEPROM-Zelle bereits im Zustand °0°, dann muß die gesamte EEPROM-Seite (*page*) gelöscht werden, wenn man nur ein einziges Bit wieder in den Zustand °1° setzen möchte. Der dazu üblicherweise verwendete Algorithmus einer EEPROM-Schreibroutine ist als Pseudocode im folgenden aufgeführt.

Tabelle 3.4   Pseudocode einer Schreibroutine für komplette EEPROM-Pages. Sollten mehrere Pages oder nur Teile einer Page geschrieben werden, so ist diese Funktion in eine übergeordnete Programmroutine einzubetten. Analog ist zu verfahren, falls im Fehlerfall eine Schreibwiederholroutine aufgerufen werden soll. Der gelöschte Zustand des EEPROMs ist 'FF', der geschriebene somit '00'.

UpdateEEPROM: // *NewData*: zu schreibende Daten // *StoredData*: gespeicherte Daten	**Einsprungstelle für das Schreiben von Daten in eine EEPROM-Page**
IF (*NewData* = *StoredData*) THEN (GOTO UpdateEEPROM_Exit)	Falls die in der EEPROM-Page gespeicherten Daten bereits den neuen Daten entsprechen, dann beende die Funktion.
WorkData := *NewData* XOR *StoredData*	In der Variablen WorkData sind nun durch die XOR-Funktion die Unterschiede zwischen gespeicherten und neu zu schreibenden Daten als gesetzte Bits erkennbar.
WorkData := *WorkData* AND *NewData*	Die Variable WorkData ist nun durch die AND-Funktion ungleich null, wenn die EEPROM-Page vor dem Schreibvorgang gelöscht werden muß.

IF (*WorkData* <> 0) THEN (
  Lösche EEPROM-Page
  IF (*StoredData* <> 'FF') THEN (
    GOTO UpdateEEPROM_Errror_Exit))
	Falls die Variable WorkData ungleich null ist, muß die EEPROM-Page vor dem Schreibvorgang gelöscht werden. Nach dem Vorgang wird geprüft, ob die EEPROM-Page erfolgreich gelöscht werden konnte.

Schreibe EEPROM-Page mit *NewData*
  IF (*StoredData* <> *NewData*) THEN (
    GOTO UpdateEEPROM_Errror_Exit)
	Die EEPROM-Page kann nun geschrieben werden. Anschließend wird geprüft, ob die Daten erfolgreich ins EEPROM geschrieben werden konnten.

UpdateEEPROM_Exit: RETURN	Die Funktion konnte erfolgreich abgeschlossen werden.
UpdateEEPROM_Error_Exit: RETURN	Bei der Ausführung der Funktion ist ein Fehler aufgetreten.

Um die Funktionsweise einer EEPROM-Zelle zu verstehen, muß man sich den halbleitertechnischen Hintergrund vor Augen führen. In Bild 3.44 ist ein Schnitt einer EEPROM-Zelle gezeigt. In der Realität ist der Aufbau allerdings etwas komplizierter, doch zum Verständnis eignet sich die schematisierte Zeichnung sehr gut.

Eine EEPROM-Zelle in ihrer einfachsten Form ist grundsätzlich ein modifizierter Feldeffekttransistor (MOSFET) und wird auf einem Trägermaterial aus Silizium aufgebaut. Auf dieses Grundmaterial werden eine Source (Quelle) und ein Drain (Senke) aufgebracht. Zwischen Source und Drain befindet sich noch ein Control Gate, mit dem man durch Anlegen einer Spannung den Stromfluß zwischen Source und Drain steuern kann. Solange am Control Gate keine Spannung anliegt, ist ein Stromfluß nicht möglich, da zwei Diodenübergänge (n-p und p-n) dazwischenliegen. Legt man am Gate eine positive Spannung an, dann zieht dies Elektronen aus dem Substrat, und es bildet sich ein elektrisch leitfähiger Kanal zwischen Source und Drain, d.h. der FET ist leitend, und es fließt Strom.

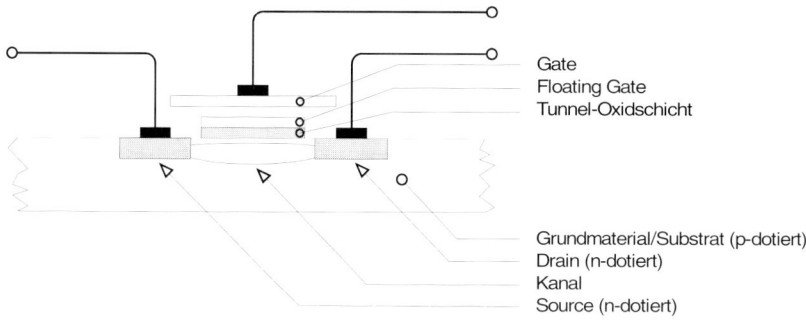

Bild 3.44   Schnittbild des halbleitertechnischen Aufbaus einer EEPROM-Zelle.

Bei einer EEPROM-Zelle liegt zwischen Control Gate und dem Grundmaterial noch ein sogenanntes Floating Gate. Dieses ist mit keiner äußeren Spannungsquelle verbunden und hat einen sehr geringen Abstand in der Größenordnung von 10 nm zum Grundmaterial. Das Floating Gate kann durch den Tunnel-Effekt (Fowler-Nordheim-Effekt) über das Substrat geladen oder entladen werden. Dieser Effekt verursacht das Durchdringen von Ladungsträgern an dünnen Oxidschichten. Die Voraussetzung ist dabei eine hinreichend große Potentialdifferenz an der dünnen isolierenden Schicht, der Tunnel-Oxidschicht. Durch die Ladung des Floating Gate kann der Stromfluß zwischen Source und Drain gesteuert werden. Dies bedeutet, daß je nach Stromfluß eine logische null oder eine logische eins für dieses Gatter interpretiert werden kann.

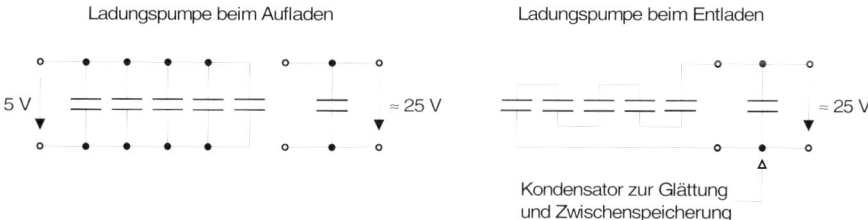

Bild 3.45   Das Prinzipschaltbild einer möglichen Schaltung für eine Ladungspumpe beim Aufladen und beim Entladen. Dieser Vorgang findet mit so hoher Frequenz statt, daß die Ladungspumpe an ihrem Ausgang einen nur noch leicht pulsierenden Gleichstrom abgibt.

Zum Laden des Floating Gates wird eine hohe positive Spannung an das Control Gate angelegt. Dies ruft eine hohe Potentialdifferenz zwischen Substrat und Floating Gate hervor, und daraufhin tunneln Elektronen durch die Tunnel-Oxidschicht zum Floating Gate. Die dabei fließenden Ströme bewegen sich im Picoampere-Bereich. Nun ist das Floating Gate negativ geladen und verursacht eine hohe Schwellenspannung zwischen Source und Drain, d.h. der Feldeffekttransistor ist sperrend. Es kann also kein Strom zwischen Source und Drain fließen. Die Speicherung von Elektronen im Floating Gate ist damit also analog der Speicherung von Information.

Die notwendige Spannung zum Laden der EEPROM-Zelle beträgt etwa 17 V am Control Gate, die sich aber durch die Kopplung auf etwa 12 V am Floating Gate reduziert. Weil aber Chipkarten-Mikrocontroller nur mit 3 V bis 5 V versorgt werden, benötigt man eine sogenannte Ladungspumpe, die dem Prinzip nach eine kaskadierte Spannungsverdopplerschaltung ist. Diese erzeugt aus der niedrigen Eingangsspannung eine Ausgangsspannung von etwa 25 V, die nach Stabilisierung ungefähr die benötigten 17 V beträgt. Der Vorgang des Ladens einer EEPROM-Zelle benötigt je nach Aufbau für eine Speicherseite (d.h. 1 Byte bis 32 Byte) zwischen 3 ms und 10 ms.

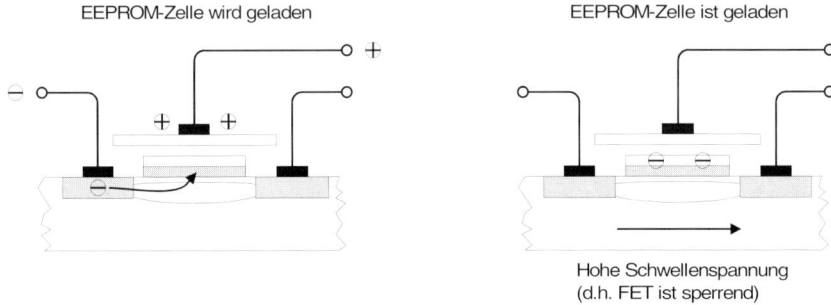

Bild 3.46   Das Laden einer EEPROM-Zelle.

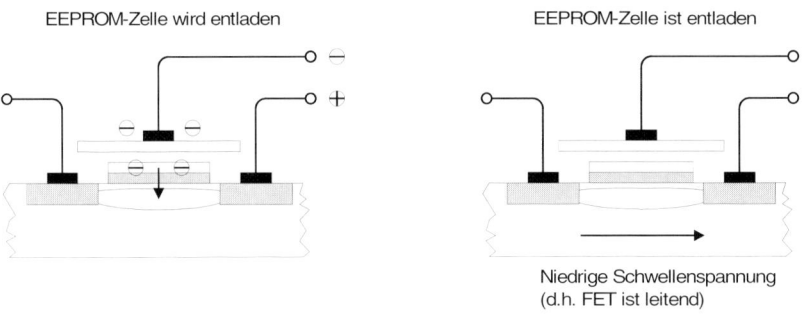

Bild 3.47   Das Entladen einer EEPROM-Zelle.

Zum Löschen der EEPROM-Zelle legt man eine Spannung negativer Polarität an das Control Gate, und die Elektronen bewegen sich aus dem Floating Gate zurück in das Substrat. Die EEPROM-Zelle ist nun entladen und die Schwellenspannung zwischen Source und Drain niedrig, d.h. der FET ist leitend.

Durch Erhitzen oder durch starke Strahlung (z.B. Röntgen, UV) kann das Floating Gate ebenfalls entladen werden, d.h. es nimmt den sogenannten sicheren Zustand ein. Dieser Zustand ist für das Design von Chipkarten-Betriebssystemen von elementarer Bedeutung, da sonst Sicherheitsbarrieren durch vorsätzliche Änderung von Umweltbedingungen durchbrochen werden können. Je nach technischer Realisierung einer EEPROM-Zelle kann der sichere Zustand dem logischen Wert null oder eins entsprechen. Dies ist für jeden Chipkarten-Mikrocontroller spezifisch und muß bei Bedarf vom Hersteller erfragt werden.

Das EEPROM ist einer der wenigen Halbleiterspeicher, die eine begrenzte Anzahl von Zugriffen haben. Gelesen werden kann dieser Speicher unbegrenzt oft, doch ist die Anzahl der Programmierungen limitiert. Der Grund für diese Begrenzung ist im halbleitertechnischen Aufbau des Speichers zu suchen. Die Lebensdauer hängt stark von Art, Dicke und Qualität der Tunnel-Oxidschicht zwischen Floating Gate und Substrat ab. Da diese Schicht schon in einer sehr frühen Phase beim Aufbau des Halbleiters erzeugt werden muß, ist sie natürlich in den weiteren Produktionsschritten großen thermischen Belastungen ausgesetzt. Diese Belastungen können eine Schädigung der Tunnel-Oxidschicht hervorrufen, was sich auf die Lebensdauer der EEPROM-Zelle auswirkt. Während der halbleitertechnischen Fertigung und bei jedem Schreiben einer EEPROM-Zelle fängt die Tunnel-Oxidschicht Elektronen ein, die sie nicht wieder abgibt. Diese eingefangenen Elektronen befinden sich näher am Kanal zwischen Source und Drain und können sich ab einer bestimmten Anzahl stärker auf die Schwellenspannung auswirken als die Ladung auf dem Floating Gate. Ist dies der Fall, dann hat die EEPROM-Zelle das Ende ihrer Lebensdauer erreicht. Sie läßt sich zwar noch schreiben, doch beeinflußt die Ladung auf dem Floating Gate nur mehr unwesentlich die Kanaleigenschaften zwischen Source und Drain, was dazu führt, daß die Schwellenspannung immer einen gleichen Wert beibehält. Die Anzahl der dadurch möglichen Schreib-/Löschzyklen kann durch den halbleitertechnischen Aufbau sehr unterschiedlich sein. Übliche Werte bewegen sich zwischen 10 000 und 1 000 000 Zyklen über den gesamten Temperatur- und Versorgungsspannungsbereich. Bei optimaler Spannungsversorgung und Raumtemperatur ist die Anzahl der möglichen Zyklen aber 10- bis 50fach höher.

Befindet sich eine EEPROM-Zelle an der Grenze ihrer Lebensdauer, dann werden Informationen nur mehr über eine kurze Zeit gespeichert. Diese Zeitspanne kann sich im Bereich von Stunden bis zu Minuten oder Sekunden bewegen. Je „verbrauchter" das EEPROM ist, d.h. je mehr Elektronen die Tunnel-Oxidschicht aufgenommen hat, desto kürzer ist die Speicherdauer.

Ein geladenes Floating Gate verliert aufgrund von Isolationsverlusten und quantenmechanischen Effekten mit der Zeit seine Ladung. Die Zeitdauer, ab der sich dies bemerkbar macht, kann zwischen 10 und 100 Jahren liegen. Interessant ist in diesem Zusammenhang noch, daß ein geladenes Floating Gate je nach technologischer Ausführung zwischen 100 000 und 1 000 000 Elektronen enthält. Momentan garantieren alle Halbleiterhersteller 10 Jahre für den sicheren Datenerhalt. Um dies zu erhöhen, kann der Inhalt der EEPROM-Zellen zyklisch durch eine Nachprogrammierung wieder aufgefrischt werden. Dies macht aber nur dann Sinn, wenn Daten über lange Zeit aufbewahrt werden sollen.

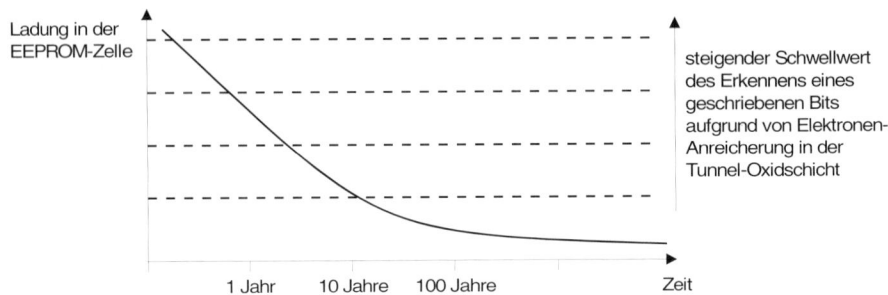

Bild 3.48   Verschiebung der Entladekurve einer EEPROM-Zelle in Abhängigkeit der durchge-
                   führten Anzahl der Programm-/Löschzyklen.

Flash-EEPROM (flash electrical erasable read only memory)

Die schon seit einigen Jahren als diskrete Bausteine erhältlichen Flash-EEPROMs äh-
neln in Funktionalität und halbleitertechnischem Aufbau dem EEPROM. Der grundlegende Unterschied zum EEPROM ist der Schreibvorgang, der nicht durch den Fowler-Nordheim-Effekt, sondern durch eine sogenannte Hot-Electron-Injection stattfindet.

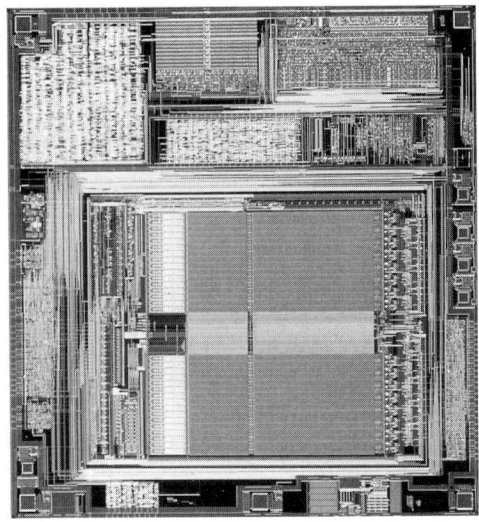

Bild 3.49   Foto des Chipkarten-Mikrocontrollers AT89SC168 mit Flash-EEPROM. Die Funk-
                   tionselemente in der oberen Reihe sind von links nach rechts: Logik-Baugruppe,
                   RAM und CPU. Die am unteren Rand gelegenen Funktionselemente sind von links
                   nach rechts: Ladungspumpe für EEPROM und Flash-EEPROM. (ATMEL)

Bei der Hot-Electron-Injection werden durch eine hohe Potentialdifferenz zwischen
Source und Drain schnelle Elektronen erzeugt, von denen, durch ein positiv geladenes
Control Gate verursacht, ein Teil die Tunnel-Oxidschicht durchdringt und im Floating

Gate gespeichert wird. Durch diesen Effekt reduziert sich die Schreibzeit auf ca. 10 µs, was ein großer Vorteil gegenüber den 3 – 10 ms der bisherigen EEPROM-Zellen ist. Zusätzlich beträgt die notwendige Programmierspannung nur etwa 12 V gegenüber 17 V bei EEPROM-Zellen. Es gibt bereits die ersten Chipkarten-Mikrocontroller mit Flash-EEPROM und EEPROM [Atmel]. Bei der Halbleiterfertigung wird dabei in das EEPROM ein Boot-Loader geschrieben, der dann beim Chipkartenhersteller zum Nachladen von Programmcode und Daten benutzt wird. Die heutigen Flash-EEPROM-Zellen besitzen einen garantierten Datenerhalt von mindestens 10 Jahren, mindestens 100 000 Schreib-/Löschzyklen und eine Pagegröße von typischerweise 64 Byte.

Flash-EEPROMs eignen sich deshalb sehr gut als Ersatz für das maskenprogrammierte ROM. Durch die nicht mehr notwendige ROM-Maske bei Mikrocontrollern mit Flash-EEPROM reduziert sich die Durchlaufzeit bei einem Chipkarten-Projekt um mehrere Monate.

FRAM (ferroelectric random access memory)
Eine halbleitertechnische Neuentwicklung ist das FRAM, das trotz seines Namens kein flüchtiger Speicher wie das RAM ist, sondern seinen Inhalt auch ohne Versorgungsspannung beibehält. Für diese Speicherart benutzt man die Eigenschaften von ferroelektrischen Substanzen zur Speicherung von Informationen. Der Aufbau ähnelt dem der EEPROM-Zellen, nur befindet sich zwischen Control Gate und Floating Gate ein Ferroelektrikum.

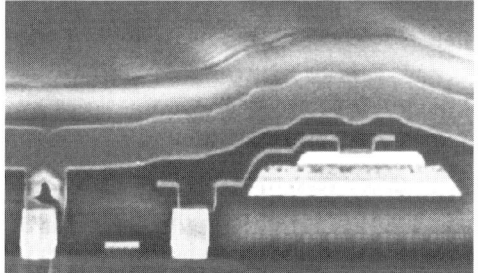

Bild 3.50   Querschnitt einer FRAM-Zelle in 0,5 µm-Technologie. Die beiden hellen Rechtecke auf der linken Seite sind die Ansteuerleitungen auf dem Halbleiter. Das auf der rechten Seite waagrecht liegende Rechteck ist die eigentliche FRAM-Zelle, mit dem Ferroelektrikum als dunkel erscheinende Schicht zwischen den beiden Elektroden. Die eigentliche FRAM-Zelle hat eine Breite von ca. 2 µm. (Fujitsu)

Für Chipkarten wäre diese Speicherart ideal, da sie alle gewünschten Eigenschaften eines optimalen Speichers aufweist. Man benötigt zur Programmierung nur 5 V, die Programmierzeit bewegt sich im Bereich von 100 ns, und die Zahl der möglichen Programmierzyklen ist im Bereich einer Billion. Die Integrationsdichte ähnelt dem der Flash-EEPROMs. Allerdings haben FRAM-Speicher zwei Nachteile. Der erste ist, daß die Anzahl der Lesezyklen limitiert ist, was deshalb eine Art Refresh-Zyklus erfordert. Der zweite Nachteil ist allerdings weit mehr von Bedeutung. Die Herstellung beinhaltet schwer beherrschbare Prozeßschritte und es gibt im Bereich der Chipkarten-Mikrocontroller momentan keine nennenswerten Bestrebungen, diese neue Technologie einzusetzen. Vielleicht wird sich dies aber in einigen Jahren ändern, denn die FRAM-Technik hätte alle notwendigen Eigenschaften, um die heute fast ausschließlich verwendeten EEPROMs vollständig abzulösen.

RAM (random access memory)
Das RAM ist der Speicher einer Chipkarte, in dem Daten während einer Sitzung gespeichert und geändert werden können. Die Anzahl der möglichen Zugriffe ist unbegrenzt. Zur Funktionsfähigkeit benötigt es eine Spannungsversorgung. Ist die Betriebsspannung nicht mehr vorhanden, oder fällt sie kurzzeitig aus, dann ist der Inhalt des RAMs nicht mehr definiert.

Aufgebaut ist eine RAM-Zelle aus mehreren Transistoren, die so geschaltet sind, daß sie als bistabile Kippschaltung funktionieren. Der Schaltungszustand repräsentiert dann den Speicherinhalt eines Bits im RAM. Das bei Chipkarten verwendete RAM ist statisch (SRAM), d.h. der Speicherinhalt muß nicht periodisch aufgefrischt werden. Damit ist es auch unabhängig von einem äußeren Takt, im Gegensatz zu einem dynamischen RAM (DRAM). Statische RAMs sind deshalb wichtig, weil es möglich sein muß, die Taktversorgung von Chipkarten anzuhalten, was bei dynamischen RAMs zum Verlust der gespeicherten Information führen würde.

3.4.3   Zusatzhardware

Ausgehend von der Standardhardware existieren bei Chipkarten einige spezielle Anforderungen, die nicht vollständig durch Software abgedeckt werden können. Aus diesem Grund bieten die verschiedenen Chiphersteller Zusatzfunktionen als Hardware auf dem Chip an.

Coprozessor
Für Berechnungen im Rahmen von Public-Key-Algorithmen gibt es speziell entwikkelte Recheneinheiten, die zusätzlich zu den üblichen Funktionseinheiten eines Chipkarten-Mikrocontrollers auf dem Silizium aufgebracht sind. Diese Recheneinheiten beherrschen nur einige Grundrechenarten, die für diese Art von Algorithmen notwendig sind. Dies ist zum einen die Exponentation und die Moduloberechnung großer Zahlen. Die Schnelligkeit dieser ganz auf diese beiden Rechenoperationen hin optimierten Bauteile kommt durch die sehr breite Architektur von bis zu 140 Bit zustande. In ihrem speziellen Einsatzgebiet sind sie selbst einem sehr schnellen PC um mindestens den Faktor 6 überlegen.

Aufgerufen wird die Recheneinheit vom Prozessor, der entweder direkt die abzuarbeitenden Daten oder Zeiger auf die Daten übergibt und dann mit einem Befehl die Abarbeitung startet. Nachdem der Auftrag fertiggestellt und das Ergebnis im RAM abgelegt ist, erhält der Prozessor die Kontrolle über den Chip wieder zurück.

DES-Recheneinheit
Sowohl im Zahlungsverkehr als auch in der Telekommunikation wird der DES als der
Standard-Kryptoalgorithmus eingesetzt. Dieses große Marktpotential führt dazu, daß es
sich für Halbleiterhersteller lohnt, Chipkarten-Mikrocontroller mit einer eigenen DES-
Recheneinheit auszurüsten. Dies ist im Prinzip nicht weiter schwierig, da der DES ur-
sprünglich vor allem für eine Realisation in Hardware geschaffen wurde. Die größten
Probleme bei der Vermarktung von DES-Recheneinheiten auf dem Mikrocontroller
sind aber überdies nicht technischer Natur, sondern ausfuhrrechtlicher, da in vielen
Ländern Bausteine mit schneller, hardwarebasierter DES-Verschlüsselung unter diver-
se Exportreglementierungen fallen.
    Betrachtet man aber die ersten bekanntgewordenen Leistungsdaten von DES-
Recheneinheiten für Chipkarten-Mikrocontroller, so sieht man mehr als deutlich die
Vorzüge. Es werden dabei Größenordnungen von 154 µs für eine einfache DES-
Operation und 236 µs für eine Triple-DES-Operation bei 3,5 MHz erreicht. Eine Fre-
quenzerhöhung würde eine lineare Reduzierung der Rechenzeit bewirken. Zudem benötigt eine DES-Recheneinheit auf dem Mikrocontroller nur unwesentlich mehr
Chipfläche als der ROM-Programmcode einer DES-Implementation, so daß dadurch
auch kein zusätzlicher Platzbedarf auf dem Mikrocontroller entsteht.

Zufallszahlengenerator
Zur Schlüsselgenerierung in der Chipkarte und zur Authentisierung von Chipkarte und
Terminal werden oft Zufallszahlen benötigt, die aus Gründen der Sicherheit echte Zufallszahlen sein sollten und nicht pseudozufällig, wie bei Chipkarten üblich. Es gibt
Mikrocontroller, in denen auf dem Silizium ein Zufallszahlengenerator aufgebaut ist,
der echte Zufallszahlen liefert.
    Dieser Generator darf aber nicht durch äußere physikalische Eigenschaften wie z.B.
Temperatur oder Versorgungsspannung in seiner Güte beeinträchtigt werden. Er kann
die Zufallszahlen unter Zuhilfenahme dieser äußeren Einwirkungen auf dem Chip er-
zeugen, doch muß dies in einer Art und Weise geschehen, daß durch gezielte Ver-
änderung eines oder mehrerer dieser Parameter keine Vorhersagbarkeit der erzeugten
Zufallszahlen möglich ist.
    Da sich dies sehr schwierig in Silizium implementieren läßt, geht man einen anderen
Weg. Die Zufallszahlengeneratoren verwenden verschiedene logische Zustände des
Prozessors wie Takt oder Speicherinhalte und geben diese auf ein rückgekoppeltes
Schieberegister, das mit einer gleichfalls aus verschiedenen Parametern erzeugten
Taktversorgung weitergeschaltet wird. Liest nun die CPU das Zufallszahlenregister
aus, dann erhält sie eine relativ gute Zufallszahl, die von außen nicht deterministisch
ermittelbar ist. Durch darauf aufbauende Verfahren und Algorithmen läßt sich die Güte
der so erhaltenen echten Zufallszahl weiter verbessern.

Fehlererkennung und -korrektur im EEPROM
Die wesentliche Beschränkung der Lebensdauer von Chipkarten ist bestimmt durch das
EEPROM und seine technisch begrenzte Anzahl der möglichen Schreib-/Löschzyklen.
Um diese Einschränkung abzumindern, können beispielsweise Fehlerkorrekturcodes

für bestimmte, stark beanspruchte EEPROM-Bereiche per Software errechnet und damit dann Fehler korrigiert werden. Oder man implementiert die Fehlerkorrekturcodes als Hardwareschaltung auf dem Chip. Damit werden, transparent für die Software, EEPROM-Fehler erkannt und, falls diese nicht zu umfangreich sind, korrigiert.

Zur Speicherung der Codes benötigt man natürlich ein zusätzliches EEPROM. Da gute Fehlerkorrekturcodes aber relativ viel Speicherplatz benötigen, steht man damit vor einer strategischen Entscheidung. Ist die Fehlerkorrektur gut, dann fordert dies einen Mehrverbrauch von bis zu 50 % des zu schützenden Speichers. Der Speicher für die Fehlerkorrekturmechanismen kann jedoch nur für diesen Zweck verwendet werden. Benutzt man eine nicht so gute Fehlerkorrektur, dann ist der zusätzliche Aufwand an Speicher zwar geringer, doch der Nutzen sehr fraglich.

Es gibt mehrere Chips auf dem Markt, die eine in Hardware realisierte EEPROM-Fehlererkennung und -korrektur haben, die aber die Hälfte des zu schützenden Speichers zusätzlich benötigen. Der Effekt ist, daß das dem Benutzer zur Verfügung stehende EEPROM nicht allzu groß ist, aber die Lebensdauer des EEPROMs um ein mehrfaches über den üblichen Werten liegt.

Hardware-unterstützte Datenübertragung

Die einzige Kommunikationsmöglichkeit einer Chipkarte mit der Außenwelt ist die Datenübertragung über eine bidirektionale serielle Schnittstelle. Empfang und Senden von Daten über diese Schnittstelle wird bisher nur von der Software des Betriebssystems ohne jegliche Hardwareunterstützung gesteuert. Der programmtechnische Aufwand dafür ist sehr hoch. Ebenso ergeben sich dadurch zusätzliche Fehlermöglichkeiten in der Software. Das Hauptproblem jedoch ist, daß die Datenübertragung nur bis zu einer bestimmten Geschwindigkeit mit Software machbar ist, da die Prozessorgeschwindigkeit hier enge Grenzen setzt.

Möchte man nun mit einer höheren Übertragungsgeschwindigkeit kommunizieren, dann benötigt man entweder eine interne Taktvervielfachung oder einen UART-Baustein. Diese Abkürzung steht für universal asynchronous receiver transmitter, also für einen universell einsetzbaren asynchronen Baustein zum Senden und Empfangen von Daten. Er ermöglicht unabhängig vom Prozessor Empfangen und Senden von Daten. Damit ist man nicht an die Geschwindigkeit des Prozessors gebunden und benötigt auch keine Software für die Kommunikation auf Byteebene. Natürlich müssen weiterhin die höheren Protokollschichten der jeweiligen Übertragungsprotokolle als Software in der Chipkarte vorhanden sein, doch die unterste Schicht wäre dann mit dem UART-Baustein in Hardware realisiert.

In Zukunft ist dies wohl in allen Mikrocontrollern für Chipkarten Standard, doch zum jetzigen Zeitpunkt existieren nur sehr wenige Chips, die eine hardware-unterstützte Kommunikation zulassen. Die technische Machbarkeit ist schon seit langem gegeben, doch läßt sich durch Rechnungen beweisen, daß eine Sende- und Empfangsroutine, als Software im ROM realisiert, an physikalischer Speicherfläche auf dem Silizium weniger Platz benötigt als ein in der Funktion vergleichbarer UART-Baustein. Da der Verbrauch an Chipfläche aber entscheidend für den Preis von Chipkarten-

Mikrocontrollern ist, haben sich bisher fast alle Halbleiterhersteller gegen diese Hardware entschieden. Mit steigender Integrationsdichte der Schaltungen können sich aber die Voraussetzungen sehr schnell ändern.

Interne Taktvervielfachung
Von Chipkarten werden immer höhere Rechenleistungen gefordert. Dies betrifft sehr stark den Bereich für kryptografische Algorithmen. Um diesen Forderungen nachzukommen, könnte man bei speziellen Ausführungen von Mikrocontrollern einfach eine höhere Taktfrequenz anlegen. Die Rechenleistung steigt dann direkt proportional mit dem angelegten Takt. Eine Verdoppelung der Taktfrequenz würde damit auch eine Verdoppelung der Rechenleistung des Prozessors zur Folge haben. Aus Kompatibilitätsgründen ist es aber im allgemeinen ungünstig, mit der Taktfrequenz in Bereiche über 5 MHz zu gehen.

Um diese Beschränkung zu umgehen, ist wiederholt vorgeschlagen worden, mit einer im Chip enthaltenen Taktvervielfachung bei gleichbleibender äußerer Taktfrequenz die interne Taktfrequenz zu erhöhen. Technisch realisiert werden könnte dies beispielsweise mit einer PLL-Schaltung (phase locked loop), die seit langem Stand der Technik ist. So könnte eine Chipkarte mit einem außen angelegten Takt von 3,5 MHz beispielsweise intern mit 28 MHz betrieben werden. Für die Berechnungszeit von komplexen kryptografischen Algorithmen brächte dies erhebliche Vorteile.

Jedoch ist die Prozessorgeschwindigkeit nicht der einzige Flaschenhals einer Chipkarte. Die Geschwindigkeit der von den Normen festgelegten Datenübertragung und die Schreib-/Löschzeit des EEPROMs würden von einer solchen Lösung nicht profitieren, was dann doch die Vorteile arg beschränkt. Jedoch kann es für manche Anwendungen von großem Vorteil sein, eine intern höher getaktete Chipkarte zu verwenden, vor allem, wenn man in Betracht zieht, daß der Schaltungsaufwand dazu auf dem Chip minimal ist.

Allerdings darf man dabei nicht übersehen, daß eine Taktvervielfachung den Stromverbrauch des Mikrocontrollers ganz erheblich erhöht. In der Regel herrschen hier sogar lineare Zusammenhänge, d.h. daß beispielsweise die Vervierfachung des Taktes eine Vervierfachung des Stromverbrauchs hervorruft. Gerade bei batteriebetriebenen Terminals ist aber ein hoher Stromverbrauch unerwünscht.

Hardware-unterstützte Speicherverwaltung
Bei neueren Chipkarten-Betriebssystemen ist es möglich, ausführbaren Maschinencode in die Karte nachzuladen.[1] Dieser kann dann mit einem speziellen Befehl aufgerufen werden und beispielsweise eine nur dem Kartenherausgeber bekannte kryptografische Funktion ausführen. Sobald ein ausführbares Programm in die Karte geladen wird, kann man aber prinzipiell nicht mehr verhindern, daß dessen Funktion unter anderem auch das Lesen von geheimen Speicherinhalten beinhalten kann. Nun achten aber die Betriebssystem-Hersteller sehr darauf, daß der Aufbau und der Programmcode ihrer Betriebssysteme geheim bleibt. Ähnlich verhält es sich mit geheimen Schlüsseln oder

---

[1] siehe auch Abschnitt 5.10 Chipkarten-Betriebssysteme mit nachladbarem Programmcode

Algorithmen innerhalb von verschiedenen Anwendungen auf einer Karte. Für einen Anwendungsanbieter hätte ein Bekanntwerden seiner auf der Karte befindlichen Geheimnisse fatale Folgen. Eine verwaltungstechnische Lösung dieses Problems ist die Prüfung des einzubringenden Programms durch eine unabhängige Instanz. Aber auch dies kann keine vollständige Sicherheit gewährleisten, da man später ein anderes Programm in die Karte laden könnte als das geprüfte oder der Programmcode so geheim sein muß, daß ihn niemand außer dem Anwendungsanbieter kennen darf.

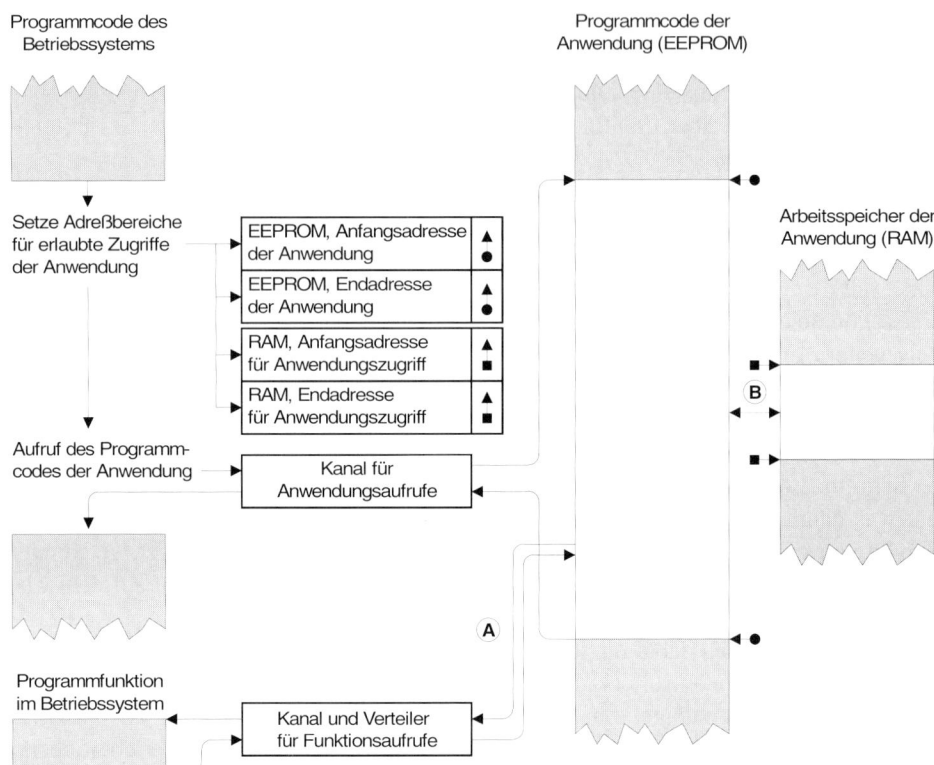

Bild 3.51   Schematische Darstellung der Funktionsweise einer hardware-unterstützten Speicherverwaltung (MMU) auf einem Chipkarten-Mikrocontroller. Der Ablauf bei A zeigt einen durch die MMU kanalisierten und durch einen Verteiler gesteuerten Aufruf einer Funktion des Chipkarten-Betriebssystems. Bei B ist beispielhaft ein Schreib-Lesezugriff auf den durch die MMU begrenzten Arbeitsspeicher der Anwendung eingezeichnet.

Um nun einen akzeptablen Ausweg zu finden, kann man einen Chipkarten-Mikrocontroller mit einer sogenannten Memory Management Unit, kurz MMU, ausrüsten. Diese kontrolliert parallel zur Programmausführung die Speichergrenzen der aktuellen Anwendung. Der erlaubte Speicherbereich wird vor dem Aufruf durch eine Betriebssystemroutine festgelegt und kann dann während des Ablaufs des Programms in der Anwendung nicht mehr verändert werden. Damit ist sichergestellt, daß eine Anwendung vollständig in sich gekapselt ist und nicht auf für sie verbotene Speicherbereiche zugreifen kann.

Nur sehr wenige Mikrocontroller für Chipkarten besitzen momentan die in vielen Bereichen schon seit Jahren eingesetzten MMUs. Doch wird diese Zusatzhardware in Zukunft stark an Bedeutung gewinnen, da es der einzige gangbare Weg ist, mehrere Anwendungen innerhalb einer Chipkarte sicher voneinander zu separieren.

Erweiterung der Chiphardware

Ist aus bestimmten Gründen eine Erweiterung der Chiphardware notwendig, so bedeutet dies einen großen Aufwand an Entwicklungszeit und Kosten beim Chiphersteller. Es gibt zur Realisierung einer kundenindividuellen Hardware nur zwei Möglichkeiten: Aufbau der neuen Hardware auf dem Silizium einer bestehenden Chipgeneration oder Konstruktion einer Zwei-Chip-Lösung mit allen ihren Nachteilen.

Um für dieses Problem einen akzeptablen Weg zu finden, hat man eine Kompromißlösung ersonnen. Diese wählt vom Prinzip her den Mittelweg der beiden Lösungsmöglichkeiten. Der Chip für die neue Hardwarebaugruppe wird dabei direkt mit dem bisherigen Chip verklebt und durch Bond-Drähte elektrisch verbunden. Dieser Lösung kommt zugute, daß die meisten Mikrocontroller für Chipkarten nicht nur eine I/O-Leitung haben, sondern mehrere, welche zur Kommunikation mit dem zusätzlichen Chip verwendet werden können. Die resultierende Dicke in Sandwichbauweise unterscheidet sich nur unwesentlich von normalen Chips, da man das Siliziumträgermaterial einfach stärker abschleift und es damit dünner wird. Damit kann man einen Sandwichchip ohne Zusatzaufwand in Standardmodule einbauen.

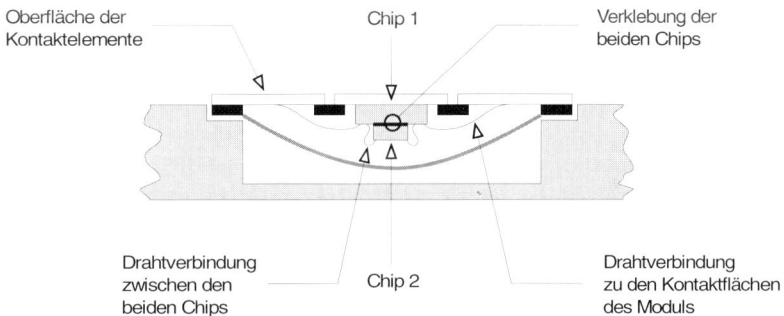

Bild 3.52   Querschnitt durch ein Chipmodul, das zwei verschiedene Chips enthält, die elektrisch mit Bonddrähten miteinander verbunden sind.

Das beschriebene Verfahren ist ideal dafür geeignet, kundenindividuelle Wünsche für eine zusätzliche Hardware ohne aufwendige Änderungen durchzuführen. Es lassen sich damit bestehende Chips mit neuen Baugruppen verbinden, die beispielsweise schnelle kryptografische Berechnungen (z.B. DES) ausführen oder über eine besondere serielle Schnittstelle zur Prüfung von Sicherheitsmerkmalen an anderen Chips verfügen. Auch besteht dadurch die Möglichkeit, einen speziellen ASIC mit einem geheimen kryptografischen Algorithmus in eine Chipkarte einzubringen. Für große Stückzahlen im Millionenbereich ist das Verfahren nicht rentabel, da sich hierbei auch eine Entwicklung von Spezialchips lohnt. Für kleinere bis mittlere Stückzahlen stellen aber Chips in Sandwichbauweise eine sehr gute Lösung für Vorserien oder Spezialanwendungen, wie Sicherheitsmodule für Terminals, dar.

3.5   Kontaktbehaftete Karten

Der Hauptunterschied einer Chipkarte zu allen anderen Karten ist der implantierte Mikrocontroller. Findet seine Energieversorgung und die Datenübertragung kontaktbehaftet statt, so ist dazu eine galvanische Verbindung notwendig. Diese besteht aus den sechs oder acht vergoldeten Kontakten, die auf jeder üblichen Chipkarte zu sehen sind. Die Lage dieser Kontakte in bezug zum Kartenkörper und ihre Größe ist in der ISO 7816-2 aus dem Jahr 1988 festgelegt.

In Frankreich hatte man schon lange Zeit vor der ISO 7816-2 eine nationale Norm von AFNOR, die eine etwas höhere Position des Kontaktfeldes als ISO vorsah. Diese ist auch in der ISO noch als „transitional contacts location" vorhanden, doch lautet die Empfehlung der Norm, diese Position in Zukunft nicht mehr zu verwenden. Allerdings gibt es in Frankreich noch viele Karten mit dieser Kontaktposition, so daß wohl mit einem Aussterben nicht so bald zu rechnen ist.

Die absolute Position des Kontaktfeldes befindet sich in der linken oberen Ecke des Kartenkörpers. Die Maßzeichnung in Bild 3.53 verdeutlicht dies.

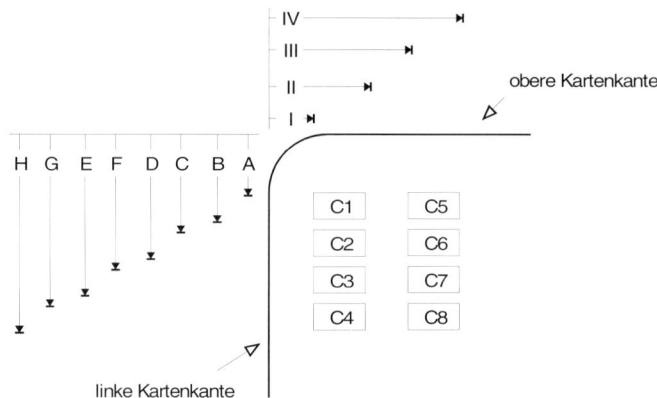

Bild 3.53   Position der Kontakte in Relation zum Kartenkörper. Die Position der Kontakte zum Kartenkörper ist nicht maßstabsgetreu.

I	maximal	10,25 mm	A	maximal	19,23 mm
II	minimal	12,25 mm	B	minimal	20,93 mm
III	maximal	17,87 mm	C	maximal	21,77 mm
IV	minimal	19,87 mm	D	minimal	23,47 mm
			E	maximal	24,31 mm
			F	minimal	26,01 mm
			G	maximal	26,85 mm
			H	minimal	28,55 mm

Die minimale Größe der Kontakte beträgt 1,7 mm in der Höhe und 2 mm in der Breite. Die maximale Größe der Kontakte ist nicht festgelegt. Sie ist allerdings durch den Zwang, die einzelnen Kontakte elektrisch voneinander zu isolieren, begrenzt.

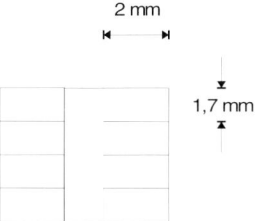

Bild 3.54   Die minimale Größe der Kontakte nach ISO 7816-2.

Die Position des Moduls auf dem Kartenkörper ist durch die Normen fest vorgegeben. Das Kartenelement Magnetstreifen und das Feld für die Hochprägung ist ebenfalls genau festgelegt (ISO 7811). Alle drei Elemente können sich auf einer Karte gleichzeitig befinden. Es müssen aber dabei folgende Beziehungen zueinander beachtet werden: Befindet sich nur ein Chip und ein Prägefeld auf der Karte, so können sich diese sowohl auf der gleichen als auch auf verschiedenen Kartenseiten befinden. Ist zusätzlich noch ein Magnetstreifen vorhanden, dann muß sich dieser immer auf der gegenüberliegenden Seite des Prägefeldes befinden.

Bild 3.55   Die nach ISO 7816-2 erlaubten Varianten der Anordnung der Kartenelemente: Chip, Prägefeld und Magnetstreifen.

Bild 3.56   Beispiel für eine Karte mit Chip, Magnetstreifen, Unterschriftsfeld und Hochprägung. (Giesecke und Devrient)

3.6   Kontaktlose Karten

Wie bereits im Kapitel 2.3.3 beschrieben, ist bei der kontaktlosen Karte keine galvanische Kopplung zwischen der Chipkarte und dem Kartenterminal erforderlich, um Energie und Daten über kurze Entfernungen zu übertragen. Die wichtigsten Vorteile der kontaktlosen Kartentechnologie sind ebenfalls bereits im Kapitel 2.3.3 dargestellt. In diesem Kapitel befassen wir uns ausführlich mit der Funktionsweise der kontaktfreien Chipkarten. Die technischen Verfahren, die in den kontaktlosen Karten zum Einsatz kommen, sind nicht neu, sondern schon seit vielen Jahren von den sogenannten RFID-Systemen (*Radio Frequency Identification*) allgemein bekannt und vielfältig genutzt, wie z.B. in Tierimplantaten oder in den Transpondern für die elektronische Wegfahrsperre in Kraftfahrzeugen. In der Funk- und insbesondere der Radartechnik kennt man vielfältige Möglichkeiten zur Identifizierung von Personen oder Objekten über kleine oder auch große Entfernungen. Die Vielzahl der technischen Möglichkeiten ist für die Anwendung in Chipkarten im ID1-Format, und auf dieses wollen wir uns hier beschränken, stark reduziert, da ja alle Funktionselemente in dem nur 0,76 mm dicken und elastischen Kartenkörper untergebracht werden müssen. So stehen z.B. noch keine flexiblen Batterien in dieser Dicke zur Verfügung, die die Stromversorgung der Elektronik übernehmen könnten.

Ebenso wie bei den kontaktbehafteten Chipkarten besteht ein System mit kontaktlosen Chipkarten mindestens aus zwei Komponenten, der Karte selber und einem dazu passenden Kartenterminal, welches je nach der eingesetzten Technologie als Lese- oder Schreibslesegerät fungiert. In der Regel beinhaltet das Terminal noch eine weitere Schnittstelle, über die es mit einem Hintergrundsystem kommunizieren kann.

Für die Kommunikation der kontaktlosen Karte mit dem Terminal müssen folgende vier Aufgaben gelöst werden:

- die Energieübertragung für die Versorgung der integrierten Schaltung
- die Übertragung des Taktsignals
- die Datenübertragung zur Chipkarte
- die Datenübertragung von der Chipkarte

Es sind viele verschiedene Konzepte für die Lösung dieser Probleme entwickelt worden, die auf die Erfahrungen der RFID-Technologie aufbauen und zumeist auf spezielle Anwendungen zugeschnitten sind. So ist es z.B. ein großer Unterschied, ob der Abstand zwischen dem Kartenterminal und der Karte beim Betrieb wenige Millimeter oder etwa einen Meter beträgt. Die Entwicklung vieler unterschiedlicher Lösungen, die für spezielle Anwendungen zugeschnitten und optimiert sind, führt allerdings zwangsläufig zu deren Inkompatibilität.

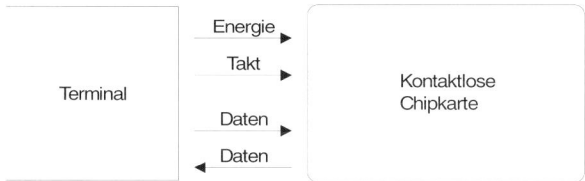

Bild 3.57   Die notwendige Energie- und Datenübertragung zwischen Terminal und kontaktloser Chipkarte.

Induktive Kopplung

Die induktive Kopplung ist zur Zeit das am weitesten verbreitete Verfahren, mit dem sich sowohl die Daten wie auch die Energieübertragung realisieren lassen. Unterschiedliche Anforderungen und Randbedingungen, z.B. Funkzulassungsvorschriften, haben zu unterschiedlichen Realisierungen geführt.

Bei manchen Anwendungen wie z.B. der Zugangskontrolle reicht es meistens aus, wenn die Daten in der Karte nur gelesen werden können, was technisch einfache Lösungen ermöglicht. Wegen der niedrigen Leistungsaufnahme von wenigen 10 µW geht die Reichweite dieser Karten bis in den Meterbereich. Die Speicherkapazität beträgt meistens nur einige 100 Bit. Sollen die Daten auch geschrieben werden, erhöht sich die Leistungsaufnahme auf mehr als 100 µW. Das hat zur Folge, daß die Reichweite im Schreibbetrieb auf ca. 10 cm begrenzt ist, da sich die abgestrahlte Leistung des Schreibgerätes wegen der Funkzulassungsvorschriften nicht beliebig erhöhen läßt. Kontaktlose Mikroprozessorkarten haben eine noch höhere Leistungsaufnahme von ca. 100 mW. Die Entfernung zum Terminal ist hierdurch auf wenige Millimeter begrenzt.

Unabhängig von Reichweite und Leistungsaufnahme arbeiten alle Karten mit induktiver Kopplung nach dem gleichen Prinzip.

Im Kartenkörper sind ein oder mehrere Chips sowie als Koppelelemente eine oder mehrere meist großflächige Spulen integriert.

Energieübertragung

Da bis heute keine genügend dünnen und flexiblen Batterien, die sich für den Einbau in Chipkarten eignen würden, zur Verfügung stehen, außerdem der massenhafte Einsatz von Batterien, die meist giftige Substanzen enthalten, aus Gründen des Umweltschutzes vermieden werden soll, muß die gesamte Energie, die für den Betrieb des Chips in der Karte notwendig ist, vom Lesegerät in die Karte übertragen werden.

Die Energieübertragung geschieht nach dem Prinzip des lose gekoppelten Transformators. Von einer Spule des Terminals wird hierfür ein starkes elektromagnetisches Hochfrequenzfeld erzeugt. Die am häufigsten verwendeten Frequenzen sind dabei 125 kHz und 13,56 MHz. Bringt man eine kontaktlose Karte in die Nähe des Terminals, so durchdringt ein Teil des Magnetfeldes die Spule der Karte, so daß an ihr eine Spannung U_i induziert wird. Diese Spannung wird gleichgerichtet und steht zur Energieversorgung des Chips zur Verfügung. Da die Kopplung zwischen den Spulen im Terminal und in der Karte nur sehr schwach ist, ist der Wirkungsgrad der beschriebenen Anordnung nur sehr klein. Zur Erzeugung der erforderlichen Feldstärken müssen deshalb in der Terminalspule sehr hohe Ströme fließen, was man dadurch erreicht, daß man parallel zur Spule L_T einen Kondensator C_T schaltet, dessen Kapazität so gewählt ist, daß er zusammen mit der Spuleninduktivität einen Parallelschwingkreis bildet, dessen Resonanzfrequenz der Übertragungsfrequenz zur Karte entspricht.

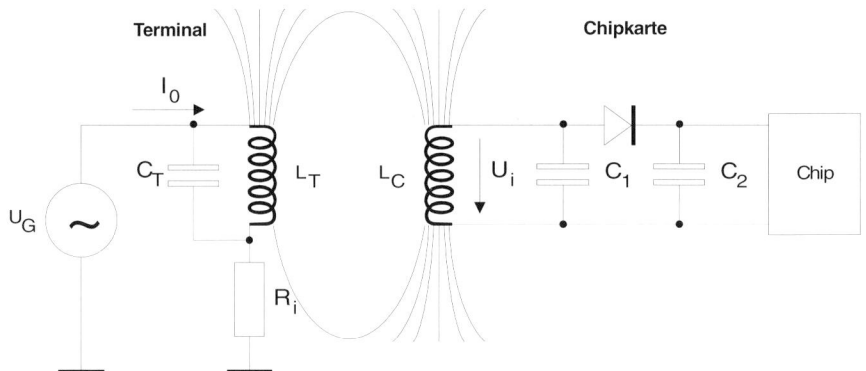

Bild 3.58   Spannungsversorgung einer Chipkarte mit induktiver Kopplung.

Die Spule L_C in der Karte bildet zusammen mit dem Kondensator C_1 ebenfalls einen Schwingkreis mit derselben Resonanzfrequenz. Die in der Karte induzierte Spannung ist proportional zur Übertragungsfrequenz, zur Windungszahl der Spule L_C sowie zur von der Spule umschlossenen Fläche. Das bedeutet, daß mit zunehmender Übertragungsfrequenz die Anzahl der erforderlichen Windungen in der Karte abnimmt (bei 125 kHz 100 bis 1 000 Windungen, bei 13,56 MHz 3 bis 10 Windungen).

Datenübertragung

Für die Datenübertragung vom Terminal zur Karte können alle bekannten digitalen
Modulationsverfahren eingesetzt werden. Die gebräuchlichsten sind:

- ASK (Amplitude Shift Keying)
- FSK (Frequency Shift Keying)
- PSK (Phase Shift Keying)

Wegen der besonders einfachen Demodulationsmöglichkeiten werden meist die
ASK- oder die PSK-Modulation benutzt.

In der umgekehrten Richtung, von der Chipkarte zum Terminal, benutzt man eine
Art Amplitudenmodulation, die durch eine vom Datensignal gesteuerte Änderung der
Last in der Karte erzeugt wird (Lastmodulation). Bringt man eine Chipkarte, die auf
die Resonanzfrequenz des Terminals abgestimmt ist, in das Nahfeld des Terminals, so
entzieht diese wie oben beschrieben dem magnetischen Feld Energie. Hierdurch erhöht
sich des Strom I_0 in der Koppelspule des Terminals, was als erhöhter Spannungsabfall
am Innenwiderstand R_I detektiert werden kann. Durch Ändern der Last an der Spule
der Chipkarte, z.B. durch Zu- und Abschalten des Lastwiderstandes R_2 kann somit die
Spannung U_0 im Terminal durch die Chipkarte amplitudenmoduliert werden. Wenn
man das Zu- und Abschalten des Widerstandes R_2 durch Daten steuert, so können diese Daten im Terminal detektiert und ausgewertet werden.

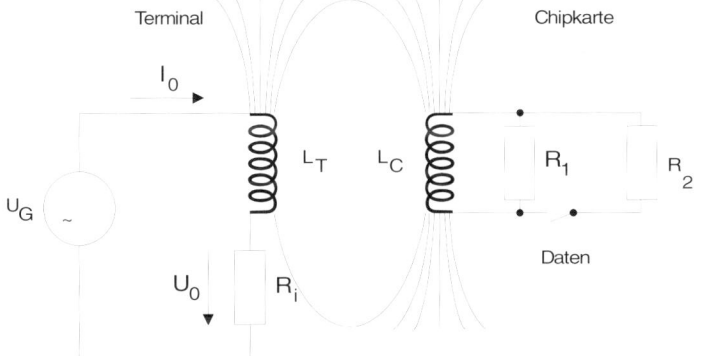

Bild 3.59   Beispiel für ein Prinzip zur Datenübertragung bei der kontaktlosen Chipkarte.

Um den Überblick über die Vielzahl der Verfahren zu erleichtern, kann man sie nach
verschiedenen Klassifizierungsmerkmalen einteilen. Ein Möglichkeit ist die Einteilung
nach der Art der Energie- und Datenübertragung. Die am häufigsten verwendeten Verfahren sind die Übertragung mit Radio- oder Mikrowellen, die optische Übertragung,
die kapazitive und die induktive Kopplung. Für die flache Bauform der Chipkarte ohne
eigene Stromversorgung eignet sich am ehesten die kapazitive und die induktive
Kopplung. Die zur Zeit im Markt angebotenen Systeme benutzen auch ausschließlich
diese Verfahren, die auch als einzige in den relevanten ISO/IEC-Normreihen 10 536,
14 443 und 15 693 berücksichtigt sind. Wir beschränken uns deshalb in diesem Buch
ebenfalls auf die Darstellung dieser Verfahren.

Bei der kapazitiven Kopplung sind leitende Flächen im Kartenkörper untergebracht, die als Kondensatorplatten wirken und eine nutzbare Koppelkapazität von einigen 10 pF haben. Dies reicht für die Energieübertragung in der Regel nicht aus. Deshalb wird diese Methode meist nur zur Datenübertragung verwendet, während die Energieübertragung induktiv erfolgt. Die Datenübertragung arbeitet nach einem differentiellen Verfahren über ein symmetrisches Paar von Koppelflächen, wobei die Reichweite auf ca. 1 mm begrenzt ist.

Bei den vielen unterschiedlichen Verfahren der einzelnen Hersteller war die Standardisierung, mit der bei der ISO/IEC 1988 begonnen wurde, erwartungsgemäß schwierig und zeitraubend. Die zuständige Arbeitsgruppe hat den Auftrag, eine kontaktlose Karte zu normen, die weitgehend kompatibel zu den anderen Standards für Identifikationskarten ist. Das heißt, daß eine kontaktlose Karte auch andere Funktionselemente wie Magnetstreifen, Hochprägung und Chipkontakte haben kann. Hierdurch wird der gleichzeitige Einsatz der kontaktlosen Technik in bestehenden Systemen mit anderer Technik ermöglicht.

Wegen der geringen Kopplung der Spulen im Terminal und in der Karte sind die durch diese Lastmodulation erzeugten Spannungsänderungen im Terminal sehr klein. In der Praxis ergibt sich ein Nutzsignal von wenigen mV, welches nur durch aufwendige Schaltungen detektiert werden kann, da es dem gleichfrequenten wesentlich größerem (ca. 80 dB) Sendesignal des Terminals überlagert ist. Verwendet man jedoch einen Hilfsträger mit der Frequenz f_H, so erscheint das empfangene Datensignal im Terminal auf den zwei Seitenbändern mit den Frequenzen $f_{Leser} \pm f_H$, welches durch Filterung mit einem Bandpaß vom wesentlich stärkeren Signal des Terminals getrennt und verstärkt werden kann. Die Demodulation ist dann problemlos möglich.

Die Modulation mit Hilfsträger hat aber den Nachteil, daß sie eine wesentlich größere Bandbreite benötigt als die direkte Modulation. Daher kann dieses Verfahren nur in wenigen Frequenzbereichen eingesetzt werden.

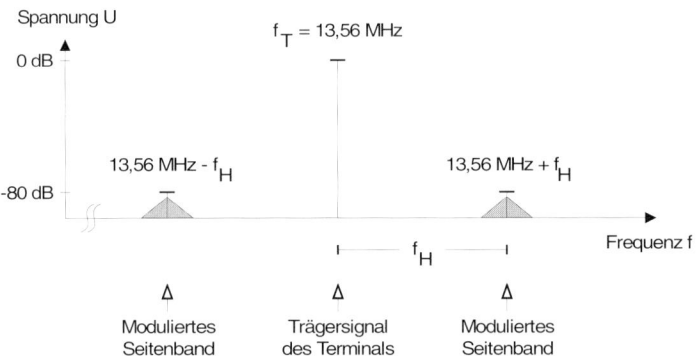

Bild 3.60   Durch eine Lastmodulation mit Hilfsträger entstehen zwei Seitenbänder im Abstand der Hilfsträgerfrequenz f_H um die Sendefrequenz des Lesegerätes. Die eigentliche Information steckt in den Seitenbändern der beiden Hilfsträger-Seitenbänder, welche durch die Modulation des Hilfsträgers selbst entstehen (nach Klaus Finkenzeller [Finkenzeller 98]).

Antikollision

Beim Betrieb von kontaktlosen Karten kann man nicht ausschließen, daß sich mehrere Karten gleichzeitig in der Reichweite des Terminals befinden. Das gilt insbesondere für Systeme mit größerer Reichweite. Aber selbst bei Systemen mit geringer Reichweite kann es vorkommen, daß z.B. zwei Karten direkt übereinanderliegen und vom Terminal gleichzeitig aktiviert werden. Alle Karten, die sich in der Reichweite eines Terminals befinden, werden gleichzeitig versuchen, auf Kommandos des Terminals zu reagieren. Die gleichzeitige Übertragung von Daten führt aber zwangsläufig zu Störungen und Datenverlusten, wenn nicht gezielt Gegenmaßnahmen ergriffen werden.

Die angewendeten Antikollisionsverfahren lassen sich in drei Gruppen ordnen, nämlich in Verfahren mit

- räumlicher,
- zeitlicher sowie
- frequenzmäßiger

Unterscheidung der einzelnen Objekte.

Bei der räumlichen Unterscheidung wird versucht, den Operationsbereich des Terminals so einzugrenzen oder auch abzutasten, daß immer nur eine Karte gleichzeitig erfaßt werden kann.

Bei den zeitlichen Verfahren wird dafür gesorgt, daß die Karten ein unterschiedliches Zeitverhalten haben und dadurch vom Terminal identifiziert und einzeln angesprochen werden können. Diese Verfahren werden am häufigsten eingesetzt, und es gibt eine Vielzahl von Varianten.

Bei den Frequenzverfahren werden Frequenzmultiplextechniken zur Unterscheidung eingesetzt. Diese Verfahren sind jedoch technisch ziemlich aufwendig und dadurch teuer. Die Hersteller der Produkte, die sich im Markt befinden, sind in der Regel nicht bereit, die von ihnen verwendeten Antikollisionsverfahren im Detail zu veröffentlichen. Deshalb konnte bisher auch keine Norm für Antikollisionsverfahren erstellt werden. Eine ausführliche Darstellung der Verfahren ist deshalb an dieser Stelle nicht möglich.

Stand der Normung

Mit der Normung der kontaktlosen Karten wurde bereits im Jahre 1988 eine Arbeitsgruppe bei der ISO/IEC beauftragt. Diese Arbeitsgruppe hat die Aufgabe, eine kontaktlose Karte zu normen, die weitgehend kompatibel zu den anderen Standards für Identifikationskarten ist. Das heißt, daß eine kontaktlose Karte auch andere Funktionselemente wie Magnetstreifen, Hochprägung und Chipkontakte haben kann. Hierdurch wird der gleichzeitige Einsatz der kontaktlosen Technik in bestehenden Systemen mit anderer Technik ermöglicht. Wie bereits erläutert, hängen die technischen Möglichkeiten der kontaktlosen Energie- und Datenübertragung wesentlich von dem gewünschten Abstand zwischen Karte und Terminal beim Lesen und Schreiben ab. Es war deshalb auch nicht möglich, eine einzige Norm zu schaffen, die alle aus den unterschiedlichen Anwendungen resultierenden Anforderungen mit einer einzigen technischen Lösung erfüllt. Zur Zeit wird an drei verschiedenen Normen gearbeitet, die unterschiedliche Lesereichweiten beschreiben. In jeder dieser Normen sind wiederum unterschiedliche technische Lösungen zugelassen, da man sich in dem Normungsgremium nicht auf ein einziges Verfahren einigen konnte.

Begonnen wurde zunächst mit der Standardisierung der „Close Coupling Cards" (ISO/IEC 10 536), weil die zum damaligen Zeitpunkt verfügbaren Mikroprozessoren einen relativ hohen Stromverbrauch hatten, so daß eine Energieübertragung über größere Abstände noch nicht möglich war. Die wesentlichen Teile dieser Norm sind fertiggestellt und verabschiedet und sind im folgenden Abschnitt beschrieben.

Inzwischen sind zwei weitere Normentwürfe in Bearbeitung, und zwar die ISO/IEC 14 443 „Proximity integrated circuits cards", die Systeme mit Reichweiten im Zentimeter-Bereich beschreibt, sowie die ISO/IEC 15 693 „Hands free integrated circuits cards" für Systeme mit Reichweiten bis zu einem Meter. Beide Normentwürfe befinden sich noch in einem frühen Stadium der Bearbeitung und werden sicherlich noch umfangreiche Änderungen erfahren. Sie sind in den folgenden Abschnitten deshalb nur kurz skizziert.

3.6.1   ISO/IEC 10 536 – Close Coupling Cards

In der Norm ISO/IEC 10 536 für Close Coupling Karten wird diese Anwendung als „slot or surface operation" bezeichnet, wodurch zum Ausdruck gebracht wird, daß die Karte im Betrieb in einen Kartenschlitz eingeführt oder auf eine definierte Oberfläche des Terminals aufgelegt werden muß. Die Norm ISO/IEC 10 536 mit dem Titel „Identification Cards – Contactless Integrated Circuit(s) Cards" besteht aus vier Teilen:

Teil 1: Physical characteristics
Teil 2: Dimension and location of coupling areas
Teil 3: Electronic signals and reset procedures
Teil 4: Answer to reset and transmission protocols

Die Teile 1 bis 3 sind inzwischen internationale Norm, Teil 4 ist noch in Bearbeitung. Wichtige Rahmenbedingungen für diese Norm waren:

- weitgehende Kompatibilität zu ISO 7816
- Betrieb bei beliebiger Orientierung der Karte zum Leser
- Trägerfrequenz der Übertragung zwischen 3 und 5 MHz
- Bidirektionale Datenübertragung mit induktiver oder kapazitiver Kopplung
- Leistungsaufnahme der Karte kleiner als 150 mW (ausreichend für den Betrieb von Mikroprozessoren)

In Teil 1 der obengenannten Norm sind die physikalischen Eigenschaften definiert. Es werden im wesentlichen die gleichen Anforderungen festgelegt wie für Chipkarten mit Kontakten, insbesondere auch hinsichtlich Biegung und Torsion. Ein Unterschied besteht in der Belastbarkeit durch elektrostatische Entladungen. Da bei einer kontaktlosen Karte keine leitenden Verbindungen zwischen der Kartenoberfläche und den integrierten Schaltungen im Kartenkörper erforderlich sind, ist eine kontaktlose Karte weitgehend unempfindlich gegen ESD-Schäden. Entsprechend ist in der Norm eine Testspannung von 10 kV festgelegt, im Vergleich zu 1,5 kV bei kontaktbehafteten Karten.

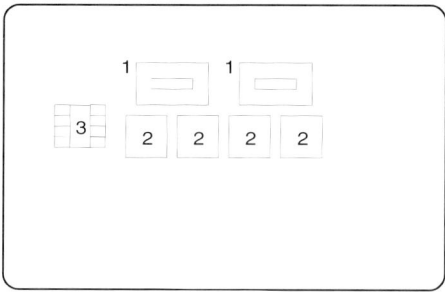

Bild 3.61   Anordnung der Koppelelemente in kontaktlosen Chipkarten: Koppelspulen in der
                   Chipkarte (1), Kapazitive Koppelflächen in der Chipkarte (2) und Kontaktfelder des
                   Chips (3).

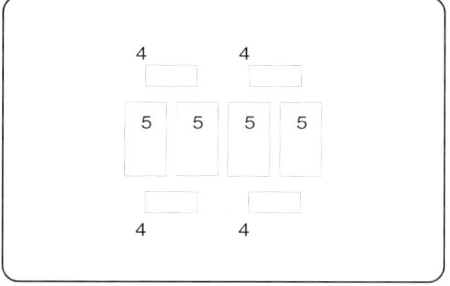

Bild 3.62   Anordnung der Koppelelemente bei Terminals für kontaktlose Chipkarten: Koppel-
                   spulen im Terminal (4) und kapazitive Koppelflächen im Terminal (5).

Im Teil 2 von ISO/IEC 10 536 sind die Lage und die Abmessungen der Koppelelemente spezifiziert. Da man sich nicht auf ein einziges Verfahren einigen konnte,
sind sowohl kapazitive wie auch induktive Koppelelemente in der Art definiert, daß
beide Techniken gleichzeitig in der Karte und im Terminal implementiert werden können. Ein Beispiel hierfür ist in den Bildern 3.61 und 3.62 gezeigt.

Die Anordnung ist so gewählt worden, daß die Lage-Unabhängigkeit bei entsprechender Ansteuerung im Terminal gegeben ist.

Der Teil 3 von ISO/IEC 10 536 wurde 1996 veröffentlicht. Er ist der bisher wichtigste Teil der Norm und beschreibt die Modulationsverfahren für eine induktive wie auch
kapazitive Datenübertragung, da man sich nicht auf ein einziges Verfahren einigen
konnte. Ein normgerechtes Terminal muß daher beide Verfahren unterstützen. Es können auch beide Verfahren in einer Karte implementiert werden.

Energieübertragung

Die Energieübertragung erfolgt durch ein sinusförmiges magnetisches Wechselfeld mit einer Frequenz von 4,9152 MHz, welches eine oder mehrere der induktiven Koppelflächen durchsetzt je nachdem, wie viele Koppelspulen in der Karte vorhanden sind. Das Terminal muß alle vier Felder erzeugen.

Die magnetischen Wechselfelder F1 und F2 durch die Flächen H1 und H2 haben dabei eine Phasendifferenz von 180°, ebenso wie die Felder F3 und F4 durch die Flächen H3 und H4. Zwischen den Feldern F1 und F3 und ebenso zwischen F2 und F4 besteht eine Phasendifferenz von 90°. Jedes einzelne Magnetfeld ist so stark, daß es mindestens 150 mW in die Karte übertragen kann. Insgesamt soll die Karte aber nicht mehr als 200 mW Leistung aufnehmen. Diese komplizierte Definition der Magnetfelder ist erforderlich, um die induktive Datenübertragung bei 4 Lagen Invarianz zu ermöglichen, wie weiter unten erläutert wird.

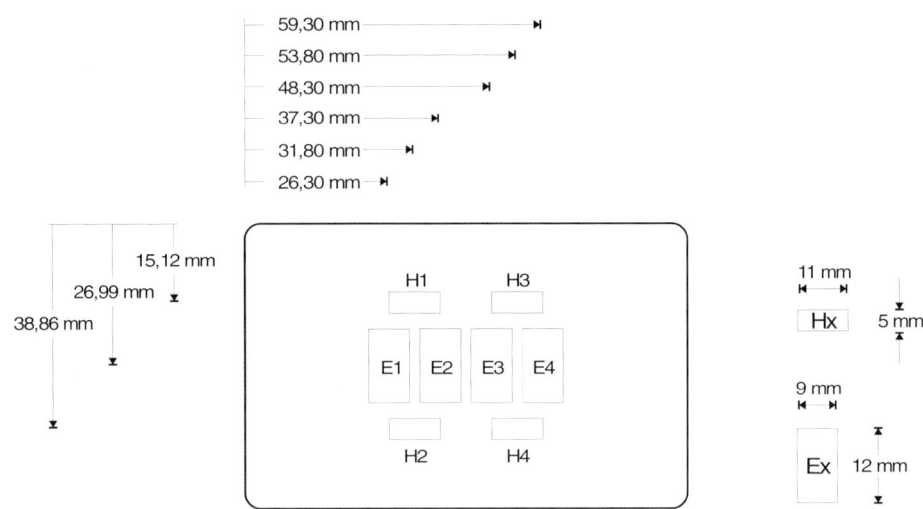

Bild 3.63   Die Lage und Maße der Koppelflächen in der kontaktlosen Karte und im Terminal.

Induktive Datenübertragung

Für die induktive Datenübertragung werden unterschiedliche Modulationsverfahren für die beiden Übertragungsrichtungen angewendet.

Übertragung von der Karte zum Terminal

Für die Übertragung der Daten von der Karte zum Terminal wird zunächst ein Hilfsträger durch Lastmodulation (siehe Bild 3.64) mit einer Frequenz von 307,2 kHz erzeugt, wobei die Last um mindestens 10 % geändert wird. Die Datenmodulation erfolgt dann durch Phasenumschaltung des Hilfsträgers von 180°, wodurch sich zwei Zustände der Phase ergeben, die als logisch 0 und 1 interpretiert werden können. Der Anfangszustand nach Aufbau des magnetischen Feldes wird als logisch 1 definiert, wobei dieser Anfangszustand (Zeitintervall t_3 in Bild 3.67) mindestens 2 ms stabil bleibt. Danach bedeutet jeder Phasensprung des Hilfsträgers eine Umkehrung des logischen Zustandes, so daß sich eine NRZ-Kodierung (*non return to zero*) ergibt. Die Übertragungsrate beträgt zumindest für den ATR 9 600 Bit/s.

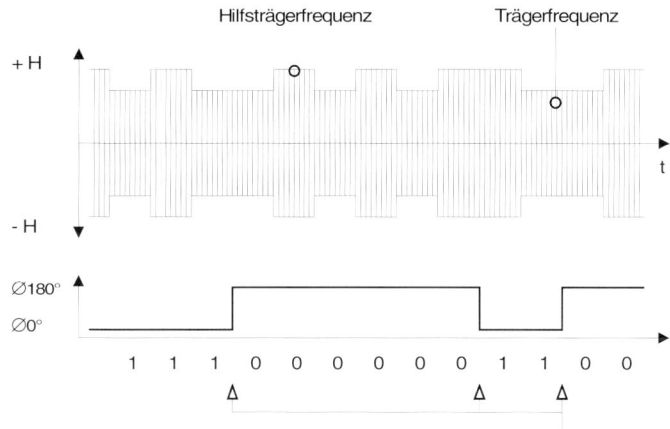

Bild 3.64   Der zeitliche Ablauf beim Prinzip der Phasenmodulation bei der Datenübertragung mit einer kontaktlosen Chipkarte. Die obere Grafik zeigt das magnetische Wechselfeld und die untere Grafik die dazugehörige Phasenlage. Die Trägerfrequenz ist 4,9152 MHz und die Hilfsträgerfrequenz 307,2 kHz.

Übertragung vom Terminal zur Karte

Zur Datenübertragung vom Terminal zur Karte werden die vier magnetischen Wechselfelder F1 bis F4, welche die vier Koppelflächen H1 bis H4 durchdringen, phasenmoduliert (PSK, Phase Shift Keying), und zwar so, daß die Phase aller Felder gleichzeitig um 90° springt. Hierdurch werden zwei Phasenzustände A und A' definiert. Abhängig von der Orientierung der Karte zum Terminal ergeben sich aus Sicht der Karte zwei unterschiedliche Konstellationen für die Phasenzustände, die in den Bildern 3.65 und 3.66 dargestellt sind.

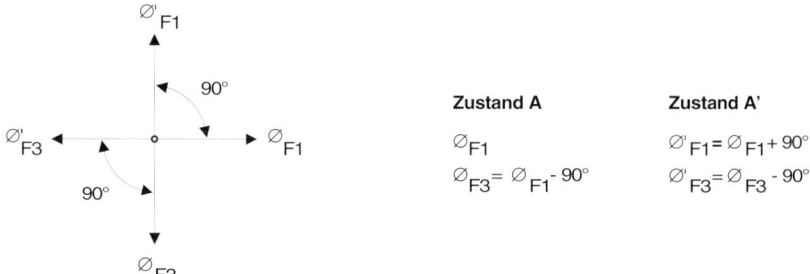

Bild 3.65   Erste Variante der Phasenmodulation bei der Datenübertragung mit einer kontaktlosen Chipkarte. Die eingezeichneten Pfeile sind als Phasenvektoren aufzufassen.

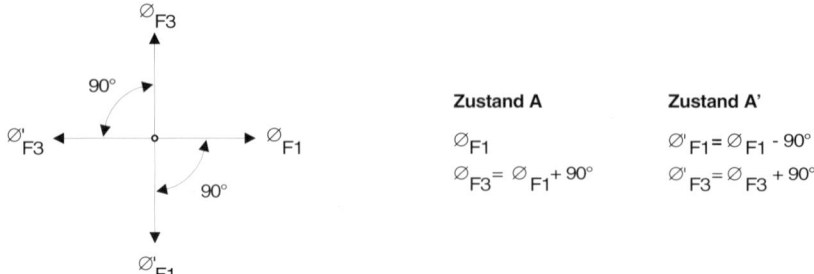

Bild 3.66   Zweite Variante der Phasenmodulation bei der Datenübertragung mit einer kontaktlosen Chipkarte. Die eingezeichneten Pfeile sind als Phasenvektoren aufzufassen.

Da die Karte in allen vier möglichen Lagen in Relation zum Terminal funktionieren
soll, wird unabhängig von der gegebenen Alternative der Anfangszustand (im Zeitintervall t_2 und t_3 in Bild 3.67) als logisch 1 interpretiert. Danach bedeutet jeder Phasensprung eine Umkehrung des logischen Zustandes, so daß sich wiederum eine NRZ-
Kodierung ergibt.

Kapazitive Datenübertragung

Für die kapazitive Datenübertragung von der Karte zum Terminal wird ein Paar der
Koppelflächen entweder E1 und E2 oder E3 und E4 benutzt (Bild 3.63), abhängig davon, in welcher Lage zum Terminal sich die Karte befindet. Das andere Flächenpaar
kann für die Datenübertragung in umgekehrter Richtung genutzt werden. Da die Karte
den ATR über eines der beiden Flächenpaare sendet, kann das Terminal die Orientierung der Karte erkennen. Die maximale Spannungsdifferenz zwischen einem Flächenpaar ist auf 10 V begrenzt, sie muß aber mindestens so groß sein, daß die minimale
Differenzspannungsschwelle des Empfängers von $\oplus$ 300 mV überschritten wird. Für
die Datenübertragung wird eine differentielle NRZ-Kodierung verwendet. Der Sender
schaltet hierzu die Spannung zwischen den Flächen E1 und E2 oder zwischen E3 und
E4 um. Der Zustand für logisch 1 ist wiederum im Zeitintervall t_3 (Bild 3.67) festgelegt. Danach bedeutet jede Umpolung der Spannung einen Wechsel des logischen Zustandes.

Anfangszustand und Answer to Reset

Damit das Terminal am Anfang eines Datenaustausches die Art der Datenübertragung
und die Lage der Karte eindeutig feststellen kann, müssen Zeitintervalle für den Beginn der Energie- und Datenübertragung definiert sein. In Bild 3.67 sind die Bedingungen und Werte für die Reset-Erholzeit t_0, die Leistungsanstiegszeit t_1, die Vorbereitungszeit t_2, die Zeit für den stabilen logischen Zustand t_3 und die Zeit für den Answer to Reset t_4 dargestellt.

Minimum der Reset-Erholzeit – t_0
Wenn ein Reset durch Ab- und Wiederanschalten der energieübertragenden Felder er-
folgen soll, muß die Zeit zwischen Ab- und Anschalten der Felder, während der keine
Energie übertragen wird, größer oder gleich 8 ms sein.

Maximum der Leistungsanstiegszeit – t_1
Die Anstiegzeit des energieübertragenden Feldes, welches durch das Terminal aufgebaut wird, muß kleiner oder gleich 0,2 ms sein.

Vorbereitungszeit – t_2
Die Vorbereitungszeit für die Karte, um in einen stabilen Zustand zu kommen, beträgt
8 ms.

Zeit für den stabilen logischen Zustand – t_3
Vor dem Answer to Reset wird der logische Zustand für eine Zeit von 2 ms auf 1 gehalten. Während dieser Zeit werden Karte und Terminal für die induktive Datenübertragung auf logisch 1 gesetzt.

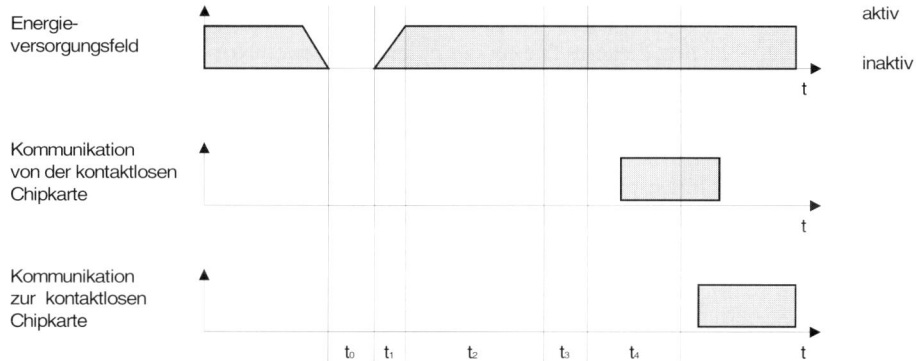

Bild 3.67   Zeitlicher Ablauf der Datenübertragung bei einer kontaktlosen Chipkarte nach
ISO/IEC 10 536-3 mit $t_0 \geq 8$ ms, $t_1 \leq 0,2$ ms, $t_2 = 8$ ms, $t_3 = 2$ ms, $t_4 \leq 30$ ms.

Maximale Antwortzeit für ATR – t_4
Die Karte muß mit dem Senden des ATR vor Ablauf von 30 ms beginnen. Die Karte
kann im ATR anzeigen, daß die Bedingungen für den folgenden Betrieb hinsichtlich
Energiepegel, Datenübertragungsrate oder Frequenz der Felder geändert werden müssen. Der hierdurch gegebene Freiraum kann den Erfordernissen der Anwendung entsprechend genutzt werden. So können z.B. für zeitkritische Anwendungen wesentlich
höhere Übertragungsraten gewählt werden. Im Anhang zur Norm ISO/IEC 10536-3
sind detaillierte Testmethoden und Testaufbauten beschrieben, die eine eindeutige re-
produzierbare Messung der Felder an der Oberfläche der Karte sowie des Terminals
ermöglichen. Für den Teil 4 des Standards gibt es bisher nur Arbeitspapiere, und ein
hinreichend stabiler Normentwurf liegt noch nicht vor.

3.6.2   Remote Coupling Karten

Unter dem Begriff „Karten mit Remote Coupling" werden die Chipkarten zusammengefaßt, die über eine Entfernung von einigen Zentimetern auf etwa 1 Meter zum Terminal Daten übertragen können. Diese Möglichkeit ist bei allen Anwendungen von großem Interesse, bei denen Daten zwischen Karte und Terminal ausgetauscht werden sollen, ohne daß der Karteninhaber die Karte in die Hand nehmen und in ein Terminal einführen muß. Beispielhafte Anwendungen sind:

- Zugangskontrolle
- Fahrzeugerkennung
- elektronischer Fahrschein
- Skipaß
- Flugticket
- elektronische Geldbörse
- Gepäckerkennung

Die Vielfalt der Anwendungen läßt erahnen, daß es eine große Vielfalt an möglichen technischen Realisierungen gibt, wodurch die Normung zu einer komplexen, schwierigen und leider auch langwierigen Aufgabe wird. Die zuständige ISO-Arbeitsgruppe befaßt sich seit 1994 mit diesem Thema. Zur Zeit sind zwei Normen in Bearbeitung: Die ISO/IEC 14 443 und die ISO/IEC 15 633. Erstere deckt den Entfernungsbereich um 10 cm ab und letztere den Bereich um einen Meter. Für die Anwendungsbereiche dieser Normen wurden folgende Schwerpunkte definiert:

- Identifikation, d.h. Lesen allgemeiner Informationen von einer Karte
- Zugangskontrolle, d.h. Nutzung der Karte für die Zugangsberechtigung zu einem geschützten Bereich
- Entgelderfassung, d.h. Erwerb von Waren oder Dienstleistungen gegen Bezahlung

Bei der Definition der technischen Lösung befindet sich die Normung noch im Anfangsstadium, und zur Zeit ist die endgültige Lösung noch nicht erkennbar.

In den letzten Jahren hat sich ein hoher Bedarf an kontaktlosen Karten für Anwendungen im öffentlichen Personennahverkehr ergeben. Die Industrie hat hierzu Systeme entwickelt, die in Pilotversuchen bereits erfolgreich getestet wurden. Für Betreiber und Benutzer ergeben sich bei diesen neuen Systemen deutliche Vorteile. Der Betreiber hat neben dem bargeldlosen Betrieb eine höhere Flexibilität im Tarifsystem und die Möglichkeit, Daten über das Nutzungsverhalten der Kunden zu erfassen und auszuwerten. Außerdem ergibt sich ein höherer Durchsatz an den Schleusen und ein wesentlich besserer Schutz gegen Vandalismus. Für den Benutzer wird die Abrechnung des Fahrgeldes durch weitgehende Automatisierung wesentlich einfacher. Das umständliche Hantieren mit Münzen an Fahrscheinautomaten entfällt.

Da die internationale Normung für diese Anwendungen erst in den Anfängen steckt und ein schnelles Ergebnis nicht zu erwarten ist, scheint es so, daß De-facto-Standards der Industrie in den nächsten Jahren den Markt bestimmen werden. Ein Beispiel hierfür ist das von der österreichischen Firma Mikron entwickelte Mifare-System, das inzwischen u. a. auch von den Firmen Philips und Siemens unterstützt wird. Mifare wurde speziell für Anwendungen im öffentlichen Personennahverkehr entwickelt. Es arbeitet mit induktiver Übertragung zwischen Karte und Terminal bei einer Frequenz von 13,56 MHz und mit einer Datenrate von über 100 kBit/s. Die Reichweite von 10 cm ist ausreichend, um dem Fahrgast das umständliche Herausnehmen der Karte aus dem Geldbeutel zu ersparen. Da bei dieser Betriebsweise damit gerechnet werden muß, daß sich mehrere Karten gleichzeitig in der Reichweite des Terminals befinden, sorgt ein schneller Antikollisionsalgorithmus dafür, daß sich Daten mehrerer Karten nicht gegenseitig stören. Die Architektur der Karte ermöglicht es, 16 unabhängige Funktionen in einer Karte zu betreiben. Der Zugriff auf die Daten ist durch ein Verschlüsselungsverfahren gesichert. Bei der Benutzung der Karte können z.B. Fahrtinformationen (Beginn und Ende einer Fahrt) erfaßt werden. Es kann aber auch der Fahrpreis direkt aus der elektronischen Börse bezahlt werden. Auch die in Kapitel 13.2 beschriebene Anwendung der deutschen Lufthansa benutzt das Mifare-System.

3.6.3   Proximity Integrated Circuit(s) Cards nach ISO/IEC 14 443

Im Jahr 1993 begann die Arbeit an der Norm für die sogenannten „proximity coupling Chipkarten", die für eine Reichweite von ca. 10 cm ausgelegt sind, was bedeutet, daß eine exakte Positionierung in oder auf dem Terminal nicht erforderlich ist. Eine Fertigstellung der Norm ist nicht vor dem Jahr 2001 zu erwarten, so daß die zur Zeit vorliegenden Entwürfe sicher noch zahlreiche Änderungen erfahren werden. Es zeichnen sich zwei unterschiedlichen Typen ab, die vermutlich beide in die Norm aufgenommen werden. Die wichtigsten Merkmale dieser beiden Typen sind in Tabelle 3.5 dargestellt.

Tabelle 3.5   Vorläufige Merkmale der Datenübertragung bei Proximity Integrated Circuit Cards aus den Arbeitspapieren zu ISO/IEC 14 443.

Typ	Datenübertragung zur Karte	Datenübertragung zum Terminal
1	13,56 MHz, 10 % ASK Bitcoding NRZ-L	Lastmodulation mit Hilfsträger 847 kHz, BPSK moduliert, Bitcoding NRZ-L
2	13,56 MHz, 100 % ASK	Lastmodulation mit Hilfsträger 847 kHz, ASK moduliert

3.6.4   Hands Free Integrated Circuit(s) Cards nach ISO/IEC 15 693

Diese Norm befaßt sich mit Chipkarten mit einer Reichweite bis zu 1 m. Der Arbeitstitel für den Normentwurf heißt „hands free integrated circuit(s) card", worin zum Ausdruck kommt, daß Karten mit dieser Reichweite zum Betrieb nicht in die Hand genommen werden müssen, sondern zum Beispiel im Geldbeutel oder in der Hosentasche bleiben können. Mit der Arbeit an dieser Norm wurde gerade erst begonnen, so daß noch keine nennenswerten Informationen vorliegen. Mit der Fertigstellung ist frühestens im Jahr 2002 zu rechnen.

4 Informationstechnische Grundlagen

„Chipkarten sind kleine Computer in Scheckkartenformat und ohne Mensch-Maschine-Schnittstelle." Diese Behauptung trifft vollständig den Kern der Sache. Die spezifischen Eigenschaften von Chipkarten gegenüber allen anderen Kartentypen sind durch den in den Kartenkörper implantierten Mikrocontroller hervorgerufen.

Der Kartenkörper aus Kunststoff ist in seiner Funktion vor allem ein Träger für den Mikrocontroller. Natürlich können zusätzlich zum Mikrocontroller weitere Kartenelemente integriert sein, doch ist dies für die eigentlichen Chipkarten-Funktionen nicht notwendig. Um nun die Eigenschaften dieses kleinen Computers und der darauf auf-bauenden informationstechnischen Mechanismen verstehen zu können, sind einige Grundkenntnisse der Informatik notwendig.

Es soll hier nicht Expertenwissen vermittelt werden. Dies ist auch gar nicht notwen-dig, um die Grundzüge der Verfahren und Techniken im Zusammenhang mit Chip-karten zu begreifen. Das solide Grundlagenwissen, das hier in diesem Kapitel darge-boten ist, reicht vollständig zum Verstehen aus. Die beschriebenen spezifischen Sach-verhalte gehen deshalb nur so weit in die Tiefe, wie es für das Verständnis der Zusam-menhänge notwendig ist.

Beinahe die Hälfte dieses Kapitels ist denjenigen kryptografischen Verfahren ge-widmet, die im Umfeld von Chipkarten eingesetzt werden. Wissen über Kryptologie war noch vor wenigen Jahren mit dem Schleier des Geheimnisvollen und Unbekannten umgeben. Dies änderte sich jedoch zunehmend, und es existiert mittlerweile auch um-fangreiche Literatur zu diesem Thema. Analog den Teilen des Kapitels über allgemeine Informationstechnik sind hier nur Grundlagen beschrieben, die für das Verständnis von kryptografischen Algorithmen und Protokollen bei Chipkarten notwendig sind. Für detaillierte Informationen sei auf die bekannten Werke, wie beispielsweise von Bruce Schneier [Schneier 96] und Alfred Menezes [Menezes 97] verwiesen. Eine weitere er-giebige Quelle an aktueller Information über Kryptologie ist das World Wide Web mit den Homepages von Forschungseinrichtungen (z.B.: [GMD, Semper]), Normungsin-stanzen (z.B.: [ETSI, IEC, ISO]), Behörden (z.B.: [BSI, NSA]), Firmen (z.B.: [Ascom, Certicom, Counterpane, R3, RSA]), Vereinen (z.B.: [CCC, Teletrust] oder an dem Thema interessierten Menschen (z.B.: [Gutmann, Tatu]).

4.1   Strukturierung von Daten

Die Speicherung oder Übertragung von Daten erfordert zwangsläufig immer eine ex-akte Definition der verwendeten Daten und ihrer Struktur. Nur so ist es möglich, Da-tenelemente wiederzuerkennen und auch zu interpretieren. Datenstrukturen mit fester Länge und nicht änderbarer Reihenfolge bringen regelmäßig Systeme zum „Platzen". Das beste Beispiel dafür ist die Umstellung vieler europäischer Währungen in Euro. Alle Systeme und Datenstrukturen, bei denen die Währungskennzeichnung unver-änderlich festgelegt war, müssen mit großem Aufwand erweitert werden. Die gleiche Problematik herrscht bei vielen Chipkarten-Anwendungen. Feste Datenstrukturen, die erweitert oder gekürzt werden sollen, verursachen über kurz oder lang immer erhebli-chen Aufwand.

Das Problem, Daten zu strukturieren, besteht allerdings schon seit Jahren, und es gibt genügend Lösungsansätze dazu. Einer, der in der Chipkartenwelt sehr populär ist und auch allgemein immer mehr Anwendung findet, stammt aus der Datenübertragung. Es ist dies die abstrakte Syntax-Notation 1 (*abstract syntax notation one*), die kurz als ASN.1 bezeichnet wird. ASN.1 ist eine codierungsunabhängige Beschreibung von Datenobjekten, die ursprünglich aus dem Bereich des Transfers von Daten zwischen verschiedenen Rechnersystemen stammt.

Im Prinzip ist ASN.1 eine Art von künstlicher Sprache, die nicht zur Beschreibung von Programmen geeignet ist, sondern zur Beschreibung von Daten und ihrer Struktur. Genormt ist die Syntax in der ISO/IEC 8824, die Codierungsregeln befinden sich in der ISO/IEC 8825. Beide Normen sind eine Weiterentwicklung der Empfehlung X.409, die von der CCITT definiert wurde.

Das Grundkonzept von ASN.1 besteht darin, daß Datenobjekte mit einer vorange-stellten eindeutigen Kennzeichnung und einer Längenangabe versehen werden. Die recht aufwendige Syntax der Beschreibungssprache erlaubt es auch, eigene Datentypen zu definieren, sowie Datenobjekte zu verschachteln. Die ursprüngliche Idee, eine all-gemeingültige Syntax zu schaffen, auf dessen Basis Daten zwischen zwei grundver-schiedenen Rechnersystemen ausgetauscht werden können, kommt im Chipkartenbe-reich wenig zum Einsatz. Hier findet momentan lediglich ein sehr kleiner Teil der ge-samten zur Verfügung stehenden Syntax Verwendung. Dies ist vor allem durch den sehr beschränkten Speicherplatz in den Chipkarten bedingt.

Ein Einsatzgebiet, das schon große Bedeutung erlangt hat, ist der Bereich der Kryp-tografie. Die verschiedenen Methoden und Optionen sind sehr viel einfacher und va-riabler mit ASN.1-Objekten zu handhaben, als dies bisher mit den sehr starren Struktu-ren der Fall ist.

In der ISO/IEC 8825 sind die grundlegenden Codierungsregeln BER (*basic enco-ding rules*) für ASN.1 zusammengefaßt. Diese daraus resultierenden Datenobjekte werden als BER-TLV-codierte Datenobjekte bezeichnet. BER-codierte Datenobjekte besitzen ein Kennzeichen, eine Längenangabe, den eigentlichen Datenteil und optional eine Endekennung. Nach diesen Codierungsregeln sind auch einige Bits im Kennzei-chen vorbelegt. Dies ist in Bild 4.1 detailliert dargestellt. Eine Untermenge der grund-legenden Codierungsregeln BER sind die DER (*distinguished encoding rules*). Diese geben unter anderem an, wie die Längenangabe zu codieren ist (1, 2 oder 3 Byte lang). Ein grundlegender Überblick zu BER und DER findet sich bei Burton Kaliski [Kaliski 93].

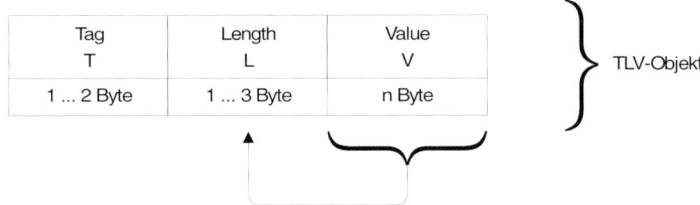

Bild 4.1   Das Prinzip der BER-basierten TLV-Codierung nach ASN.1.

Die Codierung von ASN.1-Objekten findet somit in der klassischen TLV-Struktur statt. Dabei bedeutet das „T" (*tag*) die Kennzeichnung des Datenobjektes, das „L" (*length*) die Länge und „V" (*value*) die eigentlichen Daten.

Das erste Feld in einer TLV-Struktur ist das Kennzeichen des im V-Teil folgenden Datenobjektes. Damit nun nicht jeder Anwender seine eigenen Kennzeichen definieren muß und damit der Inkompatibilität Tür und Tor geöffnet ist, existieren Normen, die für verschiedene und auch öfter benötigte Datenstrukturen die entsprechenden „tags" festlegen. In der ISO/IEC 7816-6 sind beispielsweise die Kennzeichen von Datenobjekten für allgemeine Industrieanwendungen definiert. Für Secure Messaging sind sie hingegen in der ISO/IEC 7816-4 festgelegt, und bei EMV gibt es wiederum eigene. Es ist also keineswegs so, daß ein spezielles Tag überall für das gleiche Datenelement benutzt wird, doch im wesentlichen ist eine Vereinheitlichung im Gange.

In den beiden höherwertigen Bits des Kennzeichens wird die Klasse codiert, zu der das nachfolgende Datenobjekt gehört. Die Klasse gibt an, ob es sich um generelle Definitionen von Datenobjekten handelt (*universal class*), wie beispielsweise für Integerwerte oder Zeichenketten. Die „application class" zeigt an, ob das Datenobjekt zu einer bestimmten Anwendung oder Norm (z.B. ISO/IEC 7816-6) gehört. Die beiden weiteren Klassen, „context specific class" und „private class", gehören in den Bereich von nicht genormten Anwendungen.

Das den beiden Bits für die Klasse folgende Bit zeigt an, ob das gekennzeichnete Datenobjekt aus weiteren Datenobjekten zusammengesetzt ist. Die fünf niederwertigen Bits sind das eigentliche Kennzeichen. Da es aufgrund des eingeschränkten Adreßraumes nur die Werte von 0 bis 30 annehmen kann, existiert die Möglichkeit, durch setzen aller fünf Bits auf das nachfolgende Byte zu verweisen. In diesem sind dann alle Werte von 31 bis 127 zulässig. Das Bit 8 verweist auf zukünftige Anwendungen und darf demnach noch nicht gesetzt sein.

Die Anzahl der benötigten Längenbytes ist in Tabelle 4.1 dargestellt. In der Norm wird noch der Begriff Template (deutsch: Schablone) definiert. Ein Template ist ein Datenobjekt, das als Hülle oder Container für weitere Datenobjekte dient. Für den Bereich von branchenübergreifenden Anwendungen von Chipkarten sind die Kennzeichen für mögliche Datenobjekte in der ISO/IEC 7816-6 definiert. Der Bereich des Zahlungsverkehrs mit Chipkarten deckt die ISO 9992-2 ab.

Tabelle 4.1   Die Codierung des Kennzeichens bei ASN.1.

Byte 1	b8	b7	b6	b5	b4	b3	b2	b1	Bedeutung
	0	0	...	...	...	...	...	...	universal class
	0	1	...	...	...	...	...	...	application class
	1	0	...	...	...	...	...	...	context specific class
	1	1	...	...	...	...	...	...	private class
	...	...	0	...	...	...	...	...	einfaches Datenobjekt (*primitive*)
	...	...	1	...	...	...	...	...	zusammengesetztes Datenobjekt (*constructed*)
	...	....	...	X	X	X	X	X	Nummer des Kennzeichens (0 ... 30)
	...	...	...	1	1	1	1	1	Es existiert ein nachfolgendes Byte (Byte 2), das das Kennzeichen festlegt.
Byte 2	b8		b7 ... b1						Bedeutung
	0		31 ... 127						Nummer des Kennzeichens

Diese Methode der Codierung von Daten hat einige Eigenschaften, die sich gerade im Chipkartenbereich sehr vorteilhaft auswirken. Da der Speicherplatz im Regelfall immer zu klein ist, kann durch die Verwendung von Datenobjekten auf der Grundlage von ASN.1 erheblich Speicherplatz gespart werden. Denn durch die TLV-Codierung ist es möglich, Daten mit variabler Länge ohne große Komplikationen zu übertragen und abzuspeichern. Dies führt zu einer sehr ökonomischen Verwendung von Speicher.

Tabelle 4.2   Aufbau der DER-basierten Längenangabe bei ASN.1.

Byte 1	Byte 2	Byte 3	Bedeutung
0 ... 127	---	---	für diesen Wertebereich wird 1 Byte als Längenangabe benutzt
'81'	128 ... 255	---	für diesen Wertebereich werden 2 Byte als Längenangabe benutzt
'82'		256 ... 65 535	für diesen Wertebereich werden 3 Byte als Längenangabe benutzt

Am Beispiel der TLV-Codierung eines Namens sei dies noch einmal verdeutlicht.

Tag	Length	Value
'85'	'08'	'57' || '6F' || '5C' || '66' || '67' || '61' || '6E' || '67'

▷   ▷   ▷

                        Vorname "Wolfgang"
                        Länge des Vornamens
                        Kennzeichen für Vornamen

Bild 4.2   Codierung des Vornamens „Wolfgang" mittels einer TLV Struktur.

Spätere Erweiterungen von Datenstrukturen können bei ASN.1 sehr einfach vorgenommen werden, da in der vorhandenen Datenstruktur nur ein zusätzliches TLV-codiertes Datenobjekt eingefügt werden muß. Die Kompatibilität zu den älteren Versionen bleibt dabei vollständig erhalten, so lange die früheren TLV-Objekte nicht entfernt werden. Genauso verhält es sich mit neuen Versionen von Datenstrukturen, bei denen Änderungen gegenüber der vorherigen Codierung vorgenommen wurden. Durch die Änderung der Kennzeichnung, also des „tags", ist dies ohne weiteres möglich. Ebenso lassen sich gleiche Daten mit unterschiedlicher Codierung sehr einfach darstellen. Zusammengefaßt ergeben alle diese Vorteile die Begründung, warum gerade im Chipkartenbereich die ASN.1-Syntax auf der Basis einer TLV-Codierung so beliebt ist.

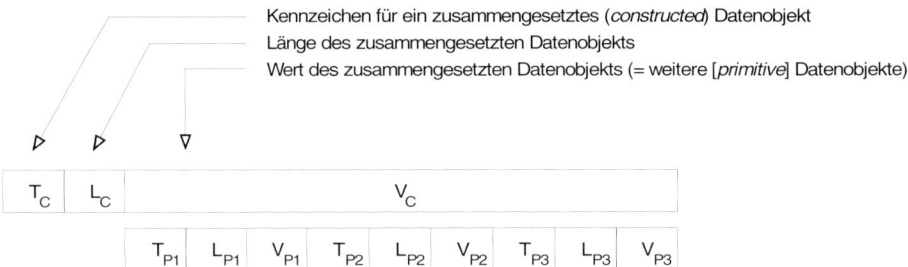

                    Kennzeichen für ein zusammengesetztes (*constructed*) Datenobjekt
                    Länge des zusammengesetzten Datenobjekts
                    Wert des zusammengesetzten Datenobjekts (= weitere [*primitive*] Datenobjekte)

Bild 4.3   Prinzipielle Struktur beim Aufbau von zusammengesetzten (*constructed*) TLV-codierten Datenstrukturen aus mehreren einfachen (*primitive*) TLV-codierten Datenobjekten. Die Indizes „C" und „P" stehen für „constructed" und „primitive".

Der Hauptnachteil von ASN.1-Datenobjekten ist der bei geringen Nutzdaten erhebliche Aufwand an Verwaltungsdaten. Sind die Nutzdaten beispielsweise nur 1 Byte lang, dann benötigt man zwei zusätzliche Bytes (*tag* und *length*), um dieses eine Datenbyte zu verwalten. Je länger jedoch die Nutzdaten sind, desto günstiger wird das Verhältnis. Die ASN.1-strukturierten Daten in der deutschen Krankenversichertenkarte geben ein gutes Beispiel dafür ab. Die Nutzdaten betragen zwischen 70 und 212 Byte. Die dafür notwendigen Verwaltungsdaten haben eine Gesamtanzahl von 36 Byte. Dies ergibt einen Verwaltungsaufwand für die Nutzdaten zwischen 17 und 51 Prozent.

An einem Beispiel sei dies alles nochmals rekapituliert. Angenommen, man will in einer Datei mit transparenter Datenstruktur Familiennamen, Vornamen und Titel speichern. Unabhängig von einer korrekten ASN.1-Beschreibung werden die TLV-codierten Daten die folgende Struktur haben. Die im Beispiel verwendeten Kennzeichen sind frei gewählt und entsprechen damit auch keiner einschlägigen Norm.

	T	L	V	T	L	V	T	L	V
Variante 1	'85'	'07'	"Manfred"	'87'	'05'	"Meier"	'84'	'04'	"Ing."

	T	L	V	T	L	V	T	L	V
Variante 2	'84'	'04'	"Ing."	'85'	'07'	"Manfred"	'87'	'05'	"Meier"

	T	L	V	T	L	V	T	L	V
Variante 3	'87'	'05'	"Meier"	'85'	'07'	"Manfred"	'84'	'04'	"Ing."

Bild 4.4   Beispiele für die Unabhängigkeit der Reihenfolge innerhalb einer TLV-Struktur.

Bei der Auswertung dieser Datenstruktur vergleicht der Rechner das erste Kennzeichen mit allen ihm bekannten. Stimmt es mit einem überein, dann erkennt er das erste Datenobjekt als Vorname. Die dazugehörige Länge kann er im folgenden Byte lesen. Die anschließenden Bytes sind dann das eigentliche Datenobjekt, d.h. der Vorname. An diesem schließt sich das nächste TLV-Objekt mit dem ersten Byte, dem Kennzeichen für den Familiennamen, an. Der Computer geht hier bei der Erkennung genauso vor wie beim ersten Datenobjekt.

Besteht nun die Notwendigkeit, die Datenstruktur zu erweitern, z.B. mit einem Namenszusatz, dann kann man einfach ein neues Element in die vorhandene Struktur einfügen. Die Position der Einfügung ist dabei nicht von Bedeutung. Die nun erweiterte Datenstruktur bleibt aber dennoch voll kompatibel mit der älteren Version, da das neue Element ein eigenes Kennzeichen erhält und damit eindeutig gekennzeichnet ist. Programme, die nur die alten Kennzeichen erkennen, stören sich an dem neuen Kennzeichen nicht, da es für sie unbekannt ist und definiert übersprungen werden kann. Andere Programme, die auch das neue Tag erkennen, können es damit auch auswerten und haben aber auch keine Probleme mit der alten Struktur.

4.2   SDL-Symbolik

In diesem Buch wird zur Beschreibung von Zuständen und Zustandsübergängen die
SDL-Notation benutzt. Diese ist seit einigen Jahren im Chipkartenbereich eine immer
häufiger eingesetzte Symbolik zur Beschreibung von zustandsorientierten Mechanismen, beispielsweise von Kommunikationsprotokollen. SDL ist die Abkürzung von
Specification and Description Language und in der CCITT Empfehlung Z.100 detailliert beschrieben.

Die SDL-Symbolik ähnelt dem der üblichen Flußdiagramme. Sie beschreibt jedoch
keine Programmabläufe, sondern Zustände und Zustandsübergänge. Die SDL-
Diagramme sind aus einzelnen genormten Symbolen zusammengesetzt, die mit Linien
untereinander verbunden werden. Der Ablauf in den Diagrammen ist immer von oben
links nach unten rechts, so daß die Verbindungslinien der einzelnen Symbole keine
Kennzeichnung (Pfeilspitze) von Anfang und Ende benötigen. [1]

Vereinfacht kann man sich die Notation so vorstellen, daß SDL ein System beschreibt, das aus einer bestimmten Anzahl von Prozessen besteht. Jeder Prozeß wiederum ist ein Zustandsautomat. Befindet sich der Automat in einem stabilen Zustand, so
kann er ein Signal von außen empfangen. Abhängig von den empfangenen Daten wird
ein bestimmter neuer Zustand erreicht. Dazwischen können zusätzliche Aktionen, wie
Empfangen und Senden von Daten oder Berechnung eines Wertes, liegen.

Die folgenden zehn Symbole werden in diesem Buch benutzt. Sie stellen nur eine
Auswahl aus der wesentlich umfangreicheren Symbolmenge von Z.100 dar, doch reichen sie als Grundlage für den Einsatz im Chipkartenbereich.

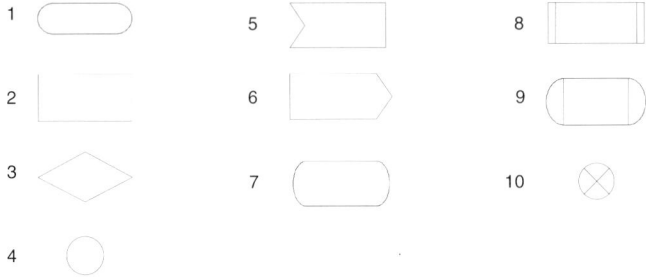

Bild 4.5   Die in diesem Buch verwendeten Symbole der SDL-Notation nach CCITT Z.100.
                    1 – Start   5 – Eingabe   8 – Unterprogramm
                    2 – Aufgabe   6 – Ausgabe   9 – Start Unterprogramm
                    3 – Entscheidung   7 – Zustand   10 – Ende Unterprogramm
                    4 – Marke

Das Start-Zeichen (Nr. 1) symbolisiert den Anfang eines Prozesses. Mit ihm beginnt
in den meisten Fällen ein SDL-Diagramm. Das Zeichen für eine Aufgabe (Nr. 2) erläutert durch den enthaltenen Text eine bestimmte Aktion näher. Es existiert bei die-

---

[1] Ein ausführliches Beispiel für ein SDL-Diagramm findet sich bei „6.4.2 Übertragungsprotokoll
T=0".

sem Symbol keine weitere detaillierte Beschreibung in Form eines Unterprogramms. Das nächste Zeichen, die Entscheidung (Nr. 3), erlaubt bei einem Zustandsübergang eine Abfrage, die entweder „JA" oder „NEIN" sein kann. Die Marke (Nr. 4) gibt eine Verbindung zu einem weiteren SDL-Diagramm an und wird hauptsächlich zur Aufteilung von großen Diagrammen auf mehrere kleinere benutzt.

Die beiden anschließenden Zeichen Eingabe (Nr. 5) und Ausgabe (Nr. 6) zeigen Schnittstellen nach außen auf. Im Inneren des Symbols werden die genauen Ein-/Ausgabeparameter beschrieben. Zur Beschreibung eines Zustands dient das Symbol Zustand (Nr. 7). In ihm ist der jeweils erreichte Zustand angegeben.

Die nächsten drei Symbole beschreiben Unterprogramme. Die Nummer 8 – Unterprogramm – zeigt auf, daß der Inhalt dieses Kästchens an anderer Stelle noch genauer beschrieben ist. Die beiden Symbole Start (Nr. 9) und Ende (Nr. 10) eines Unterprogramms bilden den Rahmen für ausführlichere Darstellungen.

4.3   Zustandsautomaten

Unter einem Automaten stellt man sich gemeinhin eine Maschine vor, in die man eine Münze einwirft und dann einen Knopf drückt. Daraufhin kann man ein Fach öffnen und daraus etwas entnehmen.

Etwas abstrakter ausgedrückt, definiert dieser Automat einen Ablauf mit verschiedenen Übergängen von Zuständen. Im Ausgangszustand wartet der Automat auf den Geldeinwurf, jede andere Aktion wie Drücken der Taste ruft keinerlei Aktion hervor. Erst der Einwurf der Münze überführt den Automaten vom Grundzustand in den Zustand „Geld eingeworfen". Der nächste Zustandsübergang kommt durch das Drükken der Taste zustande, woraufhin der Automat ein Fach freigibt.

In der Informatik kann man unter Verwendung von Graphen oder Petri-Netzen auf eine sehr anschauliche Art Zustandsautomaten beschreiben. Neben der Möglichkeit der Modellierung von Zustandsautomaten können die dadurch beschriebenen Systeme auf bestimmte Eigenschaften hin untersucht werden. Ziele dabei sind, etwaige mögliche Verklemmungen (*dead locks*) im Ablauf herauszufinden und die korrekten Befehlsabläufe sicherzustellen.

4.3.1   Grundlagen zur Automatentheorie

Es soll hier ein Überblick und eine Einführung über Graphen zur Zustandsbeschreibung von Chipkarten-Anwendungen gegeben werden.

Ein Graph stellt eine Menge von Zuständen und Beziehungen dieser Zustände zueinander dar. Die Zustände werden als Knoten dargestellt. Die Beziehungen der Zustände zueinander als Kanten. Weisen die Kanten eine Richtung, sprich einen Pfeil am Ende auf, so spricht man von gerichteten Kanten und damit von einem gerichteten Graphen. Der Pfeil gibt an, in welcher Richtung ein Zustandsübergang stattfinden kann. Die Plazierung von Knoten und Kanten in der graphischen Darstellung spielt keine Rolle bei der Interpretation des Graphen. Eine Folge von Knoten, die mit Kanten verbunden

sind, bezeichnet man des weiteren als Pfad. Ist dabei der erste und letzte Knoten identisch und mehr als ein Knoten vorhanden, so nennt man diesen Pfad Zyklus.

Dies ist nur ein sehr kleiner Teil der Graphentheorie, doch reicht er im wesentlichen
aus, um die Zustände und die dazugehörigen Automaten in Chipkarten-Anwendungen
zu beschreiben.

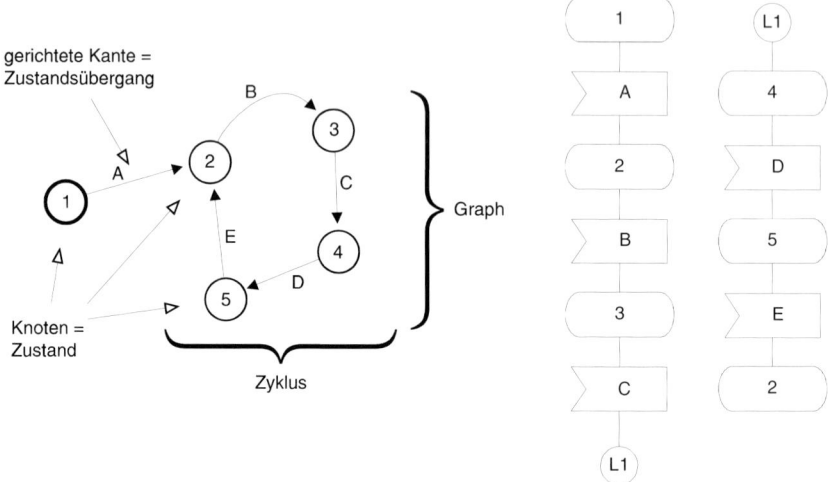

Bild 4.6   Beispiele für verschiedene Darstellungsarten eines Zustandsgraphen. Links ist ein
                 gerichteter Zustandsgraph abgebildet, rechts ein äquivalentes SDL-Diagramm.

Tabelle 4.3 Darstellung des obigen Zustandsgraphen in Tabellenform.

nach Zustand	von Zustand				
	1	2	3	4	5
1	---	---	---	---	---
2	A	---	---	---	E
3	---	B	---	---	---
4	---	---	C	---	---
5	---	---	---	D	---

4.3.2   Praktische Anwendung

Gegenüber einfachen Speicherkarten besteht ein weiterer Vorteil von Mikroprozessor-
Chipkarten darin, daß die Reihenfolge von Kommandos vorgegeben werden kann. Es
ist also die Möglichkeit vorhanden, alle Kommandos in ihren Parametern und ihrer
Reihenfolge genau festzulegen. Dies ist auch ein zusätzlicher Zugriffsschutz parallel zu
den objektorientierten Zugriffsrechten auf Dateien. Allerdings sind die Möglichkeiten,
die Chipkarten in diesem Bereich bieten, sehr unterschiedlich. Einfache Betriebssysteme können in der Regel keine Zustandsautomaten verwalten, wogegen in modernen

Betriebssystemen selbst anwendungsspezifische Zustandsautomaten mit Einbeziehung von Kommandoparametern definiert werden können.

Man kann die Chipkarten-Zustandsautomaten in sogenannte Mikro- und Makro-zustandsautomaten unterteilen. Mikrozustandsautomaten definieren lediglich eine kur-ze Kommandosequenz und werden auch nur aktiv, nachdem das erste Kommando einer Sequenz zur Karte geschickt wurde.

Ein typisches Beispiel sind die beiden Kommandos, die für eine Authentisierung ei-nes Terminals notwendig sind. Das erste Kommando fordert von der Karte eine Zu-fallszahl an. Damit aktiviert es den Mikrozustandsautomaten, und dieser läßt als einzi-ges nächstes Kommando ein Authentisierungskommando zu. Erhält die Karte das Kommando, so ist die Sequenz beendet, und jedes andere Kommando ist wieder er-laubt. Ist dies jedoch nicht der Fall, erhält die Karte also ein anderes als das erwartete Authentisierungskommando, dann erzeugt der Mikrozustandsautomat eine Fehler-meldung, und die Sequenz wird abgebrochen. Man muß dann die Kommandosequenz wieder vom Anfang beginnen.

Mikrozustandsautomaten sind nur eine Teilmenge aller möglichen Zustands-automaten, haben aber in der Chipkarte einige große Vorteile. Dadurch, daß nur sehr wenige Kommandos in einer fest definierten Sequenz vorgegeben werden, benötigen sie wenig Speicher und Programmaufwand. Für viele Anwendungsfälle reicht es aus, die Dateiinhalte mit den objektorientierten Zugriffsmechanismen zu schützen und sonst alle Kommandos frei in ihrer Reihenfolge zuzulassen. Lediglich einige Abläufe, wie beispielsweise die Authentisierung, müssen in ihrer Reihenfolge vorgeschrieben wer-den. Dies kann sehr speicherökonomisch durch einen Mikrozustandsautomaten ge-schehen.

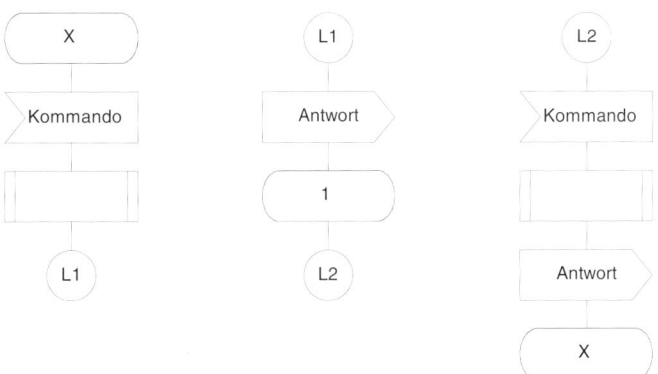

Bild 4.7   Ein Beispiel für den Mikrozustandsautomaten einer Chipkarte mit den beiden Zu-ständen X und 1.

Als Erweiterung und Generalisierung der Mikrozustandsautomaten kann man die Makroautomaten ansehen. Diese Automaten ermöglichen es, alle Kommandos mit al-len Parametern vor der Ausführung innerhalb eines definierten Graphen zu überprüfen. Je nach Ausführung des Automaten könnte man dann unter Umständen sogar auf den objektorientierten Zugriffsschutz an den Dateien verzichten, weil der Automat alle notwendigen Prüfungen vor der eigentlichen Kommandoausführung übernehmen könnte. Ein Fehler in der Definition des Zustandsgraphen hätte allerdings fatale Auswirkungen auf die Sicherheit des Systems. Weil die vollständige Fehlerfreiheit der Zustandsdefinitionen in komplexen Automaten nur mit hohem Aufwand nachweisbar ist, verzichtet man in der Praxis meist nicht auf den zusätzlichen Zugriffsschutz an den Dateien. Die korrekte Beschreibung aller Abläufe und aller Kommandos zu einer Chipkarte ist aufwendig und muß oft teilweise empirisch ermittelt werden.

Nach der Beschreibung der Vorteile von Makroautomaten müssen konsequenterweise auch die Nachteile genannt werden. Die Implementierung eines Makroautomaten mit der geforderten Mächtigkeit ist sowohl vom Entwurf als auch von der späteren Programmierung her gesehen sehr aufwendig. Der Bedarf an Programmspeicher alleine für den Automaten, der durch eine Speicherdarstellung eines Graphen gesteuert wird, ist enorm. Zusätzlich zu diesem Programmcode muß auch noch der jeweilige Graph im Speicher abgelegt werden. Die Größe dafür ist natürlich davon abhängig, wie komplex der auszuführende Graph ist. Die Informationsmenge, die in einem Graphen mit mehreren Zuständen und entsprechenden Zustandsübergängen enthalten ist, kann für Chipkarten-Verhältnisse sehr groß werden. Die noch im Entwurfsstadium befindliche ISO/IEC 7816-9 behandelt Zustandsautomaten für Chipkarten. Dort werden sogenannte ACDs (*access control descriptor*) beschrieben, in denen die in einem bestimmten Zustand erlaubten Kommandos mit ihren Parametern festgelegt werden. Das Chipkarten-Betriebssystem überwacht dann anhand dieser ACDs den festgeschriebenen Zustandsautomaten.

Um überblickshalber die Möglichkeiten eines Makroautomaten aufzuzeigen, ist im nachfolgendem Bild 4.8 ein Graph für eine kleine Anwendung abgebildet. Die Funktion kann wie folgt beschrieben werden:

Nach dem Reset befindet sich die Chipkarte im Grundzustand, der die Nummer 1 hat. In diesem Zustand ist die Auswahl jeder Datei mit SELECT FILE im Dateibaum erlaubt, dadurch tritt keine Zustandsänderung ein. Alle anderen Kommandos bis auf die PIN-Prüfung (VERIFY) sind verboten und werden von der Chipkarte mit einer Fehlermeldung quittiert. Nach einer positiven Überprüfung der PIN erreicht der Automat den Zustand 2.

In diesem Zustand sind zwei Kommandos erlaubt. Der erste Pfad führt über die Auswahl einer Datei (SELECT FILE) zum Zustand 3, in dem dann die ausgewählte Datei gelesen werden darf. Der zweite Pfad, der vom Zustand 2 abzweigt, führt nach der Anforderung einer Zufallszahl von der Karte durch das Terminal (ASK RANDOM) zu dem Zustand 4. Jedes Kommando, außer EXTERNAL AUTHENTICATE, führt zurück zum Grundzustand 1. Konnte die Authentisierung des Terminals erfolgreich ausgeführt werden, dann erreicht die Chipkarte den Zustand 5. In diesem Zustand ist im Graph definiert, daß Dateien ausgewählt und geschrieben werden dürfen (SELECT FILE, UPDATE BINARY).

Die beiden Zustände 3 und 5 können in dieser Graphendefinition innerhalb der Sitzung nicht mehr verlassen werden, sie stellen die beiden Endzustände dar. Ein Übergang in den Zustand 1 ist nur durch einen Reset der Chipkarte möglich. Dies ist aber im Graphen nicht eingezeichnet, da alle Zustandsautomaten nur ein „Bewußtsein" während der aktuellen Sitzung haben. Es wird innerhalb des Zustandsautomaten keinerlei Information von einer Sitzung zu einer folgenden weitergegeben.

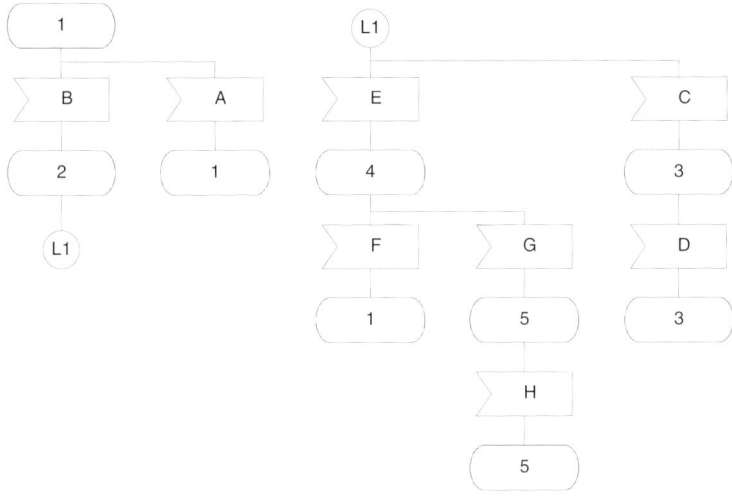

Bild 4.8   Beispiel für den Makrozustandsautomaten einer Chipkarte mit den folgenden Zuständen und Zustandsübergängen:

1	-	Grundzustand
2, 4	-	Übergangszustände
3, 5	-	Endzustände

A – SELECT FILE	B – VERIFY
C – SELECT FILE	D – READ BINARY
E – ASK RANDOM	F – alle Kommandos außer G
G – EXTERNAL AUTHENTICATE	H – SELECT FILE/UPDATE BINARY

4.4   Fehlererkennungs- und Fehlerkorrekturcodes

Bei der Übertragung oder der Speicherung von Daten sollte eine Möglichkeit vorhanden sein, Veränderungen an diesen Daten zu erkennen. Gerade Programme müssen gegenüber Veränderungen abgesichert sein, da ein einziges verändertes Bit im Programmcode diesen zerstört bzw. den Programmablauf so verändert, daß die geforderte Funktionalität nicht mehr vorhanden ist. Vor allem der EEPROM-Speicher von Chipkarten ist gegenüber äußeren Einflüssen wie Hitze, Spannungsschwankungen oder ähnlichem relativ empfindlich. Deshalb müssen gerade hier die sicherheitsrelevanten Teile geschützt sein, so daß unerwünschte Änderungen für das Betriebssystem erkennbar sind und so in ihren negativen Auswirkungen abgefangen werden können.

Sehr empfindliche Dateninhalte, wie Programmcode, Schlüssel, Zugriffsbedingungen, Zeigerstrukturen und ähnliches müssen gegenüber Veränderungen gesichert sein.
Dazu benutzt man Fehlererkennungscodes, die auch allgemein als EDC (*error detection code*) bezeichnet werden. Mit ihnen lassen sich Veränderungen in dem gesicherten
Bereich mit einer je nach Code unterschiedlichen Wahrscheinlichkeit erkennen. Die
erweiterte Form dazu sind die Fehlerkorrekturcodes, auch ECC (*error correction code*)
genannt. Mit ihnen ist es möglich, nicht nur Fehler in den zu prüfenden Daten zu erkennen, sondern diese Fehler auch in begrenztem Maße wieder zu korrigieren.

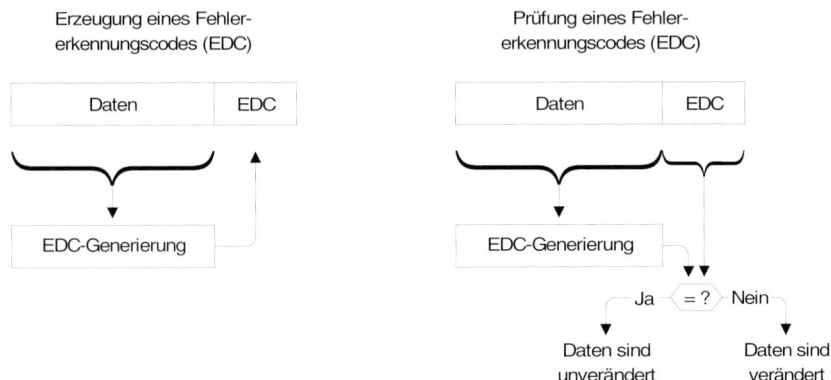

Bild 4.9   Prinzipieller Ablauf beim Einsatz eines fehlererkennenden Codes (*error correction
              code – EDC*).

Das Prinzip all dieser Codes ist es, den zu schützenden Daten eine Prüfsumme beizu-
geben. Üblicherweise befindet sich diese im Anschluß an die zu überwachenden Daten.
Sie berechnet sich mit einem allgemein bekannten, also nicht geheimen Algorithmus.
Mit dem durch die Berechnung erhaltenen EDC ist dann bei Bedarf eine Prüfung der
Daten auf Veränderung möglich. Dies geschieht durch Vergleich der gespeicherten
Prüfsumme mit einer neu ermittelten.

Gerade bei Fehlererkennung und -korrektur existieren die unterschiedlichsten Be-
rechnungsverfahren. So sind etwa bei manchen die höherwertigen Bits besser geschützt, um dadurch die Auswirkungen im Wertebereich von Zahlen so weit wie möglich zu reduzieren. Der Einsatz dieser Algorithmen übersteigt jedoch in den meisten
Fällen den Aufwand an Programmcode bei weitem. Es kommen deshalb meist nur Verfahren zur Anwendung, bei denen bei der Erkennung von Fehlern keine Unterschiede
zwischen höher- und niederwertigen Teilen eines Bytes gemacht werden und die
byteorientiert arbeiten.

Die Fehlererkennungs- und -korrekturcodes sind den Message Authentication Codes
(MAC) bzw. Cryptographic Checksums (CCS) sehr ähnlich. Es gibt jedoch einen
grundlegenden Unterschied. Die EDC- oder ECC-Prüfsummen können von jedem berechnet und überprüft werden. Zur Berechnung der MAC- oder CCS-Prüfsummen benötigt man hingegen einen geheimen Schlüssel, da diese gegen Manipulation der Daten

schützen sollen und nicht wie die EDC- oder ECC-Prüfsummen gegen unbeabsichtigte Verfälschung.

Der wohl bekannteste Fehlererkennungscode ist die Verwendung eines Paritätsbits, das bei vielen Übertragungsverfahren und auch bei manchen Speicherbausteinen an jedes zu schützende Byte angehängt wird. Vor der Berechnung der Parität muß festgelegt werden, ob mit gerader oder ungerader Parität gearbeitet wird. Bei der geraden Parität wird das Paritätsbit so gewählt, daß die Gesamtzahl der Einsen im Datenbyte und im Paritätsbit eine gerade Zahl ergibt. Bei ungerader Parität muß die Zahl der Einsen in Datenbyte und Paritätsbit ungerade sein.

Mit diesem Mechanismus der Paritätsberechnung ist die sichere Erkennung von einem falschen Bit pro Byte möglich. Die Korrektur eines Fehlers hingegen ist nicht möglich, da das Paritätsbit keine Aussage über die Position des veränderten Bits erlaubt.

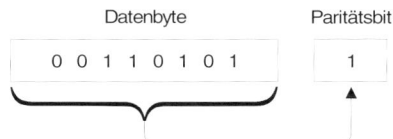

Bild 4.10   Beispiel für die Fehlererkennung unter Verwendung eines zusätzlichen Paritätsbits bei ungerader Parität.

Wären zwei Bits gleichzeitig pro Byte falsch, dann würde die Parität dadurch nicht verändert und der Fehler somit nicht erkannt. Ein weiterer Nachteil der Fehlererkennung durch Paritätsbildung ist der relativ große Overhead von einem Paritätsbit für acht Datenbits. Dies entspricht einem zusätzlichen Speicherbedarf von 12,5 %. Zudem ist es sehr schwierig, in byteweise organisierten Speichern mit zusätzlichen Paritätsbits zu arbeiten, weil es einen erheblichen Programmaufwand bedeuten würde. Deshalb wird die Fehlererkennung in Chipkartenspeichern nicht mit Paritätsbits durchgeführt. Besser geeignet sind dafür zum Beispiel XOR- oder CRC-Prüfsummen.

4.4.1   XOR-Prüfsummen

Die auch wegen der Berechnungsart als Längssummenprüfung (*longitudinal redundancy check – LRC*) bezeichnete XOR-Prüfsumme läßt sich einfach und auch schnell ermitteln. Beides sind wichtige Kriterien für einen in Chipkarten verwendeten Fehlererkennungscode. Zudem ist der Berechnungsalgorithmus äußerst simpel zu implementieren. Neben der Absicherung von Speicherinhalten finden XOR-Prüfsummen typischerweise auch bei der Datenübertragung (ATR, Übertragungsprotokoll T=1) Anwendung.

Die Berechnung einer XOR-Prüfsumme erfolgt durch die aufeinanderfolgende logische XOR-Verknüpfung aller Datenbytes. Es wird also Datenbyte 1 mit Datenbyte 2 mit XOR verknüpft. Das Ergebnis daraus wird dann wiederum mit Datenbyte 3 verknüpft und so weiter.

Stellt man die Prüfsumme direkt hinter die zu prüfenden Daten und errechnet dann nochmals eine Prüfsumme sowohl über die Daten als auch die vormals berechnete Prüfsumme, dann erhält man '00' als Ergebnis. Dies ist die einfachste Art zu überprüfen, ob Daten und Prüfsumme noch ihre ursprünglichen Werte haben und somit unverändert sind.

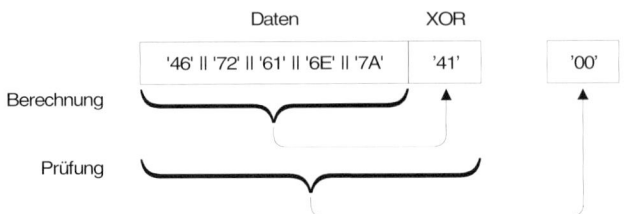

Bild 4.11   Die Bildung und Überprüfung einer XOR-Prüfsumme.

Die großen Vorteile von XOR-Prüfsummen liegen in der sehr schnellen Berechnung und in der Einfachheit des Algorithmus. Dieser Algorithmus ist so simpel aufgebaut, daß der Programmcode in Assembler dafür nur zwischen 10 und 20 Byte beträgt. Dies rührt auch daher, daß die logische XOR-Operation direkt als Maschinenbefehl in allen Prozessoren vorhanden ist. Zudem muß aufgrund verschiedener ISO-Normen (Datenübertragung mit T=1) in fast jedem Chipkarten-Betriebssystem ein Algorithmus zur XOR-Berechnung implementiert sein, so daß er ohne zusätzlichen Aufwand auch noch für andere Zwecke verwendet werden kann.

Leider haben XOR-Prüfsummen auch einige gravierende Nachteile, und dies schränkt ihre praktische Anwendung erheblich ein. Sie sind vom Prinzip her nicht sehr sicher. Es ist damit z.B. nicht möglich, die Vertauschung von zwei Bytes innerhalb der Daten zu erkennen. Auch können sich Mehrfachfehler an der gleichen Bitposition in mehreren Bytes gegenseitig aufheben. Dies alles führt dazu, daß XOR-Prüfsummen ihr Haupteinsatzgebiet im Bereich der Datenübertragung haben und zur Überprüfung der Konsistenz von Speicherinhalten sehr verhalten eingesetzt werden.

4.4.2   CRC-Prüfsummen

Ebenfalls aus dem Bereich der Datenkommunikation kommt das CRC-Verfahren (*cyclic redundancy check*), das aber gegenüber dem XOR-Verfahren wesentlich höherwertiger ist. Eine CRC-Prüfsumme ist aber gleichfalls nur ein Fehlererkennungscode, die Korrektur von Fehlern ist damit nicht möglich. Eingesetzt wird dieses Verfahren schon seit langer Zeit in Übertragungsprotokollen wie X/Z-Modem oder Kermit und vielfach als Hardwareimplementation in Festplattencontrollern. Es basiert auf der CCITT Empfehlung V.41.

Die CRC-Prüfsumme wird durch ein rückgekoppeltes, zyklisches und 16 Bit langes Schieberegister erzeugt. Die Rückkopplung ist durch ein Generatorpolynom gesteuert. Mathematisch gesehen werden die zu prüfenden Daten als große Zahl aufgefaßt und durch das Generatorpolynom dividiert. Der dabei erhaltene Divisionsrest stellt dann die Prüfsumme dar. Das Verfahren sollte nur bis zu einer Datengröße von circa

4 kByte eingesetzt werden, da darüber hinaus die Fähigkeit zur Fehlererkennung stark abfällt. Diese Einschränkung läßt sich aber durch eine Aufteilung der Daten in Blöcke bis zu maximal 4 kByte leicht umgehen.

Tabelle 4.4   Tabelle mit üblicherweise verwendeten Generatorpolynomen für CRC-Berechnung.

Bezeichnung	Generatorpolynom
CRC CCITT V.41	$G(x) = x^{16} + x^{12} + x^5 + 1$
CRC-16	$G(x) = x^{16} + x^{15} + x^2 + 1$
CRC-12	$G(x) = x^{12} + x^{11} + x^3 + x^2 + x + 1$

Es ist also bei CRC-Prüfsummen immer notwendig, das Generatorpolynom sowie auch noch zusätzlich die Vorbelegung des Schieberegisters zu kennen, da sonst die Berechnung der Prüfsumme nicht mehr nachvollzogen werden kann. Der Startwert des Schieberegisters ist in den überwiegenden Fällen null (z.B. ISO 3309), jedoch gibt es einige Übertragungsverfahren (z.B. CCITT Empfehlung X.25), die im Gegensatz dazu für alle Bits den Wert eins verwenden.

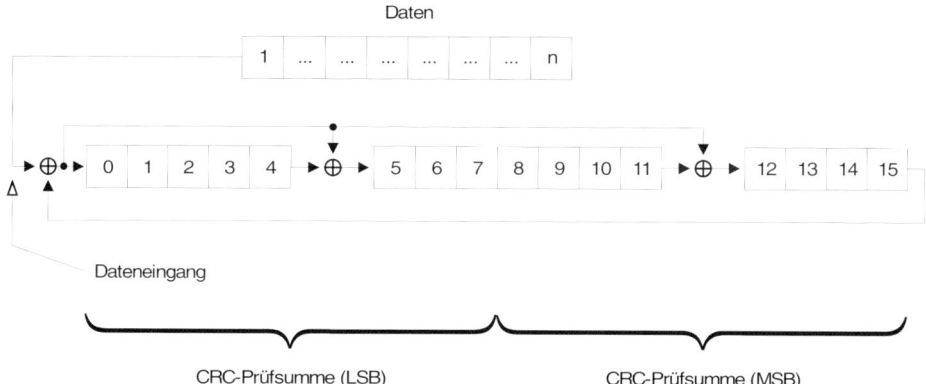

Bild 4.12   Die Berechnung einer CRC-Prüfsumme mit dem Generatorpolynom $G(x) = x^{16}+x^{12}+x^5+1$. Die Daten und das CRC-Register sind einheitlich als Bitwerte dargestellt.

Bei der Berechnung der CRC-Prüfsumme in Bild 4.13 geht man folgendermaßen vor: Zuerst setzt man das 16 Bit lange CRC-Register auf seinen Startwert. Danach beginnt man die Berechnung, indem die Datenbits, angefangen von den niederwertigsten, nacheinander in das rückgekoppelte Schieberegister gebracht werden. Die Rückkopplung bzw. die Polynomdivision gründet auf der logischen bitweisen XOR-Verknüpfung zwischen den CRC-Bits. Nachdem alle Daten in das Register geschoben wurden, ist die Berechnung abgeschlossen, und der Inhalt der 16 Bit stellt die gewünschte CRC-Prüfsumme dar.

Die Prüfung von Daten mit CRC-Prüfsumme findet statt, indem man eine neue CRC-Prüfsumme über die Daten errechnet und dann die erhaltene Prüfsumme mit der ursprünglichen vergleicht. Sind beide identisch, dann folgt daraus, daß die Daten und die Prüfsumme nicht verändert wurden.

Der große Vorteil von CRC-Prüfsummen ist die Sicherheit der Fehlererkennung auch von Mehrfachfehlern, die sich nur mit sehr wenigen Verfahren erreichen läßt. Auch ist es mit einer CRC-Prüfung im Gegensatz zum XOR-Verfahren möglich, vertauschte Bytes in den Daten zu erkennen, da bei der Bildung der CRC-Prüfsumme die Reihenfolge der Datenbytes durch das rückgekoppelte Schieberegister sehr wohl eine Rolle spielt. Eine genaue Angabe der Erkennungswahrscheinlichkeiten dazu ist aber sehr schwierig, da die Detektionsmöglichkeiten stark von den Positionen der Fehler in den jeweiligen Bytes abhängen.

Bild 4.13   Prinzip und Rechenbeispiel der Bildung einer CRC-Prüfsumme mit dem Generator-polynom $G(x) = x^{16}+x^{12}+x^5+1$ und dem Startwert '0000'.

Der Algorithmus des CRC-Verfahrens ist relativ einfach, und damit entspricht auch der Codeumfang für die Implementation den Bedürfnissen der kleinen Chipkarten-speicher. Der größte Nachteil ist jedoch die Langsamkeit der Berechnung. Dadurch, daß Bit für Bit der Daten durch den Algorithmus geschoben werden muß, sinkt die Rechengeschwindigkeit erheblich. Die CRC-Prüfsummen wurden ursprünglich für Hard-wareimplementierung ausgelegt, und genau dies wirkt sich bei einer Implementierung in Software sehr nachteilig aus. Der Durchsatz einer CRC-Routine liegt um den Faktor 200 niedriger als der einer XOR-Prüfsumme. Ein typischer Wert dafür ist 0,2 ms/Byte bei 3,5 MHz Taktfrequenz. Die Berechnung einer CRC-Prüfsumme über 10 kByte ROM-Speicher eines Chipkarten-Mikrocontrollers dauert demnach etwa 2 Sekunden.

4.4.3   Fehlerkorrektur

Müssen innerhalb von Speicherbereichen nicht nur Veränderungen erkannt, sondern im Fehlerfall gegebenenfalls auch noch korrigiert werden, dann ist es notwendig, Fehler-korrekturcodes einzusetzen. Da die Berechnung dieser Codes aber aufwendig ist, also viel Programmcode benötigt, ist es problematisch, sie zur Sicherung von Chip-kartenspeichern einzusetzen. Zusätzlich sind die betreffenden Algorithmen meist dafür ausgelegt, nur geringe Fehlerraten zu korrigieren. Dadurch, daß EEPROM-Speicher in Chipkarten seitenorientiert aufgebaut sind und im Fehlerfall meist eine ganze Seite ausfällt, wären nur Verfahren sinnvoll, die zusätzlich auch noch Bündelfehler korrigie-ren könnten. Deshalb geht man zur Fehlerkorrektur andere Wege.

Die technisch einfachste Lösung ist die Mehrfachablage der zu schützenden Daten auf physikalisch getrennten Speicherseiten mit einer Mehrheitsentscheidung beim Le-sen. Üblich ist dabei eine Dreifachablage mit einer nachfolgenden 2-aus-3-Entscheidung. Eine weniger speicherplatzintensive Variante dieses Verfahrens ist die zweifache Speicherung der Daten mit jeweils zusätzlicher Absicherung durch eine EDC-Prüfsumme. Das Auftreten eines Fehlers im Speicher kann dann durch die Prüfung der beiden EDC-Werte erkannt werden. Gleichzeitig läßt sich damit auch entscheiden, in welchem der beiden getrennten Speicher der Fehler aufgetreten ist. Der zweite Speicher enthält dann die richtigen Daten, die damit restauriert werden können.

Der Mehrbedarf an Speicher bei diesen Fehlerkorrekturverfahren ist zwar erheblich, doch für kleinere Datenmengen durchaus im Rahmen des Vertretbaren. Der große Vorteil ist, daß man zur Auswertung keinen aufwendigen und programmcodeintensiven Algorithmus benötigt. Als Alternative zum obigen Schutz mittels Mehrfachablage können jedoch auch Fehlerkorrekturalgorithmen wie beispielsweise das Reed-Solomon-Verfahren benutzt werden. Dieses ist besonders für die bei Chipkarten durch ausfallende EEPROM-Pages manchmal auftretenden Bündelfehler geeignet. Der dafür notwendige Platz an Programmcode beträgt einige hundert Byte, programmiert in Assembler, und die Größe der Daten des ECCs hängt in erster Linie davon ab, mit welcher Wahrscheinlichkeit Fehler in den Daten erkannt werden müssen bzw. korrekt korrigiert werden können.

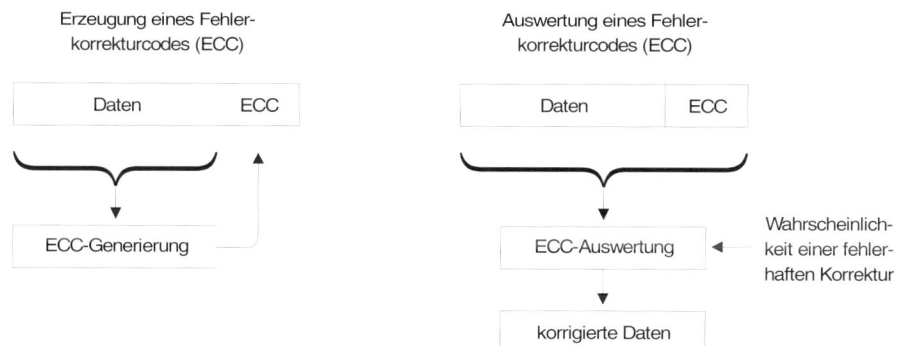

Bild 4.14   Prinzipieller Ablauf beim Einsatz eines fehlerkorrigierenden Codes (*error correction code – ECC*).

Allerdings sind zum Einsatz von Fehlerkorrekturverfahren in Chipkarten einige grundsätzliche Anmerkungen zu machen. Es erscheint auf den ersten Blick verlockend, diese Verfahren einzusetzen, da man damit auftretende Fehler im EEPROM beseitigen kann. Man erkauft sich diese vermeintliche Datensicherheit aber mit einigen schwerwiegenden Nachteilen. Der dafür notwendige Speicherplatz ist enorm. Ebenfalls steigt die Zeit beim Schreiben von Daten in den Speicher erheblich an, da sie mehrfach abgelegt werden müssen. Algorithmen, die Bündelfehler in einer Größenordnung korrigieren können, wie sie bei den seitenorientierten Speichern von EEPROMs auftreten, sind aufwendig und benötigen ebenfalls viel Speicher für die EDC-Codes. Der wesentliche Nachteil wiegt aber noch schwerer. Auch bei Fehlerkorrekturalgorithmen können prinzipiell Fehler bei der Korrektur auftreten, da sie nur bis zu einer bestimmten Anzahl von Fehlern korrekt arbeiten. Korrigiert nun ein Betriebssystem auftretende Speicherfehler automatisch, so ist im Prinzip nie sichergestellt, ob die Korrektur in richtiger Weise geschehen ist.

Man stelle sich dazu beispielsweise eine automatische Fehlerkorrektur des Saldos in einer elektronischen Geldbörse vor. Der Systembetreiber kann nie sicher sein, was mit den geladenen Beträgen im Fehlerfall passiert. Der Börseninhalt könnte richtig korrigiert werden, doch besteht auch eine gewisse Wahrscheinlichkeit, daß er nach der Korrektur zu hoch oder zu niedrig ist. Man sollte sich bei dieser Thematik dabei auch in Erinnerung rufen, daß Chipkarten preisgünstige Massenartikel sind, die man beim Auftreten von Fehlern einfach austauscht.

Bei Problemen mit den Dateninhalten muß in der Regel von einem übergeordneten System mit menschlichen Eingriffsmöglichkeiten entschieden werden, was zu tun ist. Zum Beispiel wird man manuell beim erstmaligen Auftreten eines Fehlers in einer Chipkarten-Geldbörse dem Kartenbesitzer sicherlich sein Guthaben ersetzen. Tritt der Fehlerfall aber wiederholt auf, so wird man die Kulanz bei dieser Person einschränken, da eine Betrugsabsicht durch Manipulationsversuche des EEPROMs vorliegen könnte. Dies ist nicht durch Fehlerkorrekturcodes in der Chipkarte zu reglementieren. In diesem Fall muß ein Systemadministrator eingreifen.

4.5 Datenkompression

Der auf Chipkarten-Mikrocontrollern zu Verfügung stehende Speicherplatz ist bekanntermaßen stark limitiert, weshalb immer wieder bei Anwendern der Wunsch auftaucht, durch Datenkomprimierung eine Verbesserung zu erreichen.

Dabei gibt es allerdings einige Hindernisse zu überwinden. Der Algorithmus darf nicht allzu programmcodeaufwendig sein und sollte vor allem wenig RAM benötigen. Weiterhin sollte die Kompressionsrate einen akzeptablen Wert aufweisen. Der Kompressionsdurchsatz ist nicht von so großer Bedeutung, da die zu packenden Datenmengen in jedem Fall maximal einige hundert Bytes betragen.

Für Chipkarten kommen ausschließlich verlustfreie Kompressionsverfahren in Betracht, da die entkomprimierten Daten vollständig den Originaldaten entsprechen müssen. Die zwei Verfahren, die bei Chipkarten hin und wieder zur Anwendung kommen, sind die Lauflängencodierung (*run length encoding*) und Codierungen mit variabler Länge (*encoding with variable length*).

Bei der Lauflängencodierung werden mehrfach hintereinander vorkommende Daten durch die Anzahl der Wiederholungen und das zu wiederholende Zeichen ersetzt. Bei Codierungen mit variabler Länge werden Zeichen mit fester Länge (z.B. ein Byte) in ihrer Häufigkeit analysiert und durch die am häufigsten vorkommenden Zeichen durch Zeichen mit kürzerer Länge ersetzt (Huffman-Algorithmus). Für selten vorkommende Zeichen werden dann längere Codierungen benutzt.

Bei der statischen Codierung mit variabler Länge werden die Ersetzungen anhand einer vorab fest eingestellten Tabelle durchgeführt. Die dynamische Variante dieser Codierung führt zuerst eine Analyse der Häufigkeitsverteilung der Originalzeichen durch, und auf dieser Grundlage wird dann eine Ersetzungstabelle erstellt. Als dritte Variante gibt es noch die adaptive Codierung variabler Länge, bei der während des

Komprimiervorgangs laufend die Ersetzungstabelle auf die optimalen Werte eingestellt wird.

Sowohl die dynamische als auch die adaptive Codierung variabler Länge kommt aufgrund des aufwendigen Algorithmus und des großen RAM-Speicherbedarfs für Chipkarten nicht in Frage. So bleiben in der Realität nur die Lauflängencodierung und die statische Codierung variabler Länge für die Implementation in Chipkarten übrig. Der Algorithmus für die Lauflängencodierung benötigt wenig Programmcode, hat aber den Nachteil, daß er nur für sich oft hintereinander wiederholende Daten angewendet werden kann. Gut geeignet sind hier beispielsweise Bilddaten, da diese oftmals große einheitliche Flächen aufweisen. Schlüssel für symmetrische kryptografische Algorithmen wären zur Komprimierung mit diesem Verfahren völlig ungeeignet, da sie den Charakter von Zufallszahlen haben.

Die statische Codierung variabler Länge ist das zweite bei Chipkarten benutzte Kompressionsverfahren. Es läßt sich beispielsweise sehr gut für Dateien mit Telefonverzeichnissen einsetzen, da die dort abgelegten Daten in ihrer Struktur bekannt sind und damit die Ersetzungstabelle fest im Algorithmus verankert werden kann. So bestehen Telefonnummern nur aus den Zahlen 0 bis 9 und einigen wenigen Sonderzeichen, wie „#" und „*". Sind für die Namen nur Großbuchstaben erlaubt, dann müssen nur noch die 26 Zeichen des Alphabets in der Ersetzungstabelle berücksichtigt werden. Ebenfalls werden bestimmte Buchstaben bei Namen deutlich seltener vorkommen als andere, was ebenfalls Einfluß auf die Codierung hat. Bei Telefonverzeichnissen kann man so durchaus eine Ersparnis von 30 Prozent Speicherplatz gegenüber der unkomprimierten Variante erreichen. Der Programmspeicherbedarf für den Komprimieralgorithmus ist dabei jedoch noch nicht berücksichtigt.

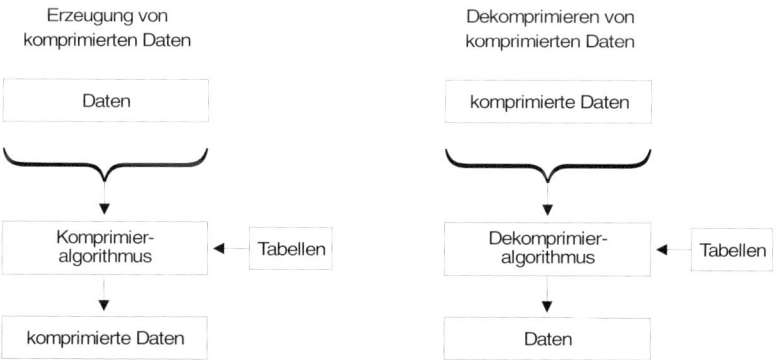

Bild 4.15   Prinzipieller Ablauf bei der Datenkomprimierung von zu speichernden Daten.

Bei der Datenkomprimierung in Chipkarten ist jedoch einiges zu beachten. Idealerweise findet sie im Betriebssystem für die äußere Welt völlig transparent statt, so daß mit den Standardkommandos auf übliche Weise die unkomprimierten Daten geschrieben und gelesen werden können. Die Komprimierung kann auch nur auf bestimmte Art von Daten angewendet werden. So sind sowohl Assemblercode als auch kryptografische Schlüssel in der Regel nicht zufriedenstellend komprimierbar. Dies muß beim

Anwendungsdesign berücksichtigt werden, da sonst die vermeintliche Ersparnis von Speicherplatz im ungünstigsten Fall durch die Komprimierung sogar einen Mehrbedarf an Speicher verursachen kann.

Diese Gründe sind die Ursache, warum Datenkomprimierung für Chipkarten-Dateien bisher nur verhalten eingesetzt wird. In speziellen Anwendungen, wie etwa den Telefonverzeichnissen bei Karten des Telekommunikationssektors, wird manchmal mit Komprimieralgorithmen gearbeitet. Bei allgemeinen Betriebssystemen und Anwendungen, bei denen die Struktur der Daten nicht im voraus bekannt ist, führt Datenkompression zu keinem befriedigendem Ergebnis und sollte aufgrund des zusätzlichen Speicherbedarfs für den Komprimieralgorithmus auch vermieden werden.

4.6   Kryptologie

Neben der Funktion als Datenspeicher sind Chipkarten auch Berechtigungsträger und Verschlüsselungsmodule. Dies führte schon in den Anfängen der Chipkarten-Entwicklung dazu, daß die Kryptologie eine zentrale Bedeutung gewann. Mittlerweile gehören die Verfahren und Methoden dieser Wissenschaftsdisziplin fest zur Chipkartentechnik.

Die Kryptologie teilt sich in die beiden Tätigkeitsfelder Kryptografie und Kryptoanalyse auf. Als Kryptografie bezeichnet man die Wissenschaft von den Methoden der Ver- und Entschlüsselung von Daten. Die Kryptoanalyse als Wissenschaft versucht bestehende kryptografische Systeme zu brechen.

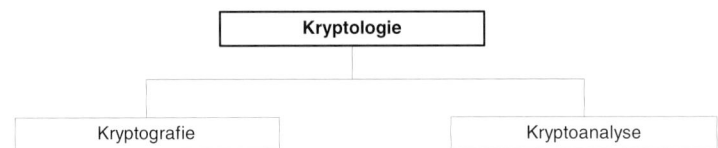

Bild 4.16   Klassifizierungsbaum der beiden Tätigkeitsfelder der Kryptologie: Kryptografie und Kryptoanalyse.

Im Chipkartenbereich ist vor allem die praktische Anwendung von bestehenden kryptografischen Verfahren und Methoden die zentrale Aufgabenstellung und das Haupteinsatzgebiet. Deshalb sind hier mehr die praktischen als die theoretischen Aspekte der Kryptologie behandelt. Jedoch ist auch Wert auf die Anwendung der Verfahren und auf die Grundzüge des theoretischen Hintergrundes gelegt.

Die vier Ziele der Kryptologie sind die Geheimhaltung von Nachrichten (*confidentiality*), die Sicherstellung von Integrität (*integrity*) und Authentizität (*authenticity*) von Nachrichten und die Verbindlichkeit (*non-repudiation*) von Nachrichten. Die Ziele sind unabhängig voneinander und stellen auch unterschiedliche Anforderungen an das jeweilige System. Geheimhaltung bedeutet, daß nur der oder die gewünschten Empfänger den Inhalt einer Nachricht entschlüsseln können. Kann der Empfänger sicherstellen, daß die erhaltene Nachricht während der Übertragung nicht verändert wurde, dann bezeichnet man dies als Authentizität. Hat der Absender die

Möglichkeit zu prüfen, ob ein bestimmter Empfänger eine Nachricht erhalten hat, so nennt man dies Verbindlichkeit oder Nichtabstreitbarkeit einer Nachricht.

Die in diesem Buch verwendeten Notationen für kryptografische Verfahren sind in Bild 4.18 dargestellt. Die folgenden Termini und Prinzipien stellen eine Grundlage der Kryptologie dar und sind zum Verständnis der vorgestellten Verfahren Voraussetzung.

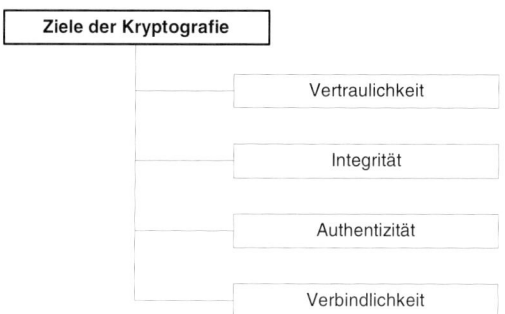

Bild 4.17   Klassifizierungsbaum der voneinander unabhängigen Ziele der Kryptografie.

Vereinfacht kennt die Verschlüsselungstechnik drei Arten von Daten. Als Klartext (*plaintext*) werden unverschlüsselte Daten bezeichnet. Im Gegensatz dazu nennt man die verschlüsselten Daten den Schlüsseltext (*ciphertext*). Zur Ver- und Entschlüsselung werden ein oder mehrere Schlüssel (*key*) benötigt, welche die dritte Datenart sind. Diese drei Datenarten werden von einem Verschlüsselungsalgorithmus verarbeitet. In Chipkarten eingesetzte Kryptoalgorithmen sind momentan durchgängig blockorientiert. Dies bedeutet, daß Klar- und Schlüsseltext immer nur in Paketen mit einer festen Länge (z.B. 8 Byte beim DES) verarbeitet werden können.

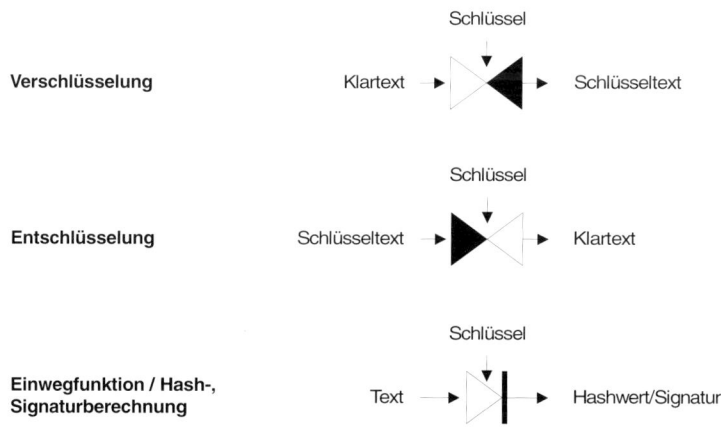

Bild 4.18   Die in diesem Buch verwendete Symbolik für kryptografische Algorithmen.

Moderne Kryptoalgorithmen basieren in der Regel auf dem Kerckhoff-Prinzip. Das nach Auguste Kerckhoff (1835 – 1903) benannte Prinzip besagt, daß die gesamte Sicherheit eines Algorithmus nur auf der Geheimhaltung des Schlüssels beruhen soll und nicht auf der Geheimhaltung des kryptografischen Algorithmus. Die Auswirkung dieses allgemein anerkannten aber oft mißachteten Prinzips war, daß viele im zivilen Bereich eingesetzte Kryptoalgorithmen veröffentlicht wurden und teilweise auch genormt sind.

Der Gegensatz zu Kerckhoff ist das Prinzip der Sicherheit durch Verschleiern. Die Sicherheit eines Systems beruht bei diesem Prinzip darauf, daß ein fiktiver Angreifer nicht weiß, wie das System funktioniert. Dieses Prinzip ist sehr alt und wird auch heute noch oft angewendet. Man sollte sich jedoch hüten, alleinig nach diesem Prinzip ein Kryptosystem oder auch ein anderes System zu entwickeln. Bisher wurden noch alle Systeme, die nur darauf beruhten, gebrochen, und dies meist auch noch in sehr kurzer Zeit. Es ist in unserer Informationsgesellschaft im allgemeinen nicht mehr möglich, technische Details eines Systems über längere Zeit geheim zu halten, und dies ist genau der Knackpunkt bei diesem Prinzip.

Allerdings lassen sich durch Verschleierung die Auswirkungen von zufälligem Abhören von Nachrichten sehr wohl reduzieren. Deshalb findet dieses Prinzip parallel neben dem von Kerckhoff immer wieder Anwendung. In vielen großen Systemen wird es auch noch als eine zusätzliche Sicherheitsstufe eingebaut. Da die Sicherheit moderner und veröffentlichter Kryptoalgorithmen praktisch nur noch auf reiner Rechenleistung von Computern beruht, erreicht man durch zusätzliche Verschleierung der Verfahren eine zusätzliche Steigerung des Schutzes vor Angriffen.

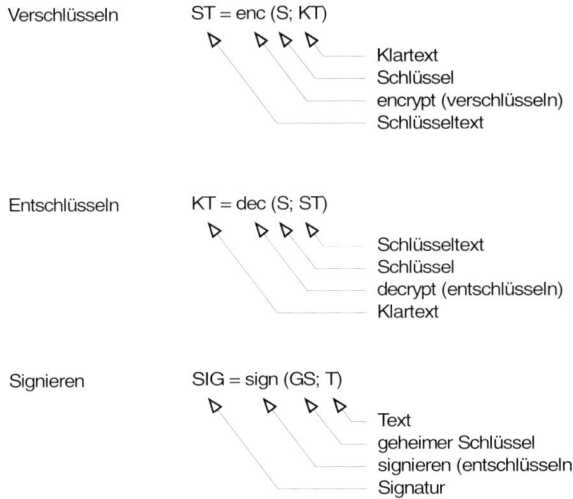

Bild 4.19   Die in diesem Buch verwendeten Notationen für kryptografische Verfahren.

Verläßt man sich nur auf den Schutz einer dem vermeintlichen Angreifer nicht zur Verfügung stehenden Rechenleistung, so kann man unter Umständen sehr schnell von der rapide fortschreitenden technischen Weiterentwicklung überrollt werden. Angaben wie „man braucht tausend Jahre, um dieses Kryptosystem zu brechen" stellen keine verläßliche Aussage dar, da sie von heute zur Verfügung stehenden Rechenleistungen und Algorithmen ausgehen und zukünftige Entwicklungen nicht berücksichtigen können, da diese im allgemeinen auch nicht bekannt sind. Etwa alle 18 Monate verdoppelt sich die Rechenleistung von Prozessoren, was dazu führte, daß sich seit den letzten 25 Jahren die pro Prozessor zu Verfügung stehende Rechenleistung um etwa den Faktor 25 000 vergrößert hat.

In den letzten Jahren ist durch die zunehmende Vernetzung von Computern eine weitere Möglichkeit geschaffen worden, ernstzunehmende Angriffe auf Schlüssel oder Kryptosysteme durchzuführen. Man denke nur an eine Aufforderung zum Brechen eines DES-Schlüssels im Internet, die im Schneeballsystem an die Millionen von Benutzer weitergeleitet wird. Sollte sich nur ein Prozent aller derzeitigen[1] Teilnehmer an einer solchen Aktion beteiligen, so stünde dem potentiellen Angreifer ein aus 300 000 individuellen Computern bestehender Parallelrechner zur Verfügung.

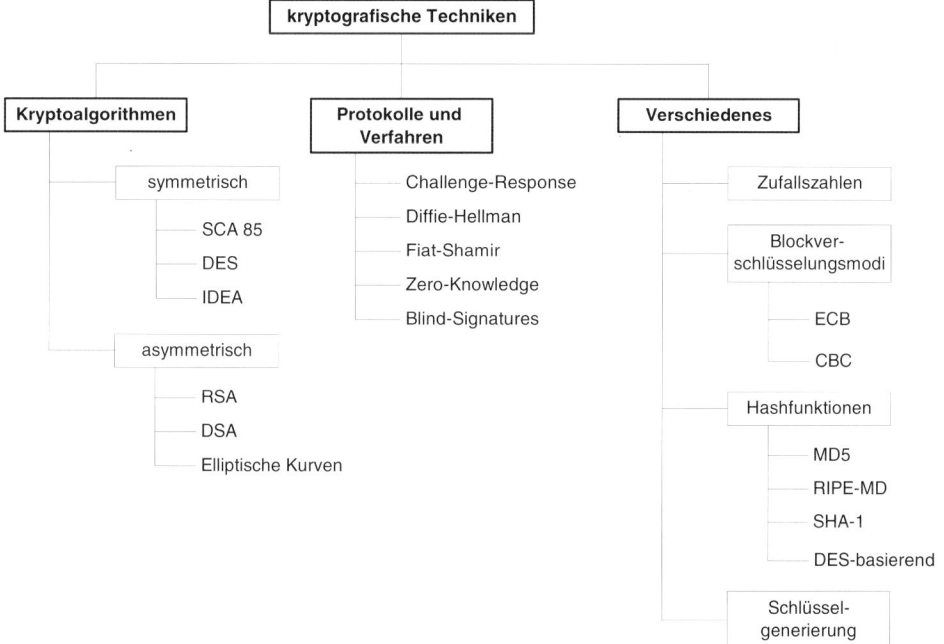

Bild 4.20   Klassifizierungsbaum der im Umfeld von Chipkarten eingesetzten kryptografischen Techniken.

Kryptoalgorithmen teilt man in symmetrische und asymmetrische Algorithmen ein. Diese Einteilung bezieht sich auf die verwendeten Schlüssel. Symmetrisch sagt dabei aus, daß der Algorithmus für Ver- und Entschlüsselung den gleichen Schlüssel benutzt.

---

[1] Im Sommer 1998 wurde davon ausgegangen, daß im Internet etwa 100 Millionen Teilnehmer existieren. Die Zuwachsrate bei den Teilnehmern ist noch nicht in die Sättigung eingetreten, sondern verläuft zur Zeit noch exponentiell.

Im Gegensatz dazu benötigen die im Jahre 1976 von Whitfield Diffie und Martin E. Hellman postulierten asymmetrischen Kryptoalgorithmen für Ver- und Entschlüsselung je einen unterschiedlichen Schlüssel.

Ein Begriff kommt im Zusammenhang mit Kryptoalgorithmen öfters vor. Es ist dies die Mächtigkeit des Schlüsselraums. Damit bezeichnet man die Anzahl der möglichen Schlüssel für einen Kryptoalgorithmus. Ein großer Schlüsselraum ist eines von mehreren Kriterien für einen sicheren Kryptoalgorithmus.

Eine erst seit kürzerer Zeit sehr in den Vordergrund gerückte Forderung für die technische Realisation von kryptografischen Algorithmen in Chipkarten ist die Rauschfreiheit. Der Begriff bedeutet in diesem Zusammenhang, daß die Ausführungszeit des Algorithmus unabhängig vom Schlüssel, Klartext bzw. Schlüsseltext sein muß. Ist diese Forderung nicht erfüllt, kann dies dazu führen, daß der geheime Schlüssel innerhalb sehr kurzer Zeit ermittelt und das gesamte kryptografische System gebrochen werden kann.

Die Kryptologie unterscheidet streng nach theoretischer und praktischer Sicherheit eines Systems oder Algorithmus. Ein System ist theoretisch sicher, wenn einem Angreifer unbegrenzte Zeit und Hilfsmittel zur Verfügung stehen und es ihm selbst dann nicht möglich ist, das System zu brechen. Dies bedeutet beispielsweise, daß ein System auch dann nicht mehr als theoretisch sicher bezeichnet wird, wenn ein Angreifer hunderte von Jahren und mehrere Supercomputer zum Brechen benötigen würde. Stehen dem Angreifer nur begrenzte Zeit und Hilfsmittel zur Verfügung und kann er damit das System nicht brechen, dann bezeichnet man das System als praktisch sicher.

Ein kryptografisches System kann Geheimhaltung und/oder Authentizität einer Nachricht sicherstellen. Dieses System zu brechen bedeutet, daß die Geheimhaltung und/oder die Authentizität gegenüber einem Angreifer nicht mehr gewährleistet ist. Wenn der Angreifer beispielsweise den geheimen Schlüssel eines Verschlüsselungsalgorithmus herausfindet, dann ist es ihm möglich, die verschlüsselten und damit geschützten Daten zu entschlüsseln, den Inhalt der Daten zu erfahren und sie auch bei Bedarf zu ändern.

Bild 4.21   Klassifizierungsbaum der Manipulationsmöglichkeiten eines Angreifers.

Um den Schlüssel eines Kryptoalgorithmus zu brechen, gibt es verschiedene Angriffsmöglichkeiten. Bei der „ciphertext only attack" kennt der Angreifer nur den Schlüsseltext und versucht mit dieser Information Schlüssel oder Klartext herauszufinden. Der in Hinblick auf einen Erfolg aussichtsreichere Angriff, die „known plaintext attack" bedeutet, daß der Angreifer mehrere Klartext-Schlüsseltext-Paare für einen geheimen Schlüssel kennt. Kann der Angreifer in der „chosen plaintext attack" und der „chosen ciphertext attack" eigene Klartext- bzw. Schlüsseltext-Paare generieren, dann ist dies einer der aussichtsreichsten Angriffe. Denn dann kann durch Probieren der geheime Schlüssel gefunden werden.

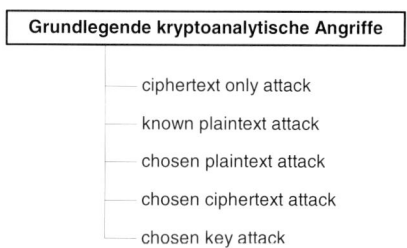

Bild 4.22   Klassifizierungsbaum der grundlegenden kryptoanalytischen Angriffe.

   Das Finden des Schlüssels durch Ausprobieren (*brute force attack*) ist natürlich der trivialste Angriff. Dabei versucht man, mit großer Rechenleistung durch Probieren den richtigen Schlüssel herauszufinden. Auf der Grundlage eines bekannten Klartext-Schlüsseltext-Paares probiert man alle möglichen Schlüssel aus. Daß dabei üblicherweise Rechenleistungen im Bereich von Supercomputern Voraussetzung sind, versteht sich von selbst. Statistisch gesehen muß man im Mittel die Hälfte aller möglichen Schlüssel durchprobieren, um den richtigen zu finden. Ein großer Schlüsselraum erschwert diesen Angriff allerdings erheblich.

4.6.1   Symmetrische Kryptoalgorithmen

Die symmetrischen Kryptoalgorithmen basieren auf dem Prinzip, die Ver- und Entschlüsselung mit dem gleichen Schlüssel durchzuführen. Daher die Bezeichnung symmetrisch. Der bekannteste und verbreitetste Vertreter ist der Data Encryption Algorithm, kurz DEA genannt. Dieser Algorithmus wurde von IBM zusammen mit dem NBS (US National Bureau of Standards) entwickelt und 1977 als US-Norm (FIPS 46) publiziert. Die Norm, die den DEA beschreibt, wird oft auch noch als DES (*Data Encryption Standard*) bezeichnet. Aus diesem Grund wird der Data Encryption Algorithm oft, wenn auch nicht ganz korrekt, DES genannt.

   Da dieser Algorithmus natürlich nach Kerckhoffs Prinzip gestaltet ist, konnte er auch ohne Einbußen an Sicherheit veröffentlicht werden. Allerdings wurden bis heute nicht alle Entwicklungskriterien bekanntgegeben, was immer wieder zu Vermutungen bezüglich der Angriffsmöglichkeiten und vorhandenen Falltüren führt. Jedoch sind bis jetzt alle Versuche, den Algorithmus auf diese Weise zu brechen, fehlgeschlagen.

   Zwei wichtige Prinzipien für einen guten Verschlüsselungsalgorithmus gingen in das Design des DES ein. Die beiden Prinzipien sind Konfusion und Diffusion nach C. Shannon. Das Prinzip der Konfusion sagt aus, daß die Statistik des Schlüsseltextes die Statistik des Klartextes in einer solch komplexen Weise beeinflussen soll, daß ein Angreifer daraus keine Vorteile erlangen kann. Das zweite Prinzip, die Diffusion, besagt, daß jedes Bit des Klartextes und des Schlüssels möglichst viele Bits des Schlüsseltextes beeinflussen soll.

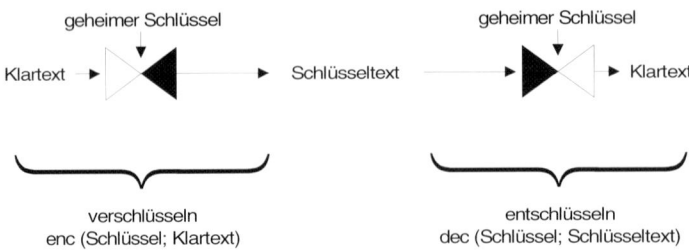

Bild 4.23   Das Prinzip eines symmetrischen Kryptoalgorithmus bei der Verschlüsselung und darauffolgender Entschlüsselung. Der DES ist das typische Beispiel für diese Art von kryptografischem Algorithmus.

Der symmetrische Blockverschlüsselungsalgorithmus DES führt keine Expansion des Schlüsseltextes durch, was bedeutet, daß Klartext- und Schlüsseltextblöcke gleich lang sind. Die Blocklänge beträgt 64 Bit (= 8 Byte), ebenso wie die Schlüssellänge, allerdings werden nur 56 Bit davon als Schlüssel benutzt.

Der Schlüssel enthält 8 Paritätsbits, was den verfügbaren Schlüsselraum reduziert. Die 64 Bit eines Schlüssels sind von links (msb) nach rechts (lsb) durchnumeriert, und die Bits 8, 16, 24, ... , 64 stellen das Paritätsbit dar. Die Parität ist dabei immer ungerade (*odd*). Der Schlüsselraum beträgt beim DES aufgrund dieser 8 Paritätsbits 2^{56}. Damit ergeben sich $2^{56} \approx 7{,}2 \cdot 10^{16}$ Möglichkeiten für einen Schlüssel. Auf den ersten Blick mag dieser Schlüsselraum mit der Möglichkeit von 72 057 594 037 927 936 Schlüsseln als sehr groß erscheinen, doch dies ist der Hauptschwachpunkt des DES.[1] Angesichts der stetig steigenden Rechenleistung moderner Computer gilt ein Schlüsselraum dieser Größe als die unterste Grenze für die Sicherheit eines Kryptoalgorithmus. Bei einem zu kleinen Schlüsselraum können mit einem vorhandenen Klartext-Schlüsseltext-Paar einfach alle Möglichkeiten durchprobiert werden, um den geheimen Schlüssel zu ermitteln.

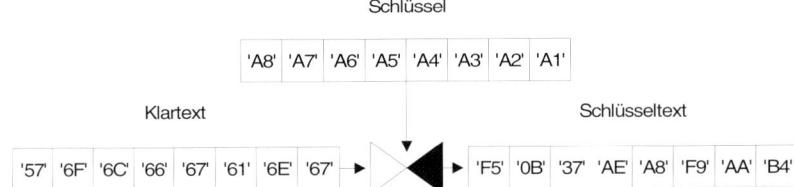

Bild 4.24   Die Funktionalität des DES-Algorithmus bei einer Verschlüsselungsoperation.

---

[1] Um eine Vorstellung von großen Zahlen zu gewinnen, sollte man sich die folgende Abschätzung zu Gemüte führen. Das Gewicht der Erde beträgt schätzungsweise $5{,}974 \cdot 10^{27}$ g. Auf dieser, allerdings sehr ungenauen, Datengrundlage läßt sich die Anzahl der Elektronen, Protonen und Neutronen, aus der die Erde besteht, mit $\approx 10^{52}$ angeben. Würde für die Speicherung eines Bits nur ein einzelnes Elementarteilchen benötigt, so könnte man demnach mit einem Speicher, der die Gesamtmasse der Erde hat, maximal 10^{52} Bit speichern.

Bekommt man durch Abhorchen der Kommunikation zwischen Terminal und Chip-karte ein Klartext-Schlüsseltext-Paar, dann kann man den folgenden Brute-force-Angriff ausführen. Man verschlüsselt mit allen möglichen Schlüsseln den Klartext. Durch Vergleich des Ergebnisses mit dem vorgegebenen Schlüsseltext läßt sich fest-stellen, ob man den richtigen Schlüssel gefunden hat. Diese Vorgehensweise kann man hervorragend parallelisieren. Jeder der einzelnen Parallelrechner probiert für sich allei-ne einen kleinen Teil des Schlüsselraumes durch. Die folgende Beispielrechnung ver-deutlicht den Zeitaufwand für diesen Brute-force-Angriff. Die zur Zeit schnellsten DES-Bausteine benötigen für eine komplette Blockverschlüsselung 64 ns[1]. Baut man nun 10 000 dieser Recheneinheiten parallel auf, dann können diese unabhängig von-einander jeder für sich einen kleinen Teil des Schlüsselraumes prüfen. Unter der An-nahme, daß durchschnittlich nur der halbe Schlüsselraum durchsucht werden muß, um den richtigen Schlüssel zu finden, kann man folgende Rechnung machen:

$$\frac{2^{56} \cdot 64\,\text{nsec}}{10\,000} \cdot \frac{1}{2} \approx 64\,\text{h}$$

Michael Wiener veröffentlichte 1993 die Pläne für einen eine Million Dollar teuren Computer, der innerhalb von sieben Stunden alle DES-Schlüssel eines gegebenen Klartext-Schlüsseltext-Paars durchprobieren konnte [Wiener 93]. Das größte Problem bei der Verwendung des DES ist der mittlerweile zu klein gewordene Schlüsselraum, so daß bei neuen Anwendungen beinahe ausschließlich der Triple-DES benutzt wird.

Hier auf die genaue Implementation des DES einzugehen würde den Umfang dieses Buches sprengen und ist auch zum Verständnis der Materie nicht notwendig. Dazu sei auf die FIPS Publication 46, Carl Meyer [Meyer 82] oder Bruce Schneier [Schneier 96] verwiesen. Ein Detail ist allerdings noch von Bedeutung: Der DES als Verschlüsse-lungsalgorithmus wurde so gestaltet, daß er sich leicht als Hardwareschaltung aufbau-en läßt. Leider gibt es aber zur Zeit noch keine verfügbaren Chipkarten-Mikro-controller, die einen DES-Hardwarebaustein besitzen, doch sind erste Muster bereits im Test. Deshalb muß der DES in Chipkarten momentan in Software realisiert werden. Dadurch beträgt der Umfang selbst bei hochoptimierten Versionen etwa 1 kByte As-semblercode. Daß die Berechnungsgeschwindigkeit ebenfalls ziemlich langsam ist, er-gibt sich aus obigem zwangsläufig.

Die typischen Zeiten für Ver- und Entschlüsselung bei Chipkarten im Vergleich zu einem Hardwarebaustein und einem PC sind in der nachfolgenden Tabelle aufgeführt. Die Zeiten können je nach Implementierung differieren und berücksichtigen nur die reine Rechenzeit für eine DES-Ver- oder Entschlüsselung eines 8-Byte-Blocks unter der Voraussetzung, daß alle Register bereits vorgeladen sind.

Die Erzeugung eines Schlüssels für den DES-Algorithmus kann unter Benutzung ei-nes Zufallszahlengenerators stattfinden. Dieser generiert eine 8 Byte lange Zufallszahl,

---

[1] Es handelt sich dabei um ein Gate-Array der Firma DEC in Galliumarsenid-Technologie für ECB- und CBC-Modus.

die dann auf die vier schwachen und zwölf semi schwachen Schlüssel geprüft wird. Fällt sie nicht unter diese einfach zu brechenden Schlüssel, führt man noch die Paritätsberechnung durch. Das Ergebnis ist ein DES-Schlüssel.

Tabelle 4.5   Tabelle mit typischen Beispielen für die Geschwindigkeit des DES bei einer Realisierung in Software.

Realisierung	Geschwindigkeit
Chipkarte mit 3,5 MHz Takt	17,0 ms / 8 Byte Block
Chipkarte mit 3,5 MHz Takt und DES-Recheneinheit	154 µs / 8 Byte Block
Chipkarte mit 4,9 MHz Takt	12,0 ms / 8 Byte Block
Chipkarte mit 4,9 MHz Takt und DES-Recheneinheit	112 µs / 8 Byte Block
PC (80 486, 33 MHz)	30 µs / 8 Byte Block
PC (Pentium, 90 MHz)	16 µs / 8 Byte Block
PC (Pentium, 200 MHz)	4 µs / 8 Byte Block
DES-Hardwarebaustein	64 ns / 8 Byte Block

Neben dem DES existieren noch viele weitere symmetrische Kryptoalgorithmen. Stellvertretend dafür sei hier nur noch der IDEA (*international data encryption algorithm*) genannt. Er wurde von Xuejia Lai und James L. Massey entwickelt und seit seiner Veröffentlichung im Jahr 1990 als PES (*proposed encryption standard*) einmal im Jahr 1991 verbessert. Der verbesserte Algorithmus erhielt damals kurzfristig den Namen IPES (*improved proposed encryption standard*) und ist aber heute allgemein als IDEA bekannt. Die Entwicklungskriterien und der interne Aufbau dieses Algorithmus sind vollständig veröffentlicht, so daß das Kerckhoff-Prinzip erfüllt ist. Allerdings unterliegt er, ähnlich wie der RSA-Algorithmus, patentrechtlichen Beschränkungen.

Der IDEA ist wie der DES ein blockorientierter Kryptoalgorithmus und benutzt ebenfalls 8 Byte Klar-/Schlüsseltext-Blöcke. Die Schlüssellänge ist im Gegensatz zum DES aber 16 Byte (= $2 \cdot 8$ Bit), so daß ein wesentlich ausgedehnterer Schlüsselraum der Größe $2^{128} \approx 3{,}4 \cdot 10^{38}$ zur Verfügung steht. In der üblichen dezimalen Schreibweise dargestellt, beträgt die Anzahl der möglichen Schlüssel beim IDEA exakt 340 282 366 920 938 463 463 374 607 431 768 211 456.

Durch den beschriebenen Aufbau ist der IDEA bis auf die vergrößerte Schlüssellänge zum DES kompatibel. Zu Triple-DES-Systemen, die $2 \cdot 56$ Bit lange Schlüssel verwenden, besteht ebenfalls eine Kompatibilität, so daß beim Wechsel des Kryptoalgorithmus keine Auswirkungen auf die Längen von Schlüsseln oder Eingangs- bzw. Ausgangsdaten auftreten. Natürlich bedeutet Kompatibilität in diesem Zusammenhang nicht, daß DES-verschlüsselte Daten mit dem IDEA entschlüsselt werden können. Im allgemeinen wird der IDEA als ein sehr guter Kryptoalgorithmus angesehen und ist auch mittlerweile durch das Public-Domain-Programm zur Sicherung der Datenübertragungen PGP (*pretty good privacy*) von Philip Zimmermann weit verbreitet.

Es existieren sehr wenige Implementationen des IDEA auf Chipkarten. Der Speicherbedarf für das Programm bewegt sich im Bereich von 1 000 Byte. Die typischen Rechenzeiten für Ent- und Verschlüsselung sind etwas geringer als für den DES. Bei der Entwicklung des IDEA ist man aber davon ausgegangen, daß die Berechnungen durch einen 16 Bit-Prozessor durchgeführt werden. Da Chipkarten aber immer noch durchgängig 8 Bit-Prozessoren haben, ist der Geschwindigkeitsvorteil gegenüber dem DES nicht so hoch wie erwartet. In der untenstehenden Tabelle sind zwei Beispielwerte für eine IDEA-Operation für einen 8-Byte-Block unter Zugrundelegung von vorberechneten Schlüsseln angegeben.

Tabelle 4.6   Tabelle mit typischen Beispielen für die Geschwindigkeit des IDEA.

Realisierung	Geschwindigkeit
Chipkarte mit 3,5 MHz Takt	12,3 ms / 8 Byte Block
Chipkarte mit 4,9 MHz Takt	8,8 ms / 8 Byte Block
PC (80 386, 33 MHz)	70 µs / 8 Byte Block
PC (Pentium Pro, 180 MHz)	4 µs / 8 Byte Block
IDEA-Hardwarebaustein	370 ns / 8 Byte Block

Betriebsarten für Blockverschlüsselungsalgorithmen

Der DES kann wie jeder Blockverschlüsselungsalgorithmus in vier verschiedenen Betriebsarten betrieben werden, welche in der ISO 8372 genormt sind. Zwei dieser Betriebsarten sind speziell für sequentielle Texte ohne Blockstruktur geeignet (CFB, OFB-Modus). Die beiden anderen (ECB-, CBC-Modus) basieren auf einer Blockgröße von 8 Byte. Vor allem diese beiden blockorientierten Modi finden im Chipkartenbereich Anwendung.

Die Grundbetriebsart des DES bezeichnet man als ECB-Modus (*electronic code book*). Dabei werden 8 Byte lange Klartextblöcke unabhängig voneinander mit dem gleichen Schlüssel verschlüsselt. Dies ist der DES in seiner Reinform, also ohne Ergänzungen.

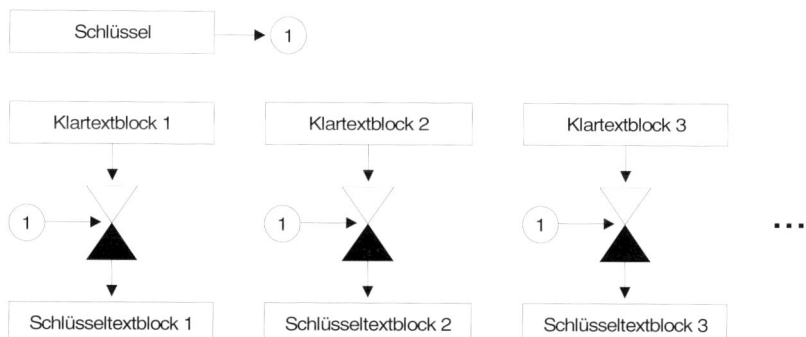

Bild 4.25   Die ECB-Betriebsart eines Blockverschlüsselungsalgorithmus bei der Verschlüsselung. Die Entschlüsselung läuft analog der Verschlüsselung ab.

Die zweite blockorientierte Betriebsart wird als CBC-Modus (*cipher block chaining*) bezeichnet. Dabei wird ein aus mehreren Blöcken bestehender Datenstring mit einer XOR-Operation bei der Verschlüsselung so verkettet, daß die nachfolgenden Blöcke von den vorhergehenden abhängig werden. Damit kann das Vertauschen, Einfügen oder Löschen von verschlüsselten Blöcken zuverlässig erkannt werden. Dies ist im ECB-Modus nicht möglich.

Bei geeigneter Gestaltung der Klartextblöcke (vorangestellter Sendefolgezähler oder Sendefolgezähler im Initialisierungsvektor) werden durch diese Verkettung selbst identische Klartextblöcke auf verschiedene Schlüsseltextblöcke abgebildet. Dies erschwert die Kryptoanalyse von abgehörten Daten ganz erheblich, da z.B. Codebuchanalysen unmöglich gemacht werden.

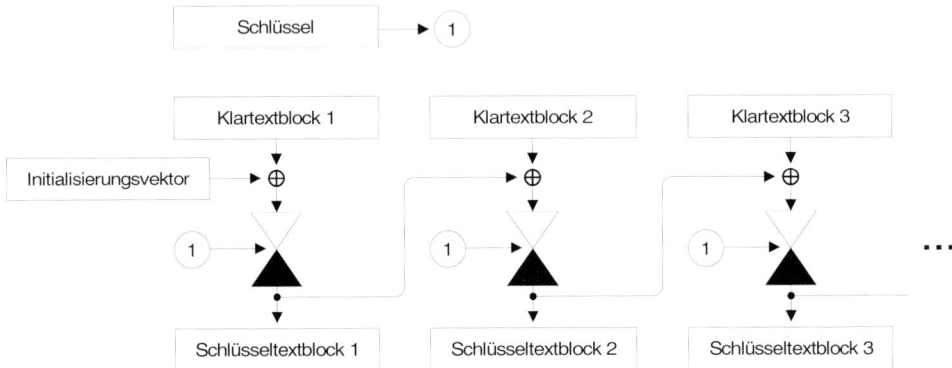

Bild 4.26   Die CBC-Betriebsart eines Blockverschlüsselungsalgorithmus bei der Verschlüsselung. Die Entschlüsselung läuft analog der Verschlüsselung ab.

Der erste Klartextblock wird mit einem Initialisierungsvektor (oft auch als IV bezeichnet) mit XOR verknüpft und dann mit dem DES verschlüsselt. Das Ergebnis ist der Schlüsseltext, der wiederum mit dem folgenden Klartextblock XOR verknüpft wird. Analog wird mit allen folgenden Blöcken verfahren.

Im Regelfall ist der Initialisierungsvektor mit null vorbelegt. Allerdings wird in manchen Systemen als Ersatz von temporären Schlüsseln eine sitzungsspezifische Zufallszahl in ihn geschrieben. Diese muß natürlich bei einer nachfolgenden Entschlüsselung bekannt sein.

Mehrfachverschlüsselung

Zusätzlich zu den vier Betriebsmodi eines Blockverschlüsselungsalgorithmus existiert noch eine weitere Variante, die zur Erhöhung der Sicherheit Verwendung findet. Sie wird aber praktisch nur beim DES aufgrund des kleinen Schlüsselraums eingesetzt. Prinzipiell läßt sie sich aber bei allen Blockverschlüsselungsverfahren, die keine Gruppe sind, einsetzen. Falls ein Verschlüsselungsalgorithmus diese Eigenschaft besitzt, würde eine Zweifachverschlüsselung mit zwei verschiedenen Schlüsseln keine Erhöhung der kryptografischen Sicherheit bedeuten, da das Ergebnis identisch der Verschlüsselung mit einem dritten Schlüssel wäre. Dies bedeutet, daß durch eine Zweifachverschlüsselung mit einem Algorithmus, der die Gruppeneigenschaft nicht hat, der Schlüsselraum in seiner Größe nicht verändert wird, da ein Angreifer lediglich den dritten Schlüssel herausfinden müßte, um auf das gleiche Ergebnis wie die vormalige Verschlüsselung mit zwei verschiedenen Schlüsseln zu kommen.

Schlüsseltext = enc *(Schlüssel 2*; (enc *(Schlüssel 1*; *Klartext))*

Der DES ist aber eine Gruppe, also könnte man prinzipiell eine zweimalige Verschlüsselung mit zwei unterschiedlichen Schlüsseln durchführen, ohne daß es einen dritten Schlüssel gibt, mit dem man nach einer Einfachverschlüsselung das gleiche Ergebnis erhält.

Von Ralph C. Merkle und Martin E. Hellman wurde aber 1981 eine Angriffsmethode veröffentlicht, die „meet-in-the-middle-attack" genannt wird [Merkle 81] und sehr erfolgreich gegen jede Zweifachverschlüsselung mit Blockverschlüsselungsalgorithmen eingesetzt werden kann. Die Voraussetzung dafür ist die Kenntnis von mehreren Klartext-Schlüsseltext-Paaren. Das Funktionsprinzip beruht darauf, daß man alle möglichen Verschlüsselungen des Klartextes mit dem ersten der beiden Schlüssel berechnet und anschließend mit jedem möglichen zweiten Schlüssel das bekannte Endergebnis, d.h. den Schlüsseltext, entschlüsselt. Nun vergleicht man die im ersten Schritt erstellte Liste mit den Ergebnissen aus dem zweiten Schritt. Sobald man eine Übereinstimmung feststellt, hat man mit einer gewissen Wahrscheinlichkeit beide Schlüssel gefunden. Zur Erhöhung der Sicherheit, daß man die richtigen Schlüssel gefunden hat, vergleicht man mit weiteren bekannten Klartext-Schlüsseltext-Paaren. Daraus läßt sich absehen, daß der Aufwand gegenüber einem üblichen Angriff, bei dem ebenfalls der gesamte Schlüsselraum durchsucht werden muß, nur unwesentlich größer ist. Deshalb verwendet man beim DES keine kaskadierte Zweifachverschlüsselung.

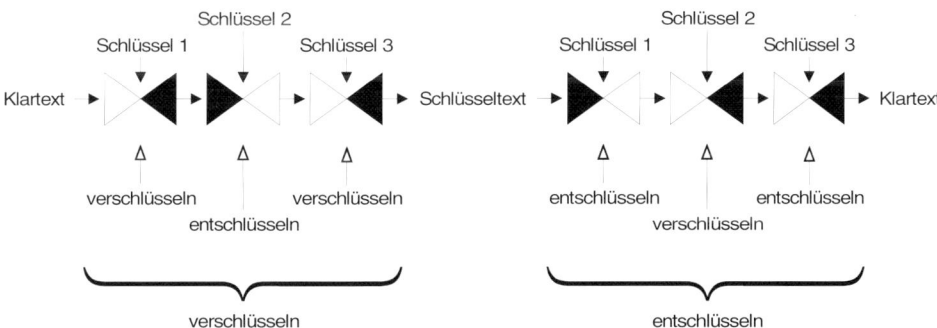

Bild 4.27   Der prinzipielle Ablauf der Verschlüsselung beim Triple-DES-Verfahren im äußeren CBC-Mode. Üblicherweise wird Schlüssel 1 identisch mit Schlüssel 3 gewählt, so daß die effektive Schlüssellänge 2 · 56 bit (= 112 Bit) beträgt. Seltener werden drei unabhängige Schlüssel mit einer daraus resultierenden Länge von 3 · 56 bit (= 168 Bit) benutzt.

Statt dessen benutzt man ein Verfahren, das Triple-DES genannt wird. Dazu schaltet man drei DES-Operationen im CBC-Mode mit abwechselnder Ver- und Entschlüsselung hintereinander. Die Entschlüsselung des so dreifach verschlüsselten Blocks erfolgt durch Umdrehung der Reihenfolge der Operationen, also Entschlüsselung – Verschlüsselung – Entschlüsselung. Sind alle drei Schlüssel identisch, so erhält man durch die abwechselnde Ver- und Entschlüsselung das gleiche Ergebnis wie bei einer einfachen Verschlüsselung. Dies ist der Grund, warum nicht drei Verschlüsselungsoperationen hintereinander angeordnet sind.

Finden die DES-Operationen mit den drei Schlüsseln unmittelbar hintereinander auf einen Klartextblock Anwendung, dann spricht man von einem DES im inneren CBC-Mode (*inner CBC mode*). Wird der Klartextblock mit dem ersten Schlüssel komplett verschlüsselt und in dieser Form dann analog weiter verarbeitet, dann nennt man dies äußerer CBC-Mode (*outer CBC mode*). Der äußere CBC-Mode ist resistenter gegen Angriffe und wird deshalb im allgemeinen empfohlen [Schneier 96].

Der Triple-DES hat auch noch mehrere andere Namen, wie TDES, DES-3, 3-DES und 2-DES. Triple-DES oder TDES bedeutet eigentlich nur, daß drei Schlüssel à 56 Bit verwendet werden. Falls der erste und dritte gleich sind, nennt man dies auch 2-DES, sind jedoch alle drei Schlüssel verschieden, dann benutzt man oft 3-DES als Bezeichnung dafür. Es muß beim Triple-DES damit immer die Schlüssellänge angegeben werden, damit der Algorithmus eindeutig festgelegt ist.

Der Triple-DES ist wesentlich sicherer als eine aufeinanderfolgende Zweifachverschlüsselung mit verschiedenen Schlüsseln, da der meet-in-the-middle-Angriff hier nicht greift. Es werden statt einem 56-Bit-Schlüssel also drei benötigt, von denen aber der erste und der dritte üblicherweise gleich sind. Dies führt damit zu einer Schlüssellänge von $2 \cdot 56$ Bit. Damit ist dieses Verfahren datenkompatibel zum normalen DES und erfordert außer dem doppelt so großen Schlüssel keinerlei Mehraufwand. Gerade dies ist ein Hauptargument, warum der Triple-DES in Chipkarten Einsatz findet. Aufgrund der deutlich höheren Sicherheit gegenüber einer einzelnen Verschlüsselung benutzt man es vor allem zur Schlüsselableitung oder zur Sicherung von sehr sensiblen Daten, wie z.B. der Übertragung von Schlüsseln.

Tabelle 4.7   Überblick der in Chipkarten verwendeten Kryptoalgorithmen mit den Eingangs- und Ausgangsparametern.

Name	Typ	Länge Klartext	Länge Schlüsseltext	Länge Schlüssel
DES	symmetrisch	8 Byte	8 Byte	56 Bit
IDEA	symmetrisch	8 Byte	8 Byte	128 Bit
Triple-DES (2-DES)	symmetrisch	8 Byte	8 Byte	$2 \cdot 56$ Bit (= 112 Bit)
Triple-DES (3-DES)	symmetrisch	8 Byte	8 Byte	$3 \cdot 56$ Bit (= 168 Bit)
RSA	asymmetrisch	512 Bit (= 64 Byte)	512 Bit = 64 Byte	512 Bit = 64 Byte
		768 Bit (= 96 Byte)	768 Bit = 96 Byte	768 Bit = 96 Byte
		1 024 Bit (= 128 Byte)	1 024 Bit (= 128 Byte)	1 024 Bit (= 128 Byte)
		2 048 Bit (= 256 Byte)	2 048 Bit (= 256 Byte)	2 048 Bit (= 256 Byte)
DSS (512 Bit)	asymmetrisch	20 Byte	20 Byte	(64 + 20) Byte

4.6.2   Asymmetrische Kryptoalgorithmen

Im Jahr 1976 beschrieben Whitfield Diffie und Martin E. Hellman die Möglichkeit, einen Verschlüsselungsalgorithmus zu entwickeln, der auf zwei unterschiedlichen Schlüsseln basiert [Diffie 76]. Ein Schlüssel sollte dabei öffentlich sein, der andere geheim.

Dadurch wäre es möglich, daß jemand mit dem öffentlichen Schlüssel eine Nachricht verschlüsselt und nur der Besitzer des geheimen Schlüssel diese auch wieder entschlüsseln kann. Das Problem des Austausches und Verteilens von geheimen symmetrischen Schlüsseln wäre damit beseitigt und weitere Verfahren, wie etwa die digitale Signatur, die von jedem verifiziert werden kann, wären erstmals möglich.

Bild 4.28   Die Ver- und Entschlüsselung mit einem Public-Key-Algorithmus.

Der RSA-Algorithmus

Zwei Jahre später stellten Ronald L. Rivest, Adi Shamir und Leonard Adleman einen Algorithmus vor, der die obigen Voraussetzungen erfüllte [Rivest 78]. Der nach seinen drei Erfindern benannte RSA-Algorithmus ist der bekannteste und der am vielseitigsten einsetzbare asymmetrische Kryptoalgorithmus, der zur Zeit verwendet wird. Das sehr einfache Funktionsprinzip basiert auf der Arithmetik großer Ganzzahlen. Die beiden Schlüssel werden auf der Grundlage von zwei großen Primzahlen erzeugt.

Die Ver- und Entschlüsselung läßt sich mathematisch folgendermaßen ausdrücken:

$$\text{Verschlüsseln: } y = x^e \bmod n$$

$$\text{Entschlüsseln: } x = y^d \bmod n$$

$$\text{mit: } n = p \cdot q$$

Bild 4.29   Die Ver- und Entschlüsselung mit dem RSA-Algorithmus.

x:	Klartext	e:	öffentlicher Schlüssel
y:	Schlüsseltext	d:	geheimer Schlüssel
		n:	öffentlicher Modulus
		p, q:	geheime Primzahlen

Vor der Verschlüsselung muß der Klartextblock auf die entsprechende Blocklänge aufgefüllt werden. Dies kann beim RSA-Algorithmus je nach verwendeter Schlüssellänge unterschiedlich sein. Die Verschlüsselung selber geschieht dabei durch Potenzieren des Klartextes mit einer anschließenden Modulo-Operation. Das Ergebnis dieser Berechnung ist der Schlüsseltext. Dieser kann nur mehr bei Kenntnis des geheimen Schlüssels entschlüsselt werden, welche analog der Verschlüsselung erfolgt.

Die Sicherheit des Algorithmus basiert also damit auf dem Faktorisierungsproblem großer Zahlen. Es ist sehr einfach, den öffentlichen Modulus aus den beiden Primzahlen durch Multiplikation zu berechnen, aber sehr schwierig, den Modulus wieder in seine beiden Primfaktoren zu zerlegen, da es keine effektiven Algorithmen dafür gibt.

Für die Exponentation der großen Zahlen im Rahmen von Ver- und Entschlüsselung würde das RAM einer Chipkarte nicht ausreichen, da die Zahlen vor der Modulo-Berechnung sehr groß werden. Deshalb verwendet man hier die sogenannte modulare Exponentation, bei der die Zwischenergebnisse bei der Berechnung nie größer werden als der Modulowert. Muß man beispielsweise $x^2 \bmod n$ berechnen, so wird man nicht $(x \cdot x) \bmod n$ rechnen, da das Zwischenergebnis (d.h. $x \cdot x$) vor der Reduktion der Zahlenlänge durch die Modulo-Berechnung eine unnötig große Zahl wäre. Statt dessen wird man $((x \bmod n) \cdot (x \bmod n) \bmod n)$ berechnen, was mathematisch kein Unterschied zum Ausgangswert ist. Der Vorteil ist, daß dies wesentlich weniger Rechenschritte und Speicherplatz erfordert, da die Zwischenergebnisse sofort in ihrer Länge reduziert werden.

Ein weiteres Verfahren, um den RSA-Algorithmus zu beschleunigen, besteht darin, den chinesischen Restklassensatz (*chinese remainder theorem*) für die Berechnung zu benutzen.[1] Die Verwendung des chinesischen Restklassensatz setzt allerdings voraus, daß man die beiden geheimen Primzahlen p und q besitzt, weshalb das Verfahren nur bei der Entschlüsselung (d.h. das Signieren) benutzt werden kann.

Der geheime Schlüssel sollte so groß wie möglich sein, damit Angriffe erschwert werden. Öffentlicher und geheimer Schlüssel können unterschiedliche Längen haben, was auch üblicherweise der Fall ist, da es die Rechenzeit zur Prüfung einer digitalen Signatur erheblich reduziert, wenn der öffentliche Schlüssel möglichst klein ist. Als öffentlicher Schlüssel wird oft die vierte Fermatsche Zahl verwendet. Diese Primzahl hat den Wert $(2^{16})+1 = 65\,537$ und eignet sich aufgrund ihrer Kürze sehr gut für schnelle Überprüfungen von digitalen Signaturen. Die Zahlen 3 und 17 finden in diesem Zusammenhang ebenfalls Verwendung.

Tabelle 4.8   Typische öffentliche Schlüssel für den RSA-Algorithmus.

öffentlicher Schlüssel	Bemerkung
$2 = {}^\circ 10^\circ$	einzige gerade Primzahl;
	wird für das Rabin-Verfahren verwendet
$3 = (2^1) + 1 = {}^\circ 11^\circ$	kleinste ungerade Primzahl
$17 = (2^4) + 1 = {}^\circ 1\,0001^\circ$	---
$65\,537 = (2^{16}) + 1 = {}^\circ 1\,0000\,0000\,0000\,0001^\circ$	4te Fermatsche Zahl F_4

Gelänge es nun einem Angreifer, den öffentlichen Modulo in seine beiden Primfaktoren aufzuspalten, so könnte er die gesamte Schlüsselberechnung nachvollziehen. Dies ist bei einem kleinen Wert, wie im Beispiel der Zahl 33, sehr einfach möglich, doch bei großen Zahlen existiert dafür bis heute kein schneller Algorithmus. Können

---

[1] nähere Informationen zu beiden Verfahren: [Simmons 92, Schneier 96]

die beiden Primfaktoren gefunden werden, so ist damit das System gebrochen, da der geheime Schlüssel bekannt ist.[1]

Vorangehend wurde für RSA-Schlüssel gefordert, daß sie hinreichend groß sind. Zur Zeit betrachtet man 512 Bit (= 64 Byte) lange Schlüssel als die untere Grenze. Allerdings finden auch schon 768 Bit (= 96 Byte) und 1 024 Bit (= 128 Byte) lange Schlüssel Verwendung. In den nächsten Jahren werden bald die ersten 2 048 Bit (= 256 Byte) Schlüssel zum Einsatz kommen. Mit steigender Schlüssellänge steigt auch der Rechenaufwand zur Ver- und Entschlüsselung. Diese Steigerung ist jedoch nicht linear, sondern annähernd exponentiell.

Auf Chipkarten-Mikrocontrollern mit ihren 8 Bit breiten CPUs besteht normalerweise keine Möglichkeit, eine RSA Berechnung innerhalb einiger Minuten Rechenzeit durchzuführen. Doch existieren mittlerweile Mikrocontroller mit zusätzlichen Rechenwerken, die besonders auf schnelle Exponentation hin entwickelt wurden. Mit diesen ist es möglich, RSA-Berechnungen in akzeptabler Zeit und mit vertretbarem Softwareaufwand durchzuführen. Der Codeumfang für den beschriebenen hardware-unterstützten 512-Bit-RSA-Algorithmus bewegt sich im Bereich um 300 Bytes. Bei 768 Bit und 1 024 Bit Schlüssellänge benötigt man ungefähr 1 kByte Assemblercode in der Chipkarte.

Betrachtet man die Tabelle 4.9, so sieht man, daß die Anzahl der möglichen Primzahlen selbst für 512-Bit-Schlüssel eine solche Größe aufweist, daß es nie zu Interferenzen zwischen zwei verschiedenen Schlüsselpaaren kommen kann.[2]

Tabelle 4.9   Typische RSA-Schlüssellängen mit charakteristischen Werten. Der Quotient ZR/PZ gibt die Anzahl der Nicht-Primzahlen zu den Primzahlen an. Der reziproke Wert davon ist die Wahrscheinlichkeit, daß eine Zufallszahl dieses Zahlraums prim ist. Für die Zeitdauer einer RSA-Schlüsselgenerierung ist das von großer Bedeutung.

Schlüssellänge	maximale Zahl der Dezimalstellen	Größe des Zahlenraums (= ZR)	Anzahl der Primzahlen im Zahlenraum (= PZ)	ZR/PZ
8 Bit = 1 Byte	3	256	54	$\approx 4,7$
40 Bit = 5 Byte	13	$\approx 1,1 \cdot 10^{12}$	$\approx 3,9 \cdot 10^{10}$	≈ 28
512 Bit = 64 Byte	155	$\approx 1,3 \cdot 10^{154}$	$\approx 3,8 \cdot 10^{151}$	≈ 342
768 Bit = 96 Byte	232	$\approx 1,6 \cdot 10^{231}$	$\approx 2,9 \cdot 10^{228}$	≈ 552
1 024 Bit = 128 Byte	309	$\approx 1,8 \cdot 10^{308}$	$\approx 2,5 \cdot 10^{305}$	≈ 720
2 048 Bit = 256 Byte	617	$\approx 3,2 \cdot 10^{616}$	$\approx 2,3 \cdot 10^{613}$	$\approx 1\,391$
4 096 Bit = 512 Byte	1 234	$\approx 1,0 \cdot 10^{1\,233}$	$\approx 2,5 \cdot 10^{1\,229}$	$\approx 4\,000$

---

[1] Bereits im Sommer 1994 gelang es, mit ca. 1 600 über Internet zusammengeschlossenen Computern in 8 Monaten einen 426-Bit-Schlüssel zu brechen. Die gesamte Rechenleistung betrug dabei 5 000 MIPS Jahre. Ein 100 MHz Pentium PC hat dazu im Vergleich 50 MIPS.

[2] Die größte Zahl, die man mit 512 Bit darstellen kann, ist:
(2^{512})-1 = 13 407 807 929 942 597 099 574 024 998 205 846 127 479 365 820 592 393 377 723 561 443 721 764 030 073 546 976 801 874 298 166 903 427 690 031 858 186 486 050 853 753 882 811 946 569 946 433 649 006 084 095

Es ist aber eine der Stärken des RSA-Algorithmus, daß er nicht auf eine bestimmte Schlüssellänge fixiert ist, wie dies z.B. beim DES der Fall ist. Benötigt man mehr Sicherheit, so kann man, ohne den Algorithmus zu ändern, größere Schlüssellängen verwenden. Der RSA ist damit skalierbar. Allerdings muß man dabei immer die Rechenzeit und den Speicherbedarf im Auge behalten, da selbst 512-Bit-Schlüssel momentan noch als sicher gelten. Bei den heutigen Algorithmen zur Faktorisierung kann man als Faustwert annehmen, daß eine Erhöhung der Schlüssellänge um 15 Bit zu einer Verdopplung des Faktorisierungsaufwands führt.[1] Einen sehr guten Überblick über weltweit vorhandene und notwendige Rechenleistungen zur Faktorisierung und auch zum Brechen von symmetrischen Kryptoalgorithmen findet sich bei Andrew Odlyzko [Odlyzko 95].

Die Verwendung des RSA zur Verschlüsselung von Daten wird wegen der langen Rechenzeiten selten genutzt, obwohl sie sehr sicher ist. Das Haupteinsatzgebiet ist im Bereich der digitalen Signatur, da hier die Vorteile dieses asymmetrischen Verfahrens voll zur Geltung kommen.

Der größte Nachteil des RSA-Algorithmus bei der Verwendung in Chipkarten ist der benötigte Speicherplatz für die Schlüssel. Die aufwendige Schlüsselgenerierung ist in bestimmten Fällen ebenfalls problematisch.

Die Verbreitung von RSA hemmt die in einigen Ländern gemachten Patentansprüche zum Algorithmus sowie die großen Restriktionen bei der Ein- und Ausfuhr von den RSA benutzenden Geräten. Chipkarten mit einem Coprozessor für den RSA-Algorithmus fallen unter diese Bestimmungen, und damit erschweren sich die internationalen Vertriebsmöglichkeiten erheblich.

Tabelle 4.10   Beispiele für Berechnungszeiten bei einer RSA-Ver- und Entschlüsselung in Abhängigkeit von der Schlüssellänge. Die angegebenen Werte können zum Teil erheblich differieren, da sie stark von der Bitstruktur des Schlüssels und der Verwendung des chinesischen Restklassensatz (nur beim Signieren) abhängen.

Realisierung	Modus	512 Bit	768 Bit	1 024 Bit
Chipkarte ohne NPU und 3,5 MHz	Signieren	20 min	---	---
Chipkarte ohne NPU und 3,5 MHz (mit chinesischem Restklassensatz)	Signieren	6 min	---	---
Chipkarte mit NPU und 3,5 MHz	Signieren	308 ms	910 ms	2 000 ms
Chipkarte mit NPU und 3,5 MHz (mit chinesischem Restklassensatz)	Signieren	84 ms	259 ms	560 ms
Chipkarte mit NPU und 4,9 MHz	Signieren	220 ms	650 ms	1 400 ms
Chipkarte mit NPU und 4,9 MHz (mit chinesischem Restklassensatz)	Signieren	60 ms	185 ms	400 ms
PC (Pentium, 200 MHz)	Signieren	12 ms	46 ms	60 ms
PC (Pentium, 200 MHz)	Verifizieren	2 ms	4 ms	6 ms
RSA-Hardwarebaustein	Signieren	8 ms	---	---

---

[1] Die im Januar 1998 größte bekannte Primzahl hat 909 256 Stellen und den Wert $2^{3\,402\,377}-1$. Eine ausführliche und aktuelle Aufstellung der größten Primzahlen mit viel Hintergrundinformationen findet man unter [UTM].

Schlüsselgenerierung für RSA

Die Erzeugung von Schlüsseln für den RSA-Algorithmus erfolgt nach einem einfachen Schema, anhand dessen hier ein kleines Beispiel durchgerechnet werden soll:

1.	Zuerst werden zwei Primzahlen p und q gesucht.	p = 3, q = 11
2.	Nun berechnet man den öffentlichen Modulo.	n = p · q = 33
3.	Berechnung einer Hilfsvariablen z für die Schlüsselerzeugung.	z = (p-1) · (q-1)
4.	Berechnung des öffentlichen Schlüssels e mit den folgenden Eigenschaften: (e < z) und (ggt (z, e) =1), d.h. größter gemeinsamer Teiler von z und e ist 1. Da es mehrere Zahlen mit dieser Eigenschaft gibt, wähle man eine aus.	e = 7
5.	Berechnung des geheimen Schlüssels d mit der Eigenschaft: (d · e) mod z = 1.	d = 3

Nun ist die Schlüsselberechnung abgeschlossen. Der öffentliche und der geheime Schlüssel können nun an einem weiteren Zahlenbeispiel zur Ver- und Entschlüsselung mit dem RSA-Algorithmus getestet werden.

1.	Als Klartext x (mit x < n) verwendet man die Zahl 4.	x = 4
2.	Verschlüsselung	$y = 4^7 \bmod 33 = 16$
3.	Es ergibt sich aus der Berechnung ein Schlüsseltext y mit dem Wert 16.	y = 16
4.	Entschlüsselung	$x = 16^3 \bmod 33 = 4$

Das Ergebnis der Entschlüsselung des Schlüsseltextes ist, wie erwartet, wiederum der Klartext.

In der Praxis stellt sich die Schlüsselgenerierung allerdings etwas aufwendiger dar, da es ziemlich schwierig ist, große Zahlen daraufhin zu testen, ob sie prim sind. Man kann dazu nicht mehr das altbekannte Sieb des Eratosthenes benutzen, da für diesen Algorithmus alle Primzahlen, die kleiner sind als die zu prüfende Zahl, bekannt sein müssen. Dies ist bei Zahlen im Bereich von 512 Bit Länge praktisch unmöglich.

Deshalb wendet man probabilistische Primzahlentests an, bei denen man eine Wahrscheinlichkeitsaussage erhält, ob die zu prüfende Zahl eine Primzahl ist. Typische Vertreter dieser Tests sind der Miller-Rabin-Test und der Solovay-Strassen-Test.[1] Um diese zeitaufwendigen Tests nicht unnötig oft zu benutzen, prüft man die per Zufall erzeugten Zahlen vorab auf kleine Primfaktoren. Ist die generierte Zufallszahl durch eine kleine Primzahl, wie 2, 3, 5, 7, ohne Rest teilbar, dann kann sie selber nicht mehr prim sein, da sie offensichtlich aus mehreren Primfaktoren zusammengesetzt ist. Steht fest, daß die zu prüfende Zahl keine kleinen Primfaktoren besitzt, dann erst prüft man mit

---

[1] Eine Beschreibung der Verfahren und Algorithmen findet sich bei Alfred Menezes [Menezes 97].

einem Primzahlentest wie dem Miller-Rabin-Test. Das Prinzip dazu ist in Bild 4.30 veranschaulicht und im Anhang der IEEE 1363 im Detail beschrieben.[1]

Die Algorithmen für die RSA-Schlüsselgenerierung haben eine Besonderheit. Die Zeit für die Erzeugung eines Schlüsselpaares (d.h. geheimer und öffentlicher Schlüssel) ist nur statistisch vorhersagbar. Es kann also nur angegeben werden, daß mit einer bestimmten Wahrscheinlichkeit die Schlüsselgenerierung eine bestimmte Zeit benötigt. Eine fixe Aussage im Sinne von „... benötigt x Sekunden" ist durch die notwendigen und nicht deterministisch vorhersagbaren Primtests der Zufallszahlen nicht möglich.

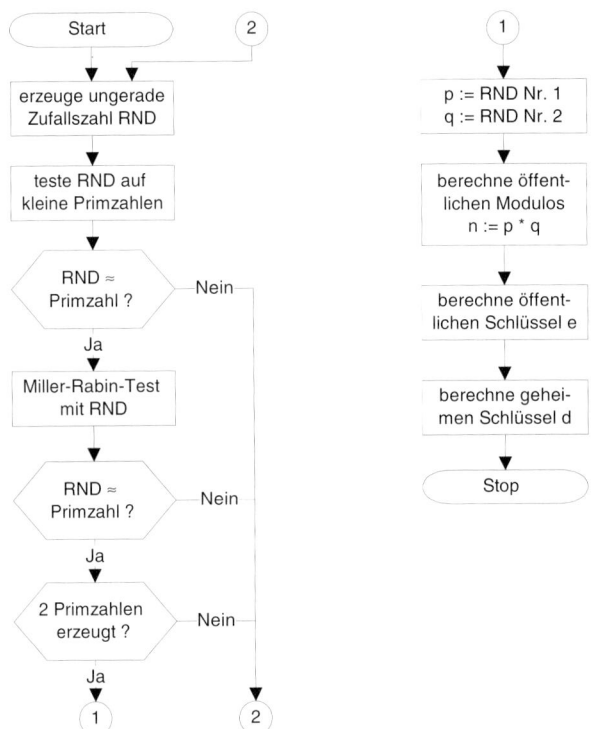

Bild 4.30   Grundsätzliche Vorgehensweise der Generierung von Schlüssel für den RSA-Algorithmus in Chipkarten.

---

[1] Viele Hinweise und zu beachtende Kriterien über die Generierung von Primzahlen für den RSA-Algorithmus finden sich in dem Artikel von Robert Silverman [Silverman 97].

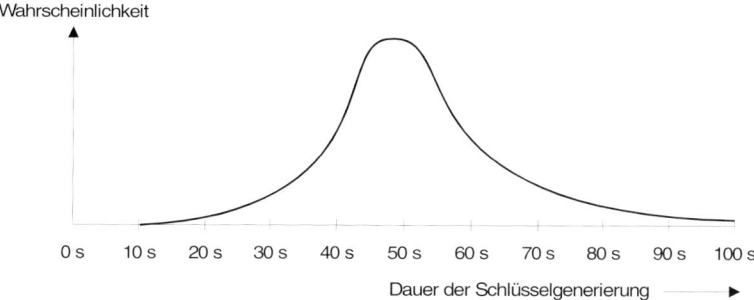

Bild 4.31   Das typische Zeitverhalten eines probabilistischen Algorithmus zur Erzeugung von Schlüsselpaaren für den RSA-Algorithmus. Die Ordinate zeigt die Wahrscheinlichkeiten, daß für eine 1 024-Bit-Schlüsselgenerierung in einer Chipkarte eine bestimmte Zeitdauer benötigt wird. Die Fläche unter der Kurve hat die Wahrscheinlichkeit 1.

Tabelle 4.11   Tabelle mit Beispielen für den Zeitbedarf der Generierung eines öffentlichen und geheimen Schlüssels für den asymmetrischen Kryptoalgorithmus RSA. Eine exakte Zeitdauer kann nicht angegeben werden, da die Dauer der Schlüsselgenerierung unter anderem davon abhängt, ob die erzeugten Zufallszahlen prim sind.

Generierung eines Schlüsselpaares (öffentlich, geheim) für den RSA-Algorithmus	typischer Zeitbedarf	möglicher Zeitbedarf
Chipkarte, 512 Bit Schlüssellänge, 3,5 MHz	12 s	≈ 3 s ... ≈ 40 s
Chipkarte, 1 024 Bit Schlüssellänge, 3,5 MHz	48 s	≈ 10 s ... ≈ 180 s
PC (Pentium, 200 MHz), 512 Bit Schlüssellänge	0,5 s	---
PC (Pentium, 200 MHz), 1 024 Bit Schlüssellänge	2 s	---

Der DSS-Algorithmus

Mitte des Jahres 1991 veröffentlichte das NIST (US National Institute of Standards and Technology) einen Entwurf für einen kryptografischen Algorithmus zum Signieren von Nachrichten. Der mittlerweile in einer US Norm (FIPS 186) standardisierte Algorithmus hat die Bezeichnung DSA (*digital signature algorithm*) und die ihn beschreibende Norm den Namen DSS (*digital signature standard*). Der DSA ist neben dem RSA-Algorithmus das zweite im großen Rahmen eingesetzte Verfahren zur Erstellung von digitalen Signaturen. Der DSA ist eine Modifikation des ElGamal-Verfahrens.

Der Hintergrund für die Normierung dieses Signaturverfahrens war, daß man ein Verfahren wollte, mit dem nur Signaturen erstellt werden können und keine Verschlüsselung von Daten möglich ist. Durch diese Forderung ist der DSS-Algorithmus aufwendiger als der RSA-Algorithmus. Es ist jedoch eine Möglichkeit gefunden worden, auch mit diesem Algorithmus Daten zu verschlüsseln [Simmons 93].

Im Gegensatz zum RSA-Algorithmus beruht die Sicherheit des DSS nicht auf dem Faktorisierungsproblem großer Zahlen, sondern auf dem diskreten Logarithmusproblem. Die Berechnung von $y = a^x \bmod p$ ist auch für große Zahlen in kurzer Zeit möglich. Umgekehrt erfordert es aber sehr viel Rechenaufwand, den Wert für x bei gegebenen y, a und p zu bestimmen.

Es ist bei allen Signieralgorithmen erforderlich, die zu unterschreibende Nachricht mit einem Hash-Algorithmus auf eine feste Länge zu reduzieren. Für den DSS wurde deshalb vom NIST ein dazu passender Algorithmus veröffentlicht. Dieser trägt die Bezeichnung SHA-1 (*secure hash algorithm*).[1] Er erzeugt einen 160 Bit langen Hashwert über eine Nachricht beliebiger Länge und ist eine Abwandlung des MD5 Hash-Algorithmus.

Beim DSS-Algorithmus wird im übrigen genauso wie beim RSA-Algorithmus nur mit ganzen Zahlen gerechnet. Um nun mit dem DSA eine digitale Signatur zu berechnen, müssen vorab die folgenden globalen Werte ermittelt werden:

p	öffentlich	Primzahl, 512 bis 1 024 Bit lang,
		die Länge muß geradzahlig durch 64 teilbar sein
q	öffentlich	Primfaktor von p-1, 160 Bit lang
g	öffentlich	$g = h^{((p-1)/q)}$ mit h als einer ganzen Zahl, für die gilt:
		h < p-1 und g > 1

Der geheime Schlüssel x muß das folgende Kriterium erfüllen:

x	geheimer Schlüssel	x < q

Der öffentliche Schlüssel y wird folgendermaßen berechnet:

y	öffentlicher Schlüssel	$y = g^x \bmod p$

Sind alle notwendigen Schlüssel und Zahlen ermittelt, dann kann eine Nachricht m unterschrieben werden:

1.	generiere Zufallszahl k mit k < q	
2.	Berechnung: Hashwert von m	H(m)
3.	Berechnung	$r = (g^k \bmod p) \bmod q$
4.	Berechnung	$s = k^{-1} (H(m) + x \cdot r)) \bmod q$

Die beiden Werte r und s sind die digitale Signatur der Nachricht. Sie besteht beim DSA aus zwei Zahlen und nicht aus einer wie beim RSA-Algorithmus.

Die Prüfung der Signatur wird in den folgenden Zeilen durchgeführt:

1.	Berechnung	$w = s^{-1} \bmod q$
2.	Berechnung	$u1 = (H(m) \cdot w) \bmod q$
3.	Berechnung	$u2 = (r \cdot w) \bmod q$
4.	Berechnung	$v = ((g^{u1} \cdot y^{u2}) \bmod p) \bmod q$

Falls nun die Bedingung v = s erfüllt ist, dann wurde die Nachricht m nicht verändert, und die digitale Signatur ist echt.

---

[1] siehe auch Abschnitt 4.8 Hash-Funktionen und FIPS 180-1

Tabelle 4.12   Beispiele für Berechnungszeiten für den DSA, getrennt in Ver- und Entschlüsselung
in Abhängigkeit vom Takt. Die angegebenen Werte können zum Teil erheblich differieren, da sie stark von der Bitstruktur des Schlüssels abhängen. Die Geschwindigkeit kann durch Vorberechnung erhöht werden.

Realisierung	Überprüfung einer 512-Bit-Signatur	Erstellung einer 512-Bit-Signatur
Chipkarte mit 3,5 MHz Takt	130 ms	70 ms
Chipkarte mit 4,9 MHz Takt	90 ms	50 ms
PC (80 386, 33 MHz)	16 s	35 ms

Welcher der beiden Algorithmen RSA oder DSS zur Erstellung von digitalen Signaturen sich langfristig durchsetzt oder sicherer ist, kann man zum heutigen Zeitpunkt
nicht sagen. Die ursprüngliche Absicht, mit dem DSS einen Signieralgorithmus zu
normieren, mit dem man nicht verschlüsseln kann, ist weitgehend fehlgeschlagen.
Auch ist die Komplexität des Verfahrens der Verbreitung nicht förderlich. Jedoch ist
die bestehende Norm und der damit verbundene politische Druck, digitale Signaturen
in Verbindung mit DSS und SHS zu erstellen, für viele Institutionen ein starkes Argument.

Elliptische Kurven als asymmetrische Kryptoalgorithmen
Neben den beiden bekannten asymmetrischen kryptografischen Algorithmen RSA und
DSA gibt es im Umfeld von Chipkarten eine dritte Spielart der Kryptografie, welche
für digitale Signatur und Schlüsselaustausch benutzt wird – die Elliptischen Kurven
(*elliptic curves – EC*).

Im Jahr 1985 schlugen Victor Miller und Neal Koblitz unabhängig voneinander vor,
elliptische Kurven für die Konstruktion von asymmetrischen Kryptoalgorithmen zu
verwenden. Die Eigenschaften von elliptischen Kurven sind dafür gut geeignet, und im
Laufe der folgenden Jahre wurden aus dem Vorschlag in der Praxis einsetzbare Kryptosysteme, welche meist allgemein ECC (*elliptic curve cryptosystem*) genannt werden.

Elliptische Kurven sind zusammenhängende ebene Kurven mit der Gleichung
$y^2 = x^3 + ax + b$ in einem endlichen Körper. Kein Punkt der Kurve darf ein singulärer
Punkt sein, d.h. es gilt $4a^2 + 27b^2 \neq 0$. Im Bereich der Kryptografie werden die endlichen Körper GF(p), GF(2^n) und GF(p^n) verwendet, mit p als Primzahl und n als positiver Ganzzahl mit $n \geq 1$.

Die zu Kryptosystemen auf der Grundlage von elliptischen Kurven gehörige Mathematik ist verhältnismäßig schwierig, weshalb hier auf das Buch von Alfred Menezes
[Menezes 93] verwiesen wird. Einen guten Überblick über elliptische Kurven und andere asymmetrische Kryptoverfahren gibt auch die sehr ausführliche Norm IEEE 1363
über Public Key Cryptography und die Normenreihe ISO/IEC 15 946 über elliptische
Kurven.

Der große Vorteil von Kryptosystemen auf der Grundlage von elliptischen Kurven
besteht darin daß diese eine weitaus geringere Rechenleistung als beispielsweise RSA
benötigen und daß die Schlüssellängen bei gleicher kryptografischer Stärke wesentlich
kleiner sind. So benötigt man zum Brechen eines ECC mit Schlüssellänge 160 Bit in

etwa die gleiche Rechenleistung wie für den RSA-Algorithmus mit 1 024 Bit. ECCs mit 320 Bit entsprechen innerhalb dieses Vergleichskriteriums dem RSA mit 5 120 Bit. Die kryptografische Stärke und die verhältnismäßig kurze Schlüssellänge sind auch die beiden Gründe, warum ECCs gerade im Umfeld von Chipkarten zu finden sind.

Die heutigen numerischen Recheneinheiten moderner Chipkarten-Mikrocontroller unterstützen im Regelfall ECCs, so daß eine verhältnismäßig hohe Rechengeschwindigkeit zur Verfügung steht. Analog dem RSA-Algorithmus ist die Schlüssellänge eine wichtige Kennzeichnung eines asymmetrischen Kryptoalgorithmus.

Interessanterweise benötigen Kryptoalgorithmen auf der Grundlage elliptischer Kurven so geringe Rechenleistung, daß sie sogar in Mikrocontrollern ohne Coprozessor implementiert werden können. Auf einer 6805 CPU (SC 28) benötigt die Implementation eines ECCs ca. 4 kByte Programmcode (im ROM oder EEPROM) und ca. 90 Byte RAM. Die Erstellung einer 135-Bit-Signatur dauert bei 5 MHz etwa 185 ms. Ein RSA-Signaturalgorithmus benötigt auf einer Chipkarte eine vergleichbare Zeit.

Gegen die Verwendung von elliptischen Kurven im Bereich von asymmetrischen Kryptoalgorithmen spricht, daß sie, obwohl schon seit langer Zeit bekannt, in der Kryptografie eine verhältnismäßig neue Entdeckung sind. Es wird wohl noch einige Zeit vergehen müssen, bis der Einsatz von ECCs in der umsichtigen Welt von Kryptologen und Anwendungs-Designern für Chipkarten alltäglich wird. Elliptische Kurven als Kryptosysteme haben jedoch gegenüber allen anderen asymmetrischen Verfahren den Vorteil, daß sie zur Zeit die größte Sicherheit pro Bit Schlüssellänge bieten.

Tabelle 4.13   Beispiele für Berechnungszeiten von Kryptoalgorithmen, die auf elliptischen Kurven beruhen, in Abhängigkeit von der Schlüssellänge. Die angegebenen Werte können erheblich differieren, da sie stark von der Bitstruktur des Schlüssels abhängen.

Realisierung	Überprüfung einer 135-Bit-Signatur	Erstellung einer 135-Bit-Signatur
Chipkarte mit 3,5 MHz Takt	510 ms	260 ms
Chipkarte mit 4,9 MHz Takt	360 ms	185 ms
PC (Pentium, 120 MHz)	140 ms	110 ms

4.6.3   Padding

Im Chipkartenbereich setzt man den DES weitgehend in den beiden blockorientierten Betriebsarten ECB und CBC ein. Da jedoch nicht alle Daten in der Kommunikation mit einer Chipkarte ein vielfaches der Blocklänge aufweisen, müssen die Blöcke u.U. aufgefüllt werden. Dieses Auffüllen eines Datenblockes auf ein vielfaches der Blocklänge bezeichnet man als Padding.

Für den Empfänger eines solchen verschlüsselten Blockes ergibt sich nach der Entschlüsselung ein Problem. Er weiß nicht, wo die eigentlichen Daten aufhören und die Paddingbytes anfangen. Eine Lösungsmöglichkeit wäre, am Anfang der Nachricht die Länge anzugeben, doch würde dies die Struktur der Nachricht verändern, was in der Regel unerwünscht ist. Dies wäre besonders bei Daten aufwendig, die nicht immer verschlüsselt werden müssen, da man in diesem Falle dann kein Padding benötigt und damit auch keine Längenangabe. In vielen Fällen darf deshalb die Struktur der Nachricht nicht verändert werden.

Man muß also zur Kennzeichnung der Paddingbytes ein anderes Verfahren benutzen. Üblicherweise hat man sich dabei auf den folgenden Algorithmus nach ISO/IEC 9797 geeinigt. Im ersten Paddingbyte nach den Nutzdaten ist das höchstwertige Bit (msb) auf eins gesetzt. Damit hat dieses Byte den hexadezimalen Wert '80'. Falls noch weitere Paddingbytes notwendig sind, so haben diese den Wert '00'. Der Empfänger dieser gepaddeten Nachricht sucht nun vom Ende zum Anfang nach einem gesetzten Bit, oder nach dem Wert '80'. Hat er ihn gefunden, so weiß er, daß dieses Byte und alle nachfolgenden zum Padding-Bereich gehören und nicht Teil der Nachricht sind.

Wichtig ist in diesem Zusammenhang, daß der Empfänger weiß, ob in jedem Fall gepaddet wird oder nur, wenn es notwendig ist. Findet das Padding nur statt, wenn die Länge der zu verschlüsselnden Daten geradzahlig durch die Blocklänge teilbar ist, dann muß dies der Empfänger auch berücksichtigen. Deshalb vereinbart man oft implizit, daß ein Padding immer stattfindet, was natürlich zu dem Nachteil führt, daß im ungünstigsten Fall ein Block mehr verschlüsselt, übertragen und entschlüsselt werden muß, als eigentlich notwendig ist.

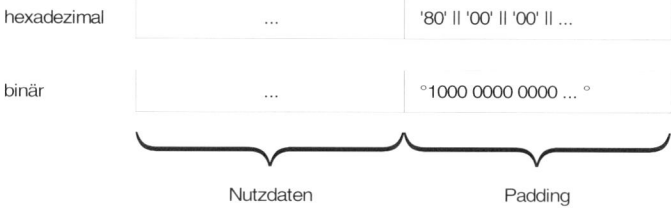

Bild 4.32   Das Padding von Daten nach ISO/IEC 9797.

Der Vollständigkeit halber muß hier erwähnt werden, daß manchmal Padding nur mit dem Wert '00' durchgeführt wird. Der Grund dafür liegt darin, daß bei MAC-Berechnungen in der Regel mit '00' gepaddet wird. Verwendet man nun ein einheitliches Paddingverfahren, dann führt dies zur Ersparnis von Programmcode. Die Anwendung muß dann allerdings die genaue Struktur der Daten kennen, um so zwischen Nutzdaten und Paddingdaten zu unterscheiden.

4.6.4   Message Authentication Code / Cryptographic Checksum

Vielfach wichtiger als die Geheimhaltung ist die Authentizität einer Nachricht. Der Begriff Authentizität sagt aus, daß eine Nachricht unverändert und nicht manipuliert, also authentisch ist. Dazu stellt man der eigentlichen Nachricht einen errechneten MAC (*message authentication code* – Datensicherungscode) nach und sendet beide Teile zum Empfänger. Dieser kann über die Nachricht nun selbst einen MAC berechnen und vergleicht ihn mit dem erhaltenen MAC. Stimmen beide überein, so wurde die Nachricht während der Übertragung nicht verändert.

Bild 4.33   Die übliche Anordnung von Nachricht und Message Authentication Code (MAC).

Um einen MAC zu bilden, verwendet man einen Kryptoalgorithmus mit einem geheimen Schlüssel, der beiden Kommunikationspartnern bekannt sein muß. Im Prinzip
ist ein MAC eine Art von Fehlererkennungscode (*error detection code – EDC*), der
allerdings nur überprüft werden kann, wenn man den geheimen Schlüssel dazu kennt.
Deshalb existiert parallel zur Bezeichnung MAC, neben einigen anderen Begriffen,
auch noch die Bezeichnung kryptografische Prüfsumme (*cryptographic checksum –
CCS*), welche aber technisch gesehen völlig identisch mit einem MAC ist. Generell besteht der Unterschied zwischen den beiden Bezeichnungen darin, daß der Begriff MAC
bei Datenübertragungen verwendet wird und CCS bei allen anderen Einsatzgebieten.
Oft findet man auch noch den Begriff „Signatur" als Ersatzwort für MAC. Es gibt allerdings einen Unterschied zu dem Begriff „digitale Signatur", welcher darin besteht,
daß diese mit einem asymmetrischen Kryptoalgorithmus zu berechnen ist.

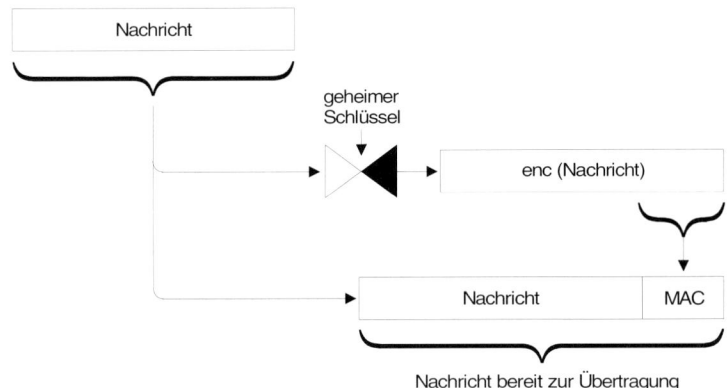

Bild 4.34   Beispiel für den Ablauf bei einer MAC-Berechnung.

Zur Berechnung eines MAC kann prinzipiell jeder Kryptoalgorithmus benutzt werden. In der Praxis benutzt man allerdings fast nur den DES, der auch hier zur Demonstration des Verfahrens dient.

Durch die DES-Verschlüsselung einer Nachricht im CBC-Modus sind alle nachfolgenden Blöcke mit den vorangehenden verknüpft. Damit ist der letzte Block abhängig von allen vorangehenden. Dieser Block oder ein Teil davon stellt den MAC einer Nachricht dar. Die Nachricht selber bleibt aber im Klartext, wird also nicht verschlüsselt übertragen.

Es existieren bei der MAC-Bildung mit dem DES-Algorithmus noch einige wichtige
Rahmenbedingungen. Falls die Länge der Nachricht kein vielfaches von acht Byte ist,
dann muß sie dahingehend erweitert werden. Dies fällt allgemein unter den Begriff
Padding. Allerdings findet hier meistens nur ein Auffüllen mit '00' statt (ANSI X 9.9 –
Message Authentication). Dies ist hier erlaubt, da die Länge und Position des MAC in-

nerhalb der Nachricht vorher vereinbart sein muß. Der MAC selber bildet sich aus den linken (MSB) vier Byte des letzten im CBC-Modus verschlüsselten Blockes. Die Paddingbytes werden allerdings bei einer Nachrichtenübertragung nicht mit übertragen. Damit minimieren sich die zu übertragenden Daten auf die zu schützenden Nutzdaten und den nachgestellten MAC.

4.7   Schlüsselmanagement

Alle Managementprinzipien, wie mit Schlüsseln für kryptografische Algorithmen verfahren werden soll, haben nur den einen Zweck, daß im Falle des Bekanntwerdens eines oder mehrerer dieser geheimen Schlüssel die Auswirkungen auf das System und die Chipkarten-Anwendung so gering wie möglich gehalten werden. Könnte man sicher sein, daß die Schlüssel immer geheim blciben, dann würde pro Chipkarte ein einziger geheimer Schlüssel genügen. Doch diese Sicherheit der Geheimhaltung kann niemand garantieren.

Durch die nachfolgend beschriebenen Prinzipien zur Erhöhung der Sicherheit bei Verwendung von Schlüsseln für kryptografische Algorithmen wächst die Anzahl der Schlüssel stark an. Sind in einer Chipkarte alle hier beschriebenen Verfahren und Prinzipien realisiert, dann beanspruchen die Schlüssel meist mehr als die Hälfte des Speicherplatzes der Nutzdaten.

Doch müssen je nach Einsatzgebiet nicht alle Verfahren und Prinzipien Anwendung finden. Es besteht beispielsweise keine starke Notwendigkeit, mehrere Schlüsselgenerationen zu unterstützen, wenn die Chipkarte nur eine kurze Gültigkeitsdauer hat, da dies den Mehraufwand an Verwaltung und Speicher nicht rechtfertigen würde.

4.7.1   Abgeleitete Schlüssel

Da Chipkarten im Gegensatz zu den Terminals von jedermann mit nach Hause genommen und dort eventuell mit großem Aufwand analysiert werden können, sind sie natürlich den stärksten Angriffen ausgesetzt. Wenn keine Hauptschlüssel (*master key*) in der Karte vorhanden sind, lassen sich die Auswirkungen im Fall eines erfolgreichen Auslesens minimieren. Deshalb befinden sich in der Chipkarte nur die von einem Hauptschlüssel abgeleiteten Schlüssel.

Der abgeleitete Schlüssel (*derived key*) wird mit einem kryptografischen Algorithmus erzeugt. Die Eingangswerte dafür sind ein kartenindividuelles Merkmal und ein Hauptschlüssel. Als Kryptoalgorithmus dient üblicherweise der DES oder der Triple-DES. Das individuelle Merkmal ist der Einfachheit halber die Kartennummer. Diese ist eine bei der Herstellung in die Karte geschriebene Nummer, die im gesamten System einzigartig ist und zur systemweiten Identifikation der Chipkarte benutzt werden kann.

Ein abgeleiteter Schlüssel ist somit ein Unikat und kann beispielsweise mit der folgenden Funktion erzeugt werden:

abgeleiteter Schlüssel = enc *(Hauptschlüssel; Kartennummer)*

Bild 4.35   Eine Variante, wie ein abgeleiteter kartenindividueller symmetrischer Schlüssel mit
Hilfe der Kartennummer und einem Hauptschlüssel erzeugt werden kann.

4.7.2   Schlüsseldiversifizierung

Um im Kompromittierungsfall eines Schlüssels die Auswirkungen soweit wie möglich
zu minimieren, verwendet man oft für jede kryptografische Funktion eigene Schlüssel.
So kann man beispielsweise zwischen Schlüsseln für Signaturen, gesicherte Datenübertragung, Authentisierung und Verschlüsselung unterscheiden. Für jeden Schlüssel
muß es demnach einen eigenen Hauptschlüssel geben, mit dem die individuellen
Schlüssel abgeleitet werden.

4.7.3   Schlüsselversionen

Es reicht im Regelfall nicht aus, die gesamte Lebensdauer einer Chipkarte mit einer
einzigen Schlüsselgeneration zu bestreiten. Man denke sich nur den Fall, daß durch einen Angriff ein Hauptschlüssel berechnet werden konnte. Dann müßten alle Anwendungsanbieter ihre Systeme stillegen und der Kartenherausgeber alle Chipkarten austauschen. Der dabei verursachte Schaden wäre immens. Deshalb besitzen alle modernen Systeme die Möglichkeit, auf neue Schlüsselgenerationen weiterzuschalten.

   Das Umschalten kann im schlimmsten Fall durch die Kompromittierung eines
Schlüssels erzwungen werden oder routinemäßig in einem festen oder variablen Zeit-
raster geschehen. Das Ergebnis ist, daß alle Schlüssel im System durch neue ausgetauscht worden sind, ohne daß eine Rückrufaktion für die Chipkarten notwendig geworden wäre. Da sich die Hauptschlüssel in den Terminals und den Systemkomponenten darüber befinden, bedarf es nur eines gesicherten Datenaustausches, um
diese mit den neuen, noch unbekannten Hauptschlüsseln zu versorgen.

4.7.4   Dynamische Schlüssel

Für viele Anwendungen, gerade im Bereich der Sicherung der Datenübertragung, ist es
Stand der Technik, dynamische Schlüssel zu verwenden. Andere Bezeichnungen dafür
sind temporäre Schlüssel, Sitzungsschlüssel oder Session Keys. Dazu erzeugt zuerst
einer der beiden Kommunikationsteilnehmer eine Zufallszahl oder einen anderen für
diese Sitzung verwendeten Wert und teilt sie dem zweiten Teilnehmer mit. Nun teilt
sich das Verfahren auf, je nachdem ob nur symmetrische oder auch asymmetrische
Kryptoalgorithmen zum Einsatz kommen.

Dynamische Schlüssel bei symmetrischen Kryptoalgorithmen
Die von einem der beiden Teilnehmer erzeugte Zufallszahl wird bei Verfahren, die nur
symmetrische Kryptoalgorithmen benutzen, als Klartext zum Gegenüber gesendet.

Chipkarten und Terminal verschlüsseln diese dann mit einem abgeleiteten Schlüssel.
Das Ergebnis ist ein nur für diese eine Sitzung geltender Schlüssel.

dynamischer Schlüssel = enc *(abgeleiteter Schlüssel; Zufallszahl)*

Der große Vorteil von dynamischen Schlüsseln liegt darin, daß sie sich von Sitzung
zu Sitzung ändern und damit einen Angriff wesentlich erschweren. Vorsicht ist aber
mit diesen Schlüsseln geboten, wenn damit Signaturen erzeugt werden, da zur Überprüfung dieser Signatur natürlich der temporäre Schlüssel benötigt wird. Dieser
Schlüssel läßt sich aber nur mit der gleichen Zufallszahl wie beim Signieren erzeugen.
Daraus folgt, daß bei Verwendung eines temporären Schlüssels immer auch die den
Schlüssel erzeugende Zufallszahl für die Überprüfung bereitgehalten und damit gespeichert werden muß.

abgeleiteter Schlüssel

Zufallszahl ──────▶   ─────▶ dynamischer Schlüssel

Bild 4.36   Eine Variante, wie ein dynamischer symmetrischer Schlüssel mit Hilfe einer Zu-
                   fallszahl und einem abgeleiteten symmetrischen Schlüssel erzeugt werden kann.

Die ANSI Norm X 9.17 sieht für die Erzeugung von dynamischen und abgeleiteten
Schlüsseln ein etwas aufwendigeres Verfahren als vorhergehend beschrieben vor. Es
findet aber im Bereich des Zahlungsverkehrs breite Anwendung. Man benötigt dazu
einen zeit- oder sitzungsabhängigen Wert T_i sowie einen Schlüssel Key_{Gen}, der für die
Generierung der neuen Schlüssel reserviert ist. Anschließend kann man mit dem Start-
schlüssel Key_i beliebige neue Schlüssel berechnen. Dieses Schlüsselerzeugungs-
verfahren hat den zusätzlichen Vorteil, daß es nicht rückrechenbar ist, also eine Einwegfunktion darstellt.

$$Key_{i+1} := \text{enc } (Key_{Gen}; \text{ enc } (Key_{Gen}; (T_i \text{ XOR } Key_i)))$$

Dynamischer Schlüsselaustausch mit Hilfe von asymmetrischen Krypto-algorithmen

Die folgenden zwei Bilder zeigen die Erzeugung und den darauf folgenden Austausch
eines symmetrischen dynamischen Schlüssels zur Verschlüsselung einer Nachricht.
Zum Schlüsselaustausch wird ein asymmetrischer Kryptoalgorithmus, wie RSA oder
DSS, benutzt.

Ein ähnliches Verfahren findet beispielsweise bei PGP Anwendung. Dort werden
RSA und IDEA als Kryptoalgorithmen benutzt. Dieses hybride Verfahren hat grundsätzlich den Vorteil, daß die eigentliche Massendatenverschlüsselung mit einem symmetrischen Kryptoalgorithmus durchgeführt werden kann, welcher einen wesentlich
höheren Durchsatz hat als asymmetrische Kryptoalgorithmen.

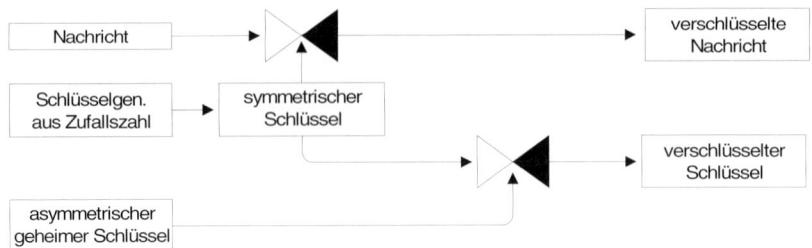

Bild 4.37   Beispiel für den Ablauf des Schlüsselaustausches mit der Kombination von asymmetrischen und symmetrischen kryptografischen Algorithmen. Das Bild zeigt die
Erzeugung eines verschlüsselten dynamischen symmetrischen Schlüssels, der dann
unter Zuhilfenahme eines asymmetrischen Kryptoalgorithmus zwischen zwei Instanzen ausgetauscht wird. Die Erzeugung und der Austausch des Schlüsselpaars für den
asymmetrischen Kryptoalgorithmus wurde separat und vorab durchgeführt und ist
hier nicht aufgezeigt.

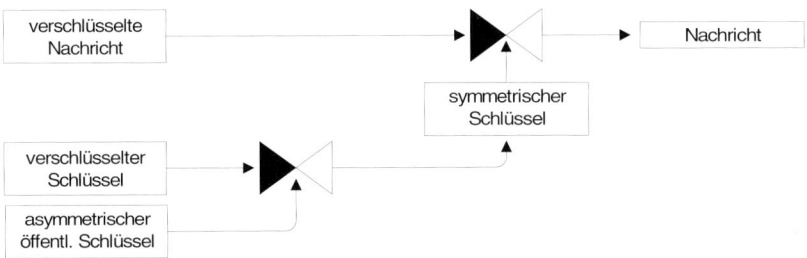

Bild 4.38   Beispiel für den Ablauf des Schlüsselaustausches mit der Kombination von asymmetrischen und symmetrischen kryptografischen Algorithmen. Das Bild zeigt die
Rückgewinnung eines zuvor verschlüsselten dynamischen symmetrischen Schlüssels
unter Zuhilfenahme eines asymmetrischen Kryptoalgorithmus. Die Erzeugung und
der Austausch des Schlüsselpaars für den asymmetrischen Kryptoalgorithmus wurde
separat und vorab durchgeführt und ist hier nicht aufgezeigt.

4.7.5   Schlüsselinformationen

Um nun die Schlüssel innerhalb der Chipkarte von außen adressieren zu können, bedarf es eines möglichst einfachen Mechanismus. Das Betriebssystem der Chipkarte
muß zusätzlich in jedem Fall sicherstellen, daß die Schlüssel nur für den ihnen zuge-
dachten Verwendungszweck benutzt werden können. Es verhindert also, daß z.B. ein
Authentisierungsschlüssel für die Verschlüsselung von Daten benutzt werden kann.
Zusätzlich zu dem Verwendungszweck benötigt man zur Adressierung des Schlüssels
noch die Schlüsselnummer. Diese Nummer ist die eigentliche Referenz auf den Schlüssel. Weiterhin ist auch noch die Versionsnummer notwendig, um so den konkreten
Schlüssel adressieren zu können.

Tabelle 4.14   Typische Informationen über einen Schlüssel, die in einer Chipkarte gespeichert werden.

Datenelement	Kommentar
Schlüsselnummer	Dies ist innerhalb der Schlüsseldatei eine eindeutige Nummer zur Referenzierung des Schlüssels.
Versionsnummer	Dies ist eine Versionsnummer des Schlüssels, welche beispielsweise Einfluß auf die Schlüsselableitung haben kann.
Verwendungszweck	Dieses Datenelement gibt an, für welche kryptografischen Algorithmen und Verfahren der Schlüssel benutzt werden darf.
Sperrvermerk	Damit kann der Schlüssel temporär oder irreversibel zur Benutzung gesperrt werden.
Fehlbedienungszähler	Dies ist ein Zähler, welcher nicht erfolgreiche Benutzungen des Schlüssels im Rahmen kryptografischer Verfahren protokolliert.
Maximalwert des Fehlbedienungszählers	Ist der Maximalwert des Fehlbedienungszählers erreicht, so ist die Verwendung des Schlüssels gesperrt.
Länge des Schlüssels	Die Länge des Schlüssels.
Schlüssel	Der Schlüssel selber.

Einige Betriebssysteme für Chipkarten sehen vor, daß bei einer fehlgeschlagenen Aktion mit einem Schlüssel, z.B. bei der Authentisierung, ein Fehlbedienungszähler am Schlüssel erhöht wird. Damit kann man das Ausspähen eines Schlüssels durch Probieren recht zuverlässig verhindern, obwohl dies aufgrund der langen Rechenzeiten in der Chipkarte kein ernstzunehmender Angriff ist. Erreicht der Fehlbedienungszähler den Maximalwert, so ist der Schlüssel gesperrt und kann nicht mehr verwendet werden. Der Fehlbedienungszähler wird auf null zurückgesetzt, wenn die Aktion erfolgreich verlaufen ist. Allerdings muß solch ein Mechanismus sehr behutsam eingesetzt werden, da es sehr leicht aufgrund eines falschen Hauptschlüssels in einem Terminal zu Massenausfällen an Chipkarten kommen kann. Das Rücksetzen des Fehlbedienungszählers wird im Regelfall nur an einem speziellen Terminal unter Überprüfung der Identität des Kartenbesitzers vorgenommen.

Manche Systeme verbieten die Weiterverwendung der alten Schlüsselversionen. Dazu stattet man den Schlüssel mit einem Sperrvermerk aus, der aktiviert wird, sobald ein neuer Schlüssel mit gleicher Schlüsselnummer angesprochen wird.

4.7.6   Beispiel für Schlüsselmanagement

Im folgenden ist beispielhaft ein mögliches Schlüsselmanagement für ein auf Chipkarten aufbauendes System dargestellt. Der Zweck ist, überblickshaft die vorangehend vorgestellten Prinzipien an einem Gesamtbeispiel noch mal zu verdeutlichen. Große reale Systeme sind im Vergleich oft noch weit komplexer und mehrstufiger aufgebaut. Bei kleineren Systemen gibt es oft überhaupt keine Schlüsselhierarchien, da ein globaler geheimer Schlüssel für alle Karten benutzt wird. Das vorgestellte System stellt ein Mittelmaß zwischen sehr einfach aufgebauten Systemen und großen Systemen dar und ist aus diesem Grund auch sehr anschaulich.

Im vorgestellten Beispiel könnten die Schlüssel zum Laden und Bezahlen mit einer elektronische Geldbörse verwendet werden und symmetrische Kryptografie benutzen. Es sind in jedem Fall Schlüssel, die im System wichtig sind, da sie durch die beschriebene Schlüsselhierarchie relativ gut geschützt sind. Die einzelnen Ableitungsfunktionen sind hier nicht genauer erläutert, man könnte aber in allen Fällen den DES oder den Triple-DES verwenden. Es wird auch nicht genauer auf die Länge der Schlüssel eingegangen, doch kann sie durchaus variieren. Die am weitesten in der Hierarchie oben stehenden Schlüssel werden normalerweise aus sicherheitstechnischen Gründen mit kryptografisch stärkeren Funktionen abgeleitet als die weiter unten stehenden.

Der Schlüssel, der in der Hierarchie am höchsten steht, ist der generelle Hauptschlüssel. Er existiert nur einmal für eine Generation von Schlüsseln. Eine Generation könnte beispielsweise für ein Jahr gelten, im darauffolgenden Jahr würde auf eine neue Generation, d.h. auf einen neuen generellen Hauptschlüssel umgeschaltet. Dieser Schlüssel hat die höchste Sensitivität in bezug auf Sicherheit. Würde er bekannt, dann sind alle Schlüssel für diese Generation berechenbar, und das System ist für eine Schlüsselgeneration gebrochen. Der Hauptschlüssel kann durch eine Zufallszahl erzeugt werden. Vorstellbar ist auch, den Hauptschlüssel aus den Würfelergebnissen von mehreren unabhängigen Personen aufzubauen, die damit jeweils nur einen Teil des Schlüssels kennen. Er sollte nie einer einzelnen Person bekannt sein, und die Erzeugung darf unter keinen Fällen nachvollziehbar sein.

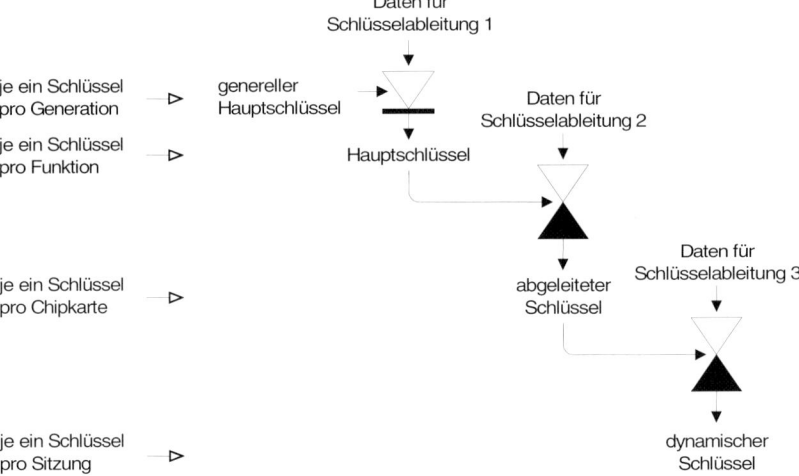

Bild 4.39   Beispiel für eine Schlüsselhierarchie in einem auf Chipkarten aufbauenden System mit symmetrischen Kryptoalgorithmen.

Mit diesem generellen Hauptschlüssel werden nun auf Funktionen aufgetrennt die eigentlichen Hauptschlüssel abgeleitet. Die Funktion eines Schlüssels kann das Laden oder das Bezahlen mit einer elektronischen Geldbörse sein. Dabei wird hier im Beispiel zur Ableitung der nach Funktionen aufgetrennten Hauptschlüssel eine Einwegfunktion (z.B. modifizierter DES) benutzt. Diese wird deshalb verwendet, um eine Rückrechnung von einem Hauptschlüssel zum generellen Hauptschlüssel zu unterbinden. Würde trotz aller Vorsichtsmaßnahmen ein Hauptschlüssel bekannt, und würde keine Einwegfunktion zur Ableitung verwendet, dann wäre es unter Kenntnis der Ableitungsdaten möglich, den generellen Hauptschlüssel zu berechnen. Der Grund für die Einwegfunktion an dieser Stelle ist die Annahme, daß in dem fiktiven Börsensystem die Hauptschlüssel in den Sicherheitsmodulen der Terminals vor Ort sind. Damit sind sie vom Standpunkt der Systemsicherheit wesentlich gefährdeter als die generellen Hauptschlüssel, die das Hintergrundsystem nie verlassen.

Die nächste Stufe in der Schlüsselhierarchie sind die abgeleiteten Schlüssel. Dies sind die in den Chipkarten befindlichen Schlüssel. In jeder Karte befindet sich ein nach Generation und Funktion getrennter Satz von abgeleiteten Schlüsseln. Wird nun so eine Karte an einem Terminal benutzt, dann kann dieses anhand der Daten für die Schlüsselableitung den jeweiligen abgeleiteten Schlüssel berechnen. Die Daten zur Ableitung werden selbstverständlich vorab auf der Karte vom Terminal ausgelesen. Mit dem abgeleiteten Schlüssel kann nun in einem weiteren Schritt der dynamische Schlüssel berechnet werden, der sitzungsindividuell ist. Er ist also nur über die Zeitdauer einer Sitzung gültig. Dies sind bei typischen Chipkarten-Anwendungen minimal einige hundert Millisekunden und maximal einige Sekunden. Nach der Sitzung wird der Schlüssel nicht mehr verwendet.

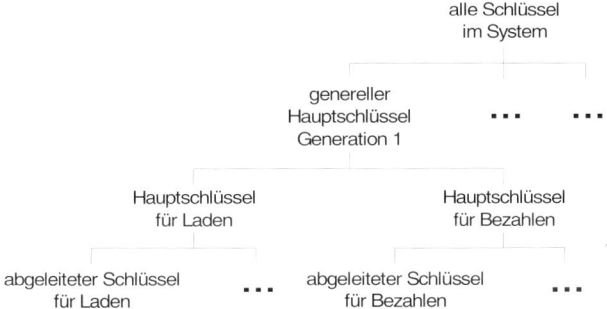

Bild 4.40   Beispiel für Schlüssel in einem System einer elektronischen Geldbörse mit den Funktionen Laden und Bezahlen. Es sind nur gespeicherte Schlüssel aufgeführt, d.h., die dynamisch erzeugten Schlüssel für die einzelnen Sitzungen wurden aus Vereinfachungsgründen weggelassen.

Das vorgestellte System mag auf den ersten Blick aufwendig und kompliziert erscheinen, doch ist dies im Vergleich zu realen Systemen nicht der Fall. Der Zweck eines solchen Systems ist, einen genauen Weg vorzugeben, wie alle Schlüssel in einem System zu erzeugen sind. Auch zeigt es implizit auf, welche Maßnahmen ergriffen werden müssen, falls einmal ein Schlüssel bekannt werden sollte. Ist es der generelle Hauptschlüssel, dann muß auf eine neue Generation umgeschaltet werden, damit das System wieder ohne Sicherheitsbedenken betrieben werden kann. Wird dagegen ein Hauptschlüssel bekannt, dann ist nur der darunterliegende Zweig zu sperren oder auf eine neue Generation umzuschalten. Ist es ein abgeleiteter Schlüssel, der nicht mehr geheim ist, so erfordert es als einzige Maßnahme die Sperrung der jeweiligen Karte. Weitere Eingriffe in das Schlüsselmanagement wären dann wohl übertrieben. Alle diese Maßnahmen setzen natürlich voraus, daß der Grund für das Bekanntwerden der oder des Schlüssels ermittelt werden konnte und es in der Zukunft verhindert wird.

Aufgrund dieser Schlüsselhierarchie müssen natürlich sehr viele Schlüssel erzeugt und in den Chipkarten gespeichert werden. Es besteht natürlich immer die Möglichkeit, verschiedene Funktionen auf einen Schlüssel zusammenzulegen, um so Speicherplatz zu sparen. Auch ist durchaus ein anderer Aufbau der Schlüsselhierarchie denkbar. Dies hängt naturgemäß sehr stark vom System ab, für das das Schlüsselmanagement entwickelt wurde.

4.8   Hash-Funktionen

Selbst leistungsfähige Computer benötigen zur Berechnung einer digitalen Signatur sehr viel Zeit. Bei größeren Dokumenten wären mehrere Signaturen erforderlich, da die Länge eines zu signierenden Dokuments nicht beliebig sein kann. Deshalb behilft man sich mit einem Trick. Man komprimiert zuerst das Dokument auf eine viel geringere Länge, die fest ist, und berechnet dann die digitale Signatur über die komprimierten Daten. Es ist dabei nicht entscheidend, ob die Komprimierung wieder rückgängig gemacht werden kann, da sie mit dem Originaldokument jederzeit wieder nachvollziehbar ist. Funktionen für diese Berechnung nennt man Einweg-Hash-Funktionen.

Allgemein ausgedrückt, ist also eine Einweg-Hash-Funktion eine Funktion, die aus einem Dokument mit variabler Länge einen Wert mit fester Länge berechnet, der den Inhalt des Dokuments in komprimierter und nicht rückrechenbarer Form wiedergibt. Benutzt werden diese Funktionen im Chipkartenbereich ausschließlich zur Berechnung von Eingangswerten für digitale Signaturen. Entspricht das Dokument in seiner Länge nicht dem Vielfachen der von der Hash-Funktion verwendeten Blocklänge, so muß es entsprechend gepadded werden.

Damit eine Hash-Funktion gut ist, muß sie mehrere Eigenschaften aufweisen. Das Ergebnis sollte eine feste Länge haben, damit es optimal von den Signaturalgorithmen weiterverwendet werden kann. Da normalerweise große Datenmengen verarbeitet werden müssen, muß die Hash-Funktion auch einen großen Durchsatz haben. Es muß also einfach sein, den Hashwert zu berechnen. Andererseits muß es schwierig, besser unmöglich sein, aus einem vorhandenen Hashwert das ursprüngliche Dokument zu berechnen. Schließlich muß die Hash-Funktion kollisionsresistent sein. Dies bedeutet, daß es nicht einfach sein darf, für ein vorgegebenes Dokument ein zweites verändertes Dokument zu finden, das den gleichen Hashwert hat.

Allerdings steht es natürlich zweifelsfrei fest, daß es noch weitere Dokumente geben muß, für die der gleiche Hashwert existiert. Schließlich werden alle möglichen Nachrichten mit jeder Länge zwischen null und unendlich auf einen Hashwert mit fester Länge abgebildet. Dies hat zwangsläufig zur Folge, daß Kollisionen auftreten. Deshalb wird auch der Begriff kollisionsresistent und nicht kollisionsfrei verwendet.

Wie würde sich nun eine Kollision auswirken? Es gäbe dann also zwei verschiedene Dokumente mit dem gleichen Hashwert und damit mit der gleichen digitalen Signatur. Die Auswirkungen wären fatal, denn dadurch ist die Signatur wertlos, da man am signierten Dokument Änderungen vornehmen könnte, ohne daß diese erkannt würden.

Genau dies ist der Fall bei einem der beiden typischen Angriffe, die man bei Hash-Funktionen führen kann. Man sucht systematisch ein zweites Dokument, das den selben Hashwert besitzt wie das ursprüngliche. Wenn das Dokument auch inhaltlich einen Sinn ergibt, dann hat man die auf den Hashwert erfolgte digitale Signatur diskreditiert. Da aber in diesem Fall beide Dokumente austauschbar sind, ist damit die Signatur wertlos. Es macht schließlich einen gewaltigen Unterschied, ob ein Kaufvertrag über ein Haus eine Höhe von 10 000 DM oder 500 000 DM hat.

Der zweite Angriff auf einen Hashwert ist etwas hintergründiger. Man erstellt im vornherein zwei Dokumente, die den gleichen Hashwert besitzen, aber inhaltlich unterschiedlich sind. Dies ist nicht weiter schwierig, wenn man an die zur Verfügung stehenden Sonderzeichen und Erweiterungen des Zeichensatzes denkt. Die Folge ist, daß nun eine digitale Signatur für beide Dokumente gültig ist und man nicht mehr beweisen kann, welches Dokument ursprünglich unterschrieben wurde.

Das Finden zweier Dokumente, die zum gleichen Hashwert führen, ist nicht so schwierig, wie man im ersten Ansatz denkt. Man macht sich dabei das aus der Statistik bekannte Geburtstags-Paradoxon zunutze. Dieses dreht sich um die Frage, wie viele Menschen in einem Raum sein müssen, damit die Wahrscheinlichkeit größer als 50 % ist, daß einer der Anwesenden am gleichen Tag Geburtstag hat wie der Fragesteller. Die Antwort ist einfach: Man muß nur den Geburtstag des Fragestellers mit den Geburtstagen aller im Raum befindlichen Personen vergleichen. Es müssen mindestens 183 (= 365 / 2) Personen sein.

Die nächste Frage offenbart das Paradoxe oder besser das Überraschende bei diesen Geburtstagsvergleichen. Wie viele Menschen müssen in einem Raum sein, damit die Wahrscheinlichkeit, daß zwei Personen am gleichen Tag Geburtstag haben, größer als 50 % ist. Die überraschende Lösung ist, daß es nur 23 Personen sein müssen. Der Grund dafür ist, daß zwar nur 23 Personen im Raum sind, aus denen sich aber insgesamt 253 Paare zum Geburtstagsvergleich bilden lassen. Die Wahrscheinlichkeit, daß zwei Personen am gleichen Tag geboren sind, berechnet sich dann auf der Grundlage dieser Paarbildung.

Genau dieses Paradoxon macht man sich beim Angriff auf eine Hash-Funktion zunutze. Es ist sehr viel leichter, zwei Dokumente zu erstellen, die einen gemeinsamen Hashwert bilden, als ein Dokument so lange abzuändern, bis es einem vorgegebenen Hashwert entspricht. Die Auswirkung dieses Angriffes ist, daß die Ergebnisse von Hash-Funktionen genügend groß sein müssen, um die beiden beschriebenen Angriffe erfolgreich zu verhindern. So erzeugen die meisten Hash-Funktionen einen Ausgangswert von mindestens 128 Bit Länge, welcher momentan auch im allgemeinen als ausreichend gegen obige Form von Angriffen gesehen wird.

Es wurden mittlerweile viele Hash-Funktionen publiziert, und einige sind auch in Normen festgelegt. Allerdings kommt es immer wieder zu Änderungen in bestehenden Hash-Funktionen, wenn erfolgreiche Angriffe bekannt wurden. Im folgenden ein kurzer Überblick, der die derzeitig üblichen Hash-Funktionen aufzeigt. Auf die interne Funktionsweise kann hier leider aus Platzgründen nicht eingegangen werden.

In der ISO/IEC 10 118-2 ist eine Hash-Funktion genormt, die auf einem n-Bit-Blockverschlüsselungsalgorithmus (z.B. DES) aufbaut. Die Größe des Hashwertes kann mit dem beschriebenen Algorithmus n Bit oder 2 · n Bit lang sein. Die Hash-Funktion MD4 (*message digest 4*) und die Weiterentwicklung MD5 wurde von Ronald L. Rivest in den Jahren 1990/1991 veröffentlicht. Sie basieren auf einem eigenständigen Algorithmus und produzieren beide einen 128 Bit langen Hashwert. Das NIST veröffentlichte Anfang 1992 den SHA als eine Hash-Funktion für den DSS. Nach Bekanntwerden einiger Schwächen wurde er überarbeitet, und das Ergebnis ist seit Mitte 1995 als SHA-1 bekannt und als FIPS 180-1 auch genormt.

Tabelle 4.15   Überblick und Zusammenfassung von Hash-Funktionen.

Name	Größe der Eingangsblöcke	Größe des Hashwerts
ISO/IEC 10 118-2	n Bit	n / 2·n Bit
	(z.B. 64, 128 Bit)	(z.B. 64, 128 Bit)
MD4	512 Bit	128 Bit
MD5	512 Bit	128 Bit
MDC-4	64 Bit	128 Bit
RIPEMD-128	512 Bit	128 Bit
RIPEMD-160	512 Bit	160 Bit
SHA-1	512 Bit	160 Bit

Da die Datenübertragung zur Chipkarte in den meisten Fällen langsam ist, wird die Hash-Funktion im Terminal oder in einem daran angeschlossenen Computer ausgeführt. Dieser Nachteil wird durch die so möglich gewordene Austauschbarkeit der Hash-Funktion wettgemacht. Außerdem wäre es in den meisten Fällen aus Speicherplatzgründen nicht möglich, eine Hash-Funktion in einer Chipkarte unterzubringen, da sich der Programmaufwand fast in jedem Fall im Bereich von 4 kByte Assemblercode bewegt. Der Durchsatz von typischen Hash-Funktionen ist entsprechend der Anforderung sehr hoch und liegt meist mindestens auf einem 80 386 Computer mit 33 MHz im Bereich von 300 kByte/s, auf einem Pentium PC mit 200 MHz in der Größenordnung von 4 bis 8 MByte/s.

4.9   Zufallszahlen

In Verbindung mit kryptografischen Verfahren ist es immer wieder notwendig, Zufallszahlen zu benutzen. Typische Einsatzgebiete im Chipkartenbereich sind dabei die Sicherstellung der Einzigartigkeit einer Sitzung bei Authentisierung, als Füller (*padding*) bei Verschlüsselungen oder als Startwert bei Sendefolgezählern. Die Länge der dafür benötigten Zufallszahlen bewegt sich meist zwischen 2 Byte und 8 Byte. Die maximale Länge von acht kommt natürlich von der Blockgröße des DES-Algorithmus.

Die Sicherheit aller dieser Verfahren setzt Zufallszahlen voraus, die nicht vorhersehbar oder von außen beeinflußbar sind. Ideal wäre ein auf Hardware aufbauender Zufallszahlengenerator im Mikrocontroller der Chipkarte. Dieser müßte aber vollständig unabhängig von äußeren Einflüssen, wie Temperatur, Versorgungsspannung, Strahlung o.ä. sein, da man ihn sonst manipulieren könnte. Damit wäre es möglich, einige der Verfahren, deren Sicherheit auf der Zufälligkeit der Zufallszahlen aufbaut, zu kompromittieren. Die zur Zeit existierenden Zufallszahlengeneratoren auf Chipkarten-Mikrocontrollern basieren in der Regel auf spannungsgesteuerten Oszillatoren und daran angehängten linear rückgekoppelten Schieberegistern (*linear feedback shift register – LFSR*).

Da es beim derzeitigen Stand der Technik fast unmöglich ist, einen guten und von äußeren Einflüssen unabhängigen Zufallszahlengenerator auf dem Silizium des Mikrocontrollers aufzubauen, behelfen sich die Betriebssystemdesigner mit Implementationen in Software. Das Ergebnis sind Pseudozufallszahlengeneratoren, die meist auch sehr gute (d.h. zufällige) Zufallszahlen generieren. Diese sind aber keine echten Zufallszahlen, da sie mit Hilfe eines streng deterministischen Algorithmus berechnet werden und damit bei Kenntnis des Algorithmus und seiner Eingangswerte auch vorhersagbar sind. Daher bezeichnet man sie als Pseudozufallszahlen.

Von großer Bedeutung ist auch, daß alle Chipkarten einer Produktionsserie unterschiedliche Folgen von Zufallszahlen generieren, so daß nicht von der Zufallszahl einer Chipkarte auf die Zufallszahl einer anderen Chipkarte der gleichen Serie geschlossen werden kann. Dies wird dadurch realisiert, daß bei der Komplettierung des Chipkarten-Betriebssystems eine Zufallszahl als Startwert (*seed number*) des Zufallszahlengenerators in die Karte eingetragen wird.

4.9.1   Erzeugung von Zufallszahlen

Es gibt vielerlei Varianten, Zufallszahlen per Software zu erzeugen. Da jedoch in Chipkarten der verfügbare Speicherplatz stark beschränkt ist und die Rechenzeit zur Erzeugung einer Zufallszahl möglichst kurz sein soll, engt dies die Anzahl der Möglichkeiten ein. In der Praxis finden im wesentlichen nur Verfahren Anwendung, die die ohnehin vorhandenen Funktionen des Betriebssystems nutzen und damit auch nur wenig zusätzlichen Programmcode beanspruchen.

Selbstverständlich darf die Unterbrechung einer Sitzung durch Reset oder Herausziehen der Karte aus dem Terminal die Güte der Zufallszahlen nicht beeinträchtigen. Auch muß der Generator so aufgebaut sein, daß nicht in jeder Sitzung die gleiche Folge von Zufallszahlen erzeugt wird. Dies klingt zwar trivial, erfordert aber zumindest einen Schreibzugriff auf das EEPROM, um so einen neuen Startwert für den Zufallszahlengenerator für die nächste Sitzung abzuspeichern. Das RAM ist dafür ja nicht geeignet, da es seinen Inhalt nur unter Spannung behalten kann. Ein Angriff wäre nun, so lange Zufallszahlen zu erzeugen, bis der EEPROM-Speicher für den Startwert kaputtgeht. Denn dann müßte theoretisch in jeder Sitzung die gleiche Reihenfolge von Zufallszahlen auftreten, und damit sind sie vorhersagbar. Somit könnte der Angreifer einen Vorteil erringen. Wenn man den betreffenden EEPROM-Speicher als Ringpuffer aufbaut und bei einem Schreibfehler alle weiteren Aktionen sperrt, läßt sich dieser Angriff sehr leicht abwehren.

Ein weiteres sehr wichtiges Kriterium eines in Software implementierten Zufallszahlengenerators ist, daß dieser in keinem Fall in eine Endlosschleife läuft. Das Ergebnis wäre eine stark verkürzte Periodendauer der Wiederholung der Zufallszahlen. Dann wäre es ein leichtes, sichere Vorhersagen zu treffen, und das System wäre gebrochen.

In fast allen Chipkarten-Betriebssystemen ist zur Authentisierung ein Verschlüsselungsalgorithmus vorhanden. Damit liegt die Idee nahe, auf diesem einen Zufallszahlengenerator aufzubauen. Dazu muß man wissen, daß ein guter Verschlüsselungsalgorithmus den Klartext möglichst gut durchmischt, so daß man vom Schlüsseltext nicht mehr ohne Kenntnis des Schlüssels auf den Klartext rückrechnen kann. Das auch als Avalanche-Kriterium bekannte Prinzip sagt aus, daß die Änderung eines Eingangsbits im Mittel die Hälfte aller Ausgangsbits ändern soll. Diese Eigenschaft läßt sich auch sehr gut für einen Zufallszahlengenerator nutzen. Wie der Generator genau aufgebaut ist, kann von Implementation zu Implementation verschieden sein.

Eine Möglichkeit dafür demonstriert Bild 4.41. Dieser Generator benutzt den DES-Algorithmus mit einer Blocklänge von 8 Byte, dessen Ausgangswert auf den Eingang rückgekoppelt ist. Es könnte natürlich auch jeder andere Verschlüsselungsalgorithmus dafür verwendet werden.

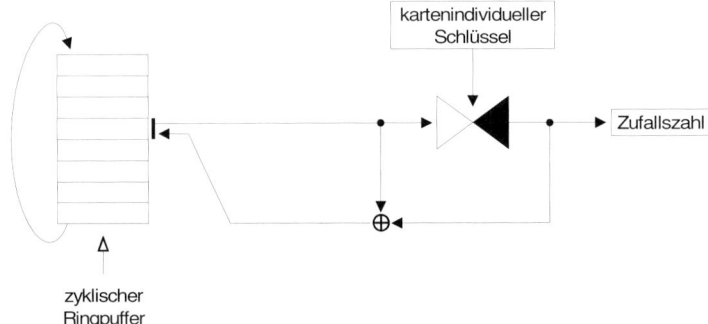

Bild 4.41   Beispiel für den Aufbau eines DES-Pseudozufallszahlengenerators für Chipkarten-Betriebssysteme. Der Generator ist primär auf geringe Schreibbelastung des EE-PROMs ausgelegt.

Folgende Funktionsweise liegt dem Generator zugrunde: Der Wert eines Ringpufferelements wird mit dem DES und einem kartenindividuellen Schlüssel verschlüsselt. Der so erzeugte Schlüsseltext ist die 8 Byte lange Zufallszahl. Diese Zufallszahl, mit dem vorherigen Klartext mit XOR verknüpft, ergibt den neuen Eintrag im Ringpuffer des EEPROM. Anschließend wird auf den nächsten Eintrag im zyklisch aufgebauten Ringpuffer weitergeschaltet. Mathematisch gesehen, lassen sich die Abhängigkeiten wie folgt darstellen:

$$RND_n := f\,(Schlüssel, RND_{(n-1)}\,)$$

Bei der Komplettierung wird in jede Chipkarte der kartenindividuelle Schlüssel für den DES eingetragen und gleichzeitig der beispielsweise $12 \cdot 8$ Byte große Ringpuffer mit Zufallszahlen als Startwerte vorbelegt. Damit ist garantiert, daß jede Chipkarte eine eigene Reihenfolge von Zufallszahlen liefert. Der Ringpuffer verlängert die Lebensdauer des Generators um den Faktor 12. Nimmt man die garantierte Anzahl der

Schreibzyklen eines EEPROM mit 10 000 an, so können mit diesem Generator mindestens 120 000 Zufallszahlen mit einer Länge von 8 Byte erzeugt werden.

Das Löschen und Schreiben von 8 Byte in das EEPROM dauert ca. $2 \cdot 2 \cdot 3{,}5$ ms und die Ausführung des DES bei 3,5 MHz etwa 17 ms. Die restliche Bearbeitungszeit kann vernachlässigt werden. Somit benötigt die Chipkarte für die gesamte Erzeugung einer Zufallszahl etwa 31 ms.

Ein anderes Beispiel eines Pseudozufallszahlengenerators zeigt Bild 4.42. Dieser wird nach jedem Reset der Chipkarte initialisiert, und dabei findet auch der einzige EEPROM-Schreibzugriff statt. Bei der darauf folgenden Erzeugung von Zufallszahlen wird nur noch auf das RAM zugegriffen, was den Generator relativ schnell macht. Der Nachteil dabei ist allerdings, daß man während der gesamten Sitzung einige Byte Speicher im RAM benötigt. Die statistische Qualität dieses Pseudozufallszahlengenerators ist nicht sehr gut, doch reicht sie für die übliche Verwendung bei Authentisierungsverfahren aus. Dort kommt es vor allem darauf an, daß keine Zufallszahlen mit kurzer Wiederholperiode erzeugt werden, da sich sonst die Authentisierung durch Wiedereinspielung von Nachrichten einer früheren Sitzung brechen ließe.

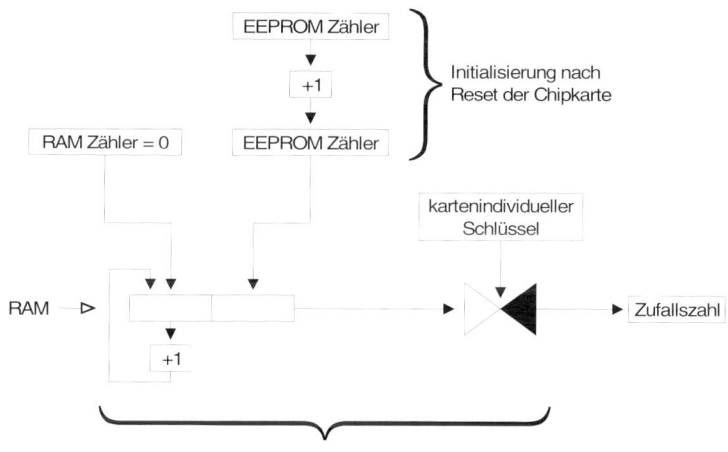

Generierung von Zufallszahlen

Bild 4.42   Beispiel für den Aufbau eines DES-Pseudozufallszahlengenerators für Chipkarten-Betriebssysteme. Dieser Generator ist schneller als der vorhergehende, da nur ein einziger EEPROM-Schreibvorgang pro Sitzung notwendig ist. Die Qualität der so erzeugten Zufallszahlen ist für die bei Chipkarten übliche Verwendung (Authentisierung durch das Challenge-Response-Verfahren) ausreichend.

Die FIPS 140-1 empfiehlt für Sicherheitsmodule, daß diese nach jedem Reset den eingebauten Zufallszahlengenerator mit statistischen Tests prüfen. Nur wenn diese erfolgreich durchlaufen worden sind, wird der Zufallszahlengenerator für die weitere Benutzung freigegeben. Die heute üblichen Chipkarten-Betriebssysteme besitzen keine solche Funktionalität, da man davon ausgehen kann, daß sich die Statistik der erzeugten Zufallszahlen aufgrund der deterministisch funktionierenden Pseudozufallszahlengeneratoren nicht wesentlich ändert.

Es gibt eine schier unüberschaubare Zahl von Vorschlägen, Normen und Implementationen von Pseudozufallszahlengeneratoren. Bekannte Beispiele dafür sind der Generator der X 9.17 Norm, der FIPS 186, die Vorschläge aus dem Internet Standard RFC 1750, die Aufstellungen bei Bruce Schneier [Schneier 96] und Peter Gutmann [Gutmann 98 a]. Der Leitgedanke bei einem Zufallszahlengenerator sollte immer sein, daß dieser so einfach und nachvollziehbar wie möglich ist. Nur dann lassen sich seine Eigenschaften beurteilen und infolgedessen auch die Qualität des Generators feststellen.

4.9.2   Prüfung von Zufallszahlen

Die von einem Zufallszahlengenerator erzeugten Zahlen müssen grundsätzlich nach der Implementierung auf ihre Güte hin geprüft werden. Grundsätzlich sollte eine annähernde Gleichverteilung von Nullen und Einsen in den erzeugten Zufallszahlen herrschen. Es ist aber nicht damit getan, sich einige ausdrucken zu lassen und diese vergleichend zu prüfen. Der Test der Zufallszahlen kann mit den üblichen mathematischen Verfahren der Statistik durchgeführt werden. Daß dazu eine große Anzahl der 8 Byte langen Zufallszahlen notwendig ist, versteht sich von selbst. Um einigermaßen zuverlässige Aussagen machen zu können, sollten zwischen 10 000 und 100 000 Zufallszahlen erzeugt und ausgewertet werden. Die einzige Möglichkeit, diese Zahlen zu prüfen, besteht somit unter Zuhilfenahme von computerunterstützten Prüfprogrammen.

Im Zusammenhang mit der Güte von Zufallszahlen ist eine Aussage über die Verteilung der erhaltenen Werte notwendig. Ist diese sehr ungleichmäßig und werden dadurch einige Werte stark bevorzugt, dann können genau diese Bereiche für eine Vorhersage genutzt werden. Es sollte also der Satz von Bernoulli so gut wie möglich erfüllt sein. Dieser besagt, daß das Auftreten einer Zahl unabhängig von ihrer Vorgeschichte nur von der Wahrscheinlichkeit des Auftretens der Zahl selber abhängen soll. So ist beispielsweise die Wahrscheinlichkeit einer 4 bei einem Sechsseitenwürfel immer 1/6, unabhängig davon, welche Zahl vorher gewürfelt wurde. Dies bezeichnet man auch als die Unabhängigkeit von Ereignissen.

Ebenfalls von großer Bedeutung ist die Periode der Zufallszahlen, d.h., nach wie vielen erzeugten Zufallszahlen sich die Reihenfolge wiederholt. Diese muß natürlich so groß wie möglich sein, auf jeden Fall aber größer als die Lebensdauer des Zufallszahlengenerators. Damit ist auf recht einfache und zuverlässige Weise ein Angriff durch Aufzeichnen aller Zufallszahlen einer Periode ausgeschlossen.

In der Statistik gibt es eine beinahe unbegrenzte Anzahl von Tests, um die Zufälligkeit von Ereignissen zu untersuchen, doch kann man sich in der Praxis auf einige einfache und in der Aussage leicht zu interpretierende Tests beschränken. Es existieren im übrigen eine Vielzahl von Veröffentlichungen zum Thema Test von Zufallszahlen [Knuth 97, Menezes 97] und auch entsprechende Normen [FIPS 140-1] und Standards [RFC 1750].

Ein sehr leicht zu erstellender und einfach zu interpretierender Test ist das Aufsummieren der Anzahl der vorkommenden Einzelbytewerte in einer größeren Anzahl von Zufallszahlen. Grafisch dargestellt, ergibt dies einen Überblick über die Verteilung der

Zahlen. An der Abszisse trägt man die möglichen vorkommenden Werte auf und an der
Ordinate die dazugehörige Häufigkeit des Vorkommens.

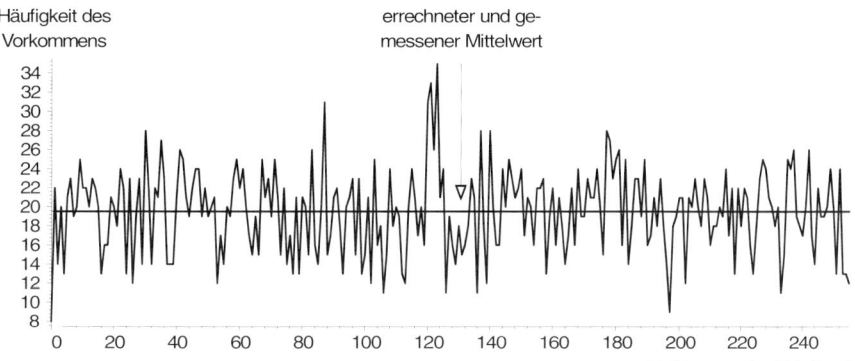

Bild 4.43   Statistische Verteilung einer Folge von 5 000 Zufallszahlen mit einer Länge von einem Byte. Die Zahlen wurden mit einem typischen Pseudozufallszahlengenerator
einer Chipkarte erzeugt. Rechnerisch müßte jede der 256 möglichen (0 ... 255) Zufallszahlen 19,5mal vorkommen.

Sollen 8 Byte lange Zufallszahlen mit Hilfe dieses Diagramms untersucht werden,
dann können an der Abszisse trotzdem nur ein Byte oder maximal zwei Byte lange
Werte aufgetragen werden, da sonst die Anzahl der für eine statistische Analyse notwendigen Zufallszahlen extrem groß wäre. Ein guter Richtwert ist, daß jede Zufallszahl ungefähr fünf- bis zehnmal pro Wert vorkommt, um eine einigermaßen gesicherte
Aussage zu erhalten. Damit kann man einen schnellen Überblick gewinnen, ob die erzeugten Zufallszahlen die gesamte mögliche Bandbreite eines Bytes ausnutzen. Ist dies
nicht der Fall und werden einige Werte sehr stark bevorzugt, dann ist dies für einen
Angreifer zumindest ein erster Ansatzpunkt.

Leider sagt dieser Test nichts über die Reihenfolge der Vorkommnisse der Zufallszahlen aus, sondern nur etwas über die Verteilung. So wäre es denkbar, daß der Zufallszahlengenerator nur zyklisch von 0 bis 255 zählt. Damit wäre eine hervorragende
Gleichverteilung erreicht, doch die Zahlen sind vollkommen vorhersagbar. Um auch
dieses Kriterium der Güte von Zufallszahlen prüfen zu können, müssen andere Tests
benutzt werden.

Ein ebenfalls aus der Praxis kommender Test, der für die einfache und schnelle Abschätzung der Güte einer Folge von Zufallszahlen benutzt werden kann, besteht darin,
daß man die Zufallszahlen mit einem Packprogramm komprimiert. Der Grad der möglichen Komprimierung korrespondiert nach Shannon direkt mit der Zufälligkeit der erzeugten Zahlen.

Ein wesentlich aussagekräftigerer Test ist aber der sehr bekannte χ^2-Test. Er prüft
zwar das gleiche wie der anfangs beschriebene grafische Test der Gleichverteilung,
doch ist er wesentlich genauer, da er mit einem Rechenverfahren durchgeführt wird
[Bronstein 96]. Ausgehend von der Annahme der Gleichverteilung der Zufallszahlen,

kann man Mittelwert und Standardabweichung ermitteln. Auf der Grundlage einer χ^2-Verteilung läßt sich dann die Abweichung zur Normalverteilung errechnen. Daraus kann man eine numerische Aussage über die Verteilung der Zufallszahlen treffen.

Jedoch kann auch dieser Test nicht dazu benützt werden, Aussagen über die Reihenfolge der auftretenden Zufallszahlen zu machen. Um dies zu überprüfen, benützt man weitere statistische Tests [Knuth 97], die z.B. Abstände von in den Zufallszahlen auftretenden Mustern auswerten (*Serial Test*). Analog dazu können die Abstände des Nichtauftretens von Mustern ermittelt werden (*Gap Test*). Ebenfalls sollten zur Beurteilung ,von Zufallszahlen die χ^2-Verteilung von vorkommenden Mustern (*Poker Test*) oder die χ^2-Verteilung von nicht vorkommenden Mustern (*Coupon Collector Test*) erfolgen.

Von gewisser Relevanz ist ebenfalls der Spektraltest (*Spectral Test*), bei dem der nachfolgende Wert einer Zufallszahl ermittelt wird [Knuth 97]. Bei der 2-dimensionalen Variante dieses Test wird Zufallszahl und Nachfolger in einem xy-Koordinatensystem aufgetragen. Die 3-dimensionale Version erfordert den Nachfolger des Nachfolgers der Zufallszahl und noch eine z-Achse. Analog können auch n-dimensionale Spektraltests erstellt werden, wobei man dann aus einsichtigen Gründen auf eine grafische Darstellung verzichten muß.

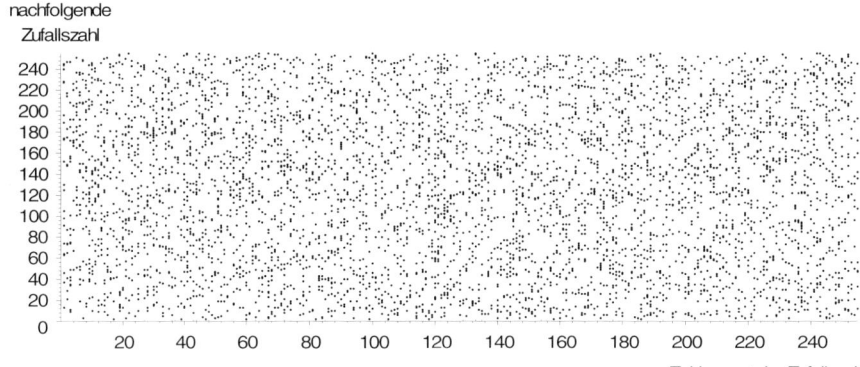

Bild 4.44   Grafische Darstellung der Verteilung des jeweiligen Nachfolgers von 5 000 Zufallszahlen mit einer Länge von einem Byte. Dies entspricht dem Spektraltest. Man sieht überblickshaft anhand des regelmäßigen Musters, daß der Wert der einer Zufallszahl nachfolgenden Zahl annähernd gleich verteilt ist. Die Zahlen wurden mit einem typischen Pseudozufallszahlengenerator einer Chipkarte erzeugt.

Um eine gesicherte und aussagekräftige Beurteilung eines Zufallszahlengenerators zu erstellen, müssen zumindest die oben beschriebenen Tests durchgeführt und ausgewertet werden. Zusätzliche Berechnungen und Tests können die erhaltenen Werte noch unterstützen. Erst damit läßt sich eine einigermaßen korrekte Aussage über die Qualität von Zufallszahlen erstellen.

Tabelle 4.16   Überblick und Zusammenfassung von üblichen statistischen Tests für Zufallszahlen.

Test und Referenz	Bemerkung
Coupon Collector Test [Knuth 97] Poker Test [Menezes 97]	χ^2-Verteilung des Nichtauftretens von Mustern in einer Zufallszahlenreihenfolge.
Frequency Test [Knuth 97, Menezes 97]	Zählen der Einsen in einer Zufallszahlenfolge.
Gap Test [Knuth 97]	Ermittlung der in einer Folge von Zufallszahlen nicht auftretenden Muster.
Long Run Test nach FIPS 140-1	Ermittlung, ob eine Folge von Nullen oder Einsen der Länge 34 Bit in einer 20 000 Bit langen Zufallszahlenfolge vorkommt.
Monobit Test nach FIPS 140-1	Zählen der Einsen in einer 20 000 Bit langen Zufallszahlenfolge.
Poker Test [Knuth 97]	χ^2-Verteilung des Auftretens von Mustern in einer Zufallszahlenreihenfolge.
Poker Test nach FIPS 140-1 Serial Test [Menezes 97]	Zählen von 4-Bit-Mustern in einer 20 000 Bit langen Zufallszahlenfolge.
Runs Test nach FIPS 140-1	Ermitteln der maximalen Länge einer Folge von Nullen oder Einsen in einer 20 000 Bit langen Zufallszahlenfolge.
Serial Test [Knuth 97]	Ermittlung der in einer Folge von Zufallszahlen auftretenden Muster.
Spectral Test [Knuth 97]	Ermittlung der Verteilung der Nachfolgewerte von Zufallszahlen.

Allerdings ist ein zu großer Aufwand für den Zufallszahlengenerator einer Chipkarte meist nicht gerechtfertigt, wenn man die Einsatzgebiete der Zufallszahlen betrachtet. Können etwa bei einer Authentisierung die Zufallszahlen vorausgesagt werden, dann wäre der Einfluß auf die Sicherheit eher gering. Ohne den geheimen Schlüssel zur Verschlüsselung der Zufallszahl ist ein Angriff nicht möglich.

Wesentlich problematischer wäre es aber, wenn der Zufallszahlengenerator manipuliert werden könnte, so daß er beispielsweise immer die gleichen Zufallszahlen erzeugt. Angriffe durch Wiedereinspielung wären dann nicht nur möglich, sondern auch erfolgreich. Dies wäre auch dann der Fall, wenn die Periode der Zufallszahlen sehr klein ist. Es ist also im Einzelfall genau abzuwägen, welche Haupteigenschaften die Zufallszahlen haben müssen, da dies natürlich auch Auswirkungen auf den Zufallszahlengenerator hat. Übertriebener Aufwand in diesem Bereich mag zwar zu einer sehr hohen Güte von Zufallszahlen führen, doch verursacht dies meist auch einen erhöhten Verbrauch an Speicherplatz, der gerade in Chipkarten sehr begrenzt ist.

4.10 Authentisierung

Die Begriffe „Authentisierung" und „Authentifizierung" werden oft parallel benutzt, beschreiben jedoch das gleiche. Der Hauptunterschied liegt nur in der Schwierigkeit der Aussprache des einen und in der nicht ganz korrekten wissenschaftlichen Bezeichnung des anderen. Im folgenden wird hier als Zugeständnis der einfacheren Sprache nur der erste der beiden Begriffe verwendet.

Der Zweck einer Authentisierung ist die Überprüfung der Identität und Authentizität eines Kommunikationspartners. Übertragen auf die Chipkartenwelt, heißt dies, daß die Karte oder das Terminal feststellt, ob der Kommunikationspartner ein echtes Terminal bzw. eine echte Karte ist. Im Zusammenhang mit der Authentitätsprüfung von Personen wird in diesem Buch aus Eindeutigkeitsgründen durchgehend der Terminus „Identifizierung" benutzt, obwohl dies im Prinzip auch unter den globalen Begriff „Authentisierung" fallen würde.

Die beiden Kommunikationsteilnehmer müssen zur Authentisierung ein gemeinsames Geheimnis besitzen, das mit Hilfe eines Authentisierungsverfahrens überprüft wird. Dies ist wesentlich sicherer als ein reines Identifizierungsverfahren, wie es z.B. die PIN-Überprüfung darstellt. Dort sendet man lediglich ein Geheimnis (die PIN) zur Karte, und diese bestätigt im Gutfall die Echtheit. Der Nachteil dieses Verfahrens ist, daß das Geheimnis im Klartext zur Karte gesendet wird, so daß ein Angreifer durch Abhören sehr einfach das Geheimnis, d.h. die PIN, erfahren kann.

Bei Authentisierungsverfahren hingegen ist es nicht möglich, durch Abhören der Leitung das gemeinsame Geheimnis herauszufinden. Es muß also nicht öffentlich über die Schnittstelle gesendet werden. Unterschieden wird auch noch zwischen statischer und dynamischer Authentisierung. Bei den statischen Verfahren werden immer die gleichen statischen Daten zur Authentisierung benutzt. Die dynamischen Verfahren hingegen sind so aufgebaut, daß sie vor einem Angriff durch Wiedereinspielen von in früheren Sitzungen aufgezeichneten Daten geschützt sind, da sie für jede Authentisierung eine unterschiedliche Datengrundlage verwenden.

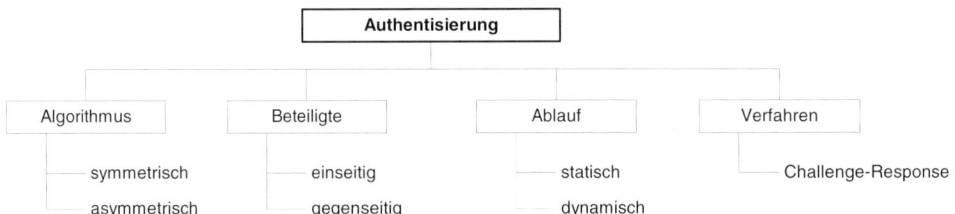

Bild 4.45   Klassifizierungsbaum der Authentisierung und Authentisierungsverfahren, die im Umfeld von Chipkarten benutzt werden.

Bei der Authentisierung unterscheidet man grundsätzlich noch zwischen einseitigen und gegenseitigen Verfahren. Die einseitige Authentisierung führt im Gutfall dazu, daß die Authentizität eines der beiden Kommunikationspartner sichergestellt ist. Bei der gegenseitigen Authentisierung sind am Ende des Verfahrens im Gutfall beide Partner authentisch.

Die auf einem kryptografischen Algorithmus basierenden und bei Chipkarten vorkommenden Authentisierungsverfahren teilt man noch in symmetrische und asymmetrische Verfahren ein. Im Bereich der Chipkarten werden momentan fast ausschließlich symmetrische Verfahren eingesetzt. Die asymmetrischen, also auf RSA oder ähnlichen Algorithmen aufbauenden Verfahren, haben bei Chipkarten aufgrund der langsamen Ausführungsgeschwindigkeit zur Zeit noch keine große praktische Bedeutung. Es ist aber absehbar, daß sich dies in Zukunft ändern wird. Im Prinzip funktionieren sie aber analog den symmetrischen Authentisierungsverfahren.

Zur Authentisierung von Geräten existieren mehrere Normen. Vor allem die ISO/IEC 9798 kommt hier in Betracht, in der in Teil 2 symmetrische und in Teil 3 asymmetrische Verfahren beschrieben sind. Grundsätzlich ist die fünfteilige Normenreihe ISO/IEC 9798 eine hervorragende Zusammenstellung der gängigen symmetrischen, asymmetrischen, MAC- und Zero-Knowledge-basierten Authentisierungsverfahren.

Das Prinzip der Authentisierung im Chipkartenbereich basiert immer auf dem Challenge-Response-Verfahren. Dabei stellt der eine Kommunikationspartner dem anderen eine zufällig erzeugte Frage (*challenge*), dieser berechnet mit einem Algorithmus eine Antwort und sendet sie an den Fragesteller zurück (*response*). Der Algorithmus ist natürlich vorzugsweise eine Verschlüsselung mit einem geheimen Schlüssel, der das gemeinsame Geheimnis der beiden Kommunikationspartner darstellt.

4.10.1   Einseitige symmetrische Authentisierung

Mit einer einseitigen Authentisierung vergewissert man sich der Vertrauenswürdigkeit eines Kommunikationspartners. Dazu ist es notwendig, daß beide ein gemeinsames Geheimnis besitzen, dessen Kenntnis durch die Authentisierung überprüft wird. Das Geheimnis ist ein Schlüssel für einen Verschlüsselungsalgorithmus, an dem die gesamte Sicherheit des Authentifikationsverfahrens hängt. Würde dieser Schlüssel bekannt, dann könnte sich ein Angreifer genauso authentisieren wie der echte Kommunikationspartner.

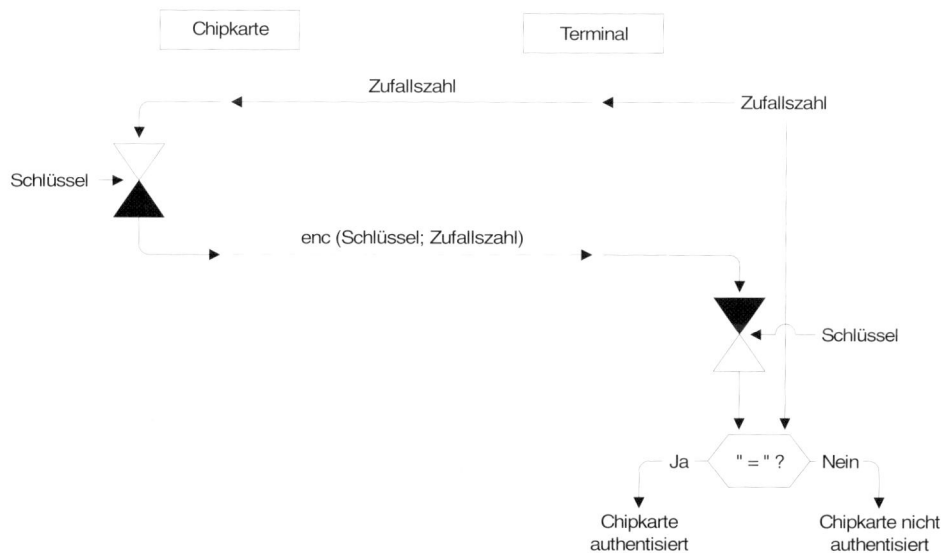

Bild 4.46   Das Prinzip der einseitigen Authentisierung mit einem symmetrischen Kryptoalgorithmus. Das Beispiel zeigt die Authentisierung der Chipkarte durch das Terminal, wie sie durch das Kommando INTERNAL AUTHENTICATE nach ISO/IEC 7816-4 realisiert werden kann.

Das Prinzip der einseitigen Authentisierung mit symmetrischen Kryptoalgorithmen läßt sich wie in der obigen Grafik darstellen. Dabei wurde der Übersichtlichkeit halber davon ausgegangen, daß ein Terminal eine Chipkarte authentisiert. Das Terminal stellt damit also fest, ob die Chipkarte vertrauenswürdig ist.

Das Terminal generiert eine Zufallszahl und sendet diese zur Chipkarte, was man als Challenge (Anfrage) bezeichnet. Nach dem Empfang dieser Zufallszahl wird sie von der Chipkarte verschlüsselt. Der dabei verwendete Schlüssel ist nur dem Terminal und der Chipkarte bekannt. Die Sicherheit des Verfahrens hängt von diesem Schlüssel ab, da nur der Besitzer des geheimen Schlüssels in der Lage ist, die richtige Antwort für das Terminal zu erzeugen.

Das Ergebnis der Verschlüsselung sendet die Chipkarte zum Terminal zurück. Dies ist die Antwort (*response*) auf die Anfrage (*challenge*). Das Terminal führt nun mit der erhaltenen und verschlüsselten Zufallszahl eine Entschlüsselung mit dem geheimen Schlüssel aus. Danach vergleicht sie das Ergebnis mit der ursprünglich an die Chipkarte gesendeten Zufallszahl. Stimmt beides überein, so weiß das Terminal, daß die Chipkarte den geheimen Schlüssel kennt und schließt daraus, daß die Chipkarte authentisch ist.

Ein Angriff durch Wiedereinspielung einer vorher abgehörten Challenge oder Response ist nicht möglich, da in jeder Sitzung eine andere Zufallszahl erzeugt wird. Der einzige Angriff mit einigermaßen guten Erfolgsaussichten bestünde in einer systematischen Suche nach dem geheimen Schlüssel. Da Challenge und Response nichts anderes als Klartext-Schlüsseltext-Paare sind, könnte man durch einen Brute-force-Angriff den geheimen Schlüssel berechnen.

Besäßen alle Karten einer Anwendung den gleichen Schlüssel und würde dieser bekannt, so wäre das gesamte System diskreditiert. Um genau diesen Fall zu verhindern, werden in der Praxis grundsätzlich nur kartenindividuelle Schlüssel verwendet. Damit hat jede Karte einen individuellen Schlüssel, der aus einem nicht geheimen Kartenmerkmal abgeleitet werden kann. Als individuelles Merkmal kann die bei der Halbleiterproduktion in den Chip geschriebene Seriennummer oder eine andere Nummer, die bei jeder Chipkarte anders ist, dienen.

Um nun den kartenindividuellen Schlüssel zu berechnen, fordert das Terminal von der Chipkarte die Chipnummer an. Diese Nummer ist individuell und auch einmalig im System, so daß es keine zweite gleiche Chipkarte gibt.

Der kartenindividuelle und geheime Authentisierungsschlüssel ist eine Funktion der Kartennummer und des Hauptschlüssels, der nur dem Terminal bekannt ist. In der Praxis verschlüsselt man einen Teil der Kartennummer mit dem Hauptschlüssel, und das Ergebnis daraus ist der kartenindividuelle Authentisierungsschlüssel. Dabei kann man einen DES- oder Triple-DES-Algorithmus verwenden.

Eines muß jedoch bedacht werden: Eine Kompromittierung des nur dem Terminal bekannten Hauptschlüssels würde das gesamte System kompromittieren, da mit dem Hauptschlüssel alle kartenindividuellen Authentisierungsschlüssel berechnet werden können. Deshalb muß der Hauptschlüssel im Terminal geschützt abgelegt sein (z.B. in einem Sicherheitsmodul) und, wenn möglich, im Angriffsfall aktiv gelöscht werden können.

Nachdem also das Terminal den für diese Karte notwendigen Authentisierungs-schlüssel errechnet hat, folgt der übliche Ablauf im Rahmen des Challenge-Response-Verfahrens. Die Chipkarte erhält vom Terminal eine Zufallszahl, verschlüsselt diese mit ihrem kartenindividuellen Schlüssel und sendet sie an das Terminal zurück. Dieses führt analog der Chipkarte die Umkehrfunktion der Berechnung aus und vergleicht die beiden Ergebnisse. Stimmen sie überein, so besitzen sowohl Chipkarte als auch Termi-nal ein gemeinsames Geheimnis, nämlich den geheimen kartenindividuellen Schlüssel, und die Chipkarte ist vom Terminal authentisiert.

Der Vorgang der Authentisierung ist durch den Aufruf von DES-Algorithmen und die Datenübertragung von und zur Karte etwas zeitintensiv. Dies kann bei manchen Anwendungen zu Problemen führen.

Unter den folgenden Annahmen kann man den Zeitbedarf für eine einseitige Au-thentisierung überschlagsmäßig errechnen. Angenommen sei eine Chipkarte mit einem Takt von 3,5 MHz, dem Übertragungsprotokoll T=1, einem Teiler von 372 und einem DES-Algorithmus, der 17 ms für einen Block benötigt. Alle internen Routinen der Chipkarte seien hier ohne genauere Angabe mit 9 ms angenommen, was die Berech-nung vereinfacht, das Endergebnis aber nur unwesentlich verfälscht.

Tabelle 4.17   Berechnung des Zeitbedarfs in der Chipkarte für eine einseitige Authentisierung unter Berücksichtigung der Übertragungszeit.

Kommando	Zeitbedarf für Übertragung		Zeitbedarf für Berechnung	
INTERNAL AUTHENTICATE	38,75 ms	+	26 ms	= 64,75 ms

Man sieht deutlich anhand der Berechnung, daß eine einzige Authentisierung ca. 65 ms benötigt. Dies kann im Normalfall in einer Anwendung ohne zeitliche Probleme ausgeführt werden.

4.10.2   Gegenseitige symmetrische Authentisierung

Das Prinzip der gegenseitigen Authentisierung (*mutual authentication*) beruht auf ei-ner zweifachen einseitigen Authentisierung. Man könnte auch zwei einseitige Authen-tisierungen abwechselnd für beide Kommunikationspartner ausführen. Dies wäre dann im Prinzip eine gegenseitige Authentisierung. Da jedoch der Kommunikationsaufwand aus zeitlichen Gründen so gering wie möglich gehalten werden muß, gibt es ein Ver-fahren, in dem die beiden einseitigen Authentisierungen miteinander verflochten sind. Dabei erzielt man auch noch eine höhere Sicherheit als mit zwei nacheinander ausge-führten Authentisierungen, da es für einen Angreifer viel schwieriger ist, in den Kom-munikationsablauf einzugreifen.

Damit das Terminal mit dem Hauptschlüssel aus der Kartennummer den karten-individuellen Authentisierungsschlüssel berechnen kann, benötigt es als erstes die Kartennummer. Nachdem das Terminal die Kartennummer erhalten hat, berechnet es den individuellen Authentisierungsschlüssel für diese Chipkarte. Dann fordert es von der Chipkarte eine Zufallszahl an und generiert selbst ebenfalls eine Zufallszahl. Nun setzt das Terminal beide Zufallszahlen vertauscht hintereinander, verschlüsselt sie mit dem geheimen Authentisierungsschlüssel und sendet den erhaltenen Schlüsseltext zur Karte. Das Vertauschen hat den Zweck, Challenge und Response unterschiedlich zu machen.

Diese kann den erhaltenen Block entschlüsseln und prüfen, ob die vorher an das Terminal gesendete Zufallszahl mit der zurückerhaltenen übereinstimmt. Ist dies der Fall, so weiß die Chipkarte, daß das Terminal den geheimen Schlüssel besitzt. Damit ist das Terminal gegenüber der Chipkarte authentisiert. Daraufhin vertauscht die Chipkarte die beiden Zufallszahlen, verschlüsselt sie mit dem geheimen Schlüssel und schickt das Ergebnis zum Terminal.

Das Terminal entschlüsselt den erhaltenen Block und vergleicht die zuvor an die Chipkarte gesendete Zufallszahl mit der erhaltenen. Stimmt diese mit der vormals gesendeten überein, so ist auch die Chipkarte gegenüber dem Terminal authentisiert. Damit ist die gegenseitige Authentisierung abgeschlossen, und sowohl Chipkarte als auch Terminal wissen, daß der jeweilig andere vertrauenswürdig ist.

Um den Zeitbedarf der Kommunikation zu minimieren, kann die Chipkarte zusätzlich zur Kartennummer auch noch die Zufallszahl zurücksenden. Dies ist dann von Interesse, wenn die gegenseitige Authentisierung zwischen Chipkarte und einem Hintergrundsystem stattfindet. Die Chipkarte wird dabei direkt vom Hintergrundsystem transparent zum Terminal angesprochen. Die Datenübertragungsgeschwindigkeit ist dabei oft sehr niedrig, und der Kommunikationsablauf muß dadurch so stark wie möglich vereinfacht werden.

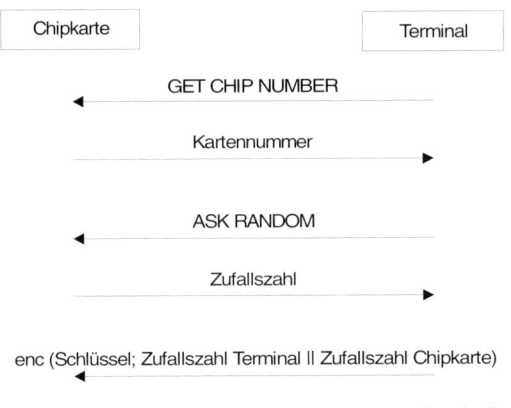

Bild 4.47   Die gegenseitige Authentisierung mit kartenindividuellem Schlüssel und einem symmetrischen Kryptoalgorithmus. Der Ablauf entspricht einer gegenseitigen Authentisierung von Chipkarte und Terminal, wie sie durch das Kommando MUTUAL AUTHENTICATE nach ISO/IEC 7816-8 realisiert werden kann.

Um den erheblichen Zeitaufwand, auch im Gegensatz zur einseitigen Authentisierung, aufzuzeigen, ist im folgenden nochmals eine rechnerische Betrachtung aufgeführt. Die zugrundeliegenden Annahmen sind dabei analog der einseitigen Authentisierung. Man sieht, daß die gegenseitige Authentisierung beinahe dreimal so lange dauert als eine einseitige.

Tabelle 4.18 Berechnung des Zeitbedarfs in der Chipkarte für eine gegenseitige Authentisierung unter Berücksichtigung der Übertragungszeit. Es wurde angenommen, daß keine abgeleiteten Schlüssel Verwendung finden (GET CHIP NUMBER ist deshalb nicht notwendig).

Kommando	Zeitbedarf für Übertragung	Zeitbedarf für Berechnung	
ASK RANDOM	28,75 ms	26 ms	
MUTUAL AUTHENTICATE	68,75 ms	95 ms	
	97,50 ms +	121 ms	= 218,50 ms

4.10.3 Statische asymmetrische Authentisierung

Nur sehr wenige Chipkarten-Mikrocontroller besitzen eine Recheneinheit, mit der RSA-Berechnungen durchgeführt werden können. Dies liegt vor allem daran, daß diese zusätzlichen Platz auf dem Chip benötigt, was den Preis erhöht.

Da nun aber ein zusätzliches asymmetrisches Authentisierungsverfahren vermehrten Schutz bedeutet, da ein Angreifer nicht nur einen kryptografischen Algorithmus brechen muß, sondern zwei, möchte man oft noch diese Art von Authentisierung verwenden. Um das Problem der nicht vorhandenen Recheneinheit auf der Chipkarte zu umgehen, fand man als Ausweg eine statische Authentisierung der Chipkarte durch das Terminal. Diese erfordert lediglich eine Verifizierung im Terminal. Eine zusätzliche Recheneinheit auf dem Terminal erhöht aber die Kosten im Verhältnis zum Gesamtpreis dieser Geräte nur unwesentlich, deshalb ist dieser Weg wesentlich kostengünstiger als die Verwendung spezieller Chipkarten-Mikrocontroller. Zudem ist das Verfahren wesentlich schneller, da nur eine asymmetrische Verschlüsselung notwendig ist, im Gegensatz zu zwei bei einer dynamischen asymmetrischen Authentisierung.

Man erkauft sich diesen Kompromiß jedoch durch eine verminderte Sicherheit des Authentisierungsverfahrens. Ein Schutz gegen Wiedereinspielung ist durch das statische Verfahren natürlich nicht gegeben. Deshalb benutzt man es auch nur als zusätzliche Überprüfung der Authentizität der Karte, die vorher schon mit einem dynamischen symmetrischen Verfahren überprüft worden ist.

Das Verfahren funktioniert in seinem grundlegenden Ablauf folgendermaßen: Bei der Personalisierung werden in jede Chipkarte kartenindividuelle Daten eingetragen. Dies sind beispielsweise eine Kartennummer, der Name des Kartenbesitzers und seine Adresse. Über diese Daten, die während der Lebensdauer der Karte nicht veränderbar sind, wird während der Personalisierung eine digitale Signatur mit einem geheimen Schlüssel gerechnet. Der Schlüssel wird im System global verwendet. Benutzt man nun diese Karte an einem Terminal, so liest dieses aus einer Datei auf der Karte die Signatur und die signierten Daten aus. Das Terminal besitzt den für alle Chipkarten gültigen öffentlichen Schlüssel und kann die gelesene Signatur verschlüsseln und das Ergebnis

mit den gelesenen Daten vergleichen. Stimmen beide überein, so ist die Karte durch
das Terminal authentisiert.

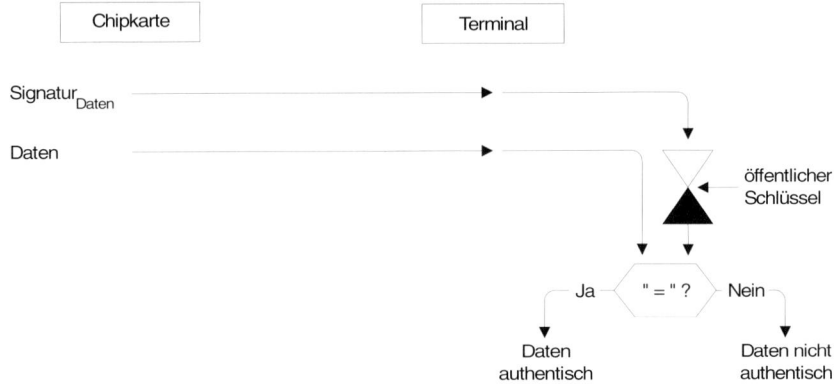

Bild 4.48   Das Prinzip der einseitigen, statischen und asymmetrischen Authentisierung einer
                     Chipkarte durch das Terminal unter Verwendung von globalen Schlüsseln.

Das obige Verfahren hat neben dem fehlenden Schutz vor Wiedereinspielung einen
weiteren Nachteil. Es werden für die Erstellung und Überprüfung der Signaturen globale Schlüssel benutzt. Der Schlüssel im Terminal erfordert zwar keinerlei Schutz, da
er öffentlich ist, doch sollten in einem größeren System grundsätzlich keine für alle
Karten einheitlichen Schlüssel verwendet werden. Kann ein solcher Schlüssel gebrochen werden, oder wird er aus anderweitigen Gründen bekannt, so ist diese Authentisierung im gesamten System wertlos. Es ist also notwendig, kartenindividuelle Schlüsselpaare für die statische Authentisierung einzuführen.

Dabei ergibt sich aber ein Problem mit der Speicherkapazität in den Terminals, da
nun jedes Terminal alle vorhandenen öffentlichen Schlüssel zur Prüfung der Signatur
kennen müßte. Selbst bei mittleren Systemen mit beispielsweise einer Million Chipkarten ergäbe dies bei 512 Bit langen RSA-Schlüsseln einen notwendigen Speicherplatz zur Schlüsselablage von 64 MByte pro Terminal. Dies würde den Preis eines
Terminal in Regionen treiben, die für einen Systembetreiber nicht mehr akzeptabel wären.

Bei der Verwendung von symmetrischen Verfahren kann man auf recht einfache
Weise die kartenindividuellen Schlüssel von einem Hauptschlüssel ableiten.[1] Bei
asymmetrischen funktioniert dies aufgrund der Schlüsselerzeugung nicht mehr. Deshalb geht man einen anderen Weg, wenn kartenindividuelle Schlüssel erforderlich sind.
Man speichert den öffentlichen Schlüssel zur Überprüfung der Signatur mit dieser in
der Karte. So sind zwar bei dem beschriebenen System mit einer Million Chipkarten
noch immer 64 MByte Speicher zur Schlüsselablage erforderlich, doch sind diese in
64-Byte-Paketen auf einer Million Chipkarten verteilt. Das Terminal liest dann den öffentlichen Schlüssel aus einer Datei in der Chipkarte und kann mit ihm die Signatur

---

[1] siehe auch Abschnitt 4.7.1 Abgeleitete Schlüssel

prüfen. Damit umgeht man das Problem, daß alle öffentlichen Schlüssel eines Systems in jedem Terminal gespeichert werden müssen.

Nun könnte sich aber ein Angreifer ein Schlüsselpaar erzeugen und mit diesem die Daten in einer gefälschten Karte signieren. Das Terminal liest den öffentlichen Schlüssel und stellt anschließend fest, daß die Karte echt ist. Aus diesem Grund muß man obiges Verfahren noch etwas verfeinern. Dabei wird der in jeder Karte gespeicherte öffentliche und kartenindividuelle Schlüssel mit einem globalen geheimen Schlüssel unterschrieben und diese Unterschrift in der Karte gespeichert.

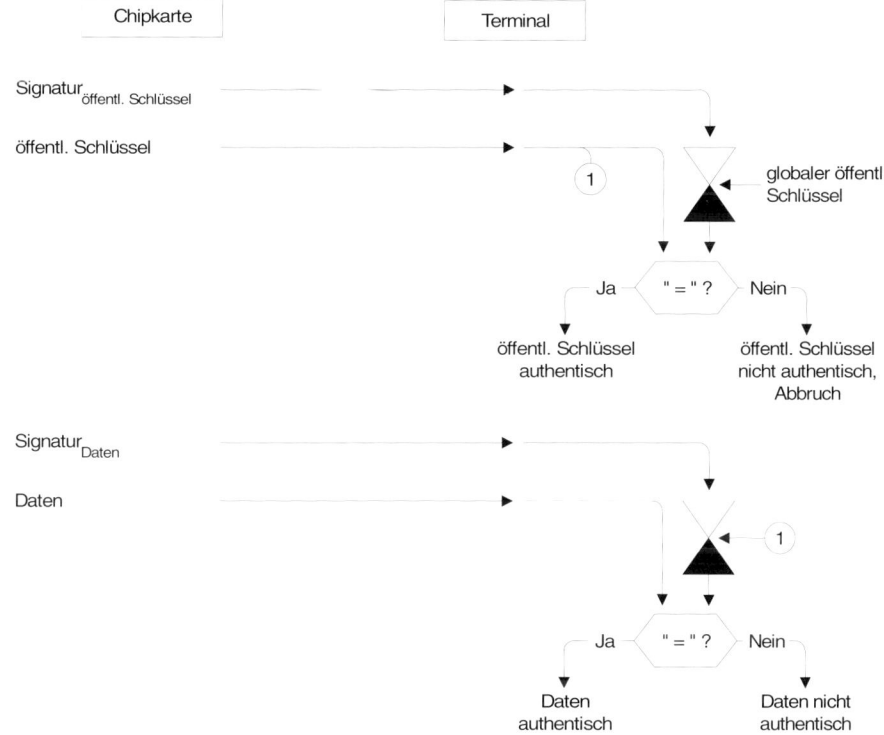

Bild 4.49   Das Prinzip der einseitigen, statischen und asymmetrischen Authentisierung einer Chipkarte durch das Terminal unter Verwendung von kartenindividuellen Schlüsseln.

Das Terminal geht nun folgendermaßen vor: Zuerst liest es den öffentlichen und kartenindividuellen Schlüssel aus der Karte und prüft mit dem globalen öffentlichen Schlüssel die Authentizität des kartenindividuellen Schlüssels. Ist dieser authentisch, dann liest es erst die eigentlichen Daten und prüft sie durch den in der Chipkarte gespeicherten öffentlichen Schlüssel.

Diese beiden Verfahren finden bereits in manchen Systemen Einsatz und werden in den nächsten Jahren mit Sicherheit noch vermehrt benutzt. Sobald jedoch die Recheneinheiten für asymmetrische Kryptoalgorithmen keinen nennenswerten Preisunter-

schied bei Chipkarten-Mikrocontrollern mehr verursachen, werden die zwei aufgeführten Authentisierungsverfahren stark an Bedeutung verlieren. Der größte Nachteil
ist der fehlende Schutz vor Wiedereinspielung, der zwar mit manchen Tricks
(Weiterverwendung der signierten Daten im nachfolgenden symmetrischen Kryptoalgorithmus) etwas entschärft werden kann, doch gleicht es die Sicherheitsnachteile
gegenüber dynamischen Authentisierungsverfahren nie ganz aus.

4.10.4 Dynamische asymmetrische Authentisierung

Die vorangehenden statischen asymmetrischen Verfahren hatten einige Nachteile. Diese kann man ausschalten, indem man die Authentisierung dynamisch macht. Dadurch
schützt man sich vor der Wiedereinspielung von vorher abgehörten Daten. Das übliche
Verfahren ist die Verwendung einer Zufallszahl, die als Eingangswert für einen kryptografischen Algorithmus dient. Allerdings benötigt man dafür in der Chipkarte eine
Recheneinheit, die den asymmetrischen Kryptoalgorithmus ausführen kann.

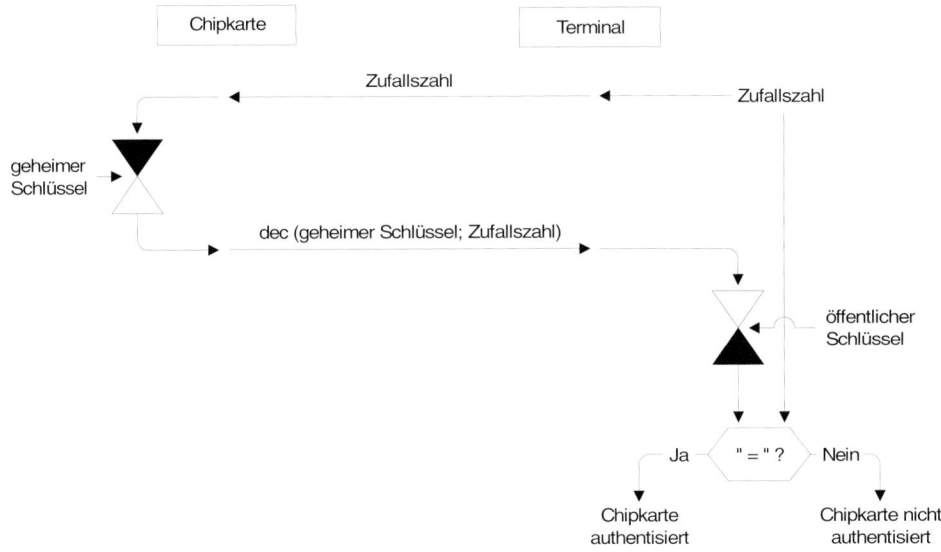

Bild 4.50   Das Prinzip der einseitigen, dynamischen und asymmetrischen Authentisierung einer
                     Chipkarte durch das Terminal.

Oben ist eine einseitige Authentisierung mit einem globalen öffentlichen Schlüssel
aufgezeigt. Fordert man kartenindividuelle Authentisierungsschlüssel, so ist das unter
4.10.3 beschriebene Verfahren zur Speicherung und Authentisierung der kartenindividuellen öffentlichen Schlüssel notwendig.

Analog der symmetrischen Authentisierung generiert das Terminal eine Zufallszahl
und sendet diese zur Chipkarte. Diese entschlüsselt die Zufallszahl mit dem geheimen

Schlüssel[1] und sendet das Ergebnis anschließend wieder zum Terminal. Dort befindet sich der globale öffentliche Schlüssel, welcher für die Verschlüsselung der empfangenen Zufallszahl benutzt wird. Ist das Ergebnis dieser Rechenoperation identisch mit der vorher zur Chipkarte gesendeten Zufallszahl, so ist die Chipkarte durch das Terminal authentisiert.

Eine gegenseitige Authentisierung von Chipkarte und Terminal ist in ihren Grundzügen analog der obig beschriebenen einseitigen aufgebaut. Diese erfordert aber aufgrund des hohen Datenübertragungsbedarfs und der aufwendigen asymmetrischen Verschlüsselungsverfahren relativ viel Zeit, so daß sie momentan sehr selten benutzt wird.

4.11   Digitale Signatur

Digitale Signaturen, oft auch elektronische Unterschriften genannt, werden zur Feststellung der Authentizität von elektronisch übermittelten Nachrichten oder elektronischen Dokumenten verwendet. Durch Überprüfung der digitalen Signatur läßt sich feststellen, ob diese Nachrichten bzw. Dokumente verändert wurden.

Eine Unterschrift hat die Eigenschaft, daß sie nur von einem einzigen Menschen korrekt erzeugt, aber von allen Empfängern der Nachricht überprüft werden kann. Zumindest von denen, die die echte Unterschrift schon einmal gesehen haben, oder denen sie zum Vergleich vorliegt. Dies ist auch die wesentliche Eigenschaft einer digitalen Signatur. Nur eine Person bzw. eine Chipkarte kann ein Dokument unterschreiben, aber jedermann kann überprüfen, ob die Unterschrift echt ist. Aufgrund dieser geforderten Eigenschaft stellen asymmetrische kryptografische Verfahren die ideale Ausgangsbasis dar.

Bild 4.51   Klassifizierungsbaum der beiden grundsätzlichen Varianten „Daten zu Signieren".

Die zu signierenden Nachrichten oder Dokumente sind im Regelfall mindestens einige tausend Bytes lang. Um nun die Rechenzeit zur Bildung der kryptografischen Prüfsumme in akzeptablen Grenzen zu halten, berechnet man diese Prüfsumme nicht über den gesamten Datenstring, sondern bildet zuerst einen Hash-Wert über den Datenstring. Hash-Funktionen[2] sind, vereinfacht ausgedrückt, Einwegfunktionen zur Komprimierung von Daten. Diese Komprimierung ist aber nicht umkehrbar, man kann also aus den komprimierten Daten nicht wieder das Original herstellen. Da die Berech-

---

[1] Der Grund für eine Entschlüsselungsoperation bei der Erstellung einer Signatur liegt in der Konvention begründet, daß bei asymmetrischen Kryptoalgorithmen immer mit dem geheimen Schlüssel entschlüsselt wird und mit dem öffentlichen immer verschlüsselt.

[2] siehe auch Abschnitt 4.8 Hash-Funktionen

nung eines Hash-Werts sehr schnell ist, sind sie die optimale Ergänzung zur Berechnung einer digitalen Signatur.

Der Begriff „digitale Signatur" wird üblicherweise nur in Verbindung mit asymmetrischen Kryptoalgorithmen benutzt, da sich diese aufgrund der Trennung in öffentliche und geheime Schlüssel sehr gut dafür eignen. In der Praxis finden aber trotzdem oft „Signaturen" Verwendung, die auf symmetrischen Kryptoalgorithmen beruhen. Mit diesen ist es aber nur möglich, ein Dokument auf seine Authentizität zu prüfen, wenn man den geheimen Schlüssel, der auch zur Generierung der Unterschrift verwendet wurde, besitzt. Dies ist dann im eigentlichen Sinne keine Signatur mehr, wird aber in der Praxis oft als solche bezeichnet. Man läßt dabei aber zur Kennzeichnung des Verfahrens das Wort „digital" weg.

Informationstechnisch gesehen kann eine digitale Signatur auf zweierlei Arten mit einer Nachricht verbunden werden: Die erste Art ist eine Variante einer kryptografischen Prüfsumme ähnlich einem MAC (*message authentication code*) über einen vorgegebenen Datenstring. Die Signatur wird dazu an die eigentliche Nachricht angehängt (*digital signature with appendix*). Dies hat den Vorteil, daß die Nachricht vollständig gelesen werden kann, auch ohne vorher die Signatur prüfen zu müssen. Der Nachteil jedoch ist, daß die Nachricht um die Länge der digitalen Signatur vergrößert wird, was im Umfeld von Chipkarten durchaus Relevanz haben kann. Diesen Nachteil umgeht man mit der zweiten Art, eine digitale Signatur mit einer Nachricht zu verbinden (*digital signature with message recovery*). Dazu wird der eigentlichen Nachricht ein Hash-Wert über diese Nachricht nachgestellt und anschließend, beginnend vom Ende dieses Datenstrings her, der Eingangsblock für den Algorithmus der digitalen Signatur gebildet. Als Ergebnis verlängert sich die digital signierte Nachricht nur um die Länge des Hash-Wertes, doch kann sie nicht mehr vollständig gelesen werden, so lange die digitale Signatur nicht geprüft ist.

Der Ablauf der Erzeugung einer digitalen Signatur mit Anhang läßt sich recht einfach darstellen. Aus der Nachricht, z.B. einer mit einer x-beliebigen Textverarbeitung erzeugten Datei, wird mit einem Hash-Algorithmus ein Hash-Wert gebildet. Dieser Hash-Wert wird mit einem asymmetrischen Kryptoalgorithmus, hier im Beispiel RSA, entschlüsselt. Das Ergebnis dieser Berechnung ist die eigentliche Unterschrift, die der Nachricht beigefügt wird.

Die Nachricht mit der Unterschrift kann nun über einen unsicheren Weg zum Empfänger geschickt werden. Dieser trennt Nachricht und Unterschrift wieder voneinander. Die Nachricht wird mit dem gleichen Hash-Algorithmus wie beim Sender komprimiert. Die digitale Signatur wird mit dem öffentlichen Schlüssel des RSA-Algorithmus entschlüsselt und mit dem Ergebnis der Hash-Berechnung verglichen. Sind beide Werte gleich, so wurde die Nachricht auf ihrem Übertragungsweg nicht verändert, im anderen Fall wurde entweder Nachricht oder Signatur während der Übertragung verändert. Die Authentizität ist damit nicht mehr gegeben, und der Inhalt der Nachricht kann nicht mehr als unverändert angenommen werden.

Die Aufgabe der Chipkarte in diesem Szenario gestaltet sich sehr einfach. Sie speichert zumindest den geheimen RSA-Schlüssel und entschlüsselt den Hash-Wert über die Nachricht, erstellt also damit die Signatur. Alles andere, wie Erzeugung des Hash-Werts oder das spätere Prüfen der Signatur, kann im Prinzip auch von einem PC erledigt werden.

Optimal allerdings wäre es jedoch, wenn die Chipkarte die Nachricht über die Schnittstelle bekommt, den Hash-Wert errechnet und dann dem Terminal signiert zurücksendet. Die Prüfung der Signatur könnte ebenfalls mit der Chipkarte durchgeführt werden. Dieses Verfahren ist zwar nicht sicherer als die bloße Berechnung der Signatur, aber wesentlich anwendungsfreundlicher. Hash-Algorithmen und RSA-Schlüssel können nämlich dann ohne Änderung von Programmen oder Daten auf dem PC durch bloßen Austausch der Chipkarte gewechselt werden.

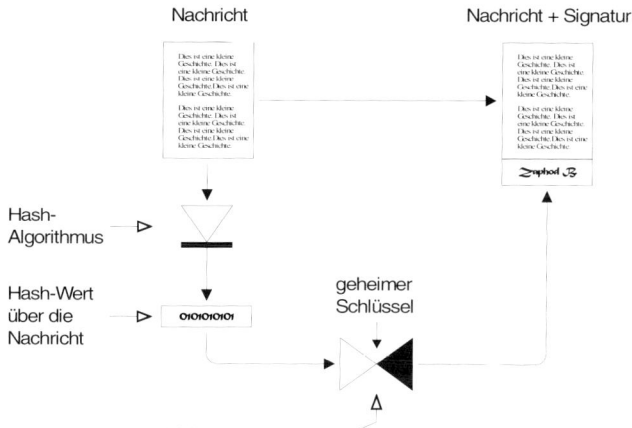

Bild 4.52   Signieren einer Nachricht mit dem RSA-Algorithmus durch Anhängen der erzeugten Signatur an die Nachricht (*digital signature with appendix*).

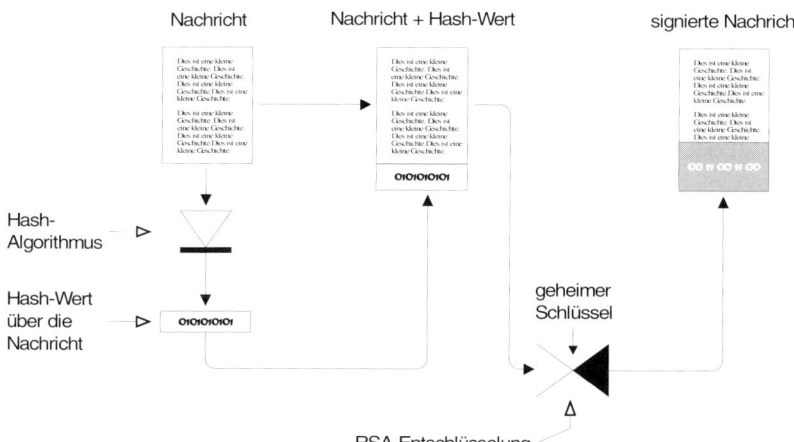

Bild 4.53   Signieren einer Nachricht mit dem RSA-Algorithmus durch Einbeziehung der Nachricht und eines Hash-Wertes über die Nachricht in die digitale Signatur (*digital signature with message recovery*).

Nachricht + Signatur

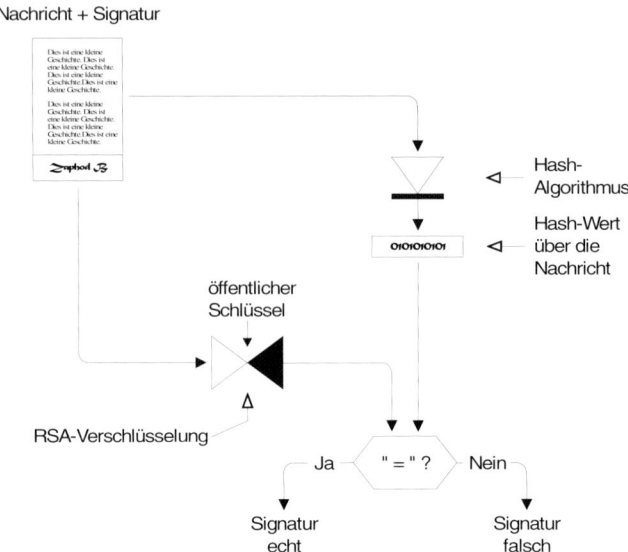

Bild 4.54   Prüfen einer mit dem RSA-Algorithmus signierten Nachricht, der die Signatur als
Anhang beigefügt wurde (*digital signature with appendix*).

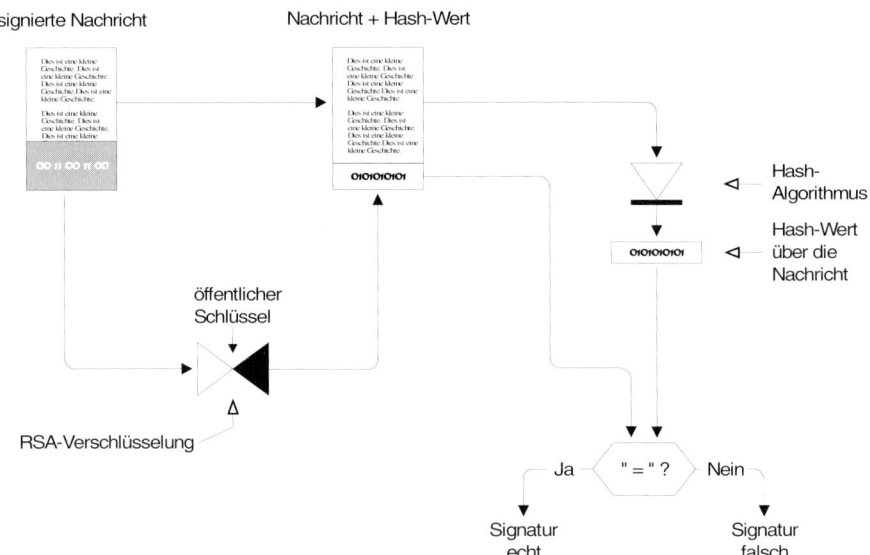

Bild 4.55   Prüfen einer mit dem RSA-Algorithmus signierten Nachricht, von der ein Teil für
die Signatur verwendet wurde (*digital signature with message recovery*).

Die beiden Beispiele verwendeten zur Erzeugung und zur Prüfung der digitalen Unterschrift globale und damit für alle Chipkarten eines Systems gleiche Schlüssel. Soll
dies aus Sicherheitsgründen geändert werden, so daß jede Chipkarte einen eigenen

Schlüssel für die digitale Signatur hat, muß ein Verfahren wie in 4.10.3 beschrieben eingesetzt werden.

Zur Erstellung von digitalen Signaturen läßt sich nicht nur der RSA-Algorithmus verwenden, sondern es gibt auch ein speziell für dieses Einsatzgebiet entwickeltes kryptografisches Verfahren, nämlich der vom NIST (US National Institute of Standards and Technology) im Jahr 1991 vorgeschlagene DSA (*digital signature algorithm*), mit dem sowohl Signaturen erstellt als auch geprüft werden können. Im Gegensatz zum RSA lassen sich jedoch damit keine Ver- und Entschlüsselungen durchführen (mittlerweile wurde aber eine Methode zur Verschlüsselung gefunden). Dies hat gegenüber den starken Exportbeschränkungen bei RSA große Vorteile für den internationalen Einsatz.

4.12   Zertifikate

Bei der Anwendung von digitalen Signaturen stößt man ziemlich schnell auf ein nicht zu unterschätzendes Problem. Derjenige, der die digitale Signatur einer Nachricht prüfen möchte, benötigt hierfür den passenden öffentlichen Schlüssel. Dieser kann aber nicht einfach ungeschützt verschickt werden, da der Empfänger sonst nicht prüfen kann, ob dieser Schlüssel authentisch ist. Der öffentliche Schlüssel muß also von einer vertrauenswürdigen Instanz unterschrieben werden, damit es möglich ist, seine Echtheit zu verifizieren. Diese signierende Instanz wird Zertifizierungsinstanz (*certification authority – CA*) genannt. Den von der Zertifizierungsinstanz unterschriebenen öffentlichen Schlüssel mit dazugehöriger digitaler Signatur und zusätzlichen Parametern bezeichnet man als Zertifikat (*certificate*).

In diesem Zusammenhang existiert noch eine weitere Instanz – das Trustcenter (TC). Ein Trustcenter erstellt und verwaltet Zertifikate, dazugehörige Sperrlisten und kann optional auch die Schlüsselgenerierung für digitale Signaturkarten vornehmen. In der Regel führt ein Trustcenter auch ein öffentliches Verzeichnis mit Zertifikaten, so daß der Prüfer einer signierten Nachricht den dazugehörigen signierten öffentlichen Schlüssel dort beispielsweise via Internet anfordern kann.

Ein Zertifikat enthält nun nicht nur den signierten öffentlichen Schlüssel, sondern auch noch eine große Zahl zusätzlicher Parameter und Optionen, da es möglich sein muß, ohne weitere Informationen den öffentlichen Schlüssel eines Zertifikates zu prüfen. Daraus folgt, daß beispielsweise der verwendete Signier- und Hash-Algorithmus eindeutig festgelegt sein muß. Prinzipiell könnte nun jeder Signierende einen eigenen Aufbau von Zertifikaten festlegen. Allerdings wären diese Zertifikate dann nicht mehr austauschbar und hätten damit in der Regel ihren Sinn verfehlt, da gerade die Interoperabilität für Zertifikate eine charakteristische Eigenschaft sein muß.

Um diese Möglichkeit der Zusammenarbeit zu erreichen, existieren Normen, in denen die Struktur von Zertifikaten festgelegt ist. Die bekannteste diesbezügliche Norm ist X.509, die Aufbau und Codierung eines Zertifikats festlegt. Sie hat auch als ISO/IEC 9594-8 Eingang in die ISO/IEC Normen gefunden. Die aktuelle Version von X.509 besitzt die Versionsnummer 3 und wurde 1997 veröffentlicht.

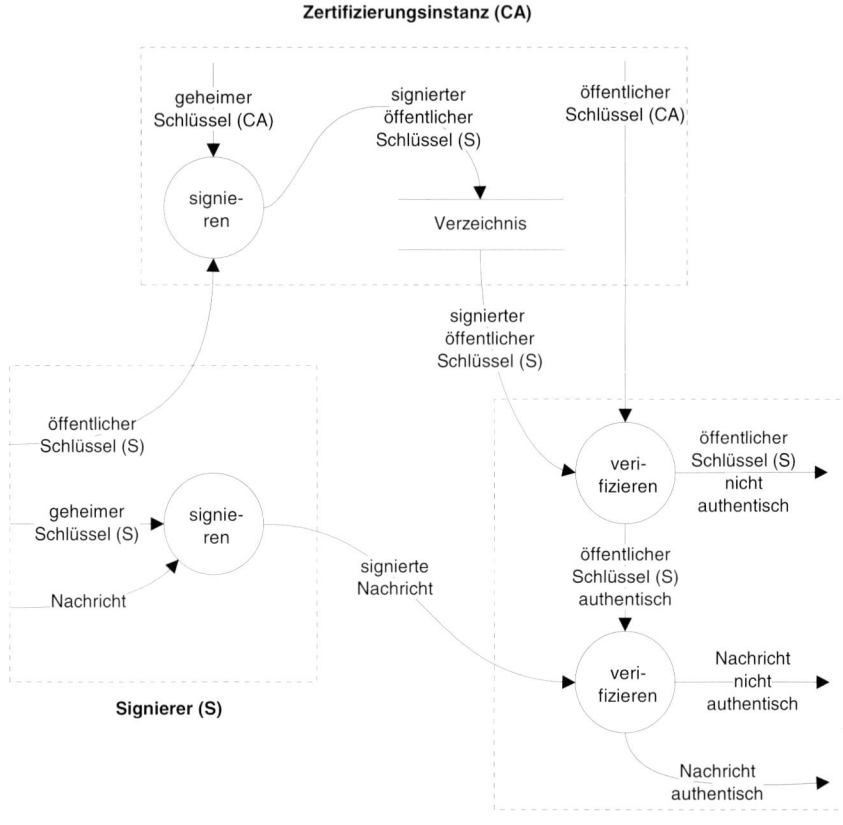

Bild 4.56   Datenflußdiagramm der grundlegenden Abläufe bei der Erzeugung und Prüfung einer übermittelten Nachricht unter Verwendung eines Zertifikats. Das Zertifikat wurde von einer Zertifizierungsinstanz erstellt und enthält den öffentlichen Schlüssel
des Signierers und die Signatur der Zertifizierungsinstanz.

Die umfangreiche Norm X.509 ist ein Rahmenwerk, in dem im Detail und in eindeutiger Schreibweise der Aufbau von Zertifikaten definiert ist. Sie ist die Grundlage
vieler Anwendungen von digitalen Signaturen. Als Beispiel sei hier nur der Internet-
schutzmechanismus SSL (*secure socket layer*) und die Anwendungen PEM (*privacy
enhanced mail*), SMIME (*secure multipurpose internet mail extensions*) und SET
(*secure electronic transaction*) genannt.

Zur Beschreibung der Zertifikate wird in X.509 einheitlich ASN.1 benutzt, und für
die eigentliche Codierung findet das weithin bekannte TLV-Schema nach DER
(*distinguished encoding rules*) Anwendung.[1] Der mögliche Inhalt eines Zertifikates ist
in der folgenden Tabelle im Überblick aufgezeigt. Eine kurze Einleitung und ein Über-

---

[1] siehe auch Abschnitt 4.1 Strukturierung von Daten

blick zum Thema X.509-Zertifikate findet sich in einem Papier von Peter Gutmann [Gutmann 98 b].

Tabelle 4.19   Ein typischer Aufbau eines Zertifikats nach X.509.

Datenelement mit X.509 Bezeichnungen	Erläuterung
Version	Die Version von X.509, welche die Datenelemente dieses Zertifikats festlegt. In der Regel ist dies Version 3 von X.509.
Serial Number	Die Seriennummer des Zertifikats. Diese muß der Aussteller des Zertifikates vergeben, damit es eindeutig ist.
Signature Algorithm Identifier	Kennzeichen des verwendeten Kryptoalgorithmus für die digitale Signatur.
Issuer Name	Der Name des Ausstellers dieses Zertifikats. Der Name wird analog X.500 weltweit eindeutig beschrieben.
Validity Period	Der Gültigkeitszeitraum des Zertifikats
Subject Name	Name der Instanz, dessen öffentlicher Schlüssel durch dieses Zertifikat als authentisch anerkannt werden soll. Der Name wird analog X.500 weltweit eindeutig beschrieben.
Public Key	Der öffentliche Schlüssel der Instanz, der mit diesem Zertifikat als authentisch anerkannt werden soll.
Signatur	Die digitale Signatur über die Daten des Zertifikats.

Es existieren bei X.509-Zertifikaten sehr viele optionale Datenfelder für die unterschiedlichsten Verwendungen. So ist es problemlos möglich, mehrere öffentliche Schlüssel in einem Zertifikat unterzubringen und diese auch von unterschiedlichen Zertifizierungsstellen unterschreiben zu lassen. Dies kann dazu führen, das ein Zertifikat mehrere Kilobyte Daten umfaßt, was jedoch Probleme bereitet, wenn eine Chipkarte zur Prüfung des Zertifikats benutzt werden soll. Allerdings lassen sich mit diesem Mechanismus beispielsweise auch gegenseitige Zertifikate oder baumförmig organisierte Zertifikatshierarchien erzeugen.

5 Chipkarten-Betriebssysteme

Es mutet vielleicht verwegen an, die wenigen tausend Byte Programmcode für einen Chipkarten-Mikrocontroller als Betriebssystem zu bezeichnen, doch fällt dieses Programm tatsächlich voll und ganz unter diesen Begriff. Ein Betriebssystem nach der deutschen Norm DIN 44 300 ist nicht mehr und nicht weniger als:

„Die Programme eines digitalen Rechensystems, die zusammen mit den Eigenschaften der Rechenanlage die Grundlage der möglichen Betriebsarten des digitalen Rechensystems bilden und insbesondere die Abwicklung von Programmen steuern und überwachen."

Der Begriff Betriebssystem ist also nicht automatisch auf riesige Programme und Datenmengen beschränkt, sondern er ist völlig unabhängig von Größen, da er ausschließlich die Funktionalität definiert. Es ist wichtig, daß man mit dem Begriff Betriebssystem nicht automatisch die mehrere Megabyte großen Programme für PCs oder Unix Computer assoziiert. Diese sind genauso spezifisch auf eine Mensch-Maschine-Schnittstelle über Monitor, Tastatur und Maus hin ausgelegt, wie die Chipkarten-Betriebssysteme auf die bidirektionale, serielle Schnittstelle zum Terminal hin gestaltet sind.

Letztendlich ist für ein Betriebssystem nur die Funktionalität entscheidend, die sich aus dem Zusammenwirken von zueinander passenden und aufeinander aufbauenden Bibliotheksroutinen ergibt. Wichtig ist in diesem Zusammenhang auch, daß ein Betriebssystem eine Schnittstelle zwischen der Hardware des Rechners und der eigentlichen Anwendungssoftware ist. Dies hat für die Anwendungssoftware auch den großen

Vorteil, daß diese nicht direkt auf die Hardware zugreifen muß und so zumindest eine, wenn auch oft sehr begrenzte, Portabilität erhalten bleibt.

Anfang der 90er Jahre hat es nur sehr wenige echte Betriebssysteme für Chipkarten gegeben. Dies war unter anderem durch die damals sehr stark beschränkte Speicherkapazität auf den Chipkarten-Mikrocontrollern bedingt. Der Regelfall waren damals weniger Betriebssysteme als eine gut strukturierte Sammlung von Bibliotheksroutinen im ROM, die dann bei der Komplettierung je nach Anwendung aufgerufen wurden. Der Aufbau dieser Systeme war weitgehend monolithisch und ließ Änderungen nur unter großem Aufwand zu. Die nächste Generation wurde schon als geschichtetes Betriebssystem aufgebaut, bei dem es mit zahllosen Verfeinerungen bis heute geblieben ist.

Eines der ersten „richtigen" Chipkarten-Betriebssysteme war das von Giesecke und Devrient [GD] und der Gesellschaft für Mathematik und Datenverarbeitung (GMD) [GMD] entwickelte STARCOS. Mit diesem Betriebssystem, dessen Entwicklung 1990 begann, war es schon damals möglich, mehrere Anwendungen unabhängig voneinander auf einer Chipkarte anzulegen, zu betreiben und zu verwalten.

Im Laufe der Entwicklung hat sich weltweit die Bezeichnung COS (*card operating system*) für Chipkarten-Betriebssysteme eingebürgert. Diese ist auch häufig als Teil des Produktnamens (z.B.: STARCOS, MPCOS) zu finden. Mittlerweile gibt es weltweit über ein Dutzend Hersteller von allgemeinen und anwendungsunabhängigen Chipkarten-Betriebssystemen, welche in der folgenden Tabelle im Überblick aufgezeigt sind.

Tabelle 5.1   Einige Beispiele von Chipkarten-Betriebssystemen unterschiedlicher Hersteller und deren WWW-Adressen. Die Liste ist eine Auswahl und nicht vollständig.

Name des Betriebssystems	Hersteller
CardOS	Siemens [Siemens]
Cyberflex, Multiflex, Payflex	Schlumberger [Schlumberger]
MFC	IBM [IBM]
Micado	Orga [Orga]
Multos	Maosco [Maosco]
OSCAR	Oki [Oki]
PCOS, MCOS, MPCOS	Gemplus [Gemplus]
STARCOS	Giesecke & Devrient [GD]
TB, CC, Odyssey	Bull CP8 [Bull]
TCOS	Telesec [Telesec]

Es ist vorstellbar, daß es mittelfristig zu einer Konsolidierung der mit unterschiedlichsten Eigenschaften und Funktionen ausgestatteten Chipkarten-Betriebssystemen kommen wird und damit zu einem ähnlichen Effekt wie bei den PCs, die mittlerweile alle mit einem „Einheitsbetriebssystem" betrieben werden. Ob dies auch die Zukunft bei den Chipkarten-Betriebssystemen sein wird, bleibt abzuwarten, denn hier sind die Rahmenbedingungen für eine Einheitslösung weniger günstig. Extreme Anforderungen im Bereich Sicherheit und Softwarequalität, Speicherplatzmangel und die Forderung nach Vertraulichkeit der Betriebssystemsoftware haben durchaus das Potential, ein universelles und alle möglichen Wünsche befriedigendes Chipkarten-Betriebssystem auf absehbare Zeit unmöglich zu machen.

Dieses Kapitel versucht anhand der in diversen Spezifikationen, Normen und Beschreibungen über Software für Chipkarten die möglichen Aspekte und Varianten heutiger Chipkarten-Betriebssysteme zu beleuchten, so daß hier ein allgemeiner Querschnitt der heutigen Chipkarten-Betriebssysteme im Detail zu finden ist.

5.1   Bisherige Entwicklung der Betriebssysteme

Die Evolution von Betriebssystemen im Chipkartenbereich hat die gleichen Phasen der Entwicklung durchlaufen wie bei alle anderen Computersystemen. Die anfänglichen Spezialprogramme für eine einzige Anwendung wurden immer weiter verallgemeinert und erweitert, so daß am Ende der Entwicklung ein einfach und strukturiert zu benutzendes Betriebssystem, das allgemein einsetzbar ist, entstand.

Die Programme für Chipkarten-Mikrocontroller in den Anfängen dieser Entwicklung um 1980 kann man aus heutiger Sicht eigentlich noch nicht als richtiges Betriebssystem bezeichnen. Dies war schlichtweg Anwendersoftware, die als ROM in einem Chip verankert war. Doch weil die Herstellung maskenprogrammierter Mikrocontroller teuer und zeitraubend ist, entstand sehr schnell das Bedürfnis nach allgemein einsetzbaren Kernroutinen, auf die dann im EEPROM bei Bedarf spezielle Anwendungssoftware aufbauen kann. Dadurch stieg aber auch der Speicherbedarf an, was bei einigen Firmen zu einer Gegenbewegung wieder hin zur Spezialsoftware für eine einzige Anwendung führte.

Da sich aber vom Markt her die Nachfrage nach individuell angepaßten Lösungen bis heute laufend verstärkt, sind die Betriebssystem-Hersteller mehr oder minder gezwungen, ihre angebotenen Programme dahingehend auszulegen. Nur im Falle von Anwendungen mit sehr großen Stückzahlen geht man heute noch den individuellen Weg einer speziell entwickelten ROM-Software. Der Regelfall sind aber die allgemein einsetzbaren und auch auf genormten Kommandos basierenden Betriebssysteme, die von ihren Prinzipien her für jede Anwendung einsetzbar sind. Sollte dies aus speziellen Gründen einmal nicht möglich sein, dann sind sie zumindest so aufgebaut, daß sie mit geringem Aufwand und in kurzer Zeit an die Anforderungen jeder Anwendung angepaßt werden können.

Die „historische" Entwicklung der Chipkarten-Betriebssysteme von 1980 bis heute läßt sich sehr gut anhand der Chipkarten für die Mobiltelefonnetze in Deutschland aufzeigen. Die im C-Netz, dem Vorgänger von GSM (D-Netz) in Deutschland, seit 1987 eingesetzte Chipkarte hat ein Betriebssystem, das für diese eine Anwendung hin optimiert wurde. Dazu gehören ein eigenes Übertragungsprotokoll, Spezialkommandos und ein auf die Anwendung zugeschnittener Dateiaufbau. Alles im allem hat die Karte sehr wohl ein vollständiges Betriebssystem, nur ist es komplett auf das Einsatzgebiet „C-Netz" zugeschnitten.

Der nächste Schritt war der Übergang von der Speziallösung hin zu einer etwas offeneren Architektur des Betriebssystems. Ein Vertreter davon sind die ersten GSM-Karten, die wesentlich offener und multifunktional aufgebaut sind. Zu dem Zeitpunkt, als die GSM-Chipkarten spezifiziert wurden, gab es auch schon Normenentwürfe für den Befehlssatz und die Datenstrukturen von Chipkarten, so daß der Grundstein für eine Kompatibilität zwischen den einzelnen Betriebssystemen gelegt war. Auf dieser Grundlage wurde dann Schritt für Schritt weiterentwickelt. Moderne Betriebssysteme für GSM weisen heute Funktionen wie Speicherverwaltung, mehrere Dateistrukturen und Zustandsautomaten auf, die sie sehr nahe an die Möglichkeiten der Multiapplication-Betriebssysteme heranbringen. Sie können mehrere Anwendungen unabhängig voneinander verwalten, ohne daß diese sich gegenseitig in irgendeiner Form beeinflussen. Auch besitzen sie meist sehr aufwendige Zustandsautomaten, eine große Menge an Kommandos und manchmal mehrere Übertragungsprotokolle.

Doch auch diese Entwicklung geht weiter. Die Chipkarte in Mobiltelefonen übernimmt mehr und mehr Funktionen des Mobiltelefons selber, wie beispielsweise die Ansteuerung des Display und Abfrage der Tastatur. Um hier so flexibel wie möglich zu sein, muß mit einem bisher mit einem in der Chipkartenwelt eisern festgehaltenen Grundsatz gebrochen werden. Ein modernes Chipkarten-Betriebssystem muß fähig sein, von Dritten erstellten Programmcode auf der Chipkarte auszuführen. Daß dabei andere auf der Chipkarte befindliche Anwendungen weder in ihrer Funktion gestört noch in ihrer Sicherheit beeinträchtigt werden dürfen, ist bei einem Chipkarten-Betriebssystem eine Selbstverständlichkeit.

Die Entwicklung bei Chipkarten-Betriebssystemen könnte wohl in absehbarer Zukunft über mehrere Schritte zu einem internationalen Quasi-Standard für allgemein einsetzbare Betriebssysteme führen, so wie dies bei vielen anderen Betriebssystemen bereits heute der Fall ist. Nach einigen Jahren setzt sich über kurz oder lang immer ein sogenannter Industriestandard durch, den alle Wettbewerber im Markt als kleinsten gemeinsamen Nenner unterstützen müssen, wenn sie weiterhin erfolgreich bleiben wollen. Dieser Standard existiert momentan in der Chipkartenwelt noch nicht, doch die ersten Anzeichen dafür sind absehbar. Grundlage bilden hier aber, anders als beispielsweise in der PC-Welt, internationale Normen und Spezifikationen. Dies sind hauptsächlich die ISO/IEC 7816 Normenreihe, die GSM 11.11 und die EMV-Spezifikationen.

5.2   Grundlagen

Die Betriebssysteme für Chipkarten weisen im Gegensatz zu den allgemein bekannten Betriebssystemen keine Benutzeroberfläche und keine Zugriffsmöglichkeiten auf externe Speichermedien auf, da sie auf eine ganz andere Funktionalität hin optimiert sind. Die Sicherheit bei der Ausführung von Programmen und der geschützte Zugriff auf Daten hat dabei die oberste Priorität. Sie haben aufgrund der Einschränkungen durch den zur Verfügung stehenden Speicherplatz einen sehr kleinen Codeumfang, der im Bereich zwischen 3 und 30 kByte liegt. Die untere Grenze steht dabei für Spezialanwendungen und die obere für Multiapplication-Betriebssysteme. Der durchschnittliche Speicherbedarf liegt aber meist im Bereich um 16 kByte.

Die Programmmodule sind als ROM-Code geschrieben, was dazu führt, daß die Methoden der Programmierung sehr eingeschränkt sind, da viele bei RAM-Programmcode übliche Abläufe (z.B. selbstmodifizierender Code) nicht möglich sind. Der ROM-Code ist auch der Grund dafür, daß nach der Programmierung und Herstellung des ROMs auf dem Mikrocontroller keinerlei Änderungen mehr vorgenommen werden können. Die Beseitigung eines Fehlers ist dadurch extrem teuer und mit einer Durchlaufzeit von 10 bis 12 Wochen verbunden. Ist die Chipkarte beim Endbenutzer angelangt, dann lassen sich Fehler nur mehr durch großangelegte Umtauschaktionen beseitigen, die den Ruf eines auf Chipkarten basierenden Systems ruinieren können. Eine „quick and dirty"-Programmierung verbietet sich deshalb von selbst. Der zeitliche Aufwand für Test und Qualitätssicherung ist deshalb im Regelfall wesentlich höher als die Zeitdauer für die Programmierung.

Doch müssen diese Betriebssysteme neben der extremen Fehlerarmut auch sehr zuverlässig und robust sein. Sie dürfen durch kein von außen kommendes Kommando in ihrer Funktion und vor allem in ihrer Sicherheit beeinträchtigt werden. Systemzusammenbrüche oder unkontrollierte Reaktionen auf ein fehlerhaftes Kommando oder durch ausgefallene Seiten im EEPROM dürfen auf keinen Fall vorkommen.

Vom Standpunkt des Betriebssystemdesigns aus ist es leider so, daß die Realisation bestimmter Mechanismen von der verwendeten Hardware beeinflußt wird. Es ist vor allem der sichere Zustand des EEPROMs, der zwar nur einen kleinen, aber doch spürbaren Einfluß auf die Gestaltung des Betriebssystems hat. So müssen beispielsweise alle Fehlbedienungszähler so gestaltet sein, daß ihr höchster Wert mit dem gelöschten Zustand des EEPROMs zusammenfällt. Ist dies nicht der Fall, könnte man beispielsweise beim Schreiben des Fehlbedienungszählers durch gezieltes Abschalten der Spannungsversorgung diesen wieder auf seinen Ausgangswert zurücksetzen. Das ist deshalb möglich, da vor bestimmten Schreibzugriffen auf das EEPROM dieses gelöscht werden muß. Würde man nun genau im richtigen Augenblick nach dem Löschen und vor dem erneuten Schreiben die Spannungsversorgung abschalten, dann befände sich der Teil des EEPROMs für den Fehlbedienungszähler im gelöschten Zustand, und bei falscher Gestaltung des Betriebssystems wäre der Fehlbedienungszähler wieder auf seinem Ausgangswert gesetzt. Diesem Angriff kann entweder durch die vorgenannte richtige Codierung der Zählweise oder durch atomare Abläufe beim Schreiben des Fehlbedienungszählers begegnet werden. Ähnlich verhält es sich mit Fehlbedienungszähler und dem sicheren, d.h. energieärmsten Zustand des EEPROMs. Der Fehlbedienungszähler muß so codiert sein, daß sein Maximalwert immer dem sicheren Zustand des EEPROMs entspricht. Ist dies nicht der Fall, dann könnte man beispielsweise durch punktuelles Erhitzen von EEPROM-Zellen den Fehlbedienungszähler wieder zurücksetzen. Dies sind nur zwei Beispiele für Hardwareabhängigkeiten beim Aufbau eines Chipkarten-Betriebssystem, es gäbe noch viele weitere. Ein Chipkarten-Betriebssystem muß aus Sicherheitsgründen eng mit der Hardware des verwendeten Mikrocontrollers verknüpft werden und kann deshalb nicht vollständig hardwareunabhängig gebildet werden.

Der Begriff „Sicherheitsbetriebssystem" enthält auch noch einen anderen Aspekt. Falltüren und andere Hintereingänge für Systemprogrammierer, wie sie bei großen Systemen immer wieder vorkommen und sogar durchaus üblich sind, müssen bei Chipkarten-Betriebssystemen gänzlich ausgeschlossen sein. Es darf z.B. keine Möglichkeit geben, am Betriebssystem vorbei mit irgendeinem Mechanismus Daten unautorisiert auszulesen.

Nicht zu unterschätzen ist außerdem die erforderliche Leistungsfähigkeit. Die im Betriebssystem vorhandenen kryptografischen Funktionen müssen in sehr kurzer Zeit ablaufen. So ist es üblich, während der Entwicklung in wochenlanger Kleinarbeit die entsprechenden Algorithmen in Assembler zu optimieren. Es ist daher einleuchtend, daß Multitasking aufgrund der verwendeten Hardwareplattformen und der geforderten Zuverlässigkeit nicht verwendet werden kann. Die Beschränkung auf eine einzeln ablaufende Task verhindert aber leider auch den Einsatz von Schutzprozessen, die Teile des Betriebssystems in Ablauf und Randbedingungen überwachen.

Zusammenfassend hat ein Chipkarten-Betriebssystem die folgenden Hauptaufgaben:

* Datenübertragung von und zur Chipkarte
* Ablaufsteuerung der Kommandos
* Dateiverwaltung
* Verwaltung und Ausführung von kryptografischen Algorithmen

Kommandoabarbeitung

Die typische Kommandoabarbeitung innerhalb des Chipkarten-Betriebssystems, das keinen nachladbaren Programmcode unterstützt, läuft wie folgt ab: Alle Kommandos an die Chipkarte empfängt diese über die serielle I/O-Schnittstelle. Fehlererkennungs- und -korrekturmechanismen führt der I/O-Manager bei Bedarf völlig unabhängig von den übrigen, darauf aufbauenden Schichten aus. Nachdem ein Kommando vollständig und fehlerfrei empfangen wurde, muß der Secure Messaging Manager diesen gegebenenfalls entschlüsseln oder auf Integrität prüfen. Findet keine gesicherte Datenübertragung statt, ist dieser Manager sowohl für Kommando als auch Antwort völlig transparent.

Nach dieser Bearbeitung versucht die darüberliegende Schicht, der Kommandointerpreter, das Kommando zu decodieren. Ist dies nicht möglich, folgt ein Aufruf des Returncode-Managers, welcher einen entsprechenden Returncode generiert und via I/O-Manager an das Terminal zurücksendet. Es kann notwendig sein, den Returncode-Manager applikationsspezifisch zu gestalten, da die Returncodes nicht zwangsläufig für alle Anwendungen einheitlich sind. Konnte das Kommando jedoch decodiert werden, dann ermittelt der Logical Channel Manager den angewählten Kanal, schaltet auf dessen Zustände um und ruft dann im Gutfall den Zustandsautomaten auf.

Dieser prüft nun, ob das Kommando an die Chipkarte mit den gesetzten Parametern im aktuellen Zustand überhaupt erlaubt ist. Ist das der Fall, dann wird der eigentliche Programmcode des Anwendungskommandos ausgeführt, welcher die Abarbeitung des Kommandos übernimmt. Falls das Kommando im aktuellen Zustand verboten ist oder die Parameter dazu nicht erlaubt sind, erhält das Terminal über Returncode Manager und I/O-Manager eine entsprechende Meldung.

Ist es notwendig, während der Kommandobearbeitung auf eine Datei zuzugreifen, dann geschieht dies nur über die Dateiverwaltung, die alle logischen Adressen in physikalische Adressen des Chips umsetzt. Weiterhin überwacht sie die Adressen hinsichtlich der Bereichsgrenzen und prüft die Zugriffsbedingungen auf die jeweilige Datei.

Die Dateiverwaltung selber benutzt einen weiteren Speichermanager, der die komplette Verwaltung des physikalisch adressierten EEPROMs übernimmt. Damit ist sichergestellt, daß nur in diesem Programmodul mit echten physikalischen Adressen gearbeitet wird, was die Portabilität und Sicherheit des ganzen Betriebssystems erheblich steigert.

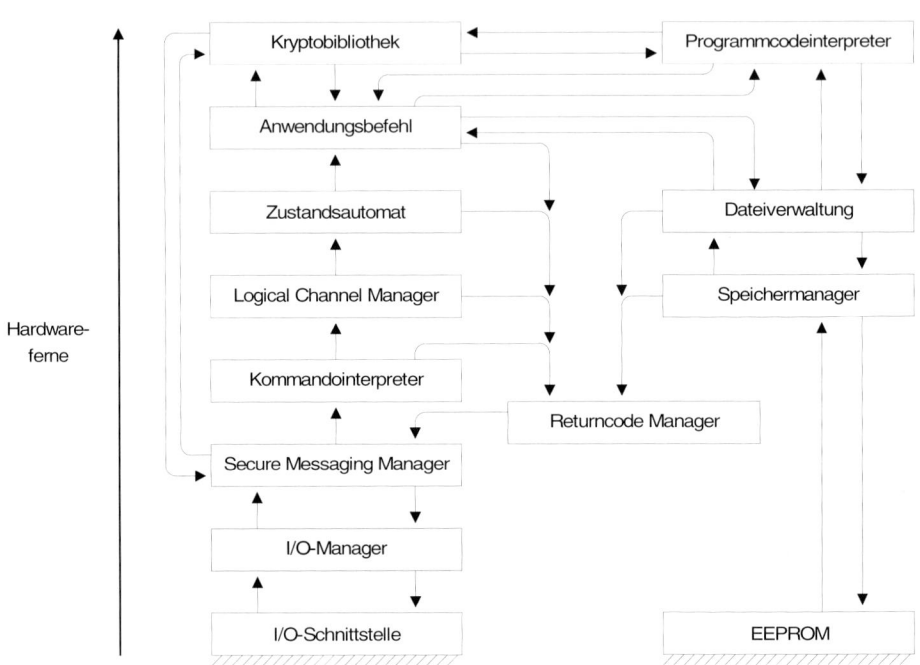

Bild 5.1   Ablauf der Kommandoabarbeitung innerhalb eines Chipkarten-Betriebssystems. Der Programmcodeinterpreter ist optional und kann auch direkt vom Zustandsautomaten aus aufgerufen werden, wie dies beispielsweise bei Java geschieht.

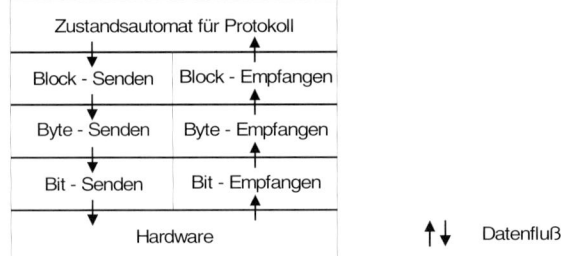

Bild 5.2   Teilablauf der Kommandoabarbeitung innerhalb des I/O-Managers in einem Chipkarten-Betriebssystem.

Die Erzeugung der Antwortcodes übernimmt ein zentraler Returncode Manager, der dann für den aufrufenden Programmteil jeweils die komplette Antwort erzeugt. Diese Schicht übernimmt für alle anderen Teile des Betriebssystem die Verwaltung und Erzeugung aller verwendeten Returncodes.

Da Chipkarten-Betriebssysteme meist kryptografische Funktionen nutzen, ist in der Regel noch eine eigene und vom Rest des Betriebssystems abgetrennte Bibliothek mit kryptografischen Funktionen vorhanden. Diese Kryptobibliothek dient allen anderen Modulen als zentrale Anlaufstelle bei Benutzung von Kryptofunktionen.

Zusätzlich zu diesen Schichten kann im Bereich oberhalb der Anwendungskommandos noch ein Interpreter oder ein Prüfprogramm für ausführbare Dateien vorhanden sein. Dieser überwacht die in diesen Dateien enthaltenen Programme und führt sie aus oder interpretiert sie. Der genaue Aufbau und die Implementation hängt davon ab, ob überhaupt Dateien mit ausführbarem Code vorgesehen sind und ob Maschinencode für den Prozessor oder zu interpretierender Code abgespeichert ist. Diese ganze Thematik ist ausführlich in Abschnitt „5.10 Chipkarten-Betriebssysteme mit nachladbarem Programmcode" dargestellt.

Profile von Chipkarten
Anders als im Bereich der PC-Betriebssysteme ist der Speicherplatz bei Chipkarten so stark eingeschränkt, daß vielfach nicht alle genormten Kommandos und Dateistrukturen implementiert werden können. Aus diesem Grund hat man in den zwei relevanten Normen für generell einsetzbare Betriebssysteme (EN 726-3 und ISO/IEC 7816-4) sogenannte Profile für Chipkarten eingeführt. Diese definieren jeweils eine Untermenge von Kommandos und Dateistrukturen der entsprechenden Norm.

Die Untermenge muß dann in einer Chipkarte des bestimmten Profils mindestens enthalten sein. Die Beschreibung der Kartenprofile ist aber in beiden Normen im Anhang als informativ und nicht als normativ gekennzeichnet, so daß sie nur eine Empfehlung an die Betriebssystemdesigner darstellen. Die in der ISO/IEC 7816-4 aufgeführten fünf Profile sind in den Tabellen 5.2 und 5.3 im Überblick beschrieben.

Die auf dem Markt erhältlichen Chipkarten-Betriebssysteme unterstützen in der Regel unterschiedliche Chipkarten-Mikrocontroller mit differierenden Speichergrößen. Aus diesem Grund gibt es in der Praxis ebenfalls oft Betriebssystemprofile, die dann einen bestimmten Funktionsumfang in Abhängigkeit vom Chiptyp festlegen. Diese Profile innerhalb eines Chipkarten-Betriebssystems sind in der Regel so gestaltet, daß zumindest von den kleineren Speichergrößen zu den größeren hin eine einfache Migration von Anwendungen möglich ist, ohne daß Kommandos oder Dateiaufbau geändert werden müssen.

Tabelle 5.2   Kurzbeschreibung der verschiedenen Profile von Chipkarten nach ISO/IEC 7816-4. Die aufgeführten Dateistrukturen und Kommandos stellen jeweils das geforderte Minimum dar.

Profil	Beschreibung	
Profil M	Dateistrukturen:	• transparent • linear fixed
	Kommandos:	• READ BINARY, UPDATE BINARY ohne implizite Selektion und maximale Länge bis 256 Byte • READ RECORD, UPDATE RECORD ohne implizite Selektion • SELECT FILE unter direkter Angabe des FID • VERIFY • INTERNAL AUTHENTICATE
Profil N	wie Profil M mit zusätzlicher Verwendung eines DF-Name bei SELECT FILE	
Profil O	Dateistrukturen:	• transparent • linear fixed • linear variable • cyclic
	Kommandos:	• READ BINARY, UPDATE BINARY ohne implizite Selektion und maximale Länge bis 256 Byte • READ RECORD, UPDATE RECORD ohne implizite Selektion • APPEND RECORD • SELECT FILE • VERIFY • INTERNAL AUTHENTICATE • EXTERNAL AUTHENTICATE • GET CHALLENGE
Profil P	Dateistrukturen: Kommandos:	• transparent • READ BINARY, UPDATE BINARY ohne implizite Selektion und maximale Länge bis 64 Byte • SELECT FILE unter direkter Angabe des DF-Name • VERIFY • INTERNAL AUTHENTICATE
Profil Q	Datenübertragung: Dateistrukturen: Kommandos:	• Secure Messaging • --- • GET DATA • PUT DATA • SELECT FILE unter direkter Angabe des DF-Name • VERIFY • INTERNAL AUTHENTICATE • EXTERNAL AUTHENTICATE • GET CHALLENGE

5.3   Entwurfs- und Implementierungsprinzipien

Bekanntermaßen wirken sich Entwurfsfehler erst während der Implementierung aus und verursachen dort ein vielfaches der Kosten, die sie bei einem besseren und fehlerärmeren Entwurf verursacht hätten. Doch dies ist bei allen Softwareprojekten eine gegebene Tatsache. Um solche Fehler zu vermeiden, empfiehlt es sich, einige Prinzipien während des Entwurfs und der Implementierung von Chipkarten-Betriebssystemen zu beachten.

Ein Chipkarten-Betriebssystem ist von seiner Aufgabenstellung her immer ein Sicherheitsbetriebssystem, das Informationen verwalten und vor allem geheimhalten muß. Ebenso sind in der Regel keinerlei Änderungen oder Updates der Software während des Betriebs mehr möglich. Damit ist das oberste Prinzip schon vorgegeben. Ein Chipkarten-Betriebssystem muß extrem zuverlässig und damit auch extrem fehlerarm sein. Eine totale Fehlerfreiheit läßt sich in der Realität ja nie erreichen, da selbst die kleinen Betriebssystemkerne der Chipkarten zu groß sind, um sie vollständig in allen Möglichkeiten des internen Programmablaufs zu prüfen.

Ein streng modularer Aufbau trägt aber entscheidend dazu bei, daß eventuelle Fehler während der Implementierungsphase entdeckt und beseitigt werden können. Diese Modularität, die die Zuverlässigkeit stark erhöht, muß nicht unbedingt mit einem großen Mehraufwand an Programmcode verbunden sein. Ein weiterer Vorteil der Modularität ist, daß sich mögliche Systemzusammenbrüche im allgemeinen nicht so stark auf die Sicherheit auswirken wie bei einem hochoptimierten und speichersparenden Programmcode. Das wiederum führt dazu, daß die Auswirkungen möglicher Fehler lokal bleiben und das Betriebssystem als ganzes robuster und stabiler wird.

Dadurch, daß die Implementation meistens in Assembler durchgeführt werden muß, erhöht sich auch die Fehleranfälligkeit. Der Aufbau aus einzeln vollständig austestbaren Modulen trägt durch die definierten Schnittstellen stark dazu bei, Programmierfehler rechtzeitig zu erkennen und einzugrenzen. Dies führt in der Konsequenz zu dem in Bild 5.1 dargestellten Schichtenaufbau des Betriebssystems. Der höhere Planungs- und Codierungsaufwand wird durch die erheblich einfacheren Tests und Prüfungen wirtschaftlich auf jeden Fall wettgemacht. Dies hat dazu geführt, daß mittlerweile fast alle Betriebssysteme die hier beschriebene oder dazu eine sehr ähnliche interne Struktur besitzen.

Die übliche Vorgehensweise bei dem Systementwurf ist das Modul-Schnittstellen-Konzept. Während des Entwurfs werden die Aufgaben des Betriebssystems und der Anwendung so weit wie möglich in Funktionen zerlegt und diese dann in Module zusammengefaßt. Sind die Schnittstellen der Module exakt beschrieben, so wird mit der Programmierung der einzelnen Module, auch durch mehrere Personen, begonnen. Im Idealfall erstellt man als erstes eine plattformfreie Implementierung, die noch keine spezifischen Eigenschaften des jeweiligen Mikrocontrollers besitzt. Nachdem diese vollständig geprüft wurde, kann man dann die notwendigen Adaptionen an den entsprechenden Mikrocontroller vornehmen.

Dadurch, daß Chipkarten-Betriebssysteme vom Programmcodeumfang immer noch klein sind, ist diese sehr pragmatische Vorgehensweise ohne größere Probleme einsetzbar. Die Vorteile, nämlich der geringe Planungsbedarf und die Verteilungsmöglichkeit der Programmieraufgaben auf mehrere Personen, sowie die einfache Wiederverwendbarkeit von Programmcode, kommen hier voll zum Tragen. Die Nachteile, die durch dieses Verfahren erkauft werden müssen, nämlich der schwierigere Nachweis der Korrektheit des Systems und die in manchen Änderungsfällen großen Auswirkungen auf viele Module, stehen diesen Vorteilen gegenüber.

Die Softwareentwicklung von Betriebssystemen für Chipkarten bewegt sich von der kompletten Programmierung in Assembler weg. Viele neuere Projekte werden von Anfang an in der hardwarenahen Hochsprache C durchgeführt. Jedoch baut der eigentliche Kern der Betriebssysteme weiterhin auf maschinenabhängigen Assemblerroutinen auf, während alle übergeordneten Module, wie Dateiverwaltung, Zustandsautomat und Kommandointerpreter, in C programmiert sind. Dies senkt deutlich die Implementierungszeit, die Programme sind leichter zu portieren, wiederzuverwenden und vor allem ist der Programmcode durch die Verwendung einer Hochsprache wesentlich besser prüfbar. Diese bessere und übersichtlichere Programmstruktur durch eine Hochsprache führt in Folge zu einer merklich geringeren Fehlerquote.

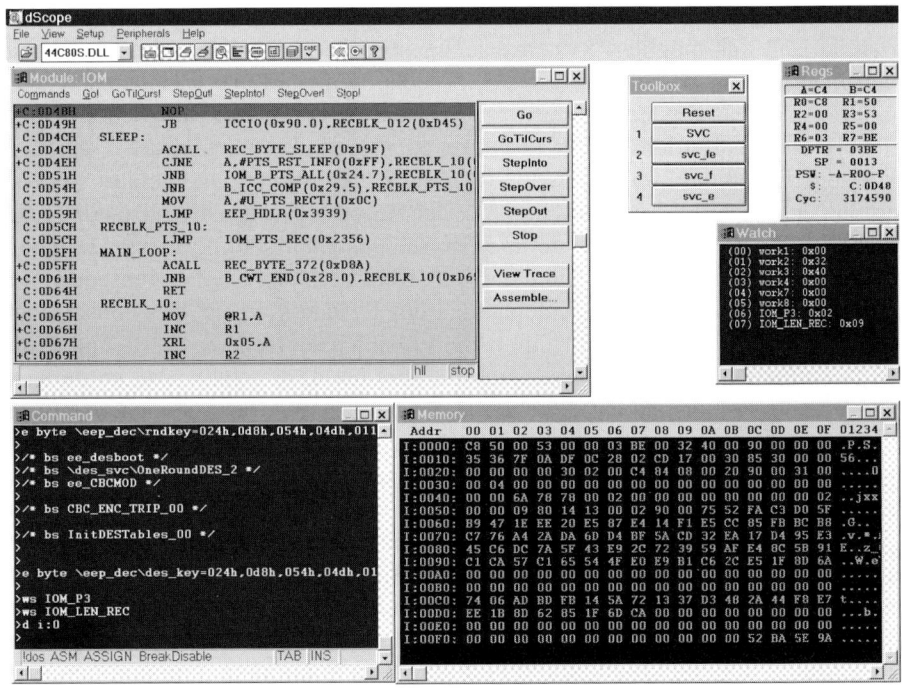

Bild 5.3   Beispiel der Simulation eines Chipkarten-Mikrocontrollers im Umfeld der typischen Entwicklungsumgebung für die Programmiersprachen Assembler und C. Links oben befindet sich das Fenster mit dem Sourcecode, rechts daneben Anzeigen für verschiedene Prozessorregister, darunter ein Speicherabbild des RAMs und links unten die Kommandozeile für die Simulatorsteuerung. Der Simulator ermöglicht dem Softwareentwickler, alle Funktionen des Mikrocontrollers zu überwachen und an jeder Stelle des Programmablaufs einzugreifen. (Keil)

Leider benötigt der Programmcode, den selbst hochoptimierende C-Compiler generieren, für die gleiche Funktionalität, zwischen 20 % und 40 % mehr Speicherplatz im

ROM als der Programmcode in Assembler geschrieben. Ferner ist die Performanz bei einer Implementierung in C geringfügig niedriger als bei einer Programmierung in Assembler. Heikel ist dies allerdings nur bei kryptografischen Algorithmen und den Übertragungsprotokollen, da alle anderen Programmteile in Chipkarten-Betriebssystemen in der Regel keine zeitkritischen Abläufe enthalten.

Das größte Problem bei der Programmierung in C ist aber nicht unbedingt der zusätzlich im ROM notwendige Speicherplatz bzw. die niedrigere Ausführungsgeschwindigkeit, sondern der Verbrauch an RAM. Da diese Speicherart aber äußerst begrenzt in einer Chipkarte zur Verfügung steht und sie zu allem Nachteil auch noch im Verhältnis zur Speicherzellengröße am meisten Platz auf dem Chip benötigt, ist dies das Haupthindernis, warum zur Programmierung von Chipkarten-Betriebssystemen bisher Hochsprachen eher verhalten eingesetzt werden.

Tabelle 5.3   Einige Beispiele für den typischen Speicherverbrauch von in Assembler implementierten Funktionen eines Chipkarten-Betriebssystem.

Funktion	benötigter Programmspeicher
CRC-Algorithmus	$\approx$ 50 Byte
Dateiverwaltung (MF, 2 DF Ebenen, EF, 4 EF Strukturen)	$\approx$ 1 200 Byte
DES-Algorithmus	$\approx$ 1 200 Byte
EEPROM Schreiben	$\approx$ 150 Byte
RSA-Algorithmus (mit NPU)	$\approx$ 300 Byte
Übertragungsprotokoll T=0	$\approx$ 500 Byte
Übertragungsprotokoll T=1	$\approx$ 1 200 Byte

Da Chipkarten in sehr sicherheitssensiblen Bereichen Einsatz finden, muß der Kartenherausgeber bzw. Anwendungsanbieter viel Vertrauen in die Integrität des Betriebssystem-Herstellers haben, denn dieser hat alle Möglichkeiten, durch eine vorsätzlich eingebrachte Sicherheitslücke das gesamte System zu diskriminieren. Als Beispiel denke man sich dazu nur eine elektronische Geldbörse auf einer Chipkarte, deren Ladekommando so manipuliert wurde, daß bei einer bestimmten Konstellation die Börse unerlaubt aufgeladen werden kann.

Solche Szenarien sind auch der Grund, warum sich bisher international nur einige Betriebssystem-Hersteller durchsetzen konnten. Das Risiko, ein vermeintlich sicheres Betriebssystem mit einem trojanischen Pferd von einem kleinen, unbekannten Hersteller zu bekommen, ist einfach wesentlich größer als bei einer der bekannten Firmen dieses Gewerbes.

Um jedoch für diese Fälle eine höhere Nachvollziehbarkeit und Sicherheit zu erreichen, werden seit einiger Zeit bei Chipkarten-Betriebssystemen vermehrt Evaluierungen nach ITSEC bzw. dem Nachfolger Common Criteria angestrebt.[1] Dies geschieht entweder freiwillig durch die Betriebssystem-Hersteller oder aber durch Forderung der größeren Anwendungsanbieter. Diese wollen durch eine Evaluierung des Chipkarten-Betriebssystems die Sicherheit erhöhen, daß keine signifikanten Fehler im Pro-

---

[1] siehe auch Abschnitt 9.3 Evaluierung und Test von Software

grammcode enthalten sind. Eine Prüfung auf absichtlich eingeschleuste trojanische Pferde würde wahrscheinlich auch durch eine Evaluierung nur bedingt entdeckt werden, da die Möglichkeiten dazu praktisch unbegrenzt sind.

Bisher übliche Evaluierungsstufen bei Chipkarten-Betriebssystemen sind E3 und E4 nach ITSEC. Vereinzelt wird sogar die Evaluierungsstufe E6 gefordert und auch angeboten. Dabei darf jedoch nicht übersehen werden, daß eine Evaluierung nach E4 für ein vollständiges Chipkarten-Betriebssystem im Bereich von einer halben Million Mark liegen kann. Hinzu kommt dann noch die Pflicht einer Neuevaluierung bei Änderungen im Programmcode, was freilich weniger aufwendig ist als die Erstevaluierung. Dies sind die wesentlichen Gründe, warum immer noch verhältnismäßig wenige Chipkarten-Betriebssysteme eine Evaluierung nach ITSEC haben. Öfter werden deshalb von Prüfinstituten Evaluierungen ohne einen Bezug zur ITSEC durchgeführt. Dabei beschränkt man sich auf eine gründliche Prüfung der Designkriterien, des Sourcecodes und der Dokumentation. Dies ist beispielsweise grundsätzlich Pflicht bei den Betriebssystemen für die deutschen ec-Karten.

5.4   Aufteilung des Programmcodes

Der Lebenszyklus eines Chipkarten-Betriebssystems ist in zwei Teile getrennt – den Teil vor und den Teil nach der Komplettierung. Im Abschnitt vor der Komplettierung, bei dem der Mikrocontroller aus der Halbleiterfertigung mit leerem EEPROM kommt, laufen alle Programmteile im ROM ab. Es werden weder Daten aus dem EEPROM gelesen, noch dort Programme ausgeführt. Stellt sich zu diesem Zeitpunkt heraus, daß im ROM-Code ein Fehler vorhanden ist, der die Komplettierung unmöglich macht, so muß die gesamte produzierte Charge der Mikrocontroller vernichtet werden, da für die Chips keine weitere Verwendung besteht.

Um die Wahrscheinlichkeit eines solchen Fehlers gering zu halten, könnte man nur eine kleine Laderoutine für das EEPROM in das ROM implementieren und dann das eigentliche Betriebssystem in das EEPROM nachladen. Da aber die erforderliche Chipfläche für ein Bit im EEPROM 4mal größer ist als für ein Bit im ROM und sich dies somit überproportional auf den Preis des Chips auswirkt, muß sich aus rein wirtschaftlichen Gründen soviel Code wie möglich im ROM befinden. Deshalb sind alle Routinen für den Betriebssystemkern und auch den Rest des Betriebssystems in ihren wesentlichen Teilen komplett im ROM untergebracht. Lediglich einige Aussprünge ins EEPROM sind dann noch für den komplettierten Fall vorgesehen.

Einige Betriebssysteme laufen auch nach der Komplettierung noch vollständig im ROM ab, nur die Daten sind im EEPROM untergebracht, um so die Größe des teuren EEPROMs möglichst klein zu halten. Natürlich erkauft man sich diese Minimierung der verbrauchten Fläche an Speicherplatz durch große Einschränkungen der Flexibilität des Betriebssystems.

Bei der Komplettierung werden dann die ROM-Teile für die eigentliche Anwendung angepaßt. Der ROM-Teil ist sozusagen eine große Bibliothek, die durch das EEPROM zu einer funktionsfähigen Anwendung verbunden und ausgebaut wird. Zusätzlich besteht bei fast allen Betriebssystemen noch die Möglichkeit, bei der Komplettierung

Programmcode für weitere Kommandos oder spezielle kryptografische Algorithmen in das EEPROM zu laden. Dies ist aber unabhängig von eventuell vorhandenen ausführbaren Dateien, da der Inhalt zu einem späteren Zeitpunkt, z.B. vom Personalisierer, geladen werden kann. Die während der Komplettierung ins EEPROM eingebrachten Programme sind vollständig in das Betriebssystem eingebunden und von diesem auch direkt zu benutzen.

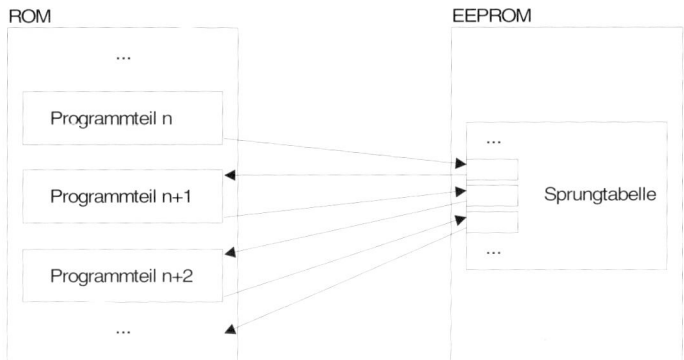

Bild 5.4   Verbindung von Programmcodeteilen im ROM durch eine Verknüpfungstabelle, welche beim Komplettieren des Betriebssystems in das EEPROM geladen wird.

Hardwareerkennung
Die meisten der neueren Betriebssysteme sind auf Mikrocontrollern mit unterschiedlichen großen EEPROM-Speicher lauffähig. Die Größe von ROM und RAM muß jedoch dabei gleichbleiben. Somit ist es für einen Kartenherausgeber möglich, immer die für ihn kostenminimalste Chipgröße einzusetzen. Er könnte anfangs beispielsweise mit einer kostengünstigen Monoapplikationskarte mit 1 kByte EEPROM beginnen und bei Bedarf dann teurere Mikrocontroller mit 2, 4, 8 oder 16 kByte EEPROM für seine Multiapplikationskarten verwenden. Sofern der Halbleiterhersteller diese Bandbreite an Chiptypen unterstützt, muß nur noch das Chipkarten-Betriebssystem eine dazu passende Funktionalität aufweisen. Dies bedeutet, daß es eine automatische Erkennung der Größe des EEPROM-Speichers haben muß und daraufhin seine internen Zeigerstrukturen für den maximalen Freispeicher, Dateigrößen und ähnliche Rahmenparameter setzt. Technisch wird dies dadurch realisiert, daß eine Betriebssystemroutine die Fertigungsdaten des Halbleiterherstellers liest und anhand dieser Informationen die Größe des auf diesem Chip zur Verfügung stehenden EEPROM-Speichers berechnet. Das Verfahren funktioniert ausschließlich bei unterschiedlichen Größen des EEPROM-Speichers. Die heutigen Chipkarten-Betriebssysteme sind softwaretechnisch noch nicht in der Lage, sich an variable Speichergrößen von ROM oder RAM anzupassen.

Der große Vorteil solch einer Hardwareerkennung ist der, daß es für den Betriebssystemhersteller nicht mehr notwendig ist, den Programmcode auf die veränderten EEPROM-Speichergrößen abzustimmen. Damit wird eine mögliche Fehlerquelle ausgeschlossen, und vor allem ist keine abermalige Evaluierung des Betriebssystems für die neue Hardwareplattform notwendig. Die Hardwareerkennung der modernen Betriebssysteme spart erheblich Zeit in der Software-Entwicklung und kann damit die Durchlaufzeit um mehrere Wochen senken.

Soft- und Hardmaske

Im Zusammenhang mit Feldversuchen und Chipkarten-Betriebssystemen werden oft die beiden Begriffe Softmaske (*softmask*) und Hardmaske (*hardmask*) benutzt. Genaugenommen und streng logisch gesehen, sind beide Begriffe unsinnig, da eine ROM-Maske – gemeint ist dabei der Programmcode der sich im ROM befindet – immer unveränderlich, also fest ist. Im gebräuchlichen Sprachgebrauch der Chipkartenwelt ist aber mit Softmaske nur so etwas ähnliches wie eine ROM-Maske gemeint. Man spricht von einer Softmaske, wenn sich Teile oder der gesamte Programmcode für ein Chipkarten-Betriebssystem oder die Kommandos einer Anwendung im EEPROM befinden. Der Code läßt sich auf Grund dieser Sache einfach ändern, ohne daß zeit- und kostenintensiv eine neue ROM-Maske erstellt werden muß. Diese Art von „Maske" ist also „weich" und veränderbar und insofern eine Softmaske. Vor allem bei Tests und Feldversuchen wird diese Technik benutzt, da sich kurzfristig und mit geringem Aufwand Fehlerbeseitigungen und Programmadaptionen durchführen lassen. Der Nachteil dabei ist jedoch, daß dazu Chips verwendet werden müssen, die ein großes EEPROM besitzen und deshalb teurer sind als äquivalente Chips mit dem Programmcode im ROM. Da bei Feldversuchen jedoch üblicherweise keine Millionenstückzahlen an Karten ausgegeben werden, sind die erhöhten Kosten für die Chips mit größerem EEPROM-Speicher durchaus vertretbar.

Ist dann jedoch der Test oder Feldversuch mit der Softmaske abgeschlossen und der im EEPROM befindliche Programmcode ohne weitere Nachbesserungen lauffähig, dann kann man den Programmcode vom EEPROM ins ROM verlagern und eine echte ROM-Maske herstellen. Dies ist mit nur geringem Arbeitsaufwand durchführbar und wird dann als „Hardmaske" bezeichnet, da sie „hart" und unveränderlich ist. Der Vorteil der Hardmaske besteht genaugenommen nur darin, daß die gleiche Speichergröße im ROM wesentlich weniger Chipfläche als im EEPROM beansprucht und damit für die gleiche Menge an Programmcode kleinere und billigere Mikrocontroller verwendet werden können.

Das zweistufige Vorgehen mit Softmaske und Hardmaske bei neuen Chipkarten-Anwendungen schafft zusätzliche Flexibilität und die Chance, auch noch kurz vor der Ausgabe der Chipkarten an die Benutzer substantielle Änderungen am Programmcode vornehmen zu können. Bei der klassischen Vorgehensweise mit einer reinen ROM-Maske sind am Programmcode in der Chipkarte nach Maskenabgabe keine größeren Änderungen mehr durchführbar. Die Überlegenheit dieser Vorgehensweise gegenüber dem althergebrachten Ablauf hat dazu geführt, daß mittlerweile beinahe jede Einführung einer neuen Chipkarten-Anwendung zunächst mit einer Softmaske startet und anschließend nach unter Umständen notwendigen Adaptionen des Programmcodes auf eine Hardmaske migriert wird.

APIs von Betriebssystemen

Ursprünglich boten Chipkarten-Betriebssysteme keine Möglichkeit selbsterstellten Programmcode zu laden und bei Bedarf auf der Chipkarte auszuführen. Deshalb besaßen die herkömmlichen Betriebssysteme keine veröffentlichte Programmierschnittstelle, die für Aufrufe von Betriebssystemfunktionen von Dritten genutzt werden konnte. Durch die neueren Entwicklungen der Chipkarten-Betriebssysteme wie beispielsweise Java unterstützende Betriebssysteme oder MULTOS wurde die Möglichkeit geschaffen, eigenen Programmcode auf die Chipkarte zu laden. Um nicht bereits im Betriebssystem vorhandene Programmroutinen nochmals nachprogrammieren zu müssen, besitzen diese Betriebssysteme ein durchdachtes API (*application programming interface*), das Zugriffe auf die wichtigsten Funktionen des Betriebssystems gestattet. Zwar haben praktisch alle Chipkarten-Betriebssysteme eigene, interne APIs, doch sind diese nicht für die Verwendung durch Externe konzipiert und in der Regel vertraulich.

Ausnahmsweise existiert, wie sonst in der Chipkartenwelt üblich, bei APIs für Chipkarten-Betriebssysteme keine Norm, sondern es haben sich bislang vor allem zwei Industriestandards etablieren können. Dies ist zum einen das Java Card API Card und zum anderen das API von Multos. Die in den dazugehörigen Spezifikationen beschriebenen APIs lassen Zugriffe auf die wesentlichen Funktionen des Betriebssystems zu[1]. Dazu gehören Dateizugriffe über die Dateiverwaltung, Aufrufe der vorhandenen kryptografischen Funktionen und natürlich auch das Senden und Empfangen von Daten. Ein Chipkarten-Betriebssystem, das ein vollständiges Betriebssystem-API hat und auch Programmcode nachladen kann, unterscheidet sich eigentlich nur noch in dem zu Verfügung stehenden Speicher von den bekannten PC Betriebssystemen.

5.5   Speicherorganisation

Die drei verschiedenen Speicherarten eines Chipkarten-Mikrocontrollers haben völlig unterschiedliche Eigenschaften. Das ROM kann nur während der Herstellung des Mikrocontrollers als Maske im Gesamten programmiert werden und ist dann während der ganzen Lebensdauer der Chipkarte statisch. Aufgrund des Aufbaus ist die Wahrscheinlichkeit der ungewollten Veränderung von ROM-Inhalten praktisch null.

Im Gegensatz dazu bleibt der Inhalt des RAM nur so lange erhalten, wie Spannung an der Chipkarte anliegt. Ein Spannungsausfall verursacht den totalen Verlust aller im RAM enthaltenen Daten. Allerdings können die Daten im RAM mit voller Arbeitsgeschwindigkeit des Prozessors geschrieben und auch unbegrenzt oft wieder gelöscht werden.

Das EEPROM kann hingegen auch ohne äußere Spannungszufuhr Daten speichern. Es hat allerdings die drei Nachteile, daß es eine begrenzte Lebensdauer hat, Schreib- und Löschzugriffe sehr lange dauern (ca. 1 ms/Byte) und in Seiten (*pages*) aufgeteilt ist.

---

[1] siehe auch Abschnitt 5.10.2 Java Card

Der im ROM für das Betriebssystem enthaltene Programmcode muß bis auf die fest vom Mikrocontroller vorgegebenen Interruptvektoren keiner bestimmten Aufteilung gehorchen. Die einzelnen Programmteile können also in beliebiger Reihenfolge miteinander verbunden werden, wobei immer das eine Ziel besteht, Sprünge in der Software in ihrer Entfernung zu minimieren, um auf diese Weise Speicherplatz einzusparen. Wichtig ist, daß das ROM durch Fehlererkennungscodes (EDCs) abgesichert ist, da Fehler im ROM durchaus einmal auftreten können. So führt beispielsweise ein Kratzer in der ROM-Sektion des Mikrocontrollers oder ein Abbruch eines Teils des Chips beim Bonden zu fehlerhaften Daten im ROM. Interessanterweise bedeutet dies nicht zwangsläufig, daß das Betriebssystem nicht mehr funktionsfähig ist, sondern es kann durchaus sein, daß nur einige Programmteile fehlerhaft ablaufen. Um so einen Fall schon im Ansatz zu verhindern, wird grundsätzlich beim Starten des Chipkarten-Betriebssystems das ROM auf Fehlerfreiheit geprüft.

Die folgende Übersicht zeigt eine übliche Aufteilung eines 256 Byte großen RAMs. Es ist aufgeteilt in die Bereiche Register, Stack, allgemeine Variablen, Arbeitsbereiche für kryptografische Algorithmen und I/O-Puffer. Ist beispielsweise ein I/O-Puffer mit der Länge 256 Byte gefordert oder müssen zusätzliche Variablen im RAM untergebracht werden, so sind sehr schnell die zur Verfügung stehenden Speichergrenzen erreicht. Das Problem wird durch einen Arbeitsbereich im EEPROM gelöst, der wie ein RAM verwendet wird. Nachteilig ist, daß dabei die Schreibzeiten rund um den Faktor 10 000 größer sind als beim einem RAM-Zugriff. Ein zweiter Nachteil ist die begrenzte Lebensdauer einer EEPROM-Zelle, die im Gegensatz zu RAM-Zellen nicht unbegrenzt oft beschrieben werden kann. Allerdings ist die Auslagerung von RAM-Inhalten ins EEPROM oft der einzige Lösungsweg, wenn beispielsweise I/O-Puffer gefordert sind, die größer sind als das insgesamt zur Verfügung stehende RAM.

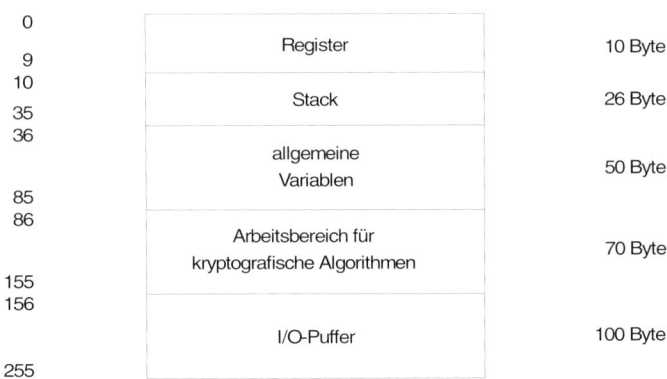

Bild 5.5   Beispiel für die Aufteilung eines 256 Byte großen RAMs

Die Strukturierung des EEPROM ist ungleich komplizierter und aufwendiger als die der beiden anderen Speicherarten. Die Basisaufteilung ist bei einem modernen Betriebssystem in etwa folgendermaßen: In einem bei vielen Mikrocontrollern durch die Hardware besonders geschützten Bereich am Anfang des EEPROM können diverse

Fertigungsdaten, z.B. eine nur einmal verwendete und damit einzigartige Nummer, in den Chip geschrieben werden. Viele Halbleiterhersteller kennzeichnen in diesem Bereich auch den Chiptyp und die Größe des dem Betriebssystem zur Verfügung stehenden EEPROMs. Meist sind diese Bereiche auch nur für einen WORM (*write once, read multiple*) Zugriff ausgelegt, d.h. man kann sie nur ein einziges Mal beschreiben und anschließend nur noch lesen. Technisch wird dies in der Regel durch übliche EEPROM-Zellen erzielt, die jedoch elektrisch nicht mehr gelöscht werden können.

Auf diesen Bereich, der oft eine Größe von 16 oder 32 Byte hat, folgen die Tabellen und Zeiger für das Betriebssystem. Diese werden bei der Komplettierung in das EEPROM geladen und ergeben zusammen mit den ROM-Programmen erst das vollständige Betriebssystem für die Chipkarte. Um das Betriebssystem immer in einem sicheren und stabilen Zustand betreiben zu können, ist dieser Bereich durch eine Prüfsumme (*error detection code – EDC*), die vor dem ersten oder oft sogar jedem Zugriff nachgerechnet wird, abgesichert. Die Entdeckung eines Speicherfehlers bei der Überprüfung muß dazu führen, daß die betroffenen EEPROM-Teile im folgenden nicht mehr benutzt werden, da eine korrekte Funktion des Betriebssystems nicht mehr sichergestellt ist.

Tabelle 5.4   Beispiel für Herstellerdaten, wie sie von manchen Halbleiterherstellern bei der Fertigung in einen WORM-Bereich des EEPROMs geschrieben werden. Die ersten fünf Herstellerdaten zusammengefaßt ergeben hier eine 8 Byte lange einzigartige Chipnummer. Der große Vorteil einer mit dieser Methode generierten Chipnummer ist, daß dazu keine hochgenaue und auf verschiedene Produktionsstandorte abgestimmte Uhrzeit notwendig ist, sondern lediglich Daten, die in jeder Halbleiterfertigung an allen Produktionsmaschinen zur Verfügung stehen.

Datenelement	Größe
Halbleiterhersteller	1 Byte
Produktionsstätte	1 Byte
Batch-Nummer in der Halbleiterfertigung	2 Byte
x-Koordinaten auf dem Wafer	2 Byte
y-Koordinaten auf dem Wafer	2 Byte
Chiptyp	4 Byte

Auf den abgesicherten Teil des Betriebssystems folgt ein Bereich, der zusätzlichen Programmcode für die Anwendungen enthält. Unter Umständen ist auch dieser Bereich mit einer Prüfsumme gegen Veränderungen gesichert. In dem Bereich können anwendungsspezifische Kommandos oder Algorithmen geladen werden, die nicht im ROM stehen sollen oder aus Speicherplatzmangel dort keinen Platz mehr gefunden haben.

Der sich daran anschließende Dateibereich beherbergt alle Dateistrukturen, also den gesamten nach außen hin sichtbaren Dateibaum. Dieser Bereich ist nicht als ganzes mit einer Prüfsumme geschützt, sondern meist stark dateiorientiert gesichert. Die interne Struktur ist in Bild 5.6 nochmals genauer erläutert.

Am Ende des EEPROMs folgt ein eventuell vorhandener Freispeicher, dessen Verwaltung ein eigener Manager durchführt. Oft ist jedoch dieser Freispeicher einzelnen Anwendungen im Dateibereich zugeordnet und kann dort innerhalb der Anwendungen für neu zu erzeugende Dateien verwendet werden. Ansonsten gehört er zum allgemeinen Dateibereich, wo er nur für neue Anwendungen, die als Ganzes geladen werden, zur Verfügung steht.

Ein Grundprinzip der Speicherorganisation des Dateibereichs ist, daß das Betriebssystem die Einhaltung der Grenzen einer Anwendung während der Laufzeit überprüfen kann. Dazu eignen sich neben der reinen Softwarelösung sehr gut MMU-Baugruppen (*memory management unit*) auf den Mikrocontrollern.[1] Deshalb müssen alle Teile eines DF in einem physikalisch zusammenhängenden Speicherbereich abgelegt sein. Da es in einem modernen Betriebssystem auch möglich ist, nach der Personalisierung neue Dateien anzulegen, muß jedes DF einen eigenen Freispeicher besitzen. Dieser kann dann bei Bedarf, d.h. bei der Neuanlage einer Datei, als Dateispeicher verwendet werden.

Bild 5.6   Beispiel für die Aufteilung des EEPROM durch ein Chipkarten-Betriebssystem.

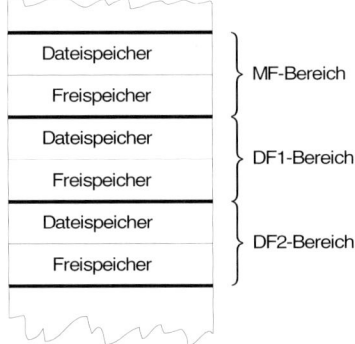

Bild 5.7   Beispiel für die Strukturierung des Dateibereichs Chipkarten-Betriebssystem, das mehrere unabhängige und getrennte Anwendungen unterstützt.

---

[1] siehe auch Abschnitt 3.4.3 Zusatzhardware

Wird eine Datei gelöscht, fällt der freiwerdende Speicherplatz wieder dem Freispeicher zu. Mit der aufgeführten Zweiteilung in Dateispeicher und Freispeicher kann
nur der Speicherplatz der jeweils letzten Datei beim Löschen dem Freispeicher zugeordnet werden. Dies beschränkt die gesamte Speicherverwaltung sehr, ist aber aufgrund des limitierten Platzes für Programmcode in Chipkarten nicht anders zu verwirklichen.

Ideal jedoch wäre eine echte Speicherverwaltung mit doppelt verketteten Listen, jeweils für den belegten Speicher und den Freispeicher. Ähnlich den Dateiverwaltungen
von DOS oder Unix, wäre es somit problemlos möglich, Dateien neu zu erzeugen und
auch zu löschen. Der Aufwand für die Dateiverwaltungsprogramme und der Overhead
in den Dateideskriptoren würde allerdings nicht mehr einem sinnvollen Design eines
Chipkarten-Betriebssystems entsprechen. Die Einschränkungen sind aber nicht allzu
schmerzhaft, da es sehr selten vorkommt, daß innerhalb einer Anwendung Dateien angelegt oder gelöscht werden müssen.

5.6   Dateien in der Chipkarte

Neben den in ihnen enthaltenen Mechanismen zur Identifizierung und Authentisierung
sind Chipkarten vor allem auch Datenspeicher. Dabei haben sie gegenüber anderen
Speichermedien, wie beispielsweise Disketten, den entscheidenden Vorteil, daß der
Zugriff auf die Daten an Bedingungen geknüpft sein kann.

Die ersten Chipkarten wiesen nur mehr oder minder direkt adressierbare Speicherbereiche auf, in die Daten geschrieben oder aus denen Daten gelesen werden konnten.
Der Zugriff erfolgte unter Angabe von physikalischen Speicheradressen. Mittlerweile
verfügen alle neueren Chipkarten über ein vollständiges und hierarchisch organisiertes
Dateiverwaltungssystem mit symbolischer und hardwareunabhängiger Adressierung.

Allerdings weisen diese Dateiverwaltungen einige chipkartenspezifische Eigenheiten
auf: Das auffälligste dabei ist, daß keine Mensch-Maschine-Schnittstelle vorhanden ist.
Alle Dateien werden mit hexadezimalen Codes adressiert, und auch die weiteren
Kommandos bauen strikt darauf auf, daß hier die Kommunikation nur zwischen zwei
Computern abläuft. Ebenfalls typisch für diese Dateiverwaltungen ist, daß sie auf wenig Speicherverbrauch hin ausgelegt sind. Wenn möglich, ist auch noch das letzte red-
undante Byte vermieden. Da der „Benutzer" im Terminal ein Computer ist, entstehen
dadurch eigentlich keine Nachteile.

Um den Speicherverbrauch so gering wie möglich zu halten, ist üblicherweise auch
keine aufwendige Speicherverwaltung vorhanden. Wird eine Datei gelöscht, und selbst
dies können erst wenige Betriebssysteme, dann ist es eben nicht selbstverständlich, daß
der freiwerdende Platz von einer neu zu erzeugenden Datei eingenommen werden
kann. Üblicherweise werden bei der Initialisierung bzw. Personalisierung alle Dateien
erzeugt und in die Chipkarte geladen. Danach sind Änderungen auf den Dateiinhalt beschränkt.

Die Eigenheiten des benutzten Speichers beeinflussen natürlich ebenfalls die Art und
Weise der Dateiverwaltung. Die Speicherseiten im EEPROM können eben nicht unbegrenzt geschrieben bzw. gelöscht werden, wie dies bei Festplatten an PCs der Fall ist.

Dies führt dazu, daß es spezielle Dateiattribute gibt, um Informationen redundant und gegebenenfalls sogar korrigierbar abzulegen.

Interner Aufbau von Dateien

Die neueren Dateiverwaltungssysteme für Chipkarten sind objektorientiert aufgebaut. Dies bedeutet, daß alle Informationen über eine Datei in dieser Datei selber gespeichert sind. Eine weitere Auswirkung dieses Prinzips ist auch, daß eine Datei vor einer Aktion immer zuerst selektiert werden muß. Dateien sind deswegen in diesen objektorientierten Systemen immer in zwei getrennte Teile aufgespalten. Der Dateiheader genannte Teil enthält Informationen über die Struktur, Aufbau der Datei und Zugriffsbedingungen, und in dem mit einem Zeiger verbundenen Dateibody sind die veränderbaren Nutzdaten gespeichert.

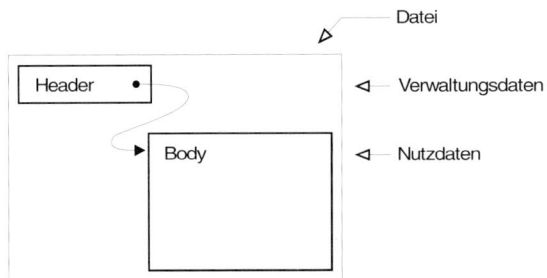

Bild 5.8   Der interne Aufbau einer Datei bei Dateiverwaltungen von Chipkarten.

Dieser Aufbau hat neben der besseren Strukturierung der Daten auch noch den Vorteil der größeren physikalischen Sicherheit der Datenbestände. Das in Speicherseiten (*pages*) orientierte EEPROM, in dem sich alle Dateien befinden, weist nur eine begrenzte Anzahl von Schreib-/Löschzyklen auf. Header und Body befinden sich stets auf getrennten Seiten des Speichers. Da die Header im Regelfall aber nie verändert werden, dort aber alle Zugriffsbedingungen gespeichert sind, kann durch einen Schreib- oder Löschfehler im Body keine Beeinflussung auftreten. Befänden sich Header und Body auf einer gemeinsamen Speicherseite, dann wäre es möglich, durch gezielt erzeugte Schreibfehler die Zugriffsbedingungen so zu verändern, daß eventuell geheime Daten aus dem Body ausgelesen werden könnten.

5.6.1   Dateitypen

Der Aufbau von Chipkarten-Dateisystemen ist in der ISO/IEC 7816-4 festgelegt und ähnlich dem von DOS oder Unix. Der größte Unterschied besteht darin, daß bei Chipkarten keine anwendungsspezifischen Dateien existieren, wie zum Beispiel spezielle Dateien für eine bestimmte Textverarbeitung. Bei Chipkarten können nur die genormten Dateistrukturen benutzt werden.

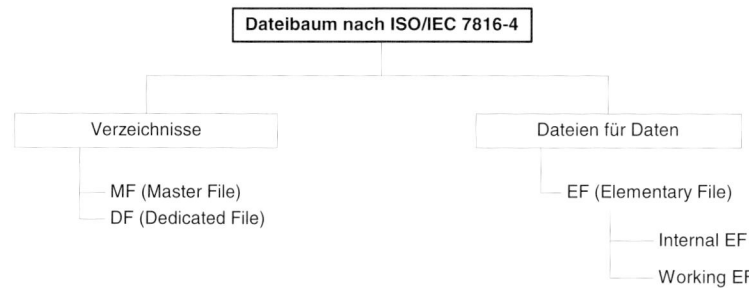

Bild 5.9   Klassifizierungsbaum der Dateitypen bei Chipkarten-Betriebssystemen nach ISO/IEC 7816-4.

Es existieren bei Chipkarten grundsätzlich zwei Kategorien von Dateien. Die Verzeichnisdateien, „Dedicated Files" (DFs) genannt, und die „Elementary Files" (EFs), welche die eigentlichen Nutzdaten beinhalten. Die DFs fungieren als eine Art Ordner und beinhalten entweder weitere, untergeordnete DFs oder EFs, die logisch zusammengehören. Die EFs lassen sich noch in Dateien für die äußere Welt (*working EF*) und solche für das Betriebssystem (*internal EF*) typisieren.

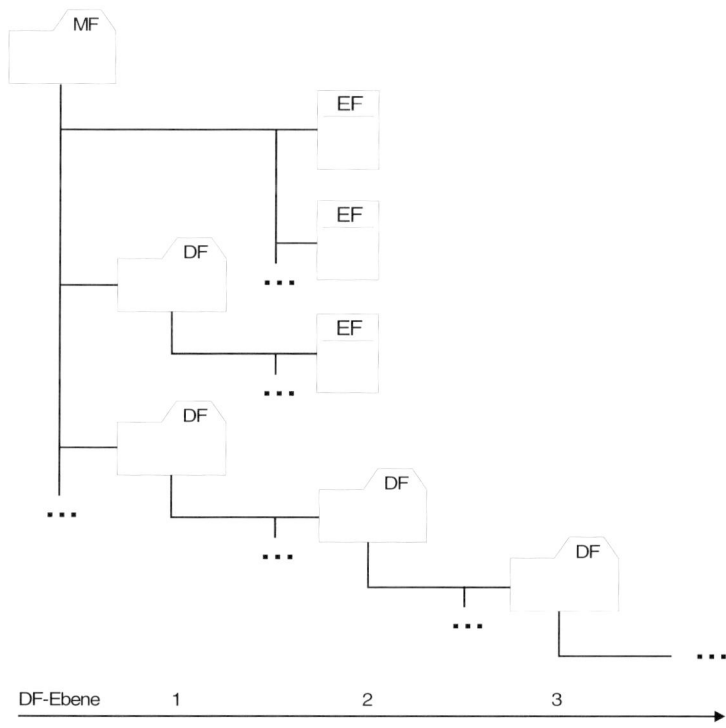

Bild 5.10   Die verschiedenen Dateitypen im Dateibaum einer Chipkarte.

MF

Das Root-Verzeichnis, das implizit nach einem Reset der Chipkarte selektiert wird, hat die Bezeichnung „Master File", abgekürzt MF. In ihm befinden sich alle anderen Verzeichnisse und alle Dateien. Das Master File ist ein Sonderfall eines Dedicated File und stellt den gesamten in der Chipkarte für den Dateibereich verfügbaren Speicher dar. Es muß in jeder Chipkarte vorhanden sein.

DF

Unter dem MF können bei Bedarf noch „Dedicated Files", abgekürzt DFs, existieren. Diese werden vielfach auch „Directory Files" genannt, obwohl dies im Widerspruch zur offiziellen ISO/IEC 7816-4-Abkürzung steht. DFs sind Verzeichnisse, in denen weitere Dateien (EFs und DFs) zusammengefaßt sein können. Unter den DFs können auch noch weitere DFs existieren. Im Prinzip ist die Schachtelungstiefe der DFs nicht limitiert. Der in Chipkarten sehr beschränkte Speicherplatz führt jedoch dazu, daß selten mehr als zwei Ebenen von DFs unter dem MF aufgebaut werden.

EF

Die Nutzdaten, die für eine Anwendung notwendig sind, befinden sich in den EFs. EF ist die Abkürzung von Elementary File. Sie können direkt unter dem MF oder auch unter einem DF angeordnet sein. Um Daten sowohl logisch optimal strukturiert als auch speicherplatzminimiert ablegen zu können, besitzen EFs grundsätzlich eine interne Dateistruktur. Dies ist der Hauptunterschied zu Dateien auf PCs, deren interne Struktur durch eine Anwendung, beispielsweise eine Textverarbeitung, vorgegeben ist und nicht direkt durch das Betriebssystem. EFs sind in Working EFs und Internal EFs aufgeteilt.

Working EF

Alle Daten einer Anwendung, welche vom Terminal gelesen oder geschrieben werden müssen, also für die äußere Welt (vom Standpunkt der Chipkarte aus betrachtet) bestimmt sind, befinden sich in den sogenannten Working EFs. Daten, die sich in einem solchen Dateityp befinden, werden nicht vom Betriebssystem benutzt.

Internal EF

Zusätzlich zu den EFs existieren für Anwendungen noch interne Systemdateien, in denen Daten für das Betriebssystem selber, den Ablauf einer Anwendung, geheime Schlüssel oder Programmcode abgelegt werden. Der Zugriff auf diese Dateien ist vom Betriebssystem besonders geschützt. Hier gibt es nun aber zwei Varianten, wie diese internen Systemdateien in der Dateiverwaltung integriert sind. Im Verfahren nach ISO 7816 sind diese Dateien im jeweiligen Anwendungs-DF versteckt angeordnet und können auch nicht selektiert werden. Die Verwaltung dafür übernimmt völlig transparent das Betriebssystem der Chipkarte ähnlich den Resource-Dateien im MacOS. Im Modell nach ETSI EN 726 erhalten diese Systemdateien einen regulären Filenamen (d.h. eine FID) und sind mit diesem auch selektierbar. Das entspricht in seinen wesentlichen Ansätzen der Dateiverwaltung unter DOS. Beide Systeme haben gleichermaßen einige Vor- und Nachteile, doch erfüllen sie auf etwas unterschiedliche Weise die gleiche Funktionalität.

Dateien für eine Anwendung

Nach einer Konvention faßt man alle Dateien mit Nutzdaten, d.h. EFs, die zu einer Anwendung gehören, immer in einem DF zusammen. Damit erhält man eine klare und übersichtliche Struktur, und durch die Erzeugung des betreffenden DFs kann auf einfache Art eine neue Anwendung in eine Chipkarte eingebracht werden.

Da das MF nur der Sonderfall eines DFs ist, können selbstverständlich bei Chipkarten mit nur einer Anwendung alle dazugehörigen EFs direkt unter dem MF kumuliert werden. In einer typischen Chipkarte für eine einzige Anwendung können sich deshalb alle EFs entweder direkt unter dem MF oder unter dem einzigen DF befinden. Chipkarten mit mehreren Anwendungen besitzen entsprechend viele DFs, in denen die zugehörigen EFs eingerichtet sind.

Unter einem solchen Anwendungs-DF können noch weitere DFs angeordnet sein. Zum Beispiel kann ein DF direkt unter dem MF der Anwendung „Verkehrsleitsystem" gewidmet sein. Eine zusätzlich Schachtelung könnte in eigenen DFs im Anwendungs-DF die Dateien für die möglichen Sprachen, z.B. „Englisch" oder „Deutsch", enthalten.

Sicherheitstechnisch birgt diese Strukturierung noch einen weiteren Vorteil. Das Betriebssystem kann bei jedem Speicherzugriff auf die Anwendung prüfen, ob eventuell die Grenzen des jeweiligen Anwendungs-DFs überschritten werden und dann gegebenenfalls den Zugriff verbieten.

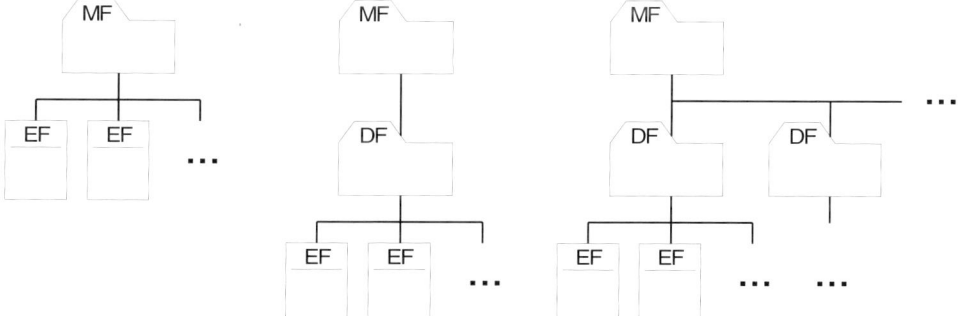

Bild 5.11   Unterschiede in der Dateiorganiation zwischen Chipkarten mit einer und mehreren Anwendungen. Auf der linken Seite und in der Mitte sind die beiden sinnvollen Varianten einer einzigen Anwendung pro Chipkarte aufgezeigt und auf der rechten Seite eine Chipkarte mit mehreren Anwendungen.

5.6.2   Dateinamen

Die Dateien in modernen Chipkarten-Betriebssystemen werden ausnahmslos logisch adressiert und nicht über direkte physikalische Adressen angesprochen. Letzteres war früher in der Chipkartenwelt durchaus üblich und ist selbst bei Mikrocontroller-Chipkarten vereinzelt auch heute noch der Fall. Bei einfachen und im Adreßbereich genau spezifizierten Anwendungen kann dies eine sehr speicherplatzsparende Zugriffsart sein. Da der Zugriff auf alle Dateien von einem Rechner im Terminal ausgeführt wird, bedeutet es auch keinen Verlust an Benutzerfreundlichkeit. Allerdings entspricht eine direkte Adressierung in keiner Weise den Kriterien modernen Software-Designs und verursacht auch große Probleme bei Software-Erweiterungen und Chipkarten-Mikro-controllern mit unterschiedlichen Adreßräumen.

Wesentlich besser und vor allem viel einfacher erweiterbar sind hierbei alle Konzepte mit logischen Adressen der Dateien. Es kann ohne Frage davon ausgegangen werden, daß es in wenigen Jahren keine andere Art der Adressierung von Dateien als die logische über Dateinamen bei Chipkarten mit Mikrocontrollern mehr gibt. Bei Speicherkarten wird es jedoch auf absehbare Zeit bei der physikalischen Adressierung der Daten bleiben.

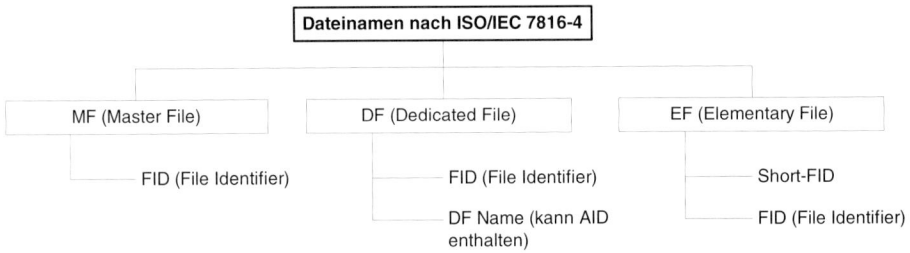

Bild 5.12   Klassifizierungsbaum der Dateinamen bei Chipkarten-Betriebssystemen nach ISO/IEC 7816-4.

File Identifier (FID)

Das hier beschriebene System fundiert auf der ISO/IEC 7816-4 und wird im Prinzip auch bei allen anderen internationalen Chipkarten-Normen abgebildet. Alle Dateien, einschließlich der Verzeichnisse, besitzen einen 2 Byte langen File Identifier (FID), unter dessen Verwendung sie ausgewählt werden können.

Das MF hat aus historischen Gründen den FID '3F00', der im ganzen logischen Adreßraum ausschließlich dem MF vorbehalten ist. Der logische Dateiname 'FFFF' ist für zukünftige Anwendungen reserviert und darf nicht verwendet werden. Daneben gibt es sowohl von ISO als auch einigen anderen Normen noch weitere reservierte FIDs, die in der Tabelle 5.5 aufgeführt sind.

Die GSM-Anwendung ist ein typisches Beispiel dafür, daß verschiedentlich Teile des FIDs nicht frei wählbar sind. In der GSM 11.11-Spezifikation ist das höherwertige Byte durch den Ort, den die Datei im Dateibaum einnimmt, festgelegt. Die Codierung selber ist historisch gewachsen und stammt noch von den ersten französischen Chip-karten. DFs bei GSM besitzen als erstes, d.h. höherwertigstes Byte den Wert '7F'. Die EFs direkt unter dem MF haben als erstes Byte des FID den Wert '2F' und EFs unter einem DF den Wert '6F'. Das niederwertige Byte ist durchnumeriert. Diese Festlegung gilt nur für die GSM-Anwendung und besitzt keinen allgemeinen normativen Charakter. Ansonsten kann der Adreßbereich des FID von 2 Byte voll ausgenutzt werden und unterliegt keinen Beschränkungen.

Tabelle 5.5   Die von den wichtigsten Chipkarten-Normen reservierten File Identifiers.

FID	Name und Zweck	Norm
'0000'	Die Datei EFCHV1 wird zur Speicherung von PIN Nr. 1 inklusive dazugehöriger PUK und diversen korrespondierenden Informationen benutzt.	EN 726-3
'0001'	Die Datei EFKey_MAN wird zur Speicherung von Schlüsseln für Anwendungszwecke benutzt.	EN 726-3
'0002'	Die Datei EFICC wird zur Speicherung von herstellungs- und betriebssystemrelevanten Informationen über die Chipkarte benutzt (z.B.: Kartenseriennummer, Kartenhersteller, Moduleinbetter, Profil der Karte, Modi beim Anhalten des Taktes, ...).	EN 726-3
'0003'	Die Datei EFID wird zur Speicherung von Informationen über die Chipkarte benutzt (z.B.: Aktivierungsdatum des MF, Verfallsdatum der Karte, ...).	EN 726-3
'0004'	Die Datei EFName enthält den Namen des Kartenbenutzers.	EN 726-3
'0005'	Die Datei EFIC wird zur Speicherung von Informationen über den Chip benutzt (z.B.: Chipseriennummer, Chiphersteller, ...).	EN 726-3
'0011'	Die Datei EFKey_MAN wird zur Speicherung von Schlüsseln für Verwaltungszwecke benutzt.	EN 726-3
'0100'	Die Datei EFCHV2 wird zur Speicherung von PIN Nr. 2 inklusive dazugehöriger PUK und diversen korrespondierenden Informationen benutzt.	EN 726-3
'2F00'	Die Datei EFDIR (*directory*) wird zur Speicherung von Application Identifiers (AIDs) mit dazugehöriger Pfadangabe zur korrespondierenden Anwendung benutzt.	EN 726-3, ISO/IEC 7816-4
'2F01'	Diese FID ist reserviert für die Datei EFATR mit den Erweiterungen zum ATR.	ISO/IEC 7816-4
'2F05'	Die Datei EFLANG wird zur Speicherung der bevorzugten Sprachen des Kartenbesitzers benutzt.	EN 726-3
'3F00'	Das MF ist das Wurzelverzeichnis für alle Dateien einer Chipkarte.	ISO/IEC 7816-4; GSM 11.11; EN 726-3
'3FFF'	Diese FID ist reserviert für die Dateiselektion durch Pfadangabe.	ISO/IEC 7816-4
'FFFF'	Diese FID ist reserviert für zukünftige Benutzung durch ISO/IEC.	ISO/IEC 7816-4

Die FID im Dateibaum müssen so gewählt werden, daß die Dateien eindeutig selektiert werden können. Es ist also verboten, daß zwei EFs unter einem gemeinsamen DF den gleichen FID haben. Genausowenig darf ein DF den gleichen FID wie ein direkt darunter befindliches EF haben, da dann das Betriebssystem entscheiden müßte, ob das Verzeichnis oder die Datei als erstes selektiert wird.

Zum Finden von eindeutigen FIDs eignen sich die drei folgenden Regeln:

Regel 1:   EFs innerhalb eines Verzeichnisses dürfen nicht den gleichen FID haben.

Regel 2:   Verschachtelte Verzeichnisse (d.h. DFs) dürfen nicht den gleichen FID haben.

Regel 3:   EFs innerhalb eines Verzeichnisses (d.h. MF oder DF) dürfen nicht den gleichen FID wie das über- oder untergeordnete Verzeichnis haben.

Short File Identifier (Short-FID)
Zur impliziten Selektion von Dateien unmittelbar in einem Kommando wird die Short-FID verwendet. Die Short-FID ist für ein EF optional, muß also nicht zwangsläufig vergeben werden. Sie wird bei der impliziten Dateiselektion im Kommando mit übergeben und hat deshalb nur eine Größe von 5 Bit. Die Short-FID kann somit Werte zwischen 1 und 30 annehmen, da eine Short-FID von '0' das aktuell selektierte EF adressiert.

DF-Name
Die DFs sind die Zusammenfassungen von Dateien für die einzelnen Anwendungen. Sie sind in ihrer Art wie Verzeichnisse oder Ordner und können weitere Verzeichnisse oder EFs aufnehmen. In Zukunft könnte der dafür zur Verfügung stehende Adreßraum mit dem 2 Byte langen FID zu klein werden. Deshalb besitzen DFs zusätzlich zu ihrem FID einen sogenannten „DF-Name"[1]. Er hat nach ISO/IEC 7816-4 eine Länge zwischen 1 und 16 Byte. Der DF-Name bietet einen genügend großen Adreßraum, damit eine Chipkarten-Anwendung weltweit eindeutig ist. Da es bei freier Auswahl trotzdem irgendwann zwei DFs mit gleichem DF-Name geben würde, wird der DF-Name in der Regel nur in Verbindung mit dem in der ISO/IEC 7816-5 definierten AID (*application identifier*) benutzt. Der AID kann eine Länge zwischen 5 Byte und 16 Byte haben und setzt sich aus zwei von der ISO definierten Datenelementen zusammen. Der AID ist somit eine Teilmenge des DF-Names.

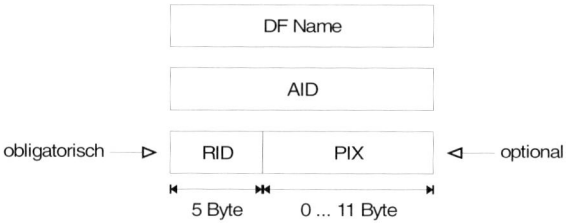

Bild 5.13   Der DF-Name im Zusammenhang mit dem Aufbau des AID (*application identifier*) aus RID (*registered identifier*) und PIX (*proprietary application identifier extension*).

---

[1] „DF-Name" ist hier und auch im folgendem ein englisches Wort, obwohl es identisch mit der deutschen Schreibweise ist.

Aufbau und Codierung des Application Identifier (AID)

Der Application Identifier (AID) setzt sich selber wiederum aus zwei Datenelementen zusammen. Das erste Datenelement ist der Registered Identifier (RID) mit einer festen Länge von 5 Byte. Er wird entweder von einer nationalen oder internationalen Registrierungsstelle vergeben und beinhaltet einen Ländercode, eine Anwendungskategorie und eine Nummer für den Anwendungsanbieter. Dieser Zahlencode führt zu einer nur ein einziges Mal vergebenen RID, die weltweit zur Identifizierung einer bestimmten Anwendung benutzt werden kann.

Leider ist die Liste der vergebenen RIDs zumindest für Deutschland vertraulich, so daß die mittlerweile über 80 RIDs nicht veröffentlicht werden können. Anschriften der internationalen bzw. von nationalen Registrierungsstellen für RIDs finden sich im Anhang unter „15.5 Registrierungsstellen für RID".

Falls es notwendig ist, kann der Anwendungsanbieter der RID eine Proprietary Application Identifier Extension (PIX) nachstellen, die der optionale zweite Teil des AID ist. Die bis zu 11 Byte lange PIX kann zum Beispiel eine Serien- und Versionsnummer sein und damit zur Verwaltung der Anwendung benutzt werden.

Tabelle 5.6   Codierung des 5 Byte (= 10 Digits) langen Registered Identifier – RID

	RID		Bedeutung
D1	D2 ... D4	D5 ... D10	
X	...	...	Kategorie der Registrierung
			'A' – Internationale Registrierung
			'D' – Nationale Registrierung
...	X	...	Ländercode, Codierung nach ISO 3166
...	...	X	Nummer des Anwendungsherausgebers, wird von der nationalen bzw. internationalen Registrierungsinstanz vergeben

Tabelle 5.7   Beispiel für eine national registrierte RID nach ISO/IEC 7816-5, anhand der RID von Wolfgang Rankl.

	RID		Bedeutung
D1	D2 ... D4	D5 ... D10	
'D'	...	...	die Kategorie der Registrierung ist national
...	'276'	...	der Ländercode der Registrierung nach ISO 3166 für Deutschland
...	...	'00 00 60'	von der nationalen Registrierungsinstanz vergebene Nummer des Anwendungsherausgebers

5.6.3   Selektion von Dateien

Die objektorientierten Dateiverwaltungssysteme erfordern die Selektion der Datei vor dem Zugriff. Damit wird dem Betriebssystem mitgeteilt, welche Datei von nun an angesprochen werden soll. Die erfolgreiche Selektion einer neuen Datei führt dazu, daß die bisherige Selektion ungültig wird. Deshalb kann immer nur eine Datei zur gleichen Zeit selektiert sein. Aufgrund der frei wählbaren FID müssen gewisse Einschränkungen der freien Adressierbarkeit von Dateien gemacht werden. Sonst würde sehr leicht

der Fall eintreten, daß mehrere Dateien mit gleicher FID im Dateibaum zur Verfügung
stehen und das Betriebssystem entscheiden müßte, welche Datei nun gemeint ist. Um
diese Mehrdeutigkeiten zu vermeiden und dadurch auch unabhängig vom Suchalgorithmus der Dateiverwaltung des Betriebssystems zu sein, sind die Selektionsmöglichkeiten von Dateien limitiert.

Anders wäre es, wenn alle verwendeten FIDs im Dateibaum einzigartig wären. Dann
ist es ein leichtes, über mehrere Verzeichnisgrenzen hinweg die gewünschte Datei auszuwählen. Doch genau dieser Fall kann nicht immer gewährleistet werden. Deshalb ist
immer nur eine Auswahl innerhalb gewisser Grenzen möglich, da sonst die Eindeutig-
keit der zu selektierenden Datei nicht mehr sichergestellt ist. Das MF kann jedoch von
jedem Punkt innerhalb des Dateibaums selektiert werden, da seine FID im Dateibaum
einzigartig ist. Die Auswahl von DFs der ersten Ebene unter dem MF ist beispielsweise
nur von einem DF dieser Ebene oder vom MF aus möglich. Das Bild 5.14 zeigt als
Muster einige mögliche und verbotene Selektionen.

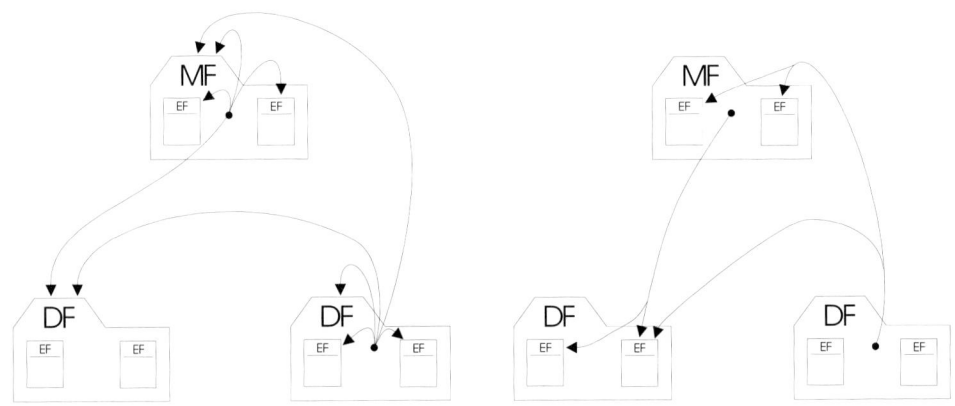

Bild 5.14   Beispiele für erlaubte Selektionsmöglichkeiten (links) und verbotene Selektions-
                möglichkeiten bei Verwendung des FID bzw. DF-Name (rechts). Es ist nur die di-
                rekte Selektion ohne Pfadangabe dargestellt.

Selektion von Verzeichnissen (MF, DF)

Das MF kann von jedem Ort innerhalb des Dateibaums entweder mit einer speziellen
Option des Selektionskommandos oder unter Angabe seines nur einmal im Dateibaum
vorkommenden FIDs '3F00' selektiert werden. Damit wird der Selektionszustand wiederhergestellt, wie er nach dem Reset der Chipkarte herrscht, da dort das MF implizit
durch das Betriebssystem selektiert wurde. Die DFs können entweder mit ihrem FID
oder dem DF-Name, der die registrierte und somit einzigartige AID enthält, ausgewählt
werden.

Explizite Selektion von EFs

Zur Auswahl von EFs stehen grundsätzlich zwei Methoden zur Verfügung: Bei der expliziten Selektion wird vor dem eigentlichen Zugriff ein eigenes Kommando (SELECT FILE) mit dem 2 Byte langen FID als Parameter zur Auswahl der gewünschten Datei zur Chipkarte gesendet. Danach kann auf die Datei mit allen weiteren Kommandos zugegriffen werden.

Implizite Selektion von EFs

Wird bei dem eigentlichen Dateizugriff in den Parametern eines Kommandos mit einem Short Identifier gleichzeitig die Datei ausgewählt, so spricht man von impliziter Selektion. Die implizite Selektion hat aber eine Reihe von Einschränkungen. Sie funktioniert nur bei EFs innerhalb des aktuell selektierten DFs oder MFs. Über Verzeichnisgrenzen hinweg ist somit keine Auswahl einer Datei möglich. Weiterhin ist sie nur mit bestimmten Zugriffskommandos möglich (z.B.: READ/UPDATE BINARY /RECORD), bei denen als Parameter der Short Identifier übergeben werden kann.

Der große Vorteil der impliziten Selektion liegt darin, daß mit einem einzigen Kommando selektiert und zugleich auf die Datei zugegriffen werden kann. Dies führt dazu, daß in vielen Fällen ein SELECT FILE-Kommando unnötig wird und damit zu einer Vereinfachung der Kommandoabläufe. Aufgrund des reduzierten Kommunikationsbedarfs erreicht man mit einer impliziten Selektion von Dateien deutlich höhere Ausführungsgeschwindigkeiten.

Selektion durch Pfadangabe

Zusätzlich zur direkten Selektion existieren nach ISO/IEC 7816-4 noch zwei ergänzende Methoden der expliziten Selektion einer Datei mittels Pfadangabe. In der ersten Variante muß der Pfad von der aktuell selektierten Datei zur Zieldatei dem Betriebssystem übergeben werden. Die zweite Methode sieht vor, daß man den Pfad vom MF zur Zieldatei übergibt. Beide Methoden sind mittlerweile in einigen Chipkarten-Betriebssystemen integriert und ermöglichen durch diese zusätzliche Funktionalität einen meßbar verringerten Zeitbedarf bei der Abarbeitung von Kommandosequenzen.

5.6.4   Dateistrukturen von EFs

Die EFs bei Chipkarten haben im Gegensatz zu Dateien in DOS Systemen eine interne Struktur. Dieses Struktur kann je nach Verwendungszweck für jedes EF individuell gewählt werden. Dies hat große Vorteile für die äußere Welt, denn durch diese internen Strukturen ist es möglich, Datenbestände so aufzubauen, daß auf sie sehr schnell und zielgerichtet zugegriffen werden kann.

Die Verwaltung dieser Datenstrukturen erfordert in der Chipkarte einen erheblichen Aufwand an Programmcode. Dies ist auch der Grund, warum die Datenstrukturen nicht alle symmetrisch zueinander sind, sondern nur in Varianten vorkommen, die in der Praxis häufig benötigt werden.

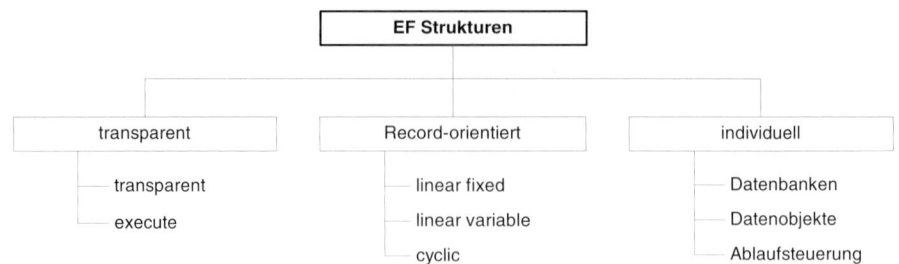

Bild 5.15   Klassifizierungsbaum der Dateistrukturen von EFs bei Chipkarten-Betriebs-systemen.

Dateistruktur „transparent"

Die Dateistruktur „transparent" wird oft auch noch als binäre oder amorphe Struktur bezeichnet. Dies bedeutet in anderen Worten, daß eine transparente Datei keine innere Struktur aufweist. Auf die in der Datei enthaltenen Daten kann byteweise oder block-weise schreibend oder lesend mit einem Offset zugegriffen werden. Dazu werden die Kommandos READ BINARY, WRITE BINARY und UPDATE BINARY verwendet.

Die minimale Größe eines EF mit der Struktur „transparent" ist 1 Byte. Eine maxi-male Größe ist in keiner Norm explizit festgelegt. Jedoch ist durch die maximale An-zahl von zu lesenden oder zu schreibenden Bytes im Short Format (255) bzw. im Ex-tended Format (65 536) und den maximalen Offset (32 767) eine Größe von bis zu 65 791 Byte bzw. 98 303 Byte möglich. Diese Maximalangabe ist bei den heutigen Chipkarten aufgrund der zur Verfügung stehenden Speichergrößen natürlich eine Illu-sion. In der Praxis sind transparente Dateien selten größer als ein paar hundert Byte.

Bild 5.16   Der Aufbau der Dateistruktur „transparent".

Sollen zum Beispiel 5 Byte mit einem Offset von 3 Byte aus einer 10 Byte großen Datei gelesen werden, so findet der Zugriff folgendermaßen statt:

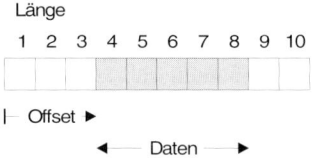

Bild 5.17   Beispiel für das Lesen von 5 Byte mit einem Offset von 3 Byte aus einer transpa-renten Datei.

Die Anwendung dieser Datenstruktur liegt hauptsächlich im Bereich von Daten, die nicht strukturiert aufgebaut oder sehr kurz sind. Ein typisches Einsatzgebiet wäre eine

Datei mit einem digitalisierten Paßfoto, das von einem Terminal aus der Chipkarte ausgelesen werden kann.

Mit der linear und eindimensional aufgebauten Datenstruktur lassen sich aber im Bedarfsfall auch alle anderen Strukturen simulieren. Allerdings gestaltet sich dann der Zugriff für das Terminal etwas aufwendiger, da intern in der Datei auch Parameter über den Aufbau abgespeichert werden müssen.

Dateistruktur „linear fixed"

Die linear fixed-Datenstruktur basiert auf der Verkettung von gleich langen Datensätzen, d.h. Records. Ein Record wiederum ist eine Aneinanderreihung von einzelnen Bytes. Auf die einzelnen Records dieser Dateistruktur kann wahlfrei zugegriffen werden. Die kleinste Zugriffsgröße ist ein einzelner Record, es ist also nicht möglich, nur auf Teile eines Records zuzugreifen. Gelesen bzw. geschrieben werden kann in diese Struktur mit READ RECORD, WRITE RECORD und UPDATE RECORD.

Der erste Record hat immer die Nummer 1. Die größte Recordnummer ist 'FE', also 254, da 'FF' für spätere Erweiterungen reserviert ist. Die Länge der einzelnen Records kann sich aufgrund der Zugriffskommandos im Bereich von 1 bis 254 Byte bewegen, jedoch müssen alle Records die gleiche Länge aufweisen.

Die typische Anwendung dieser Dateistruktur ist ein Telefonverzeichnis, in dem als erstes der Name steht und dann, ab einer festen Stelle, die dazugehörige Telefonnummer.

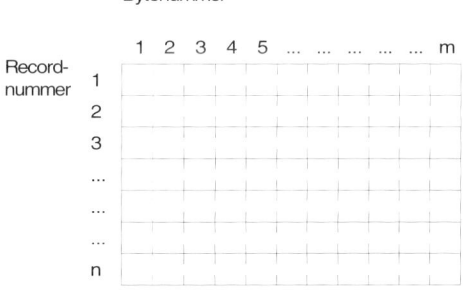

Bild 5.18   Der Aufbau der Dateistruktur linear fixed.

Dateistruktur „linear variable"

In der Dateistruktur „linear fixed" besitzen alle Records die gleiche Länge. Dadurch wird oft Speicherplatz verschwendet, da viele Record-orientierte Daten von variabler Länge sind. Man denke dabei nur an die Namen in einem Telefonverzeichnis. Dieser Forderung nach Speicherplatzminimierung kommt die Struktur linear variable nach. Hier kann jeder einzelne Record individuell eine definierte Länge annehmen. Dies führt zwangsläufig dazu, daß jeder Record ein zusätzliches Informationsfeld über seine Länge besitzt. Sonst ist der Aufbau analog dem in der Struktur „linear fixed".

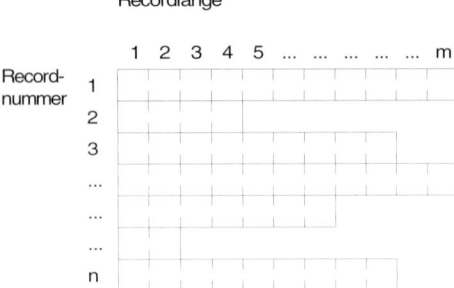

Bild 5.19   Der Aufbau der Dateistruktur linear variable.

Der erste Datensatz hat die Nummer 1, und es können maximal 254 Datensätze in einer Datei enthalten sein. Die Länge der einzelnen Records ist bestimmt durch die Zugriffskommandos von 1 Byte bis 254 Byte individuell einstellbar. Diese sind die gleichen wie bei der Datenstruktur „linear fixed", d.h. READ RECORD, WRITE RECORD und UPDATE RECORD.

Vorzugsweise findet diese Struktur dann Verwendung, wenn Datensätze mit sehr unterschiedlicher Länge gespeichert und Speicherplatz in der Chipkarte gespart werden soll. So könnte beispielsweise das obige Telefonverzeichnis dahingehend optimiert werden, daß die Records genauso lang sind wie die eigentlichen Einträge, und damit nicht alle Records die gleiche Länge haben. Allerdings benötigt die Verwaltung dieser Dateistruktur im Chipkarten-Betriebssystem sowohl Programmcode als auch zusätzlichen Speicher für die individuellen Recordlängen. Deshalb bieten oftmals Betriebssysteme für Mikrocontroller mit wenig Speicherplatz diese Dateistruktur nicht an. Die ISO/IEC 7816-4 läßt diese Einschränkung konsequenterweise auch in einigen Profilen ausdrücklich zu.

Dateistruktur „cyclic"
Diese Struktur basiert auf der linear fixed-Datenstruktur. Sie besteht also aus einer bestimmten Anzahl von Records mit gleicher Länge. Zusätzlich beinhaltet das EF noch einen Zeiger, der immer auf den letzten geschriebenen Datensatz zeigt, welcher grundsätzlich die Nummer 1 hat. Erreicht der Zeiger den letzten Datensatz im EF, dann wird er beim nächsten Schreibzugriff vom Betriebssystem automatisch wieder auf den ersten Datensatz gesetzt. Er verhält sich also wie bei einer analogen Uhr mit einem Stundenzeiger.

Enthält die cyclic-Datei n Records, so hat der letztgeschriebene die Nummer 1. Der vorhergehend geschriebene Record hat die Nummer 2 und der „älteste" Record die Nummer n. Man kann auch auf diese Dateistruktur, wie im übrigen auf alle der drei Record-orientierten Dateistrukturen, mit Adressierung des ersten (*first*), letzten (*last*), vorherigen (*previous*) und nächsten (*next*) Record darauf zugreifen.[1]

---

[1] siehe auch Abschnitt 7.2 Schreib- und Lesekommandos

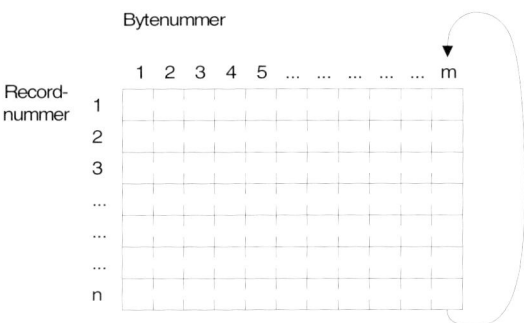

Bild 5.20   Der Aufbau der Dateistruktur „cyclic".

Die Anzahl und Länge der Datensätze ist völlig analog dem bei „linear fixed". Es können also aufgrund der Restriktionen durch die Schreib- und Lesekommandos maximal 254 Datensätze mit einer Maximallänge von je 254 Byte erzeugt werden.

Die typische Anwendung für diese Struktur sind Dateien innerhalb der Chipkarte für die Aufzeichnung von Protokollen, da der jeweils älteste Eintrag immer durch den neuesten überschrieben wird.

Dateistruktur „execute"

Die folgende Dateistruktur ist im Prinzip nicht eigenständig, da sie auf der transparenten Datenstruktur beruht. Sie ist in der europäischen Norm EN 726-3 beschrieben und bietet innerhalb des Betriebssystems große Erweiterungsmöglichkeiten. Die Datenstruktur „execute" ist nicht zum Speichern von Daten, sondern für die Ablage von ausführbarem Programmcode gedacht.[1] Zugreifen kann man auf Dateien mit der Struktur „execute" mit den entsprechenden Kommandos für transparente Dateistrukturen. Allerdings schafft man damit eine Hintertür, denn jeder, der auf diese Datei schreiben kann, hat dadurch die Möglichkeit, eigenen Programmcode inklusive trojanischer Pferde in die Karte zu laden.

Die maximale Programmgröße ist analog der maximalen Größe einer transparenten Datei und beträgt 65 791 Byte bzw. 98 303 Byte (ohne/mit Adressierung über Offset bei UPDATE BINARY). Eine eigene innere Struktur, wie etwa bei den Recordorientierten Dateien, ist nicht festgelegt. Sie kann aber durch den in der Datei enthaltenen Programmcode durchaus eingeführt werden, so daß das ausführbare Programm eigene Datenbereiche in der execute Datei anlegt und intern darauf zugreift.

Dateistruktur für Datenbanken, Database File

Die ISO/IEC 7816-7 definiert mit SCQL eine Untermenge von SQL für Chipkarten. Um die Daten in einem für die SCQL-Kommandos auslesbaren Form im Dateisystem der Chipkarte ablegen zu können, ist es notwendig, eine eigene Dateistruktur dafür vorzusehen. Diese ist in ihrem Aufbau nicht normiert, sondern dem jeweiligen Betriebssystemhersteller überlassen. In dem Database File sind die eigentlichen Nutzda-

---

[1] siehe auch Abschnitt 5.10 Chipkarten-Betriebssysteme mit nachladbarem Programmcode

ten der Datenbank, unterschiedliche Sichten auf die Datenbank, die Zugriffsrechte auf die Datenbank und die Benutzer-Profile abgelegt.

Dateistruktur für Datenobjekte
Die beiden Kommandos GET DATA und PUT DATA der ISO/IEC 7816-4 werden benutzt, um TLV-codierte Datenobjekte in der Chipkarte abzulegen und von dort wieder auszulesen. Dies kann entweder völlig unabhängig von der Dateiverwaltung realisiert werden oder innerhalb einer Dateiverwaltung durch eine besondere Dateistruktur für die Ablage von Datenobjekten. Findet eine Realisierung über die Dateiverwaltung statt, dann kann man beispielsweise eine geringfügig angepaßte transparente oder linear variable Dateistruktur als Aufbewahrungsplatz für die Datenobjekte benutzen. Die Kommandos GET DATA und PUT DATA greifen dann über die Dateiverwaltung auf diese modifizierten Dateistrukturen zu.

Dateistruktur für Ablaufsteuerung
Weist ein Chipkarten-Betriebssystem eine Ablaufsteuerung für Kommandosequenzen auf, dann müssen die Informationen, wann welche Kommandos akzeptiert werden, ebenfalls im Speicher abgelegt werden. Dies geschieht üblicherweise in einer Datei mit besonders angepaßter Struktur für diese Aufgabe. Diese ist jedoch nicht genormt, und jedes Betriebssystem mit Ablaufsteuerung besitzt ausnahmslos ein eigenes und nicht zu anderen kompatibles Format.

5.6.5   Zugriffsbedingungen auf Dateien

Alle Dateien besitzen im Rahmen ihres objektorientierten Aufbaus Informationen, die den Zugriff im Rahmen des Dateimanagements regeln. Physikalisch ist die dazugehörige Codierung immer im Header einer Datei untergebracht. Die gesamte Sicherheit der Dateiverwaltung einer Chipkarte basiert auf der Rechteverwaltung für den Dateizugriff, da bei ihr der Zugriff auf die Dateiinhalte geregelt wird.

Die Zugriffsbedingungen werden bei der Erzeugung einer Datei festgelegt und sind dann im Regelfall nicht mehr zu verändern. Die für eine Datei möglichen Zugriffsbedingungen differieren je nach den im Betriebssystem vorhandenen Kommandos sehr stark. Es hat beispielsweise keinen Sinn, Zugriffsbedingungen für READ RECORD zu definieren, wenn dieses Kommando in einem Chipkarten-Betriebssystem nicht vorhanden ist.

Beim MF und den DFs werden im Gegensatz zu den EFs keine Informationen über den Datenzugriff (Schreib- oder Leserechte) gespeichert, sondern unter anderem die Zugriffsbedingungen für die Erzeugung von neuen Dateien. Je nach Dateityp sind also verschiedene Zugriffsbedingungen gespeichert: In den EFs für den Zugriff auf die Dateiinhalte und im MF und den DFs Bedingungen, die innerhalb dieser Organisationsstruktur gelten.

Es kann zwischen zustands- und kommandoorientierten Zugriffsbedingungen unterschieden werden. Bei zustandsorientierten Zugriffsbedingungen ist für einen Zugriff der dazu benötigte Zustand festgelegt. Es kann aber nicht nur ein bestimmter Zustand für den Zugriff erlaubt sein, sondern auch eine Vergleichsbedingung angegeben sein. So kann zum Beispiel ein Lesezugriff ab dem Zustand 5 erlaubt sein. Für jeden Zustand, der kleiner ist als 5, wäre dann der Lesezugriff verboten. Natürlich ist es auch möglich, für einen Zugriff mehrere unterschiedliche Zustände festzulegen. So könnte ein Lesezugriff im Zustand 5, 8 und 9 erlaubt sein.

Im Gegensatz dazu werden in kommandoorientierten Betriebssystemen die vor dem Zugriff korrekt auszuführenden Kommandos definiert. Dies betrifft vor allem Authentisierungs- und Identifizierungskommandos. Beispielsweise kann man nur dann auf eine Datei schreibend zugreifen, wenn vorher die PIN mit dem Kommando VERIFY erfolgreich überprüft wurde.

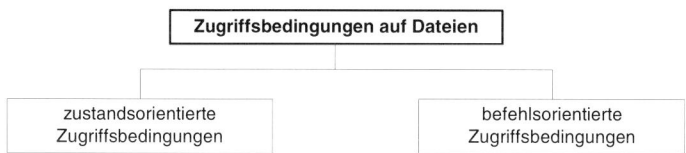

Bild 5.21   Klassifizierungsbaum der beiden möglichen Arten von Zugriffsbedingungen auf Dateien.

Alle möglichen Zugriffsarten auf ein EF müssen durch Rechte genau geregelt sein. Dies können je nach Betriebssystem mehr oder weniger viele Kommandos sein. Im Überblick seien deshalb hier einige der häufigsten Zugriffskommandos auf Dateien genannt:

APPEND	Vergrößern einer Datei
DELETE FILE	Löschen einer Datei
INCREASE / DECREASE	Berechnungen innerhalb einer Datei
INVALIDATE	Blockieren einer Datei
LOCK	Endgültiges Sperren einer Datei
READ / SEEK	Lesen / Suchen in einer Datei
REHABILITATE	Entblocken einer Datei
WRITE / UPDATE	Schreiben in eine Datei

Die Zugriffsbedingungen in einem DF unterscheiden sich grundlegend von denen eines EFs. Sie geben die Bedingungen an, damit innerhalb des betreffenden Verzeichnisses bestimmte Kommandos ausgeführt werden dürfen. Im folgenden die drei wichtigsten Zugriffsbedingungen im Überblick:

CREATE	Erzeugen einer neuen Datei
DELETE FILE	Löschen einer Datei
REGISTER	Registrieren einer neuen Datei

Zustandsorientierte Zugriffsbedingungen werden vor allem in multifunktionalen Chipkarten-Betriebssystemen wie STARCOS eingesetzt, da sie sehr flexibel und anpassungsfähig sind. Die meisten großen Chipkarten-Anwendungen, wie beispielsweise GSM, ec-Karte mit Chip in Deutschland, regeln die Dateizugriffe jedoch über kommandoorientierte Zugriffsbedingungen. Dieses Zugriffsverfahren benötigt geringfügig weniger Programmcode und Datenspeicher als die zugriffsorientierte Variante. Allerdings erkauft man sich dies durch eine etwas geringere Flexibilität. Beide Verfahren haben ihre kleinen Vor- und Nachteile, und Diskussionen für oder gegen eine der beiden Zugriffsmethoden enden meist in philosophischen Fragen zum Betriebssystemdesign.

5.6.6   Attribute von Dateien

Innerhalb der objektorientierten Definition besitzen alle EFs spezielle Attribute, um noch zusätzliche Eigenschaften der Datei zu definieren. Dies ist jedoch abhängig vom Betriebssystem und auch vom Einsatzgebiet der Chipkarte. Die Attribute definieren Eigenschaften von EFs, die sich meist auf das Speichermedium EEPROM beziehen. Die Ursache sind die potentielle Unsicherheit von Datenerhalt und mögliche Schreibfehler bei EEPROM-Operationen. Die Attribute werden beim Erzeugen einer Datei definiert und können dann meist nicht mehr verändert werden.

Attribut für WORM

Ein gleichfalls auf dem Speichermedium EEPROM basierendes Attribut nennt sich WORM (*write once, read multiple*). Besitzt eine Datei ein solches Attribut, so können Daten nur ein einziges Mal in die Datei geschrieben werden. Lesen lassen sich diese Daten aber unbegrenzt oft. Diese Eigenschaft kann entweder von der Hardware des EEPROMs unterstützt werden oder ist als Softwarefunktion realisiert. Verwendung findet das WORM-Attribut beispielsweise zum einmaligen und irreversiblen Schreiben einer Seriennummer in eine Datei. Andere Anwendungen dieser Dateieigenschaft finden sich im Bereich der Personalisierung, in dem nicht mehr änderbare Daten (z.B. Name, Verfallsdatum) in die Karte unwiderruflich geschrieben werden.

Der Sinn der Verwendung dieses Attributes besteht im Schutz von sensiblen Daten vor Überschreiben. Optimal ist der Schutz natürlich erst dann, wenn auf Ebene der Hardware ein WORM-Zugriff möglich ist. Das heißt, wenn das EEPROM einen Hardwareschutz hat und nur ein einmaliges Schreiben zuläßt. Doch selbst eine Realisierung in Software ermöglicht einen viel besseren Schutz als vergleichbare Mechanismen.

Attribut für Mehrfachablage

Ein vor allem im GSM-Bereich definiertes und verwendetes Attribut ist ein Kennzeichen für „high update activity". Es existiert nur aufgrund der begrenzten Anzahl von Schreib-/Löschzyklen auf das EEPROM. Dateien mit diesem Attribut können sehr oft geschrieben werden, ohne daß Schreibfehler eine Auswirkung auf den Datenerhalt haben. Erreicht wird dies durch eine Mehrfachablage beim Schreiben der Daten und eine Mehrheitsentscheidung beim Lesen. Üblich ist dabei ein dreifach paralleles Abspeichern der Daten beim Schreiben und einer 2-aus-3-Mehrheitsentscheidung beim

Lesen. Alternativ zu diesem Mechanismus kann auch eine im Schreibfehlerfall nach außen hin transparente Umschaltung der mehrfach vorhandenen Datenfelder realisiert werden.

Attribut für EDC-Benutzung

Ein für besonders sensible Daten benutztes Attribut ist ein spezieller Schutz der Nutzdaten in der Datei mit einem EDC (*error detection code*). Damit kann das Umkippen von Speicherbits im EEPROM zumindest erkannt werden. Mit einer zusätzlichen Mehrfachablage und EDC-Schutz würde sich auch eine Fehlerkorrektur bei gekippten Speicherzellen vornehmen lassen. Diese ECC (*error correction code*) -Eigenschaft wird vornehmlich im Bereich von elektronischen Geldbörsen angewandt. Dort bedeutet ein Kippen von Speicherzellen den realen Verlust von Geld, da in der Datei der aktuelle Börseninhalt gespeichert ist. Um die Auswirkungen des Kippens von Zellen zu minimieren, verwendet man eben diese EDC- bzw. ECC-Attribute bei Dateien.

Attribut für Atomare Schreibzugriffe

In neueren Betriebssystemen für Chipkarten ist oft ein Mechanismus integriert, der sicherstellt, daß eine Datei bei einem Schreibzugriff entweder vollständig oder gar nicht geschrieben wird.[1] Da dieser Mechanismus die Zugriffszeit beim Schreiben in eine Datei mehr als verdoppelt, sollte er nicht prinzipiell bei allen Dateien angewendet werden. Um selektiv für jede Datei den Schreibmechanismus bestimmen zu können, gibt es ein spezielles Attribut dafür.

Attribut für gleichzeitigen Zugriff

Chipkarten-Betriebssysteme, die mehrere logische Kanäle unterstützen, haben oftmals ein spezielles Dateiattribut für gleichzeitigen Dateizugriff. Dabei wird für eine Datei explizit erlaubt, daß Kommandos, die die Chipkarte über unterschiedliche und parallel geöffnete logische Kanäle erhält, auf eine Datei lesend oder schreibend zugreifen können. Es ist wichtig, daß diese Eigenschaft für eine Datei besonders gekennzeichnet ist, da bei einem quasi gleichzeitigen Zugriff über unterschiedliche Kanäle Daten von einem Kanal verändert werden können, während sie unmittelbar vorher oder nachher über den anderen Kanal gelesen werden. Falls beide Prozesse nicht synchronisiert sind, werden je nach zeitlichem Eintreffen der Kommandos an die Chipkarte unterschiedliche Dateiinhalte ausgelesen. Deshalb sind in der Regel diese gleichzeitigen Zugriffe grundsätzlich untersagt. Nach der Selektion einer Datei wird der Zugriff über alle anderen Kanäle darauf temporär gesperrt. Erst nach einer Deselektion ist es wieder möglich, daß von einem anderen logischen Kanal darauf zugegriffen wird. Das Attribut für gleichzeitigem Zugriff schaltet diese Sperre für eine bestimmte Datei aus. Für die eine Synchronisation von parallelen Schreib- und Leseprozessen sind dann jedoch die entsprechenden Anwendungen im Terminal verantwortlich. Greifen diese jedoch auf die Datei nur lesend zu, dann tritt das Problem selbstverständlich nicht auf.

---

[1] siehe auch Abschnitt 5.9 Atomare Abläufe

Attribut für Auswahl der Datenübertragung

Die Dateiverwaltungen von Chipkarten, die sowohl mit einer kontaktbehafteten als auch mit einer kontaktlosen Schnittstelle ausgerüstet sind, besitzen manchmal ein Dateiattribut, das regelt, welche der beiden Schnittstellen für den Zugriff auf eine Datei verwendet werden darf. Damit läßt sich für jede Datei individuell regeln, ob der Zugriff mit Kommandos über die kontaktlose und/oder kontaktbehaftete Schnittstelle erfolgen darf. Damit ist es beispielsweise bei einer elektronischen Geldbörse sehr einfach, das Bezahlen nur über die kontaktlose Datenübertragung und das Aufladen nur über die kontaktbehaftete Schnittstelle zuzulassen.

5.7   Dateiverwaltung

Alle Dateien einer Chipkarte sind im EEPROM gespeichert. Dies ist die einzige Speicherart in einer Chipkarte, in der Daten auch ohne Stromversorgung gespeichert bleiben und zusätzlich bei Bedarf und vorhandener Stromversorgung wieder geändert werden können. Es ist auch die einzige Möglichkeit, Informationen zwischen zwei Sitzungen hinweg zu erhalten, da das RAM nach der Deaktivierung der Chipkarte seinen Inhalt verliert und der Inhalt des ROM nach der Halbleiterfertigung nicht mehr geändert werden kann.

In früheren Chipkarten wurde auf die Dateien direkt mit physikalischen Adressen zugegriffen. Eigentlich waren dies im engeren Sinn keine Dateien, sondern der gesamte Speicher war linear von außen adressierbar und konnte mit Schreib- und Lesekommandos angesprochen werden. Dies ist jedoch in modernen Betriebssystemen aus Sicherheits- und Anwendungsgründen nicht mehr vorgesehen. Standard sind momentan objektorientierte Dateiverwaltungen mit Informationen über die Zugriffsbedingungen direkt an der Datei. Die Verwaltung und Organisation dieser Dateien ist die Aufgabe des Betriebssystemteils „Dateiverwaltung".

Jede Datei muß bei einem objektorientierten Aufbau somit über einen Dateideskriptor verfügen, der alle entsprechenden Informationen über die Datei selber enthält. Der Dateideskriptor wird in der Chipkartentechnik auch als Header einer Datei bezeichnet. Die Dateninhalte, d.h. die Nutzdaten, befinden sich im sogenannten „Body" der Datei.

Die Informationen des Dateideskriptors sind stark abhängig von den Möglichkeiten, die die Dateiverwaltung bietet. Folgendes muß jedoch in jedem Fall im Dateideskriptor enthalten sein:

- Name der Datei   (z.B.: FID = '0001')
- Typ der Datei   (z.B.: EF)
- Struktur der Datei   (z.B.: linear fixed)
- Größe der Datei   (z.B.: 3 Records à 5 Byte)
- Zugriffsbedingungen   (z.B.: READ = nach PIN-Eingabe)
- Attribute   (z.B.: WORM)
- Verbindung zum Dateibaum   (z.B.: direkt unter dem MF)

Der Name der Datei ist im Falle eines EFs oder des MFs der 2 Byte lange FID (*file identifier*). Ist die Datei ein DF, ist zusätzlich noch ein AID (*application identifier*) Bestandteil des Dateideskriptors. Der Typ der Datei, also EF, DF oder MF, muß ebenfalls angezeigt sein.

Abhängig vom Typ existiert ein Datenelement im Header, das die interne Struktur (*transparent, linear fixed, linear variable, cyclic, executable*) beschreibt. Von der Struktur wiederum beeinflußt sind alle Informationen über die Länge des transparenten Datenteils oder die Anzahl und Länge der Records.

Nachdem nun so alle grundlegenden Eigenschaften der Datei beschrieben sind, benötigt das Betriebssystem noch detaillierte Angaben über die Zugriffsbedingungen, d.h. in welchem Zustand welche Kommandos wie zugreifen dürfen. Diese müssen für jedes mögliche Kommando gesondert spezifiziert sein. Falls es die Dateiverwaltung unterstützt, können noch spezielle Attribute, wie high update activity, WORM oder EDC Schutz, indiziert sein.

Alle diese vorstehenden Informationen betreffen die Datei als Objekt selber. Um die Position im Dateibaum festzulegen, bedarf es noch einiger Zeiger, mit deren Hilfe die genaue Lage innerhalb des MFs oder des DFs spezifiziert ist.

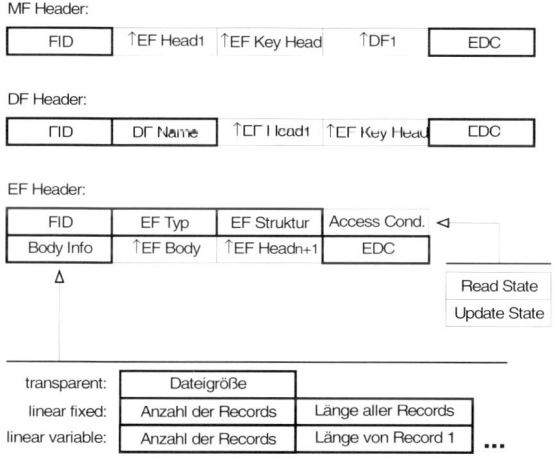

Bild 5.22   Überblick über einen möglichen Aufbau der Datei-Header für MF, DF und EF (internal und working) in einem Chipkarten-Dateiverwaltungssystem. Die breiten Rahmen kennzeichnen TLV-codierte Datenobjekte, die obligatorisch vorhanden sein müssen, und die schmalen Rahmen Datenobjekte, die optional sind. Die Numerierung ist nur innerhalb des jeweiligen Verzeichnisses gültig und nicht global über alle Dateien. Die Grundlage sind die bei Small-OS festgelegten Anforderungen an eine einfache Dateiverwaltung. Folgende Abkürzungen wurden benutzt: „Access Cond." für Zugriffsbedingung und „Head" für Header.

EF Body:

Daten	EDC

EF Key Body (Darstellung eines einzelnen Records):

Key Nummer		
Eingangszustand	Ergebniszustand OK	Ergebniszustand NOK
FBZ	FBZ Maximum	
Zweck	PIN / Schlüssel	
EDC		

Bild 5.23   Überblick über einen möglichen Aufbau der Datei-Bodies für internal und working EFs in einem Chipkarten-Dateiverwaltungssystem. Alle TLV-codierten Datenobjekte müssen obligatorisch vorhanden sein. Die Grundlage sind die bei Small-OS festgelegten Anforderungen an eine einfache Dateiverwaltung.

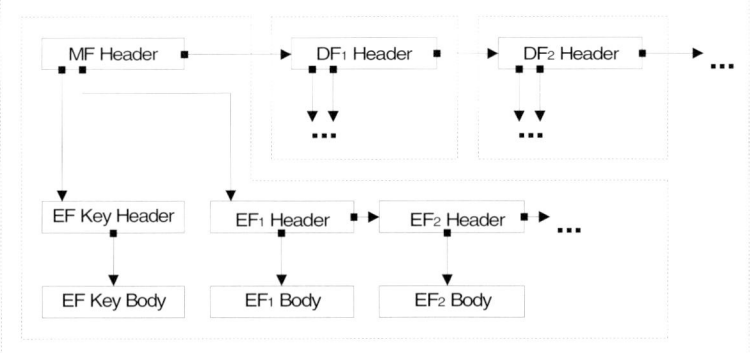

Bild 5.24   Überblick über einen möglichen Aufbau der Zeiger- und Datenstrukturen in einem Chipkarten-Dateiverwaltungssystem. Die Grundlage dafür sind die bei Small-OS festgelegten Anforderungen an eine einfache Dateiverwaltung. Die gestrichelt eingegrenzten Bereiche symbolisieren den für das jeweilige Verzeichnis zur Verfügung stehenden Speicher.

In einfachen Chipkarten-Betriebssystemen haben die Dateiheader in Abhängigkeit des Dateityps (MF, DF, EF) eine feste Länge. Dies reduziert den Verwaltungs- und Berechnungsaufwand für die interne Dateiverwaltung. Allerdings hat so ein Aufbau den großen Nachteil, daß er gegenüber Erweiterungen vergleichsweise unflexibel ist. Auch kann damit beispielsweise keine unbegrenzte oder auch nur sehr große Anzahl von unterschiedlichen Zugriffsbedingungen pro EF verwirklicht werden, da der prophylaktisch für die Speicherung der Zugriffsbedingungen im Header zur Verfügung zu stellende Speicher in den meisten Anwendungsfällen nicht benutzt würde. Dies ist der Grund, warum sich variable lange Dateiheader immer mehr bei Chipkarten-Dateiverwaltungen durchsetzen. Diese variablen Header können dann vom Chipkarten-Betriebssystem je nach Anwendung und daraus resultierenden Anforderungen an die im Header zu speichernden Information automatisch angepaßt werden.

Aufteilung des Speichers in Speicherseiten

Ein generelles Problem der gesamten Dateiverwaltung sind die limitierten Schreib-/ Löschzyklen des EEPROM und die Aufteilung in einzelne Speicherseiten. Dies beeinflußt den gesamten Aufbau der Dateiverwaltung und der internen Dateistrukturen erheblich. Sowohl die Header als auch die Bodies der Dateien müssen in ihrer Größe an die vorgegebene Größe der Speicherseiten angepaßt sein, so daß es nicht zu Überschneidungen zwischen unterschiedlichen Speicherseiten kommen kann. Auch müssen die Informationen über die Verwaltung von Dateien streng von den eigentlichen Dateninhalten im Speicher getrennt sein. Wäre dies nicht der Fall, dann könnte es so zu ungewollten Seiteneffekten zwischen den Verwaltungsdaten im Header und den Nutzdaten im Body kommen. Damit könnte die gesamte Sicherheitsstruktur innerhalb des Chipkarten-Betriebssystems zerstört werden. Dies sei an dem folgendem Beispiel kurz verdeutlicht:

Angenommen, die Zugriffsbedingungen für eine Datei mit geheimen und nicht auslesbaren Schlüsseln seien auf der derselben Speicherseite abgelegt, wie die öffentlich schreibbaren Nutzdaten einer anderen Datei. Würde nun der Schreibvorgang in die Datei abgebrochen, z.B. durch Herausziehen der Karte aus dem Terminal, so würde dies die auf der gleichen Speicherseite abgelegten Zugriffsbedingungen beeinflussen. Im ungünstigsten Fall wären nach diesem Vorgang keine Bedingungen für den Zugriff mehr vorhanden und die Datei mit den geheimen Schlüsseln somit von jedermann lesbar. Deshalb ist es von elementarer Bedeutung, daß die internen Dateistrukturen für Verwaltungs- und Nutzdaten jeweils auf einzelne Speicherseiten aufgeteilt sind.

Separierung von DFs

Die Funktion eines DFs kann auch so interpretiert werden, daß es den für eine bestimmte Anwendung zur Verfügung stehenden Speicher darstellt. Innerhalb dieses Bereiches ist der Anwendungsbetreiber vollständig für seine Anwendung verantwortlich und kann dort im wesentlichen tun und lassen, was er will. Er darf aber keinesfalls die Möglichkeit haben, in irgendeiner Form über seine Anwendung hinaus in eine andere Anwendung hinein zu adressieren und dort Daten zu lesen oder zu verändern. Deshalb haben einige Chipkarten-Betriebssysteme besondere Mechanismen, die grundsätzlich bei jedem Speicherzugriff eine Prüfung vornehmen, ob sich die physikalische Adresse innerhalb des aktuellen DFs befindet. Ist dies nicht der Fall, dann wird sofort mit einem schweren internen Fehler abgebrochen.

Die Überwachung dieser Adressen findet heute aufgrund fehlender Hardwareunterstützung durch entsprechende Programmroutinen im Betriebssystem statt. Dies ist natürlich eine sicherheitstechnisch wesentlich weichere, da leichter zu umgehende, Lösung, als man es mit einer entsprechenden Hardware erreichen könnte. In Zukunft werden jedoch wohl auch die Chipkarten-Mikrocontroller, analog allen aktuellen CPUs, eine sogenannte MMU (*memory management unit*) besitzen. Diese kann dann hervorragend zur sicheren Kontrolle der Speicherzugriffe innerhalb eines DFs genutzt werden. Bis dahin ist die einzige Möglichkeit, daß man die Adreßgrenzen der DFs durch entsprechende Betriebssystemroutinen überwacht.

Freispeicherverwaltung

Der geringe Speicherplatz zwingt die Chipkarten-Betriebssysteme zu großen Einschränkungen in der Freispeicherverwaltung des EEPROMs. Erst seit relativ kurzer Zeit gibt es Betriebssysteme, die Dateien (EFs und DFs) nach der Personalisierung erzeugen und auch wieder löschen können. Dies muß aufgrund des Sicherheitscharakters einer Chipkarte natürlich immer in einer kryptografisch einwandfreien Art geschützt sein. Idealerweise werden die entsprechenden Kommandos nach einer einleitenden beidseitigen Authentisierung im Secure Messaging Modus ausgeführt.

Eine Freispeicherverwaltung mit Allokation von Speicher für neue DFs und EFs ist noch relativ einfach in ein Betriebssystem integrierbar. Diese Dateien auch wieder löschbar zu machen bedeutet bereits eine nicht zu unterschätzende Steigerung des Programmaufwands. Schließlich muß dann die Dateiverwaltung zumindest im Ansatz fähig sein, die über verkettete Listen verbundenen Datei-Header zu reorganisieren. Das Verfahren muß ebenfalls berücksichtigen, daß sich bei einem plötzlichen Stromausfall, wie er beispielsweise durch Ziehen der Karte zustande kommt, der Dateibaum nach wie vor in einem definierten Zustand befindet. Gerade in so einem Fall könnte die Sicherheit einer Chipkarte komplett zusammenbrechen, wenn Dateizeiger plötzlich undefiniert wären. Aber auch hier können wiederum atomare Abläufe sehr nützlich sein und dem Problem abhelfen.

Die nächste Steigerung im Aufwand ist eine echte Freispeicherverwaltung für den gesamten Dateibereich oder idealerweise separat für jedes DF. Dann hätte man den Zustand erreicht, der von PCs schon lange bekannt ist. Man kann Dateien erzeugen, löschen und im Rahmen des automatisch verwalteten Speichers wieder neue Dateien erzeugen. Dies ist jedoch nur mit sehr viel Softwareaufwand durchführbar, obwohl diese Funktionalität sicherlich allgemein gewünscht wird. Doch der Preis, der dafür in ROM-Speicher gezahlt werden muß, ist bei den aktuellen ROM-Größen in den meisten Fällen zu hoch. Technisch ist es möglich, und einige Multiapplication-Betriebssysteme unterstützen auch eine solche vollständige Freispeicherverwaltung.

Oft wird jedoch auch ein Kompromiß zwischen den beiden Extrema realisiert, bei dem man zwar EFs innerhalb eines DFs löschen kann, der dadurch freigewordene Speicher aber nur in der Größe des gelöschten EFs wieder für ein neues EF zur Verfügung steht. Es findet also keine Relokation von Dateien statt. Wird anschließend ein neues EF erzeugt, dann sucht ein sogenannter best-fit-Algorithmus den freien Speicherplatz, in den das neue EF gerade noch hineinpaßt. Anschließend wird es an dieser Stelle erzeugt. Wichtig dabei ist, daß ein bei diesem Vorgang zustande kommender Speicherverschnitt jeweils endgültig für die Dateiverwaltung verloren ist. Sofern das gelöschte und erzeugte EF nicht immer die gleiche Größe hat, wird der dem Dateispeicher zur Verfügung stehende Speicher bei jedem Lösch- und Erzeugungsvorgang immer kleiner. Dies ist für viele der heutigen Anwendungen ein gangbarer Kompromiß

zwischen Funktionalität, Größe des dafür notwendigen Programmcodes und der Zuverlässigkeit der Anwendung.

Datenintegrität

Ein weiterer wichtiger Punkt ist die Sicherstellung der Datenintegrität. Die Dateiverwaltung sollte zu jedem Zeitpunkt fähig sein zu prüfen, ob sich die Daten im Speicher unbeabsichtigt verändert haben, wie dies beispielsweise durch Alterung geschehen könnte. Um den Verwaltungsoverhead für diese Funktion zu minimieren, müssen
nicht grundsätzlich alle Daten mit Prüfsummen gesichert sein, doch sollten mit der
Wichtigkeit der Daten auch ihre Redundanz bzw. die überwachenden Schutzfunktio-
nen wachsen. Abgesichert werden entweder mehrere Datenelemente auf einmal, wie
beispielsweise ein gesamter Dateiheader, oder besonders wichtige Datenelemente jeweils separat. Dies hängt vor allem davon ab, wie häufig diese Datenelemente im
EEPROM geändert werden und wieviel Speicherplatz man beim Design des Betriebssystems für die Integrität von Daten zu opfern bereit ist.

Um die Datenintegrität zu gewährleisten, werden vor allem kritische Datenelemente,
wie Datenzugriffsrechte oder Zeiger vom Dateiheader zum Dateibody, mit Fehlererkennungscodes gesichert. Oft benutzt man dazu Prüfsummen auf der Grundlage von
CRCs, da diese verhältnismäßig schnell zu berechnen sind und wenig Programmcode
benötigen. Um jedoch die typische Ausfallcharakteristik von EEPROM-Zellen besser
abzudecken, gebraucht man oft auch Reed-Solomon-Codes. Diese können die üblicherweise auftretenden Bündelfehler: d.h., eine ganze EEPROM-Speicherseite hat sich
verändert, wesentlich besser erkennen, als dies bei CRC-Prüfsummen der Fall ist.

Anwendungsübergreifende Zugriffe

Um bestimmte Funktionen auf einer Chipkarte freizuschalten, wird in der Regel eine
vorherige PIN-Eingabe vom Kartenbenutzer verlangt. Da die Merkfähigkeit des durchschnittlichen Menschen gewissen Beschränkungen unterliegt, ist es selbst bei mehreren
Anwendungen auf einer Chipkarte üblich geworden, immer nur eine PIN pro Karte zu
verwenden. Jede Anwendung auf der Karte benutzt diese gemeinsame PIN. Man
könnte sie nun einmal pro Anwendung in einem internal EF speichern. Das Problem
dabei wäre aber, daß dann jede dieser PINs einen eigenen Fehlbedienungszähler hätte.
Bei beispielsweise fünf Anwendungen auf der Karte und jeweils drei erlaubten Fehlversuchen hätte man bereits 15 Versuche, um die PIN zu raten. Dies ist für Anwendungsdesign und -sicherheit in vielen Fällen nicht tolerabel. Deshalb bieten einige Betriebssysteme die Möglichkeit der anwendungsübergreifenden Zugriffe auf PINs und
auch auf Schlüssel.

Diese Nutzung gemeinsamer Ressourcen wird dem Prinzip nach ähnlich realisiert
wie die bei PC-Betriebssystemen üblichen Alias-Mechanismen. Der größte Unterschied liegt nur darin, daß bei Chipkarten-Betriebssystemen die Verweise immer nur
zu den übergeordneten DFs hin möglich sind, mit dem MF als höchster Instanz. Es wäre also nicht möglich, auf eine PIN in einem anderen DF zuzugreifen, sondern nur auf
eine PIN, die in der Datei-Hierarchie höher liegt, also beispielsweise im MF.

Bei obigem Beispiel mit einer von mehreren Anwendungen gemeinsam genutzten PIN inklusive Fehlbedienungszähler würde dies wie folgt realisiert: Die PIN wird in einem internal EF direkt unter dem MF abgelegt. In der Anwendung in einem DF unter dem MF befindet sich in einem internal EF ein Verweis auf den Speicherort der PIN. Die Ergebniszustände für erfolgreiche und fehlgeschlagene PIN-Vergleiche sind natürlich im PIN-Record im DF abgelegt, da sie jeweils nur eine bestimmte Anwendung betreffen. Wird nur ein PIN-Vergleich angestoßen, dann greift das Kommando VERIFY zuerst auf den PIN-Record im aktuellen DF zu, stellt dort fest, daß sich PIN und dazugehöriger Fehlbedienungszähler auf einer anderen Ebene befinden, und benutzt dann die so indizierte PIN für den Vergleich. Je nach Ergebnis des Vergleichs wird anschließend der im internal EF des aktuell selektierten DFs abgelegte Zustand für das DF gesetzt.

Dieses Verfahren wird mittlerweile von vielen Chipkarten-Betriebssystemen in unterschiedlichen Varianten unterstützt. Gerade für die Nutzung gemeinsamer Daten zwischen zwei oder mehreren Anwendungen stellt es eine sehr elegante und kryptografisch einwandfreie Lösung dar. Zusätzlich zu einer anwendungsübergreifenden Nutzung von PINs und Schlüsseln bieten manche Betriebssysteme auch einen äquivalenten Mechanismus für EFs an. Damit ist es dann möglich, ohne die Deselektion eines DFs direkt auf globale Daten, die in EFs unter dem MFs gespeichert sind, zuzugreifen.

5.8   Ablaufsteuerung

Muß in einem Betriebssystem ein Zustandsautomat implementiert werden, dann kann dieser auf verschiedenartige Weise aufgebaut sein. Einige elementare Prinzipien sind aber, unabhängig vom jeweiligen Betriebssystem und dessen Hersteller, in jedem Falle einzuhalten.

Der Zustandsautomat, unabhängig ob Mikro- oder Makroautomat, muß sich im vorangehend beschriebenen Schichtenmodell des Betriebssystems nach dem Kommandointerpreter und vor der eigentlichen Ausführung des Kommandos befinden. Seine Aufgabe ist es, anhand einer Tabelle festzustellen, ob das empfangene Kommando im aktuellen Zustand ausgeführt werden darf oder nicht. Grundprinzip dabei ist, wie im Chipkartenbereich üblich, ein möglichst geringer Verbrauch an Speicher für die Bereitstellung der Zustandsinformationen. Zusätzlich muß die Information aber so strukturiert sein, daß der Automat selber ebenfalls möglichst speichersparend aufgebaut werden kann.

Für die Analyse des im I/O-Puffer abgelegten Kommandos benötigt der Zustandsautomat einiges an Information. Im Bild 5.25 ist ein möglicher Aufbau einer Zustandstabelle für Chipkarten aufgeführt.

Das erste Datenelement (Initialzustand) beinhaltet den Zustand, für den der folgende Teil der Datenstruktur bearbeitet werden soll. Hier könnte eine Zahl stehen, die direkt den Zustand definiert, in dem alle weiteren Informationen berücksichtigt werden müssen. Dann folgen in einer Untertabelle die in dem Initialzustand erlaubten Kommandos. Dabei muß es möglich sein, jeweils einzelne Kommandos, Gruppen davon, keine oder alle Kommandos zuzulassen.

In der Tabellenstruktur folgen der Kommandodefinition die dazugehörigen erlaubten Parameter. In diesen Datenelementen muß auch die Möglichkeit vorhanden sein, Einzelwerte als auch Bereiche dafür zu definieren. Beispielsweise könnten im Feld für das Kommando die Codierung für READ BINARY stehen und in den Parameterfeldern 1 und 2 der minimale und maximale Offset für den Lesezugriff auf die transparente Datei. In Parameter 3 stünde dann sowohl die Grenze für die minimale als auch die maximale Länge. Da in dieser Untertabelle für einen Zustand auch mehrere Einträge vorhanden sein können, ist es möglich, daß nach READ BINARY noch weitere Kommandos mit allen ihren Parametern definiert sind.

Den Abschluß eines Eintrags in der Tabelle bildet der neue Zustand, der im Gutfall der Kommandoabarbeitung gesetzt wird, d.h. wenn das Kommando problemlos ausgeführt werden konnte. Im Schlechtfall läßt sich bei dieser Form der Datenstruktur ein anderer Zustand setzen. Um innerhalb des Zustandsautomaten möglichst flexibel zu bleiben, müssen dort sowohl absolute als auch relative positive und negative Folgezustände erlaubt sein. „Relativ" bedeutet in diesem Zusammenhang, daß der neue Zustand zustande kommt, indem auf den Initialzustand ein Wert addiert oder subtrahiert wird. Bei der absoluten Angabe wird der neue Wert direkt ohne Miteinbeziehung des Initialwertes gesetzt.

...	...	...	...
Initialzustand	Kommando-definitionen	neuer Zustand im Gutfall	neuer Zustand im Schlechtfall
...	...	...	...

Kommando-definitionen			
Kommando	Parameter P1 (min, max)	Parameter P2 (min, max)	Parameter P3 (min, max)
...	...	...	...
...	...	...	...

Bild 5.25   Beispiel für die Datenelemente einer Datenstruktur, die für einen Zustandsautomaten benötigt werden

Die Möglichkeiten eines Zustandsautomaten sind prinzipiell unbegrenzt. Die hier aufgeführte Datenstruktur ist für den Einsatz in einem etwas höher entwickeltem Chipkarten-Betriebssystem ziemlich gut geeignet.

Mit der beschriebenen Datenstruktur und einem entsprechenden Zustandsautomaten kann prinzipiell jeder mögliche Zustandsgraph in einer Chipkarte nachgebildet werden. Natürlich schützen sich die einzelnen Dateien noch zusätzlich durch die Zugriffsbedingungen für die Kommandos gegen unbefugtes Lesen und Schreiben. Doch ergänzend zu dem objektorientierten Schutz der Dateien kann durch die Ablaufsteuerung der Kommandos ein weiterer übergeordneter Mechanismus zur Erhöhung der Systemsicherheit bereitgestellt werden. Dies ist der eigentliche große Vorteil von Zustandsautomaten in Chipkarten.

5.9   Atomare Abläufe

Oftmals wird für die Software im Mikrocontroller der Chipkarte gefordert, daß bestimmte Teile von ihr entweder vollständig oder gar nicht durchlaufen werden. Abläufe, die nicht aufteilbar sind und diese Forderung erfüllen, nennt man deshalb auch atomare Abläufe. Sie treten immer in Verbindung mit EEPROM-Schreibroutinen auf.

Atomaren Abläufen liegt der Gedanke zugrunde, daß man beim Schreiben ins EEPROM sicherstellen will, daß die betreffenden Daten in keinem Fall nur teilweise geschrieben worden sind. Dies würde beispielsweise dann der Fall sein, wenn der Benutzer die Chipkarte im falschen Augenblick aus dem Terminal zieht oder es zu einem plötzlichen Stromausfall kommt. Da die Chipkarte über keinerlei Pufferspeicher für elektrische Energie verfügt, verliert die Software in der Karte in diesen Fällen sofort ihre Aktionsmöglichkeiten.

Vor allem bei elektronischen Geldbörsen auf Chipkarten muß unter allen Umständen sichergestellt sein, daß die Einträge in den Dateien vollständig und korrekt sind. Beispielsweise wäre es äußerst fatal, wenn der Saldo einer Börse durch das Ziehen der Karte aus dem Terminal nur unvollständig auf den neuesten Stand gebracht würde. Auch müssen die entsprechenden Einträge in den Protokolldateien immer vollständig sein. Da die Hardware von Chipkarten atomare Abläufe nicht unterstützt, müssen diese deshalb mit Software realisiert werden. Die dazu angewandten Methoden sind im Prinzip nicht neu, sondern werden im Bereich von Datenbanken und Festplattenlaufwerken schon seit langer Zeit eingesetzt. Eine Variante, die bei Chipkarten-Betriebssystemen Verwendung findet, ist nachfolgend in ihren grundlegenden Abläufen beschrieben. Dieses Fehlerbehebungsverfahren (*error recovery*) ist transparent zur äußeren Welt und erfordert dadurch keinerlei Änderungen in eventuell bestehenden Anwendungen.

Man nehme zur Demonstration der Methode an, daß über die Schnittstelle zur Karte Daten gesandt werden, welche für eine Datei bestimmt sind. Dies wäre beispielsweise der typische Ablauf bei einem UPDATE BINARY-Kommando. Anhand von Bild 5.26 und der folgenden Erklärung lassen sich nun die konkreten Abläufe in der Karte nachverfolgen. Im EEPROM-Teil des Betriebssystems ist ein Puffer eingerichtet, der ausreichend groß ist, um alle notwendigen Daten aufzunehmen. Dieser besitzt, ebenfalls im EEPROM, ein Kennzeichen für den Zustand. Dieses kann entweder auf „Daten im Puffer gültig" oder auf „Daten im Puffer ungültig" gesetzt sein. Zusätzlich zum Puffer muß noch ein entsprechender Speicher für die Zieladresse und die aktuelle Länge der Pufferdaten vorhanden sein.

Der konkrete Ablauf stellt sich nun folgendermaßen dar: Die Daten, die sich ab der Zieladresse befinden, beispielsweise in einer Datei, werden im ersten Schritt unter Angabe der physikalischen Adresse und ihrer Länge in den Puffer kopiert. Nun wird das Flag für den Pufferinhalt auf „Daten im Puffer gültig" gesetzt. Im nächsten Schritt kopiert das Betriebssystem die neuen Daten an die gewünschte Adresse und ändert das Flag wieder auf „Daten im Puffer ungültig". Beim Hochfahren des Betriebssystems vor dem ATR wird das Flag abgefragt. Ist es auf „Daten im Puffer gültig" gesetzt, so findet automatisch ein Schreibvorgang der im Puffer befindlichen Daten in den ebenfalls gespeicherten Adreßbereich statt.

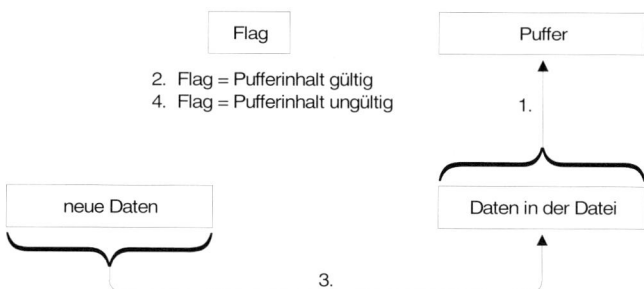

Bild 5.26   Beispiel einer möglichen Realisierung von atomaren Abläufen im Betriebssystem einer Chipkarte. Das Verfahren kann natürlich für die parallele Verarbeitung mehrerer Datenelemente kaskadiert werden.

Mit diesem Mechanismus ist somit in jedem Fall gewährleistet, daß gültige Daten in der Datei stehen. Kommt es an irgendeiner Stelle im Programmablauf zum Abbruch der Routine, so können die Daten im EEPROM der Chipkarte restauriert werden. Zieht beispielsweise im Schritt drei, dem Schreiben der neuen Daten ins EEPROM, der Benutzer die Karte, so stehen die neuen Daten nur teilweise in der Datei. Beim Anschalten der Karte bei der nächsten Sitzung merkt das Betriebssystem, daß sich gültige Daten im Puffer befinden und kopiert diese an die entsprechende Stelle. Damit ist der ursprüngliche Zustand wiederhergestellt, und alle Einträge in den Dateien im EEPROM sind konsistent. Als Zeitpunkt für diese Korrekturen eignet sich sehr gut die initial waiting time zwischen den einzelnen Bytes im ATR.[1] Obiges Verfahren kann sehr einfach dahingehend erweitert werden, daß jeweils nicht nur ein Datenelement in den Puffer geschrieben wird, sondern mehrere. Damit ist es dann sogar möglich, Schreibzugriffe auf mehrere unterschiedliche Dateien oder Datenelemente entweder ganz oder gar nicht auszuführen.

Der beschriebene Ablauf hat jedoch zwei gravierende Nachteile: Der Pufferspeicher wird am stärksten von allen EEPROM-Bereichen durch Schreiben und Löschen belastet. Dadurch, daß die Anzahl der Schreib-/Löschzyklen des EEPROMs begrenzt ist, erhält man mit hoher Wahrscheinlichkeit in dem wichtigen Puffer als ersten EEPROM-Bereich einen Schreibfehler. Dies würde bedeuten, daß man die Chipkarte nicht mehr verwenden kann, da die Datenkonsistenz nicht mehr sichergestellt ist. Dieses Problem kann dadurch entschärft werden, indem man den Puffer zyklisch aufbaut, so daß nicht immer an die gleiche Stelle geschrieben werden muß. Leider benötigt man dann für den Puffer unverhältnismäßig viel EEPROM. Ein weiterer Nachteil dieser Realisierung von atomaren Abläufen ist die Verlängerung der Programmausführungszeiten aufgrund der obligatorischen Schreibzugriffe in den Pufferspeicher. In ungünstigen Fällen dauert durch diesen Mechanismus der Zugriff dreimal länger als bei direktem Schreiben in den EEPROM-Speicher. Deshalb ist es üblich, nicht alle EEPROM-Zugriffe zu puffern, sondern nur Schreibzugriffe auf bestimmte Dateien oder Datenelemente im EEPROM. Dies kann bei Dateien durch Attribute im Header jeweils festgelegt werden.

---

[1] siehe auch Abschnitt 6.2 Answer to Reset – ATR

5.10   Chipkarten-Betriebssysteme mit nachladbarem Programm-code

Der Abschnitt „nachladbarer Programmcode" umfaßte 1995 in der ersten deutschen Auflage dieses Buches genau 642 Wörter, geschrieben in 65 Zeilen. Der Textumfang ist in dieser Auflage mittlerweile auf das 18fache gestiegen. Allein dieser Punkt zeigt, wie wichtig dieses Thema mittlerweile geworden ist. Man kann wohl ohne zu übertreiben behaupten, daß sich hier innerhalb eines Jahres (1997/1998) ein Paradigmenwechsel vollzogen hat. Nachladbarer Programmcode in Chipkarten wird mittlerweile als Regelfall und nicht mehr als Ausnahme angesehen, obwohl er noch von den wenigsten Chipkarten-Betriebssystemen unterstützt wird.

Die Gründe, warum das Nachladen von ausführbarem Programmcode so stark an Bedeutung gewonnen hat, sind auch rückblickend nicht ganz eindeutig nachvollziehbar. Eine Triebfeder mag der im Jahr 1994 bekanntgewordene Rechenfehler (FDIV-Befehl) in den damals weit verbreiteten Pentium-Prozessoren gewesen sein. Eine Ausbesserung per Software-Download war nicht möglich, da es ein echter Fehler in der Hardware war. Allerdings gab es für viele Anwendungsprogramme Patches, um den Fehler zu umgehen.

Es ist wahrscheinlich, daß dieser Fehler dazu führte, daß mit geringer zeitlicher Verzögerung einige große Systembetreiber plötzlich die Möglichkeit vorsahen, ausführbaren Programmcode in Chipkarten nachzuladen. Eine der größten Anwendungen mit ausführbarem Programmcode ist die ec-Karte mit Chip in Deutschland. Allerdings wird diese technische Möglichkeit zur Zeit nicht genutzt und stellt De-facto nur einen Rettungsanker für eventuell auftretende schwerwiegende Programmfehler dar. Auch bei GSM existieren Betriebssysteme, die es ermöglichen, daß Programmcode für spezielle Anwendungen über die Luftschnittstelle nachgeladen werden kann.

Im Gegensatz zu allen anderen Betriebssystemen für Computer ist es aber nicht generell üblich, Programme in Chipkarten nach Ausgabe einzubringen und dort bei Bedarf auszuführen. Dies ist aber eigentlich neben der Datenspeicherung eine der Hauptfunktionen aller Betriebssysteme. Es gibt natürlich Gründe, warum bisher gerade diese Funktionalität in der Chipkartenwelt weitgehend gefehlt hat.

Technisch und funktionell gesehen stellt ausführbarer Programmcode, beispielsweise in Dateien (d.h. EFs) gespeichert, keinerlei Problem dar. Neuere Betriebssysteme bieten deshalb auch die Möglichkeit, Dateien mit ausführbarem Code zu verwalten und auch zu einem Zeitpunkt nach der Personalisierung in die Chipkarte zu laden. Damit ist es möglich, daß beispielsweise ein Anwendungsanbieter Programmcode in der Chipkarte ausführen kann, den der Betriebssystem-Hersteller nicht kennt. So kann ein Anwendungsanbieter einen nur ihm selbst bekannten Verschlüsselungsalgorithmus in die Chipkarte einbringen und dort ausführen. Hierdurch ist es möglich, das Wissen um die Sicherheitsfunktionen des Systems auf verschiedene Parteien zu verteilen, was eine Grundforderung in Sicherheitssystemen ist.

Ein weiterer gewichtiger Grund für den Mechanismus des nachladbaren Programmcodes ist die sich damit eröffnende Möglichkeit der Beseitigung von Programmfehlern (*bug-fixing*) in vollständig personalisierten Karten. Erkannte Fehler im Betriebssystem können damit bei bereits ausgegebenen Karten behoben oder zumindest entschärft werden.

Es gibt grundsätzlich zwei Wege, Programmcode in einer Chipkarte auszuführen. Der erste und technisch einfachste Weg ist, compilierten Code in der Maschinensprache des Zielprozessors (*native code*) in Dateien der Chipkarte zu laden. Dieser Programmcode muß natürlich relokierbar sein, da die Speicheradressen nach außen nicht bekannt sind. Neben der technischen Unkompliziertheit dieser Lösung kann der Programmcode noch mit voller Ausführungsgeschwindigkeit des Prozessors abgearbeitet werden, was diese Lösung gerade für nachladbare Algorithmen sehr interessant macht. Weiterhin ist auch kein zusätzlicher Programmcode für einen Interpreter in der Chipkarte notwendig. Das große Problem dieser Lösung ist, daß der nachgeladene Programmcode bei Mikrocontrollern ohne MMU (*memory management unit*) auch auf Speicherbereiche von Fremdanwendungen zugreifen kann.

Der zweite Weg, ausführbaren Programmcode in Chipkarten auszuführen, besteht darin, ihn zu interpretieren. Der Interpreter prüft dann während der Programmausführung, welche Speicherbereiche angesprochen werden. Die Interpretation muß aber schnell ablaufen, da ein langsam ausgeführter Programmcode keine Vorteile mehr bringt. Ebenso soll die Implementation eines Interpreters selber sowenig Speicher wie möglich in Anspruch nehmen, da dieser bekanntermaßen stark limitiert ist. Die derzeitig bekanntesten Lösungsvarianten dazu sind die Java Card Spezifikation [Javasoft, JCF] und der C-Interpreter MEL (*Multos executable language*) von Multos [Maosco]. Mittlerweile gibt es für Chipkarten sogar einen BASIC-Interpreter [Zeitcontrol]. Interpreter, die dem Programm einer Anwendung einen eigenen geschützten Speicher zur Verfügung stellen, sind im übrigen nicht für Fehlerbeseitigungen im Betriebssystem von Chipkarten geeignet, da sie auf diese Programm- und Datenteile konsequenterweise keinen Zugriff haben.

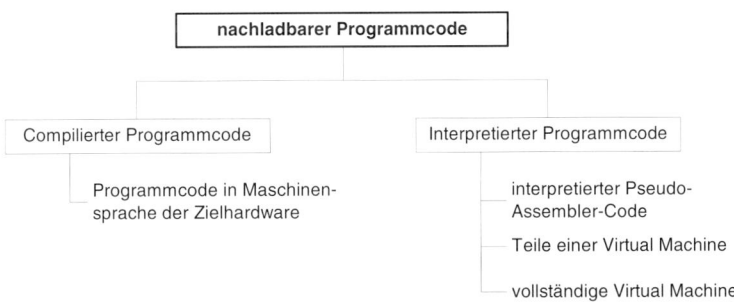

Bild 5.27   Klassifizierungsbaum der Varianten, um ausführbaren Programmcode in Chipkarten-Betriebssysteme nachzuladen und dort auszuführen.

Das Urproblem aller Interpreter ist jedoch die langsame Abarbeitungsgeschwindigkeit, welche für dieses Prinzip immanent ist. Um dieses Minus auszugleichen und um den Programmcode für den eigentlichen Interpreter so klein wie möglich zu halten, gibt es mehrere Lösungsansätze. Die einfachste Methode ist es, einen Pseudocode zu interpretieren, welcher idealerweise den Maschinenbefehlen der Zielhardware möglichst ähnlich sein sollte. Die Abarbeitungsgeschwindigkeit ist durch die maschinennahe Pseudosprache verhältnismäßig hoch, und es kann maschinenunabhängiger Programmcode benutzt werden. Speicherzugriffe während der Interpretation können überwacht werden, was aber nicht zwangsläufig der Fall sein muß. Eine langsamere und programmiertechnisch etwas aufwendigere Lösung ist die Aufspaltung des Interpreters in einen offcard-Teil (*offcard virtual machine*) und einen oncard-Teil (*oncard virtual machine*). Dieser Lösungsweg wird bei vielen heutigen Java Card Implementationen beschritten. Er hat den großen Vorteil eines verläßlichen Speicherschutzes und vollständiger Hardwareunabhängigkeit. Nachteilig ist die Aufteilung des Interpreters in off- und oncard-Teil. Dies bedingt zwangsläufig einen kryptografischen Schutz beim Übertragen von Programmen zwischen offcard-Teil und oncard-Teil des Interpreters, da mit manipuliertem Programmcode der oncard-Teil des Interpreters bewußt zu einem Fehlverhalten gebracht werden kann.

Die technisch optimale Lösung ist ein vollständiger Interpreter auf der Chipkarte. Damit ist es möglich, in die Chipkarte beliebigen Programmcode zu laden und dort ohne Risiko für andere auf der Chipkarte befindliche Anwendungen auszuführen. Allerdings ist der Programmumfang dazu auch entsprechend groß, weshalb es sicherlich noch einige Jahre und mehrere Chipgenerationen dauern wird, bis diese Variante breiten Einzug in die Chipkartenwelt hält.

5.10.1   Executable Native-Code

Mikrocontroller für Chipkarten haben zur Zeit meistens Prozessoren, die über keinerlei Speicherschutzmechanismen oder Überwachungsmöglichkeiten verfügen. Sobald sich der Programmzähler innerhalb eines fremden Maschinencodes für den Prozessor befindet, liegt die gesamte Kontrolle aller Speicher und Funktionen bei diesem ausführbaren Code. Es gibt dann keinerlei Möglichkeiten mehr, dieses ausführbare Programm in seinen Funktionen zu beschränken. Jede adressierbare Speicheradresse kann unter Umgehung aller Speichermanager oder Handler gelesen und – sofern im RAM oder EEPROM – auch geschrieben werden. Alle Speicherinhalte können dann natürlich auch über die Schnittstelle zum Terminal gesendet werden.

Genau dies ist die Schwachstelle bei ausführbaren und nachladbaren Programmen. Würde man jedermann ein Nachladen von Programmen erlauben, oder wäre es durch Umgehung der Schutzmechanismen möglich, dann ist keine Sicherheit mehr für geheime Schlüssel oder Informationen innerhalb des gesamten Speicherbereichs gegeben. Dies wäre der ideale Angriff auf eine Chipkarte. Diese Karte würde sich nach außen hin wie eine nicht manipulierte Karte verhalten, und mit einem speziellen Kommando könnten der gesamte Speicher ausgelesen oder Teile davon geschrieben werden.

Wäre das Laden nur einigen wenigen Anwendungsanbietern erlaubt – was mit einer gegenseitigen Authentisierung vor dem eigentlichen Laden des Programmcodes ohne weiteres durchführbar ist – so ist das Problem auch nicht aus der Welt geschafft. Der Anwendungsanbieter kann ohne Einschränkungen über die Grenzen seines ihm zugeteilten DFs auf geheime Informationen von anderen vorhandenen Anwendungen zugreifen. Das System wäre wiederum gebrochen.

Doch gibt es noch ein weiteres stichhaltiges Argument gegen von Dritten nachladbaren Programmcode. Um wichtige Funktionen im Betriebssystem nutzen zu können, muß der Ersteller der nachladbaren Datei alle Einsprungadressen und Aufrufparameter kennen. Die Betriebssystemhersteller erachten es aber für die Sicherheit als relevant, daß sowenig wie möglich über interne Abläufe oder Adressen von Programmcode bekannt ist. Zusätzlich müßte auch noch sichergestellt werden, daß der eingebrachte Code genau das fehlerfrei ausführt, was beabsichtigt ist, und nicht etwa ein trojanisches Pferd enthält. Dies kann dann wiederum nur eine unabhängige Instanz prüfen.

Die eleganteste und auch die wohl zukunftsträchtigste Lösung ist der Einsatz einer hardware-unterstützten Speicherverwaltung (*memory management unit – MMU*) zusätzlich zum eigentlichen Prozessor in der Chipkarte. Diese prüft den ablaufenden Programmcode mit einer Hardwareschaltung auf die Einhaltung seiner ihm zugewiesenen Grenzen. Erst dann wäre es ohne den Verlust an Sicherheit möglich, jeden Anwendungsbetreiber Programmcode ohne vorherige Prüfung durch den Kartenherausgeber in die Chipkarte laden zu lassen. Diesem Anwender würde man den physikalisch zusammenhängenden Speicherbereich eines DFs zuweisen. Die MMU prüft die zugeordneten Speichergrenzen während des Aufrufs eines im DF nachgeladenen Programms. Werden die Grenzen überschritten, so kann man über einen Interrupt den Programmablauf unmittelbar stoppen und die Anwendung bis auf weiteres sperren.[1]

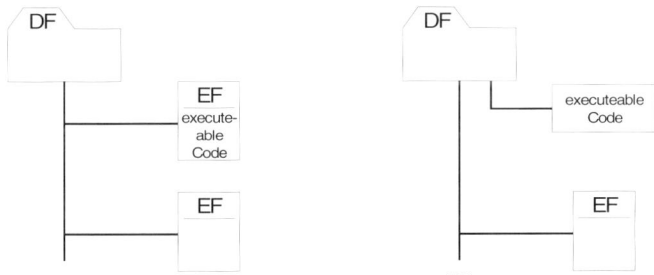

Bild 5.28   Die beiden unterschiedlichen Varianten zur Einbringung von ausführbarem Programmcode in ein übliches Chipkarten-Betriebssystem. Links als ausführbare Datei und rechts als ASC (*application specific commands*).

Für das Nachladen von nativem Programmcode in Chipkarten existieren zwei Varianten der Realisierung. In der ersten befindet sich der Programmcode in einem EF mit der Struktur „executable". Nach einer vorherigen Selektion ist das EF mit einem Kommando EXECUTE ausführbar. Je nach Anwendung ist dazu vorher noch eine Authentisierung notwendig. Die Parameter für den Programmaufruf sind im Kommando EXECUTE an die Chipkarte enthalten. Die vom Programm im EF erzeugte Antwort kommt als Teil der Antwort auf das Kommando zum Terminal zurück.

---

[1] siehe auch Abschnitt 3.4.3 Zusatzhardware

Die zweite Variante gestaltet sich vom Prinzip her etwas anders. Man benutzt dabei einen objektorientierten Ansatz. Dieser ist unter anderem auch in der EN 726-3 als *Application Specific Commands* (ASC) beschrieben. Nach dieser Norm enthält ein DF die vollständige Anwendung mit allen ihren Dateien und anwendungsspezifischen Kommandos. In einem in diesem DF intern vom Betriebssystem verwalteten Speicherbereich kann Programmcode nachgeladen werden. Dies geschieht mit einem speziellen Kommando, das alle dafür notwendigen Informationen an die Chipkarte sendet. Ist nun das betreffende DF selektiert und wird ein Kommando an die Karte gesendet, so prüft das Betriebssystem, ob es zu den Nachgeladenen gehört, und ruft gegebenenfalls ohne weiteres Zutun den im DF befindlichen Programmcode auf. Ist hingegen ein anderes DF selektiert, so existiert das nachgeladene Kommando in diesem Kontext nicht.

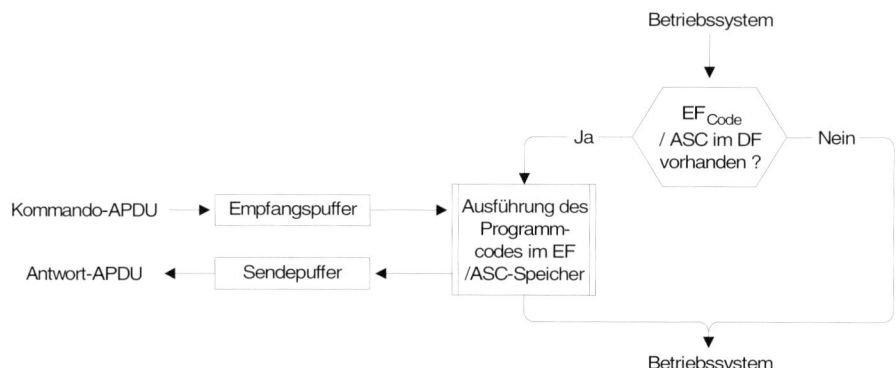

Bild 5.29   Die Grundlage des Aufrufverfahrens für in einem EF gespeicherten ausführbaren Programmcode bzw. Programmen im Rahmen von ASCs (*application specific commands*) in einem üblichen Multiapplication-Betriebssystem für Chipkarten.

Beispiel für in ein EF nachladbaren nativen Programmcode

Es existieren mehrere große Chipkarten-Anwendungen, deren spezifische Betriebssysteme ein Laden von ausführbarem Programmcode nach der Personalisierung vorsehen. Die Spezifikationen dazu sind aber in beinahe allen Fällen vertraulich, bzw. zum Teil ist bereits die Tatsache vertraulich, daß Programmcode nachgeladen werden kann. Deshalb sind in diesem Abschnitt die allgemeingültigen Grundlagen unabhängig von einem Betriebssystem aufgeführt und dann nachfolgend eine mögliche Realisierung im Detail dargestellt.

Der nachzuladende Programmcode muß einige Grundvoraussetzungen erfüllen, damit er überhaupt auf der Chipkarte ausgeführt werden kann. So trivial es klingen mag, aber die wichtigste Voraussetzung ist, daß der Prozessortyp (z.B.: 8051, 6805) bekannt ist. Gerade in einer heterogenen Umgebung mit vielen unterschiedlichen Chipkarten-Mikrocontrollern ist die Einhaltung dieser Forderung oft durchaus mit einigem Aufwand verbunden. Einher geht, daß ebenfalls das Betriebssystem der Chipkarte einschließlich API (*application programming interface*) mit allen Einsprungadressen, Über- und Rückgabeparametern bekannt sein muß.

Der nachzuladende Programmcode – es handelt sich dabei immer um Maschinencode der Zielprozessors (d.h. Native-Code) – muß entweder so programmiert sein, daß er relokatibel ist, oder die Chipkarte muß ihn während des Ladens on-the-fly selber relokieren. Die Forderung nach Relokatierbarkeit (d.h. Verschiebbarkeit des Programmcodes im Speicher) muß deshalb aufgestellt werden, weil die Speicheradresse für die Programmablage nur das Chipkarten-Betriebssystem kennt und der äußeren Welt unbekannt ist. In der Regel wird der Programmcode bereits bei der Softwareentwicklung so erstellt, daß er relokierbar ist. Dies bedeutet konkret, daß beispielsweise in diesem Programm keine Sprünge an absolute physikalische Adressen gemacht werden dürfen, sondern lediglich Sprünge relativ zur Adresse des Sprungbefehls.

Erfüllt der Programmcode alle diese Voraussetzungen, dann kann er prinzipiell in den Speicher einer Chipkarte geladen und dort ausgeführt werden. Der Programmcode kann natürlich je nach Bedarf aufgebaut sein. Eine mögliche Struktur zeigt das folgende Bild, wobei diese aber je nach Betriebssystem völlig verschieden sein kann. Das erste Datenelement in dem Beispiel ist ein eindeutiges Kennzeichen für das Chipkarten-Betriebssystem, daß es sich um Programmcode handelt. Allgemein bekannt ist so ein Kennzeichen auch als „Magic Number". Diese kurze Bytesequenz setzt sich beispielsweise bei Java-Class-Dateien aus den vier Bytes 'CAFEBABE' zusammen.

Im Anschluß an das Kennzeichen folgt bereits der Programmcode, welcher in diesem Beispiel noch mal in vier Teile aufgegliedert ist. Der erste Teil ist für alle notwendigen Initialisierungen, Sicherung von Daten und ähnliches vorgesehen. Nach dieser Startup-Routine folgt die eigentliche Funktionsroutine, welche den Programmcode für die gewünschte Aufgabe enthält. Daran schließt sich das Pendant zur Startup-Routine an, die Shutdown-Routine. Diese stellt sicher, daß das Programm korrekt abgeschlossen wird und führt dazu nach Bedarf eine Rücksicherung von Daten oder ggf. Änderungen auf dem Stack durch.

Optional und am Schluß dieser drei Programmteile befindet sich das vierte Programmelement. Es kann Programmcode enthalten, der resistent in die Software der Chipkarte eingebunden werden soll. Typischerweise würden hier Bugfixes für das Chipkarten-Betriebssystem abgelegt. Die vorangehenden drei Routinen würden Zeiger oder Handles so verändern, daß diese Programmroutinen permanent in die Programmabläufe des Betriebssystems eingebunden sind. Das Ganze verhält sich sehr ähnlich wie die noch aus DOS-Zeiten bekannten TSR-Programme (*terminate and stay resistant*), welche sich nach einem einmaligen Aufruf bis zum nächsten Reset fest im Betriebssystem verankerten. Die resistenten Programme in diesem Fall wären jedoch nach einmaligem Aufruf auf Dauer fest installiert und nicht nur für eine Sitzung.

Es wird hier davon ausgegangen, daß das nachgeladene Programm mit einem CALL-Befehl aufgerufen wird und mit einem RETURN-Befehl zum Aufrufer zurückkehrt. Prinzipiell wäre auch ein direkter Sprung mit JUMP auf den ersten Maschinenbefehl möglich, dies hätte aber den Nachteil, daß dann dem aufgerufenen Programm nicht bekannt ist, von wem es aufgerufen wurde.

Zur Absicherung gegen unbeabsichtigte Veränderung sollte der gesamte Datenblock noch mit einem Fehlererkennungscode (*error detection code – EDC*) abgesichert sein.

Alternativ dazu würde sich hier natürlich auch eine digitale Signatur als zusätzlicher Schutz anbieten. Die Chipkarte würde dann den öffentlichen Schlüssel besitzen und der Ersteller des Programmcodes den dazugehörigen geheimen Schlüssel. Damit wäre bindend sichergestellt, daß authentischer Programmcode auf der Chipkarte gestartet werden kann.

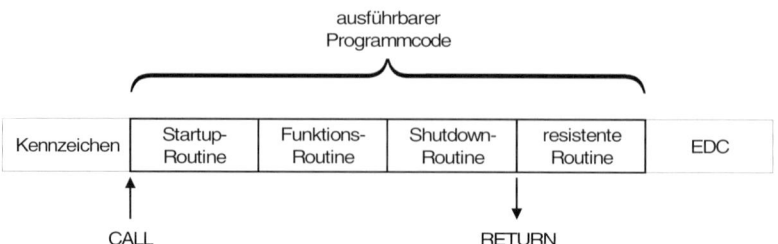

Bild 5.30   Möglicher Aufbau eines nativen und in ein EF nachladbaren und ausführbaren Programmcodes.

Der nachgeladene Programmcode kann entweder in einem EF gespeichert werden oder in einem für die äußere Welt unsichtbaren Speicherbereich für Programme innerhalb eines DFs. Im folgenden wird die erste Variante genauer aufgezeigt, da diese in der Praxis wesentlich häufiger anzutreffen ist.

Ideal zur Ablage von Programmcode sind EFs mit der Struktur „transparent" geeignet, da diese zweckmäßig mit dem UPDATE BINARY-Kommando und Offsetangabe in mehreren Teilstücken schreiben lassen. Zudem ist ihre maximale Größe von über 65 kByte selbst für umfangreiche Programme mehr als ausreichend. Diese EFs können die Eigenschaft „executable" haben, so daß in ihnen gespeicherter Programmcode direkt mit dem Kommando EXECUTE aufgerufen wird.

Manche Betriebssysteme besitzen aber auch eine von „transparent" abgeleitete Dateistruktur, welche sich dann „execute" nennt. Für die äußere Welt ist dies nicht von besonderer Bedeutung, zumal in der Regel auf beide Varianten mit UPDATE BINARY und EXECUTE zugegriffen werden kann. Mit dem FID bzw. Short-FID kann das EF selektiert werden. Die Zugriffsbedingung zum Lesen ist grundsätzlich auf „never" gesetzt. Das Schreiben von Daten ist in der Regel nur nach vorheriger Authentisierung und mit Secure Messaging erlaubt.

Die beiden Abläufe Bild 5.31 und Bild 5.32 zeigen im Überblick, wie Programmcode auf sichere Weise in das EF einer Chipkarte geladen werden kann. Sollte kein entsprechendes EF vorhanden sein, dann muß dieses vorher erzeugt werden. Im zweiten Ablaufbild ist überblickhaft dargestellt, daß das EF zuerst muß und anschließend der Programmcode mit dem Kommando EXECUTE gestartet werden muß. Das Kommando sieht optional eine Datenübergabe im Kommando-Body vor. Analog verhält es sich mit der Antwort, in welcher Daten bei Bedarf an das Terminal zurückgegeben werden können. Das aufgerufene Programm muß dazu natürlich die Daten aus dem Empfangspuffer lesen, auswerten und dann die Antwort in den Sendepuffer zurückschreiben.

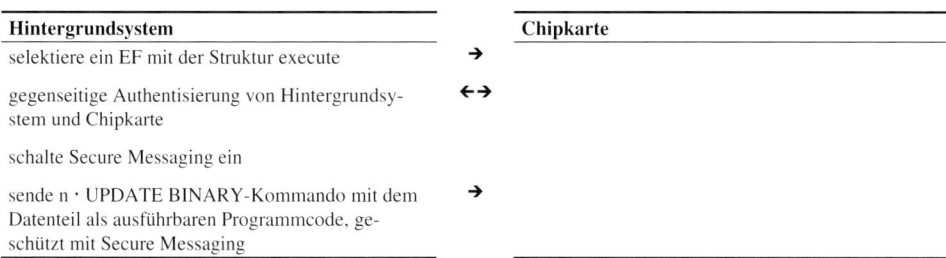

Hintergrundsystem		Chipkarte
selektiere ein EF mit der Struktur execute	➜	
gegenseitige Authentisierung von Hintergrundsystem und Chipkarte	←➜	
schalte Secure Messaging ein		
sende n · UPDATE BINARY-Kommando mit dem Datenteil als ausführbaren Programmcode, geschützt mit Secure Messaging	➜	

Bild 5.31   Ein möglicher Ablauf beim Laden von ausführbarem Programmcode in ein bereits vorhandenes EF mit der Struktur „execute". Die Zugriffsbedingung für UPDATE BINARY ist eine gegenseitige Authentisierung zwischen Chipkarte und Terminal sowie die Datenübertragung mit Secure Messaging.

Hintergrundsystem		Chipkarte
Selektiere EF mit ausführbarem Programmcode	➜	
Sende EXECUTE-Kommando	➜	– Prüfe Kennzeichen (*magic number*) des Programms – Prüfe EDC des Programms – Rufe den ersten Maschinenbefehl mit CALL auf

Bild 5.32   Ein möglicher Ablauf beim Starten von ausführbarem Programmcode. Dieser ist in diesem Beispiel in einem EF mit der Struktur „execute" abgelegt.

Aufgrund der hohen Anforderungen betreffend eine eindeutige Identifizierung von Mikrocontroller, Betriebssystem und intern Software-Schnittstellen sowie des System-Managements ist es üblich, den Download von Programmen nur online zu einem Hintergrundsystem durchzuführen. Die dort befindlichen Datenbanken enthalten entweder alle notwendigen Informationen in Abhängigkeit von einer eindeutigen Chipnummer oder erhalten diese Informationen online in einer Ende-zu-Ende-Verbindung direkt von der Chipkarte. In Abhängigkeit davon wird dann ein vorhandenes Programm mit der gewünschten Funktionalität ausgewählt und mit den geforderten Sicherheitsmechanismen zur Chipkarte übertragen. Die geheimen Schlüssel dazu werden im Hintergrundsystem üblicherweise ausschließlich innerhalb eines Sicherheitsmoduls verwaltet und benutzt. Der übliche Ablauf dazu ist im nachfolgenden Bild nochmals aufgezeigt.

Die oben beschriebene Art und Weise der Einbringung von nativem Programmcode in Chipkarten besitzt einige für die Praxis attraktive Vorteile. Das Verfahren ist unkompliziert, robust und mit geringem Aufwand an Programmcode in einem Chipkarten-Betriebssystem realisierbar. Der ausgeführte Programmcode muß nicht interpretiert, sondern kann direkt vom Prozessor abgearbeitet werden. Daraus resultiert eine hohe Ausführungsgeschwindigkeit sowie die Möglichkeit, auch komplexe Algorithmen (z.B.: DES, IDEA o.ä.) mit diesem Verfahren nachzuladen.

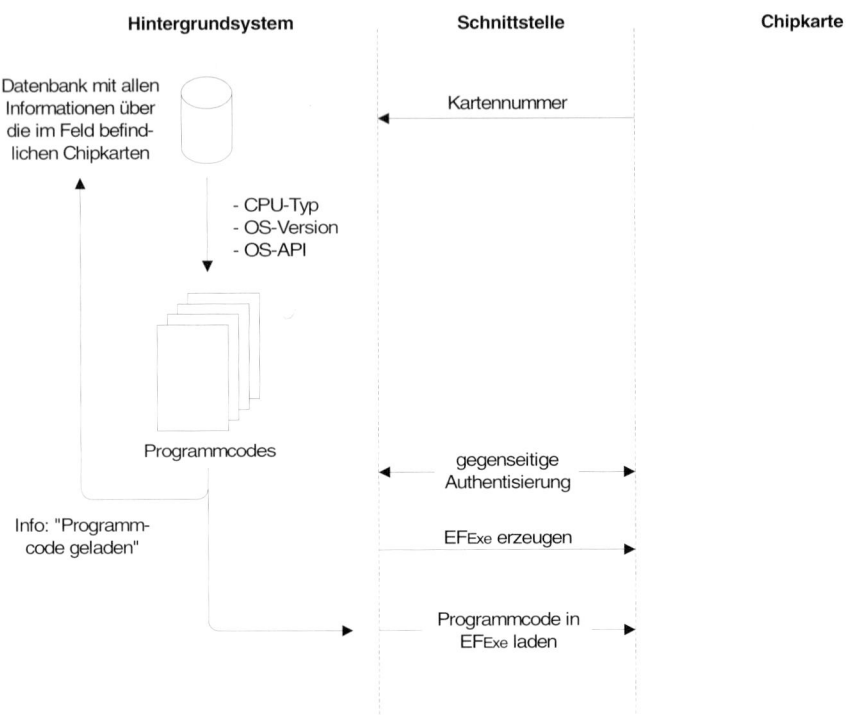

Bild 5.33   Ablauf beim online-Nachladen von nativen Programmcodes in EFs einer Chipkarte
von einem Hintergrundsystem aus. Es kann bei diesem Schema abhängig vom Chipkarten-Betriebssystem und der Mikrocontroller-Hardware unterschiedlicher Programmcode zur Chipkarte übertragen werden. Der dargestellte Ablauf könnte beispielsweise sehr gut in einer GSM-Anwendung realisiert werden.

Interpreter-basierte Systeme können dies durch die geringe Abarbeitungsgeschwindigkeit des Programmcodes auch auf absehbare Zeit nicht leisten. So lange keine hardwarebasierte Speicherverwaltung (MMU) die wahlfreien Speicherzugriffe einschränkt,
kann dieses Verfahren hervorragend für die Behebung von Fehlern in der Chipkarten-
Software nach Kartenausgabe genutzt werden. Dies ist für den Fall des Falles eine
Hintertür, die einzig und allein durch diese Art der Softwarenachladung erreichbar ist,
da beispielsweise Technologien wie Java auf Chipkarten eine strikte und unbedingte
Speicherseparierung verwirklichen. Ist eine MMU vorhanden, dann könnte ggf. immer
noch über einen Administrator-Modus die Speicherüberwachung vorübergehend deaktiviert werden.

Dies führt nun auch schon zu den Nachteilen. Das Nachladen von ausführbaren nativen Programmen bedingt großes Wissen um die eingesetzte Hardware bzw. das Betriebssystem der Chipkarte. Unter Umständen muß für jede dieser Varianten ein eigenes Programm gleicher Funktionalität vorgehalten werden. Die zweite große Schatten-
seite dieser Methode ist, daß sicherheitstechnisch die Notwendigkeit besteht, daß nur
der Kartenherausgeber den Programmcode erstellen oder erstellen lassen kann. Es muß
strikt verboten sein, fremde und unbekannte Programme in die Chipkarte zu laden, da

diese ab dem Start das Kommando über den Mikrocontroller ohne weitere Reglemen-
tierungsmöglichkeiten erhalten. Sie könnten dann beispielsweise die geheimen Schlüssel der anderen auf der Karte befindlichen Anwendungen auslesen und über die I/O-
Schnittstelle zum Terminal senden.

Einen schwachen Schutz vor Angriffen über diesen Mechanismus stellen Evaluierungen des Programmcodes durch den Kartenherausgeber dar. Besser jedoch ist in diesem Fall eine hardwarebasierte Speicherverwaltung, die dem nachgeladenen Programm
nur einen bestimmten Bereich im RAM und EEPROM zur Verfügung stellt und bei
dem Versuch der Überschreitung das gestartete Programm sofort beendet.[1] Damit können die einzelnen auf der Chipkarte befindlichen Anwendungen vollständig voneinander abgeschottet werden. Zur Zeit behilft man sich jedoch noch mangels entsprechender MMUs mit der Prüfung der nachzuladenden Programme.

5.10.2   Java Card

Im Jahr 1996 wurde von Europay ein Papier über OTA (*open terminal architecture*)
vorgestellt, in welchem ein Forth Interpreter für Terminals beschrieben und in weiten
Teilen spezifiziert war. Der Zweck war, eine einheitliche Softwarearchitektur für Terminals zu schaffen, um die Grundlage für eine hardwareunabhängige Terminalprogrammierung zu schaffen. Dann müßte man eine bestimmte Anwendung (z.B. Bezahlen mit Kreditkarte) nur noch ein einziges Mal programmieren, und diese Software
würde auf allen Terminals der verschiedenen Hersteller unverändert laufen. Dieses
Modell wurde aber bisher nie vollständig realisiert, es sorgte allerdings in der Chipkartenwelt für ausführliche Diskussionen.

Als dann im Herbst 1996 bekannt wurde, daß die Firma Schlumberger eine Chipkarte entwickelt, welche Programme abarbeiten kann, die in der Programmiersprache
Java erstellt sind, hielt sich das Erstaunen in Grenzen. Das Prinzip eines Interpreters
auf speicherplatzarmen Mikrocontrollern war durch die Open Terminal Architecture
(OTA) schon reichlich bekannt. Die veröffentlichte Spezifikation Java Card 1.0 sah zur
Einbindung von Java in das ISO/IEC 7816-4 Betriebssystem ein dazugehöriges API
(*application programming interface*) vor, so daß von Java aus auf das bei Chipkarten
übliche Dateisystem mit MF, DFs und EFs zugegriffen werden konnte.

Nach kurzzeitiger Verwunderung vieler Hersteller von Chipkarten-Betriebssystem-
en, warum eine Sprache wie Java, die einen üblichen Speicherbedarf weit jenseits von
einem Megabyte hat, auf Chipkarten verwendet werden soll, kam es aber bereits im
Frühjahr 1997 zu einem ersten Treffen von nahezu allen großen Chipkartenherstellern
und der Firma Sun, die Java entwickelt und bekanntgemacht hat.

Dies war die erste Konferenz des inzwischen sogenannten Java Card Forums (JCF),
welches das international tätige Standardisierungsgremium für Java auf Chipkarten ist.
Die Aufgabe der technischen Gruppe des Java Card Forums ist es, eine Untermenge
von Java für Chipkarten festzulegen, den Rahmen für den Java Interpreter (d.h. die *Java Virtual Machine – JVM*) zu spezifizieren und sowohl ein allgemeines, als auch an-

---

[1] siehe auch Abschnitt 3.4.3 Zusatzhardware

wendungsspezifische (z.B.: GSM, Zahlungsverkehr) APIs als Schnittstelle zwischen Chipkarten-Betriebssystem und Java festzulegen. Die Marketing-Gruppe des Java Card Forums hat die Aufgabe, die Technologie von Java auf Chipkarten zu fördern.

Die zur Zeit[1] aktuellen Spezifikationen haben die Bezeichnung Java Card Version 2.1 Application Programming Interface, Language Subset and Virtual Machine Specification und Programming Concepts. Sie sind auch in der jeweils aktuellen Version auf dem WWW-Server des Java Card Forums verfügbar [JCF].

Die Programmiersprache Java
Im Jahr 1990 begann eine Entwicklungsgruppe bei der Firma Sun um James Gosling damit, eine neue Programmiersprache zu entwickeln. Ziel sollte eine hardwareunabhängige, sichere und moderne Sprache sein, für den Einsatz bei Mikrocontrollern im Consumerbereich (z.B. Toaster, Espressomaschine). Dort existiert eine große Typenvielfalt an Mikrocontrollern unterschiedlicher Architektur und mit zusätzlichen häufigen Hardwareänderungen, was es für Entwickler ziemlich schwermacht, portablen Programmcode zu schreiben. Bemerkenswerterweise entsprechen Chipkarten exakt diesem ursprünglich ins Auge gefaßten Einsatzgebiet.

Die Sprache Oak, benannt nach der Eiche vor James Goslings Büro, wurde 1995 in Java[2] umbenannt und die damit zu erreichenden Ziele neu festgelegt. Ab Sommer 1995 wurde Java von der Firma Sun mit großem Aufwand als die hardwareunabhängige Sprache für das heterogene World Wide Web Internet propagiert. Der oft genannte Werbespruch von Sun „Write Once – Run Anywhere" zeigt wohl am deutlichsten den Grad der angestrebten Hardwareunabhängigkeit.

Der Beginn der Verbreitung von Java fällt mit der Zeit zusammen, als das enorme Wachstum des WWW begann.[3] Aus den unterschiedlichsten Gründen, die jedoch nicht nur technischer Natur waren, sondern durchaus in den Bereich Geschäftspolitik und Weltanschauung gehören, begeisterten sich weltweit Entwickler, Universitäten und Softwarefirmen für die neue Sprache [Franz 98]. Dies führte dazu, daß Java in enorm kurzer Zeit zum De-facto Standard für Internetanwendungen wurde. Begünstigt wurde dies natürlich auch durch die Eigenschaften dieser neuen Sprache.

Die Programmiersprache Java ist eine vollständig objektorientierte und stark typisierte Sprache. Sie ist für Softwareentwickler leicht zu erlernen, da es viele Gemeinsamkeiten mit C und C++ gibt. Java ist auch eine robuste Sprache, welche nicht alle Tricks und gerne benutzten Unsauberkeiten zuläßt, die beispielsweise in C/C++ erlaubt sind. So existieren in Java keine Zeiger, die Grenzen von Feldern werden zur Laufzeit überwacht, und es findet eine strikte Typprüfung statt. Zusätzlich wird die Speicherverwaltung von Java und einem dazugehörigen Garbage Collector übernommen, so daß die bei C/C++ so gefürchteten Speicherlecks schon im Ansatz unmöglich gemacht werden. Java ist auch eine sichere Programmiersprache, was bedeutet, daß bei ausge-

---

[1] d.h. im Frühjahr 1999
[2] Java steht in diesem Zusammenhang für den amerikanischen Slang-Ausdruck „Tasse Kaffee" und weder für die Insel im Pazifik noch für das ebenfalls gleichnamige französische Kleingebäck.
[3] Im Jahr 1993 gab es weltweit nur vier WWW-Server!

führten Programmen während der Ausführung geprüft wird, welche Funktionen sie ausüben wollen, und von der Laufzeitumgebung dabei nach Bedarf gestoppt werden können. Dies ist dann einer von mehreren möglichen Gründen für den Aufruf einer sogenannten Ausnahmebehandlung (*exception*). Tritt eine Exception auf, dann wird ein bestimmter Programmteil aufgerufen, in dem dann die für diesen Fall angebrachte Reaktion festgelegt werden kann.

Ein Großteil dieser Eigenschaften wird erst möglich gemacht, da Java eine interpretierte Programmiersprache ist und nicht direkt vom Zielprozessor ausgeführt wird. Neben diesen Eigenschaften besitzt Java noch einige weitere, wie die Fähigkeit zu Multithreading und verteilter Ausführung von Programmen, doch wird dies zur Zeit im Chipkarten-Umfeld nicht unterstützt.

Es wird beabsichtigt, die Programmiersprache Java als internationale ISO-Norm zu standardisieren, was sie firmenunabhängig machen würde. Er wird jedoch mit Sicherheit einige Jahre benötigen, bis die Sprache Java Bestandteil einer internationalen Norm ist. Allerdings ist in diesem Zusammenhang wichtig, daß die Unterstützung von Java in Produkten, wie beispielsweise Chipkarten, einen Lizenzvertrag mit der Firma Sun voraussetzt.

Die Eigenschaften von Java

Programme, geschrieben in Java, werden von einem Compiler in den sogenannten Java Bytecode übersetzt, der nichts anderes ist als ein prozessorunabhängiger Objektcode. Der Bytecode ist sozusagen ein Programm, bestehend aus Maschinenbefehlen, für einen virtuellen Java-Prozessor. Dieser Prozessor existiert nicht wirklich, sondern wird vom jeweiligen Zielprozessor simuliert. Diese Simulation geschieht in der Java Virtual Machine (JVM oder VM), die der eigentliche Interpreter ist. Aus einem anderen Blickwinkel betrachtet ist die JVM eine Simulation des Java-Prozessors auf einem beliebigen Zielsystem. Der Zielprozessor arbeitet seinerseits dann selbstverständlich mit Native-Code. Der große Vorteil dieser Aufteilung besteht darin, daß nur die im jeweiligen Native-Code programmierte JVM auf den Zielprozessor portiert werden muß. Anschließend ist der Java-Bytecode auf dem neuen Prozessor lauffähig.

Da die Aufgabe der Virtual Machine zur Laufzeit nicht nur die stupide Interpretation von Bytecodes ist, sondern diese unter anderem auch Typprüfungen vornimmt und Objektzugriffe überwacht, heißt sie auch Sandbox. Dieses Synonym zeigt anschaulich, daß das Java-Programm nur in seinem eigenen Sandkasten agieren kann und diesen auch nicht verlassen darf, da es sonst von der Virtual Machine in seinem Tun gestoppt wird.

Die compilierten, d.h. in Bytecode übersetzten und mit zusätzlichen Informationen versehenen Java-Programme werden in einer sogenannten Class-Datei (*class-file*) abgespeichert. Sie werden nach dem Laden von der Java Virtual Machine ausgeführt. Ein oder mehrere Class-Dateien ergeben dann ein Applet. Es beinhaltet eine komplette Chipkarten-Anwendung und besitzt auch einen eigenen Application Identifier (AID). Im Umfeld von Java für Chipkarten wird ein Applet auch manchmal Cardlet genannt.

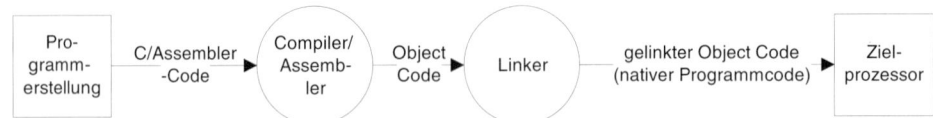

Bild 5.34   Datenflußdiagramm als Überblick des üblichen Ablaufs vom Source Code in C oder
Assembler bis zum ausführbaren Maschinencode für den Zielprozessor.

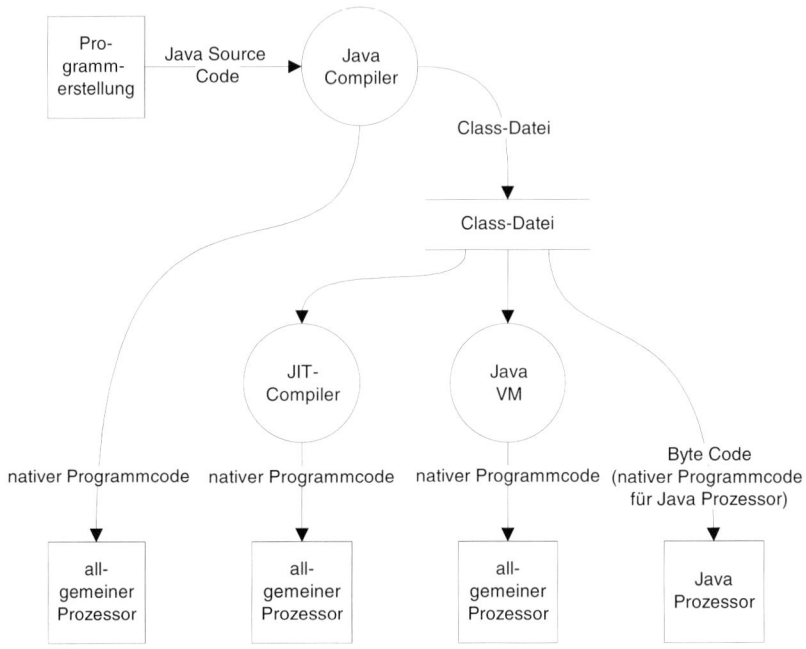

Bild 5.35   Datenflußdiagramm als Überblick der möglichen Abläufe vom Java Source Code bis
zum ausführbaren Maschinencode für den Zielprozessor. Der links dargestellte Weg
wird zwar von manchen Compiler-Herstellern angeboten, entspricht jedoch nicht der
ursprünglichen Philosophie von Java, da die Hardwareunabhängigkeit nicht mehr
gegeben ist.

Die Hardwareunabhängigkeit von Java hat natürlich auch seinen Preis. Dieser ist vor
allem die gegenüber den üblichen Programmiersprachen sehr langsame Ausführungsgeschwindigkeit. Dieses Problem ist immer noch nicht zufriedenstellend gelöst, doch
konzentrieren sich Weiterentwicklungen und Verbesserungen von Java vor allem auf
dieses Gebiet. Ein Schritt, der bereits beschritten wurde, ist der Einsatz von sogenannten Just-In-Time-Compilern (JIT-Compiler), die beim ersten Aufruf eines Java-
Bytecodes diesen in die Maschinensprache des Prozessors übersetzen. Dies führt natürlich zu einer deutlichen Verlangsamung beim ersten Aufruf, aber alle folgenden
Aufrufe werden dann wesentlich schneller abgearbeitet. Einen softwaretechnisch
ziemlich aufwendigen JIT-Compiler auf einer Chipkarte zu realisieren wird jedoch in
den nächsten Jahren aufgrund von Speicherplatzmangel nicht möglich sein.

Die direkte Compilation von Java-Programmen in die Maschinensprache des Zielsystems würde in der heterogenen Welt der Chipkartenprozessoren, im Gegensatz zur PC-Welt, keinen Sinn machen. So kommt als letzter Weg nur noch der Einsatz eines Javaprozessors in Frage. Einige Hersteller von Chipkarten-Mikrocontrollern haben bereits angekündigt, ihre Mikrocontroller dahingehend zu erweitern, daß diese Java-Bytecode direkt ausführen können. Dies würde eine erhebliche Leistungsverbesserung gegenüber den heutigen Softwareimplementationen mit sich bringen.

Nach heutigem Stand würde man wahrscheinlich so vorgehen, daß neben den bisherigen 8051- und 6805-Prozessorkernen ein spezieller Javaprozessor auf dem Halbleiter integriert würde. Damit erhält man den Vorteil, die zeitkritischen Routinen (Datenübertragung, Kryptoalgorithmen) nach wie vor in Assembler programmieren zu können, aber zugleich für alle höheren Softwareschichten eine Hochsprache wie Java zu benutzen.

Technisch wäre dies ohne weiteres möglich, wenn man sich folgendes veranschaulicht: Der Java Chip von Sun (microJava 701) hat bei einem 0,25 µm Halbleiterprozeß eine Seitenlänge von 7 mm (= 49 mm^2), arbeitet mit 2,5 Volt Spannung bei 200 MHz, besitzt 2,8 Millionen Transistoren und hat eine Leistungsaufnahme von lediglich 4 Watt. Da dieser Chip jedoch viele Funktionen besitzt, die bei Chipkarten nicht notwendig sind (z.B.: Gleitzahlarithmetik, Ansteuerung externer Speicher), liegt es technisch durchaus im Bereich des Möglichen, einer auf Chipkarten-Anforderungen geschrumpften Java-Prozessor auf einem Chipkarten-Mikrocontroller unterzubringen.

Tabelle 5.8   Die Ausführungsgeschwindigkeit von Programmen in Abhängigkeit von der Programmiersprache. Die Werte in der Tabelle sind Schätzungen für PCs und sollen lediglich zur Orientierung dienen. Referenz für den PC ist ein 300 MHz Pentium II und für den Javaprozessor der 200 MHz picoJava 701.

Programmiersprache	Ausführungsgeschwindigkeit
C/C++	1
Java, Programmausführung durch Interpreter	20 ... 40
Java, Programmausführung durch Interpreter und Einsatz eines JIT-Compilers	≈ 5
Java, Programmcode compiliert als Native-Code	1 ... 2
Java, Programmausführung durch Javaprozessor	≈ 1,2

Eine weitere Variante der schnelleren Ausführung von Java-Bytecode eröffnet sich mit den zukünftigen 32-Bit-Chipkarten-Mikrocontrollern, die ebenfalls schon von einigen Halbleiterherstellern angekündigt sind. Allerdings ist selbst mit 32-Bit-Prozessoren die Ausführungsgeschwindigkeit von interpretiertem Java-Programmcode immer noch um den Faktor 10 bis 20 langsamer als von Programmcode, geschrieben in C. Der große Vorteil liegt jedoch darin, daß diese Prozessoren allgemein einsetzbar sind.

Der Nachteil der mangelnden Abarbeitungsgeschwindigkeit von interpretiertem Programmcode gegenüber compiliertem Programmcode läßt sich aber durch geeignete Programmierschnittstellen bei den Interpretern stark reduzieren. Diese Schnittstellen, APIs (*application programming interface*) genannt, schaffen die Möglichkeit, vom interpretierten Programmcode aus Programmteile in der Maschinensprache des jeweiligen Prozessors aufzurufen. Solche über ein API aufgerufene Native-Programme werden dann mit voller Prozessorgeschwindigkeit abgearbeitet.

So ideal dieser Weg der Geschwindigkeitserhöhung im ersten Ansatz auch klingen mag, so hat er durchaus auch seine Nachteile. Das API für Native-Code muß wohlüberlegt sein, damit es auch allgemein eingesetzt werden kann und nicht nur für wenige Sonderfälle Sinn macht. Dies ist jedoch mit einiger Überlegung realisierbar. Der zweite Nachteil wiegt jedoch bedeutender: Kompatibilität und Hardwareunabhängigkeit einer Programmiersprache wie Java ist nur dann möglich, wenn alle APIs gleich sind. Existieren unterschiedliche APIs, entweder in Hinsicht auf Schnittstellen oder auf Funktionalität, dann wäre eine standardisierte Programmiersprache von keinem großen Vorteil. Es wäre dann doch vonnöten, für jede Plattform mit einem eigenen API diverse Anpassungen im Source-Code durchzuführen. Dies ist auch der Grund, warum im Java Card Forum sehr viel Arbeit in die Standardisierung der APIs gesteckt wird, da diese elementar für eine Plattformunabhängigkeit sind.

Die Java Virtual Machine (JVM)

Die Java Virtual Machine ist das wesentliche Element der Java-Technologie. Sie ist die Simulation eines Java-Prozessors und kann auf jedem genügend leistungsfähigen Prozessor in Software implementiert werden. Soll auf einem neuen Prozessor Java-Bytecode ausgeführt werden, so muß nur die Java Virtual Machine portiert werden. Diese ist üblicherweise in der Programmiersprache C geschrieben, so daß die eigentliche Portierung unter Umständen nur einige kleinere Anpassungen und eine Neucompilation des Source-Codes der Virtual Machine erfordern. Die Größe einer Java Virtual Machine auf einem PC bewegt sich im Bereich zwischen 100 kByte und 200 kByte.

Tabelle 5.9   Vergleich des Umfelds einer Java Virtual Machine für PCs und für Chipkarten.

Java für	Chipkarten	PC
Prozessorarchitektur	8 Bit	32 Bit
Prozessortakt	1 ... 5 MHz	100 ... 300 MHz
RAM	512 Byte	8 ... 64 MByte
Größe des Programmcodes für die VM	6 ... 8 kByte	100 ... 200 kByte
Speicher für Java-Programme (Festplatte, EEPROM)	8 ... 16 kByte	> 1 GByte

Die Virtual Machine für Java besitzt all jene Komponenten, die auch Bestandteil eines realen Prozessors sind. So hat sie einen eigenen Befehlssatz, den Bytecode, und auch Register wie Programmzähler und Akku. Die zu verarbeitenden Daten werden der Virtual Machine als sogenannte Class-Datei übergeben. Diese Datei enthält die festgelegten Konstanten, den auszuführenden Bytecode als Methoden und diverse zusätzliche Informationen.

Der Bytecode von Java ist sehr platzsparend und in etwa so kompakt wie Maschinencode. Die Speicherplatzbilanz gegenüber nativem Maschinencode wird nur durch die bei Java zwangsläufig notwendige Virtual Machine verschlechtert. Der Unterschied wird natürlich um so größer, je kleiner der Programmcode im Verhältnis zur Virtual Machine ist.

Grundsätzlich ist Bytecode sehr ähnlich den Maschinenbefehlen für einen üblichen Prozessor. Es gibt beispielsweise Kommandos zur Stack-Manipulation, logische und arithmetische Operationen, Kommandos, um auf Register des virtuellen Java-Prozessors zuzugreifen, und sogar Zugriffsmöglichkeiten auf Felder. Eine ausführliche Beschreibung des Bytecodes und der Java Virtual Machine findet sich bei Tim Lindholm und Frank Yellin [Lindholm 97].

Tabelle 5.10   Der Aufbau einer Class-Datei im Überblick.

Datenelemente einer Class-Datei
Erkennung (*magic number*)
Versionsnummer
Konstantenpool
Methoden
Attribute von Klassen, Feldern und Methoden

Tabelle 5.11   Tabelle der Einschränkungen des Funktionalitätsumfangs von Java für Chipkarten gegenüber dem vollständigem Java.

Funktionalität	Java für Chipkarten	Java
Operatoren	alle	alle
Ausnahmebehandlung	ja	ja
Cloning von Klassen	nein	ja
Datentyp: int	optional	ja
Datentypen: boolean, byte, short	ja	ja
Datentypen: long, float, double, char	nein	ja
dynamisches Nachladen von Klassen	nein	ja
Felder für die unterstützten Datentypen	nur eindimensionale	auch mehrdimensionale
Felder von Objekten	nein	ja
Klonen von Objekten	nein	ja
dynamische Objekterzeugung	ja	ja
virtuelle Methoden	ja	ja
Ausnahmebehandlung (*exceptions*)	ja	ja
Interfaces	ja	ja
Funktionen der Ablaufkontrolle	ja	ja
dynamische Speicherverwaltung (Garbage Collection)	nein	ja
Threads	nein	ja

Tabelle 5.12   Tabelle der bei Java für Chipkarten vorhandenen Datentypen, ihres Platzbedarfs im Speicher und ihres Wertebereiches. Der Datentyp „int" ist optional.

Datentyp	Größe	Wertebereich
boolean	1 Byte	true, false
byte	1 Byte	- 128 ... 127
short	2 Byte	- 32 768 ... 32 767
int	4 Byte	- 2 147 483 648 ... 2 147 483 647

Aufgrund der erheblich geringeren Systemressourcen eines Chipkarten-Mikrocontrollers mußten bei der Java Card VM einige Einschränkungen gegenüber der ursprünglichen VM für PCs getroffen werden. Sie besitzt keine Garbage Collection, welche nicht mehr benötigten Speicher automatisch wieder dem Freispeicher zuordnet. Die Unterstützung für die Class-Dateien mußte ebenfalls stark eingeschränkt werden. Es stehen auf Chipkarten auch weniger Datentypen zur Verfügung, und auch der Bytecode selber wurde von 149 Befehlen auf 76 Befehle gekürzt.

Die oncard Java VM für Chipkarten hat einen Programmcodeumfang in der Größenordnung von 6 bis 8 kByte 8051 Maschinencode, wenn sie in der Programmiersprache C erstellt wird. Dazu werden noch etwa 200 Byte RAM benötigt. Das API mit den Klassen aus javacard.framework und javacardx.framework benötigt 3 bis 4 kByte Speicherplatz, wobei es aber zum Großteil in Java programmiert ist. Zusätzlich wird mindestens noch ein rudimentäres Betriebssystem mit Übertragungsprotokollen, Kryptoalgorithmen und vielen hardwarenahen Funktionen benötigt. Der Codeumfang dafür bewegt sich bei Programmierung in Assembler zwischen 6 und 8 kByte.

Die Korrektheit dieser verhältnismäßig kleinen Programme ist von außerordentlicher Wichtigkeit, da ein Fehler oder eine Sicherheitslücke in der Java VM das gesamte Sicherheitskonzept von Java auf Chipkarten untergraben könnte. Das Design und die Implementierung müssen also weitgehend fehlerfrei sein. Zur Überprüfung dieser Eigenschaft werden üblicherweise Evaluierungen im Rahmen von ITSEC bzw. Common Criteria herangezogen. Der geringe Umfang an Programmcode für die Java VM erleichtert diese Prüfung natürlich erheblich, zumal es dadurch auch möglich ist, die vollständige Funktionalität der VM formal zu beschreiben. Viele Hersteller von Java-Chipkarten haben auch bereits angekündigt, ihre Implementierungen von einer Zertifizierungsinstanz prüfen zu lassen. Angestrebt sind dabei Evaluierungen nach ITSEC E4.

Aufgrund der kleinen Speichergrößen bei Chipkarten war es notwendig, die Java VM in einen oncard-Teil und einen offcard-Teil aufzutrennen. Es ist ohne weiteres und ohne Einbußen an Leistungsfähigkeit oder Sicherheit möglich, die statischen Prüfungen außerhalb der Chipkarte in der Offcard-VM vorzunehmen Die Verbindung zwischen den beiden Teilen der VM sind Daten im CAP-Format. Zur vollständigen Absicherung müssen diese kryptografisch geschützt werden, idealerweise mit einer digitalen Signatur, damit sie während der Übertragung nicht manipuliert werden können. Diese wäre nämlich für einen Angreifer ein erfolgversprechender Ansatzpunkt, da er so unter Umständen die Sicherheitsmechanismen der Oncard-VM umgehen könnte.

Tabelle 5.13 Die Beschränkungen von Java für Chipkarten im Überblick. Diese weitgefaßten Grenzen stellen bei der Softwareentwicklung für Chipkarten zur Zeit keine Einschränkung dar.

Klassen	Die maximale Anzahl von Daten je instanzierter Klasse sind 255 Byte.
Methoden	Eine Klasse darf maximal 127 Methoden besitzen.
Arrays	Arrays dürfen maximal 32 767 Felder besitzen.
Switch Befehl	Falls der Datentyp „int" nicht unterstützt wird, stehen maximal 65 536 Verzweigungen im Switch-Befehl zur Verfügung.
	Falls der Datentyp „int" unterstützt wird, ist die maximale Anzahl von Verzweigungen im Switch-Befehl analog Java auf PCs und damit abhängig vom Wertebereich des gewählten Datentyps (char, byte, short, int).

Das Stack-orientierte Java benötigt erwartungsgemäß einen Stack und auch einen Heap. Dieser wird für jedes Applet auf der Chipkarte separat angelegt und verwaltet. Der Stack wird vor allem für die Datenübergabe bei den Methodenaufrufen benutzt, und der Heap dient als Ablage für die Objekte. Übliche Größen sind 200 bis 300 Byte für den Stack im RAM und 12 kByte für den Heap im EEPROM. Kleinere Applets können aber durchaus mit 50 bis 60 Byte Stack und einigen wenigen tausend Byte Heap auskommen.

Die Java VM besteht aus den vier Funktionseinheiten Bytecode Verifier, Loader, Interpreter und Security Manager.

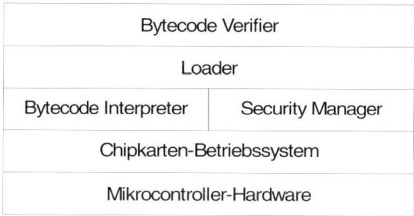

Bild 5.36   Die einzelnen Komponenten der Java Card Virtual Machine im Überblick.

Tabelle 5.14   Die grundlegenden Funktionen in der Hauptschleife des Java Bytecode Interpreters.

DO (	**Hauptschleife des Interpreters**
hole und merke Programmzähler	Holen und Merken des Programmzählers für den späteren Vergleich.
hole Opcode	
hole Operanden	
führe Maschinenbefehl aus	Führe den aus Opcode und Operanden bestehenden Maschinenbefehl für den virtuellen Java-Prozessor aus.
IF (Maschinenbefehl hat Programmzähler nicht geändert) THEN (erhöhe Programmzähler)	Falls der direkt vorher ausgeführte Java-Maschinenbefehl den Programmzähler nicht verändert hat (d.h. es war z.B. kein Bytecode für ein GOTO), dann setze den Programmzähler auf den nächsten Opcode.
) WHILE (Opcodes vorhanden)	Führe die Schleife so lange aus, bis alle Opcodes abgearbeitet sind.

Der Bytecode Verifier hat die Aufgabe, mannigfaltige statische Prüfungen an der übergebenen Class-Datei vorzunehmen. Das ist als erstes eine Kontrolle des Dateiformats. Anschließend folgen Prüfungen des Konstantenpools, des Bytecodes auf syntaktische Korrektheit, Argumente der Methoden und Vererbungshierarchien der Objekte. Es existieren noch einige weitere Untersuchungen, die jedoch im Detail bei Frank Yellin [Yellin 96] beschrieben sind.

Nach dem Bytecode Verifier übernimmt der Loader die geprüften Daten und sendet sie im CAP-Format zum eigentlichen Interpreter in der Chipkarte. Die Daten sollten aus Sicherheitsgründen mit einer digitalen Signatur versehen sein, damit sie zwischen Loader und Oncard-Teil der Java VM nicht manipulierbar sind.

Nach dem Loader befindet sich der ausführbare Bytecode mit diversen weiteren Informationen in der Chipkarte und kann vom Oncard-Teil der Java VM ausgeführt werden. Der eigentliche Interpreter ließt Bytecode für Bytecode mit den jeweils dazugehörigen Argumenten und setzt diesen in native Maschinenbefehle des Zielprozessors um. Parallel zur Bytecodeinterpretation arbeitet der Security Manager, der unter anderem ständig die Einhaltung von Feld-, Stack- und Heapgrenzen prüft. Er ist bei einer Verletzung der festgelegten Sicherheitsgebote ermächtigt, augenblicklich eine Ausnahmebehandlung (*exception*) zu starten und die Abarbeitung des problematischen Bytecodes zu stoppen.

Java für Chipkarten

Die wirklichen großen Vorteile einer modernen Programmiersprache wie Java im Einsatz bei Chipkarten sind nicht nur in der Richtung zu sehen, daß nun jeder Programme für Chipkarten schreiben kann. Das wäre mit Assembler oder C, offengelegten Schnittstellen und einigen Anpassungen mit den meisten Chipkarten-Betriebssystemen denkbar. Interessant ist ein Konzept wie die Java Card vor allem für große Systembetreiber. Diese haben das Problem, daß sie unterschiedliche Masken auf unterschiedlichen Chips von unterschiedlichen Kartenherstellern einkaufen müssen. Dieses Multiple-Sourcing, das aus taktischen Gründen (reduzierte Abhängigkeit von einem Hersteller, Preisdruck auf die Hersteller) durchaus Sinn macht, verursacht aber andererseits laufend Probleme mit Kompatibilität und Testing. Es ist auf absehbare Zeit nicht erreichbar, daß sich zwei Betriebssysteme unterschiedlicher Hersteller in allen Variationsmöglichkeiten auf der Schnittstelle gleich verhalten. Dies stellt jedoch für Systembetreiber eine ernsthafte Schwierigkeit dar.

Die ideale Lösung aus Sicht der Systembetreiber wäre somit hardwareunabhängiger Programmcode, der auf einem evaluierten Interpreter in Chipkarten einheitlich ausgeführt wird. Man müßte dann dieses Anwendungsprogramm nur noch einmal erstellen, testen, evaluieren, und es könnte dann von den verschiedensten Chipkarten-Betriebssystemen abgearbeitet werden. Nach außen, d.h. auf der Schnittstelle, wären keine Unterschiede sichtbar. Damit blieben die Vorteile des Multiple-Sourcing erhalten, während die Nachteile verschwinden.

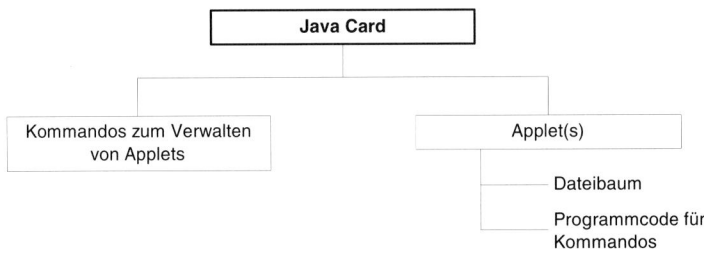

Bild 5.37   Die beiden grundlegenden informationstechnischen Bestandteile einer Chipkarte mit Java.

Diese Stichpunkte sollte man im Hinterkopf behalten, wenn man betrachtet, wie Java in Chipkarten eingebunden ist. Dies ersten Versionen sahen noch vor, daß der Java Bytecode in einem EF unter dem MF oder einem DF abgelegt wird. Mit einem EXECUTE Kommando wäre die Virtual Machine mit dem Programm in dem EF gestartet worden. Zum Dateisystem gab es ein dazugehöriges API (*application programming interface*), so daß aus Dateien gelesen und in Dateien geschrieben werden konnte.

Diese Lösung hat sich jedoch nicht durchgesetzt. Eine Chipkarte mit Java besitzt nach der Java-Card-Spezifikation eine Java Virtual Machine, welche in der Kartenfertigung aktiviert und am Ende des Kartenlebenszyklus deaktiviert wird. Ein Dateisystem nach ISO/IEC 7816-4 ist nicht mehr vorgesehen, da sich dieses auch mit Objekten innerhalb eines Java Applets aufbauen läßt. Dazu existieren einige Klassen, welche den Aufbau eines ISO/IEC 7816-4 konformen Dateibaums relativ einfach ermöglichen. Der Programmcode sowie der dazugehörige Dateibaum sind dann Teil eines Applets, welches in die Chipkarte geladen wird. Es kann dort mit einer eindeutigen AID und dem SELECT Kommando ausgewählt werden. Nach der Selektion des Applets erhält es automatisch alle Kommandos zur Abarbeitung. Der Programmcode des Applets kann dann die Kommandos und deren Daten auswerten und bearbeiten sowie die entsprechenden Zugriffe auf das Dateisystem durchführen.

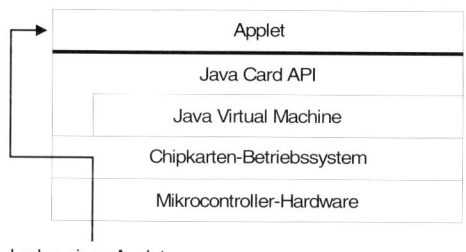

Laden eines Applets

Bild 5.38   Der grundsätzliche Ablauf beim Laden eines Applets in ein Chipkarten-Betriebssystem mit Java.

Dieses Prinzip schafft maximale Flexibilität und Kompatibilität, da sich Anwendungen inklusive Dateibaum innerhalb eines Applets befinden. Die eigentlichen Kartenkommandos, wie READ BINARY oder MUTUAL AUTHENTICATE, sind als Programmcode innerhalb des Applets enthalten. So ist es dadurch beispielsweise möglich, gleiche Kommandos mit unterschiedlicher Codierung und differierendem Programmablauf innerhalb einer Karte unabhängig voneinander in zwei getrennten Applets zu unterstützen.

Man erkauft sich diesen Vorteil allerdings mit einem erheblichen Speicherplatzbedarf für die jeweiligen Applets, da diese dann zwangsläufig einige redundanten Daten und Programmcodeteile enthalten. Um diesen eklatanten Speichermehrverbrauch in manchen Fällen etwas abzumildern, ist es möglich, Objekte eines Applets mit anderen Applets zu teilen (*object sharing*). Aus Sicherheitsgründen läßt sich dies nur von dem Applet aus durchführen, das das Objekt auch erzeugt hat. Der Vorgang selber kann nicht mehr rückgängig gemacht werden. Das heißt, wenn der Zugriff auf ein Objekt eines Applets für ein anderes Applet freigegeben worden ist, dann ist dies bis zum Ende des Kartenlebenszyklus der Fall.

Die einzigen appletunabhängigen Kommandos, die noch existieren, dienen zum sicheren Laden von Applets in die Chipkarte. Diese werden dann im EEPROM abgelegt und von der Java Virtual Machine ausgeführt. Lediglich die Übertragungsprotokolle sind einheitlich für die gesamte Chipkarte.

Java Card Framework
Um die Programmierung von Chipkarten in Java möglichst zu vereinfachen, gibt es vier Pakete (*packages*), die eine standardisierte Schnittstelle (*application programming interface – API*) mit für Chipkarten nützlichen Funktionen zur Verfügung stellen. Dieses API heißt Java Card Framework und besteht aus vier Teilen, von denen lediglich eines für alle Java Cards verpflichtend vorhanden sein muß. Die drei anderen, mit einem „x" für Erweiterung (*extension*) im Namen gekennzeichnet, sind optional und können beispielsweise vom Chipkartenhersteller bei Bedarf hinzugefügt werden. Es ist geplant, daß in Zukunft noch weitere applikationsspezifische Pakete definiert werden. Kandidaten dafür sind ein Paket für ein GSM-spezifisches API und eine elektronische Börse à la EN 1546.

Da der Programmcode „unter" dem API in Maschinensprache für den Zielprozessor erstellt werden kann, erreicht man damit neben der einheitlichen Schnittstelle noch eine enorme Erhöhung der Ausführungsgeschwindigkeit.

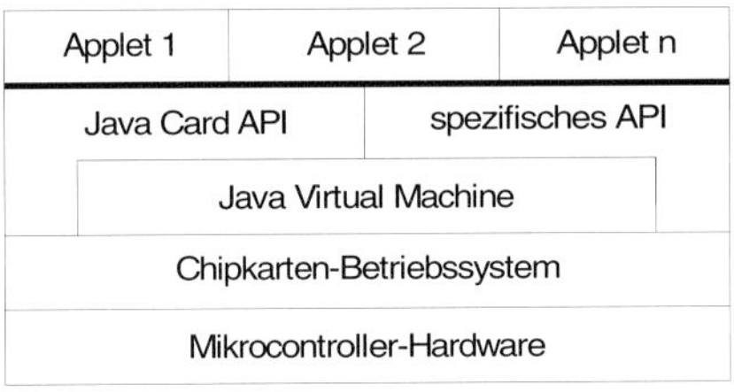

Bild 5.39   Der softwaretechnische Aufbau einer Chipkarte mit Java Virtual Machine, zwei verschiedenen APIs und mehreren Applets.

Das obligatorische Paket „javacard.framework" ist die Basis für Java auf Chipkarten. In ihm sind elementare Klassen für Appletverwaltung, Datenaustausch mit dem Terminal und diverse Konstanten im Rahmen von ISO/IEC 7816-4 festgelegt. Eine Erweiterung dazu, und deshalb nur optional in Java Cards vorhanden, ist das Paket „javacardx.framework". Es enthält ein objektorientiertes Dateisystem nach ISO/IEC 7816-4 mit DFs und EFs in allen Strukturen.

Bei Bedarf kann auch noch das Paket mit kryptografischen Funktionen „javacardx.crypto" eingebunden werden. Es ist aus exportrechtlichen Gründen so aufgebaut, daß mit diesem Paket die Chipkarte nicht als allgemeines Ver- und Entschlüsselungsinstrument nutzbar ist. Dazu wäre dann das Paket „javacardx.cryptoEnc" notwendig, das die dazugehörigen Verschlüsselungsmethoden enthält.

Tabelle 5.15   Die Klassen der Pakete (*packages*) „javacard.framework" und „javacardx.frame-
work" des Application Programming Interface nach der Java Card 2.1 Spezifikation.

Klasse	Erklärung
javacard.framework.AID	Diese Klasse kapselt den 5 bis 16 Byte langen Application Iden-tifier (AID) nach ISO/IEC 7816-5.
javacard.framework.APDU	Diese Klasse stellt Methoden zur Verfügung, um auf APDU-Ebene Daten zwischen Chipkarte und Terminal auszutauschen.
javacard.framework.Applet	Diese Klasse legt ein Applet für eine Chipkarte fest.
javacard.framework.ISO	Diese Klasse kapselt verschiedene Konstanten von ISO/IEC 7816-3 und -4. Typische Beispiele dafür sind Offsetwerte zu ver-schiedenen Datenelementen innerhalb einer APDU und die unter-schiedlichen Returncodes.
javacard.framework.PIN	Diese Klasse repräsentiert eine PIN mit dazugehörigem Fehl-bedienungszähler und einem Gültigkeitszustand.
javacard.framework.System	Dies ist eine der wichtigsten Klassen. Sie besitzt beispielsweise Methoden, um Objekte persistent oder transistent zu machen oder um Zugriff auf ein Objekt für mehrere Applets zuzulassen.
javacard.framework.Util	Diese Klasse enthält Methoden für den Umgang mit Feldern und Datenobjekten sowie zur Typkonvertierung.
javacardx.framework.CyclicFile	Diese Klasse dient dazu, EFs der Struktur „cyclic" zu erzeugen und auf die EF-Daten schreibend und lesend zuzugreifen.
javacardx.framework.DedicatedFile	Diese Klasse dient dazu DFs innerhalb eines Dateibaums zu er-zeugen.
javacardx.framework.ElementaryFile	Diese Klasse dient dazu EFs innerhalb eines Dateibaums zu er-zeugen.
javacardx.framework.File	Dies ist die Basisklasse für alle Dateien (DFs und EFs) im Datei-baum eines Applets.
javacardx.framework.FileSystem	Dies ist eine Unterklasse von „....DedicatedFile" und die Wurzel des Dateibaums eines Applets.
javacardx.framework.LinearFixedFile	Diese Klasse dient dazu, EFs der Struktur „linear fixed" zu er-zeugen und auf die EF-Daten schreibend und lesend zuzugreifen.
javacardx.framework.LinearVariableFile	Diese Klasse dient dazu, EFs der Struktur „linear variable" zu er-zeugen und auf die EF-Daten schreibend und lesend zuzugreifen.
javacardx.framework.TransparentFile	Diese Klasse dient dazu, EFs der Struktur „transparent" zu er-zeugen und auf die EF-Daten schreibend und lesend zuzugreifen.

Tabelle 5.16   Die wichtigsten kartenunabhängigen Klassen des Pakets (*package*) „java.lang" des Application Programming Interface nach der Java Card 2.1 Spezifikation.

Klasse	Erklärung
java.lang.Exception	Dies ist die Klasse für die Ausnahmebehandlung für die Java Card.
java.lang.Object	Diese Klasse ist die Klasse für alle Java-Card-Klassen.
java.lang.Throwable	Diese Klasse ist die Klasse aller Ausnahmen und Fehler für die Java Card.

Tabelle 5.17   Die Klassen der Pakete (*packages*) „javacardx.crypto" und „javacardx.cryptoEnc" des Application Programming Interface nach der Java Card 2.1 Spezifikation.

Klasse	Erklärung
javacardx.crypto.AsymKey	Dies ist die Basisklasse der Schlüssel für asymmetrische Kryptoalgorithmen.
javacardx.crypto.DES3_Key	Diese Klasse stellt ein Datenobjekt für einen 112-Bit-Triple-DES-Schlüssel zur Verfügung sowie die Methoden für Verschlüsselung (ECB-, CBC-Mode) und MAC-Berechnung mit Triple-DES. Es existiert in dieser Klasse keine Methode für Entschlüsselung.
javacardx.crypto.DES_Key	Diese Klasse stellt ein Datenobjekt für einen 56-Bit-DES-Schlüssel zur Verfügung sowie die Methoden für Verschlüsselung (ECB-, CBC-Mode) und MAC-Berechnung mit DES. Es existiert in dieser Klasse keine Methode für Entschlüsselung.
javacardx.crypto.Key	Dies ist die Basisklasse für alle Schlüssel.
javacardx.crypto.MessageDigest	Dies ist die Basisklasse für alle Hash-Algorithmen.
javacardx.crypto.PrivateKey	Dies ist die Basisklasse der geheimen Schlüssel für asymmetrische Kryptoalgorithmen.
javacardx.crypto.PublicKey	Dies ist die Basisklasse der öffentlichen Schlüssel für asymmetrische Kryptoalgorithmen.
javacardx.crypto.RSA_CRT_PrivateKey	Dies ist die Basisklasse der geheimen Schlüssel für asymmetrische Kryptoalgorithmen in Verbindung mit dem chinesischem Restklassensatz (*chinese remainder theorem – CRT*).
javacardx.crypto.RSA_PrivateKey	Diese Klasse stellt die Methoden zur digitalen Signatur von Daten mit dem RSA-Algorithmus zur Verfügung.
javacardx.crypto.RSA_PublicKey	Diese Klasse stellt die Methoden zur Verifizierung von digitalen Signaturen nach dem RSA-Algorithmus zur Verfügung.
javacardx.crypto.RandomData	Diese Klasse stellt als Methode einen Zufallszahlengenerator zur Verfügung.
javacardx.crypto.Sha1MessageDigest	Diese Klasse stellt als Methode den Hash-Algorithmus SHA-1 zur Verfügung.
javacardx.crypto.SymKey	Dies ist die Basisklasse der Schlüssel für symmetrische Kryptoalgorithmen.
javacardx.cryptoEnc.DES3_EncKey	Diese Klasse erweitert „.... .DES3_Key" um die Methode der Entschlüsselung im Triple-DES ECB- und CBC-Mode.
javacardx.cryptoEnc.DES_EncKey	Diese Klasse erweitert „.... .DES_Key" um die Methode der Entschlüsselung im DES-ECB- und -CBC-Mode.

Softwareentwicklung für Java auf Chipkarten

Wie ist nun die Vorgehensweise, um ein Java-Programm für eine Chipkarte zu erstellen und zur Ausführung zu bringen? Als erstes erstellt der Programmierer mit einem Texteditor den eigentlichen Java Source Code. Anschließend compiliert er diesen mit einem beliebigen Java Compiler und erhält den maschinenunabhängigen Bytecode. Bis zu diesem Punkt ist der Ablauf identisch dem der Java-Programmierung für PCs.

Der Bytecode wird nun dem Offcard-Teil der Java Virtual Machine (d.h. Offcard-VM) als Class-Datei übergeben, welche Prüfungen des Formats, der Syntax, von Feldreferenzen und ähnlichem durchführt. Sind alle Prüfungen mit positivem Ergebnis abgeschlossen, dann erstellt die Offcard-VM eine sogenannte CAP-Datei (*card appplication file – CAP-file*). Diese wird je nach Anwendung und Bedarf noch mit einer digitalen Signatur versehen, um damit sicherzustellen, daß es von der Offcard-VM geprüft wurde und authentisch ist. Wäre keine überprüfbare Signatur vorhanden, dann könnte man mit einem manipulierten Applet die Sicherheit der Oncard-VM umgehen, denn diese kann aus Speicherplatzgründen nicht alle Prüfungen durchführen. Anschließend wird das Applet im Format der CAP-Datei in die Chipkarte geladen. Diese überprüft als erstes die, in der Regel vorhandene, digitale Signatur und übergibt das kontrollierte Applet der Oncard-VM. Was nun folgt, verhält sich wieder weitgehend analog der Programmausführung auf einer Virtual Machine auf einem PC. Die Oncard-VM prüft und interpretiert Zeile für Zeile des Bytecodes und erzeugt daraus Maschinenbefehle für den Prozessor der Chipkarte.

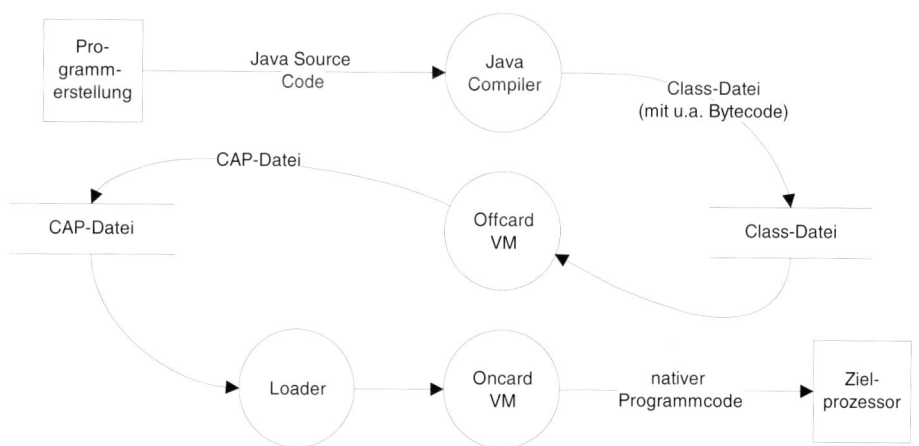

Bild 5.40   Der übliche Ablauf von der Programmentwicklung bis zur Ausführung des Programms auf der Java Virtual Machine (JVM) auf dem Chipkarten-Mikrocontroller.

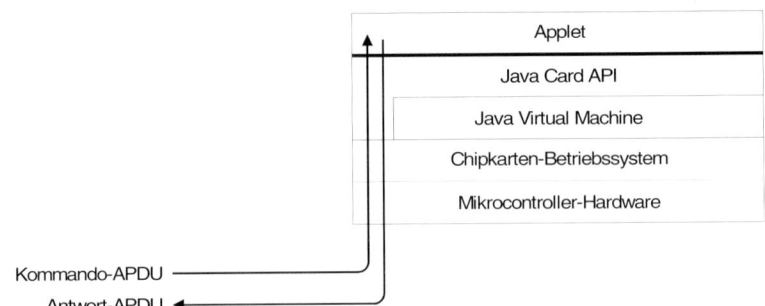

Bild 5.41   Datenfluß der Kommando-APDU zum Applet und dazugehöriger Antwort-APDU in
bezug auf das Schichtenmodell einer Java-Chipkarte.

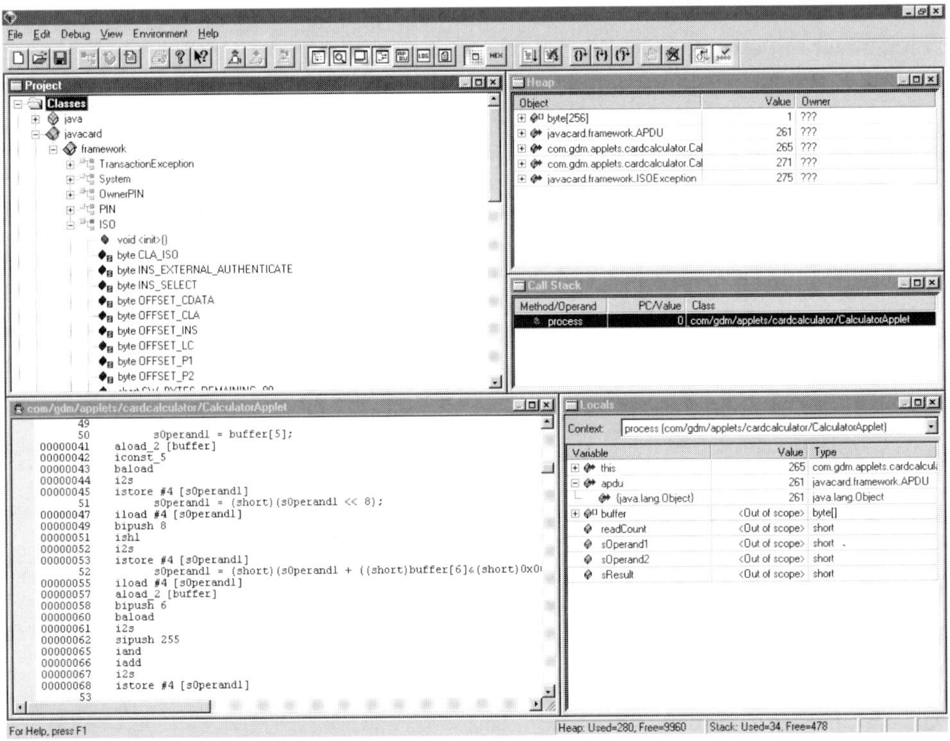

Bild 5.42   Beispiel für eine Entwicklungsumgebung und einen Java Card Simulator, um Java-
Programme auf Chipkarten zu entwickeln und zu testen. Links oben sind in einer
Baumstruktur Klassen und Methoden dargestellt, darunter befindet sich ein Fenster
mit dem Java Source Code und daraus übersetztem Bytecode. Die Fenster auf der
rechten Seite zeigen Heap, Stack und diverse Variablen. (Giesecke & Devrient)

Das obige Szenario ist natürlich in der Realität etwas aufwendiger. Der Programmierer wird hoffentlich nicht sofort nach dem Auftrag mit der Codierung in Java beginnen,

sondern zuerst mit Analyse und Design die Anforderungen ermitteln und daraufhin mit der Programmierung anfangen.

Damit er während und nach der Codierung beim Debugging die Fehler auch schnell findet, benutzt er einer Simulator der Java-Chipkarte. So kann der Programmierer die Programmabarbeitung Schritt für Schritt prüfen, Variablen inspizieren und dann gegebenenfalls schnell und problemlos Korrekturen vornehmen.

Im Anschluß daran wird bei größeren und sicherheitskritischen Projekten noch eine Testsuite durchlaufen, die alle Gutfälle und die wichtigsten Fehlerfälle bei Kommando und Antwort prüft. Eventuell schließt sich daran noch eine Sourcecode-Inspektion durch unabhängige Dritte an.

Man sieht an dem Beispiel, daß Java auf Chipkarten zwar die Programmierzeit erheblich verkürzt und als Nebeneffekt auch die Fehlermöglichkeiten einschränkt, doch ist die reine Codierung nur ein Teil von vielen bei der Entwicklung von Anwendungen für Chipkarten. Der größte Vorteil liegt vor allem darin, daß es nun für eine Vielzahl an Programmierern möglich geworden ist, ausführbare Programme für Chipkarten zu erstellen und nicht nur für die wenigen Softwareentwickler der Kartenhersteller.

Um nun in Java Applets auf Chipkarten zu erstellen, sollte man neben den Besonderheiten des benutzten Betriebssystems auch die Charakteristika der Java Card 2.0 Spezifikation berücksichtigen. Diese sind im folgenden aufgeführt und kurz erläutert:

Ausführungsgeschwindigkeit

Der neben dem Speicherbedarf wohl größte Kritikpunkt von Java auf Chipkarten ist die geringe Ausführungsgeschwindigkeit. Es ist jedoch verhältnismäßig schwierig, faire Vergleiche zwischen Programmen in Assembler und Java zu erstellen. Die Problematik dabei liegt vor allem darin, daß man in Java nicht unbedingt einen analogen Programmablauf wie in Assembler erstellten muß, so lange sich die Anwendung auf der Schnittstelle zum Terminal identisch verhält. Beispielsweise wäre ein Dateisystem bei Programmierung in Java nicht unbedingt notwendig, und auch einen Kryptoalgorithmus würde wohl niemand in Java für Chipkarten programmieren.

Generell ist bei der Programmierung auch darauf zu achten, daß man sooft wie möglich die Methoden des Java Card Framework benutzt, denn diese sind teilweise in dem nativen Programmcode des Zielprozessors erstellt, was eine erhebliche Geschwindigkeitserhöhung bewirkt. Als Richtwert kann man deshalb von einer Erhöhung der reinen Ausführungszeit, d.h. – ohne die Übertragungszeit – um den Faktor 2 bis 3 gegenüber den bisher üblichen Assemblerprogrammen ausgehen.

Anwendungsselektion

Eine bestimmte Anwendung in einer Java Card ist dann selektiert, wenn das betreffende Applet mit seiner eindeutigen AID selektiert wurde. Bei dieser Selektion wird das Applet aufgerufen, damit es gegebenenfalls notwendige Initialisierungen durchführen kann. Anschließend erhält es dann automatisch alle Kommando-APDUs, die vom Terminal zur Chipkarte gesendet werden. Ist das Applet nicht selektiert, dann ist es inaktiv und auch nicht in die Datenübertragung eingebunden.

Firewalls – Anwendungstrennung
Die einzelnen Applets auf der Chipkarte sind informationstechnisch vollständig voneinander getrennt. Eine gegenseitige Beeinflussung wird durch den Security Manager der Java Virtual Machine und das Chipkarten-Betriebssystem verhindert. Im Bedarfsfall kann jedoch ein Applet eigene Objekte zur Benutzung durch ein anderes Applet freigeben. Ein typisches Beispiel ist eine PIN, welche einheitlich für alle Anwendungen (d.h. Applets) einer Karte gelten soll.

Transaktionsintegrität – Atomare Abläufe
Ein plötzlicher Spannungsausfall während einer Sitzung darf nicht dazu führen, daß die Daten eines Applets einen undefinierten Zustand einnehmen. Dies wird bei Änderungen eines Objekts implizit durch die Virtual Machine bzw. das Betriebssystem gewährleistet. Ist es jedoch notwendig, eine unbedingte Integrität über mehrere Objekte oder Programmabläufe hinweg zu gewährleisten, dann stehen dem Programmierer des Applets dafür spezielle Mechanismen zur Verfügung. So ist sichergestellt daß die betreffenden Objekte entweder den Ursprungszustand oder den neuen Zustand haben.

Dateisystem
Es ist für ein Applet nicht zwangsläufig notwendig, daß es ein eigenes Dateisystem besitzt. Für manche Anwendungen kann es durchaus ausreichen, dateiunabhängige Datenobjekte anzulegen, auf die dann entweder mit normierten oder selbstdefinierten Kommandos (*private-use*) zugegriffen werden kann. Der Vorteil an dateisystemlosen Applets ist wieder einmal die bei Chipkarten immer unterschwellig vorhandene Notwendigkeit zur Speicherersparnis. Zudem können durch das objektorientierte Java Zugriffe auf Daten mit Methodenaufrufen und dazugehörigen Aufrufbedingungen für ganz spezifische Anforderungen bei bestimmten Anwendungen realisiert werden. Beispielsweise könnten dann Anwendungen oder Benutzer die Möglichkeit haben, ihre Zugriffsrechte an andere Instanzen zu vererben.

Die heute üblichen Anwendungen, sowohl im Chipkarten als auch im PC-Bereich zeigen jedoch, daß doch sehr oft die Daten dateiorientiert abgelegt und verwaltet werden. Diese Variante wird durch die Java Card Spezifikation nicht ausgeschlossen, da sie eigene Klassen für eine ISO/IEC 7816-4 Dateistruktur anbietet. Diese Schnittstellen schaffen ebenfalls die Grundlage, zu bisherigen Anwendungen mit ihren üblichen Dateibäumen kompatible Java-Chipkarten auszugeben.

Löschen von Objekten – Persistente und Transistente Objekte
Alle Objekte werden von sich aus als persistente Objekte im EEPROM angelegt, wenn man sie mit der Methode new() erzeugt. Persistenz ist die Fähigkeit eines Objekts, über die Ausführungszeit eines Prozesses hinaus zu existieren, das Gegenteil ist die Transistenz. Persistente Objekte überdauern deshalb sowohl eine Sitzung als auch plötzliche Spannungsausfälle, ohne daß Daten verlorengehen oder inkonsistent werden. Ein Objekt existiert für die Dauer, in der eine Referenz darauf verweist. Fällt die Referenz weg, dann ist das Objekt De-facto nicht mehr vorhanden, obwohl es noch Speicher belegt. Abhilfe könnte nur durch eine Speicherverwaltung mit einem Garbage

Collector geschaffen werden, welche jedoch in der Java Card Spezifikation 2.0 nicht vorgesehen ist. Der Speicherverbrauch wäre dafür zu groß.

Es ist jedoch möglich, persistente Objekte in transistente Objekte umzuwandeln, so daß sie im RAM abgelegt werden. Die Umwandlung ist jedoch nur in dieser Richtung möglich. Die Daten dieser Objekte gehen nach der jeweiligen Sitzung verloren und werden mit dem Standardwert neu initialisiert.

Löschen von Applets
Die Java Card Spezifikation 2.0 sieht keinen Mechanismus vor, Applets auf einer Chipkarte wieder zu löschen. Sie können daher bestenfalls durch eigene Funktionen gesperrt werden, doch ist der von ihnen belegte Speicherplatz ein für allemal für weitere Applets verloren.

Es gibt jedoch bei Testkarten im allgemeinen spezielle Funktionen, um den gesamten Speicherplatz für Applets zu löschen. Dies ist jedoch nur innerhalb von Debugging und Tests möglich und nicht bei ausgegebenen echten Karten.

Sollte es bei zukünftigen Versionen möglich werden, daß die Java Virtual Machine auf Chipkarten einen Garbage Collector erhält, dann wäre es auch möglich, Applets wieder aus dem Speicher zu löschen.

Kryptografische Algorithmen
Viele der heute üblicherweise verwendeten Kryptoalgorithmen arbeiten entweder mit Änderungen und Vertauschungen auf Bit-Ebene (z.B.: DES) oder benutzen Langzahlenarithmetik (z.B.: RSA). Aufgrund der langsamen Ausführungsgeschwindigkeit und des knappen Speichers (EEPROM und RAM) sind Chipkarten mit Java zur Zeit nicht geeignet, daß man auf ihnen neue Kryptoalgorithmen in Java programmiert.

Deshalb besitzen sie üblicherweise die Klasse „javacardx.crypto", welche eine Schnittstelle (API) zu den in nativem Maschinencode implementierten Kryptoalgorithmen anbietet. Damit kann beispielsweise in Java durch wiederholten Aufruf des vorhandenen einfachen DES (56-Bit-Schlüssel) ein echter Triple-DES ($3 \cdot 56$ Bit Schlüssel) mit drei unabhängigen Schlüssel programmiert werden. Der Datendurchsatz solch einer Triple-DES-Implementation in Java ist dabei nur um ca. 30 Prozent geringer als bei der Verwendung von nativen Assemblercode.

Kryptografie und Export
Chipkarten mit allgemein einsetzbaren Betriebssystemen, welche über interne Schnittstellen zur beliebigen Ver- und Entschlüsselung von Daten verfügen, sind in vielen Ländern ausfuhrgenehmigungspflichtig. Dies führt dazu, daß diese Chipkarten in manche Länder überhaupt nicht exportiert werden dürfen bzw. der Exporteur monatelang auf eine entsprechende Genehmigung des jeweiligen Ausfuhramtes warten muß.

Aus diesem Grund wurden die Klassen für Kryptografie bei Java Card in einer solchen Form aufgebaut, daß sie zwar ohne weiteres für allgemeine Datenentschlüsselung und MAC-Berechnung benutzbar sind, aber nicht zur Verschlüsselung. Für viele Anwendungen reicht dies vollkommen aus, und man kann dadurch in vielen Ländern „vereinfachte" Ausfuhrverfahren nutzen.

Müssen jedoch in einer Anwendung Daten auch wieder entschlüsselt werden, so kann in diesem Fall der Kartenhersteller die Klassen „....cryptoEnc.DES3_EncKey" und „....cryptoEnc.DES_EncKey" einbinden, welche dann auch die Entschlüsselung ermöglichen. Aus kryptografischer Sicht könnte man sich aber durchaus einfach zu realisierende Verfahren austüfteln, um auch ohne diese beiden „Verschlüsselungs-klassen" Daten beliebig zu ver- und entschlüsseln.

Speicherplatzminimierung
Auf absehbare Zeit werden Java-Programme auf Chipkarten sehr stark von dem verfügbaren Speicher geprägt sein. Dies führt bei der Programmierung zu einigen Kompromissen, die auf PCs nicht notwendig wären. Die folgende Tabelle bietet einige Ratschläge aus der Praxis, um Java-Programme optimal an die speziellen Anforderungen im Bereich von Chipkarten anzupassen.

Tabelle 5.18   Aufstellung einiger nützlicher Richtlinien zur Erstellung von Applets für Chipkarten mit Java, nach einer Idee bei [Schlumberger 97]. Der Zweck dieser Richtlinien ist es, den auf Chipkarten stark begrenzten Speicherplatz so gut wie möglich zu nutzen.

Richtlinie zur Speicherplatz-minimierung	Bemerkung
Konstanten vor Variablen	Konstanten benötigen weniger Speicherplatz als Variablen und sollten deshalb bevorzugt verwendet werden.
einfache Datentypen	Die Verwendung von möglichst einfachen Datentypen spart Speicherplatz auf der Chipkarte.
Wiederverwendung von Variablen	Variablen sollten so weit als möglich wiederverwendet werden, um möglichst wirtschaftlich mit dem begrenzten Speicherplatz auf der Chipkarte umzugehen.
lokale Variablen	Lokale Variablen sollten so sparsam wie möglich eingesetzt werden.
einfache Klassenhierarchie	Eine einfache und möglichst flache Klassenhierarchie spart Speicherplatz auf der Chipkarte.
wenige Argumente	Methoden sollten nur so viele Argumente wie unbedingt notwendig benutzen.
einfache Aufrufhierarchie	Eine einfache Aufrufhierarchie der Methoden spart Speicherplatz auf der Chipkarte.
ungenutzte Variablen	Das Programm sollte nach der Erstellung immer auf ungenutzte Konstanten, Variablen, Methoden und Klassen geprüft werden, denn der Compiler könnte u.U. nicht fähig sein, diese wegzuoptimieren.

Resümee und Zukunft
Trotz des immer noch anhaltenden Hype um Java darf man nicht vergessen, daß sie sicherlich nicht Abhilfe für alle IT-Probleme der letzten und nächsten Jahre bieten wird und die in sie gesteckten Erwartungen unter Umständen nicht alle erfüllt werden. Man denke dabei nur an die vergangenen, mittlerweile aus der Mode gekommenen Sprachen wie Pascal („modular"), Lisp („KI für alle"), C („portabel") und C++ („wiederverwendbarer Programmcode"). Diese Sprachen haben zwar die Informationstechnik um Größenordnungen weitergebracht, doch viele der prognostizierten positiven Effekte traten nie ein. Es kann jedoch als sicher angenommen werden, daß Java der Beginn einer neuen Chipkarten-Ära ist, da es erstmals für jedermann möglich ist, ausführbaren

Programmcode in Chipkarten ablaufen zu lassen. Ob es langfristig Java sein wird, das die Standard-Programmiersprache für Chipkarten ist, muß abgewartet werden. Dies wird der Markt anhand der Leistungsdaten und die Geschäftspolitik einiger Firmen entscheiden.

Einige Entwicklungstendenzen sind allerdings durchaus absehbar. Es wird in Zukunft wohl auch Terminals für Chipkarten geben, die Java unterstützen. Handelt es sich dabei um Online-Geräte, dann können dort auch die vielfältigen Mechanismen von Java zur Programmnachladung über offene Netze zum Einsatz kommen. Zusätzlich besitzen Terminals in der Regel deutlich mehr Rechenleistung und Speicher als Chipkarten, weshalb hier viele der Java-Card Einschränkungen wegfallen können.

Bei Chipkarten wird der Ressourcenhunger von Java wohl mittelfristig dazu führen, daß Java-Karten nur für Anwendungen mit geringen Stückzahlen, Tests und Feldversuche eingesetzt werden. Chipkarten mit einer Java Virtual Machine in Millionenstückzahlen werden wahrscheinlich erst in einigen Jahren für Großprojekte in Frage kommen. In der Zwischenzeit kann man sich damit behelfen, daß man den Java-Programmcode für die Chipkarten in den Feldversuchen nach Assembler oder C portiert und auf dieser Grundlage dann konventionell programmierte und kostengünstigere Chipkarten herstellt. Kommt es jedoch in der Zukunft zu einem starken Bedürfnis der Systembetreiber nach der Kartenemission Zusatzanwendungen nachladen zu wollen, so würde dies einen schnellen großflächigen Einsatz von Java-Karten fördern.

5.11   Chipkarten-Betriebssystem „Small-OS“

Die Eigenschaften und grundlegenden Funktionsweisen von Chipkarten-Betriebssystemen sind vorangehend im Überblick beschrieben worden. Für diejenigen Leser, die jedoch tiefer in die Thematik eintauchen möchten, ist auf den folgenden Seiten ein vollständiges Betriebssystem aufgezeigt. Es demonstriert im Detail die Zusammenhänge innerhalb eines klassischen Chipkarten-Betriebssystems nach ISO/IEC 7816-4 bzw. GSM 11.11.

Das im folgenden beschriebene Chipkarten-Betriebssystem hat den Namen „Small-OS“, der daher rührt, daß es nur sehr wenig Speicher benötigt und auch auf einer nicht sehr leistungsfähigen Hardwareplattform lauffähig wäre. Geschrieben ist es in einem BASIC-ähnlichen Pseudocode, der in dieser Form nicht direkt compiliert werden kann, da einige Anweisungen nicht bis ins letzte Bit auscodiert und nur verbal ausgeführt sind. Wir wollen hier nicht seitenweise unverständlichen und langweilig zu lesenden echten Programmcode in einer Sprache wie C oder C++ präsentieren, sondern ein anschauliches und einführendes Beispiel aufzeigen.

Die Verständlichkeit von Pseudocode überwiegt den Vorteil der sofortigen Compilier- und Ausführbarkeit einer echten Programmiersprache bei weitem. Dadurch verliert man sich nicht in Details der Implementation, sondern kann sich ganz und gar auf die grundlegenden Abläufe konzentrieren. Die folgende Darstellung ist eine plattformfreie Implementierung, die nicht auf eine bestimmte Hardware zurechtgeschnitten ist. Es existiert aber eine Realisation des Small-OS, allerdings nicht in Assembler auf einem Chipkarten-Mikrocontroller, sondern als Simulation in dem Programm „The

Smart Card Simulator". Es ist kostenlos als Freeware via Internet erhältlich [Rankl, Hanser].

Tabelle 5.19   Die Funktionen von Small-OS im Überblick.

Name des Betriebssystems	Small-OS
typisches Anwendungsfeld	Multiapplikation ohne eigenen Programmcode
Hardwarevoraussetzungen	ROM: ≈ 8 kByte, EEPROM: ≈ 1 kByte, RAM: ≈ 128 Byte
Befehlssatz	– Profil N nach ISO/IEC 7816-4 mit Erweiterungen
	– Kommandos: SELECT FILE, READ BINARY, UPDATE BINARY, READ RECORD, UPDATE RECORD, VERIFY, INTERNAL AUTHENTICATE
Datenübertragung	– Übertragungsprotokoll T=1
	– Teiler (CRCF) fest auf 372 eingestellt (Standard nach ISO/IEC 7816-3)
	– PTS nicht unterstützt
	– Secure Messaging nicht unterstützt
Dateisystem	– eine DF-Ebene
	– Working EF Strukturen: transparent und linear fixed
	– Internal EF Strukturen: linear variable (für PIN und Schlüssel)
	– ein EF Key pro Verzeichnis (d.h. pro MF/DF) zulässig
	– kein dynamisches Dateisystem (d.h. kein Löschen und Anlegen von Dateien, keine Freispeicherverwaltung)
	– maximale Größe eines transparenten EFs: 255 Byte
Zustandsautomat	– unabhängige Sicherheitszustände für MF und DF
	– Anzahl der Sicherheitszustände 256 (0 ... 255)
	– Initialzustand = 0
	– nur ein erlaubter Eingangszustand für die Benutzung einer PIN / eines Schlüssels
	– nur ein erlaubter Eingangszustand für Dateizugriff (d.h. keine „>" oder „≥" Vergleiche möglich)
	– keine ebenenübergreifenden Schlüsselzugriffe (d.h. das EF Key wird immer über das aktuell selektierte Verzeichnis (MF oder DF) ausgewählt)
	– PIN-Adressierung: maximal 2 PINs (Ref. Nr. 1 und 2) möglich
	– Schlüssel-Adressierung: maximal 31 Schlüssel (Ref. Nr. 1 ... 31) möglich
	– die Fehlbedienungszähler für PIN und Schlüssel lassen eine maximale Anzahl von 15 Fehlversuchen zu
kryptografischer Algorithmus	DES
Programmcode	Erstellen und Laden durch Externe nicht möglich

Programmierung in Pseudocode

Zum Programmierstil und zur Programmierung von Small-OS seien hier noch einige Anmerkungen gemacht. Der an BASIC angelehnte Pseudocode stellt dem Prinzip nach eine semiformale Beschreibung des Chipkarten-Betriebssystems Small-OS dar. Bei Software-Evaluierungen nach ITSEC erstellt man oft eine ähnliche Charakterisierung des Betriebssystems, die dann als Grundlage von Evaluierung und Sourcecode-Prüfung benutzt wird. Deshalb bietet dieser in Tabellenform aufgeführter und ausführlich dokumentierter Pseudocode auch ein gutes Beispiel, wie in der Praxis formalisierte Abläufe innerhalb von Chipkarten-Betriebssystemen dargestellt werden. Ähnliche Formen der Veranschaulichung finden sich beispielsweise in der Normenreihe EN 1546, in der die internen Abläufe von Chipkarten bei elektronischen Geldbörsen semiformal beschrieben sind.

Die einzelnen Funktionalitäten des Pseudocodes sind am Anfang des Buches im Detail beschrieben.[1] Der Programmcode als solcher orientiert sich an den üblichen BASIC-Dialekten mit objektorientierter Erweiterung. Es wurden ausschließlich allgemeinverständliche Konstrukte benutzt. Alle Labels, Konstanten und Anweisungen sind einheitlich in Englisch, um die in den meisten Fällen unglückselige Eindeutschung von State-of-the-art-Begriffen zu vermeiden. Zahlenwerte sind grundsätzlich in hexadezimaler Schreibweise und in der Notation von ISO (z.B.: '42') angegeben. Wo es jedoch für das Verständnis erforderlich ist, wurde die dezimale oder binäre Schreibweise in einer an die ISO angelehnten Notation gewählt. So sind etwa alle zählbaren Werte, wie z.B. Längenangaben, in dezimaler Darstellung aufgeführt.

In Assembler oder C würde niemand in dieser Form ein Chipkarten-Betriebssystem programmieren, da es viel zu umständlich wäre. Eines der Designziele bei Small-OS war, in möglichst verständlicher und gut kommentierter Form ein einfaches, aber dennoch leistungsfähiges Chipkarten-Betriebssystem zu erstellen. Auf eine Minimierung von Programmlaufzeiten, Programmcode, RAM-Bedarf oder Stacktiefe wurde bewußt verzichtet, da dies ganz erheblich die Lesbarkeit beeinträchtigt hätte. Es ist beispielsweise bei der echten Programmierung von Chipkarten-Betriebssystemen manchmal üblich, seltene Unterprogrammaufrufe nicht mit einem CALL-Befehl, sondern mit JUMP durchzuführen, um somit 2 Byte auf dem kostbaren Programmstack zu sparen. Ein vor dem Programmaufruf mit JUMP gesetztes Flag wird dann nach der Abarbeitung des Unterprogramms zur Ermittlung der Rücksprungadresse benutzt. Diese Art von „Optimierung" wird man im Small-OS aus obengenannten Gründen nicht antreffen. Optimiert wurde nur in Hinblick auf Lesbarkeit und Verständlichkeit. Die aus vorangehenden Gründen notwendigen Abweichungen von Small-OS zu echten Chipkarten-Betriebssystemen sind an den betreffenden Stellen im Text oder im kommentierten Pseudocode gekennzeichnet.

Die größten Teile eines Chipkarten-Betriebssystems befinden sich aufgrund des berüchtigten Speicherplatzmangels von Chipkarten-Mikrocontrollern im ROM. Sie sind damit nach der Chip-Produktion nicht mehr veränderbar. Da Software, ausgenommen triviale Miniprogramme, nie fehlerfrei, sondern nur fehlerarm erstellt werden kann, hätte ein Programmierfehler im ROM-Programmcode schwerwiegende Auswirkungen. Um hier die Möglichkeit zu schaffen, mit einem Bug-Fix solche Fehler zu patchen, sieht man an kritischen Stellen im ROM Aussprünge ins EEPROM vor. Das Prinzip ist in der Informationstechnik uralt und nicht chipkartenspezifisch. So finden beispielsweise im MacOS oder OS/9 beinahe identische Mechanismen Anwendung. Man verwendet dazu sogenannte „Handles", d.h. Stellen im EEPROM, die vom Programmcode

---

[1] siehe auch Abschnitt Programmcode

aufgerufen werden und normalerweise nur die Anweisung des sofortigen Rücksprungs erhalten („RETURN"). Ist ein Bug-Fix des ROM-Programmcodes notwendig, dann wird nicht sofort zurückgesprungen, sondern im EEPROM wird ein korrigierter Programmteil eingefügt. In Small-OS wurde aus Gründen der Vereinfachung und Verständlichkeit auf alle diese Mechanismen verzichtet.

Durch die relativ detaillierte Beschreibung des Chipkarten-Betriebssystems ergibt sich die interessante Gelegenheit, einige typische Angriffe direkt im Pseudocode zu verfolgen. An geeigneter Stelle wird jeweils im Detail auf mögliche Attacken und deren Abwehr auf Betriebssystemebene eingegangen. So kann man beispielsweise den mittlerweile schon klassischen Angriff auf die PIN mittels Zeitvergleich im Pseudocode in allen Einzelheiten verfolgen. Eine umfassende Aufstellung von typischen Angriffen und deren Abwehr befindet sich in Kapitel 8 – Sicherheitstechnik.

Designkriterien

Obige Punkte führen zu den folgenden Designkriterien, welche bei der Konzeption und Programmierung von Small-OS Pate gestanden haben. Small-OS sollte ein einfaches Chipkarten-Betriebssystem werden, das ähnlich wie die großen Vorbilder wenig Programmcode erfordert und dessen Komplexität gering ist. Somit ist es in seiner Struktur eingängig und leicht begreifbar. Es ist streng modular aufgebaut und könnte deshalb auch mit vernünftigem Aufwand ohne weiteres um zusätzliche Kommandos erweitert werden. Dateisystem und unterstützte Kommandos halten sich ohne Einschränkung an den weltweiten Standard ISO/IEC 7816-4. Als Option wurde das Profil N nach ISO/IEC 7816-4 mit einigen in der Chipkartenwelt üblichen Erweiterungen gewählt.

Tabelle 5.20   Die nach Priorität geordneten Designkriterien von Small-OS.

Priorität	Kriterium	Begründung
1	kompatibel zu ISO/IEC 7816-4	– diese Norm ist der weltweite Industrie-standard bei Chipkarten-Betriebssystemen
2	robust	– hohe Zuverlässigkeit – große Fehlertoleranz
3	niedrige Komplexität	– hohe Zuverlässigkeit – leichte Verständlichkeit der Funktionsweise
4	modularer Aufbau	– hohe Zuverlässigkeit – große Fehlertoleranz – einfache Erweiterbarkeit
5	geringer Speicherbedarf	– ein absolutes Muß für Chipkarten-Betriebssysteme
6	Multiapplication-Betriebssystem	– mittlerweile übliche Funktionalität
7	kein nachladbarer Programmcode	– hohe Zuverlässigkeit – geringe Komplexität
8	ähnlich echten Chipkarten-Betriebssystemen	– Small-OS ist ein Lehrbeispiel mit Bezug zur realen Welt

Small-OS ist deshalb für einen Einsatz gedacht, bei dem nach Ausgabe der Karten keine Anwendungen nachgeladen werden müssen. Es können jedoch im Rahmen des zur Verfügung stehenden Speicherplatzes mehrere Anwendungen unabhängig voneinander auf der Chipkarte betrieben werden, deshalb ist Small-OS ein Multiapplication-Betriebssystem. Es ist aber nicht möglich, ausführbaren Programmcode nachträglich auf die Karte zu laden und dort auszuführen. Zusammengefaßt ist Small-OS damit vergleichbar mit den ersten allgemeinen Chipkarten-Betriebssystemen, wie sie beispielsweise immer noch in Varianten bei GSM eingesetzt werden.

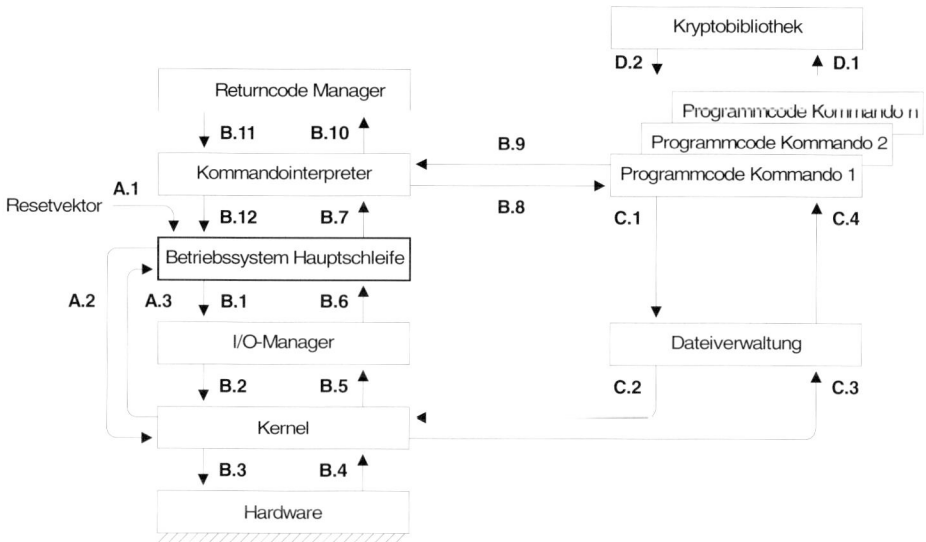

Bild 5.43   Das Schichtenmodell von Small-OS mit der daraus resultierenden Aufrufsystematik. Aufrufe mit der Kennzeichnung „A" werden beim Start des Betriebssystems benutzt, „B"-Aufrufe beim Ausführen von Kommandos und Aufrufe der Kategorie „C" bei Bedarf innerhalb eines Kommandos bei Zugriffen auf das Dateisystem. Die Aufrufe mit der Bezeichnung „D" finden bei Benutzung einer kryptografischen Funktion statt. Die Zahlen bezeichnen die Reihenfolge bei Programmaufrufen.

Die ISO/IEC 7816-4 ist eine Norm, die unter anderem ein Basisdateisystem und einige grundlegende Kommandos für Chipkarten beschreibt. Damit charakterisiert sie vor allem die Schnittstelle zur Chipkarte und weniger den internen Aufbau des Betriebssystems. Es gibt des weiteren noch zahlreiche Optionen und leider auch einige auslegungsfähige Passagen in dieser Norm. Die damit geschaffenen Variationsmöglichkeiten müssen in der Praxis durch Spezifikationen, wie z.B. die GSM 11.11, stark reduziert werden, um eine Kompatibilität zwischen unterschiedlichen Realisationen sicherzustellen.

Die Feststellung „kompatibel zu ISO/IEC 7816-4" bedeutet deshalb bei realen Chipkarten-Betriebssystemen noch lange nicht, daß sie sich in allen Punkten gleich verhalten. Dazu bräuchte es eine detaillierte Spezifikation, welche wiederum in Teilen eine individuelle Interpretation von ISO/IEC 7816-4 wäre. Meist ist deshalb in der Praxis einzig und allein der Gutfall bei einem Kommando identisch, im Fehlerfall gibt es diverse Unterschiede. Bei Small-OS sind Interpretationen der ISO/IEC 7816-4 im Pseudocode in der Regel als solche gekennzeichnet. Im Rahmen der Normauslegung ist Small-OS ein echtes ISO/IEC 7816-4 konformes Betriebssystem, daß soweit als möglich den in der Chipkartenindustrie üblichen Interpretationen von ISO/IEC 7816-4 entspricht.

Größere Unterschiede der Betriebssysteme untereinander sind oftmals im Bereich der Returncodes zu finden. Da in der ISO/IEC 7816-4 die einzelnen Returncodes in Verwendung und Priorität nicht im Detail beschrieben sind, müssen zwangsläufig Annahmen gemacht werden. Small-OS hat jedoch gegenüber allen anderen Betriebssystemen den Vorteil, daß der Programmcode offengelegt ist und damit im Detail nachvollzogen werden kann, an welcher Stelle der jeweilige Returncode erzeugt wird.

Würde man Small-OS auf einen Chipkarten-Mikrocontroller implementieren, dann wären in Assembler für einen 8051 Prozessor etwa 5 bis 6 kByte ROM, 128 Byte RAM und je nach Anzahl der für die Anwendung notwendigen Dateien mindestens 1 kByte EEPROM erforderlich. Als Rahmenbedingung sei hier noch die alleinige Verwendung des Übertragungsprotokolls T=1 und DES als Kryptoalgorithmus vorausgesetzt. Benötigen bestimmte Anwendungen mehr Speicherplatz, dann könnte ohne Probleme ein Mikrocontroller mit größerem EEPROM verwendet werden. Auswirkungen oder Änderungen im Chipkarten-Betriebssystem wären nicht die Folge.

Zugriff auf Dateien

Das in der ISO/IEC 7816-4 beschriebene Dateisystem läßt, was Zugriffsbedingungen und Schlüsselmanagement angeht, eine enorme Vielfalt zu. Bei Small-OS wurde deshalb eine in der Praxis bei Multiapplikations-Betriebssystemen häufig benutzte Lösung gewählt. EFs des Typs „working" besitzen im Dateiheader jeweils für die unterschiedlichen Zugriffskommandos (z.B.: READ) einen vorgegebenen Zustand (z.B.: „... .AccessCondition.Read"). Dieser wird durch eine positive Ganzzahl beschrieben. Damit besitzt jedes EF in seinem Dateiheader unabhängig für Lese- und Schreibzugriff einen Zustandswert, der im aktuellen Verzeichnis erreicht sein muß, um das Kommando auszuführen. Der Zustand „0" stellt den Grundzustand („idle") dar, ist also derjenige, bei dem alle Zugriffe erlaubt sind.

Dem MF und dem aktuell selektierten DF sind jeweils eine Zustandsvariable („SecurityState.MF", „SecurityState.DF") zugeordnet, die durch sicherheitsrelevante Kommandos (VERIFY, INTERNAL AUTHENTICATE) verändert werden können. Beim Zugriff auf ein bestimmtes EF wird nun der verlangte Zustand im Dateiheader des EFs mit dem aktuellen Zustand im Verzeichnis auf Gleichheit verglichen. Sind geforderter und aktueller Zustand gleich, dann darf auf die Datei lesend bzw. schreibend zugegriffen werden.

Echte Chipkarten-Betriebssysteme lassen hier oftmals eine große Variabilität von Kleiner-, Größer-, Größer-Gleich- und Ungleich-Vergleichen zu. Auch können oftmals im Dateiheader mehrere mögliche Zugriffszustände unabhängig voneinander definiert werden. Dies macht das ohnehin nicht gerade anschauliche Verfahren nochmals komplizierter und wird deshalb hier nicht verwendet. Prinzipiell könnte Small-OS aber ohne strukturelle Änderungen dahingehend erweitert werden.

Zugriffe auf interne Geheimnisse (PINs und Schlüssel)

Alle PINs und die Schlüssel sind in speziellen EFs des Typs „internal" abgelegt. Diese EFs werden hier EF Key genannt. Dateien dieses Typs können nur vom Betriebssystem selbst gelesen oder geschrieben werden. Eine Selektion oder ein Zugriff von außen ist nicht möglich. Es existieren nicht einmal im Ansatz Mechanismen, um auf solche EFs zuzugreifen. Dies ist ein Teil der Sicherheitsphilosophie des Chipkarten-Betriebssystems Small-OS.

Ein EF Key kann pro Verzeichnis nur einmal angelegt werden und hat automatisch die Struktur „linear variable", um unterschiedlich lange PINs und Schlüssel speicherplatzminimiert aufzunehmen. Jeder Record in einem EF Key enthält entweder eine PIN oder einen Schlüssel mit einer im EF Key eindeutigen Nummer zur Adressierung („... .KeyNo"). Zu jedem Geheimnis (d.h. PIN bzw. Schlüssel) ist jeweils ein Zustand gespeichert, der notwendig ist, um es in einem Kommando (VERIFY, INTERNAL AUTHENTICATE) zu benutzen („... .EntryState"). Je nach Ergebnis des Kommandos (z.B. PIN-Vergleich erfolgreich oder nicht erfolgreich) wird daraufhin in dem dem EF Key zugehörigen Verzeichnis der Ergebniszustand gesetzt („... .ResultState.OK", „... .ResultState.NOK"). Zusätzlich ist jedem Geheimnis ein Fehlbedienungszähler („... .RCntr") zugeordnet, der im Falle eines nicht erfolgreichen Ausgangs bis zu seinem Maximalwert erhöht wird. Hat der Fehlbedienungszähler seinen Maximalwert („... .RCntrMaxValue") erreicht, kann das Geheimnis nicht mehr benutzt werden.

Manche Chipkarten-Betriebssysteme lassen sogenannte ebenenübergreifende Schlüsselzugriffe zu. Damit ist es möglich, innerhalb eines DFs auf Schlüssel in dem in der Verzeichnishierarchie nächsthöheren Verzeichnis zuzugreifen. Die dazu erforderlichen Mechanismen wurden in Small-OS nicht integriert, da der Umfang des dafür notwendigen Programmcodes den Funktionalitätsgewinn nicht gerechtfertigt hätte. Aus dem gleichen Grund wurden keine Schlüsselzugriffe über Alias-Mechanismen implementiert.

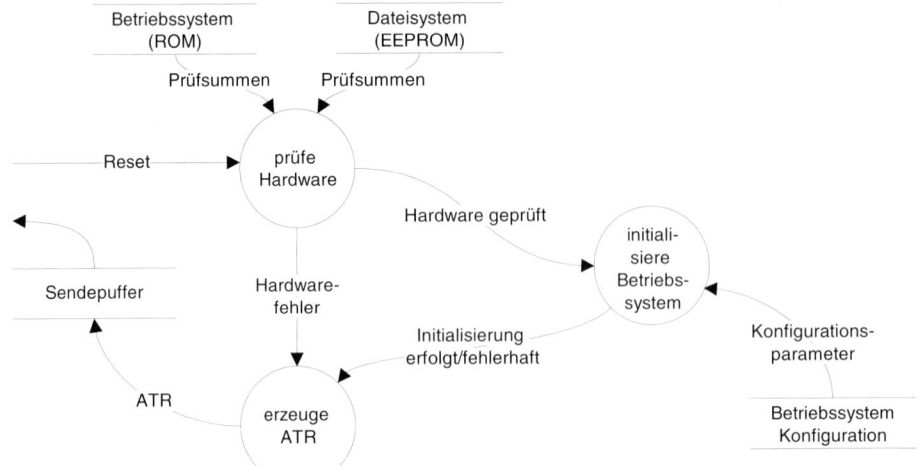

Bild 5.44   Small-OS, Datenflußanalyse bei den Start- und Testprozessen des Betriebssystems.

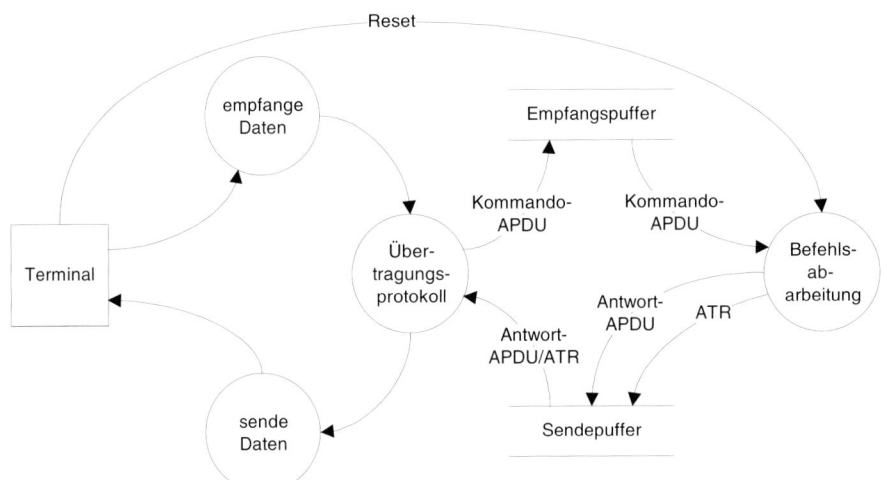

Bild 5.45   Small-OS: Datenflußanalyse für Reset und Datenübertragung.

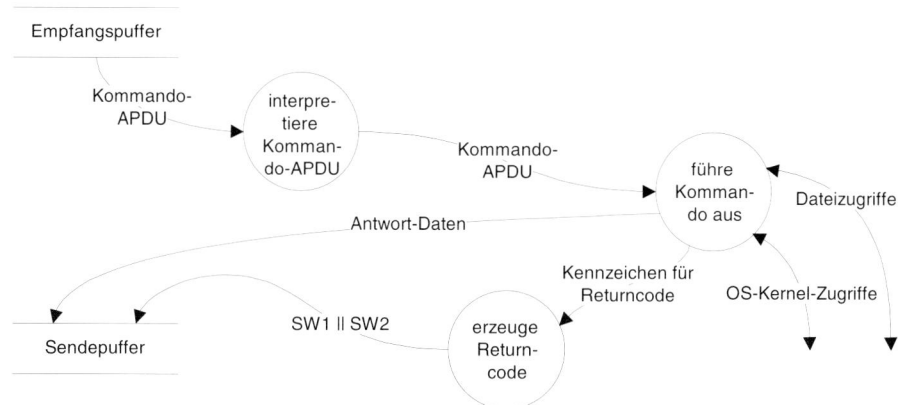

Bild 5.46   Small-OS, Datenflußanalyse innerhalb des Prozesses der Kommandoabarbeitung.

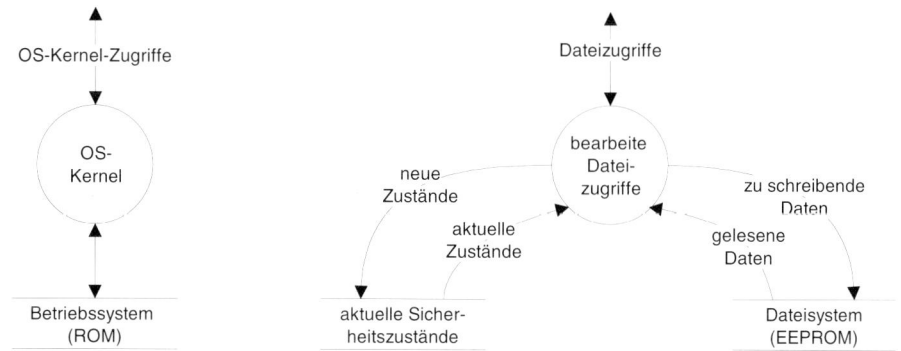

Bild 5.47   Small-OS, Datenflußanalyse innerhalb der Prozesse der Datei- und OS-Kernel-Zugriffe.

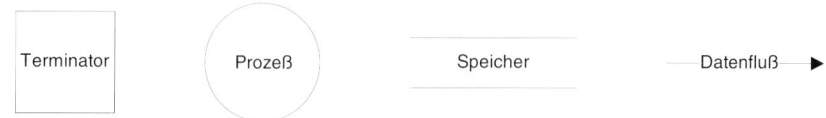

Bild 5.48   Die verwendeten Symbole für die Datenflußanalyse von Small-OS. Der Terminator kennzeichnet ein Objekt, das sich außerhalb des betrachteten Systems befindet und mit dem System Daten austauscht. Ein Prozeß ist innerhalb des betrachteten Systems, bearbeitet eingehende Datenflüsse und erzeugt ausgehende Datenflüsse. Der Speicher ist ein Depot für Daten, die gelesen und geschrieben werden können. Eine detaillierte Einführung in die Systemanalyse findet sich bei Robertson [Robertson 96].

Konstanten von Small-OS
Grundsätzlich wurden im Pseudocode soweit als sinnvoll Konstanten für alle numerischen und auch nicht-numerischen Werte verwendet. Damit steigt die Lesbarkeit erheblich, und es ist schlicht und einfach guter Programmierstil. Alle Konstanten sind
mit dem Präfix „C_" gekennzeichnet. Der Wert dieser Konstanten ist in der Regel
Hardware- oder Implementationsabhängig und hier nicht weiter festgelegt. Die Konstanten für die zwei Byte langen Returncodes haben einheitlich den Präfix „C_RC_".
In Tabelle 5.22 ist der dazugehörige Returncode aufgeführt. In der Praxis sind die
Konstanten eines Betriebssystems meist unveränderlich im ROM abgelegt.

Variablen von Small-OS
Die Variablen von Small-OS lassen sich grundsätzlich in RAM und EEPROM-
Variablen aufteilen. Die RAM-Variablen werden nach jedem Reset der Chipkarte neu
initialisiert und können ihren Wert nur während einer Sitzung behalten. Dafür können
in RAM-Variablen ohne zeitliche Verzögerung Daten geschrieben werden, und die
Anzahl der Schreibzyklen ist unbegrenzt. EEPROM-Variablen hingegen werden typischerweise vor allem für die Realisation der Dateiverwaltung verwendet, da Dateninhalte und Zugriffsbedingungen auch zwischen Sitzungen bestand haben müssen.

Variablen von Small-OS im RAM
Der Bereich für Sende- und Empfangspuffer belegt den größten Teil der RAM-
Variablen. Alle Datenelemente einer APDU können über eigens spezifizierte Variablen
adressiert werden. Um mit dem spärlichen Platz im RAM zu haushalten, werden in der
Praxis manchmal Teile von Sende- und Empfangspuffer überlappend aufgebaut. Manche Kommandos müssen dann aber eine Ausnahmebehandlung vom Betriebssystem erfahren, da in den Sendepuffer erst dann geschrieben werden kann, wenn der Empfangspuffer vollständig abgearbeitet ist. Aus Verständnisgründen wurde keine Speicherplatzminimierung angewandt, und Sende- und Empfangspuffer sind deshalb vollständig voneinander getrennt.
   Die zweite große Gruppe der RAM-Variablen umfaßt die Verwaltung des Dateibaums. Dazu sind mehrere Zeiger vorgesehen, die auf das aktuelle Verzeichnis
(„... .Ptr.CurrentDF"), die aktuelle Datei („... .Ptr.CurrentWEF") und auf die aktuell
gültige Datei mit den Schlüsseln („... .Ptr.CurrentIEF.Key") zeigen. Bei Record-
orientierten EFs (linear fixed EF) wird der aktuell ausgewählte Record ebenfalls über
einen Zeiger adressiert („... .Ptr.CurrentRecord"). Alle Zeiger sind durch ein vorange-
stelltes „Ptr." gekennzeichnet und sind, wenn sie nicht benutzt werden dürfen, ausdrücklich auf den Wert „C_InvalidPointer" gesetzt.
   Zur Kennzeichnung des Sicherheitszustands im MF bzw. im aktuell selektierten DF
gibt es die beiden Variablen „SecurityState.MF" und „SecurityState.DF". In ihnen ist
der für das jeweilige Verzeichnis erreichte Sicherheitszustand als positive Ganzzahl
gespeichert. Der Wert „0" gibt dabei an, daß kein Sicherheitszustand erreicht ist und
wird beim Initialisieren von Small-OS nach einem Reset automatisch gesetzt.

Weiteren Speicher im RAM würden Programmstack, kryptografischer Algorithmus DES und Arbeitsregister benötigen. Hier wird aber davon ausgegangen, daß dies implizit der Fall ist, und es sind deshalb keine speziellen Variablen dafür ausgewiesen.

Variablen von Small-OS im EEPROM
Der Dateibaum in der Chipkarte wurde aus Vereinfachungsgründen in diesem Lehrbeispiel als mehrdimensionales Feld realisiert. Dies wäre für eine Realisierung in einem echten Chipkarten-Betriebssystem viel zu speicheraufwendig. Dort kommen üblicherweise als grundlegende Datenstrukturen für die Dateiverwaltung einseitig verkettete Listen zum Einsatz. Diese Listenelemente können mit Hilfe einer TLV-Codierung in ihrer Länge variabel gehalten werden, so daß der Speicherverbrauch für die Dateiverwaltung minimiert wird, weil dann nur die notwendigen Datenelemente im Speicher gehalten werden müssen. Übliche Dateiheader für DFs oder EFs mit allen für diese Datei notwendigen Informationen besitzen eine Größe zwischen 20 und 40 Byte. Bei Realisation in einer Hochsprache in Hardwareumgebungen mit geringen Speicherplatzbeschränkungen kann jedoch die in Small-OS verwendete Dateistruktur mit mehrdimensionalen Feldern durchaus die einfachere und effizientere Lösung sein. Beispielsweise wird in dem Programm „The Smart Card Simulator" ein nahezu identischer Aufbau benutzt.

Der Anfangspunkt für die Dateiverwaltung ist immer „DF[...].". Selbst das MF ist damit nur eine besondere Form des DF. Es ist nicht vorgesehen, daß es DFs unter anderen DFs gibt. Die EFs mit ihren Dateninhalten und Eigenschaften werden in logischer Konsequenz zu obigem über „DF[...].EF[...]." adressiert. Dabei gibt es je nach EF-Typ (*working, internal*) und EF-Struktur (*transparent, linear fixed, linear variable*) unterschiedliche Variablen, die je nach Datei-Typ und Datei-Struktur die charakteristischen Eigenschaften des EFs enthalten.

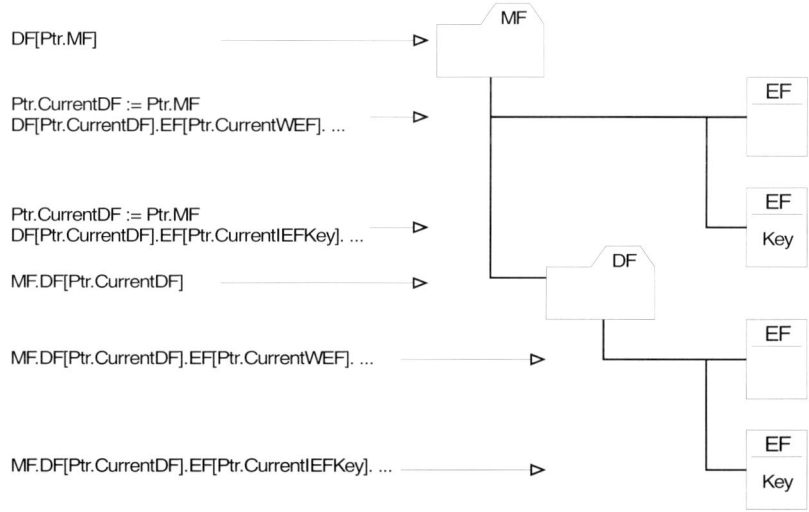

Bild 5.49   Beispiele für die Adressierung von Verzeichnissen (MF, DF) und Dateien (EF) innerhalb der von Small-OS zur Verfügung gestellten Datenstrukturen.

Tabelle 5.21   Tabelle der im Small-OS verwendeten Konstanten (ohne Konstanten für Return-codes).

Konstante	Bedeutung
C_Error	Konstante für allgemeinen Fehler (z.B.: bei Aufruf eines Unterprogramms)
C_InvalidPointer	Konstante für einen ungültigen Zeigerwert eines Zeigers
C_Equal	Konstante für Vergleiche ODER verglichene Objekte sind gleich
C_NotEqual	Konstante für Vergleiche ODER verglichene Objekte sind ungleich
C_Found	Konstante für Suchfunktionen ODER gesuchtes Objekt gefunden
C_NotFound	Konstante für Suchfunktionen ODER gesuchtes Objekt nicht gefunden
C_AccessDenied	Konstante für Zugriffsbedingungen, Zugriff verweigert
C_AccessAllowed	Konstante für Zugriffsbedingungen, Zugriff erlaubt
C_WriteError	Konstante für Fehler beim Schreiben von Daten (z.B.: beim Schreiben ins EEPROM)
C_EFTypeWorking	Konstante für ein EF vom Typ „working EF"
C_EFTypeInternal	Konstante für ein EF vom Typ „internal EF"
C_EFStrucLinFix	Konstante für ein EF mit der Struktur „linear fixed"
C_EFStrucTransp	Konstante für ein EF mit der Struktur „transparent"
C_CmdVERIFY	Konstante für das Kommando VERIFY
C_CmdINTAUTH	Konstante für das Kommando INTERNAL AUTHENTICATE

Tabelle 5.22   Tabelle der im Small-OS verwendeten Konstanten für Returncodes.

Konstante	Inhalt	Bedeutung des Returncodes
Process completed – Warning Processing		
C_RC_CounterX	'63Cx'	Zähler (in der Regel der Fehlbedienungszähler der PIN) wurde erhöht und hat nun den Stand „x"
Process aborted – Execution Error		
C_RC_MemoryFailure	'6581'	EEPROM-Schreibfehler
Process aborted – Checking Error		
C_RC_WrongLength	'6700'	falsche Länge
C_RC_CmdIncompFStruc	'6981'	Kommando ist inkompatibel zur Dateistruktur
C_RC_SecStateNotSatisfied	'6982'	Sicherheitszustand nicht erfüllt
C_RC_AuthMethodBlocked	'6983'	Authentisierungsmethode gesperrt
C_RC_CondOfUseNotSatified	'6985'	die Bedingungen für die Benutzung (des Datenelements d.h. PIN oder Schlüssel) sind nicht erfüllt
C_RC_CmdNotAllowed	'6986'	Kommando nicht erlaubt
C_RC_FktNotSupported	'6A81'	Funktion wird nicht unterstützt
C_RC_FileNotFound	'6A82'	Datei nicht gefunden
C_RC_RecordNotFound	'6A83'	Record nicht gefunden
C_RC_LcInconsitentP1P2	'6A87'	Lc inkonsistent mit P1 oder P2
C_RC_RefDataNotFound	'6A88'	im Kommando referenzierte Daten nicht gefunden
C_RC_WrongP1P2	'6B00'	P1 oder P2 falsch
C_RC_INSNotSupported	'6D00'	Kommando wird nicht unterstützt
C_RC_CLANotSupported	'6E00'	Class wird nicht unterstützt
C_RC_FatalError	'6F00'	Konstante für Returncode: interner Fehler ohne nähere Bezeichnung
Process completed – Normal processing		
C_RC_OK	'9000'	Kommando erfolgreich ausgeführt

Tabelle 5.23   Tabelle der im Small-OS verwendeten Variablen für die Datenübertragung von und zur Chipkarte. Die aufgeführten Variablen werden typischerweise im RAM gehalten.

Variable	Beschreibung
.1 8	bitweises Lesen oder Schreiben einer Variablen (z.B.: APDU.Cmd.CLA.1 entspricht dem Bit 1 des Class Bytes in der Kommando-APDU)
APDU.Cmd	von der Chipkarte empfangene Kommando-APDU
APDU.Cmd.CLA	Class Byte der Kommando-APDU
APDU.Cmd.INS	Instruction Byte der Kommando-APDU
APDU.Cmd.P1	Parameter 1 der Kommando-APDU
APDU.Cmd.P2	Parameter 2 der Kommando-APDU
APDU.Cmd.Lc	Länge Kommando Byte der Kommando-APDU (optional)
APDU.Cmd.Data[...]	Datenteil der Kommando-APDU mit der Länge 1 ... n (optional)
APDU.Cmd.Le	erwartete Länge der Antwort -APDU (optional)
APDU.Rsp	von der Chipkarte zu sendende Antwort-APDU
APDU.Rsp.Data[...]	Datenteil der Antwort-APDU mit der Länge 1 ... n (optional)
APDU.Rsp.SW1	Statuswort 1 der Antwort-APDU (Byte 1 des Returncodes)
APDU.Rsp.SW2	Statuswort 2 der Antwort-APDU (Byte 2 des Returncodes)
Returncode	Returncode := APDU.Rsp.SW1 ∥ APDU.Rsp.SW2

Tabelle 5.24   Tabelle der im Small-OS verwendeten Variablen für Dateiverwaltung und Dateizugriff. Die aufgeführten Variablen werden typischerweise im RAM gehalten.

Variable	Beschreibung
Ptr.MF	Zeiger im Betriebssystem der Chipkarte, zeigt immer auf das MF
Ptr.CurrentDF	Zeiger im Betriebssystem der Chipkarte, zeigt auf das aktuell selektierte DF bzw. auf das MF
Ptr.CurrentIEF.Key	Zeiger im Betriebssystem der Chipkarte, zeigt auf das aktuelle internal EF mit den Schlüsseln im jeweils selektierten DF (EF Key)
Ptr.CurrentWEF	Zeiger im Betriebssystem der Chipkarte, zeigt auf das aktuell selektierte working EF im jeweils selektierten DF bzw. im MF
Ptr.CurrentRecord	Zeiger im Betriebssystem der Chipkarte, zeigt auf den aktuellen Record bei einem Record-orientierten EF. Der Zeiger ist bei einer Selektion einer transparenten Datei ungültig.
SecurityState.MF	erreichter Sicherheitszustand im MF
SecurityState.DF	erreichter Sicherheitszustand im aktuell selektierten DF

Tabelle 5.25   Tabelle der im Small-OS verwendeten generellen Datenstrukturen für die Dateiverwaltung. Die aufgeführten Variablen werden typischerweise im EEPROM gehalten (Teil 1).

Variablenname	Beschreibung, Inhalt und Größe
Datenstrukturen für das MF und die DFs	
DF[...].FID	File Identifier
	Länge: 2 Byte, Inhalt: jeweils 0 ... 255
DF[...].DFName	DF-Name (schließt den Application Identifier AID ein)
	Länge: 1 ... 16 Byte; Inhalt: jeweils 0 ... 255
DF[...].LenDFName	Länge des DF-Name
	Länge: 1 Byte; Inhalt: Ganzzahl ∈ {1 ... 16}

Tabelle 5.26   Tabelle der im Small-OS verwendeten generellen Datenstrukturen für die Dateiverwaltung. Die aufgeführten Variablen werden typischerweise im EEPROM gehalten (Teil 2).

Variablenname	Beschreibung, Inhalt und Größe
Datenstrukturen für EFs	
DF[...].EF[...]. ...	Dateibaum in Form einer 2-dimensionalen Matrix
DF[...].EF[...].FID	File Identifier
	Länge: 2 Byte; Inhalt: jeweils 0 ... 255
DF[...].EF[...].Structure	Struktur des EFs
	Inhalt: Eigenschaft transparent / linear fixed
DF[...].EF[...].Type	Typ des EFs
	Inhalt: Eigenschaft working / internal
DF[...].EF[...].AccessCondition.Read	Zustand der Zugriffsbedingung, damit das Kommando READ auf das EF erlaubt ist.
	Inhalt: 0 ... 255
DF[...].EF[...].AccessCondition.Update	Zustand der Zugriffsbedingung, damit das Kommando UPDATE auf das EF erlaubt ist.
	Inhalt: 0 ... 255

Tabelle 5.27   Tabelle der im Small-OS verwendeten Datenstrukturen für die internal EF-Verwaltung zur Ablage von PINs und Schlüsseln in einem EF der Struktur „linear variable". Die aufgeführten Variablen werden typischerweise im EEPROM gehalten.

Variablenname	Beschreibung, Inhalt und Größe
Datenstrukturen für EFs zur Ablage von Schlüsseln	
DF[...].EF[...].Record[x].KeyData	PIN/Schlüssel in einer Datei mit der Struktur „linear variable"
	Länge: n (= ... .KeySize); Inhalt: jeweils 0 ... 255
DF[...].EF[...].Record[x].KeySize	Länge der PIN / des Schlüssels in Byte
DF[...].EF[...].Record[x].KeyNo	Nummer der PIN / des Schlüssels
	Inhalt bei einer PIN: 1; 2
	Inhalt bei einem Schlüssel: jeweils 1 ... 31
DF[...].EF[...].Record[x].RCntr	Fehlbedienungszähler zu einer PIN / einem Schlüssel
	Inhalt: 0 ... 15
DF[...].EF[...].Record[x].RCntrMaxValue	Maximalwert des Fehlbedienungszählers zu einer PIN / einem Schlüssel
	Inhalt: 1 ... 15
DF[...].EF[...].Record[x].KeyPurpose	Verwendung des Dateninhalts des EF Key Records (VERIFY oder INTERNAL AUTHENTICATE)
DF[...].EF[...].Record[x].EntryState	Notwendiger Zustand zur Benutzung einer PIN / eines Schlüssels
	Inhalt: 0 ... 255
DF[...].EF[...].Record[x].ResultState.OK	Zustand nach erfolgreicher Benutzung einer PIN / eines Schlüssels
	Inhalt: 0 ... 255
DF[...].EF[...].Record[x].ResultState.NOK	Zustand nach fehlgeschlagener Benutzung einer PIN / eines Schlüssels
	Inhalt: 0 ... 255

Tabelle 5.28   Tabelle der im Small-OS verwendeten Datenstrukturen für die Verwaltung der working EF mit den Strukturen „transparent“ und „linear fixed“. Die aufgeführten Variablen werden typischerweise im EEPROM gehalten.

Variablenname	Beschreibung, Inhalt und Größe
Datenstrukturen für EFs der Dateistruktur transparent	
DF[...].EF[...].TransparentData[1 ... n]	Dateninhalt einer Datei mit der Struktur „transparent“
	Länge: n (= ... .TransparentDataSize); Inhalt: jeweils 0 ... 255
DF[...].EF[...].TransparentDataSize	Größe des Dateninhalts einer Datei der Struktur „transparent“
	Inhalt: 0 ... 255
Datenstrukturen für EFs der Dateistruktur linear fixed	
DF[...].EF[...].Record[...].Data[1 ... n]	Dateninhalt eines einzelnen Records einer Datei mit der Struktur „linear fixed“
	Länge: 1 ... n (n = ...Size); Inhalt: jeweils 0 ... 255
DF[...].EF[...].Record[...].Size	Länge des einzelnen Records in einer Datei mit der Struktur „linear fixed“ (für alle Records gleich bei linear fixed)
	Inhalt: 1 ... 255
DF[...].EF[...].NoOfRecords	Anzahl der Records in einer Datei mit der Struktur „linear fixed“
	Inhalt: 1 ... 255

Hauptschleife und Initialisierung von Hardware und Betriebssystem

Nach einem Reset der Chipkarte wird der Programmzähler mit der Adresse des Resetvektors geladen, und der Prozessor startet mit der Ausführung des ersten Programmcodes. Sofort wird, analog eines PCs, die Hardware auf Funktionstüchtigkeit geprüft. Dies umfaßt zuerst die Prüfung des RAMs und anschließend die Berechnung von mehreren Prüfsummen über ROM und EEPROM. Tritt hier ein Fehler auf, dann versucht die Chipkarte, einen speziellen ATR (Fehler-ATR) zu senden, und nachfolgend wartet das Betriebssystem ohne weitere Aktionen in einer Endlosschleife auf den nächsten Reset. Ob das Senden dieses speziellen ATRs gelingt, hängt vor allem von dem aufgetretenen Fehler ab. Ist er schwerwiegender Natur und betrifft beispielsweise das RAM oder den Programmcode der Senderoutine, dann kann der ATR entweder nur noch verstümmelt oder überhaupt nicht mehr gesendet werden.

Nachdem die Chiphardware geprüft und initialisiert wurde, startet die Initialisierung des Betriebssystems. Die wesentlichen Punkte dabei sind das Einstellen der Übertragungsparameter für das T=1 Protokoll, die automatische Selektion des MF und das Setzen der Sicherheitszustände für den Dateizugriff. Kann das MF nicht gefunden werden, dann ist dies ein schwerwiegender Fehler, und Small-OS stellt nach dem Senden eines Fehler-ATRs alle weiteren Aktivitäten ein.

I/O-Manager

Die gesamte serielle Datenübertragung vom und zum Terminal wird über den I/O-Manager abgewickelt. Die Grundlage zum Senden und Empfangen der Nachrichten sind zwei hardwareabhängige Programmroutinen im Kern des Betriebssystems („Kernel_IO_SendByte“, „Kernel_IO_ReceiveByte“). Alle anderen Teile des I/O-Programmcodes sind unabhängig von der Zielhardware des Small-OS. Der ATR und das Übertragungsprotokoll T=1 werden sowohl für den Gutfall als auch für den Schlechtfall vollständig im I/O-Manager durchgeführt. Vor allem für die relativ komplizierten Abläufe des T=1 Protokolls muß deshalb ein eigener Zustandsautomat realisiert sein. In der ISO/IEC 7816-3 Amd. 1 sind anhand vieler Beispiele die Reaktionen des I/O-Managers für alle Gut- und Schlechtfälle dargestellt. In handoptimiertem Assembler programmiert, benötigt ein guter I/O-Manager mindestens ein Kilobyte Speicher, üblicherweise im ROM.

Echte I/O-Manager benutzen vorzugsweise ausschließlich das RAM als I/O-Puffer, da nur hier Schreibzugriffe mit voller CPU-Geschwindigkeit möglich sind. Allerdings gibt es mittlerweile viele Chipkarten-Betriebssysteme, deren Empfangs- und Sendepuffer größer ist, als das zur Verfügung stehende RAM. In diesem Fall wird ab einem bestimmten Schwellwert automatisch ein bestimmter Teil des EEPROMs als erweiterter Puffer für die Datenübertragung benutzt. Damit umgeht man alle Einschränkungen der Länge des I/O-Buffers, erkauft sich dies aber aufgrund der EEPROM-Schreibzeiten mit einer erheblich reduzierten effektiven Datenübertragungsgeschwindigkeit. Zudem stellt sich bei dieser Art des erweiterten I/O-Puffers die Gefahr ein, daß aufgrund der häufigen Schreibzugriffe der EEPROM-Teil des Puffers in kurzer Zeit am Ende seiner Lebenserwartung ist. Trotz dieser Einschränkungen ist es der einzige technisch machbare Weg, um den Datenübertragungspuffer größer als ein zur Verfügung stehendes RAM zu machen.

File Manager
Bei echten Chipkarten-Betriebssystemen finden aus Sicherheitsgründen alle Dateizugriffe über einen zentralen File-Manager statt. Dieser hat oftmals auch noch die Funktion, Prüfsummen über den angesprochenen Dateiheader zur Zugriffszeit zu berechnen. Als Zugeständnis an die Einfachheit wird bei der Kommandoabarbeitung von Small-OS direkt ohne Schichtentrennung und vorherige Prüfsummenberechnung auf die mehrdimensionalen Variablen des Dateibaums zugegriffen. Lediglich die Prüfung auf erlaubten Dateizugriff wird für alle Kommandos über den File-Manager durchgeführt. Den Lese- und Schreibzugriff auf Dateien mit einem vollständigem File-Manager kann man sich ähnlich vorstellen.

Betriebssystemkern
Alle Programmteile, die zum Kern des Betriebssystems gehören, sind unter „OS-Kernel" zusammengefaßt. Ein Großteil dieser Routinen ist entweder hardwareabhängig oder beträchtlich zeitkritisch und muß deshalb bei einer Portierung auf eine andere Hardwareplattform adaptiert werden. Die Funktionalität dieser Routinen ist jeweils durch den Namen beschrieben. Manche dieser Unterprogramme haben Einflüsse auf sicherheitstechnische Belange. So dürfen beispielsweise in einem Unterprogramm wie „Kernel_CompareByteString" keine Laufzeitunterschiede auftreten, die abhängig vom Vergleichsergebnis sind. Denn dies wäre ein möglicher Ansatzpunkt, um mittels Zeitmessungen interne Ergebnisse einer PIN-Berechnung zu ermitteln. Mittlerweile wird diese Art von Angriff zwar dadurch eliminiert, daß der Fehlbedienungszähler prophylaktisch vor jedem PIN-Vergleich erhöht wird, doch noch vor einigen Jahren wäre dies ein sehr aussichtsreicher Angriff auf die PIN gewesen.

Kommandointerpreter

Der Kommandointerpreter bei Small-OS ist verhältnismäßig einfach aufgebaut. Er stellt dem Prinzip nach einen Verteiler dar, der abhängig von Class und Instruction einen Programmcode aufruft, in dem dann das erkannte Kommando abgearbeitet wird. Diese Realisierung hat neben dem geringen Speicherverbrauch einen weiteren wichtigen Vorteil. Es ist damit verhältnismäßig einfach, neue Kommandos in das Betriebssystem zu integrieren. Dazu müssen im Kommandointerpreter wenige Zeilen Programmcode mit der neuen Instruction mit einem entsprechenden Unterprogrammaufruf eingefügt werden. Anschließend wird das neue Kommando erkannt und bei Bedarf ausgeführt.

Die in der Praxis gebräuchlichen Kommandointerpreter sind jedoch weitaus komplizierter aufgebaut, da sie sich einerseits im unveränderbaren ROM befinden, aber andererseits die Möglichkeit vorhanden sein muß, bei der Komplettierung des Betriebssystems noch Programmcode im EEPROM nachzuladen. Dieser nachträglich geladene Programmcode muß dann zur Laufzeit erkannt und aufgerufen werden können. Das dabei zur Anwendung kommende Prinzip ist eine im EEPROM befindliche Sprungtabelle, die dann bei der Komplettierung bei Bedarf ergänzt wird.

Eine feste Abfrage auf ein bestimmtes Class Byte wie in diesem Kommandointerpreter ist nur bei Betriebssystemen sinnvoll, die weder Secure Messaging noch logische Kanäle unterstützen und nur eine einzige ISO/IEC7816-4 konforme Kommandoklasse unterstützen. In allen anderen Fällen wird das Class Byte nämlich zur Kennzeichnung vorgenannter Optionen benutzt und muß nicht mehr zwangsläufig für alle Kommandos einheitlich sein.

Returncode Manager

Die Aufgabe des Returncode Managers ist es, anhand eines übergebenen Werts für den Returncode diesen aus einer Tabelle zu lesen und dann am Ende eines eventuell vorhandenen Datenteils im Sendepuffer anzulegen. Man verwendet vor allem aus zwei Gründen einen eigenen Manager dafür: Zuerst ist es programmiertechnisch günstiger, wenn alle Returncodes an einer Stelle zentral gesetzt werden. Damit hätte man im Falle eines Softwarefehlers beispielsweise die Möglichkeit, einen Returncode auf einfache Weise und an einem zentralen Punkt durch einen anderen Returncode zu substituieren. Dies kann manchmal durchaus erforderlich sein. Der zweite Grund zum Einsatz eines Returncode Managers ist wieder einmal der rare Speicherplatz. Es benötigt berechenbar weniger Speicher, wenn die Returncodes gesammelt jeweils nur einmal in einer Tabelle abgelegt sind, als daß sie an jeder benötigten Stelle im Programmcode wiederholt aufgeführt sind.

Tabelle 5.29   Programmcode des Small-OS: Start des Betriebssystems und Hauptschleife.

Resetvektor:	Einsprungstelle nach einem Reset der CPU
CALL Initialize_Hardware CALL Initialize_Operating_System CALL IO_Manager_Send_ATR	
Main_Loop:	Hauptschleife des Chipkarten-Betriebssystems
CALL IO_Manager_Receive_APDU CALL Command_Interpreter CALL IO_Manager_Send_APDU Goto **Main_Loop**	

Tabelle 5.30   Programmcode des Small-OS: Routinen für die Datenübertragung zur und von der Chipkarte.

IO_Manager	**Hardwarenahe Unterprogramme für den Datenaustausch über die serielle I/O-Leitung mit dem Terminal**
IO_Manager_Send_Error_ATR: Sende einen ATR, der einen schwerwiegenden Betriebssystemfehler anzeigt Error_ATR: GOTO Error_ATR	Unterprogramm zum Aussenden eines speziellen ATRs, der schwerwiegende Fehler der Chipkartenhardware oder des Betriebssystems anzeigt. Anschließend wird das Betriebssystem durch eine Endlosschleife angehalten.
IO_Manager_Send_ATR: ... RETURN	Unterprogramm, das alle Parameter des Übertragungsprotokolls in einem ATR String codiert und diesen aussendet. Verwendet die „Kernel_IO_SendByte" Routine des Betriebssystemkerns.
IO_Manager_Send_APDU: ... RETURN	Unterprogramm, das eine im I/O-Puffer bereitgestellte APDU entsprechend den gewählten Übertragungsparametern in eine TPDU umwandelt und dann über die serielle I/O-Leitung zum Terminal sendet. Bei der Datenübertragung werden bei Notwendigkeit die Mechanismen zur Korrektur von Übertragungsfehlern angewandt. Verwendet die „Kernel_IO_SendByte" Routine des Betriebssystemkerns.
IO_Manager_Receive_APDU: ... APDU.Cmd := vom Terminal empfangene und _ konvertierte TPDU ... RETURN	Unterprogramm, das über die serielle I/O-Leitung entsprechend den gewählten Übertragungsparametern eine TPDU vom Terminal empfängt, in eine APDU umwandelt und dann im I/O-Puffer ablegt. Bei der Datenübertragung werden bei Notwendigkeit die Mechanismen zur Korrektur von Übertragungsfehlern angewandt. Verwendet die „Kernel_IO_ReceiveByte" Routine des Betriebssystemkerns.
IO_Manager_Set_Transmission_Parameter: ... setze Clock Rate Conversion Factor auf 372 setze Convention setze Länge des Sendepuffers setze Länge des Empfangspuffers ... RETURN	Unterprogramm, das die Parameter für die serielle Datenübertragung setzt.

Tabelle 5.31   Programmcode des Small-OS: Initialisierung der Mikrocontroller-Hardware und des Chipkarten-Betriebssystems.

Initialize_Hardware:	Unterprogramm für die Initialisierung der Chipkarten Hardware
CALL Kernel_CheckRAM IF Status(Kernel_CheckRAM = C_Error) THEN (GOTO IO_Manager_Send_Error_ATR)	Prüfe das RAM auf Funktionsfähigkeit.
CALL Kernel_DeleteRAM IF Status(Kernel_DeleteRAM = C_Error) THEN (GOTO IO_Manager_Send_Error_ATR)	Setze das gesamte RAM auf den Wert '00', um nach jedem Reset einen definierten Anfangszustand zu erreichen. Als beabsichtigter Nebeneffekt werden damit alle Variablen im RAM initialisiert.
CALL Kernel_Check_EDC_ROM IF Status(Kernel_Check_EDC_ROM = C_Error) THEN (GOTO IO_Manager_Send_Error_ATR)	Prüfe an verschiedenen Stellen Fehlererkennungscodes (EDC) im ROM.
CALL Kernel_Check_EDC_EEPROM IF Status(Kernel_Check_EDC_EEPROM = C_Error) THEN (GOTO IO_Manager_Send_Error_ATR) RETURN	Prüfe an verschiedenen Stellen Fehlererkennungscodes (EDC) im EEPROM.
Initialize_Operating_System:	**Unterprogramm für die Initialisierung des Chipkarten-Betriebssystems**
CALL IO_Manager_Set_Transmission_Parameter CALL SELECT_FILE_MF IF Status(SELECT_FILE_MF = C_Error) THEN (GOTO IO_Manager_Send_Error_ATR) SecurityState.MF := 0 SecurityState.DF := 0 RETURN	

Tabelle 5.32   Programmcode des Small-OS: Hardwareabhängige Routinen des Betriebssystemkerns.

OS-Kernel	Hardwarenahe Unterprogramme des Betriebssystemkerns
Kernel_Check_EDC_x: ... RETURN	Unterprogramme des Betriebssystemkerns zur Berechnung von Prüfsummen (EDCs), um eine Konsistenzprüfung von Speicherbereichen im ROM oder EEPROM durchzuführen. $x \in \{ROM, EEPROM\}$
Kernel_x: ... RETURN	Unterprogramme des Betriebssystemkerns, für elementare Funktionen. $x \in \{CopyByteString, CompareByteString, DeleteRAM, CheckRAM\}$
Kernel_DES_x: ... RETURN	Unterprogramme des Betriebssystemkerns, für Ver- und Entschlüsselung mittels DES. $x \in \{Encrypt, Decrypt\}$
Kernel_IO_x: ... RETURN	Unterprogramme des Betriebssystemkerns, für das Senden und Empfangen eines einzelnen Bytes über die serielle Schnittstelle des Mikrocontrollers. $x \in \{SendByte, ReceiveByte\}$

Tabelle 5.33   Programmcode des Small-OS: Kommandointerpreter.

Command_Interpreter:	Kommandointerpreter

IF *APDU.Cmd.CLA* <> '00' THEN (
  Returncode := C_RC_CLANotSupported
  GOTO Command_Interpreter_Exit)
	Falls das Class Byte ungleich der Class für ISO/IEC 7816-4 Kommandos ist, dann breche die weitere Kommandobearbeitung ab und setze den entsprechenden Returncode.

IF *APDU.Cmd.INS* = 'A4' THEN (
  CALL SELECT_FILE
  GOTO Command_Interpreter_Exit)
	Falls das Kommando SELECT FILE zur Chipkarte gesendet wurde, dann rufe das entsprechende Unterprogramm auf.

IF *APDU.Cmd.INS* = 'B0' THEN (
  CALL READ_BINARY
  GOTO Command_Interpreter_Exit)
	Falls das Kommando READ BINARY zur Chipkarte gesendet wurde, dann rufe das entsprechende Unterprogramm auf.

IF *APDU.Cmd.INS* = 'D6' THEN (
  CALL UPDATE_BINARY
  GOTO Command_Interpreter_Exit)
	Falls das Kommando UPDATE BINARY zur Chipkarte gesendet wurde, dann rufe das entsprechende Unterprogramm auf.

IF *APDU.Cmd.INS* = 'B2' THEN (
  CALL READ_RECORD
  GOTO Command_Interpreter_Exit)
	Falls das Kommando READ RECORD zur Chipkarte gesendet wurde, dann rufe das entsprechende Unterprogramm auf.

IF *APDU.Cmd.INS* = 'DC' THEN (
  CALL UPDATE_RECORD
  GOTO Command_Interpreter_Exit)
	Falls das Kommando UPDATE RECORD zur Chipkarte gesendet wurde, dann rufe das entsprechende Unterprogramm auf.

IF *APDU.Cmd.INS* = '20' THEN (
  CALL VERIFY
  GOTO Command_Interpreter_Exit)
	Falls das Kommando VERIFY zur Chipkarte gesendet wurde, dann rufe das entsprechende Unterprogramm auf.

IF *APDU.Cmd.INS* = '88' THEN (
  CALL INTERNAL_AUTHENTICATE
  GOTO Command_Interpreter_Exit)
	Falls das Kommando INTERNAL AUTHENTICATE zur Chipkarte gesendet wurde, dann rufe das entsprechende Unterprogramm auf.

Returncode := C_RC_INSNotSupported	Das an die Chipkarte übergebene Kommando wird nicht unterstützt.
Command_Interpreter_Exit: CALL Returncode_Manager	Setze im I/O-Puffer den vom Programmcode des Kommandos festgelegten Returncode.
RETURN	

Tabelle 5.34   Programmcode des Small-OS: Returncode Manager und File Manager.(Teil 1)

Returncode_Manager: ... RETURN	**Manager zum Setzen der Returncodes** Setzt Returncode anhand des übergebenen Wertes in Returncode und einer Tabelle.

File_Manager_CheckACRead:
 	
  Status := C_AccessDenied
  IF *Ptr.CurrentDF* = *Ptr.MF* THEN (
    // MF ist selektiert
    IF .*EF[Ptr.CurrentWEF].AccessCondition.Read* = _
    SecurityState.MF THEN (
      Status := C_AccessAllowed))
  ELSE (
    // DF ist selektiert
    IF.*EF[Ptr.CurrentWEF].AccessCondition.Read* =
    SecurityState.DF THEN (
      Status := C_AccessAllowed))
  RETURN
	Dateimanager für die Prüfung der Dateizugriffsbedingung „Read"
	Setze die Variable für den Zugriffsstatus auf den Ausgangswert. Prüfe, ob der Sicherheitszustand erreicht ist, damit aus dem selektierten EF mit READ BINARY oder READ RECORD gelesen werden darf. Es muß abhängig vom aktuell selektierten Verzeichnis (d.h. MF oder DF) der Sicherheitszustand erreicht sein.

Kommando READ BINARY

Mit dem Kommando READ BINARY können aus einem EF mit der Struktur „transparent" Daten ab einem zu übergebenden 15 Bit großen Offset gelesen werden. READ BINARY fällt unter Case 2, d.h. bei der Kommando-APDU ist kein Datenteil vorhanden, jedoch bei der Antwort-APDU.

Alle Längenangaben müssen ein Vielfaches von einem Byte sein. Die maximale Länge der zu lesenden Daten ist auf die maximale Dateigröße eines transparenten EFs von 255 Byte beschränkt. Wird als Länge der Wert null übergeben, so werden ab dem übergebenen Offset alle Daten bis zum Ende der Datei gelesen. Im Profil N von ISO/IEC 7816-4 ist die implizite Selektion von EFs mittels Short-FID nicht vorgesehen und deshalb hier auch nicht realisiert.

Um Daten aus einem EF mit diesem Kommando zu lesen, muß die dazugehörige Zugriffsbedingung erfüllt sein, sonst wird das Kommando mit einer entsprechenden Fehlermeldung abgewiesen.

Tabelle 5.42   Small-OS: Codierung des Case-2-Kommandos READ BINARY.

Datenelement	Codierung	Bemerkung
CLA	'00'	---
INS	'B0'	---
P1	°0XXX XXXX°	Angabe der höherwertigen 7 Bit des Offsets zu dem zu lesenden Datenteil. (Offset := XXX XXXX ‖ Y)
P2	Y	Angabe des niederwertigen Bytes des Offsets zu dem zu lesenden Datenteil.
Le	Z	Z = 0: Lese alle Bytes bis zum Ende der Datei. Z > 0: Z ist die Anzahl der zu lesenden Bytes.

Tabelle 5.43   Small-OS: Codierung der Antwort auf das Kommando READ BINARY.

Datenelement	Codierung	Bemerkung
DATA	...	Falls das Kommando korrekt ausgeführt wurde, befinden sich in diesem Datenelement die mit dem Kommando angeforderten Daten.
SW1 ‖ SW2	'9000'	Returncode für den Fall des korrekt ausgeführten Kommandos.

Tabelle 5.44   Programmcode des Small-OS: Kommando READ BINARY nach ISO 7816-4 Profil N (Teil 1).

READ_BINARY:	Kommando nach ISO/IEC 7816-4, Profil N
IF LENGTH (*APDU.Cmd*) < 5 THEN (*Returncode* := C_RC_WrongLength RETURN)	Prüfe, ob das Kommando als Case-2-Kommando gesendet wurde. Ist dies nicht der Fall, dann setze den entsprechenden Returncode, und breche die Kommandobearbeitung ab.
IF *APDU.Cmd.P1.b8* = °1° THEN (*Returncode* := C_RC_FktNotSupported GOTO READ_BINARY_Exit)	Prüfe, ob ein EF mit Short-FID selektiert werden soll.
IF *Ptr.CurrentWEF* = C_InvalidPointer THEN (*Returncode* := C_RC_CmdNotAllowed GOTO READ_BINARY_Exit)	Prüfe, ob bereits ein EF selektiert ist. Falls nein, dann Abbruch des Kommandos.
WITH *DF[Ptr.CurrentDF]*.	Setze einen Teil des Dateibaums als Referenz für dieses Kommando.
IF .*EF[Ptr.CurrentWEF].Structure* = C_EFStrucTransparent THEN (*Returncode* := C_RC_CmdIncompFStruc GOTO READ_BINARY_Exit)	Prüfe, ob das selektierte EF die Dateistruktur „transparent" hat.

Tabelle 5.45   Programmcode des Small-OS: Kommando READ BINARY nach ISO 7816-4 Profil N (Teil 2).

FileOffset := (*APDU.Cmd.P1* * 256) + *APDU.Cmd.P2* *DataLenToRead* := 0	Berechne Offset zu den gewünschten Daten in der Datei, und initialisiere die Variable für die Anzahl der zu lesenden Daten.

IF Status(File_Manager_CheckACRead) = _
C_AccessDenied) THEN (
  Returncode := C_RC_SecStateNotSatisfied
  GOTO READ_BINARY_Exit)
	Prüfe, ob der Sicherheitszustand erreicht ist, damit aus dem selektierten EF mit READ BINARY gelesen werden darf.

IF *APDU.Cmd.Le* = '00' THEN (
  DataLenToRead := .EF[*Ptr.CurrentWEF*]. _
  TransparentDataSize - FileOffset)
ELSE (
  DataLenToRead := *APDU.Cmd.Le*)
	Prüfe, ob alle verfügbaren Daten ausgelesen werden sollen (d.h. Le = '00') oder nur eine bestimmte Anzahl Daten.

IF .EF[*Ptr.CurrentWEF*].*TransparentDataSize* >= *FileOffset* _
THEN (
  Returncode := C_RC_WrongP1P2
  GOTO READ_BINARY_Exit)
	Prüfe, ob der angeforderte Offset zur Dateigröße paßt.

IF .EF[*Ptr.CurrentWEF*].*TransparentDataSize* <
  (*FileOffset* + *DataLenToRead*) THEN (
  Returncode := C_RC_WrongP1P2
  GOTO READ_BINARY_Exit)
	Prüfe, ob gewählter Offset und angeforderte Datenlänge (= Le) zur Dateigröße passen.

CALL Kernel_CopyByteString
// Von: .EF[*Ptr.CurrentWEF*].*TransparentData[x ... y]*
// x = *FileOffset* ; y = (*FileOffset* + *DataLenToRead*)
// Nach: *APDU.Rsp.Data[1 ... DataLenToRead]*
	Kopiere die angeforderten Daten von der Datei in den I/O-Sendepuffer.

Returncode := C_RC_OK	Das Kommando wurde fehlerfrei abgearbeitet, da in allen anderen Fällen der Fehlersprung benutzt wurde.
READ_BINARY_Exit: END WITH RETURN	

Kommando UPDATE BINARY

Mit dem Kommando UPDATE BINARY können in ein EF mit der Struktur „transparent" Daten ab einem zu übergebenden 15 Bit großen Offset geschrieben werden. UPDATE BINARY fällt unter Case 3, was bedeutet, daß bei der Kommando-APDU ein Datenteil vorhanden ist, jedoch nicht bei der Antwort-APDU.

Alle Längenangaben müssen ein Vielfaches von einem Byte sein. Die maximale Länge der zu schreibenden Daten ist auf die maximale Dateigröße eines transparenten EFs von 255 Byte beschränkt. Im Profil N von ISO/IEC 7816-4 ist die implizite Selektion von EFs mittels Short-FID nicht vorgesehen und deshalb hier auch nicht realisiert.

Um Daten in ein EF mit diesem Kommando zu schreiben, muß die dazugehörige Zugriffsbedingung erfüllt sein, sonst wird das Kommando mit einer entsprechenden Fehlermeldung abgewiesen.

Tabelle 5.46   Small-OS: Codierung des Case-3-Kommandos UPDATE BINARY.

Datenelement	Codierung	Bemerkung
CLA	'00'	---
INS	'D6'	---
P1	°0XXX XXXX°	Angabe der höherwertigen 7 Bit des Offsets zu dem zu schreibenden Datenteil. (Offset := XXX XXXX ‖ Y)
P2	Y	Angabe des niederwertigen Bytes des Offsets zu dem zu schreibenden Datenteil.
Lc	...	Anzahl der zu schreibenden Bytes.
DATA	...	Die zu schreibenden Bytes.

Tabelle 5.47   Small-OS: Codierung der Antwort auf das Kommando UPDATE RECORD.

Datenelement	Codierung	Bemerkung
SW1 ‖ SW2	'9000'	Returncode für den Fall des korrekt ausgeführten Kommandos.

Tabelle 5.48   Programmcode des Small-OS: Kommando UPDATE BINARY nach ISO 7816-4 Profil N.

UPDATE_BINARY:	Kommando nach ISO/IEC 7816-4, Profil N
IF LENGTH (*APDU.Cmd*) < 6 THEN (*Returncode* := C_RC_WrongLength RETURN)	Prüfe, ob das Kommando als Case-3-Kommando gesendet wurde. Ist dies nicht der Fall, dann setze den entsprechenden Returncode, und breche die Kommandobearbeitung ab.
IF *APDU.Cmd.P1.b8* = °1° THEN (*Returncode* := C_RC_FktNotSupported GOTO UPDATE_BINARY_Exit)	Prüfe, ob ein EF mit Short-FID selektiert werden soll (d.h. das höherwertigste Bit (msb) von P1 ist gesetzt).
IF *Ptr.CurrentWEF* = C_InvalidPointer THEN (*Returncode* := C_RC_CmdNotAllowed GOTO UPDATE_BINARY_Exit)	Prüfe, ob bereits ein EF selektiert ist. Falls nein, dann Abbruch des Kommandos.
WITH *DF[Ptr.CurrentDF]*.	Setze einen Teil des Dateibaums als Referenz für dieses Kommando.
IF .*EF[Ptr.CurrentWEF].Structure* = C_EFStrucTransparent _ THEN (*Returncode* := C_RC_CmdIncompFStruc GOTO UPDATE_BINARY_Exit)	Prüfe, ob das selektierte EF die Dateistruktur „transparent" hat.
FileOffset := (*APDU.Cmd.P1* * 256) + *APDU.Cmd.P2*	Berechne Offset zu den Daten in der Datei.
IF Status(File_Manager_CheckACUpdate) = _ C_AccessDenied THEN (*Returncode* := C_RC_SecStateNotSatisfied GOTO UPDATE_BINARY_Exit)	Prüfe, ob der Sicherheitszustand erreicht ist, damit in das selektierte EF mit UPDATE BINARY geschrieben werden kann.
IF .*EF[Ptr.CurrentWEF].TransparentDataSize*) < _ (*FileOffset* + *APDU.Cmd.Lc*) THEN (*Returncode* := C_RC_WrongP1P2 GOTO UPDATE_BINARY_Exit)	Prüfe, ob gewählter Offset und angeforderte Datenlänge (= Lc) zur Dateigröße passen.
CALL Kernel_CopyByteString // Von: *APDU.Cmd.Data[1 ... APDU.Cmd.Lc]* // Nach: .*EF[Ptr.CurrentWEF].TransparentData[x ... y]* // x = *FileOffset* ; y = (*FileOffset* + *APDU.Cmd.Lc*) IF Status(Kernel_CopyByteString) = C_WriteError THEN (*Returncode* := C_RC_MemoryFailure GOTO UPDATE_BINARY_Exit)	Kopiere die übergebenen Daten vom I/O-Empfangspuffer in die Datei. Falls dabei ein Fehler auftritt, brich ab und melde dies dem Terminal.
Returncode := C_RC_OK	Das Kommando wurde fehlerfrei abgearbeitet, da in allen anderen Fällen der Fehlerausprung benutzt wurde.
UPDATE_BINARY_Exit: END WITH RETURN	

Kommando READ RECORD

Mit dem Kommando READ RECORD kann aus einem EF mit der Struktur „linear fixed" ein Record gelesen werden. Die maximale Länge der zu lesenden Daten ist auf die maximale Recordgröße von 255 Byte beschränkt. Die Längenangabe muß entweder der Länge des adressierten Records entsprechen oder null betragen. Bei Länge null wird automatisch der gesamte Record ausgelesen. Alle Längenangaben müssen ein Vielfaches von einem Byte sein. Im Profil N von ISO/IEC 7816-4 ist die implizite Selektion von EFs mittels Short-FID nicht vorgesehen und deshalb hier auch nicht realisiert. READ RECORD fällt unter Case 2, d.h. bei der Kommando-APDU ist kein Datenteil vorhanden, jedoch bei der Antwort-APDU.

Ein Record in einem EF der Struktur „linear fixed" kann auf drei unterschiedliche Arten adressiert werden. In Kommando READ RECORD kann die Nummer des gewünschten Records direkt übergeben werden. Ist dieser Record in der Datei vorhanden, dann erhält man den Inhalt in den Antwortdaten zurück, andernfalls eine entsprechende Fehlermeldung. Dieser Zugriff beeinflußt den Record-Zeiger nicht. Er kann nur mit den Kommandooptionen „first", „last", „next" und „previous" verändert werden und ist direkt nach der Neuselektion des EFs auf ungültig gesetzt. Wird bei einem als ungültig gekennzeichneten Record-Zeiger die Option „next" oder „previous" gewählt, dann wird der Record-Zeiger automatisch auf den ersten bzw. auf den letzten Record in der Datei gesetzt. Damit ist es beispielsweise möglich, ohne zusätzliche Kommandos direkt nach der Selektion eines EFs durch wiederholtes Senden eines READ RE-CORDs Kommandos mit der Option „next" alle Records nacheinander auszulesen. Die dritte Art des Zugriffs ist die Benutzung der Option „current". Damit wird der Record gelesen, den der Record-Zeiger aktuell indiziert. Ist der Record-Zeiger ungültig, so wird das Kommando mit einer entsprechenden Fehlermeldung abgebrochen.

Um Daten aus einem EF mit diesem Kommando zu lesen, muß die dazugehörige Zugriffsbedingung erfüllt sein, sonst wird das Kommando mit einer entsprechenden Fehlermeldung abgewiesen. Der im Gutfall als Antwort zurückgegebene Record ist nicht TLV-codiert, was laut ISO/IEC 7816-4 optional möglich wäre.

Tabelle 5.49   Small-OS: Codierung des Case-2-Kommandos READ RECORD.

Datenelement	Codierung	Bemerkung
CLA	'00'	---
INS	'B2'	---
P1	X	$Y = °0000\,0100°$, $X = 0$ Lies den aktuellen Record (*Ptr.CurrentRecord*).
		$Y = °0000\,0100°$, $X <> 0$ Lies den Record mit der Nummer X.
P2	Y	$Y = °0000\,0100°$ Lies den Record mit der in P1 übergebenen Methode.
		$X = 0$, $Y = °0000\,0000°$ Lies den ersten (*first*) Record in der Datei.
		$X = 0$, $Y = °0000\,0001°$ Lies den letzten (*last*) Record in der Datei.
		$X = 0$, $Y = °0000\,0010°$ Lies den nächsten (*next*) Record in der Datei.
		$X = 0$, $Y = °0000\,0011°$ Lies den vorherigen (*previous*) Record in der Datei.
Le	Z	$Z = 0$: Lies alle Bytes bis zum Ende des Records.
		$Z > 0$: Z ist die Länge des Records

Tabelle 5.50   Small-OS: Codierung der Antwort auf das Kommando READ RECORD.

Datenelement	Codierung	Bemerkung
DATA	...	Falls das Kommando korrekt ausgeführt wurde, befindet sich in diesem Datenelement der mit dem Kommando angeforderte Record.
SW1 ‖ SW2	'9000'	Returncode für den Fall des korrekt ausgeführten Kommandos.

Tabelle 5.51   Programmcode des Small-OS: Kommando READ RECORD nach ISO 7816-4 Profil N (Teil 1).

READ_RECORD:	Kommando nach ISO/IEC 7816-4, Profil N

IF LENGTH (*APDU.Cmd*) < 5 THEN (
    Returncode := C_RC_WrongLength
    RETURN)
	Prüfe, ob das Kommando als Case-2-Kommando gesendet wurde. Ist dies nicht der Fall, dann setze den entsprechenden Returncode, und brich die Kommandobearbeitung ab.

IF *APDU.Cmd.P2.b8 ... b4* <> °00000° THEN (
    Returncode := C_RC_FktNotSupported
    GOTO READ_RECORD_Exit)
	Prüfe, ob ein EF mit Short-FID selektiert werden soll.

IF *Ptr.CurrentWEF* = C_InvalidPointer THEN (
    Returncode := C_RC_CmdNotAllowed
    GOTO READ_RECORD_Exit)
	Prüfe, ob bereits ein EF selektiert ist.

WITH *DF[Ptr.CurrentDF]*.	Setze einen Teil des Dateibaums als Referenz für dieses Kommando.

IF *.EF[Ptr.CurrentWEF].Structure* = C_EFStrucLinFix THEN (
    Returncode := C_RC_CmdIncompFStruc
    GOTO READ_RECORD_Exit)
	Prüfe, ob das selektierte EF die Dateistruktur „linear fixed" hat.

IF Status(File_Manager_CheckACRead) = C_AccessDenied _
THEN (
    Returncode := C_RC_SecStateNotSatisfied
    GOTO READ_RECORD_Exit)
	Prüfe, ob der Sicherheitszustand erreicht ist, damit aus dem selektierten EF mit READ RECORD gelesen werden darf.

RecordNoToRead := 0 *RecordLenToRead* := 0	Initialisiere die Variablen für die Nummer des zu lesenden Records und dessen Länge.

IF *APDU.Cmd.P2.b3 ... b1* <> °000° THEN (
    Ptr.CurrentRecord := 1
    RecordNoToRead := *Ptr.CurrentRecord*)
	Falls die Option „lese first Record" gewählt wurde, setze den Zeiger „aktueller Record" auf den ersten Record in der Datei.

IF *APDU.Cmd.P2.b3 ... b1* <> °001° THEN (
    Ptr.CurrentRecord := *.EF[Ptr.CurrentWEF].NoOfRecords*
    RecordNoToRead := *Ptr.CurrentRecord*)
	Falls die Option „lese last Record" gewählt wurde, setze den Zeiger „aktueller Record" auf den lezten Record in der Datei.

IF *APDU.Cmd.P2.b3 ... b1* <> °010° THEN (
    IF *Ptr.CurrentRecord* = C_InvalidPointer THEN (
        Ptr.CurrentRecord = 1
        RecordNoToRead := *Ptr.CurrentRecord*)
    ELSE (
        IF *Ptr.CurrentRecord* < *.EF[Ptr.CurrentWEF]. _
        NoOfRecords* THEN (
            Ptr.CurrentRecord := *Ptr.CurrentRecord* + 1
            RecordNoToRead := *Ptr.CurrentRecord*)
        ELSE (
            Returncode = C_RC_RecordNotFound
            GOTO READ_RECORD_Exit)))
	Falls die Option „lese next Record" gewählt wurde, dann setze den Zeiger „aktueller Record" in der Datei, sofern er nicht schon auf den letzten Record zeigt.

IF *APDU.Cmd.P2.b3 ... b1* <> °011° THEN (
    IF *Ptr.CurrentRecord* = C_InvalidPointer THEN (
        Ptr.CurrentRecord = *.EF[Ptr.CurrentWEF]. _
        _NoOfRecords*
        RecordNoToRead := *Ptr.CurrentRecord*)
    ELSE (
        IF *Ptr.CurrentRecord* > 1 THEN (
            Ptr.CurrentRecord := *Ptr.CurrentRecord* - 1
            RecordNoToRead := *Ptr.CurrentRecord*)
        ELSE (
            Returncode = C_RC_RecordNotFound
            GOTO READ_RECORD_Exit)))
	Falls die Option „lese previous Record" gewählt wurde, dann setze den Zeiger auf den vorherigen Record in der Datei, sofern er nicht schon auf den ersten Record zeigt.

Tabelle 5.52   Programmcode des Small-OS: Kommando READ RECORD nach ISO 7816-4 Profil N (Teil 2).

IF ((APDU.Cmd.P2.b3 ... b1 <> °100°) AND _
(APDU.Cmd.P1 = 0)) THEN (
  IF Ptr.CurrentRecord <> C_InvalidPointer THEN (
    Returncode = C_RC_WrongP1P2
    GOTO READ_RECORD_Exit)
  ELSE (
    RecordNoToRead := Ptr.CurrentRecord))
	Falls die Option „lese current Record" gewählt wurde, dann prüfe, ob der entsprechende Pointer gültig ist, und setze im Gutfall die Kommando-interne Variable des aktuell zu lesenden Records.

IF APDU.Cmd.P2.b3 ... b1 <> °100° THEN (
  IF .EF[Ptr.CurrentWEF].NoOfRecords < APDU.Cmd.P1 _
  THEN (
    Returncode = C_RC_WrongP1P2
    GOTO READ_RECORD_Exit)
  ELSE (
    RecordNoToRead := APDU.Cmd.P1)
	Falls die Option „direkte Adressierung eines Records mit P1" gewählt wurde, dann prüfe, ob er in der Datei vorhanden ist.

IF APDU.Cmd.Le = '00' THEN (
  RecordLenToRead := .EF[Ptr.CurrentWEF]. _
  Record[RecordNoToRead].Size)
ELSE (
  RecordLenToRead := APDU.Cmd.Le)
	Prüfe, ob der ganze Record mit expliziter Längenangabe oder ohne explizite Längenangabe (d.h. Le = '00') gelesen werden soll.

IF RecordLenToRead <> .EF[Ptr.CurrentWEF]. _
Record[RecordNoToRead].Size) THEN (
  Returncode = C_RC_LcInconsitentP1P2
  GOTO READ_RECORD_Exit)
	Prüfe, ob die angeforderte Datenlänge (= Le) zur Recordgröße paßt.

CALL Kernel_CopyByteString
// Von: .EF[Ptr.CurrentWEF].Record[RecordNoToRead]. _
// Data[1 ... RecordLenToRead]
// Nach: APDU.Rsp.Data[1 ... RecordLenToRead]
	Kopiere die angeforderten Daten von der Datei in den I/O-Sendepuffer.

Returncode = C_RC_OK	Das Kommando wurde fehlerfrei abgearbeitet, da in allen anderen Fällen der Fehlerausprung benutzt wurde.
READ_RECORD_Exit: END WITH RETURN	

Kommando UPDATE RECORD

Mit dem Kommando UPDATE RECORD kann in ein EF mit der Struktur „linear fixed" ein Record geschrieben werden. Die im Kommando an die Chipkarte übergebenen Daten dürfen nicht TLV-codiert sein, was laut ISO/IEC 7816-4 optional möglich wäre. Die maximale Länge der zu schreibenden Daten ist auf die maximale Recordgröße von 255 Byte beschränkt. Die Längenangabe der Daten muß exakt der Länge des adressierten Records entsprechen, und alle Längenangaben müssen ein Vielfaches von einem Byte sein. Im Profil N von ISO/IEC 7816-4 ist die implizite Selektion von EFs mittels Short-FID nicht vorgesehen und deshalb hier auch nicht realisiert. UPDATE RECORD fällt unter Case 3, was bedeutet, daß bei der Kommando-APDU ein Datenteil vorhanden ist, jedoch nicht bei der Antwort-APDU.

Ein Record in einem EF der Struktur „linear fixed" kann auf drei unterschiedliche Arten adressiert werden. In Kommando UPDATE RECORD kann die Nummer des gewünschten Records direkt übergeben werden. Ist dieser Record in der Datei vorhanden, dann erhält man den Inhalt in den Antwortdaten zurück, andernfalls eine entsprechende Fehlermeldung. Dieser Zugriff beeinflußt den Record-Zeiger nicht. Er kann nur mit den Kommandooptionen „first", „last", „next" und „previous" verändert werden, und ist direkt nach der Neuselektion des EFs auf ungültig gesetzt.

Wird bei einem als ungültig gekennzeichneten Record-Zeiger die Option „next" oder „previous" gewählt, dann wird der Record-Zeiger automatisch auf den ersten bzw. auf den letzten Record in der Datei gesetzt. Damit ist es beispielsweise möglich, ohne zusätzliche Kommandos direkt nach der Selektion eines EFs durch wiederholtes Senden eines UPDATE RECORD-Kommandos mit der Option „next" alle Records nacheinander zu schreiben. Die dritte Art des Zugriffs ist die Benutzung der Option „current". Damit wird der Record geschrieben, auf den der Record-Zeiger aktuell zeigt. Ist der Record-Zeiger ungültig, so wird das Kommando mit einer entsprechenden Fehlermeldung abgebrochen.

Um Daten in ein EF mit diesem Kommando zu schreiben, muß die dazugehörige Zugriffsbedingung erfüllt sein, sonst wird das Kommando mit einer entsprechenden Fehlermeldung abgewiesen.

Tabelle 5.53   Small-OS: Codierung des Case-3-Kommandos UPDATE RECORD.

Datenelement	Codierung	Bemerkung	
CLA	'00'	---	
INS	'DC'	---	
P1	X	$Y = °0000\ 0100°$, $X = 0$	Schreibe den aktuellen Record (*Ptr.CurrentRecord*).
		$Y = °0000\ 0100°$, $X <> 0$	Schreibe den Record mit der Nummer X.
P2	Y	$Y = °0000\ 0100°$	Schreibe den Record mit der in P1 übergebenen Methode.
		$X = 0$, $Y = °0000\ 0000°$	Schreibe den ersten (*first*) Record in der Datei.
		$X = 0$, $Y = °0000\ 0001°$	Schreibe den letzten (*last*) Record in der Datei.
		$X = 0$, $Y = °0000\ 0010°$	Schreibe den nächsten (*next*) Record in der Datei.
		$X = 0$, $Y = °0000\ 0011°$	Schreibe den vorherigen (*previous*) Record in der Datei.
Lc	...	Anzahl der zu schreibenden Bytes.	
DATA	...	Der zu schreibende Record.	

Tabelle 5.54   Small-OS: Codierung der Antwort auf das Kommando UPDATE RECORD.

Datenelement	Codierung	Bemerkung
SW1 ‖ SW2	'9000'	Returncode für den Fall des korrekt ausgeführten Kommandos.

Tabelle 5.55   Programmcode des Small-OS: Kommando UPDATE RECORD nach ISO 7816-4 Profil N (Teil 1).

UPDATE_RECORD:	Kommando nach ISO/IEC 7816-4, Profil N

IF LENGTH (*APDU.Cmd*) < 6 THEN (
    Returncode := C_RC_WrongLength
    RETURN)
	Prüfe, ob das Kommando als Case-3-Kommando gesendet wurde. Ist dies nicht der Fall, dann setze den entsprechenden Returncode, und breche die Kommandobearbeitung ab.

IF *APDU.Cmd.P2.b8 ... b4* <> °00000° THEN (
    Returncode := C_RC_FktNotSupported
    GOTO UPDATE_RECORD_Exit)
	Prüfe, ob ein EF mit Short-FID selektiert werden soll.

IF *Ptr.CurrentWEF* = C_InvalidPointer THEN (
    Returncode := C_RC_CmdNotAllowed
    GOTO UPDATE_RECORD_Exit)
	Prüfe, ob bereits ein EF selektiert ist.

WITH *DF[Ptr.CurrentDF]*.	Setze einen Teil des Dateibaums als Referenz für dieses Kommando.

IF *.EF[Ptr.CurrentWEF].Structure* = C_EFStrucLinFix THEN (
    Returncode := C_RC_CmdIncompFStruc
    GOTO UPDATE_RECORD_Exit)
	Prüfe, ob das selektierte EF die Dateistruktur „linear fixed" hat

Tabelle 5.56   Programmcode des Small-OS: Kommando UPDATE RECORD nach ISO 7816-4 Profil N (Teil 2).

IF Status(File_Manager_CheckACUpdate) = _
C_AccessDenied) THEN (
  Returncode := C_RC_SecStateNotSatisfied
  GOTO UPDATE_RECORD_Exit)
	Prüfe, ob der Sicherheitszustand erreicht ist, damit in das selektierte EF mit UPDATE RECORD geschrieben werden kann.

RecordNoToUpdate := 0	Initialisiere die Variable für die Nummer des zu schreibenden Records.

IF *APDU.Cmd.P2.b3 ... b1 <> °000°* THEN (
  Ptr.CurrentRecord := 1
  RecordNoToUpdate := Ptr.CurrentRecord)
	Falls die Option „schreibe first Record" gewählt wurde, dann setze den Zeiger „aktueller Record" auf den ersten Record in der Datei.

IF *APDU.Cmd.P2.b3 ... b1 <> °001°* THEN (
  Ptr.CurrentRecord := .EF[Ptr.CurrentWEF].NoOfRecords
  RecordNoToUpdate := Ptr.CurrentRecord)
	Falls die Option „schreibe last Record" gewählt wurde, dann setze den Zeiger „aktueller Record" auf den letzten Record in der Datei.

IF *APDU.Cmd.P2.b3 ... b1 <> °010°* THEN (
  IF *Ptr.CurrentRecord = C_InvalidPointer* THEN (
    Ptr.CurrentRecord := 1
    RecordNoToUpdate := Ptr.CurrentRecord)
  ELSE (
    IF *Ptr.CurrentRecord < .EF[Ptr.CurrentWEF]. _*
    NoOfRecords THEN (
      Ptr.CurrentRecord := Ptr.CurrentRecord + 1
      RecordNoToUpdate := Ptr.CurrentRecord)
    ELSE (
      Returncode = C_RC_RecordNotFound
      GOTO UPDATE_RECORD_Exit)))
	Falls die Option „schreibe next Record" gewählt wurde, dann setze den Zeiger „aktueller Record" in der Datei, sofern er nicht schon auf den letzten Record zeigt.

IF *APDU.Cmd.P2.b3 ... b1 <> °011°* THEN (
  IF *Ptr.CurrentRecord = C_InvalidPointer* THEN (
    Ptr.CurrentRecord = .EF[Ptr.CurrentWEF]. _
    _NoOfRecords)
    RecordNoToUpdate := Ptr.CurrentRecord)
  ELSE (
    IF *Ptr.CurrentRecord > 1* THEN (
      Ptr.CurrentRecord := Ptr.CurrentRecord - 1)
      RecordNoToUpdate := Ptr.CurrentRecord)
    ELSE (
      Returncode = C_RC_RecordNotFound
      GOTO UPDATE_RECORD_Exit)))
	Falls die Option „schreibe previous Record" gewählt wurde, dann setze den Zeiger „aktueller Record" in der Datei, sofern er nicht schon auf den ersten Record zeigt.

IF ((*APDU.Cmd.P2.b3 ... b1 <> °100°*) AND _
(*APDU.Cmd.P1 = 0*)) THEN (
  IF *Ptr.CurrentRecord <> C_InvalidPointer* THEN (
    Returncode = C_RC_WrongP1P2
    GOTO UPDATE_RECORD_Exit)
  ELSE (
    RecordNoToUpdate:= Ptr.CurrentRecord))
	Falls die Option „schreibe current Record" gewählt wurde, dann prüfe, ob der entsprechende Pointer gültig ist, und setze im Gutfall die Kommando-interne Variable des aktuell zu schreibenden Records.

IF *APDU.Cmd.P2.b3 ... b1 <> °100°* THEN (
IF *.EF[Ptr.CurrentWEF].NoOfRecords < APDU.Cmd.P1 _*
THEN (
  Returncode = C_RC_WrongP1P2
  GOTO UPDATE_RECORD_Exit)
	Falls die Option „direkte Adressierung eines Records mit P1" gewählt wurde, dann prüfe, ob er in der Datei vorhanden ist.

IF *.EF[Ptr.CurrentWEF].Record[Ptr.CurrentRecord].Size _*
<> APDU.Cmd.Lc THEN (
  Returncode := C_RC_LcInconsitentP1P2
  GOTO UPDATE_RECORD_Exit)
	Prüfe, ob die Länge des übergebenen Records Datenlänge (= Lc) zur Recordgröße in der Datei paßt.

CALL Kernel_CopyByteString
// Von: *APDU.Cmd.Data[1 ... APDU.Cmd.Lc]*
// Nach: *.EF[Ptr.CurrentWEF].Record[RecordNoToUpdate]. _*
// *Data[1 ... APDU.Cmd.Lc]*
IF Status(Kernel_CopyByteString) = C_WriteError THEN (
  Returncode := C_RC_MemoryFailure
  GOTO UPDATE_RECORD_Exit)
	Kopiere die übergebenen Daten vom I/O-Empfangspuffer in die Datei. Falls dabei ein Fehler auftritt, breche ab, und melde dies dem Terminal.

Returncode := C_RC_OK	Das Kommando wurde fehlerfrei abgearbeitet, in allen anderen Fällen wurde der Fehlerausprung benutzt.
UPDATE_RECORD_Exit: END WITH RETURN	

Kommando VERIFY

Das Kommando VERIFY wird benutzt, um ein an die Chipkarte übergebenes Geheimnis, z.B. eine PIN, mit einem gespeicherten Referenzwert zu vergleichen. Die Länge der PIN muß zwischen einem und acht Byte sein, wobei das Betriebssystem keinerlei Codierung des übergebenen Datenstrings prüft. So kann beispielsweise eine 4-stellige PIN (1234) als zwei Byte in BCD codiert sein ('12' || '34') oder in vier Byte ASCII codiert ("1" || "2" || "3" || "4" = '31' || '32' || '33' || '34'). VERIFY fällt unter Case 3, was bedeutet, daß bei der Kommando-APDU ein Datenteil vorhanden ist, jedoch nicht bei der Antwort-APDU.

Es können maximal zwei PINs (PIN Nummer 1 oder 2) adressiert werden, welche sich entweder im EF Key des MFs oder im EF Key des aktuell selektierten DFs befinden können. Eine PIN, die im EF Key des MFs gespeichert ist, benutzt man als einheitliche PIN für alle Anwendungen auf der Chipkarte. Ist eine PIN im EF Key eines DFs abgelegt, so kann diese nur für die jeweilige Anwendung verwendet werden, sie ist also eine anwendungsspezifische PIN.

Jede PIN ist mit einem Fehlbedienungszähler versehen, der bei einem positiven Vergleichsergebnis auf den Wert null zurückgesetzt wird und bei einem negativen Vergleichsergebnis um eins erhöht wird. Ist der Stand des Fehlbedienungszählers ungleich null, so wird die Zahl der noch möglichen PIN-Vergleiche in SW2 codiert zurückgegeben. Hat der Fehlbedienungszähler seinen Maximalwert erreicht, dann wird dies mit einem separaten Returncode angezeigt.

Da kein Kommando zum Rücksetzen des Fehlbedienungszählers in Small-OS vorhanden ist, bedeutet ein auf dem Maximalwert stehender Fehlbedienungszähler, daß unwiderruflich keine weiteren PIN-Vergleiche mehr möglich sind. Dies kann abhängig von der Anwendung bedeuten, daß die Chipkarte nicht mehr benutzt werden kann. Obwohl es bei vielen Chipkarten-Anwendungen üblich ist, kann die im EF Key befindliche PIN leider nicht mehr durch den Benutzer geändert werden. Dazu wäre ein eigenes Kommando notwendig (CHANGE REFERENCE DATA nach ISO/IEC 7816-8), das aber nach ISO/IEC 7816-4 nicht vorgesehen ist.

Die dargestellte Implementation weist aus Vereinfachungsgründen eine kleine Besonderheit auf. Der Fehlbedienungszähler befindet sich bekanntermaßen im EEPROM. Da jedoch EEPROM-Schreibvorgänge durch einen potentiell möglichen Schreibfehler nicht immer erfolgreich verlaufen müssen, muß konsequenterweise nach jedem Schreibvorgang geprüft werden, ob die Daten in das EEPROM korrekt geschrieben wurden. Im Fehlerfall wird dann ein entsprechender Returncode gesetzt. Im VERIFY-Kommando wird der Fehlbedienungszähler so häufig verändert, daß im Pseudocode keine entsprechende Abfrage eingefügt wurde, da sonst die grundlegenden Zusammenhänge nicht mehr klar sichtbar wären. Dies sollte man berücksichtigen, wenn man sich den Pseudocode genauer ansieht.

Das Kommando VERIFY ist natürlich prädestiniert für Angriffe auf die PIN. Die Implementation ist so ausgeführt, daß Angriffe über Analyse des Zeitverhaltens oder des Stromverbrauchs nicht möglich sind. Der Fehlbedienungszähler wird grundsätzlich immer vor dem Vergleich der übergebenen PIN mit der im EF Key gespeicherten Referenz PIN um eins erhöht. So ist sichergestellt, daß ein Abbruch der Stromzufuhr unmittelbar nach dem PIN-Vergleich beim Schreiben des Fehlbedienungszählers nicht dazu führen kann, daß der Fehlbedienungszähler nicht mehr erhöht wird und so ein Angreifer unbegrenzt viele PIN-Vergleiche durchführen kann.

Der eigentliche EEPROM-Schreibvorgang beim Erhöhen des Fehlbedienungszählers ist längst kein so trivialer Vorgang, wie man es sich im ersten Ansatz denken würde. Der Fehlbedienungszähler muß in seiner Codierung so aufgebaut sein, daß ein Abbruch während des Schreib- oder eventuell davor notwendigen Löschvorgangs nie dazu führen kann, daß der Fehlbedienungszähler auf seinen Ausgangswert null gesetzt ist. Die Betriebssystem-interne Codierung muß sich also an dem energieärmsten, d.h. dem sicheren, Zustand des EEPROMs orientieren. Dies bedeutet beispielsweise bei einem EEPROM mit dem sicheren Zustand null, daß der Ausgangswert des Fehlbedienungszählers nicht als null codiert sein darf. Wäre dies der Fall, dann könnte man durch geschicktes Abschalten der Versorgungsspannung beim Schreiben des Fehlbedienungszählers diesen wieder auf null zurücksetzen. Die PIN wäre damit innerhalb kurzer Zeit durch try-and-error ermittelbar, da der Fehlbedienungszähler seiner Funktion des Zählens von negativen PIN-Vergleichen nicht mehr nachkommen kann. Idealerweise kann man hier beim Schreiben des Fehlbedienungszählers auch die Methodik von atomaren Abläufen[1] verwenden.

Tabelle 5.57   Small-OS: Codierung des Case-3-Kommandos VERIFY.

Datenelement	Codierung	Bemerkung	
CLA	'00'	---	
INS	'20'	---	
P1	'00'	---	
P2	Y	$Z = °0\,0001° \wedge Z = °0\,0010°$	Nummer der referenzierten PIN (1 oder 2)
		$Y = °100Z\,ZZZZ°$	Benutze eine Referenz PIN, die im EF Key im aktuell selektierten Verzeichnis (d.h. MF oder DF) gespeichert ist (*specific reference data*).
Lc	...	Länge der übergebenen PIN.	
DATA	...	Die übergebene PIN.	

Tabelle 5.58   Small-OS: Codierung der Antwort auf das Kommando VERIFY.

Datenelement	Codierung	Bemerkung
SW1 ‖ SW2	'9000'	Returncode für den Fall des korrekt ausgeführten Kommandos (d.h. der PIN-Vergleich war erfogreich).

---

[1] siehe auch Abschnitt 5.9 Atomare Abläufe

Tabelle 5.59   Programmcode des Small-OS: Kommando VERIFY nach ISO 7816-4 Profil N (Teil 1).

VERIFY:	Kommando VERIFY nach ISO/IEC 7816-4, Profil N

IF LENGTH (*APDU.Cmd*) < 6 THEN (
    Returncode := C_RC_WrongLength
    RETURN)
	Prüfe, ob das Kommando als Case-3-Kommando gesendet wurde. Ist dies nicht der Fall, dann setze den entsprechenden Returncode, und breche die Kommandobearbeitung ab.

IF *APDU.Cmd.P1* <> '00' THEN (
    Returncode := C_RC_WrongP1P2
    GOTO VERIFY_Exit)
	Prüfe, ob P1 den erlaubten Wert hat (d.h. P1 muß '00' sein).

IF ((*APDU.Cmd.P2* < '01') OR (*APDU.Cmd.P2* > '02')) THEN (
    Returncode := C_RC_WrongP1P2
    GOTO VERIFY_Exit)
	Prüfe, ob P2 einen der beiden erlaubten Werte der Referenznummer der PIN hat (d.h. P2 muß entweder 1 oder 2 sein).

IF ((*APDU.Cmd.Lc* <= 1) OR (*APDU.Cmd.Lc* >= 8)) THEN (
    Returncode := C_RC_LcInconsitentP1P2
    GOTO VERIFY_Exit)
	Prüfe, ob die übergebenen Daten (d.h. die PIN) sich innerhalb der erlaubten Länge bewegen (d.h. $1 \leq Lc \leq 8$).

IF *Ptr.CurrentIEF.Key* = C_InvalidPointer THEN (
    Returncode := C_RC_RefDataNotFound
    GOTO VERIFY_Exit)
	Prüfe, ob in dem aktuellen Verzeichnis ein EF Key vorhanden ist.

SEARCH (nach der PIN mit der angeforderten Referenznummer in *DF[Ptr.CurrentDF].EF[Ptr.CurrentIEF.Key]*)
IF STATUS(SEARCH) = C_Found) THEN (
    setze *KeyRecord* auf den Record mit der gefundenen PIN
    WITH *DF[Ptr.CurrentDF].EF[Ptr.CurrentIEF.Key]*.)
ELSE (
    Returncode := C_RC_RefDataNotFound
    GOTO VERIFY_Exit)
	Suche die angeforderte Referenznummer im EF Key. Falls eine PIN mit der angegebenen Referenznummer gefunden wurde, dann setze darauf den Zeiger für den aktuellen Schlüssel (d.h. die PIN).

IF *.Record[KeyRecord].KeyPurpose* <> C_CmdVERIFY THEN (
    Returncode := C_RC_CondOfUseNotSatified
    GOTO VERIFY_Exit)
	Prüfe, ob die ausgewählten Daten die Benutzung mit dem Kommando VERIFY zulassen.

IF *Ptr.CurrentDF* = *Ptr.MF* THEN (
    // MF ist selektiert
    IF ((*.Record[KeyRecord].EntryState* _
    <> *SecurityState.MF*) THEN (
        Returncode := C_RC_SecStateNotSatisfied
        GOTO VERIFY_Exit))
ELSE (
    // DF ist selektiert
    IF *.Record[KeyRecord].EntryState* <> *SecurityState.DF* _
    THEN (
        Returncode := C_RC_SecStateNotSatisfied
        GOTO VERIFY_Exit)
	Prüfe, ob der aktuelle Sicherheitszustand im MF bzw. DF die Benutzung mit dem Kommando VERIFY zuläßt. Es muß abhängig vom aktuell selektierten Verzeichnis (d.h. MF oder DF) der im Schlüssel-Record geforderte Sicherheitszustand erreicht sein.

IF *.Record[KeyRecord].RCntr* >= _
.Record[KeyRecord].RCntrMax THEN (
    Returncode := C_RC_AuthMethodBlocked
    GOTO VERIFY_Exit)
	Prüfe, ob der Fehlbedienungszähler abgelaufen ist.

IF *APDU.Cmd.Lc* <> *.Record[KeyRecord].KeySize* THEN (
    Returncode := C_RC_LcInconsitentP1P2
    GOTO VERIFY_Exit)
	Prüfe, ob die übergebene PIN die gleiche Länge wie die gespeicherte Referenz-PIN hat.

.Record[KeyRecord].RCntr := *.Record[KeyRecord].RCntr* + 1	Erhöhe vor dem eigentlichen PIN-Vergleich prophylaktisch den Fehlbedienungszähler. Damit kann ein eventueller Angriff über Zeit- oder Stromanalyse des PIN-Vergleichs bereits im Vorfeld abgewehrt werden.

CALL Kernel_CompareByteString
// Daten 1: *APDU.Cmd.Data[1 ... APDU.Cmd.Lc]*
// Daten 2: *.Record[KeyRecord].KeyData[1 ... APDU.Cmd.Lc]*
	Vergleiche die übergebene PIN mit der gespeicherten Referenz-PIN.

Tabelle 5.60   Programmcode des Small-OS: Kommando VERIFY nach ISO 7816-4 Profil N (Teil 2).

IF STATUS(Kernel_CompareByteString) = C_Equal THEN (
 .Record[KeyRecord].RCntr := 0
 IF Ptr.CurrentDF = Ptr.MF THEN (
 // MF ist selektiert
 SecurityState.MF := .Record[KeyRecord].ResultState.OK)
 ELSE (
 // DF ist selektiert
 SecurityState.DF := .Record[KeyRecord].ResultState.OK))
	Falls die übergebene PIN der gespeicherten Referenz PIN entspricht, dann setze den Fehlbedienungszähler auf null Fehlversuche, und setze den Sicherheitszustand für erfolgreiche PIN-Prüfung.

IF STATUS(Kernel_CompareByteString) = C_NotEqual _ THEN (
 IF Ptr.CurrentDF = Ptr.MF THEN (
 // MF ist selektiert
 SecurityState.MF := _
 .Record[KeyRecord].ResultState.NOK)
 ELSE (
 // DF ist selektiert
 SecurityState.DF := _
 .Record[KeyRecord].ResultState.NOK))
 IF .*Record[KeyRecord].RCntr = _*
 .Record[KeyRecord].RCntrMaxValue THEN (
 Returncode := C_RC_AuthMethodBlocked
 ELSE (
 Returncode := C_RC_CounterX || (_
 .Record[KeyRecord].RCntrMax - _
 .Record[KeyRecord].RCntr)))
 GOTO VERIFY_Exit)
	Falls die übergebene PIN nicht der gespeicherten entspricht, dann wurde der Fehlbedienungszähler bereits vor dem PIN-Vergleich um eins erhöht. Setze den aus dem erfolglosen PIN-Vergleich resultierenden Zustand. Falls der Fehlbedienungszähler seinen Maximalwert nicht erreicht hat, dann setze SW2 auf die Anzahl der noch zu verbleibenden Fehlversuche, andernfalls zeige im Returncode, daß keine weiteren PIN-Überprüfungen mehr möglich sind.

Returncode := C_RC_OK	Das Kommando wurde fehlerfrei abgearbeitet, da in allen anderen Fällen der Fehlerausprung benutzt wurde.
VERIFY_Exit:: END WITH RETURN	

Kommando INTERNAL AUTHENTICATE

Das Kommando INTERNAL AUTHENTICATE wird benutzt, um die Chipkarte durch ein Challenge-Response-Verfahren zu authentisieren. Dazu wird an die Chipkarte eine acht Byte lange Zufallszahl übergeben und diese mittels dem DES-Algorithmus verschlüsselt. Die Nummer des dazu verwendeten Schlüssels muß in Parameter P2 übergeben werden. Ebenfalls muß in P2 angegeben werden, ob sich der Schlüssel im EF Key des MFs oder des aktuell selektierten DFs befindet. INTERNAL AUTHENTICATE fällt unter Case 4, was bedeutet, daß sowohl bei der Kommando-APDU als auch bei der Antwort-APDU ein Datenteil vorhanden ist.

Die ISO/IEC 7816-4 spezifiziert wenig Parameter für die Kommandos zur Authentisierung. So ist etwa der kryptografische Algorithmus dort nicht festgelegt. Bei Small-OS wurde als voreingestellter Verschlüsselungsalgorithmus der DES gewählt, und ergänzend zu Profil N der ISO/IEC 7816-4 wird eine 5 Bit lange Schlüsselnummer mit übergeben.

INTERNAL AUTHENTICATE bei Small-OS ließe sich im Prinzip zur Verschlüsselung von Daten benutzten, da 8 Byte Klartext in 8 Byte Schlüsseltext mit einem wählbaren Schlüssel verschlüsselt werden. Dies würde dazu führen, daß so eine Karte in beinahe allen Ländern unter verschärftes Exportrecht fällt und eine wochen- oder zum Teil sogar monatelange Prozedur zur Ausfuhr dieser Chipkarten notwendig wäre.

Deshalb wird in vielen echten Chipkarten-Betriebssystemen das INTERNAL AUTHENTICATE so implementiert, daß eine direkte Verschlüsselung von Daten nicht mehr möglich ist. Damit kann man die Exportbeschränkungen umgehen.

Aus kryptografischer Sicht ist die direkte Verschlüsselung eines Klartextblocks in einen Schlüsseltextblock ebenfalls bedenklich, da man damit ein Klartext-Schlüsseltext-Paar für einen Brute-force-Angriff erzeugen kann. Da eine wiederholte unrechtmäßige Nutzung von INTERNAL AUTHENTICATE nicht durch einen Fehlbedienungszähler abgesichert werden kann, wäre diese Implementation ebenfalls sehr anfällig gegenüber einer Differential Fault Analyse.[1] Der am einfachsten zu realisierende Angriff wäre eine Zeitanalyse[2] (*timing attack*) bei der Berechnung des DES, welcher deshalb in jedem Fall rauschfrei sein muß, damit nicht aufgrund von Messungen der Berechnungszeit der Schlüssel ermittelt werden kann.

Aus allen diesen dargestellten Gründen wird in der Praxis meist der Eingangswert durch eine intern in der Karte generierte Zufallszahl und die einzigartige Kartennummer ergänzt, verschlüsselt und der erzeugte Schlüsseltext mit den ergänzten Daten im Klartext wieder an das Terminal zurückgegeben. Damit kann man dieses Kommando nicht mehr zur Datenverschlüsselung verwenden (Exportproblematik), und es wird nicht immer der gleiche Wert verschlüsselt, was eine der Grundlagen des Schutzes sowohl gegen eine differentielle Fehleranalyse (DFA) als die auch gegen differentielle Leistungsanalyse (DPA) ist.[3] Diese ganzen Maßnahmen zeigen relativ drastisch, daß ein im ersten Augenschein so simples Kommando wie INTERNAL AUTHENTICATE ein erhebliches Know-how bei der Spezifikation und Implementation erfordert, damit die Schlüssel einer Chipkartenanwendung nicht angreifbar werden.

Tabelle 5.61   Small-OS: Codierung des Case-4-Kommandos INTERNAL AUTHENTICATE

Datenelement	Codierung	Bemerkung	
CLA	'00'	---	
INS	'88'	---	
P1	'00'	---	
P2	Y	°Z ZZZZ°	Nummer des referenzierten Schlüssels (1 ... 31)
		Y = °100Z ZZZZ°	Benutze einen Schlüssel aus dem EF Key im aktuell selektierten Verzeichnis (d.h. MF oder DF) (*specific reference data*).
Lc	8	Länge der übergebenen Zufallszahl.	
DATA	...	Die übergebene Zufallszahl.	
Le	8	Länge der zurückzugebenden Zufallszahl.	

Tabelle 5.62   Small-OS: Codierung der Antwort auf das Kommando INTERNAL AUTHENTICATE.

Datenelement	Codierung	Bemerkung
DATA	...	Falls das Kommando korrekt ausgeführt wurde, befindet sich in diesem Datenelement die mit dem im Kommando referenzierten Schlüssel verschlüsselte Zufallszahl.
SW1 ‖ SW2	'9000'	Returncode für den Fall des korrekt ausgeführten Kommandos.

---

[1] siehe auch Abschnitt 8.2.4 Angriffe und Abwehrmaßnahmen während der Kartenbenutzung
[2] siehe auch Abschnitt 8.2.4.2 Angriffe auf der logischen Ebene
[3] siehe auch Abschnitt 8.2.4.2 Angriffe auf der logischen Ebene

Tabelle 5.63   Programmcode des Small-OS: Kommando INTERNAL AUTHENTICATE nach ISO 7816-4 Profil N mit der Erweiterung globale und spezifische Referenzdaten (d.h. wahlweise Referenz auf MF oder DF).

INTERNAL_AUTHENTICATE:	Kommando INTERNAL AUTHENTICATE nach ISO/IEC 7816-4, Profil N mit Erweiterung

IF *APDU.Cmd.P1* <> '00' THEN (
  Returncode := C_RC_WrongP1P2
  GOTO INTERNAL_AUTHENTICATE_Exit)
	Prüfe, ob P1 den erlaubten Wert hat (d.h. P1 muß '00' sein).

IF *APDU.Cmd.Lc* <> 8 THEN (
  Returncode := C_RC_WrongLength
  GOTO INTERNAL_AUTHENTICATE_Exit)
	Prüfe, ob die übergebenen Daten (d.h. die Zufallszahl) die erlaubte Länge von 8 Byte haben.

IF *Ptr.CurrentIEF.Key* = C_InvalidPointer THEN (
  Returncode := C_RC_RefDataNotFound
  GOTO INTERNAL_AUTHENTICATE_Exit)
	Prüfe, ob in dem aktuellen Verzeichnis ein EF Key vorhanden ist.

IF *APDU.Cmd.P2.b5 ... b1* = °00000° THEN (
  Returncode := C_RC_WrongP1P2
  GOTO INTERNAL_AUTHENTICATE_Exit)
ELSE (
  KeyNumber := APDU.Cmd.P1.b5 ... b1)
	Ermittle aus P1 die übergebene Nummer des zu verwendenden Schlüssels.

SEARCH (nach dem Schlüssel mit der *KeyNumber* in _
DF[Ptr.CurrentDF].EF[Ptr.CurrentIEF.Key])
IF STATUS(SEARCH) = C_Found THEN (
setze *KeyRecord* auf den Record mit dem gefundenen
Schlüssel
  WITH DF[Ptr.CurrentDF].EF[Ptr.CurrentIEF.Key].)
ELSE (
  Returncode := C_RC_RefDataNotFound
  GOTO INTERNAL_AUTHENTICATE_Exit)
	Suche die in P2 angeforderte Referenznummer im EF Key. Falls ein Schlüssel PIN mit der angegebenen Referenznummer gefunden wurde, dann setze darauf den Zeiger für den aktuellen Schlüssel.

IF *.Record[KeyRecord].KeyPurpose* <>
C_CmdINTAUTH THEN (
  Returncode := C_RC_CondOfUseNotSatified
  GOTO INTERNAL_AUTHENTICATE_Exit)
	Prüfe, ob der ausgewählte Schlüssel die Benutzung mit dem Kommando INTERNAL AUTHENTICATE zuläßt.

IF Ptr.CurrentDF = Ptr.MF THEN (
  // MF ist selektiert
  IF *.Record[KeyRecord].EntryState* <> SecurityState.MF _
  THEN (
    Returncode := C_RC_SecStateNotSatisfied
      GOTO INTERNAL_AUTHENTICATE_Exit))
ELSE (
  // DF ist selektiert
  IF *.Record[KeyRecord].EntryState* <> SecurityState.DF _
  THEN (
    Returncode := C_RC_SecStateNotSatisfied
      GOTO INTERNAL_AUTHENTICATE_Exit)
	Abhängig vom aktuell selektierten Verzeichnis (d.h. MF oder DF) muß der im Schlüssel-Record geforderte Sicherheitszustand erreicht sein.

CALL Kernel_DES_Encrypt
// Klartext: APDU.Cmd.Data[1 ... 8]
// Schlüssel: .Record[KeyRecord].KeyData[1 ... 8]
// Schlüsseltext: wird in APDU.Rsp.Data[1 ... 8] abgelegt
	Verschlüssele die übergebenen Daten (d.h. die Zufallszahl) mit dem referenzierten Schlüssel, und lege das Ergebnis in den Sendepuffer.

Returncode := C_RC_OK	Das Kommando wurde fehlerfrei abgearbeitet, da in allen anderen Fällen der Fehlerausprung benutzt wurde.
INTERNAL_AUTHENTICATE_Exit: END WITH RETURN	

Beispiel für eine einfache Anwendung

Aufbau und Inhalt der Variablen im EEPROM-Speicher bei Small-OS soll die folgende einfache Chipkarten-Anwendung verdeutlichen, deren Funktionalität in wenigen Worten beschrieben ist. Es soll eine 50 Byte große Datei erzeugt werden, deren Inhalt immer gelesen werden kann und nach erfolgreicher Prüfung der PIN '1234' auch überschrieben werden darf. Die PIN hat die Referenznummer eins, und es sind maximal drei Fehlversuche bei der PIN-Eingabe gestattet. Das EF mit den Daten befindet sich unter einem eigenen DF. Alle Dateinamen (DF-Name, FID) können frei gewählt werden.

In Tabelle 5.64 ist aufgeführt, wie die geforderte Funktionalität durch Setzen der entsprechenden Werte in den Strukturen für den Dateibaum realisiert wurde. Um die geforderten Zugriffsbedingungen zu realisieren, wurde der in Bild 5.50 gezeigte Zustandsautomat definiert. Nach dem Reset wird von Small-OS automatisch der Sicherheitszustand null im DF gesetzt. In diesem Zustand ist das EF mit den Daten lesbar, jedoch nicht schreibbar, da hierzu Zustand eins notwendig ist. Führt man nun ein erfolgreiches VERIFY mit der richtigen PIN durch, dann wird im DF der Sicherheitszustand eins gesetzt („.... .ResultState.OK"), und die Datei kann geschrieben werden. Verläuft die PIN-Prüfung nicht erfolgreich, so wird im DF der Sicherheitszustand null gesetzt („.... .ResultState.NOK").

Zum Lesen bzw. Schreiben werden die Kommandos READ BINARY und UPDATE BINARY verwendet. Es kann sowohl die ganze Datei als auch nur ein Teil davon gelesen bzw. geschrieben werden. Ausschlaggebend dazu ist lediglich die Erreichung des betreffenden Sicherheitszustandes im DF.

Das Beispiel zeigt recht deutlich zwei Einschränkungen von Small-OS, die nur deshalb zustande kamen, weil der Pseudocode nicht noch umfangreicher werden sollte, als er bereits schon ist. Wenn der Sicherheitszustand eins erreicht ist, dann kann die Datei nicht mehr gelesen werden, da dies nur im Zustand null erlaubt ist. Abhilfe könnte dadurch geschaffen werden, indem man neben einem Vergleich auf „gleich" auch die Option eines Vergleichs auf „größer-gleich" in Small-OS integrieren würde. Die andere Lösungsmöglichkeit wäre, die Dateizugriffsbedingungen nicht nur auf eine Vergleichsabfrage pro Operation (d.h. lesen, schreiben) zu beschränken, sondern auf mehrere pro Operation. Selbst wenn dann nur ein Vergleich auf Gleichheit möglich wäre, könnte man beispielsweise das Lesen in Zustand null und zusätzlich auch in Zustand eins erlauben.

Mehrfache Zugriffsbedingungen für eine Zugriffsoperation ließen sich ebenso einfach in Small-OS integrieren wie Abfragen auf größer oder größer-gleich. Der Pseudocode würde nur etwas umfangreicher und ebenso der Programmcodeumfang für eine echte Implementierung. Bei echten Chipkarten-Betriebssystemen könnten diese Erweiterungen leicht dazu führen, daß der zur Verfügung stehende Speicher (ROM bzw. EEPROM) auf dem Mikrocontroller nicht mehr ausreicht. Diese strikten Speicherplatzbeschränkungen wirken sich in der Praxis oft dahingehend aus, daß manche nützliche Funktion nicht implementiert werden kann.

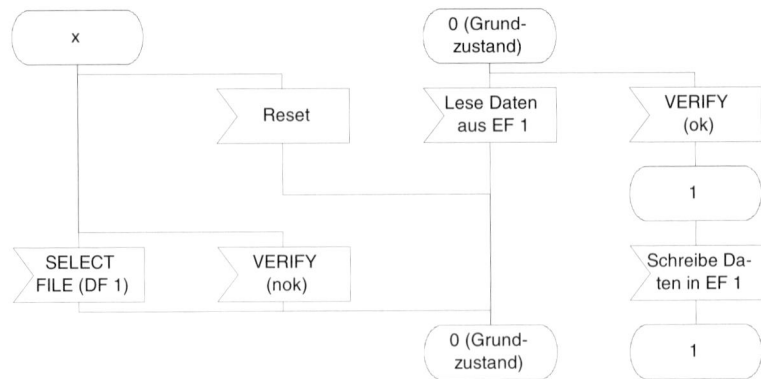

Bild 5.50   Das Zustandsdiagramm für die Datei mit der FID = '0001' (d.h. EF 1). Das Lesen und Schreiben auf das EF bezieht sich auf ein erfolgreiches READ BINARY bzw. UPDATE BINARY-Kommando an die Chipkarte. Der Zustand „x" steht für beliebige Zustände.

Tabelle 5.64   Beispiel für die Belegung der Variablen der Dateiverwaltung bei einer einfachen Beispielanwendung. In dieser gibt es ein DF direkt unter dem MF mit einem EF. Dieses hat die Struktur „transparent" und ist 50 Byte groß. Der Inhalt dieses EFs kann jederzeit gelesen werden, läßt sich jedoch nur nach PIN-Eingabe verändern.

Variablenname	Beschreibung, Inhalt und Größe
Datenstrukturen für das MF	
$DF[1].FID$:= '3F00'	Die normierte FID des MFs.
Datenstrukturen für das DF	
$DF[2].FID$:= 'DF01'	Die FID des DF ist 'DF01' (frei gewählt).
$DF[2].DFName$:= **'D276'** || **'000060'**	Der DF-Name wird hier mit dem registrierten AID von Wolfgang Rankl belegt.
$DF[2].LenDFName$:= 5	Die Länge von DF-Name ist 5 Byte.
Datenstrukturen des EF	
$DF[2].EF[1].FID$:= '0001'	Die FID des EFs ist '0001' (frei gewählt).
$DF[2].EF[1].Structure$:= C_EFStrucTransp	Die Struktur des EFs ist transparent.
$DF[2].EF[1].Type$:= C_EFTypeWorking	Der Typ des EFs ist working.
$DF[2].EF[1].AccessCondition.Read$:= 0	Der notwendige Zustand der Zugriffsbedingung, damit das Kommando READ auf das EF erlaubt ist. Die Zugriffsbedingung ist auf 0 gesetzt, d.h. das Lesen der Datei ist immer erlaubt.
$DF[2].EF[1].AccessCondition.Update$:= 1	Der notwendige Zustand der Zugriffsbedingung, damit das Kommando UPDATE auf das EF erlaubt ist. Die Zugriffsbedingung ist auf 1 gesetzt, d.h. das Ändern der Datei ist immer nur nach einer erfolgreichen PIN-Eingabe erlaubt.
$DF[2].EF[1].TransparentDataSize$:= 50	Die Größe der transparenten Datei ist 50 Byte.
Datenstrukturen des EF Key	
$DF[2].EF[2].Record[x].KeyData$:= '1234'	Die PIN hat den (hexadezimalen) Wert '1234'.
$DF[2].EF[2].Record[x].KeySize$:= 2	Die Länge der PIN beträgt 2 Byte.
$DF[2].EF[2].Record[x].KeyNo$:= 1	Die PIN hat die Referenz-Nummer 1.
$DF[2].EF[2].Record[x].RCntr$:= 0	Der Fehlbedienungszähler hat den Ausgangswert 0.
$DF[2].EF[2].Record[x].RCntrMaxValue$:= 3	Der Maximalwert des Fehlbedienungszählers ist 3, d.h. der Benutzer hat bei der PIN-Eingabe maximal drei Fehlversuche.
$DF[2].EF[2].Record[x].KeyPurpose$:= C_CmdVERIFY	Der Dateninhalt des EF Key Records darf nur für PIN-Prüfungen mit dem Kommando VERIFY verwendet werden.
$DF[2].EF[2].Record[x].EntryState$:= 0	Die PIN-Prüfung darf nur im Zustand 0 durchgeführt werden.
$DF[2].EF[2].Record[x].ResultState.OK$:= 1	Ist der PIN-Vergleich erfolgreich, dann wird der Zustand 1 im aktuellen DF gesetzt.
$DF[2].EF[2].Record[x].ResultState.NOK$:= 0	Ist der PIN-Vergleich nicht erfolgreich, dann wird der Zustand 0 im aktuellen DF gesetzt.

Bei der beschriebenen Anwendung kann nach einer erfolgreich durchgeführten PIN-Überprüfung der Zustand eins nicht mehr verlassen werden, und die Datei würde sich aufgrund der Zugriffsbedingungen nicht mehr lesen lassen. Der Zustand eins kann entweder durch eine nicht erfolgreiche PIN-Überprüfung oder durch einen Reset der Chipkarte erreicht werden. Dies ist seitens eines sauberen Applikationsdesigns eine ziemlich unglückliche Lösung. Man kann sich aber mit einem einfachen Trick behelfen, um wieder in den Ausgangszustand null zu kommen. Die Selektion eines DFs führt bekanntermaßen zum Rücksetzen des aktuellen Sicherheitszustands für das DF. Deshalb führt man bei Bedarf eine nochmalige Selektion des DFs durch, und der Sicherheitszustand wird automatisch von eins wieder auf null zurückgesetzt.

Anwendungen wie die hier gezeigte wurden noch bis vor kurzem händisch in Assembler in der gezeigten Form durchgeführt. Mittlerweile gibt es aber für fast alle am Markt befindlichen Chipkarten-Betriebssysteme sogenannte Applikationsgeneratoren, mit denen auf einer grafischen Benutzeroberfläche Dateien und Zugriffsbedingungen auf einem PC erstellt werden können. Ein ähnlicher Prozeß läuft auch in The Smart Card Simulator ab, wenn man eine neue Datei oder Anwendung erstellt. Sind die für eine Anwendung notwendigen Dateien erzeugt, dann kann man diese Daten mit den Applikationsgeneratoren auf eine Chipkarte laden und erste Versuche mit der neuen Anwendung durchführen.

Die Beispielanwendung läßt sich auch nutzbringend für die Darstellung einiger interessanter Angriffe verwenden. Diese sind zwar eher theoretischer Natur, da sie einen großen Aufwand an technischer Ausrüstung erfordern, aber dennoch zeigen sie einige bemerkenswerte Ansätze. Die Voraussetzung dafür ist, daß man Speicherinhalte im EEPROM gezielt verändern kann, was technisch darauf hinausläuft, den Ladungsinhalt des Floating Gate von einzelnen EEPROM-Zellen zu manipulieren. In Kapitel 8 Sicherheitstechnik wird auf die dazu notwendige Technik näher eingegangen. An diesen Stellen seien nur die Auswirkungen davon aufgezeigt.

Wäre es möglich, denjenigen Zeiger im Dateibaum, der normalerweise auf die Daten des EFs zeigt, gezielt zu ändern, so könnte man ihn dahingehend manipulieren, daß er auf den Dateninhalt des EF Key zeigt. Im Zustand null ist das EF immer lesbar, nur würde dann statt des eigentlichen Dateninhalts von 50 Byte mit READ BINARY die PIN ausgelesen werden. Allerdings ist für diesen Angriff das Wissen um die exakte Adresse des Datenteils des EF Key erforderlich. Diese herauszufinden erfordert aber sehr viel Insiderkenntnisse. Einfacher wäre es da schon, wenn man die Variable „DF[2].EF[1].TransparentDataSize" ändern könnte. Erhöht man den Wert dieser Variablen beispielsweise auf einen hohen Wert, dann kann mit READ BINARY entsprechend der neuen Dateigröße über die ursprüngliche Datei hinaus adressiert und damit gelesen werden. Befindet sich das EF Key im Speicher nach dem EF 1, dann würde sich sowohl der EF Key Header als auch der Datenteil ohne weiteres auslesen lassen.

Manipulationen im EEPROM-Speicher könnten auch für ein wiederholtes Rücksetzen des PIN-Fehlbedienungszählers genutzt werden, so daß sich mit try-and-error innerhalb erträglicher Zeit die PIN ermitteln ließe. Einfacher wäre sogar noch, die PIN selber auf einen bekannten Wert zu setzen.

Die Beispiele zeigen ziemlich deutlich, daß die Sicherheit einer Chipkarte bei einer Manipulationsmöglichkeit des EEPROMs vollständig zusammenbrechen würde. Es würde überhaupt keine Rolle spielen, ob EEPROM-Inhalte nur überschrieben aber nicht gelesen werden könnten. In jedem Falle könnten die PIN und die Schlüssel der Chipkarte ermittelt werden. Das einzige Wissen, das man noch benötigt, sind die exakten Adressen im Speicher, an denen die Manipulationen vorgenommen werden müßten. Eventuell vorhandene Prüfsummen über die Dateiheader würden die notwendigen Eingriffe ins EEPROM nur komplizierter machen, aber letzten Endes nicht verhindern können. Allerdings ist es zum heutigen Zeitpunkt technisch nicht möglich, an beliebigen Adressen im EEPROM bitgenaue Änderungen vorzunehmen. Die vorstehenden Ansätze haben deshalb mehr den Charakter von theoretisch interessanten Angriffen als von in der Realität gefährlichen Attacken. Sollten jedoch in der Zukunft die oben vorausgesetzten Manipulationen des EEPROMs durchführbar werden, dann ist hier deutlich und unmißverständlich das dann entstandene Gefährdungspotential aufgezeigt.

6 Datenübertragung zur Chipkarte

Voraussetzung für alle Interaktionen zwischen Chipkarte und Terminal ist die Möglichkeit der Kommunikation miteinander. Dafür steht aber nur eine einzige Leitung zur Verfügung. Auf Basis dieser elektrischen Verbindung werden Informationen zwischen Karte und Terminal in digitaler Form ausgetauscht. Da es nur diese eine Leitung gibt, können Terminal und Karte nur wechselseitig senden, der jeweils andere Teilnehmer muß zu diesem Zeitpunkt empfangen. Dieses abwechselnde Senden und Empfangen wird als Halbduplex-Verfahren bezeichnet.

Das Vollduplex-Verfahren, bei dem beide Teilnehmer gleichzeitig senden und empfangen können, ist zur Zeit in der Chipkartenwelt noch nicht verwirklicht. Da jedoch die meisten Chipkarten-Mikrocontroller zwei I/O-Ports haben und zwei der acht Kontaktfelder für zukünftige Anwendungen (wie beispielsweise eine zweite I/O-Verbindung) reserviert sind, wäre eine Vollduplex-Verbindung technisch ohne weiteres möglich. Mittelfristig wird dies mit Sicherheit bei Hardware und Betriebssystemen verwirklicht, da es die einzige Möglichkeit ist, Daten in Echtzeit in der Chipkarte zu verschlüsseln. Erste Vorschläge für die Normung liegen bereits vor.

Die Kommunikation mit der Chipkarte wird immer vom Terminal angestoßen, die Karte reagiert damit nur auf die Kommandos des Terminals. Sie sendet also nie ohne äußeren Anstoß Daten. Daraus ergibt sich ein reines Master-Slave-Verhalten, mit dem Terminal als Master und der Karte als Slave.

Nachdem eine Chipkarte in ein Terminal gesteckt wurde, werden als erstes die Kontakte der Karte mit denen des Terminals verbunden. Danach werden die fünf belegten

Kontakte in der richtigen Reihenfolge elektrisch aktiviert.[1] Die Chipkarte führt daraufhin automatisch einen Power-On-Reset aus und sendet einen Answer to Reset (ATR)
zum Terminal. Dieses wertet den ATR, der diverse Karten- und Übertragungsparameter anzeigt, aus und schickt danach ein erstes Kommando. Die Chipkarte bearbeitet das Kommando und erzeugt eine Antwort, die sie zum Terminal zurücksendet.
Dieses Ping-Pong-Spiel von Kommando und Antwort setzt sich dann bis zum Deaktivieren der Chipkarte fort.

Zwischen ATR und dem ersten Kommando an die Chipkarte kann vom Terminal
noch ein Protocol Type Select (PTS) Kommando gesendet werden. Mit diesem Kommando, das ebenso wie der ATR unabhängig vom Übertragungsprotokoll ist, kann das
Terminal verschiedene Übertragungsparameter des Protokolls der Karte einstellen.

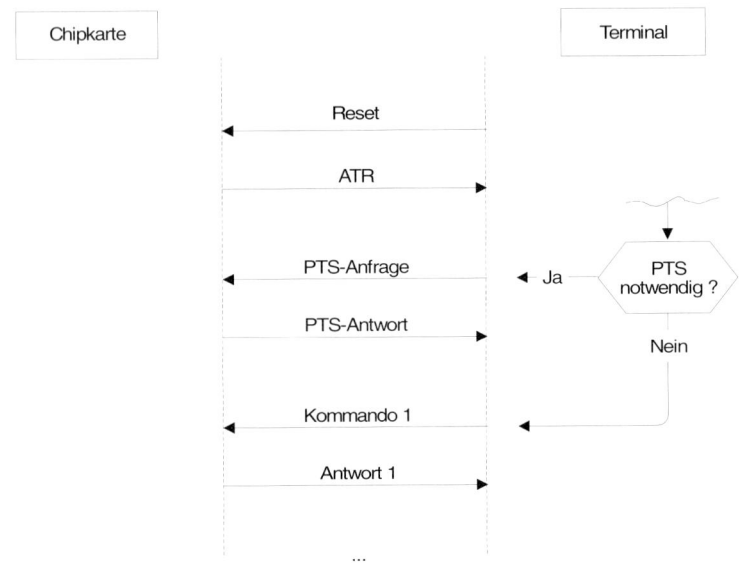

Bild 6.1   Answer to Reset (ATR), Protocol Type Selection (PTS) und das erste Kommando-
                      Antwort-Paar bei der Datenübertragung zwischen Chipkarte und Terminal.

Die gesamte Datenübertragung von und zur Chipkarte kann im Rahmen des OSI-
Schichtenmodells dargestellt werden. Dabei wird zwischen den elektrischen Geschäh-
nissen auf der I/O-Leitung, den logischen Abläufen der eigentlichen Übertragungsprotokolle und dem Verhalten der darauf aufbauenden Anwendung unterschieden. Das
Verhalten und die Abläufe in und zwischen diesen Schichten ist dabei in mehreren internationalen Normen festgelegt. Die Zusammenhänge sind in dem folgenden Bild illu-
striert.

Die im folgenden vorgestellten asynchronen Übertragungsprotokolle sind in ihrer
Funktionalität jeweils nach der entsprechenden Norm beschrieben. Es sind alle Parameter und Einstellungen angegeben, die im Rahmen des Protokolls möglich sind. In

---

[1] siehe auch Abschnitt 3.3.6 An-/Abschaltsequenz

der Praxis kommt es aber oft vor, daß Chipkarten nicht alle Varianten der Übertragungsprotokolle unterstützen, da der verfügbare Speicherplatz dafür nicht ausreicht.

Funktional gesehen kann man die Variationsmöglichkeiten nur als ein Angebot von Varianten sehen, aus dem man sich für seine Anwendung bzw. Chipkarte das Optimale heraussucht. Wichtig dabei ist, daß die ausgewählten Parameter nicht zu exotisch sind, so daß die betreffenden Chipkarten mit möglichst allen Terminals kommunizieren können.

Im Terminalbereich verhält es sich bei den Übertragungsprotokollen etwas anders. Dort ist üblicherweise die vollständige Funktionalität der jeweiligen Norm implementiert, da genügend Speicher vorhanden ist.

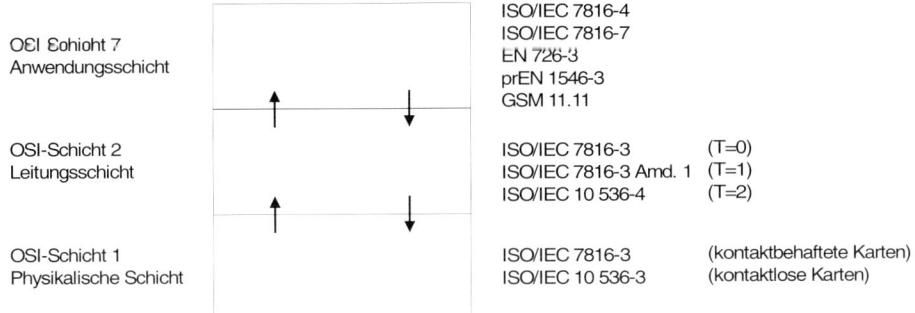

Bild 6.2   Das OSI-Modell der Kommunikation zwischen Terminal und Chipkarte

6.1   Physikalische Übertragungsschicht

Die physikalische Übertragungsschicht ist in der internationalen Norm für Chipkarten ISO/IEC 7816-3 in allen ihren Rahmenparametern festgelegt. Dies ist die grundlegende Norm für alle Aspekte der Kommunikation auf physikalischer Ebene.

Der gesamte Datenaustausch mit der Chipkarte findet auf digitalem Weg statt, d.h. nur unter Benutzung der logischen Werte 0 und 1. Die dafür verwendeten Spannungswerte liegen dabei, wie in der Digitaltechnik üblich, bei 0 Volt und + 5 Volt. Die neuen Mikrocontroller für den 3-Volt-Bereich unterstützen diesen selbstverständlich auch bei der Datenübertragung. Welcher der beiden Pegel, 0 Volt oder 3 bzw. 5 Volt, die logische „1" symbolisiert, ist frei definierbar und wird von der Chipkarte im ersten Byte des ATR angezeigt. "direct convention" entspricht dabei einer logischen „1" auf dem + 3/5-Volt-Pegel, „inverse convention" bedeutet, daß der + 3/5-Volt-Pegel die logische „0" symbolisiert. Im Ruhezustand, d.h. wenn keine Daten übertragen werden, befindet sich die I/O-Leitung in beiden Fällen immer auf High-Pegel.

Die Kommunikation zwischen einer Chipkarte und der äußeren Welt findet in serieller Form statt. Die vom Prozessor byteweise verarbeiteten Daten müssen deshalb in einen bitseriellen Datenstrom umgewandelt werden. Ein Byte wird in seine acht Einzelbits aufgetrennt, und diese werden dann nacheinander über die Leitung gesendet. Die Reihenfolge ist dabei ebenfalls von der convention abhängig. Bei direct convention ist das erste Datenbit nach dem Startbit das niederwertigste im Byte. Im Falle der inverse convention wird das höherwertigste Bit im Byte direkt nach dem Startbit gesendet.

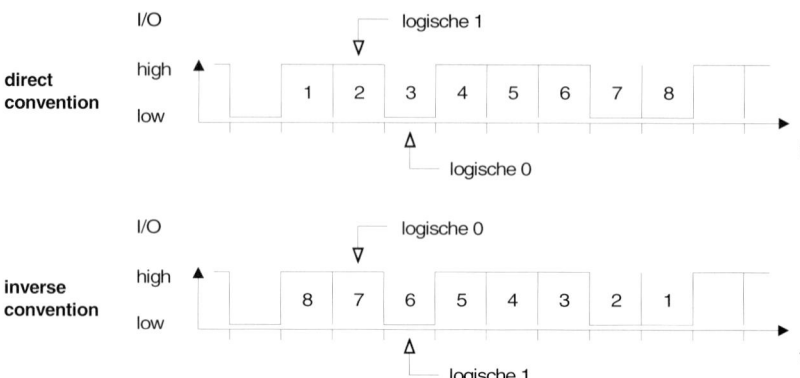

Bild 6.3   Die convention bei der Datenübertragung. Die obere Zeichnung zeigt die Daten-übertragung in „direct convention", während die untere Zeichnung die Datenüber-tragung in „inverse convention" darstellt.

Die Datenübertragung zwischen Chipkarte und Terminal läuft asynchron ab, was bedeutet, daß jedes übertragene Byte mit zusätzlichen Synchronisationsbits ausgestattet werden muß. Den Anfang eines jeden seriell übertragenen Bytes ergänzt man dabei mit einem Startbit, das dem Empfänger den Sendebeginn signalisiert. Am Ende jedes Bytes fügt der Sender noch ein Paritätsbit zur Fehlererkennung sowie ein oder zwei Stopbits hinzu. Die Zeitdauer für die Stopbits bezeichnet man bei Protokoll T=0 als Schutzzeit (*guardtime*), welche im Prinzip auch eine Art von Stopbit ist. Während dieser Zeit hat sowohl der Empfänger als auch der Sender Zeit, sich auf das nächste Byte der Übertragung vorzubereiten. Die Parität eines Bytes muß immer gerade sein. Das Paritätsbit erhält also den logischen Wert „1", wenn die Anzahl der Einsen im Byte eine ungerade Zahl ist und umgekehrt.

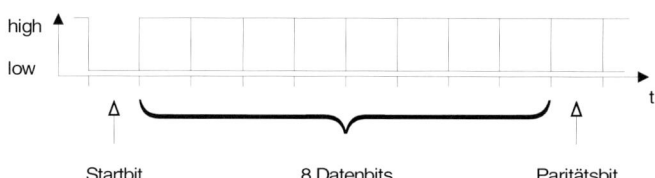

Bild 6.4   Der Aufbau eines Zeichens bei der Datenübertragung.

Da Chipkarten-Mikrocontroller über keinen vom angelegten Takt unabhängigen Timer verfügen, kann die Dauer eines Datenbits nicht in absoluten Zeitwerten angegeben werden. Deshalb ist sie in Abhängigkeit vom angelegten Takt festgelegt. Dazu ist ein Teiler definiert, der die Anzahl der Takte pro Bit angibt. Die Zeitdauer für ein Bit wird als ein etu (*elementary time unit*) bezeichnet.

Damit ist es also bei Chipkarten unsinnig, eine Datenübertragungsrate mit einem festen Wert anzugeben (z.B. 9 600 Bit/s), da diese direkt proportional dem angelegten Takt ist. Im wesentlichen gibt es allerdings nur zwei Teiler, die weltweit verwendet werden. Zum einen ist dies der Wert 372 und zum anderen 512. Zur Maximierung der Übertragungsgeschwindigkeit kommen seit einiger Zeit immer häufiger kleinere Teiler zur Anwendung, doch ist dies noch die Ausnahme. In Zukunft wird sich die Situation aber ändern, da gerade die Datenübertragung einer der Engpässe bei der Abarbeitung von Kommandos ist. Bei kleinen Teilern ist es für das Betriebssystem der Karte zunehmend schwieriger, Daten zu empfangen und zu senden, da der Prozessor dabei nur mehr sehr wenig Zeit dafür hat. So bleiben etwa beim Empfang von Daten mit einem Teiler 256 für den Prozessor nur 256 Takte Zeit, um ein Bit zu erkennen und im I/O-Puffer der Karte abzulegen.

Zur Berechnung der mit den Standard-Teilern erzielbaren Übertragungsraten muß lediglich der angelegte Takt sowie der verwendete Teiler herangezogen werden.

$$\frac{3{,}5712 \text{ MHz}}{372} = 9\,600 \, \frac{\text{Bit}}{\text{s}}$$

$$\frac{4{,}9152 \text{ MHz}}{512} = 9\,600 \, \frac{\text{Bit}}{\text{s}}$$

So erhält man beispielsweise für die beiden üblichen Standardtaktfrequenzen 3,5712 MHz und 4,9152 MHz eine Datenübertragungsrate von genau 9 600 Bit/s. Diese 9 600 Bit/s sind auch der Grund für die zahlenmäßig krummen Teilerwerte. In der Frühzeit der Chipkartentechnik gab es nur sehr wenige Frequenzen, für die preisgünstige Quarzoszillatoren erhältlich waren. Also verwendete man billige Standard-Oszillatoren, die für Fernseher produziert wurden, und definierte die Teiler für Chipkarten so, daß man die damals schon übliche Übertragungsgeschwindigkeit von 9 600 Bit/s erhielt. Aus ähnlichen Gründen wurde bei den ersten PCs eine Taktrate von 4,77 MHz gewählt, weil diese kompatibel zum US-Farbfernsehen war und damit ein Fernseher, zumindest prinzipiell, an einen PC angeschlossen werden konnte.

Nimmt man einen maximalen Wert des Taktes von 10 MHz und einen minimalen Teiler von 32 an, so erhält man die derzeitige Obergrenze der Übertragungsgeschwindigkeit.

$$\frac{10 \text{ MHz}}{32} = 312\,500 \, \frac{\text{Bit}}{\text{s}}$$

Natürlich besteht die Möglichkeit, den Teiler noch weiter zu reduzieren, so daß die Übertragungskapazität gesteigert werden kann. Dies bedeutet jedoch einen erheblichen Mehraufwand an Programmcode in der Chipkarte, der aus Gründen des geringen Speicherplatzes normalerweise nicht realisiert wird. Bei vielen Neuentwicklungen von Chipkarten-Mikrocontrollern wird der Datenaustausch über die serielle Schnittstelle mit einer auf dem Chip befindlichen Hardwarebaugruppe (*universal asynchronous receiver transmitter – UART*) durchgeführt. Der Aufwand an Software für die Übertragung ist bei diesen Chiptypen nur mehr gering, und es ist möglich, die Geschwindigkeit der Datenübertragung durch die Hardwarelösung stark zu steigern. Die genormte Übertragungsrate von 111,6 kBit/s ist für eine Schnittstellenbaugruppe auf dem Chip ohne weiteres möglich.[1] Diese hohe Übertragungsgeschwindigkeit ist auch bei sehr hoher Ausführungsgeschwindigkeit der Maschinenbefehle im Prozessor des Mikrocontrollers die zur Zeit oberste Grenze für eine reine Softwarelösung für die Datenübertragung.

Aus den Daten für die Taktfrequenz der Karte und den Teilern läßt sich die Zeitdauer für ein Bit berechnen. Dabei erhält man bei 3,5712 MHz Takt und dem Teiler 372 eine Zeitdauer von 104 µs, was dann per Definitionem für diesen Teiler einem etu (*elementary time unit*) entspricht. Damit kann man das folgende Zeitdiagramm zeichnen.

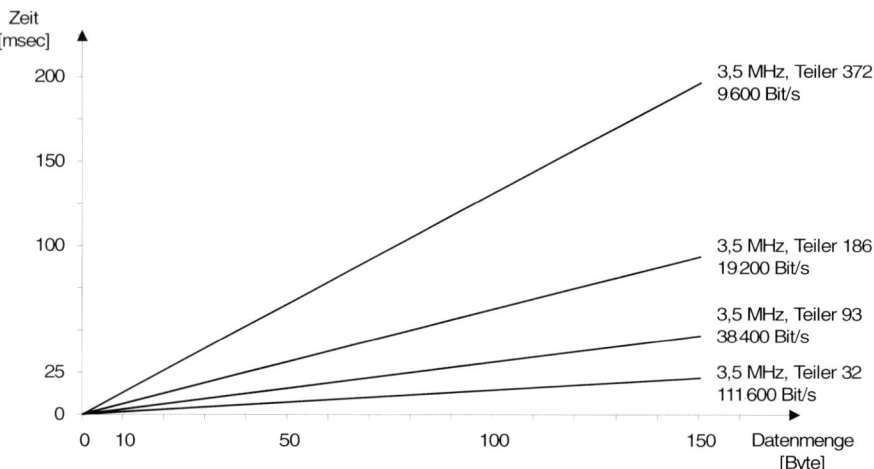

Bild 6.5   Diagramm zur Ermittlung der Übertragungszeiten von Daten bei typischen Übertragungsgeschwindigkeiten. Folgende Annahmen wurden dabei getroffen: 1 Startbit, 8 Datenbits, 1 Paritätsbit und 2 Stopbit pro Byte.

Die serielle Datenübertragung muß nicht völlig toleranzfrei ablaufen, sondern darf aus technischen Gründen gewissen Abweichungen unterliegen. Weil Chipkarten-Mikrocontroller oft noch keine Schnittstellenbausteine besitzen, muß man diese erlaubten Toleranzen in der Praxis bei den Softwarelösungen manchmal auch ausnutzen. Die Abweichung von der fallenden Flanke des Startbits bis zur abschließenden Flanke des n-ten Bits darf maximal ± 0,2 etu sein. Dies bedeutet für den Sender, daß ein einzelnes Bit sehr wohl eine Abweichung von ± 0,2 etu haben darf, doch auch über mehrere Bits gesehen ist eine größere Abweichung nicht erlaubt. Zeitliche Fehler bei einem Bit dürfen sich also nicht so stark aufsummieren, daß die zulässige Toleranz überschritten wird.

---

[1] siehe auch Abschnitt 15.8.3 Tabelle zur Ermittlung der Übertragungsgeschwindigkeit

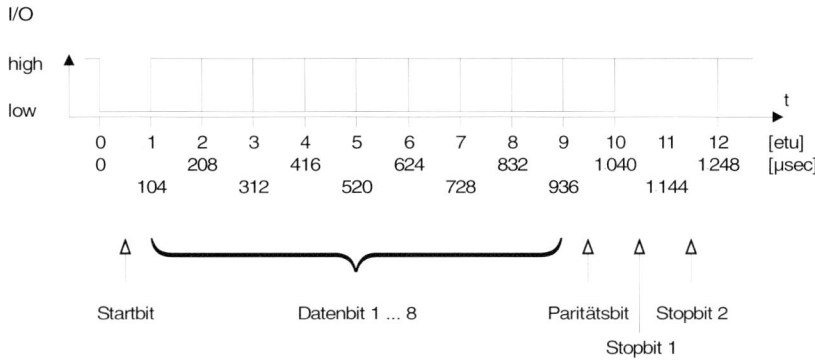

Bild 6.6   Zeitliche Darstellung eines Zeichens bei 9 600 Bit/s, was beispielsweise bei einer Taktfrequenz von 3,5712 MHz und dem Teiler 372 der Fall ist.

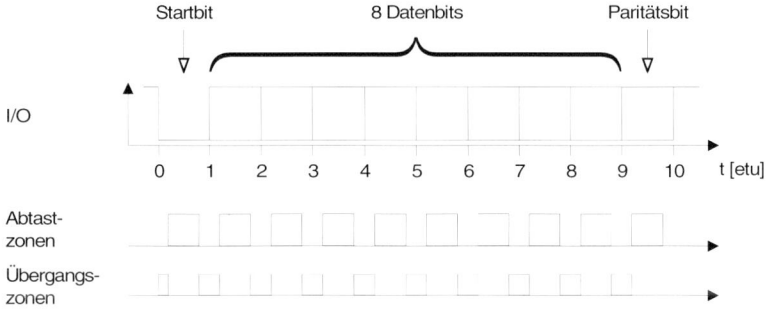

Bild 6.7   Die Abtast- und Übergangszonen beim Empfang eines Bytes.

Gerade bei der Übertragung von Daten über eine Leitung treten oft Einbrüche oder Überschwinger bei den Signalen auf. Man verläßt sich beim Empfang deshalb oft nicht nur auf eine Einfachabtastung des eingehenden Signals, sondern prüft es mehrmals. Ein typische Vorgehensweise ist eine Dreifachabfrage mit anschließender 2-aus-3-Entscheidung. Damit lassen sich kleinere Unsauberkeiten des Signalpegels bei der Übertragung ohne größeren Aufwand kompensieren. Eine weitere Steigerung auf fünf oder sieben Abtastungen würde aber bei der im allgemeinen recht guten Datenübertragung bei Chipkarten im Verhältnis zu dem dafür nötigen Aufwand wenig Sinn geben.

Die drei Abfragen sollten so weit wie möglich über das zu empfangende Bit verteilt werden, damit kurzzeitige Signalschwächen optimal ausgeglichen werden können. Damit stößt man links und rechts vom Bitmittelpunkt auf die Grenzen, die durch die maximal erlaubten Toleranzen beim Senden eines Bytes gesetzt sind (Abtastzone – *test zone*). Durch Ausmitteln der unteren und oberen Grenzen und des Bitmittelpunktes erhält man die optimalen Abtastzeitpunkte bei einer Dreifachabtastung. Dies unterliegt aber keiner Normung.[1] In den Übergangszonen (*transition zone*) darf nicht abgetastet werden, da das dort auftretende Signal ungültig ist.

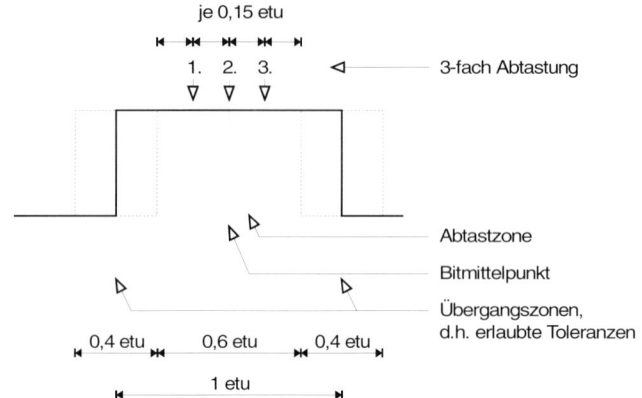

Bild 6.8   Beispiel für eine 3-fach Abtastung eines Bits beim Empfang.

6.2   Answer to Reset – ATR

Nach dem Anlegen der Spannungsversorgung, des Taktes und des Resetsignals sendet die Chipkarte am I/O-Pin einen Answer to Reset (ATR) aus. Dieser maximal 33 Byte lange Datenstring wird laut Norm (ISO/IEC 7816-3) immer mit dem Teiler (*clock rate conversion factor*) 372 gesendet und enthält verschiedene Informationen über die Datenübertragung und die Chipkarte. Dieser Teiler ist auch dann zu verwenden, wenn das auf den ATR folgende Übertragungsprotokoll einen anderen Teiler (z.B. 512) benutzt. Damit ist sichergestellt, daß der ATR jeder Chipkarte unabhängig von den Parametern des Übertragungsprotokolls empfangen werden kann.

Es kommt sehr selten vor, daß ein ATR die maximale Länge erreicht. Viel öfter ist der ATR nur aus sehr wenigen Bytes aufgebaut. Gerade bei Anwendungen, in denen die Karte sehr schnell nach der Anschaltsequenz benutzbar sein muß, darf der ATR nicht zu lang sein. Ein typisches Beispiel hierzu ist die Bezahlung von Maut an Autobahnen mit elektronischen Geldbörsen in Form von Chipkarten. Trotz hoher Geschwindigkeit der Fahrzeuge beim Durchfahren der Erfassungsstellen muß in der kurzen zur Verfügung stehenden Zeit ein sicheres Abbuchen möglich sein.

Mit dem Aussenden des ATR muß zwischen 400 und 40 000 Taktzyklen nach dem Freigeben des Resetsignals durch das Terminal begonnen werden. Dies entspricht bei einer Taktfrequenz von 3,5712 MHz der Zeitspanne von 112 µs bis 11,20 ms, und bei 4,9152 MHz sind es 81,38 µs bis 8,14 ms.[2] Empfängt das Terminal während dieses Zeitraums nicht den Beginn des ATRs, so wiederholt es mehrmals (üblicherweise dreimal) die Einschaltsequenz und versucht dabei, einen ATR zu detektieren. Schlagen

---

[1] siehe auch Abschnitt 15.8.4 Tabelle mit Abtastzeitpunkten
[2] siehe auch Abschnitt 15.8.2 Umrechnungstabelle für Datenelemente des ATR

alle diese Versuche fehl, so nimmt das Terminal die Karte als fehlerhaft an und reagiert entsprechend.

Während des ATRs darf zwischen den Startflanken der einzelnen Bytes nach ISO/IEC 7816-3 eine Zeitdauer von 9 600 etu liegen. Diese Zeit hat die Bezeichnung initial waiting time. Bei einem Takt von 3,5712 MHz ist dies eine Zeitdauer von genau einer Sekunde. Das heißt, daß es nach der Norm erlaubt ist, zwischen den einzelnen Bytes im ATR jeweils eine ganze Sekunde zu warten und erst dann das nächste Byte zum Terminal zu senden. In manchen Chipkarten-Betriebssystemen wird diese Zeit für interne Berechnungen und EEPROM-Schreibzugriffe benutzt.

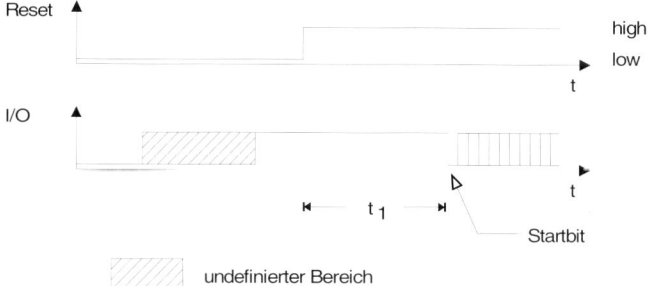

Bild 6.9   Zeitlicher Ablauf des Resetsignals und Start des ATRs nach ISO/IEC 7816-3 mit 400 Takte $\leq t_1 \leq$ 40 000 Takte.

Der Datenstring und die Datenelemente des ATR sind in der ISO/IEC 7816-3 definiert und detailliert erläutert. Der grundlegende Aufbau eines ATR ist dabei wie folgt: Die ersten beiden Bytes, TS und T0 genannt, definieren verschiedene grundlegende Übertragungsparameter sowie das Vorhandensein von nachfolgenden Bytes. In den Interface Characters werden spezielle Übertragungsparameter der Übertragungsprotokolle angegeben, die für die anschließende Datenübertragung von Bedeutung sind. Die Historical Characters beschreiben den grundlegenden Funktionsumfang der Chipkarte. Als letztes Byte des ATRs kann je nach Übertragungsprotokoll „The Check Character" TCK gesendet werden, der eine Prüfsumme von vorangehenden ATR-Bytes ist.

Tabelle 6.1   Die Datenelemente des ATR und ihre Bezeichnungen nach ISO/IEC 7816-3.

Datenelement	Bezeichnung
TS	The Initial Character
T0	The Format Character
TA1, TB1, TC1, TD1, ...	The Interface Characters
T1, T2, ..., TK	The Historical Characters
TCK	The Check Character

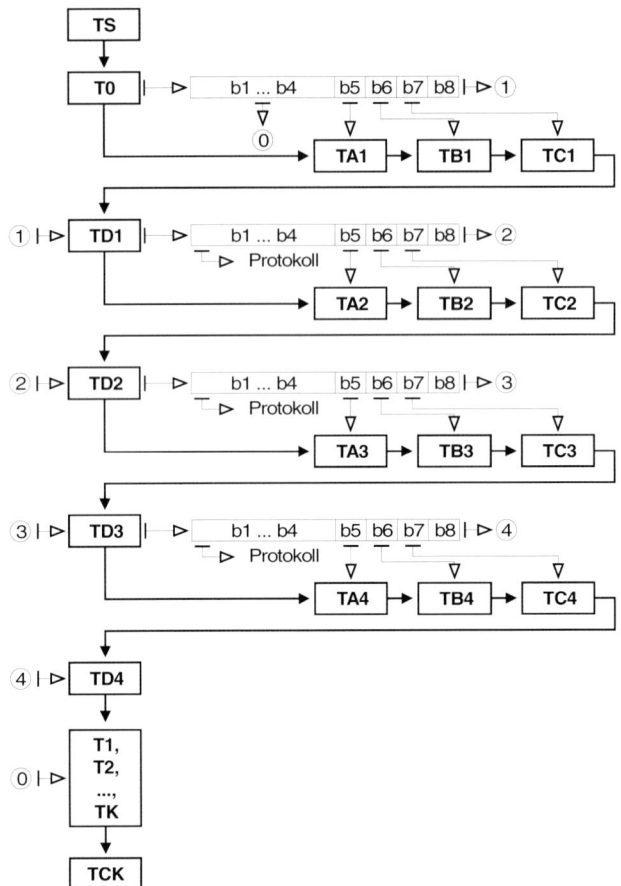

Bild 6.10   Der grundlegende Aufbau und die Datenelemente des ATR.

Der Initial Character

Dieses mit TS bezeichnete Byte enthält die convention aller Daten des ATR sowie des nachfolgenden Kommunikationsablaufes. Zusätzlich beinhaltet TS ein charakteristisches Bitmuster, das vom Terminal zur Erkennung des Teilers benutzt werden könnte. Dazu mißt das Terminal die Zeit zwischen den ersten beiden fallenden Flanken in TS, teilt diese Zeit durch drei, und das Ergebnis ist die Zeitdauer für ein etu (*elementary time unit*). Da der für den ATR zu verwendende Teiler aber auf 372 festgelegt ist, findet in Terminals meist keine Auswertung des Synchronisationsmusters statt. Dieses erste Byte ist ein verpflichtender Bestandteil des ATR, es muß in jedem Fall gesendet werden. Es gibt für dieses Byte nur zwei mögliche Codierungen: '3B' in direct convention oder '3F' in inverse convention codiert.

Die in Deutschland übliche convention der Bytes ist direct. In Frankreich wird vornehmlich inverse convention benutzt. Die convention hat keinen Einfluß auf die Sicherheit der Übertragung. Natürlich gibt es bei den verschiedenen Betriebssystem-

Für das Übertragungsprotokoll T=0 ist noch der folgende Specific Interface Character definiert:

Specific Interface Character TC2
Das letzte Datenelement des T=0 Protokolls codiert die work waiting time und wird als TC2 bezeichnet. Die work waiting time ist die maximale Zeit zwischen den Startflanken zweier aufeinanderfolgender Bytes.

$$work\ waiting\ time = (960 \cdot D \cdot WI)\ work\ etu$$

Falls TC2 im ATR nicht enthalten ist, beträgt der Standardwert für die work waiting time WI = 10.

Tabelle 6.11   Die Codierung von TC2.

b8	b7	b6	b5	b4	b3	b2	b1	Bedeutung
			X					WI

Für das Übertragungsprotokoll T=1 sind die folgenden zusätzlichen Bytes entsprechend ISO/IEC 7816-3 definiert. Die für T=0 vorgeschriebenen Interface Characters finden hier nur bei Bedarf Verwendung. Datenelemente – wie TC1 für zusätzliche Schutzzeit – dürfen weggelassen werden, da sie bei T=1 keinen Sinn ergeben würden.

Für dieses Protokoll muß der Index i bei den Datenelementen dabei immer größer als zwei sein. Die Specific Interface Characters TAi, TBi, TCi (i > 2) gelten dabei immer für dasjenige Übertragungsprotokoll, das in $TD_{(i-1)}$ angegeben ist.

Specific Interface Character TAi (i > 2)
Das Byte TAi enthält die maximale Länge des Informationsfeldes, das von der Karte empfangen werden kann (IFSC). Der Wert muß sich dabei im Bereich zwischen 1 und 254 bewegen. Die voreingestellte Größe von IFSC beträgt 32 Byte.

Tabelle 6.12   Die Codierung von TAi für i > 2.

b8	b7	b6	b5	b4	b3	b2	b1	Bedeutung
			X					IFSC

Specific Interface Character TBi (i > 2)
Das niederwertige Halbbyte beinhaltet in den vier Bits b4 bis b1 die Codierung für die Zeichenwartezeit CWT[1], so daß gilt:

$$CWT = \left(2^{CWI} + 11\right)\ work\ etu$$

Das höherwertige Halbbyte enthält den Wert BWI, mit dem die Blockwartezeit BWT[2] folgendermaßen errechnet werden kann:

---

[1] siehe auch Abschnitt 15.8.1 Zeitbereich für den ATR
[2] siehe auch Abschnitt 15.8.2 Umrechnungstabelle für Datenelemente des ATR

$$BWT = 2^{BWI} \cdot 960 \cdot \frac{372}{f \cdot s} + 11 \text{ work etu}$$

Tabelle 6.13   Die Codierung von TBi für i > 2.

b8	b7	b6	b5	b4	b3	b2	b1	Bedeutung
		...			X			CWI
X						...		BWI

Specific Interface Character TCi (i > 2)
Das Bit b1 codiert die Berechnungsweise des Fehlererkennungscodes. Da in der Norm zu den Datenelementen des ATRs nicht alle möglichen Parameter der Übertragungsprotokolle im Rahmen der Interface Characters definiert sind, können verschiedene Implementierungen zusätzliche Interface Characters benutzen.

Tabelle 6.14   Die Codierung von TCi für i > 2.

b8	b7	b6	b5	b4	b3	b2	b1	Bedeutung
...	...	...	...	...	...	...	0	LRC wird benutzt
...	...	...	...	...	...	...	1	CRC wird benutzt
0	0	0	0	0	0	0	...	Reserviert für spätere Verwendung

Ein typisches Beispiel dafür ist das nationale Protokoll T=14 in Deutschland. Dort sind noch einige zusätzliche Bytes im ATR für die spezifischen Belange dieses Protokolls definiert. Die Decodierung ist jedoch dann nur für die Anwender dieses Protokolls möglich, da sie nur unter Kenntnis der entsprechenden Spezifikation erfolgen kann. Dies ist dann aber weder genormt noch außerhalb der jeweiligen Anwendung bekannt.

Global Interface Character TA2
Dieses Byte zeigt die möglichen Modi an, die für den PTS verwendet werden können. Im Abschnitt 6.4 über den PTS ist dies genauer erläutert.
Die Codierung von TA2 ist wie folgt:

Tabelle 6.15   Die Codierung von TA2.

b8	b7	b6	b5	b4	b3	b2	b1	Bedeutung
0	...	...	...		...			Umschaltung zwischen negotiable mode und specific mode möglich
1	...	...	...		...			Umschaltung zwischen negotiable mode und specific mode nicht möglich
...	0	0	...		...			Reserviert für spätere Verwendung
...	...	...	0		...			Übertragungsparameter sind explizit in den Interface Characters definiert
...	...	...	1		...			Übertragungsparameter sind implizit in den Interface Characters definiert
...	...	...	...		X			Protokoll T=X ist zu verwenden

Die Historical Characters

Der Inhalt der Historical Characters war lange Zeit von keiner Norm festgelegt, was dazu führte, daß sie je nach Betriebssystemhersteller die verschiedensten Daten enthalten.

Viele Firmen geben in den zur Verfügung stehenden Bytes eine Bezeichnung für das Betriebssystem sowie eine dazugehörige Versionsnummer der ROM-Maske an. Die Codierung ist meist in ASCII, so daß sie einfach zu interpretieren ist. Die Existenz der Historical Characters innerhalb des ATRs ist nicht vorgeschrieben. Damit ist es möglich, sie komplett wegzulassen, was in manchen Fällen von Vorteil ist, da der ATR kürzer wird und schneller ausgesendet werden kann.

Die internationale Norm ISO/IEC 7816-4 sieht zusätzlich zu den Historical Characters eine ATR-Datei vor. Diese Datei mit dem reservierten FID von '2F01' enthält weitere Informationen über den ATR. Sie ist als eine Erweiterung der in der Länge auf 15 Byte begrenzten Historical Characters gedacht. Der Inhalt der Datei mit nicht von der Norm festgelegter Struktur ist ASN.1-codiert.

Die in der ATR-Datei oder in den Historical Characters enthaltenen Datenelemente können vielschichtige Informationen über die Chipkarte und das verwendete Betriebssystem sein. So ist vorgesehen, von der Karte unterstützte Funktionen für Dateiselektion, der impliziten Selektion und Informationen über den Mechanismus der logischen Kanäle dort zu speichern. Weiterhin können zusätzliche Daten über Kartenherausgeber, Seriennummer von Karte und Chip, Version der ROM-Maske, des Chips und des Betriebssystem dort untergebracht werden. Die Codierung der entsprechenden Datenobjekte ist in den Normen ISO/IEC 7816-4 und -5 enthalten.

Der Check Character

Dieses letzte Byte des ATRs ist eine XOR-Prüfsumme von Byte T0 bis zum letzten Byte vor TCK. Mit dieser Prüfsumme kann zusätzlich zur Paritätsprüfung die Richtigkeit der ATR-Übertragung festgestellt werden. Allerdings gibt es bei diesem Byte trotz des vermeintlich einfachen Aufbaus und Berechnung einige signifikante Unterschiede zwischen den Übertragungsprotokollen.

Falls nur das Übertragungsprotokoll T=0 im ATR angezeigt ist, darf sich die Prüfsumme TCK nicht am Ende des ATRs befinden. Sie wird dann überhaupt nicht gesendet, da bei T=0 die byteweise Fehlererkennung durch Paritätsprüfung und Wiederholung des fehlerhaften Bytes obligatorisch ist. Im Gegensatz dazu muß im Falle des Übertragungsprotokolls T=1 ein TCK-Byte im ATR vorhanden sein. Die Berechnung beginnt ab dem Byte T0 und endet beim letzten Interface Character bzw., falls vorhanden, dem letzten Historical Character.

Praxisbeispiele für ATRs

Die folgenden Bilder zeigen Beispiele aus der Praxis für unterschiedliche ATRs von Chipkarten und lassen sich sehr gut als Vorbild für Interpretationen von ATRs oder zur Definition von eigenen ATRs benutzen.

Bild 6.13   Beispiel für einen ATR einer Chipkarte mit Übertragungsprotokoll T=1.

Bezeichnung	Wert	Bedeutung		Bemerkung
TS	'3B'	direct convention		
T0	'B5'	Y1	= 1011 = 'B'	TA1, TB1, TC1 folgen
		K	= '5'	5 Historical Characters
TA1	'11'	FI	= 0001 = '1'	F = 372
		DI	= 0001 = '1'	D = 1
TB1	'00'	II	= 0	I = 0
		PI1	= 0000 = '0'	Vpp-PIN ist nicht belegt
TD1	'81'	Y2	= 1000 = '8'	TD2 folgt
		T=1		
TD2	'31'	Y2	= 0011 = '3'	TA3 und TB3 folgen
		T=1		
TA3	'46'	I/O Pufferlänge = 70 Byte		Länge des ICC I/O Puffers (Schicht 7)
TB3	'15'	BWI	= '1'	BWT = 2 011 etu
		CWI	= '5'	CWT = 43 work etu
T1	'56'	"V"		"V 1.0"
T2	'20'	" "		
T3	'31'	"1"		
T4	'2E'	"."		
T5	'30'	"0"		
TCK	'1E'	The Check Character		XOR-Prüfsumme von T0 bis einschließlich T5

Bild 6.14   Beispiel für den ATR einer STARCOS-Chipkarte mit dem Übertragungsprotokoll
                 T=1 in Direct Convention. Das Betriebssystem ist noch nicht komplettiert.

Bezeichnung	Wert	Bedeutung		Bemerkung
TS	'3B'	direct convention		
T0	'9C'	Y1	= 'E' = °1001°	TA1 und TD1 folgen
		K	= 'C' = 12	12 Historical Characters
TA1	'11'	FI	= 0001 = '1'	F = 372
		DI	= 0001 = '1'	D = 1
TD1	'81'	'2'	= °1000°	TD2 folgt
		T=1		T=1 wird verwendet
TD2	'21'	'2'	= °0010°	TB2 folgt
		T=1		T=1 wird verwendet
TB2	'34'	CWI	= 3	Character Waiting Time
		BWI	= 4	Block Waiting Time
T1 ... T12	'53' || '43' || '20' || '53' || '56' || '20' || '31' || '2E' || '31' || '20'|| '4E' || '43'			"SC SV 1.1 NC"
TCK	'0F'	The Check Character		XOR-Prüfsumme von T0 bis einschließlich T12

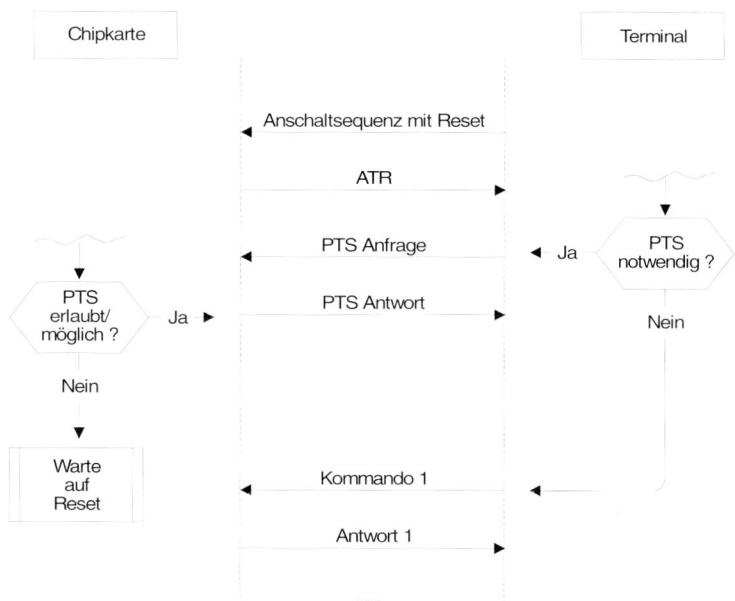

Bild 6.21   Ein typischer PTS-Ablauf einer GSM-Karte.

Der vorangehend beschriebene PTS würde nicht zur Protokollumschaltung bei Terminals funktionieren, die keinen PTS ausführen können, jedoch ein eigenes spezielles Übertragungsprotokoll haben. Genau dies ist aber z.B. bei den Kartentelefonen in Deutschland der Fall. Um dennoch die Möglichkeit eines Umschaltens des Übertragungsprotokolls zu haben, wurde dafür ein spezielles Verfahren erdacht.

Da alle Terminals bei einem unbekannten ATR mehrmals eine Resetsequenz ausführen, legte man fest, daß nach jedem Reset der Chipkarte diese das Übertragungsprotokoll wechselt. Ein Beispiel soll dies verdeutlichen: Beim ersten Reset sendet die Karte den ATR für T=14 und ist nach diesem auch mit T=14 kommunikationsbereit. Nach dem zweiten Reset sendet sie einen ATR für T=1 und ist dann mit T=1 kommunikationsbereit, nach dem dritten Reset wieder mit T=14. Diese Lösung ist technisch gesehen nicht optimal, da sich ein Gerät nach einem Reset immer gleich verhalten sollte, doch stellt es eine durchaus praktikable Lösung für eine heterogene Terminalwelt dar.

Es ist möglich, diesen Nachteil zu relativieren, indem man nach einem Power-On-Reset der Chipkarte (Kaltreset) immer mit dem gleichen ATR antwortet. Ein Power-On-Reset wird von der Chipkarte immer direkt nach dem Stecken in ein Terminal und der Anschaltsequenz ausgeführt. Ein Reset über die Reset-Leitung (Warmreset) der Chipkarte führt hingegen zum Umschalten des Übertragungsprotokolls. Somit verhält sich die Chipkarte nach jedem „echten" Einschalten gleich, und eine zusätzliche Auslösung des Resets führt zum Weiterschalten des Übertragungsprotokolls.

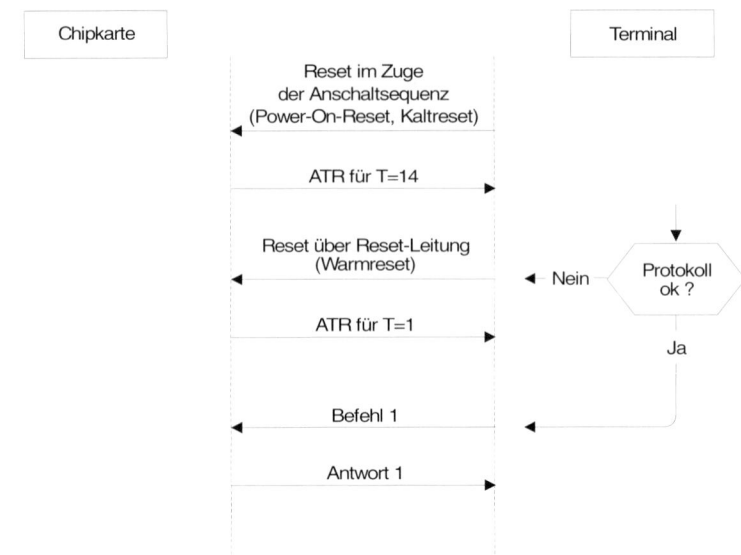

Bild 6.22   Ein typischer PTS-Ablauf über Reset.

6.4   Übertragungsprotokolle

Nachdem die Chipkarte einen ATR ausgesandt und eventuell ein PTS stattgefunden
hat, wartet sie auf das erste Kommando des Terminals. Der nun folgende Ablauf entspricht immer dem Master-Slave-Prinzip mit dem Terminal als Master und der Karte
als Slave. Konkret sendet das Terminal ein Kommando zur Karte, diese führt es aus
und sendet anschließend die Antwort zurück. Dieses Ping-Pong-Spiel von Kommando
und Antwort wird niemals durchbrochen.

Bild 6.23   Die Systematik der Übertragungsprotokolle von Chipkarten.

   Nun gibt es aber verschiedene Möglichkeiten, die Kommunikation mit einer Chip-
karte aufzubauen. Auch im Falle einer Übertragungsstörung existieren unterschiedliche
Verfahren, um beide Kommunikationspartner wieder zu synchronisieren. Die genaue
Realisierung der Kommandos, der dazugehörigen Antworten und das Verhalten bei

Übertragungsfehler findet in den Beschreibungen der sogenannten Übertragungsprotokolle seinen Niederschlag.

Es sind insgesamt 15 Übertragungsprotokolle vorgesehen und in ihrer Grundfunktionalität definiert. Die Bezeichnung setzt sich aus dem Ausdruck „T=" (*transport
protocoll*) und einer nachfolgenden Nummer zusammen. Die folgende Tabelle zeigt
einen Überblick.

Tabelle 6.20   Die Übertragungsprotokolle nach ISO/IEC 7816-3 im Überblick.

Übertragungsprotokoll	Bedeutung
T=0	asynchron, halbduplex, byteorientiert, spezifiziert in ISO/IEC 7816-3
T=1	asynchron, halbduplex, blockorientiert, spezifiziert in ISO/IEC 7816-3 Amd. 1
T=2	asynchron, vollduplex, blockorientiert, spezifiziert in ISO/IEC 10 536-4
T=3	vollduplex, noch nicht spezifiziert
T=4	asynchron, halb duplex, byteorientiert, Erweiterung von T=0, noch nicht spezifiziert
T=5 ... T=13	Reserviert für zukünftige Anwendungen und noch nicht spezifiziert
T=14	für nationale Anwendung, nicht von ISO genormt
T=15	Reserviert für zukünftige Erweiterungen und noch nicht spezifiziert

Dabei haben sich international zwei Übertragungsprotokolle durchgesetzt. Zum einen ist dies das T=0 Protokoll, das im Jahr 1989 international genormt wurde
(ISO/IEC 7816-3), und zum anderen das T=1 Protokoll, das 1992 Eingang als Anhang
in eine internationale Norm fand (damals in ISO/IEC 7816-3 Amd. 1 und jetzt in
ISO/IEC 7816-3). Das stark an T=1 angelehnte Vollduplex-Übertragungsprotokoll
T=2 befindet sich zur Zeit in der Phase der Definition und wird in einigen Jahren als
internationale Norm zur Verfügung stehen.

In Deutschland wird an den weitverbreiteten Kartentelefonen noch ein drittes Proto
koll namens T=14 verwendet, das in einem Firmenstandard der Telekom festgelegt ist.

Die durch die Übertragungsprotokolle transportierten Dateneinheiten bezeichnet
man als TPDU (*transmission protocol data unit*). Sie sind sozusagen protokoll-
abhängige Container, die Daten von und zur Chipkarte transportieren. In ihnen sind
dann die eigentlichen Anwendungsdaten eingebettet.

Zusätzlich zu den technisch aufwendigen Übertragungsprotokollen für Chipkarten
existieren noch eine Reihe von sehr einfachen synchronen Protokollen für Speicherkarten. Diese finden z.B. bei Telefonkarten oder Krankenversichertenkarten ihren typischen Anwendungseinsatz. Sie haben allerdings keine Mechanismen zur Fehlerkorrektur und basieren auf einer fest verdrahteten Logik im Chip.

6.4.1   Synchrone Datenübertragung

Die synchrone Datenübertragung findet bei Chipkarten mit Mikrocontroller keine Verwendung, da diese nur asynchron mit dem Terminal kommunizieren. Sie ist aber der Standard bei Speicherkarten, die in sehr großen Stückzahlen, z.B. als vorbezahlte elektronische Geldbörsen bei Kartentelefonen, eingesetzt werden. Diese große Verbreitung ist auch der Grund, warum hier die synchrone Datenübertragung beschrieben ist.

Die synchrone Datenübertragung bei Speicherkarten ist sehr stark mit der Hardware des Chips verknüpft und auf eine größtmögliche Einfachheit hin ausgelegt. Es existiert auch keine Schichtentrennung im Übertragungsprotokoll oder eine logische Adressierung, so daß die Anwendung im Terminal direkt auf Speicheradressen des Chips zugreifen muß. Die dort enthaltenen Daten können durch das Protokoll physikalisch adressiert und dann gelesen oder geschrieben werden. Damit ist die eigentliche Datenübertragung auch noch zusätzlich mit der Funktionalität der Speicheradressierung und -verwaltung verknüpft.

Gleichfalls gibt es auch kein Verfahren, während der Datenübertragung Übertragungsfehler zu erkennen oder zu korrigieren. Im übrigen treten Übertragungsfehler zwischen Chipkarte und Terminal sehr selten auf. Stellt die Anwendung im Terminal trotzdem einen Übertragungsfehler fest, dann muß sie den entsprechenden Bereich in der Speicherkarte nochmals lesen. Alle diese Einschränkungen ermöglichen es jedoch, mit einer geringen Anzahl von Logikgattern und hoher Geschwindigkeit Daten von der Karte zum Terminal und in umgekehrter Richtung zu übertragen.

Weil die synchrone Übertragung nur deshalb benutzt wird, um möglichst einfach, also mit einem minimalen Aufwand an Logikschaltkreisen, im Chip eine Datenübertragung zu ermöglichen, erhält man dadurch fast zwangsläufig eine starke Abhängigkeit zur verwendeten Hardware. So sind die synchronen Übertragungsprotokolle nicht einheitlich und zum Teil von Chip zu Chip sehr unterschiedlich. Lediglich der ATR ist standardisiert. Ein Terminal, das mit unterschiedlichen Speicherkarten kommunizieren will, benötigt also mehrere verschiedene Implementierungen von synchronen Übertragungsprotokollen.

Die exakte Bezeichnung für die Datenübertragung bei Speicherkarten lautet „zum Takt synchrone serielle Datenübertragung". Damit wird erst klar, welche Randbedingungen mit dieser Kommunikationsart verbunden sind. Die Daten werden, genau wie im asynchronen Fall, seriell, also Bit für Bit, zwischen Karte und Terminal übertragen. Allerdings sind die zu übermittelnden Daten synchron zu einem zusätzlich übertragenen Takt. Damit entfällt die Notwendigkeit der Übertragung von Start- oder Stop-Informationen.

Im Fall einer einfachen Speicherkarte fehlen auch noch die Informationen für eine Fehlererkennung, es wird also auch kein Paritätsbit oder eine zusätzliche Prüfsumme mit übertragen. Daß die Wahrscheinlichkeit des Auftretens von Übertragungsfehlern gering ist, hat mit dem sehr niedrigen angelegten Takt zu tun. Er bewegt sich im Bereich von 10 kHz bis 100 kHz. Da pro Taktzyklus ein Bit übertragen wird, erreicht man beispielsweise bei einer Taktfrequenz von 20 kHz eine Übertragungsrate von 20 kBit/s.

Allerdings ist die effektive Übertragungsrate etwas niedriger, da bei Speicherkarten noch zusätzliche Adressangaben mit übertragen werden.

Um die synchrone Datenübertragung bei Speicherkarten verständlich darzustellen, muß man vorab einige Grundlagen der Speicherkarten kennen. Diese Karten haben in ihrer einfachsten Form einen zweigeteilten Speicher, der aus einem nicht mehr änderbaren ROM und aus einem schreib- und löschbaren EEPROM besteht. Beide Bereiche sind bitweise adressierbar und können frei ausgelesen, bzw. im Falle des EEPROM auch geschrieben und gelöscht werden.

Das Master-Slave-Verhalten bei Speicherkarten ist noch stärker ausgeprägt als bei Chipkarten mit Mikrocontrollern. Das Terminal übernimmt beispielsweise komplett die physikalische Adressierung des Speichers. Die Speicherkarte selber kann nur bestimmte Bereiche global gegen Löschen sperren. Die Steuerung dazu übernimmt eine dem Speicher vorgeschaltete festverdrahtete Logik, die ebenfalls die Datenübertragung verwaltet.

6.4.1.1   Protokoll für Telefonchips

Die Datenübertragung ist hier am Beispiel einer Telefonkarte mit einem Chip SLE 4403 der Firma Siemens dargestellt. Der Speicher dieses Bausteins ist bitorientiert, was bedeutet, daß alle Operationen auf einem einzelnen Bit ausgeführt werden. Andere Chiptypen können ein von dieser Beschreibung abweichendes Protokoll haben. Die Grundprinzipien der Datenübertragung sind jedoch bei allen synchronen Karten gleich.

Die Datenübertragung geschieht mit der Hilfe von drei Leitungen. Die bidirektionale Datenleitung kann sowohl vom Terminal als auch von der Karte zum Austausch von Daten in der Länge eines Bits genutzt werden. Die Taktleitung überträgt den vom Terminal erzeugten Takt zur Speicherkarte, welcher die Grundlage für die synchrone Datenübertragung ist. Die dritte zur Übertragung notwendige Verbindung ist die Steuerleitung, die in Verbindung mit den Zuständen auf den beiden anderen Leitungen dann die eigentliche Funktion des Chips bestimmt.

Prinzipiell sind zur kompletten Ansteuerung einer Speicherkarte vier verschiedene Funktionen notwendig, die von der Logikschaltung im Chip decodiert werden müssen. Es sind dies die Funktionen Lesen, Schreiben, Löschen des Speichers und Verändern des Adreßzeigers. Speicherkarten besitzen einen globalen Adreßzeiger, mit dem alle Bereiche bitweise innerhalb des Speichers adressiert werden können. Erreicht der Adreßzeiger das obere Ende des Speichers, läuft er nach null über. Bei einem bitorientierten Aufbau des Chips zeigt er dann also wieder auf das erste Bit im Speicher. Eine Funktion der synchronen Datenübertragung ist es, diesen Zeiger auf einen Anfangswert zurückzusetzen, der im Regelfall null ist.

Die nächste Funktion ist es, Daten aus dem Speicher zu lesen. Schreiben und Löschen von Bits im EEPROM ergänzen die beiden vorherigen Funktionen. Das Löschen und damit die Schaffung der Möglichkeit eines Neubeschreibens ist natürlich bei Telefonkarten gesperrt. Sonst könnten diese ja immer wieder aufgeladen werden.

Rücksetzen des Adreßzeigers

Der Adreßzeiger wird von der Anschaltlogik der Speicherkarte auf seinen Anfangswert
null zurückgesetzt, wenn sich die Taktleitung und der Steuereingang gleichzeitig auf
High-Pegel befinden. Der Steuerimpuls muß aber etwas länger anliegen als der high
Taktimpuls, um zu verhindern, daß die Adresse sofort um eins hochgezählt wird. Der
Adreßzeiger sollte nach jeder Anschaltsequenz der Karte auf seinen Ursprungswert zu-
rückgesetzt werden, da er sonst auf eine undefinierte Adresse zeigen würde.

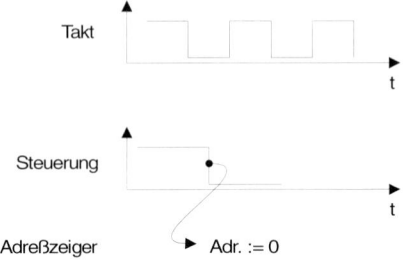

Bild 6.24   Das Rücksetzen des Adreßzeigers auf die Adresse null.

Erhöhen des Adreßzeigers und Lesen

Hat die Steuerleitung low Pegel und der Takt eine steigende Flanke, dann erhöht die
interne Logik der Speicherkarte den Adreßzeiger um eins. Mit der fallenden Flanke des
Taktes wird der Inhalt der durch den Zeiger festgelegten Adresse auf die Datenleitung
gelegt. Erreicht der Adresszähler seinen Maximalwert, der abhängig von der Größe des
Kartenspeichers ist, dann läuft er auf null über und fängt somit wieder von ganz vorne
bei null an.

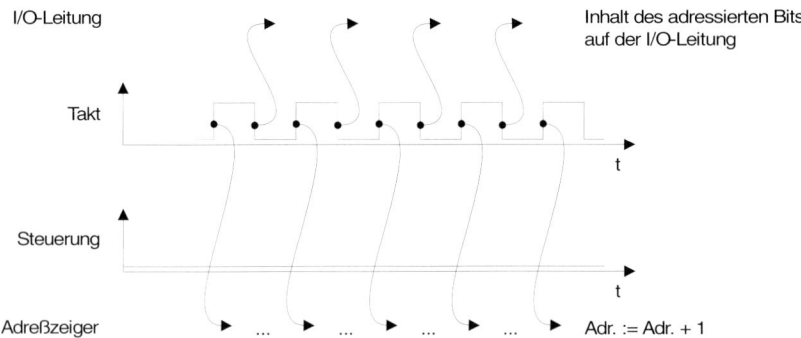

Bild 6.25   Das Erhöhen des Adreßzeigers und Lesen von Daten von einer Adresse.

Schreiben auf eine Adresse

Steht der Adreßzeiger auf einem beschreibbaren EEPROM-Bereich, dann kann der auf
der Datenleitung anliegende Wert mit einem High-Pegel an der Steuerleitung während
eines low Pegels des Taktes in das EEPROM geschrieben werden. Die Länge des

Schreibvorgangs wird durch die Dauer des unmittelbar nachfolgenden Taktimpulses bestimmt. Am Datenausgang erscheint beim korrekten Schreiben der Inhalt der geschriebenen Speicherzelle.

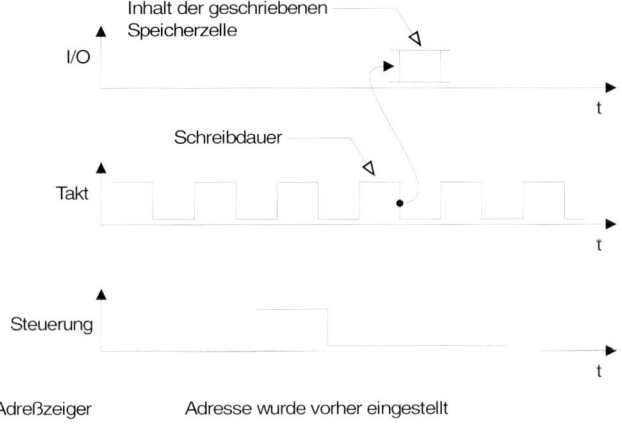

Bild 6.26   Das Schreiben eines Bits auf eine Adresse im EEPROM-Speicher.

Löschen von Bytes

Ein Teil des EEPROM-Speichers einer typischen Telefonkarte ist immer als mehrstelliger Oktalzähler organisiert. Muß nun in diesem Oktalzähler ein Byte gelöscht werden, da ein Übertrag auf die nächste Stelle erfolgte, dann stellt dies die Logikschaltung sicher. Deshalb ist das Löschen eines Bytes im Speicher etwas aufwendiger. Die Vorgehensweise ist dabei folgendermaßen: Schreibt man zweimal hintereinander auf ein Bit eines Bytes dann löscht die Hardwarelogik des Chips automatisch das dazugehörige niederwertige Byte. So ist sichergestellt, daß ein Übertrag auf die höhere Stelle erfolgte, und die niedrigere ist damit ohne eine Betrugsmöglichkeit gelöscht.

Die vier beschriebenen Zugriffsarten können von Chip zu Chip und auch von Hersteller zu Hersteller differieren. Eine andere Art der Datenübertragung, die jedoch standardisiert ist, findet man im I^{2}C-Bus wieder. Viele der neueren Speicherkarten verwenden diesen Bus für die Kommunikation mit einem Terminal. Dies hat natürlich den Vorteil, daß verschiedene Bausteine von unterschiedlichen Herstellern in einem System parallel zueinander benutzbar sind. Probleme mit der Handhabung von mehreren Übertragungsprotokollen zur Karte fallen weg, da alle Chips auf der Übertragungsschnittstelle kompatibel zueinander sind.

6.4.1.2   I^{2}C-Bus

Da serielle und taktsynchrone Datenübertragungsprotokolle unkompliziert und vielseitig einsetzbar sind, werden sie relativ häufig benutzt. Seit dem Jahr 1990 gibt es von der Firma Philips Bausteine mit der Eigenentwicklung I^{2}C-Bus. Dieser Bus, dessen Abkürzung I^{2}C für inter-integrated circuit steht, basiert auf einer seriellen und bidirektionalen Datenleitung und einer seriellen Taktleitung. Für diesen Bus ist sowohl die

Hardware, also die beiden Leitungen, als auch die Software im Sinne des Formats für die Datenübertragung definiert. Jeder Baustein im Bus kann die Kontrolle über den Bus übernehmen und Anfragen an weitere an den Bus angeschlossene Bausteine senden.

Weil Speicherkarten ebenfalls taktsynchron angesteuert werden, hat sich sehr schnell der I²C-Bus in der Chipkartenwelt etabliert. Es gibt dafür mittlerweile die unterschiedlichsten Speicherbausteine für den Einbau in Chipkarten. Im folgenden Beispiel wird als Grundlage der Speicherchip ST24C04 von ST Microelectronics verwendet. Dieser Chip hat einen wahlfrei schreib- und lesbaren EEPROM-Speicher der Größe 512 Byte. Die Zeitberechnung für die Programmierung des EEPROMs wird intern vom Chip durchgeführt, muß also nicht von außen gesteuert werden.

Der I²C-Bus setzt als Hardware eine Zweidrahtleitung vom Terminal zur Chipkarte voraus. Die SCL-Leitung (*serial clock*) überträgt den bis 100 kHz betragenden Takt. Daraus resultiert eine für Chipkarten verhältnismäßig hohe Datenübertragungsgeschwindigkeit bis zu 100 kBit/s. Die andere Leitung, SDA (*serial data*), wird bidirektional zum Datenaustausch zwischen Chipkarte und Terminal benutzt. Die SDA-Leitung wird im Terminal mit einem Pull-Up-Widerstand mit der Versorgungsspannung Vcc verbunden. Die beiden Kommunikationspartner können diese Leitung nur auf Masse legen. Das Senden eines High-Pegels erfolgt also passiv, indem der Sender seinen Ausgang auf einen hochohmigen Zustand (Tri-State) schaltet und der Pull-Up-Widerstand die SDA-Leitung auf den Pegel der Versorgungsspannung hochzieht.

Im Zusammenhang mit Chipkarten ist das Terminal immer der Master des I²C-Busses und die Karte immer der Slave. Die Datenübertragung beim I²C-Bus findet grundsätzlich mit Paketen zu einem Byte statt. Das höherwertige Bit des Bytes (Bit 8) wird als erstes übertragen. Jede Datenübertragung auf der SDA-Leitung wird durch ein Startsignal eingeleitet und mit einem Stopsignal abgeschlossen. Das Startsignal erhält man durch eine fallende Flanke während eines High-Pegels der SCL-Leitung. Eine steigende Flanke während eines High-Pegels hingegen zeigt das Stopsignal an. Jeder Empfang eines Bytes muß vom Empfänger mit einem Quittungssignal bestätigt werden. Dazu legt er die SDA-Leitung für einen Taktimpuls auf Masse.

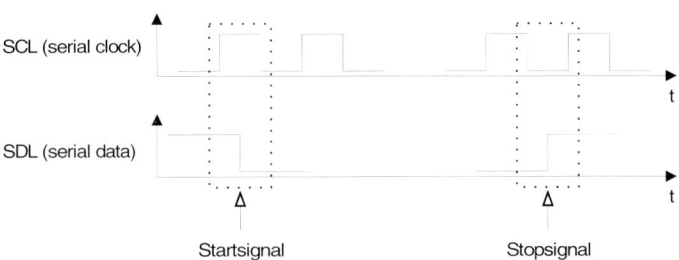

Bild 6.27   Das Start- und Stopsignal beim I²C-Bus.

Nach dem Start der Kommunikation sind die ersten 7 Bit des ersten gesendeten Bytes die Adresse des Empfängers. Im Falle des hier dargestellten Beispiels ist aus Vereinfachungsgründen für die Adresse der binäre Wert 1010 000x angenommen. Die-

Chipkarte		Terminal
	←	5 Byte langer Kommando-Header [CLA, INS, P1, P2, P3]
Header fehlerfrei empfangen, Aufforderung zum Senden des Datenteils (= Acknowledge – ACK) [ACK]	→	
	←	[Datenteil]
Abarbeitung des Kommandos Kommando ausgeführt, Daten vorhanden, Länge in SW2 [SW1 ‖ SW2]	→	mit P3 = Anzahl der Datenbytes
	←	GET RESPONSE mit P3 = Länge der abzuholenden Daten [CLA, INS, P1, P2, P3]
[Daten ‖ SW1 ‖ SW2]	→	Kommando-Antwort-Zyklus komplett abgeschlossen

Bild 6.33   Ein typischer Kommunikationsablauf bei T=0 mit Daten sowohl im Kommando als auch in der Antwort (z.B. Kommando MUTUAL AUTHENTICATE).

Wird ein Kommando zur Karte gesendet, und diese erzeugt nur einen Returncode ohne Datenteil, so entfällt der Teil mit GET RESPONSE. Da für diese Aktion des Abholens von Daten eines vorherigen Kommandos ein zusätzliches Kommando der Anwendungsschicht notwendig ist, herrscht natürlich keine exakte Trennung der Protokoll-Schichten mehr. Man muß Kommandos der Anwendungsschicht (GET RESPONSE) zur Unterstützung der Leitungsschicht benutzen, was einige Auswirkungen auf die jeweilige Anwendung hat. Obige Abläufe mögen auf den ersten Blick kompliziert erscheinen, deshalb sind sie in Bild 6.34 nochmals grafisch dargestellt.

Das T=0 Protokoll ermöglicht der Karte nach Empfang des Headers, die Bytes im Datenteil einzeln zu empfangen. Dazu muß diese lediglich als Procedure-Byte das invertierte Instruction-Byte zum Terminal senden, das daraufhin nur ein einzelnes Datenbyte aussendet. Beim nächsten Procedure-Byte der Karte folgt dann das nächste Datenbyte. Dieses byteweise Senden kann so lange fortgesetzt werden, bis die Karte alle Bytes des Datenteils empfangen hat oder als Procedure-Byte das nicht invertierte Instruction-Byte zum Terminal sendet. Daraufhin schickt das Terminal alle verbliebenen Bytes des Datenteils zur Karte, und diese hat damit das vollständige Kommando empfangen.

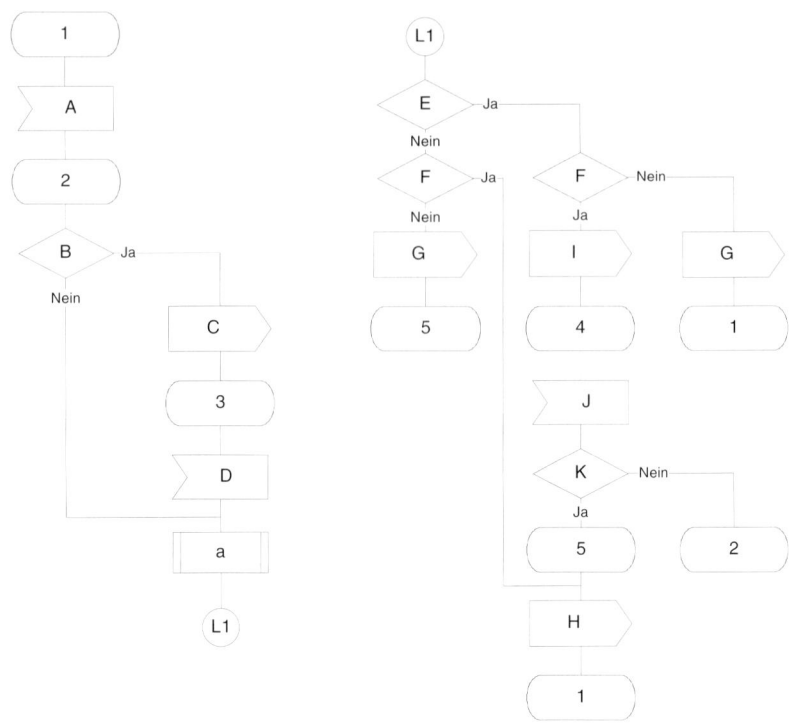

Bild 6.34   Der Zustandsautomat der Chipkarte für den Kommunikationsablauf bei T=0 ohne
Fehlerbehandlung.

α   -   Abarbeitung des Kommandos

1   -   Grundzustand
2   -   Header mit CLA, INS, P1, P2, P3 empfangen
3   -   Warte auf Datenteil (P3 = Anzahl der Bytes)
4   -   Warte auf ein Kommando (Header mit CLA, INS, P1, P2, P3)
         (P3 = Anzahl der Antwortdaten)
5   -   SW1, SW2 gesendet / GET RESPONSE empfangen

A   -   Empfange Header (5 Byte)
B   -   Datenteil vorhanden (P3 != 0)?
C   -   Datenteil vorhanden, sende Prozedure-Byte zum Terminal
D   -   Empfange Datenteil (P3 = Anzahl der Bytes)
E   -   War ein Datenteil im Kommando vorhanden (d.h. C und D durchlaufen)?
F   -   Sind Antwortdaten vorhanden (d.h. kein Fehler aufgetreten)?
G   -   Sende SW1 und SW2
H   -   Sende vorhandene Antwortdaten und SW1, SW2
I   -   Sende SW1 und SW2 (SW2 = Anzahl der Antwortdaten)
J   -   Empfange ein Kommando (Header = 5 Byte)
K   -   Ist das empfangene Kommando ein GET RESPONSE?

Chipkarte		Terminal
	←	5 Byte langer Kommando-Header [CLA, INS, P1, P2, P3]
„Sende ein Datenbyte"	→	
	←	[Datenbyte 1]
„Sende ein Datenbyte"	→	
	←	[Datenbyte 2]
weiterer Empfang von Einzelbytes		*weiteres Senden von Einzelbytes*
„Sende alle restlichen Datenbytes"	→	
	←	[Datenbyte n bis P3] (P3 = Anzahl der vorhandenen Datenbytes)
Abarbeitung des Kommandos		
[SW1 ∥ SW2]	→	Kommando-Antwort-Zyklus komplett abgeschlossen

Bild 6.35   Der Einzelbyteempfang bei T=0 (z.B. bei UPDATE BINARY).

Der Anwender interessiert sich bei einem Übertragungsprotokoll letztendlich vor allem für die Datenübertragungsgeschwindigkeit sowie die Fehlererkennungs- und Korrekturmechanismen.

Zum Senden eines Bytes, bestehend aus 8 Bit, müssen 12 Bit übertragen werden, da man 1 Startbit, 1 Paritätsbit und 2 etu für die Guardtime berücksichtigen muß. Unter der Annahme von 3,5712 MHz Takt und des Teilers 372 dauert damit die Übertragung von 1 Byte die Zeit von 12 ⋖ 1 etu = 1,25 ms.

Folgende Tabelle zeigt für einige typische Kommandos die benötigte Zeit zur Datenübertragung:

Tabelle 6.21   Übertragungsraten bei T=0 und verschiedenen Kommandos (Cmd: Kommando, Rsp: Antwort) mit den folgenden Annahmen: Takt: 3,5712 MHz, Teiler: 372, 2 Stopbits, und jeweils 8 Byte Daten pro Kommando.

Kommando	Anzahl der Nutzdaten		Anzahl der Protokolldaten		Dauer der Datenübertragung
READ BINARY	Cmd:	5 Byte	---		18,75 ms
	Rsp:	2 + 8 Byte			
UPDATE BINARY	Cmd:	5 + 8 Byte	---		18,75 ms
	Rsp:	2 Byte			
ENCRYPT	Cmd:	5 + 8 Byte	Cmd:	5 Byte	37,50 ms
	Rsp:	2 + 8 Byte	Rsp:	2 Byte	

Die Übertragungsrate sinkt natürlich, sobald Übertragungsfehler auftreten. Allerdings wirkt sich hier der Mechanismus der Einzelbytewiederholung sehr positiv aus, da selektiv nur das nicht korrekt empfangene Byte wiederholt gesendet wird.

Der Fehlererkennungsmechanismus des T=0 Protokolls umfaßt lediglich eine Paritätsprüfung am Ende jeden Bytes. Damit können 1-Bit-Fehler sicher erkannt werden, 2-Bit-Fehler lassen sich damit schon nicht mehr detektieren. Geht während der Übertragung vom Terminal zur Karte ein Byte verloren, so führt dies zu einer Endlosschleife (*dead lock*) in der Karte, da diese auf eine bestimmte Anzahl von Bytes wartet und keine Möglichkeit eines zeitgesteuerten Abbruchs hat. Der einzige praktikable Ausweg für das Terminal, diese Sackgasse in der Kommunikation zu beseitigen, ist ein Reset der Karte mit einem kompletten Neuaufbau der Verbindung.

In der normalen Kommunikation verursacht die nicht ausreichende Trennung zwischen Leitungs- und Transportschicht keine allzu großen Auswirkungen. Die gut funktionierende Anwendung GSM ist das beste Beispiel dafür. Beim Einsatz von gesicherter Datenübertragung, kommt es indes sehr bald zu Problemen. Denn bei einem teilweise verschlüsselten Header und einem vollständig verschlüsseltem Datenteil ist es durch den vorgegebenen Protokollablauf nicht mehr möglich, T=0 ohne größeren Aufwand zu unterstützen. Die Ursache dafür ist, daß ein unverschlüsseltes Instruction-Byte zur Verwendung als Procedure-Byte von T=0 benötigt wird.

Wegen der nicht vorhandenen Schichtentrennung und der offensichtlichen Probleme bei einer schlechten Verbindung wird das T=0 Protokoll oft als veraltet betrachtet. Andererseits kommt es bei der Kommunikation zwischen Terminal und Chipkarte so gut wie nie zu Übertragungsfehlern. Die gute durchschnittliche Übertragungsgeschwindigkeit, der geringe Aufwand zur Implementierung und die große Verbreitung machen die wesentlichen Vorteile dieses Protokolls aus.

6.4.3   Übertragungsprotokoll T=1

Das Übertragungsprotokoll T=1 ist ein asynchrones Halbduplexprotokoll für Chipkarten. Die Basis ist dabei die internationale Norm ISO/IEC 7816-3. Die zweite relevante Spezifikationsgrundlage ist der EMV-Standard. Das T=1 Protokoll gehört zur Klasse der Blockprotokolle. Dies heißt, daß ein Block die kleinste Dateneinheit ist, die zwischen Chipkarte und Terminal übertragen werden kann.

Dieses Protokoll weist eine strenge Schichtentrennung auf und kann in das OSI-Referenzmodell als Leitungsschicht (*data link layer*) eingeordnet werden. Schichtentrennung heißt in diesem Zusammenhang auch, daß Daten, die für höhere Schichten, also beispielsweise die Anwendungsschicht, bestimmt sind, vollständig transparent von der Leitungsschicht verarbeitet werden können. Es ist nicht notwendig, daß weitere Schichten – außer der betroffenen – den Inhalt der übertragenen Daten interpretieren oder verändern müssen.

Gerade der Einsatz von gesicherter Datenübertragung (*secure messaging – SM*) erfordert es, daß eine Schichtentrennung eingehalten wird. Nur dann ist es ohne großen Aufwand und ohne Tricks möglich, Anwendungsdaten verschlüsselt über die Schnittstelle zu übertragen. Das T=1 Protokoll ist momentan das einzige internationale Protokoll für Chipkarten, mit dem ohne Probleme und Kompromisse eine gesicherte Datenübertragung in allen Variationen möglich ist.

Der Ablauf des Übertragungsprotokolls startet, nachdem die Chipkarte den ATR ausgesendet hat oder nachdem ein erfolgreicher PTS ausgeführt wurde. Den ersten Block sendet das Terminal aus, den darauf folgenden die Chipkarte. Die Kommunikation wird dann mit wechselndem Senderecht in diesem Sinne weitergeführt.

Im übrigen findet das T=1 Übertragungsprotokoll nicht nur zwischen Chipkarten und Terminals seine Anwendung. Es gibt viele Terminals, bei denen es zur Kommunikation mit dem daran angeschlossenen Computer zur Übertragung der Anwendungs- und Steuerungsdaten eingesetzt wird.

Bei jedem Übertragungsprotokoll ist natürlich die resultierende Übertragungsgeschwindigkeit von besonderem Interesse. In der folgenden Tabelle sind einige typische Kommandos und die benötigte Zeit zur Datenübertragung aufgeführt:

Tabelle 6.22   Übertragungsraten bei T=1 und verschiedenen Kommandos (Cmd: Kommando, Rsp: Antwort) und den folgenden Annahmen: Takt: 3,5712 MHz, Teiler: 372, XOR als Fehlererkennungscode, 2 Stopbits und jeweils 8 Byte Daten pro Kommando.

Kommando	Anzahl der Nutzdaten		Anzahl der Protokolldaten		Dauer der Datenübertragung
READ BINARY	Cmd:	5 Byte	Cmd:	4 Byte	28,75 ms
	Rsp:	2 + 8 Byte	Rsp:	4 Byte	
UPDATE BINARY	Cmd:	5 + 8 Byte	Cmd:	4 Byte	23,00 ms
	Rsp:	2 Byte	Rsp:	4 Byte	
ENCRYPT	Cmd:	5 + 8 Byte	Cmd:	4 Byte	38,75 ms
	Rsp:	2 + 8 Byte	Rsp:	4 Byte	

Blockaufbau

Die zu übertragenden Blöcke werden grundsätzlich für zwei verschiedene Zwecke benutzt. Einerseits zur transparenten Übertragung von anwendungsspezifischen Daten und andererseits für die Steuerdaten des Übertragungsprotokolls bzw. für die Behandlung von Übertragungsfehlern.

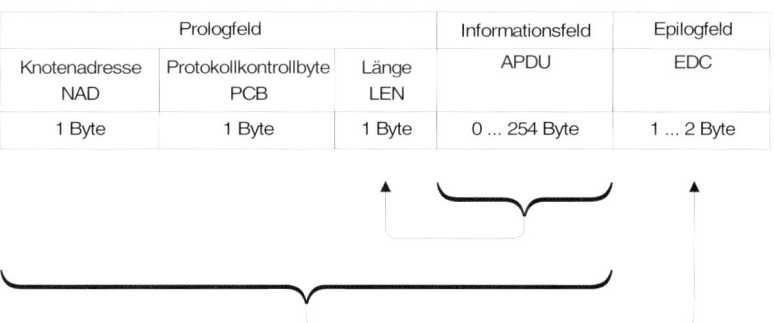

Bild 6.36   Der Aufbau eines T=1 Übertragungsblocks.

Die Übertragungsblöcke setzen sich aus einem führenden Prologfeld, dem Informationsfeld und einem nachgestellten Epilogfeld zusammen. Prolog- und Epilogfeld sind obligatorisch, müssen also in jedem Fall gesendet werden. Das Informationsfeld ist im Gegensatz dazu optional und enthält die Daten für die Anwendungsschicht. Dies ist entweder eine Kommando-APDU für die Chipkarte oder eine Antwort-APDU von der Chipkarte.

Grundsätzlich unterscheidet man im T=1 Protokoll drei verschiedene Blocktypen: Informationsblöcke, Empfangsbestätigungsblöcke und Systemblöcke: Die Informationsblöcke (I-Blöcke) werden zum transparenten Austausch von Daten der Anwendungsschicht genutzt. Der Empfangsbestätigungsblock (R-Block), der kein Informationsfeld besitzt, dient für positive oder negative Empfangsbestätigungen. Systemblöcke (S-Block) nutzt man für Steuerinformationen, die das Protokoll selbst betreffen. In Abhängigkeit von der Steuerinformation können sie ein Informationsfeld besitzen.

Prologfeld
Das Prologfeld besteht aus den drei Unterfeldern Knotenadresse (NAD), Protokollkontrollbyte (PCB) und Länge (LEN). Es hat eine Länge von drei Byte und enthält grundlegende Steuerungs- und Anzeigeinformationen für den aktuellen Übertragungsblock.

Knotenadresse (node address – NAD)
Das erste Byte des Prologfeldes wird als Knotenadresse bzw. NAD-Byte bezeichnet. Es enthält die Ziel- und Quellknotenadresse des Blocks. Diese sind in je 3 Bit codiert. Wird die Adressierung nicht benutzt, so sind die jeweiligen Bits auf 0 gesetzt.

Weiterhin ist aus Kompatibilitätsgründen zu älteren Mikrocontrollern eine Steuerung der EEPROM- bzw. EPROM-Programmierspannung vorgesehen. Diese Steuerung findet aber keine praktische Anwendung mehr, da mittlerweile alle Mikrocontroller für Chipkarten eine Ladungspumpe auf dem Chip haben.

Tabelle 6.23   Die Knotenadresse (NAD-Feld).

b8	b7	b6	b5	b4	b3	b2	b1	Bedeutung
X	...	...	...	X	...	...	...	Vpp-Steuerung
...	X	X	X	...	...	...	...	Zielknotenadresse DAD (*destination adress*)
...	...	...	...	...	X	X	X	Quellknotenadresse SAD (*source adress*)

PCB-Feld (protocol control byte – PCB)
Das der Knotenadresse folgende Unterfeld ist das Protokollkontrollbyte, kurz PCB-Byte (*protocol control byte*) genannt. Wie der Name schon beschreibt, dient es zur Kontrolle und Steuerung des Übertragungsprotokolls. Damit steigt der Aufwand an notwendigen Codierungen. Das PCB-Feld codiert in erster Linie den Blocktyp sowie die dazu notwendigen Zusatzinformationen.

Tabelle 6.24   Das PCB-Feld im Falle eines I-Blocks.

b8	b7	b6	b5	b4	b3	b2	b1	Bedeutung
0	...	...	...	...	...	...	...	Kennung für I-Block
...	N(S)	...	...	...	...	...	...	Sendefolgenummer
...	...	X	...	...	...	...	...	Folgedatenbit M
...	...	...	X	X	X	X	X	Reserviert

Tabelle 6.25   Das PCB-Feld im Falle eines R-Blocks.

b8	b7	b6	b5	b4	b3	b2	b1	Bedeutung
1	0	...	...	...	...	...	...	Kennung für R-Block
...	...	0	N(R)	0	0	0	0	kein Fehler
...	...	0	N(R)	0	0	0	1	EDC- / Paritätsfehler
...	...	0	N(R)	0	0	1	0	Sonstiger Fehler

Tabelle 6.26   Das PCB-Feld im Falle eines S-Blocks.

b8	b7	b6	b5	b4	b3	b2	b1	Bedeutung
1	1	...	...	...	...	...	...	Kennung für S-Block
...	...	0	0	0	0	0	0	Resynch Anfrage (nur vom Terminal)
...	...	1	0	0	0	0	0	Resynch Antwort (nur von der Chipkarte)
...	...	0	0	0	0	0	1	Anfrage zur Größenänderung des Informations- feldes
...	...	1	0	0	0	0	1	Antwort zur Größenänderung des Informations- feldes
...	...	0	0	0	0	1	0	Abbruch Anfrage
...	...	1	0	0	0	1	0	Abbruch Antwort
...	...	0	0	0	0	1	1	Anfrage zur Wartezeitverlängerung (nur von der Chipkarte)
...	...	1	0	0	0	1	1	Antwort zur Wartezeitverlängerung (nur vom Terminal)
...	...	1	0	0	1	0	0	Vpp Fehler Antwort (nur von der Chipkarte)

LEN-Feld (length field)

Das 1 Byte lange LEN-Feld zeigt in hexadezimaler Form die Länge des Informationsfeldes an. Der Wert des LEN-Feldes kann dabei von '00' bis 'FE' sein. Die Codierung
'FF' ist für zukünftige Erweiterungen vorgesehen und sollte daher momentan noch
nicht benutzt werden.

Informationsfeld

Das Informationsfeld dient im Falle eines I-Blocks als Container für die Daten der
Anwendungsschicht (OSI-Schicht 7). Der Inhalt dieses Feldes wird vollständig transparent übertragen. Das heißt, daß der Inhalt vom Übertragungsprotokoll ohne Analyse
oder Auswertung direkt weitergeleitet wird.

Im Falle eines S-Blocks werden in diesem Feld Daten für das Übertragungsprotokoll
übertragen. Dies ist jedoch die einzige Ausnahme, bei der der Inhalt des I-Feldes von
der Übertragungsschicht verwendet wird.

Die Größe des I-Feldes kann sich nach ISO zwischen '00' und 'FE' (254) Byte bewegen. Der Wert 'FF' (255) ist für die zukünftige Verwendung durch ISO reserviert. Terminal und Karte können unterschiedlich große I-Felder haben. Der voreingestellte
Wert der I-Feld-Länge für das Terminal beträgt 32 Byte (= *information field size for
the interface device – IFSD*) und kann mit einem speziellen S-Block verändert werden.
Für die Chipkarte gilt ebenfalls dieser voreingestellte Wert von 32 Byte (= *information*

field size for the card – IFSC), doch kann man ihn durch Angabe im ATR abändern.[1]
In der Praxis liegt die Länge des I-Feldes sowohl bei den Terminals als auch bei den
Chipkarten im Bereich zwischen 50 Byte und 140 Byte.

Epilogfeld
Dieses am Ende des Blocks übertragene Feld enthält einen Fehlererkennungscode über
alle vorangegangenen Bytes des Blocks. Die Berechnung geschieht entweder mit einem Längsprüfungscode (*longitudinal redundancy check – LRC*) oder mit einem zyklischen Redundanzprüfungscode (*cyclic redundancy check – CRC*). Welcher dieser beiden Fehlererkennungscodes verwendet wird, muß in den interface characters des ATR
angegeben werden. Ist dort keine Angabe enthalten, so ist implizit die LRC-Methode
vereinbart. Im anderen Fall ist die CRC-Berechnung nach ISO 3309 vorzunehmen. Das
dort benützte Teilerpolynom $G(x) = x^{16} + x^{12} + x^5 + 1$ ist identisch mit der CCITT
Empfehlung V.41. Die beiden Fehlererkennungscodes können nur zu einer Fehlerde-
tektion genutzt werden, es ist mit ihnen nicht möglich, eine Fehlerkorrektur im Block
vorzunehmen.

Der ein Byte lange Längsprüfungscode berechnet sich durch die XOR-Verknüpfung
aller vorangehenden Bytes im Block. Diese Berechnung läßt sich sehr schnell durchführen und ist in der Implementierung wenig codeintensiv. Normalerweise führt man
sie on-the-fly während des Sendens bzw. Empfangens durch. Sie ist in praktisch allen
T=1 Implementierungen als Standard vorhanden.

Die Verwendung des CRC-Verfahrens zur Erzeugung eines Fehlererkennungscodes
ergibt eine weit höhere Wahrscheinlichkeit der Fehlererkennung als die relativ primitive XOR-Prüfsumme. Allerdings findet dieses Verfahren in der Praxis momentan fast
keine Verwendung, da es in der Implementierung codeintensiv und langsam ist. Zusätzlich muß dann das Epilogfeld auf zwei Byte erweitert werden, was die Übertragungsrate senkt.

Sendefolge-/Empfangsfolgezähler (*send sequence counter/receive sequence counter*)
Jeder Informationsblock im T=1 Protokoll ist mit einer Sendefolgenummer versehen,
die aus nur einem Bit besteht und sich im PCB-Byte befindet. Sie wird modulo 2
hochgezählt, d.h. sie nimmt abwechselnd die Werte 0 und 1 an. Der Sendefolgezähler
hat auch noch die Bezeichnung N(S) und hat den Wert null als Anfangswert beim Start
des Protokolls. Die Zähler beim Terminal und in der Chipkarte werden unabhängig
voneinander erhöht.

Der Sendefolgezähler hat vorwiegend den Zweck, einen fehlerhaft empfangenen
Block nochmals anzufordern, da sich über N(S) die einzelnen Informationsblöcke jeweils eindeutig adressieren lassen.

Wartezeiten
Um Sendern und Empfängern bei der Datenübertragung genau festgelegte Mindest-
und Maximalzeiträume für diverse Aktionen einzuräumen und um im Fehlerfall über

---

[1] Datenelement im ATR: TAi (i>2)

einen definierten Abbruch eine Blockade des Übertragungsprotokolls zu verhindern, wurden verschiedene Wartezeiten definiert. Diese sind in der Norm alle mit Standardwerten vorbelegt, doch um die Übertragungsgeschwindigkeit zu maximieren, ist es möglich, diese entsprechend zu verändern und in den Specific Interface Characters des ATR dann anzuzeigen.

Zeichenwartezeit CWT (character waiting time)
Die Zeichenwartezeit CWT) ist definiert als die maximale Zeitspanne zwischen den Startflanken zweier aufeinanderfolgender Zeichen innerhalb eines Blocks. Der Empfänger startet also bei jeder Startflanke eine Countdown-Uhr. Diese Uhr hat als Startwert die Zeichenwartezeit. Läuft die Uhr ab und wurde währenddessen noch keine Startflanke eines neuen Zeichens detektiert, dann geht der Empfänger davon aus, daß der Übertragungsblock vollständig empfangen wurde. Das „CWT Empfangskriterium" kann daher auch generell als Blockendeerkennung verwendet werden. Dies reduziert jedoch die Geschwindigkeit der Datenübertragung erheblich, da sich jeder Block um die Zeitspanne der CWT verlängert. Besser geeignet ist daher die Erkennung des Blockendes durch das Zählen der empfangenen Bytes.

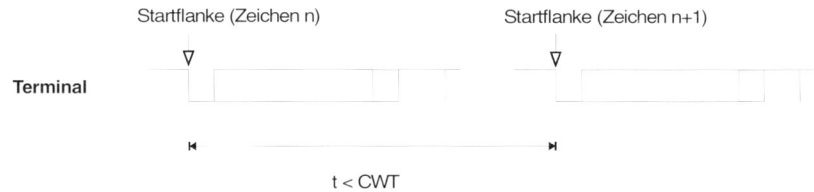

Bild 6.37   Die Definition der Zeichenwartezeit CWT.

Die CWT berechnet sich nach folgender Formel aus dem im ATR enthaltenen Datenelement CWI.

$$CWT = \left(2^{CWI} + 11\right) \text{ work etu}$$

Der voreingestellte Wert für CWI ist 13, so daß sich die folgende CWT ergibt:

$$CWT = \left(2^{13} + 11\right) \text{ work etu} = 8\ 203 \text{ work etu}$$

Bei einem Takt von 3,5712 MHz und einem Teiler von 372 errechnet sich daraus eine Zeitdauer von 0,85 Sekunden.[1]

Diese Zeitdauer, die als Grundeinstellung in der Norm vorgegeben ist, ist für eine schnelle Datenübertragung zu hoch. Der in der Praxis übliche Bereich für CWI liegt zwischen 3 und 5. Dies bedeutet bei einer normalen Sendefolge, bei der ein Zeichen nach dem anderen ohne zeitliche Verzögerung über die Schnittstelle geht, daß der Empfänger noch die Zeitspanne von ein bis zwei Byte wartet, bis er das Ende des Blocks oder einen Kommunikationsabbruch erkennt.

---

[1] siehe auch Abschnitt 15.8.2 Umrechnungstabelle für Datenelemente des ATR

Normalerweise erkennt die Empfangsroutine das Ende eines Blocks anhand der Blocklängenangabe im Längenfeld LEN. Ist der Inhalt dieses Feldes jedoch fehlerhaft, dann nutzt man zusätzlich die Zeichenwartezeit, um einen definierten Abbruch beim Empfang zu erreichen. Dieses Problem wird aber auch nur dann akut, wenn die Längenangabe zu kurz ist, denn in diesem Fall würde der Empfänger auf weitere Zeichen warten, die nie eintreffen. Damit wäre das Übertragungsprotokoll blockiert, und dieser Zustand könnte nur mehr durch einen Reset der Chipkarte beseitigt werden. Durch den Mechanismus der Zeichenwartezeit umgeht man dies.

Blockwartezeit BWT (block waiting time)
Um einen definierten Abbruch der Kommunikation mit einer nicht antwortenden Chipkarte zu erreichen, wurde die Blockwartezeit BWT definiert. Es ist die maximale Zeitspanne zwischen der Startflanke des letzten Bytes eines Blocks, der zur Karte gesendet wurde, und der Startflanke des ersten Bytes, das die Karte zurücksendet.

Auf einen üblichen T=1 Block übertragen, ist dies die maximale Zeit, die zwischen der Startflanke des XOR-Bytes im Epilogfeld im Kommandoblock und der Startflanke des NAD-Bytes in der Antwort der Karte vergehen darf.

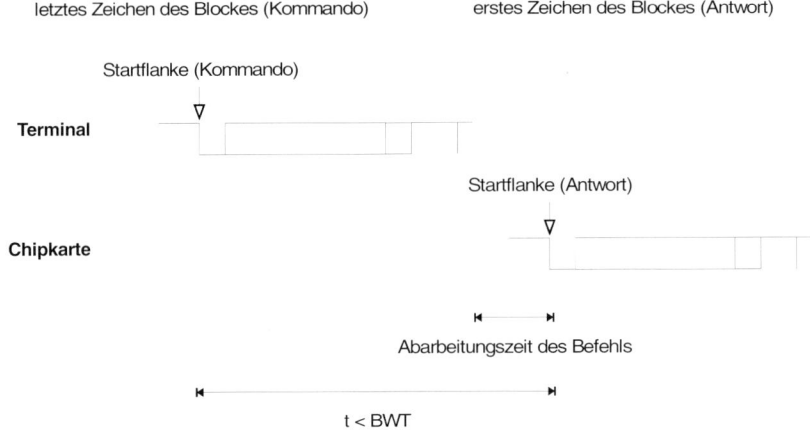

Bild 6.38   Die Definition der Blockwartezeit BWT.

Läuft diese Zeit ab, ohne daß die Karte eine Antwort sendet, darf das Terminal von einer Fehlfunktion der Karte ausgehen und entsprechende Reaktionsmechanismen einleiten. Dies wäre etwa ein Reset der Karte mit dem anschließenden Versuch des Neuaufbaus der Kommunikation.

Im ATR wird in den Interface Characters ein Wert für die BWT angegeben, der verkürzt als BWI codiert ist.

$$BWT = 2^{BWI} \cdot 960 \cdot \frac{372}{f} \cdot \text{s} + 11 \text{ work etu}$$

Ist im ATR kein Wert für BWI definiert, so benutzt man die Grundeinstellung von BWI = 4. Damit ergibt sich bei 3,5712 MHz und Teiler 372 der Wert 1,6 s für die Blockwartezeit.

$$BWT = 2^4 \cdot 960 \cdot \frac{372}{3\,571\,200\ \text{Hz}} \cdot s + 11\ \text{work etu} = 2^4 \cdot 0{,}1 \cdot s + 11\ \text{work etu} \approx 1{,}6\ s$$

Wie man sieht, ist dieser Wert großzügig bemessen. In der Praxis benutzt man für BWI oft den Wert 3, der zu einer Blockwartezeit von 0,8 s führt.[1] Die typischen Ausführungszeiten von Kommandos in der Chipkarte liegen in der Regel im Bereich von 0,2 s[2]. Deshalb ist eine BWT der vorstehend angegebenen Dauer ein Kompromiß zwischen üblicher Ausführungsdauer von Kommandos und der schnellen Detektion einer nicht mehr auf Kommandos antwortenden Chipkarte.

Blockschutzzeit BGT (block guardtime)
Die minimale Zeitspanne zwischen der Startflanke des letzten Byte und der Startflanke des ersten Byte in der entgegengesetzten Übertragungsrichtung ist definiert als die „Blockschutzzeit BGT". Sie ist das Gegenteil der BWT, die ja als die maximale Zeitspanne zwischen den beiden definierten Startflanken festgesetzt ist. Ein weiterer Unterschied ist, daß die Blockschutzzeit für beide Übertragungspartner verbindlich ist und eingehalten werden muß, die Blockwartezeit aber nur für die Chipkarte von Bedeutung ist. Zweck der Blockschutzzeit ist es, dem Sender eines Blocks eine Mindestzeitspanne einzuräumen, in der er von Senden auf Empfangen umschalten kann.

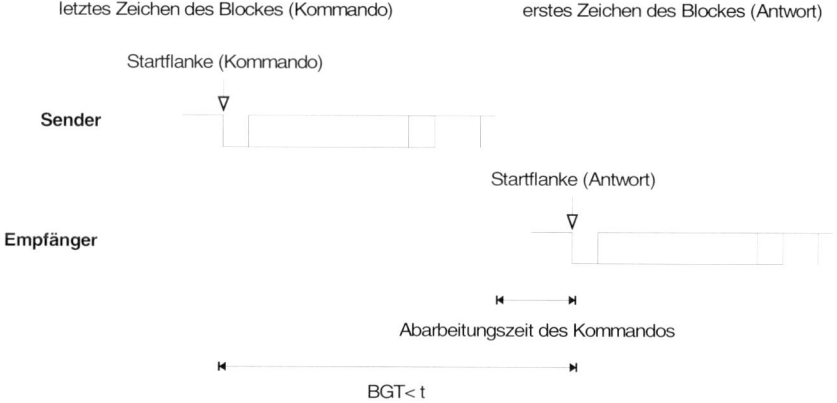

Bild 6.39   Die Definition der Blockschutzzeit BGT.

---

[1] siehe auch Abschnitt 15.8.2 Umrechnungstabelle für Datenelemente des ATR
[2] siehe auch Abschnitt 14.2 Formelsammlung zur rechnerischen Abschätzung von Ausführungszeiten

Der Wert der Blockschutzzeit ist ein Fixum und beträgt nach Norm 22 etu. Für eine mit 3,5712 MHz betriebene Chipkarte mit Teiler 372 ergibt sich somit eine Zeitspanne von ca. 2,3 ms.

Mechanismen des Übertragungsprotokolls

Wartezeitverlängerung (waiting time extension)
Benötigt eine Karte für die Erzeugung einer Antwort mehr Zeit als durch die Blockwartezeit BWT maximal erlaubt ist, so kann sie eine Wartezeitverlängerung vom Terminal anfordern. Dazu sendet die Chipkarte einen speziellen S-Block, der eine Wartezeitverlängerung anfragt, und erhält darauf vom Terminal einen passenden S-Block als Bestätigung dieser Anfrage. Eine Ablehnung dieser Anfrage durch das Terminal ist nicht erlaubt.

Die Dauer der Verlängerung der Blockwartezeit wird dem Terminal durch ein Byte im Informationsfeld mitgeteilt. Dieses Byte mit der Blockwartezeit multipliziert ergibt die neue Blockwartezeit, die allerdings nur für die Abarbeitung des zuletzt gesendeten I-Blocks gültig ist.

Chipkarte		Terminal
	←	I-Block
S-Block	→	
[Anfrage Wartezeitverlängerung]		
	←	S-Block
		[Bestätigung Wartezeitverlängerung]
I-Block	→	

Bild 6.40   Der Ablauf der Wartezeitverlängerung

Blockverkettung (chaining)
Eines der wesentlichen Leistungsmerkmale des T=1 Protokolls ist die Funktion der Blockverkettung. Sie erlaubt jeweils einem der beiden Kommunikationspartner, Datenblöcke zu übertragen, die größer als der betreffende Sende- bzw. Empfangspuffer sind. Dies kann gerade im Bereich des begrenzten Speicherplatzes der Chipkarten sehr nützlich sein. Erlaubt ist diese Verkettungsfunktion nur bei Informationsblöcken, da diese als einziger Blocktyp große Datenlängen aufweisen können. Die Anwendungsdaten werden bei der Blockverkettung in Einzelblöcke aufgeteilt und nacheinander zum Empfänger geschickt.

Die Daten für die Anwendungsschicht müssen so aufgeteilt werden, daß keines der dabei entstehenden Teile größer als die maximale Blockgröße des Empfängers ist. Danach wird der erste Teil im Rahmen des T=1 Protokolls in ein Informationsfeld eingebettet, mit Prolog- und Epilogfeld versehen und zum Empfänger gesendet. Im PCB-Feld des Blocks ist dabei das M-Bit (*more data bit*) gesetzt. Dieses zeigt dem Empfänger an, daß nun die Blockverkettungsfunktion Verwendung findet und daß in den nachfolgenden Blöcken verkettete Daten folgen.

Sobald der Empfänger diesen Informationsblock mit dem ersten Teil der Anwendungsdaten korrekt empfangen hat, signalisiert er mit einem R-Block, dessen Folgenummer N(R) der Sendefolgezähler N(S) des nächsten I-Blocks ist, daß er bereit ist, den nächsten verketteten I-Block zu empfangen. Daraufhin erhält der Empfänger vom Sender diesen Block.

Dieses Hin und Her von I- und R-Blöcken setzt sich so lange fort, bis vom Sender ein I-Block ausgeht, dessen M-Bit im PCB-Feld anzeigt, daß dies der letzte Block der Kette ist (M-Bit = 0). Nach Empfang dieses Blocks befinden sich nun alle Daten der Anwendungsschicht beim Empfänger, und dieser kann nun den Block verarbeiten.

Bild 6.41   Beispiel der Blockverkettung bei der Übertragung eines Informationsblocks vom Terminal zur Chipkarte.

Für den Ablauf von Blockverkettungen existiert allerdings eine Einschränkung. Innerhalb eines Kommando-Antwort-Zyklus darf eine Verkettung nur in eine Richtung vorgenommen werden. Wäre also in oben erläutertemBeispiel das Terminal der Sender der verketteten Blöcke, so dürfte die Karte als Antwort darauf keine verketteten Blöcke senden.

Es gibt noch eine weitere Einschränkung, die allerdings nicht wie die vorausgehende protokolltechnischer Natur, sondern durch den sehr begrenzten Speicherplatz der Chipkarten verursacht ist. Die Implementation des Mechanismus der Blockverkettung in Software ist mit einigem Aufwand verbunden, der Nutzen jedoch stark beschränkt, da die Kommandos und Antworten keine allzu große Länge haben und deshalb normalerweise keine Blockverkettung benötigen.

Falls die Länge des in der Chipkarte im RAM zur Verfügung stehenden Empfangspuffers nicht ausreicht, um dort alle Daten bei einer Blockverkettung zu speichern, ist es notwendig, diesen Puffer im EEPROM anzulegen. Dies bedingt allerdings eine starke Reduzierung der Übertragungsgeschwindigkeit, da der EEPROM-Schreibzugriff im Gegensatz zum RAM nicht mit voller Prozessorgeschwindigkeit durchgeführt werden kann.

Deshalb haben manche T=1 Implementierungen keine Funktion zur Blockverkettung, da der dafür notwendige Aufwand im Verhältnis zum Nutzen oft nicht gerechtfertigt ist. Dies ist auch ein typisches Beispiel dafür, daß in der Praxis Normen oft

sehr großzügig interpretiert werden. In diesem Fall läuft die Interpretation dahingehend, daß eine Blockverkettung bei T=1 eine zusätzliche Option ist, die nicht unbedingt notwendig ist.

Fehlerbehandlung

Das T=1 Protokoll weist hochentwickelte Fehlererkennungs- und Behandlungs-
mechanismen auf. Werden ungültige Blöcke empfangen, so versucht das Protokoll anhand genau festgelegter Abläufe die Kommunikation wieder auf ein fehlerfreies Niveau zurückzuführen.

Dabei gibt es aus der Sicht des Terminals drei Synchronisationsstufen. In der ersten
Stufe erhält der Sender eines fehlerhaften Blocks einen R-Block, der einen EDC-
/Paritätsbitfehler oder einen allgemeinen Fehler anzeigt. Der Empfänger dieses R-
Blocks muß daraufhin den letzten gesendeten Block wiederholen.

Ist es nicht möglich, mit dem Mechanismus der ersten Stufe eine fehlerfreie Verbindung wiederherzustellen, dann geht man zur zweiten Stufe über. Dies bedeutet, daß die
Chipkarte vom Terminal eine Resynchronisations-Anfrage in einem S-Block erhält.
Das Terminal erwartet daraufhin eine Resynch-Antwort. Gleichzeitig setzt sowohl das
Terminal als auch die Chipkarte die Sende- und Empfangszähler auf null zurück. Dies
entspricht dem Protokollzustand direkt nach dem ATR. Auf der Grundlage dieses Ur-
sprungszustandes versucht nun das Terminal, eine neue Verbindung aufzubauen.

Stufe 1 und 2 beeinflussen nur die Protokollschicht. Sie haben keinerlei Auswirkungen auf die Anwendung selber. Die dritte Stufe der Synchronisation allerdings betrifft alle Schichten in der Chipkarte. Kann das Terminal durch die Synchronisationsstufen 1 und 2 keine fehlerfreie Verbindung mehr aufbauen, dann löst es mittels der
Reset-Leitung zur Chipkarte einen Reset aus. Allerdings gehen dabei alle Informationen und Zustände der aktuellen Sitzung verloren. Im Anschluß an diesen Reset muß
die Kommunikation komplett neu aufgebaut werden.

Führt auch dieses Verfahren zu keiner funktionierenden Verbindung, so deaktiviert
das Terminal nach dreimaligem Versuch die Chipkarte. Üblicherweise erhält der Benutzer danach eine Fehlermeldung, daß seine Karte kaputt ist.

Tabelle 6.27   Die Stufen der Fehlerbehandlung bei T=1.

Synchronisationsstufe	Mechanismus
Stufe 1	Wiederholung des fehlerhaften Blocks
Stufe 2	Resynchronisation und Wiederholung des fehlerhaften Blocks
Stufe 3	Reset der Chipkarte und Neuaufbau der Verbindung

Beispiel für die Datenübertragung mit T=1

Das folgende Bild zeigt beispielhaft die Übertragung des Kommandos SELECT FILE mit T=1.

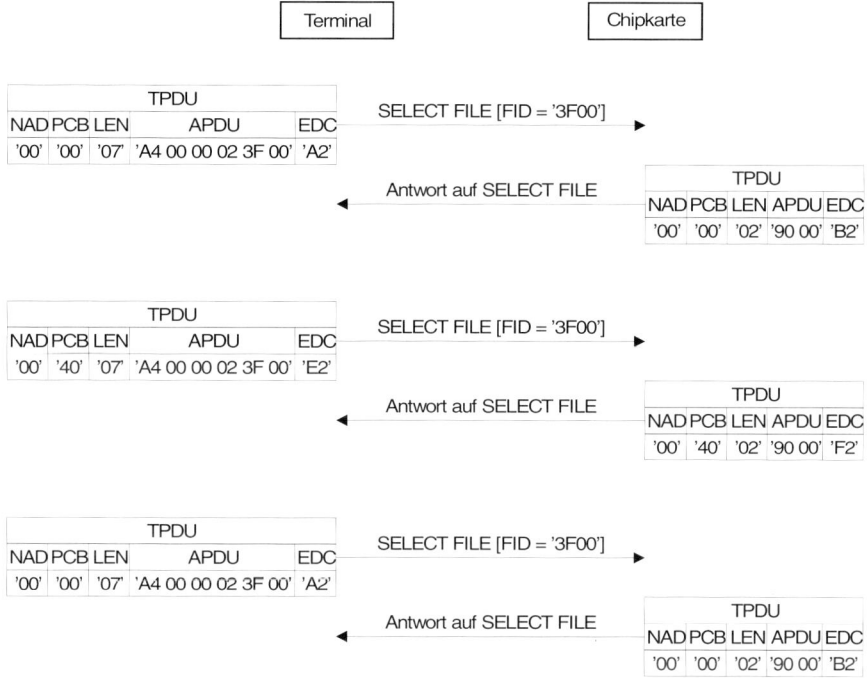

Bild 6.42   Der Gutfall der Datenübertragung einer TPDU mit dem Übertragungsprotokoll T=1. Als Fehlererkennungscode (EDC) wurde die Option XOR gewählt. In der APDU wird das Kommando SELECT FILE mit dem FID '3F00', d.h. Selektion des MFs, übertragen. Man sieht sehr gut, wie im PCB-Byte der Sendefolgezähler bei jedem Sendevorgang erhöht wird und sich der EDC entsprechend ändert.

Unterschiede zwischen T=1 nach ISO/IEC und T=1 nach EMV

In der ursprünglichen Festlegung des T=1 Protokolls nach ISO/IEC 7816-3 sind viele Mechanismen und Optionen vorgesehen, die zum Teil programmcodeaufwendig sind und auch oft nicht genutzt werden. Das typische Beispiel sind die umfangreichen Fehlerbehebungsmechanismen, welche zwar theoretisch interessant sind, aber bei einer echten Übertragungsstörung oftmals nicht greifen. Es ist in der Praxis meist besser, die Chipkarte nochmals in das Terminal zu stecken und die Sitzung von Anfang an neu aufzusetzen, als mit zahlreichen Resynchronisationsanfragen zu versuchen, die Übertragung wieder zu stabilisieren. Deshalb wurden im EMV-Standard einige Einschränkungen gegenüber der ursprünglichen ISO/IEC-Norm getroffen.

Tabelle 6.28   Überblick der Unterschiede bei Implementationen des Übertragungsprotokolls T=1 nach ISO/IEC 7816-3 bzw. nach EMV.

Mechanismus/Option	ISO/IEC 7816-3	EMV
BWT abgelaufen	z.B.: Reset der Karte	Deaktivierung der Karte
Chipkarte sendet Anfrage zur IFS Änderung	erlaubt	maximal 3mal nacheinander erlaubt
Chipkarte sendet S-Block mit Abort Request	erlaubt	Deaktivierung der Karte
I-Block mit Länge null.	erlaubt	verboten
Terminal sendet nacheinander 3 Blöcke und erhält keine gültige Antwort	Verhalten analog festgelegter Fehlerbehandlung, üblicherweise Resynch Anfrage.	Deaktivierung der Karte

6.4.4   Übertragungsprotokoll T=14 (Deutschland)

Die ISO-Norm 7816-3 sieht im ATR die Kennzeichnung eines nationalen Übertragungsprotokolls vor. Die reservierte Bezeichnung dafür lautet T=14. Mit der Einführung des C-Netzes für Mobiltelefone und der Kartentelefone in Deutschland benötigte man ein Protokoll zur Kommunikation mit den eingesetzten Chipkarten. Das zeichenorientierte Protokoll T=0 wollte man nicht verwenden, und ein genormtes Blockprotokoll gab es noch nicht. Deshalb entschied sich die Telekom 1987, einen von einem DIN-Arbeitskreis erstellten Normenvorschlag zu verwenden. Dieses Protokoll erhielt die Bezeichnung T=14, was nichts anderes bedeutet, als daß es eine eigene nationale Lösung ist. Außerhalb von Deutschland hat dieses Protokoll keine Bedeutung, es hatte aber sehr großen Einfluß auf die spätere Entwicklung des international genormten Protokolls T=1, da T=14 dafür eine der wichtigsten Grundlagen war.

Der Verbreitungsgrad von T=14 in Deutschland ist durch das C-Netz und vor allem durch die Kartentelefone sehr groß. Deshalb ist dieses Protokoll hier in seinen wesentlichen Eigenschaften beschrieben. Zur Ergänzung und Einführung in die Technik der Blockprotokolle empfiehlt es sich, den Abschnitt über T=1 zu lesen.

Das Übertragungsprotokoll T=14 ist blockorientiert aufgebaut und arbeitet asynchron zum angelegten Takt. Der dabei verwendete Teiler (*clock rate conversion factor*) beträgt 512, so daß bei einer Taktfrequenz von 4,9152 MHz eine Übertragungsgeschwindigkeit von 9 600 Bit/sec zustande kommt. Die Datenübertragung auf Schicht 2 (Leitungsschicht) wird immer in direct convention durchgeführt.

Die Größe des Puffers für Übertragungsblöcke muß mindestens 50 Byte betragen, der maximale Wert beträgt 255 Byte. Ein Mechanismus zur Blockverkettung (*chaining*) ist nicht vorgesehen.

CWT (*character waiting time*)

Die character waiting time (CWT), die analog T=1 als der maximale Zeitabstand der Startflanken zweier aufeinanderfolgender Bytes definiert ist, ist bei T=14 in eine Empfangs- und eine Sende-CWT aufgespalten. Dadurch erreicht man eine Toleranz zwischen Sender und Empfänger und erhöht so die Kommunikationssicherheit.

Für das Senden von Blöcken gilt mindestens CWI = 2, der Empfänger arbeitet maximal mit CWI = 5.

$$CWT = \frac{CWI}{2} \cdot \text{ms}$$

Umgerechnet in Zeiten gilt folgendes: Sende-CWT   1,0 ms

Empfangs-CWT   2,5 ms

Die Block Waiting Time ist ebenfalls analog T=1 definiert und kann in ihrem Wert als Datenelement BWI frei im ATR festgelegt werden.

$$BWT = \left(100 \cdot BWI \cdot \frac{1}{2}\right) \text{ms}$$

Ein Übertragungsblock von T=14 setzt sich immer aus drei Feldern zusammen. Der erste Teil eines Blocks ist der Prolog, in dem sich Informationen über den Block selber befinden. Daran schließt sich das Informationsfeld mit den Daten für die höheren Protokollschichten an. Den Übertragungsblock schließt der Epilog ab, der eine XOR-Prüfsumme über den gesamten restlichen Block enthält.

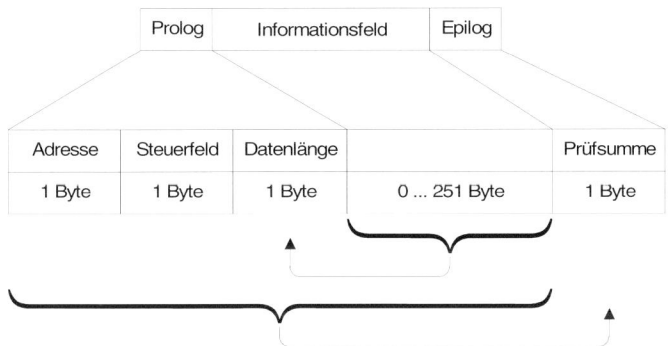

Bild 6.43   Der Aufbau eines T=14 Übertragungsblocks

Der Prolog selbst setzt sich wiederum aus einem Adreßbyte, einemSteuerbyte und einem Längenbyte zusammen. Die Adressierung der Datenblöcke zur und von der Chipkarte ist fest vorgegeben und darf nicht verändert werden. Die Chipkarte hat immer die Adresse '1' und das Terminal die Adresse '3'. Daraus folgt, daß alle Blöcke, die zur Chipkarte gesendet werden, den Wert '31' im Adreßbyte haben und alle Datenblökke in umgekehrter Richtung das Adreßbyte '13'.

Im Steuerbyte wird der Kommandotyp der Schicht 2 angegeben. Drei verschiedene Kommandotypen existieren im T=14 Protokoll. Der üblicherweise verwendete Kommandotyp ist der I-Befehl, welcher zur Übertragung von Informationen für die übergeordneten Schichten verwendet wird.

Das Steuerbyte enthält im Falle eines I-Befehls eine Sendefolgenummer N(S) und eine Empfangsfolgenummer N(R). Diese beiden Zähler haben beim Start des Protokolls nach dem ATR den Wert 0. Nach der Übertragung eines korrekten I-Blocks wird der Sendefolgezähler V(S) beim Sender erhöht. Ebenfalls wird nach dem Empfang eines korrekten I-Blocks der Empfangsfolgezähler V(R) beim Empfänger erhöht. Beim

Inkrementieren dieser Zähler wird eins addiert und dann der Modulo 8 berechnet, so daß beide Zähler immer nur den Bereich von 0 bis 7 zyklisch durchlaufen.

Um den Protokollablauf im Übertragungsfehlerfall zu steuern, wird entweder das REJ-Kommando (*reject*, Zurückweisung) oder im Fall einer weitergehenden Störung das RES-Kommando (*resynch*, Resynchronisation) benutzt. Der REJ-Befehl ist eine Wiederholungsanforderung des letzten gesendeten Blocks. Mit dem RES-Befehl können hingegen alle internen Zähler auf ihren Initialwert zurückgesetzt werden.

Ablauf der Datenübertragung

Empfängt einer der beiden Kommunikationspartner einen REJ-Befehl, so sendet er den letzten I-Befehl noch einmal, allerdings ohne die Zähler zu erhöhen. Der REJ-Befehl kann sowohl von der Chipkarte als auch vom Terminal gesendet werden.

Der RES-Befehl setzt in der Chipkarte sowohl den Sendefolgezähler V(S) als auch den Empfangsfolgezähler V(R) auf 0 zurück. Anschließend sendet die Chipkarte zur Bestätigung einen RES-Befehl zum Terminal zurück. Die Chipkarte darf dieses Kommando nie als erste senden, er dient dem Terminal nur als Bestätigung für einen korrekt ausgeführten vorangegangenen RES-Befehl.

Bei REJ- und RES-Kommandos ist das I-Feld leer, da diese Kommandos einzig dem Fehlerprotokoll gewidmet sind und deshalb keine Daten für übergeordnete Schichten transportiert werden.

Dieses für das gesamte Protokoll T=14 gültige Zustandsdiagramm in Bild 6.44 definiert den gesamten Protokollablauf und zeigt auch alle möglichen Mechanismen zur Fehlerbehandlung.

Im Ausgangszustand wartet die Chipkarte auf einen Block. Er ist komplett empfangen, sobald die Zeichenwartezeit CWT nach dem letzten empfangenen Byte abgelaufen ist. Dann analysiert die Chipkarte als erstes den empfangenen Block. Wurde er fehlerfrei empfangen und die Zählerstände stimmen ebenfalls, dann wird der Empfangsfolgezähler V(R) erhöht, und die übergeordnete Schicht zur Weiterbearbeitung des Kommandos aufgerufen.

Nachdem diese das Kommando bearbeitet hat, erhält die Protokollschicht die Kontrolle zurück und sendet das von der übergeordneten Schicht zusammengestellte I-Feld als I-Befehl zum Terminal. Daraufhin erhöht die Chipkarte den Sendefolgezähler V(S) und wartet auf den nächsten Block.

Wenn der von der Chipkarte empfangene Block einen Fehler aufweist, dann sendet diese einen REJ-Befehl mit dem letzten Empfangsfolgezählerstand zum Terminal.

War der von der Chipkarte empfangene Block korrekt und konnte als REJ-Befehl erkannt werden, dann sendet die Chipkarte den letzten I-Block erneut zum Terminal.

Ist der empfangene Block ein RES-Befehl, dann setzt die Chipkarte sowohl den Sendefolgezähler V(S) als auch den Empfangsfolgezähler V(R) auf 0 zurück und bestätigt die korrekte Ausführung mit einem RES-Befehl an das Terminal.

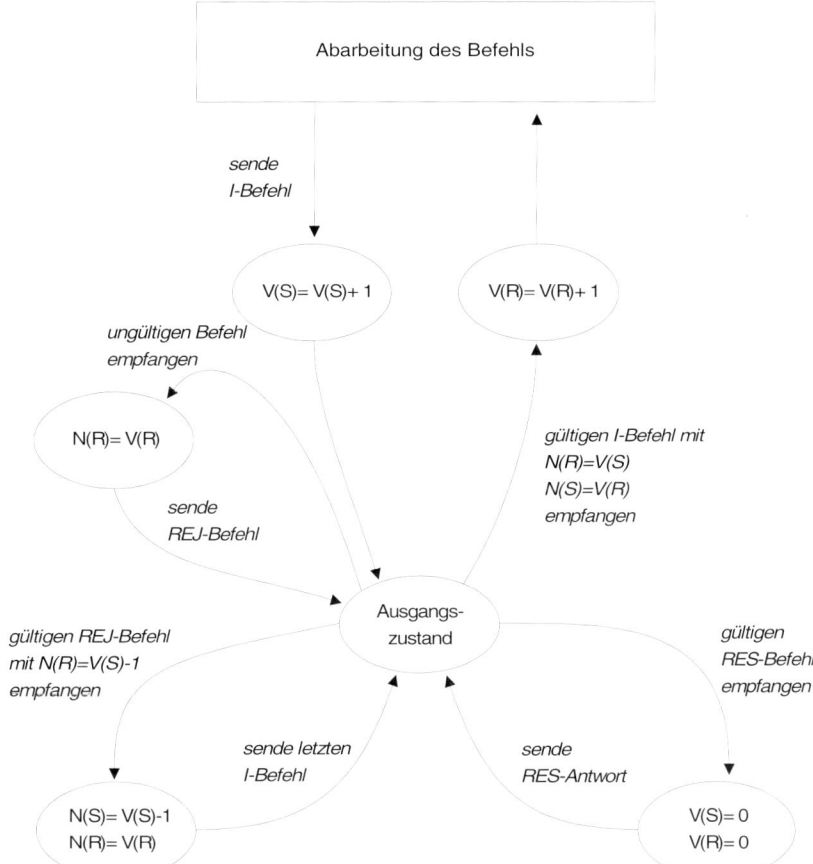

Bild 6.44   Zustandsautomat für den Protokollablauf bei T=14 mit den folgenden Variablen:
N(S) – Sendefolgenummer im Kommando, N(R) – Empfangsfolgenummer im Kommando, V(S) – Sendefolgezähler in der Chipkarte und V(R) – Empfangsfolgezähler in der Chipkarte.

Die ICL-Schicht

Das T=14 Übertragungsprotokoll hat im Gegensatz zu allen anderen Übertragungsprotokollen zwischen Übertragungs- und Anwendungsschicht eine zusätzliche Protokollebene. Diese wird Interface Control Layer (ICL) genannt. Sie hat in einer Chipkarte keine eigentlichen Funktionen und zeigt im wesentlichen nur an, ob das Terminal online oder offline arbeitet. Die Schicht besteht aus dem Interface-Control-Byte und dem Datenfeld. Beide zusammen werden im I-Feld transparent übertragen. Das Datenfeld enthält alle Informationen, die für die Anwendungsschicht gedacht sind.

Im ICL-Byte können drei verschiedene Informationen codiert werden. Im Online-Bit wird angezeigt, ob die Daten von einem entfernten Rechner an das Terminal Online übertragen werden. Das Master-Bit zeigt den Protokoll-Master an, welcher im Fall der

Kommunikation mit der Chipkarte immer das Terminal ist. Das Terminal sendet also immer mit gesetztem Master-Bit und die Chipkarte immer mit auf 0 gesetztem Master-Bit.

Bild 6.45   Der Aufbau der ICL-Schicht (*interface control layer*).

Falls die Codierung des ICL-Byte von der Chipkarte als nicht korrekt erkannt wird, so setzt diese das Error-Bit und sendet einen I-Block mit ICB und leerem Datenfeld zum Terminal zurück.

Tabelle 6.29   Das ICL-Byte.

b8	b7	b6	b5	b4	b3	b2	b1	Bedeutung
0	0	X	0	0	...	0	...	Fehler Bit
0	0	...	0	0	X	0	...	Master Bit
0	0	...	0	0	...	0	X	Online Bit

6.4.5   Vergleich der asynchronen Übertragungsprotokolle

Eine kurze Anmerkung zur erzielbaren Übertragungsgeschwindigkeit sei hier und in diesem Zusammenhang noch angebracht. Oft versucht man die beiden Übertragungsprotokolle T=0 und T=1 zu vergleichen, indem man eine effektive Übertragungsrate berechnet. Dies gilt dann aber nur für ein bestimmtes Kommando und in einem bestimmten Zusammenhang. Sobald man aber solche Berechnungen verallgemeinert, verlieren sie ihre Bedeutung und auch ihre Richtigkeit.

Tabelle 6.30   Die international genormten asynchronen Übertragungsprotokolle im Vergleich.

Kriterium	T=0	T=1	T=2 (Normungsentwurf)
Datenübertragung	asynchron, halbduplex, byteorientiert	asynchron, halbduplex, blockorientiert	asynchron, vollduplex, blockorientiert
Norm	ISO/IEC 7816-3, GSM 11.11, EMV	ISO/IEC 7816-3, EMV	ISO/IEC 10 536-4
Teiler	frei definierbar, üblich: 372	frei definierbar, üblich: 372	frei definierbar, üblich: 372
Blockverkettung	nicht möglich	möglich	möglich
Fehlererkennung	Paritätsbits	Paritätsbits, EDC am Blockende	Paritätsbits, EDC am Blockende
Speicherbedarf für Implementierung	ca. 300 Byte	ca. 1 100 Byte	ca. 1 600 Byte

Beide Protokolle haben ihre Stärken und Schwächen bei der erreichbaren Übertragungsgeschwindigkeit, die aber von sehr vielen einzelnen Faktoren abhängen. Dies kann beispielsweise die Fehlerhäufigkeit bei der Übertragung, Größe des I/O-Puffers in der Chipkarte oder die spezielle Implementation des Protokolls sein. Zusammenfassend kann man davon ausgehen, daß beide Protokolle im Durchschnitt bei den meisten Anwendungen annähernd die gleiche effektive Übertragungsrate haben. Will man diese erhöhen, wird ein Wechsel des Protokolls wenig bewirken. Besser ist es, den Teiler zu erniedrigen, da man mit diesem Ansatzpunkt wesentlich mehr erreichen kann.

In den vorangehenden Abschnitten wurden zwei internationale Übertragungsprotokolle beschrieben. Um den Überblick zu wahren, sind in der Tabelle 6.30 die wesentlichen Eigenschaften sowie Vor- und Nachteile in kurzer Form zusammengefaßt.

6.5   Struktur der Nachrichten – APDUs

Der gesamte Datenaustausch zwischen Chipkarte und Terminal findet unter der Verwendung von APDUs statt. Die Bezeichnung APDU ist die Abkürzung für den englischsprachigen Fachausdruck „application protocol data unit". Er bezeichnet international genormte Dateneinheiten der Anwendungsschicht. Nach dem OSI-Schichtenmodell ist dies die Schicht 7. Bei Chipkarten ist diese Schicht direkt oberhalb der Übertragungsprotokolle angesiedelt. Die protokollabhängigen TPDUs (*transport protocol data unit*) hingegen sind die Dateneinheiten der direkt darunter liegenden Schicht.

Unterschieden wird zwischen Kommando-APDUs (*command-APDU*), die Kommandos an die Chipkarte darstellen, und Antwort-APDUs (*response-APDU*), die die Antworten der Chipkarte darauf sind. Vereinfacht ausgedrückt, sind APDUs sozusagen Container, die ein vollständiges Kommando an die Chipkarte bzw. eine vollständige Antwort der Chipkarte enthalten. Sie werden vom Übertragungsprotokoll transparent, also ohne Veränderung oder Interpretation übertragen.

Die APDUs nach ISO/IEC 7816-4 sind dabei so aufgebaut, daß sie unabhängig vom Übertragungsprotokoll sind. Eine APDU muß also nicht in ihrem Inhalt oder Aufbau bei unterschiedlichen Übertragungsprotokollen geändert werden. Dies gilt natürlich vor allem für die beiden standardisierten Protokolle T=0 und T=1. Die Forderung nach Unabhängigkeit vom Übertragungsprotokoll beeinflußte den Aufbau der APDUs, da man sie sowohl mit dem Byteprotokoll T=0 als auch mit dem Blockprotokoll T=1 transparent übertragen muß.

6.5.1   Struktur der Kommando-APDUs

Eine Kommando-APDU setzt sich aus einem Header und einem Body zusammen. Der Body kann unterschiedliche Länge haben oder sogar ganz fehlen, wenn das dazugehörige Datenfeld leer ist.

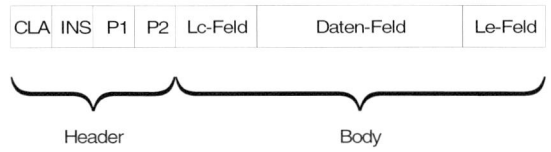

Bild 6.46   Die Struktur einer Kommando-APDU.

Der Header besteht aus den vier Elementen Class (CLA), Instruction (INS) und Parameter 1 und 2 (P1, P2). Das Class-Byte wird momentan noch dazu benutzt, um Anwendungen und ihren spezifischen Befehlssatz zu kennzeichnen. So verwendet GSM das Class-Byte 'A0', und für firmenspezifische Kommandos (*private-use command*) wird meist die Codierung '8X' benutzt. Kommandos nach ISO sind hingegen mit dem Class Byte '0X' codiert. Die Normung hat das Class-Byte zusätzlich zur Kennzeichnung für Secure Messaging und Logical Channels spezifiziert. Diese ist jedoch zu der eingangs erwähnten Nutzung als Anwendungskennzeichen kompatibel.[1]

Tabelle 6.31   Die wichtigsten Codierungen des Class Byte CLA nach ISO/IEC 7816-4.

b8 ... b5	b4	b3	b2	b1	Bedeutung
...	...	...	X	X	Nummer des Logical Channel
...	0	0	...	...	kein Secure Messaging
...	0	1	...	...	Secure Messaging nicht nach ISO, es wird ein eigenes Verfahren verwendet
...	1	0	...	...	Secure Messaging nach ISO, der Header ist nicht authentisch
...	1	1	...	...	Secure Messaging nach ISO, der Header ist authentisch
'0'	...	...	...	...	Struktur und Codierung nach ISO/IEC 7816-4
'8', '9'	...	...	...	...	Struktur nach ISO/IEC 7816-4, anwendereigene Codierung und Bedeutung der Kommandos und Antworten („private use")
'A'	...	...	...	...	Struktur und Codierung nach ISO/IEC 7816-4, spezifiziert in zusätzlichen Dokumenten (z.B. GSM 11.11)
'F'	1	1	1	1	Reserviert für PTS

Tabelle 6.32   Überblick über die Zuordnung von Class Bytes zu Anwendungen.

Class	Anwendung
'0X'	für die normierten Kommandos nach ISO/IEC 7816-4
'80'	für die elektronische Geldbörse nach EN 1546-3
'8X'	für anwendungs- und firmenspezifische Kommandos
'8X'	für Kreditkarten mit Chip nach EMV-2
'A0'	für GSM Mobiltelefon nach prETS 300 608 / GSM 11.11 und für die normierten Kommandos nach EN 726-3

Das nächste Byte in der Kommando-APDU ist das Instruction-Byte, mit dem die eigentlichen Kommandos codiert werden. Dabei kann fast der gesamte Adreßraum dieses Bytes mit der Einschränkung nur geradzahliger Codierungen ausgeschöpft werden. Dies ist deshalb notwendig, da das T=0 Protokoll die Programmierspannung durch ein um eins erhöhtes Instruction-Byte im Procedure-Byte aktivieren kann. Somit muß zur Unterscheidung das Instruction-Byte immer geradzahlig sein.[2]

Die beiden Parameter-Bytes werden in erster Linie dazu verwendet, das durch das Instruction-Byte gewählte Kommando näher zu beschreiben. Sie dienen deshalb vor allem als Schalter, um verschiedene Optionen in dem Kommando anzuwählen. So

---

[1] siehe auch Abschnitt 6.5.1 Struktur der Kommando-APDUs
[2] siehe auch Abschnitt 15.8.5 Tabelle der wichtigsten Chipkarten-Kommandos

nutzt man sie zur Auswahl der verschiedenen Selektionsmöglichkeiten bei SELECT FILE oder zur Angabe des Offsets bei READ BINARY.

Der dem Header folgende Body, der bis auf eine Längenangabe weggelassen werden kann, erfüllt einen zweifachen Zweck: Zum ersten legt er die Länge des Datenteils fest, der zur Karte gesendet wird (Lc-Feld)[1] und spezifiziert auch die Länge des von der Karte zurückzusendenden Datenteils (Le-Feld)[2]. Zum anderen enthält er die zum Kommando gehörenden Daten, die zur Karte gesendet werden. Falls das Le-Feld den Wert '00' hat, erwartet das Terminal das Maximum der für dieses Kommando zur Verfügung stehenden Daten von der Karte. Dies ist die einzige Ausnahme in der numerischen Beschreibung der Längenangaben.

Üblicherweise haben Le- und Lc-Feld immer eine Länge von einem Byte. Es ist möglich, daraus ein Le-/Lc-Feld mit je drei Byte Länge zu machen. Damit könnten Längen bis 65 536 dargestellt werden, da das erste Byte als Escape-Sequenz 'FF' codiert wäre. Die Norm definiert diese Längenangabe mit drei Byte schon für zukünftige Anwendungen, doch ist aufgrund der heutigen Speichergrößen eine Realisation noch nicht möglich.

'FF'	Le/Lc (MSB)	Le/Lc (LSB)
Byte 1	Byte 2	Byte 3

Bild 6.47   Die Struktur eines erweiterten Lc-/Le-Feldes.

Durch die Kombination der vorgehend beschriebenen Teile der Kommando-APDU kann man die folgenden vier generellen Fälle, sogenannte cases, unterscheiden:

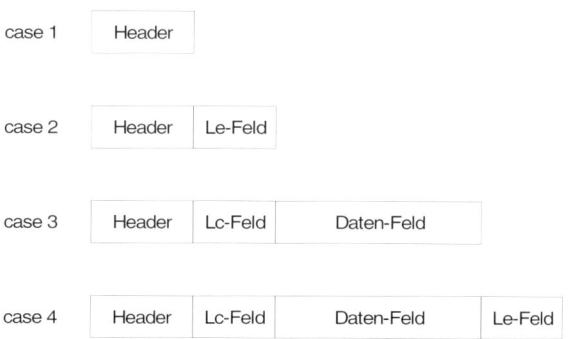

Bild 6.48   Die vier möglichen cases von Kommando-APDUs.

6.5.2   Struktur der Antwort-APDUs

Die von der Chipkarte auf eine Kommando-APDU gesendete Antwort-APDU besteht aus einem optionalen Body und einem obligatorisch zu sendenden Trailer.

---

[1] Lc: *length command*
[2] Le: *length expected*

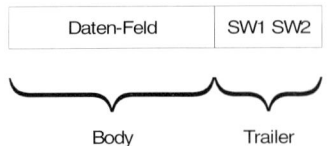

Bild 6.49   Die Struktur einer Antwort-APDU.

Der Body besteht aus dem Datenfeld, dessen Länge in der vorangehenden Kommando-APDU mit dem Le-Byte festgelegt wurde. Diese Länge kann entgegen der Angabe im Le-Byte null sein, wenn die Chipkarte den Bearbeitungsprozeß des Kommandos aufgrund eines Fehlers oder falschen Parameters abgebrochen hat. Dies wird dann in den beiden ein Byte langen Status-Wörtern 1 und 2 im Trailer angezeigt.

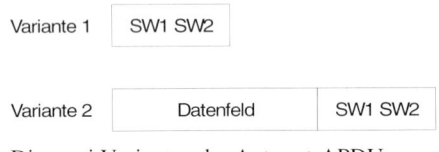

Bild 6.50   Die zwei Varianten der Antwort-APDUs.

Der Trailer muß von der Chipkarte in jedem Fall als Antwort auf ein Kommando gesendet werden. Die beiden Bytes SW1 und SW2, die auch als Returncode bezeichnet werden, beinhalten die Antwort auf das Kommando. So bedeutet beispielsweise '9000' als Returncode, daß ein Kommando erfolgreich und ohne Einschränkung ausgeführt wurde. Die Systematik, die den über 50 verschiedenen Codes zugrunde liegt, ist in Bild 6.51 dargestellt.[1]

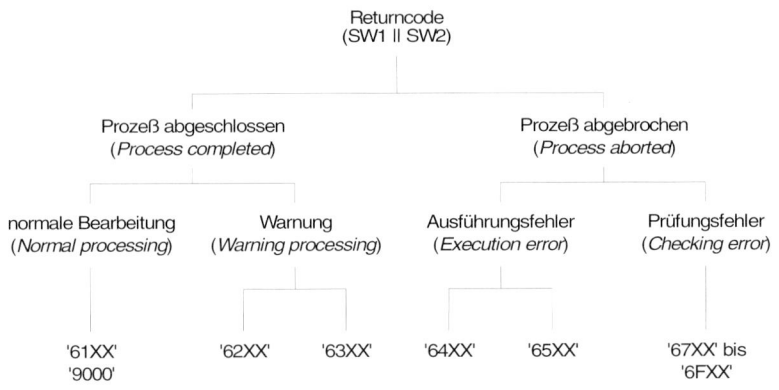

Bild 6.51   Die Systematik der Returncodes nach ISO/IEC 7816-4. Bei den Returncodes '63XX' und '65XX' wurden Daten im nichtflüchtigen Speicher (d.h. EEPROM) verändert, bei den restlichen Returncodes mit '6X' nicht.

---

[1] siehe auch Abschnitt 15.8.8 Chipkarten-Returncodes

Erhält man nach der Ausführung eines Kommandos den Returncode '63XX' oder '65XX', dann wurde der Zustand des nichtflüchtigen Speichers (d.h. in der Regel das EEPROM) in der Chipkarte geändert. Empfängt man hingegen einen der restlichen Returncodes, die mit '6X' beginnen, dann wurde das Kommando abgebrochen, ohne daß im nichtflüchtigen Speicher eine Änderung eingetreten ist.

Anzumerken ist hier, daß es zwar eine Norm für die Returncodes gibt, doch bei vielen Anwendungen davon abweichende Codierungen benutzt werden. Die einzige Ausnahme stellt der Code '9000' dar, der praktisch überall den Gutfall symbolisiert. Bei allen anderen Codes sollte man immer in der zugrundeliegenden Spezifikation nachlesen, um die Bedeutung zweifelsfrei herauszufinden.

6.6   Sicherung der Datenübertragung

Der gesamte Datenaustausch zwischen Terminal und Chipkarte findet durch digitale elektrische Impulse über die I/O-Leitung der Chipkarte statt. Es ist vorstellbar und auch technisch einfach realisierbar, mit einem an dem I/O-Kontaktfeld angelöteten Draht die gesamte Kommunikation aufzuzeichnen und später zu analysieren. Damit erhält man Kenntnis aller in beide Richtungen übertragenen Daten.

Etwas aufwendiger wäre es, das I/O-Kontaktfeld elektrisch zu isolieren und darauf einen Dummy-Kontakt aufzubringen. Zusätzlich wäre es notwendig, sowohl den Dummy-Kontakt als auch den Originalkontakt mit einer dünnen Leitung elektrisch mit einem Rechner zu verbinden. Mit dieser Anordnung ist es nun ein leichtes, nur bestimmte Kommandos an die Chipkarte zuzulassen oder eigene Kommandos einzuspielen.

Diese beiden typischen Angriffe würden nur dann zu einem Erfolg führen, wenn geheime Daten ungesichert über die I/O-Leitung gingen. Die Übertragung der Daten sollte deshalb grundsätzlich so ausgelegt sein, daß ein Angreifer immer die Datenübertragung mithören und auch eigene Übertragungsblöcke in das Protokoll einfügen kann, ohne einen Vorteil aus einem dieser Angriffe ziehen zu können.

Um nun solche oder auch noch aufwendigere Angriffe abzuwehren, gibt es verschiedene Mechanismen und Verfahren. Diese bezeichnet man allgemein als Secure Messaging. Sie sind nicht chipkartenspezifisch, da sie schon lange im Bereich der Datenfernübertragung verwendet werden. Das Spezifische im Chipkartenbereich ist, daß weder die Rechenleistung der beiden Kommunikationsteilnehmer noch die Übertragungsgeschwindigkeit allzu hoch ist. Deshalb wurden die allgemein verwendeten Standardverfahren auf die Vorgaben der Chipkartenwelt abgespeckt, wobei die Sicherheit der Verfahren keinerlei Einbußen erleiden durfte.

Der Zweck der gesicherten Datenübertragung ist also, die Authentizität und bei Bedarf die Vertraulichkeit der übertragenen Daten oder Teile davon sicherzustellen. Um diese Forderung zu erfüllen, werden verschiedene Sicherheitsmechanismen benutzt. Ein Sicherheitsmechanismus ist definiert als eine Funktion, die folgendes benötigt: einen kryptografischen Algorithmus, einen Schlüssel, ein Argument und bei Bedarf Initialdaten. Eine Rahmenbedingung muß zusätzlich noch erfüllt sein. Alle Sicherheitsmechanismen müssen sich gegenüber den vorhanden Protokollschichten völlig transparent verhalten, so daß bereits genormte und vorhandene Verfahren von einer ge-sicherten Datenübertragung nicht beeinträchtigt werden. Dies betrifft insbesondere die beiden Übertragungsprotokolle T=0 und T=1 sowie die allgemein verwendeten und genormten Kommandos für Chipkarten.

Vor der Ausführung dieser Verfahren müssen sich beide Kommunikationspartner über den verwendeten kryptografischen Algorithmus und einen gemeinsamen gehei-men Schlüssel dafür einigen. Auf diesem Schlüssel basiert, ganz nach Kerckhoff, die gesamte Sicherheit des Verfahrens. Würde dieser Schlüssel bekannt, dann wäre das Secure Messaging nur mehr eine die Datenübertragungsgeschwindigkeit herab-setzende, allgemein bekannte und zusätzliche Prüfsumme, mit der man höchstens Übertragungsfehler aufdecken kann.

Seit einigen Jahren existieren verschiedene Variationen von Verfahren für Secure Messaging. Allen war gemeinsam, daß sie relativ starr und für eine bestimmte Anwen-dung maßgeschneidert waren. Vom Standpunkt der Sicherheit sind bei den meisten keine Einwendungen zu machen. Allerdings setzte sich keines dieser Verfahren inter-national so weit durch oder war so flexibel, daß es Eingang in die aktuelle Normung fand.

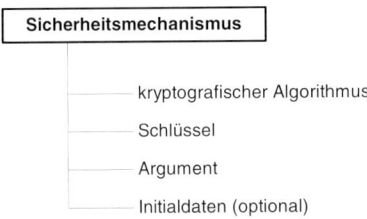

Bild 6.52   Notwendige Daten und Funktionen für einen Sicherheitsmechanismus.

Die Forderungen nach Transparenz zu vorhandenen Kommandos, zwei grund-verschiedenen Übertragungsprotokollen und einer möglichst hohen Variabilität hatte zur Folge, daß ein sehr flexibles, aber dadurch auch aufwendiges und komplexes Ver-fahren für Secure Messaging in der ISO/IEC 7816-4 und erweiterte Funktionen dazu in der ISO/IEC 7816-8 genormt wurde.[1] Die Grundlage stellt dabei die Einbettung aller Nutzdaten in TLV-codierte Datenobjekte dar. Drei verschiedene Typen von Datenob-jekten sind definiert:

• Datenobjekte für Klartext	enthalten Daten im Klartext (z.B. Datenteil einer APDU)
• Datenobjekte für Sicherheits-mechanismen	enthalten die Ergebnisse von Sicherheitsmechanismen (z.B. MAC)

---

[1] Secure Messaging wird üblicherweise als „SM" abgekürzt, was aber aufgrund der vielen Frei-heitsgrade und Interpretationsspielräume der beiden Normen viele Programmierer oft auch als „sado/maso" übersetzen.

- Datenobjekte für Hilfsfunktionen   enthalten Kontrollinformationen für Secure Messaging (z.B. verwendete Paddingmethode)

Im Class Byte wird angezeigt, ob Secure Messaging für das Kommando benutzt wird. Dabei kann in den beiden zur Verfügung stehenden Bits codiert werden, ob das Verfahren nach ISO/IEC 7816-4/8 verwendet wird und ob der Header in die kryptografische Prüfsumme (CCS) mit eingeschlossen ist.[1] Ist der Header bei der Berechnung mit eingeschlossen, so ist er authentisch, da er während der Übertragung nicht unbemerkt verändert werden kann.

Datenobjekte für Klartext

Nach der Norm müssen alle Daten, die nicht BER-TLV-codiert sind, in Datenobjekte eingebettet, d.h. gekapselt werden. Dazu gibt es verschiedene Kennzeichen, die in der folgenden Tabelle aufgeführt sind. Das Bit 1 des Kennzeichens legt fest, ob ein Datenobjekt in die Berechnung der kryptografischen Prüfsumme mit einbezogen wird. So bedeutet ein nicht gesetztes Bit (z.B. 'B0'), daß das Datenobjekt nicht in die Berechnung mit einfließt und ein gesetztes Bit (z.B. 'B1'), daß es mit einfließt.

Tabelle 6.33   Die Kennzeichen für Klartext-Datenobjekte.

Kennzeichen	Bedeutung
'B0', 'B1'	BER-TLV-codiert und enthält Datenobjekte, die im Zusammenhang mit Secure Messaging stehen
'B2', 'B3'	BER-TLV-codiert und enthält Datenobjekte, die in keinem Zusammenhang mit Secure Messaging stehen
'80', '81'	keine BER-TLV-codierten Daten
'99'	Zustandsinformationen über Secure Messaging

Datenobjekte für Sicherheitsmechanismen

Die Datenobjekte für Sicherheitsmechanismen teilen sich in Datenobjekte für Authentizität und in die für Vertraulichkeit auf. Die dafür definierten Kennzeichen befinden sich in den zwei folgenden Tabellen.

Tabelle 6.34   Die Kennzeichen für Datenobjekte für Vertraulichkeit.

Kennzeichen	Bedeutung
'82', '83'	Kennzeichen für ein Kryptogramm: der Klartext ist BER-TLV-codiert und schließt Datenobjekte für Secure Messaging ein
'84', '85'	Kennzeichen für ein Kryptogramm: der Klartext ist BER-TLV-codiert und schließt keine Datenobjekte für Secure Messaging ein
'86', '87'	Kennzeichen für die verwendete Padding Methode '01' – Padding mit '80 00 ... ' '02'– ohne Padding

---

[1] Codierung des Class Byte, siehe Abschnitt 6.5.1 Struktur der Kommando-APDUs

Tabelle 6.35   Die Kennzeichen für Datenobjekte für Authentizität.

Kennzeichen	Bedeutung
'8E'	kryptografische Prüfsumme
'9A', 'BA'	Eingangswert für eine digitale Signatur
'9E'	digitale Signatur

Der Oberbegriff Authentizität bezeichnet dabei alle Datenobjekte, die mit kryptografischen Prüfsummen und digitalen Signaturen zu tun haben. Die Verschlüsselung von Daten und die dafür notwendige Kennzeichnung während Secure Messaging fällt unter den Begriff der Vertraulichkeit. Je nach verwendetem Verfahren muß man aus den beiden Tabellen die zutreffenden Kennzeichen suchen und bei der geschützten Datenübertragung benutzen.

Datenobjekte für Hilfsfunktionen

Für die Abstimmung der Rahmenbedingungen bei Secure Messaging benutzt man die Datenobjekte für Hilfsfunktionen. Mit diesen Datenobjekten tauschen die beiden Kommunikationspartner Informationen über den verwendeten kryptografischen Algorithmus, benutzte Schlüssel, Initialdaten und ähnliche grundlegende Informationen aus. Dies könnte theoretisch bei jeder übertragenen APDU bzw. selbst bei Kommando und Antwort unterschiedlich sein. In der Praxis jedoch werden diese Datenobjekte sehr selten benutzt, da alle Rahmenbedingungen für Secure Messaging implizit definiert sind und nicht erst im Laufe der Kommunikation festgelegt werden müssen.

Auf der Grundlage der oben nur überblickshaft aufgezeigten Möglichkeiten, die das Secure Messaging nach ISO/IEC 7816-4/8 bietet, sind im folgendem zwei grundlegende Verfahren dargestellt. Diese sind möglichst einfach gehalten, um das Verständnis der komplizierten Mechanismen zu erleichtern. Es gibt aufgrund der sehr hohen Flexibilität noch viele weitere und auch aufwendigere Kombinationsmöglichkeiten der Sicherheitsmechanismen. Die beiden hier gezeigten Verfahren stellen eine Synthese aus Einfachheit und möglicher Sicherheit dar.

Das vorgestellte Authentic-Verfahren schützt die Anwendungsdaten, d.h. die APDU mit einer kryptografischen Prüfsumme (CCS, MAC) gegen Manipulationen während der Übertragung. Das Combined-Verfahren wird hingegen benutzt, um die Anwendungsdaten komplett zu verschlüsseln, so daß ein Angreifer keinerlei Rückschlüsse auf die Dateninhalte der übertragenen Kommandos und die erhaltenen Antworten ziehen kann. Nur in Verbindung mit einem dieser beiden Verfahren ist die Verwendung eines Sendefolgezählers zu sehen. Dieser Zähler, dessen Startwert eine Zufallszahl ist, wird mit jedem Kommando und jeder Antwort inkrementiert. Dadurch können die beiden Kommunikationspartner feststellen, ob ein Kommando oder eine Antwort verlorenging oder eingestreut wurde. In Verbindung mit dem Combined-Verfahren ermöglicht ein Sendefolgezähler auch, daß gleiche APDUs verschiedenes Aussehen haben, was auch die Bezeichnung „diversity" trägt.

6.6.1   Das Authentic-Verfahren

Das Authentic-Verfahren gewährleistet eine authentische, also nicht fälschbare Übertragung von APDUs. Der Empfänger einer APDU, d.h. eines Kommandos oder einer
Antwort, kann feststellen, ob diese während der Übertragung verändert wurde. Damit
ist es einem Angreifer nicht mehr möglich, innerhalb einer APDU Daten zu ändern,
ohne daß dies vom Empfänger bemerkt wird.

   Die Benutzung des Verfahrens wird dabei durch ein Bit im Class-Byte angezeigt, so
daß sich der Empfänger entsprechend verhalten und die erhaltene APDU auf Authentizität prüfen kann. Die APDUs selber werden im Klartext übertragen und sind nicht
verschlüsselt. Die übertragenen Daten sind also nach wie vor öffentlich und können bei
geeigneter Manipulation der Übertragungsstrecke durch den Angreifer empfangen und
ausgewertet werden. Dies muß nicht unbedingt ein Nachteil sein, da es auch aus datenschutzrechtlicher Sicht besser ist, nicht geheime Daten auch öffentlich zu übertragen.
Damit ist dem Benutzer zumindest theoretisch die Möglichkeit gegeben zu sehen, welche Daten von seiner Chipkarte und dem Terminal ausgetauscht werden.

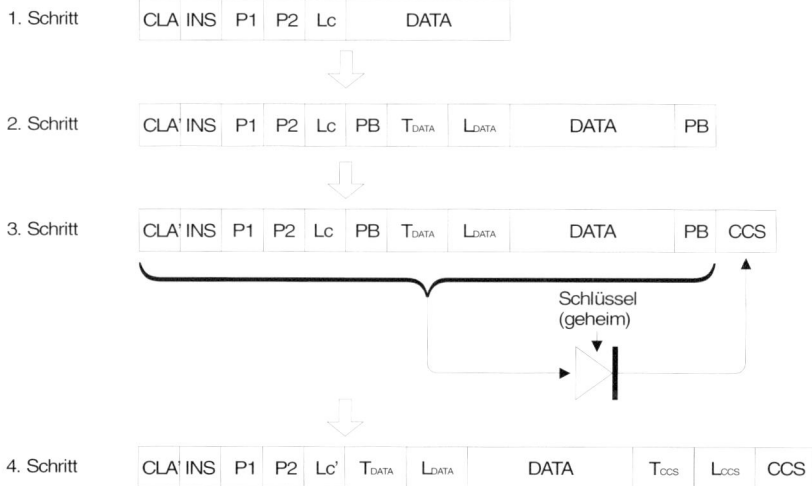

Bild 6.53   Erstellung einer Kommando-APDU im Authentic-Verfahren. Es wird ein Case-3-
              Kommando (z.B. UPDATE BINARY) verwendet, dessen Header in die kryptografi-
              sche Prüfsumme (CCS) mit einbezogen ist. Die Erstellung einer Antwort-APDU
              verläuft analog. Die Padding Bytes sind als PB abgekürzt.
              1. Schritt   Ausgangsformat der APDU.
              2. Schritt   Transformation des Datenteils in TLV-codierte Daten und Padding
                                der Datenobjekte auf ein Vielfaches von acht.
              3. Schritt   Berechnung der CCS.
              4. Schritt   Ergänzung der APDU mit einem TLV-codierten Datenobjekt, das
                                die CCS enthält.

   Zur Berechnung der kryptografischen Prüfsumme kann im Prinzip jeder Blockverschlüsselungsalgorithmus verwendet werden. In den folgenden Ausführungen wur-

de dabei aus praktischen Gründen immer vom DES ausgegangen, der eine feste Blocklänge von 8 Byte besitzt. Deshalb muß man die einzelnen Datenobjekte auf ein Vielfaches der Länge von 8 Byte auffüllen, was man padding nennt. Die Datenobjekte, die bereits ein Vielfaches der Länge von 8 Byte haben, werden dabei trotzdem mit einem weiteren Block verlängert. Nach dem Auffüllen wird mit dem DES-Algorithmus im CBC-Mode eine kryptografische Prüfsumme (CCS) über die gesamte APDU errechnet. Diese 8 Byte lange Prüfsumme wird unter Weglassen der vier niederwertigen Bytes als TLV-codiertes Datenobjekt direkt an die APDU angehängt, wobei nach der Berechnung der kryptografischen Prüfsumme alle Paddingbytes entfernt werden. Die mit den vorhergehenden Verfahren umgestaltete APDU wird dann über die Schnittstelle gesendet. Somit verlängert sich eine APDU bei diesem Authentic-Verfahren um 8 Byte, was die Übertragungsgeschwindigkeit bei den üblichen Übertragungsblockgrößen nur wenig absenkt.

In den Datenobjekten für die Kontrollstrukturen kann unter anderem explizit angezeigt werden, welcher Algorithmus und welche Paddingmethode Verwendung findet. Hier wird aus Vereinfachungsgründen angenommen, daß Chipkarte und Terminal implizit alle Parameter des verwendeten Secure Messaging kennen. Trifft diese geschützte APDU nun beim Empfänger ein, dann verlängert sie dieser wieder auf ein Vielfaches von 8 Byte und berechnet seinerseits einen MAC über die APDU. Durch Vergleich des empfangenen, vom Sender berechneten MACs mit dem selber berechneten, kann nun der Empfänger feststellen, ob die APDU während der Datenübertragung verändert wurde.

Voraussetzung zur Berechnung einer kryptografischen Prüfsumme ist ein geheimer DES-Schlüssel, der beiden Kommunikationspartnern bekannt sein muß. Dieser Schlüssel muß deshalb geheim sein, weil sonst ein Angreifer die Möglichkeit hätte, die authentische Kommunikation zu brechen. Er könnte eine APDU abfangen, diese nach seine Wünschen verändern und dann einen neuen korrekten MAC berechnen. Nachdem er diesen neuen MAC berechnet hat, muß er ihn nur noch gegen den ursprünglichen austauschen und die so neu erzeugte APDU wieder einspielen.

Um den Schlüssel zur MAC-Bildung gegen Angriffe mit bekannten Klartext-Schlüsseltext-Paaren besser zu schützen, verwendet man dazu üblicherweise dynamische Schlüssel. Diese werden durch Verschlüsselung einer zwischen Terminal und Chipkarte vorab ausgetauschten Zufallszahl mit einem beiden Kommunikationsteilnehmern bekannten gemeinsamen Schlüssel erzeugt.

Die zusätzlichen Schritte zur Übertragung und zum Empfang einer mit dem Authentic-Verfahren geschützten APDU reduzieren natürlich die effektive Übertragungsgeschwindigkeit. Im Durchschnitt kann bei guter Näherung eine Halbierung der Übertragungsgeschwindigkeit gegenüber Klartext angenommen werden.

6.6.2   Das Combined-Verfahren

Das Combined-Verfahren stellt gegenüber dem Authentic-Verfahren die nächste Stufe an Sicherheit dar. Die Übertragung des Datenteils der APDU findet hier nicht mehr im

Klartext statt, sondern verschlüsselt. Dieses Verfahren setzt auf dem Authentic-Verfahren auf.

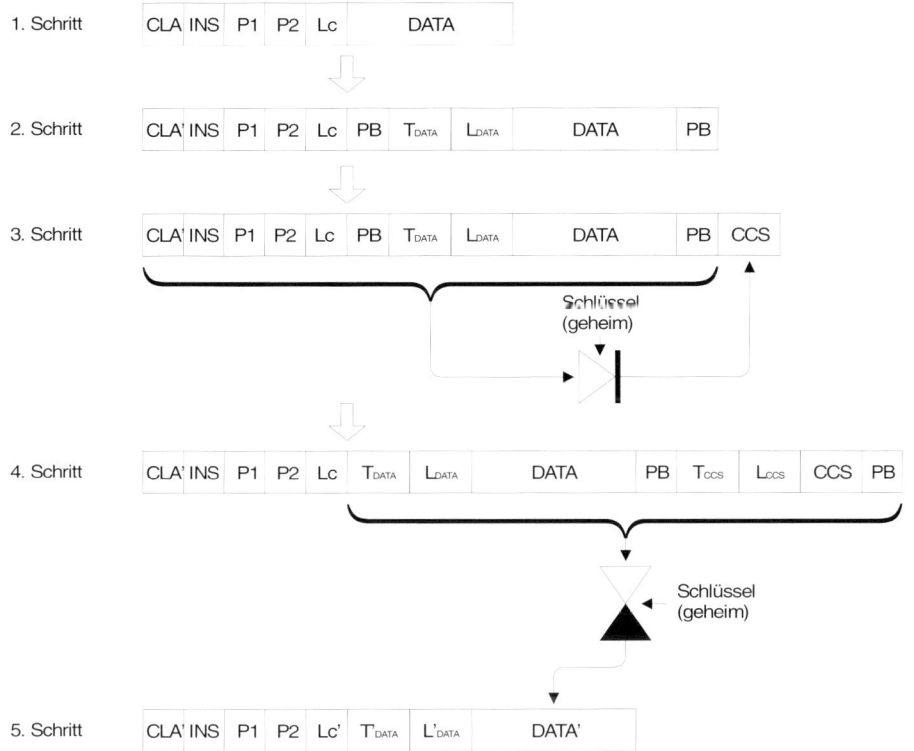

Bild 6.54   Erstellung einer Kommando-APDU im Combined-Verfahren. Es wird ein Case-3-Kommando (z.B. UPDATE BINARY) verwendet, dessen Header in die kryptografische Prüfsumme (CCS) mit einbezogen ist. Die Erstellung einer Antwort-APDU läuft analog. (Padding Bytes – PB)

1. Schritt	Ausgangsformat der APDU.
2. Schritt	Transformation des Datenteils in TLV-codierte Daten und Padding der Datenobjekte auf ein Vielfaches von acht.
3. Schritt	Berechnung der CCS.
4. Schritt	Ergänzung der APDU mit einem TLV-codierten Datenobjekt für die CCS, Padding der Datenobjekte auf ein Vielfaches von acht.
5. Schritt	Verschlüsselung des Datenteils der APDU.

Beim Combined-Verfahren werden die analog dem Authentic-Verfahren mit einer kryptografischen Prüfsumme gesicherten Datenobjekte wiederum auf ein Vielfaches von 8 Byte vergrößert (*padding*) und mit dem DES im CBC-Mode verschlüsselt. Ausgespart bleibt dabei der Header, was aus Kompatibilitätsgründen zum T=0 Protokoll notwendig ist. Möchte man den Header ebenfalls verschlüsseln, so daß nicht mehr erkennbar ist, welches Kommando zur Karte gesendet wird, ist bei T=0 das Kommando ENVELOPE notwendig. Im Class-Byte dient ein Bit als Indikator für Secure Messaging. Nach der Verschlüsselung erfolgt die Übertragung über die Schnittstelle. Da der Empfänger den geheimen Schlüssel kennt, mit dessen Hilfe die Verschlüsselungsoperation stattgefunden hat, kann er die APDU damit wieder entschlüsseln. Anschließend wird geprüft, ob die Entschlüsselung korrekt war, indem man auf der gleichen Ebene der Übertragungsschicht die angehängte kryptografische Prüfsumme nachrechnet.

Ein an der I/O-Leitung horchender Angreifer kann bei Anwendung dieses Verfahrens nicht erfahren, welche Daten im Kommando und der Antwort zwischen Karte und Terminal ausgetauscht werden. Auch besteht keine Möglichkeit, innerhalb der APDU einen der verschlüsselten Datenblöcke auszutauschen, da diese durch den im CBC-Mode betriebenen DES miteinander verknüpft sind. Damit würde vom Empfänger ein Austausch sofort bemerkt.

Zum Thema des kryptografischen Algorithmus gilt hier das gleiche, was bereits beim Authentic-Verfahren angemerkt wurde. Prinzipiell kann jeder Blockverschlüsselungsalgorithmus verwendet werden. Die Schlüssel sollten ebenso wie im Authentic-Verfahren nur temporärer Natur sein, so daß für jede Sitzung ein eigens abgeleiteter Schlüssel Verwendung findet. Betrachtet man nun die sicherheitstechnischen Vorteile, so wäre eine generelle Benutzung des Combined-Verfahrens für alle APDUs empfehlenswert. Doch mit der Erhöhung der Sicherheit ist auch eine erhebliche Senkung der Datenübertragungsgeschwindigkeit verbunden.

Die Einbuße an Übertragungsgeschwindigkeit ist erheblich. Der Unterschied zwischen der ungeschützten und der im Combined-Verfahren übertragenen APDU kann in guter Näherung mit dem Zeitfaktor vier angenommen werden. Der zeitliche Unterschied zwischen Authentic- und Combined-Verfahren beläuft sich damit immerhin noch auf den Faktor zwei. Es ist deshalb in jedem Einzelfall sehr genau zu prüfen, welche Daten auf solch aufwendige, aber sichere Weise übertragen werden sollen.

6.6.3   Sendefolgezähler

Gesicherte Datenübertragung mit dem Mechanismus eines Sendefolgezählers (*send sequence counter*) ist kein eigenständiges Sicherungsverfahren. Es kann nur sinnvoll in Verbindung mit dem Authentic- oder Combined-Verfahren eingesetzt werden, da sonst der Sendefolgezähler durch einen Angreifer unbemerkt verändert werden könnte.

Das Prinzip dabei ist, daß jede APDU abhängig von ihrem Sendezeitpunkt eine Folgenummer erhält. Damit würde das Entfernen oder Einfügen einer APDU im Protokollverlauf sofort auffallen und entsprechende Maßnahmen (Abbruch der Kommunikation) seitens des Empfängers zur Folge haben.

Die Funktion basiert auf einem Zähler, dessen Startwert eine Zufallszahl ist und die am Anfang des Kommunikationsablaufes von der Chipkarte auf Anforderung an das Terminal gesendet wird. Bei jeder Übertragung einer APDU wird der Zähler inkrementiert. Die Länge des Zählers sollte nicht zu kurz sein, aber wegen des zusätzlichen Übertragungsbedarfs auch nicht zu lang. Für die folgenden Betrachtungen wird der übliche Wert einer Länge von 2 Byte angenommen. Er kann jedoch in der praktischen Anwendung auch länger sein.

| Variante 1 | CLA | INS | P1 | P2 | P3 | SSC | DATA |

| Variante 2 | CLA | INS | P1 | P2 | P3 | DATA |

XOR

SSC

Bild 6.55   Die beiden Varianten eines Sendefolgezählers innerhalb einer Kommando-APDU. Die Variante 1 zeigt einen Sendefolgezähler SSC (*send sequence counter*) als TLV-codiertes Datenobjekt im Datenteil, wogegen bei Variante 2 ein Sendefolgezähler nur für die CCS-Berechnung durch XOR mit den APDU-Daten verknüpft ist.

Es gibt zwei grundsätzliche Varianten der Unterbringung des Sendefolgezählers in Kommando- und Antwort-APDUs. Er kann direkt als Zahlenwert in einem Datenobjekt in die jeweilige APDU eingefügt werden. Alternativ dazu kann man den Sendefolgezähler mit der gleichen Anzahl von Daten in der APDU mit XOR verknüpfen. Dann berechnet man die kryptografische Prüfsumme und restauriert anschließend die veränderten Daten wieder. Dem Empfänger dieser APDU ist der Sollwert des Sendefolgezählers bekannt, und er kann damit die APDU in gleicher Weise wie der Sender verändern. Anschließend berechnet er die kryptografische Prüfsumme und prüft die Richtigkeit der empfangenen APDU.

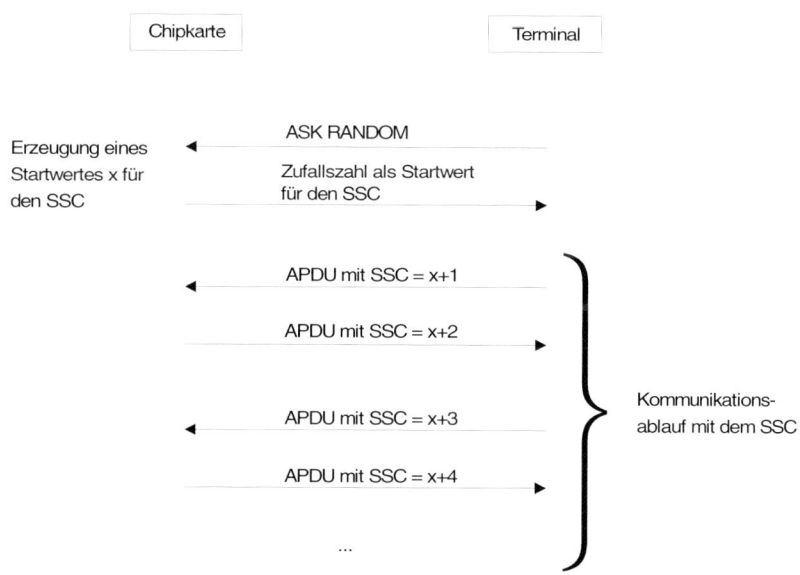

Bild 6.56   Übertragung von APDUs mit einem Sendefolgezähler SSC (*send sequence counter*).

Während der Kommunikation findet dabei der folgende Ablauf statt: Zuerst fordert das Terminal einen Initialwert für den Zähler von der Chipkarte an. Diese gibt daraufhin eine zwei Byte lange Zufallszahl an das Terminal zurück. Das Terminal sendet nun

das erste der sicherheitsrelevanten Kommandos mit dem Sendefolgezähler zur Chipkarte. Als Absicherung des Zählers und des Body kann das Authentic- oder das Combined-Verfahren verwendet werden. Die Chipkarte erhält nun die gesicherte APDU,
prüft zuerst, ob Authentic- oder Combined-Verfahren einen Angriff indizieren, und
vergleicht dann den Sendefolgezähler. Stimmt er mit dem in der Karte gespeicherten
überein, so wurde während der Übertragung keine APDU eingeschoben oder ausgelas-
sen.

Wie man deutlich erkennt, wird die Verwendung eines Sendefolgezählers nicht erst
interessant, wenn mehrere Kommandos in einer bestimmten Reihenfolge ablaufen
müssen, sondern auch schon bei einem einzelnen Kommando, da die Sitzung durch den
Sendefolgezähler individualisiert wird. Schutz bietet der Zähler vor allem gegen Wiedereinspielung bereits gesendeter APDUs oder vor dem Ausschneiden von APDUs.

Wird der Sendefolgezähler zusammen mit dem Combined-Verfahren eingesetzt, so
erhält jeder verschlüsselte Block ein anderes Aussehen, was als „diversity" bezeichnet
wird. Dies beruht darauf, daß der Sendefolgezähler beim Austausch jeder APDU erhöht wird und bei einem guten Verschlüsselungsalgorithmus die Veränderung eines
Bits im Klartext Auswirkungen auf das Aussehen des ganzen Schlüsseltext-Blocks hat.

6.7   Logische Kanäle

In zukünftigen Chipkarten mit mehreren unabhängigen Anwendungen ist vorgesehen,
daß diese über sogenannte logische Kanäle (*logical channels*) angesprochen werden
können. Diese würden es ermöglichen, daß bis zu vier Anwendungen auf einer Chipkarte parallel mit einem Terminal Daten austauschen können. Benutzt würde nach wie
vor die nur einmal vorhandene serielle Schnittstelle, doch auf logischer Ebene können
die Anwendungen einzeln adressiert werden.

Die Unterscheidung, welches Kommando nun zu welcher Anwendung gehört, wird
durch zwei Bits im Class Byte vorgenommen (Bit 1 und Bit 2)[1]. Damit sind bis zu vier
logische Kanäle verfügbar, und es können bis zu vier Sitzungen parallel mit Anwendungen in der Chipkarte ablaufen. Allerdings gibt es beim Kommunikationsablauf mit
den verschiedenen Anwendungen auf der Chipkarte eine Einschränkung. Die von außen auf die Karte zugreifenden Prozesse müssen untereinander synchronisiert sein und
dürfen keine Verschränkung aufweisen, denn die Antwort-APDU der Karte enthält
keine Angabe des ursprünglichen logischen Kanals. Es kann also von außen nicht festgestellt werden, welche Antwort welchen Returncode zurückgesendet hat. Das Resultat
dieser fehlenden Kanalangabe ist, daß nach jedem Kommando an die Karte auf die
daran anschließende Antwort gewartet werden muß.

Das Einsatzgebiet dieses sehr mächtigen Mechanismus ist vor allem die gleichzeitige
Benutzung von mehreren Anwendungen. Beispielsweise führt ein Benutzer ein Telefongespräch, wozu er die GSM-Anwendung in der Multiapplikations-Chipkarte benutzt. Um nun seinem Gesprächspartner am Telefon einen Termin zu bestätigen, muß
er kurz in seinem persönlichen Terminplaner, der sich ebenfalls auf der Chipkarte be-

---

[1] siehe auch Abschnitt 6.5.1 Struktur der Kommando-APDUs

findet, nachsehen. Mit einem zweiten logischen Kanal, parallel zur GSM-Anwendung, sucht das Terminal in einer Datei in der Terminalplan-Anwendung und teilt unserem gestreßten Manager mit, ob er zusagen kann oder nicht. Dies wäre eine typische Anwendung von logischen Kanälen. Als weiteres Beispiel wäre auch der sichere Transfer von elektronischen Geldeinheiten zwischen zwei Börsen auf der Chipkarte denkbar.

So nützlich die logischen Kanäle für die Anwendung erscheinen, so problematisch ist ihre Verwaltung für das Chipkarten-Betriebssystem. Jeder logische Kanal bedeutet im Prinzip nichts anderes als eine völlig eigenständige Chipkarte mit allen Zuständen und Bedingungen. Dies bedeutet letztendlich für das Betriebssystem, alle Informationen über mehrere parallel verlaufende Sitzungen im Speicher zu verwalten. Der Aufwand dazu ist enorm und nur bei großen und teuren Mikrocontrollern möglich. Fordert man zusätzlich noch Secure Messaging und alle Varianten der Authentisierung für jeden logischen Kanal individuell, dann steigt der Speicherbedarf in Bereiche, die von keinem zur Zeit existierenden Mikrocontroller für Chipkarten abgedeckt werden können.

7 Kommandos von Chipkarten

Der Kommunikationsablauf eines Terminals mit einer Chipkarte basiert immer auf dem Challenge-Response-Verfahren. Dies bedeutet, daß das Terminal ein Kommando als Challenge zur Chipkarte sendet, diese es daraufhin unverzüglich abarbeitet, eine Antwort erzeugt und sie an das Terminal als Response zurücksendet. Die Karte sendet also nie von sich aus Daten, ohne vorher vom Terminal ein entsprechendes Kommando erhalten zu haben. Selbst der ATR ist keine Ausnahme von dieser Regel, da er die Antwort auf das Reset-Signal ist, das in gewisser Weise auch eine Art von Kommando an die Karte ist.

Die Kommunikation selber läuft immer im Rahmen eines Übertragungsprotokolls ab, also mit T=0 oder T=1. Diese nicht sehr komplizierten Protokolle erfüllen die speziellen Anforderungen von Chipkarten-Anwendungen und sind auch dahingehend optimiert. Abweichungen von diesen genau festgelegten Protokollen innerhalb des Anwendungsablaufes sind nicht erlaubt. Die Übertragungsprotokolle ermöglichen es, Daten vollständig transparent zur Übertragungsschicht zur Chipkarte hin und wieder zurück zu senden. Diese Daten sind in eine Art Container eingebettet, die Application Protocol Data Unit (APDU) heißen. Die APDUs, die vom Terminal zur Chipkarte gesendet werden, sind die Kommandos, d.h. die Challenges an die Karte. Die von ihr daraufhin erzeugten Antworten, d.h. die Responses, erhält das Terminal ebenfalls in einer in das Übertragungsprotokoll eingebetteten APDU. Aufbauend auf diesen Mechanismen existiert eine Vielzahl von Kommandos an die Karte, die dann Aktionen in dieser auslösen. Die einfachsten Beispiele sind die Lese- oder Schreibkommandos für Dateien der Chipkarte.

In Chipkarten-Anwendungen benutzt man die Karte entweder als Datenträger, Berechtigungsträger oder beides zugleich. Das führt zu speziell für diese Anforderungen und Übertragungsprotokolle optimierten Befehlssätzen, die auch nur im Chipkartenbereich Verwendung finden. Aufgrund des stark beschränkten Speicherplatzes der Chipkarten und dem Druck des Marktes, diesen aus Kostengründen nur mäßig zu erweitern, wird der Befehlssatz üblicherweise auf eine bestimmte Anwendung zugeschnitten. Alle Kommandos, die innerhalb einer Anwendung nicht benötigt werden, fallen rigoros der Optimierung bei der Programmierung zum Opfer. Nur wenige Betriebssysteme weisen einen umfangreichen Befehlssatz auf, der nicht für eine bestimmte Anwendung reduziert ist. Diese Karten sind dann aber auch dementsprechend teurer, und man benutzt sie üblicherweise nur für Test- und Anlaufphasen eines Chipkarten-Projektes.

Bei den Befehlssätzen für Chipkarten tritt, zusätzlich zu den Optimierungen für bestimmte Anwendungsfälle, noch der bei neuen Technologien typische Diversifizierungseffekt auf. Jede Firma, die im Chipkartenbereich tätig ist, versucht, für ihre Betriebssysteme oder für die zu projektierende Anwendung eigene Kommandos maßzuschneiden. Oft kommt dies aus dem Zwang, daß keine funktionell vergleichbaren Kommandos in den Normen existieren. Oder Firmen versuchen ganz bewußt, sich mit hinsichtlich Funktionen und Speicherplatzverbrauch hochoptimierten Kommandos von Konkurrenzprodukten abzuheben oder diesen damit den Zutritt zu einer bestimmten Anwendung zu verwehren. Allerdings bedeutet eine Entscheidung für Kommandos auf der Grundlage vorhandener Normen immer auch eine Entscheidung für ein offenes, leichter erweiterbares und auch erprobtes System, in dem später vielleicht auch mehrere Anwendungen auf einer Chipkarte zusammengefaßt werden können. Es lassen sich jedoch auch genügend Beispiele finden, bei denen der Einsatz von Chipkarten überhaupt erst durch hochoptimierte Spezialkommandos möglich gemacht wurde.

Es gibt zur Zeit acht internationale Normen, bzw. mehr oder weniger stabile Entwürfe für diese Normen, in denen typische Kommandos für Chipkarten definiert sind. In diesen Normen sind weit mehr als 80 Kommandos und die dazugehörigen Abläufe aufgeführt. Die in diesen Normen definierten Kommandos sind in Codierung und Funktionalität untereinander weitgehend kompatibel.

Ein Großteil der heute in Chipkarten verwendeten Kommandos wird in der allgemeinen und internationalen Industrienorm ISO/IEC 7816-4 festgelegt. Sie widmet sich nicht einem speziellen Bereich, wie etwa der Telekommunikation oder dem Zahlungsverkehr, sondern hat den Anspruch, alle Chipkarten-Anwendungsgebiete abzudecken. Die Kommandos aus ISO/IEC 7816-4 werden durch drei zusätzliche und spezialisiertere Teile der Normenreihe ergänzt. In der ISO/IEC 7816-7 sind Kommandos zur Abfrage und Verwaltung einer an SQL (*structured query language*) angelehnten Datenbankstruktur für Chipkarten festgelegt. Kommandos zur Ausführung und Parametrisierung von kryptografischen Funktionen enthält die Norm ISO/IEC 7816-8. Teil 9 der Normenreihe ergänzt den Befehlssatz um Dateiverwaltungskommandos.

In dem Bereich Zahlungsverkehr gibt es keine internationale Norm von Bedeutung, sondern einen Industriestandard. Dies ist der EMV-Standard, der sich aus den drei Anfangsbuchstaben Europay, Mastercard und Visa der drei Initiatoren dieses Standards ableitet. Die aktuelle Version ist EMV `96 Version 3.0 EMV, die bei Bedarf und in unregelmäßigen Zeitabständen durch Listen bekannt gewordener Fehler und Zweideutigkeiten ergänzt wird. Diese Norm ist aufgrund der Marktmacht der beteiligten Firmen für alle Chipkarten-Betriebssysteme zur Referenz aufgestiegen, und hat eine mindestens ebensogroße Bedeutung wie die ISO/IEC 7816 Normenreihe.

Die für den Einsatz im Bereich der Telekommunikation entwickelte Norm GSM 11.11 (ETS 300 977) stellt die normative Grundlage für die GSM-Karte dar. Die Norm ist aufgrund der Millionen produzierten und im Markt befindlichen Karten ebenfalls wie der EMV-Standard eine nicht zu vernachlässigende Grundlage für viele Chipkarten-Betriebssysteme, inhaltlich stabil und nicht mehr veränderbar, sondern nur noch um kompatible Kommandos und Funktionen in beschränktem Umfang zu erweitern. Deshalb stellt diese Norm auch einen weltweiten Standard für Chipkarten-Betriebssystemen im Telekommunikationsbereich dar.

Die europäische Norm EN 726-3, die ebenfalls wie die GSM 11.11 im Bereich der Telekommunikation angesiedelt ist, ist eine Obermenge der GSM 11.11. Hier sind zusätzlich noch viele allgemeine Kommandos definiert, die im Gegensatz zur GSM 11.11 nicht speziell auf eine Anwendung zugeschnitten sind. Auch enthält diese Norm sehr viele Kommandos zur Verwaltung von Anwendungen, was vor allem für den Bereich der Multiapplikations-Chipkarten interessant ist.

Spezialkommandos, die nur in einem begrenzten Umfeld Einsatz finden, fallen prinzipiell nicht unter diese Normen und müssen deshalb individuell festgelegt werden. Ein Beispiel dafür ist der noch in einer Vornorm festgelegte Befehlssatz für eine branchenübergreifende elektronische Geldbörse, der in der CEN-Norm EN 1546 definiert ist. Dies ist eine europäische Norm, in der alle für eine elektronische Geldbörse notwendigen Kommandos und auch die Abläufe dazu enthalten sind. Diese, auf eine einzige Anwendung beschränkten Normen entstehen nur für Gebiete, die stark im Interesse von Behörden oder bestimmten Industriezweigen stehen, da der Aufwand dafür sonst viel zu groß wäre.

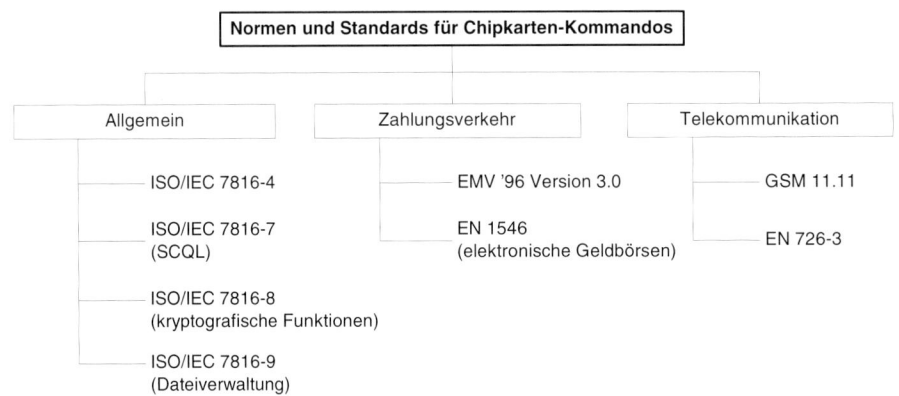

Bild 7.1   Die wichtigsten Normen und Industriestandards für Chipkarten-Kommandos.

Die einzelnen Kommandos der obig aufgeführten Normen lassen sich anhand ihrer Funktionalität in Klassen ordnen. Es sollte jedoch bedacht werden, daß in real existierenden Chipkarten-Betriebssystemen immer nur eine Untermenge aller in diesen Klassen gesammelten Kommandos implementiert ist. Je nach Betriebssystem-Hersteller können mehr oder weniger große Abweichungen in der in den folgenden Absätzen beschriebenen Funktionalität und auch in der Codierung auftreten. Die aufgeführten Grundfunktionen sind aber im Prinzip in allen Betriebssystemen vorhanden. Aus Speicherplatz- und Kostengründen kann allerdings auch die Funktionalität stark eingeschränkt sein. Bei einer zu projektierenden Anwendung muß auf jeden Fall die genaue Spezifikation jedes einzelnen Kommandos in Codierung und Funktion vom jeweiligen Betriebssystemhersteller erfragt werden.

In den nachfolgenden Abschnitten sind die wichtigsten und am weitesten verbreiteten Kommandos für Chipkarten aufgeführt. Die Grundlage für die Auswahl waren die Normen ISO/IEC 7816-4, 7, 8, 9, EMV '96, GSM 11.11, EN 726-3 und EN 1546-3. Umfangreiche Tabellen mit der Codierung der wichtigsten Chipkarten-Kommandos finden sich unter 15.8.7.

Es gibt allerdings weltweit keine einzige Chipkarte zu kaufen, die alle nachfolgenden Kommandos enthält. Der Speicherbedarf für die vollständige Implementierung dürfte, vorsichtig geschätzt, zwischen zehn und zwanzigmal höher liegen, als die größten zur Zeit erhältlichen Chipkarten-Mikrocontroller als Gesamtspeicher anbieten. Es ist aber auch gar nicht notwendig, daß eine Chipkarte alle diese Kommandos ausführen kann. Je nach projektiertem Einsatzgebiet und Betriebssystem können mal jene oder mal andere Kommandoklassen stärker unterstützt sein.

Bei einer Multiapplikations-Chipkarte wird man sicherlich stark darauf achten, daß nach der Personalisierung noch nachträglich Anwendungen in der Karte installiert werden können. Eine Chipkarte, deren Einsatzgebiet im Verschlüsselungsbereich liegt, besitzt, wenn genügend Speicher vorhanden ist, das volle Spektrum der kryptografischen Kommandos mit den verschiedenen Algorithmen. Jedes Einsatzgebiet bedingt eine unterschiedliche Auswahl der zu verwendenden Kommandos aus den verschiedenen Klassen.

Um den Überblick zu wahren, ist im folgenden bei jeder Kommandobeschreibung angegeben, welcher Norm das Kommando zuzuordnen ist. Bei nicht genannter Quelle ist es ein Kommando, das bei Chipkartenfirmen in verschiedener Form intern Verwendung findet, jedoch keiner der vorgenannten Normen zuzuordnen ist. Manche dieser Kommandos sind aber sehr nützlich und werden wohl in Zukunft Eingang in die Normung finden. Deshalb sind sie hier aufgeführt und auch in ihrer grundlegenden Funktionalität beschrieben. Auf eine Beschreibung der Codierung von typischen Chipkarten-Kommandos haben wir aus Gründen der Leserlichkeit in diesem Kapitel verzichtet. Diese ist in den Anhang unter „15.8.7 Codierungen von Chipkarten-Kommandos" ausgelagert.

Es existieren einige Kommandos, die von beinahe allen Chipkarten-Betriebssystemen unterstützt werden und bei denen die Zahl der möglichen Optionen gering ist. Die APDU von Kommando und Antwort ist an der entsprechenden Stelle vollständig decodiert. Den internen Programmablauf von sieben typischen Kommandos kann man in Kapitel 5 anhand des Pseudocodes des einfachen Chipkarten-Betriebssystems „Small-OS" im Detail nachvollziehen.

Bild 7.2   Klassifizierungsbaum aller Kommandos von Chipkarten, die vor allem während der Kartenbenutzung eingesetzt werden.

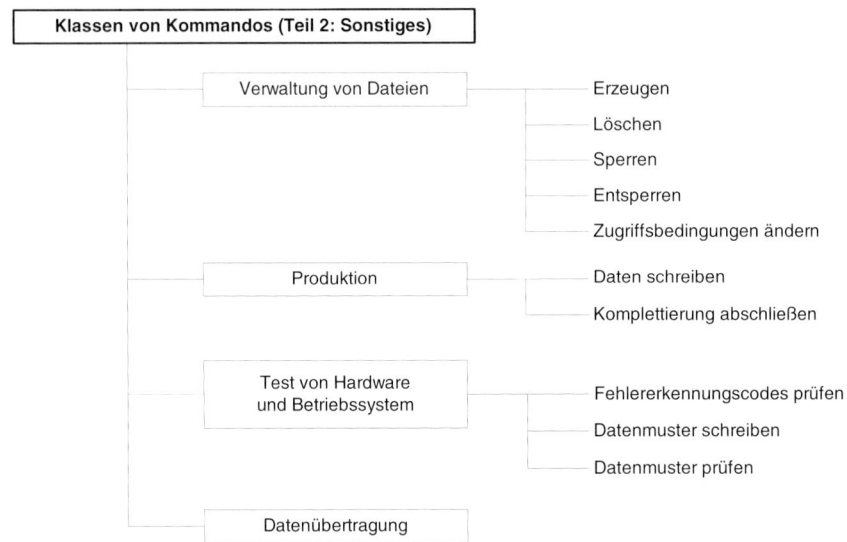

Bild 7.3   Klassifizierungsbaum aller Kommandos von Chipkarten, die hauptsächlich vor und nach der Kartenbenutzung eingesetzt werden.

Als Antwort der Chipkarte ist bei der jeweiligen Kommandobeschreibung immer der Gutfall angenommen. Im Schlechtfall, d.h. falls eine Operation verboten ist oder Fehler in der Chipkarte auftraten, erhält das Terminal nur einen 2 Byte langen Returncode zurück. Manche der beschriebenen Kommandos besitzen noch Parameter zur Auswahl von weiteren Funktionen. Diese Varianten existieren oft lediglich in den Normen, jedoch nicht in realen Betriebssystemen, da sie entweder zu aufwendig oder für die Praxis ohne Bedeutung sind. Hier sind deshalb nicht alle Varianten der in den drei Normen beschriebenen Kommandos aufgezählt und erklärt, da ein deutlicher Bezug auf eine für die Praxis relevante Funktionalität hergestellt werden soll. Meistens fand in der Kommandobeschreibung die Norm Verwendung, bei der die funktionellen Möglichkeiten eines Kommandos am größten sind.

7.1   Kommandos zur Auswahl von Dateien

Die Dateiverwaltungen aller neuen Chipkarten-Betriebssysteme sind ausnahmslos objektorientiert aufgebaut. Dies bedeutet unter anderem, daß vor einer Aktion an einem Objekt (welches einer Datei entspricht) dieses zuerst ausgewählt werden muß. Erst dann ist dem Betriebssystem bekannt, welche Datei gemeint ist, und alle nachfolgenden dateispezifischen Kommandos betreffen nur diese eine Datei. Es müssen selbstverständlich innerhalb des Betriebssystems dann noch die Zugriffsbedingungen zu der Datei überprüft werden, d.h. ob die betreffenden Kommandos überhaupt erlaubt bzw. möglich sind.

Nach dem Reset einer Chipkarte ist das MF immer implizit selektiert und muß also nicht noch extra ausgewählt werden. Die anschließende Auswahl von Dateien wird mit dem Kommando SELECT FILE durchgeführt. Die Adressierung findet entweder mit dem 2 Byte langen FID (*file identifier*) oder zusätzlich im Falle von DFs mit dem 1 bis 16 Byte langen DF-Name statt. Dieser kann einen 5 bis 16 Byte langen und international eindeutigen AID (*application identifier*) enthalten. Es ist möglich, den AID auch nur teilweise zu übergeben. Dazu werden die niederwertigsten Bytes (d.h. die rechts stehenden) im AID weggelassen. Durch einen zusätzlichen Parameter selektiert die Karte das erste, letzte, nächste oder das vorhergehende (*first, last, next, previous*) DF, auf das der gekürzte AID zutrifft.

Im Rahmen der älteren Kommandodefinition bei GSM 11.11 ist die Auswahl einer Datei nur mit dem 2 Byte langen FID möglich. Der ISO Befehlssatz hingegen unterstützt zusätzlich als Erweiterung auch noch eine Dateiauswahl durch die Pfadangabe zur betreffenden Datei. Die Pfadangabe kann entweder relativ sein, dann erfolgt sie vom aktuell selektierten DF aus oder kann auch durch eine absolute Angabe des Pfades zur gewünschten Datei vom MF aus erfolgen.

Nur eine erfolgreiche Auswahl einer neuen Datei bewirkt die Deselektion der ursprünglich ausgewählten Datei. Konnte die Selektion nicht durchgeführt werden, weil z.B. die Datei nicht existiert, dann bleibt die vorhergehende Auswahl bestehen. Damit ist im Fehlerfall sichergestellt, daß immer eine Datei selektiert ist.

Nach einer erfolgreichen Selektion können bei Bedarf vom Terminal Informationen über die neue aktuelle Datei angefordert werden. Dies und die Anzahl der gewünschten Informationen über die Datei erhält die Chipkarte im Rahmen des SELECT FILE Kommandos. Definiert ist der exakte Inhalt dieser Informationsdaten in den jeweiligen Normen. Die von der Karte dabei gesendeten Informationen können unter anderem

Struktur, Größe und noch vorhandenen Speicher der neu ausgewählten Datei umfassen. Auch kann der Umfang dieser Informationen noch zusätzlich vom Dateityp abhängig sein.

Die folgenden Möglichkeiten der expliziten Selektion von Dateien sind mit dem SELECT FILE-Kommando nach ISO/IEC 7816-4 erlaubt.

Tabelle 7.1   Die Funktionalität von SELECT FILE nach ISO/IEC 7816-4.

SELECT FILE	
Kommando	• FID (falls EF, DF, MF) *oder* DF-Name (falls DF) *oder* Pfad zur Datei vom aktuell ausgewählten DF *oder* Pfad zur Datei vom MF aus *oder* *Schalter:* Selektiere übergeordnetes DF *oder* erstes, letztes, nächstes, vorheriges DF (falls eine Teil-AID übergeben wurde) • *Schalter:* Informationen über ausgewählte Datei zurücksenden
Antwort	• Informationen über die ausgewählte Datei (falls via Schalter gewählt) • Returncode

Das typische Beispiel der Abfolge bei der Auswahl einer Datei ist in dem folgenden Ablauf dargestellt:

Chipkarte		Terminal
	←	SELECT FILE Kommando [FID='3F 00', weitere Dateiinformationen nicht notwendig]
suche Datei mit FID ='3F 00'		
IF (Datei gefunden) THEN Returncode = ok ELSE Returncode = Datei nicht gefunden		
Antwort [Returncode]	→	IF (Returncode = ok) THEN Auswahl der Datei erfolgreich ELSE Datei konnte nicht ausgewählt werden

Bild 7.4   Beispiel für den Kommandoablauf bei einem SELECT FILE Kommando.

Zusätzlich zu dieser expliziten Auswahl einer Datei durch Angabe von FID, DF-Name oder des Pfades im Kommando SELECT FILE existiert die Möglichkeit einer impliziten Auswahl. Dies ist aber nur mit den Standard-lese-und- Schreib-Kommandos möglich. Unter Angabe einer 5 Bit langen Short-FID in Form eines zusätzlichen Parameters kann vor der eigentlichen Kommandoausführung noch eine Datei gewählt werden. Die Datei muß aber vom Typ EF sein und sich innerhalb des aktuellen DF befinden. Der Vorteil dieses Verfahrens liegt in einem vereinfachten Kommandoablauf und einer Erhöhung der Ablaufgeschwindigkeit, da kein explizites SELECT FILE-Kommando mehr zur Karte übertragen werden muß.[1]

In der GSM 11.11 Norm ist ein Kommando definiert, das die gleichen Daten an das Terminal zurückgibt wie eine erfolgreiche Auswahl einer Datei mit SELECT FILE. Dies sind Informationen über Typ und Struktur der aktuell selektierten Datei, Dateigröße, FID, Zugriffsbedingungen und den Zustand, ob die Datei gesperrt ist. Dieses Kommando wird selten benutzt und hat vor allem den Zweck, daß ein Terminal während einer Sitzung anfragen kann, welche Datei einschließlich diverser Rahmenbedingungen zur Zeit aktuell selektiert ist.

Tabelle 7.2   Die Funktionalität von STATUS nach GSM 11.11.

STATUS	
Kommando	• ---
Antwort	• Informationen über die aktuell ausgewählte Datei
	• Returncode

In Ergänzung zum SELECT FILE- und STATUS-Kommando gibt es in der EN 726-3 ein Kommando zum Schließen von Anwendungen. Das Kommando CLOSE APPLICATION übergibt die FID der zu schließenden Anwendung, und daraufhin wird in der Chipkarte der erreichte Sicherheitszustand gelöscht. Nützlich ist dieses Kommando vor allem dann, wenn ein Terminal sicherstellen will, daß ein erreichter Zustand in der Chipkarte wieder zurückgesetzt wird. Unterstützt das Betriebssystem einer Chipkarte dieses oder ein ähnliches Kommando nicht, so ist zum Rücksetzen des Zustands ein Reset der Karte notwendig. In der Definition von ISO/IEC 7816-4 reicht die Selektion des MF aus, um die Sicherheitszustände des vorher selektierten DF auf ihren Initialzustand zurückzusetzen.

Tabelle 7.3   Die Funktionalität von CLOSE APPLICATION nach EN 726-3.

CLOSE APPLICATION	
Kommando	• FID (des aktuellen DFs)
Antwort	• Returncode

7.2   Schreib- und Lesekommandos

Die Klasse der Schreib- und Lesekommandos unterstützt vor allem die Verwendung einer Chipkarte als sicheren Datenspeicher. Mit diesen Kommandos lassen sich Informationen in die betreffenden EFs schreiben und später auch wieder auslesen. Sofern die EFs bestimmte Zugriffsbedingungen haben, ist das Lesen dieser Dateien nur noch für autorisierte Benutzer möglich. Die Information ist also sicher gegen unbefugten Zugriff in der Chipkarte gespeichert.

---

[1] siehe auch Abschnitt 5.6.2 Dateinamen

Da für EFs unterschiedliche Datenstrukturen existieren, gibt es auch unterschiedliche Schreib- und Lesekommandos für diese Dateien. Dies entspricht leider nicht ganz einem objektorientierten Aufbau einer Dateiverwaltung. Bei einer reinen Objektorientierung müßte das Betriebssystem so gestaltet sein, daß ein Objekt selber seine Zugriffsmechanismen bestimmen kann. Dies ist aber bei Dateiverwaltungen für Chipkarten nicht der Fall. Zurückzuführen ist diese Abweichung auf historisch gewachsene Kommandos, die in aktuelle Normen übernommen wurden. Die Vorgänger der Chipkarten, die Speicherkarten, haben nur einen einzigen Dateibereich, der mit Offset- und Längenangabe schreib- und lesbar ist. Nach außen hin kann man diesen Speicher als eine einzige Datei mit transparenter Struktur ansehen. Die ersten Chipkarten waren im Prinzip genauso aufgebaut, und eben aus dieser Zeit stammen die Definitionen der Kommandos für Schreib- und Lesezugriffe auf transparente Dateien. Für die später definierten Dateien mit Recordstruktur verwendete man andere, speziell angepaßte Kommandos. So entstanden die beiden unterschiedlichen Zugriffstypen von Kommandos.

So muß man diese Klasse in Kommandos einteilen, die auf EFs mit transparenter Struktur zugreifen und in Zugriffskommandos für die übrigen Dateistrukturen cyclic, linear fixed und linear variable. Teilweise ist aber in verschiedenen Normen (z.B. elektronische Geldbörse nach EN 1546) noch explizit angegeben, daß es erlaubt ist, mit einem Lesekommando für Dateien mit transparenter Struktur auch Dateien mit anderer Struktur zu lesen. Allerdings kann man dabei zusätzliche Informationen über die interne Struktur der Datei erhalten.

EFs mit der logischen Struktur transparent sind amorph aufgebaut, besitzen also keine innere Struktur. Sie stellen einen linear adressierbaren Speicher dar, auf den byteweise zugegriffen werden kann. Dabei verwendet man das Kommando READ BINARY zum Lesen und die beiden Kommandos WRITE BINARY und UPDATE BINARY zum Schreiben.

Tabelle 7.4   Die Funktionalität von READ BINARY nach ISO/IEC 7816-4.

READ BINARY	
Kommando	• Anzahl der zu lesenden Bytes
	• Offset zum ersten Byte, das gelesen werden soll
	• *optional:* Short-FID für implizite Selektion
Antwort	• gelesene Daten aus der Datei
	• Returncode

Tabelle 7.5   Die Funktionalität von WRITE BINARY nach ISO/IEC 7816-4.

WRITE BINARY	
Kommando	• Anzahl der zu schreibenden Bytes
	• zu schreibende Bytes
	• Offset zum ersten Byte, das geschrieben werden soll
	• *optional:* Short-FID für implizite Selektion
Antwort	• Returncode

Der grundsätzliche Unterschied zwischen den Schreibkommandos WRITE und UPDATE ist in Hinblick auf den sicheren Zustand des EEPROM der Chipkarte zu sehen. Der sichere EEPROM-Zustand ist der logische Wert der Bits im EEPROM, bei dem die Speicherzellen den energieärmsten Zustand eingenommen haben, d.h., wenn die EEPROM-Zellen, die kleine Kondensatoren sind, keine Ladung mehr haben. Üblicherweise ist dies der logische Zustand 0. Um nun ein Bit vom Zustand 0 wieder in den Zustand 1 zu setzen, muß es gelöscht werden. Dadurch bringt man wieder Ladung auf den Kondensator auf.

Mit WRITE kann man nun die Bits nur vom unsicheren Zustand, im Beispiel der Zustand 1, in den sicheren Zustand, d.h. in diesem Fall auf 0 setzen. WRITE ist also in diesem Beispiel eine logische UND-Verknüpfung der übergebenen Daten mit dem Dateiinhalt. Falls der sichere Zustand des Chips durch den Wert 1 repräsentiert wird, so muß WRITE eine logische ODER-Verknüpfung der Daten im Kommando zu den Daten in der Datei bewirken. Die logische Verknüpfung zwischen den Daten im Kommando und den Daten in der Datei ist dabei immer so, daß bei WRITE der sichere Zustand des EEPROMs erreicht wird. Zusätzlich kann WRITE noch abhängig von der Datei einen WORM-Schreibzugriff (*write once, read multiple*) unterstützen.

Das Kommando UPDATE ist hingegen ein echtes Schreiben auf den Dateiinhalt. Die Daten, die vorher darin enthalten waren, haben keinerlei Einfluß auf den Inhalt der Datei nach dem UPDATE-Kommando. UPDATE kann deshalb auch als vorheriges Löschen mit ERASE und anschließendes Schreiben mit WRITE betrachtet werden.

Tabelle 7.6   Die Funktionalität von UPDATE BINARY nach ISO/IEC 7816-4.

UPDATE BINARY	
Kommando	• Anzahl der zu überschreibenden Bytes
	• zu überschreibende Bytes
	• Offset zum ersten Byte, das überschrieben werden soll
	• *optional:* Short-FID für implizite Selektion
Antwort	• Returncode

Mit diesen beiden Kommandos kann man physikalisch sichere Zähler in Chipkarten aufbauen. Das Prinzip dabei ist ein Bitfeld, bei dem gesetzte Bits jeweils eine Geldeinheit verkörpern. Bei der Zahlung erniedrigt man mit WRITE den Zähler Bit für Bit durch die ODER-Verknüpfung. Nach einer Authentisierung kann man den Zähler mit UPDATE wieder erhöhen. Der große Vorteil dieses Aufbaus ist, daß zum Beispiel durch thermische Beeinflussung des EEPROMs dieses nicht auf einen höheren Zählerstand gebracht werden kann, da der sichere EEPROM-Zustand des Bitfeldes den Wert 0 symbolisiert.

Wie der Name schon aussagt, stellt READ BINARY ein Lesekommando dar, und WRITE/UPDATE BINARY wird zum Schreiben von Daten verwendet. Der Zugriff auf eine Datei wird dabei durch eine Längenangabe und einen Offset bis zum ersten anzusprechenden Byte realisiert. Manche Betriebssysteme ermöglichen zusätzlich vor dem eigentlichen Dateizugriff die implizite Auswahl einer Datei durch Übergabe eines

Short-FID. Dies ist jedoch noch nicht in allen Normen und Betriebssystemen vorgesehen.

Chipkarte		**Terminal**
	←	READ BINARY
		Kommando [Offset = 2 Byte, Anzahl der zu lesenden Byte = 5]
angeforderte Daten := '03' ‖ 'FF' ‖ '00' ‖ 'FF' ‖ '00'		
Antwort [angeforderte Daten ‖ Returncode]	→	IF (Returncode = ok) THEN READ BINARY erfolgreich ELSE Abbruch
	←	WRITE BINARY
		Kommando [Offset = 3 Byte, Anzahl der zu schreibenden Byte = 2, Daten = 'F0 F0']
Antwort [Returncode]	→	IF (Returncode = ok) THEN WRITE BINARY erfolgreich ELSE Abbruch
	←	UPDATE BINARY
		Kommando [Offset = 5 Byte, Anzahl der zu schreibenden Byte = 2, Daten = 'F0 F0']
Antwort [Returncode]	→	IF (Returncode = ok) THEN UPDATE BINARY erfolgreich ELSE Abbruch

Bild 7.5   Zugriff auf eine Datei mit transparenter Struktur.

Bild 7.5 zeigt einen Ablauf mit den Kommandos READ BINARY, eines darauffolgenden WRITE BINARY und abschließenden UPDATE BINARY. Die Auswirkungen auf den Dateiinhalt der selektierten Datei sind in Bild 7.6 zu sehen. Die Kommandos und Abläufe setzen selbstverständlich eine erfolgreiche Selektion und Erfüllung aller Zugriffsbedingungen auf die beschriebene Datei voraus.

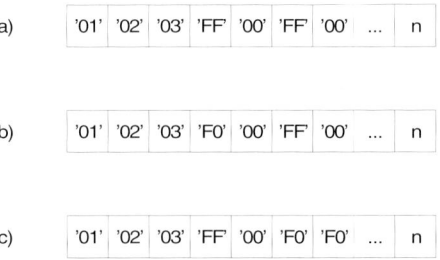

a)   '01' '02' '03' 'FF' '00' 'FF' '00' ... n

b)   '01' '02' '03' 'F0' '00' 'FF' '00' ... n

c)   '01' '02' '03' 'FF' '00' 'F0' 'F0' ... n

Bild 7.6   Beispiel für Schreibzugriffe auf ein EF mit transparenter Struktur. Die dazu verwendeten Kommandosequenzen sind in Bild 7.5 angegeben.
a)   Dateiinhalt bei READ BINARY
b)   Dateiinhalt nach WRITE BINARY
c)   Dateiinhalt nach UPDATE BINARY

Eine Ausnahme bei den an transparenten EFs orientierten Kommandos stellt ERASE BINARY dar. Mit diesem Kommando können keine Daten in eine Datei geschrieben werden. Er dient lediglich dazu, Dateiinhalte ab einem zu übergebenden Offset zu löschen. Falls kein zweiter Offset bis zum Ende des zu löschenden Bereichs mit übergeben wird, dann löscht das Kommando bis zum Ende der ausgewählten Datei. Löschen heißt in diesem Zusammenhang, daß der im Kommando angegebene Datenbereich auf den logisch gelöschten Zustand gesetzt wird. Dieser muß individuell für jedes Betriebssystem definiert werden, da er unterschiedlich zum physikalisch gelöschten Zustand des Speichers sein kann.

Aufgrund der gänzlich anderen Struktur von linear fixed, linear variable und cyclic EFs existieren parallel zu den obigen Kommandos noch besondere Kommandos für Zugriffe auf diese Datenstrukturen. Alle diese Dateien sind Record-orientiert aufgebaut. Die kleinste ansprechbare Einheit im Datenfeld beim Schreibzugriff ist ein einzelner Record. Beim lesenden Zugriff kann entweder der ganze Record oder ein Teil von ihm ab dem ersten Byte gelesen werden.

Durch diese Dateistrukturen, die den linearen 1-dimensionalen Speicher in einen 2-dimensional ansprechbaren Speicher transformieren, ergeben sich im Gegensatz zu den transparenten Strukturen auch wesentlich komplexere Zugriffsarten. Prinzipiell können aber alle Datenstrukturen durch Dateien der Struktur transparent nachgebildet werden. Dies kann jedoch im Einzelfall erheblich aufwendiger sein, als bei der Verwendung von höheren Datenstrukturen.

Nach der Auswahl eines EF mit Record-orientierter Struktur erzeugt das Chipkarten-Betriebssystem einen Recordzeiger, dessen Wert anfangs undefiniert ist und durch READ/WRITE/UPDATE RECORD oder SEEK gesetzt werden kann. Der Zeiger für die aktuelle Datei bleibt aber erhalten, so lange diese selektiert ist. Nach einer erfolgreichen expliziten oder impliziten Selektion einer anderen Datei erhält der Recordzeiger wieder einen undefinierten Wert.

Tabelle 7.7   Die Funktionalität von ERASE BINARY nach ISO/IEC 7816-4.

ERASE BINARY	
Kommando	• Offset zum ersten Byte, das gelöscht werden soll *optional:* Offset zum letzten Byte, das gelöscht werden soll • *optional:* Short-FID für implizite Selektion
Antwort	• gelesene Daten aus der Datei • Returncode

Alle Kommandos für Record-orientierte Dateien können über ein Parameterbyte die Art der Zugriffe auf den Dateiinhalt bestimmen. Die Grundlage bildet dabei der direkte Zugriff unter Angabe der absoluten Nummer des gewünschten Records. Dieser Zugriff verändert nicht den Recordzeiger. Man teilt also der Chipkarte die Nummer des gewünschten Records mit und erhält als Antwort den Inhalt des betreffenden Records.

Durch Angabe des Parameters „first" setzt das Betriebssystem den Recordzeiger auf den ersten Record der Datei, und dieser wird dann je nach Kommando gelesen oder geschrieben. Analog dazu existiert für den Zugriff auf den letzten Record der Parameter „last". Mit den zusätzlichen Parameterangaben „next" und „previous" lassen sich der nächste bzw. der vorherige Record auswählen und lesen bzw. schreiben. Als letzter der möglichen Parameter kann „current" benützt werden, um den Record anzusprechen, auf den der Recordzeiger aktuell ausgerichtet ist.

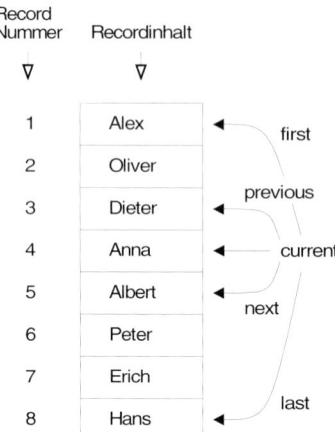

Bild 7.7   Zugriff auf eine Datei mit Record-orientierter Struktur.

Diese sehr große Variabilität des Zugriffs auf Record-orientierte Datenstrukturen hat ihre Ursache in dem typischen Aufbau von Telefonnummernverzeichnissen. Man stelle sich einen Record vor, dessen Anfangsteil Vor- und Nachname enthält und anschließend im gleichen Record die dazugehörige Telefonnummer.

Mit einem READ RECORD und den obig erläuterten Parametern kann man je nach Bedarf innerhalb dieser auf ein EF abgebildeten Telefonliste vor- und zurückblättern oder auf den ersten oder letzten Eintrag springen. Im übrigen ist es auch möglich, den Recordzeiger durch das Suchkommando SEEK, das im folgenden Abschnitt vorgestellt ist, zu verändern.

Nach ISO/IEC 7816-4 besteht auch die Möglichkeit, alle Records von der ersten bis zu einer zu übergebenden Recordnummer auszulesen. Analog dazu lassen sich auch alle Records ab einem bestimmten bis zu dem letzten mit READ RECORD in einem einzigen Kommando-Antwort-Paar aus der Datei lesen. So praktisch diese Kommandos sind, so kann mit ihnen jedoch bei größeren Dateien sehr schnell die Grenze des I/O-Puffers der Chipkarte erreicht werden.

Name	Telefonnummer
Alex	089 / 47 84 46
Otto	089 / 11 00 11
Dieter	089 / 47 51 22
Anna	089 / 178 098
Albert	089 / 178 234
Peter	089 / 76 87 33
Erich	089 / 123 78 1
Hans	089 / 111 222
Ludwig	089 / 178 234
Josef	089 / 167 189

Bild 7.8   Beispiel für eine Telefonnummernliste in einer Datei der Struktur „linear fixed".

Tabelle 7.8   Die Funktionalität von READ RECORD nach ISO/IEC 7816-4.

READ RECORD	
Kommando	• Nummer des zu lesenden Records *oder* Modus (erster, letzter, nächster, vorheriger Record) *oder* Lies alle Records ab n bis zum letzten Record *oder* Lies alle Records vom ersten Record bis n • *optional:* Short-FID für implizite Selektion
Antwort	• gelesene Daten aus der Datei • Returncode

Tabelle 7.9   Die Funktionalität von WRITE RECORD nach ISO/IEC 7816-4.

WRITE RECORD	
Kommando	• zu schreibender Record • Nummer des zu schreibenden Records *oder* Modus (erster, letzter, nächster, vorheriger Record) • *optional:* Short-FID für implizite Selektion
Antwort	• Returncode

Tabelle 7.10   Die Funktionalität von UPDATE RECORD nach ISO/IEC 7816-4.

UPDATE RECORD	
Kommando	• zu überschreibender Record • Nummer des zu überschreibenden Records *oder* Modus (erster, letzter, nächster, vorheriger Record) • *optional:* Short-FID für implizite Selektion
Antwort	• Returncode

Die folgenden Kommandoabläufe zeigen beispielhaft einige Lese- und Schreiboperationen auf die Datei von Bild 7.8.

Chipkarte		Terminal
	←	READ RECORD
		Kommando [Recordnummer = "2"]
Abarbeitung des Kommandos		
Antwort ["Oliver" ‖ Returncode]	→	IF (Returncode = ok)
		THEN READ RECORD erfolgreich
		ELSE Abbruch
	←	UPDATE RECORD
		Kommando [first, "Wolfgang"]
Abarbeitung des Kommandos		
Antwort [Returncode]	→	IF (Returncode = ok)
		THEN UPDATE RECORD erfolgreich
		ELSE Abbruch
	←	UPDATE RECORD
		Kommando [next, "Alex"]
Abarbeitung des Kommandos		
Antwort [Returncode]	→	IF (Returncode = ok)
		THEN UPDATE RECORD erfolgreich
		ELSE Abbruch
	←	READ RECORD
		Kommando [Recordnummer = 2]
Abarbeitung des Kommandos		
Antwort ["Alex" ‖ Returncode]	→	IF (Returncode = ok)
		THEN READ RECORD erfolgreich
		ELSE Abbruch

Bild 7.9   Beispiel für Lese- und Schreiboperationen auf Record-orientierte Dateistrukturen.

Das Kommando APPEND RECORD könnte aufgrund seiner Funktion auch genauso
im Unterkapitel „Verwaltung von Dateien" stehen. Mit ihm können an vorhandene Record-orientierte Dateien zusätzliche Records angehängt werden. Gleichzeitig werden
im Kommando die Daten für den gesamten neuen Record übergeben. Voraussetzung
für das Vorhandensein dieses Kommandos in seiner vollen Funktionalität ist eine für
Chipkarten relativ aufwendige Speicherverwaltung. Diese hat dafür zu sorgen, daß eine
Verbindung des neuen Records zu den bereits vorhandenen Records hergestellt wird.
Dann ist es möglich, im Rahmen des zur Verfügung stehenden Speichers beliebig viele
neue Records in einer Datei zu ergänzen. Oftmals behilft man sich aber damit, daß man
nur eine bestimmte Anzahl von neuen Records zuläßt. Bei der Erzeugung von Record-
orientierten Dateien wird dabei je nach Bedarf schon Speicherplatz für die noch nicht
erzeugten Records reserviert. Dieser wird dann mit APPEND RECORD aufgefüllt. Ist
dieser Platz verbraucht, dann sind weitere APPEND RECORD-Kommandos nicht
mehr möglich.

Benutzt man APPEND RECORD in Verbindung mit einer Datei, die eine „linear fixed" oder „linear variable" Struktur ausweist, dann wird der neue Record immer am Ende der Datei angelegt. Ist die Struktur der Datei aber „cyclic", dann hat der neue Record immer die Nummer 1, was im übrigen auch dem aktuell geschriebenen Record bei Dateien dieser Struktur entspricht.

APPEND RECORD kann für verschiedene Zwecke eingesetzt werden. Denkbar ist die schon mehrfach erwähnte Telefonnummernliste oder eine Protokolldatei, bei der die zu protokollierenden Daten unmittelbar bei der Erzeugung des neuen Records in die Karte geschrieben werden.

Tabelle 7.11   Die Funktionalität von APPEND RECORD nach ISO/IEC 7816-4.

APPEND RECORD	
Kommando	• zu schreibender Record
	• *optional:* Short-FID für implizite Selektion
Antwort	• Returncode

Als Ergänzung der auf Dateien basierenden Lese- und Schreibkommandos gibt es zwei Kommandos, die für den direkten Zugriff auf Datenobjekte gedacht sind. Je nach ausgewähltem DF können damit vorbei an den dateiorientierten Zugriffsmechanismen bestimmte Daten sowohl in Dateien oder auch in interne Betriebssystemstrukturen geschrieben oder aus diesen Bereichen gelesen werden. Mit PUT DATA können Datenobjekte geschrieben werden. Zum Lesen dieser Daten dient das Kommando GET DATA. Bei beiden Kommandos muß die genaue Struktur der TLV-codierten Datenobjekte übergeben werden, d.h., es muß bekannt sein, ob eine anwendungsspezifische oder eine genormte Codierung der Datenobjekte verwendet wird. Diese Kenntnis ist intern für das Betriebssystem wichtig, damit die Daten entsprechend ihrer Verpackung durch die Objekte erkannt werden. Die entsprechend festgelegten Zugriffsbedingungen müssen sowohl bei PUT DATA als auch bei GET DATA vorab erfüllt sein.

Tabelle 7.12   Die Funktionalität von GET DATA nach ISO/IEC 7816-4.

GET DATA	
Kommando	• Anzahl der zu lesenden Datenobjekte
	• Kennzeichen der zu lesenden Datenobjekte
Antwort	• gelesene Datenobjekte
	• Returncode

Tabelle 7.13   Die Funktionalität von PUT DATA nach ISO/IEC 7816-4.

PUT DATA	
Kommando	• Struktur der zu schreibenden Datenobjekte
	• zu schreibende Datenobjekte
Antwort	• Returncode

7.3   Suchkommandos

Durch Record-orientierte Strukturen bietet es sich an, zusammengehörige Informationen gleichen Aufbaus in einer Datei abzulegen. Das typische Beispiel dafür ist ein Telefonverzeichnis mit Namen und Telefonnummer. Um nicht bei der Suche nach einem bestimmten Namen das gesamte Verzeichnis Record für Record lesen zu müssen, kann dafür ein Suchkommando benutzt werden.

Mit dem Kommando SEEK kann man mit einem Offset in einer Record-orientierten Datenstruktur nach einer zu übergebenden Zeichenkette zu suchen. Die Länge des Suchstrings ist dabei variabel. Obligatorisch ist im Kommando dem Betriebssystem noch die Suchrichtung mitzuteilen. Das bedeutet, ob nun vorwärts (zu höheren Recordnummern hin) oder rückwärts (zu niedrigeren Recordnummern hin) gesucht werden soll. Ebenfalls ist die Startposition des Suchvorgangs anzugeben. Dabei existieren die Möglichkeiten erster Record, letzter Record und aktueller Record. Konnte die Zeichenkette gefunden werden, setzt das Betriebssystem den Recordzeiger auf diesen Eintrag und teilt die erfolgreiche Suche dem Terminal mit.

Bild 7.10   Suchen innerhalb einer Datei mit Record-orientierter Struktur

Tabelle 7.14   Die Funktionalität von SEEK nach EN 726-3.

SEEK	
Kommando	• Länge des Suchstrings
	• Suchstring
	• Offset
	• Modus (vom Anfang an vorwärts, vom Ende aus rückwärts, ab der nächsten Position vorwärts, ab der vorherigen Position rückwärts)
	• *Schalter:* Recordnummer des gefundenen Records zurücksenden
Antwort	• Recordnummer (falls via Schalter gewählt)
	• Returncode

Der folgende Kommandoablauf zeigt einige Möglichkeiten der Anwendung eines SEEK-Kommandos. Die Grundlage ist dabei die im Bild 7.8 dargestellte Datei mit „linear fixed"-Struktur.

Chipkarte		Terminal
	←	SEEK
		Kommando [Suchstring = "Hans" ‖ Suchrichtung = "vom Anfang zum Ende" ‖ sende Record Nr.]
Antwort [Record Nr. = 8 ‖ Returncode]	→	IF (Returncode = ok) THEN "Hans" gefunden ELSE "Hans" nicht gefunden
	←	SEEK
		Kommando [Suchstring = "Alex" ‖ Suchrichtung = "vom Ende zum Anfang" ‖ sende Record Nr.]
Antwort [Record Nr. = 1 ‖ Returncode]	→	IF (Returncode = ok) THEN "Alex" gefunden ELSE "Alex" nicht gefunden

Bild 7.11   Beispiel für den Kommandoablauf mit einem SEEK-Kommando.

Die ISO/IEC 7816-9 beschreibt zwei Kommandos zur Suche von Daten in transparenten und Record-orientierten Dateien. Das SEARCH RECORD-Kommando ist die Variante von ISO/IEC des ETSI-Kommandos SEEK. Der große Unterschied zwischen den beiden ist, daß nach ISO/IEC 7816-9 noch ein Short-FID zur impliziten Selektion eines EFs innerhalb des Suchkommandos mit übergeben werden kann.

Tabelle 7.15   Die Funktionalität von SEARCH RECORD nach ISO/IEC 7816-9.

SEARCH RECORD	
Kommando	• Länge des Suchstrings
	• Suchstring
	• Offset
	• Modus (vom Anfang an vorwärts, vom Ende aus rückwärts, ab der nächsten Position vorwärts, ab der vorherigen Position rückwärts)
	• *Schalter:* Recordnummer des gefundenen Records zurücksenden
	• *optional:* Short-FID für implizite Selektion
Antwort	• Recordnummer (falls via Schalter gewählt)
	• Returncode

Mit SEARCH BINARY ist es möglich, in einer vorab explizit oder im Kommando implizit selektierten Datei der Struktur „transparent" nach zu übergebenden Daten zu suchen. Als Ergebnis erhält man den Offset, gerechnet vom Anfang der Datei, zum ersten Byte des gefundenen Suchstrings.

Tabelle 7.16   Die Funktionalität von SEARCH BINARY nach ISO/IEC 7816-9.

SEARCH BINARY	
Kommando	• Länge des Suchstrings
	• Suchstring
	• Offset
	• *optional:* Short-FID für implizite Selektion
Antwort	• Offset zu den gefundenen Daten
	• Returncode

7.4   Operationen auf Dateien

Es existiert eine Reihe von Kommandos, mit denen Dateiinhalte nicht nur durch bloßes Schreiben verändert werden können. Die beiden Hauptvertreter dieser Klasse sind die Kommandos INCREASE und DECREASE. Sie erhöhen bzw. verringern den als Zähler aufgebauten Dateiinhalt mit zyklischer Struktur um einen zu übergebenden Wert.

Der Grund für die vorgeschriebene zyklische Dateistruktur ist die so gegebene Protokollfunktion. Diese beiden Kommandos werden vor allem für einfache Kleingeldbörsen oder Zähler benutzt.

Tabelle 7.17   Die Funktionalität von DECREASE nach EN 726-3.

DECREASE	
Kommando	• zu subtrahierender Wert
Antwort	• subtrahierter Wert
	• neuer Wert des Records
	• Returncode

Tabelle 7.18   Die Funktionalität von INCREASE nach EN 726-3.

INCREASE	
Kommando	• zu addierender Wert
Antwort	• addierter Wert
	• neuer Wert des Records
	• Returncode

Für das folgende Beispiel sei der Einfachheit halber eine zyklische Datei mit nur einem Record angenommen. Der Anfangswert des Records sei 10. Nach Beendigung des Ablaufs hat der Inhalt wieder denselben Wert.

Chipkarte		Terminal
	←	DECREASE
		Kommando [zu subtrahierender Wert = 3]
Abarbeitung des Kommandos		
Antwort [subtrahierter Wert = 3 ‖ neuer Wert = 7 ‖ Returncode]	→	IF (Returncode = ok)
		THEN DECREASE erfolgreich
		ELSE DECREASE konnte nicht ausgeführt werden
	←	DECREASE
Abarbeitung des Kommandos		*Kommando* [zu subtrahierender Wert = 2]
Antwort [subtrahierter Wert = 2 ‖ neuer Wert = 5 ‖ Returncode]		
	→	IF (Returncode = ok)
		THEN DECREASE erfolgreich
		ELSE DECREASE konnte nicht ausgeführt werden
	←	INCREASE
Abarbeitung des Kommandos		*Kommando* [zu addierender Wert = 5]
Antwort [addierter Wert = 5 ‖ neuer Wert = 10 ‖ Returncode]		
	→	IF (Returncode = ok)
		THEN INCREASE erfolgreich
		ELSE INCREASE konnte nicht ausgeführt werden

Bild 7.12   Beispiel für einen Kommandoablauf mit INCREASE und DECREASE.

Ein Kommando, das gewissermaßen auch eine Operation auf einem EF ausführt, ist EXECUTE. Mit ihm können ablauffähige Programme in EFs mit der Struktur „executable" gestartet werden. Das auszuführende Programm kann sowohl im Kommando Daten vom Terminal erhalten als auch erzeugte Daten in der Antwort an das Terminal zurücksenden.

Das Kommando selber bzw. die dazugehörige Dateistruktur ist umstritten, da damit unter Umständen das gesamte Sicherheitssystem einer Chipkarte umgangen werden kann.

Tabelle 7.19   Die Funktionalität von EXECUTE nach EN 726-3.

EXECUTE	
Kommando	• der executable-Datei zu übergebende Daten
Antwort	• von der executable-Datei zurückerhaltene Daten
	• Returncode

7.5   Identifizierungskommandos

Neben der Verwendung von Chipkarten als geschützte Datenträger nutzt man sie auch zur Identifizierung von Personen. Das dazu übliche Verfahren ist die Identifizierung durch Übergabe eines nur der Chipkarte und dem Benutzer bekannten Geheimnisses. Dies ist in der Regel eine PIN (*personal identification number*), umgangssprachlich auch Geheimzahl genannt.

Einem jeden aus persönlicher Erfahrung bekanntes Verfahren ist die Überprüfung der PIN. Man gibt an einem Kartenterminal die PIN ein und bekommt kurz darauf auf einem Display eine Anzeige, ob die PIN korrekt war, bzw. wie viele Fehlversuche noch möglich sind. Dabei erhält die Chipkarte vom Terminal in dem Kommando VERIFY eine üblicherweise 4-stellige PIN und vergleicht diese mit der im EEPROM abgespeicherten. Ist die von außen übergebene und die gespeicherte PIN gleich, so beeinflußt dies den Zustandsautomaten in der Chipkarte, und das Terminal erhält eine Meldung über den positiven Vergleich. Der Fehlbedienungszähler der PIN erhält daraufhin ebenfalls seinen Ursprungswert (d.h. 0) zurück. Stimmt die übergebene PIN mit der in der Karte gespeicherten nicht überein, so bewirkt dies eine Erhöhung des Fehlbedienungszählers. Ist dieser bei dem definierten Maximalwert angelangt, so ist die Karte für jede weitere PIN Überprüfung gesperrt.

In vielen Chipkarten-Betriebssystemen ist es möglich, mehrere PINs zu verwenden. Dann ist es unabdingbar, bei allen die PIN betreffenden Kommandos die entsprechende Nummer der PIN zu übergeben, damit diese auch korrekt adressiert werden kann. In der Regel legen Kartenherausgeber aber großen Wert darauf, daß nur eine einzige PIN pro Karte existiert, auch wenn technisch mehrere möglich wären. Dies ist aus Gründen der Kundenakzeptanz und Benutzerfreundlichkeit unabdingbar.

Die Abkürzung PIN nennt man im Bereich der Telekommunikation oft auch CHV, was die Kurzform von Chip Holder Verification ist und genau das gleiche wie PIN bedeutet. Da die beschriebenen Kommandos aus diesem Bereich stammen, wird im Kommandonamen das Kürzel CHV statt PIN verwendet.

Tabelle 7.20   Die Funktionalität von VERIFY CHV nach EN 726-3.

VERIFY CHV	
Kommando	• PIN
	• Nummer der PIN
Antwort	• Returncode

Die ISO/IEC 7816-4 beschreibt ein mit EN 726-3 weitgehend identisches Kommando zur Prüfung der PIN. Es hat den Namen VERIFY und könnte nicht nur für einen PIN-Vergleich sondern auch für die Überprüfung von biometrischen Merkmalen benutzt werden. Gegenüber der PIN-Prüfung nach ETSI besteht in der Codierung nur ein signifikanter Unterschied. Die ISO/IEC sieht im Kommando eine Unterscheidung zwischen einer globalen PIN und einer applikationsspezifischen PIN vor. Damit ist es möglich, im Kommando auszuwählen, ob die für die gesamte Chipkarte geltende PIN oder eine nur im aktuellen DF gültige PIN geprüft werden soll.

Tabelle 7.21   Die Funktionalität von VERIFY nach ISO/IEC 7816-4.

VERIFY	
Kommando	• PIN
	• Nummer der PIN
	• *Schalter:* globale PIN oder applikationsspezifische PIN
Antwort	• Returncode

Bei manchen Anwendungen soll der Kartenbenutzer bei der ersten PIN-Eingabe die ihm am geeignetsten erscheinende PIN selber wählen. Man kann hierzu das sogenannte Nullpin-Verfahren anwenden. Dazu wird die PIN bei der Personalisierung mit Nullen vorbelegt, was für manche Chipkarten-Betriebssysteme eine besondere Bedeutung hat. Das Betriebssystem weist alle VERIFY-Kommandos mit Null-PIN ab und fordert eine vorherige Änderung der PIN mit CHANGE REFERENCE DATA. Damit wird der Benutzer gezwungen, seine PIN zu ändern, da er mit der Eingabe einer aus lauter Nullen bestehenden PIN in der Chipkarte keinen Sicherheitszustand verändern kann. Dieses Verfahren ist nicht standardisiert, läßt sich jedoch in bestimmten Fällen, und wenn es vom Betriebssystem unterstützt wird, manchmal nutzbringend einsetzen.

Seit der Einführung von PINs als Identifizierungsmerkmal für Kartenbenutzer nimmt deren Anzahl immer mehr zu. Ein durchschnittlicher Kartenbenutzer müßte sich heute wahrscheinlich schon 10 oder 20 verschiedene PINs für seine diversen Karten und andere Zugriffsberechtigungen merken. Daß dies jenseits der Realität ist, sieht man an den vielen Personen, die ihre PIN auf die Karte schreiben. Die Verwendung von Chipkarten ermöglicht es dem Benutzer aber nun, seine PIN frei auszuwählen und eine einheitliche PIN für alle seine Karten zu verwenden. Dies mag zwar sicherheitstechnisch problematisch sein, denn wenn ein Angreifer eine PIN ausspähen kann, kennt er daraufhin alle, doch ist es immer noch besser, als die PIN für jeden sichtbar außen auf die Karte zu notieren.

Das Kommando CHANGE CHV stellt das Mittel zur Änderung der PIN dar. Das ISO/IEC 7816-8 Äquivalent dieses Kommandos heißt CHANGE REFERENCE DATA und besitzt ansonsten gleiche Ein- und Ausgangsparameter. Mit dem Wissen über die aktuell in der Karte enthaltene PIN ist es somit möglich, sie durch eine neue PIN zu ersetzen. Sollte die aktuelle PIN nicht korrekt sein, so inkrementiert das Betriebssystem den Fehlbedienungszähler. Damit wehrt man einen denkbaren Angriff über dieses Kommando auf die PIN ab. Sobald die aktuelle PIN korrekt an die Chipkarte übergeben ist, trägt diese die übergebene neue PIN in den entsprechenden Speicher ein und setzt den Fehlbedienungszähler wieder auf seinen Ursprungswert.

Tabelle 7.22   Die Funktionalität von CHANGE CHV nach EN 726-3.

CHANGE CHV	
Kommando	• alte PIN
	• neue PIN
	• Nummer der PIN
Antwort	• Returncode

Ist der Fehlbedienungszähler einer PIN abgelaufen, kann man ihn mit dem Kommando UNBLOCK CHV und einer zweiten PIN, die PUK (*personal unblocking key*) genannt wird, wieder auf seinen Ursprungszustand setzen. Diese PUK hat üblicherweise eine größere Länge (z.B. 8-stellig) als die normale 4-stellige PIN. Der Benutzer muß sich die PUK auch nicht dauernd merken, da er diese nur im Fall einer vergessenen PIN kennen muß. Es genügt dann, wenn er gegebenenfalls zuhause Unterlagen über seine PUK findet. Es nutzt jedoch dem Benutzer sehr wenig, wenn er den Fehlbedienungszähler seiner vergessenen PIN auf seinen Ursprungswert zurücksetzt, da er damit seine vergessene PIN auch nicht mehr herausfinden kann. Deshalb muß mit UNBLOCK CHV eine neue PIN an die Chipkarte übergeben werden.

Bei Hybridkarten, die sowohl Chip als auch Magnetstreifen enthalten, darf es mit diesem Kommando nicht möglich sein, eine neue PIN an den Chip zu übergeben. Denn dann wäre auf dem Magnetstreifen eine andere PIN als im Chip enthalten, was große Probleme hervorrufen würde. Deshalb setzt man in diesem Fall den Fehlbedienungszähler nur auf seinen Ursprungswert und schickt dem Kunden einen Brief mit seiner alten PIN.

Tabelle 7.23   Die Funktionalität von UNBLOCK CHV nach EN 726-3.

UNBLOCK CHV	
Kommando	• PUK
	• neue PIN
Antwort	• Returncode

Die ISO/IEC 7816-8 sieht ein eigenes Kommando vor, mit dem Fehlbedienungszähler, die ihren Maximalwert erreicht haben, wieder auf den Ausgangswert zurückgesetzt werden können. Die Bezeichnung ist Kommandos ist RESET RETRY COUNTER. Um dieses Kommando ausführen zu dürfen, muß ein bestimmter Sicherheitszustand erfüllt sein, der in der Regel eine erfolgreiche Authentisierung ist. Im Gegensatz zu seinem Namen läßt sich dieses Kommando auch zum Ersetzen der aktuellen PIN durch eine neue PIN benutzen.

Tabelle 7.24   Die Funktionalität von RESET RETRY COUNTER ISO/IEC 7816-8.

RESET RETRY COUNTER	
Kommando	• Nummer der PIN
	• *Option:* PUK ‖ neue PIN
	• *falls Option gewählt:* Nummer der PUK
	• *Schalter:* globale PIN oder applikationsspezifische PIN
Antwort	• Returncode

Bei GSM gibt es noch zwei weitere Kommandos, durch die die Abfrage der PIN beeinflußt werden kann. Es sind dies DISABLE CHV und ENABLE CHV, die zum Ab- und Anschalten der PIN-Prüfung dienen. Ist die PIN-Prüfung abgeschaltet, so sind alle Zugriffsbedingungen auf Dateien, die eine vorherige PIN-Prüfung erfordern, außer Kraft gesetzt. Beide Kommandos erfreuen sich großer Beliebtheit im Mobilfunkbe-

reich, da nicht nach jedem Anschalten des Mobiltelefons die PIN neu eingegeben werden muß. Sicherheitstechnisch sind beide Kommandos nicht unbedenklich, da der
Schutz, den eine PIN vor unbefugter Benutzung bietet, damit ausgeschaltet werden
kann. Allerdings kann durch den Benutzer auch eine Trivial-PIN, wie "0000", mit
CHANGE CHV gewählt werden, deren Sicherheit ebenfalls sehr niedrig ist.

Die beiden ISO/IEC 7816-8 Kommandos für diese Funktionalität haben die Namen
ENABLE VERIFICATION REQUIREMENT und DISABLE VERIFICATION
REQUIREMENT. Je nach Anwendung muß vorab ein bestimmter Sicherheitszustand
erreicht sein, damit eines dieser Kommandos ausgeführt werden darf.

Tabelle 7.25   Die Funktionalität von DISABLE CHV nach EN 726-3.

DISABLE CHV	
Kommando	• PIN
	• Nummer der PIN
Antwort	• Returncode

Tabelle 7.26   Die Funktionalität von ENABLE CHV nach EN 726-3.

ENABLE CHV	
Kommando	• PIN
	• Nummer der PIN
Antwort	• Returncode

Die obigen Verfahren zur PIN-Überprüfung sind aus einleuchtenden Gründen Angriffen ausgesetzt, da sich mit einer gefundenen oder gestohlenen Karte und der richtigen PIN unter Umständen ein großer geldwerter Vorteil erreichen läßt. Alle diese
Kommandos, die im Zusammenhang mit dem PIN- oder PUK-Vergleich stehen, müssen gegenüber Analysen des elektrischen Verhaltens oder des Zeitverhaltens der Chipkarte abgesichert sein. Beispielsweise darf der Stromverbrauch bei VERIFY in Abhängigkeit von korrekter oder falscher PIN nicht unterschiedlich sein. Ebenso darf auch
das Zeitverhalten bei Ausführung der PIN-Kommandos keine Abhängigkeit von echter
oder falscher PIN haben. Unterschiedliche Laufzeiten können sich fatal auf die Sicherheit der Karte und damit letztendlich auf das gesamte System auswirken. Denn dann
könnte man auf sehr einfachem Weg die richtige PIN herausfinden, und alle PINs des
Systems wären als Identifizierung der Benutzer hinfällig.

7.6   Authentisierungskommandos

Zusätzlich zur Identifizierung des Kartenbesitzers existieren noch eine Reihe von
Kommandos zur Authentisierung von Terminal und Karte. Da jeder dieser beiden
Kommunikationspartner mit einem vollständigen Computer ausgerüstet ist, können die
verwendeten Abläufe gegenüber den PIN-Prüfungen wesentlich aufwendiger und damit auch sicherer gemacht werden.

Bei der PIN-Prüfung erhält die Karte ein Geheimnis im Klartext (die PIN) über die
Schnittstelle und muß dieses nur mit einer im Speicher enthaltenen PIN vergleichen.

Ein Abhören der Übertragungsleitung hätte demnach fatale Folgen. Moderne Authentisierungsverfahren sind so aufgebaut, daß dieser Angriff unmöglich gemacht wird.

Prinzipiell wird bei der Authentisierung ein gemeinsames Geheimnis beider Kommunikationspartner überprüft, ohne daß dieses über die Schnittstelle gesendet werden muß. Die Verfahren sind so aufgebaut, daß ein Abhören der Datenübertragung die Sicherheit der Authentisierung nicht beeinträchtigt.[1]

Je nach Betriebssystem existieren verschiedene Kommandos zur Authentisierung von Karte oder Terminal oder beiden gleichzeitig. Der Anschaulichkeit halber ist hier und im folgenden Teil des Kapitels immer nur von Authentisierungen zwischen Karte und Terminal die Rede. Informationstechnisch gesehen, authentisiert sich aber der „Rest der Welt" gegenüber einer Anwendung in der Karte. Es wird dabei auch nicht überprüft, ob die Karte als ganzes echt ist, sondern lediglich, ob der implantierte Mikrocontroller ein gemeinsames Geheimnis mit der äußeren Welt besitzt. Dies muß man bei manchen Anwendungen bedenken.

In vielen Betriebssystemen sind die für die Authentisierung verwendeten Schlüssel durch einen Fehlbedienungszähler (*retry counter*) geschützt. Versucht nun ein Terminal zu oft eine negativ verlaufende Authentisierung, dann sperrt die Chipkarte den betreffenden Schlüssel für weitere Authentisierungen. Dies ist vom Standpunkt der Systemsicherheit ein einwandfreies Vorgehen, es hat aber einen Nachteil: Die Fehlbedienungszähler der Authentisierungsschlüssel wieder auf die Grundwerte zurückzusetzen führt oft zu sehr aufwendigen und logistisch schwierigen und teuren Administrationsprozeduren. Deshalb haben in manchen Systemen die Authentisierungsschlüssel keine Fehlbedienungszähler.

Zur Authentisierung sollten aus Sicherheitsgründen nur kartenindividuelle Schlüssel verwendet werden. Die Erzeugung dieser Schlüssel kann auf der Grundlage eines einzigartigen Merkmals der Chipkarte erfolgen. Eine Seriennummer oder Chip-Fabrikationsnummer eignet sich dafür sehr gut. Diese nicht geheime und damit öffentliche Nummer kann mit einem Kommando aus der Karte gelesen werden. Dazu gibt es momentan noch keine Norm, das Kommando ist hier als GET CHIP NUMBER aufgeführt. Dieser Name ist aber von Betriebssystem zu Betriebssystem, genauso wie die ausgetauschten Daten, mit Sicherheit unterschiedlich. In diesem Zusammenhang ist jedoch nur die Funktionalität entscheidend. GET CHIP NUMBER holt also von der Chipkarte eine in Hinblick auf den DES-Algorithmus vorzugsweise 8 Byte lange einzigartige Seriennummer ab, die zur eindeutigen Identifizierung des Chips und zur Berechnung von kartenindividuellen Schlüsseln verwendet wird.

Tabelle 7.27   Die Funktionalität von GET CHIP NUMBER.

GET CHIP NUMBER		
Kommando	•	---
Antwort	•	Chipnummer
	•	Returncode

---

[1] siehe auch Abschnitt 4.10 Authentisierung

Es ist noch ein weiterer zusätzliches Kommando für eine Authentisierung notwendig: ASK RANDOM nach EN 726-3. Mit ihm fordert man von der Chipkarte eine Zufallszahl an, welche für die spätere Authentisierung benötigt wird. Dieses Kommando existiert mit gleicher Funktionalität und dem Namen GET CHALLENGE in der ISO/IEC 7816-4. Die Länge beträgt bei einer Authentisierung mit DES typischerweise 8 Byte, kann jedoch bei einem anderen kryptografischen Algorithmus unterschiedlich sein.

Um die folgenden Ablaufbeispiele übersichtlich zu gestalten und nicht unnötig zu verkomplizieren, wurde die Ableitung des kartenindividuellen Schlüssels nicht ausgeführt. Sie ist aber aus Sicherheitsgründen zwingend notwendig.

Tabelle 7.28   Die Funktionalität von ASK RANDOM nach EN 726-3 und von GET CHALLENGE nach ISO/IEC 7816-4.

ASK RANDOM / GET CHALLENGE	
Kommando	• ---
Antwort	• Zufallszahl
	• Returncode

Das Kommando INTERNAL AUTHENTICATE fungiert zur Authentisierung der Karte oder, bei Multiapplication-Chipkarten, einer Anwendung durch das Terminal. Man kann mit diesem Kommando sicherstellen, daß die Karte echt ist. Dazu erhält die Chipkarte eine Zufallszahl, die sie mit einem nur ihr und dem Terminal bekannten Schlüssel und einem kryptografischen Algorithmus (z.B. DES) verschlüsselt. Das Ergebnis dieser Verschlüsselungsoperation erhält das Terminal in der Antwort zurück. Es führt nun seinerseits die gleiche Verschlüsselung wie in der Chipkarte durch und vergleicht das Ergebnis mit dem von der Chipkarte erhaltenen. Sind die beiden gleich, dann kennt auch die Chipkarte den geheimen Authentisierungsschlüssel, und er muß daher echt sein. Die Chipkarte ist damit authentisiert.

Damit ist mit diesem Kommando das klassische Challenge-Response-Verfahren zur Authentisierung eines Kommunikationspartners realisiert Der genaue Dateninhalt der Challenge ist dabei nach ISO/IEC 7816-4 nicht exakt festgelegt. Dort ist nur genormt, daß es sich um einen zufälligen und sitzungsspezifischen Wert handelt, der an die Chipkarte gesendet wird. Dies hat zur Folge, daß bei INTERNAL AUTHENTICATE und auch den im folgenden beschriebenen Authentisierungskommandos immer eine detaillierte Spezifikation erforderlich ist, damit sie interoperabel eingesetzt werden können.

Tabelle 7.29   Die Funktionalität von INTERNAL AUTHENTICATE nach IEO/IEC 7816-4.

INTERNAL AUTHENTICATE	
Kommando	• Zufallszahl
	• Nummer des zu verwendenden Algorithmus
	• Nummer des zu verwendenden Schlüssels
Antwort	• enc (Schlüssel; Zufallszahl)
	• Returncode

Chipkarte		Terminal
	←	INTERNAL AUTHENTICATE
X := enc (Schlüssel; Zufallszahl)		*Kommando* [Zufallszahl, Schlüssel-nummer]
		X' := enc (Schlüssel; Zufallszahl)
Antwort [X ‖ Returncode]	→	IF (Returncode = ok) AND (X = X')
		THEN Kommando erfolgreich, Chip-karte authentisiert
		ELSE Authentisierung fehlgeschlagen

Bild 7.13   Beispiel für einen Kommandoablauf bei INTERNAL AUTHENTICATE.

Das Kommando EXTERNAL AUTHENTICATE verwendet das Terminal, um der Chipkarte zu zeigen, daß sie Kontakt mit einem echten Terminal hat. Angestoßen werden muß das Kommando durch das Terminal, da der festgelegte Kommunikationsablauf immer im Rahmen des Challenge-Response-Verfahrens ablaufen muß. Jedoch kann die Chipkarte eine Authentisierung des Terminals erzwingen, indem sie den Zugriff auf bestimmte Dateien so lange sperrt, bis sich das Terminal erfolgreich authentisiert hat.

Tabelle 7.30   Die Funktionalität von EXTERNAL AUTHENTICATE nach ISO/IEC 7816-4.

EXTERNAL AUTHENTICATE	
Kommando	• enc (Schlüssel; Zufallszahl)
	• Nummer des zu verwendenden Algorithmus
	• Nummer des zu verwendenden Schlüssels
Antwort	• Returncode

Der Ablauf ist dabei folgender: Als erstes fordert das Terminal mit dem Kommando ASK RANDOM eine Zufallszahl von der Chipkarte an, die es dann mit einem geheimen Schlüssel verschlüsselt. In dem zweiten Kommando, EXTERNAL AUTHENTICATE schickt das Terminal die verschlüsselte Zufallszahl wieder zur Chipkarte zurück. Diese führt die gleiche Verschlüsselungsoperation mit dem ihr ebenfalls bekannten geheimen Schlüssel aus und vergleicht das errechnete Ergebnis mit dem vom Terminal erhaltenen. Sind beide gleich, dann muß das Terminal ebenfalls im Besitz des geheimen Authentisierungsschlüssels sein und ist damit authentisiert.

Nach positiver Authentisierung des Terminals ändert das Betriebssystem den Zustand im Zustandsautomaten der Karte. Damit darf das Terminal nun auf bestimmte Dateien schreibend oder lesend zugreifen. Dies ist dann die für den Benutzer erkennbare Auswirkung einer externen Authentisierung.

Chipkarte		Terminal
	←	ASK RANDOM
		Kommando []
Antwort [Zufallszahl ‖ Returncode]	→	IF (Returncode = ok)
		THEN Kommando erfolgreich
		ELSE Abbruch
		X := enc (Schlüssel; Zufallszahl)
	←	EXTERNAL AUTHENTICATE
X' := enc (Schlüssel; Zufallszahl)		*Kommando* [X, Schlüsselnummer]
IF (X = X')		
THEN Terminal authentisiert		
ELSE Authentisierung fehlgeschlagen		
Antwort [Returncode]	→	IF (Returncode = ok)
		THEN Kommando erfolgreich, Terminal authentisiert
		ELSE Authentisierung fehlgeschlagen

Bild 7.14   Beispiel für einen Kommandoablauf bei EXTERNAL AUTHENTICATE.

Führt man INTERNAL und EXTERNAL AUTHENTICATE nacheinander aus, dann sind beide Kommunikationsteilnehmer gegenseitig authentisiert. Beide wissen also, daß der jeweils andere echt ist. Dazu sind aber insgesamt drei komplette Kommandosequenzen notwendig. Um dieses aufwendige und zeitintensive Verfahren zu vereinfachen, wurden die drei Kommandos mit ihren Übertragungsdaten miteinander verknüpft und die beiden Authentisierungskommandos zu einem einzigen zusammengefaßt.

Der Name dieses Kommandos ist MUTUAL AUTHENTICATE, und es ist in ISO/IEC 7816-8 festgelegt. Mit ihm kann eine gegenseitige Authentisierung von zwei Instanzen nach ISO/IEC 9798-2 und -3 realisiert werden. Durch dieses einzelne Authentisierungskommando erhöht sich auch die Sicherheit der ganzen Prozedur, da es nun nicht mehr möglich ist, in unlauter Absicht Kommandos zwischen die zwei einseitigen Authentisierungen einzufügen. Eine weitere Erhöhung der Sicherheit des Verfahrens beruht darauf, daß es nicht möglich ist, durch Abhören der Kommunikation zwischen Terminal und Chipkarte Klartext-Schlüsseltext-Paare zu erhalten, welche eine ideale Grundlage für einen Angriff sind.

Tabelle 7.31   Die Funktionalität von MUTUAL AUTHENTICATE nach ISO/IEC 7816-8.

MUTUAL AUTHENTICATE	
Kommando	• enc (Schlüssel; Zufallszahl_Terminal, Zufallszahl_Chipkarte, Chipnummer)
	• Nummer des zu verwendenden Algorithmus
	• Nummer des zu verwendenden Schlüssels
Antwort	• enc (Schlüssel; Zufallszahl_Chipkarte, Zufallszahl_Terminal)
	• Returncode

Der Funktionsablauf der gegenseitigen Authentisierung ist folgendermaßen aufgebaut: Als erstes fordert das Terminal mit GET CHIP NUMBER die Chipnummer der

Chipkarte an. Nun kann das Terminal die kartenindividuellen Schlüssel berechnen. Anschließend erhält das Terminal mit GET CHALLENGE eine Zufallszahl von der Karte und erzeugt daraufhin ebenfalls eine Zufallszahl.

Nachdem das Terminal die Zufallszahl der Chipkarte erhalten hat, bildet es aus den beiden Zufallszahlen und der Chipnummer einen Block, den es mit dem geheimen Authentisierungsschlüssel und einem kryptografischen Algorithmus im CBC-Modus verschlüsselt. Den erhaltenen Schlüsseltextblock sendet es zur Chipkarte, welche den Block wieder entschlüsselt und Chipnummer sowie die Zufallszahl mit der vorher abgesendeten vergleicht. Sind die beiden gleich, dann ist das Terminal authentisiert.

Nun vertauscht die Chipkarte die beiden Zufallszahlen, läßt die Chipnummer weg und verschlüsselt das Ganze wieder mit dem geheimen Authentisierungsschlüssel. Nachdem das Terminal diesen Block erhalten und entschlüsselt hat, kann es durch Vergleich der bekannten Zufallszahlen feststellen, ob die Karte im Besitz des geheimen Authentisierungsschlüssel war. Ist dies der Fall, so ist auch die Chipkarte authentisiert.

Chipkarte		Terminal
	←	GET CHIP NUMBER
		Kommando []
Antwort [Chipnummer || Returncode]	→	IF (Returncode = ok)
		THEN Kommando erfolgreich
		Schlüsselableitung (Berechnung der kartenindividuellen Schlüssel)
	←	GET CHALLENGE
erzeuge RND_CK		*Kommando* []
Antwort [RND_CK || Returncode]	→	IF (Returncode = ok)
		THEN Kommando erfolgreich
	←	MUTUAL AUTHENTICATE
X1' := dec (Schlüssel; X1)		erzeuge RND_T
IF (RND_CK, Chipnummer = identisch mit gesendeter)		X1 := enc (Schlüssel; RND_T || RND_CK || Chipnummer)
THEN Terminal authentisiert		
ELSE Abbruch		
X2 := enc (Schlüssel; RND_CK || RND_T)		*Kommando* [X1 || Schlüsselnummer]
Antwort [X2]	→	X2' := dec (Schlüssel; X2)
		IF (RND_T = identisch mit gesendeten)
		THEN Chipkarte authentisiert

Bild 7.15   Beispiel für einen Kommandoablauf bei MUTUAL AUTHENTICATE.

7.7   Kommandos für kryptografische Algorithmen

Kommandos für kryptografische Algorithmen sind für viele Anwendungen von großer Bedeutung, da mit ihnen beispielsweise Chipkarten ohne großen Aufwand als Ver- und Entschlüsselungseinrichtungen oder für digitale Signaturen benützt werden können. Viele Chipkarten-Betriebssysteme bieten eigene Befehlssätze für die Ausführung von kryptografischen Funktionen an. Chipkarten-Kommandos wie ENCRYPT, DECRYPT,

SIGN DATA und VERIFY SIGNATURE sind entstanden, weil es lange Zeit keine Norm für diese Art von Funktionalität gab. In der ISO/IEC 7816-8 sind jedoch mittlerweile zwei Kommandos festgelegt, die speziell für die Abarbeitung von kryptografischen Algorithmen in Chipkarten ausgelegt sind.

Im folgenden werden nur noch Kryptokommandos nach ISO/IEC 7816-8 beschrieben, da sie die einzige zur Zeit gültige Referenz für diese Art von Kommando ist. Allerdings ist diese internationale Norm bei Drucklegung des Buches noch nicht fertiggestellt, sondern hat den Status CD (*committee draft*), und es können durchaus noch diverse kleinere und auch einige größere Änderungen bis zur endgültigen ISO/IEC 7816-8 durchgeführt werden.

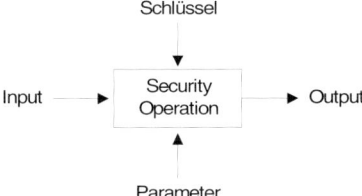

Bild 7.16   Das grundlegende Prinzip der beiden ISO/IEC 7816-8 Kommandos für die Ausführung von kryptografischen Funktionen MANAGE SECURITY ENVIRONMENT und PERFORM SECURITY OPERATION.

Die Funktionalität von kryptografisch relevanten Funktionen ist nach ISO/IEC 7816-8 auf zwei Kommandos verteilt. Mit dem Kommando MANAGE SECURITY ENVIRONMENT können vor der eigentlichen Ausführung des kryptografischen Algorithmus verschiedene Rahmenparameter dazu eingestellt werden. Mit dem Kommando wird der Karte ein sogenanntes Template übergeben, das die entsprechenden Parameter enthält. Diese sind dann so lange unveränderlich gültig, bis sie mit einem erneuten MANAGE SECURITY ENVIRONMENT wieder neu gesetzt werden. Die Templates selber bestehen aus TLV-codierten Datenobjekten, was eine maximale Variabilität – und leider auch Komplexität – bei der Parameterübergabe zuläßt.

Tabelle 7.32   Die Funktionalität von MANAGE SECURITY ENVIRONMENT nach ISO/IEC 7816-8.

MANAGE SECURITY ENVIRONMENT	
Kommando	• Template mit Parametern für kryptografische Prüfsumme
	oder
	Template mit Parametern für digitale Signatur
	oder
	Template mit Parametern für Hash-Algorithmus
	oder
	Template mit Parametern für Authentisierung
	oder
	Template mit Parametern für Ver- und Entschlüsselung
Antwort	• Returncode

Nachdem mit MANAGE SECURITY ENVIRONMENT alle Optionen für die kryptografische Funktion gesetzt sind, kann das Kommando PERFORM SECURITY OPERATION aufgerufen werden. Mit diesem lassen sich nun die unterschiedlichsten Sicherheitsoperationen ausführen, vorausgesetzt daß diese vom Chipkarten-Betriebssystem unterstützt werden. Die Anzahl der Möglichkeiten bei diesem Kommando ist jedoch so groß, daß dies nicht immer zwangsläufig der Fall sein muß. Obwohl PERFORM SECURITY OPERATION nur durch ein einziges Instruction-Byte codiert ist, hat es acht grundlegend unterschiedliche Funktionen, die über das Parameter Byte P1 unterschieden wird. Der Grund dafür war, daß mittlerweile die Anzahl der zur Codierung von Kommandos zur Verfügung stehenden Instruction-Bytes knapp werden. Aufgrund dieser vielfältigen Möglichkeiten, welche PERFORM SECURITY OPERATION bietet, ist in den folgenden Absätzen ebenfalls eine vergleichbare Auftrennung erfolgt, ohne daß jeweils im einzelnen darauf hingewiesen wird.

PERFORM SECURITY OPERATION, mit der Option COMPUTE CRYPTOGRAPHIC CHECKSUM ausgeführt, wird zur Berechnung einer kryptografischen Prüfsumme CCS (*cryptographic checksum*), vulgo MAC, benutzt. Das zu benutzende Padding, sowie die verwendeten Schlüssel, sind entweder bereits implizit durch das Betriebssystem vorgegeben oder müssen mit MANAGE SECURITY ENVIRONMENT explizit angegeben werden. Das Pendant zu dieser Kommandooption ist VERIFY CRYPTOGRAPHIC CHECKSUM, das für übergebene Daten eine kryptografische Prüfsumme berechnet und diese mit einer ebenfalls übermittelten Referenz vergleicht. Das Ergebnis ist eine anschließend an das Terminal zurückgesandte Gleich-Ungleich-Aussage.

Tabelle 7.33   Die Funktionalität von PERFORM SECURITY OPERATION mit der Option COMPUTE CRYPTOGRAPHIC CHECKSUM nach ISO/IEC 7816-8.

PERFORM SECURITY OPERATION
Option: COMPUTE CRYPTOGRAPHIC CHECKSUM

Kommando	• zu verschlüsselnde Daten
Antwort	• CCS
	• Returncode

Tabelle 7.34   Die Funktionalität von PERFORM SECURITY OPERATION mit der Option VERIFY CRYPTOGRAPHIC CHECKSUM nach ISO/IEC 7816-8.

PERFORM SECURITY OPERATION
Option: VERIFY CRYPTOGRAPHIC CHECKSUM

Kommando	• zu verschlüsselnde Daten
	• CCS
Antwort	• Returncode

Für die reine Ver- und Entschlüsselung von Daten sind die beiden im folgenden vorgestellten Optionen des Kommandos PERFORM SECURITY OPERATION vorgesehen. Die Funktionalität der Kommandooption ENCIPHER ist die Verschlüsselung von übergebenen Daten. Der dabei verwendete Verschlüsselungsalgorithmus kann je nach

Betriebssystem vorab mit MANAGE SECURITY ENVIRONMENT gewählt werden. Desgleichen muß auch der Modus des Verschlüsselungsalgorithmus über vorab zu übergebende Parameter festgelegt worden sein. Bei einem Blockverschlüsselungsalgorithmus könnte man also zwischen ECB- und CBC-Modus auswählen. Da die Länge der an die Chipkarte gesendeten Daten nicht unbedingt ein Vielfaches der Blocklänge des kryptografischen Algorithmus sein muß, ist es notwendig, mit einem weiteren Parameter die Paddingmethode festzulegen. Gleichfalls wichtig ist die Adressierung eines in der Chipkarte enthaltenen Schlüssels, den der Algorithmus zur Verschlüsselung benötigt.

Tabelle 7.35   Die Funktionalität von PERFORM SECURITY OPERATION mit der Option ENCIPHER nach ISO/IEC 7816-8.

PERFORM SECURITY OPERATION Option: ENCIPHER	
Kommando	• zu verschlüsselnde Daten
Antwort	• verschlüsselte Daten
	• Returncode

Die Umkehrfunktion zur ENCIPHER-Option heißt DECIPHER. Damit können in dem gleichen Modus wie bei ENCIPHER die übergebenen Daten wieder entschlüsselt werden. Dazu ist in der Chipkarte natürlich die Kenntnis des entsprechenden Schlüssels, des Modus und der Paddingmethode notwendig. Dies muß dem Betriebssystem vorab mit MANAGE SECURITY ENVIRONMENT mitgeteilt werden.

Tabelle 7.36   Die Funktionalität von PERFORM SECURITY OPERATION mit der Option DECIPHER nach ISO/IEC 7816-8.

PERFORM SECURITY OPERATION Option: DECIPHER	
Kommando	• verschlüsselte Daten
Antwort	• entschlüsselte Daten
	• Returncode

Mit dem Einzug von Public-Key-Algorithmen in den Chipkartenbereich entstand auch die Notwendigkeit, mit entsprechenden Kommandos die neu hinzugekommenen Funktionen zu nutzen. Gerade Chipkarten eignen sich hervorragend für digitale Signaturen, da der geheime Schlüssel für den Signaturalgorithmus im Speicher sicher und nicht auslesbar aufbewahrt werden kann. Die ISO/IEC 7816-8 beschreibt vier Kommandooptionen, die vor allem im Umfeld von digitaler Signatur eingesetzt werden können.[1]

Mit der Option HASH des Kommandos PERFORM SECURITY OPERATION ist es möglich, einen Hash-Wert zu berechnen. Dazu können dem Kommando entweder alle zu hashenden Daten übergeben werden oder ein bereits außerhalb der Chipkarte vorab berechneter Hash-Wert mit den dazugehörigen Daten, welche für den letzten Be-

---

[1] siehe auch Abschnitt 13.6 Digitale Signatur nach deutschem Signaturgesetz

rechnungsschritt notwendig sind. Die Hash-Berechnung für den letzten Block kann dann abschließend in der Chipkarte vollzogen werden. Der Vorteil dieses Vorgehens ist, daß die Hashwertbildung außerhalb der Chipkarte wesentlich schneller vonstatten geht, aber trotzdem noch der letzte Schritt in der Chipkarte durchgeführt wird. Es bietet aus rein kryptologischer Sicht wenig zusätzliche Sicherheit, schränkt aber den Spielraum für Manipulationen des Hashwertes doch etwas ein, weshalb es in der Praxis durchaus verwendet wird.

Da die zu hashenden Daten in der Regel größer sind als die maximal zulässige Länge des Datenteils eines Kommandos, besitzt HASH ein sogenanntes Schicht-7-Chaining, was bedeutet, daß auf der Anwendungsschicht Datenblöcke logisch miteinander verkettet werden. Der letzte zu hashende Datenblock erhält eine Kennung, welche dem Kommando mitteilt, daß mit diesem Datenblock der Hash-Vorgang nun abgeschlossen ist.

Dieses Kommando läßt aber noch mehr Varianten zu. Der berechnete Hash-Wert kann entweder in der Antwort auf das Kommando unmittelbar sofort an das Terminal zurückgegeben werden, oder er wird zur Verwendung durch ein nachfolgendes Kommando in der Chipkarte gespeichert. Das Padding und der zu verwendende Schlüssel werden analog den vorhergehenden Kommandos mit MANAGE SECURITY ENVIRONMENT bei Bedarf eingestellt.

Tabelle 7.37   Die Funktionalität von PERFORM SECURITY OPERATION mit der Option HASH nach ISO/IEC 7816-8.

PERFORM SECURITY OPERATION Option: HASH	
Kommando	• zu hashende Daten
	• Hash-Wert (falls Hash-Berechnung nur zum Teil in der Chipkarte)
	• *Schalter:* Hash-Berechnung nur zum Teil in der Chipkarte
	• *Schalter:* berechneten Hash-Wert in der Antwort zurückgeben
	• *Schalter:* letztes Kommando mit zu hashenden Daten
Antwort	• Hash-Wert (falls via Schalter gewählt)
	• Returncode

Die Option COMPUTE DIGITAL SIGNATURE kann zum Signieren von Daten benutzt werden. Dabei muß der Chipkarte der zu signierende Datenstring, üblicherweise zu einem Hash-Wert komprimiert, übergeben werden, oder er befindet sich bereits durch ein vorab ausgeführtes PERFORM SECURITY OPERATION mit der Option HASH in der Chipkarte. Diese Kommandooption läßt ebenfalls zu, daß unmittelbar die zu signierenden Daten übergeben werden. Diese können dann vor der eigentlichen Signatur noch in der Chipkarte gehasht werden. Für große Datenmengen ist ebenfalls, übereinstimmend mit HASH, ein Schicht-7-Chaining vorgesehen.

Falls die Datenlänge des Hashwertes nicht der Eingangslänge des Public-Key-Algorithmus entspricht, muß ein Padding stattfinden, welches in seinen Optionen wiederum durch MANAGE SECURITY ENVIRONMENT parametrisiert werden kann. Analog verhält es sich mit den zu verwendenden Schlüsseln.

Tabelle 7.38   Die Funktionalität von PERFORM SECURITY OPERATION mit der Option COMPUTE DIGITAL SIGNATURE nach ISO/IEC 7816-8.

PERFORM SECURITY OPERATION **Option: COMPUTE DIGITAL SIGNATURE**	
Kommando	• zu signierende Daten *oder* Hash-Wert der zu signierenden Daten • *Schalter:* letztes Kommando mit zu signierenden Daten
Antwort	• digitale Signatur • Returncode

Die Prüffunktion für COMPUTE DIGITAL SIGNATURE ist die Kommandooption VERIFY DIGITAL SIGNATURE. Zur Überprüfung der digitalen Signatur könnte im Prinzip jeder hinreichend schnelle Computer verwendet werden, da der dazu benötigte Schlüssel öffentlich ist. Doch in vielen Fällen muß vorab noch die Gültigkeit des öffentlichen Schlüssels anhand einer weiteren digitalen Signatur überprüft werden, was wiederum durchaus sicherheitsrelevant ist und nicht auf einem ungeschützten Rechner durchgeführt werden sollte. Zur Prüfung der digitalen Signatur muß der Chipkarte entweder implizit der dazugehörige öffentliche Schlüssel bekannt sein oder explizit mit der nachfolgend beschriebenen Kommandooption VERIFY CERTIFICATE bekannt gemacht worden sein. VERIFY DIGITAL SIGNATURE können entweder direkt die zu prüfenden Daten übergeben werden, oder der dazugehörige Hash-Wert. Alle anderen Parameter sind identisch mit COMPUTE DIGITAL SIGNATURE.

Tabelle 7.39   Die Funktionalität von PERFORM SECURITY OPERATION mit der Option VERIFY DIGITAL SIGNATURE nach ISO/IEC 7816-8.

PERFORM SECURITY OPERATION **Option: VERIFY DIGITAL SIGNATURE**	
Kommando	• zu prüfende Daten *oder* Hash-Wert der zu prüfenden Daten • digitale Signatur • *Schalter:* letztes Kommando mit zu prüfenden Daten
Antwort	• Returncode

In offenen Systemen sind die öffentlichen Schlüssel für die Prüfung digitaler Signaturen üblicherweise mit dem geheimen Schlüssel der Zertifizierungsinstanz unterschrieben. Vor der Benutzung eines öffentlichen Schlüssels muß also dessen Echtheit geprüft werden, denn nur dann ist sichergestellt, daß dieser nicht gefälscht ist. Die Prüfung muß in einer sicheren Umgebung, z.B. in einer Chipkarte, stattfinden, da sie sonst manipuliert werden könnte.

Die Kommandooption VERIFY CERTIFICATE ist speziell für diese Prüfung von signierten öffentlichen Schlüssel vorgesehen. Wurde der öffentliche Schlüssel als echt identifiziert, kann er entweder dauerhaft in der Chipkarte gespeichert oder in dem direkt nachfolgenden VERIFY DIGITAL SIGNATURE als Schlüssel benutzt werden.

Tabelle 7.40   Die Funktionalität von PERFORM SECURITY OPERATION mit der Option VERIFY CERTIFICATE nach ISO/IEC 7816-8.

PERFORM SECURITY OPERATION Option: VERIFY CERTIFICATE	
Kommando	• Zertifikat
	• *Schalter:* öffentlichen Schlüssel speichern
Antwort	• Returncode

Der folgende Ablauf zeigt die Anwendung der oben dargestellten Kommandos bei der Erstellung einer digitalen Signatur und einer nachfolgenden Prüfung.

Chipkarte		Terminal
	←	COMPUTE DIGITAL SIGNATURE
S := sign (geheimer Schlüssel; Hash-Wert der Daten)		*Kommando* [Hash-Wert der Daten]
Antwort [S ‖ Returncode]	→	IF (Returncode = ok) THEN Signatur erfolgreich ELSE Abbruch
	←	VERIFY DIGITAL SIGNATURE
S' := verify (öffentlicher Schlüssel; Hash-Wert der Daten) IF (S=S') THEN (Returncode = ok) ELSE (Returncode = nicht ok)		*Kommando* [Hash-Wert der Daten ‖ S]
Antwort [Returncode]	→	IF (Returncode = ok) THEN Signatur echt ELSE Signatur falsch

Bild 7.17   Beispiel für eine Kommandosequenz bei PERFORM SECURITY OPERATION mit den Kommandooptionen COMPUTE DIGITAL SIGNATURE und VERIFY DIGITAL SIGNATURE. Die Rahmenparameter (Schlüssel, Algorithmus, ...) sind entweder implizit vorgegeben oder vorab mit MANAGE SECURITY ENVIRONMENT eingestellt worden.

Unterstützt ein Chipkarten-Betriebssystem die Generierung von Schlüsselpaaren für asymmetrische Kryptoalgorithmen, so kann dieser Vorgang mit dem ISO/IEC 7816-8 Kommando GENERATE PUBLIC KEY PAIR angestoßen werden. Vorab sind alle für die Schlüsselerzeugung notwendigen Parameter mit MANAGE SECURITY ENVIRONMENT zu setzen.

Tabelle 7.41   Die Funktionalität von GENERATE PUBLIC KEY PAIR nach ISO/IEC 7816-8.

GENERATE PUBLIC KEY PAIR	
Kommando	• ---
Antwort	• Returncode

7.8   Kommandos zur Verwaltung von Dateien

Die meisten neueren Chipkarten-Betriebssysteme erlauben es, innerhalb der Grenzen festgelegter Sicherheitsbedingungen Dateien zu vergrößern, neu anzulegen, zu löschen, zu sperren oder andere Verwaltungsfunktionen darauf auszuführen.

Allerdings wird manchmal bei Chipkarten mit nur einer Anwendung oft auf die meisten oder sogar alle Verwaltungsfunktionen verzichtet, da sie im allgemeinen sehr programmcodeintensiv sind und somit den Speicherbedarf und damit die Kosten erhöhen. Bei Multiapplication-Karten ist es aber zwingend erforderlich, gewisse Verwaltungsfunktionen zu unterstützen, damit nicht alle Anwendungen gleichzeitig bei der Personalisierung in die Chipkarte geladen werden müssen.

Die Kommandos zur Verwaltung dürfen vom Standpunkt der Systemsicherheit aus nur nach vorheriger gegenseitiger Authentisierung ausgeführt werden, da sie ein idealer Ansatzpunkt für einen Angriff sind. Man denke sich dabei nur den Fall, daß ein Angreifer eine Datei zur Speicherung von geheimen Informationen löscht und danach eine neue mit gleichem Namen erzeugt. Jedoch setzt er in der neuen Datei für das Lesen keine Zugriffsbedingung mehr, so daß sie ohne weitere Schutzmechanismen auslesbar ist. Für das Terminal existiert die Datei nach wie vor unter gleichem Namen, und es schreibt die geheimen Daten weiterhin in die manipulierte Datei. Dieser Angriff ist keineswegs neu, sondern existiert in etwas abgewandelter Form schon seit vielen Jahren. Er führt jedoch im Bereich von Dateiverwaltungen immer wieder zum Erfolg.

Einen anderen Angriffspunkt stellt die Benutzung von Verwaltungsfunktionen an öffentlich zugänglichen, also prinzipiell unsicheren, Terminals dar. Hier muß in jedem Fall die Datenübertragung mit Secure-Messaging-Funktionen geschützt sein, denn nur dann eröffnet sich für einen Anwendungsanbieter die logistisch gesehen hervorragende Möglichkeit, Dateien und Anwendungen z.B. über öffentliche Kartentelefone auf sichere Weise in Chipkarten nachzuladen.

Speziell bei Multiapplication-Chipkarten, die von mehreren Anwendungsanbietern benutzt werden können, ist es notwendig, vor dem Erzeugen der einzelnen Anwendungen eine Speicheraufteilung sowie eine Zuweisung der Berechtigungsschlüssel zum Anlegen von Dateien zu machen. Damit verhindert man, daß ein einzelner Anwendungsanbieter den gesamten zu Verfügung stehenden Speicherplatz für seine Anwendung allokiert und kein Platz mehr für andere Anwendungen da ist.

Um diesem Problem Abhilfe zu schaffen, existiert ein Verfahren, mit dem einer Anwendung vorab Speicherplatz zugewiesen werden kann und dabei zusätzlich noch ein karten- und anwendungsspezifischer Schlüssel zur Erzeugung von Dateien in die Karte eingebracht wird. Dazu benutzt man das nicht genormte Kommando REGISTER. Anschließend kann man bei Kenntnis des anwendungsspezifischen Schlüssels neue Dateien erzeugen. Das Ergebnis dieses Verfahrens ist eine strikte Trennung der Vergabe von Speicherplatz und der Einbringung von neuen Dateien in die Chipkarte. Somit kann ein Kartenherausgeber einer Multiapplication-Chipkarte an mehrere Anwendungsanbieter Speicherplatz verkaufen, ohne befürchten zu müssen, daß diese ihn sich gegenseitig wegnehmen.

Tabelle 7.42   Die Funktionalität des nicht genormten Kommandos REGISTER.

REGISTER	
Kommando	• DF-Name des neuen DF
	• maximaler Speicherplatz für die neue Anwendung (d.h. das DF)
	• Schlüssel zum Anlegen der Dateien (d.h. für CREATE FILE)
Antwort	• Returncode

Das Kommando CREATE FILE ermöglicht das Erzeugen eines DFs oder EFs nach der Komplettierung der Chipkarte. Dabei ist es notwendig, daß ein bestimmter logischer Zustand, z.B. nach erfolgreicher gegenseitiger Authentisierung, erreicht sein muß. Je nach Umgebung, in der ein CREATE FILE ausgeführt wird, muß die Datenübertragung mit Secure Messaging geschützt sein. Es existieren zwei internationale Normen (EN 726-3 und ISO/IEC 7816-9), die ein CREATE FILE definieren, wobei die Codierung und Reihenfolge der in großer Anzahl vorhandenen Parameter unterschiedlich ist, nicht jedoch die grundlegende Funktionalität.

Tabelle 7.43   Die Funktionalität von CREATE FILE nach ISO/IEC 7816-9 und EN 726-3.

CREATE FILE	
Kommando	• Typ der neuen Datei
	IF (Dateityp = DF) THEN [
	• DF-Name der neuen Datei]
	IF (Dateityp = EF) THEN [
	• FID der neuen Datei
	• Zugriffsbedingungen
	• Struktur der neuen Datei]
	IF (Dateistruktur = transparent) THEN [
	• Größe der Datei]
	IF (Dateistruktur = linear fixed) OR (Dateistruktur = cyclic) THEN [
	• Anzahl der Records
	• Länge eines Records]
	IF (Dateistruktur = linear variable) THEN [
	• Anzahl der Records
	• Länge jedes einzelnen Records]
Antwort	• Returncode

Nachdem die Datei mit allen ihren Zugriffsbedingungen, Attributen und sonstigen Eigenschaften erzeugt wurde, kann sie mit SELECT FILE ausgewählt und dann darauf zugegriffen werden. Dabei muß das Betriebssystem verhindern, daß durch einen Abbruch des Erzeugungsvorgangs eine halb erzeugte Datei zu einem Angriff benutzt werden kann. Zusätzlich darf es nicht möglich sein, daß alte Speicherinhalte, die durch die neu erzeugten Dateien nur teilweise überschrieben wurden, ausgelesen werden können.

Der Header einer Datei enthält die kompletten Zugriffsbedingungen auf diese Datei. Dort sind beispielsweise Informationen darüber gespeichert, in welchem Zustand ein READ oder ein UPDATE auf den Dateiinhalt erfolgen darf. Gerade zum Zeitpunkt der Personalisierung der Chipkarte oder bei ausgedehnten Verwaltungsprozeduren im Dateibaum ist es von großem Vorteil, auf Dateien direkt ohne den Objektschutz zugreifen zu können. Dazu kann man mit dem in ISO/IEC 7816-9 genormten Kommando MANAGE ATTRIBUTES die Zugriffsbedingungen an einer vorab selektierten Datei verändern. Daß dieses Kommando nur nach einer gegenseitigen Authentisierung und in einer sicheren Umgebung ablaufen darf, ist eine zwingende Voraussetzung.

Tabelle 7.44   Die Funktionalität von MANAGE ATTRIBUTES nach ISO/IEC 7816-9.

MANAGE ATTRIBUTES	
Kommando	• Neue Zugriffsbedingungen
Antwort	• Returncode

Falls das Kommando REGISTER vorhanden ist, benutzt man ihn beim Kartenherausgeber, um den maximal zu allokierenden Speicherplatz für die spätere Anwendung festzulegen. Gleichfalls wird schon ein temporärer DF-Name, welcher einen AID (*application identifier*) enthalten kann, für das DF der Anwendung festgelegt und ein Schlüssel für CREATE FILE eingebracht. Mit dessen Kenntnis ist die nachfolgende Erzeugung von Dateien möglich.

Nun erhält der Benutzer die so vorbereitete Chipkarte. Falls er es für notwendig erachtet, kann er bei einem Anwendungsanbieter zusätzlich noch eine weitere Anwendung, z.B. für Kartentelefon, auf seiner Chipkarte nachladen lassen. Der Anwendungsanbieter benötigt dafür aber den geheimen Nachladeschlüssel, den er natürlich nur dann vom Kartenherausgeber bekommt, wenn ein vertragliches Verhältnis zwischen beiden besteht.

Nach einer erfolgreichen gegenseitigen Authentisierung zwischen Chipkarte und Terminal darf dann der Anwendungsanbieter mit CREATE FILE seine Dateien in dem ihm zugeteilten DF erzeugen. Dieser Vorgang könnte sowohl beim Anwendungsanbieter oder auch z.B. über ein öffentliches Kartentelefon erfolgen. Anschließend füllt er die EFs mit den notwendigen Daten und Schlüsseln und setzt die Zugriffsattribute für die Dateien. Danach ist die Anwendung betriebsbereit, und der Benutzer kann die neugewonnene Funktionalität nutzen.

Der beschriebene Ablauf ist zum jetzigen Zeitpunkt mehr eine Vision als Realität. Die technischen Probleme dazu sind im großen und ganzen als gelöst zu betrachten, doch für die Realisation gehört weit mehr dazu. Langfristig wird sich jedoch in etwa dieser Ablauf ergeben.

Der Ablauf zum Anlegen einer neuen Anwendung im Dateibaum einer Chipkarte gestaltet sich wie folgt:

Chipkarte		Terminal
gegenseitige Authentisierung zwischen Chipkarte und Terminal		
	←	REGISTER *Kommando* [AID ‖ Speicherplatz ‖ Schlüssel]
Abarbeitung des Kommandos *Antwort* [Returncode]	→	IF (Returncode = ok) THEN Kommando erfolgreich ausgeführt ELSE Kommando fehlgeschlagen
gegenseitige Authentisierung zwischen Chipkarte und Terminal		
	←	CREATE FILE *Kommando* [...]
Abarbeitung des Kommandos *Antwort* [Returncode]	→	IF (Returncode = ok) THEN Kommando erfolgreich ausgeführt ELSE Kommando fehlgeschlagen
		mehrmalige Ausführung:
	←	UPDATE BINARY / RECORD *Kommando* [...]
Abarbeitung des Kommandos *Antwort* [Returncode]	→	IF (Returncode = ok) THEN Kommando erfolgreich ausgeführt ELSE Kommando fehlgeschlagen
		mehrmalige Ausführung:
	←	MANAGE ATTRIBUTES *Kommando* [...]
Abarbeitung des Kommandos *Antwort* [Returncode]	→	IF (Returncode = ok) THEN Kommando erfolgreich ausgeführt ELSE Kommando fehlgeschlagen

Bild 7.18   Beispiel für einen möglichen Ablauf beim Anlegen einer Anwendung.

Das Kommando DEACTIVATE FILE nach ISO/IEC 7816-9 bzw. INVALIDATE nach EN 726-3 ermöglicht dem Terminal, eine vorher selektierte Datei reversibel zu sperren. Lese- und Schreibzugriffe auf die Datei sind danach nicht mehr möglich. Lediglich eine Selektion ist noch erlaubt.

Die EMV '96 sieht ein ähnliches Kommando zum umkehrbaren Sperren von Anwendungen vor – APPLICATION BLOCK. Es sperrt nicht die EFs innerhalb der Anwendung, sondern nur die Kommandos für Selektion, Authentisierung und Zahlungsverkehr innerhalb des Anwendungs-DFs. Ansonsten verhält sich APPLICATION BLOCK ähnlich wie DEACTIVATE FILE und INVALIDATE.

Tabelle 7.45   Die Funktionalität von DEACTIVATE FILE nach ISO/IEC 7816-9.

DEACTIVATE FILE
Kommando   • ---
oder
FID
oder
Short-FID
oder
DF-Name
Antwort   • Returncode

Tabelle 7.46   Die Funktionalität von INVALIDATE nach EN 726-3.

INVALIDATE
Kommando   • FID
Antwort   • Returncode

Die Umkehrfunktionen zu DEACTIVATE FILE und INVALIDATE sind die Kommandos REACTIVATE FILE und REHABILITATE, mit denen eine gesperrte Datei wieder entsperrt werden kann. Dazu muß sie aber vor der Ausführung des Kommandos selektiert sein. Daß alle diese Kommandos nur in einem bestimmten Sicherheitszustand erlaubt sein dürfen, ist trivial, da man andernfalls jede Datei nach Belieben sperren oder wieder entsperren könnte. Um den Zugang zu einer Anwendung wieder zu öffnen, ist in der EMV '96 das Kommando APPLICATION UNBLOCK festgelegt, das eine mit APPLICATION BLOCK gesperrte Anwendung wieder freigibt.

Tabelle 7.47   Die Funktionalität von REACTIVATE FILE nach ISO/IEC 7816-9.

REACTIVATE FILE
Kommando   • ---
oder
FID
oder
Short-FID
oder
DF-Name
Antwort   • Returncode

Tabelle 7.48   Die Funktionalität von REHABILITATE nach EN 726-3.

REHABILITATE	
Kommando	• ---
Antwort	• Returncode

Chipkarte	Terminal
gegenseitige Authentisierung zwischen Chipkarte und Terminal	

Chipkarte		Terminal
	←	DEACTIVATE FILE
Abarbeitung des Kommandos		*Kommando* [FID]
Antwort [Returncode]	→	IF (Returncode = ok)
		THEN Datei gesperrt
		ELSE Datei nicht gefunden oder
		Sperren der Datei fehlgeschlagen
	←	REACTIVATE FILE
Abarbeitung des Kommandos		*Kommando* [FID]
Antwort [Returncode]	→	IF (Returncode = ok)
		THEN Kommando erfolgreich
		ELSE Datei nicht gefunden oder
		Entsperren der Datei fehlgeschlagen

Bild 7.19   Beispiel für einen Kommandoablauf bei DEACTIVATE FILE und REACTIVATE FILE.

Das Kommando LOCK ist die nicht reversible Variante von INVALIDATE. Eine mit LOCK gesperrte Datei kann also nicht mehr entsperrt werden. Der Zustand ist vollständig irreversibel. Eine Variante der Benutzung ist die endgültige Sperrung einer Anwendung, deren Ablaufdatum erreicht wurde. Nach Ausführung eines LOCK-Kommandos kann die Datei nur mehr selektiert werden, jedes andere Zugriffskommando wird vom Betriebssystem unterbunden.

Tabelle 7.49   Die Funktionalität von LOCK nach EN 726-3.

LOCK	
Kommando	• ---
Antwort	• Returncode

Das endgültige, also irreversible Sperren von Dateien hat den großen Nachteil, daß wertvoller Speicher in der Karte ein für allemal blockiert ist. Wesentlich eleganter ist es, bei nicht mehr benötigten Dateien den belegten Speicherplatz zu löschen und anderen oder neuen Anwendungen zugänglich zu machen.

Wichtig dabei ist, daß neben dem Entfernen der Datei aus dem Dateibaum der gesamte von der Datei benutzte Speicher physikalisch gelöscht wird. Nur dadurch kann man sicherstellen, daß alle Inhalte der Datei, die durchaus noch schützenswert und geheim sein können, überschrieben und niemandem mehr zugänglich sind. Wenn der beim Löschen freiwerdende Speicher neuen Dateien zugute kommen soll, ist das Löschen einer Datei kompliziert und aufwendig. Deshalb ist dies nur in sehr wenigen Betriebssystemen vollständig verwirklicht. Eine komplette Freispeicherverwaltung benötigt meist mehr Platz als im Speicher einer Chipkarte dafür zur Verfügung steht.

Das Kommando DELETE FILE ist prinzipiell genauso zu handhaben wie die obig beschriebenen Kommandos zum Sperren und Entsperren von Dateien. Eine implizit mit dem Kommando selektierte Datei kann vollständig aus dem Dateispeicher der Chipkarte entfernt werden. Ob nun dieser freiwerdende Speicher von anderen Dateien benutzt werden kann oder nicht, hängt vom jeweiligen Betriebssystem ab. Im Regelfall steht keine Freispeicherverwaltung zur Verfügung, und der Speicherplatz bleibt nach Ausführung des Kommandos ein für allemal verloren.

Tabelle 7.50   Die Funktionalität von DELETE FILE nach ISO/IEC 7816-9 und EN 726-3.

DELETE FILE	
Kommando	• FID
	oder
	DF-Name
Antwort	• Returncode

Zur unwiederbringlichen Sperrung eines DFs sieht die ISO/IEC 7816-9 das Kommando TERMINATE DF vor. Dabei bleibt das DF selektierbar, die in ihm enthaltenen Funktionen (z.B.: Programmcode) und Dateien sind jedoch nicht mehr zugänglich. Dieses Kommando kann zum „Abschalten" einer Anwendung benutzt werden, wobei jedoch das frühere Vorhandensein eben dieser Anwendung nachvollziehbar bleibt.

Tabelle 7.51   Die Funktionalität von TERMINATE DF nach ISO/IEC 7816-9.

TERMINATE DF	
Kommando	• FID
	oder
	DF-Name
Antwort	• Returncode

Vergleichbar dem ISO/IEC 7816-9 Kommando TERMINATE DF verhält sich TERMINATE CARD USAGE, nur daß dieses Kommando die gesamte Chipkarte sperrt und danach alle weiteren Kommandos abgeblockt werden. Lediglich im ATR wird fortan der neue Kartenzustand angezeigt.

Tabelle 7.52   Die Funktionalität von TERMINATE CARD USAGE nach ISO/IEC 7816-9.

TERMINATE CARD USAGE	
Kommando	• ---
Antwort	• Returncode

Die für die vorangegangenen Funktionen definierten Kommandos sind trotz mehrerer Normen zum Teil sehr vom Betriebssystem-Hersteller abhängig und auch von der jeweiligen Version des Betriebssystems. Es wird sich in Zukunft wohl ein einheitlicher Standard durchsetzen, doch zur Zeit sind praktisch alle diese Verwaltungsfunktionen voneinander unabhängig und zueinander inkompatibel. Lediglich die Grobfunktionalität ist in etwa bei den einzelnen Betriebssystemen gleich.

7.9   Datenbankkommandos – SCQL

Seit ihren Ursprüngen als Identifikationsmedien sind Chipkarten typische Einbenutzersysteme (*single user system*). Die hochentwickelten Sicherheits- und Zugriffsmechanismen von Multiapplication-Chipkarten könnten jedoch durchaus dazu verwendet werden, Chipkarten auch als Mehrbenutzersysteme (*multi user system*) zu konfigurieren und zu betreiben. Allerdings sollte der dafür notwendige Aufwand nicht unterschätzt werden. Auch erreichen die notwendigen kryptografischen Schutzmechanismen schnell eine bedenkliche Komplexität.

Man sollte dies analog den unterschiedlichen Dateistrukturen sehen. Prinzipiell kann mit einer Datei der Struktur „transparent" auch ein datensatzorientiertes Telefonverzeichnis aufgebaut werden, doch mit einer „linear-variable"-Struktur funktioniert dies nun einmal wesentlich einfacher.

Dies war schlußendlich die Motivation, warum auf Chipkarten eine Teilmenge der Datenbankabfragesprache SQL (*structured query language*) als ISO/IEC 7816-7 genormt und auch von verschiedenen Betriebssystem-Herstellern in ihre Produktpalette aufgenommen wurde. Die für Chipkarten festgelegte Untermenge von SQL, welche in ISO/IEC 9075 festgelegt ist, hat den Namen SCQL (*structured card query language*).

Das Haupteinsatzgebiet von Chipkarten mit SCQL-Funktionalität wird im Gesundheitsbereich liegen, da dort unterschiedliche Personen und Organisationen auf Daten mit differierenden Lese- und Schreibrechten zugreifen müssen. Allerdings gibt es zur Zeit keine größeren Anwendungen, bei denen SCQL eingesetzt wird.

SCQL unterstützt, genauso wie SQL, tabellenorientierte Datenbanksysteme. Diese bestehen aus einem Tabellennamen, einer festen Anzahl benannter Spalten und einer variablen Anzahl von Zeilen. Auf diese Tabelle läßt sich nun eine logische Sicht (*view*) festlegen. Ist sie statisch, dann bedeutet dies, daß eine bestimmte Anzahl von Spalten für diese Sicht fixiert ist. Eine dynamische Sicht ist dagegen eine Auswahl von Zeilen, die eine bestimmte Bedingung (z.B.: Vorname = „Wolfgang") erfüllen. Kombinationen von statischen und dynamischen Sichten sind gestattet. Eine Sicht hat ebenfalls einen eigenen Namen und kann als Basis zum Lesen und Schreiben von Daten benutzt werden.

SCQL in Chipkarten benötigt den zusätzlichen Dateityp „Database" im Betriebssystem. Diese Datei, DBF (*database file*) genannt, ist ein Datenbankobjekt direkt unter dem MF oder unter einem DF. Es enthält die Datentabellen, dazugehörige Systemtabellen, und es kann ohne vorherige Selektion von den Datenbank-Kommandos aus angesprochen werden. Ein DBF ist ein logisches Konstrukt und kann abhängig vom jeweiligen Chipkarten-Betriebssystem auch auf mehrere EFs verteilt sein.

Zur Benutzer- und Rechteverwaltung müssen im DBF drei Systemtabellen eingerichtet werden. In der Object Description Table sind Informationen über die Tabellen und die dazugehörigen Sichten gespeichert. Diese wird durch die User Description Table ergänzt, welche die Benutzer der Datenbank festlegt. In der dritten Tabelle des

DBF, der Privilege Description Table, sind die Rechte der einzelnen Benutzer auf Tabellen und Sichten festgelegt, sowie deren erlaubte Operationen darauf.

Auf eine SCQL-Tabelle bzw. eine SCQL-Sicht können die Operationen Lesen, Einfügen, Schreiben und Löschen ausgeführt werden, welche über Zugriffsrechte reglementiert sind. Für Lese- und Schreiboperationen auf die Tabelle oder Sicht ist ein Cursor definiert. Er zeigt auf die entsprechende Zeile, welche dann für eine Aktion verwendet werden soll.

Tabelle		
Spalte 1	Spalte 2	Spalte 3
Zeile 1	Zeile 1	Zeile 1
Zeile 2	Zeile 2	Zeile 2
Zeile 3	Zeile 3	Zeile 3
Zeile 4	Zeile 4	Zeile 4
Zeile 5	Zeile 5	Zeile 5

Sicht 1 (statisch)	
Spalte 1	Spalte 2
Zeile 1	Zeile 1
Zeile 2	Zeile 2
Zeile 3	Zeile 3
Zeile 4	Zeile 4
Zeile 5	Zeile 5

Sicht 2 (dynamisch)		
Spalte 1	Spalte 2	Spalte 3
Zeile 3	Zeile 3	Zeile 3
Zeile 5	Zeile 5	Zeile 5

Bild 7.20   Eine SCQL-Tabelle mit drei Spalten und fünf Zeilen, auf die eine statische Sicht und eine dynamische Sicht eingerichtet wurde. Sicht 1 ist statisch und zeigt vollständig Spalte 1 und 2. Sicht 2 ist dynamisch und zeigt für alle drei Spalten die Zeilen, für die eine bestimmte, hier nicht näher dargestellte Abfragebedingung erfüllt ist.

Tabelle: Bekannte von Louis Wu		
Name	Volk	Protektor
Teela Brown	Kugelvolk	Ja
Nessus	Puppetier	Nein
Bram	Vampir	Ja
Chmee	Kzinti	Nein
Akolyth	Kzinti	Nein
Prill	Maschinenvolk	Nein
Vala	Maschinenvolk	Nein

Sicht: Name
Teela Brown
Nessus
Bram
Chmee
Akolyth
Prill
Vala

Sicht: Protektoren	
Name	Volk
Teela Brown	Kugelvolk
Bram	Vampir

Sicht: Kzinti
Name
Chmee
Akolyth

Bild 7.21   Beispiel für eine SCQL-Tabelle mit den Spalten Name, Volk, der Eigenschaft Protektor und sieben Einträgen. Zusätzlich sind noch drei Sichten eingezeichnet. Für diese können bei SCQL unterschiedliche Zugriffsrechte festgelegt werden.

Tabelle 7.53   Das SCQL Kommando PERFORM SCQL OPERATION nach ISO/IEC 7816-7 und seine Funktionen.

PERFORM SCQL OPERATION	
CREATE TABLE	Erstellt eine neue Tabelle mit ihren Spalten und Spaltennamen.
CREATE VIEW	Erzeugt eine neue Sicht (statisch und/oder dynamisch) auf eine Tabelle.
CREATE DICTIONARY	Erzeugt die Object Description Table, die User Description Table und die Privilege Description Table.
DROP TABLE	Löscht eine Tabelle.
DROP VIEW	Löscht eine Sicht.
GRANT	Vergibt Zugriffsrechte für einen Einzelbenutzer, eine Benutzergruppe oder alle Benutzer.
REVOKE	Entzieht Zugriffsrechte, die vorher durch GRANT vergeben wurden.
DECLARE CURSOR	Legt einen Cursor fest, der auf eine Zeile in einer Tabelle, Sicht oder Systemtabelle deutet.
OPEN	Aktiviert einen Cursor auf die erste Zeile.
NEXT	Setzt einen Cursor auf die nächste Zeile.
FETCH	Liest die Zeile, auf die ein Cursor zeigt.
FETCH NEXT	Liest die logisch nächste Zeile, auf die ein Cursor zeigt. Der Cursor wird auf die gelesene Zeile gesetzt.
INSERT	Fügt am Ende einer Tabelle eine Zeile ein, ohne den Cursor zu verändern.
UPDATE	Schreibt Daten in ein oder mehrere Felder einer Zeile in einer Tabelle. Die Zeile wird durch den Cursor festgelegt.
DELETE	Löscht diejenige Zeile einer Tabelle, auf die der Cursor zeigt. Der Cursor wird auf die nächste logische Zeile gesetzt.

Tabelle 7.54   Das SCQL-Kommando „PERFORM TRANSACTION OPERATION" nach ISO/IEC 7816-7 und seine Funktionen.

PERFORM TRANSACTION OPERATION	
BEGIN	Reserviert Platz für ein Speicherabbild, beispielsweise eine Zeile der Tabelle, für die Funktionen COMMIT und ROLLBACK.
COMMIT	Prüft alle Änderungen einer Tabelle, die seit dem letzten BEGIN gemacht wurden.
ROLLBACK	Restauriert die Tabelle wieder in den Zustand, der vor dem letzten BEGIN herrschte.

Tabelle 7.55   Das SCQL-Kommando „PERFORM USER OPERATION" nach ISO/IEC 7816-7 und seine Funktionen.

PERFORM USER OPERATION	
PRESENT USER	Identifizierung eines Benutzers anhand seiner Benutzer-ID.
CREATE USER	Erzeugung eines Eintrags für einen neuen Benutzer.
DELETE USER	Löschen des Eintrags für einen Benutzer.

Es gibt drei grundlegende SCQL-Kommandos: PERFORM SCQL OPERATION, PERFORM TRANSACTION OPERATION und PERFORM USER OPERATION. Dazu werden lediglich drei Codes für die Instruction INS benötigt, da die eigentlichen SCQL-Operationen über das Parameterbyte P2 getriggert werden. Alle Daten im Kommando Body und Antwort Body sind TLV-codierte Datenobjekte. Die drei Kommandos und ihre Funktionen sind in den folgenden Tabellen überblickshaft dargestellt.

Obwohl SCQL gegenüber SQL viele Einschränkungen hat (keine Sortierungen, keine verschachtelten Abfragen, keine Joins, ...), besitzt es doch im Mehrbenutzerbereich durchaus das Potential, Verwendung zu finden. Die Speicher der aktuell verfügbaren Mikrocontroller sind allerdings noch nicht für extensive SCQL-Datenbanken auf Chipkarten groß genug, so daß es durchaus noch einige Zeit dauern kann, bis erste größere Anwendungen entstehen.

7.10   Kommandos für elektronische Geldbörsen

Die europäische Norm für branchenübergreifende elektronische Geldbörsen EN 1546 definiert in Teil 3 insgesamt sechs Kommandos für die Börse und zwölf für das Sicherheitsmodul im Terminal, welches ebenfalls eine Chipkarte sein kann. In diesem Unterkapitel sind die vier wichtigsten Kommandos für die Chipkarte mit einer elektronischen Geldbörse in ihrem grundlegenden Aufbau beschrieben.[1] Mit diesen Kommandos kann auf einer Chipkarte eine Anwendung betrieben werden, mit der es möglich ist, mit einer vorbezahlten Börse bargeldlos zu bezahlen und diese auch wieder aufzuladen. Die Kommandos für Fehlerbehebung, Währungsumrechnung, Parameteränderung und Storno, sowie alle Kommandos für das Sicherheitsmodul, sind nicht weiter beschrieben.

Die folgenden Beschreibungen würden auch in das Unterkapitel „7.14 Anwendungsspezifische Kommandos" passen, da die dargestellten Kommandos für genau diese eine Anwendung definiert sind. Diese Kommandos können nie für andere Einsatzzwecke als für elektronische Geldbörsen benützt werden, da sie dahingehend optimiert worden sind. Ihnen wurde aber hier ein eigenes Unterkapitel gewidmet, da elektronische Geldbörsen in Zukunft neben der Telekommunikation eine der Hauptanwendungen für Chipkarten sein werden.

Alle Transaktionen für eine elektronische Geldbörse sind nach EN 1546 dreigeteilt. Im ersten Teil wird mit einem Initialisierungskommando (INITIALIZE IEP for Load/for Purchase) die Börse initialisiert. Mit dem zweiten Kommando wird die eigentliche Transaktion ausgeführt (d.h. Laden der Börse oder Bezahlen mit der Börse). Im optionalen dritten Teil wird die vorangehende Transaktion bestätigt. Alle Börsenkommandos greifen direkt auf Dateien in der Börsenanwendung der Chipkarte schreibend und lesend zu. Dies sind Dateien, die diverse Parameter, den Börsensaldo und Protokollaufzeichnungen enthalten. Mit den folgenden Kommandos werden nun die einzelnen Teilschritte bei einer Börsentransaktion ausgeführt. Für jedes Kommando ist der genaue interne Ablauf, sowohl in der Funktionalität als auch in der Reihenfolge der einzelnen Schritte, in der EN 1546-2 genau festgelegt, so daß alle Implementierungen zumindest die gleichen Grobabläufe haben.

Das Kommando INITIALIZE IEP kann für mehrere Zwecke verwendet werden. Mit einem Parameter wird zwischen der Initialisierung von Ladetransaktionen, Bezahltransaktionen und weiteren Transaktionsarten umgeschaltet.

---

[1] Kommandosequenzen und generelle Systemstrukturen eines elektronischen Geldbörsensystems sind im Abschnitt 12.3.1 CEN-Norm EN 1546 im Detail beschrieben.

Tabelle 7.56   Die Funktionalität von INITIALIZE IEP for Load nach EN 1546-3.

INITIALIZE IEP for Load	
Kommando	• ---
	• Ladebetrag (M_{LDA})
	• Währungscode ($CURR_{LDA}$)
	• PPSAM-Bezeichner (PPSAM)
	• Zufallszahl (R)
	• benutzerbestimmte Daten (DD)
Antwort	• Bezeichner des Börsenanbieters (PP_{IEP})
	• IEP-Bezeichner (IEP)
	• verwendeter kryptografischer Algorithmus (ALG_{IEP})
	• Verfallsdatum ($DEXP_{IEP}$)
	• Börsensaldo (BALIEP)
	• Transaktionsnummer der IEP (NT_{IEP})
	• Schlüsselinformation (IK_{IEP})
	• Signatur S_1
	• Returncode (CC_{IEP})

Tabelle 7.57   Die Funktionalität von CREDIT nach EN 1546-3.

CREDIT IEP	
Kommando	• Schlüsselinformation (IK_{PPSAM})
	• Signatur S_2
	• benutzerbestimmte Daten (DD)
Antwort	• Signatur S_3
	• Returncode (CC_{IEP})

Das Kommando INITIALIZE IEP for Load leitet als ersten Schritt das Aufladen der Börse in der Chipkarte ein. Dazu werden die übergebenen Daten, wie beispielsweise Währungscode und Ladebetrag, in der Chipkarte geprüft, ob sie mit den vorgegebenen Werten in den Parameterdateien übereinstimmen. Zusätzlich lassen sich auch noch frei definierbare Daten (benutzerbestimmte Daten) in einer Protokolldatei speichern. Anschließend wird ein Transaktionszähler erhöht und eine Signatur S_1 über verschiedene Daten (z.B. aktueller Börsensaldo, Verfallsdatum) gebildet, so daß diese manipulationssicher zum Terminal übertragen werden können.

Im zweiten Schritt der Aufladetransaktion erhält die Chipkarte im wesentlichen Informationen über zu verwendende Schlüssel und eine Signatur S_2. Diese stammt vom Sicherheitsmodul des Terminals und ermöglicht der Chipkarte, neben dem Manipulationsschutz von Daten das Sicherheitsmodul zu authentisieren. Die Chipkarte ist durch das Sicherheitsmodul im Terminal durch ein vorangehendes INITIALIZE IEP for Load schon authentisiert. Nach erfolgreicher Prüfung von S_2 erhöht die Chipkarte den Saldo der Börse, ergänzt den aktuellen Record in der Protokolldatei und erzeugt zur Bestätigung eine Signatur S_3. Dies wird dann vom Sicherheitsmodul im Terminal als Bestätigung für das korrekte Aufbuchen des Ladebetrags verwendet.

Der zweite hier vorgestellte Ablauf mit dem dazu notwendigen Kommando zeigt das Bezahlen mit einer elektronischen Geldbörse. Als erstes Kommando zur Initialisierung der Transaktion wird hier ebenfalls ein INITIALIZE IEP verwendet, nur mit der Option „for Load". Die Chipkarte erhält von diesem Kommando keine Daten, doch erhöht es in der Karte den Transaktionszähler. Anschließend wird eine Signatur S_1 über Daten wie Verfallsdatum, Transaktionszähler und IEP-Bezeichner gebildet. Diese so mit der Signatur für den Übertragungsweg gesicherten Daten werden mit einigen anderen zurück zum Terminal geschickt.

Tabelle 7.58   Die Funktionalität von INITIALIZE IEP for Purchase nach EN 1546-3.

INITIALIZE IEP for Purchase	
Kommando	• ---
Antwort	• Bezeichner des Börsenanbieters (PP_{IEP})
	• IEP-Bezeichner (IEP)
	• verwendeter kryptografischer Algorithmus (ALG_{IEP})
	• Ablaufdatum ($DEXP_{IEP}$)
	• Börsensaldo (BAL_{IEP})
	• Währungscode ($CURR_{IEP}$)
	• Authentisierungsmodus (AM_{IEP})
	• Transaktionsnummer der IEP (NT_{IEP})
	• Schlüsselinformation (IK_{IEP})
	• Signatur S_1
	• Returncode (CC_{IEP})

Tabelle 7.59   Die Funktionalität von DEBIT nach EN 1546-3.

DEBIT IEP	
Kommando	• PSAM-Bezeichner (PSAM)
	• Transaktionsnummer des PSAM (NT_{PSAM})
	• abzubuchender Betrag (M_{PDA})
	• Währungscode ($CURR_{PDA}$)
	• Schlüsselinformation (IK_{PSAM})
	• Signatur S_2
	• benutzerbestimmte Daten (DD)
Antwort	• Signatur S_3
	• Returncode (CC_{IEP})

Die eigentliche Transaktion für das Bezahlen führt das folgende Kommando, DEBIT IEP genannt, aus. Durch ihn erhält die elektronische Geldbörse in der Chipkarte Informationen über den abzubuchenden Betrag, aktuelle Schlüsselversionen und wiederum eine Signatur. Mit ihrer Hilfe kann, analog beim Aufladen der Börse, die Authentizität des Sicherheitsmoduls im Terminal geprüft werden. Ist die Prüfung erfolgreich, dann wird das Börsensaldo erhöht, die Protokolldatei für Bezahltransaktionen aktualisiert und eine weitere Signatur S_3 zur Bestätigung des ganzen Vorgangs erstellt. Diese findet sich in der Antwort auf ein DEBIT IEP wieder. Die Signatur S_3 dient dem Sicherheitsmodul im Terminal als Bestätigung, daß der Betrag in der Chipkarte ordnungsgemäß abgebucht worden ist.

Es konnte hier nur ein kurzer Überblick über die vier wichtigsten Kommandos für elektronische Geldbörsen nach EN 1546 gegeben werden. Die entsprechende Norm ist äußerst umfangreich und schließt viele Optionen und Variationsmöglichkeiten für die

Systemgestaltung mit ein, welche natürlich auch wieder Auswirkungen auf den Aufbau der Kommandos haben können.[1]

7.11 Kommandos für Kredit- und Debitkarten

Die gemeinsame Spezifikation für Chipkarten im Zahlungsverkehr von Europay, Mastercard und Visa EMV '96 legt zwei speziell auf den Zahlungsverkehr abgestimmte Kommandos fest. Prinzipiell könnte mit diesen beiden sehr variablen Kommandos sogar eine elektronische Geldbörse auf einer Chipkarte verwirklicht werden. Die Intention liegt jedoch mehr auf dem Einsatz im Umfeld von Kredit- und Debittransaktionen, weshalb hier die Aspekte für diese beiden Anwendungen behandelt werden. Den beiden Kommandos ist ein eigenes Unterkapitel gewidmet, da Kredit- und Debitkarten mit Chip in Zukunft sehr große Stückzahlen erwarten lassen und damit eine entsprechend große Bedeutung einhergeht.

Die beiden Kommandos GET PROCESSING OPTIONS und GENERATE APPLICATION CRYPTOGRAM stützen sich auf TLV-codierte Datenobjekte im Datenteil von Kommando und Antwort. Damit wurde eine erhebliche Vielfalt an möglichen Varianten und Optionen geschaffen, welche von den jeweiligen Anwendungen je nach Bedarf genutzt werden können.

Um eine Zahlung einzuleiten, benutzt man GET PROCESSING OPTIONS. Mit ihm können der Chipkarte TLV-codierte Daten des Terminals für die Bearbeitung des weiteren Zahlungsablaufs übergeben werden (*processing options data object list – PDOL*). Dies kann beispielsweise der Transaktionsbetrag sein. Als Antwort sendet die Karte ein BER-TLV-codiertes Datenobjekt mit dem unterstützten Profil der Anwendung (d.h. die Funktionen, die von der Chipkarte unterstützt werden, welche AIP (*application interchange profil*) genannt werden) und dem Ort der Anwendungsdateien (*application file locator – AFL*) zurück.

Tabelle 7.60   Die Funktionalität von GET PROCESSING OPTIONS nach EMV `96.

GET PROCESSING OPTIONS	
Kommando	• Liste von Datenobjekten für Transaktionsoptionen (*processing options data object list – PDOL*)
Antwort	• unterstütztes Profil der Anwendung (*application interchange profile – AIP*)
	• Ort der Anwendungsdateien (*application file locator – AFL*)
	• Returncode

Das zweite Kommando für den Zahlungsablauf bei einer Kreditkarte mit Chip hat die Bezeichnung GENERATE APPLICATION CRYPTOGRAM. Bei diesem Kommando sind sowohl für die Kommando-APDU als auch für die Antwort-APDU alle Daten TLV-codiert. Im Kommando werden alle notwendigen Daten für eine Zahlungstransaktion sowie das gewünschte Anwendungszertifikat zur Chipkarte gesandt.

---

[1] siehe auch Abschnitt 12.3.1 CEN-Norm EN 1546

Die Chipkarte berechnet nun abhängig von übergebenen und gespeicherten Daten den für die Zahlung notwendigen weiteren Ablauf der Transaktion. Als Ergebnis gibt sie ein Anwendungszertifikat an das Terminal zurück, welches im einfachsten Fall das Transaktionszertifikat sein kann. Damit ist dann der Zahlungsablauf beendet.

Das von der Chipkarte zurückgesandte Anwendungszertifikat kann statt dem Transaktionszertifikat aber auch eine Autorisierungsanfrage enthalten. Kommt die Chipkarte bei der Ermittlung des weiteren Transaktionsablaufs zu dem Ergebnis, daß eine Online-Autorisierung erforderlich ist, so enthält das Anwendungszertifikat in den Antwortdaten eine Anfrage an das dem Terminal übergeordnete Autorisierungszentrum. Nach Bearbeitung durch dieses erhält die Chipkarte in einem zweiten GENERATE APPLICATION CRYPTOGRAM die entsprechenden Daten und kann dann abschließend das Transaktionszertifikat für die Zahlung erstellen und an das Terminal senden.[1]

Tabelle 7.61   Die Funktionalität von GENERATE APPLICATION CRYPTOGRAM nach dem Industriestandard EMV `96.

GENERATE APPLICATION CRYPTOGRAM	
Kommando	• gewünschtes Anwendungszertifikat
	• transaktionsbezogene Daten *(transaction related data)*
Antwort	• Informationen über das Anwendungszertifikat *(cryptogram information data)*
	• Transaktionszähler der Anwendung *(application transaction counter – ATC)*
	• Anwendungszertifikat *(application cryptogram – AC)*
	• Returncode

7.12   Kommandos zur Komplettierung des Betriebssystems

Bei der Produktion der Chipkarten-Mikrocontroller wird lediglich das ROM programmiert, der EEPROM-Speicher bleibt bis auf eine Chipnummer und einen kartenindividuellen Schlüssel leer. Nachdem die Chipkarte aus Kartenkörper und Modul zusammengebaut wurde, muß das Betriebssystem im ROM durch die EEPROM-Teile ergänzt, d.h. komplettiert werden. Erst dann befindet sich ein vollständiges Betriebssystem mit seiner ganzen Funktionalität in der Chipkarte.

Um diese Teile in das EEPROM zu schreiben, existiert im ROM-Code ein relativ einfaches Ladeprogramm, mit dem nach vorheriger Schlüsselüberprüfung Daten in das EEPROM geschrieben werden können. Die Adressierung des EEPROM-Speichers findet dabei linear byte- oder seitenweise mit direkten physikalischen Adressen statt.

Nachdem alle notwendigen Daten auf diese Weise in das EEPROM eingebracht wurden, wird das Betriebssystem der Karte vom reinen ROM-Betrieb umgeschaltet. Nunmehr laufen auch Prozesse und Routinen im EEPROM ab. Die Umschaltung kann mit einem Kommando durchgeführt werden, dessen Ausführungsbedingung nach vorherigem Vergleich einer Prüfsumme über die ergänzten EEPROM-Daten erfüllt ist.

---

[1] siehe auch Abschnitt 12.5 Kreditkarten mit Chip

Durch die Prüfsumme stellt man sicher, daß auch alle Daten korrekt im EEPROM stehen. Für die Komplettierung verwendet man keine allzu komplexen Funktionen oder
Authentisierungsverfahren, da man sich auf den ROM-Teil des Betriebssystems verlassen muß und es dort selbst kleinste Fehler unmöglich machen könnten, die Chipkarte
zu komplettieren. Dies wäre ein zeitaufwendiger und in der Summe sehr teurer Fehler.

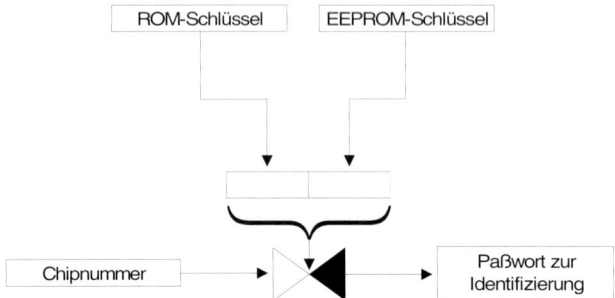

Bild 7.22   Eine von vielen Möglichkeiten zur Erzeugung eines chipindividuellen Paßwortes zur
Autorisierung der Komplettierung des Betriebssystems.

In den folgenden Teilen sind beispielhaft die drei notwendigen Kommandos für die
Komplettierung eines Chipkarten-Betriebssystems aufgeführt. Sie weichen je nach Betriebssystem und Chipkartenhersteller stark voneinander ab. Es wird hier lediglich die
notwendige Funktionalität aufgeführt. Allerdings benutzen praktisch alle Chipkarten
diese oder eine ähnliche Methode, um das Betriebssystem zu vervollständigen. Das
Kommando COMPARE KEY überprüft ein an die Karte übergebenes Paßwort mit dem
in ROM und EEPROM vom Halbleiterhersteller bei der Produktion eingebrachten Re-
ferenzpaßwort. Der Schlüssel ist kartenindividuell und hat eine große Länge im Bereich um 32 Byte. Bei positivem Ergebnis sind nachfolgende Ladekommandos erlaubt.
Bei negativem Vergleich wird ein Fehlbedienungszähler inkrementiert, der ab einem
definierten Wert (z.B. 3) die Chipkarte gegen jegliche Zugriffe sperrt. Die Chipkarte
kann dann dem Recycling überführt werden, da außer dem ATR keine Funktionalität
mehr vorhanden ist.

Tabelle 7.62   Die Funktionalität von COMPARE KEY.

COMPARE KEY	
Kommando	• Paßwort
Antwort	• Returncode

Nachdem mit COMPARE KEY das Ladepaßwort erfolgreich überprüft wurde, können mit WRITE DATA alle notwendigen Daten ins EEPROM geschrieben werden. Es
ist dann möglich, das gesamte EEPROM byteweise zu adressieren und zu schreiben.
Das bedeutet, daß neben den Betriebssystemdaten auch komplette Anwendungen eingebracht werden können. Dies ist im übrigen die reguläre Methode zum Laden von
Anwendungen bei Chipkarten mit sehr kleinem Speicher, in dem keine aufwendigen
CREATE FILE-Kommandos mit dem dazugehörigen Zustandsautomaten Platz haben.

Tabelle 7.63   Die Funktionalität von WRITE DATA.

WRITE DATA		
Kommando	•	Daten
	•	Speicheradresse im EEPROM
Antwort	•	Returncode

Ist der verfügbare ROM-Speicher in der Chipkarte so klein, daß auch keine Test-kommandos für das EEPROM darin Platz finden, dann besteht die Möglichkeit, sie mit diesen Kommandos in ihrer Grundfunktionalität zu simulieren. Dazu wird eine be-stimmte Speicheradresse so lange beschrieben, bis die Chipkarte einen Schreibfehler meldet. Wurde die Zahl der Schreibvorgänge mitgezählt, dann ist damit die Anzahl der möglichen Schreib-/Löschzyklen bekannt. Dies ist die Hauptaussage, die von einem EEPROM-Testkommando im Rahmen der Qualitätssicherung erwartet wird.

Tabelle 7.64   Die Funktionalität von COMPLETION END.

COMPLETION END		
Kommando	•	Prüfsumme über EEPROM
Antwort	•	Returncode

Nachdem mit einem oder mehreren aufeinanderfolgenden WRITE DATA-Kommandos alle Daten ins EEPROM geschrieben wurden, prüft man den korrekten Inhalt des EEPROMs und schließt die Komplettierung ab. Dazu findet das Kommando COMPLETION END Verwendung. Nach erfolgreichem Abschluß des Kommandos wird üblicherweise ein Reset auf der Chipkarte ausgelöst, damit das Betriebssystem neu initialisiert wird und so der neue Zustand erreicht werden kann.

Chipkarte		Terminal
	←	COMPARE KEY
Abarbeitung des Kommandos		*Kommando* [Schlüssel für Komplettierung]
Antwort [Returncode]	→	IF (Returncode = ok)
		THEN Kommando erfolgreich ausgeführt
		ELSE Kommando fehlgeschlagen
		mehrmalige Ausführung
	←	WRITE DATA
Abarbeitung des Kommandos		*Kommando* [Daten ‖ Adresse]
Antwort [Returncode]	→	IF (Returncode = ok)
		THEN Kommando erfolgreich ausgeführt
		ELSE Kommando fehlgeschlagen
	←	COMPLETION END
Abarbeitung des Kommandos		*Kommando* [Prüfsumme über EEPROM]
Antwort [Returncode]	→	IF (Returncode = ok)
		THEN Kommando erfolgreich ausgeführt
		ELSE Kommando fehlgeschlagen

Bild 7.23   Beispiel für einen typischen Komplettierungsablauf.

Die vorgegebene Reihenfolge der Kommandos bei der Komplettierung verdeutlicht nochmals das folgende Zustandsdiagramm. Es wird von einem Automaten während der Komplettierung überwacht, so daß nur die aufgeführten Kommandos in der genau definierten Reihenfolge ausgeführt werden können.

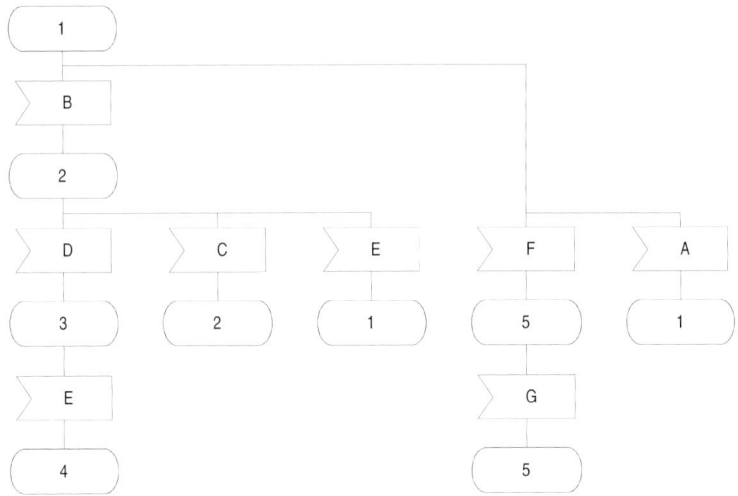

Bild 7.24   Zustandsautomat bei der Komplettierung eines Chipkarten-Betriebssystems.

Zustände: 1   Grundzustand nach Reset der Chipkarte
               2   Chipkarte bereit zum Eintrag von Daten ins EEPROM
               3   Chipkarte komplettiert
               4   Grundzustand der Chipkarte nach der Komplettierung
               5   Chipkarte irreversibel gesperrt

Übergänge: A   alle Kommandos außer COMPARE KEY
               B   COMPARE KEY (erfolgreich ausgeführt)
               C   WRITE DATA
               D   COMPLETION END
               E   Reset der Chipkarte
               F   COMPARE KEY (3mal nicht erfolgreich ausgeführt)
               G   alle Kommandos und Reset

7.13   Kommandos zum Test der Hardware

Das Betriebssystem einer Chipkarte überprüft beim Initialisieren zum Teil implizit und zum Teil explizit diverse Teile der Hardware. Die hier aufgeführten Kommandos gehen aber weit über die direkt im Betriebssystem integrierten Selbsttestroutinen hinaus. Im Zuge einer produktionsbegleitenden Qualitätssicherung ist es erforderlich, speziell die kritischen Teile eines Mikrocontrollers zu überprüfen. Diese Tests beziehen sich stark auf das EEPROM, da hier erfahrungsgemäß die meisten Probleme auftreten. Die

Funktionalität des Prozessors ist implizit überprüft, nachdem das Terminal den ATR korrekt empfangen konnte.

Da keine Norm für die Testkommandos existiert, unterliegen sie in Funktionalität und Codierung dem jeweiligen Betriebssystem-Hersteller oder sind sogar abhängig vom Betriebssystem selbst.

Die Testkommandos können aus Sicherheitsgründen fest in das ROM eingebunden sein. Allerdings ist es durchaus auch üblich, Testkommandos bei Bedarf mittels der Komplettierungskommandos ins EEPROM nachzuladen und dort auszuführen. Daß dies im Falle eines nicht voll funktionsfähigen EEPROMs zu Problemen führt, ist einleuchtend. Der Vorteil liegt natürlich in dem nunmehr größeren zur Verfügung stehenden ROM. Im Sinne eines sicheren Betriebssystems muß der Einsatz der Testkommandos auf die Phase vor der Komplettierung beschränkt sein. Dies bedeutet, daß alle Testkommandos bei einer initialisierten oder sogar personalisierten Karte gesperrt sind. Eine Ausnahme können dabei der RAM-Test und die Prüfsumme über ROM oder EEPROM bilden, da diese Kommandos die Sicherheit nicht beeinträchtigen.

Nachfolgend sind einige Kommandos aufgeführt, die für extensive Tests der Hardware benutzt werden können. Ein fehlerhaftes RAM würde noch vor dem ATR zu einem Totalabsturz des Betriebssystems führen, doch können auch nur einzelne Bits oder Bytes im RAM kaputt sein. Dies hätte dann nur Auswirkungen auf spezielle Funktionen oder Teile davon.

TEST RAM prüft das gesamte RAM und sendet eine entsprechende Antwort zum Terminal zurück. Beim Test selber müssen alle verfügbaren Bytes mit unterschiedlichen Testmustern beschrieben und gelesen werden. Typisch dabei ist ein abwechselndes Schreiben mit '55' und 'AA', da diese beiden hexadezimalen Werte auf der Bit-Ebene betrachtet ein Schachbrettmuster ergeben. Ideal ist auch ein Wellenformtest, bei dem der Speicher einmal von der niedrigen zur höheren Adresse wie auch umgekehrt beschrieben und wieder gelesen wird. Die genaue Implementierung dieses Tests ist vom jeweiligen Betriebssystem abhängig. Zum Teil wird auch ganz auf diesen Test verzichtet.

Tabelle 7.65   Die Funktionalität von TEST RAM.

TEST RAM		
Kommando	•	---
Antwort	•	Returncode

CALCULATE EDC ist ein sehr einfacher Test, der eine Prüfsumme (EDC) über das gesamte ROM bzw. zu definierende EEPROM-Teile errechnet und an das Terminal zurückgibt. Dies ist eine Methode, um festzustellen, ob die ROM-Maske unverändert ist oder ob Speicherzellen im EEPROM gekippt sind. Die Überprüfung des EEPROMs bezieht sich nur auf statische Bereiche, die innerhalb der Kartenlebensdauer nicht gewollt verändert werden können. Das Terminal vergleicht die von der Chipkarte erhaltene Prüfsumme mit einer vorhandenen Referenz und entscheidet, ob der Speicherinhalt noch konsistent ist.

Tabelle 7.66   Die Funktionalität von CALCULATE EDC.

CALCULATE EDC	
Kommando	• *Schalter:* ROM / EEPROM
Antwort	• Prüfsumme
	• Returncode

Der EEPROM-Dauertest TEST EEPROM ist ein Test für eine die Speicherinhalte überschreibende Prüfung des EEPROMs. Die Chipkarte erhält zwei Muster, die sie alternierend in einen Speicherbereich schreibt. Die Bereichsgrenzen sowie die Anzahl der Schreibversuche können innerhalb gewisser Einschränkungen im Kommando festgelegt werden. Selbstverständlich muß das Betriebssystem nach jedem Schreibvorgang den Speicherinhalt auf Fehler überprüfen.

Tabelle 7.67   Die Funktionalität von TEST EEPROM.

TEST EEPROM	
Kommando	• Muster 1
	• Muster 2
	• Anzahl der Schreibzyklen
	• Startadresse im EEPROM
	• Endadresse im EEPROM
Antwort	• Anzahl der ausgeführten Schreibzyklen (falls Fehler aufgetreten sind)
	• Fehleradresse (falls Fehler aufgetreten sind)
	• Returncode

Dadurch, daß der Chipkarte in einem Parameter die Anzahl der Schreibzyklen übergeben wurde, kann dieses Kommando intern abgearbeitet werden, was zu einem großen Geschwindigkeitsvorteil gegenüber einzelnen abgesandten Kommandos führt. Konnte die Chipkarte einen Schreibfehler entdecken, so sendet sie die Anzahl der schon ausgeführten Schreibzyklen sowie die Fehleradresse an das Terminal. Die Anwendung des EEPROM-Dauertests ist nicht nur auf die zerstörende Prüfung des EE-PROMs beschränkt, da sich dieser Test auch zum wahlfreien Beschreiben von EE-PROM-Bereichen verwenden läßt. Die Anzahl der Schreibzyklen wird dabei dann auf 1 gesetzt.

Tabelle 7.68   Die Funktionalität von COMPARE EEPROM.

COMPARE EEPROM	
Kommando	• Vergleichswert
	• Adresse
Antwort	• Returncode

Mit dem EEPROM-Vergleichstest COMPARE EEPROM läßt sich dann überprüfen, ob das geschriebene Muster noch im EEPROM enthalten ist. Diese Kommandokombination findet vor allem für den Bereich der Tests des EEPROM-Datenerhalts bei verschiedenen Temperaturen Anwendung. Dabei beschreibt man mehrere Speicherseiten mit einem Muster, legt die Chipkarte in einen Klimaschrank und überprüft nach einer bestimmten Zeitspanne, ob der EEPROM-Inhalt noch vorhanden ist.

Mit TEST EEPROM ließe sich im Prinzip das gesamte EEPROM löschen, wenn man die Start- und Endadresse entsprechend setzt. Jedoch existiert in vielen Betriebssystemen ein Kommando, das hier den Namen DELETE EEPROM hat. Mit ihm kann das gesamte EEPROM in einem Zug gelöscht werden, so daß alle Speicherinhalte überschrieben sind.

Die Anwendung beschränkt sich auf zwei Einsatzzwecke. Nachdem etliche Testkommandos ihre Prüfdaten im EEPROM hinterlassen haben, kann es mit wenig Aufwand wieder auf einen definierten Zustand gesetzt werden. Die zweite sinnvolle Anwendung besteht vor der Komplettierung des Betriebssystems bzw. vor der Initialisierung, um diese Prozesse zu beschleunigen. Dies ist deshalb der Fall, da in ein bereits gelöschtes EEPROM schneller geschrieben werden kann, weil das vor dem Schreiben oftmals notwendige Löschen von EEPROM-Pages entfällt.

Tabelle 7.69   Die Funktionalität von DELETE EEPROM.

DELETE EEPROM	
Kommando	• ---
Antwort	• Returncode

7.14   Anwendungsspezifische Kommandos

Kommandos, die für eine bestimmte Anwendung maßgeschneidert sind, gibt es viele. Die Gründe dafür liegen meist in der Minimierung des Speicherplatzes oder der Ausführungszeit. Diese Kommandos sind zum Großteil so spezifisch, daß sie keinen Eingang in die Normung finden, oder sie sind durch die Normung auf ein bestimmtes Anwendungsgebiet festgelegt.

Alle anwendungsspezifischen Kommandos hier aufzuzählen würde den Umfang dieses Kapitels sprengen. Stellvertretend dafür ist das einzige anwendungsspezifische Kommando von GSM 11.11 dargestellt. Es lautet RUN GSM ALGORITHM und wird zur gleichzeitigen Erzeugung eines dynamischen, kartenindividuellen Schlüssels und zur Authentisierung der Chipkarte gegenüber dem GSM-Hintergrundsystem benutzt. Die Funktion ist so spezifisch für die Anwendung GSM, daß es keinen Sinn macht, das Kommando in eine allgemeine Norm für Chipkarten aufzunehmen. Das Kommando benutzt einen nur bei GSM verwendeten kryptografischen Algorithmus, und die beiden aus der übergebenen Zufallszahl erzeugten Ausgangswerte wären in allen anderen Anwendungen ohne Nutzen.

Tabelle 7.70   Die Funktionalität von RUN GSM ALGORITHM.

RUN GSM ALGORITHM	
Kommando	• Zufallszahl
Antwort	• dynamischer Schlüssel
	• enc (Schlüssel; Zufallszahl)
	• Returncode

7.15   Kommandos für Übertragungsprotokolle

Übertragungsprotokolle sollten prinzipiell völlig unabhängig von den Daten und Kommandos der Anwendungsschicht aufgebaut sein. Dies würde auch das Schichten-modell nach OSI vorsehen. Leider klafft hier eine Lücke zwischen theoretischem Anspruch und der Praxis. Es gibt zwei Kommandos, deren einziger Zweck darin besteht, auf Anwendungsebene Mechanismen des Übertragungsprotokolls auszuführen. Es sind dies die Kommandos GET RESPONSE und ENVELOPE. Des weiteren existiert noch das Kommando MANAGE CHANNEL, dessen Funktion ebenfalls nicht nur von der Anwendungsschicht benutzt wird.

Im T=0 Protokoll ist es nicht möglich, während eines Kommando-Antwort-Zyklus einen Datenteil sowohl zur Chipkarte zu senden als auch von der Chipkarte zu empfangen.[1] Das Protokoll unterstützt damit also keine Case-4-Kommandos, die jedoch häufig benutzt werden. Deshalb muß man sich bei T=0 gezwungenermaßen mit einer Hilfskonstruktion behelfen. Die Funktionsweise ist einfach: Man sendet das Case-4-Kommando zur Chipkarte und erhält im Gutfall einen speziellen Returncode, der dem Terminal signalisiert, daß das Kommando Daten erzeugt hat, die noch abgeholt werden können. Daraufhin sendet das Terminal ein GET RESPONSE-Kommando zur Chipkarte und erhält nun die erzeugten Daten. Damit ist der Kommando-Antwort-Zyklus für das erste Kommando abgeschlossen. So lange kein anderes Kommando als GET RESPONSE zur Chipkarte gesendet wird, ist es erlaubt, die Antwortdaten mehrmals anzufordern.

Tabelle 7.71   Die Funktionalität von GET RESPONSE nach ISO/IEC 7816-4 und GSM 11.11.

GET RESPONSE	
Kommando	• Anzahl der zu sendenden Daten
Antwort	• Daten
	• Returncode

Tabelle 7.72   Die Funktionalität von ENVELOPE nach ISO/IEC 7816-4.

ENVELOPE	
Kommando	• Kommando-APDU
Antwort	• Antwort-APDU
	• Returncode

Werden im Rahmen von Secure Messaging Kommandos vollständig verschlüsselt, dann kann es bei dem Übertragungsprotokoll T=0 zu Problemen bei der Übertragung kommen, da dieses sowohl ein unverschlüsseltes Instruction-Byte als auch ein unver-schlüsseltes Le-Byte benötigt. Um diese Einschränkung zu umgehen, benutzt man ENVELOPE. Mit ihm kann eine vollständige APDU mit Header und Datenteil in den Datenteil der ENVELOPE APDU integriert werden. Dieser läßt sich sodann ohne Ein-schränkungen verschlüsseln und mit jedem Übertragungsprotokoll übertragen. Das

[1] siehe auch Abschnitt 6.4.2 Übertragungsprotokoll T=0

gleiche gilt für die von der Chipkarte erzeugte Antwort, die ebenfalls in die APDU von ENVELOPE eingebettet wird.

Mit Hilfe von logischen Kanälen können auf einer einzelnen Chipkarte bis zu vier Anwendungen unabhängig voneinander angesprochen werden.[1] Die Zuordnung von Kommando und Anwendung findet dabei durch zwei Bits im Class-Byte statt. Vor Benutzung eines neuen logischen Kanals muß dies der Chipkarte explizit mitgeteilt werden. Dazu gebraucht man MANAGE CHANNEL. Mit ihm wird der Chipkarte signalisiert, daß ein weiterer logischer Kanal benötigt wird. Dazu kann entweder explizit die Nummer angegeben werden, oder das Terminal erhält von der Chipkarte nach einer prinzipiellen Anfrage die Nummer eines freien logischen Kanals.

Tabelle 7.73 Die Funktionalität von MANAGE CHANNEL nach ISO/IEC 7816-4.

MANAGE CHANNEL	
Kommando	• Schalter: logischen Kanal öffnen/schließen
	IF (bestimmter Kanal gewünscht) THEN
	• Nummer des logischen Kanals
Antwort	• Nummer des logischen Kanals (falls ein neuer logischer Kanal geöffnet wurde)
	• Returncode

Bei der Eröffnung eines neuen logischen Kanals vom Standardkanal mit der Nummer 0 aus, verhält sich die Chipkarte für diesen Kanal wie nach einem Reset, d.h. das MF ist selektiert, und es ist noch kein Sicherheitszustand erreicht. Wird von einem logischen Kanal, der nicht die Standardnummer 0 hat, ein neuer logischer Kanal eröffnet, so bleiben das aktuell selektierte DF sowie der Sicherheitszustand erhalten. Nach dem Schließen eines logischen Kanals sind die betreffende Dateiselektion und der Sicherheitszustand gelöscht.

---

[1] siehe auch Abschnitt 6.7 Logische Kanäle

8 Sicherheitstechnik

Die Möglichkeit des Schutzes und der Geheimhaltung von Daten in Chipkarten ist einer der Hauptvorteile gegenüber allen anderen Datenträgern, wie Magnetstreifenkarten oder Disketten. Deshalb ist auch eine auf diesen Zweck abgestimmte und optimierte Chiphardware mit dazu passenden kryptografischen Verfahren zur Sicherung der geheimen Daten unabdingbar. Doch ist Sicherheit nicht alleine von der Spezialhardware des Mikrocontrollers oder den in der Betriebssystemsoftware realisierten kryptografischen Algorithmen abhängig. Auch die Sicherheit der Chipkarten-Anwendung und die Designprinzipien, die Entwickler auf dem Weg dorthin anwenden, sind von elementarer Bedeutung. Die wesentlichen Prinzipien, Verfahren und Strategien auf dem Weg zu sicheren Chipkarten und sicheren Chipkarten-Anwendungen sind in diesem Kapitel zusammengefaßt.

8.1   Benutzeridentifizierung

Schon seit dem Altertum beschäftigen sich Menschen mit verschiedenen Verfahren zur eindeutigen Identifizierung von Personen. Die einfachste Form der Identifizierung ist die Benutzung eines Ausweises mit Foto oder die Leistung einer Unterschrift in Gegenwart des Prüfers. Das Foto auf dem Ausweis kann dann mit der echten Person verglichen werden, und das Ergebnis ist eine Aussage über die Echtheit der Person.

Im informationstechnischen Bereich ist dieser Vergleich aber nicht so einfach, da ihn nicht Menschen, sondern Computer vornehmen müssen. Da Computer, trotz aller Erfolge bei stupiden Arbeiten, immer noch große Probleme mit intelligenten Tätigkeiten haben, hat sich die Eingabe von Paßwörtern über die Tastatur weitgehend durchgesetzt. Der Aufwand für den Vergleich ist gering, da der Computer im Grunde genommen das übergebene Paßwort mit einem gespeicherten Referenzwert vergleicht und dann eine reine Ja-Nein-Entscheidung trifft. Beim Vergleich von Paßwörtern ist dies die Entscheidung über Echtheit oder Falschheit der zu überprüfenden Person.

Grundsätzlich gibt es jedoch drei verschiedene Möglichkeiten für die Identifizierung einer Person. Im Falle eines Paßwortes prüft man, ob diese Person ein Geheimnis kennt. Ist dies der Fall, dann schließt man daraus, daß die Person diejenige ist, für die sie sich ausgibt. Analog verläuft die Prüfung, ob die Person im Besitz einer bestimmten

Sache ist. Die dritte Möglichkeit ist, bestimmte eindeutige Körpermerkmale dieser Person zu prüfen.

Das Wissen um ein Geheimnis und auch der Besitz einer Sache haben einen bedeutenden Nachteil. Die zu identifizierende Person muß sich etwas merken oder eine Sache mitführen. Je nach Situation als Nachteil oder Vorteil zu werten ist, daß bei beiden Methoden eine Übertragung auf andere Personen möglich ist. Damit ist aber nicht mehr eindeutig sichergestellt, daß es auch wirklich der richtige Benutzer ist und nicht jemand, der beispielsweise das Kennwort unrechtmäßig erfahren hat.

Die dritte Variante der Identifizierung schließt eine Übertragbarkeit aus, da sie bestimmte Eigenschaften des menschlichen Körpers zur Identifizierung benutzt. Allerdings ist die auszuführende Messung in den meisten Fällen technisch aufwendig, da man verständlicherweise nicht meßtechnisch einfach zu erfassende biologische Merkmale, wie Gewicht oder Körpergröße, verwenden kann.

Einleuchtender und faßbarer werden diese drei Identifizierungsmöglichkeiten, wenn man sich folgendes durch den Kopf gehen läßt: Die Aufgabe ist, sich mit einem unbekannten Menschen am Bahnhof zu treffen. Sobald man am Bahnhof einen passenden Menschen sieht, hat man das Problem festzustellen, ob derjenige auch der echte ist. Befindet sich der Unbekannte am richtigen Treffpunkt zur richtigen Zeit, dann wäre dies eigentlich schon die implizite Prüfung eines Geheimnisses, da (hoffentlich) nicht Zeit und Ort des Treffens allgemein bekannt ist. Eine explizite Prüfung eines Geheimnisses wäre es dann, wenn der Unbekannte ein Kennwort sagt, das nur er und wir kennen. Er könnte sich aber auch durch den Besitz einer Sache ausweisen, beispielsweise durch eine unter dem Arm geklemmte Zeitung eines bestimmten Ausgabedatums. Die wohl sicherste Möglichkeit ist, wenn man an dem Unbekannten ein bestimmtes körperliches Merkmal prüft. Vielleicht besitzt er eine besonders lange Nase, so wie Pinocchio, wenn er lügt.

Man sieht an dem Bahnhof-Szenario deutlich, daß die Identifizierung eines unbekannten Menschen ein beinahe klassisch zu nennendes Problem sowohl aller Spionageromane als auch des täglichen Leben ist und sich nicht nur auf Computer oder Chipkarten beschränkt.

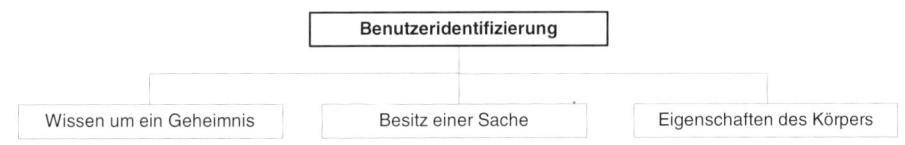

Bild 8.1   Klassifizierungsbaum der Identifizierung einer Person.

An vielen Automaten, Geräten und Computern ist mittlerweile die Eingabe einer PIN selbstverständlich geworden. Durch die damit verbundene starke Zunahme von PINs für die unterschiedlichsten Zwecke ist es für einen Normalbürger schon sehr schwierig geworden, den Überblick zu behalten. Wer kann sich aber schon 20 oder mehr verschiedene PINs merken? Auch ist es für die Sicherheit und den Ruf eines Systems naturgemäß ziemlich abträglich, wenn jeder Benutzer seine PIN auf der Karte notiert hat, da die Anzahl der Betrugsfälle zu groß wird. Aus diesen Gründen ist in den vergangenen Jahren der Wunsch aufgetaucht, andere Identifikationsverfahren als die PIN-Prüfung einzusetzen. Ideal dafür sind sogenannte biometrische Merkmale, anhand derer eine Person von einer Maschine eindeutig identifiziert werden kann.

8.1.1   Prüfung einer Geheimzahl

Die häufigste Benutzeridentifizierung ist die Eingabe einer Geheimzahl, welche im allgemeinen meist als PIN (*personal identification number*) oder manchmal auch als CHV (*card holder verification*) abgekürzt wird.

Üblicherweise besteht die PIN aus vier Stellen, die sich gewöhnlich aus den Dezimalzahlen von "0" bis "9" zusammensetzen. Der Grund für die reine Zahleneingabe ist trivial. Kartenterminals verfügen nämlich grundsätzlich nur über eine numerische Tastatur. Prinzipiell könnten jedoch natürlich auch alphanumerische Zeichen verwendet werden. Die PIN wird auf der Tastatur eines Terminals oder Computers eingegeben und dann zur Chipkarte gesendet. Diese vergleicht den übergebenen Wert mit einem gespeicherten Referenzwert und teilt dann das Ergebnis dem Terminal mit.

Die Eingabe einer PIN wird vor allem bei Anwendungen im Zahlungsverkehr als sicherheitsrelevant eingestuft, weshalb es in diesem Bereich oftmals Vorschriften über die Art der Tastatur gibt. Diese besonderen Tastaturen werden oft PIN-Pad genannt. In Deutschland ist es beispielsweise vorgeschrieben, daß die PIN einer ec-Karte nur an mechanisch und kryptografisch besonders gesicherten Tastaturen eingegeben werden darf. Diese PIN-Pads weisen alle Merkmale eines Sicherheitsmoduls auf (Öffnungsdetektor, Bohrschutzfolie, ...) und verschlüsseln die PIN unmittelbar bei der Eingabe. Damit wird zuverlässig verhindert, daß ein Angreifer diese Tastatur manipulieren und die PIN während der Eingabe abhören kann.

Bei den PINs kann zwischen statischen und änderbaren PINs unterschieden werden. Eine statische PIN ist vom Benutzer nicht mehr veränderbar und muß von diesem sozusagen auswendig gelernt werden. Ist sie bekanntgeworden, dann müßte der Kartenbenutzer konsequenterweise seine Karte zerstören und sich eine neue Karte mit einer anderen statischen PIN besorgen. Eine änderbare PIN kann vom Benutzer nach Gutdünken oder auf einen für ihn mnemotechnisch optimalen Wert geändert werden. Sie birgt jedoch eine Gefahr in sich, weil der mnemotechnisch optimale Wert bei vielen Menschen "1234", "4711" und "0815" beträgt. Eine Prüfung auf solche Trivialwerte findet in Chipkarten nicht statt, da der dafür benötigte Speicher in Form einer Tabelle nicht zur Verfügung steht. Es wäre aber durchaus denkbar, daß bereits das Terminal die Änderung auf solch eine PIN verbietet. Zum Ändern der PIN ist es aus Sicherheitsgründen immer notwendig, die aktuell gültige PIN mit zu übergeben, da sonst jede bestehende PIN durch einen Angreifer mit seiner eigenen ersetzt wird.

Anders verhält es sich mit den sogenannten Super-PINs oder PUKs (*personal unblocking key*). Diese haben in der Regel mehr Stellen als die eigentliche PIN, ein üblicher Wert ist 6, und werden dazu benutzt, einen auf seinen Maximalwert stehenden Fehlbedienungszähler einer PIN wieder auf null zurückzusetzen. Mit der PUK wird auch gleich eine neue PIN an die Chipkarte übergeben, da ein zurückgesetzter Fehlbedienungszähler wenig nützt, wenn man die PIN vergessen hat. Und dies ist ja meist der Fall, wenn der Fehlbedienungszähler seinen Maximalwert erreicht hat.

Es gibt auch Anwendungen, die Transport-PINs verwenden. Die Chipkarte wird mit einer zufälligen PIN personalisiert, welche der Kartenbenutzer in einem PIN-Brief erhält. Bei der ersten Eingabe wird er aber von der Karte gezwungen, die personalisierte PIN durch seine eigene zu wechseln. Bei einem ähnlichen Verfahren, „Nullpin-Verfahren" genannt, wird die Karte mit einer Trivial-PIN, wie etwa "0000" vorbelegt, und es wird ebenfalls von der Chipkarte bei der ersten Benutzung ein Wechsel erzwungen. Beide Prinzipien verhindern das Problem, daß eine während der Personalisierung oder Kartenhandhabung ausgespähte PIN zu einem späteren Zeitpunkt noch sinnvoll eingesetzt werden kann.

Nach einer Empfehlung von ISO 9564-1 sollte die PIN eine Länge zwischen vier und zwölf alphanumerischen Zeichen haben, damit die Wahrscheinlichkeit gering ist, die richtige PIN durch bloßes Raten und Probieren herauszufinden. Allerdings sieht die Realität oft etwas anders aus. Die Eingabe von nichtnumerischen Zeichen ist an vielen Stellen aus technischen Gründen überhaupt nicht möglich, da oft nur eine numerische Tastatur vorhanden ist.

Die Anzahl der Stellen einer PIN ist nicht nur von der gewünschten Sicherheit abhängig, sondern sehr stark vom Gedächtnis des durchschnittlichen Kartenbenutzers. Dieser ist aber seit Jahren gewohnt, 4-stellige PINs zu verwenden, weshalb eine Umstellung auf 6-stellige oder noch längere PINs sehr schwierig ist. Doch kann es in der Praxis durchaus vorkommen, daß die vermeintlich sichere 6- oder 8-stellige PIN nur mathematisch besser ist als eine 4-stellige. Viele Menschen haben Probleme, sich so lange Zahlen zu merken, vor allem wenn sie sie selten benutzen, und notieren sie deshalb auf der Karte oder einem Zettel in der Nähe der Karte. Die damit erreichte Sicherheit mit einer längeren PIN ist dann wesentlich schlechter als bei einer kurzen PIN.

Ähnlich verhält es sich mit der durchaus verständlichen Forderung, die PIN periodisch zu wechseln. Für Hochsicherheitsanwendungen mit wenigen Benutzern mag dies funktionieren, bei Massenanwendungen ruiniert dies jedoch die Akzeptanz, da dort möglichst einfache Verfahren verlangt werden, mit denen auch Menschen ohne gutes Gedächtnis problemlos zurechtkommen.

In diesem Zusammenhang ist ein weiterer Punkt von großer Bedeutung. In vielen Fällen ist die Eingabe und Überprüfung der PIN nicht bloß eine Identifikation des Benutzers und beweist den rechmäßigen Besitz der jeweiligen Karte, sondern stellt gleichzeitig auch eine Willenserklärung dar. Dieser erklärt sich mit Eingabe seiner PIN mit einem bestimmten Vorgang einverstanden. Als Beispiel kann man hier die Eingabe der PIN an einem Geldausgabeautomaten anführen. Zum einen identifiziert sich der Benutzer durch die Kenntnis der geheimen PIN. Zum anderen ist sie aber auch die Willenserklärung des Benutzers, daß er damit einverstanden ist, einen bestimmten Betrag ausbezahlt zu bekommen. Dies ist sehr wichtig im Zusammenhang mit bestimmten biometrischen Merkmalen, bei denen manche nicht unbedingt eine Willenserklärung sein müssen, da sie auch ohne explizite Zustimmung der Person geprüft werden können.

Wahrscheinlichkeit des Erratens einer PIN

Der einfachste Angriff auf eine PIN neben der Beobachtung bei der Eingabe ist das bloße Raten. Wie hoch die Wahrscheinlichkeit ist, ob man dabei Glück hat oder nicht, hängt zum einen davon ab, welche Länge die zu erratende PIN hat, aus welchen Zeichen sie zusammengesetzt ist und wie viele Versuche erlaubt sind. Die Wahrscheinlichkeit, bei dreimaligem Versuch eine vierstellige PIN zu erraten, beträgt 0,03 %, was nicht gerade viel ist. Im folgenden sind die zwei grundlegenden Formeln für das Erraten von Paßwörtern ausgeführt. Sie können praxisnah verwendet werden, um das Risiko bei der Festlegung von Paßwortlängen abzuschätzen.

$$x = m^n \qquad\qquad 8.1$$

$$P = \frac{i}{m^n} \qquad\qquad 8.2$$

Tabelle 8.1 Definition und Beschreibung der Variablen für die Formeln 8.1 und 8.2.

Variable	Beispiel	Beschreibung
i	3	Anzahl der Rateversuche
m	10	Anzahl der möglichen Zeichen pro Stelle
n	4	Anzahl der Stellen
P	0,000 3 (= 0,03 %)	Wahrscheinlichkeit des Erratens des Paßwortes
x	10 000	Anzahl der möglichen Paßwörter

Es gibt im übrigen noch ein viertes Kriterium beim Raten einer PIN, das lange Zeit sträflich vernachlässigt wurde. Es ist dies die Gleichverteilung der PINs einer Anwendung. Es ist nämlich sehr viel einfacher, eine PIN zu raten, wenn man weiß, daß bestimmte PINs häufiger vorkommen als andere. Daß diese wichtige Nebenbedingung tatsächlich von Belang ist, wurde im Jahr 1997 plötzlich bei den deutschen ec-Karten relevant. Obwohl das Verfahren, wie eine PIN aus den Daten des Magnetstreifens der ec-Karte errechnet wird, in seinen Details immer noch geheim ist, wurden zumindest einige generelle Schritte des Algorithmus bekannt. Dabei stellte sich heraus, daß die erzeugten PINs nicht gleichverteilt sind, da der verwendete Algorithmus die Zahlen null bis fünf wesentlich häufiger generiert als die Zahlen sechs bis neun. Es wurde auch noch bekannt, daß der Berechnungsalgorithmus eine führende null bei der PIN-Erzeugung unterdrückt. Das Ergebnis dieser Ungleichverteilung ist, daß man nicht mehr 3 333 Versuche benötigt, um bei drei erlaubten Fehlversuchen eine 4-stellige PIN zu erraten, sondern nur noch 150 [Karten 97]. Bei 10,5 % der Karten ist die Verteilung sogar so schlecht, daß bereits 72 Versuche ausreichen [Schindler 97], wenn man die Eigenschaften des Algorithmus zur PIN-Generierung berücksichtigt. Das Ergebnis war, daß bei den neuen ec-Karten ein verbesserter Algorithmus zur PIN-Generierung verwendet wird und der ursprünglich benutzte DES auch durch den Triple-DES ersetzt wurde.

Tabelle 8.2   Aufstellung von PINs und Paßwörtern mit unterschiedlichen Längen, Codierungen und der Anzahl der möglichen Kombinationen.

Art der PIN/des Paßworts	Wertebereich bzw. Codierung der PIN/des Paßworts	Anzahl der möglichen PINs/Paßwörter
1-stellige PIN	PIN ∈ {0 ... 9}	10
1-stelliges Paßwort	Paßwort ∈ {0 ... 9, "A" ... "Z"}	36
1-stelliges Paßwort	Paßwort ∈ {0 ... 9, "a" ... "z", "A" ... "Z"}	62
1-stelliges Paßwort	Paßwort ∈ {0 ... 9, "a" ... "z", "A" ... "Z", 20 beliebige Sonderzeichen}	82
4-stellige PIN, keine führende Null	PIN ∈ {1 000 ... 9 999}	$9{,}00 \cdot 10^3$
4-stellige PIN	PIN ∈ {0 000 ... 9 999}	$1{,}00 \cdot 10^4$
4-stelliges Paßwort	Paßwort ∈ {0 ... 9, "A" ... "Z"}	$1{,}68 \cdot 10^6$
4-stelliges Paßwort	Paßwort ∈ {0 ... 9, "a" ... "z", "A" ... "Z"}	$1{,}48 \cdot 10^7$
4-stelliges Paßwort	Paßwort ∈ {0 ... 9, "a" ... "z", "A" ... "Z", 20 beliebige Sonderzeichen}	$4{,}52 \cdot 10^7$
5-stellige PIN, keine führende Null	PIN ∈ {10 000 ... 99 999}	$8{,}9 \cdot 10^4$
5-stellige PIN	PIN ∈ {00 000 ... 99 999}	$1{,}00 \cdot 10^5$
6-stellige PIN, keine führende Null	PIN ∈ {100 000 ... 999 999}	$8{,}99 \cdot 10^5$
6-stellige PIN	PIN ∈ {000 000 ... 999 999}	$1{,}00 \cdot 10^6$
6-stelliges Paßwort	Paßwort ∈ {0 ... 9, "A" ... "Z"}	$2{,}18 \cdot 10^9$
6-stelliges Paßwort	Paßwort ∈ {0 ... 9, "a" ... "z", "A" ... "Z"}	$5{,}68 \cdot 10^{10}$
6-stelliges Paßwort	Paßwort ∈ {0 ... 9, "a" ... "z", "A" ... "Z", 20 beliebige Sonderzeichen}	$3{,}04 \cdot 10^{11}$

Generierung einer PIN

Um die PIN für eine Chipkarte zu erzeugen, benötigt man nur einen Zufallszahlen-generator und einen Algorithmus, der die Zufallszahl in eine ASCII-codierte PIN der benötigten Länge umwandelt. Nun könnte man noch über eine Tabelle die bekannten Trivialkombinationen erkennen und ausschließen. Anschließend wird die PIN dann in der Chipkarte gespeichert und mit dem Kommando VERIFY bei Bedarf mit einer übergebenen PIN verglichen.

Werden jedoch in einem System Magnetstreifenkarten verwendet, dann wird die Generierung einer PIN etwas komplizierter. Schließlich muß möglich sein, daß ein offline arbeitender Geldausgabeautomat anhand der Magnetstreifendaten eine eingegebene PIN prüft. Chipkarten wären davon eigentlich nicht betroffen, doch haben momentan noch alle Debitkarten (z.B.: ec-Karte) aus Kompatibilitätsgründen einen Magnetstreifen, selbst wenn sie mit einem Mikrocontroller versehen sind. Der Algorithmus für die Erzeugung einer PIN muß deshalb bei Hybridkarten mit Chip und Magnetstreifen deterministisch sein, also bei gleichen Eingabewerten immer dasselbe Ergebnis liefern. Ein Zufallszahlengenerator täte dies dagegen nicht.

Es ist also ein Verfahren vonnöten, das anhand von Magnetstreifendaten eine PIN berechnet. Damit die Sicherheit nicht an dem Verfahren als solches hängt, sollte auch ein geheimer Schlüssel in die Berechnung einfließen.

In Bild 8.2 ist ein Algorithmus dargestellt, der in ähnlicher Form auch bei den ec-Karten in Deutschland benutzt wird. Als Eingabe fungieren Bankleitzahl, Kontonum-

mer und Kartenfolgenummer. Mit dem DES und einem geheimen Schlüssel erzeugt der
Algorithmus daraus eine 4-stellige PIN.

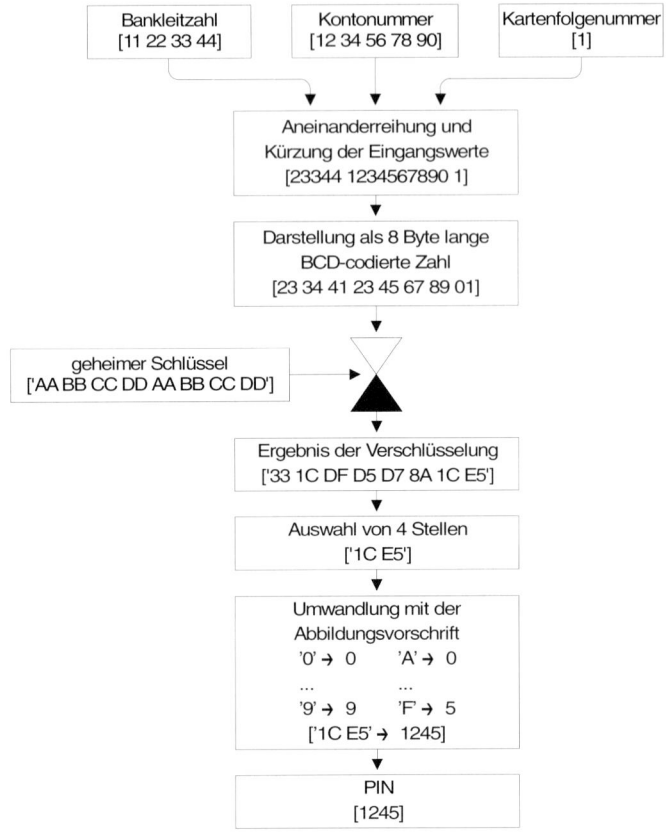

Bild 8.2   Beispiel für die Generierung einer 4-stelligen PIN mit Hilfe des DES-Algorithmus
und den drei kartenindividuellen Daten Bankleitzahl, Kontonummer und Kartenfolgenummer. Das dargestellte Verfahren weist jedoch den Nachteil auf, daß die benutzte Abbildungsvorschrift zu einer Ungleichverteilung der PIN führt (d.h. es gibt
PINs, die öfter vorkommen als andere). Die eckigen Klammern umschließen Beispielwerte. Der Ablauf ist dem für die deutsche ec-Karte benutzten Verfahren entfernt ähnlich und basiert auf zwei Beiträgen aus „Die Datenschleuder" [Müller-
Maguhn 97 a, Müller-Maguhn 97 b].

Dieses Verfahren hat aber den weiter oben erwähnten Nachteil, daß die erzeugten
PINs nicht über den gesamten möglichen Zahlenraum (bei vier Stellen: "0000" ...
"9999") gleichverteilt sind. Der Grund dafür ist die Abbildungsvorschrift nach der
Verschlüsselung, die alle hexadezimalen Zahlen ('A', 'B', 'C', 'D', 'E', 'F') in Dezimalzahlen umwandelt. Diese unerwünschte Besonderheit könnte aber durch eine verbesserte Abbildungsvorschrift ohne weiteres umgangen werden. Der DES wird zum einen

benutzt, damit nicht das Verfahren, sondern nur der Schlüssel geheimgehalten werden muß und zum anderen aufgrund seiner Eigenschaft der Konfusion und Diffusion.[1]

Prüfung auf Echtheit des Terminals

Durch die Eingabe der PIN wird bekanntermaßen die Identität des Benutzers überprüft. Dieser möchte aber genauso gerne die Echtheit des Terminals prüfen können. Man denke dabei nur an Dummy-Geldausgabeautomaten. Betrüger konnten so die geheime PIN der Benutzer ermitteln, da sie diese arglos auf der Tastatur des gefälschten Geldausgabeautomaten eingaben. Anschließend stahlen die Betrüger die Karte und konnten mit der ausgespähten PIN Geld abheben. Passieren konnte dies nur, weil es für den Kartenbesitzer keine Möglichkeit gab, die Echtheit des Geldausgabeautomaten zu prüfen.

Gleichwohl gibt es einfache Verfahren, um den vorhergehenden Angriff abzuwehren. In einer Datei in der Chipkarte speichert man ein Kennwort, das nur dem Kartenbenutzer bekannt ist und auch nur von ihm geändert werden kann. Die Datei wird vom Chipkarten-Betriebssystem nur dann für einen Lesezugriff freigegeben, wenn das Terminal durch die Chipkarte authentisiert ist. Als Kennwort kann beispielsweise ein Name oder eine Zahl vom Benutzer vergeben werden.[2]

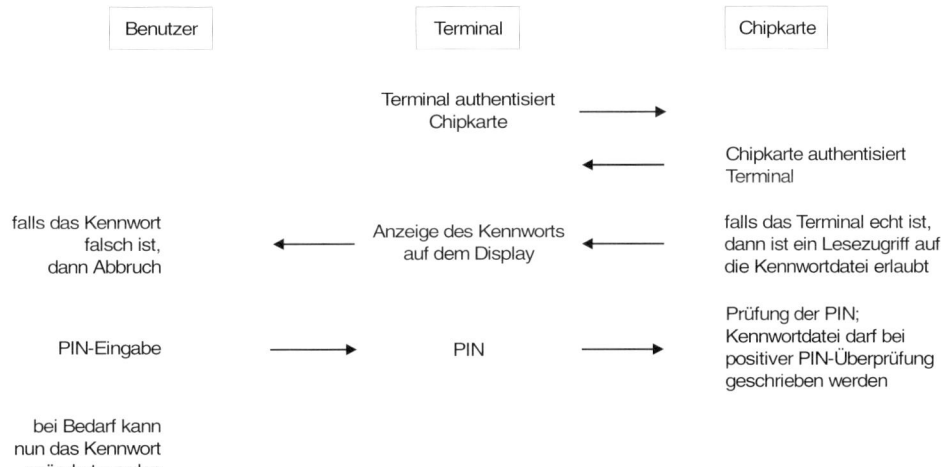

Bild 8.3   Verfahren zur Sicherstellung, daß eine PIN nur an einem echten Terminal eingegeben wird. Voraussetzung dafür ist allerdings, daß der Benutzer seine PIN nicht eher
eingibt, als das Kennwort auf dem Display des Terminals korrekt erscheint.

Nachdem der Benutzer seine Chipkarte in ein Terminal gesteckt hat, wird als erstes eine gegenseitige Authentisierung zwischen Terminal und Karte ausgeführt. Verläuft diese positiv, dann wissen die beiden Kommunikationspartner, daß das jeweilige Ge

---

[1] siehe auch Abschnitt 4.6.1 Symmetrische Kryptoalgorithmen

[2] Der Aufbau einer entsprechenden Chipkartenanwendung ist im Abschnitt 14.7.3 Prüfung auf Echtheit eines Terminals im Detail vorgestellt.

genüber echt ist. Nun erlaubt die Karte den Lesezugriff auf die Datei mit dem Geheimnis des Benutzers, und dieses wird auf dem Display des Terminals angezeigt. Der Benutzer sieht nun sein Geheimnis und weiß damit, daß das Terminal echt ist, da es sonst keinen Zugriff auf die Datei mit seinem Geheimnis hätte. Nun kann er unbesorgt seine PIN in das Terminal eingeben.

Mit diesem Verfahren kann man auf einfache Weise ausschließen, daß man seine PIN in manipulierte Terminals eingibt. Als Geheimnis kann ein beliebiges Wort oder eine Zahl verwendet werden. Es sollte sich vom Benutzer beliebig ändern lassen, damit ein potentieller Angreifer keine Chance hat, das Geheimnis auszuspähen. Das Verfahren läßt sich für ähnliche Anforderungen entsprechend abändern oder erweitern.

8.1.2   Biometrische Verfahren

Der immer häufigere Einsatz von Paßwörtern und PINs führt bei den Anwendern zu steigendem Widerstand gegen diese Art der Identifizierung. Es stellt sicher für niemanden ein größeres Problem dar, sich einige oft verwendete Zahlen oder Buchstabenkombinationen zu merken. Sobald man aber nur selten von seiner kartenindividuellen PIN Gebrauch macht, weil man beispielsweise nur alle zwei Monate einen Geldausgabeautomaten benutzt, bekommt ein Normalbürger Schwierigkeiten, sich eine PIN zu merken. Vor allem, wenn er unter dem unterschwelligen Streß steht, daß nach einer dreimaligen Falscheingabe seine Chipkarte vom Geldausgabeautomaten eingezogen wird.

Dies ist sicherlich einer der Hauptgründe, warum man in vielen Bereichen immer mehr biometrische Verfahren favorisiert. Diese Verfahren sind nicht unbedingt schneller oder sicherer als eine PIN-Eingabe, doch für den Benutzer können sie eine große Vereinfachung bedeuten. Falls die Sicherheit sich im Bereich einer PIN-Prüfung bewegt, wird auch ein Systembetreiber biometrischen Verfahren gegenüber aufgeschlossen sein. Schließlich sind biometrische Merkmale nicht wie eine PIN auf andere Menschen übertragbar. Man identifiziert also die Person selber und nicht ein Geheimnis (die PIN), das eine Person gemeinsam mit dem Systembetreiber hat.

8.1.2.1   Grundlagen

Ein biometrisches Identifizierungsverfahren ist ein Verfahren, das auf der Grundlage von einzigartigen, individuellen und biologischen Merkmalen eine Person eindeutig identifizieren kann. Dabei unterscheidet man zwischen physiologischen und verhaltensbasierten Merkmalen. Sind die durch das biometrische Identifizierungsverfahren geprüften Merkmale direkt mit dem Körper einer Person verbunden und haben keine Abhängigkeit von bewußten Verhaltensmustern, so spricht man von physiologischen biometrischen Merkmalen. Das Gegenteil, die verhaltensbasierten biometrischen Verfahren, benutzen als Grundlage bestimmte Merkmale, die innerhalb gewisser Grenzen bewußt veränderbar, aber doch typisch für eine Person sind.

Gerade im Zusammenhang mit der Prüfung von biometrischen Merkmalen ist ein wesentlicher Aspekt die dazu notwendige Benutzerakzeptanz. Die Benutzer werden ein Verfahren um so mehr akzeptieren und bereit sein, es einzusetzen, je ähnlicher es bereits vorhandenen und bekannten Identifizierungsverfahren ist. Ein typisches Beispiel dazu wäre die eigenhändige Unterschrift, die seit Generationen zur Identifizierung und Willenserklärung in beinahe allen Kulturkreisen benutzt wird. Auch soziale Aspekte spielen eine große Rolle. Fingerabdruckverfahren werden in vielen Ländern vor allem von Polizei und Sicherheitsbehörden eingesetzt, weshalb dann bei darauf beruhenden biometrischen Verfahren unter Umständen die Akzeptanz leidet.

Ein weiterer zu beachtender Punkt sind medizinische und hygienische Bedenken der Benutzer. Das können Ängste vor einer Übertragung von Krankheiten beim optischen Abtasten des Augenhintergrundes sein oder die Befürchtung, Schaden am Auge durch den dabei verwendeten Laser zu erleiden. Selbst wenn diese Ängste völlig subjektiv sind und einer wissenschaftlichen Begründung entbehren, werden sie doch das Verhalten und vor allem die Akzeptanz der Benutzer stark beeinflussen. Vor jedem Einsatz von biometrischen Identifikationsverfahren sollte man sich dies bewußt machen.

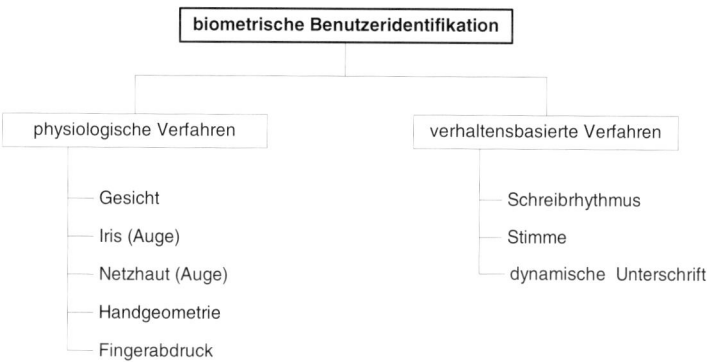

Bild 8.4   Klassifizierungsbaum der wichtigsten biometrischen Verfahren zur Benutzeridentifikation.

Im Vergleich zu wissensbasierten Identifikationsverfahren haben biometrische Verfahren noch eine Eigenschaft, die, je nach Standpunkt, sowohl ein Vorteil als auch ein Nachteil sein kann. Es gibt keine Übertragbarkeit bei biometrischen Merkmalen. Dies heißt, daß es bei Systemen, welche eine Identifikation mit biometrischen Merkmalen vornehmen, beispielsweise nicht mehr möglich ist, seine Chipkarte inklusive PIN einer Person des Vertrauens zu borgen, und diese Person dann die Karte entsprechend ihrem Zweck nutzen kann. Anwendungsbetreibern stehen bei diesem Beispielszenario sicherlich die Haare zu Berge, da bei fast allen Systemen die Weitergabe der PIN untersagt ist. Allerdings hat wohl jeder Leser genügend Erfahrung, um zu wissen, wie leger solche Beschränkungen in der Realität gehandhabt werden.

Die Eingabe der PIN ist nicht nur die Überprüfung, ob der Benutzer ein Geheimnis kennt, sondern auch die juristische Willensbekundung „ich bin einverstanden". Dieser Zusammenhang ist sehr wichtig, wenn man andere Verfahren als die PIN-Prüfung verwenden will. Es kann mit Sicherheit keine Willensbekundung eines Benutzers für eine irgendwie geartete Aktion sein, wenn sein Augenhintergrund aus drei Metern Entfernung überprüft wird, was im übrigen technisch zur Zeit ohnehin nicht möglich wäre. In fast allen Ländern muß der Benutzer bewußt etwas manuell ausführen, damit dies als Willensbekundung ausgelegt werden kann. Beispielsweise ist das Brechen eines Siegels auf einer Pappschachtel mit Software eine eindeutige Willensbekundung, daß der Benutzer sich mit den aufgedruckten Lizenzbestimmungen einverstanden erklärt. Biometrischen Verfahren, bei denen eine Person bei völliger Passivität geprüft wird, müssen deshalb durch eine entsprechende Benutzerführung zusätzlich mit dem Element der Willensbekundung ergänzt werden.

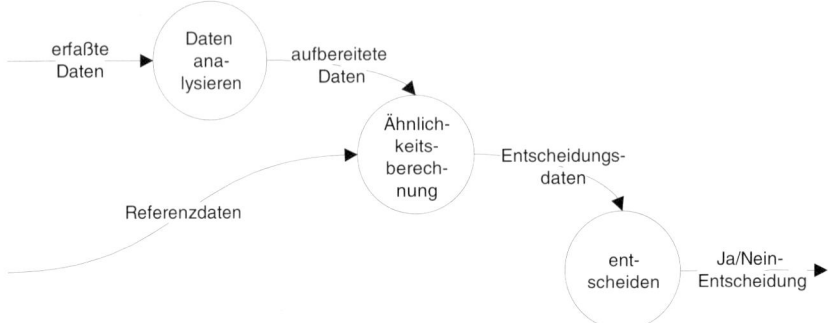

Bild 8.5   Grundsätzlicher Datenfluß bei der rechnerischen Auswertung eines biometrischen Merkmals.

Zur Identifizierung einer Person eignen sich natürlich nicht alle biologischen Merkmale. Die folgenden Punkte müssen zumindest erfüllt sein, damit sich ein Merkmal auch sinnvoll nutzen läßt:

- Das Merkmal muß technisch gut meßbar sein (Meßmethode, Meßdauer, Meßkosten).
- Das Merkmal muß eindeutig einer bestimmten Person zuzuordnen sein.
- Eine Veränderung des Merkmals in betrügerischer Absicht darf nicht möglich sein.
- Die erzeugten Referenzdaten müssen klein sein (maximal wenige hundert Bytes).
- Die natürlichen Veränderungen des Merkmals über die Zeit müssen so gering sein, daß das Merkmal immer einwandfrei meßbar bleibt.
- Die Meßmethode und das Merkmal müssen von den Benutzern akzeptiert werden.

Bei Messungen aller Art wird man feststellen, daß das Meßergebnis nicht immer gleich ist, sondern je nach Messung differiert. Selbst bei sehr einfach durchzuführenden Messungen tritt dieser Effekt auf. Mißt man beispielsweise die Länge eines Blattes Papier, so wird sich das Ergebnis bei mehreren Messungen immer etwas unterscheiden. Dies hat viele Ursachen und ist aber nicht weiter problematisch, weil sich der Mittelwert aller Messungen dem exakten Wert annähern wird.

Aus der Erfahrung kann man ableiten, daß die Abweichungen bei einer Messung um so größer sind, je aufwendiger der eigentliche Meßvorgang ist. Beispielsweise ist es

eine Identifizierung genügen, ist das Verfahren auch hinreichend schnell und für den Benutzer unkompliziert. Er legt einfach seine Hand in ein Gerät, und dieses nimmt die Messung vor.

Fingerabdruck

Das bekannteste auf physiologischen Grundlagen beruhende biometrische Verfahren ist sicherlich die Identifizierung mittels Fingerabdruck. In der elektronischen Variante müssen dazu natürlich nicht mehr Daumenabdrücke mit schwarzer Tusche auf Papier gemacht werden. Der Daumen oder auch eine andere Fingerkuppe wird auf eine durchsichtige Platte gelegt, und eine darunter angebrachte Kamera tastet die Hautoberfläche berührungslos ab. Für den Vergleich mit dem Referenzmuster benutzt man im Regelfall die Primärmerkmale des Klassifikationsverfahrens nach Edward Richard Henry.[1] Bogen, Schleife, Wirbel. Man speichert den Typ, die Position und Ausrichtung von etwa zwanzig dieser Merkmale und erstellt daraus die Datengrundlage für das Referenzmuster.

In manchen Benutzerkreisen gibt es eine Abneigung gegen dieses Verfahren, da es bekanntermaßen seit vielen Jahren in der Verbrechensbekämpfung eingesetzt wird. Problematisch können auch kleinere Verletzungen an den Fingerkuppen für die einwandfreie Personenidentifizierung sein. Viele Systeme besitzen zusätzlich zur optischen Abtasteinheit Sensoren zur Messung von Temperatur oder des Pulses im Finger. Damit soll sichergestellt werden, daß keine von der Hand abgetrennten Finger zur Identifizierung verwendet werden können.

Trotzdem sind Fingerabdruck-Systeme sehr weit verbreitet, da sie vom technischen Aufwand und von der Benutzerakzeptanz verhältnismäßig problemlos sind. Auch bewegt sich die Abtastzeit und die anschließende Prüfdauer noch im angemessenen Rahmen. Es werden momentan vor allem optische und kapazitive Sensoren auf Halbleiterbasis verwendet. Die Auflösung bewegt sich dabei in der Größenordnung von 400 dpi.

Tabelle 8.3   Vergleich der biometrischen Verfahren, die auf physiologischen Eigenschaften basieren.

Methode	Dauer der Prüfung	Größe des Referenzwerts	Wahrscheinlichkeit für eine fehlerhafte Rückweisung (FRR)	Wahrscheinlichkeit für eine fehlerhafte Akzeptanz (FAR)
Gesicht	---	---	$\approx 10\ \%$	$\approx 1\ \%$
Netzhaut	$1{,}5 - 7$ s	$40 - 80$ Byte	$0{,}5 \bullet 10^{-2}\ \%$	$10^{-9}\ \%$
Geometrie der Hand	$1 - 2$ s	$10 - 30$ Byte	$0{,}8\ \%$	$0{,}8\ \%$
Fingerabdruck	$1{,}5 - 9$ s	$300 - 800$ Byte	$1{,}4 \bullet 10^{-2}\ \%$	$10^{-6}\ \%$

---

[1] Gegen Ende des neunzehnten Jahrhunderts wurden von der bengalischen Polizei in Indien unter Führung des britischen Polizeibeamten Sir Edward Richard Henry erstmalig Fingerabdrücke zur Identifizierung von Personen benutzt. Zurückgekehrt nach London, stellte Edward Henry im Jahr 1901 die erste britische Fingerabdruckkartei zusammen und erstellte die bis in die heutige Zeit gültige Klassifikation der Merkmale eines Fingerabdrucks.

8.1.2.3   Verhaltensbasierte Merkmale

Verhaltensbasierte biometrische Merkmale bleiben über die Zeit hinweg bei vielen Personen nicht stabil. Man denke nur an die Unterschrift, die im Laufe des Lebens starken Veränderungen unterworfen ist. Diese Veränderungen treten aber in den seltensten Fällen schlagartig auf, sondern ganz allmählich und langsam. Deshalb benutzten viele Systeme hier adaptive Verfahren, die festgestellte Veränderungen an dem biometrischen Merkmal bei korrekter Identifikation dann als neues Referenzmuster übernehmen und in der Chipkarte speichern.

Schreibrhythmus

Man hat festgestellt, daß es beim Eintippen von Zeichen auf einer Tastatur sehr große Unterschiede zwischen einzelnen Personen gibt. Sie liegen vor allem in den Pausen beim Tippen der einzelnen Zeichen. Dies kann man natürlich als biometrisches Merkmal zur Identifizierung benutzen. Das Verfahren funktioniert, indem der zu identifizierende Benutzer eine vorgegebene und mit jeder Prüfung wechselnde Zeichenkette auf der Tastatur eintippt und der daran angeschlossene Computer dazu parallel die Auswertung des Schreibrhythmus vornimmt. Zur Erkennung des Schreibrhythmus läßt sich auch ein beliebiger Text benutzen, doch müssen dann mehr Zeichen eingetippt werden als mit vorgegebenem Text.

Der große Vorteil des Verfahrens ist, daß man keine zusätzliche Hardware benötigt, da eine Tastatur und ein Computer in den meisten Fällen ohnehin bereitsteht. Leider benötigt man bei diesem Verfahren zwischen 100 und 150 alphanumerische Zeichen, welche noch dazu im Zehnfingersystem eingetippt werden müssen, um eine Person sicher zu erkennen. Dies ist der größte Nachteil des Verfahrens.

Stimme

Ähnlich wie das Gesicht ist auch die Stimme für einen bestimmten Menschen charakteristisch. Man kann sie deshalb ebenfalls zur Identifikation von Personen benutzen. Dazu spricht die zu identifizierende Person einen oder mehrere Sätze in ein Mikrofon. Diese müssen bei jeder Identifikation anders sein, da sich sonst sehr einfach ein Angriff durch Wiedereinspielung der bei einer vorherigen Identifikation beispielsweise auf Tonband aufgenommenen Sätze durchführen ließe. Mit den Wellenformen der gesprochenen Sätze führt man nun eine Fourier-Analyse durch, um das für jede Person charakteristische Wellenspektrum herauszufinden. Dieses vergleicht man anschließend mit einem Referenzwert und entscheidet über die Identität des Sprechers. Zusätzlich wird auch noch die ganze Palette an neueren Verfahren der Informationstechnik wie Fuzzy-Logik, neuronale Netze und ähnliches eingesetzt.

Die Methode ist natürlich nicht ohne Nachteile. Die Stimme eines Menschen ist sehr stark von seiner aktuellen körperlichen Verfassung abhängig. Auch müssen bei einer Stimmerkennung zuverlässig alle Hintergrundgeräusche ausgeblendet werden, um überhaupt eine eindeutige Spektralanalyse durchführen zu können. Um Angriffe durch Wiedereinspielung zu verhindern, muß bei jeder Identifikation ein anderer Satz aufgesagt werden, was das Verfahren sehr erschwert und die Erkennung aufwendig macht.

Diesen technischen Schwierigkeiten steht allerdings eine gute Benutzerakzeptanz gegenüber, was diese Methode der biometrischen Benutzeridentifikation durchaus interessant macht.

Bild 8.8   Lautstärkeverlauf und Frequenzspektrum des Namens „Wolfgang", von zwei verschiedenen Personen gesprochen.

Dynamische Unterschrift

Die einzige im täglichen Umgang gewohnte Identifizierungsmethode ist die Leistung einer Unterschrift. Sie kann aufgrund des sehr individuellen Charakters ebenfalls als biometrisches Merkmal verwendet werden. Bei statischen Verfahren bewertet man bereits geleistete Unterschriften. Bei dynamischen Verfahren mißt man hingegen während des Vorgangs des Unterschreibens. Das statische Verfahren ist eher theoretischer Natur, da es fotokopierte Unterschriften nicht von echten unterscheiden kann.

Die bei den dynamischen Verfahren gemessenen Parameter können beispielsweise Gestalt der Unterschrift, Geschwindigkeit, Beschleunigung, Anpreßkräfte des Stifts auf den Schreibuntergrund und die Zeitdauer sein. Zur Messung können spezielle Stifte verwendet werden oder eine für die zu messenden Parameter sensitive Schreibunterlage. Im Bild 8.9 ist beispielhaft ein möglicher Aufbau gezeigt, mit dem man mit normalen Stiften auf einer spezielle Unterlage schreibt und die dabei gemessenen Signale als Grundlage für eine biometrische Identifizierung dienen können. An den Kreuzungspunkten der beiden Leitungen ist ein Drucksensor angebracht, dessen Signalamplitude über eine Auswertlogik zu einem Computer gesandt wird. Dieser kann dann mit unterschiedlichen Algorithmen die gemessenen Daten in eine standardisierte Form bringen und mit dem gespeicherten Referenzmuster vergleichen.

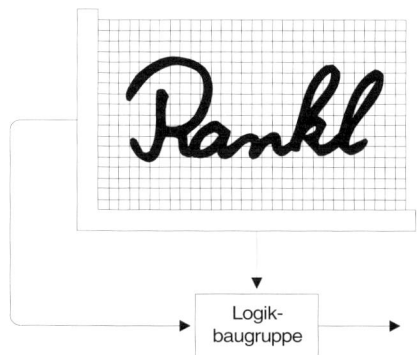

Bild 8.9   Beispiel für eine Meßanordnung zur Prüfung einer dynamisch erzeugten Unterschrift.

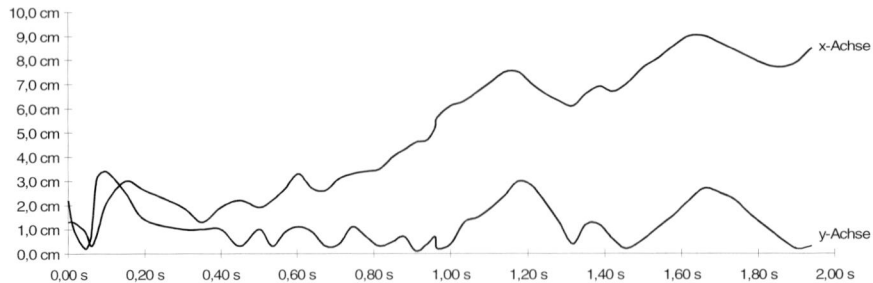

Bild 8.10   Position des Schreibstiftes in horizontaler (x-Achse) und vertikaler (y-Achse) Richtung im Verlauf über die Zeit beim Schreiben des Wortes „Rankl".

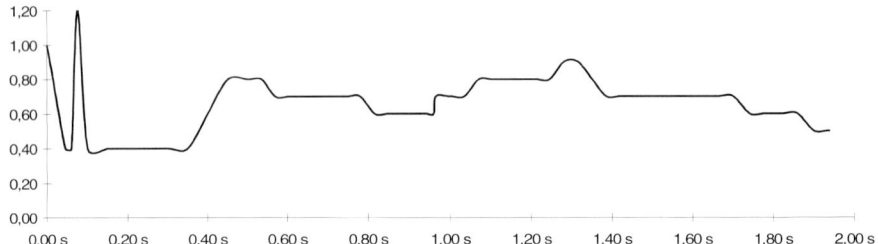

Bild 8.11   Andruck des Schreibstiftes im Verlauf über die Zeit beim Schreiben des Wortes
„Rankl".

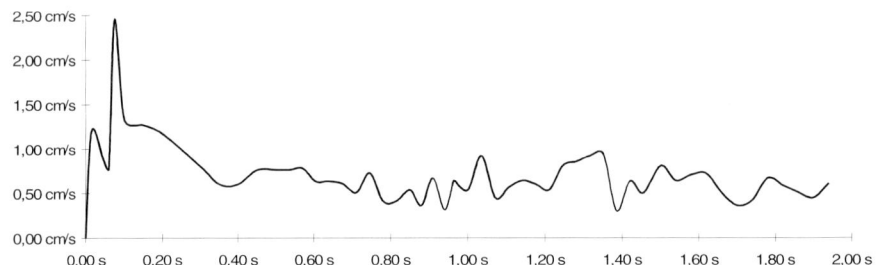

Bild 8.12   Geschwindigkeit des Schreibstiftes im Verlauf über die Zeit beim Schreiben des
Wortes „Rankl".

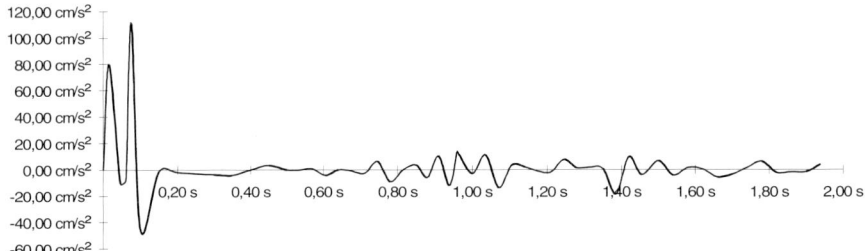

Bild 8.13   Beschleunigung des Schreibstiftes im Verlauf über die Zeit beim Schreiben des
Wortes „Rankl".

Die dynamische Unterschrift zur Identifizierung einer Person hat die höchste Akzeptanz aller Verfahren, da sie im täglichen Gebrauch in einer nahezu identischen Form von jedem verwendet wird. Aber auch hier sind die technischen Lösungen nicht einfach, da sich Unterschriften mit der Zeit ändern und nie völlig gleich sind. Man denke dabei nur an die Unterschiede der Schrift, die durch Schreiben im Stehen oder im Sitzen zustande kommen.

Tabelle 8.4   Vergleich der biometrischen Verfahren, die auf verhaltensgestützten Eigenschaften basieren.

Methode	Dauer der Prüfung	Größe des Referenzwerts	Wahrscheinlichkeit für eine fehlerhafte Rückweisung (FRR)	Wahrscheinlichkeit für eine fehlerhafte Akzeptanz (FAR)
Stimme	5 s	100 Byte – 1 kByte	1 %	1 %
Dynamische Unterschrift	2 – 4 s	40 Byte – 1 kByte	1 %	0,5 %

8.2   Sicherheit einer Chipkarte

Die wesentliche Eigenschaft einer Chipkarte ist, daß sie für Daten und Programme eine sichere Umgebung bietet. Wäre es ohne größeren Aufwand möglich, Daten unbefugt aus einer Chipkarte auszulesen, dann würde sie sich nur mehr unwesentlich von einer Diskette unterscheiden, sie hätte lediglich eine andere Schnittstelle.

Natürlich ist es praktisch unmöglich, ein ganzes System oder auch nur eine Chipkarte so zu bauen, daß perfekte Sicherheit herrscht, die durch nichts und niemanden gebrochen werden kann. Schließlich muß man nur den Aufwand für den Angriff genügend hoch treiben, und dann kann man in jedes System eindringen oder es manipulieren. Doch jeder potentielle Angreifer wird, bewußt oder unbewußt, für sich und seine Ziele immer eine Art Wertanalyse machen. Denn das Ergebnis, das er durch das Brechen eines Systems erhält, muß die Arbeit, Geld und Zeit wert sein, die er dafür aufwendet. Falls das Resultat, sei es in monetärer Form oder auch an Reputation in der (Fach-) Welt, den Aufwand nicht wert ist, dann wird niemand allzuviel Energie in das Brechen eines Systems oder einer Chipkarte stecken.

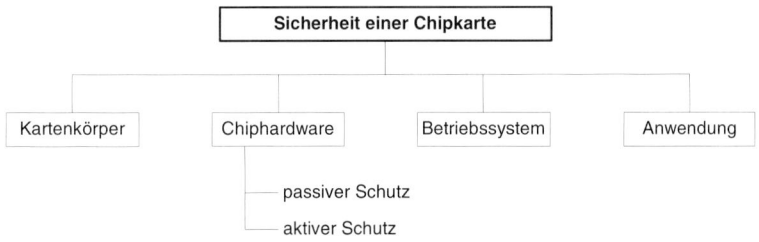

Bild 8.14   Klassifizierungsbaum der Sicherheit einer Chipkarte.

Die folgenden vier Segmente garantieren die Sicherheit einer Chipkarte: Das erste Segment der Sicherheit ist der Kartenkörper, in dem der Mikrocontroller eingebettet ist. Viele der dafür verwendeten Sicherheitsmerkmale sind nicht nur maschinenlesbar, sondern können zusätzlich auch noch visuell von Menschen geprüft werden. Die dabei angewandten Techniken sind nicht chipkartenspezifisch, sondern werden auch bei anderen Kartentypen eingesetzt. Die weiteren Segmente – Chiphardware, Betriebssystem und Anwendung – schützen die Daten und Programme im Mikrocontroller der Chipkarte.

Nur wenn all diese Segmente vorhanden sind und ihre Abwehrmechanismen funktionieren, ist die Sicherheit einer Chipkarte gewährleistet. Nutzt man die Chipkarte ausschließlich in einem Bereich ohne menschliche Kartenprüfung, so ist das Segment für den Kartenkörper nicht notwendig. Die drei vom Kartenkörper unabhängigen Segmente sind jedoch unabdingbar für die physikalische und logische Angriffssicherheit einer Chipkarte. Fällt auch nur eines dieser drei Segmente aus oder erfüllt die an sie gestellten Ansprüche nicht, ist die Chipkarte nicht mehr sicher, da diese drei Segmente mit einer logischen UND-Verknüpfung verbunden sind.

8.2.1   Systematik der Angriffe und Angreifer

Das große Problem aller IT-Systeme, die Angriffen ausgesetzt sind, ist der oft auftretende Lawineneffekt bei geglückten Attacken. Schafft es beispielsweise ein Drucker, Banknoten in ausreichender Qualität zu fälschen und in Stückzahlen herzustellen, dann ist dies zwar für die jeweilige Nationalbank bedauerlich, doch führt es in der Praxis nie zu einer Inflation der Landeswährung. Der Fälscher wäre erstens überhaupt nicht in der Lage, eine genügende Anzahl von Banknoten herzustellen, und zweitens ist es sehr risikoreich, die Fälschungen in großer Stückzahl in Umlauf zu bringen.

Bei elektronischem Geld verhält es sich jedoch etwas anders. Da dieses aus nichts anderem als aus immaterieller Information besteht, ist es in der Praxis unmöglich, Original und Kopie voneinander zu unterscheiden. Zudem kann es beim Bekanntwerden einer neu entdeckten Fälschungsmöglichkeit zu einem Lawineneffekt an Nachahmungstätern kommen. Die dabei auftretenden Effekte kann man in aller Deutlichkeit bei den in erheblichen Stückzahlen gefälschten vorbezahlten Telefonkarten studieren. Manche Netzbetreiber können sich nur noch durch an den Kartentelefonen eingeschränkte Gesprächszielorte gegen die Angriffe wehren.

Im folgenden wird versucht, mögliche Angriffe und Angreifer auf Chipkarten zu systematisieren. Der Schwerpunkt ist natürlich auf die informationstechnische Seite von Chipkarten gelegt und nicht auf durch Menschen prüfbare Sicherheitsmerkmale des Kartenkörpers. Damit werden potentielle Angriffe einschätzbar, und man kann dagegen Vorkehrungen treffen. Eine Abwehr gegen unbekannte Gefahren ist bekanntlich weit schwieriger als gegen bekannte.

Bei der Einteilung der Angriffe haben wir uns an die ISO 13 491-1 angelehnt, die Konzepte, Anforderungen und Evaluierungsmethoden von kryptografisch sicheren Geräten im Bankensektor beschreibt.

Einstufung der Angriffe

Es gibt unterschiedliche Ansätze zur Systematisierung von Angriffen auf Chipkarten. Bei Sicherheitsevaluierungen werden beispielsweise alle möglichen Angriffsarten nach der jeweiligen Phase des Kartenlebenszyklus gruppiert und formal beschrieben [IC Protection 97, Isselhorst 97]. Das Ergebnis besteht dann aus seitenlangen Listen, in denen für die jeweilige Phase alle denkbaren Angriffe gegenübergestellt sind. Bei der eigentlichen Evaluierung wird dann für jeden einzelnen Punkt geprüft, ob er vom System oder der Chipkarte abgewehrt werden kann. In diesem Buch wurde eine andere Systematik gewählt, um das Thema möglichst realitätsnah darzustellen und auch anschaulich das Ping-Pong-Spiel von Angriff und Abwehr zu zeigen. Zudem soll hier ein allgemeingültiger und nicht systemspezifischer Überblick über Angriffs- und Abwehrmethodiken gegeben werden.

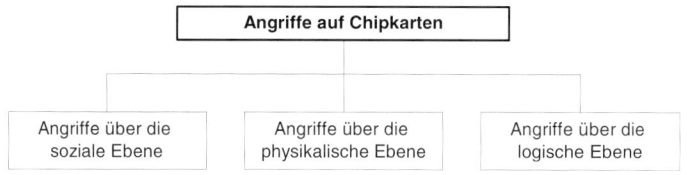

Bild 8.15   Klassifizierungsbaum für mögliche Angriffe auf Chipkarten.

Prinzipiell lassen sich die Angriffe auf Chipkarten in drei verschiedene Arten einteilen: Angriffe über die soziale Ebene, die physikalische Ebene und die logische Ebene. Selbstverständlich gibt es in der Praxis auch Mischformen. So kann ein Angriff auf der physikalischen Ebene etwa dazu führen, daß damit ein nachfolgender Angriff auf der logischen Ebene vorbereitet wird, wie dies etwa bei der differentiellen Fehleranalyse der Fall ist.

Angriffe über die soziale Ebene sind Attacken, welche sich primär an die Menschen richten, die mit einer Chipkarte umgehen. Dies kann ein Entwickler beim Halbleiterhersteller sein, ein Softwaredesigner oder auch, später im Lebenszyklus, der Kartenbesitzer. Diese Angriffe können nur teilweise durch Technik abgefangen werden, hauptsächliche müssen hier organisatorische Maßnahmen abwehren. Das Ausspähen der PIN beim Eintippen an einer Tastatur läßt sich sehr gut durch beiderseitige Sichtblenden am PIN-Pad verhindern. Angriffe über die soziale Ebene bei Programmierern von Chipkarten werden dadurch zwecklos gemacht, indem die benutzten Verfahren öffentlich sind und der erzeugte Programmcode noch zusätzlich von Dritten evaluiert wird. Die Sicherheit hängt damit nur an den geheimen Schlüsseln, und das Wissen des Entwicklers ist für einen Angreifer nutzlos.

Für Angriffe auf Chipkarten über die physikalische Ebene benötigt man in der Regel einiges an technischem Gerät, da man in irgendeiner Form an den Chipkarten-Mikrocontroller hardwaretechnisch herankommen muß. Die Angriffe können entweder statisch am abgeschalteten Mikrocontroller oder dynamisch während des Betriebs stattfinden. Die statischen physikalischen Angriffe sind für den Attackierer nicht zeitkritisch, er kann in Ruhe seiner „Arbeit" nachgehen. Bei den dynamischen Angriffen müssen jedoch ausreichend schnelle Meßwerterfassungsgeräte zur Verfügung stehen.

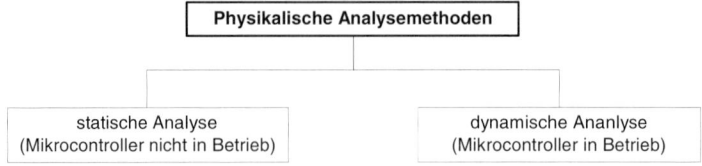

Bild 8.16   Klassifizierungsbaum der physikalischen Methoden zur Analyse von Chipkarten-Mikrocontrollern.

Die bisher bekannt gewordenen erfolgreichen Angriffe auf Chipkarten gingen meistens über die logische Ebene. Diese Angriffe kommen durch bloßes Nachdenken oder durch Berechnungen zustande. Die klassische Kryptoanalyse gehört hier ebenso dazu wie Angriffe über erkannte Fehler im Chipkarten-Betriebssystem oder trojanische Pferde im ausführbaren Code von Chipkarten-Anwendungen.

Analog zur Kryptoanalyse von kryptografischen Protokollen kann man Angriffe noch in passive und aktive Angriffe aufgliedern: Bei passiven Angriffen, analysiert der Angreifer ohne direkte Veränderungen das Übertragungs- oder kryptografische Protokoll und nimmt beispielsweise Messungen auf dem Halbleiter vor. Im Gegensatz dazu, wird bei einem aktiven Angriff manipulierend auf die Datenübertragung oder auf den Mikrocontroller zugegriffen.

Bild 8.17   Klassifizierungsbaum für mögliche Angriffe auf Chipkarten.

Bei den Zeitpunkten der möglichen Angriffe könnte man die Phasen des Kartenlebenszyklus nach ISO 10 202-1 verwenden.[1] Dies würde aber weitschweifig und langatmig, weshalb hier zugunsten der Leserlichkeit eine kleine Vereinfachung vorgenommen wurde. Die Angriffe sind eingeteilt in die Zeiträume der Entwicklung, Produktion und Kartenbenutzung.

Angriffe bei der Entwicklung schließen sowohl Systemdesign, Chipentwicklung, Betriebssystementwicklung als auch Anwendungserstellung mit ein. Unter Produktion wird hier allgemein jeder Prozeß verstanden, bei dem Hardware gefertigt wird. Damit ist der gesamte Bereich von der Waferfabrikation beim Halbleiterhersteller bis zur Kartenpersonalisierung und dem Kartenversand abgedeckt. Die Kartenbenutzung ist das Stadium, bei dem sich die Chipkarte im Feld befindet, sie also vom Benutzer verwendet wird.

---

[1] siehe auch Kapitel 10 Lebenszyklus einer Chipkarte

Bild 8.18   Klassifizierungsbaum der möglichen Angriffszeitpunkte.

Auswirkungen eines Angriffs und Einstufung der Angreifer

Um die Stärken und Schwächen von Angreifern auf die Sicherheit einer Chipkarte realistisch einschätzen zu können, ist es wichtig, sich zumindest ein grobes Bild der möglichen Angreifer zu machen. Diese Informationen kann man dann auch für die Konzeption von Abwehrstrategien- und mechanismen benutzen.

Üblicherweise haben typische Angreifer eine von zwei grundlegenden Motivationen
für ihr Tun. Dies kann einerseits entweder schlicht und einfach Geldgier sein oder andererseits das Bedürfnis, Ruhm und Reputation in der Szene zu erlangen. Die beiden
Beweggründe haben unterschiedliche Konsequenzen für den Systembetreiber. Ein Angreifer, der Geld mit seiner Tätigkeit verdienen will kann mit einem gewissen Risiko
selber zum „Kartenherausgeber" werden[1] oder auch versuchen, den Systembetreiber zu
erpressen. Beiden Szenarien kann durch die üblichen rechtlichen Mittel begegnet werden. Werden Einzelheiten des Angriffs öffentlich, dann wird der Ruf des Chipkarten-
Systems geschädigt. Der schlimmste Fall der Rufschädigung des Systembetreibers tritt
dann ein, wenn eine größere Anzahl von Kartenbenutzern Geld bei einem Angriff verliert.

Eine ähnliche Beeinträchtigung des Rufs eines Chipkarten-Systems entsteht auch,
wenn der Angriff nicht aus kriminellen Neigungen sondern aus wissenschaftlichem
Forschungsdrang zustande kommt. Für einen Angreifer aus diesem Metier ist seine
Tätigkeit nur dann ein Erfolg, wenn er anschließend entsprechende Veröffentlichungen
vorweisen kann. Dabei steht er auch noch unter enormen Zeitdruck seine Entdeckung
so schnell wie möglich zu publizieren, da in diesem Gewerbe bekanntermaßen immer
nur der erste den Ruhm erntet. Das Ergebnis ist, daß sich der Systembetreiber unver-
mutet oder nach kurzer Vorwarnzeit einer Veröffentlichung gegenüber sieht, in der im
Detail ein Angriff auf sein System beschrieben ist. Anschließend wird der publik gewordene Angriff von Interessierten Schritt für Schritt weiter verfeinert und auch für
Außenseiter verständlich gemacht. Die Spitze besteht dann darin, daß Programme via
Internet veröffentlicht werden, die den Angriff vollautomatisch durchführen.

Mit einem ähnlichen Ablauf sahen sich im Frühjahr 1998 einige GSM Netzbetreiber
konfrontiert. Der Angriff auf den Kryptoalgorithmus COMP128 hatte jedoch in diesem
Fall keine großen nachteiligen Auswirkungen auf den regulären Netzbetrieb. Diese
Vorgehensweise hat für den Angreifer noch einen großen und auch sehr wichtigen Gesichtspunkt. Er gilt als erfolgreicher Entdecker eines Sicherheitslecks, gehört damit also zu den „Guten" und muß fast nie rechtliche Konsequenzen seines Tuns fürchten.

---

[1] Dies ist der übliche Weg, bei sich selbst wiederaufladenden Telefonkarten.

Als Quintessenz kann aus diesen Szenarien abgeleitet werden, daß es für einen Systembetreiber letztendlich keine sonderlich große Rolle spielt, ob nun ein „Böser" oder ein „Guter" angreift. Der Schaden ist bei den wirklich gefährlichen Angriffen sowohl in finanzieller Hinsicht als auch in Hinblick auf den Ruf meist ziemlich groß. Im schlimmsten Fall muß das System außer Betrieb gehen, alle Karten gesperrt und neue, gegen den Angriff immune Karten ausgegeben werden. Bei großen System mit mehreren Millionen Chipkarten kann so eine Neuemission länger als ein halbes Jahr dauern.

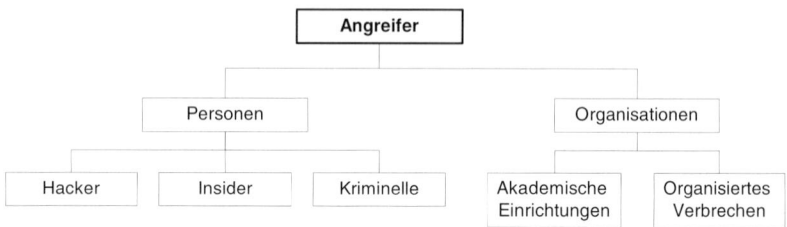

Bild 8.19   Klassifizierungsbaum der möglichen Typen von Angreifern.

Der Klassifizierungsbaum in Bild 8.19 zeigt unter Zugrundelegung der obigen Aspekte und Erfahrungen die möglichen Typen von Angreifern. Alle vier können gleichermaßen gefährlich für ein Chipkarten-System sein, doch haben sie unterschiedliche Fähigkeiten und Möglichkeiten. Der typische Hacker hat mittleres Know-how über das System, gute kreative Ideen und in der Regel auch einen dazu passenden Freundeskreis. Ihm steht normalerweise kein gut ausgestattetes Labor zur Verfügung und seine finanziellen Mittel sind auch beschränkt. Ist er jedoch qualifiziert, dann kann er durchaus mit geschicktem Vorgehen Zugriff auf große Rechenleistung, beispielsweise durch eine Aktion im Internet, bekommen.

Angreifer einer besonderen Kategorie sind alle Insider, bei denen vorausgesetzt werden muß, daß sie sehr gute Systemkenntnisse besitzen. Unter Umständen haben sie Zugang zu Hard- und Softwarekomponenten und kennen vielleicht sogar Schwachstellen. Sofern es sich um Einzelpersonen handelt, kann man sie ansonsten in den ihnen zur Verfügung stehenden Mitteln und Möglichkeiten einem Hacker gleichsetzen. Insider sind allerdings weder anonym noch sehr zahlreich, weshalb Angriffe von ihnen gewöhnlich rückverfolgbar sind.

Die dritte Gruppe von Einzelpersonen, die als potentielle Angreifer in Frage kommen, sind Kriminelle. Diese besitzen in der Regel keine große Sachkenntnis, doch erhebliche Energie, mit ihrem Tun Vorteile in meist finanzieller Hinsicht zu erlangen.

Ein in der Praxis nicht zu vernachlässigendes Angriffspotential stellen akademische Einrichtungen wie Universitäten, Hochschulinstitute mit ihren Studenten und Wissenschaftlern dar. Sie besitzen nicht unbedingt Spezialwissen über einen bestimmten Chipkarten-Mikrocontroller oder eine Chipkarten-Anwendung, doch großes allgemein anwendbares Wissen. Zudem stehen ihnen qualifizierte und billige Arbeitskräfte in Form von Studenten, Diplomanden und Doktoranden zur Verfügung, sowie ausreichend technisches Equipment in den Labors. In vielen dieser Einrichtungen gibt es auch genügend Rechenleistung sowie hochmotivierte Menschen mit Hang zu Experimenten und Versuchen.

Ein ganz anderes Niveau für Angriffe auf Chipkarten-Systeme hat natürlich das organisierte Verbrechen. Das dort vorhandene Geld macht es möglich, entweder durch Kauf oder kriminelle Methoden alles an Wissen und Werkzeug zu beschaffen, was für einen erfolgreichen Angriff notwendig ist.

Einstufung der Angriffsattraktivität

Damit bereits im Vorfeld effektive Abwehrmaßnahmen gegen Angriffe möglich sind, sollte man für alle in Frage kommenden Schwachstellen die Angriffsattraktivität ermitteln. Dies könnte man mathematisch objektiv mittels einer Wertanalyse durchführen, um so eine Rangfolge der wahrscheinlichen Angriffsziele zu errechnen. Im folgenden wird ein vereinfachtes Schema dargestellt, das aber durchaus eine relativ gute Abschätzung der Attraktivität von Angriffen und damit der wahrscheinlichen Angriffsrichtungen ermöglicht. Naturgemäß wird ein Angreifer in der Regel so Vorgehen, daß sein Aufwand für die Attacke möglichst gering ist. Die in Tabelle 8.5 aufgeführten sechs Kriterien werden bewußt oder unbewußt sein Handeln beeinflussen.

Ein Angriff wird für eine Person oder Organisation um so interessanter, je weniger spezifisches Wissen und Können dazu erforderlich ist. Ähnlich verhält es sich, wenn man zu einem erfolgreichen Angriff keine Geheimnisse in Erfahrung bringen muß. Dies steht im übrigen nicht im Gegensatz zum Prinzip von Kerckhoff, welches aussagt, daß die Sicherheit nur von einem Schlüssel abhängen soll und nicht vom kryptografischen Algorithmus selbst. Kerckhoffs Prinzip bedeutet nämlich keineswegs, daß alles was man weiß, veröffentlicht werden muß, damit ein System sicher ist. Viele Geheimnisse erschweren es ungemein, einen erfolgreichen Angriff zuwege zu bringen.

Gerade im Bereich der systematischen Schlüsselsuche spielt der notwendige Zeitbedarf ein bedeutsame Rolle. Das klassische Beispiel dazu ist ein Brute-force-Angriff auf einen Kryptoalgorithmus mit einer durchschnittlichen Dauer von 10 000 Jahren. Für einen ernstzunehmenden Angriff ist so etwas unbrauchbar.

Die Angriffsattraktivität wird ebenfalls sehr stark von den notwendigen technischen Komponenten für den Angriff bestimmt. Es muß sich dabei jedoch nicht unbedingt um den Kauf eines Gerätes handeln, denn unter Umständen reicht es bereits aus, wenn man das Gerät mieten kann oder man auch nur Zugang dazu erhält. Beispielsweise kostet eine Apparatur zur Erzeugung und exakten Steuerung von fokussierten Ionenstrahlen mehrere hunderttausend Mark, man kann sie aber auch tageweise an Forschungsinstituten mieten, und manche Studenten dürfen sie für ihre Forschungsarbeiten kostenlos nutzen.

Die Verfügbarkeit der anzugreifenden Komponente beeinflußt ebenfalls im starken Maße die Anziehungskraft eines bestimmten Angriffs. Um beispielsweise ein kartengestütztes elektronisches Geldbörsensystem zu attackieren, kann man entweder bei sich zuhause seine persönliche Chipkarte mit ihren kartenindividuellen Schlüsseln analysieren oder das gleiche mit einem Sicherheitsmodul mit den systemweiten Hauptschlüsseln beim Systembetreiber versuchen. Das Problem dabei ist nur, daß der Zugang zu diesem Sicherheitsmodul vielfach geschützt ist.

Dies ist übrigens einer der Gründe, warum Chipkarten für Pay-TV sehr starken Angriffen ausgesetzt sind. Der Angreifer kann im heimischen Wohnzimmer in aller Ruhe die Kommunikation und das Verhalten seiner Chipkarte studieren und versuchen, dies mit einem Computer oder einer Elektronikbastelei nachzuahmen. Niemand beobachtet und stört ihn dabei. Würde man ähnliches an einem Chipkartenterminal in einem Supermarkt versuchen, dann unterbände bereits die Kassiererin alle weiteren Experimente. Einen guten Überblick zum Thema Sicherheit von elektronischem Geld mit und ohne Chipkarten gibt [BIS 96].

Als abschließendes Kriterium und von entscheidender Bedeutung ist natürlich der Wert des Ergebnisses der Angriffsbemühungen. Die Anstrengungen müssen sich entweder in finanzieller Form auszahlen oder als Reputation in der Öffentlichkeit oder in Szenekreisen. Daraus läßt sich ableiten, daß Angriffe auf die diversen Feldversuche mit elektronischen Geldbörsen nur von Hackern und akademischen Kreisen drohen, da es viel zu wenige und meist auch zu einseitige Akzeptanzstellen (Bäcker, Kioske, u.ä.) gibt, um durch einen ernsthaften Angriff zu viel Geld zu gelangen.

Tabelle 8.5   Schema zur Ermittlung des Aufwands für Angriffe auf Hard- oder Software von Sicherheitskomponenten anhand der dafür notwendigen Voraussetzungen.

Angriffsattraktivität	niedrig	mittel	hoch
notwendiges Wissen und Können	groß	mittel	klein
notwendige Geheimnisse	viele	mittel	wenige
notwendiger Zeitbedarf	groß	mittel	gering
Beschaffung der notwendigen technischen Geräte (Kauf oder Zugang)	schwierig	mittel	einfach
Zugang auf anzugreifende Komponente	schwierig	mittel	einfach
Wert des Ergebnisses (Geld, Ruf)	gering	mittel	groß

8.2.2   Angriffe und Abwehrmaßnahmen während der Entwicklung

Schon in der Phase der Entwicklung von Mikrocontroller-Hardware und der Software für das Chipkarten-Betriebssystem werden die unterschiedlichsten Sicherheitsmaßnahmen ergriffen. Sicherheit muß, analog der Qualität, von Anfang an bei einer Entwicklung berücksichtigt werden und läßt sich nicht nachträglich in ein Produkt hineindesignen.

Generell ist zu Angriffen in der Phase der Entwicklung anzumerken, daß der Zugang zu den entsprechenden Einrichtungen sehr schwierig und das erforderliche Know-how sehr groß ist, weshalb sich die Angriffsattraktivität auch entsprechend reduziert. Trotzdem ist das Gefährdungspotential eines erfolgreichen Angriffs in dieser Phase beträchtlich, da die Manipulationsmöglichkeiten sehr umfangreich sind.

8.2.2.1   Entwicklung des Chipkarten-Mikrocontrollers

Die hardwaretechnische Entwicklung eines Chipkarten-Mikrocontrollers dauert viele Monate und wird von wenigen Personen bei einem Halbleiterhersteller in zutrittsgesicherten und überwachten Räumen durchgeführt. Die entsprechenden Computersysteme für das Halbleiterdesign sind in der Regel in ein autarkes und vom Rest der Welt abgekoppeltes Netzwerk eingebunden. Damit wird verhindert, daß von außen Veränderungen am Chipdesign vorgenommen oder der interne Aufbau des Chips ermittelt werden kann.

Um Manipulationen, die sich dann schwächend auf die Sicherheit auswirken, an einem Chipdesign vornehmen zu können, bedarf es sehr umfangreichen Insiderwissens, weshalb diese Art von Angriff damit ziemlich unwahrscheinlich sein dürfte. Zudem werden mittlerweile beinahe alle Chipkartenhalbleiter von unabhängigen Prüfinstituten in Aufbau und Schutzmaßnahmen evaluiert, so daß ein Insiderangriff bekannt würde. Allerdings könnte es beispielsweise für einen Angreifer durchaus einen Vorteil bringen, wenn er die exakten Designkriterien und die Anordnung der Baugruppen auf dem Chip kennt, denn damit hat er beispielsweise auch das Wissen über die vorhandenen Schutzelemente, Sensoren und das Scrambling von Bussen und Speichern. Diese Kenntnisse könnte ein Angreifer bei einer physikalischen Chipanalyse zu einem späteren Zeitpunkt nutzbringend einsetzen.

Schutz: Designkriterien
Für die Gestaltung der Funktionen eines Chipkarten-Mikrocontrollers gibt es einige grundlegenden Kriterien. Zum einen müssen die Maßnahmen gegen statische und dynamische Angriffe auch wirksam sein. Sensoren und Schutzelemente nützen wenig, wenn sie allzu leicht umgangen werden können oder unter Umständen nie wirksam werden. Als Beispiel seien hier Sensoren auf dem Halbleiterchip aufgeführt, die einen so großen Flächenbedarf haben, daß sie ohne Probleme mit einer Nadel zerstört werden können und somit ihrer Schutzfunktion nicht mehr nachkommen.

Ein von den üblichen Standardbausteinen unterschiedliches, aber sehr wichtiges Designkriterium ist, daß keinesfalls undokumentierte Mechanismen oder Funktionen (*„that's not a bug, that's a feature"*) vorhanden sein dürfen. Solche undokumentierten „Features" werden meistens nie vollständig getestet, da sie nur wenige Personen kennen, und haben damit also oft noch diverse Fehler und Schwachstellen. Da sie nicht dokumentiert sind, könnten sie versehentlich bei der Evaluierung der Hardware übersehen werden und später unter Umständen für Angriffe genutzt werden. Deshalb ist die Verwendung von solchen undokumentierten Features streng untersagt, auch wenn sie für die Entwickler oftmals hilfreich sein könnten.

Schutz: Eindeutige Chipnummer
Bei der Entwicklung des Halbleiters müssen alle hardwaretechnischen Sicherheitselemente konzipiert und für den späteren Mikrocontroller umgesetzt werden. Neben den Sensoren und Schutzschichten ist ein Element dabei ein WORM-Speicher (*write once, read multiple*), oft auch OTP-Speicher (*one time programmable*) genannt. In die-

sen wird bei der Halbleiterproduktion eine eindeutige Chipnummer geschrieben. Damit ist der Chip individualisiert, auch eindeutig weiterverfolgbar, und die spätere Chipkarte kann dann systemweit eindeutig identifiziert werden. Zudem läßt sich diese Nummer auch zur Ableitung von Schlüsseln verwenden und bietet die Möglichkeit, Sperrlisten anzulegen, mit denen verdächtige Chipkarten aus dem Verkehr gezogen werden können.

Man darf dabei jedoch nicht übersehen, daß sich diese Nummer zwar nicht mehr auf einem Originalchip ändern läßt, doch sie schützt natürlich nicht gegen eine Nachahmung des Chips durch einen frei programmierbaren Mikrocontroller. Deshalb dürfen Sicherheitsmechanismen nicht darauf beruhen, daß ein bestimmter Chip eine bestimmte Nummer in seinem WORM-Speicher hat. Diese eindeutige Nummer kann nur eine Grundlage für echte kryptografische Sicherheitsmechanismen sein. So könnte die Chipnummer für die Ableitung von geheimen Schlüsseln benutzt werden, die dann wiederum in einer Challenge-Response-Authentisierung benutzt werden.

8.2.2.2   Entwicklung des Chipkarten-Betriebssystems

Die Entwicklung von Software für Chipkarten verläuft analog den modernen Entwicklungsprinzipien von Software. Unabhängig davon, welche Entwicklungsmethodiken (Wasserfallmodell, Spiralmodell, ...) verwendet werden, sind allerdings bestimmte Rahmenbedingungen einzuhalten.

Für die Entwicklungsrechner ist auf jeden Fall ein eigenes, vollständig abgeschottetes Netzwerk erforderlich, das keine Zugriffe von außen zuläßt. Die Entwicklungswerkzeuge, wie Compiler und Chipsimulatoren, sind Softwarepakete, deren Funktionsfähigkeit in eigenen Tests geprüft wurde. Manchmal werden sogar zwei unterschiedliche Compiler benutzt, um sicherzustellen, daß das Ergebnis korrekt ist. Die Benutzung von Software, deren Herkunft nicht exakt nachweisbar ist, ist grundsätzlich untersagt, da dies ein möglicher Weg wäre, ein Entwicklungswerkzeug zu manipulieren und dadurch in Folge den zu erstellenden Programmcode zu verändern.

Schutz: Entwicklungsprinzipien

Bei der Softwareentwicklung dürfen, ähnlich wie bei der Hardwareentwicklung, keine undokumentierten Features eingebaut werden. So wären beispielsweise um die bei Chipkarten üblichen, aber aufwendigen Blackbox-Tests in Whitebox-Tests umzuwandeln manchmal durchaus Kommandos angebracht, mit denen beliebige Speicherbereiche ausgelesen werden können. Würde jedoch so ein Kommando im Programm vergessen, dann ließen sich damit bei echten Chipkarten geheime Schlüssel auslesen. Um diesen Angriff schon im Ansatz zu unterbinden, ist die Erstellung von Dump-Kommandos prinzipiell untersagt, selbst wenn damit teure Entwicklungszeit gespart werden könnte.

Ein weiteres Prinzip ist, daß ein Programmierer niemals alleine an einer Programmentwicklung arbeitet. Dies verbietet sich eigentlich schon aus Sicht der Softwarequalitätssicherung, doch auch aus Gründen der Sicherheit gegenüber Angriffen muß hier immer das Vier-Augen-Prinzip gelten. Damit lassen sich Angriffe durch Insider wirkungsvoll erschweren, da sich immer mindestens zwei Entwickler in ihrem Tun einig sein müssen. Zusätzlich werden noch regelmäßig interne Source-Code-Inspektionen durchgeführt, die sowohl zur Sicherstellung der Qualität und Überwachung des Entwicklungsprozesses dienen.

Ist die Softwareentwicklung abgeschlossen, dann findet häufig eine Prüfung des gesamten erstellten Sourcecodes und auch der Funktionalität durch unabhängige Prüfinstitute im Rahmen einer Software-Evaluierung statt.[1] Die Gründe für diese zeit- und kostenintensiven Prüfungen liegen vor allem in der Kontrolle auf Softwarefehler, doch bewirken sie auch, daß es für einen Entwickler nicht mehr möglich ist, beispielsweise ein trojanisches Pferd im Betriebssystem zu verstecken. Diese lassen sich in der Praxis eigentlich nur mittels Durchsicht des kompletten Programmcodes finden, da ein erfahrener Programmierer durchaus fähig ist, Mittel und Wege zu finden, um ein trojanisches Pferd so zu verstecken, daß es durch Blackbox-Tests nicht mehr gefunden werden kann.

Schutz: Aufteilung von Wissen
Arbeiten mehrere Personen an einer Aufgabe, dann ist das Ergebnis aufgrund der unterschiedlichen Erfahrungen und Meinungen wesentlich robuster gegenüber Angriffen. Das Prinzip der Wissensteilung (*shared secrets*) wirkt diesem Ansatz des „jeder weiß alles über alles" entgegen. Grundsätzlich sollte bei der Entwicklung von Sicherheitskomponenten nicht das gesamte Wissen auf eine einzelne Person konzentriert sein, da sie damit auch angreifbar wird. So wird, ähnlich wie in manchen militärischen Bereichen, das Wissen bei der Entwicklung auf mehrere Gruppen von Personen verteilt, so daß zwar Diskussionen zwischen Experten über ein Thema möglich sind, doch es niemanden gibt, der alles weiß.

Analog obigem verhält es sich mit der Komplettierung des Chipkarten-Betriebssystems, d.h. das Laden von Tabellen, Programmcode und Konfigurationsdaten ins EEPROM. Dies stellt neben der erhöhten Flexibilität auch einen Sicherheitsaspekt dar. Denn dadurch ist nicht das gesamte Wissen über das Betriebssystem beim Chiphersteller, der den kompletten und assemblierten ROM-Programmcode zur Maskenherstellung erhält. Die Teile des Betriebssystems, die sich im EEPROM befinden, sind dem Chiphersteller unbekannt, so daß er bei einer Analyse des ROM-Codes nicht die gesamten Sicherheitsmechanismen und die Funktionalität des Betriebssystems erfahren kann.

8.2.3   Angriffe und Abwehrmaßnahmen während der Produktion

Angriffe während der Produktion der Chips bzw. der Chipkarten sind typische Insiderangriffe, da die betreffenden Produktionsumgebungen geschlossene Umgebungen sind. Der Zugang ist stark reglementiert, und jeder Zutritt wird aufgezeichnet. Trotzdem darf man die Produktion nicht bei den Sicherheitsbetrachtungen aussparen, da hier auch ei-

---

[1] siehe auch Abschnitt 9.3 Evaluierung und Test von Software

nige sehr technisch interessante und wirkungsvolle Angriffe durchgeführt werden könnten.

Schutz: Authentisierung bei den Fertigungsschritten

Schon bei der Waferherstellung sind die Chipkarten-Mikrocontroller durch eine Chipnummer individualisiert und mit einem Transportcode geschützt. Bei den neueren Betriebssystemen ist der Transportcode chipindividuell, und bei jedem fertigungstechnischen Zugriff auf den Chip ist eine Authentisierung zwingend erforderlich. Dies macht zwar die Fertigung etwas aufwendiger und erfordert natürlich ein Sicherheitsmodul an den jeweiligen Maschinen, doch erhöht es in erheblichem Maße die Sicherheit.

Ein naheliegender Angriff in der Fertigung ist die Einschleusung von Dummy-Chips oder Dummy-Chipkarten, die sich identisch den regulären Bauteilen verhalten, jedoch beispielsweise ein Kommando zum Speicherdump haben. Der Austausch eines echten Chip durch einen Dummy-Chip ist natürlich frühestens nach der Trennung der Wafer in einzelne Dice möglich. Anhand einer Chipkarte für digitale Signaturen[1] soll dieser Angriff hier kurz verdeutlicht werden. Der Angreifer tauscht bei der Initialisierung eine echte Chipkarte gegen eine Dummy-Karte aus. Diese Karte wird dann mit echten Daten initialisiert und anschließend personalisiert.

Da diese Chipkarte alle Funktionen einer echten Chipkarte aufweist, würde dann auch die Generierung der Schlüssel für den asymmetrischen Kryptoalgorithmus im Mikrocontroller durchgeführt. Die dafür notwendigen Daten bekommt er über die Initialisierungs- und Personalisierungsdaten. Anschließend müßte es der Angreifer noch schaffen, seine Chipkarte wieder in Besitz zu bekommen, und er könnte den geheimen Signaturschlüssel aus der Karte mit seinem speziellen Dumpkommando auslesen. Da der dazugehörige öffentliche Schlüssel vom Trustcenter unterschrieben wurde und damit als echt bestätigt ist, ist der Angreifer nun im Besitz aller Informationen, um beliebig viele Duplikate einer als echt anerkannten Karte herzustellen.

Dieser Angriff ist schon deshalb unrealistisch, weil alleine schon organisatorisch verhindert wird, Chips oder Chipkarten in die entsprechenden Fertigungsstätten hinein- oder herauszubringen. Zusätzlich verhindert die bei allen Fertigungsschritten notwendige Authentisierung zwischen Chipkarte und dem Sicherheitsmodul der Fertigungsmaschine einen Tausch der Chips oder Karten.[2]

8.2.4 Angriffe und Abwehrmaßnahmen während der Kartenbenutzung

Der Zugang zur anzugreifenden Komponente – die Chipkarte – erfordert für Angreifer nach Ausgabe der Chipkarten in aller Regel sehr viel weniger Aufwand als in den vor-

---

[1] siehe auch Abschnitt 13.6 Digitale Signatur nach deutschem Signaturgesetz

[2] Eine ausführliche Darstellung der üblichen kryptografischen Verfahren bei Initialisierung und Personalisierung von Chipkarten findet sich unter Abschnitt 10.4 Phase 3 des Lebenszyklus im Detail.

angehenden Phasen des Lebenszyklus. Dies ist einer der Gründe, warum gerade in der Phase der Kartenbenutzung die Wahrscheinlichkeit von Angriffen relativ groß ist.

Das Thema „Selbstzerstörung eines Chipkarten-Mikrocontrollers" taucht in vielen Veröffentlichungen immer wieder als das ultimative Allheilmittel gegen alle Arten von Angreifern auf. Es gibt Hardwaresicherheitsmodule, z.B. für militärische Anwendungen, in denen solche Mechanismen manchmal eingesetzt werden, bei Chipkarten jedoch verbietet sich aus mannigfaltigen Gründen diese Abwehrmaßnahme. Sobald eine Chipkarte stromlos ist, hat sie erstens keine Möglichkeit, einen potentiellen Angriff zu erkennen, und zweitens besteht keine Chance für irgendwelche aktiven Abwehrmaßnahmen, da sie keinen Energiespeicher besitzt. Abgesehen davon, daß eine echte Selbstzerstörung aus rechtlichen Gründen wohl keinem Kartenbenutzer zugemutet werden kann. Wer würde denn für den Schaden aufkommen, der unter widrigen Umständen entstehen könnte, nur weil sich eine Chipkarte irrtümlich selber zerstört hat? Zudem ist eine echte Selbstzerstörung überhaupt nicht notwendig, da es in beinahe allen Fällen reicht, die geheimen Schlüssel in der Karte zu löschen.

Es gibt aber zu diesem Thema noch einen weiteren Aspekt, und der betrifft das Löschen von Schlüsseln oder Sperren der Chipkarte. Es ist sehr schwierig für eine Chipkarte, überhaupt zu erkennen, ob sie angegriffen wird. Es gibt schlichtweg keinen Sensor, der anzeigt „Angriff – alles löschen". Unterspannung oder zu hohe Taktfrequenzen könnten beispielsweise Indizien sein, doch sie treten auch im Normalbetrieb durch widrige Umweltbedingungen auf. Verschmutzte Kontakte führen zu einem hohen Übergangswiderstand und dies wiederum zu Unterspannung. Eine überhöhte Taktfrequenz kann an einem Chipkarten-Terminal auftreten, das für eine höhere Frequenz vorgesehen ist. Da es so schwierig und meistens sogar unmöglich ist, einen echten Angriff zu erkennen, verzichtet man in der Regel auf alle Mechanismen zur automatischen Blockierung der Karte oder zum Löschen der Schlüssel.

In folgenden Abschnitt sind beispielhaft einige fast schon klassisch zu nennende Angriffe aufgeführt und erläutert. Die Angriffsbeschreibungen repräsentieren sozusagen den Stand der Technik und sollen vor allem in der Thematik der Chipkartensicherheit Unerfahrenen einen kompetenten Überblick geben, damit bereits bekannte kritische Mechanismen nicht aus Unkenntnis abermals verwendet werden. Um sich gegen diese Angriffe zu verteidigen, gibt es die beschriebenen Abwehrmaßnahmen. Diese können wiederum mit etwas veränderten Angriffsszenarien umgangen werden, woraus sich das bekannte Katz- und Maussspiel von Maßnahmen und Gegenmaßnahmen bei Angriff und Abwehr ergibt.

Die dargestellten Szenarien sind keine Anleitung zum Brechen der Sicherheit eines Chipkarten-Systems, da sie ausnahmslos bekannt und auch öffentlich sind. Für die Sicherheit heutiger moderner Chipkarten stellen sie keine ernstzunehmende Bedrohung dar, da die beschriebenen Angriffe durch entsprechende Schutzmaßnahmen längst berücksichtigt wurden. Vor einigen Jahren hätte man damit aber vielleicht noch einige Erfolge erzielt.

Die Angriffe sind eingeteilt in solche, die auf die Chiphardware erfolgen, und in solche, bei denen auf logischer Ebene versucht wird, das Chipkarten-System zu brechen.

Die physikalischen Angriffe oder Analysemethoden lassen sich noch in statische oder dynamische unterteilen. Bei einer statischen Analyse ist der Chip nicht in Betrieb, er kann aber elektrisch angeschaltet sein. Bei der ungleich schwerer durchzuführenden dynamischen Analyse eines Chips arbeitet dieser während der Analyse in vollem Funktionsumfang.

8.2.4.1   Angriffe auf der physikalischen Ebene

Für Manipulationen im Bereich des Halbleiters ist ein großer technischer Aufwand nötig. Je nach Angriffsszenario sind dies Mikroskope, Lasercutter, Mikromanipulatoren, fokussierte Ionenstrahlen, Anlagen für chemische Abtragverfahren und sehr schnelle Computer für die Analyse, Protokollierung und Auswertung der elektrischen Vorgänge auf dem Chip. Diese Geräte und das Wissen um deren Anwendung stehen nur sehr wenigen Spezialisten oder Organisationen zur Verfügung, was die Wahrscheinlichkeit eines Angriffs auf physikalischer Ebene stark reduziert. Doch muß ein Karten- bzw. Halbleiterhersteller grundsätzlich davon ausgehen, daß ein potentieller Angreifer alle notwendigen Geräte und Vorrichtungen für einen solchen Angriff einsetzen kann und dementsprechende Sicherungen in die Hardware einbauen.

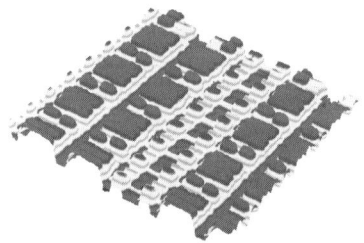

Bild 8.20   Grafische Darstellung des mit einem Atomic Force Mikroskop gemessenen Oberflächenprofils eines Chipkarten-Mikrocontrollers. Der dargestellte Höhenunterschied beträgt im Maximum lediglich 2,3 μm. (Giesecke & Devrient)

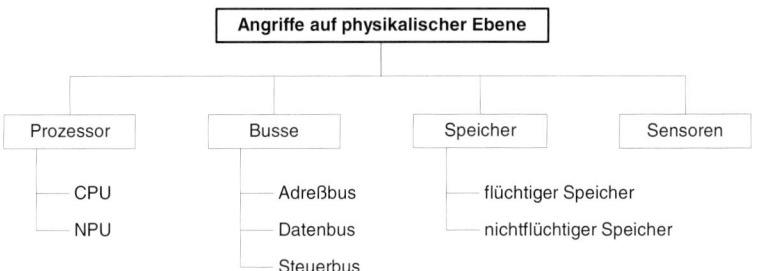

Bild 8.21   Klassifizierungsbaum der Ansatzpunkte für Angriffe auf physikalischer Ebene auf einem Chipkarten-Mikrocontroller.

Um Angriffe auf der physikalischen Ebene durchführen zu können, sind vorab einige Schritte notwendig: Als erstes ist es notwendig, das Modul aus der Karte auszubauen, was mit einem scharfen Messer problemlos möglich ist. Danach muß der mit Epoxidharz auf dem Modul vergossene Chip freigelegt werden. Anderson und Kuhn [Anderson 96b] verwendeten dazu rauchende Salpetersäure, eine IR-Lampe als Wärmequelle und anschließend Azeton zum Reinigen des Chips. Anschließend ist der Halbleiterchip freigelegt und noch voll funktionsfähig. Manche Leute glauben, nun liegt der Chip schutzlos vor ihnen und muß nur noch „ausgelesen" werden, doch ist dies keinesfalls so. Ein Angreifer muß sich nämlich nun durch die mannigfaltigen Sicherheitsmaßnahmen arbeiten, um Zugang zu den Geheimnissen zu bekommen.

Die Schutzelemente im Hardwarebereich können in passive und aktive Komponenten unterteilt werden. Passive Komponenten basieren direkt auf der Technologie der Halbleiterherstellung. Sie umfassen alle Möglichkeiten und Verfahren, die verwendet werden können, um die Speicherbereiche und die restlichen Funktionselemente des Mikrocontrollers vor den verschiedenen Arten der Analyse zu schützen.

Ergänzend zu den halbleitertechnischen (passiven) Möglichkeiten, bietet sich noch die ganze Palette an aktiven Elementen auf einem Silizium-Chip an. Aktiver Schutz bedeutet die Integration unterschiedlicher Sensoren auf dem Siliziumkristall. Diese Sensoren werden von der Software der Chipkarte bei Bedarf abgefragt und bewertet. Dies ist natürlich nur dann möglich, wenn der Chip mit allen seinen Versorgungsleitungen voll aktiviert ist. Ein stromloser Chip kann keine Sensorsignale auswerten, geschweige denn bewerten. Deshalb ist gerade im Bereich der Sensorik der Sprung von notwendigen Schutzelementen bis zur technischen Spielerei oft nicht weit. Ein Lichtsensor auf einem Chip, der eine optische Analyse der Speicher verhindern soll, reagiert nicht, wenn sich der Chip ohne Spannung und Taktversorgung auf dem Objektträger eines Lichtmikroskops befindet. Auch würde sich solch ein optisch sehr gut auf dem Chip identifizierbarer Sensor sehr gut mit einem Tropfen schwarzer Tusche abdecken lassen, so daß seine Schutzfunktion auch im Betrieb ohne Aufwand neutralisiert werden kann.

Auch die langfristige Funktionssicherheit ist von Bedeutung. Beispielsweise trägt ein Temperatursensor, der aufgrund einer kurzzeitigen und nicht schädlichen Überhitzung über die Software der Chipkarte veranlaßt, das gesamte EEPROM aus Sicherheitsgründen zu löschen, in keinem Fall zu einer erhöhten Funktions- oder Angriffssicherheit bei. Aus diesem Grund aktiviert man im Regelfall in den Chipkarten-Mikrocontrollern nur wenige Sensoren.

Nachstehend sind die wichtigsten und in der Praxis am häufigsten angewandten Schutzmechanismen von Chipkarten-Mikrocontrollern erläutert.

Statische Analysen am Chipkarten-Mikrocontroller

Schutz: Halbleitertechnologie

Die Strukturen auf dem Chip (Breite der Leiterbahnen, Größe der Transistoren etc.) bewegen sich an der Grenze des derzeit technisch Machbaren. Die üblichen Strukturbreiten liegen im Bereich zwischen 1 µm und 0,35 µm, was an sich keine technische Besonderheit mehr darstellt. Die Transistordichte auf dem Silizium gehört jedoch zu den höchsten, die momentan mit den üblichen lithografischen Herstellungsverfahren möglich sind. Alleine diese sehr feinen Strukturen machen es beinahe unmöglich, mit Analyseverfahren Informationen aus dem Chip herauszuholen, weshalb Halbleitertechnologien mit Strukturgrößen von einem Mikrometer zur Zeit noch als sicher angesehen werden. In Zukunft wird sich dies gewiß reduzieren.

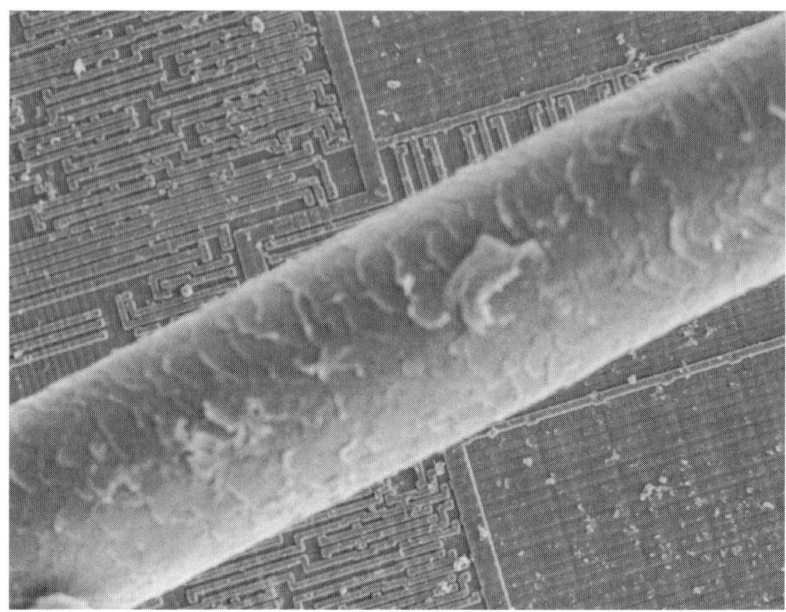

Bild 8.22   Foto eines menschlichen Kopfhaares im Vergleich zu Halbleiterstrukturen auf einem
                    Chipkarten-Mikrocontroller in 1 000facher Vergrößerung. (Giesecke & Devrient)

Schutz: Chipdesign
Für das Design von halbleitertechnischen Bauelementen werden oftmals sogenannte Standardzellen benutzt, die beispielsweise einen Prozessorkern oder bestimmte Speichertypen beinhalten. Der Vorteil ist, daß ein Halbleiterhersteller mit diesen Standardelementen schnell und in hoher Qualität eine Vielfalt von unterschiedlichen Chips erstellen kann. Dieses für sicherheitsunkritische Massenartikel entwickelte Verfahren darf bei Chipkarten-Mikrocontrollern nicht eingesetzt werden, da Standardzellen in ihrem Aufbau und ihrer Funktionsweise bekannt sind und so einem potentiellen Angreifer zuviel Information in die Hände gegeben und somit die Arbeit wesentlich erleichtert würde. Die Komponenten für Chipkarten-Mikrocontroller sind speziell für diese entwickelt und werden auch nicht für andere Zwecke eingesetzt.

Schutz: Dummy-Strukturen
Ein in Expertenkreisen oftmals kontrovers diskutiertes Mittel gegen Angriffe sind Dummy-Strukturen auf dem Chip. Dies sind Elemente auf dem Halbleiter, die keine

schnell zerstören kann. Eine Sensorschaltung kann über Widerstands- oder Kapazitätsmessung feststellen, ob diese Passivierungsschicht noch vorhanden ist. Ist sie nicht mehr existent oder beschädigt, dann kann entweder ein Interrupt in der Chipsoftware ausgelöst werden, oder der gesamte Chip wird von der Hardware abgeschaltet, was alle dynamischen Analysen zuverlässig verhindert.

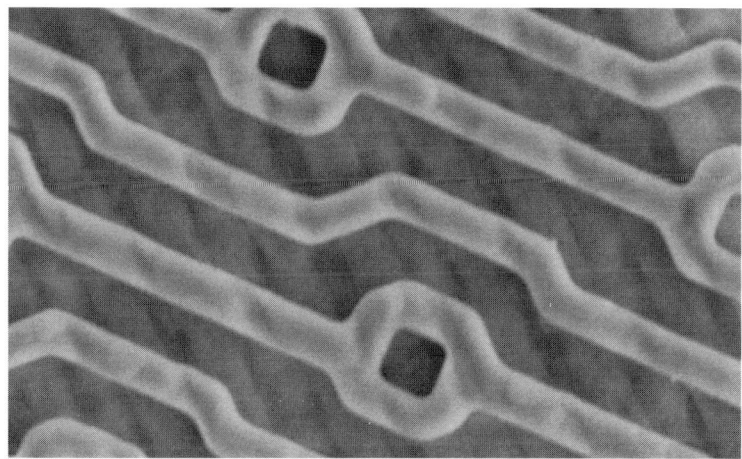

Bild 8.26   Foto einer modernen Passivierungsüberwachung in 8 000facher Vergrößerung. Der
                  Abstand der Leiterbahnen zueinander beträgt 4 µm und das Funktionsprinzip dieses
                  Passivierungsdetektors basiert vermutlich auf dem Prinzip der Widerstandsmessung.
                  (Giesecke & Devrient)

Schutz: Spannungsüberwachung
Auf jedem Chipkarten-Mikrocontroller ist eine Spannungsüberwachung vorhanden. Diese sorgt für ein definiertes Abschalten des Bausteins, wenn die oberen oder unteren Grenzen der Betriebsspannung über- bzw. unterschritten werden. Damit erhält die Software die Sicherheit, daß ein Betrieb in den Grenzbereichen, in denen der Chip nicht mehr voll funktionsfähig ist, unmöglich ist. Wäre keine Spannungsüberwachung vorhanden, dann kann es in diesen Grenzbereichen vorkommen, daß z.B. der Programmzähler des Prozessors nicht mehr stabil läuft, was beispielsweise zu unkontrollierten Sprüngen innerhalb des Programms führt oder schlichtweg zu Rechenfehlern im Prozessor. Dieses Fehlverhalten läßt sich als Ansatzpunkt zur Ermittlung von geheimen Schlüsseln mittels der weiter unten im Text beschriebenen differentiellen Fehleranalyse (DFA) nutzen.

Ein Sensor, der zum Teil auf der Spannungsdetektion aufbaut, ist die Power-On-Erkennung. Diese ebenfalls in allen Chips vorhandene Detektion eines Power-On unabhängig vom Reset-Signal sorgt dafür, daß der Chip beim Anschalten immer in einen definierten Bereich gesetzt wird. Die Gründe dafür sind analog denen der Spannungsüberwachung.

Schutz: Frequenzüberwachung

Die Taktversorgung der Chipkarte läuft immer extern, so daß die interne Rechenge-schwindigkeit völlig von außen bestimmt wird. Damit besteht zumindest theoretisch die Möglichkeit, den Mikrocontroller im Einzelschrittbetrieb zu fahren. Dies würde zu hervorragenden Analysemöglichkeiten vor allem in der Messung von Stromaufnahme (Power Analysis) und elektrischen Potentialen auf dem Chip führen. Um diesen An-griff zu verhindern, ist auf dem Chip eine Funktionsbaugruppe zur Unterfrequenz-detektion integriert. Diese unterbindet, daß der angelegte Takt in unzulässiger Weise erniedrigt werden kann. Der Minimalwert für die Taktversorgung nach den meisten Spezifikationen liegt bei 1 MHz. Da eine Unterfrequenzdetektion technisch bedingt mit großen Streuungen verbunden ist, schaltet der Chip üblicherweise erst im Bereich um 600 kHz ab. Damit ist sichergestellt, daß der Chip auf jeden Fall mit dem minimalen Wert von 1 MHz betrieben werden kann. Teilweise finden auch Überfrequenzdetekto-ren Verwendung. Doch ist die Hardware heute oft so aufgebaut, daß der Chip bei zu hoher Frequenz nicht mehr betrieben werden kann.

Zum Schutz vor dem gefährlichen Einzelschrittbetrieb des Mikrocontrollers ist es natürlich notwendig, den Unterfrequenzdetektor durch Schutzschichten abzusichern, so daß sich dieser keinesfalls unbemerkt manipulieren läßt.

Schutz: Temperaturüberwachung

Eine Sensorvariante, die Temperaturüberwachung, wird zwar bei manchen Chiptypen eingesetzt, doch ist ihr Zweck umstritten. Eine kurzzeitige Temperaturerhöhung über den Spezifikationsbereich hinaus führt noch zu keiner dauerhaften Schädigung des Chips und stellt auch keinen Angriff dar. Ein Abschalten in dieser Grenzsituation könnte eher zu einer künstlich erhöhten Ausfallrate führen und bringt dem Betreiber eines Chipkarten-Systems keine zusätzliche Sicherheit.

Schutz: Scrambling der Busse

Viele Chipkarten-Mikrocontroller scrambeln die nur intern auf dem Chip zugänglichen Busse zur Ansteuerung der Speicher. Dies bedeutet, daß die einzelnen Busleitungen nicht in auf- oder absteigender Folge, sondern wirr und mehrfach gegeneinander ver-tauscht nebeneinander oder sogar getrennt durch Isolationsschichten übereinander an-geordnet sind. Für den potentiellen Angreifer ist dies eine zusätzliche Hürde, da er nicht weiß, welche Busleiterbahn welche Funktion bzw. Adresse hat.

Dieses Mischen der Leiterbahnen wurde als ursprünglich nur in einer statischen Va-riante eingeführt, d.h. auf jedem Chip sind die Vertauschungen identisch. Damit wäre es wahrscheinlich mittelfristig für einen Angreifer kein größeres Problem, die Vertau-schung herauszufinden und bei einer Abhöraktion entsprechend zu berücksichtigen.

Es gibt hier aber eine Verbesserung der Sicherheit, indem man ein chipindividuelles Scrambling der Busse einführt. Dieses chipindividuelle Scrambling kommt natürlich nicht zustande, indem man für jeden Chip eigene Belichtungsmasken für die Busse er-stellt, da dies technisch momentan nicht realisierbar bzw. unbezahlbar wäre. Das Scrambling wird dabei durch direkt an den Speichern sitzende Verwürfler vorgenommen, die beispielsweise über die chipindividuelle Nummer angesteuert werden. Dieses ist halbleitertechnisch ohne großen Aufwand möglich und erschwert einem Abhörer das Leben erheblich. Ein chipindividuelles und sitzungsspezifisches Scrambling wäre durch variable Eingangswerte der Verwürfler damit ebenfalls machbar.

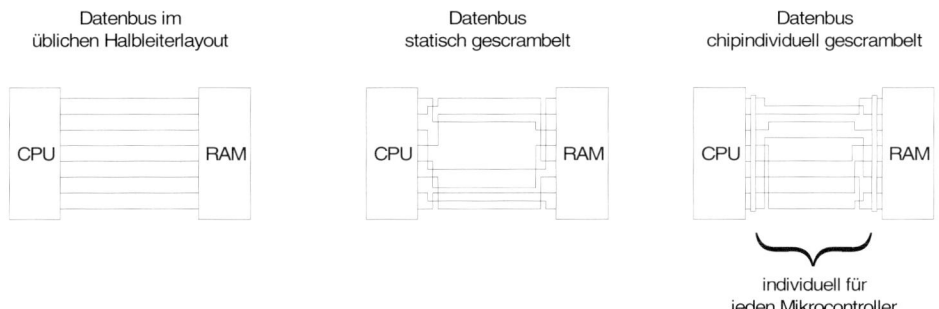

Bild 8.27   Darstellung des Scrambling von Bussen in Chipkarten-Mikrocontrollern anhand des 8 Bit breiten Datenbusses zwischen CPU und RAM. Die Linien des Datenbusses sollen Informationsflüsse darstellen und keine elektrische Leitungen.

Schutz: Irreversible Umschaltung vom Testmodus in den Benutzermodus
Zur Überprüfung der Chips während der Halbleiterfertigung und zur Ausführung der internen Testprogramme besitzen alle Mikrocontroller einen sogenannten Testmodus, in dem die Halbleiter noch auf dem Wafer oder im Modul beim Hersteller geprüft werden können. Dieser Testmodus erlaubt jedoch Zugriffsarten auf den Speicher, die später strikt verboten sind. Es ist aus fertigungstechnischen Gründen leider zwingend erforderlich, daß in diesem Modus auch Daten aus dem EEPROM gelesen werden können.

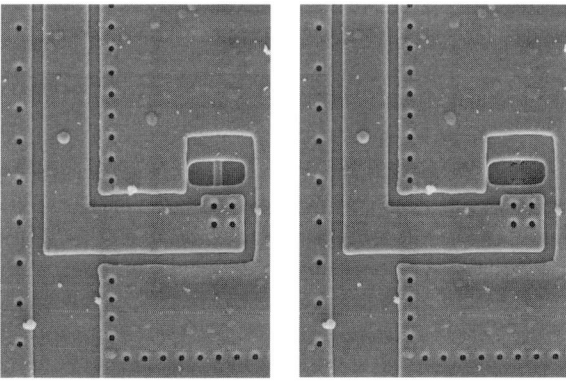

Bild 8.28   Foto einer Polysilizium-Sicherung (*fuse*) in 2 000facher Vergrößerung. Das linke Bild zeigt die Sicherung in nicht gebranntem Zustand und das rechte Bild in gebranntem Zustand. (Giesecke & Devrient)

Die Umschaltung vom Testmodus in den Benutzermodus muß irreversibel sein. Dies kann mit Polysilizium-Sicherungen auf dem Chip bewerkstelligt werden. Dazu wird an einem dafür vorgesehenen Testpunkt auf dem Siliziumkristall eine Spannung angelegt, und diese führt dazu, daß die betreffende Sicherung durchbrennt. Damit ist der Chip per Hardware in den Benutzermodus umgeschaltet. Dies kann im Regelfall nicht mehr rückgängig gemacht werden. Aufgrund der Funktionsweise der Sicherung handelt es sich jedoch um eine verhältnismäßig große Struktur auf der Chipoberfläche. Es ist vorstellbar, nach teilweiser Entfernung der Passivierungsschicht über der Sicherung diese mechanisch zu überbrücken. Dadurch wäre der Mikrocontroller wieder im Testmodus, und mit den erweiterten Zugriffsmöglichkeiten für Tests ließe sich der Speicher auslesen. Würde der komplette Speicherinhalt bekannt, könnte man problemlos die ausgelesene Chipkarte klonen.

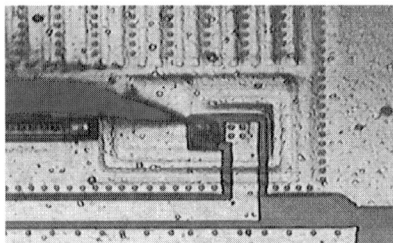

Bild 8.29   Foto einer Polysilizium-Sicherung (*fuse*) mit einer Mikroprobennadel in 500facher Vergrößerung. Mit der Mikroprobennadel könnte eine gebrannte Sicherung überbrückt werden. (Giesecke & Devrient)

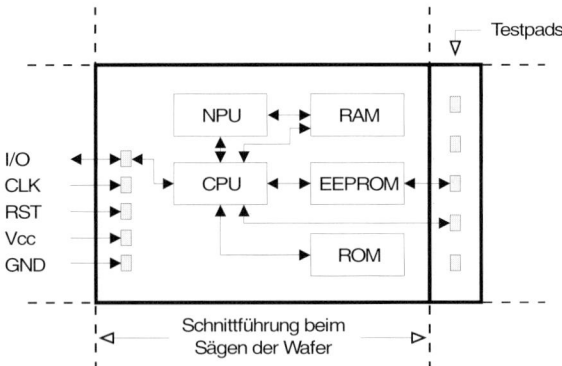

Bild 8.30   Darstellung einer von mehreren Varianten der irreversiblen Trennung der Testpads für CPU- und Speichertest eines Chipkarten-Mikrocontrollers.

Um diesen Angriff abzuwehren, gingen die meisten Halbleiterhersteller dazu über, zusätzlich zu der Sicherung aus Silizium einen Bereich im EEPROM für den Umschaltmechanismus zu reservieren. Steht dort ein bestimmter und nicht mehr veränderbarer Wert, dann ist der Chip irreversibel in den Benutzermodus geschaltet. Selbst nach Überbrückung der Sicherung befindet sich der Chip nicht wieder im Testmodus, weil dies der zusätzliche logische Schalter im EEPROM verhindert.

Eine weitere Steigerung der Sicherheit des Umschaltens vom Testmodus in den Benutzermodus läßt sich durch eine sehr einfache konstruktive Maßnahme beim Aufbau des Mikrocontrollers auf dem Wafer durchführen. Die zur Kontaktierung für das Testing notwendigen Testpads werden beim Sägen des Wafers in einzelne Dice einfach abgeschnitten. Damit braucht man keine Sicherung und keine EEPROM-Zellen für den Umschaltvorgang, da die für den Testmodus notwendigen Elemente nicht mehr vorhanden sind. Sinngemäß ist es natürlich auch möglich, die Sicherung zur Umschaltung von Test- in Benutzermodus durch eine Leiterbahn zu ersetzen, welche beim Sägen des Wafers irreversibel getrennt wird. Die Kontaktierung an den abgeschnittenen Leiterbahnen an der Seite des Chip ist mit heutiger Technologie nicht möglich.

Dynamische Analyse und Abwehr: Abhören der Busse zu den Speichern des Mikrocontrollers

Um die Busse auf dem Mikrocontroller zwischen CPU und den Speichern (ROM, EEPROM, RAM) abzuhorchen, muß zuerst der Chip freigelegt und dann die auf dem Chip befindliche Passivierung entfernt werden. Die Passivierung schützt einerseits die Chipoberfläche vor Oxidation und andererseits vor Angriffen, da ihre Unversehrtheit über Sensoren überwacht wird. Nach Anderson und Kuhn [Anderson 96b] kann sie durch Ätzen mit Flußsäure vom Chip entfernt werden. Gleichfalls ist auch ein Lasercutter[1] gut geeignet, um selektiv nur an den benötigten Stellen Aussparungen in die Passivierung zu bohren.

Nach Entfernen der Passivierung von der gesamten Chipoberfläche oder Teilen davon wäre es zumindest vorstellbar, den Adreß-, Daten- und Steuerbus für die Speicher mit Mikroprobennadeln zu kontaktieren. Falls zu allen Leitungen der drei Busse eine elektrische Verbindung hergestellt werden kann, ist es sehr einfach, die einzelnen Speicherzellen zu adressieren und bei ROM und EEPROM beliebige Bereiche auszulesen. Dabei muß der Chip nicht angeschaltet sein, und er kann sich in einer beliebigen Kontaktiervorrichtung befinden. Die Auswirkungen eines erfolgreichen Angriffs mit dieser Methode sind gravierend, da damit alle geheimen Daten aus den nichtflüchtigen Speichern prinzipiell lesbar werden.

Dieses Verfahren ließe sich noch erweitern, indem man die Busse kontaktiert und dann den Chip ganz normal betreibt. Dann könnte man den gesamten Datenverkehr zwischen CPU und den Speichern abhören und mit einem genügend schnellen Logikanalysator aufzeichnen.

Wie schon angedeutet, ist es sehr schwierig, mit einzelnen Leiterbahnen auf dem Chip eine elektrische Verbindung herzustellen. Die Anzahl der notwendigen Verbindungen bei diesem Angriff beträgt 16 für den Adreßbus, 8 für den Datenbus und 1 bis 4 für den Steuerbus. Zusammengerechnet müßten also gleichzeitig mindestens 25 Verbindungen zwischen einem externen Analysecomputer und den Leiterbahnen auf dem

---

[1] Ein Lasercutter ist eine Vorrichtung zum Bohren und Schneiden mit einem energiereichen Laserstrahl in einer Genauigkeit von Teilen eines Mikrometers.

Chip hergestellt werden. Dies ist auch mit moderner Mikromanipulationstechnik durch die sehr kleinen Strukturen auf dem Halbleiter momentan noch nicht möglich. Es wäre allerdings möglich, mit einem in der Halbleiterindustrie üblichen Werkzeug, einem fokussierten Ionenstrahl (*focused ion beam*), an die Busse eine Art von elektrisch leitenden Kontaktflächen anzubringen, welche dann als Aufsetzpunkte für Mikroprobennadeln genutzt werden könnten. Der Aufwand dazu ist allerdings enorm.

Sollte dies aber gelingen, so müßte vor einem erfolgreichen Auslesen auch noch das Scrambling der Busse ermittelt werden, da sich die einzelnen Leiterbahnen nicht geordnet nebeneinander auf dem Chip befinden, sondern in einer von außen nicht erkennbaren Anordnung.

Wenn es in einigen Jahren mit stark verbesserter Technik möglich ist, die Busse heutiger Mikrocontroller zu kontaktieren, dann hätte dies wahrscheinlich keine Auswirkungen auf die Sicherheit, denn bis dahin sind die Strukturen auf den Halbleitern noch wesentlich feiner, als es heute schon der Fall ist. Zudem wird die Mikromechanik wohl immer der auf optischen Verfahren beruhenden Halbleitertechnik hinterherhinken. Damit sind Angriffe nach dieser Vorgehensweise wahrscheinlich auch in Zukunft nicht geeignet, die Sicherheit einer Chipkarte signifikant zu beeinträchtigen.

Dynamische Analyse und Abwehr: Messen des Stromverbrauchs der CPU
Schon 1995 in der ersten Auflage dieses Buches stand an dieser Stelle der folgende Text: „Auch das Design des Prozessors ist für die Sicherheit ausschlaggebend. Ein Chipkarten-Prozessor muß für alle Maschinenbefehle eine annähernd gleiche Stromaufnahme haben. Ist dies nicht der Fall, dann kann aufgrund des Stromverbrauches auf den gerade abgearbeiteten Befehl geschlossen werden. Daraus ließe sich wiederum einiges an geheimer Information ableiten." Es war also eine seit Jahren durchaus bekannte Tatsache, daß man aufgrund des Stromverbrauchs eines Prozessors auf dessen gerade ausgeführten Befehl und sogar auf die dabei verarbeiteten Daten schließen konnte, als im Juni 1998 Paul Kocher, Joshua Jaffe und Benjamin Jun ein Papier über einfache Leistungsanalyse (*simple power analysis* – SPA) und differentielle Leistungsanalyse (*differential power analysis* – DPA) veröffentlichten [Kocher 98].

Das Prinzip der einfachen Leistungsanalyse (SPA) ist dabei relativ einfach. Mit einem Analog-Digital-Wandler wird anhand des Spannungsabfalls an einem seriell vorgeschalteten Widerstand mit hoher zeitlicher Auflösung der Stromverbrauch eines Mikrocontrollers gemessen. Bei Hochleistungsprozessoren wie Pentium oder PowerPC könnte aufgrund der komplexen internen Abläufe nicht mehr auf die ausgeführten Befehle geschlossen werden. Der relativ einfache Aufbau der 8051- und 6805-CPUs von Chipkarten-Mikrocontrollern führt jedoch dazu, daß die internen Abläufe und verarbeiteten Daten zu meßbaren und auch interpretierbaren Auswirkungen auf den Stromverbrauch führen.

Mit der differentiellen Leistungsanalyse (DPA) können gegenüber der einfachen Leistungsanalyse (SPA) noch geringere Unterschiede beim Stromkonsum des Mikrocontrollers aufgedeckt werden. Dazu mißt man den Strom zuerst bei der Abarbeitung von bekannten Daten und anschließend mit den unbekannten Daten. Die Messungen werden gegebenenfalls viele Male wiederholt, damit durch Mittelwertbildung das Rauschen eliminiert werden kann. Im Anschluß an diese Messungen bildet man die Differenz und kann von diesem Ergebnis auf die unbekannten Daten schließen.

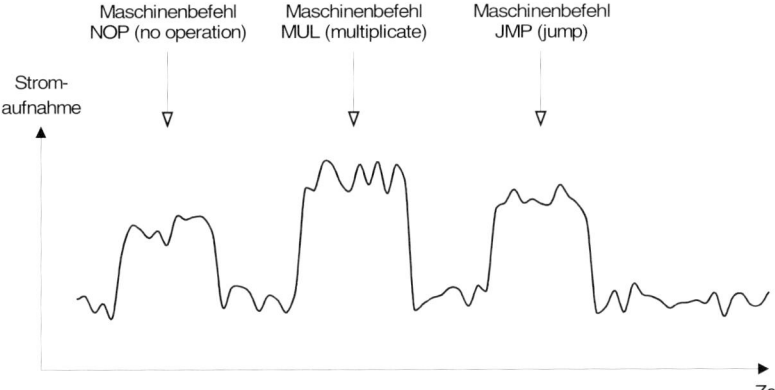

Bild 8.31   Vereinfachte Prinzipdarstellung der Schwankungen im Stromverbrauch bei der Ausführung von Maschinenbefehlen eines Chipkarten-Mikrocontrollers. Der Stromverbrauch kann neben einer Abhängigkeit vom jeweiligen Maschinenbefehl noch zusätzlich eine Abhängigkeit von den jeweils verarbeiteten Daten besitzen.

In dem Papier von Kocher et. al. ist als Weiterentwicklung der DPA noch die High-Order Differential Power Analysis (HO-DPA) erwähnt. Dabei mißt man nicht alleine den Stromverbrauch des Mikrocontrollers, sondern zusätzliche im Prozessor ausgeführte Programmabhängige Größen wie beispielsweise die elektromagnetische Abstrahlung des Chips. Die so gesammelten Meßwerte von bekannten und unbekannten Daten benutzt man dann analog der DPA zur Differenzbildung und kann dann daraus die geheimen Daten errechnen.

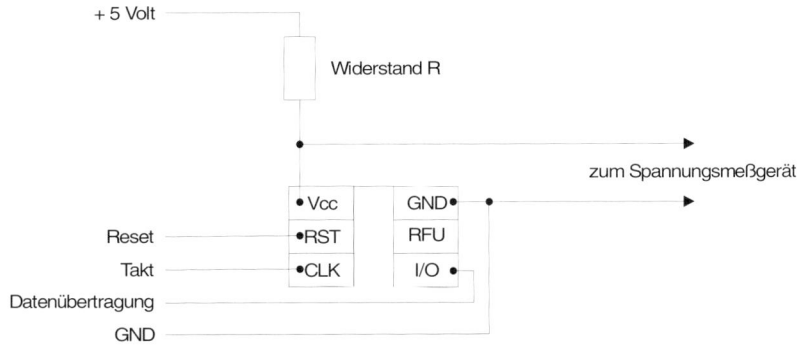

Bild 8.32   Die Beschaltung eines Chipkarten-Mikrocontrollers, um auf einfache Weise unter Verwendung eines Vorwiderstands Strommessungen durchzuführen.

Die drei Varianten der Leistungsanalyse für Chipkarten-Mikrocontroller sind für un-
vorbereitete Hard- und Software sehr ernstzunehmende Angriffe. Der Grund dafür ist,
daß bei manchen Mikrocontrollern durchaus Abhängigkeiten des Stromverbrauchs
vom jeweiligen Maschinenbefehl und auch von den in diesem Maschinenbefehl verarbeiteten Daten bestehen. Zudem hält sich der zu einem erfolgreichen Angriff erforderliche Aufwand an Meßgeräten in Grenzen. Es existieren aber eine Reihe von
wirkungsvollen Gegenmaßnahmen, die sich einerseits auf entsprechend verbesserte
Hardware als auch andererseits auf modifizierte Software abstützen.

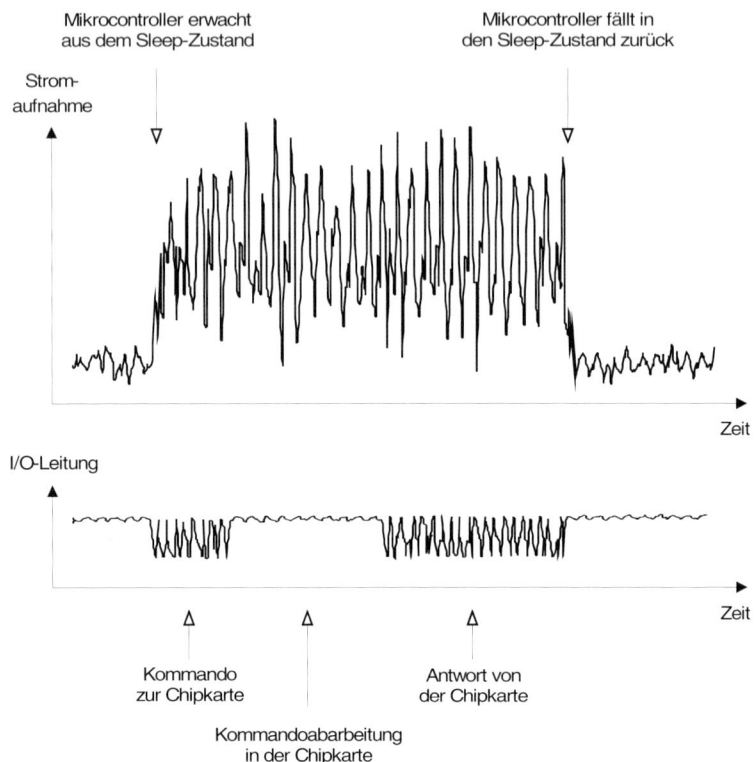

Bild 8.33   Überblickshafte Darstellung des Stromverbrauchs eines Chipkarten-Mikrocontrollers im Ruhezustand und der Stromschwankungen während des Betriebs.
Man kann anhand des aufgenommenen Stromes erkennen, wie der Mikrocontroller
durch die erste fallende Flanke auf der I/O-Leitung aus dem Sleep-Zustand erwacht
und anschließend in Abhängigkeit der ausgeführten Maschinenbefehle einen laufend
differierenden Strombedarf hat.

Die einfachste hardwaretechnische Lösung ist der Einbau eines schnellen Span-
nungsreglers auf dem Chip, der über einen Shunt-Widerstand einen von Maschinenbefehl und Daten unabhängigen Stromverbrauch sicherstellt. Künstliche Stromrausch-
quellen auf dem Chip sind ebenfalls eine wirksame Lösung. Eine technisch aufwen-

digere Lösung besteht in einem modifizierten halbleitertechnischen Design des Prozessors, damit dieser immer einen konstanten Stromverbrauch aufweist.

Bei den softwaretechnischen Gegenmaßnahmen gibt es mittlerweile eine immense Bandbreite an Lösungsvarianten. Im folgenden seien einige wenige davon stellvertretend kurz aufgeführt. Der einfachste Ansatz ist die ausschließliche Benutzung von Maschinenbefehlen mit sehr ähnlichem Stromverbrauch. Maschinenbefehle, welche eine signifikante Abweichung vom durchschnittlichen Strombedarf haben, dürfen dann nicht mehr im Assemblercode verwendet werden. Eine weitere Lösungsmöglichkeit besteht darin, für gleiche Berechnungen in Kryptoalgorithmen verschiedene Abläufe einzuführen, welche jeweils zufällig ausgewählt werden. Dies erschwert es dem Beobachter erheblich, eine Konvergenz zwischen bekannten und unbekannten Maschinenbefehlen sowie verarbeiteten Daten zu erkennen. Um die zu einer erfolgreichen Stromanalyse vorab benötigte Datenerfassung zu erschweren, sollten alle Schlüssel mit irreversibel ablaufenden Fehlbedienungszählern abgesichert sein. Weiterhin ist es notwendig, den freien Zugriff auf alle Kommandos in der Art von INTERNAL AUTHENTICATE, bei denen beliebige Daten durch einen Kryptoalgorithmus der Chipkarte geschickt werden können, zu sperren. Müssen Kommandos mit dieser Eigenschaft aus bestimmten Gründen zwingend verwendet werden, so muß die Chipkarte vorab das Terminal auf Echtheit prüfen. Durch diese Einschränkung der Kommandobenutzung verhindert man ebenfalls die Sammlung von Referenzdaten für die spätere Stromanalyse.

Analyse und Abwehr: Messen der elektromagnetischen Abstrahlung der CPU
Zumindest theoretisch könnte man, analog der differentiellen Leistungsanalyse, anhand der elektromagnetischen Abstrahlung Schlüsse auf interne Abläufe auf dem Chipkarten-Mikrocontroller machen. Mit SQUIDs (*superconducting quantum interference devices*) lassen sich Magnetfelder von geringer Ausdehnung und Stärke messen. Allerdings ist der technische Aufwand dazu enorm und das zwingend erforderliche Wissen über die internen Strukturen des Halbleiters nicht allgemein verfügbar. Zudem können Halbleiterbausteine gegen diese Art von Angriff sehr effektiv geschützt werden, indem man mehrere Leiterbahnen übereinander legt, so daß zwar mit empfindlichen Detektoren ein Magnetfeld gemessen werden kann, aber nicht, welche der übereinanderliegenden Leitungen stromführend ist.

Manipulationen am Chipkarten-Mikrocontroller

Manipulation und Abwehr: Ändern von Speicherinhalten am Chipkarten-Mikrocontroller
Das direkte Lesen von Speicherinhalten eines Mikrocontrollers ist ein mögliches Angriffsszenario, dessen Gefährlichkeit auf den ersten Blick zu erkennen ist. Ein ähnliches Szenario, das eine nahezu gleiche Angriffsstärke hat, ist das bewußte Ändern von Dateninhalten in einem Speicher eines Chipkarten-Mikrocontrollers. Damit ist nicht gemeint, zufällige Fehler im Berechnungsvorgang eines Kryptoalgorithmus einzu-

streuen, wie dies als Ansatz für die differentielle Fehleranalyse (DFA) benutzt wird, sondern gezielt bestimmte Bits oder Bytes im ROM oder EEPROM zu ändern.

Ungezielte Änderungen in allen Speicherarten lassen sich beispielsweise durch Röntgenstrahlung auf das Modul oder UV-Licht auf den freigelegten Chip zuwege bringen. So können mit Bestrahlung durch UV-Licht EEPROM-Zellen entladen werden, und ihr Speicherinhalt nimmt dann den Wert des energieärmsten Zustands an. Diese Vorgang ist vollkommen analog dem üblichen Löschen von EPROMs unter einer UV-Lampe. Für einen Angriff läßt sich dies aber nicht sinnvoll nutzen, da der Angreifer keine Kontrolle darüber hat, welche EEPROM-Zellen gekippt werden.

UV-Strahlung kann aber gebündelt oder durch einen Laser mit einem fein fokussierten Strahl ersetzt werden. Dann könnten durchaus einzelne Speicherzellen geändert werden. Der Laser hat den Vorteil, daß sich damit bei genügender Leistung auch ROM-Speicher ändern lassen. Ähnlich läßt sich auch ein fokussierter Ionenstrahl (*focused ion beam*) zur Änderung von Speicherzellen benutzen.

Die damit möglichen Änderungen können durchaus für theoretisch effektive Angriffe genutzt werden. So könnte beispielsweise der Zufallszahlengenerator so manipuliert werden, daß er keine Zufallszahlen mehr liefert, sondern immer den gleichen Wert. Wäre dies möglich, dann kann die Authentisierung des Terminals durch die Chipkarte durch Wiedereinspielung eines alten Wertes (Replay-Angriff) gebrochen werden.

Durch bewußtes und bitgenaues Ändern von Speicherinhalten ließen sich aber durchaus noch andere Angriffe unternehmen. So könnten beispielsweise alle S-Boxen des DES-Algorithmus gezielt einheitlich auf null oder eins abgeändert werden. Damit ist der DES kein Verschlüsselungsalgorithmus mehr, sondern lediglich eine lineare Transformation [Anderson 96 a].

Kennt man die exakte Position der DES-Schlüssel im EEPROM und ist es möglich, diese bitweise zu verändern (z.B.: durch fokussierte UV-Strahlung), so kann man sich dies natürlich ebenfalls für einen wirkungsvollen Angriff zunutze machen. Dazu setzt man ein beliebiges Bit im Schlüssel auf null und ruft anschließend ein Kommando auf, das den DES-Algorithmus mit dem veränderten Schlüssel benutzt. Erhält man einen Returncode, der einen Paritätsfehler im Schlüssel anzeigt, so war das geänderte Bit auf eins gesetzt, falls kein Paritätsfehler gemeldet wird, stand es bereits auf null. Anschließend verfährt man sinngemäß mit den restlichen 55 Bits des Schlüssels, und als Ergebnis erhält man den geheimen Schlüssel [Zieschang 98].

Es ließen sich noch viele weitere Angriffe aufführen, die in ähnliche Richtung laufen, wie gezielte Veränderung von Programmabläufen oder Umsetzen von Zeigern. So interessant und einfach alle diese Attacken aber auf dem Papier aussehen, so schwierig wäre es, sie in der Realität durchzuführen. Die notwendigen Voraussetzungen für einen erfolgreichen Angriff sind nämlich nicht gerade simpel und führen dazu, daß dieser Angriff ein interessantes, aber doch theoretisches Gebilde bleibt.

Um gezielt Bits verändern zu können, muß der Angreifer detailliertes Wissen über die physikalischen Adressen von Daten und Programmcode im Speicher besitzen und auch noch das Scrambling des jeweiligen Speichers kennen. Zudem sind alle sicherheitskritischen Daten- und Programmcodeteile über Prüfsummen abgesichert, welche vor einer Benutzung jeweils nachgerechnet werden. Ein Angreifer müßte also auch noch gezielt die Prüfsummen an die veränderten Daten anpassen. Vergessen werden darf auch nicht, daß vor einer Manipulation alle Schutzschichten über dem entsprechenden Speicher auf dem Chip zu neutralisieren sind. Alle diese Punkte führen dazu, daß die Attraktivität für diese Form eines Angriffs gegen null geht, obwohl er zugegebenermaßen in der Theorie sehr anziehend klingt.

8.2.4.2   Angriffe auf der logischen Ebene

Angriffe auf die Sicherheit einer Chipkarte auf logischer Ebene setzen vor allem ein Verständnis der Kommunikation und des Informationsflusses zwischen Terminal und Chipkarte voraus. Es ist nicht so sehr notwendig, Prozesse auf Ebene der Hardware zu verstehen, wie die Abläufe in der Software. Die hier beispielhaft vorgestellten Szenarien bewegen sich informationstechnisch gesehen eine Ebene über den Angriffen, bei denen vor allem die Hardwareeigenschaften ausgenutzt werden.

Angriff und Abwehr: Dummy-Chipkarte
Der wohl am ehesten vorstellbare Angriff ist die Verwendung einer selbst programmierten und mit diversen Analyse- und Protokollfunktionen erweiterten Chipkarte. Bis vor einigen Jahren war dies fast nicht ausführbar, da der Erwerb von Chipkarten bzw. den dazugehörigen Mikrocontrollern nur einigen wenigen Firmen möglich war. Doch mittlerweile sind Chipkarten und Konfigurationsprogramme von verschiedenen Firmen frei zu kaufen. Damit erweitern sich natürlich auch die Möglichkeiten, die einem Angreifer zur Verfügung stehen. Doch unabhängig davon läßt sich mit etwas Aufwand aus einem Kunststoffplättchen, einem Standard-Mikrocontroller im SMD-Gehäuse und etwas Geschick eine funktionsfähige Chipkarte zusammenbauen. Zumindest eine, die sich elektrisch und während der Datenübertragung wie eine echte verhält. Neue Möglichkeiten bietet auch die Java-Technologie bei Chipkarten, bei der problemlos eigene Programme erstellt und in eine Dummy-Karte geladen werden können.

Mit einer solchen Dummy-Karte ließe sich zumindest ein Teil der Kommunikation mit dem Terminal protokollieren und später auswerten. Nach mehreren Versuchen ist es dann wahrscheinlich möglich, einen Teil der Kommunikation getreu einer echten Chipkarte auszuführen.

Ob man daraus auch einen Vorteil erzielen kann, ist zweifelhaft, da alle professionell gestalteten Anwendungen über eine kryptografische Absicherung für wichtige Aktionen verfügen. So lange man den geheimen Schlüssel nicht kennt, ist spätestens bei der Authentisierung das Ende des Angriffs erreicht. Dieser Angriff würde nur zum Erfolg führen, wenn man die geheimen Schlüssel kennt oder die gesamte Anwendung ohne kryptografische Absicherung abläuft. Sollte eine solche Anwendung existieren, darf aber stark bezweifelt werden, ob der durch diesen Angriff erreichbare Vorteil von einer solchen Bedeutung ist, daß sich der ganze dafür notwendige Aufwand rechtfertigt.

Analyse: Ermittlung des Befehlssatzes einer Chipkarte
Die Befehlsklassen und Kommandos, die eine Chipkarte unterstützt, sind zwar oft nicht veröffentlicht, doch ist es sehr einfach, sie zu ermitteln. Dies ist weniger bei ei-

nem Angriff auf die Sicherheit von Interesse, sondern um grundsätzlich den Befehlssatz einer unbekannten Chipkarte zu ermitteln. Es ist vorstellbar, daß auf dieser
Grundlage Angriffe aufgebaut werden könnten.

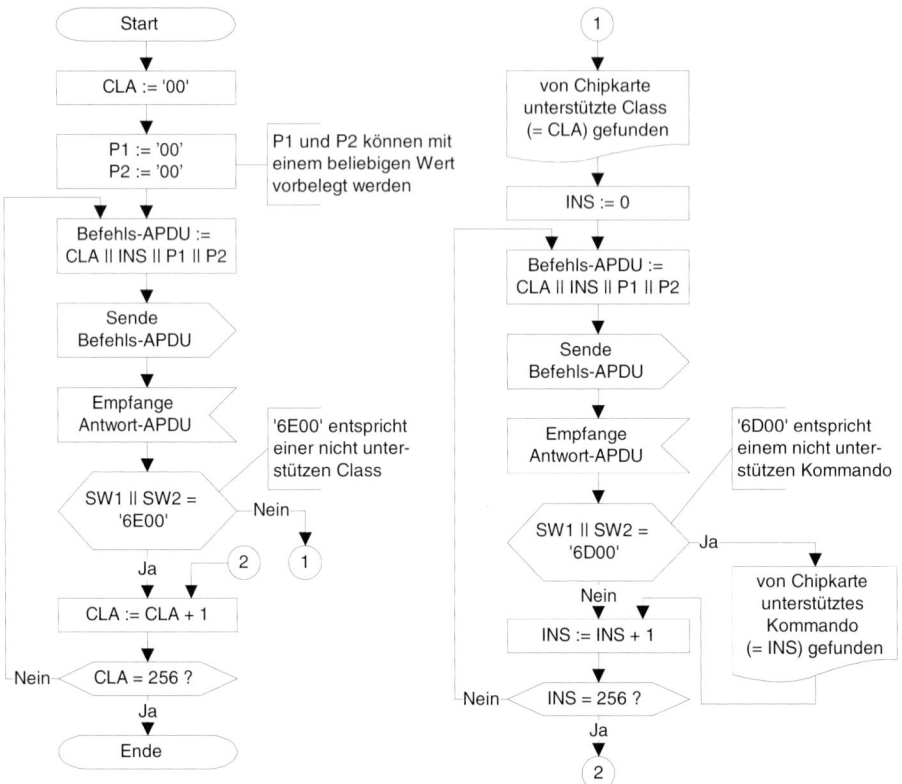

Bild 8.34   Grundsätzliche Vorgehensweise bei der erschöpfenden Suche nach allen von einem
Chipkarten-Betriebssystem unterstützten Kommandos. Die Suche funktioniert nur
dann lückenlos, wenn der Aufruf von Kommandos nicht durch einen Zustandsautomaten reglementiert ist. Das Prinzip ist, daß alle Class Bytes (CLA) und Instruction
Bytes (INS) systematisch ohne Berücksichtigung einer eventuell enthaltenen Codierung (Secure Messaging, Logische Kanäle, Vpp-Kontrolle) durchprobiert werden.

Die Vorgehensweise zur Ermittlung des Befehlsvorrates gestaltet sich entsprechend
Bild 8.34. Zuerst bildet man eine Kommando-APDU und sendet diese mit einem frei
programmierbaren Terminal zur Chipkarte. Dabei variiert man das Class-Byte von '00'
bis 'FF'. Erhält man einen anderen Returncode als „Ungültige Class", dann hat man das
erste gültige Class-Byte ermittelt. Üblicherweise gibt es 2 bis 3 Befehlsklassen, die
man als Grundlage benutzt, um in einer weiteren Runde alle Instruction-Bytes durch-
zuprobieren. Man sendet dazu so lange Kommando-APDUs mit verändertem Instruction-Byte zur Chipkarte, bis man einen anderen Returncode als „Unbekannte Instruction" erhält. Mit dieser Methode kann man, entsprechende Terminalsoftware vorausge-

setzt, in ein bis zwei Minuten feststellen, welche Kommandos eine Chipkarte unterstützt. Teilweise läßt sich analog dazu auch ein Teil der möglichen Parameter der ermittelten Kommandos herausfinden.

Der dargestellte Algorithmus ließe sich noch erheblich schneller machen, wenn man nur nach ISO/IEC 7816-4 zulässige Codierungen für das Class Byte und das Instruction Byte als Laufvariablen zuläßt. Damit würde der Zahlenraum des Class Bytes durch Berücksichtigung von Secure Messaging und Logischen Kanälen stark reduziert. Analog kann man beim Instruction Byte verfahren, wenn man nur gerade Zahlen verwendet, da ungerade bekanntermaßen die nicht mehr benötigte Vpp-Kontrolle beinhalten.

Der Grund, warum dieser einfache Suchalgorithmus für Befehlsklassen, Kommandos und Parameter Erfolg hat, liegt darin, daß praktisch alle Kommandointerpreter der Chipkarten-Betriebssysteme die empfangenen Kommandos vom Class-Byte ausgehend zu den nachfolgenden Bytes hin untersuchen. Beim ersten erkannten ungültigen Wert wird die Bearbeitung abgebrochen, ein entsprechender Returncode generiert und an das Terminal zurückgesendet.

Die beschriebene Vorgehensweise funktioniert aber nur, wenn die Chipkarte über keinen globalen Zustandsautomaten für die Reihenfolge der Kommandos verfügt. Falls dies der Fall ist, kann man aber mit obigem Verfahren zumindest Schritt für Schritt die Reihenfolge der Kommandos herausfinden.

Der Nutzen für einen Angreifer mag nicht besonders groß erscheinen, da üblicherweise der Befehlssatz nicht geheim ist. Doch zumindest können so auf sehr einfache und schnelle Weise alle Kommandos ermittelt werden. Im übrigen kann diese Methode sehr gut benutzt werden, um herauszufinden, ob ein Betriebssystemhersteller undokumentierte Kommandos in der Chipkarte untergebracht hat.

Angriff: Abhören der Datenübertragung
Um die Daten während einer Sitzung abzuhören und bei Bedarf manipulieren zu können, verwendet man eine leicht abgeänderte Chipkarte. Auf das I/O-Kontaktfeld wird dazu ein elektrisch isolierter Dummy-Kontakt aufgeklebt. Die ursprüngliche I/O-Schnittstelle ist mit ihm dann elektrisch nicht mehr verbunden. Der so neu geschaffene (Dummy-) Kontakt und der ursprüngliche I/O-Kontakt sind mit einem schnellem Computer verbunden. Dieser kann nun je nach Programmierung bei der Kommunikation zwischen Terminal und Chipkarte beliebige Daten ausschneiden oder einblenden. Ist der Computer hinreichend schnell, dann wird weder Terminal noch Chipkarte bei der manipulierten Kommunikation einen Unterschied zum regulären Datenaustausch feststellen können.

Es ist verständlich, daß mit dieser Methode der Ablauf einer Sitzung sehr stark beeinflußt werden kann. Ob nun einem Angreifer daraus ein Vorteil erwächst, hängt vor allem von der Anwendung in der Chipkarte ab. Ein anerkanntes Designkriterium sagt aus, daß weder durch Abhören, Ausschneiden oder Einblenden von Daten während der Kommunikation die Sicherheit beeinträchtigt sein darf. Wird dieses Kriterium nicht beachtet, dann kann ein Angreifer auf diese Weise sicherlich einen Vorteil erlangen. Betrugsfälle durch Simulation von Speicherkarten sind bekannt.

Um die Kommunikationsabläufe gegen diesen Angriff abzusichern, haben einige Terminals sogenannte Shutter, die alle von der Chipkarte wegführenden Drähte abschneiden. Auch läßt sich hier hervorragend Secure Messaging einsetzen, bei dem Manipulationen während der Datenübertragung zuverlässig erkannt werden.

Da viele Terminals auch nur unter Aufsicht bedient werden dürfen, ist es dort auch nicht so einfach, manipulierte Chipkarten mit Leitungen zu einem mitgeführten Rechner zur Anwendung zu bringen. Zurückblickend kann man diesen Angriff zwar als theoretisch sehr interessant und vielversprechend einstufen, doch in der Praxis als eher unwahrscheinlich und vor allem wenig erfolgversprechend.

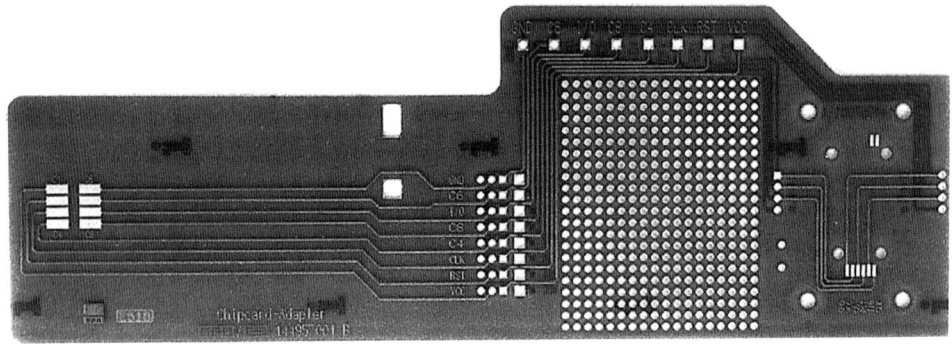

Bild 8.35   Adapter, mit dem eine Chipkarte aus dem Gehäuse eines Kartenterminals zu Meß-
                     zwecken herausgeführt werden kann. Auf der linken Seite sind die acht Kontakt-
                     felder zu sehen, und rechts befindet sich ein Fädelfeld zum Aufbau von Elektronik-
                     schaltungen.

Angriff und Abwehr: Abschalten der Stromversorgung
Ein Angriff, der noch vor einigen Jahren bei vielen Chipkarten zum Erfolg geführt hat, ist das Abschalten der Stromversorgung zu einem bestimmten Zeitpunkt während der Ausführung eines Kommandos. Der Hintergrund für diesen Angriff ist, daß bei konventioneller Programmierung alle Schreiboperationen auf EEPROM-Seiten nacheinander ausgeführt werden. Hat nun der Programmierer des Kommandos die Reihenfolge der Schreiboperationen unklug angeordnet, so kann das Abschalten der Stromversorgung im richtigen Zeitpunkt einem Angreifer zum Vorteil gereichen.

An einem stark vereinfachten Beispiel sei dies noch einmal kurz verdeutlicht: Würde bei einem Kommando zum Aufladen einer elektronischen Geldbörse als allererstes der Börsensaldo erhöht und erst danach die Protokolldateien auf den neuesten Stand gebracht, so hätte ein Angreifer gute Chancen zum kostenlosen Aufladen seiner Chipkarte. Er müßte nur zum richtigen Zeitpunkt die Stromversorgung abschalten oder die Chipkarte millisekundengenau (!) aus dem Kartenterminal herausreißen. Der Dateiinhalt mit dem Börsensaldo wäre dann auf den neuen Wert erhöht, es gäbe dazu jedoch keine Protokolldaten und auch keine Antwort auf das Kommando. Bei simplen elektronischen Börsensystemen wäre in der Vergangenheit so ein Angriff durchaus realistisch gewesen.

Um den genauen Zeitpunkt für den Abbruch zu ermitteln, muß der Angreifer nur mit einem elektronischen Zähler die Takte vom Absenden des Kommandos an zählen und sich dann durch Wiederholungen sukzessive zum richtigen Abschaltzeitpunkt vortasten. Es ist müßig zu erwähnen, daß sich der ganze Vorgang mit einem Computer quasi automatisieren läßt.

	Börsensaldo	Datei mit Börsensaldo (in binärer Schreibweise)
1. aktueller Börsaldo	100 DM	°0110 0100°
2. Abbuchung von 10 DM	90 DM	
3. Löschen des EEPROMs	255 DM	°1111 1111°
4. Schreiben des neuen Börsensaldos	90 DM	°0101 1010°

Bild 8.36   Ablauf beim Schreiben eines neuen Saldos in einer elektronischen Geldbörse. In diesem Beispiel ist angenommen, daß der gelöschte Zustand des EEPROM eins ist. Daraus folgt, daß es halbleitertechnisch notwendig ist, die gesamte EEPROM-Page zu löschen (d.h. auf eins zu setzen), wenn auch nur ein Bit der Page von null auf eins gesetzt werden muß. Würde man in diesem Beispiel den Strom für die Chipkarte exakt nach dem Löschen des EEPROM abschalten (d.h. nach Schritt 3), dann würde der Börsensaldo auf seinem-Maximalwert stehen, und der Angreifer hätte Geld erzeugt. Durch atomare Abläufe läßt sich dies jedoch zuverlässig unterbinden.

Auch wenn dieser Angriff interessant und einfach nachvollziehbar klingt, so gibt es doch in der Praxis einige wirkungsvolle Gegenmaßnahmen. Der einfachste Ansatz ist eine vernünftige Reihenfolge der EEPROM-Schreibbefehle. Die Norm EN 1546 für branchenübergreifende elektronische Geldbörsen ist dazu ein sehr gut geeignetes Anschauungsobjekt, da alle dort beschriebenen Geldbörsen gegen diese Art von Angriff explizit geschützt sind.

Allerdings läßt sich selbst mit einer fehlerfrei ausgetüftelten Reihenfolge der Schreiboperationen kein perfekter Schutz erreichen. Dies sei noch an einem anderen Beispiel verdeutlicht. Bei Aufladen der besagten elektronischen Geldbörse kann es vorkommen, daß das EEPROM vor dem Schreibvorgang gelöscht werden muß. Entspricht nun der gelöschte Zustand des EEPROMs dem Maximalwert der Börse, was im übrigen meistens der Fall ist, dann muß nur zum richtigen Zeitpunkt die Stromversorgung abgeschaltet werden, damit die Börse auf ihren Maximalwert aufgeladen ist. Der passende Augenblick zum Abschalten ist dann erreicht, wenn die Löschoperation abgeschlossen ist und die Schreiboperation noch nicht begonnen hat.

Die Betriebssystem-Designer kennen jedoch auch für diesen Angriff eine wirkungsvolle Gegenmaßnahme: die in Abschnitt 5.9 detailliert beschrieben atomaren Abläufe. Sie besitzen die Eigenschaft, daß sie atomar, also nicht aufteilbar sind. Das bedeutet, sie werden entweder ganz oder gar nicht ausgeführt, was als Schutz für den obigen

Angriff vollkommen ausreichend ist. Selbst die in der EN 1546 in ihrer Reihenfolge optimal angeordneten EEPROM-Schreiboperationen benötigen an mehreren Stellen atomare Abläufe, damit der oben dargestellte Angriff nicht realisiert werden kann.

Angriff und Abwehr: Stromanalyse bei PIN-Vergleichen
Mit der Kombination von physikalischer Messung eines Parameters und Variation von logischen Werten kann ein technisch sehr interessanter Angriff auf Vergleichs-merkmale, wie z.B. die PIN, gemacht werden. Dieser Angriff betrifft alle Mechanis-men, bei denen Daten zur Chipkarte gesendet, dort mit einem gespeicherten Wert ver-glichen werden und abhängig vom Vergleichsergebnis ein Fehlbedienungszähler er-höht wird.

Das Prinzip ist dabei eine Strommessung der Chipkarte, die beispielsweise über den Spannungsabfall an einem in die Vcc-Leitung eingebrachten Widerstand erfolgt. Sen-det man das betreffende Kommando mit den Vergleichsdaten zur Karte, so kann man über die Strommessung vor Erhalt des Returncodes feststellen, ob der Fehlbedienungs-zähler erhöht wurde oder nicht. Würde nun bei einem positiven Vergleich der Return-code früher ausgesandt, als der Fehlbedienungszähler geschrieben wird, so könnte man auf dieser Grundlage den Vergleichswert ermitteln. Dazu sendet man den Vergleichs-wert in allen seinen Varianten zur Chipkarte und schaltet diese im Schlechtfall immer vor dem Erhöhen des Fehlbedienungszählers ab. Der Gutfall kann durch den entspre-chenden Returncode, der vor der Erhöhung des Fehlbedienungszählers gesendet wird, eindeutig erkannt werden.

Um nun diesen Angriff abzuwehren, gibt es zwei grundsätzliche Methoden. Die ein-fachste Abwehr besteht darin, daß man den Fehlbedienungszähler grundsätzlich vor jedem Vergleich erhöht und ihn dann bei Bedarf wieder erniedrigt. Egal zu welchem Zeitpunkt nun ein Angreifer die Spannungsversorgung unterbricht, er kann daraus nie einen Vorteil erzielen, da der Fehlbedienungszähler schon erhöht ist. Die zweite Vari-ante ist etwas aufwendiger, erfüllt aber die gleiche Schutzfunktion. Nach dem Ver-gleich wird im Schlechtfall der Fehlbedienungszähler erhöht und im Gutfall in eine nicht benutzte EEPROM-Zelle geschrieben. Beide Schreibzugriffe finden zeitgleich statt, so daß ein Angreifer keine Rückschlüsse auf den Vergleich ziehen kann. Er er-fährt erst durch den Returncode vom Ergebnis der Vergleichsoperation. Zu diesem Zeitpunkt ist es dann schon zu spät, durch Abschalten der Spannungsversorgung den Schreibzugriff auf den Fehlbedienungszähler zu verhindern.

Angriff und Abwehr: Zeitanalyse bei PIN-Vergleichen
Programmierer achten immer sehr darauf, daß Programme so schnell wie möglich aus-geführt werden. Im Regelfall ist dies auch wichtig. Allerdings läßt sich diese Tatsache der Laufzeitminimierung auch für einen durchaus erfolgversprechenden Angriff nut-zen. Wird einer Chipkarte eine PIN zur Prüfung übergeben, so führt die zuständige Vergleichsroutine einen byteweisen Vergleich der übergebenen PIN und der abgespei-cherten PIN aus. Ein nicht auf Sicherheit achtender Programmierer wird nun diese Vergleichsroutine so programmieren, daß ein Unterschied beim Vergleich der beiden PIN-Ziffern zum sofortigen Abbruch und Aussprung aus der Vergleichsroutine führt.

Damit ergeben sich geringe, aber mit geeignetem Instrumentarium (z.B. Speicheroszilloskop) durchaus meßbare Laufzeitunterschiede aufgrund des abgebrochenen Vergleichs. Diese können von einem Angreifer benutzt werden, um auf relativ einfache Art und Weise die normalerweise geheime PIN zu ermitteln.

Obiger Angriff war vor einigen Jahren im Bereich der Chipkarten noch erfolgreich. Mittlerweile ist aber diese Art von Angriffen bekannt, und die Vergleichsroutinen sind so ausgelegt, daß prinzipiell immer alle Stellen einer PIN verglichen werden. Damit tritt kein Zeitunterschied zwischen positivem und negativem Vergleichsergebnis auf.

Schutz: Rauschfreier Kryptoalgorithmus
Die Grundlage der Sicherheit einer Chipkarten-Anwendung bilden die geheimen Schlüssel für den kryptografischen Algorithmus. Um bestimmte Zugriffe oder Aktionen auf der Chipkarte ausführen zu dürfen, muß sich das Terminal immer vorher authentisieren, wozu ein geheimer Schlüssel benutzt wird. Es ist verständlich, daß die Authentisierung des Terminals durch die Chipkarte ein interessantes Ziel für einen Angreifer ist. Hingegen ist die Authentisierung der Chipkarte durch das Terminal bei einem Angriff auf die Chipkarte ohne Interesse, da sie von einem (Dummy-)Terminal beliebig manipuliert werden kann.

Das Terminal wird durch die Chipkarte authentisiert, indem es eine Zufallszahl erhält, diese verschlüsselt und dann zurücksendet. Daraufhin führt die Chipkarte die gleiche Verschlüsselung durch und vergleicht das Ergebnis mit dem vom Terminal erhaltenen. Bei Übereinstimmung ist das Terminal authentisiert und erhält einen entsprechenden Returncode. Ist die Authentisierung fehlgeschlagen, so sendet die Chipkarte einen anderen Returncode. Der Ansatzpunkt für einen Angreifer ist nun eine Analyse der Bearbeitungszeit zwischen Kommando und Antwort von der Chipkarte.

Noch in den frühen 90er Jahren wurden manchmal Kryptoalgorithmen verwendet, die erhebliche Unterschiede in der Ausführungszeit abhängig vom Schlüssel und Klartext hatten. Mit dem so reduzierten Schlüsselraum als Grundlage kann der Angreifer mit einem Brute-force-Angriff nach dem geheimen Schlüssel suchen. Wie lange die Suche dauert, hängt sehr stark vom Rauschen des Algorithmus ab. Je größer aber die Zeitunterschiede sind, desto kleiner ist der Schlüsselraum und desto einfacher und schneller die Schlüsselsuche. Falls die exakte Implementation des entsprechenden Kryptoalgorithmus auf dem Zielrechner bekannt ist, kann dies zusätzlich als Referenz zur Erstellung von Zeittabellen herangezogen werden. Publik gemacht wurde diese Art des Angriff einer „Timing Attack" in einer Veröffentlichung von Paul Kocher im Jahr 1995 [Kocher 95], die sich vor allem mit Zeitabhängigkeiten bei RSA und DSS beschäftigte.

Im Prinzip ist eine Timing Analysis für die Sicherheit einer Chipkarte sehr gefährlich. Da er aber schon seit längerer Zeit bekannt ist, benutzen alle heutigen Chipkarten nur noch rauschfreie Kryptoalgorithmen, d.h. die Zeit für Ver- und Entschlüsselung ist unabhängig von den Eingangswerten. Damit wurde diese Art des Angriffs abgeblockt. Allerdings besteht dabei für die Programmierer ein Zielkonflikt, da ein rauschfreier Kryptoalgorithmus meist mehr Programmcode benötigt und immer langsamer ist als die rauschende Variante. Der Grund dafür ist, daß der Algorithmus so beschaffen sein muß, daß die Programmablaufpfade für alle Klartextdaten, Schlüsseltextdaten und Schlüssel immer gleich lang sind. Damit ist der längste notwendige Ablaufpfad die Referenz, und alle anderen müssen entsprechend angepaßt werden.

Als zusätzliche Sicherheit verfügen in manchen Anwendungen alle Authentisierungsschlüssel noch über eigene Fehlbedienungszähler, so daß sich nur eine bestimmte Anzahl von nicht erfolgreichen Authentisierungen durchführen läßt. Hat der Fehlbedienungszähler seinen Maximalwert erreicht, dann sperrt sich die Chipkarte gegen alle weiteren Authentisierungsversuche.

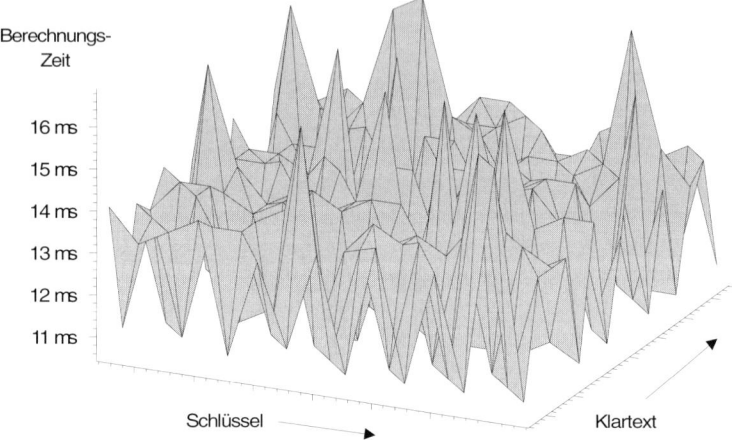

Bild 8.37   Beispiel für den Einfluß von Schlüssel- und Klartextdaten bei einem nicht rauschfreien Verschlüsselungsalgorithmus. Das Bild zeigt einen Ausschnitt aus dem Klar- und Schlüsseltextraum und wurde mit 100 000 Iterationen pro Meßwert mit einer alten Implementierung des DES-Algorithmus erstellt.

Manipulation: Differentielle Fehleranalyse (differential fault analysis – DFA)
Elektronische Geräte lassen sich bekanntermaßen erheblich in ihren Funktionen beeinträchtigen, wenn sie elektromagnetischen Störungen ausgesetzt werden. So kann man beispielsweise die Prozessoren vieler computergesteuerter Kleingeräte ohne weiteres durch ein eingeschaltetes Mobiltelefon zum Absturz bringen. Die Ursache liegt in Speicherzellen, deren Inhalt durch die hochfrequenten Wechselfelder verändert wird.

Im Jahr 1996 veröffentlichten Dan Boneh, Richard DeMillo und Richard Lipton eine Arbeit [Boneh 96], die ein theoretisches Modell beschreibt, wie geheime Schlüssel von asymmetrischen Kryptoalgorithmen durch Einstreuung von Hardwarefehlern berechnet werden können. Da die drei Entdecker damals bei den Bell Communications Research (Bellcore) Laboratories beschäftigt waren, wird dieser Angriff oft auch Bellcore-Angriff (*Bellcore-Attack*) genannt.

Nur zwei Monate später publizierten Eli Biham und Adi Shamir eine Erweiterung des Bellcore-Angriffs mit dem Namen differentielle Fehleranalyse (*differential fault analysis – DFA*) [Biham 96], die nunmehr auch symmetrische Kryptoalgorithmen, wie den DES-Algorithmus, mit einschloß. Damit waren, zumindest in der Theorie, viele Chipkarten-Anwendungen von einer neuen, ernstzunehmenden Angriffsmethode betroffen.

Das grundlegende Prinzip beider Angriffe ist verhältnismäßig einfach: Im ersten Schritt verschlüsselt man einen beliebigen Klartext mit dem zu brechenden Schlüssel und bewahrt den erhaltenen Schlüsseltext auf. Anschließend wird die Chipkarte während der Abarbeitung des kryptografischen Algorithmus in ihrer Arbeitsweise von außen beispielsweise durch ionisierende oder hochfrequente Strahlung gestört, so daß sich ein einzelnes Schlüsselbit an beliebiger Stelle bei der Berechnung verändert. Das Ergebnis davon ist ein Schlüsseltext, welcher aufgrund des gekippten Bits falsch verschlüsselt wurde. Dies wird nun mehrmals wiederholt, und die Ergebnisse werden zur Analyse aufbewahrt. Der Rest zur Ermittlung des Schlüssels ist pure Mathematik und in den oben aufgeführten Papieren umfassend dargestellt.

Die Stärke des Angriffs liegt vor allem darin, daß es nicht einmal erforderlich ist zu wissen, an welcher Stelle des geheimen Schlüssels ein Bit gekippt wurde. Biham und Shamir geben in ihrer Veröffentlichung an, daß bei einem verfälschten Schlüsselbit bereits 200 Schlüsseltextblöcke genügen, um daraus den geheimen DES-Schlüssel zu berechnen. Bei Verwendung eines echten Triple-DES (168 Bit) anstelle des DES erhöht sich die Zahl der notwendigen Schlüsseltexte nur unwesentlich. Selbst wenn mehr als ein Bit verändert wird, greift dieser Angriff noch. Es erhöht sich lediglich die notwendige Anzahl der falsch verschlüsselten Schlüsseltexte.

So anspruchslos, wie sich diese Art von Angriffen anhört, ist sie in der Praxis dann doch nicht. Es sollte möglichst nur ein Bit verändert werden oder zumindest sehr wenige Bits. Sendet man aber nun pauschal auf den gesamten Mikrocontroller hochfrequente Mikrowellenstrahlung, dann ändern sich meist so viele Bits, daß der Prozessor in der Regel sofort rettungslos abstürzt. Deshalb versucht man beispielsweise durch vorsätzlich erzeugte Glitches[1] in der Strom- oder Taktversorgung, die CPU zu einer einzigen falschen Berechnung zu veranlassen. Wenn die Filter an den dazugehörigen Eingangsleitungen solch ein Glitch nicht neutralisieren können, dann kann es zu der beabsichtigten Fehlrechnung des Prozessors kommen.

Eine Chipkarte ist allerdings weder dem Bellcore-Angriff noch einer DFA schutzlos ausgeliefert, wenn zuvor entsprechende Vorsorge praktiziert wurde. Die einfachste Abwehr ist, den Kryptoalgorithmus in der Chipkarte einfach zweimal zu berechnen und die beiden Ergebnisse zu vergleichen. Sind die Resultate identisch, dann wurde nicht versucht, von außen irgendwelche Bits zu kippen. Dabei geht man davon aus, daß eine bewußte Fehlereinstreuung niemals die gleichen Bits in der Chipkarte verändern kann. Dies ist auch wirklichkeitsnah, denn sollte jemals die gezielte Änderung von bestimmten Bits in einem Chipkarten-Prozessor möglich sein, dann gibt es viel einfachere und schneller durchzuführende Angriffe als eine DFA.

---

[1] Glitches sind sehr kurze Spannungseinbrüche oder -erhöhungen.

Der große Nachteil einer Doppelrechnung ist der zusätzliche Zeitbedarf, welcher Probleme bereiten kann. Dies betrifft vor allem Angriffe auf zeitaufwendige asymmetrische Kryptoverfahren wie RSA oder DSS. Eine weitere wirksame Abwehrmaßnahme gegen differentielle Fehleranalysen kann dadurch bewerkstelligt werden, indem man immer nur unterschiedliche Klartexte verschlüsselt. Die einfachste Lösung ist eine dem zu verschlüsselnden Klartext vorangestellte Zufallszahl. Damit verschlüsselt der Kryptoalgorithmus immer verschiedene Daten, und eine DFA ist nicht mehr möglich.

Die Quintessenz aus Bellcore-Angriff und differentieller Fehleranalyse ist, daß es sich um durchaus gefährliche Angriffe handelt, die bei unvorbereiteten Chipkarten zu einem Erfolg führen können. Doch wurden innerhalb kurzer Zeit nach dem Bekanntwerden der beiden Angriffsmethoden alle Chipkarten-Betriebssysteme und Anwendungen diesbezüglich abgesichert, so daß sowohl Bellcore-Angriff als auch DFA heute keine ernsthafte Gefährdung mehr sind.

Schutzkomponente: Chipkarten-Betriebssystem
Die Schutzmechanismen der Hardware sind die Grundlage für die Schutzmechanismen der Betriebssystemsoftware. Dabei darf keine Lücke übersehen werden, da die drei Teile der Schutzmechanismen (Hardware, Betriebssystem, Anwendung) mit einem logischen „UND" verknüpft sind. Dies ist vergleichbar einer Kette, bei der das schwächste Glied die Zugfestigkeit bestimmt. Fällt bei einer Chipkarte ein Mechanismus aus, dann bricht die gesamte Sicherheit zusammen. Gerade das Betriebssystem ist wiederum auch die Basis für die eigentliche Anwendung, deren Informationen und Abläufe geschützt werden müssen.

Die folgenden Abschnitte behandeln insbesondere Schutzmechanismen gegen typische Angriffe und weniger allgemeine Sicherheitsfunktionen eines Chipkarten-Betriebssystems. Allerdings sind auch diese zu einem großen Teil mitverantwortlich für Betriebssicherheit und Schutz gegen Angriffe, weshalb hier ausdrücklich auf die entsprechenden Abschnitte in Kapitel 5 hingewiesen sei.

Schutz: Hard- und Softwaretest nach Reset
Beim Initialisieren des Betriebssystems müssen grundsätzlich die wichtigsten Teile der Hardware auf korrekte Funktionsfähigkeit geprüft werden. So ist eine Prüfung des RAMs unabdingbar, da dort während der Laufzeit alle Zugriffsbedingungen gespeichert sind und ein Ausfall eines bestimmten Bits zum Zusammenbrechen der gesamten Sicherheit führen kann. Genauso unverzichtbar ist die Berechnung und der Vergleich von Prüfsummen über die wichtigsten Teile des ROM und EEPROM. Ein Test der CPU ist zumindest implizit durch das Senden des ATRs gegeben, da dazu der überwiegende Teil aller möglichen Maschinenbefehle fehlerfrei ausgeführt werden muß. Explizite Tests der CPU oder einer eventuell vorhandenen NPU können sich jedoch in der Regel nur auf Stichproben beschränken, da eine vollständige Prüfung auf einwandfreie Funktion viel zu zeit- und codeaufwendig wäre.

Falls das Betriebssystem einen Hardware- oder Prüfsummenfehler entdeckt, dann existieren zwei Vorgehensweisen: Die Software kann entweder sofort in eine Endlosschleife springen, damit sendet die Chipkarte auch keinen ATR mehr aus, und folgende

Kommandos können auch nicht mehr empfangen werden. Der große Nachteil besteht dann darin, daß die Ursache dieses Verhaltens von außen nicht erkannt werden kann. Man weiß beispielsweise nicht mehr, ob nun ein Chipbruch, der Riß eines Bonddrahtes oder ein Prüfsummenfehler im EEPROM vorliegt. Günstiger ist es deshalb, wenn die Chipkarte versucht, einen speziellen ATR zu senden und sich dann über eine Endlosschleife abschaltet. Durch diesen Fehler-ATR ist für die äußere Welt zumindest noch im Ansatz erkennbar, was innerhalb der Chipkarte passiert ist. Allerdings darf keinesfalls übersehen werden, daß bereits das Aussenden eines Fehler-ATRs eine weitgehend funktionsfähige CPU, einige Bytes im RAM und mehrere hundert Bytes Programmcode im ROM erfordert.

Schutz: Schichtentrennung des Betriebssystems
Eine Schichtentrennung mit klar definierten Übergangsparametern zwischen den einzelnen Schichten ist ein Merkmal für ein stabiles und robustes Chipkarten-Betriebssystem. Auswirkungen von möglicherweise im Betriebssystem enthaltenen Programmier- oder Konzeptionsfehlern werden durch eine saubere Schichtentrennung innerhalb des Betriebssystems minimiert. Dies heißt zwar nicht, daß solche Fehler dann nicht auftreten, doch die Auswirkungen sind nicht so groß wie bei einem in sehr komprimiertem und zusammengefaßtem Code programmierten Betriebssystem, da sich Fehler in einer Schicht aufgrund der Trennung nur schwer in eine andere hinein fortsetzen können.

Schutz: Kontrolle der Datenübertragung
Ein weiteres sehr wichtiges Sicherheitselement, die Kontrolle der Datenübertragung, schützt den Speicher vor unerlaubten Zugriffen. Die gesamte Kommunikation zur und von der Chipkarte läuft über die vom Betriebssystem kontrollierte I/O-Schnittstelle. Es sind keine anderen Zugriffe möglich. Dies stellt den wirksamsten Speicherschutz in der Chipkarte dar, denn hierdurch ist sichergestellt, daß das Betriebssystem in jedem Fall die Kontrolle über Zugriffe auf Speicherbereiche behält.

Das Übertragungsprotokoll, das vom Transportmanager gesteuert wird, muß alle möglichen Falscheingaben abfangen. Es darf keine Möglichkeit bestehen, durch Manipulationen der Übertragungsblöcke die Datenübertragung so zu beeinflussen, daß unberechtigt falsche Daten aus dem Speicher zum Terminal gesendet werden.

Schutz: Prüfsummen über wichtige Speicherinhalte
Die Dateiorganisation und dabei im besonderen die Header, also die Dateideskriptoren, sollte mit Prüfsummen abgesichert sein. Ändert sich ein Speicherinhalt unbeabsichtigt, dann kann dies wenigstens durch das Betriebssystem detektiert werden. In Hinblick darauf, daß sich die jeweiligen objektorientierten Zugriffsbedingungen in diesem Teil der Datei befinden, ist diese Forderung sehr wichtig.

Alle Speicherbereiche im EEPROM, die für das Betriebssystem der Chipkarte von existentieller Bedeutung sind, müssen durch Prüfsummen (EDC) abgesichert sein. Bei Zugriffen oder Aufrufen in diesen Bereichen muß vorab die Konsistenz des Inhalts mittels der Prüfsumme festgestellt werden, damit durch Speicherfehler im EEPROM die Stabilität des Betriebssystems nicht gefährdet ist.

Schutz: Kapselung von Anwendungen
Einige Betriebssysteme kapseln die einzelnen DFs, in denen sich die Anwendungen mit ihren Dateien befinden, voneinander ab. Diese Konzepte basieren aber nur auf einem reinen Softwareschutz, ohne Hardwareunterstützung des Chips. Dadurch ist der Schutzeffekt nicht so groß, wie er sein könnte. Doch ist selbst die Software-Lösung der Anwendungskapselung im Fehlerfall von großem Vorteil, da es damit dem Dateimanagement unmöglich gemacht wird, die Grenzen eines DF ohne vorherige explizite Selektion zu überschreiten. Damit werden die Auswirkungen eines Speicherfehlers an einer Datei zumindest auf das jeweilige DF begrenzt.

Bei einer vorhandenen Hardwareunterstützung des Betriebssystems durch eine MMU (*memory management unit*) lassen sich unterschiedliche Anwendungen vollständig voneinander abkapseln, so daß selbst durch manipulierte Software innerhalb einer Anwendung kein unerlaubter Zugriff auf Speicherbereiche anderer Anwendungen mehr möglich ist.

Schutz: Verschleierung von Betriebssystemoperationen
Das Schreiben von Daten in das EEPROM erfordert das Anschalten der auf dem Chip befindlichen Ladungspumpe. Dadurch steigt der Stromverbrauch der Chipkarte, was mit einer einfachen Meßanordnung erkennbar ist. Dies bedeutet, daß man bei der Gestaltung des Betriebssystems darauf achten muß, daß man Schreibzugriffe auf das EEPROM jederzeit außerhalb der Chipkarte feststellen kann. Die Software in der Chipkarte muß verhindern, daß ein Angreifer daraus einen Vorteil erzielen kann.

Deshalb ist es sehr wichtig, daß man anhand von Strommessungen keine verwertbaren Aussagen über interne Abläufe und Entscheidungen im Maschinenprogramm machen kann. Es wäre beispielsweise fatal, wenn man über eine Strommessung vor dem Abschluß eines Kommandos und Erhalt des entsprechenden Returncodes eine verläßliche Aussage über einen PIN-Vergleich machen könnte. Denn dies ließe sich sehr gut zu einer Analyse der PIN ausnutzen.

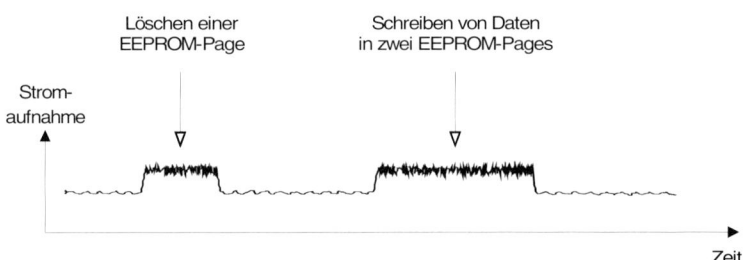

Bild 8.38   Annäherungsweise Darstellung des Stromverbrauchs eines Chipkarten-Mikrocontrollers beim Anschalten der Ladungspumpe.

Schutz: Objektorientierte Zugriffsbedingungen
Frühere Chipkarten-Anwendungen bauten immer auf einem zentral verwalteten Zugriffsmechanismus auf. Diese zentralistisch aufgebauten Zugriffsautomaten besitzen den Nachteil, daß sich Software- oder Speicherfehler auf die gesamte Sicherheit der Chipkarte auswirken. Moderne objektorientierte Dateiverwaltungssysteme mit den Zugriffsrechten an den einzelnen Dateien haben den Vorteil, daß bei Speicherfehlern nur eine einzige Datei davon betroffen ist und die Sicherheit der restlichen Dateien weiterhin gewährleistet ist. Dies ist eigentlich eine grundlegende Eigenschaft aller verteilten Systeme. Sie sind in der Programmierung etwas aufwendiger, jedoch in der Sicherheit durch ihre Autarkie wesentlich stärker gegenüber Angriffen oder Fehlern.

Schutz: Deaktivierung der Chipkarte
Das Betriebssystem muß eine Möglichkeit vorsehen, die Chipkarte komplett zu deaktivieren. Dies ist für die letzte Phase des Lebenszykluss sehr wichtig. Durch das Sammeln von abgelaufenen, aber voll funktionstüchtigen Chipkarten lassen sich mit statistischen Methoden sehr genaue Analysen der Software im Chip durchführen. Um genau dies zu verhindern, müssen im Betriebssystem Mechanismen vorhanden sein, das Betriebssystem mit allen seinen Programmteilen komplett zu deaktivieren und so elektrische oder Laufzeitanalysen unmöglich zu machen.

Angriff und Abwehr: Zufallszahlengenerator
Die von der Chipkarte erzeugten Zufallszahlen benutzt man bei der Authentisierung, um eine Sitzung zu individualisieren, d.h. um sie einzigartig und anders als alle vorausgegangenen und auch die nachfolgenden Sitzungen zu machen. Der Sinn dieses Vorgehens liegt darin, daß man ein erfolgreiches Wiedereinspielen von früher abgehorchten Sitzungen unmöglich macht. Eine Variante des Angriffs wäre nun, sich von der Chipkarte so viele Zufallszahlen erzeugen zu lassen, daß man sie vorhersagen kann. Eine andere Möglichkeit ist, so lange Zufallszahlen von der Chipkarte anzufordern, bis der EEPROM-Speicher des Zufallszahlengenerators nicht mehr funktioniert und dann immer die gleichen Zahlen generiert werden.

   Alle diese Angriffe könnten im Falle des Erfolges eine Authentisierung des Terminals durch die Chipkarte umgehen. Sie funktionieren ausnahmslos nur bei den Chipkarten der ersten Generationen. Bei modernen Betriebssystemen würden sie fehlschlagen. Die Periode der erzeugten Zufallszahlen ist mittlerweile so groß, daß die Zufallszahlen innerhalb der Lebensdauer der Chipkarte nie zweimal auftauchen. Auch nutzt es nichts mehr, so viele Zufallszahlen zu erzeugen, bis Schwierigkeiten mit dem EEPROM eintreten. Sollte dies der Fall sein, dann wird einfach die Generierung der Zufallszahlen blockiert und damit jede weitere Authentisierung verhindert.

   Ein hochwertiger Zufallszahlengenerator muß noch weitere Anforderungen, wie nicht vorhersagbare Zufallszahlen und eine große Periode bei den erzeugten Zufallszahlen, aufweisen. Zudem müssen alle Chipkarten einer Anwendung unterschiedliche Zufallszahlen generieren, was äußerst banal klingt, in der Vergangenheit aber immer wieder zu Problemen geführt hat! Realisiert wird das unterschiedliche Verhalten durch einen bei der Initialisierung oder Personalisierung in die Chipkarte eingebrachten

Startwert des Pseudozufallszahlengenerators. Dieser Initialwert wird in Anlehnung an landwirtschaftlichen Ackerbau oft auch *seed number* genannt. Aufbau und Kriterien für Pseudozufallszahlengeneratoren sowie Meßmethoden für die Güte von Zufallszahlen sind unter „4.4 Zufallszahlen" ausführlich erläutert.

Schutzkomponenten der Chipkarten-Anwendung
Die Schutzmechanismen der Anwendung setzen auf den entsprechenden Mechanismen der Hardware und des Betriebssystems auf. Die Anwendung ist darauf angewiesen, daß die beiden unteren Schichten ihren Schutzaufgaben vollständig nachkommen, denn ein Fehler in der Hardware oder im Betriebssystem kann durch sie nicht mehr abgefangen werden. Kann man beispielsweise das EEPROM mit einem Analyseverfahren auslesen, dann nützen die aufwendigsten und sichersten Verschlüsselungsverfahren nichts, da die Schlüssel vom Angreifer direkt dem EEPROM entnommen werden können. Eine Anwendung muß jedoch so aufgebaut sein, daß im Falle der Kompromittierung einer Karte nicht das gesamte System kompromittiert wird.

Schutz: Einfache Mechanismen
Um sich gegen Angriffe wirkungsvoll zu schützen, sollte man alle Mechanismen einer Anwendung möglichst einfach gestalten und sich allzeit an das generell gültige Prinzip „keep it as simple as possible" halten. Denn dies erleichtert schon am Anfang die Implementation und anschließend die Prüfung auf korrekte Funktionsfähigkeit von Mechanismen und Wirksamkeit von Schutzmaßnahmen. Es ist äußerst gefährlich anzunehmen, wenn man etwas nur genügend kompliziert macht, daß es dann gegen alle möglichen Attacken gewappnet ist. In der Regel wird es genau andersherum sein. Komplizierte Abläufe und Mechanismen führen meist dazu, daß diverse Dinge vergessen und übersehen werden und es dann ein Angreifer um so leichter hat.

Grundsätzlich sollten immer die vom Chipkarten-Betriebssystem zur Verfügung gestellten Schutzmechanismen für die Anwendung benutzt werden. Diese sind geprüft, zuverlässig und wehren bereits auf niedriger Softwareebene Angriffe ab. Dies soll nicht heißen, daß eine Anwendung keine eigenen Schutzmechanismen mehr haben muß, doch sollten die bereits im Betriebssystem vorhandenen in jedem Falle genutzt werden.

Schutz: Konservative Zugriffsrechte
Neben dem Prinzip „keep it simple" gibt es noch eine zweite allgemeingültige Regel. Sie sagt aus, daß Zugriffsrechte auf Dateien oder Kommandos einer Chipkarte so konservativ wie möglich zu vergeben sind. Generell sollte der Zugriff verboten sein und nur die unbedingt notwendigen erlaubt werden.

Die Vorteile liegen darin, daß es dann einfach weniger wahrscheinlich ist, unbeabsichtigt Zugriffe auf wichtige Daten und Kommandos zu vergeben und daß ein Angreifer für jedes Stück an benötigter Information Aufwand betreiben muß. Damit kann man die Angriffsattraktivität erheblich reduzieren, da man den Aufwand hochtreibt, der für den Angriff notwendig ist.

Schutz: Zustandsautomaten für Kommandosequenzen

Ein Angriff auf eine Chipkartenanwendung wird erheblich erschwert, wenn nicht jedes Kommando zu jedem Zeitpunkt und in unbegrenzter Zahl ausgeführt werden darf. Realisiert wird dies durch einen Zustandsautomaten, mit dem die erlaubte Reihenfolge von Kommandos festgelegt werden kann. Legt man dabei beispielsweise als erstes eine gegenseitige Authentisierung von Terminal und Chipkarte fest, dann hat der Angreifer zuerst diesen Schutzwall zu überwinden, bevor er weitere Kommandos ausführen kann.

Schutz: Doppelte Zugriffssicherung

Dem Angreifer wird seine Aufgabe erheblich erschwert, wenn die Dateien der Chipkarte nicht nur durch die am Objekt angebrachten Zugriffsbedingungen geschützt sind, sondern zusätzlich die Kommandos und dazugehörigen Parameter durch einen Zustandsautomaten fest vorgegeben sind. Denn dann kann er nicht mehr durch bloßes Durchprobieren von Kommandos oder Kombination von Kommandos systemspezifische Eigenheiten aufdecken und daraus eventuell einen Nutzen ziehen. Mit von einem Zustandsautomaten überwachten Kommandosequenzen können nur noch die in der Anwendung definierten Kommandos in der Chipkarte ausgeführt werden, alles andere wird schon vor der Ausführung durch den Zustandsautomaten abgeblockt. Dies verringert in erheblichen Umfang die Möglichkeiten, die einem Angreifer durch Kommandomanipulation offenstehen.

Schutz: Verschiedene Prüfebenen

Bei Banknoten ist es seit vielen Jahren Stand der Technik, mehrere Prüfebenen zu unterstützen. Damit sind Sicherheitsmerkmale gemeint, die von unterschiedlichen Personen- oder Maschinengruppen unabhängig voneinander geprüft werden können. So sind viele der optischen Merkmale, wie Sicherheitsfaden und Wasserzeichen, von jedermann auf der Straße prüfbar. Zur Prüfung der nächsten Ebene benötigt man schon eine UV-Lampe, um die fluoreszierenden Farbpigmente im Papier zu erkennen. Die darüber befindliche Prüfebene enthält Merkmale, welche von den Automaten zur Feststellung der Echtheit genutzt werden. Ein typisches Beispiel sind die Infraroteigenschaften der Banknote. Den Zentralbanken stehen dann wiederum eigene und unabhängige Merkmale für ihre Prüfungen zur Verfügung.

Das ganze System läßt sich problemlos auf Chipkarten übertragen und führt dann in logischer Konsequenz dazu, daß nicht jede Instanz alles prüfen kann. So ist es vorstellbar, daß in einem elektronischen Geldbörsensystem ein Händlerterminal nicht alle Schlüssel zur Prüfung der Signaturen besitzt, sondern nur einen Teil davon. Das System wird dadurch kryptografisch nicht geschwächt, erhält aber den Vorteil, daß ein Angreifer nicht mehr das gesamte System diskreditiert, wenn er die Hauptschlüssel eines Händlerterminals in Erfahrung bringt. Einzig und allein der Systembetreiber kennt alle Schlüssel, die für einen vollständigen Transaktionsdatensatz notwendig sind und kann dann auf jeden Fall einen Angriff anhand der gefälschten Signaturen erkennen und entsprechende Gegenmaßnahmen einleiten.

Schutz: Sicherheitsmerkmale

Zusätzliche Sicherheit beim Betrieb einer Chipkarte können Merkmale auf dem Mikrocontroller bieten. Diese bestehen aus extra aufgebrachten Funktionseinheiten, die parallel zur Software im Chip vom Terminal geprüft werden können. Dabei verwendet
man sowohl analoge als auch digitale Baugruppen. Die Sicherheit dieser Merkmale ist
auf Verschleierung begründet und ist für jede Anwendung variabel, so daß man anwendungsspezifische Chips erhält.

Schutz: Gesicherte Datenübertragung

Die Datenübertragung in potentiell unsicherer Umgebung beherbergt einige Risiken.
Es können durch nicht allzu aufwendige technische Manipulationen an der Schnittstelle zwischen Terminal und Karte fast beliebige Daten während einer Sitzung hinzugefügt oder aus dem normalen Ablauf herausgeschnitten werden. Geschieht dies während der Übertragung von sicherheitssensiblen Daten, dann kann ein Angreifer unter
Umständen daraus einen Vorteil erzielen. Um diese nicht allzu aufwendigen oder
schwierigen Angriffe zu unterbinden, kann man die Verfahren von Secure Messaging
einsetzen. Die komplette Verschlüsselung von Daten sollte aber soweit wie möglich
vermieden und zur Übertragung von z.B. geheimen Schlüsseln verwendet werden. Der
Grund liegt bei der notwendigen doppelten Verschlüsselung der Übertragungsdaten,
was die effektive Übertragungsgeschwindigkeit sehr stark absenkt. Ein weiteres Argument gegen die komplette Verschlüsselung ist datenschutzrechtlicher Natur. Fast
alle Daten, die in den Speicher der Chipkarte geschrieben werden, sind öffentlich. Verschlüsselt man nun diese Daten, so kann niemand mehr nachprüfen, was eigentlich in
die Chipkarte geschrieben bzw. aus ihr gelesen wurde. Um hier im Ansatz berechtigten
Bedenken aus dem Wege zu gehen, sollten die Daten soweit wie möglich nicht während der Übertragung verschlüsselt sein.

Schutz: Fehlerbehebungsfunktionen

Kommt es zu einem undefinierten Abbruch einer Sitzung oder zu prinzipiellen Unklarheiten über eine vergangene Sitzung, dann ist es von großem Vorteil, wenn in der
Chipkarte anwendungsspezifische Protokolldateien vorhanden sind. Diese werden
während der Sitzung vom Betriebssystem mit den jeweils aktuellen Zuständen der
Anwendung und eventuell erhaltenen Signaturen oder anderen Daten des Terminals
auf dem neuesten Stand gehalten. Untergebracht sind diese Daten in einer zyklischen
Datei, wo sie jeweils auf den ältesten Record geschrieben werden, so daß dessen Inhalt
damit verlorengeht. Hat diese Datei z.B. 20 Records, dann können Informationen über
die letzten 20 Sitzungen für Analysen des Sitzungsablaufs gespeichert werden. Damit
lassen sich viele Unklarheiten beseitigen und strittige Transaktionen und Abläufe un-
zweifelhaft klären.

Ein weiteres Argument für detaillierte Protokolldateien in der Chipkarte sind die
dann möglichen Fehlerbehebungsfunktionen (*error recovery*). Damit ist es möglich,
bei einem undefinierten Abbruch automatisch den alten Zustand der Karte wiederherzustellen (*roll back*), ohne daß Analysen des genauen Ablaufs und Hergangs, eventuell
sogar mit Personenbeteiligung, notwendig sind.

Schutz: Authentisierung
Die von der Magnetstreifenkarte bekannte einseitige Authentisierung bedeutet letzt-endlich nur, daß das Terminal feststellt, ob die Karte echt ist. Die Magnetstreifenkarte hat aufgrund ihrer passiven Natur keine Möglichkeit, die Echtheit des Terminals zu überprüfen. Die Einführung der Chipkarte hat dies grundlegend geändert. Nunmehr kann auch die Karte prüfen, ob sie in einem echten Terminal steckt oder Verbindung mit einem echten Hintergrundsystem hat. Dies hat weitgehende Auswirkungen auf die Sicherheit, denn die Chipkarte kann dadurch auch aktiv gegen unerlaubte Zugriffsver-suche vorgehen.

Die Möglichkeiten, die mit der dadurch möglichen gegenseitigen Authentisierung einhergehen, sind beträchtlich und werden meistens auch nicht annähernd ausge-schöpft. Zumindest sollte eine Chipkarte sich gegen alle weiteren Zugriffsversuche, egal in welcher Form, sperren, so lange sich das Terminal nicht korrekt authentisieren kann. Damit ist es auch nicht mehr möglich, im stillen Kämmerchen Analysen am Chipkarten-Betriebssystem vorzunehmen, und sei es nur, um alle vorhandenen Kom-mandos zu ermitteln.

Schutz: Online-Verhalten
Terminals mit integrierten Sicherheitsmodulen können völlig autark Anwendungen mit Chipkarten betreiben. Natürlich sind periodische Up- und Downloads zu einem Hinter-grundsystem notwendig, doch das ist normalerweise sehr selten der Fall. Bei größeren Anwendungen mit einer großen Stückzahl von Chipkarten im Feld muß jedoch für die Terminals die Möglichkeit bestehen, bei Bedarf sehr schnell eine Verbindung zum Hintergrundsystem herzustellen, so daß dieses eine direkte Ende-zu-Ende-Kommu-nikation mit der Chipkarte durchführen kann. Dies ist um so wichtiger, je größer das System ist und je mehr Vorteile ein Angreifer aus einem Betrug ziehen kann. Denn bei einer direkten Verbindung zwischen Chipkarte und Hintergrundsystem kann dieses auf seine aktuellen Datenbanken zugreifen und gegebenenfalls die Chipkarte sperren. Zu-dem sind die Schlüssel in einem Hintergrundsystem wesentlich sicherer gespeichert als in den vielen im Feld befindlichen Terminals, auch wenn diese ein Sicherheitsmodul haben. Zusätzlich kann das Hintergrundsystem mit den Kartendaten, die es bei den sporadischen Ende-zu-Ende-Verbindungen erhält, sehr gute statistische Auswertungen über diverse Dateninhalte in der Chipkarte machen.

Alle diese Argumente sind natürlich vor allem bei elektronischen Geldbörsen auf Chipkartenbasis von besonderem Interesse. Der Zwang, „Online zu gehen", kann durch eine Zufallsvariable und Zeitlimits, die in der Chipkarte gespeichert sind, ausge-löst werden. Genauso wirksam sind Zähler in der Chipkarte, die bei einer bestimmten Anzahl von Offline-Transaktionen oder einem bestimmten Offline-Transaktionswert zwingend eine Online Verbindung mit gegenseitiger Authentisierung verlangen. Das Hintergrundsystem kann anschließend diese Zähler wieder zurücksetzen oder die ent-sprechenden Parameter des Online-Verhaltens neu festlegen.

Schutz: Sperrlisten

Es ist nie völlig auszuschließen, daß es in einem System irgendwann zu Fälschungen von Chipkarten kommt, selbst wenn diese noch so gut gegen alle Angriffe gesichert sind. Auch zum Schutz der Benutzer muß ein Chipkartensystem wirkungsvolle Mechanismen aufweisen, damit gestohlene Chipkarten systemweit gesperrt werden können. Die dazu verwendeten Verfahren sind stark von der jeweiligen Anwendung und vom Systemdesign abhängig, können jedoch auf einige fundamentale Techniken zurückgeführt werden.

Um gefälschte oder verlorengegangene Chipkarten von der Benutzung auszuschließen, benötigt man Listen, in denen entweder die gültigen oder nicht mehr gültigen Karten anhand eines eindeutigen Merkmals aufgeführt sind. Üblicherweise ist dieses eine Nummer, also beispielsweise die Kartennummer. Vom Gesichtspunkt des tadellosen Systemdesigns, bei dem alles, was nicht explizit erlaubt ist, implizit verboten ist, wären Listen mit allen gültigen Karten am besten. Diese sogenannten Whitelists führen aber bei größeren Systemen zu unhandlich großen Aufstellungen. Dies kann man sich leicht daran verdeutlichen, daß ein System mit 10 Millionen Chipkarten und einer 8 Byte langen Kartennummer zu einer Whitelist mit 80 MByte Daten führen würde.

Dies ist der Grund, warum in der Praxis sogenannte Blacklists verwendet werden, in denen nur die gesperrten Karten aufgelistet werden. Im obigen Beispiel würde sich die Liste bei einen Anteil von einem Prozent gesperrter Karten auf 800 kByte reduzieren. Sollte es jedoch notwendig sein, bei einem System wesentlich mehr als ein Prozent aller Karten aufgrund von Angriffen oder Verlust zu sperren, dann werden auch mit diesem Modell die Listen schnell unhandlich groß.

Um den notwendigen Datentransfer und die Datenmenge zwischen der listenführenden Instanz und den listenprüfenden Instanzen noch weiter zu minimieren, existieren manchmal noch Redlists. In ihnen werden nachweislich gefälschte Chipkarten geführt, die entweder sofort einzuziehen oder zumindest für jede weitere Transaktion zu sperren sind. Die Anzahl der Einträge in dieser Liste liegt selbst bei großen Systemen nur im zwei- oder dreistelligen Bereich.

Chipkarten können bei Systemen, die online arbeiten, zeitaktuell gegen diese Listen geprüft werden. Bei vollständig oder teilweise offline arbeitenden Systemen muß die Blacklist und die Redlist sooft wie möglich zu den Terminals übertragen werden. Dieses sollte zumindest tagesaktuell geschehen, da sonst ein Schutzmechanismus basierend auf Sperrlisten nicht mehr greifen kann.

Angriff und Abwehr: Computerviren und trojanische Pferde

Computerviren waren bislang bei Chipkarten gänzlich unbekannt, da ein Nachladen von Programmcode in der Anwendungsphase technisch nicht vorgesehen war. Die modernen Chipkarten-Betriebssysteme besitzen jedoch Mechanismen, um Programmcode auch nach Ausgabe der Chipkarte an den Benutzer nachzuladen und auszuführen. Damit sind im Prinzip die Voraussetzungen für Computerviren auf Chipkarten geschaffen. Der Definition nach sind Computerviren Programme, die sich selbst reproduzieren und damit weiterverbreiten können. Besitzen sie nicht die Eigenschaft der Fortpflanzung, so nennt man sie nicht Viren, sondern trojanische Pferde. Beiden Arten ist aber gemein, daß sie unter Umständen auf ihrem Wirtsrechner unerlaubte Aktionen ausführen. Bei einer Chipkarte wäre dies beispielsweise das Lesen und Ausgeben von geheimen Schlüsseln.

Im Gegensatz zu normalen PCs ist es aber bei Chipkarten nicht ohne weiteres möglich, Programme in den Speicher zu laden und auszuführen. Es sind Sicherheitsmechanismen vorgesehen, die die unautorisierte Ausführung von Programmen verhindern. Dazu ist, abhängig von der jeweiligen Anwendung, beispielsweise vorab eine Authentisierung des Terminals notwendig. Zudem muß der Programmcode durchwegs zumindest mit einem MAC oder einer digitalen Signatur abgesichert sein. Zusätzlich findet bei manchen Chipkarten-Betriebssystemen eine gegenseitige Abschottung des Speichers der einzelnen Anwendungen durch Soft- oder Hardware statt, so daß sich Anwendungen in Chipkarten nicht gegenseitig beeinflussen können. Diese starken Sicherheitsmechanismen führen dazu, daß sowohl Computerviren als auch trojanische Pferde (die unbeabsichtigt während der Benutzung nachgeladen werden) wohl auf absehbare Zeit keine Anwendungen in ihrer Funktion und Sicherheit beeinträchtigen werden.

Angriff und Abwehr: Erschöpfende Schlüsselsuche
Ein möglicher Angriff auf kryptografischer Ebene ist die erschöpfende Schlüsselsuche. Der Angreifer benötigt dazu ein oder besser mehrere Klartext-Schlüsseltext-Paare und natürlich den verwendeten Kryptoalgorithmus. Dann verschlüsselt er den gegebenen Klartext mit allen möglichen Schlüsseln, bis er den ebenfalls bekannten Schlüsseltext erhält. Diesen gefundenen Schlüssel probiert er nun noch an allen anderen Klartext-Schlüsseltext-Paaren aus. Ist jedesmal eine korrekte Verschlüsselung ausführbar, dann hat er mit einer sehr hohen Wahrscheinlichkeit den richtigen Schlüssel ermittelt. Dieses Verfahren ist prinzipiell für alle Verschlüsselungsalgorithmen geeignet, allerdings ist es nicht immer die Methode, mit der man am schnellsten die geheimen Schlüssel ermitteln kann.

Schon 1993 veröffentlichte Michael Wiener die Pläne für einen Spezialrechner, der eine Million Dollar kosten sollte und für ein gegebenes Klartext-Schlüsseltext-Paar innerhalb von sieben Stunden alle DES-Schlüssel durchprobieren konnte [Wiener 93]. Damit wäre es möglich, in durchschnittlich 3,5 Stunden einen 56 Bit langen DES-Schlüssel zu ermitteln. Einige Jahre später, 1997, wurde mit etwas mehr als 70 000 über Internet verbundenen Computern in 97 Tagen durch systematische Suche der DES-Schlüssel für ein von der Firma RSA Inc. vorgegebenes Klartext-Schlüsseltext-Paar ermittelt [RSA 97]. Die Suchleistung betrug in der Endphase des Versuchs ca. 0,7 % des DES-Schlüsselraums pro 24 Stunden.

Um diesen Angriff abzuwehren, werden in der Praxis mehrere Wege beschritten. Der einfachste und allgemein bekannte ist der, daß der Schlüsselraum des Kryptoalgorithmus so groß sein muß, daß eine systematische Suche innerhalb eines akzeptablen Zeitraums und auch mit sehr großer Rechenleistung nicht mehr möglich ist. Dies ist der Grund, warum der DES in immer mehr Anwendungen durch den Triple-DES er-

setzt wird. Der Schlüsselraum des DES ist im Verhältnis zur heute zur Verfügung stehenden Rechenleistung zu klein geworden.

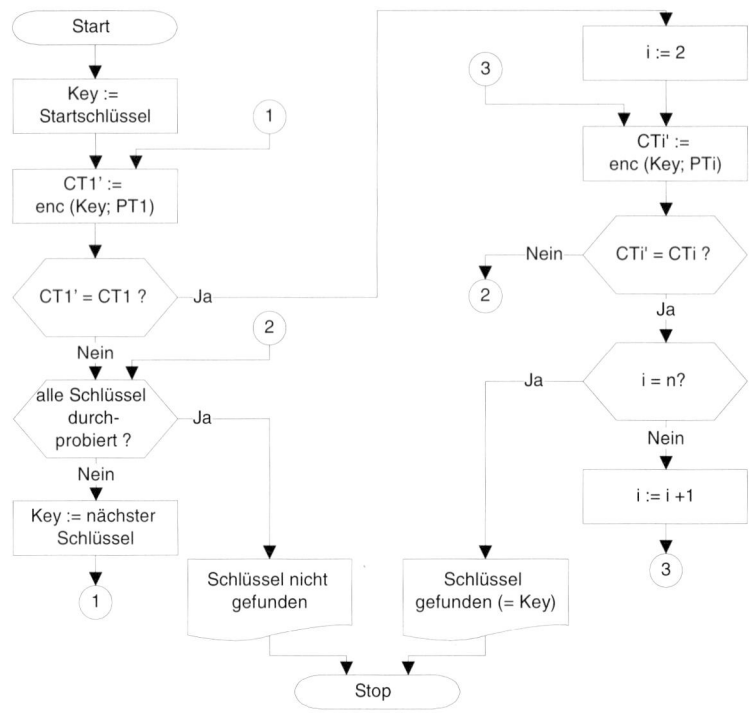

Bild 8.39   Grundsätzliche Vorgehensweise bei der erschöpfenden Schlüsselsuche mit einem
gegebenen Kryptoalgorithmus und mehreren Klartext-Schlüsseltext-Paaren, nach einer Vorlage von James Massey [Massey 97]. Folgende Abkürzungen wurden benutzt: CT: Schlüsseltext (*ciphertext*); PT: Klartext (*plaintext*); CTi, PTi das Klartext-
Schlüsseltext-Paar mit der Nummer i; n: Anzahl der Klartext-Schlüsseltext-Paare.

Eine weitere Abwehrmaßnahme kann sehr einfach geschaffen werden, indem man
die Anwendungsprotokolle so aufbaut, daß keine Paare von Klartext und Schlüsseltext
mehr vorkommen. In den meisten Fällen müssen nämlich bei Chipkarten-Anwendungen überhaupt keine Daten verschlüsselt, sondern lediglich mit einem MAC
abgesichert werden. Da die Abbildung von mehreren Klartextblöcken auf einem MAC
nicht eindeutig ist, wird der Brute-force-Angriff für einen Angreifer ungleich aufwendiger als mit einem gegebenen Klartext-Schlüsseltext-Paar.

Stellt man in der Chipkarte dem Klartext eine Zufallszahl voran (*salt*) und verschlüsselt erst dann die übergebenen Daten bzw. bildet den MAC darüber, dann ändern sich
bei jedem Aufruf dieser Funktion die zu verschlüsselnden Daten, und das Ergebnis ist
ebenfalls unterschiedlich. Dies erschwert ebenfalls die erschöpfende Schlüsselsuche,
da die Zufallszahl in vielen Fällen nicht öffentlich sein muß. Sie könnte beispielsweise
ein Geheimnis zwischen Chipkarte und Sicherheitsmodul sein. Im übrigen schützt eine
den zu verschlüsselnden Daten innerhalb der Chipkarte zusätzlich vorangestellte Zu-

fallszahl (auch wenn sie öffentlich ist) sehr gut gegen den Angriff durch differentielle Fehleranalyse (DFA) und gegen Leistungsanalyse (PA).

Man kann einem potentiellen Angreifer das Leben noch etwas schwerer machen, wenn man dynamische Schlüssel (*session keys*) verwendet, die sich bei jeder Verschlüsselungsoperation ändern. Selbst wenn es nun der Angreifer durch einen glücklichen Zufall schafft, den Schlüssel zu ermitteln, kann er keinen Nutzen daraus ziehen, da dieser Schlüssel bei der nächsten Transaktion schon wieder geändert ist.

9 Qualitätssicherung und Test

Gerade bei Chipkarten sind Qualitätssicherung und die dazugehörigen Testprozeduren und -verfahren von besonderer Bedeutung. Ein Chipkarten-Hersteller muß ein Produkt in sehr hohen Stückzahlen, großer Qualität und niedrigem Preis fertigen. Im Gegensatz zu anderen Industriezweigen enthält das Produkt aber noch einen relativ aufwendigen und empfindlichen Mikrocontroller sowie Software, die größtenteils nicht mehr geändert werden kann.

Vergleicht man diese Ausgangssituation beispielsweise mit Standardsoftware für PCs, so sieht man den grundlegenden Unterschied sehr schnell. Dort hat es sich seit einigen Jahren regelrecht eingebürgert, daß die erste Auslieferung (meistens mit einer „0" am Ende der Versionsbezeichnung) innerhalb von einigen Wochen bis maximal ein bis zwei Monaten von revidierten und verbesserten Versionen (mit den Endungen „a", „b", „c" usw.) abgelöst wird. Im Chipkartenbereich wäre dies unmöglich. Die maskenprogrammierte Software kann vom Speicherprinzip her nicht mehr geändert werden, und eine größere Anzahl von ausgegebenen Karten kann ebenfalls nicht in einer wie immer gearteten Rückrufaktion umgetauscht werden. Selbst bei Karten, die nicht im besonders sensiblen Zahlungsverkehr eingesetzt werden, wäre der Ruf des Kartenherausgebers daraufhin über Jahre hinweg stark geschädigt und die entstehenden Kosten immens hoch.

Deshalb ist die Qualitätssicherung und das Testing bei der Produktion von Chipkarten von essentieller Wichtigkeit. Nach Herstellung und Lieferung von Karten ist es eben hier unmöglich, kurze Zeit später eine verbesserte Version „nachzuschieben". Dies führt natürlich zu einem hohen Aufwand, um das Produkt so fehlerarm wie möglich herzustellen. Bei den unterschiedlichen Tests muß grundsätzlich zwischen Tests für die Qualifikation und die Produktion unterschieden werden. Testen für die Qualifikation heißt, daß hier eine grundlegende Aussage getroffen wird, ob die betreffende Chipkarte überhaupt verwendet werden kann. Diese Tests finden üblicherweise vor der Markteinführung eines neuen Kartenkörpers, Chips, Moduls oder eines neuen Betriebssystems statt. Erfüllt das neue oder das veränderte Produkt die gestellten Anforderungen, so ist es damit für die Produktion „qualifiziert" und kann in großen Stückzahlen hergestellt werden. Dort werden dann die Qualifikationstests nur mehr in Stichproben in großem zeitlichen Abstand durchgeführt.

Für die Tests in der Produktion benutzt man andere Prüfmethoden. Diese sind durchweg alle in kurzer Zeit und unkompliziert ausführbar, so daß die unabdingbaren Forderungen einer Massenfertigung nach kleiner Durchlaufzeit und hohem Durchsatz

ESD), geprüft. Dazu wird ein 100 pF Kondensator mit jeweils ± 1 500 Volt aufgeladen und über einen strombegrenzenden Widerstand mit 1 500 Ω über die verschiedenen Kontaktflächen des Chips entladen. Dieser darf dabei weder in seinen Funktionseinheiten Schaden nehmen noch in seinen Speicherinhalten verändert werden.

UV-Licht (*ultraviolet light*)
(Grundlage: ISO 7816-1; Prüfvorschrift: ISO/IEC 10 373)
Da (E)EPROM-Speicher ihren Inhalt bei Bestrahlung mit UV-Licht verlieren, gibt es einen speziellen Test, um die Unempfindlichkeit dagegen sicherzustellen. Die Chipkarte wird zwischen 10 und 30 Minuten mit UV-Licht der Wellenlänge 254 nm und einer Energie von 15 Ws/cm^2 bestrahlt. Dabei darf sich der Dateninhalt im (E)EPROM nicht verändern.

Verbundfestigkeit von Mehrschichtkarten (*delamination*)
(Grundlage: ISO 7810; Prüfvorschrift: ISO/IEC 10 373)
Der folgende Test ist nur zweckmäßig bei Mehrlagenkarten, die bekanntermaßen aus laminierten Kunststoffolien zusammengesetzt sind. Mit einem scharfen Messer trennt man die Deckfolie von den Kernfolien an einer Stelle ab. Ausgehend von dem abgetrennten Stück versucht man nun, die beiden laminierten Folien auseinanderzuziehen. Dabei mißt man die dazu erforderliche Kraft und vergleicht sie mit Referenzwerten.

Wölbung (*card warpage*)
(Grundlage: ISO 7810; Prüfvorschrift: ISO/IEC 10 373)
In diesem Test mißt man die Wölbung der Karte. Dazu wird sie auf eine ebene Platte gelegt und mit einem Profilprojektor die Kartenwölbung vermessen. Dieser Test ist vor allem für Karten gedacht, die aus einer aufgerollt angelieferten Folie ausgestanzt werden.

Natürlich gibt es noch viele weitere Tests, wie beispielsweise Anzahl der Steckzyklen, Farbabriebfestigkeit, Weichmacherstabilität, Schweiß- und Speicherechtheit. Je nach Einsatzgebiet der Karte müssen die entsprechenden Tests dann ausgewählt und durchgeführt werden.

9.2   Test der Hardware von Mikrocontrollern

Bei der Qualitätssicherung muß neben dem Kartenkörper vor allem die Funktionsfähigkeit des Mikrocontrollers sichergestellt werden, welche bei modernen Chipkarten die wichtigste und auch anfälligste Komponente ist.

Schon bei der Herstellung der Halbleiter werden mit entsprechenden Tests die CPU und die Speicher auf dem Mikrocontroller in allen Varianten geprüft. Um diese Tests durchführen zu können, besitzt jeder Mikrocontroller ein sogenanntes Test-ROM, das diverse Programme für den Testzugriff auf CPU und Speicher von außen besitzt. Zusätzlich gibt es manchmal auch noch besondere Anschlüsse, die wahlfreie Zugriffe auf die zentralen Busse des Mikrocontrollers zulassen. Mit Nadeladaptern werden dann während der Halbleiterfertigung die entsprechenden Pads auf dem Chip kontaktiert und die notwendigen Prüfprogramme ausgeführt. Damit diese Prüfanschlüsse zu einem späteren Zeitpunkt nicht für Angriffe genutzt werden können, schneidet man sie während der Vereinzelung der Chips in der Fertigung ab. Damit ist es dann bei dieser Art von Chips von außen nicht mehr möglich, einen Zugriff auf den internen Bus zu erhalten.

Nachdem die Dies in Module verpackt worden sind, findet über die Modulkontakte natürlich ebenfalls eine Prüfung statt. Dazu führt man oft nur eine Anschaltsequenz aus und prüft, ob ein ATR empfangen werden kann. Ist dies möglich, dann geht man davon aus, daß der Halbleiter während der Modulverpackung keinen größeren Schaden genommen hat und alle Bonddrähte korrekt angeschlossen wurden. Einen ähnlichen „ATR-Test" benutzt man auch direkt nach der Implantierung der Module in die Kartenkörper. Der Zweck ist festzustellen, ob die kurzzeitige Temperaturerhöhung beim Einbau in den Kartenkörper das Modul geschädigt hat.

Vor der Initialisierung der Chipkarten wird dann der Mikrocontroller sehr genau getestet. Dazu benutzt man die in diesem Verarbeitungsschritt freigegebenen Testkommandos.[1] Nach einem erfolgreichen Verlauf der 10 bis 100 Sekunden dauernden Prüfprogramme werden die Kommandos für die weitere Benutzung irreversibel gesperrt. Diese zeitaufwendigen Tests können in diesem Produktionsschritt deshalb ohne Beeinträchtigung des Durchsatzes ausgeführt werden, da die zum Einsatz kommenden Initialisierungsmaschinen massiv parallel arbeiten und deshalb die Testzeit nicht stark zum Tragen kommt. Beispielsweise prüft man hier, ob sich alle Bytes im EEPROM schreiben und wieder löschen lassen und ob das RAM vollständig in Ordnung ist. Ein während des Bondings entstandener Kratzer auf dem Chip könnte dazu führen, daß sich einige Zellen im EEPROM nicht mehr korrekt beschreiben lassen oder daß bestimmte Bereiche im ROM einen fehlerhaften Inhalt haben.

Nach der Initialisierung und Personalisierung der Karten führt man je nach Hersteller noch verschiedene Endtests durch. Üblicherweise benutzt man dazu vollautomatische Testwerkzeuge, die sich selbst kalibrieren. Sie lesen also alle für den Test relevanten Daten aus der Chipkarte aus und prüfen dann auf dieser Datengrundlage.

Neben den relativ einfachen und schnell durchführbaren Tests, die alle produzierten Karten durchlaufen, gibt es aber noch Stichprobentests, die nur an einzelnen Karten durchgeführt werden. Bei diesen aus der laufenden Produktion entnommenen Karten können natürlich gegebenenfalls auch zerstörende Prüfungen vorgenommen werden.

Für die Qualifizierung und für laufende Stichproben wurde auch die Norm EN 1292 veröffentlicht, die viele unterschiedliche Testverfahren für den Mikrocontroller definiert. Typische Stichproben- und Qualifikationstests für Mikrocontroller sind:

- Anstiegs- und Abfallzeiten am I/O-Kontakt (EN 1292)
- Anzahl der möglichen Schreib-/Löschzyklen des EEPROMs
- Datenerhalt im EEPROM
- Detektion von Über- und Unterfrequenz an CLK

---

[1] siehe auch Abschnitt 7.13 Befehle zum Test der Hardware

- Detektion von Über- und Unterspannung an Vcc
- Spannung am I/O-Kontakt (EN 1292)
- Stromaufnahme an CLK (EN 1292)
- Stromaufnahme an Reset-Kontakt (EN 1292)
- Stromaufnahme an Vcc (EN 1292)
- Stromaufnahme an Vpp (EN 1292)

Zusätzlich verwendet jeder Kartenhersteller natürlich auch noch eigene Prüfungen, um damit spezielle Eigenschaften des jeweilig eingebauten Mikrocontrollers abzudecken. So gibt es beispielsweise eigene Tests für die verschiedenen Sensoren auf dem Chip, damit auch diese entsprechend geprüft werden können.

9.3   Evaluierung und Test von Software

Das Prüfen von physikalischen vorhandenen Bauteilen, wie es Kartenkörper und Module von Chipkarten darstellen, kann weitgehend mit den traditionell üblichen Verfahren durchgeführt werden. Die elektrischen Kennwerte lassen sich mit automatischen Testmaschinen ebenfalls sehr gut ermitteln. Bei der Software in den Mikrocontrollern sieht es aber etwas anders aus. Die Prüfung von Software auf Fehler ist zwar seit den ersten Programmen in den letzten 40 Jahren stetig verfeinert worden, und es gibt viele anerkannt gute Verfahren zur Erzeugung von fehlerarmen Programmen, doch in der täglichen Praxis sind Softwarefehler dennoch relativ häufig vorzufinden.

Bei den meisten Anwendungen ist dies nicht problematisch, da durch die Ausgabe einer revidierten Version in kurzer Zeit der Fehler neutralisiert werden kann. Bei Chipkarten ist dies aber nicht so leicht möglich, da sich die Software größtenteils im ROM des Mikrocontrollers befindet. Eine neue Version benötigt einen kompletten Fertigungsdurchlauf beim Halbleiterhersteller, der in einer zeitlichen Größenordnung von 8 bis 12 Wochen liegt. Sind die Chipkarten erst einmal den Benutzern übergeben, dann ist es praktisch unmöglich, Änderungen an der bestehenden Software durchzuführen. Aus diesen sehr strengen Rahmenbedingungen folgt, daß Software für Chipkarten-Mikrocontroller äußerst fehlerarm sein muß. Der Begriff „fehlerfrei" wäre noch besser, doch mit dem derzeitigen Stand der Softwareerstellung ist dies nicht annähernd zu erreichen.

Die Thematik des Testens von Software ist bekanntermaßen äußerst umfangreich und in vielen Büchern in allen ihren Varianten und Richtungen beschrieben. Hier kann nur ein kurzer Abriß über dieses in der Informatik mittlerweile fast schon eigenständige Fachgebiet gegeben werden. Deshalb wird im folgenden auch nur auf die Prüfung von Software für Chipkarten-Mikrocontroller eingegangen, die einige Besonderheiten ausweist. Stellvertretend für die umfangreiche Fachliteratur sei hier nur Glenford J. Myers genannt [Myers 95], der eine gute Einführung in das Thema gibt. Zusätzlich sei hier noch darauf hingewiesen, daß gerade im Bereich der militärischen Normung viele gute und langfristig erprobte Verfahren zur Erzeugung und Prüfung von Software als Norm erhältlich sind.

9.3.1 Evaluierung

Aufgrund der Eigenschaft, Daten sicher aufbewahren zu können, werden Chipkarten vor allem in sicherheitssensiblen Bereichen eingesetzt. Doch liegen die Vorteile von Chipkarten nicht nur alleine in der sicheren Aufbewahrung von Daten, sondern ebenso im Bereich der gesicherten Ausführung von kryptografischen Algorithmen.

Gerade der Bereich des elektronischen Zahlungsverkehrs ist ein expandierender Markt für Chipkarten. Weil hier bei größerer Verbreitung enorme Geldströme fließen werden, muß der jeweilige Anwendungsanbieter oder Kartenherausgeber sehr großes Vertrauen in den Halbleiterhersteller, Betriebssystem-Hersteller und auch den Personalisierer der Chipkarten haben. Der Anwendungsanbieter muß absolut sicher sein können, daß die Software in der Chipkarte fehlerfrei die geforderten Transaktionen für den Zahlenverkehr ausführt und daß keine Sicherheitslücken oder gar absichtlich in die Software eingebrachten Falltüren vorhanden sind.

Beispielsweise könnte man mit einem geheimen Kommando an die Chipkarte die PIN und alle geheimen Schlüssel auslesen. Im Falle einer GSM- oder ec-Karte wäre dann der vermeintliche Angreifer fähig, beliebig viele Karten zu klonen und dann voll funktionsfähig zu verkaufen.

Doch die Sicherheitsforderungen betreffen nicht nur die Herstellung der Chipkarte, sondern ebenso Initialisierung und Personalisierung, denn dort werden die geheimen Schlüssel und die PIN in die Chipkarte geladen. Der Kartenherausgeber muß dem Lieferanten der Karte ein sehr hohes Vertrauen in Fragen der Sicherheit entgegenbringen.

Das Gleiche gilt auch für die grundsätzliche Sicherheit der Software in der Chipkarte. Es muß nicht absichtlich eine Falltür zum Ausspähen von Informationen eingebaut worden sein. Jedoch könnte es durch eine Fehlfunktion sehr wohl möglich sein, mit einer im normalen Ablauf nicht verwendeten Kommandokombination Informationen aus einer Karte auszulesen oder zu schreiben. Die Wahrscheinlichkeit für einen solchen Zufall ist zwar äußerst gering, doch bekanntermaßen ist es beim derzeitigen Stand der Softwaretechnologie nicht möglich, die Fehlerfreiheit eines Programms in allen Fällen zu garantieren. In Zukunft werden mit Sicherheit Firmen, die Software für Chipkarten erstellen, mit solchen juristischen Formulierungen nicht mehr einfach alle Verantwortung ablegen können.

Um ein Produkt auf seine Vertrauenswürdigkeit zu prüfen, bleiben dem Anwendungsanbieter nur zwei Wege: Entweder prüft er die Chipkarte mit der Software in allen Variationen selbst, oder er läßt sie von einer vertrauenswürdigen Instanz prüfen. Der erste Weg, die Prüfung der Chipkarte beim Anwendungsanbieter, ist oft nur sehr eingeschränkt möglich, da dieser zum Teil nicht das technische Fachwissen und die technischen Möglichkeiten für die Tests besitzt. Die zweite Möglichkeit, die Vergabe der Tests an eine weitere Instanz, gilt momentan als eine für alle Beteiligten tragbare Lösung.

Die gleiche Problematik gibt es schon seit vielen Jahren in der Software- und Systementwicklung im Militärbereich. Sie ist also in der Chipkartenwelt nicht neu. Um die Vertrauenswürdigkeit von Softwareprodukten objektiv „meßbar" zu machen, d.h. eine Metrik dazu festzulegen, wurde im Jahre 1983 vom NCSC (US National Computer Security Center) ein Kriterienkatalog zur Bewertung der Vertrauenswürdigkeit von informationstechnischen Systemen herausgegeben. Das NCSC wurde 1981 vom nordamerikanischen Department of Defense (DoD) gegründet. Im Jahre 1985 wurden dann die TCSEC (*Trusted Computer System Evaluation Criteria*) veröffentlicht. Das Buch hatte einen orangefarbenen Einband, weshalb es auch allgemein als Orange Book bekannt ist. Diese Kriterien dienen dem NCSC als Richtlinien zur Evaluierung von informationstechnischen Systemen.

Die TCSEC hat weltweit für praktisch alle Kriterienkataloge im Sektor der Informationstechnik Vorbildfunktion. In Europa wurden, allerdings auch auf der Grundlage von TCSEC, eigene Kriterien definiert. Sie wurden als ITSEC (*Information Technique System Evaluation Criteria*) im Jahre 1990 erstmals veröffentlicht und liegen seit 1991 in einer revidierten Version vor.

Um einen einheitlichen Standard zur Prüfung von Software auf Korrektheit zur Verfügung zu haben, wurden die Common Criteria (CC) geschaffen, die sozusagen die Essenz aus TCSEC und ITSEC sind. Die Common Criteria [Common Criteria 98] sind auch besser für die Evaluierung von Software ausgerichtet, als dies bei TCSEC und ITSEC der Fall ist. Obwohl bereits 1996 in der ersten Version veröffentlicht, haben die Common Criteria bisher weder TCSEC noch ITSEC ersetzt.[1] Die Common Criteria werden auch als internationale Norm ISO 15 408 veröffentlicht. Im Gegensatz zur sechsstufigen ITSEC besitzen die Common Criteria sieben Stufen der Vertrauenswürdigkeit. Der Übergang von einer Evaluierung nach TCSEC oder ITSEC zu Common Criteria ist relativ einfach, da zwischen diesen Kriterienkatalogen viele Gemeinsamkeiten bestehen. Da jedoch gerade im Chipkartenbereich nach wie vor die ITSEC weltweit als die wesentliche Grundlage für Evaluierungen benutzt wird, wird im folgenden nur noch auf diesen Kriterienkatalog referiert.

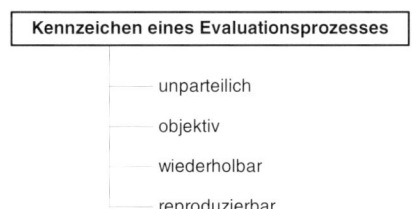

Bild 9.4   Die vier Kennzeichen eines Evaluationsprozesses.

Ein Evaluationsprozeß, unabhängig von der angewandten Methodik, besitzt vier Kennzeichen: Der Prozeß muß unparteiisch sein, der Prüfer darf also gegenüber dem Evaluierungsobjekt oder dem Hersteller keine Vorurteile haben. Als weiteres Charakteristikum muß der Evaluationsprozeß objektiv sein und damit so strukturiert, daß persönliche Wertungen minimiert sind. Ein weiteres Merkmal ist, daß bei einer Wiederholung des Evaluationsprozesses man zum selben Resultat kommen muß. Abschlie-

---

[1] TCSEC, ITSEC und CC sind über viele verschiedene Server aus dem Internet abrufbar.

ßend muß noch eine Reproduzierbarkeit des Evaluationsprozesses erreichbar sein, ein
anderer Prüfer oder eine andere Prüfinstanz muß also zum selben Ergebnis kommen.

Einer der wichtigsten Punkte bei jeder Evaluierung ist die Festlegung der Sicherheitsvorgaben (*security target*) für das Ziel der Evaluierung (*target of evaluation –
TOE*). Ziel der Evaluierung ist das zu prüfende Objekt, und die Sicherheitsvorgaben
beschreiben die zu prüfenden Mechanismen. Im übrigen kann man durch geschickte
Wahl der Sicherheitsvorgaben eine Evaluierung stark vereinfachen, da sich sicher-
heitskritische Elemente dadurch ausgrenzen lassen. Dies ist allerdings nur ein Trick,
um möglichst schnell und kostengünstig hohe Evaluationslevel zu erreichen. Die tat-
sächliche Sicherheit leidet dann natürlich darunter.

Die ITSEC

Da die ITSEC für alle möglichen Systeme im Bereich der Informationstechnik Gültigkeit haben soll und das Dokument nur circa 150 Seiten hat, müssen die Sicherheitskriterien in einer sehr abstrakten Form beschrieben sein. Dies hat zur Folge, daß das
Dokument sehr schwer zu lesen ist und auch mitunter, ähnlich Gesetzen, regelrecht interpretiert werden muß.

Die ITSEC in ihrer Fassung von 1991 geht von drei Grundbedrohungen für jedes
System aus, nämlich die unbefugte Informationsgewinnung (Vertraulichkeit), die unbefugte Änderung von Informationen (Integrität) und die unbefugte Beeinträchtigung
der Funktionalität (Verfügbarkeit). Auf der Grundlage dieser drei Bedrohungen sind
die Sicherheitskriterien aufgebaut.

Die Bedrohungen lassen sich auch außerhalb des Systems durch verschiedene Maßnahmen reduzieren. Zum Beispiel kann ein unsicheres Computersystem dadurch erheblich an Sicherheit gewinnen, indem physikalisch der Zugang zum System etwa
durch Sicherheitsschleusen reglementiert wird. Dies alles sind Rahmenbedingungen,
die bei einer Beurteilung ebenfalls mit in Betracht gezogen werden müssen. Die daraus
resultierende Restbedrohung kann dann durch den Anforderungskatalog der ITSEC
bewertet werden.

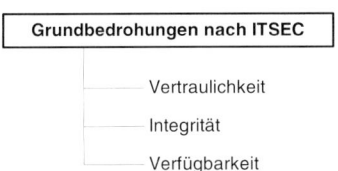

Bild 9.5   Die drei Grundbedrohungen nach ITSEC.

Der grundlegende Vorgang bei einer Evaluierung eines Systems nach ITSEC ist die
Bewertung der Mechanismen zur Aufrechterhaltung der Sicherheit in Hinblick auf die
drei definierten Grundbedrohungen. Die Bewertung findet dabei in schulnoten-
ähnlichen Dimensionen statt. Die verwendeten Mechanismen müssen sowohl korrekt
als auch wirksam sein. Dabei werden die Mechanismen nach sicherheitsrelevanten
Grundfunktionen beurteilt, welche man auch als generische Oberbegriffe bezeichnet.

Tabelle 9.1   Die Einteilung aller Mechanismen in sicherheitsrelevante Grundfunktionen (d.h. generische Oberbegriffe) nach ITSEC.

sicherheitsrelevante Grundfunktion
Identifikation und Authentisierung
Zugriffskontrolle
Beweissicherung
Protokollauswertung
Wiederaufbereitung
Unverfälschtheit
Zuverlässigkeit der Dienstleistung
Übertragungssicherung

Die Tabelle 9.2 zeigt die Anforderungen, die für eine Evaluierung von Software für eine Chipkarte notwendig sind. Der Aufwand für die einzelnen Stufen steigt dabei jedoch nicht linear, sondern beinahe quadratisch. Um also von der Stufe E2 nach E3 zu kommen, ist der doppelte Aufwand wie von E1 nach E2 erforderlich. Dies wirkt sich naturgemäß sehr stark in den Evaluierungsstufen E4 bis E6 aus. Die vollständige Evaluierung eines mittelgroßen Chipkarten-Betriebssystems nach ITSEC E6 kann durchaus mehrere Jahre in Anspruch nehmen und mehrere Millionen Mark kosten.

Bei Evaluierungen wird noch grundsätzlich zwischen informellen, semiformalen und formalen Methoden unterschieden. Die informelle Beschreibung einer Funktion kann durchaus mit den textuellen Darstellungen in diesem Buch verglichen werden. Small-OS aus dem Unterkapitel „5.11 Chipkarten-Betriebssystem 'Small-OS'"ist ansatzweise semiformal beschrieben. Eine formale Beschreibung hingegen ist logisch prüfbar und in einer formalen Notation (z.B. Prädikatenlogik) erstellt.

Tabelle 9.2   Überblick der Anforderungen an die Softwareentwicklung bei Chipkarten in Abhängigkeit der Qualitätsstufe nach ITSEC.

notwendige Information	Evaluierungsstufe					
	E1	E2	E3	E4	E5	E6
Sicherheitsvorgaben (*security targets*)	ja	ja	ja	ja	ja	ja
formales Sicherheitsmodell (*formal model of security policy*)	nein	nein	nein	ja	ja	ja
Beschreibung der Funktionen	informell	informell	informell	informell & semiformal	informell & semiformal	informell & formal
Beschreibung des Architekturentwurfs (*architectural design*)	informell	informell	informell	semiformal	semiformal	formal
Beschreibung des Feinentwurfs (*detailed design*)	nein	nein	informell	semiformal	semiformal	semiformal
Implementierung (*implementation*)	nichts notwendig	nichts notwendig	nichts notwendig	Quellcode-prüfung	Quellcode-prüfung	Quell-/Objektcode-prüfung
Ausführung (*operation*)	ja	ja	ja	ja	ja	ja
Grad der Genauigkeit (*level of rigour*)	Zustandsschilderung		Darlegung		Erklärung	

Die Stufen der Absicherung gegen Bedrohungen sind in der ITSEC in mehrere Funktionalitätsklassen eingeteilt. Diese sind eine Zusammenfassung von Sicherheitsfunktionen in jeweils speziellen Kombinationen und sagen aus, welche Stufe von Bedrohungen durch das System noch sicher abgewehrt werden kann. Dabei gibt es sechs

Qualitätsstufen oder Evaluierungsniveaus (E1 bis E6). Die Stufe E1 ist die niedrigste und E6 demnach die höchste Stufe der Qualität.

In allen Funktionalitätsklassen sind die formalen Anforderungen an den Entwicklungsprozeß und auch an die Entwicklungsumgebung in sehr abstrakter Weise vorgeschrieben. Ebenfalls enthalten die Funktionalitätsklassen Informationen und Angaben über die Betriebsdokumentation sowie die spätere Betriebsumgebung. Diese Informationen sind in einer Form erstellt, die geeignet ist, alle informationstechnischen Varianten einer Software-Entwicklung abzudecken.

Bei Evaluierungen nach ITSEC wird oft noch ein Zusatz angegeben, der die sogenannte „Mechanismenstärke" betrifft. Dies ist die Robustheit gegenüber Angreifern. Es sind drei Mechanismenstärken definiert: niedrig, mittel und hoch.

„Niedrig" kennzeichnet einen Schutz gegen zufälliges unbeabsichtigtes Eindringen in gesicherte Umgebung. „Mittel" bedeutet, daß ein Schutz gegen Angreifer mit beschränkten Mitteln vorhanden ist. Die höchste Mechanismenstärke – „hoch" – bedeutet, daß Schutz gegen Angreifer mit sehr guten Fachkenntnissen und Mitteln vorhanden ist. Üblicherweise wird ab ITSEC E4 eine Mechanismenstärke „hoch" verwendet. Dies sollte auch vom Standpunkt der Systemsicherheit prinzipiell bei Chipkarten gewählt werden.

Die ZKA-Kriterien

Neben den länderübergreifenden Evaluierungsstandards wie TCSEC, ITSEC oder CC haben sich bei großen Chipkarten-Anwendungen auch eigene Standards zur Evaluierung etabliert. Beispielhaft sind hier die Kriterien von Visa für Sicherheitsprüfungen und die deutschen ZKA-Kriterien. Die letzteren sind für die ec-Karte mit Chip in Deutschland verbindlich einzuhalten und werden von den zugelassenen Evaluierungsinstanzen für alle Chipkarten-Betriebssysteme für diese Anwendung geprüft.

Tabelle 9.3   Die 13 ZKA-Kriterien zur Evaluierung eines Chipkartensystems nach Stefan Rother [Rother 98 b] (Teil 1).

Kriterium	Erklärung
Komponenten-Authentisierung	Die zum System gehörenden Sicherheitskomponenten müssen authentisierbar sein.
Nachrichtenintegrität	Die sicherheitsrelevanten Informationen zwischen den Komponenten müssen gegen Manipulationen geschützt sein.
Benutzer-Authentisierung	Bestimmte Funktionen dürfen nur dann ausgeführt werden, wenn die PIN des Benutzers, als Authentisierung des Benutzers, korrekt eingegeben wurde.
Geheimhaltung von PIN und Schlüsseln	PIN und Schlüssel dürfen außerhalb von gesicherten Bereichen nie im Klartext übertragen werden. Sofern PIN und Schlüssel in Komponenten verarbeitet oder gespeichert werden, müssen diese Komponenten gegen unautorisiertes Auslesen oder Verändern geschützt sein. Eine erschöpfende Suche nach der PIN muß systembedingt verhindert sein.
Protokollierung	Alle sicherheitsrelevanten Vorkommnisse müssen in den beteiligten Komponenten protokolliert werden. Die Protokolle müssen gegen Manipulation geschützt sein.

Tabelle 9.4   Die 13 ZKA-Kriterien zur Evaluierung eines Chipkartensystems nach Stefan Rother [Rother 98 b] (Teil 2).

Kriterium	Erklärung
Schlüsselmanagement	Es muß Mechanismen zur Verteilung, Verwaltung und zum Schlüsselwechsel geben. Bei symmetrischen Kryptoverfahren dürfen nur temporäre Schlüssel verwendet werden, und die Schlüssel müssen ihrem Zweck entsprechend separiert sein.
Hardware	Alle sicherheitsrelevanten Handlungen müssen gegen unberechtigte Zugriffe geschützt sein.
Organisatorische Maßnahmen bei Herstellung und Personalisierung	Es darf nur der evaluierte Programmcode in der beschriebenen Parametrisierung im Wirkbetrieb eingesetzt werden.
Ablaufsicherung	Eine Quellcodeprüfung stellt sicher, daß die Abläufe und der Datenfluß innerhalb des evaluierten Programms korrekt sind.
andere Anwendungen	Zusätzliche Anwendungen dürfen keine sicherheitsgefährdenden Auswirkungen haben.
Verschlüsselungsverfahren	Die eingesetzten kryptografischen Algorithmen müssen dem Stand der Technik entsprechen und dürfen nicht auf der Geheimhaltung des Verfahrens beruhen.
eindeutige Repräsentation	Jede Sicherheitskomponente muß im Gesamtsystem eindeutig identifizierbar sein.
personelle Forderung	Es dürfen nur dafür geeignete Personen Zugang zu den sicherheitsrelevanten Komponenten und Mechanismen haben.

Bei der Prüfung anhand der ZKA-Kriterien werden einerseits die bereitgestellten Dokumente und andererseits die Software und auch die Hardware untersucht. Dies ist der große Vorteil der chipkartenspezifischen ZKA-Kriterien gegenüber den für jede beliebige Software gültigen TCSEC/ITSEC/CC-Kriterien. Tabelle 9.5 zeigt die 13 ZKA-Kriterien mit einer dazugehörigen Erklärung.

Zusammengefaßt sind die ZKA-Kriterien wohl die zur Zeit besten Sicherheitskriterien für Chipkarten, da sie die hohen Anforderungen eines großen Zahlungsverkehrssystems erfüllen und speziell auf die besonderen Belange eines Chipkarten-basierten Systems zugeschnitten sind.

Tabelle 9.5   Die Sicherheitsuntersuchungen anhand der ZKA-Kriterien an Spezifikation und im Quellcode eines Chipkarten-Betriebssystems. Nach Stefan Rother [Rother 98 a].

Spezifikation-/Quellcode-Untersuchung	
• Betriebssystemkommandos	• Ver- und Entschlüsselung
• Anwendungskommandos	• Schlüsselableitung
• Kommunikationsmechanismen	• Signaturerzeugung und -prüfung
• Speicher- und Ressourcenverwaltung	• Schlüsselverwaltung
• Dateiattribute und Dateizugriffsrechte	• Authentisierungsmechanismen
• Prüfsummenalgorithmen	• Zufallszahlengenerator

Resümee

Bei einem realen Chipkartenprojekt wird folgendermaßen vorgegangen: Der Kartenherausgeber legt mit dem Betriebssystem-Hersteller die Anforderungen für den Betrieb und die zu berücksichtigenden Bedrohungen fest. Anschließend einigt man sich auf die notwendigen Evaluationsniveaus für die Evaluierung. Danach wird das Betriebssystem entsprechend diesem Evaluationsniveau nach den entsprechenden Verfahren erstellt und mit der notwendigen Dokumentation versehen. Im abschließenden Schritt kann das fertiggestellte Betriebssystem mit all seinen Komponenten von einer entsprechenden unabhängigen Stelle, der Evaluationsinstanz, nach dem vorher vereinbarten Niveau evaluiert werden.

Eine Evaluierung nach ITSEC hat für den Kartenherausgeber und Anwendungsanbieter einige Vorteile, da er in vielen Sicherheitsaspekten Gewißheit haben kann, daß die wesentlichen Mechanismen in ihrer Konzeption und Ausführung klar definiert und funktionsfähig sind. Diese Sicherheit ist im schnellebigen Chipkartenmarkt allerdings mit Nachteilen verbunden. Die Entwicklungszeit erhöht sich bei einer notwendigen Evaluierung selbst bei den niedrigen Funktionalitätsklassen erheblich. Auch verursacht der Mehraufwand bei der Dokumentation eine Steigerung der Entwicklungskosten, die letztendlich vom Betriebssystem-Hersteller auf sein Produkt umgeschlagen wird.

Der größte Nachteil ist jedoch ganz anderer Natur. Selbst bei einem evaluierten System kann nicht garantiert werden, daß alle Abläufe und Mechanismen so funktionieren, wie sie in den entsprechenden Dokumenten beschrieben sind. Evaluierung heißt ja nicht, daß die evaluierende Stelle das Produkt komplett testet, sondern nur, daß diese Stelle die erhaltenen Papiere und gegebenenfalls Quell- und Objektcode zu dem Produkt prüft. Von ebensolcher Bedeutung ist, daß auch die Zielhardware eine dem jeweiligen Evaluationsniveau äquivalente Sicherheit gewährleisten muß. Eine fehlerfreie und sichere Software nützt überhaupt nichts, wenn man sie mit geringem Aufwand durch die „Hintertür" Hardware umgehen kann. Diese vier Vorbehalte gegenüber einer Evaluierung müssen in jedem Einzelfall bedacht und auch bewertet werden.

9.3.2   Testmethoden für Software

Obwohl es unter Umständen banal klingen mag, so sollte beim Stichwort Test vorab ein Sachverhalt klargestellt werden: Das Testen eines Programms ist nicht die pauschale Suche nach Fehlern, sondern die Umsetzung einer Testspezifikation mit dem Ziel, Fehler in dem zu prüfenden Programm zu finden. Testen hat also nichts mit Debugging zu tun, da Tests von Testern durchgeführt werden und nicht von Softwareentwicklern.

Wie an anderen Stellen schon mehrmals betont, sind Programme für Chipkarten-Mikrocontroller verglichen mit anderer Software nicht sehr umfangreich. Allerdings zeichnen sie einige Eigenheiten aus. Um dies zu verdeutlichen, kann man als Beispiel einige Rahmenwerte eines typischen Betriebssystems aufführen.

Bei einem mittlerweile durchschnittlichen Chip mit 16 kByte ROM und 8 kByte EEPROM benötigt die Software ca. 20 kByte Speicher, und für die jeweiligen Anwendungen sind dann noch 4 kByte EEPROM übrig. Zur Zeit ist die Software meist in Assembler programmiert und hat in diesem Beispiel einen Umfang von ungefähr 30 000 Zeilen Programmcode. Druckt man dies 60-zeilig pro Seite aus, dann benötigt man dafür 500 Blätter Papier. Die Anzahl der bedingten Verzweigungen bewegt sich im Bereich um 2 000, und selbst ein erfahrener Programmierer benötigt zur Erstellung der 20 kByte Assemblercode eine Zeitdauer von 9 Monaten.

Dieses Zahlenbeispiel zeigt recht deutlich, daß man es bei einem Chipkarten-Betriebssystem mit einer ziemlich komplexen Software zu tun hat. Dazu kommt noch die Forderung, daß es sich dabei um eine Software handelt, die fast ausschließlich in sicherheitsrelevanten Bereichen eingesetzt wird. Es kann also nicht einfach während oder nach der Programmierung mit einigen Tests die geforderte Fehlerarmut geprüft werden. Man benötigt eine entsprechende Teststrategie.

Auch bei Chipkarten geht der Kurs weg von der Programmierung in Assembler hin zu einer höheren Programmiersprache. Bei Chipkarten wird immer mehr die hardwarenahe Sprache C benutzt. Der objektorientierten Sprache Java wird sicherlich in einigen Jahren ebenfalls große Bedeutung zukommen. Die Verwendung höherer Programmiersprachen wird bei großen Chipkarten-Betriebssystemen mit über 30 kByte Programmcode nicht nur aufgrund der Implementierungszeit notwendig, sondern auch wegen der geforderten Fehlerarmut.

Der Grund dafür läßt sich folgendermaßen erklären: Man kann davon ausgehen, daß die Anzahl der Fehler in einer Zeile Programmcode bei nahezu allen Programmiersprachen annähernd gleich ist. Da die Funktionalität bei höheren Programmiersprachen wesentlich größer ist als bei Assembler, resultiert daraus eine geringere Fehlerdichte bei gleich großem Programmcode.

Nimmt man beispielsweise den durchaus realistischen Wert von 1,5 Fehler pro 100 Zeilen Programmcode an und geht zusätzlich davon aus, daß mit vertretbarem Aufwand nur 50 % aller Fehler gefunden werden, so besitzt das getestete Programm anschließend noch immer 0,75 Fehler in 100 Zeilen Programmcode. Bei Java ist das Verhältnis von Zeilen Sourcecode zu Maschinencode (d.h. Bytecode) etwas 1 zu 6. Dies bedeutet, daß die Funktionalität einer Zeile Programmcode in Java ungefähr der von 6 Zeilen Maschinencode entspricht. Nimmt man bei sonst gleichbleibenden Randbedingungen an, daß der Compilationsvorgang weitgehend fehlerfrei verläuft, so kann man nur durch die Benutzung einer mächtigeren Programmiersprache die Anzahl der Fehler in einem Programm um den Faktor 6 senken. Selbst wenn dieser Wert in der Realität geringer ausfällt, ist es doch eine außerordentliche Motivation, leistungsstarke Programmiersprachen zu benutzen.

9.3.2.1   Grundlagen des Tests von Chipkarten-Software

Um überhaupt eine Teststrategie festlegen zu können, muß man sich zuerst einmal den Lebenszyklus von Software für Chipkarten vor Augen halten. Dazu könnte man das seit 1970 bekannte und in vielen Varianten publizierte Wasserfallmodell von W. W. Royce verwenden. Es eignet sich relativ gut für die maskenprogrammierten Chipkarten-Betriebssysteme. Da es aber auch für sehr umfangreiche Softwareprojekte für PCs oder Großrechner ausgelegt ist, sei hier im folgenden eine vereinfachte und speziell für Chipkarten angepaßte Version benutzt.

Die fünf angegebenen Schritte werden normalerweise sequentiell durchlaufen. Es kann durchaus möglich sein, daß man während eines Schrittes auf ein Problem stößt, bei dem es erforderlich ist, wieder einen oder sogar mehrere Schritte zurückzugehen.

Allerdings sollte dies soweit als möglich vermieden werden, da diese Iterationen sowohl Zeit als auch Geld kosten.

Um betriebswirtschaftliche Anforderungen wie time-to-market und niedrige Durchlaufzeit in der Softwareentwicklung zu erfüllen, ist es oftmals notwendig, die angegebenen Schritte nicht streng nacheinander, sondern zum Teil gleichzeitig auszuführen. Mit diesem als Simultaneous Engineering bezeichneten Verfahren werden Teile der Software so früh wie möglich in einzelne Module aufgespalten und diese dann gleichzeitig durch das Wasserfallmodell geschleust. So kann es beispielsweise möglich sein, daß sich eine nur mit einem Übertragungsprotokoll ausgestattete Chipkarte schon in der Systemintegration befindet, während ein ebenfalls zur Anwendung dazugehöriger kryptografischer Algorithmus noch spezifiziert wird.

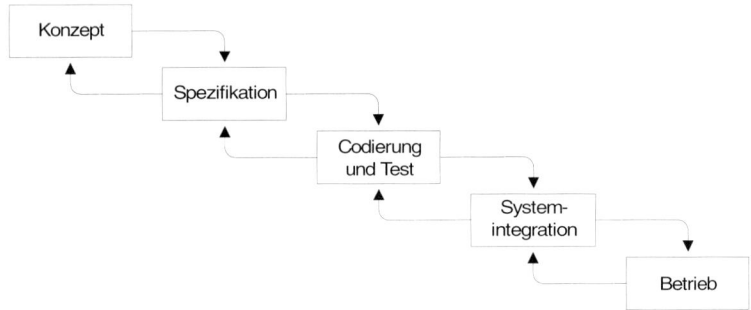

Bild 9.6   Ein angepaßtes Wasserfallmodell für die Softwareerstellung von Chipkarten. Die einzelnen Schritte können sowohl als Tätigkeiten wie auch als Zeiträume interpretiert werden.

Konzept
Dieser Schritt beinhaltet die Festlegung einer grundlegenden Zieldefinition sowie die Zusammenstellung der Anforderungen zu einem Lastenheft. Dabei werden alle Anforderungen festgelegt, die von der späteren Chipkarten-Software erfüllt werden müssen. Das Konzept sieht dabei schon vor, daß erste Lösungsansätze in Form von Entwürfen beschrieben sind. Vereinfacht wird hier festgelegt, „was" die fertiggestellte Software später zu leisten hat.

Spezifikation
In diesem dem Konzept nachfolgenden Schritt wird das „Wie-es-gemacht-wird" festgelegt. Dazu muß eine exakte und nicht interpretierbare Spezifikation erstellt werden, die vollständig eine der möglichen Lösungen für die im Konzept geforderten Anforderungen festlegt. Ideal sind formal aufgebaute Spezifikationen, denn damit können eindeutig und unmißverständlich die Eigenschaften, Funktionen und Abläufe von Chipkarten-Software festgelegt werden. Spezifikationen in einem Pseudocode, der durch Computerprogramme auf Konsistenz und Fehlerfreiheit geprüft werden kann, eignen sich sehr gut für diese Thematik.

Im Rahmen von CASE (*computer aided software engineering*) kann dann die Spezifikation unmittelbar für die Erstellung des Sourcecodes und der Prüfprogramme weiterverwendet werden. Man spricht in diesem Zusammenhang auch oft von „ausführbaren Spezifikationen", also Spezifikationen, die in einer von Computern interpretier- und weiterverarbeitbaren Form erstellt werden.

Codierung und Test
Nachdem die Spezifikation abgeschlossen und abgenommen ist, kann mit der Erstellung der Flußpläne für die Assembler- oder C-Programmierung begonnen werden. Daran schließt sich die Programmierung mit den dazugehörigen Tests an. Am Ende dieses Schrittes liegt ein vollständig programmiertes und ausgetestetes Chipkarten-Betriebssystem vor.

Systemintegration
Da Chipkarten nur im Zusammenhang mit einem System arbeiten können, muß in diesem Schritt die Zusammenführung der Teile vorgenommen werden. Das Ergebnis ist die vollständige und fehlerfreie Zusammenarbeit aller Teile sowie die endgültige Dokumentation des Gesamtsystems.

Betrieb
Dieser letzte Schritt bei der Softwareentwicklung kann nur mehr dazu benutzt werden, um eventuell vorhandene Rahmenparameter in den ausgegebenen Chipkarten zu verändern. Größere Softwareanpassungen oder -änderungen sind in diesem Zeitraum nicht mehr möglich.

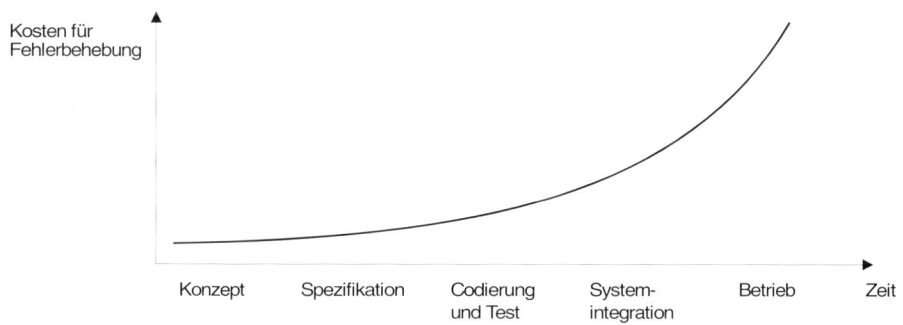

Bild 9.7   Kosten für die Behebung von Fehlern in Abhängigkeit vom Zeitpunkt der Entdeckung.

Die einfache und schnelle Programmierung von Chipkarten mittels Hochsprachen wie beispielsweise Java wird es in Zukunft ermöglichen, daß neben dem traditionellen Wasserfallmodell auch evolutionäre Vorgehensmodelle benutzt werden können. Dabei werden die Schritte Spezifikation, Codierung, Test und zum Teil sogar Systemintegration mehrmals mit stetiger Verbesserung wiederholt. Der Zweck ist, mit geringerem

Spezifikationsaufwand und voll funktionsfähigen Prototypen rasch eine optimale Lösung zu schaffen.

Es ist ein seit langer Zeit bekannter Sachverhalt, daß bei Projekten aller Art und insbesondere bei der Softwareentwicklung die Fehlerbehebung um so teurer ist, je weiter man im Projekt fortgeschritten ist. Dieser Sachverhalt sollte dazu führen, daß auch in die ersten Schritte entsprechend dem Wasserfallmodell entsprechend viel Zeit und Aufwand investiert wird. Denn falls das Konzept unvollständig ist oder die Spezifikation Fehler enthält, steigen die Kosten für die Verbesserung exponentiell mit den weiteren Prozeßschritten an.

9.3.2.2   Testverfahren und Teststrategien

Die Anzahl der unterschiedlichen Methoden und Testverfahren für die Softwareprüfung ist mittlerweile fast nicht mehr zu überblicken. Allerdings benötigt man nur einige wenige, aber dafür bewährte Verfahren für die Tests der Programme von Chipkarten. Dies ist einer der wenigen Vorteile der bei Chipkarten zur Zeit noch unerläßlichen Assemblerprogrammierung. Man kann auf eine jahrzehntelange Erfahrung und eine große Anzahl von Publikationen beim Testen von Programmen in dieser Programmiersprache zurückgreifen. Im übrigen bedeutet Testen einer Software immer, daß man versucht, Fehler im Programm zu finden und nicht die Korrektheit des Programms zu beweisen.

Alle Testverfahren lassen sich in statische und dynamische einteilen. Bei den statischen Verfahren wird der Programmcode mit Hilfe von unterschiedlichen Methoden manuell oder automatisch analysiert und bewertet. Die zwei am häufigsten angewandten statischen Testverfahren seien hier kurz aufgeführt und erläutert:

Statistische Programmauswertung mit Softwarewerkzeugen
Dies ist die Analyse von verschiedenen Eigenschaften des Programmcodes, mit statistischen Verfahren analysiert, beispielsweise:

- Anzahl der Zeilen Programmcode (*lines of code – LOC*)
- Anzahl der Zeilen Kommentare (*lines of comment*)
- Verhältnis des Umfangs der Kommentare zum Programmcode
- Aufteilung des Programmcodes
- Anzahl der Funktionen
- Verschachtelungstiefe
- toter Code

Review
Dies ist die formale Analyse und Bewertung der Programmodule durch ein Team von Gutachtern. Sie wird in Spezialfällen auch als Code-Walk-Through oder Code-Inspektion bezeichnet. Grundsätzlich wird dabei geprüft, ob Codierung, Struktur und Datenfluß mit der Spezifikation übereinstimmen.

Im Gegensatz zu den statischen Verfahren wird bei der dynamischen Programm-
analyse das zu prüfende Programm während des Betriebs von Hand oder unter Zuhilfenahme von Computern getestet. Dabei gibt es zwei grundsätzlich unterschiedliche
Ansätze und als drittes eine Mischform:

Blackbox Test
Beim Blackbox Test geht man davon aus, daß der testenden Instanz nichts über die internen Abläufe, Funktionen und Mechanismen des zu testenden Programms bekannt
ist. Dies führt dazu, daß man nur die Eingabe- und Ausgabedaten mit den in der Spezifikation festgelegten Bezichungen zueinander betrachtet.

Blackbox Tests sind bei Chipkarten-Betriebssystemen der Standard. Sie werden
ebenfalls für Sicherheitsmodule von Terminals oder Computersystemen benutzt. Oft
wird aber fälschlicherweise angenommen, daß mit diesen Tests neben Fehlern auch
eventuell vorhandene trojanische Pferde oder ähnliches entdeckt werden können. Mit
dieser Annahme möchte man sich dann eine relativ aufwendige und teure Analyse des
Programmcodes ersparen. Es mag möglich sein, einfache und unüberlegt programmierte oder unabsichtlich erstellte Hintertüren in Chipkarten-Betriebssystemen damit
zu erkennen, doch kann ein erfahrener Programmierer ohne weiteres Zugangs-
möglichkeiten schaffen, die mit einem Blackbox Test nie aufzuspüren sind. Ein kleines
Beispiel mag dies verdeutlichen. Es soll nicht als Vorbild für trojanische Pferde dienen, da es im übrigen schon seit langem bekannt ist, sondern vor allem dazu da sein,
um das Bewußtsein über die Notwendigkeit von Code-Inspektionen für Sicherheits-
analysen zu schärfen.

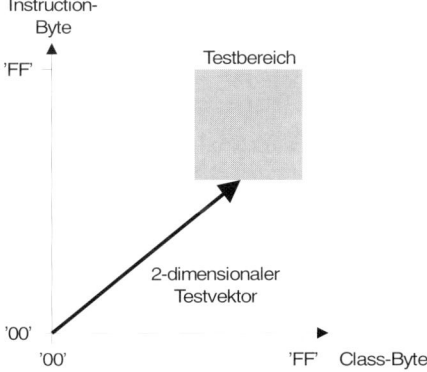

Bild 9.8   Beispiel für einen 2-dimensionalen Testvektor beim Blackbox Test, der einen über
                  Äquivalenzklassen festgelegten Testbereich bestimmt. Bei komplexen Testfällen
                  kann der Testvektor durchaus 10 und mehr Dimensionen erreichen. Aufgrund der
                  limitierten Testzeit muß man deshalb den oder die Testbereiche entsprechend be-
                  grenzen.

Es ist vorstellbar, das in fast jedem Chipkarten-Betriebssystem vorhandene Kommando für die Erzeugung und Ausgabe von Zufallszahlen (GET CHALLENGE) dahingehend abzuändern, daß nur die erste ausgegebene 8 Byte lange Zufallszahl durch

den Pseudozufallszahlengenerator erzeugt wird. Die anschließenden „Zufallszahlen"
sind jeweils 8 Byte EEPROM-Speicherinhalt mit der ersten Zufallszahl durch XOR
verknüpft. Mit einem einfachen Programm kann dann von außen der gesamte Speicher
inklusive aller Schlüssel ausgelesen werden. Dies ist im übrigen ein sehr gutes Beispiel
für angewandte Steganografie bei Chipkarten.

Es besteht keine Möglichkeit, mit einem Blackbox Test festzustellen, daß sich hinter
diesem Kommando ein trojanisches Pferd versteckt. Selbst mit einer statistischen
Analyse der erhaltenen Zufallszahlen würde man hier keine signifikante Abweichung
von den üblichen Pseudozufallszahlen feststellen. Die einzige Art, dieses manipulierte
Programm zu erkennen, ist eine Inspektion des gesamten Programmcodes des Betriebssystems. Das Beispiel zeigt nur eine von vielen denkbaren Varianten, um ein übliches
Chipkarten-Kommando dahingehend abzuwandeln, daß man Dateninhalte des Speichers erhält. Da der dazu notwendige Programmcode nur einige Zeilen umfaßt, ist die
einzige wirksame Methode, um diese Hintertüren auszuschließen, eine vollständige Of-
fenlegung des Sourcecodes.

Whitebox Test
Der Whitebox Test wird häufig auch Glassbox Test genannt, was recht eindeutig die
dahinterstehende Philosophie zeigt. Alle internen Datenstrukturen und Abläufe sind
bekannt und können vollständig nachvollzogen werden. Zur Konzeption und Erstellung der Tests dienen die entsprechenden Programmdokumentationen, doch ist die
Spezifikation immer die alleinige Referenz. Die in allen Assemblerdialekten seit Jahrzehnten übliche Form der Dokumentation sind Programmflußpläne, welche auch üblicherweise beim Whitebox Test die Grundlage für die Beurteilung der internen Funktion der Software sind.

Da man damit die genauen Programmabläufe kennt, möchte man natürlich alle möglichen Ablaufpfade im Programm prüfen. Dabei gibt es mehrere Vorgehensweisen: Bei
der Befehlsabdeckung (*statement coverage*) wird jeder Befehl im Programm mindestens einmal durchlaufen. Man kann mit dieser Analyse beispielsweise sehr einfach
herausfinden, ob im Programm toter Code enthalten ist, der nie benutzt wird. Für eine
Sicherstellung der gewünschten Funktion ist dieser Test zu schwach. Besser ist es, die
Entscheidungsabdeckung (*decision coverage*) zu verwenden, weil dabei alle vorhandenen Entscheidungen im Programmcode mindestens einmal in allen möglichen Varianten durchlaufen werden müssen.

Um diese internen Programmabläufe beim dynamischen Test erkennen zu können,
bedarf es entweder eines hochentwickelten Emulators für den jeweiligen Chipkarten-
Mikrocontroller, oder das zu prüfende Programm muß instrumentiert werden. Dies bedeutet, daß vor allen Sprüngen, Verzweigungen und Funktionsaufrufen spezieller Programmcode eingefügt wird, der dann beim Durchlaufen Informationen über Ort und
Parameter abspeichert. Mit einem Analyseprogramm lassen sich dann diese Informationen statistisch und grafisch auswerten. Leider führt der zusätzliche Programmcode
der Instrumentierung zu einem anderen Zeitverhalten und kann im ungünstigsten Fall

Die folgende Vorgehensweise hat sich beim Testen von neuen Betriebssystemen für Chipkarten seit einigen Jahren und bei den unterschiedlichsten Projekten eingebürgert: Es wird immer mit dem Test der Datenübertragung begonnen, da dies die Basis für alle weiteren Aktionen darstellt. Anschließend werden alle verfügbaren Kommandos geprüft. Falls es sich um eine Anwendung handelt, schließt sich daraufhin der Test der Dateien an. Falls alle vorgenannten Tests positiv verlaufen sind, kann man mit der Prüfung der festgelegten Abläufe beginnen.

Es gibt momentan auf internationaler Ebene wenige Normen, die den Aufbau und die Durchführung von Tests für Chipkarten-Betriebssysteme oder Chipkarten-Anwendungen regelt. Die europäische Norm (EN 1292) definiert einige Tests für den ATR und das Übertragungsprotokoll T=1. Für die GSM-Chipkarten sind in der GSM 11.17 verhältnismäßig umfangreiche Tests für Betriebssystem und Anwendung festgelegt.

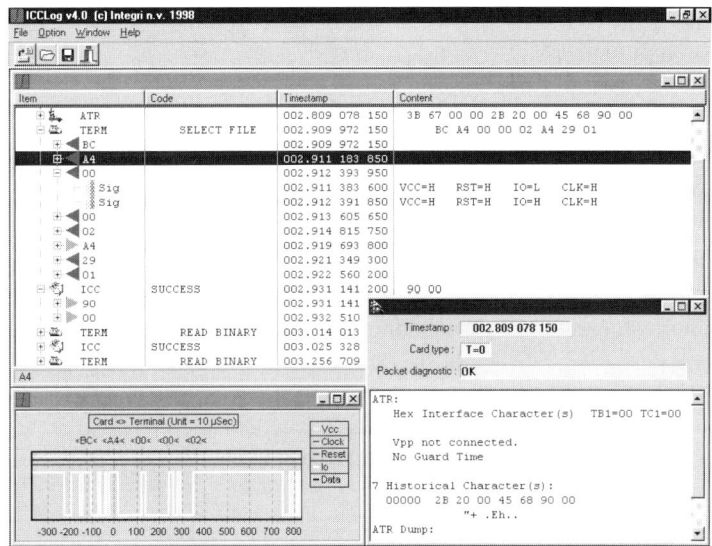

Bild 9.13   Bildschirmausgabe eines Werkzeuges zur Überprüfung der Kommunikation zwischen Terminal und Chipkarte auf physikalischer und logischer Ebene. (Copyright by Integri [Integri])

Um einen Überblick zu geben, ist deshalb in den folgenden Zeilen eine Sammlung von möglichen Tests in einer üblichen Reihenfolge aufgeführt. Die Liste erhebt keinen Anspruch auf Vollständigkeit und ist als detailliertes Anschauungsbeispiel gedacht. Der Zweck der genannten Tests ist es, ein neues Betriebssystem inklusive einer oder mehrerer Anwendungen auf die wesentlichen Rahmenwerte zu prüfen.

Test der Datenübertragung

- ATR (Erkennung von Paritätsfehlern, Zeichenwiederholung, falls T=0 vorhanden, Struktur und Inhalt des ATR)

- PTS (Struktur und Inhalt des PTS)
- Test der Datenübertragung auf OSI-Schicht 2 (Start-, Daten-, Stopbits, Teiler, Convention der Übertragung)
- Test des Übertragungsprotokolls T=0 (Erkennung von Paritätsfehlern und Zeichenwiederholung, diverse Abläufe)
- Test des Übertragungsprotokolls T=1 (CWT, BWT, BGT, Resynch, Fehlermechanismen, diverse Abläufe)
- Secure Messaging

Test der vorhandenen Kommandos
- Test aller möglichen Class Bytes
- Test aller möglichen Instruction Bytes
- Test aller vorhandenen Kommandos mit Äquivalenzklassen der unterstützten Funktionalitäten

Test der vorhandenen Dateien
- Test, ob alle Dateien an der richtigen Position (MF, DF) vorhanden sind
- Test auf korrekte Dateigröße
- Test auf korrekte Dateistruktur
- Test auf korrekte Dateiattribute
- Test auf die korrekten Inhalte der Dateien
- Test der festgelegten Zugriffsbedingungen (Lesen, Schreiben, Sperren, Entsperren, ...)

Test der vorhandenen Abläufe
- Test der festgelegten Mikro- und Makrozustandsautomaten (d.h. Reihenfolge der Kommandos)

Wie man sich unschwer vorstellen kann, benötigt man trotz Äquivalenzklassenbildung und einigen weiteren Minimierungsverfahren eine relativ große Menge an einzelnen Tests. Man kann davon ausgehen, daß man für ein 20 kByte großes Chipkarten-Betriebssystem zwischen 4 000 und 8 000 unterschiedliche Tests festlegen muß, um die wesentlichen Testfälle abzudecken. Dabei sind Tests, die beispielsweise in einer Schleife mehrere hundert verschiedene Werte zur Chipkarte senden, als ein Test gezählt. Die Dauer für die Ausführung aller Tests liegt im Bereich von ein bis zwei Tagen. Diese große Anzahl von Tests kann man im Rahmen eines akzeptierbaren Aufwands nur mehr mit Hilfe einer geeigneten Datenbank verwalten. Diese kann dann auch gleichzeitig die Ergebnisse der Tests aufnehmen.

Für die formale Beschreibung der Tests kann beispielsweise die in ISO/IEC 9646-3 normierte TTCN (*the tree and tabular combined notation*) verwendet werden. Damit lassen sich in allgemeiner und normierter Form beliebige Testfälle definieren, aus denen anschließend automatisch ein Interpreter die Kommando-APDUs für die zu testen-

de Chipkarte generieren kann. Damit können dann weitgehend automatisierte Testab-
läufe definiert werden.

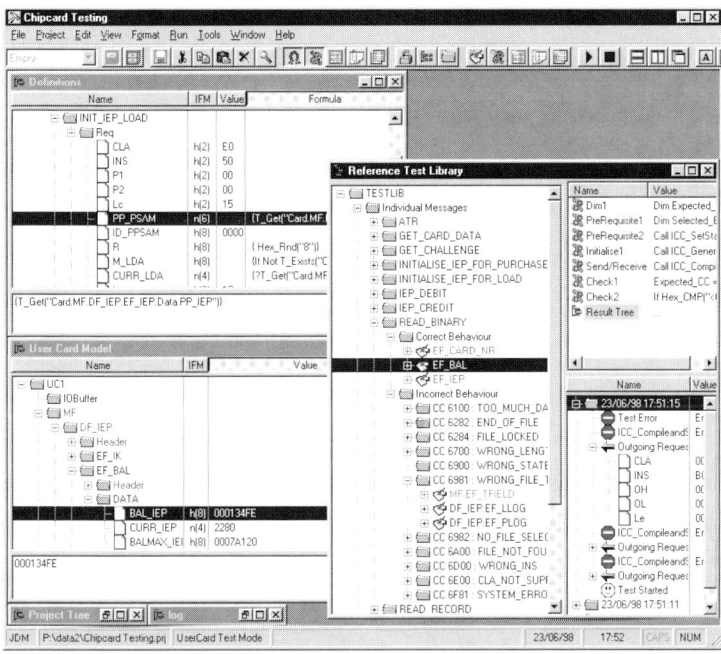

Bild 9.14   Bildschirmausgabe eines objektorientierten und datenbankgestützten Testwerkzeugs
für die Prüfung von Chipkarten-Betriebssystemen und Chipkarten-Anwendungen.
Das Bild zeigt oben links die Definition der Datenelemente einer Kommando-APDU
(INITIALIZE IEP for LOAD) und darunter die dazugehörige Referenzsimulation
der Chipkarte. Auf der rechten Seite ist ein Ausschnitt der Baumstruktur für die
Festlegung der einzelnen Tests dargestellt. (Copyright by Integri [Integri])

Der Aufbau eines hochwertigen Testwerkzeugs für Chipkarten ist in Bild 9.15 dargestellt. Die Spezifikation für die Software in der Chipkarte ist dazu vollständig in einem Pseudocode geschrieben und befindet sich in einer entsprechenden Datenbank.
Ändert sich die Spezifikation, so führt dies automatisch zu den notwendigen Änderungen bei den Tests. Eine weitere Datenbank enthält alle Tests in einer ebenfalls direkt
durch einen Computer auswertbaren Hochsprache. Die beiden Datenbanken speisen einen Testmuster-Generator, der die Kommandos (d.h. TPDUs bzw. APDUs) für die zu
testende Chipkarte generiert. Parallel dazu wird eine Simulation der echten Chipkarte
betrieben, die weitgehend durch die Spezifikation definiert ist. Da in der echten Chipkarte Prozesse ablaufen können, die nicht vollständig vorhersagbar sind (z.B. Erzeugung einer Zufallszahl), müssen zusätzliche Daten an die simulierte Karte übergeben
werden. Sowohl die echte als auch die simulierte Chipkarte senden die Antworten auf
die erhaltenen Kommandos an einen Vergleicher. Sind beide gleich, dann liefert die
echte Chipkarte das richtige Ergebnis, sofern die Simulation als Referenz anerkannt ist.

Alle bei einem Testlauf entstehenden Daten werden in einer Protokolldatenbank abgelegt, wo sie dann zeitlich versetzt manuell ausgewertet werden.

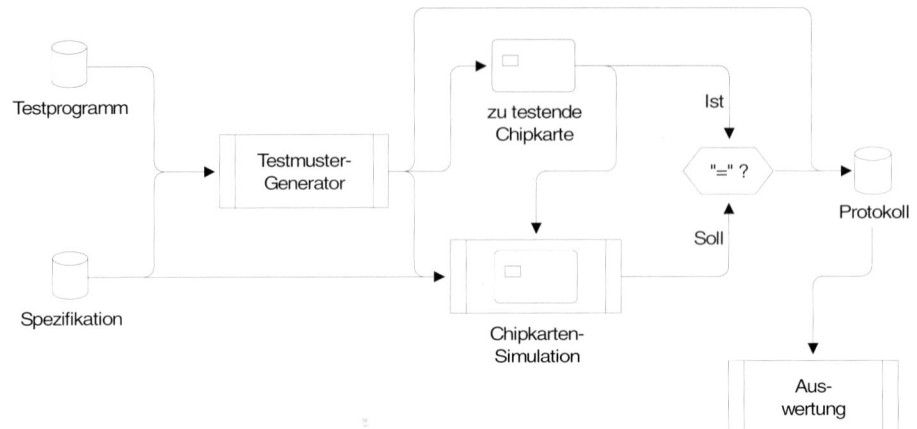

Bild 9.15   Prinzipieller Aufbau eines Testwerkzeugs für die Prüfung von Chipkarten-Betriebssystemen und Anwendungen.

10 Lebenszyklus einer Chipkarte

Dieses Kapitel zeigt den Werdegang einer Chipkarte von der Entstehung des Halbleiters über die Kartenherstellung bis zum Recycling der Karte. Dem Lebenszyklus von Chipkarten-Anwendungen ist hier zusätzlich ein eigener Abschnitt gewidmet, da gerade dies bei den immer weiter verbreiteten Multiapplikationskarten von großer Bedeutung ist. Zu den wichtigsten Lebensabschnitten einer Chipkarte, wie etwa die Grundlagen von Chipkarten-Betriebssystemen, existieren ohnehin eigenständige Kapitel. An den betreffenden Stellen ist dann darauf explizit verwiesen. Zu Materialien für den Kartenkörper, unterschiedlichen Modultypen und Kartenelementen sei gleich hier an dieser Stelle auf die entsprechenden Abschnitte von Kapitel 3 verwiesen[1].

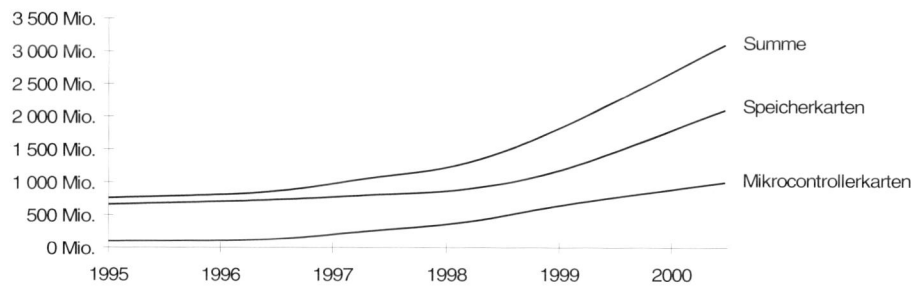

Bild 10.1   Darstellung der weltweiten Produktion von Speicher- und Mikrocontrollerkarten. Die Zahlen sind Schätzwerte, da die unterschiedlichen Quellen erheblich differieren und deshalb als Mittelwert gerechnet wurden.

Eine Chipkarte setzt sich prinzipiell aus zwei völlig unterschiedlichen Komponenten zusammen. Die erste Komponente ist der Kartenkörper mit Aufdruck, Sicherheitsmerkmalen und einer eventuell vorhandenen Magnetpiste. Die zweite Komponente, die den Kartenkörper schließlich zur vollständigen Chipkarte macht, ist das Modul mit dem darin enthaltenen Chip. Diese Einteilung ist unabhängig davon, ob es sich um Karten mit Speicherchips oder Mikrocontrollern handelt.

---

[1] siehe auch Abschnitt 3.2 Kartenkörper

Lediglich die Art und Weise der Datenübertragung kann den Kartenaufbau beeinflussen. Bei kontaktbehafteten Chipkarten wird die elektrische Verbindung zum Terminal über die außen sichtbaren sechs oder acht Kontaktflächen hergestellt. Die kontaktlosen Chipkarten enthalten im Kartenkörper eine mehr oder minder große Spule,
die an dem ebenfalls im Kartenkörper eingebetteten Chip angeschlossen ist. Dieser
Aufbau beeinflußt natürlich in erheblicher Weise die Herstellung der jeweiligen Kar-
tenart.

Der Fertigungsprozeß wird auch in erheblicher Weise durch die Kartenelemente, wie
Material des Kartenkörpers, Beschriftungsarten oder Sicherheitsmerkmale, beeinflußt.
Doch unabhängig von allen diesen Varianten hat vor allem eines absolute Priorität:
Kostenoptimierung. Die Fabrikation von Chipkarten ist eine Massenfertigung, bei der
die Losgrößen bei etwa 10 000 Stück beginnen, aber durchaus auch den 10 Mio.-
Bereich erreichen können. Eine hochoptimierte Fertigung ist die wichtigste Vorausset-
zung für kostengünstige und qualitativ hochwertige Kartenprodukte.

10.1   Die 5 Phasen des Chipkarten-Lebenszyklus

Der Lebenszyklus einer Chipkarte ist neben dem Fertigungsprozeß davon abhängig, in
welcher Anwendung die Karte eingesetzt wird. Eine GSM-Karte hat beispielsweise
nach der Herstellung einen erheblich anderen Ablauf als eine Kreditkarte mit Chip.
Doch gibt es wiederum auch sehr viele Gemeinsamkeiten zwischen den Karten der
verschiedenen Anwendungen.

Tabelle 10.1   Die einzelnen Phasen nach ISO 10 202-1 mit den dazugehörigen Aktionen im Überblick.

Phasen des Kartenlebenszyklus	typische Aktionen
Phase 1 – Herstellung von Chip und Chipkarte	• Design der Chips • Erstellung des Chipkarten-Betriebssystems • Produktion der Chips und Module • Herstellung des Kartenkörpers • Einbetten der Module in den Kartenkörper
Phase 2 – Kartenvorbereitung	• Chipkarten-Betriebssystem komplettieren
Phase 3 – Anwendungsvorbereitung	• Initialisierung der Anwendung(en) • Personalisierung (d.h. Individualisierung) der An- wendung(en) (optisch und elektrisch)
Phase 4 – Kartenbenutzung	• Aktivierung von Anwendungen • Deaktivierung von Anwendungen
Phase 5 – Ende der Kartenbenutzung	• Deaktivierung der Anwendungen • Deaktivierung der Karte

Die ISO 10 202-1 versucht einen Kartenlebenszyklus (*card life cycle*) zu definieren,
der sowohl alle Herstellungsverfahren als auch die unterschiedlichsten Anwendungen
gleichermaßen abdeckt. Diese Norm ist sehr stark auf Zahlungsverkehrsanwendungen
und die dortige Informationstechnik ausgerichtet und weniger auf die eigentliche Herstellung von Kartenkörper und Chip. Doch stellt sie einen, recht gut gelungenen, Versuch dar, den Werdegang von Chipkarten vom Anfang bis zum Ende strukturiert auf-

zuzeigen. Deshalb wird sie hier auch im folgenden als die Basis zur Beschreibung des Kartenlebenszyklus benutzt.

Eingeteilt ist das „Leben" einer Karte nach ISO 10 202-1 in fünf Phasen, die durch genau festgelegte Übergänge miteinander verbunden sind. Alle fertigungstechnisch notwendigen Lager und die Transportwege zwischen den verschiedenen Firmen, die die einzelnen Fertigungsschritte ausführen, müssen entweder physikalisch oder kryptografisch abgesichert sein, um Manipulation oder Diebstahl von Halbfertigprodukten schon im Ansatz so schwierig wie möglich zu machen.

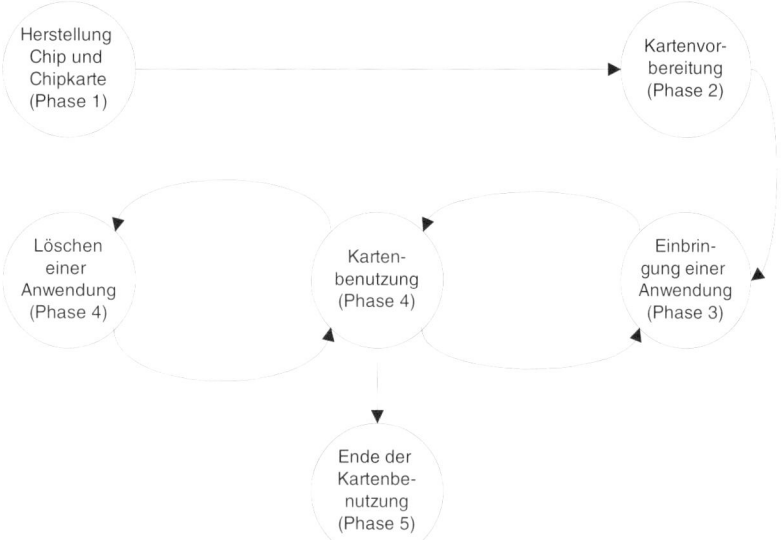

Bild 10.2   Der Lebenszyklus einer Chipkarte im Phasenmodell nach ISO 10 202-1. Das Laden und gegebenenfalls Löschen von Anwendungen, wie es bei Multiapplication-Chipkarten möglich ist, läuft in den Phasen 3 und 4 ab.

Begleitend zu allen Fertigungsschritten, muß natürlich eine entsprechende Qualitätssicherung stattfinden. Da es sich bei Chipkarten üblicherweise um Produkte für sicherheitsrelevante Bereiche handelt, ist es mittlerweile üblich, die Nachvollziehbarkeit der Produktion im Sinne der Normenreihe ISO 9000 ff zu gewährleisten. Dies bedeutet, daß zumindest alle Fertigungsschritte mit Chargen- und Chipnummern protokolliert werden müssen. Zu einem beliebigen Zeitpunkt nach der Produktion muß es möglich sein, die einzelnen Fertigungsschritte individuell für jede Chipkarte nachzuvollziehen. Dies ermöglicht bei auftretenden Fertigungsfehlern eine einfachere Analyse der Ursachen. Da alle Mikrocontroller ab der Halbleiterfertigung durch eine einzigartige Nummer Unikate sind, läßt sich diese Nachvollziehbarkeit auf der Basis der Chipnummern relativ einfach realisieren. Die fertigungstechnische Verfolgung wird entweder durch eine Fertigungsdatenbank oder durch Eintrag aller fertigungsrelevanten Daten im Chip realisiert. Die ISO 10 202-1 empfiehlt die Speicherung der Fertigungsdaten im Chip, was einen Vorteil gegenüber der Speicherung in einer Datenbank aufweist. Bei der

Speicherung im Chip kann man dann die relevanten Fertigungsdaten ohne Zugriff auf eine Datenbank abfragen, allerdings ist dazu kostbarer Speicher im EEPROM des Mikrocontrollers notwendig.

Tabelle 10.2   Typische in den Chip eingetragene Fertigungsdaten. Diese Daten können nur einmal geschrieben und anschließend nur noch gelesen werden (WORM-Attribut der Datei bzw. des Datenobjekts).

Phase des Kartenlebenszyklus	typische Fertigungsdaten
Phase 1 – Herstellung von Chip und Chipkarte	• ID des Chipherstellers • ID der Fertigung • Eindeutige Nummer des Chips • Chiptyp • ID des Einbetters des Chips ins Modul • Datum und Uhrzeit der Einbettung des Chips ins Modul
Phase 2 – Kartenvorbereitung	• ID des Initialisierers • ID der Fertigung • Datum und Uhrzeit der Initialisierung
Phase 3 – Einbringung einer Anwendung	• ID des Personalisierers • ID der Fertigung • Datum und Uhrzeit der Personalisierung

10.2   Phase 1 des Lebenszyklus im Detail

Die erste Phase des Lebenszyklus nach ISO 10 202-1 läßt sich nochmals unterteilen: Einerseits ist die Erstellung des Chipkarten-Betriebssystems und die halbleitertechnische Fertigung der Mikrocontroller abgedeckt und der zweite Ablaufpfad umfaßt die gesamte Technik der Herstellung des Kartenkörpers.

10.2.1   Erstellung des Betriebssystems und Herstellung der Chips

Betriebssysteme und Software für die Chipkarten-Mikrocontroller weisen eine Komplexität auf, so daß ihnen hier ein ganzes Kapitel gewidmet ist, welches im Detail alle Aspekte erläutert.[1] Nicht zu unterschätzen ist aber die Tatsache, daß gerade bei der Chipherstellung ein wesentlicher Teil der sicherheitstechnischen Grundlagen für den gesamten späteren Lebenszyklus gelegt wird. Ein noch so hochwertiges und mit viel Kryptografie abgesichertes Betriebssystem nützt wenig, wenn aufgrund eines Fehlers bei der Halbleiterherstellung alle geheimen Daten aus dem Chip ausgelesen werden können.

Die Halbleiterproduktion ist im übrigen ein geschützter Bereich, zu dem nicht jedermann Zutritt hat. Dies ist in den Reinräumen relativ einfach zu bewerkstelligen, da sie ohnehin nur über Schleusen betreten werden können. Es ist aber auch sicherheitstechnisch wichtig, da nur auf diesem Wege gewährleistet werden kann, daß bei der Chipherstellung bzw. nach dem Vereinzeln der Chips keine Halbleiterbauteile mit

---

[1] siehe auch Kapitel 5 Chipkarten-Betriebssysteme

darin enthaltenen trojanischen Pferden in Software eingeschmuggelt werden können. Dies wäre im übrigen ein sehr ernstzunehmender und relativ gefährlicher Angriff auf die Sicherheit von Chipkarten-Anwendungen.

Bild 10.3   Chip- und Modulherstellung in der Phase 1 im Lebenszyklus einer Chipkarte.

Chipdesign

Der geometrische Aufbau eines Chips für Speicher- oder Prozessorkarten sollte möglichst quadratisch sein, damit bei auftretenden Biegebeanspruchungen die Bruchgefahr des Chips minimiert ist. Ein vollkommener Biegeschutz des Chips durch ein extrem biegesteifes Modul ließe sich prinzipiell technisch realisieren, ist aber in der Praxis nicht gewollt. Solch ein steifes Modul würde bei der ständigen wechselseitigen Biegebeanspruchung der Karte über kurz oder lang zum Bruch der Karte führen.

Die für den Chip verwendeten halbleitertechnischen Komponenten wie CPU oder numerischer Coprozessor oder die unterschiedlichen Speicherarten sind in der Regel sicherheitstechnisch modifizierte Standardelemente.[1] Oft verwendet man Halbleiterkomponenten aus dem Automobilsektor, da diese für ähnlich harte Umwelt- und Zuverlässigkeitsbedingungen ausgelegt sein müssen. Diese müssen allerdings vollständig auf die Sicherheitsanforderungen von Chipkarten-Mikrocontrollern adaptiert und überarbeitet werden.

---

[1] siehe auch Abschnitt 3.4 Mikrocontroller für Chipkarten

Beim Prozeß des Chipdesigns wird nach der Funktionalspezifikation als erster Schritt eine generelle Chiparchitektur mit Blockschaltbild und Groblayout des zukünftigen Mikrocontrollers erstellt. Anschließend verfeinert man das globale Blockschaltbild schrittweise über Logikblöcke, Gatterfunktionen, Transistoren bis zu den geometrischen Strukturen für die einzelnen Belichtungsmasken [Schlegelmilch 96]. Dabei wird jeder Schritt durch Simulationen der Schaltungen und aufwendige Prüfprozesse begleitet. Dieser aus vielen Einzelschritten bestehende Prozeß ist komplex, und es wird ein gehöriges Maß an Erfahrung für die optimale Anordnung der Schaltungselemente auf dem Chip benötigt. Schlußendlich werden auf einer Testfertigungslinie in einer Halbleiterfabrik Muster erstellt, die dann als erste Referenz genauestens vermessen und erprobt werden. Parallel dazu findet oftmals noch eine Sicherheitsbegutachtung statt, die allerdings frühestens mit den ersten richtigen Chips zum Abschluß kommt.

Das Chipdesign ist ein Prozeß, der Monate bis zu einem Jahr dauern kann, bis ein voll funktionsfähiger und alle Anforderungen erfüllender Chip für die Massenproduktion bereitsteht. Dieser Aufwand ist der Grund, warum die Generationenfolge bei Chipkarten-Mikrocontrollern zwischen zwei und drei Jahre beträgt. Der Tribut für größere Änderungen am Chip führt auch dazu, daß die wesentlichen Modifikationen zumeist Chip-Shrinks zur besseren Flächennutzung der Wafer oder kleinere Verbesserungen und Erweiterungen der Hardware sind.

Chipkarten-Betriebssystem

Die Softwareerstellung für ein Chipkarten-Betriebssystem und die darauf aufbauende Anwendung muß wegen der geringen Speicherkapazität der Mikrocontroller hauptsächlich in der Programmiersprache Assembler durchgeführt werden. Ideal wäre natürlich die Erstellung der Programme in einer maschinennahen Hochsprache wie C, doch produzieren selbst hochoptimierende Compiler einen Programmcode, der zwischen 20 % und 40 % umfangreicher ist als optimierter Assemblercode. Zusätzlich benötigt der vom Compiler erzeugte Maschinencode in der Regel auch noch viel des ohnehin auf Chipkarten-Mikrocontrollern raren RAMs für diverse Parameterübergaben und den Programmstack. Dies sind die Hauptursachen, warum Chipkarten-Software immer noch vornehmlich in Assembler entwickelt wird. Natürlich wirkt sich dies stark verlängernd auf die Dauer und damit die Kosten der gesamten Softwareentwicklung aus.

Die Tests der Software, die sich zum Großteil im ROM des Mikrocontrollers befindet, sind sehr aufwendig und umfassend, da sich Fehler in dieser Software nach der Chipproduktion fast nicht mehr beseitigen lassen.[1] Es wird dabei immer eine sogenannte ROM-Maske entwickelt, d.h. eine Software, die sich im späteren ROM der Mikrocontroller befindet und in der eine Änderung nicht mehr möglich ist. Softwarefehler, die erst in einem der folgenden Fertigungsschritte erkannt werden, verursachen eine Wiederholung aller vorhergehenden Schritte.

---

[1] siehe auch Kapitel 9 Qualitätssicherung und Test

Um den vorhandenen Speicherplatz des Mikrocontrollers möglichst gut zu nutzen, muß der Programmcode an den jeweiligen Chiptyp individuell angepaßt werden. Die Programme sind deshalb nur mit zusätzlichem Aufwand auf andere Chiptypen portierbar. Die Dauer der Entwicklung für eine komplette ROM-Maske bewegt sich daher im Bereich um 9 Monate. Sie kann jedoch auch deutlich geringer ausfallen, falls auf vorhandenen Programmcode (Software-Bibliotheken) zurückgegriffen werden kann. Ist die ROM-Maske fertig entwickelt, so findet die offizielle Übergabe an einen Halbleiterhersteller statt.

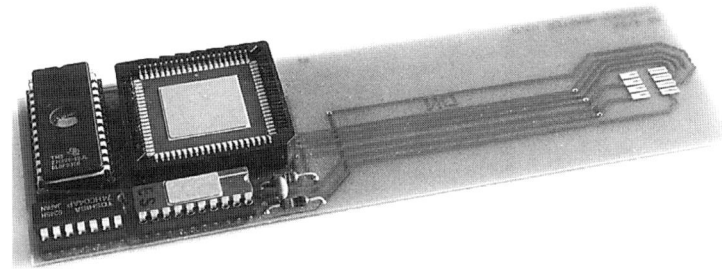

Bild 10.4   Miniemulator einer Chipkarte, bei dem das maskenprogrammierte ROM durch ein austauschbares EPROM im DIL-Gehäuse ersetzt ist. Der große Chip ist ein Mikrocontroller für Chipkarten, bei dem alle Busse frei zugänglich sind (Bond-Out-Chip).

ROM-Maske und halbleitertechnische Fertigung der Chips

Der Halbleiterhersteller erstellt aus der erhaltenen Software, die ihm auf einem EEPROM oder einer Diskette übergeben wurde, eine Belichtungsmaske für das ROM des Mikrocontrollers. Die Maske, die den Programmcode enthält, wird von den Betriebssystemdesignern ROM-Maske oder oft nur Maske genannt. Sie ist aber nur eine Fotomaske von ca. 20, die zur Herstellung der Mikrocontroller notwendig sind. Der halbleitertechnische Aufbau der späteren Mikrocontroller findet auf entsprechend vorbereiteten hochreinen Siliziumscheiben, Wafer genannt, statt. Der Durchmesser der Wafer im Chipkartenbereich beträgt zur Zeit meistens 6 bis 8 Zoll (= 15,2 – 20,4 cm). Auf einen 6-Zoll-Wafer passen bei 0,8 µm-Technologie ungefähr 700 Mikrocontroller.

Der Trend zukünftiger Fertigungsprozesse in der Halbleiterei geht jedoch zu größeren Wafern und kleineren Strukturbreiten. Man kann davon ausgehen, daß sich in den nächsten Jahren Wafer mit einem Durchmesser von 12 Zoll (= 30,6 cm) in 0,25 µm-Technologie als Standard in der Herstellung von Mikrocontrollern für Chipkarten etablieren. Die Kosten für eine Halbleiterfabrik dieser Technologiestufe liegen in der Größenordnung von etwa einer Milliarde DM.

Noch vor einigen Jahren wurden Fotomasken für den gesamten Wafer verwendet, so daß die 700 Mikrocontroller alle auf einmal belichtet werden konnten. Dabei kam üblicherweise eine Kontaktbelichtung zum Einsatz. Mit kleiner werdenden Strukturbreiten auf dem Chip ist dies aber nicht mehr möglich, da die Ausbeute sonst nicht mehr akzeptabel wäre.

Bei allen neuen Produktionsverfahren beinhalten die Fotomasken nur mehr das Abbild eines einzigen späteren Chips und nicht mehr das des ganzen Wafers. Diese hochempfindlichen Masken bestehen aus einer für ultraviolettes Licht durchlässigen Quarzglas-Platte, auf der der auf dem Wafer abzubildende Chip mit Linien aus Chrom aufgetragen ist. Dazu ist auf der Quarzglas-Platte eine photoempfindliche Schicht aufgetragen, die mit einem Elektronenstrahlschreiber belichtet wird. Anschließend wird sie entwickelt und durch Ätzen der unbelichteten Bereiche abgetragen.

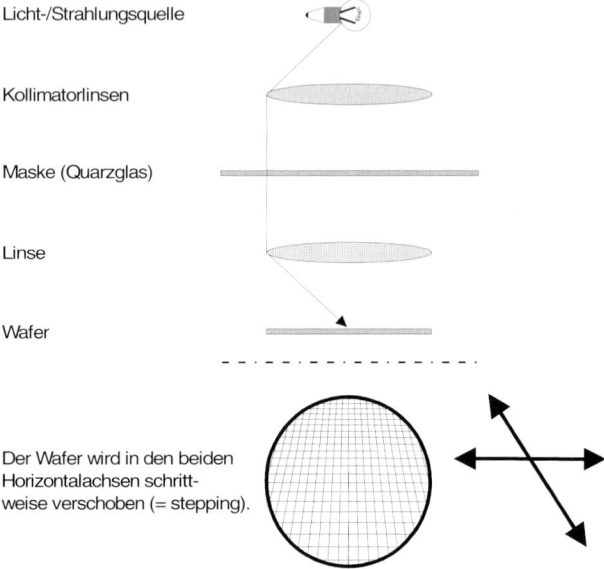

Bild 10.5   Prinzip der schrittweisen Belichtung von einzelnen Chips auf Halbleiterwafern mit einem Stepper.

Die Fotomaske wird im Maßstab 5:1 oder 10:1 vergrößert hergestellt, um bei der Belichtung des Wafers eine abbildungsverbessernde Verkleinerung zu ermöglichen. Die dabei zum Einsatz kommenden Belichtungsmaschinen (Jargon: „Stepper") sind hochpräzise optische Geräte, die das Abbild der Maske auf dem Wafer auf Teile eines Mikrometers fokussieren und den Wafer in einer vergleichbaren Lagegenauigkeit verschieben können. Nach dem mit ultraviolettem Licht stattfindenden Belichtungsvorgang wird der Wafer um einen Positionsschritt verfahren, und es startet die Belichtung des nächsten Chips. So wird Schritt für Schritt (*stepping*) der ganze Wafer mit allen darauf befindlichen Mikrocontrollern belichtet.

Der gesamte Wafer ist mit einem lichtempfindlichem Lack (Fotoresist) versehen. An den belichteten Stellen wird dann der Lack durch Ätzen entfernt, und die darunterliegenden Waferflächen mit Fremdatomen dotiert. Nach mehreren Reinigungsschritten und erneutem Auftrag von fotoempfindlichem Lack ist der Wafer für die Belichtung

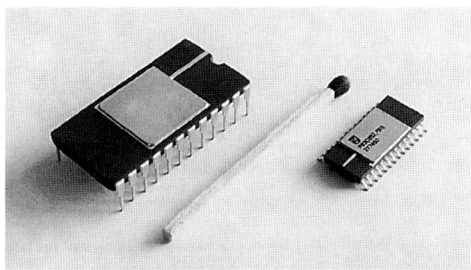

Bild 10.12   Beispiele für Mikrocontroller in unterschiedlichen Keramikgehäusen zum Test der Software.

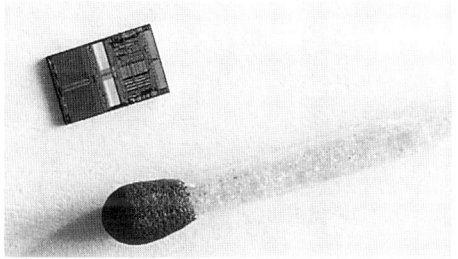

Bild 10.13   Beispiel für einen einzelnen Die im Vergleich zu einem Zündholz. Die Dicke des Die beträgt ungefähr 0,12 mm.

Fixieren der Chips in Module

Der nächste Fertigungsschritt nach dem Sägen der Wafer ist das Einbetten der Dice in Module. Diese erhöhen die Stabilität der sehr bruchempfindlichen Kristalle und sind mit den an der Oberseite angebrachten Kontaktfeldern die spätere elektrische Verbindung zum Terminal.

Die übliche Anlieferungsform für Chipmodule sind Spulen mit 35 mm breiten Kunststoffstreifen mit Randperforation, auf denen paarweise nebeneinander zwei Module aufgebracht sind. Auf eine Spule passen abhängig von der Modulgröße zwischen 10 000 und 20 000 Module. Der 35 mm breite Kunststoffstreifen heißt im Insiderjargon schlicht und einfach „Tape".

Die Breite des Streifens ist im übrigen das Standardformat für Filme in der Kino- und Fototechnik. Der Grund für dieses Format liegt in den Anfängen der Chipkarten-Fertigungstechnik begründet. Um damals kostengünstige Transport- und Verpakkungsmöglichkeiten zu nutzen, die möglichst wenige Neuentwicklungen erforderten, verwendete man das 35-mm-Filmformat als Grundträger. Dadurch konnten viele der am Markt erhältlichen Spul- und Wickelgeräte für Filme verwendet werden. Da eine Umstellung auf andere Formate ab einem bestimmten Verbreitungsgrad nicht mehr durchführbar war, beläßt man bis heute das 35 mm breite Trägermaterial.

Die Dice werden mit dem Siliziumträgermaterial nach oben, also zur Unterseite des Moduls hin, mit einem Kleber irreversibel verbunden. Damit lassen sich dann in weiteren Fertigungsschritten die Dice mit den korrespondierenden Modulkontaktflächen auf der Unterseite elektrisch verbinden.

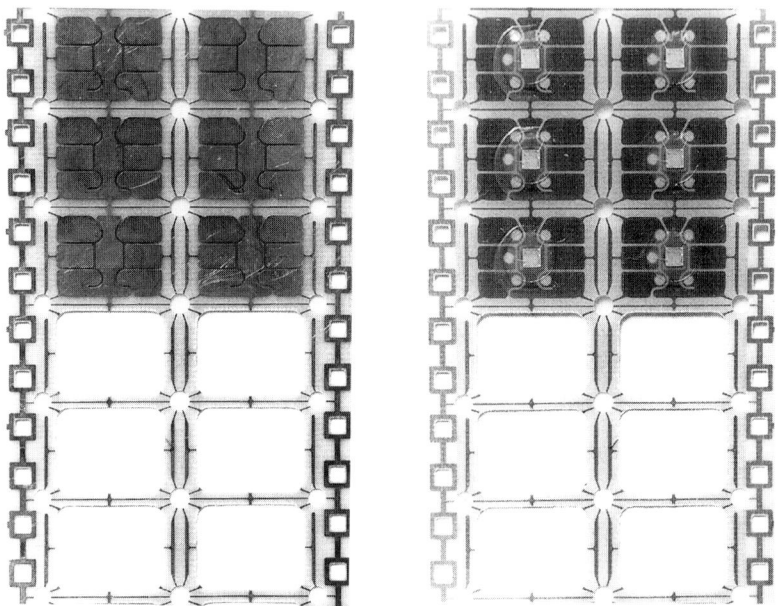

Bild 10.14   Beispiel für 35 mm breite Filmstreifen mit paarweise darauf angebrachten Modulen. Das linke Bild zeigt die Vorderseite und das rechte Bild die Rückseite des Filmstreifens. In den unteren Teilen der Bilder kann man die Lücken von bereits ausgestanzten Modulen erkennen.

Bonden der Chips

Nachdem die Dice in die Module eingeklebt sind, folgt die Herstellung der elektrischen Verbindung mit der Unterseite der Kontaktfelder. Dazu benutzt man einen sehr dünnen Golddraht, der sowohl an den dafür vorgesehenen Aluminium-Kontaktstellen auf den Dice als auch an den entsprechenden Kontaktpunkten auf der Modulunterseite angeschweißt wird.

Damit es bei starken Temperaturschwankungen nicht zu einem Bruch des Drahtes kommen kann, ist er in einem Bogen geführt. Dieser Bogen darf allerdings nicht zu groß sein, da die Bonddrähte sonst beim späteren Vergießen nicht mehr voll abgedeckt würden und damit eine erhöhte Korrosionsgefahr gegeben wäre.

Vergießen der Chips in den Modulen

Nach dem Bonden wird die Rückseite der Module und der montierten Dice mit einem schwarz eingefärbten Epoxidharz vergossen. Dieses Harz schützt den empfindlichen Kristall vor Umwelteinflüssen wie Feuchtigkeit, Torsion oder Biegung. Die Vergußmasse ist deshalb lichtundurchlässig, da Halbleiterbauelemente in der Regel sehr empfindlich gegenüber Licht und elektromagnetischen Wellen in den angrenzenden Spektralbereichen sind.

Anschließend wird der Trägerstreifen mit den Modulen auf große Filmspulen aufgewickelt und dann in Kartons verpackt. Für Kleinserien ist es auch noch möglich, die Module in Kunststoffmagazinen einzeln zu verpacken, doch wird dies für größere Stückzahlen vermieden, da beim Moduleinbetter dadurch die maschinelle Bearbeitbarkeit erschwert wird.

Sollen neue Mikrocontroller in den Markt eingeführt oder veränderte Chiphardware getestet werden, dann ist das Vergießen der Module oft schon der letzte Fertigungsschritt. Danach durchläuft man die entsprechenden Tests und Qualifizierungsstufen, und erst wenn dabei keine Fehler auftreten, startet man eine neue Charge mit entsprechend angepaßter Software für die Massenproduktion. Ähnlich verhält es sich mit komplett neuen Betriebssystemen, bei denen man auch an diesem Punkt die Hardwareproduktion stoppt und dann über Wochen oder manchmal Monate die notwendigen Qualifizierungen vornimmt. Falls notwendig, muß man dann mit einem verbesserten Betriebssystem die Korrekturschleife noch einmal durchlaufen.

Bild 10.15   Beispiel für die Geometrie der Vorder- und Rückseite eines Moduls.

Test der Module

Die vorhergehenden Fertigungsschritte Sägen, Fixieren, Bonden und Vergießen haben zur Folge, daß dabei zwischen 3 % und 7 % der Dice unbrauchbar werden. Deshalb ist vor dem Verpacken und Ausliefern ein zusätzlicher Testschritt die Regel. Dazu müssen die Module an den Kontaktfeldern an der Moduloberseite elektrisch mit einem Tester verbunden werden. Als erstes schaltet dieser den Mikrocontroller durch Durchbrennen einer Polysiliziumsicherung vom Testmodus in den Usermodus und schreibt einen speziellen Bytewert auf eine bestimmte Adresse im EEPROM. Damit ist es von nun ab nicht mehr möglich, von außen lesend oder schreibend auf den Speicher zuzugreifen, ohne die definierten Sicherheitsbedingungen zu erfüllen.

Der Testrechner versucht dann, nach einer ISO-Anschaltsequenz einen gültigen ATR zu detektieren. Ist dies möglich, dann testet er mit den in der Maskensoftware integrierten Kommandos die Chiphardware. Verlaufen alle diese Tests positiv, dann haben die vorherigen Produktionsschritte bei dem getesteten Modul zu keinem Ausfall geführt, und es kann in eine Chipkarte eingebaut werden.

10.2.2 Herstellung der Kartenkörper ohne integrierte Spule

Kartenkörper für Chipkarten ohne im Kartenkörper integrierte Spule können prinzipiell in drei unterschiedlichen Verfahren in der Massenproduktion hergestellt werden. Diese unterscheiden sich in Haltbarkeit, Oberfläche und möglichen Kartenelementen. Viele Kartenhersteller bieten oftmals nur eine Auswahl und nicht die ganze Palette der Herstellungsverfahren an.

Laien sehen oft die Herstellung von Kartenkörpern als unkomplizierte und leicht zu beherrschende Technologie. Schließlich müssen im Prinzip nur einige Kunststofffolien gestanzt und zusammengeklebt werden. Dies ist aber keinesfalls so. Die Herstellung von qualitativ hochwertigen Kartenkörpern in einer Massenproduktion basiert auf vielfältigen und komplexen Fertigungsschritten und erfordert eine hervorragende Beherrschung der notwendigen chemischen Prozesse bei Kunststoffen und dazugehörigen Farben.

Bild 10.16   Klassifizierungsbaum der grundlegenden Herstellungsverfahren für Kartenkörper aus Kunststoff.

Das technisch aufwendigste Verfahren ist der Aufbau des Kartenkörpers aus miteinander heißverklebten Kunststofffolien. Diesen Aufbau bezeichnet man als Mehrlagenaufbau und die Heißverklebung der Folien unter hohem Druck als Laminierung. Die Dicke der für das Karteninnere verwendeten sogenannten Kernfolien (*core foils*) variiert zwischen 100 µm und 600 µm, die Dicke für die äußeren Deckfolien (*overlay foils*) zwischen 25 µm und 300 µm. Ein Kartenkörper in diesem Aufbau läßt große Gestaltungsvielfalt bei den Kartenelementen zu, ist sehr widerstandsfähig und bietet zusätzlich die Möglichkeit, zwischen den Folien Sicherheitsmerkmale einzufügen. Dies ist beispielsweise beim MM-Verfahren für die deutsche ec-Karte der Fall.[1]

Der Einlagenaufbau des Kartenkörpers aus einer einzigen 800 µm dicken Monofolie ist die vereinfachte Variante des Mehrlagenaufbaus. Dieses Verfahren ist kostengünstiger, die Karten sind jedoch etwas weniger widerstandsfähig als beim Mehrlagenaufbau und lassen vor allem viel weniger Gestaltungsmöglichkeiten bei den Kartenele-

---

[1] siehe auch Abschnitt 3.1.4 Sicherheitsmerkmale

menten zu. Beispielsweise können dann keine transparenten Deckfolien als Abrieb-
und Kratzschutz über bedruckte Elemente auflaminiert werden.

Bild 10.17   Überblick der üblichen Kartenaufbauten. Die Mehrlagenkarte setzt sich aus den äußeren Deckfolien (*overlay foil*) und den Kernfolien (*core foils*) zusammen.

Die dritte Möglichkeit, einen Kartenkörper auf Kunststoff zu erzeugen, ist die
Spritzgußtechnik. Sie führt dem Prinzip nach zu einem Kartenkörper in Einlagenaufbau mit allen seinen Vor- und Nachteilen. Allerdings gibt es einige kleine, aber signifikante Abweichungen davon. Durch die Einlage einer ca. 80 µm dicken bedruckten
Folie in die Spritzgußform können Spritzgußkarten bereits beim Spritzgießen mit einem Druck versehen werden. Dieses sogenannte In-Mold-Labeling ist freilich im Vergleich zu Sieb- oder Offsetdruck mit einigen Einschränkungen in der Gestaltung und
Verwendung von Druckfarben verbunden, doch hat es den Vorteil, daß die Kartenkörper nach dem Spritzguß nicht mehr durch eine Einzelkartendruckmaschine müssen. Eine weitere Eigenschaft der Spritzgußtechnik ist es, daß die Kavität für das Chipmodul
während des Spritzgiesens geformt wird und nicht noch anschließend ausgefräst werden muß. Es gibt auch bereits neuere Verfahren, bei denen das Chipmodul in die
Spritzgußform eingelegt und so bereits beim Spritzgießen im Kartenkörper verankert
wird. Mit dieser Technik erübrigen sich viele der im folgenden beschriebenen Fertigungsschritte.

Übliche Spritzgußmaschinen haben eine Kapazität von ungefähr 2 000 Kartenkörpern pro Stunde. Trotzdem ist die vermeintlich so kostengünstige Spritzgußtechnik bei
großen Stückzahlen über einer Million Karten in der Regel teurer als Karten, die aus
großen Bogen Kunststoffolien gestanzt werden. Bedingt ist dies vor allem durch die
zeitaufwendige Handhabung der einzelnen Karten, die einer der Hauptkostenfaktoren
ist.

Bedrucken der Folien

Beim Bedrucken des Kartenkörpers gibt es in der Regel keinen Unterschied zwischen
Kartenkörper in Mehrlagen- oder Einlagenaufbau. Beim Bogendruck werden große
Bögen aus Kunststoffolie bedruckt, aus denen man anschließend die Chipkarten stanzt.
Eine übliche Größe des Bogens ist die Zusammenfassung von 21 bis 48 Drucken, d.h.
Karten, zu einem Nutzen. Dieser Nutzen läuft dann in einem oder mehreren Arbeits-
gängen durch die einzelnen Farbwerke einer Sieb- oder Offsetdruckmaschine. Für die
Vorder- und Rückseite des Kartenkörpers ist jeweils ein separater Druck erforderlich.

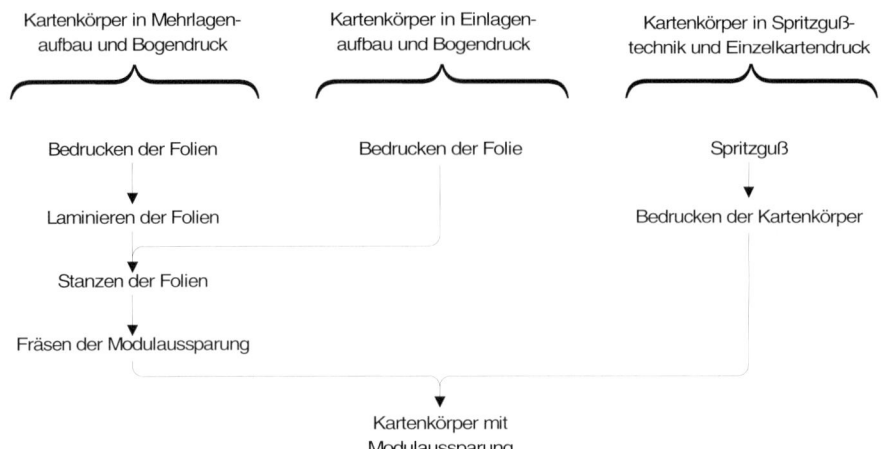

Bild 10.18   Herstellung der Kartenkörper für Chipkarten in der Phase 1 des Lebenszyklus einer
Chipkarte.

Bei den für Karten eingesetzten Druckverfahren wird grundsätzlich zwischen Siebdruck und Offsetdruck unterschieden. Im Offsetdruck können feinere Details als im
Siebdruck auf die Karte gedruckt werden. Die dabei verwendeten Farben härten unter
UV-Licht aus. Da die UV-Bestrahlung sofort nach dem eigentlichen Druckvorgang
stattfindet, hat man den Vorteil, daß die bedruckten Karten nach dem Druck sofort sta-
pelbar sind. Allerdings können auf UV-härtende Lacke keine Magnetstreifen oder
Hologramme im Hot-Stamp-Verfahren[1] aufgebracht werden, da diese Lacke keine
thermoplastischen Eigenschaften haben. Ähnlich verhält es sich mit Inlettfolien für la-
minierte Kartenkörper, da der Laminiervorgang thermoplastische Eigenschaften der
verwendeten Folien voraussetzt. Dafür verwendet man das Siebdruckverfahren, dessen
Farben durch Verdunstung einer der Komponenten aushärten und sich thermoplastisch
verhalten. Auf diese bedruckten Oberflächen lassen sich dann ohne weiteres zusätzliche Kartenelemente aufbringen. In der Praxis kombiniert man oft beide Druckverfahren. So druckt man die großen einfachen Flächen und den Untergrund für Magnetstreifen und Hologramm im Siebdruck. In einem zweiten Arbeitsschritt werden dann kleinere Details im Offsetdruck aufgebracht, deren Feinheit mit dem Siebdruck nicht zu erreichen wäre.

Zusammenfassend kann man feststellen, daß der Offsetdruck ideal für farbige Moti-
ve in hoher Auflösung und großer Stückzahl geeignet ist. Müssen jedoch auf die Kartenoberfläche zusätzliche Funktionselemente wie etwa Hologramme irreversibel aufgebracht werden, dann muß entweder die ganze Karte oder zumindest der Untergrund
des Hologramms mit einer thermoplastischen Farbe in Siebdruck bedruckt werden.
Farben für Offsetdruck können dazu nicht verwendet werden, da sie unter UV-Licht
härten und nicht thermoplastisch sind.

---

[1] Heißklebetechnik, die einen thermoplastischen Untergrund voraussetzt.

Als drittes Druckverfahren kommt manchmal noch der Thermotransferdruck zur Anwendung. Bei dieser Technik werden Teile von farbigen Folien durch Hitze abgelöst und auf weiße Karten aufgebracht. Die farbigen Folien verbinden sich fest mit der Oberfläche der Karte. Oftmals wird dieses Verfahren auch als reiner Schwarz-Weiß-Druck zum Aufbringen von Seriennummern benutzt. Prinzipiell lassen sich damit aber alle Farben und auch Farbverläufe darstellen. Das Verfahren ist allerdings langsam, teuer und findet vor allem für Kleinserien in Desktop-Personalisierungsmaschinen Anwendung. Die Auflösung beträgt bis zu 300 dpi. Ein weiterer Nachteil ist, daß die aufgetragenen Farben nur an der Oberfläche der Karte haften und sich beispielsweise durch Kratzen wieder ablösen lassen.

Der Nachteil der nur auf der Kartenoberfläche haftenden Farbe kann durch die Technik des Thermosublimationsdrucks umgangen werden. Dabei dringt die am Druckkopf auf annähernd 200 °C erhitzte Farbe in die oberste Kunststoffschicht des Kartenkörpers ein. Die Eindringtiefe beträgt maximal 5 μm, was ausreicht, damit dieser Druck kratzfest ist. Die anderen Merkmale des Thermosublimationsdrucks sind im wesentlichen identisch mit dem Thermotransferdurck, so auch die hohen Druckkosten, was das Verfahren ebenfalls nur für kleinere Serien geeignet macht. Beide Druckverfahren sind jedoch vor allem für den Druck auf Karten mit entsprechend vorbereiteter Oberfläche geeignet, was ihre Verwendung einschränkt. Allerdings stellen sie eine durchaus sinnvolle Ergänzung zum Just-In-Time-Druck für kleine und mittlere Serien dar.

Tabelle 10.3   Überblick der geläufigsten Verfahren für das Bedrucken von Karten.

Eigenschaften	Offsetdruck	Siebdruck	Thermo-transferdruck	Thermo-sublimationsdruck
Bogendruck für Massen-produktion möglich	ja	ja	nein	nein
Auflösung	sehr gut	mittel	gut	gut
Oberflächendeckung der Farbe	gut	sehr gut	befriedigend	befriedigend
bedruckte Oberfläche la-minierfähig	nein	ja	nicht üblich	nicht üblich
Druck kratzfest	nein	nur mittels über-laminierter Over-layfolien	nein	ja
kartenindividueller Druck möglich	nein	nein	ja	ja
Preis	niedrig	niedrig	hoch	hoch

Laminieren der Folien

Sind die Folien gedruckt, dann werden sie im Falle eines Kartenkörpers im Mehrlagen-aufbau bei 100 °C bis 150 °C zusammenlaminiert und zusätzlich die geforderten Merkmale integriert. Gegen Verkratzen und Abrieb schützt man die bedruckten Folien für Vorder- und Rückseite durch zusätzlich auflaminierte transparente Deckfolien, oft auch als Overlayfolien bezeichnet. Abhängig vom Kundenauftrag sind Unterschrift-,

Magnetstreifen und Sicherheitsmerkmale in den Mehrlagen-Kartenkörper während dieses Produktionsschrittes ebenfalls einzubetten oder aufzulaminieren.

Karten können durchaus mit unterschiedlich dicken Kunststofffolien für Vorder- und Rückseite gefertigt werden. Generell ist es jedoch aus mechanischer Sicht besser, einen symmetrischen Kartenaufbau zu wählen. Dies heißt, daß man für Vorder- und Rückseite gleich dicke Folien benutzt. Damit umgeht man die Problematik, daß es zu einem „Bimetalleffekt" kommt und sich die Karte zu einer Seite hin verbiegt.

Stanzen der Folien
Nach dem Zusammenlaminieren der einzelnen Kunststoffbögen müssen sie auf das gewünschte Kartenformat gebracht werden. Dies wird durch einen Stanzvorgang erreicht. Die dazu benutzten Maschinen haben einen stündlichen Durchsatz von 4 000 bis 8 000 Karten. Der Grat, der an den Rändern von manchen Chipkarten zu sehen oder zu fühlen ist, rührt im übrigen von abgenutzten Stanzwerkzeugen.

Fräsen der Modulaussparung
Im Anschluß an die Herstellung des Kartenkörpers muß eine Aussparung für das Modul hineingefräst werden. Diese Aussparung wird „Kavität" genannt. Es gibt auch Verfahren, bei denen die Folien vorgestanzt sind, so daß sich eine Aussparung ergibt, die beim Zusammenkleben genutzt wird, um darin das Modul einzubetten. Bei der Kartenkörperherstellung in Spritzgußtechnik ist die Modulaussparung ebenfalls schon durch die Spritzgußform vorgegeben. Doch bei Kartenkörpern aus einzelnen Folien wird in der Regel der Platz für das Modul aus dem Kartenkörper gefräst.

Da das Modul auf der Unterseite eine Erhebung an der Stelle des vergossenen Die hat, muß eine dazu passende Aussparung beim Fräsen des Kartenkörpers geformt werden. Eine einstufige Kavität ist bei den heute üblichen Modulformen meist ungünstig, weshalb die Kavität üblicherweise zweistufig oder sogar dreistufig gefräst wird. Die daraus resultierende größere Kontaktfläche zwischen Modul und Kartenkörper ermöglicht eine dauerhafte Verklebung. Zudem ist es mechanisch wesentlich günstiger, wenn das Modul nur an seinem Rand mit dem Kartenkörper fest verbunden ist und das an der Unterseite des Moduls befindliche Die keinen mechanischen Kontakt mit dem Plastik der Karte hat. Das Modul wird sozusagen „schwimmend" eingebaut.

Als erstes fräst man nun eine Aussparung in der Größe des Kontaktfeldes und einer Tiefe, die der Höhe des Kontaktfeldes entspricht. Danach wird in der Mitte der gerade erzeugten Aussparung eine zusätzliche Vertiefung für das vergossene Die eingefräst. Das Ergebnis ist eine Aussparung mit zwei Stufen.[1]

Die Fräsvorgänge müssen sehr exakt verlaufen, da an der tiefsten Stelle die Materialdicke der Karte nur noch ca. 0,15 mm mißt. Vibrationen oder Schwingungen beim Fräsen können dazu führen, daß die Karte durchgefräst wird und damit nicht mehr zu gebrauchen ist. Wäre aber die Kavität nicht tief genug, dann würde anschließend das Modul an der Kartenoberseite überstehen, was jedoch nur innerhalb sehr enger Grenzen erlaubt ist. Dieser diffizile Fertigungsschritt findet in einer vollautomatischen Ma-

---

[1] siehe auch Abschnitt 3.2.2 Chipmodule

schine mit Zufuhr und Abtransport der Kartenkörper in Magazinen statt. Der Durchsatz bewegt sich im Bereich von etwas über 1 000 Karten pro Stunde.

Bild 10.19   Beispiel für eine gefräste Modulaussparung im Kartenkörper, im Fachjargon auch „Kavität" genannt.

Bedrucken der Kartenkörper
Das zweite drucktechnische Verfahren neben dem Bogendruck ist der Einzelkartendruck, bei dem bereits vereinzelte Karten bedruckt werden. Werden die Karten im Einzeldruck bedruckt, so geschieht dies immer vor dem Fräsen der Modulaussparung. Der Durchsatz von Druckmaschinen für Einzeldruck bewegt sich im Bereich bis zu 12 000 Karten pro Stunde. Eine weitere Variante des Einzelkartendrucks ist der Thermotransfer- und Thermosublimationsdruck in Desktop-Personalisierungsanlagen, bei denen der Durchsatz wesentlich geringer ist und bei maximal 300 Karten pro Stunde liegt.

Aufbringung von Kartenelementen auf den Kartenkörper
Nachdem die Kartenkörper auf Maß gebracht wurden, werden noch unterschiedliche Kartenelemente wie Hologramme oder Magnetstreifen aufgebracht. Die als Rollenware zugelieferten Hologramme werden dabei in einer Heißklebetechnik (Hot-Stamp-Verfahren oder Roll-On-Verfahren) irreversibel mit dem Kartenkörper verbunden.[1] Ein Entfernen ist dabei nur unter Zerstörung des jeweiligen Sicherheitsmerkmals möglich. Der Magnetstreifen wird entweder im Laminier-Verfahren oder im Hot-Stamp-Verfahren auf den Kartenkörper aufgebracht.

10.2.3   Herstellung von Kartenkörpern mit integrierter Spule

Kontaktlose Chipkarten benötigen zur Energie- und Datenübertragung eine Spule. Bei hohen Frequenzen kann diese so klein gestaltet werden, daß sie sich ins Chipmodul integrieren läßt. Deshalb kann bei dieser Art von kontaktlosen Karten ein vergleichbarer Fertigungsprozeß wie bei den kontaktbehafteten Karten benutzt werden. Das Chipmodul mit der Spule wird dabei lediglich zwischen zwei oder mehreren Kunststoffolien einlaminiert oder in eine Kavität eingesetzt.

Allerdings benutzt man bei den meisten heutigen kontaktlosen Chipkarten niedrigere Frequenzen und benötigt deshalb Spulen mit größerem Durchmesser. Diese sind meist rechteckig mit gerundeten Ecken und ungefähren Abmessungen von 75 mm auf

---

[1] siehe auch Abschnitt 3.1.4 Sicherheitsmerkmale

45 mm. Solche Spulen sind damit nur etwas kleiner als der gesamte Kartenkörper im ID-1 Format. Üblicherweise besitzen sie vier Windungen, eine Induktivität von etwa 4 µH und einen elektrischen Widerstand von einigen wenigen Ohm. Die Ausnahme sind gedruckte Spulen, die einen Widerstand im Bereich von 300 Ohm aufweisen.

Für die Herstellung dieser speziellen Kartenkörper mit integrierter Spule muß der übliche Fertigungsprozeß für Kartenkörper entsprechend den geänderten Anforderungen angepaßt werden. Einige generelle Prinzipien ändern sich jedoch nicht. So werden auch kontaktlose Chipkarten meist zu Nutzen von 48 Stück auf großen Kunststoffbögen zusammengefaßt und nicht einzelstückweise gefertigt, da dies deutlich kostengünstiger ist.

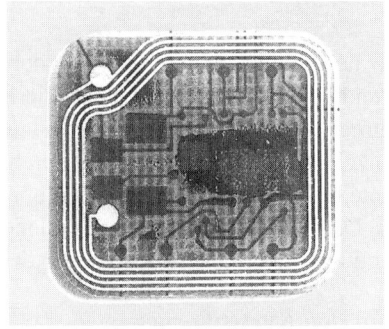

Bild 10.20   Vorder- und Rückansicht eines Moduls mit integrierter Spule für einen Mikrocontroller-Chip.

Kontaktierung von Spule und Chip

In der zur Zeit üblichen Standard-Technologie wird der mit der Spule elektrisch zu verbindende Die auf einem Lead-Frame befestigt und galvanisch mit den zwei darauf befindlichen Kontaktflächen verbunden. Diese beiden Kontaktflächen benutzt man dann zur Herstellung des elektrischen Kontaktes mit den beiden Enden der Spule. Der Grund zur Benutzung eines Lead-Frames ist darin zu finden, daß bei der elektrischen Verbindung mit der Spule nicht so genau positioniert werden muß, als wenn diese direkt mit dem Die kontaktiert würde. Allerdings ist dieses Verfahren teurer als die direkte Verbindung von Die und Spule, das eine sehr exakte Positionierung und hochwertige Verbindungstechnologie voraussetzt.

Bei in den Kartenkörper integrierten Spulen gibt es zwei Varianten, wie der Chip mit der Spule bzw. dem Lead-Frame elektrisch kontaktiert wird. Mit dem technisch geläufigen Verfahren des Wire-Bondings wird der Chip durch dünne Bond-Drähte verbunden. Wesentlich eleganter und auch kostengünstiger ist jedoch das Die-Bonding, bei dem der Chip so auf den Lead-Frame oder die Spule gepreßt und dann verklebt wird, daß eine direkte elektrische Verbindung geschaffen wird. Dabei muß der Chip jedoch im Vergleich zum Wire-Bonding umgedreht werden, weshalb diese Technik oder manchmal auch der Chip als Flip-Chip bezeichnet wird. Bei beiden Verfahren wird nach der Herstellung der elektrischen Verbindung der Chip mit einem Schutzüberzug aus Kunststoff versehen.

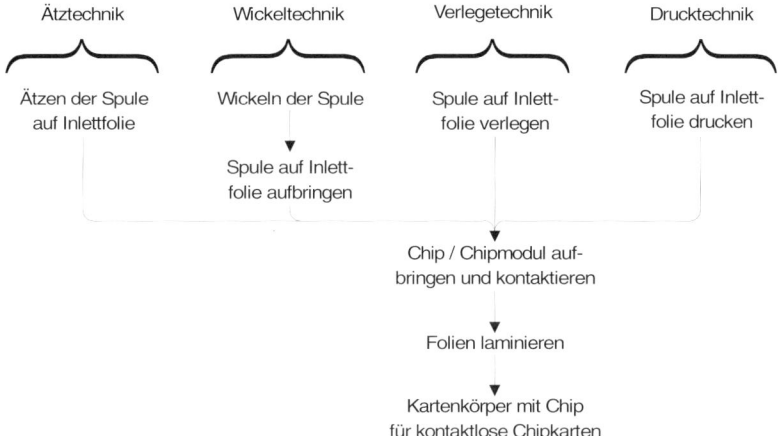

Bild 10.21   Herstellung von kontaktlosen Chipkarten in der Phase 1 des Lebenszyklus einer Chipkarte.

Bild 10.22   Vorder- und Rückansicht eines Lead-Frame-Moduls für kontaktlose Chipkarten und mit kontaktierter gewickelter Spule.

Geätzte Spule

Es gibt mehrere Möglichkeiten, eine Spule in einen Kartenkörper zu integrieren. Bei dem zuerst entwickelten Verfahren für die Herstellung von kontaktlosen Chipkarten werden mit 35 µm dickem Kupfer beschichtete und damit elektrisch leitende Kunststoffolien so geätzt, daß auf ihnen eine Spule entsteht. Der geätzte Verlauf der Leiterbahn hat ungefähre Abmessungen von 100 µm in der Breite. Nach dem Ätzen wird an den Anschlußstellen der Spule ein Chip plaziert und elektrisch verbunden. Dann benutzt man dies im Sinne einer Inlettfolie und laminiert hinten und vorne eine Deckfolie auf. Damit ist die Chipkarte fertiggestellt. Diese Art von Karte wird als kontaktlose Chipkarte mit geätzter Spule (*etched coil*) bezeichnet.

Gewickelte Spule

Eine Weiterentwicklung der geätzten Spule ist die gewickelte Spule (*wound coil*). Dazu wird ein 150 µm durchmessender Kupferdraht auf eine keilförmige Spulenform gewickelt, dann von der Form auf eine Inlettfolie geschoben und mit Hitze und Druck thermoplastisch mit der Inlettfolie verschweißt. Anschließend wird noch der Chip bzw. Chipträger aufgesetzt und die Folien laminiert. Diese Technik ist deutlich kostengünstiger und besser für große Stückzahlen geeignet als die der geätzten Spule.

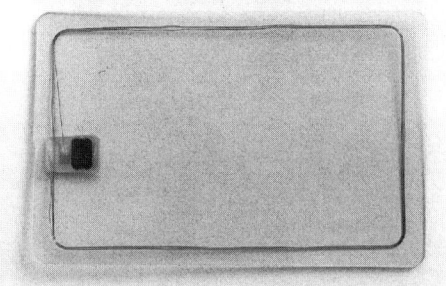

Bild 10.23   Beispiel für eine gewickelte Spule mit einem Lead-Frame-Modul in einem für Demonstrationszwecke transparent gehaltenen Kartenkörper.

Verlegte Spule

Ein anderes Verfahren, um eine Drahtspule herzustellen, ist die sogenannte verlegte Spule (*embedded coil*). Die Funktionsweise ist relativ einfach: Ein Kupferdraht mit etwa 150 µm Stärke wird direkt auf einer Kunststoffolie verlegt und gleichzeitig durch Ultraschall mit dem Kunststoff fest verbunden. Dazu verwendet man eine Sonotrode, eine mechanische Führung des Drahtes, die den Draht simultan beim Verlegen mit der Kunststoffolie ultraschallverschweißt. Anschließend verbindet man noch den Chip oder den Chipträger mit der Spule und laminiert eine Deckfolie auf.

Gedruckte Spule
Das technisch am weitesten entwickelte und für die Massenproduktion kostengünstigste Verfahren ist jedoch die gedruckte Spule (*printed coil*). Im Siebdruck und mit einer elektrisch leitfähigen Farbe werden auf eine Inlettfolie die Windungen einer Spule gedruckt. Siebdruck muß deshalb verwendet werden, damit man genügend Farbe auftragen kann, um eine Farbdicke von etwa 50 µm zu erreichen. Dies ist notwendig, damit der elektrische Widerstand der Spule nicht zu hoch wird. Nach dem Druck kontaktiert man den Chip durch Die-Bonding, vergießt ihn mit Epoxidharz und laminiert als letzten Fertigungsschritt eine Deckfolie als Schutz auf. Dieses Verfahren hat den großen Vorteil, daß es aufgrund des technisch einfachen Druckprozesses einen hohen Durchsatz hat und damit außerordentlich gut für die Produktion von großen Stückzahlen geeignet ist. Allerdings wird ein erhebliches Know-how benötigt, um sowohl den Druck als auch das Die-Bonding in der benötigten Qualität zu erreichen.

10.2.4   Zusammenführen von Kartenkörper und Chip

Die Implantierung der vom Halbleiter- oder Modulhersteller stammenden Module mit den beim Kartenhersteller vorfabrizierten Kartenkörpern ist der letzte fertigungstechnische Schritt, bei dem besonders die mechanischen Aspekte im Vordergrund stehen. Die dauerhafte Verankerung des Moduls in der Kavität des Kartenkörpers erfordert jedoch durchaus einiges an Fachwissen und ist nicht nur eine einfältig einfache „Einklebearbeit".

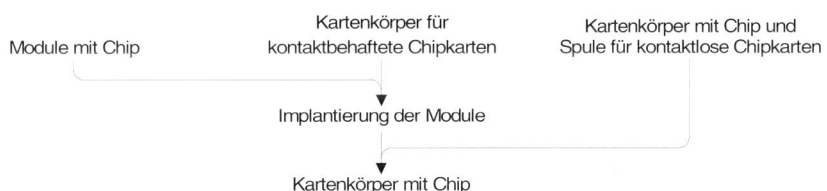

Bild 10.24   Implantierung der Module in Kartenkörper für kontaktbehaftete Chipkarten in der Phase 1.

Implantierung der Module
Unabhängig von den verschiedenen Herstellungsverfahren für Kartenkörper und der Erzeugung einer Aussparung für das Modul muß in einem nachfolgenden Fertigungsschritt das Modul in den Kartenkörper eingebettet werden.

Üblicherweise verwendet man doppelseitiges Klebeband mit einer Heißklebekomponente, um die Module im Kartenkörper zu befestigen. Die Klebung besteht nur an der Randauflagefläche des Moduls mit dem Kartenkörper. Das in der Modulmitte überstehende und vergossene Die bleibt frei, und das Chipmodul ist damit schwimmend befestigt. Dazu muß das Klebeband vorab so ausgestanzt und auf den 35 mm breiten Streifen mit den Modulen aufgebracht werden, daß nur der Rand der Module abgedeckt ist. Anschließend vereinzelt man die Module und klebt sie mit dem aufgebrachten Klebeband in den Kartenkörper ein. Die drei Größen Druck, Temperatur und Zeit sind dabei ausschlaggebend für die Beständigkeit der Klebung.

Bild 10.25   Einbringen von Flüssigkleber in die vorgefräste Modulaussparung (Kavität) am Implanter. (Mühlbauer)

Bild 10.26   Ausstanzen des Moduls aus einem Tape am Implanter. (Mühlbauer)

Problematisch dabei ist, daß die Module eine kurzzeitige Temperaturerhöhung (≈ 1 Sekunde) auf ca. 180 °C erfahren. Falls dieser Heißklebevorgang, der normalerweise ungefähr eine Sekunde benötigt und einiges an technischem Know-how erfordert, zu lange dauert, führt dies zur thermischen Zerstörung des Moduls. In jedem Fall bedingt die kurzzeitige Temperaturerhöhung eine künstliche Alterung des Chips, die aber im Normalfall keine nachteiligen Auswirkungen hat. Die in den Kartenfertigungen eingesetzten Implanter haben eine stündliche Kapazität von ungefähr 2 000 Modulen, was einer Taktzeit von 1,8 Sekunden pro Einbettungsvorgang entspricht.

Alternative Befestigungsmethoden, wie die Benutzung von flüssigen Kaltklebern, finden ebenfalls Verwendung, doch als sehr zuverlässig gilt nach wie vor die Heißklebetechnik. Das größte Problem mit in die gefräste Modulaussparung getropften Flüssigklebern ist das Aushärten und die nicht exakt definierte Verbindungsfläche zwischen Modul und Kartenkörper.

Ist das Modul in den Kartenkörper implantiert und dieser mit allen personenunabhängigen Merkmalen und Beschriftungen versehen, so ist die Chipkarte mechanisch fertiggestellt.

Bild 10.27   Einsetzen des Moduls in die Modulaussparung am Implanter. (Mühlbauer)

Bild 10.28   Elektrische Prüfung des in die Karte eingeklebten Moduls am Implanter. (Mühlbauer)

10.3   Phase 2 des Lebenszyklus im Detail

Die Phase 2 des Lebenszyklus von Chipkarten nach ISO 10 202-1 beschreibt neben der Implantierung der Chips in den vorbereiteten Kartenkörper auch das Laden aller Daten, die nicht kartenindividuell sind. Sowohl Phase 2 und 3 werden oft von einer einzelnen Firma ausgeführt, obwohl die beiden Phasen dort aus Sicherheitsgründen meist organisatorisch und räumlich vollständig getrennt sind.

Zur Koordination dieser komplexen Produktionsabläufe kommt oftmals ein Produktionsplanungs- und Steuerungssystem (PPS-System) zum Einsatz. Von diesem System beziehen die unterschiedlichen Fertigungsmaschinen ihre Daten und melden parallel dazu den aktuellen Produktionsstatus an einen zentralen Leitstand zurück. So kann die Massenproduktion der Chipkarten zeit- und kostenminimal gesteuert werden. Dieses System hat noch den nützlichen Nebeneffekt, daß über die Anbindung aller Fertigungsmaschinen auch alle Daten für Qualitätssicherung und Tests für eine zeitnahe Auswertung zur Verfügung stehen.

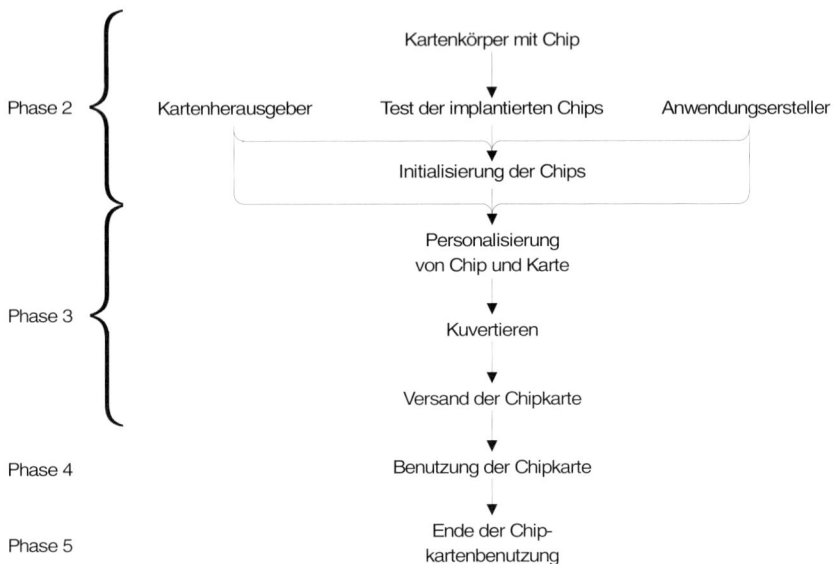

Bild 10.29   Test, Initialisierung, Personalisierung, Benutzung und Ende der Benutzung von Chipkarten in den Phasen 2 bis 5.

Datenübergabe

Der Kartenherausgeber bzw. Anwendungsanbieter muß dem Kartenpersonalisierer alle seine Anwendung betreffenden Daten mitteilen. Dazu zählen beispielsweise Name der Anwendung, Form des Dateibaums, notwendige Dateien und Dateistrukturen. Diese Daten werden bei der Initialisierung in die Chipkarte geladen. Weiterhin benötigt der Personalisierer ebenfalls alle kunden- und systemindividuellen Daten wie geheime kartenindividuelle Schlüssel, Namen und Anschrift des Karteninhabers. Die Übergabe aller dieser Daten findet durch Disketten, Magnetbänder oder per Datenfernübertragung statt.

Die Personalisierungsdaten sind in fast allen Fällen sicherheitssensibel, weshalb der Transportweg und die Übergabe entsprechend abgesichert ist. Deshalb sind sie in der Regel verschlüsselt. Den dazugehörigen Schlüssel für die Entschlüsselung transportiert man natürlich auf einem anderen Weg zum Personalisierer als die Daten. Damit sind die Personalisierungsdaten bei einem Verlust nutzlos, da eine Entschlüsselung ohne den Schlüssel nicht möglich ist.

Es existieren jedoch auch viele Chipkarten-Anwendungen, bei denen keine kartenindividuelle Datenübergabe stattfindet. Das bekannteste Beispiel dazu sind GSM-Karten, die bei der Herstellung nicht für einen bestimmten Kartenhersteller gemacht werden, sondern nur individuelle Daten und Schlüssel erhalten. Meist werden die dafür benötigten Datensätze direkt beim Kartenhersteller generiert und dann an den Anwendungsbetreiber rückgemeldet, so daß dieser weiß, welche Karten produziert worden sind. Eine Datenübergabe findet dann nur in dem Sinne statt, daß der Kartenhersteller erstens die für alle Karten gleichen Daten erhält und zweitens die Start- und Endwerte für die kartenindividuellen Daten. Die Erzeugung der Datensätze für die jeweils zu produzierende Karte wird dann in Sicherheitsmodulen in der Fertigung vorgenommen.

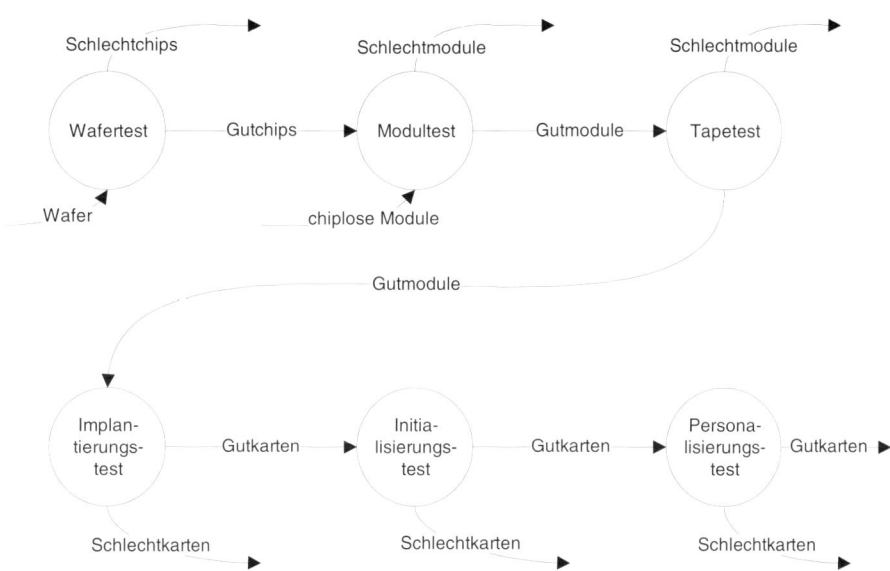

Bild 10.30   Materialflußdiagramm mit den typischen elektrischen Tests von Chipkarten-
Mikrocontrollern während der Fertigung.
Wafertest: Test beim Halbleiterhersteller auf dem Wafer
Modultest: Test beim Moduleinbetter nach dem Bonden der Chips
Tapetest: Test der Module auf dem 35 mm Tape
Implantierungstest: Test der Chipkarten nach dem Implantieren der Module
Initialisierungstest: Test der Chipkarten nach der Initialisierung
Personalisierungstest: Test der Chipkarten nach der Personalisierung

Elektrischer Test

Der erste Fertigungsschritt dieser Phase ist ein elektrischer Test der Chipkarte. Als Basistest wird die ISO-Anschaltsequenz für die Chipkarte gefahren, welche daraufhin einen gültigen ATR aussenden muß. Kann der ATR empfangen werden und entspricht er dem Erwarteten, so ist sichergestellt, daß zumindest der Kern des Mikrocontrollers funktioniert. Danach folgen spezielle Tests der Hardwarekomponenten wie ROM, EE-PROM und RAM. Um bei diesen, zum Teil mehrere Sekunden dauernden Tests einen hohen Durchsatz zu erreichen, kommen spezielle Maschinen mit der Fähigkeit der Parallelverarbeitung von Karten zum Einsatz. Typisch sind dafür Maschinen in Rundläuferbauweise und einem Durchsatz von bis zu 3 500 Chipkarten pro Stunde.

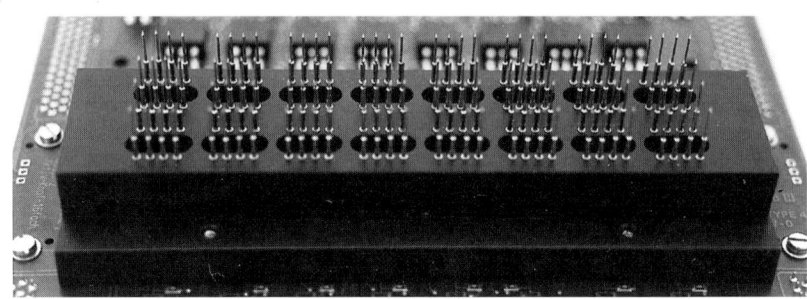

Bild 10.31   Kontaktkopf eines 16-fach parallel arbeitenden Wareneingangstesters für Module auf 35 mm Tape.

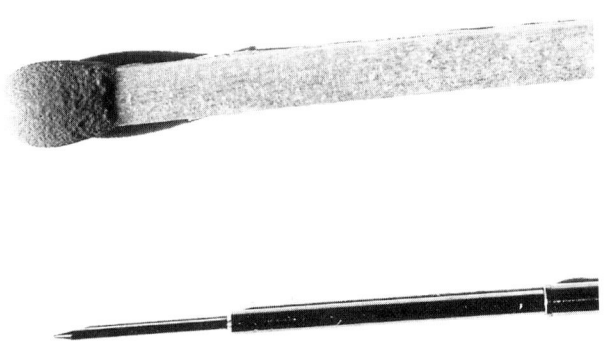

Bild 10.32   Detailansicht einer Kontaktnadel der Kontaktiereinheit für eine Hochleistungsanlage zum Testen von Chipkarten. Obwohl die Form der Kontaktnadelspitze nicht ISO/IEC 7816-2 entspricht, wird sie aus Zuverlässigkeitsgründen häufig im Fertigungsbereich eingesetzt.

Um die Funktion des EEPROMs zu testen, schreibt man vorzugsweise ein „Schachbrettmuster", z.B. 'AA' = °1010 1010° oder '55' = °0101 0101°, in die einzelnen Bytes. Da dies aber gerade bei großen EEPROMs sehr lange dauern würde, benutzt man manchmal einen Trick, um die Testzeit zu verkürzen. Statt der vorgeschriebenen EEPROM-Schreibzeit (z.B. 3,5 ms pro Page) reduziert man diese beispielsweise um das Zehnfache auf 350 µs pro Page. Der Datenerhalt im EEPROM betrüge bei einer so kurzen Schreibdauer nur mehr wenige Minuten, doch kann man das in diesem Fall ohne Probleme in Kauf nehmen, da die Prüfung auf das Schachbrettmuster schon Sekunden nach dem Schreibvorgang abgeschlossen ist. Der Vorteil der dynamischen EEPROM-Programmierung ist eine deutlich reduzierte Prüfdauer bei gleicher Prüfqualität. Sie wird im übrigen manchmal auch benutzt, wenn sich Empfangs- und Sendepuffer des I/O-Managers nicht im RAM, sondern im EEPROM befinden. Die Absenkung der Schreibzeit bewirkt in diesem Fall eine merkliche Steigerung der effektiven Übertragungsgeschwindigkeit.

Bei den elektrischen Tests gibt es noch einen weiteren interessanten Kunstgriff. Um den Zeitbedarf beim Laden von Daten in den nachfolgenden Fertigungsschritten zu reduzieren, schreibt man als letztes Testmuster beispielsweise '00' in den gesamten EEPROM-Speicher. Allerdings mit der regulären Schreibzeit des EEPROMs! Da man nun bei der nachfolgenden Komplettierung, Initialisierung und Personalisierung weiß, auf welchen Wert das EEPROM gesetzt ist, müssen nur noch Daten geschrieben werden, die unterschiedlich von dem vorgegebenen Wert sind. Eine analoge Vorgehensweise kann man auch verwenden, um das EEPROM auf einen Wert zu setzen, der bei nachfolgenden Schreibvorgängen keinen zusätzlichen Löschvorgang der jeweils zu beschreibenden EEPROM-Page notwendig macht. Beide Tricks führen zu deutlich verminderten Zeiten in allen nachfolgenden Fertigungsschritten, bei denen Daten ins EEPROM geschrieben werden.

Komplettierung

Die meisten Betriebssysteme befinden sich nur in Teilen im maskenprogrammierten ROM der Chipkarte. Linktabellen und teilweise auch Programmcode werden erst nach einer Authentisierung mit einem geheimen Schlüssel in das EEPROM der Karte geladen. Man bezeichnet dieses Laden der EEPROM-Teile als das Komplettieren des Betriebssystems.

Diese Vorgehensweise ermöglicht kleinere Anpassungen des ROM-Programmcodes für Fehlerbeseitigungen oder spezielle Anwendungsfälle, ohne daß eine neue ROM-Maske nötig ist. Erst nachdem die Betriebssystemdaten ins EEPROM geschrieben sind, ist das Betriebssystem der Chipkarte vollständig, und es lassen sich alle Anwendungskommandos, wie SELECT und READ RECORD, ausführen.

Die Komplettierung, deren Daten bei allen Chipkarten einer Anwendung identisch sind, findet wie die Eingangstests auf parallel arbeitenden Maschinen mit sehr hohem Durchsatz statt.

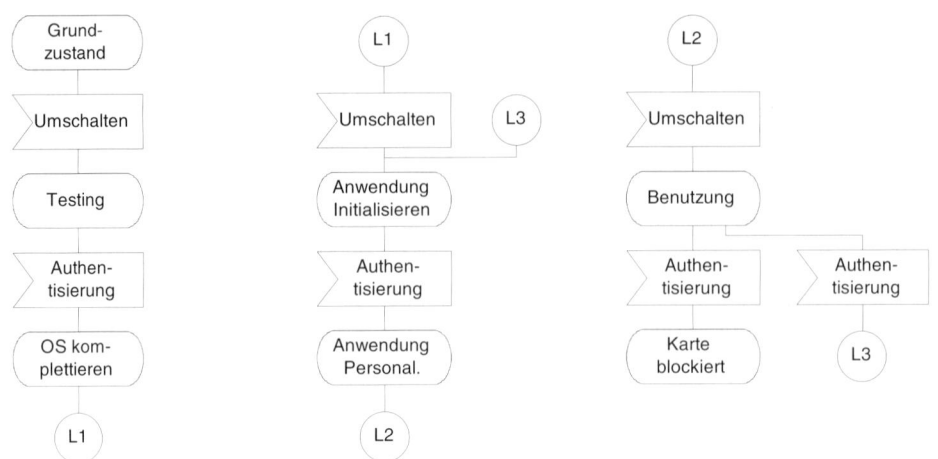

Bild 10.33   Der Zustandsautomat eines Chipkarten-Betriebssystems zur Realisation eines 5-phasigen Lebenszyklus.

Initialisierung

Die Komplettierung ist die softwaretechnische Voraussetzung, um im nächsten Fertigungsschritt alle Daten zu laden, die zu einer Anwendung gehören und in allen Chipkarten gleich sind. Dies sind zum einen alle Daten der Anwendung, die sich von Karte zu Karte nicht ändern, und zum anderen auch alle personenunabhängigen Daten, die ebenfalls in jeder Chipkarte gleich sind. Diesen Schritt bezeichnet man als Initialisierung.

Von der Dateiebene aus betrachtet, erzeugt man bei der Initialisierung alle notwendigen Dateien (MF, DFs und EFs) und füllt diese soweit wie möglich mit den Anwendungsdaten. Dazu benutzt man in modernen Betriebssystemen die Kommandos CREATE, UPDATE BINARY und UPDATE RECORD. Dieser Fertigungsschritt ist der letzte, in dem alle Karten gleich behandelt werden. Deshalb kann die Initialisierung auch auf schnellen und parallel arbeitenden Maschinen erfolgen. Die kartenindividuellen Daten der Anwendung und die personenbezogenen Daten lädt man erst im folgenden Fertigungsschritt, der Personalisierung, in die Chipkarte.

Der Grund für diese fertigungstechnische Unterscheidung in globale, allgemeine und individuelle, personenbezogene Daten, liegt in der Prozeßkostenminimierung. Personalisierungsmaschinen, die fähig sind, in jede Chipkarte individuelle Daten unter den geforderten Sicherheitsbedingungen zu schreiben, sind technisch aufwendig und haben einen Durchsatz von etwa 700 Stück/h. Meist sind sie auch noch mit langsamen Beschriftungseinheiten für den Kartenkörper ausgerüstet. Dies führt zu hohen Stückkosten für das Laden der Daten. Deshalb versucht man immer, alle globalen Daten, die nicht kartenindividuell sind, in den einfacheren und schnelleren (etwa 3 500 Stück/h) Maschinen für die Initialisierung in die Chipkarte einzubringen.

Der Flaschenhals sowohl bei der Initialisierung als auch der Personalisierung ist die Übertragung und das anschließende Schreiben der Daten in das EEPROM. Die

Schreibzugriffe auf das EEPROM können aufgrund technischer Grenzen momentan nicht reduziert werden. Die Zeit für die Übertragung der Initialisierungs- und Personalisierungsdaten kann aber durch Erhöhung der Taktfrequenz und Reduzierung des Teilers der Datenübertragung stark gesenkt werden. So arbeiten manche Initialisierungs- und Personalisierungsmaschinen mit Datenübertragungsraten bis zu 115 kBit/s statt den in der Chipkartentechnik üblichen 9 600 Bit/s. Das Ergebnis ist eine zum Teil auf mehr als die Hälfte reduzierte Zeit für die Initialisierung bzw. die Personalisierung.

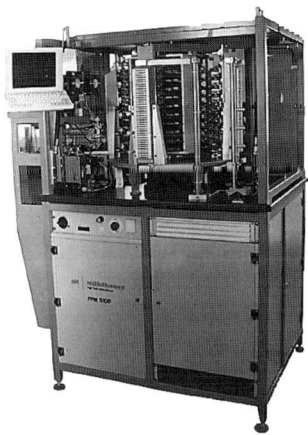

Bild 10.34   Ansicht einer 40-fach parallel arbeitenden Initialisierungsmaschine. (Mühlbauer)

Das folgende Rechenbeispiel soll verdeutlichen, daß sich bei der Massenproduktion von Chipkarten selbst geringste Zeitoptimierungen lohnen. Die folgenden Annahmen sollen dabei gelten: Es sind 1 Million Chipkarten mit 4 kByte Daten (= 4 096 Byte) zu initialisieren und dazu stehen 2 Initialisierungsmaschinen im 2-Schicht-Betrieb (16 Stunden/Tag) zur Verfügung. Die Initialisierung wird mit 40 Kommandos durchgeführt, wobei das Übertragungsprotokoll T=1 mit 12 Bit zu übertragenden Daten pro Byte benutzt wird. Weiterhin gilt eine EEPROM-Schreibzeit von 3,5 ms pro 4 Byte Page, wobei ein vorheriger Löschvorgang nicht notwendig ist. Die Transportzeit auf dem nicht mit parallel arbeitenden Terminals ausgestatteten Initialisierungsmaschinen beträgt 1 Sekunde pro Chipkarte, und die eventuell anfallenden Rüstzeiten (z.B.: für Magazinierung o.ä.) werden nicht berücksichtigt. Die daraus resultierende Taktzeit ist somit die Summe aus EEPROM-Schreibzeit, Übertragungszeit und Transportzeit.

Mit den Formeln aus Abschnitt „14.2 Formelsammlung zur Abschätzung von Ausführungszeiten" ergibt sich bei einer Datenübertragungsrate von 9,6 kBit/s eine Produktionsdauer von 90,7 Tagen. Bei einer Erhöhung der Datenübertragungsrate auf 38,4 kBit/s reduziert sich die Zeit für die Produktion der einen Million Karten auf 52,5 Tage. Ideal wäre eine Übertragungsrate von 115 kBit/s, denn dann wäre man gegenüber 9 600 Bit/s mehr als 46 Tage früher mit der Produktion der Karten fertig.

Tabelle 10.4   Die Produktionsdauer bei der Initialisierung von Chipkarten in Abhängigkeit von der Datenübertragungsgeschwindigkeit. Die zugrunde gelegten Rahmenbedingungen sind im Text erläutert.

Datenübertragungsgeschwindigkeit	9 600 Bit/s	38 400 Bit/s	115 200 Bit/s
EEPROM-Schreibzeit	3 584 ms	3 584 ms	3 584 ms
Übertragungszeit	5 870 ms	1 468 ms	489 ms
resultierende Taktzeit	10 454 ms	6 051 ms	5 073 ms
resultierende Produktionsdauer	90,7 Tage	52,5 Tage	44,0 Tage

Man sieht anhand obiger Rechenbeispiele deutlich, daß es sich gerade bei der Speicherung von großen Datenmengen in Chipkarten lohnt, Zeit in Optimierungen zu stecken. Die beschriebene Erhöhung der Übertragungsrate ist im Prinzip nur vom Chipkarten-Betriebssystem abhängig und erfordert keine besondere Chiphardware, wie sie etwa ein schnelleres Schreiben von Daten ins EEPROM verlangen würde. Deshalb ist diese Senkung der Initialisierungszeit auch bei allen entsprechend vorbereiteten Chipkarten möglich.

10.4   Phase 3 des Lebenszyklus im Detail

Die Phase 3 deckt hauptsächlich den Teil der optischen und elektrischen Personalisierung der Chipkarte ab. Analog der Phase 2 findet dieser Arbeitsgang üblicherweise in einer hochautomatisierten Fertigungsumgebung statt, die auf große Stückzahlen ausgelegt ist.

Personalisierung/Individualisierung
Der nächste Schritt zur versandfertigen Chipkarte ist die Personalisierung, manchmal auch Individualisierung genannt. Der Begriff Personalisieren im weiteren Sinne bedeutet, daß alle Daten, die einer einzelnen Person oder einer einzelnen Karte zugeordnet sind, in die Chipkarte ein- bzw. aufgebracht werden. Dies können beispielsweise Name, Anschrift, aber auch kartenbezogene Schlüssel sein. Wichtig dabei ist nur, daß es kartenindividuelle Daten sind.

Grundsätzlich unterscheidet man dabei zwischen optischer und elektrischer Personalisierung. Das Prägen (*embossing*) von Zeichen oder die Lasergravur von Schrift und Bildern auf den Kartenkörper ist der optische Teil der Personalisierung. Der elektrische Teil ist dann das Laden der personenbezogenen Daten in den Mikrocontroller und das Schreiben von Daten auf den Magnetstreifen. Die Zeitdauer für die optische Personalisierung hängt sehr stark von den Besonderheiten ab und läßt sich nicht allgemein angeben. Die elektrische Personalisierung benötigt abhängig von der in die Chipkarte zu ladenden Datenmenge meistens zwischen 5 und 20 Sekunden.

Die Prägung von Namen oder ähnlichen kartenindividuellen und zeichenorientierten Daten erstellt eine Maschine, bei der mit hoher Geschwindigkeit und mit Kraftaufwand Metallbuchstaben auf die Kartenrückseite geschlagen werden. Da es sich dabei um ein relativ einfaches, aber sehr lautes und schwingungserzeugendes Verfahren handelt, werden die betreffenden Maschinen meist getrennt von der übrigen Fertigung aufgestellt. Die Lasergravur, bei der ein Laser Bereiche direkt unterhalb der Deckschicht des Kartenkörpers schwärzt, wird sehr oft statt einer Prägung eingesetzt. Dies ist auch ein taugliches Verfahren, wenn sich ein Schwarzweißfoto auf dem Kartenkörper befinden muß.

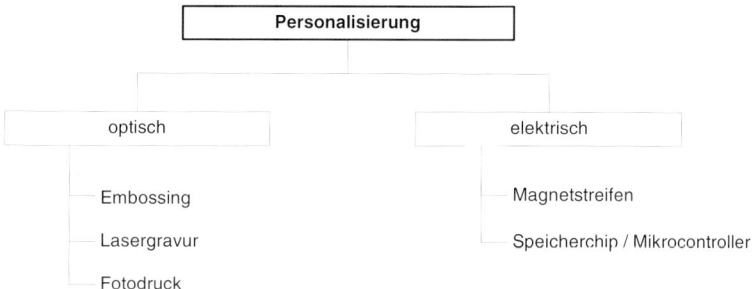

Bild 10.35   Aufstellung der auf einer Chipkarte zu personalisierenden Kartenelemente.

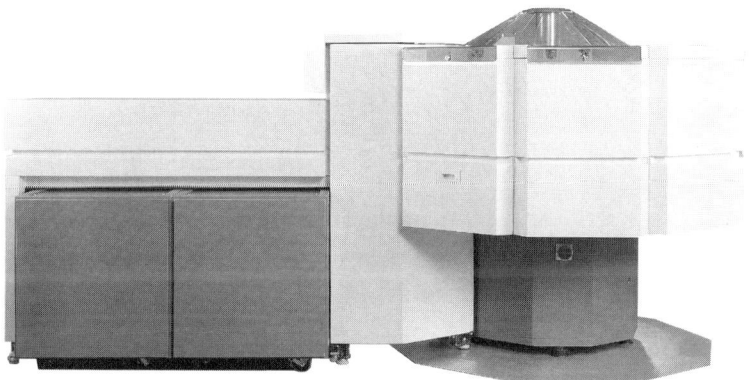

Bild 10.36   Ansicht eines modularen Personalisierungssystems Luchs 5000 mit u.a. integrierter Laserbeschriftungseinheit. (Giesecke und Devrient)

Die Daten für den Chip schreibt man analog der Initialisierung in den Speicher. Sofern es sich jedoch dabei um geheime Schlüssel handelt, benutzt man oft eine kryptografisch gesicherte Datenübertragung,[1] so daß das Abhören der Übertragungsleitung zur Chipkarte einem Angreifer keine Vorteile bringt. Für Karten im Zahlungsverkehr wird manchmal ein noch aufwendigeres Verfahren eingesetzt. Dazu werden die vom Kartenherausgeber verschlüsselten Personalisierungsdaten in einem speziellen Sicherheitsmodul an der Personalisierungsmaschine umgeschlüsselt und anschließend direkt in die Karte geladen. Der Vorteil bei diesem Verfahren liegt darin, daß der Personalisierer die geheimen Daten der Karte nicht kennt und auch keine Möglichkeit hat, sie durch Abhören von Leitungen auszuspionieren.

---

[1] siehe auch Abschnitt 6.6 Sicherung der Datenübertragung

Der technische Trend in der Chipkartenpersonalisierung geht immer stärker in die Richtung eines kryptografisch vollständig abgesicherten Prozesses, der dann im Prinzip auch von kostengünstigen Dienstleistungsfirmen in nicht gesicherten Räumen erledigt werden kann. Es existieren mittlerweile auch Verfahren, bei denen der Personalisierer die kartenindividuellen Daten auf einer gebrannten CD-ROM erhält. Der Fertigungsdatensatz mit dem dazugehörigen kartenindividuellen Schlüssel ist dabei fest mit der uniquen Chipnummer des Mikrocontrollers gepaart, so daß es einem Personalisierer beispielsweise nicht mehr möglich ist, Duplikate von Karten herzustellen, es sei denn, er könnte das Chipkarten-Betriebssystem manipulieren. Das Verfahren hat allerdings den Nachteil, daß bei fehlerhaften Chips nicht alle gelieferten Datensätze verwendet werden können, da die betreffenden Chips nicht mehr vorhanden sind. Bei diesem Verfahren muß deshalb auch eine Rückmeldung an die datengenerierende Stelle erfolgen, welche Chipkarten tatsächlich produziert wurden. Bei den heute üblichen Personalisierungsabläufen ist dies nicht notwendig, da eine fehlerhafte Karte problemlos nachproduziert werden kann. Dies ist im übrigen auch der Grund, warum die Personalisierungsstätten der Kartenproduzenten immer Sicherheitsbereiche sind.

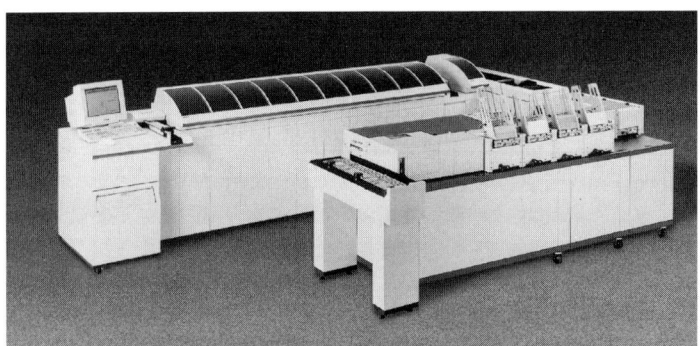

Bild 10.37   Ansicht des modularen Personalisierungssystems Data Card 9000 mit u.a. integrierter Postverarbeitung. (Data Card)

Leider sind die im Personalisierungsbereich eingesetzten kryptografischen und sicherheitstechnischen Verfahren größtenteils geheim, weshalb hier keine bestimmte Anwendung beschrieben werden kann. Bild 10.38 zeigt jedoch beispielhaft aus kryptografischer Sicht den Ablauf einer Initialisierung mit anschließender Personalisierung. Beide Fertigungsschritte müssen in unterschiedlichen Räumen mit unterschiedlichen Personal stattfinden, damit die kryptografische Absicherung greifen kann.

Das Prinzip funktioniert dabei folgendermaßen: Bei der Initialisierung wird anhand einer einzigartigen Kartennummer und einem Hauptschlüssel KM in einem Sicherheitsmodul ein kartenindividueller Schlüssel KD abgeleitet und im Klartext zur Chipkarte gesendet, welche ihn abspeichert. Natürlich müssen bei der Initialisierung noch viele weitere Daten in die Chipkarte geschrieben werden, doch die Erzeugung und

Speicherung des kartenindividuellen Schlüssels KD ist der einzig kryptografisch relevante Schritt.

Anschließend wird die Karte personalisiert, was entweder unmittelbar danach oder auch einige Wochen nach der Initialisierung erfolgen kann. Wichtig dabei ist nur, daß die Personalisierung vollständig von der Initialisierung getrennt ist, damit ein dort abgehörter KD während der Personalisierung nicht zur Entschlüsselung der kartenindividuellen Daten verwendet werden kann.

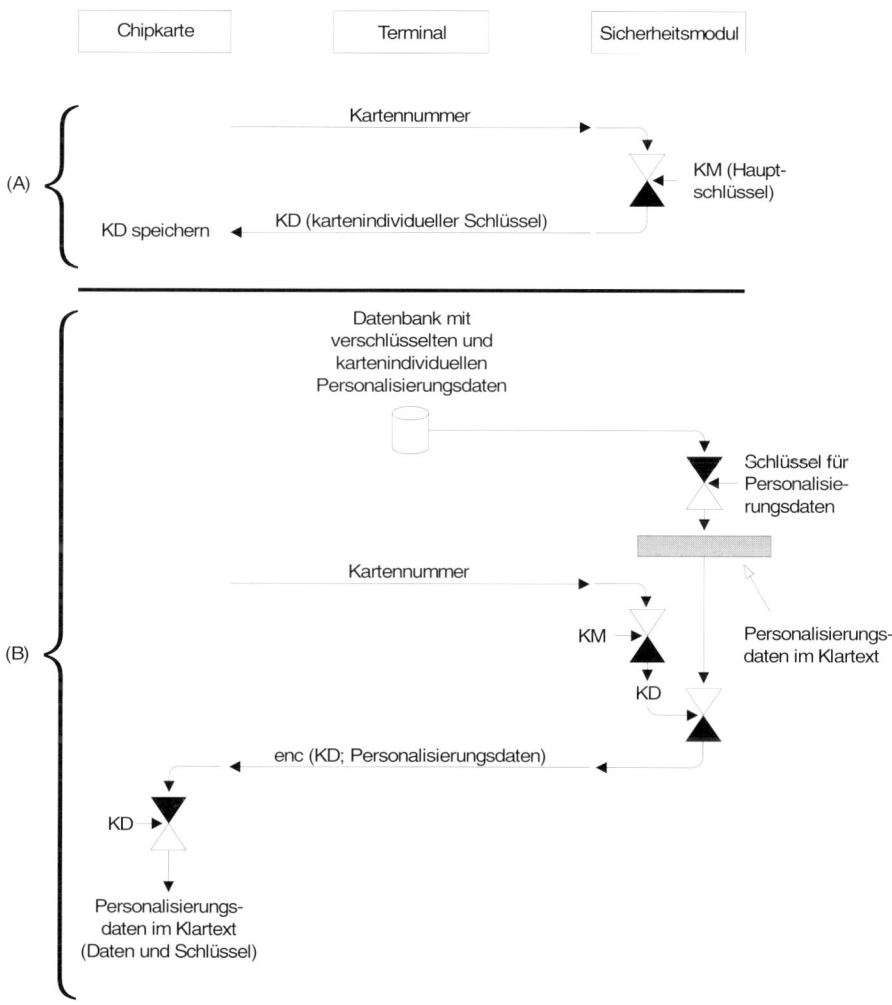

Bild 10.38   Schematische Darstellung eines möglichen Ablaufs von Initialisierung (A) und Personalisierung (B) mit kryptografischer Absicherung der Übertragung von Daten und Schlüsseln. Es sind nur die kryptografisch relevanten Abläufe eingezeichnet.

In der Personalisierung werden die mit einem einheitlichen Schlüssel verschlüsselten Personalisierungsdaten vom Sicherheitsmodul kartenweise entschlüsselt. Diese Umschlüsselung ist notwendig, da dem Generierer der Personalisierungsdaten die chipindividuelle Nummer nicht bekannt ist, weil diese vom Halbleiterhersteller unabhängig erzeugt wird. Aus der übergebenen Kartennummer und dem Hauptschlüssel KM errechnet das Sicherheitsmodul den kartenindividuellen Schlüssel KD. Nun haben das Sicherheitsmodul und die Chipkarte ein gemeinsames Geheimnis und nutzen dieses, d.h. den Schlüssel KD, zur Verschlüsselung der Personalisierungsdaten. Diese werden nun an die Chipkarte verschlüsselt übertragen, dort entschlüsselt und an die entsprechenden Stellen im EEPROM geschrieben. Dieses Verfahren ist ein vollständiger kryptografischer Schutz des Personalisierungsvorgangs. Er bewahrt die zu personalisierenden Daten vor Ausspähung, so lange der Schlüssel KD, der während der Initialisierung in die Karte geschrieben wird, geheim bleibt.

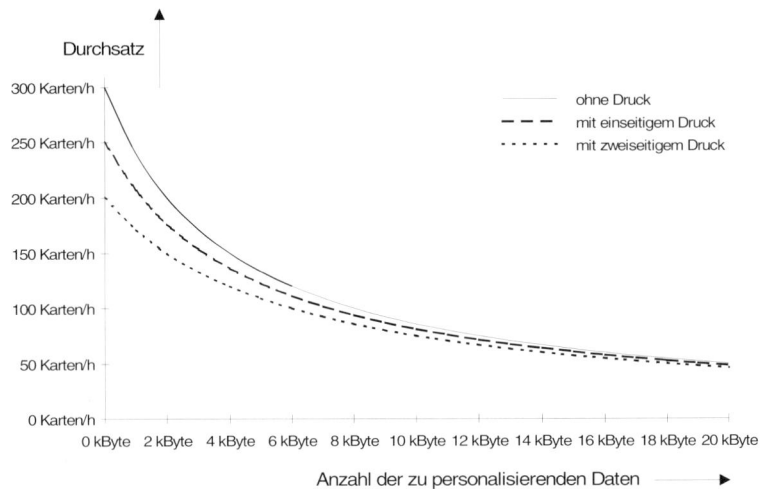

Bild 10.39   Durchsatzdiagramm für elektrische Personalisierung in Verbindung mit ein- oder zweiseitigem Kartendruck bei einer Desktop-Personalisierungsmaschine.

Am Ende des Personalisierungsprozesses werden zur Qualitätssicherung auf der Personalisierungsmaschine noch verschiedene Prüfungen der fertigen Chipkarte durchgeführt. So wird beispielsweise auf den neuesten Maschinen die Chipkarte mit einer Kamera aufgenommen, die optische Personalisierung mit einem Computer ausgewertet und mit der Produktionsdatenbank gegengeprüft. Im Fehlerfall wird diese Karte in ein Fehlerfach ausgesteuert und automatisch eine neue Karte nachproduziert. In der Regel findet auch noch eine Prüfung der personalisierten Daten im Mikrocontroller statt. Dies ist jedoch technisch schwierig zu bewerkstelligen, da auf viele Dateien kein lesender Zugriff mehr möglich ist. Für diese Personalisierungstests findet man deshalb oft spezielle Sicherheitsmodule an den Personalisierungsmaschinen, die geheime Hauptschlüssel enthalten. Damit lassen sich die in die Chipkarten personalisierten Schlüssel auf Korrektheit prüfen, etwa durch Authentisierung.

Bei einem anderen Verfahren erhält der Personalisierer für jede Chipkarte individuelle Kommando- und dazugehörige Antwortstrings. Diese Kommandos sendet er dann
in der richtigen Reihenfolge zur Chipkarte und vergleicht die von der Karte zurückgegebene Antwort mit der erhaltenen Vorgabe. Bei Ungleichheit verhält sich die Chipkarte nicht wie erwartet, und es muß ein Personalisierungsfehler aufgetreten sein. Bei
dieser Methode erübrigt sich ein spezielles Sicherheitsmodul für die Tests in der Personalisierung.

Sind Chipkarten einmal personalisiert, dann kann dies im Regelfall nie mehr rückgängig gemacht werden, was bedeutet, daß fehlerhaft personalisierte Chipkarten Müll
sind. Am fehleranfälligsten ist die elektrische Personalisierung, und wenn dabei bei einer größeren Charge ein Fehler passieren würde, dann wäre der finanzielle Schaden
und der Zeitverzug groß. Deshalb gibt es vereinzelt Chipkarten-Betriebssysteme, bei
denen die Möglichkeit besteht, die komplette Personalisierung nach einer entsprechenden Authentisierung vollständig zu löschen. Seitens des Betriebssystems verhalten sich
diese Chipkarten dann wie nach der Halbleiterfertigung oder nach der Komplettierung.
Für Testkarten wird diese Funktion manchmal benutzt, da man dann die Software in
den Chipkarten ändern kann, ohne diese jedesmal auszumustern. Verschiedentlich
werden solche Mechanismen des Chipkarten-Betriebssystems auch für Serienkarten
freigeschaltet, so daß man gegebenenfalls eine Depersonalisierung vornehmen könnte.

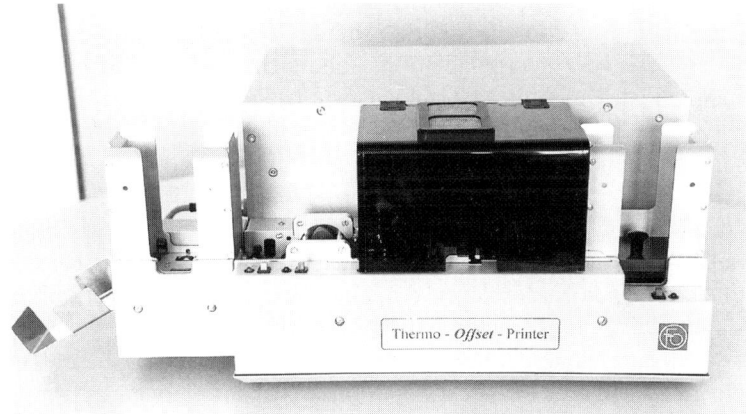

Bild 10.40   Beispiel für eine Desktop-Personalisierungsanlage für elektrische Personalisierung
und doppelseitigen Farbdruck mit 300 dpi Auflösung. Auf der rechten Seite befindet
sich der Karteneingangsstapel, auf der linken Seite der Stapel für die Gutkarten und
das Fach für die Schlechtkarten. (F&O)

In der Regel ist die Personalisierung von Chipkarten ein Vorgang, der typischerweise ab zehntausend Karten aufwärts anfängt. Doch muß bei vielen Anwendungen gewährleistet sein, daß auch einzelne und kundenindividuelle Karten nachproduziert
werden können. So muß etwa eine kaputt- oder verlorengegangene ec-Karte mit Chip
innerhalb weniger Tage ersetzt werden können, da sonst der Kartenbenutzer kein Geld

mehr am Geldausgabeautomaten abheben könnte. Diese Just-In-Time-Personalisierung gewinnt mit steigender Kundennähe immer mehr an Gewicht. Sie wird in der Regel auf einer Fertigungslinie neben der Massenfertigung eingerichtet, erhält die Kartendaten per Datenfernübertragung und verwendet bereits initialisierte Chipkarten als eine Art Halbzeug. Mit dieser Art der Kartenproduktion kann garantiert werden, daß der Endkunde, also der Kartenbesitzer, bei Bedarf innerhalb von 24 Stunden eine neue Karte in Händen hält. Selbstverständlich ist so eine antwortzeitoptimierte Fertigung nicht für die Massenproduktion von Chipkarten geeignet.

Kuvertieren und Versenden

Der letzte Fertigungsschritt in der Kartenproduktion ist das Kuvertieren und Versenden der Chipkarten. Nicht bei allen Kartentypen, wie etwa bei Telefonkarten, ist dies notwendig, da die Lieferung oft als Massengut direkt zum Kartenherausgeber erfolgt. Für die aufwendigeren und teureren Karten ist es jedoch die Regel, daß der Karteninhaber per Post ein persönliches Anschreiben mit seiner neuen Karte erhält. Bei manchen Anwendungen, wie beispielsweise bei Kreditkarten, erhält der Kartenbenutzer auch noch einen Brief mit seiner PIN. Dieser wird aus Sicherheitsgründen mit getrennter Post und zeitlich um einige Tage versetzt verschickt. Der Bereich in der Kartenfertigung, der alle diese Verrichtungen ausführt, wird oftmals auch Lettershop genannt.

Der PIN-Brief selber ist so aufgebaut, daß sich in seinem Innern ein Blatt Papier befindet, das sich über ein an der Innenseite des PIN-Briefs befindliches Kohlepapier von außen mit einem Nadeldrucker bedrucken läßt. Weiterhin ist der Brief so gestaltet, daß unbefugtes Lesen der gedruckten PIN ohne sichtbare Beschädigung des Umschlags nicht möglich ist. Durch diese Mechanismen ist sichergestellt, daß das Ausspähen der PIN selbst bei der Erstellung des PIN-Briefs nicht unbemerkt möglich ist. Hochleistungsdrucksysteme für PIN-Briefe können bis zu 34 000 Dokumente pro Stunde drucken.

Für den Versand der Karten werden je nach Kartentyp die persönlichen Daten wie Name und Anschrift aus der Chipkarte ausgelesen oder aus der Fertigungsdatenbank geholt und auf einen Kartenträger, d.h. einen vorgedruckten Brief, mit einem Hochleistungslaserdrucker aufgedruckt. Der Brief kann zwei gestanzte Laschen haben, in denen die Chipkarte eingeschoben und fixiert ist. Alternativ zu dieser Technik wird oft auch ein rückstandsfrei lösbares Adhäsionsklebeband verwendet. Anschließend folgt die Faltung dieses Kartenträgers und die Kuvertierung. Nach der folgenden Frankierung ist die Chipkarte mit dem persönlichen Anschreiben versandfertig und kann zum Endkunden verschickt werden. Leistungsfähige Kuvertiermaschinen haben einen Durchsatz in der Größenordnung von 7 000 Briefen pro Stunde.

Als letzte Qualitätskontrolle werden die fertig erstellten Briefe mit der in ihnen enthaltenen Karte noch einzeln automatisch gewogen. Das Kartengewicht von ca. 6 Gramm reicht mühelos aus, um zweifelsfrei sicherzustellen, daß jeder Brief auch eine Karte enthält.

11 Chipkarten-Terminals

Die einzige Verbindung zur äußeren Welt bei Chipkarten ist die serielle Schnittstelle. Es gibt keine andere Möglichkeit des Datenaustausches. Deshalb benötigt man ein zusätzliches Gerät, das die elektrische Verbindung zur Chipkarte herstellt. In diesem Buch wird dieses Gerät einheitlich als „Terminal" bezeichnet. Es existieren jedoch auch noch andere Bezeichnungen, wie IFD (*interface device*), CAD (*chip accepting device*), CCR (*chip card reader*), Smart Card Reader[1] oder Smart Card Adapter. Die Grundfunktionalität, nämlich die Chipkarte elektrisch zu versorgen und eine datentechnische Verbindung herzustellen, ist aber bei all diesen Geräten gleich.

Sobald Terminals technisch etwas komplizierter aufgebaut sind als bloße Kontaktierungseinheiten, Spannungswandler und Takterzeuger, besitzen sie einen eigenen Prozessor (üblicherweise 8/16-Bit-Architektur) und dazugehörigen Speicher. Der Prozessor kann bei einfachen Geräten Teil eines Mikrocontrollers sein, ist aber oft nur Bestandteil eines Einplatinencomputers. Programmiert werden Terminals in der Regel nur vom Terminalhersteller in der Programmiersprache C oder vereinzelt auch in C++.

Die Problematik bei der Terminalprogrammierung durch Dritte ist indessen völlig identisch mit der bei Chipkarten mit ausführbarem Programmcode, so daß die Lösungen wohl in die gleiche Entwicklungsrichtung münden werden. Europays Open Terminal Architekture (OTA) mit einem Forth Interpreter war 1996 einer der ersten Ansätze dazu [Europay 96], und Java für Terminals ist bereits absehbar. In der EMV-Spezifikation ist auch bereits explizit ein Konzept für nachladbaren Programmcode verankert.

Terminals besitzen keine eigene Festplatte und müssen deshalb ihre Programme und Daten in batteriegepuffertem RAM, EEPROM oder Flash-EEPROM ablegen. Der dabei zur Verfügung stehende Speicher bewegt sich in der Regel in der Größenordnung von einem Megabyte.

Im Gegensatz zu den Chipkarten, die alle technisch ähnlich aufgebaut sind, gibt es bei den Terminals sehr unterschiedliche Ausführungen. Man unterscheidet grundsätzlich zwischen tragbaren und stationären Terminals. Die tragbaren beziehen ihre Energie aus Batterien und die stationären vorzugsweise aus dem Stromnetz oder über die Datenschnittstelle. Auch lassen sich Terminals nach ihrer vorhandenen Benutzerschnittstelle einteilen. Gerade bei tragbaren Geräten ist oft zusätzlich ein Display mit einer einfachen Tastatur vorhanden, so daß man auf die wichtigsten Funktionen direkt vor Ort zugreifen kann.

---

[1] Der Begriff Kartenleser oder Smart Card Reader ist nicht in dem Sinne zu verstehen, daß damit aus Chipkarten nur Daten gelesen werden können. Ein Schreibvorgang ist natürlich ebenfalls möglich.

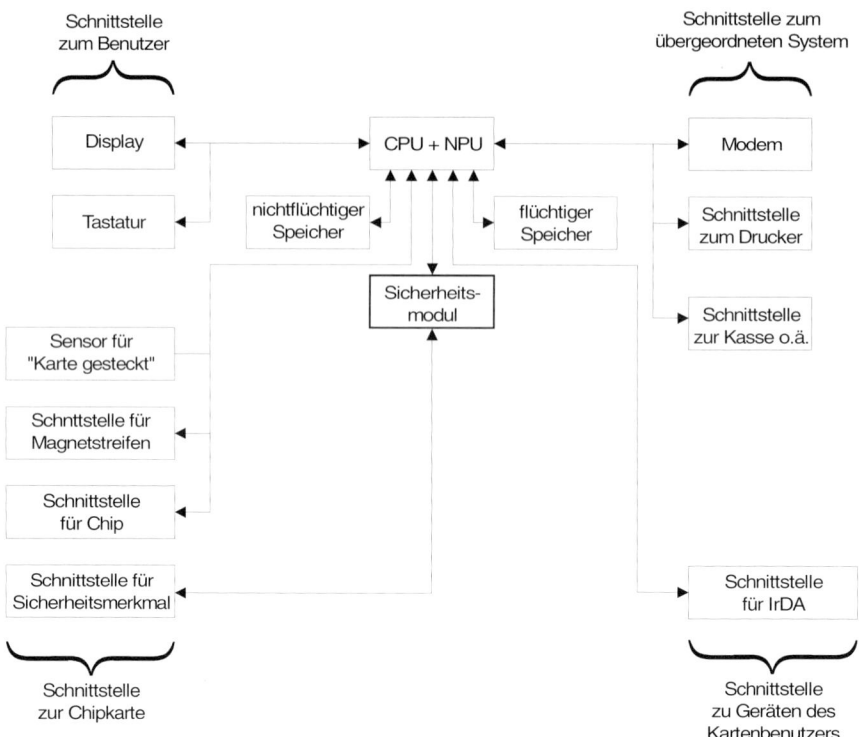

Bild 11.1   Typische Architektur eine Chipkartenterminals mit Display, Tastatur, Magnetstreifenleser und Sicherheitsmodul. Terminals in dieser Ausstattung werden oftmals an
Kassen für die Bezahlung mit unterschiedlichsten Kartentypen (Kredit-, Debitkarte,
elektronische Geldbörsen) verwendet. Die Tastatur kann unter Umständen auch speziell gegen Manipulationen gesichert sein (PIN-Pad). Die Abbildung zeigt grundlegende Informations- und Engergieflüsse und ist kein Stromlaufplan.

Stationäre Terminals sind zwar oft ebenfalls mit Display und Tastatur ausgestattet,
doch auch noch zusätzlich mit einer permanenten Verbindung zu einem übergeordneten Rechnersystem. Ist am Terminal keine Mensch-Maschine-Schnittstelle vorhanden (d.h. kein Display und keine Tastatur), dann muß zwangsläufig eine direkte
Verbindung zu einem Rechner bestehen, um so die Verbindung Chipkarte – Benutzer
herzustellen.

Vereinzelt findet man bereits Terminals, die mit einer Infrarotschnittstelle ausgestattet sind. Diese unterstützt üblicherweise den weltweiten IrDA-Standard (*infrared
data association – IrDA*) und wird für die direkte Kommunikation zwischen Terminal
und etwa digitalen Assistenten (*personal digital assistant – PDA*) oder Mobiltelefonen
benutzt. Der Vorteil dabei ist, daß man davon ausgehen kann, daß das eigene Gerät
vertrauenswürdig ist und man damit beispielsweise die PIN nicht mehr an einem fremden Terminal eingeben muß.

Die Aufteilung in portable und stationäre Terminals führt zu einem weiteren Unter-
scheidungsmerkmal. Nämlich die Art, wie sie betrieben werden. Ein Online-Terminal

hat während des Betriebes eine ununterbrochene Verbindung zu einem entfernten Computer, der dann einen Teil der Steuerung übernimmt. Die typischen Vertreter dieser Gattung sind Terminals für Zutrittskontrolle, da sie vollständig von einem permanent verbundenen Hintergrundsystem angesteuert werden.

Bild 11.2   Beispiel für ein typisches Chipkarten-Terminal für Anbindung über eine serielle Schnittstelle an einen Rechner. (Giesecke und Devrient – CCR2)

Bild 11.3   Beispiel für ein tragbares Chipkarten-Terminal für den elektronischen Zahlungsverkehr mit Kreditkarten, Debitkarten und elektronischen Geldbörsen. Das Terminal besitzt ein integriertes Sicherheitsmodul, einen Drucker und ist Offline-fähig. (Giesecke und Devrient – ZVT 900)

Das Gegenstück dazu, die Offline-Terminals, arbeiten völlig autark in bezug auf ein übergeordnetes System. Allerdings ist es so, daß es sehr wohl viele Online-Terminals gibt, aber praktisch keine reinen Offline-Geräte. Zumindest ab und zu tauschen Offline-Terminals über eine Datenleitung Informationen mit einem Hintergrundsystem aus, und sei es nur, um eine neue Sperrliste oder ein Update der Terminalsoftware anzufordern.

Die Verbindungsstrecke zwischen Terminal und einem weiteren Rechner ist bei typischen Anwendungen innerhalb eines Gebäudes eine elektrische Leitung oder ein Lichtwellenleiter. Es kann aber, wie im Bereich des Zahlungsverkehrs bei Kassenterminals, auch eine Telefonleitung zum nächsten Rechenzentrum sein. Ob nun dieses vom Terminal bei Bedarf angewählt wird oder ob eine Standleitung geschaltet ist, hängt von der jeweiligen Anwendung ab. Da die Bereitstellung von Standleitungen aber teuer ist, geht man aus Gründen der Kostenreduktion mehr und mehr dazu über, Telefonleitungen nur bei Bedarf zu nutzen, d.h. das Terminal muß dann mit einem Wählmodem ausgerüstet sein.

In die vorangegangene Klassifizierung lassen sich Chipkarten-Terminals in Form einer PC-Card (ex PCMCIA-Karte) nur sehr schwierig unterbringen. Sie können sowohl online als auch offline betrieben werden und lassen sich sowohl an Arbeitsplatzrechnern als auch in Notebook-Computern einsetzen. Im Prinzip sind sie nur eine einfache und meist auch preisgünstige Hardwareschnittstelle zwischen Chipkarte und Computer. Voraussetzung für die Verwendung ist lediglich ein PC-Card-Steckplatz, der je nach Hersteller vom Typ I (3,3 mm Bauhöhe) oder vom Typ II (5 mm Bauhöhe) sein muß. Manche PC-Card-Chipkarten-Terminals besitzen zusätzlich zum Chipkarteninterface einen internen Ergänzungsspeicher für die Chipkarte und Recheneinheiten für Massendatenver- und entschlüsselung. Diese nur wenige Millimeter hohen Terminals sind die wohl am flexibelsten einsetzbaren überhaupt, da sie Chipkarten zum Teil völlig neue Anwendungsfelder erschließen. So ist es mit ihnen ohne zusätzliche Kabel, Spannungsversorgung und externe Hardware erstmals möglich, daß Chipkarten und Standard-PCs inklusive Standardsoftware zusammenarbeiten. Das Einsatzspektrum ist sehr groß, es geht vom Zugriffsschutz auf bestimmte PC-Funktionen über Kopierschutz für Software bis zur Sicherung und Unterschrift von e-Mails bei der Datenübertragung.

Bild 11.4   Ansicht für ein typisches Chipkarten-Terminal in Form einer PC-Card. (Gemplus –
                          GPR400)

Um den einfachen Datenaustausch zwischen Chipkarten und PCs zu ermöglichen, gibt es auch Disketten-Terminals. Dazu ist in einer 3½-Zoll-Diskette eine sehr dünne Kartenkontaktiereinheit, eine Anschaltelektronik, eine Batterie und eine Spule zur Datenübertragung zum Schreib-/Lesekopf des Diskettenlaufwerks integriert. In diesem 3,3 mm dicken Disketten-Terminal ist ausreichend Platz, um eine Chipkarte einzustecken. Auf dem PC ist dann nur noch ein entsprechender Softwaretreiber für den Datenaustausch notwendig. Dies ist eine gute Lösung, um auf unkomplizierte und kostengünstige Weise Chipkarten in bestehende Systeme zu integrieren.

 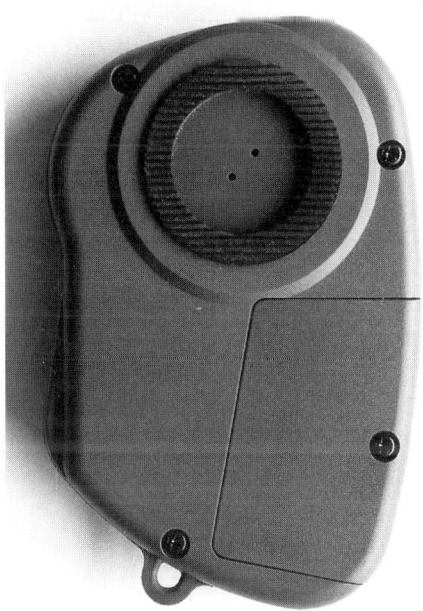

Bild 11.5   Foto eines Taschenkartenlesers für Speicher- und Prozessorkarten mit integrierter Tastatur. Der an der Rückseite angebrachte Lautsprecher kann zur chipkartengesteuerten automatischen Wahl von Telefonnummern im Tonwahlverfahren benutzt werden. (Giesecke und Devrient)

Von den ersten Chipkarten in der Zwei-Chip-Technik bis zu den heutigen Chipkarten, die mit einem sehr leistungsfähigen Mikrocontroller ausgestattet sind, liegen viele Jahre Entwicklungstätigkeit. Eine ähnliche technische Evolution haben parallel dazu die Terminals erfahren. Anfänglich waren sie oft aus Unkenntnis mechanisch und elektrisch sehr primitiv aufgebaut, was zur Folge hatte, daß die Mikrocontroller in den Chipkarten dadurch oft beschädigt wurden und so vorzeitig ausfielen. Doch mittlerweile sind diese „Kinderkrankheiten" bei den meisten Terminal-Herstellern überwunden, und man tritt in die Phase der Entwicklung, wo weniger die überall gleichen

technischen Eigenschaften, die bei allen Herstellern ähnlich sind, die Kauf-
entscheidung beeinflussen als das äußere Design des Gerätes.

Funktional gesehen besteht ein Chipkarten-Terminal aus zwei Komponenten – der
Kartenkontaktiereinheit und dem Terminalcomputer. Der Kartenleser, in den die Chipkarte gesteckt und dann elektrisch kontaktiert wird, hat im wesentlichen nur mechanische Funktion. Um die Kontaktiereinheit elektrisch anzusteuern, die Benutzerschnittstelle zu verwalten und die Verbindung zu übergeordneten Systemen herzustellen, benötigt man den Terminalcomputer. Er kann im einfachsten Fall ein einzelner Mikrocontroller sein oder bei technisch aufwendigeren Lösungen ein Einplatinencomputer.

11.1 Mechanische Eigenschaften

Wird eine Chipkarte in ein Terminal gesteckt, dann müssen mechanisch zumindest
zwei Dinge geschehen: Die Kontaktfelder der Chipkarte müssen galvanisch mit dem
Terminalcomputer verbunden werden, wozu die Kontaktierungseinheit dient. Auch
muß das Stecken der Karte durch das Terminal erkennbar sein, was beispielsweise ein
Mikroschalter oder eine Lichtschranke übernehmen kann. Die Lichtschranke hat den
Nachteil, daß sie durch Verschmutzung oder bei transparenten Kartenmaterialien eine
gesteckte Karte nicht mehr sicher erkennen kann. Ein auf mechanischer Basis arbeitender Schalter funktioniert hier nach wie vor am zuverlässigsten.

Im Bereich der Kontakte und Kontaktierungseinheiten bestehen bei den Terminals
die größten Unterschiede. Für die Form der Kontakte sowie die maximal einzu-
leitenden Kräfte sind in der GSM 11.11 Spezifikation Grenzwerte angegeben, die die
Grundlage für fast alle Terminals darstellen. Laut dieser Spezifikation sollen die Kontaktelemente des Terminals abgerundet und nicht spitz sein. Der Radius dieser Run-
dung muß mindestens 0,8 mm betragen. Damit können Kratzer auf dem Kontaktfeld
der Chipkarte weitgehend vermieden werden. Zudem ist die Einleitung der Kraft in das
Kontaktfeld durch vorne abgerundete Kontaktelemente wesentlich günstiger als bei
spitz gestalteten.

Die maximale Andruckkraft eines einzelnen Kontaktelements darf nach GSM unter
keinen Umständen größer als 0,5 N sein (nach EMV: 0,6 N). Dadurch soll der Chip aus
einem Siliziumkristall, der unter den Kontaktfeldern liegt, geschützt werden, da er bei
größeren Kräften brechen könnte.

Die Position der Kontakte auf der Chipkarte ist zwar international durch die ISO genormt und sollte dadurch weltweit eigentlich gleich sein, doch gibt es in Frankreich eine nationale AFNOR-Norm, die eine Chipposition näher an der oberen Kartenkante als
ISO vorsieht.

Aus diesem Grund wurden Terminals konstruiert, die mit zwei Kontaktköpfen ausgerüstet sind. Dadurch ist es möglich, sowohl die ISO- als auch die AFNOR-Position
der Kontakte zu unterstützen. Diese technisch aufwendige Lösung ist für Systeme von
Interesse, bei denen parallel Chipkarten mit ISO- und AFNOR-Kontaktposition benutzt
werden. Dies betrifft nur eine Übergangszeit, da die AFNOR-Position nach ISO eigentlich nicht mehr verwendet werden soll. So sind etwa bei einigen französischen
Bankanwendungen Terminals mit doppelten Kontaktköpfen im Einsatz. Damit können

dann für die Zeit der Umstellung sowohl die alte AFNOR-Position als auch die Kontakte von neueren Chipkarten in ISO-Position angefahren werden.

Vor allem beim Einsatz von tragbaren oder in Fahrzeugen eingebauten Terminals kommt es manchmal zu Schwierigkeiten mit der Kontaktierung zwischen Terminal und Chipkarte. Diese Art von Terminals ist gerade in Fahrzeugen oft hohen Beschleunigungen ausgesetzt, wodurch es zu einem kurzzeitigen Abheben der Kontakte kommen kann. Man stelle sich nur die Fahrt über Kopfsteinpflaster mit einer Geschwindigkeit vor, bei der die federbelasteten Kontaktelemente in Resonanzschwingung geraten. Ist die Chipkarte dabei elektrisch aktiviert, ist schlichtweg nicht mehr vorhersagbar, was passiert.

Sollten im Extremfall alle Kontakte gleichzeitig abheben und wieder aufsetzen, wird wohl die Chipkarte eine Power-On-Sequenz ausführen und dann einen ATR aussenden. Allerdings ist die elektrische Anschaltsequenz in diesem Fall sicherlich nicht nach ISO, was bei öfterer Wiederholung zum Ausfall der Chipkarte führen kann. Unabhängig davon sind natürlich alle erreichten Zustände der laufenden Sitzung in der Chipkarte durch den kurzzeitigen Spannungsausfall verloren. Dies bedeutet, daß je nach Anwendung die PIN neu eingegeben oder die Kommunikationsteilnehmer nochmals authentisiert werden müssen.

Beim Abheben eines einzelnen Kontaktes hängt die Auswirkung stark davon ab, welcher es war. Sollte es der I/O-Kontakt sein, dann ist nur die Kommunikationsverbindung zeitweise gestört, und mit den Mechanismen zur Fehlerbehandlung kann diese Störung überbrückt werden. Hebt ein anderer Kontakt ab, dann kommt es zu einem Reset der Chipkarte, was zu einem kompletten Neuaufbau der Verbindung führt.

Um ein Abheben der Kontakte durch Beschleunigungskräfte zu verhindern, kann die Anpreßkraft verstärkt werden, wobei aber 0,5 N pro Kontaktfeld die obere Grenze sind. Technisch gesehen gibt es keine einfache und zufriedenstellende Lösung für dieses Problem, doch durch sinnvolle Anordnung des Terminals kann die Wahrscheinlichkeit eines Abhebens der Kontakte minimiert werden. Eine Möglichkeit besteht z.B. darin, die Kontakte senkrecht zur Hauptbeschleunigungsrichtung zu positionieren.

Allerdings muß die Terminal-Software selbstverständlich fähig sein, eine Verbindung wieder aufzubauen, wenn die Kontakte kurz abgehoben haben. Die Millionen GSM-Endgeräte sind ein Beweis dafür, daß der Einsatz von Chipkarten in tragbaren Geräten ohne Probleme möglich ist.

Die Standzeiten für die Kontakte und den technischen Aufbau bei Terminals sind höchst unterschiedlich. Sie werden auch sehr stark durch die Umweltbedingungen wie Temperatur, Luftfeuchtigkeit und ähnliches beeinträchtigt. Eine MTBF (*mean time between failure*) von 150 000 Steckzyklen wird aber als ein durchaus üblicher Wert für Terminals angenommen.

Kontaktiereinheit mit Schleifkontakten

Die technisch einfachsten und damit auch preisgünstigsten Terminals haben lediglich Schleifkontakte in der Form von Blatt- oder Tellerfedern. Weitere mechanische Kontaktelemente sind bei diesen einfachen Lesern nicht vorhanden. Eine Kontaktiereinheit auf Federbasis führt aber dazu, daß beim Stecken und Herausziehen der Chipkarte die Kontaktelemente über einen Teil der Karte und des Kontaktfeldes schleifen und dort Kratzspuren hinterlassen. Diese sind nicht nur aus ästhetischen Gründen unerwünscht, sondern auch aus technischen.

Durch das Verkratzen der vergoldeten Kontaktfelder der Chipkarte wird nach und nach der Oxidationsschutz, der aus einer vergoldeten Oberfläche besteht, abgetragen und die nun freigelegte Metallschicht oxydiert. Darunter leidet die elektrische Verbindung, und der Benutzer muß seine Chipkarte unter Umständen mehrmals stecken und wieder ziehen, bis die Oxidschicht abgetragen und dann wieder eine zufriedenstellende elektrische Verbindung hergestellt ist.

Mechanisch angetriebene Kontaktiereinheit
Die nächste Kategorie der Terminals hat keine fest positionierten Schleifkontakte, sondern verfügt über eine Mechanik, die beim Stecken der Chipkarte die Kontaktiereinheit auf das Kontaktfeld aufsetzt. Durch die Kraft beim Einschieben der Chipkarte wird durch einen Hebelmechanismus die Kontaktiereinheit im rechten Winkel auf die Kontaktfelder aufgesetzt.

Eine optimal gestaltete Mechanik ist dann gegeben, wenn beim Aufsetzen der Kontakte eine sehr kleine Relativbewegung parallel zu den Kontaktfeldern der Chipkarte besteht. Damit kommt die elektrische Verbindung sicher zustande. Hierdurch können ebenfalls leichte Verschmutzungen auf den Kontaktoberflächen weggerieben werden. Die Kontaktelemente selbst sind zusätzlich noch einzeln gefedert, um so eine definierte Anpreßkraft für jedes einzelne Kontaktfeld sicherzustellen.

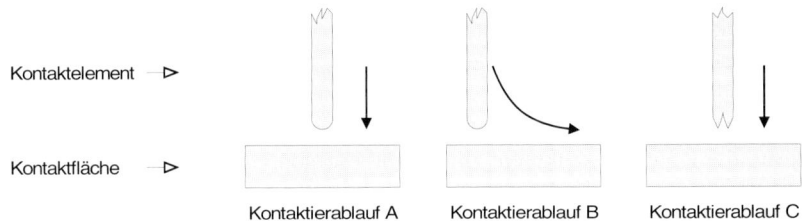

Bild 11.6   Verfahren zur elektrischen Kontaktierung von Chipkarten. Kontaktierablauf A mit gerundeten Kontaktelementen ist ungünstig, da Verschmutzungen der Kontaktfläche eine sichere elektrische Verbindung beeinträchtigen. Ablauf B und C stellen für die jeweilige Form der Spitze des Kontaktelements gut geeignete Lösungen dar. Die scharfkantigen Kontakte von C graben sich leicht in die Oberfläche der Kontaktfläche ein, was unter dem Mikroskop als kleine Kerben sichtbar ist.

Elektrisch angetriebene Kontaktiereinheit
Die technisch aufwendigste und mechanisch beste Lösung sind Terminals mit elektrisch angetriebener Kontaktiereinheit. Parallel geführte Kontaktelemente werden dabei von einem Motor oder Elektromagneten angetrieben und die Chipkarte senkrecht von oben, mit geringer seitlicher Relativbewegung, kontaktiert. Bedingt durch diesen gro-

ßen Aufwand an elektromechanischen Bauteilen, fallen die Abmessungen des Terminals relativ groß aus.

Für professionelle Lösungen, bei denen mehrere Millionen Kontaktierungszyklen wartungsfrei erreicht werden müssen, sind diese Geräte jedoch bestens geeignet. Typische Einsatzgebiete sind deshalb Geldausgabeautomaten oder Personalisierungsmaschinen in der Chipkarten-Fertigung.

Auswurf

Gesteckt wird eine Chipkarte meistens manuell, also ohne weitere Unterstützung durch das Terminal. Lediglich in Geldausgabeautomaten sind Einzugleser vorhanden, die dann die Chipkarte mit einem Fördermechanismus an den Kontaktkopf innerhalb des Automaten heranführen. Bei einem normalen Terminal ist das aber nicht der Fall. Dort gibt es lediglich beim Auswurf der Chipkarte Unterschiede. Einfache Leser haben keinen automatischen Auswurf, die Chipkarte muß also manuell aus dem Leser entnommen werden. Für diese Entnahme gibt es wiederum zwei Prinzipien: Push-Push und Push-Pull. Bei einer Push-Push-Kontaktiereinheit wird die Karte wie üblich von Hand gesteckt, und zur Entnahme muß dann noch mal auf die Karte gedrückt und dann gezogen werden. Dies ist ergonomisch unvorteilhaft, da es dem natürlichen Bewegungsablauf widerspricht. Entsprechend oft ziehen viele Menschen die Chipkarte einfach mit Gewalt aus dem Terminal, was dazu führt, daß die Kontakte durch die Mechanik nicht abgehoben werden und über die Kontaktfelder und den Kartenkörper schleifen. Kontaktiereinheiten in der Push-Pull-Ausführung entsprechen dem gewohnten Bewegungsablauf eher, da bei ihnen beim Stecken die Chipkarte in den Leser geschoben und beim Entnehmen einfach herausgezogen wird.

Bei Terminals mit automatischem Auswurf wird beim Stecken der Karte über eine Mechanik eine Feder gespannt, die der Terminalcomputer über einen Magneten freigeben kann. Dies führt zum teilweisen Herausschieben, nicht zum Auswurf, der Chipkarte, so daß der Benutzer sie ergreifen und ganz herausziehen kann.

Die Auswurfleser haben gegenüber den anderen Bauarten einen großen Vorteil. Dem Benutzer wird durch den Auswurf der Chipkarte auf sehr deutliche Weise das Ende der Sitzung signalisiert, und gleichzeitig wird er auch daran erinnert, daß er seine Karte im Terminal nicht vergessen soll, was man oft noch durch einen Piepser unterstützt. Dieses aus der Praxis kommende Argument ist der wesentliche Vorteil der Auswurfleser.

Gerade Geldausgabeautomaten haben üblicherweise die Fähigkeit, Chipkarten bei Bedarf einzubehalten. Da diese Geräte standardmäßig mit einem Einzugleser ausgestattet sind, der die Chipkarte erst zum Kontaktkopf befördert, ist es natürlich technisch ohne weiteres machbar, die Karte bei Bedarf nicht mehr zum Ausgabeschlitz zu befördern, sondern zu einem speziellen Auffangbehälter im Automaten. Technisch gesehen bereitet also das Einziehen einer Chipkarte keine großen Probleme, sofern das Terminal nur groß genug für zusätzliche Mechanik und Auffangbehälter ist. Unter Umständen kann der Einzug aber zu rechtlichen Problemen führen, wenn der Kartenbenutzer der Eigentümer der Chipkarte ist.

Ziehbarkeit

Die Zuverlässigkeit eines auf Chipkarten aufbauenden Systems kann sehr darunter leiden, wenn die Benutzer die Möglichkeit haben, ihre Karten zu jedem beliebigen Zeitpunkt während einer Sitzung aus dem Terminal zu ziehen. Dies führt zum einen dazu, daß die Chipkarte von der Stromversorgung ohne die vorgeschriebene Abschaltsequenz getrennt wird. Zum anderen unterbricht man unter Umständen Schreib- oder Löschvorgänge im EEPROM, wobei der Inhalt der Datei anschließend völlig undefiniert ist, was zum Totalausfall der Chipkarte führen kann. Dies begründet, warum es vorteilhaft ist, Auswurfleser zu benutzen, bei denen das manuelle Ziehen der Karte durch eine entsprechende Gestaltung des Terminals nicht möglich ist.

Für den Fall des Stromausfalls ist ein verdeckter mechanischer Notauswurf vorhanden, um die Chipkarte aus dem Terminal entnehmen zu können. Normalerweise kann jedoch das Terminal bestimmen, wann die Karte dem Benutzer zurückgegeben wird, ohne daß dieser eine Möglichkeit hat, störend in die ablaufenden Prozesse einzugreifen.

11.2   Elektrische Eigenschaften

Mit Ausnahme der Kontaktiereinheit besteht ein Terminal vor allem aus Elektronikkomponenten. Man benötigt diese für die Schnittstellen zum Benutzer, zum Hintergrundsystem und auch zur elektrischen Ansteuerung der Kontakte. Es sind einerseits die elektromechanischen Teile des Lesers und andererseits die Chipkarte mit elektrischen Signalen zu versorgen. Die einzige Information, die direkt von der Kontaktiereinheit kommt, sagt aus, ob die Chipkarte gesteckt ist oder nicht. Das einzige Signal zur Kontaktiereinheit hingegen ist die Betätigung des elektrischen Auswurfs, falls ein solcher überhaupt vorhanden ist.

Die Schnittstelle zur Chipkarte besteht aus den fünf Kontakten für Masse, Spannungsversorgung, Takt, Reset und die Datenübertragung. Es ist sehr wichtig und von großer Bedeutung für die Lebensdauer der Chipkarte, daß nach der Herstellung der elektrischen Verbindung durch die Kontaktelemente die Anschaltsequenz nach ISO/IEC 7816-3 genau eingehalten wird. Trifft dies nicht zu, kann es durch elektrische Überlastungen im Halbleiter des Chips zu erhöhten Ausfallraten kommen. Analog dazu ist aber auch die Einhaltung der Abschaltsequenz wichtig, da es sonst zu den gleichen Problemen im Chip kommt wie bei einer nicht eingehaltenen Anschaltsequenz.

In diesem Zusammenhang ist gerade bei einfachen Lesern, bei denen es möglich ist, die Chipkarte von Hand zu ziehen, ein wichtiges Detail von Bedeutung: Wenn die Kontaktiereinheit ein Herausziehen der Chipkarte feststellt, muß die Elektronik des Terminals sofort eine Abschaltsequenz ausführen. Nur so kann verhindert werden, daß eventuell noch spannungsführende Schleifkontakte über die Kontaktfelder der Chipkarte gleiten. Dies hat dann mit einer genormten Abschaltsequenz nicht mehr viel zu tun. Doch die Auswirkungen dieses unzulässigen Ziehens der Karte können noch viel größer sein, da es bei verschlissenen oder leicht verbogenen Kontaktelementen auch zu Kurzschlüssen zwischen zwei Leitungen kommen kann. Die dabei auftretende schwa-

che Funkenbildung durch Entladung von Kondensatoren schadet den Kontaktelementen und ebenfalls den Kontaktfeldern der Chipkarte.

In Hinblick auf die elektrische Beschaltung haben mittlerweile fast alle Terminal-
Hersteller herausgefunden, daß Kurzschlußfestigkeit ein absolutes Muß ist. Wird dies
mißachtet, dann kann eine einzige Chipkarte mit kurzgeschlossenen Kontakten zum
elektrischen Tod vieler Terminals führen. Im übrigen treten kurzgeschlossene Karten
immer wieder auf, zum Teil aus Vandalismus oder wegen technischer Defekte.

Die Kurzschlußfestigkeit sollte dabei so weit reichen, daß jeder Kontakt gegen jeden
anderen und auch alle zueinander ohne Auswirkungen miteinander verbunden werden
können. Ideal ist auch eine vollständige galvanische Trennung zwischen der elektrischen Ansteuerung der Chipkarte und der übrigen Elektronik im Terminal. Dies ist im
übrigen Standard bei den öffentlichen Kartentelefonen in Deutschland, denn damit lassen sich selbst Auswirkungen von extern angelegten Spannungen auf das Terminal
weitgehend verhindern.

Die Spannung zum Schreiben und Löschen der Speicherseiten im EEPROM erzeugt
der Mikrocontroller durch eine auf dem Chip befindliche Ladungspumpe. Dabei benötigt die Chipkarte, teilweise im Bereich von Nanosekunden, Ströme von bis zu
100 mA. Der gleiche Effekt, wenn auch nicht so stark, kann auch durch Umschalt-
vorgänge von Transistoren in den CMOS-Schaltkreisen auftreten. Durch diese kurzen
Spikes sind selbst sehr schnelle Regelkreise in Stromversorgungen überfordert. Die
Folge davon ist, daß die Versorgungsspannung der Chipkarte aufgrund des hohen
Stromverbrauches einbricht und daraufhin der Schreib- oder Löschvorgang im
EEPROM fehlschlägt. Im Extremfall kann der Spannungseinbruch so groß sein, daß
der Prozessor außerhalb seines stabilen Funktionsbereiches gerät und ein System-
zusammenbruch eintritt.

Abhilfe kann dadurch geschaffen werden, indem ein Kondensator so nahe wie möglich an den Kontakten zur Chipkarte plaziert wird. Gut geeignet sind Keramikkonden-
satoren mit einer Kapazität von ungefähr 100 nF, da diese sehr schnell ihre Ladung ab-
geben können. Die Leitungen zur Chipkarte müssen so kurz wie möglich sein, damit
der erhöhte Strombedarf ohne großen Leitungswiderstand und Induktivität in der benötigten Zeit gedeckt werden kann. Bei kurzzeitig erhöhtem Stromverbrauch kann der
Strom aus dem Kondensator so lange bezogen werden, bis die Spannungsregelung dies
wieder ausgleicht. Damit vermeidet man auf einfache und kostengünstige Weise Probleme mit der Stromversorgung.

Gerade im Bereich des elektronischen Zahlungsverkehrs ist es aus Gründen der
Nachvollziehbarkeit und des Verbraucherschutzes mittlerweile Stand der Technik, daß
die entsprechenden Terminals eine eingebaute Echtzeituhr besitzen. Nach der EMV-
Spezifikation für Kreditkarten-Terminals darf die Uhr keine größere Zeitabweichung
als 1 Minute pro Monat haben. Dies stellt technisch keinen Aufwand dar, da entsprechend genaue Uhrenbausteine sogar als Einchip-Lösung erhältlich sind. Zusätzlich
kann bei jeder online-Verbindung mit den übergeordneten Systemen ein Abgleich der
Uhr vorgenommen werden. Funkuhrenempfänger in Terminals haben bisher keine
praktische Bedeutung erlangt, da ein Empfang der entsprechenden Signale zu stark

vom Abschirmverhalten des Einsatzortes abhängt. So können beispielsweise die übli-chen Zeitsignalsender im Inneren von Stahlbetonbauten meist gar nicht empfangen werden.

11.3   Sicherheitstechnik

Die in Terminals vorhandenen Sicherheitsmechanismen können sehr vielfältig sein. Die Palette reicht von mechanisch gesicherten Gehäusen bis zu Sicherheitsmodulen und Sensoren für diverse Kartenmerkmale. Bei reinen Online-Terminals, die also nur die elektrische Konvertierung der Signale eines Hintergrundrechners von und zur Chipkarte durchführen, besteht normalerweise keine Notwendigkeit für zusätzlich ein-gebaute Sicherheitstechnik. Die gesamte Sicherheit liegt dabei in dem das Terminal an-steuernden Rechner.

Sobald jedoch am Terminal Daten eingegeben werden müssen, oder dieses autark von einem übergeordneten System operieren kann, ist es notwendig, die entsprechen-den Mechanismen für die zusätzliche Systemsicherheit einzubauen. Die Möglichkeiten dazu sind nahezu unbeschränkt, hängen aber sehr stark von der jeweiligen Chipkarte und deren Sicherheitsmerkmalen ab.

Bei typischen Chipkarten, deren Kartenkörper sehr einfach ausgeführt und nur Trä-ger für den Mikrocontroller ist, sind üblicherweise keine Sicherheitsmerkmale auf dem Kartenkörper vorhanden. Damit entfällt auch die Prüfung dieser Merkmale durch das Terminal. Im Gegensatz dazu sind Chipkarten für den Zahlungsverkehr meist Hybrid-karten, d.h. sie haben sowohl einen Magnetstreifen und einen zusätzlichen Chip, um dadurch kompatibel zu älteren Systemen zu sein. Hybridkarten besitzen aber auch die üblichen Kartenmerkmale, damit das Terminal unabhängig vom Chip die Echtheit überprüfen kann. Die entsprechenden Sensoren müssen dann auch in den Terminals vorhanden sein.

Terminals, die vollständig oder auch nur zeitweise im Offline-Betrieb arbeiten, müs-sen zwangsläufig über Hauptschlüssel für die verwendeten kryptografischen Algorith-men verfügen. Nur mit ihnen lassen sich dann jeweils die kartenindividuellen Schlüssel ableiten. Diese Hauptschlüssel sind sehr sicherheitssensibel, denn auf ihnen ist die Si-cherheit des gesamten Systems aufgebaut. Um die Sicherheit und die Geheimhaltung der Hauptschlüssel in allen Fällen zu gewährleisten, sind sie nicht in der normalen Elektronikeinheit des Terminals gespeichert, sondern in einem mechanisch und elek-trisch besonders abgesicherten Modul innerhalb des Terminals.

Dieses Sicherheitsmodul kann z.B. ein in Epoxidharz vergossener Einplatinen-computer sein, der nur über eine Schnittstelle mit dem eigentlichen Terminalcomputer Daten austauschen kann. Dabei dürfen aber die geheimen Hauptschlüssel das Sicher-heitsmodul nie verlassen, sondern werden nur intern für Berechnungen genutzt. Im ty-pischen Anwendungsfall erhält das Sicherheitsmodul von der Chipkarte über den Ter-minalcomputer eine individuelle Karten- oder Chipnummer, die es zur Ableitung eines kartenindividuellen Schlüssels benutzt. Dieser dient dann innerhalb des Sicherheits-moduls wiederum zur Berechnung von Signaturen oder zur Authentisierung.

Moderne Ausführungen dieser meist nur Streichholzschachtel großen Module besitzen eine umfangreiche Sensorik zur Detektion von Angriffen und sind auch elektrisch weitgehend autark, um Angriffe, selbst bei abgeklemmter Spannungsversorgung, aktiv abwehren zu können. Erkennen und Abwehr eines Angriffs führt üblicherweise zum Löschen aller Schlüssel, so daß ein Angreifer nur mehr eine in Harz vergossene Elektronikplatine im Metallgehäuse ohne irgendwelche Dateninhalte zur Analyse hat.

Aufgrund der hohen Kosten eines guten Sicherheitsmoduls geht man seit einigen Jahren dazu über, statt dessen Chipkarten zu verwenden. Dies führt zwar zu einigen Einschränkungen hinsichtlich Speicherplatz, Sensorik und Autarkie, doch reicht das Sicherheitsniveau im allgemeinen selbst für Anwendungen im elektronischen Zahlungsverkehr aus. Um die physikalische Größe zu begrenzen, benutzt man Chipkarten im ID-000 Format („Plug-In").

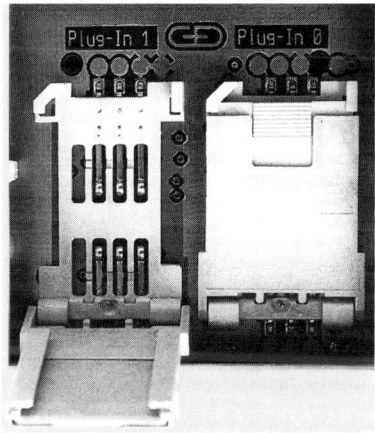

Bild 11.7   Beispiel für zwei in einem Chipkarten-Terminal nebeneinander angebrachten Kontaktierungseinheiten für Sicherheitsmodule im Plug-In-Format.

Da Sicherheitsmodule im Chipkartenformat nicht fest in Terminals eingebaut sind, sondern ausgewechselt werden können, eignen sie sich auch hervorragend für eine Erweiterung der Terminalhardware. An einem Beispiel sei dies verdeutlicht: Die statische einseitige RSA-Authentisierung wird in den nächsten Jahren sehr stark an Bedeutung gewinnen, da sie unter anderem auch in der internationalen EMV-Spezifikation für Kreditkarten mit Chip gefordert wird. Da eine RSA-Authentisierung so rechenintensiv ist, daß sie von den normalen Prozessoren in Terminals nicht mehr in akzeptabler Zeit ausgeführt werden kann, hat man bei fest eingebauten Sicherheitsmodulen ein Problem. Bei Terminals hingegen, die Chipkarten im Plug-In-Format als Sicherheitsmodule benutzen, kann man diese einfach austauschen. Man verwendet die etwas teuren Chipkarten mit einer zusätzlichen numerischen Recheneinheit und nach einer Softwareänderung im Terminal ist dieses fähig, eine RSA-Berechnung in hoher Geschwindigkeit auszuführen.

In Zukunft werden von den verschiedensten Kartenherausgebern Debit- und Kreditkarten mit Chip auf den Markt gebracht. Alle diese Karten benutzen unterschiedliche
Schlüssel, Schlüsselableitungs- und Authentisierungsverfahren. Zudem werden wohl
nicht alle Kartenherausgeber bereit sein, diese geheimen Daten und Verfahren Herstellern von Sicherheitsmodulen zu offenbaren. Man wird aller Wahrscheinlichkeit
auch den Weg gehen, daß einer oder auch mehrere Kartenherausgeber zusammen eine
sogenannte Terminalkarte herausgeben, die alle für ihr System sicherheitsrelevanten
Prozesse beherrscht und diese innerhalb des Terminal ausführt. Die Terminalkarte wird
mit einem der beiden genormten Übertragungsprotokolle T=0 oder T=1 angesprochen
und verhält sich im großen und ganzen wie eine ganz normale Chipkarte. Der Unterschied ist dabei nur, daß sie Funktionen für die geheimen Hauptschlüssel, die Ableitungsverfahren und das Sammeln von sicherheitsrelevanten Daten (z.B.: Saldo des
Händlers) hat. Das Terminal übernimmt dann nur mehr die Benutzerführung und das
Up- und Downloading von Daten mit dem Hintergrundsystem. Alle sicherheitstechnischen Belange führt die Terminalkarte aus. Damit stellt sich aber für die Terminals die
Notwendigkeit ein, nicht nur mit einer Terminalkarte zusammenarbeiten zu müssen,
sondern mit mehreren. Je nach Kartenherausgeber und gewählter Funktion wird eine
bestimmte Terminalkarte automatisch ausgewählt. Der Forderung nach mehreren unabhängigen Terminalkarten wird in den neueren Terminals Rechnung getragen. Sie haben zu Teil bis zu vier Kontaktiereinheiten für Karten im Plug-In-Format. Damit können sie Terminalkarten von mehreren unterschiedlichen Kartenherausgebern ohne Interferenzen zueinander parallel bedienen.

Neben der Absicherung der Terminals durch ein mechanisch stabiles und nur mit
Spezialwerkzeug zu öffnendes Gehäuse und ein darin untergebrachtes Sicherheitsmodul existiert oft auch noch eine mechanische Sicherung gegen unbefugtes Abhören
der Datenübertragung zur Chipkarte. Dies ist in der technischen Realisierung eine Art
Schlagschere, die nach dem Stecken und Kontaktieren der Chipkarte alle eventuell von
der Karte aus der Kontaktiereinheit führenden Drähte oder Kabel abschneidet. Zweck
dieser Vorrichtung ist es, Mithören und Manipulationen von Nachrichten zwischen
Chipkarte und Terminal zu verhindern. Diese auch als Shutter bezeichnete Vorrichtung
kann elektrisch oder durch das Stecken der Chipkarte selber angetrieben sein. Ist ein
Abschneiden aufgrund Materialdicke oder -beschaffenheit nicht möglich, kann dadurch der Schlitz der Kontaktiereinheit auch nicht ganz geschlossen werden. Dies stellt
die Terminalelektronik fest, und die Chipkarte wird elektrisch nicht angeschaltet, es
kommt also keine Kommunikation zustande.

Grundsätzlich muß die Kommunikation zwischen Terminal und Chipkarte so aufgebaut sein, daß durch Abhören oder Manipulation das System nicht in seiner Sicherheit
beeinträchtigt werden kann. Shutter wären demnach eigentlich nicht notwendig. Allerdings läßt sich die Sicherheit durchaus etwas verbessern, wenn es einem fiktiven Angreifer nicht zu leicht gemacht wird. Es macht einen sehr großen Unterschied, ob man
den Datenaustausch ohne Aufwand mithören und verändern kann oder ob man dazu
vorher einige Hürden überwinden muß. Allerdings vergrößern und verteuern Shutter
das Terminal, und es gibt auch nur sehr wenige Ausführungen, die nach einigen zehn-

tausend Steckzyklen noch exakt schließen. Deshalb sollte man sich beim Systemdesign nicht vollständig auf diese mechanische Sicherung verlassen.

11.4   Anbindung eines Terminals mit PC/SC

Um Chipkarten im Umfeld von PCs einsetzen zu können, bedarf es eines daran angeschlossenes Terminals und der Unterstützung durch die Software des PCs. Problematisch ist hier natürlich, daß in der Vergangenheit für jedes Terminal eigene Softwaretreiber auf dem PC installiert werden mußten. Diese hatten zudem auch noch ihre eigenen Softwareschnittstellen, so daß es faktisch nicht möglich war, eine terminalunabhängige Anwendungssoftware zu erstellen.

In Deutschland wurde bereits frühzeitig damit begonnen, eine Spezifikation zur softwaretechnischen Anbindung von Terminals an PCs zu erstellen. Dies ist die seit 1994 in mehreren Versionen veröffentlichte MKT-Spezifikation (Multifunktionales Kartenterminal – MKT). Sie ist vor allem auf die Belange des Gesundheitsbereiches ausgerichtet, wird jedoch mittlerweile auch von vielen anderen Terminals innerhalb Deutschlands als Grundlage benutzt.

Tabelle 12.1   Die acht Teile der PC/SC-Spezifikation im Überblick.

PC/SC Spezifikation		Inhalt
Teil 1:	Introduction and Architecture Overview	Dieser Teil ist die Grundlage für alle folgenden Spezifikationsteile. Er enthält die zum Thema relevanten Normen, einen Überblick über die Systemarchitektur und die benutzten Hard und Softwarekomponenten sowie Definitionen und Abkürzungen.
Teil 2:	Interface Requirements for Compatible IC Cards and Readers	Festlegung der physikalischen Eigenschaften der kontaktbehafteten Chipkarte. Fixierung der grundlegenden elektrischen Eigenschaften wie Spannungsversorgung und Resetverhalten. Ebenso sind die Datenelemente, der Aufbau und die möglichen Abläufe von ATR und PTS definiert. Überblicksartig sind die Grundlagen der Datenübertragung auf physikalischer Ebene und die beiden Übertragungsprotokolle T=0 und T=1 beschrieben.
Teil 3:	Requirements for PC-Connected Interface Devices	Aufstellung der Anforderungen an das Terminal sowie der unterstützten Terminaleigenschaften (Display, Tastatur u.ä.).
Teil 4:	IFD Design Considerations and Reference Design Information	Informationen zum Design von Terminals in Hinblick auf PS/2-Tastaturschnittstellen und USB-Schnittstellen.
Teil 5:	ICC Resource Manager Definition	Detaillierte softwaretechnische Beschreibung des ICC Ressource Managers inklusive der dazugehörigen Klassen.
Teil 6:	ICC Service Provider Interface Definition	Detaillierte softwaretechnische Beschreibung des ICC Service Providers und Crypto Service Providers inklusive der dazugehörigen Klassen.
Teil 7:	Application Domain and Developer Design Considerations	Beschreibung der Benutzung der PC/SC-Spezifikation von Anwendungen aus.
Teil 8:	Recommendations for ICC Security and Privacy Devices	Zusammenstellung und Festlegung von empfohlenen Funktionen und Mechanismen, welche ein PC/SC Chipkarte unterstützen sollte. Dies schließt das folgende ein: das Dateisystem (MF, DF, EF), die dazugehörigen Dateizugriffsbedingungen, notwendige Systemdateien in der Chipkarte (Schlüssel, PIN u.ä.), Kommandos, Returncodes und kryptografische Algorithmen.

Das Thema der terminalunabhängigen Einbindung von Chipkarten in PC-Programme ist freilich auch außerhalb des deutschen Marktes von großer Bedeutung, so daß ab Mai 1996 begonnen wurde, eine internationale Spezifikation für die Verbindung zwischen Karte und PC zu erstellen. Die Firmen Bull, Hewlett-Packard, Microsoft, Schlumberger, Siemens Nixdorf, Gemplus, IBM, Sun, Verifone und Toshiba arbeiteten an dieser Spezifikation mit.

Im Dezember 1997 wurde die Version 1.0 der aus acht Teilen bestehenden „Interoperability Specification for ICCs and Personal Computer Systems" veröffentlicht. Der Name für die Arbeitsgruppe war PC/SC (*personal computer/smart card*), welcher auch als Kurzform für die Spezifikation benutzt wird. Sie ist via Internet vom WWW-Server der Spezifikationsgruppe erhältlich [PC/SC].

Die PC/SC-Spezifikation ist zumindest ansatzweise plattformunabhängig, da sie auf allen von Windows unterstützten Rechnern funktioniert, welche den Großteil aller PCs ausmachen. Sie ermöglicht die Einbindung von Chipkarten in beliebige Anwendungen weitgehend unabhängig von einer Programmiersprache, da verbreitete Sprachen wie C, C++, Java und Basic von PC/SC unterstützt werden. Die Voraussetzung ist lediglich, daß für das jeweils benutzte Terminal ein passender Treiber vorhanden ist und die verwendete Chipkarte PC/SC-kompatibel ist. Diese geforderte Kompatibilität ist jedoch relativ unkritisch, da der Rahmen verhältnismäßig weit gehalten wurde.

Ausgehend von den definierten Hard- und Softwarekomponenten läßt sich am unkompliziertesten die Übersicht über die PC/SC-Spezifikation gewinnen. Es sind die folgenden sieben Komponenten in ihren Funktionen und Schnittstellen zueinander beschrieben: ICC-Aware Application, ICC Service Provider, Crypto Service Provider, ICC Resource Manager, IFD Handler, IFD und ICC. Im folgenden wird top-down jede dieser Komponenten kurz anhand ihrer Aufgaben und Funktionen erläutert.

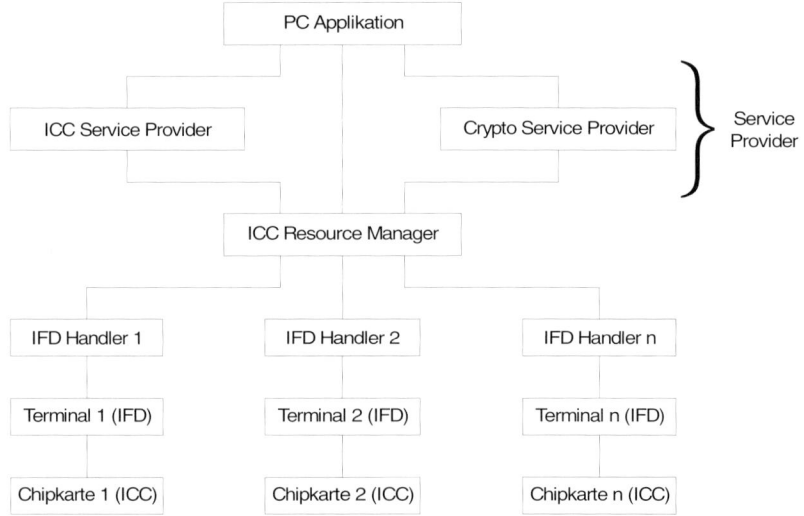

Bild 11.8   Überblick über die Softwarearchitektur der PC/SC Spezifikation zur Anbindung von Chipkarten an PC-Betriebssysteme.

ICC-Aware Application

Diese Softwarekomponente ist die Anwendung, welche auf einem PC läuft und Funktionen und Daten einer oder mehrerer Chipkarten nutzen möchte. Es ist berücksichtigt, daß diese Anwendung auch unter einem Mehrbenutzer-Betriebssystem mit Multitasking und Multithreading ausgeführt werden kann.

Service Provider

Der Service Provider dient dazu, die einzelnen Funktionen einer Chipkarte, unabhängig vom jeweiligen Betriebssystem der Chipkarte, abzukapseln. So kann beispielsweise über das API (*application programming interface*) des Service Providers eine Datei selektiert werden, ohne daß man das Chipkarten-Kommando oder überhaupt die Codierung dazu kennen muß.

Die Komponente Service Provider ist in einen ICC Service Provider und einen Crypto Service Provider zweigeteilt. Der Grund dafür war, daß die in vielen Ländern bestehenden Exportbeschränkungen für kryptografische Algorithmen umgangen werden können, indem man den exportrechtlich problematischen Crypto Service Provider abtrennt und nicht mitliefert. Die PC/SC-Schnittstelle würde dann bis auf alle Kryptofunktionen nach wie vor benutzbar bleiben.

Der Service Provider muß nicht ein aus einem Stück bestehendes Programmteil sein, sondern kann aus über Netzwerke verbundenen Softwarekomponenten bestehen. Damit könnte zum Beispiel der Crypto Service Provider auf einem kryptografisch sicheren oder sehr leistungsfähigen Rechner weit entfernt von den restlichen PC/SC-Bestandteilen ausgeführt werden.

ICC Resource Manager

Der ICC Resource Manager ist die wichtigste Komponente der PC/SC-Architektur. Er ist der Verwalter von allen Ressourcen, die für die Einbindung von Chipkarten in das Betriebssystem notwendig sind. Drei fundamentale Aufgaben hat der ICC Resource Manager zu erfüllen:

Er ist verantwortlich für die Erkennung der angeschlossenen Terminals sowie der Chipkarten. Zudem muß er auch noch das Stecken und Ziehen einer Chipkarte im Terminal bemerken und daraufhin eine diesbezügliche Meldung zur Verfügung stellen.

Als zweite Aufgabe muß er die Belegung von Terminals durch eine oder mehrere Anwendungen verwalten. Dazu kann die Resource „Terminal" an eine bestimmte Anwendung ausschließlich vergeben werden. Sollten jedoch mehrere Anwendungen gleichzeitig auf ein einzelnes Terminal zugreifen, dann muß dieses vom ICC Resource Manager als aufgeteilt (*shared*) gekennzeichnet und verwaltet werden.

Die dritte Funktion ist die Bereitstellung von Transaktionsprimitiven (*transaction primitives*). Dabei werden die für eine bestimmte Funktionalität zusammengehörige Kommandos zu einer Gruppe verbunden. Damit ist sichergestellt, daß diese Kommandos unmittelbar nacheinander in Folge ausgeführt werden. Sonst könnte es passieren, daß zwei Anwendungen zeitgleich und zueinander unkoordiniert mit ihren jeweiligen Kommandos auf eine Chipkarte zugreifen.

Die dabei zum Tragen kommende Problematik kann man sich am einfachsten dadurch verdeutlichen, wenn man das folgende Beispiel betrachtet: In einer Chipkarte kann zu einer Zeit nur jeweils eine einzige Datei selektiert sein. Versuchen nun zwei Anwendungen gleichzeitig mit Selektion (SELECT FILE) unterschiedlicher Dateien und anschließendem Lesekommando (z.B.: READ BINARY), Daten aus der Chipkarte abzurufen, dann ist es völlig undefiniert, welche Datei nun wirklich ausgelesen wird. Dies hängt einzig und allein von der Reihenfolge des Eintreffens der Kommandos bei der Chipkarte ab. Weitaus komplizierter, aber nicht minder verzwickt wird die Situation, wenn komplexe Abläufe wie etwa beim Bezahlen mit einer elektronischen Geldbörse zwischen mehreren Anwendungen und einer Chipkarte durchgeführt werden müssen. Der ICC Resource Manager sorgt dafür, daß es nicht zu Überschneidungen von zusammengehörigen Kommandosequenzen kommen kann, sondern die einzelnen Abläufe nacheinander ausgeführt werden.

IFD Handler
Der IFD Handler ist eine Art von Treiber, der spezifisch für das jeweilige Terminal ist. Er hat die Aufgabe, das Terminal an die festgelegten Schnittstellen an den PC anzubinden und die individuellen Eigenschaften des Terminals auf die PC/SC-Schnittstelle abzubilden. Der IFD Handler stellt somit sozusagen einen datentechnischen Kanal vom PC zu einem speziellen Terminal her.

IFD (interface device)
Die Komponente IFD der PC/SC Spezifikation ist ein Terminal, das über eine Schnittstelle an den PC angeschlossen ist. Diese kann beliebig sein, das Terminal kann also beispielsweise über RS-232, USB (*universal serial bus*) oder PC-Card (ex PCMCIA) mit dem Computer verbunden sein. Das Terminal muß die ISO/IEC 7816-1, 2, 3 Normen erfüllen, was unter anderem bedeutet, daß beide asynchrone Übertragungsprotokolle T=0 und T=1 unterstützt werden müssen. Optional können zusätzlich die synchronen Übertragungsprotokolle (2-Draht, 3-Draht, I^{2}C-Bus) für Speicherkarten nach ISO/IEC 7816-10 implementiert sein.
Neben einem Display werden beim Terminal für die Benutzeridentifizierung auch numerische Tastatur, Fingerabdruckscanner und andere biometrische Identifikationssensoren durch PC/SC unterstützt.

ICC (integrated chip card)
Die von der PC/SC-Spezifikation obligatorisch unterstützten Chipkarten sind Prozessorkarten und kompatibel zu den Normen ISO/IEC 7816-1, 2, 3. Falls dies das Terminal zuläßt, können Speicherkarten nach ISO/IEC 7816-10 eingebunden werden.

12 Chipkarten im Zahlungsverkehr

Die ursprüngliche Hauptanwendung von Chipkarten mit Mikrocontrollern war die Benutzeridentifizierung im Telekommunikationsbereich. In den letzten Jahren haben sich Chipkarten allerdings in einem weiteren Marktsegment etabliert: dem Bereich des elektronischen Zahlungsverkehrs.

Das Marktpotential dieses Bereiches ist aufgrund der sehr hohen Stückzahlen enorm. Man denke nur an die weltweit mehr als 800 Millionen ausgegebenen Kreditkarten.[1] Die zukünftigen Anwendungen von elektronischen Börsen erstrecken sich vom Ersatz der konventionellen Zahlungsmittel Geldschein und Münze über Einkäufe in weltweiten Netzwerken bis hin zur individuellen Bezahlung von Fernsehsendungen.

Chipkarten bieten sich durch ihre Eigenschaften geradezu für den Bereich des Zahlungsverkehrs an. Im Chip können problemlos und manipulationssicher Daten aufbewahrt werden. Die Handhabung ist aufgrund der Größe und Robustheit der Karten ebenfalls für jedermann ohne Probleme möglich. Dadurch, daß Chipkarten zusätzlich auch noch als aktive Teilnehmer unabhängig von äußeren Einflüssen komplizierte Berechnungen ausführen können, ist es möglich, völlig neue Wege im Zahlungsverkehr zu gehen. Dies sieht man sehr deutlich bei elektronischen Geldbörsen in Form von Chipkarten, die einzig und allein mit diesem Medium realisierbar sind.

Der elektronische Zahlungsverkehr und elektronische Geldbörsen haben für alle Beteiligten nennenswerte Vorteile. Für Banken und Händler reduzieren sich die Kosten für die Bargeldbearbeitung. Durch offline arbeitende elektronische Geldbörsen entfallen weitgehend die Datenübertragungskosten für die Transaktionen. Das Risiko durch Raub und Vandalismus sinkt, da bei elektronischen Zahlungsverkehrssystemen kein Bargeld mehr durch Diebe gestohlen werden kann.

Für die Händler ist der schnellere Bezahlvorgang ebenfalls ein stichhaltiges Argument, da dadurch Optimierungen im Kassenbereich möglich werden. Auch kann man einfachere und billigere Automaten bauen, da die Münz- und Geldscheinprüfeinheit nicht mehr benötigt wird. Da elektronisches Geld über beliebige Telekommunikationswege transferierbar ist, fällt das tägliche oder wöchentliche Einsammeln des Bar-

---

[1] Wert von Herbst 1998.

geldes an Automaten weg. Auch der Kunde hat durch die neue Bezahlungsart Vorteile, obwohl sie nicht allzu groß sind. Das Problem mit nicht vorhandenem Kleingeld fällt weg, und ein schnelleres Bezahlen an Automaten ist ebenfalls möglich.

Letztendlich entscheidet aber der zukünftige Börsenbenutzer über Erfolg oder Mißerfolg eines Zahlungsverkehrssystems. Wenn die Vorteile für ihn zu gering sind, dann wird er es nicht nutzen und andere angebotene Varianten der Bezahlung wählen. Elektronische Börsen sind eben nur eine neue Art der Zahlung, die bisherige Varianten wie Kreditkarte, Barzahlung und ähnliches nicht ersetzen, sondern nur ergänzen. Eine Ablösung dieser schon seit vielen Jahren zuverlässig betriebenen Zahlungsarten durch elektronische Geldbörsen in Chipkartenform ist weder zu befürchten noch wahrscheinlich.

12.1 Zahlungsverkehr mit Karten

Die einfachste Lösung für den Zahlungsverkehr mit Karten ist die Verwendung von Magnetstreifenkarten, deren Daten für eine Online-Autorisierung benutzt werden. Nach Überprüfung der Sperrliste und der Zahlungsfähigkeit kann anschließend eine Überweisung direkt vom Bankkonto des Karteninhabers zum Händler ausgeführt werden. Für Chipkarten läßt sich das Schema etwas modifizieren, bleibt aber vom Prinzip her gleich. Die Chipkarte ist logisch mit einem Bankkonto verbunden, und nach einer ein- oder gegenseitigen Authentisierung von Hintergrundsystem und Chipkarte wird die Überweisung eines vorher eingegebenen Betrages ausgeführt. Im Zuge der Zahlungstransaktion wird natürlich noch eine PIN-Prüfung in der Chipkarte oder im Hintergrundsystem durchgeführt.

Die beiden oben beschriebenen Szenarien basieren auf einem alles bestimmenden Hintergrundsystem und nutzen die Fähigkeiten von Chipkarten in keiner Weise aus. Auf den folgenden Seiten sind jedoch verschiedene Varianten für Verfahren und Zahlungsarten aufgeführt, die durch den konsequenten Einsatz von Chipkarten möglich sind.

Bild 12.1   Klassifizierungsbaum für Zahlungsverkehrskarten.

12.1.1 Elektronischer Zahlungsverkehr mit Chipkarten

Es gibt drei grundsätzliche Modelle für den elektronischen Zahlungsverkehr in Verbindung mit Chipkarten: Kreditkarten, bei denen nach Inanspruchnahme einer Leistung bezahlt wird (*pay later*), Debitkarten, bei denen bei Inanspruchnahme der Leistung bezahlt werden muß (*pay now*), und elektronische Geldbörsen, welche vorbezahlt sind (*pay before*). Im folgenden sind die zwei Modelle und eine Variante dazu detailliert beschrieben.

Kreditkarten (*credit card*)

Die ursprüngliche Idee, eine Plastikkarte zum Bezahlen von Waren oder Dienstleistungen zu verwenden, stammt aus dem Kreditkartenbereich. Man bezahlt, und der dazugehörige Betrag wird nach einiger Zeit von einem Konto abgebucht. Die dabei entstehenden Kosten trägt der Händler. Sie sind in der Regel umsatzabhängig und bewegen sich in der Größenordnung von 2 bis 5 Prozent des Kaufpreises.

Bisher benutzt man für Kreditkarten weitgehend Karten ohne Chip. Der Nachteil der geringen Fälschungssicherheit führt bei den Kartenherausgebern zu einem nicht unerheblichen Verlust aufgrund von Fälschungen, da der Händler eine Zahlungsgarantie hat. Offensichtlich ist dieser Verlust bislang noch geringer, als die Einführung von Karten mit Chip kosten würde. Allerdings werden wohl in nicht allzulanger Zeit die Kreditkarten durch einen Chip ergänzt werden, um die steigenden Kosten durch Betrug zu senken.

Debitkarten (*debit card*)

Vor allem in Deutschland sind Debitkarten sehr verbreitet. Diese Magnetstreifenkarten oder Chipkarten ermöglichen es, unmittelbar bei einem Bezahlvorgang dem Händler oder Dienstleister den entsprechenden Betrag zu überweisen. In der Regel wird sowohl bei Debit- als auch bei Kreditkarten der eigentliche Bezahlvorgang über eine Bonitätsanfrage bei einem Hintergrundsystem autorisiert. Damit für Kleinbetragszahlungen nicht immer eine Verbindung zum Hintergrundsystem hergestellt werden muß, wird diese Anfrage erst beim Überschreiten eines Schwellenwerts angestoßen. Dies bewegt sich in der Größenordnung von 400 DM.

Elektronische Geldbörsen (*electronic purse*)

Bei den elektronischen Geldbörsen wird vor der Bezahlung elektronisches Geld auf die Karte geladen. Dieses wird vom Kartenbenutzer beim Laden in bar oder mit einem bargeldlosen Verfahren erhoben. Beim eigentlichen Bezahlvorgang wird der Saldo in der Karte des Kartenbenutzers erniedrigt und parallel dazu in der elektronischen Börse des zweiten Beteiligten (d.h. normalerweise des Händlers) erhöht. Dieser reicht dann die erhaltene elektronische Geldsumme beim Börsenbetreiber ein und erhält daraufhin von diesem den entsprechenden Geldbetrag. Der Benutzer einer elektronischen Geldbörse tauscht also sein echtes Geld in eine elektronische Form von Geld um, das dann in seine Chipkarte geladen wird. Beim Bezahlen tauscht der Kartenbesitzer dann die elektronischen Werteinheiten wieder in Waren oder Dienstleistungen um.

Das Verfahren hat für den Kartenbenutzer drei erhebliche Nachteile: Beim Aufladen der Börse erhält er elektronisches Geld für echtes Geld. Wirtschaftlich betrachtet gibt er dem Börsenbetreiber also einen zinslosen Kredit, da er sein elektronisches Geld unter Umständen erst in einigen Wochen verbraucht, das echte Geld aber sofort in den Besitz des Börsenbetreibers geht. Für einen einzelnen Kartenbesitzer ist der durch die-

sen Kredit entgangene Zinsgewinn gering, doch in der Summe ist es für einen Börsenbetreiber eine erhebliche Zusatzeinnahme.

In bislang mehreren Feldversuchen wurde herausgefunden, daß der durchschnittliche
Geldbetrag in einer elektronischen Geldbörse in Industrieländern ungefähr 150 DM
beträgt. Dieser durchschnittliche Betrag in einer elektronischen Geldbörse wird als
Bodensatz (*float*) bezeichnet. Unter der Annahme von 10 Millionen ausgegebenen
Karten und einem Zinssatz von 5 % beträgt der Zinsgewinn über ein Jahr hinweg
75 Millionen DM. Diesem Betrag stehen keine zusätzlichen Ausgaben gegenüber. Da
der entgangene Zins für den Kartenbesitzer im vorhergehenden Beispiel lediglich
7,50 DM beträgt, ist dies für ihn kein allzu großer Nachteil. Zusätzlich zu dem Gewinn
aus dem Bodensatz nimmt der Systembetreiber Geld ein und zwar durch elektronisches
Geld enthaltene Sammlerkarten und nicht reklamierte defekte Karten.

Ein echter Nachteil wäre dann gegeben, wenn der Börsenbetreiber in Konkurs geht.
Der Grund dafür ist folgender: Der Kartenbenutzer hat sein echtes Geld, dessen Wert
vom Staat innerhalb gewisser Grenzen garantiert wird, in elektronische Währungseinheiten auf einer Chipkarte gewechselt. Beim Konkurs des Börsenbetreibers kann es
aber nun passieren, daß das elektronische Geld plötzlich wertlos ist. Der Kartenbenutzer hat also sein Geld verloren. Dies ist der Grund, warum in einigen Staaten mittlerweile Bestrebungen in Gange sind, daß diese Art von Geldbörsen nur von Banken oder
ähnlichen Institutionen herausgegebenen werden dürfen. Zumindest fordert man eine
bei einer staatlichen Stelle hinterlegte Sicherheitsleistung, so daß bei einem Konkurs
des Kartenherausgebers der in die Chipkarten geladene Betrag gedeckt ist.

Nun gibt es aber noch einen dritten nennenswerten Nachteil für den Benutzer: Was
macht der Besitzer einer elektronischen Geldbörse, wenn diese nicht mehr funktioniert? Falls diese anonym ist, besteht auch für den Börsenbetreiber keine Möglichkeit,
den letzten gespeicherten Geldbetrag herauszufinden. Für den Börsenbesitzer ist es
ebenfalls praktisch unmöglich, den letzten Stand seiner Börse unwiderlegbar glaubhaft
zu machen. Ist der Chip zerstört, dann ist das elektronische Geld also unwiderruflich
verloren. Die Robustheit einer Chipkarte im Vergleich mit Papier- oder gar Münzgeld
ist aber aus verständlichen Gründen viel schlechter.

In der Praxis geht man zur Lösung dieses Problems zur Zeit den Weg eines Kom-
promisses. Da die letzte Online-Aufladung bekannt ist und damit auch der Börsenstand
bei dieser Transaktion, kann man den ungefähr in der Börse befindlichen Betrag errechnen. Dieser wird dann dem Kunden ausbezahlt. Erhebt allerdings derselbe Kunde
öfter Forderungen aufgrund von kaputten Chipkarten an den Börsenbetreiber, dann
schränkt dieser die Kulanz ein, und der Kunde erhält nichts mehr, da er das Risiko hat.

Offene und geschlossene Systemarchitekturen

Man muß bei elektronischen Zahlungsverkehrssystemen zwischen offenen und geschlossen Architekturen unterscheiden. Ein offenes System steht grundsätzlich mehreren Anwendungsbetreibern zur Verfügung und kann für den allgemeinen Zahlungsverkehr zwischen verschiedenen Instanzen verwendet werden. Im Gegensatz dazu läßt

sich ein geschlossenes System nur für Bezahlungen bei einem einzigen Systembetreiber benutzen.

Am Beispiel einer Telefonkarte mit Speicherchip sei die technische Seite hier kurz verdeutlicht. Bei Speicherkarten werden bei der Bezahlung lediglich irreversible Zähler dekrementiert. Es ist dazu nicht notwendig, in den Terminals eine genaue Buchführung über die Anzahl der herabgezählten Einheiten zu betreiben. Es muß lediglich sichergestellt sein, daß der Zähler in der Karte bei einer Inanspruchnahme der Leistung (d.h. beim Telefonieren) auf jeden Fall herabgezählt wird. Das Terminal ist damit also eine Art „Maschine zur Vernichtung von elektronischen Geldeinheiten". Natürlich wird man in der Praxis für jedes Terminal einen Saldo führen, doch werden die abgebuchten Einheiten nur innerhalb des Börsenbetreibers verrechnet. Ein Betrug bei der Verrechnung der Einheiten zwischen Terminalbesitzer und Börsenbetreiber ist damit vom Grundsatz her nicht möglich, da beide der gleichen Institution (im Beispiel: Telefongesellschaft) angehören.

Im Gegensatz dazu können bei offenen Systemen Terminalbesitzer und Börsenbetreiber völlig unterschiedliche Firmen sein. Der Börsenbetreiber muß deshalb bei der Abrechnung der Terminalumsätze prüfen können, ob diese korrekt und nicht manipuliert sind. Dies muß im Systemkonzept von Anfang an berücksichtigt werden, da sonst eine Abrechnung des Terminalbetreibers mit dem Börsenbetreiber sehr schwierig oder gar unmöglich ist.

Im obigen Beispiel mit der Speicherkarte ist es für einen Terminalbetreiber von der Systemphilosophie her nicht möglich, dem Börsenbetreiber glaubhaft zu versichern, daß der eingereichte Betrag korrekt ist. Der Terminalbetreiber kann ja nur eine bestimmte Anzahl von Einheiten zur Abrechnung vorlegen, aber keine fälschungssicheren Signaturen über die bezahlten Beträge, die von einer echten elektronischen Geldbörse stammen.

Systemaufbau und Terminalanbindung

Der Systemaufbau von elektronischen Zahlungsverkehrssystemen mit Chipkarten kann sowohl zentralistisch als auch dezentral sein. Gerade im Zahlungsverkehr ist die Systemsicherheit der wichtigste Aspekt. Deshalb tendiert man oft zu einem zentralistisch aufgebauten System, weil damit der Systembetreiber alle Fäden in der Hand hat.

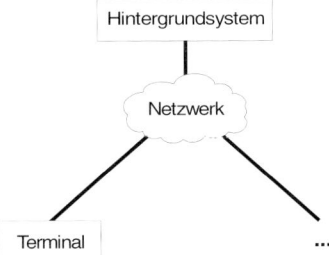

Bild 12.2   Der grundlegende Aufbau eines zentralistisch orientierten Systems für den elektronischen Zahlungsverkehr. Alle eingezeichneten Verbindungen sind permanent.

Konkret bedeutet dies ein online System, bei dem jede Bezahlung direkt und online mit dem Hintergrundsystem ausgeführt wird. Kommt diese Kommunikationsverbindung nicht zustande, so ist auch die Bezahlung nicht möglich. Ein zentralistisch betriebenes System hat aber trotzdem einige Vorteile: Die eingehenden Transaktionen können beispielsweise unmittelbar und in Echtzeit mit der aktuellen Sperrliste verglichen werden. Schlüsselwechsel lassen sich direkt am Hintergrundsystem ohne Zeitverzögerung durchführen. Ein Ändern von Software in den Terminals oder von Rahmenparametern in den Chipkarten ist ohne Umwege und ohne großen Aufwand möglich, da bei jeder Transaktion eine direkte Verbindung zum Hintergrundsystem hergestellt werden muß.

Diesen Vorteilen stehen aber einige größere Nachteile gegenüber. In vielen Ländern sind die Telekommunikationsgebühren so hoch, daß es sich für einen Händler nicht lohnt, eine Standleitung zum Hintergrundsystem einzurichten oder für jede Transaktion über eine Wählverbindung Kontakt aufzunehmen. Ebenfalls ist die Ausfallsicherheit des Telefonnetzes in manchen Gegenden nicht auf einem Niveau, das zu jedem beliebigen Zeitpunkt eine Online-Verbindung zu einem übergeordneten Computer zuläßt. Aufgrund ihrer aktiven Natur eignen sich Chipkarten hervorragend für dezentrale Systeme, da sich in ihnen ein Teil der Systemsicherheit vor Ort befindet. Dies ist auch der große Vorteil gegenüber den passiven Magnetstreifenkarten, die keinerlei Abläufe im System erzwingen können.

Gerade der Einsatz von elektronischen Geldbörsen im Automatenbereich erfordert zwangsweise ein dezentrales System, da diese teilweise über Wochen und Monate völlig autark arbeiten und keinerlei Möglichkeit bieten, zu einem vorhandenen Kommunikationssystem Kontakt aufzunehmen. Dies alles sind Gründe, warum ein dezentrales System oft favorisiert wird. Dazu kommt das wesentlich günstigere Verhalten in bezug auf Ausfallsicherheit. Fällt das Hintergrundsystem aus, dann ist bei einem zentralistischen Aufbau der gesamte elektronische Zahlungsverkehr blockiert. Bei dezentralen Systemen hingegen dringen die Auswirkungen eines zeitweiligen Ausfalls meist überhaupt nicht bis zu den Händlerterminals vor.

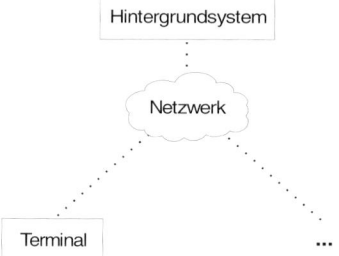

Bild 12.3   Der grundlegende Aufbau eines dezentralen Systems für den elektronischen Zahlungsverkehr. Alle eingezeichneten Verbindungen sind bei Bedarf aufbaubar.

Aber auch dezentrale Systeme haben ihre Nachteile, und die liegen vor allem im Bereich der Systemverwaltung. Der Grund dafür ist, daß Online-Verbindungen nur in gewissen Zeiträumen hergestellt werden können und in der Regel auch nur von den Terminals ausgehend. Allerdings ist es für die Systemsicherheit unabdingbar, daß die Terminals immer mit der aktuellen Sperrliste arbeiten. Dies ist einer der Gründe, warum es üblich ist, daß Terminals in vielen Systemen mindestens einmal am Tag eine Online-Verbindung zum Hintergrundsystem aufbauen müssen. Dabei werden die entstandenen Transaktionsdaten zum Hintergrundsystem übertragen und im Gegenzug dazu verschiedene Verwaltungsdaten in der entgegengesetzten Richtung zum Terminal transferiert. Verwaltungsdaten für das Terminal sind beispielsweise: neue Software für das Terminal, ein neuer Schlüsselsatz, die aktuelle Sperrliste und Daten zum Laden in die Karte des Kunden.

Oft wählt man in der Praxis einen Mittelweg zwischen einem reinen dezentralen und einem zentralistischen System. Man versucht damit die Vorteile, die beide Systemstrukturen bieten, zu vereinen, ohne dafür die Nachteile in Kauf nehmen zu müssen. Dabei geht man folgendermaßen vor: Sowohl das Terminal als auch die Chipkarte können aufgrund von bestimmten Bedingungen eine Online-Verbindung erzwingen. Kann diese nicht hergestellt werden, so kommt der Zahlungsvorgang nicht zustande.

Einige typische Bedingungen sind im folgenden genannt: Ab einem bestimmten Zahlungsbetrag muß eine Online-Autorisierung durchgeführt werden. Dieser Betrag kann meist individuell vom Systembetreiber in der jeweiligen Chipkarte eingestellt werden. Zusätzlich können noch die Anzahl von Offline-Transaktionen und die Zeitdauer seit der letzten Online-Transaktion für die Entscheidung, „online zu gehen" genutzt werden. Ebenfalls ist manchmal noch ein Zufallsgenerator vorhanden, dessen Ergebnis dazu führt, daß ein bestimmter Prozentsatz aller Transaktionen online vonstatten geht. Es gibt in verschiedenen Systemen auch noch eine spezielle Taste am Terminal, die ebenfalls eine Online-Transaktion erzwingt. Diese kann vom Verkaufspersonal gedrückt werden, wenn der Verdacht besteht, daß der Kunde eine manipulierte Karte verwendet.

Tabelle 12.2 Typische Auslöser zum Aufbau einer Online-Verbindung zwischen Chipkarte und Hintergrundsystem.

Auslöser	üblicher Wert
Art der Transaktion (z.B.: Bargeldauszahlung)	---
Bedingungen am POS (z.B.: PIN-Pad vorhanden o.ä.)	---
parametrisierbarer Zufall	10 %
manuelle Anforderung am Händlerterminal	1 %
Erstbenutzung der Chipkarte	---
Anzahl getätigter Offline-Transaktionen seit der letzten Online-Transaktion	10
kummulierter Offline-Betrag seit der letzten Online-Transaktion	1 000 DM
Zeitdauer seit der letzten Online-Transaktion	7 Tage
Überschreitung eines einstellbaren Schwellwertes des Zahlungsbetrags	400 DM

Alle diese Entscheidungskriterien führen dazu, daß im Durchschnitt jede Karte innerhalb eines bestimmten und mit statistischen Methoden errechenbaren Zeitraums eine direkte Verbindung zum Hintergrundsystem aufnimmt. Damit hat der Systembetreiber die direkte Kontrolle wieder, die er durch ein dezentrales System ursprünglich verloren hatte. Terminal und Automaten, an denen nur geringe Beträge umgesetzt werden, kann man von den obigen Online-Zwängen ausnehmen, da selbst im Betrugsfall dabei nur geringer Schaden entstehen kann. Dafür spart man sich den Anschluß an ein Kommunikationsnetz, da der Datenaustausch durch das Servicepersonal manuell durchgeführt wird.

12.1.2 Elektronisches Geld

Damit elektronisches Geld in ähnlicher Flexibilität wie normales Geld verwendet werden kann, muß es bestimmte Eigenschaften haben. Sind diese nicht oder nur teilweise vorhanden, so sind zwangsläufig die Möglichkeiten des elektronischen Geldes mehr oder minder stark eingeschränkt. Im folgenden sind die wesentlichen Eigenschaften aufgeführt, die notwendig sind, damit der Unterschied zwischen normalem Geld und elektronischem Geld möglichst gering ist.

Verarbeitbarkeit
Eine wichtige, aber im Prinzip triviale Eigenschaft von elektronischem Geld ist die vollständige automatische und maschinelle Verarbeitbarkeit. Nur so lassen sich große Systeme wirtschaftlich betreiben.

Übertragbarkeit
Das elektronische Geld darf nicht an ein bestimmtes Medium, wie z.B. an Chipkarten, gebunden sein. Es muß möglich sein, es durch beliebige Medien wie Netzwerke oder Computer sicher zu transferieren.

Teilbarkeit
Elektronisches Geld muß teilbar sein, damit beliebige Beträge ohne Zuhilfenahme von normalem Geld bezahlt werden können. Diese Eigenschaft ist wiederum analog dem normalen Geld, das zwar nicht beliebig teilbar ist, aber eine Stückelung aufweist, die es ermöglicht, übliche Beträge mit minimaler Anzahl von Münzen und Scheinen zu bezahlen.

Dezentral
Zentralistisch aufgebaute Zahlungssysteme sind für den Börsenbetreiber einfach zu überwachen, und die Betrugsmöglichkeiten sind sehr eingeschränkt. Als bestes Beispiel kann man hier die Online-Autorisierung bei Kreditkarten anführen. Allerdings haben zentralistisch aufgebaute Systeme sehr viele Nachteile: Sie sind teuer, technisch gegenüber Störungen anfällig, unflexibel und schwer änder- und erweiterbar. Dezentral aufgebaute Systeme minimieren diese Nachteile. Man sieht das sehr deutlich bei Zahlungen im privaten Bereich, bei denen direkt Geld von einer Person zur nächsten wandert, ohne daß dabei eine zentrale Instanz eingeschaltet ist. Elektronisches Geld sollte diese Eigenschaft ebenfalls haben, da es nur so zum normalen Geld konkurrenzfähig ist. Auf Zahlungsverkehrssysteme angewandt, heißt dies konkret, daß sowohl Zahlungen offline möglich sein müssen als auch Zahlungen von einer Börse direkt zu einer

anderen. Die Eigenschaft der direkten Zahlung zwischen zwei Börsen (*purse-to-purse transaction*) wird oft auch noch als Übertragbarkeit bezeichnet.

Systemüberwachung (*monitoring*)

Trotz der Forderung nach Anonymität muß elektronisches Geld dem Börsenbetreiber die Möglichkeit bieten, sein System zu überwachen. Denn nur so können Manipulationen oder Sicherheitslücken entdeckt und beseitigt werden. Es verhält sich hierbei völlig analog dem bisherigen Geld, bei dem jeder Bürger verpflichtet ist, ein Auftreten von Falschgeld sofort bei den entsprechenden Behörden zu melden. Im Falle von elektronischem Geld ist dafür der Börsenbetreiber zuständig, der Zahlungsströme auf Konsistenz überwachen kann und muß.

Sicherheit

Die grundlegende Eigenschaft von elektronischem Geld muß natürlich die Fälschungssicherheit sein. Jedes System würde innerhalb kurzer Zeit zusammenbrechen, wenn es möglich ist, Geld in irgendeiner Form zu fälschen, zu duplizieren oder Zahlungsströme zu manipulieren. Dies ist auch der Grund des sehr umfangreichen Einsatzes von kryptografischen Funktionen im Bereich des elektronischen Zahlungsverkehrs, da nur auf diesem Weg die geforderte Sicherheit erreicht werden kann.

Anonymität

Anonymität bedeutet, daß es niemandem möglich ist, eine Zuordnung zwischen Zahlungen und Personen zu treffen. Diese Forderung ist eine Eigenschaft, die je nach Betrachtungsweise sehr unterschiedlich bewertet wird. Der Börsenherausgeber wünscht sich vom technischen Standpunkt aus ein möglichst nicht anonymes System, damit er die Systemüberwachung optimal durchführen kann. Die Betrugsmöglichkeiten sind bei nicht anonymen Verfahren stark begrenzt, da der Betrüger sehr schnell festgestellt werden kann. Ähnlich verhält es sich mit staatlichen Institutionen, wie beispielsweise Polizei und Finanzamt, denen bei nicht anonymem elektronischen Geld wesentlich mehr Überwachungsmöglichkeiten offenstehen als bisher.

Die Position des Börsenbenutzers ist genau entgegengesetzt. Hier wird die gegenwärtige Zahlungsvariante mit normalem Geld als ein sehr guter Zustand angenommen. Eine vollständige Anonymität und Nichtverfolgbarkeit von Zahlungsströmen wird als das Optimum betrachtet. Gerade bei dieser Eigenschaft werden aber vom Börsenbetreiber aus Gründen der Systemsicherheit oft Kompromisse gemacht. So ist das Bezahlen meist anonym, das Aufladen der elektronischen Börse jedoch nicht. So läßt sich einfach und ohne größeren Aufwand eine relativ gute Systemüberwachung durchführen.

Die obigen Eigenschaften sind teilweise auf den ersten Blick genau entgegengesetzt. So schließen sich beispielsweise vollständige Anonymität und ideale Systemüberwachung in vielen Fällen aus. Allerdings steht man hier erst am Anfang der Entwicklung, und es sind bereits Systeme in Planung, bei denen diese beiden Eigenschaften durchaus gleichzeitig erfüllt werden können.

Zwei Eigenschaften von echtem Geld wurden in der vorgehenden Aufstellung nicht genannt, obwohl sie von großer Bedeutung sind. Echtes Geld ist ein gesetzliches Zahlungsmittel, das in dem jeweiligen Land von allen Personen akzeptiert werden muß. In fast allen Ländern sind die Verkäufer einer Ware oder einer Dienstleistung verpflichtet, die jeweilige gesetzliche Währung als Zahlungsmittel zu akzeptieren. Der zweite Punkt betrifft die Wertbeständigkeit des Zahlungsmittels. Bis auf einige hochinflationäre Länder sind die im Umlauf befindlichen gesetzlichen Zahlungsmittel in ihrem Wert beständig. Wäre dies nicht der Fall, dann sind die Folgen eine Flucht in Sachwerte oder Fremdwährungen.

12.1.3   Grundsätzliche Möglichkeiten der Systemstruktur

Ein elektronisches Zahlungsverkehrssystem mit Chipkarten kann auf die vielfältigste Weise aufgebaut werden. Oftmals benutzt man aus wirtschaftlichen Gründen bestehende Systeme als Grundlage. Diese bauen meist auf Magnetstreifenkarten auf. Es gibt aber kein grundsätzliches Modell für den Aufbau von elektronischen Zahlungsverkehrssystemen, da die jeweiligen Anforderungen viel zu unterschiedlich sind. Deshalb sind hier, aufbauend auf den für ein solches System notwendigen Komponenten und einem Beispiel, nur die grundlegenden Prinzipien dargestellt.

Große Zahlungsverkehrssysteme mit Chipkarten bestehen grundsätzlich aus vier unterschiedlichen Komponenten. Dies sind: das Hintergrundsystem, die Terminals, das Netzwerk und die Chipkarten.

Hintergrundsystem

Das Hintergrundsystem besteht aus den beiden Teilen Clearing und Verwaltung. Im Clearing werden alle eingehenden Transaktionsdaten mit den am System beteiligten Banken, Händlern und Kartenbesitzern verrechnet. Gleichzeitig übernimmt das Clearing auch die Aufgaben der Systemüberwachung. Eine einfache Aufgabe ist beispielsweise die laufende Berechnung, daß die insgesamt zum Clearing eingereichten Beträge niemals größer sind als der Gesamtbetrag, der sich in den elektronischen Geldbörsen befindet. Wäre dies der Fall, so hat ein Angreifer ohne Kenntnis des Hintergrundsystems Geld in die Chipkarten geladen.

Im Verwaltungsteil des Hintergrundsystems werden alle administrativen Abläufe geregelt. So zum Beispiel die Verteilung von neuen Sperrlisten, Umschalten auf neue Schlüsselversionen, Softwareänderungen in den Terminals und ähnliches. Auch die Erstellung der Datensätze für die Personalisierung der Chipkarten geschieht hier. Im Hintergrundsystem laufen alle Fäden des elektronischen Zahlungsverkehrssystems zusammen. Dies ist völlig unabhängig von der Systemstruktur. Selbst bei vollständig offline arbeitenden Systemen werden hier die globalen Systemparameter gesetzt und findet die Überwachung auf Sicherheit und Funktionsweise statt.

Netzwerk

Das Netzwerk verbindet das Hintergrundsystem mit den Terminals. Es kann eine leitungsorientierte (z.B. ISDN) oder paketorientierte (z.B. X.25) Anbindung sein. Das

Netzwerk ist im Regelfall völlig transparent zu den Nachrichten, welche ohne Veränderung vom Sender zum Empfänger weitergeleitet werden.

Terminals

Die verschiedenen Terminals kann man nach ihrer Funktion im Zahlungsverkehr in Lade- und Bezahlterminals einteilen. Man kann sie aber auch in Automaten und Terminals mit Bedienpersonal einteilen. Das klassische Beispiel für Automaten sind Geldausgabeautomaten. Sie werden bei Börsensystemen meist nur zum Aufladen der Karten genutzt. Vorstellbar wäre natürlich auch eine Funktion zum Entladen der elektronischen Geldbörse auf den Chipkarten und somit zur Ausgabe von Bargeld. Terminals mit Bedienpersonal stehen typischerweise an Kassen von Supermärkten oder in Einzelhandelsgeschäften. Die Verwendung ist in diesen Fällen immer die Bezahlung einer Ware. Terminals in Banken können aber je nach System auch zum Aufladen von Chipkarten gegen Bargeld benutzt werden.

Chipkarten

Als Komponente mit dem höchsten Verbreitungsgrad dienen Chipkarten, beispielsweise als elektronische Geldbörse. Aber auch als Sicherheitsmodul in den verschiedenen Terminalarten können sie eingesetzt werden. Ein weiteres Einsatzgebiet ist der Transport von Daten zwischen verschiedenen Komponenten im System. Diese Karten werden als Transferkarten bezeichnet und dienen zur manuellen Übertragung von Transaktionsdaten zwischen einem vollständig offline arbeitenden und einem online arbeitenden Terminal (z.B.: Geldausgabeautomat).

Anhand eines Beispiels (Bild 12.4) sollen die obig erläuterten Komponenten und die logischen Verbindungen im System nochmals verdeutlicht werden. Das Hintergrundsystem ist über ein transparentes Netzwerk mit den verschiedenen Komponenten verbunden. Dies kann ein Hintergrundsystem eines weiteren Betreibers sein oder die Komponenten des eigenen Systems.

Geldausgabeautomaten werden meist zum Aufladen von elektronischen Geldbörsen benutzt und arbeiten in vielen Fällen online, obwohl sie bei einem Netzzusammenbruch auch eine bestimmte Zeit offline arbeiten können. Aus diesem Grund besitzen sie ein eigenes Sicherheitsmodul, in dem alle für den Betrieb relevanten Schlüssel sowie die Ableitungsverfahren aufbewahrt sind.

Nun gibt es auch noch vollständig offline arbeitende Systeme zum Bezahlen mit der elektronischen Geldbörse. Als Beispiel könnte man hier Parkuhren oder Terminals in Taxis nennen. Mit Hilfe einer Transferkarte können die Transaktionsdaten vom Sicherheitsmodul zu einem Geldausgabeautomaten gebracht werden, von dem sie dann über das Netzwerk zum Hintergrundsystem gelangen. In anderer Richtung erhält dann das Terminal aktuelle Verwaltungsdaten, wie z.B. Sperrlisten, Softwareänderungen und ähnliches.

Der zweite Terminaltyp zum Bezahlen ist mit einer bei Bedarf aufbaubaren Online-Verbindung an das Netzwerk angebunden. Dieses Terminal wird normalerweise offline arbeiten und periodisch eine Verbindung zum Hintergrundsystem aufnehmen, mit dem es die anfallenden Abrechnungs- und Verwaltungsdaten austauscht. Der dritte Ter-

minaltyp im Verkaufsbereich hat keine direkte Verbindung zum Netzwerk. Er ist beispielsweise an eine Kasse in einem Supermarkt angeschlossen, die wiederum mit einem Konzentrator, der sich in der Supermarktfiliale befindet, verbunden ist. Dieser
Konzentrator, der üblicherweise ein als Server fungierender PC ist, nimmt beispielsweise einmal pro Tag Verbindung via Netzwerk zum Hintergrundsystem auf. Dabei
findet der notwendige Datenaustausch statt.

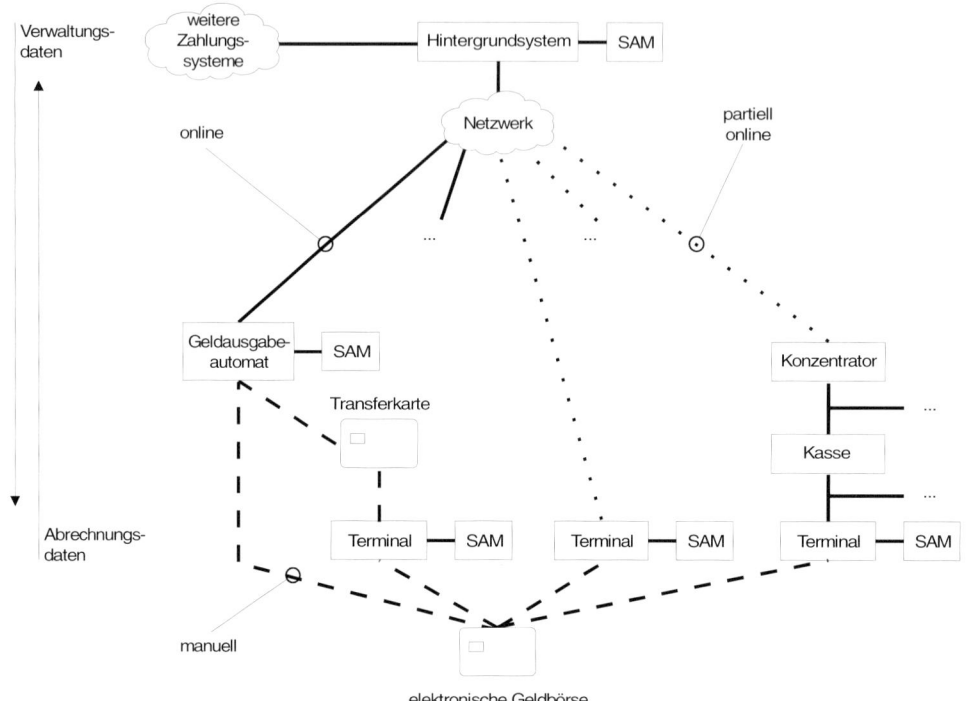

Bild 12.4   Beispielhafte Systemarchitektur eines elektronischen Zahlungsverkehrssystems für
eine elektronische Geldbörse (SAM – Sicherheitsmodul).

Das beschriebene System existiert in einer ähnlichen Form als elektronische Geldbörse „Quick" in Österreich, als „Geldkarte" in Deutschland, und auch die elektronische Geldbörse Visa Cash entspricht in weiten Teilen obiger Darstellung. Für größere
Anwendungen ist es durchaus üblich, daß eine auf mehrere verschiedene und parallel
arbeitende Hintergrundsysteme verteilte Systemstruktur besteht. Mit dieser können
dann auch unterschiedliche Börsensysteme mit mehr als einem Börsenbetreiber kompatibel zueinander betrieben werden.

12.2   Vorbezahlte Speicherkarten

Gerade im Zusammenhang mit elektronischem Zahlungsverkehr muß man auch Speicherkarten berücksichtigen. In der Form von vorbezahlten elektronischen Börsen wer-

den sie in sehr hohen Stückzahlen gefertigt und in vielen Anwendungen eingesetzt. Dies wird sich in den nächsten Jahren mit Sicherheit nicht ändern. Eine Ablösung durch Mikrocontroller-Chipkarten wird zwar langsam, aber stetig von sich gehen, doch liegt die Stärke der Speicherkarten in ihrem konkurrenzlos günstigen Preis. Die typische Anwendung von Debitkarten mit Speicherchip sind die in vielen Ländern verbreiteten Telefonkarten, die, nachdem sie abtelefoniert sind, weggeworfen werden.[1]

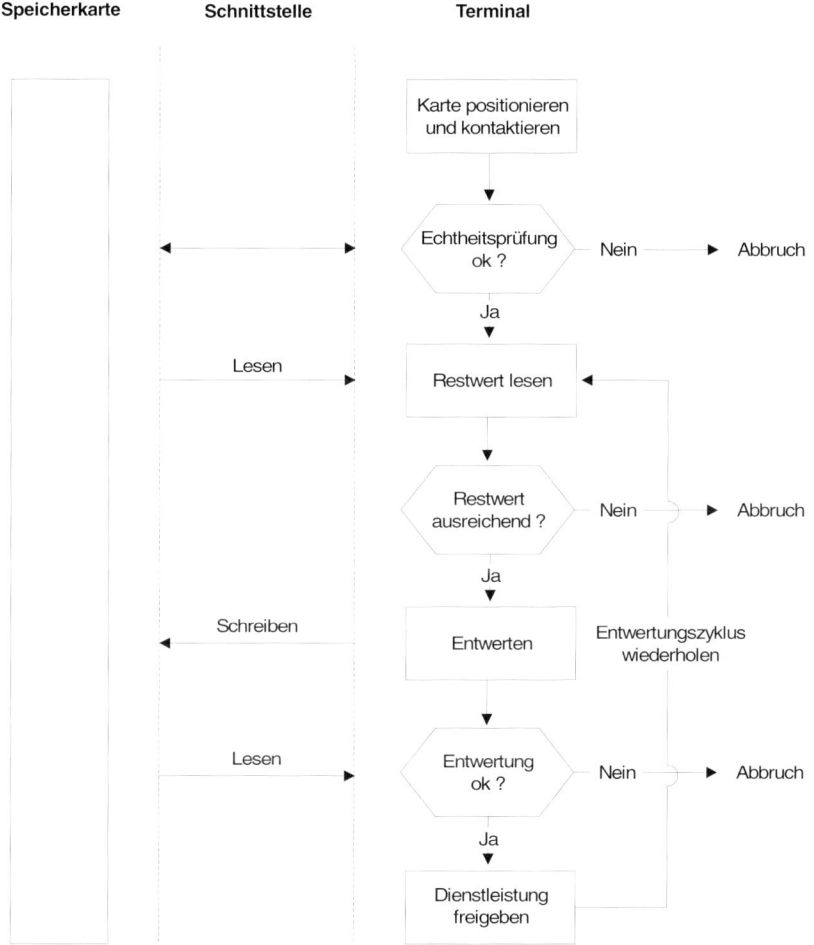

Bild 12.5   Der Entwertungszyklus einer vorbezahlten Speicherkarte aus Sicht des Terminals.

Speicherkarten[2] besitzen für ihre Funktionen lediglich eine Logikeinheit sowie einen irreversiblen Abwärtszähler. Neuere Ausführungen ermöglichen zusätzlich noch eine einseitige Authentisierung der Karte durch das Terminal. Dazu ist die Logikeinheit

---

[1] siehe auch Abschnitt 13.1 Öffentliches Kartentelefon in Deutschland
[2] Aufbau von Chips für Speicherkarten, siehe auch Abschnitt 2.3.1 Speicherkarten

durch eine einfache Verschlüsselungsfunktion ergänzt, deren Aufgabe es ist, eine
übergebene Zufallszahl mit einem auf der Speicherkarte befindlichen geheimen
Schlüssel zu verschlüsseln und dem Terminal anschließend zurückzugeben. Nur so
kann das Terminal sicherstellen, daß die verwendete Speicherkarte echt ist.

Neben der schwierigen Sicherstellung der Echtheit haben Speicherkarten noch einen
weiteren Nachteil, der ihren Einsatz als generelles elektronisches Zahlungsmittel
hemmt. Es ist aufgrund der einfachen Manipulationsmöglichkeiten schwierig, ein
Zahlungsverkehrssystem aufzubauen, das verschiedene unabhängige Leistungsanbieter
(z.B.: Kiosk, Taxi) unterstützt. Dies ist dadurch begründet, daß keine gesicherte Kommunikation zwischen Terminal und Speicherkarte möglich ist und sich aufgrund dessen eine Zuordnung der bezahlten Beträge und damit eine Systemüberwachung vom
Ansatz her nur über Umwege durchführen läßt.

Speicherkarten haben in bestimmten und eng begrenzten Einsatzgebieten gegenüber
Mikroprozessorkarten aufgrund ihres geringen Preises Vorteile, doch eignen sie sich
wenig für offene Anwendungen im Zahlungsverkehr. Der Zahlungsverkehr der Zukunft wird sicherlich vor allem mit Mikroprozessorkarten ablaufen, da diese wesentlich
flexibler sind.

12.3   Elektronische Geldbörsen

Die Idee, eine elektronische Geldbörse auf einer Chipkarte zu verwirklichen, geht bis
in die Anfänge der Chipkartentechnik zurück. Doch erst in den letzten Jahren ist dieses
Thema wirklich aktuell geworden und tritt in das Stadium der Realisierung.

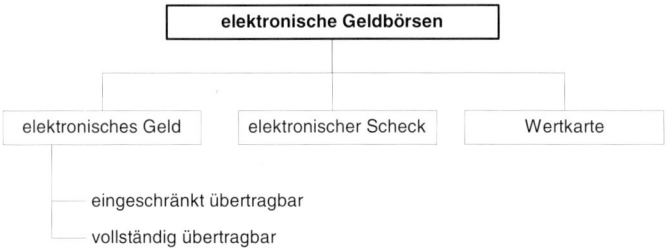

Bild 12.6   Klassifizierungsbaum für elektronische Geldbörsen auf der Grundlage von Chip-
                karten. Elektronisches Geld ist nicht kartengebunden und kann nach Bedarf gestük-
                kelt werden. Hingegen weisen elektronische Schecks eine feste Stückelung auf.
                Wertkarten (elektronische Geldbörsen) enthalten kartengebundenes elektronisches
                Geld in freier Stückelung.

Nimmt man eine normale Börse mit Münz- und Papiergeld als Grundlage, dann erkennt man die Eigenschaften, die eine elektronische Geldbörse für den Benutzer hat.
Sie muß vorbezahlt sein und läßt sich also nicht wie eine Debit- oder Kreditkarte benutzen, bei der bei oder erst nach Inanspruchnahme der Leistung bezahlt wird, sondern
wie eine Telefonkarte, die im voraus bezahlt werden muß. Der Vorgang des Bezahlens
selber muß schnell und unkompliziert ablaufen, da sonst die Akzeptanz sinkt. Weiterhin finden bei einer Geldbörse alle Bezahlungen anonym statt, es kann also nicht mehr

zurückverfolgt werden, welche Person zu welchem Zeitpunkt was gekauft hat. Die ärgerlichste Eigenschaft einer Börse tritt beim Verlust ein. Das in ihr enthaltene Geld ist unwiderruflich weg, was bei einer elektronischen Geldbörse aber nicht unbedingt der Fall sein muß.

Der größte Vorteil einer Börse bzw. des in ihr enthaltenen Bargeldes ist jedoch, daß es überall innerhalb eines Landes akzeptiert wird. Genau dies fehlt aber den meisten bestehenden elektronischen Systemen. Mit einer Telefonkarte kann man eben nur telefonieren und sonst nichts. Dies ist typisch für geschlossene Anwendungen. Eine ideale elektronische Geldbörse ist aber branchenübergreifend und ermöglicht dem Benutzer, mit seiner Karte bei einer Vielzahl von verschiedenen Geschäften zu bezahlen.

12.3.1   CEN-Norm EN 1546

Von der Europäischen Kommission wurde im Jahr 1990 beschlossen, eine europäische Norm für eine branchenübergreifende Geldbörse durch CEN (*Comité Européen de Normalisation*) erstellen zu lassen. Mit den Arbeiten an der Norm wurde 1991 begonnen. Bis 1998 wurde von den einzelnen Projektteams ein Arbeitsaufwand von etwa 6 Personenjahren in die Normungsarbeiten gesteckt. Da an diesen Arbeiten unterschiedliche und voneinander unabhängige Experten beteiligt waren, hat diese Norm mit hoher Wahrscheinlichkeit keine Sicherheitslücken und ist so quasi evaluiert. Die wesentlichen Teile sind mittlerweile in ihrem Inhalt stabil und werden nach der Schlußabstimmung als europäische Norm veröffentlicht.

Die EN 1546 Norm ist öffentlich, und die Abläufe bei den einzelnen Funktionen sind sehr detailliert beschrieben. Deshalb eignet sie sich sehr gut zur Demonstration von Bezahl- und Aufladevorgängen mit einer elektronischen Geldbörse. Bei vielen existierenden Systemen kann dies nicht so detailliert gezeigt werden, da die betreffenden Kommandos, Abläufe und internen Funktionen vertraulich sind. Deshalb ist diese Norm sehr gut, um grundlegende externe und interne Abläufe einer elektronischen Geldbörse zu veranschaulichen.

Wo das typische Einsatzgebiet liegt, zeigt sich auch schon in den ersten Systemen, deren Grundlage diese Norm ist. Der Systembetreiber Danmønt in Dänemark hat eine dieser Norm entsprechende Geldbörse innerhalb seines bestehenden Systems eingeführt. In Österreich befindet sich auf der landesweit ausgegebenen ec-Karte neben anderen Anwendungen eine elektronische Geldbörse, die ebenfalls die EN 1546 Norm als Grundlage verwendet (Geldbörse „Quick"). Die größte internationale Anwendung von EN 1546 ist jedoch Visa Cash. Dies ist eine von mehreren elektronischen Geldbörsen, die Visa anbietet.

Die CEN-Norm für elektronische Geldbörsen hat die Bezeichnung EN 1546 und den Titel „Branchenübergreifende elektronische Geldbörse" und ist in vier Teile gegliedert: Im ersten Abschnitt „Konzepte und Strukturen" ist das Gesamtsystem beschrieben. In dem Grundlagenpapier sind in abstrakter Form alle logischen Komponenten und die Verbindungen untereinander definiert und erklärt.

Aufbauend auf diesen Grundlagen findet man im zweiten Teil die Sicherheitsarchitektur sowohl für das Gesamtsystem als auch für die einzelnen Komponenten.

Hier sind jedoch nicht nur Mechanismen zur Aufrechterhaltung der Sicherheit aufgeführt, sondern auch mögliche Angriffe und dazu notwendige Gegenmaßnahmen.

In Teil drei mit der Bezeichnung „Datenelemente und Protokolle" befinden sich die Beschreibungen und Definitionen der für die elektronische Geldbörse benötigten Datenelemente. Auch enthält er die Kommandos und dazugehörigen Antworten in Verbindung mit der Chipkarte und den verwendeten Sicherheitsmodulen.

Im abschließenden Teil vier der Norm sind die Zustandsautomaten und Zustände der verwendeten Geräte beschrieben. Dazu benutzte man eine den bekannten Ablaufdiagrammen ähnliche, symbolische Darstellungsweise. Dieser als SDL-Notation bekannte Formalismus stammt aus der CCITT Z.100-Empfehlung.[1]

Die etwa 300 Seiten umfassende Norm enthält damit die vollständige Beschreibung einer elektronischen Geldbörse von der Chipkarte über die Terminals mit den Sicherheitsmodulen bis zum Hintergrund- und Clearingsystem. Das Ziel ist die Standardisierung von großen Systemen für elektronische Geldbörsen mit einer sehr hohen Anzahl von Chipkarten und einer großen Verbreitung.

Der Vorteil einer allgemeinen Norm für elektronische Geldbörsen liegt vor allem darin, daß einzeln und unabhängig voneinander betriebene Systeme zueinander kompatibel werden. Ähnlich wie bei GSM besteht dann in Zukunft für den Benutzer die Möglichkeit, auch in Systemen anderer Börsenanbieter mit seiner Chipkarte zu bezahlen. Dies ist auch eine wesentliche Voraussetzung für den Erfolg eines Zahlungsverkehrssystems dieser Art.

Allerdings muß zu diesem Punkt eine kleine Anmerkung gemacht werden. Die Norm EN 1546 läßt sehr großen Spielraum für die letztendliche Implementierung und sieht sich mehr als Rahmenwerk denn als genaue Angabe der verwendeten Bits und Bytes. Deshalb ist es ohne weiteres möglich, daß zwei unterschiedliche Systeme dieser Norm vollständig entsprechen, aber zueinander nicht kompatibel sind, da beispielsweise ein anderer Kryptoalgorithmus gewählt wurde.

Der Börsenanbieter (purse provider) hat die Gesamtverantwortung und ist auch der Verwalter des Systems. Er ist vergleichbar mit den Netzbetreibern bei GSM. Für den Benutzer der elektronischen Geldbörse wurde der Begriff „Börseninhaber" in der Norm festgelegt. Er ist derjenige, der mit der Börsenanwendung auf der Chipkarte bezahlt und dafür Ware oder Dienstleistungen erhält.

Daneben existieren noch drei weitere Teilnehmer, die Aufgaben im System übernehmen. Der Leistungsanbieter (service provider) ist derjenige, der die Leistungen anbietet, die der Benutzer in Anspruch nimmt und dann mit seiner elektronischen Geldbörse bezahlt.

Der Acquirer[2] (acquirer) übernimmt Errichtung und Verwaltung der datentechnischen Verbindungen zwischen Börsenherausgeber und den Leistungsanbietern. Zusätzlich kann er die von der Zahlungseinrichtung kommenden einzelnen Transaktionen zusammenfassen, so daß der Börsenanbieter nur mehr gesammelte Zertifikate erhält.

---

[1] siehe auch Abschnitt 4.2 SDL-Symbolik
[2] Der Acquirer wird auch manchmal als Sammelbeauftragter bezeichnet.

Der Aufladebevollmächtigte (*load agent*) ist das Gegenstück zum Leistungsanbieter, da er die Geldbörse gegen Bezahlung wieder aufladen kann.

Die oben vorgestellten fünf Teilnehmer müssen nicht real existieren, sie sind nur virtueller Natur. Ihnen sind aber jeweils real existierende technische Komponenten zugeordnet, welche nach ihrer Sicherheit aufgeteilt sind. Die sicheren Komponenten haben die Eigenschaft, daß in ihnen Informationen verarbeitet und gespeichert werden können, ohne daß die Möglichkeit besteht, sie von außen zu manipulieren. Bei den nicht sicheren ist dies, zumindest theoretisch, möglich. Das Gesamtsystem ist dabei aber so ausgelegt, daß Manipulationen an den im Bild 12.8 als nicht sicher gekennzeichneten Komponenten zu keinen Auswirkungen hinsichtlich der Gesamtsicherheit führen.

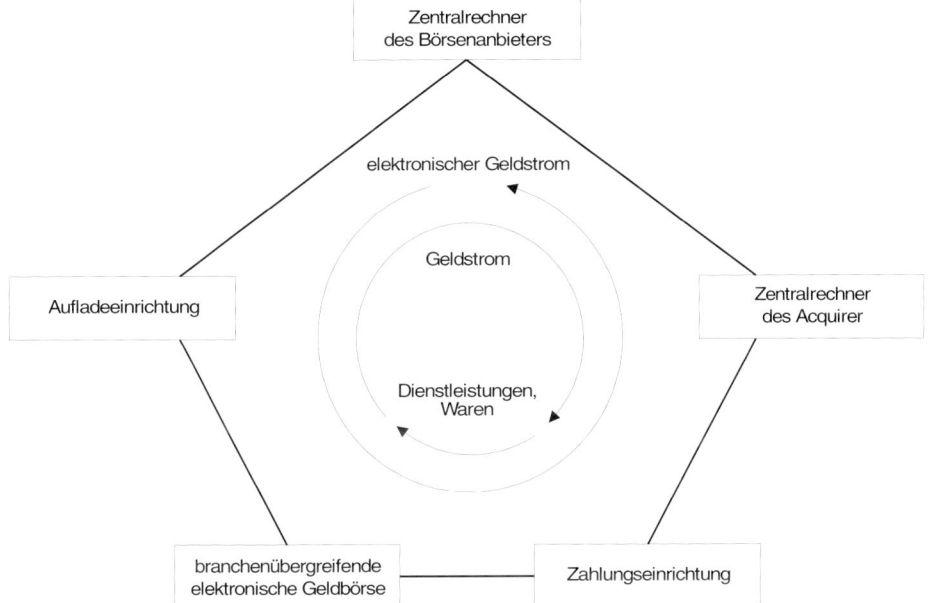

Bild 12.7   Der grundlegende Aufbau der branchenübergreifenden elektronischen Geldbörse und die dazugehörigen Zahlungsströme nach EN 1546.

„IEP" ist die englische Abkürzung für „inter-sector electronic purse" und steht für die Anwendung der branchenübergreifenden elektronischen Geldbörse in einer Chipkarte. Die Zahlungseinrichtung benutzt man zum Bezahlen von erhaltenen Waren oder Dienstleistungen. Es ist ein Terminal mit Tastatur und Display und muß zusätzlich über ein Sicherheitsmodul verfügen. Diese werden in der Norm einheitlich als SAM (*secure application module*) bezeichnet. In dieser sicheren Komponente befinden sich alle geheimen Schlüssel, die für die Aktionen zwischen IEP und Zentralrechner des Börsenanbieters notwendig sind. Die Schlüssel verlassen natürlich nie das Sicherheitsmodul, sondern werden nur intern von den Kryptoalgorithmen benutzt.[1] Es beste-

---

[1] Ein mögliches Schlüsselmanagement für eine elektronische Geldbörse nach EN 1546 ist in Abschnitt 4.7.6 Beispiel für Schlüsselmanagement erläutert.

hen damit in vielen Fällen nur direkte Verbindungen zwischen den sicheren Komponenten des Systems. Die nicht sicheren Komponenten benutzt man nur, um die sicherheitsrelevanten Daten transparent weiterzuleiten.

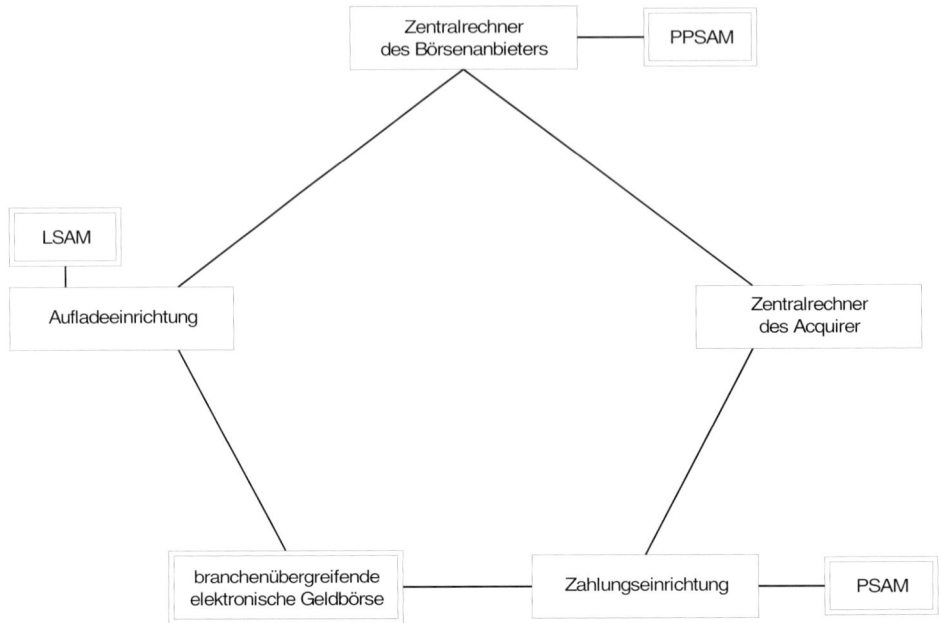

Bild 12.8   Die Komponenten und dazugehörigen Verbindungen bei elektronischen Geldbörsen
nach EN 1546. Die einfach umrahmten Komponenten der Zeichnung sind im Gegensatz zu den doppelt umrahmten Komponenten nicht sicher.

Erst durch Chipkarten ist es möglich geworden, die Idee einer elektronischen Geldbörse auch in die Tat umzusetzen. Deshalb sind Chipkarten auch der zentrale Bestandteil der Systembeschreibung in der CEN-Norm EN 1546. Dort sind alle dazugehörigen
Dateien, Kommandos, Zustände und Abläufe definiert und beschrieben. Damit nicht
nur die Chipkarte, sondern das gesamte System definiert ist, gibt es auch analoge Teile
für die Sicherheitsmodule in den anderen Komponenten.

Da es sich aber um eine Norm handelt und nicht um eine Spezifikation, wurden dem
Börsenanbieter natürlich viele Freiräume und Optionen gelassen. Die Börse kann mit
den unterschiedlichsten Funktionalitäten aufgebaut werden. So ist es ohne weiteres
möglich, in einem einfachen System nur Laden und Bezahlen mit der elektronischen
Geldbörse zu realisieren. In weiteren Ausbaustufen können dann zusätzlich noch Storno von Bezahlungen, Änderung von Börsenparametern und Währungsumrechnung
eingefügt werden. Die genaue Wahl der sehr vielschichtigen Optionen ist weitgehend
dem Börsenanbieter überlassen. Er muß für seine Bedürfnisse das Optimale aus den
Möglichkeiten heraussuchen, die die Norm anbietet.

Für die Chipkarte, also die IEP, sind hier im folgenden die wesentlichen Aspekte der
Anwendung „branchenübergreifende elektronische Geldbörse" aufgeführt.

Datenelemente bei EN 1546

Tabelle 12.3   Überblick über die wichtigsten standardisierten Datenelemente von EN 1546. Für die deutsche Übersetzung wurden die Bezeichnungen der deutschen Ausgabe der Norm verwendet.

Datenelement	Beschreibung
ALG_{IEP}	Kryptografischer Algorithmus für eine IEP (*cryptographic algorithm used by an IEP*)
AM_{IEP}	Authentisierungsmodus für eine IEP (*authentication mode required by an IEP*)
AP_{IEP}	Anwendungsprofil einer IEP (*application profile of an IEP*)
BAL_{IEP}, BAL_{PSAM}, BAL_{PPSAM}	Saldo einer/eines IEP/PSAM/PPSAM (*balance of an IEP/PSAM/ PPSAM*)
$BALmax_{IEP}$	Maximaler Saldo einer IEP (*maximum balance of an IEP*)
CC_{IEP}, CC_{PSAM}, CC_{PPSAM}	Beendigungscode einer/eines IEP/PSAM/PPSAM (*completion code from the IEP/PSAM/PPSAM*)
CT	Beendigungsstatus für eine Endsumme (*collection status*)
$CURR_{IEP}$, $CURR_{LDA}$, $CURR_{PDA}$	Währung einer IEP/PSAM/PPSAM (*actual currency for an IEP/LDA/ PDA*)
$DACT_{IEP}$	Aktivierungsdatum einer IEP (*activation date of an IEP*)
DD	Benutzerbestimmte Daten (*discretionary data*)
$DDEA_{IEP}$	Deaktivierungsdatum einer IEP (*deactivation data of an IEP*)
$DEXP_{IEP}$	Ablaufdatum einer IEP (*expiry date of an IEP*)
ID_{IEP}, ID_{PSAM}, ID_{PPSAM}	Identifikation für eine(n) IEP/PSAM/PPSAM (*identifier for an IEP/ PSAM/PPSAM*)
IEP	branchenübergreifende elektronische Geldbörse (*inter-sector electronic purse*)
IK_{IEP}, IK_{PSAM}, IK_{PPSAM}	Schlüsselinformation für eine(n) IEP/PSAM/PPSAM (key information for an IEP/PSAM/PPSAM)
LDA	Aufladeeinrichtungsanwendung (*load device application*)
LSAM	Auflade-SAM (*load SAM*)
M_{LDA}, M_{PDA}	Transaktionsbetrag für Laden/Bezahlen (*transaction amount for load/ purchase*)
$MTOT_{IEP}$, $MTOT_{PSAM}$	Endsummenbetrag der Transaktion für eine Zahlung (*total transaction amount for a purchase*)
NC	Bezeichner für eine Endsumme (*number of collection*)
NI	Anzahl einzelner Transaktionen für eine Endsumme (*number of individual transactions*)
NT_{IEP}, NT_{LSAM}, NT_{PSAM}	Transaktionsnummer für eine(n) IEP/PSAM/PPSAM (*transaction number for an IEP/LSAM/PSAM*)
PDA	Zahlungseinrichtungsanwendung (*purchase device application*)
PP_{IEP}, PP_{PSAM}, PP_{PPSAM}	Bezeichner eines Börsenanbieters für eine(n) IEP/PSAM/PPSAM (*purse provider identifier for an IEP/PSAM/PPSAM*)
PPSAM	Börsenanbieter-SAM (*purse provider SAM*)
PSAM	Zahlungs-SAM (*purchase SAM*)
R	Zufallszahl (*random number*)
S_1	Signatur einer IEP (*IEP signature*)
S_2	Signatur eines PSAM/PPSAM (*PSAM/PPSAM signature*)
S_3	Signatur einer IEP (*IEP signature*)
S_4	Signatur eines PSAM (*PSAM signature*)
SAM	Anwendungssicherheitsmodul (*secure application module*)
TM	Endsummenbetrag für eine Endsumme (*total amount*)
TRT	Transaktionstyp und Zustand (*transaction type and status*)

Zur eindeutigen Angabe aller für die elektronische Geldbörse systemweit verwendeten Daten wurde eine Kennzeichnung für alle Datenelemente eingeführt. Anhand der sehr kurzen Bezeichnungen kann der Datenfluß und die Verarbeitung einfach und eindeutig in mathematisch korrekter Schreibweise dargestellt werden. In der Norm existiert ebenfalls ein einfaches Data Dictionary, in dem die entsprechenden Dateninhalte und dazugehörigen Formate für die standardisierten Datenelemente beschrieben sind.

Dateien

Die vollständige Anwendung „elektronische Geldbörse" ist in der Chipkarte in einem eigenen DF untergebracht. Alle Dateien, die für das einwandfreie Funktionieren notwendig sind, befinden sich darin. Zusätzlich sind noch Informationen über die Karte, den Chip, weitere Anwendungen und ähnliches in mehreren Dateien direkt unter dem MF gespeichert.

Die für den Betrieb der Börse notwendigen Datenelemente befinden sich in sechs Dateien des Typs EF innerhalb eines Verzeichnisses für die Börse. Tabelle 12.4 zeigt die Dateien und die in ihnen enthaltenen Datenelemente im Überblick.

Tabelle 12.4   Die notwendigen Dateien mit den zugeordneten Datenelementen für die elektronische Geldbörse nach EN 1546. Die Protokolldateien für Währungsumrechnung und Parameteränderung sind nicht dargestellt (Teil 1).

Datei	Funktion	Enthaltene Datenelemente und Beschreibung	
EF_{IEP}	Feste Daten und Parameter über die Börse	PP_{IEP}	Bezeichner des Börsenanbieters für die IEP
		ID_{IEP}	Identifikation der IEP
		$DEXP_{IEP}$	Ablaufdatum der IEP
		$DACT_{IEP}$	Aktivierungsdatum der IEP
		$DDEA_{IEP}$	Deaktivierungsdatum der IEP
		AM_{IEP}	Authentisierungsmodus der IEP
		AP_{IEP}	Anwendungsprofil der IEP
		DD	Benutzerbestimmte Daten
EF_{IK}	Informationen über alle Schlüssel	ALG_{IEP}	Kryptografischer Algorithmus der IEP
		IK_{IEP}	Schlüsselinformation über die IEP
		DD	Benutzerbestimmte Daten
EF_{BAL}	Guthaben der Börse	BAL_{IEP}	Saldo der IEP
		$CURR_{IEP}$	Währung der IEP
		$BALmax_{IEP}$	Maximaler Saldo der IEP
		DD	Benutzerbestimmte Daten
EF_{TFIELD}	Transaktionsfeld	NT_{IEP}	Transaktionsnummer der IEP
EF_{LLOG}	Protokolldatei für Auflade- vorgänge	TRT	Transaktionstyp und Zustand
		NT_{IEP}	Transaktionsnummer der IEP
		BAL_{IEP}	Saldo der IEP (der neue Saldo)
		M_{LDA}	Transaktionsbetrag für das Laden
		$CURR_{LDA}$	Währung für das Laden
		ID_{PPSAM}	Bezeichner des Börsenanbieters für den PPSAM
		CC_{IEP}	Beendigungscode der IEP
		DD	Benutzerbestimmte Daten

Tabelle 12.5   Die notwendigen Dateien mit den zugeordneten Datenelementen für die elektronische Geldbörse nach EN 1546. Die Protokolldateien für Währungsumrechnung und Parameteränderung sind nicht dargestellt (Teil 2).

Datei	Funktion	Enthaltene Datenelemente und Beschreibung	
EF_{PLOG}	Protokolldatei für Bezahlvorgänge	TRT	Transaktionstyp und Zustand
		NT_{IEP}	Transaktionsnummer der IEP
		BAL_{IEP}	Saldo der IEP (der neue Saldo)
		M_{PDA}	Transaktionsbetrag für das Bezahlen
		$CURR_{PDA}$	Währung für das Bezahlen
		ID_{PSAM}	Bezeichner des Börsenanbieters für den PSAM
		NT_{PSAM}	Transaktionsnummer des PSAM
		CC_{IEP}	Beendigungscode der IEP
		DD	Benutzerbestimmte Daten

Im EF_{IEP} sind die Rahmenparameter der Börse festgelegt, welche die Grundlage für alle stattfindenden Transaktionen bilden. Die Datei EF_{IK} enthält für jeden vorhandenen Schlüssel spezifische Informationen. In EF_{BAL} steht der aktuelle Betrag, der sich noch in der Börse befindet und über den der Benutzer noch frei verfügen kann. Die drei Protokolldateien sind ausschließlich dazu da, alle Transaktionen getrennt nach Funktion aufzuzeichnen. Erst dadurch wird ein Storno von Transaktionen oder eine Fehlerbehandlung überhaupt möglich. Es gibt sowohl für das Aufladen, das Bezahlen, das Ändern von Börsenparametern und die Währungsumrechnung eigene Dateien. Sie haben alle die Struktur cyclic, um so die letzten Transaktionen zu protokollieren.

Kommandos[1]
Die Dateien sind das Fundament der Börse, auf die dann die Kommandos aufbauen. Davon sind acht verschiedene zum Betrieb notwendig. Drei Kommandos davon gehören zur Norm ISO/IEC 7816-4: SELECT FILE, READ BINARY und READ RECORD. Sie benutzt man nur, um die Anwendung „elektronische Börse" mit einem AID auszuwählen und danach bei Bedarf diverse Börsendaten aus den Dateien zu lesen.

Die anderen fünf Kommandos sind ganz speziell für die Verwendung in einer elektronischen Geldbörse entwickelt worden. Sie werden für die einzelnen Transaktionen immer paarweise verwendet, da sie dem Prinzip nach wie eine gegenseitige Authentisierung funktionieren. Parallel zur Authentisierung werden noch die für die Börsentransaktionen notwendigen Daten ausgetauscht. Die Kommandos und Antworten dazu sind natürlich so aufgebaut, daß Manipulationen auf der Schnittstelle zwischen Terminal und Chipkarte sofort erkannt würden und einen unmittelbaren Abbruch der Transaktion mit Protokollierung zur Folge hätten.

Alle Börsenkommandos greifen sowohl lesend als auch schreibend direkt auf Datenelemente in den Börsendateien zu. Die Dateien werden dazu vorher automatisch vom Betriebssystem selektiert. Beispielsweise benötigt man manchmal während der Kommandoabarbeitung grundlegende Informationen über die Börse. Dazu selektiert das Betriebssystem die Datei EF_{IEP}, und das gewünschte Datenelement wird dann dem

---

[1] Eine detaillierte Befehlserklärung findet sich in Abschnitt 7.10 Befehle für elektronische Börsen.

Kommando zur Verfügung gestellt. Alle Transaktionen und die wichtigsten Daten werden im Rahmen der Kommando-Antwort-Zyklen in entsprechende Protokolldateien geschrieben. Die folgenden Börsenkommandos sind nach EN 1546 definiert und auch in ihrer karteninternen Funktion genau festgelegt:

Tabelle 12.6   Die spezifischen Kommandos der elektronischen Geldbörse nach EN 1546.

Kommando	Funktion
INITIALIZE IEP	- Initialisierung für ein nachfolgendes Börsenkommando
CREDIT IEP	- Aufladen der Börse
	- Storno einer getätigten Zahlung
	- Fehlerbehebung
DEBIT IEP	- Bezahlen mit der Börse
	- Bestätigung der Bezahlung
CONVERT IEP CURRENCY	- Währungsumrechnung
UPDATE IEP PARAMETER	- Ändern der Rahmenparameter der Börse

Innerhalb der Norm sind keine Kommandos zur Überprüfung oder Änderung einer PIN vorgesehen, da dies für die korrekte Funktionsweise einer Börse nicht notwendig ist. Allerdings könnte man bei Bedarf zusätzliche Kommandos zur Überprüfung und Verwaltung einer PIN in die Anwendung einbinden, ohne daß es zu Überschneidungen oder Problemen mit den vorhandenen Börsenkommandos käme.

Zustände

Wie schon aus dem Überblick der Kommandos zu erkennen ist, setzt sich jede Transaktion aus einem einleitenden Initialisierungskommando und einem anschließenden Kommando, das dann die Transaktion abschließt, zusammen. Um die Reihenfolge der Kommandos festzulegen, sind in Zustandsdiagrammen die dafür notwendigen Zustände und Zustandsübergänge der Börsenanwendung festgelegt. Dies erfordert natürlich einen Zustandsautomaten für die Chipkarte. Je nach aktuellem Zustand akzeptiert dann die Chipkarte verschiedene Kommandos oder blockt sie ab.

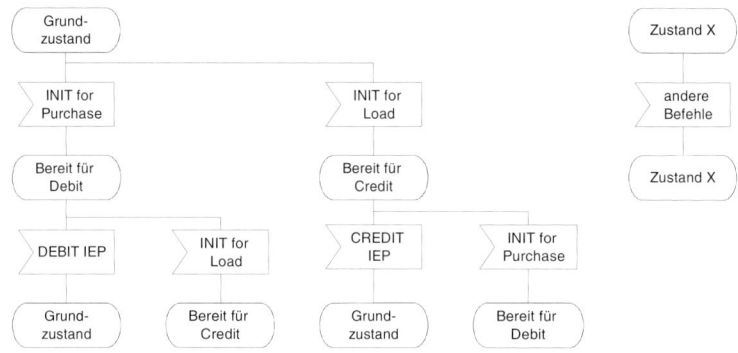

Bild 12.9   Vereinfachtes Zustandsdiagramm für Laden und Bezahlen mit der elektronischen Geldbörse nach EN 1546.

Kryptografische Algorithmen[1]

Die gesamte Sicherheit des Systems ist auf einem kryptografischen Algorithmus begründet. Die Nachrichten, die zwischen den Komponenten ausgetauscht werden, sind alle mit einer nachgestellten Signatur versehen, so daß Manipulationen zu erkennen sind. Für die immer im Klartext ausgetauschten Nachrichten ist dies der einzige Schutz.[2] Der Nachrichtenaustausch ist auch so beschaffen, daß jeder kryptografische Algorithmus zur Erzeugung der Signaturen benutzt werden kann. Zur Zeit verwendet man meist den symmetrischen DES-Algorithmus, doch sieht die Norm auch den Einsatz von asymmetrischen Algorithmen wie RSA oder DSS vor. Diese Unabhängigkeit ist ein großer Vorteil, da damit die Lebenserwartung und Flexibilität dieser Norm ganz wesentlich gesteigert wird.

Abläufe

Die Norm legt jedoch nicht nur Dateien, Kommandos und Zustände fest, sondern beschreibt und erklärt auch die dazugehörigen Abläufe. Diese sind in einer BASIC ähnlichen Pseudosprache auf der Grundlage der Datenelemente detailliert festgelegt. Das war deshalb notwendig, da die Sicherheit mancher Vorgänge sehr stark von der Reihenfolge der internen Kommandoabarbeitung abhängt. Beispielsweise muß bei Transaktionen zuerst immer die jeweilige Protokolldatei auf den neuesten Stand gebracht werden, bevor das Terminal eine Antwort erhält. Im übrigen sind die Abläufe und Transaktionen für alle Komponenten genau festgelegt. Für die Chipkarte mit der Börsenanwendung gibt es Beschreibungen für die folgenden Abläufe:

- Aufladen
- Bezahlen
- Storno einer Bezahlung
- Fehlerbehebung
- Währungsumrechnung
- Ändern der Börsenparameter

Zusätzlich können für Überwachungszwecke natürlich auch noch die Lesekommandos für Dateien benützt werden. Die dazu notwendigen Aktionen können aber je nach Börsenanbieter und Überwachungsziel variieren.

Ein wesentliches Paradigma bestimmt den Aufbau aller festgelegten Abläufe. Es darf in keinem Fall möglich sein, durch Manipulation der Datenübertragung zwischen den Komponenten oder den Abbruch von Transaktionen elektronisches Geld zu erzeugen. Das ungünstigste Ergebnis solcher Eingriffe ist die Vernichtung von elektronischem Geld. Dies unterbindet gewisse Angriffe bereits im Vorfeld. Im übrigen fließt dieses Paradigma bei beinahe allen elektronischen Geldbörsensystemen in das Systemdesign ein.

---

[1] Ein Beispiel für eine mögliche Schlüsselhierarchie mit Schlüsselableitung findet sich in Abschnitt „4.7.6 Beispiel für Schlüsselmanagement".

[2] Im Falle des DES-Algorithmus versieht man die Nachrichten am Ende mit einem 4 Byte langen MAC als Signatur.

Alle Abläufe sind grundsätzlich in drei Phasen aufgeteilt: In der Phase 1 findet die grundsätzliche Initialisierung der beteiligten Komponenten statt. Phase 2 dient für die eigentliche Funktionsausführung. Die daran folgende Phase 3 ist optional und dient zur Bestätigung der vorangegangenen Abläufe. Der erfolgreiche Durchlauf von Phase 1 und 2 beinhaltet die einseitige oder optional gegenseitige Authentisierung beider Komponenten.

Bei allen Abläufen sind die eigentliche Börsenfunktion (Bezahlen, Aufladen, ...) und die ein- oder gegenseitige Authentisierung miteinander verschachtelt. Der Grund liegt in der Minimierung des Zeitbedarfs für die Börsentransaktion und der Erhöhung der Sicherheit, da wesentlich weniger Kommandos notwendig sind. Vergleichbar ist dies mit den nach ISO genormten Kommandos INTERNAL AUTHENTICATE und EXTERNAL AUTHENTICATE, die durch das noch nicht genormte Kommando MUTUAL AUTHENTICATE ohne Einbuße an Funktionalität und Sicherheit ersetzt werden können.

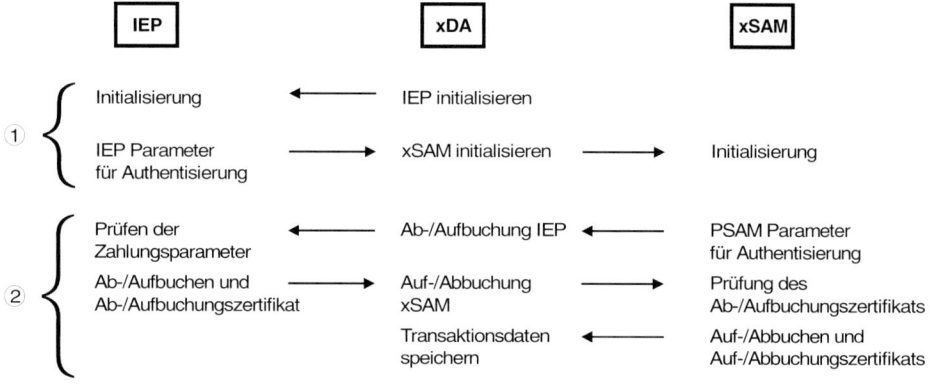

Bild 12.10   Der grundsätzliche Ablauf einer Transaktion bei der elektronischen Geldbörse nach EN 1546 (Phase 1 und Phase 2).

Tabelle 12.7   Abkürzungen der Funktionen und Prozesse für die Darstellung von Zahlungstransaktionen nach EN 1546.

Abkürzung	Bedeutung
Ax	Eindeutige Bezeichnung für eine Bearbeitung (*action*)
Cx	Eindeutige Bezeichnung für ein Kommando (*command*)
Parameters (...)	Anfrage an einem Teilnehmer mit den angegebenen Datenelementen
Response (...)	Antwort auf eine vorhergehende Anfrage mit den angegebenen Datenelementen
Rx	Eindeutige Bezeichnung für eine Antwort (*response*)
Sign (...)	Erstellung einer Unterschrift über die angegebenen Datenelemente
Verify (...)	Prüfung der angegebenen Datenelemente oder einer Funktion
Write (...)	Schreiben der angegebenen Datenelemente in eine Datei

IEP	LDA	PPSAM

R1:
  Response (ATR)
	C1:
	  RESET	

R2:
  Response (CC$_{IEP}$)
	C2:
	  SELECT
	  Parameters (DF$_{IEP}$)	

	A1: Input (M$_{LDA}$ ‖ CURR$_{LDA}$)	

	C3:
	  INITIALIZE PPSAM for Load
	  Parameters (M$_{LDA}$ ‖ CURR$_{LDA}$)
		A2:
		  Verify (CURR$_{LDA}$)
		  Verify (BAL$_{PPSAM}$ ≥ M$_{LDA}$)
		  Generate R

		R3: Response (PP$_{PPSAM}$ ‖ ID$_{PPSAM}$ ‖ R)

A3:
  Verify (PP$_{PPSAM}$)
  Verify (CURR$_{LDA}$)
  Verify (BAL$_{IEP}$ + M$_{LDA}$ ≤ BAL$_{ma-x_{IEP}}$)
  NT$_{IEP}$:= NT$_{IEP}$ + 1
  KSES$_{IEP}$ = f (KD$_{IEP}$, DEXP$_{IEP}$, NT$_{IEP}$)
  S$_1$:= Sign (PP$_{IEP}$ ‖ ID$_{IEP}$ ‖ DEXP$_{IEP}$ ‖ NT$_{IEP}$ ‖ M$_{LDA}$ ‖ CURR$_{LDA}$ ‖ BAL$_{IEP}$ ‖ ID$_{PPSAM}$ ‖ R)
  Write (EF$_{LLOG}$)
	C4:
	  INITIALIZE IEP for Load
	  Parameters (PP$_{PPSAM}$ ‖ ID$_{PPSAM}$ ‖ R ‖ M$_{LDA}$ ‖ CURR$_{LDA}$)	

R4: Response (PP$_{IEP}$ ‖ ID$_{IEP}$ ‖ ALG$_{IEP}$ ‖ IK$_{IEP}$ ‖ DEXP$_{IEP}$ ‖ NT$_{IEP}$ ‖ BAL$_{IEP}$ ‖ S$_1$ ‖ CC$_{IEP}$)		

	C5:
	  DEBIT PPSAM
	  Parameters (PP$_{IEP}$ ‖ ID$_{IEP}$ ‖ ALG$_{IEP}$ ‖ IK$_{IEP}$ ‖ DEXP$_{IEP}$ ‖ NT$_{IEP}$ ‖ BAL$_{IEP}$ ‖ S$_1$)
		A4:
		  Verify (PP$_{IEP}$)
		  Verify (ID$_{IEP}$)
		  Verify (ALG$_{IEP}$)
		  Verify (IK$_{IEP}$)
		  Verify (DEXP$_{IEP}$)
		  KD$_{PPSAM}$ = f (ID$_{IEP}$, VK$_{IEP}$, KM$_{PPSAM}$)
		  KSES$_{PPSAM}$ = f (KD$_{PPSAM}$, DEXP$_{IEP}$, NT$_{IEP}$)
		  Verify (S$_1$)
		  S$_2$:= Sign (PP$_{PPSAM}$ ‖ ID$_{IEP}$ ‖ NT$_{IEP}$ ‖ M$_{LDA}$ ‖ CURR$_{LDA}$)
		  BAL$_{PPSAM}$:= BAL$_{PPSAM}$ - M$_{LDA}$

		R5: Response (IK$_{PPSAM}$ ‖ S$_2$ ‖ CC$_{PPSAM}$)

A5:
  Verify (S$_2$)
  S$_3$:= Sign (PP$_{IEP}$ ‖ ID$_{PPSAM}$, R, CC$_{IEP}$)
  BAL$_{IEP}$:= BAL$_{IEP}$ + M$_{LDA}$
  Write (EF$_{LLOG}$)
	C6:
	  CREDIT IEP
	  Parameters (IK$_{PPSAM}$ ‖ S$_2$)	

R6: Response (S$_3$ ‖ CC$_{IEP}$)		

	C7:
	  PPSAM Load Acknowledgement
	  Parameters (S$_3$, CC$_{IEP}$)
		A6:
		  Verify (S$_3$)
		  Verify (CC$_{IEP}$)

		R7: Response (CC$_{PPSAM}$)

Bild 12.11   Transaktionsablauf beim Aufladen einer elektronischen Geldbörse IEP an einem Terminal LDA im Online-Fall mit einem Sicherheitsmodul PPSAM.

Ablauf beim Aufladen

Um mit einer elektronischen Geldbörse bezahlen zu können, muß man diese als erstes aufladen. Dies ist im folgenden Ablauf gezeigt. Es ist die Variante, bei der die Geldbörse IEP mit einem Terminal direkt online von einem Hintergrundsystem mit dem dazugehörigen Sicherheitsmodul PPSAM aufgeladen wird. Es gäbe in der Norm auch noch weitere Varianten, so beispielsweise die Aufladung der Geldbörse über ein Sicherheitsmodul LSAM in einem Terminal. Der dargestellte Ablauf ist aber in heutigen Systemen üblich, da mit ihm die Kontrolle über das Aufladen vollständig beim Systembetreiber liegt.

Im Beispiel (Bild 12.11) wird eine elektronische Geldbörse IEP über ein Terminal LDA durch das Hintergrundsystem mit dem Sicherheitsmodul PPSAM aufgeladen. Dazu steckt zuerst der Kartenbenutzer seine Karte in das Terminal, welches als erstes einen Reset ausführt. Im ATR teilt die IEP dann dem Terminal diverse Rahmenparameter zum nachfolgenden Kommunikationsablauf mit.

Anschließend selektiert das Terminal das DF für die elektronische Börse auf der IEP-Karte. Nachdem dies erfolgreich geschehen ist, wird vom Kartenbenutzer der zu ladende Betrag in der verfügbaren Währung im Terminal eingegeben. Diese Daten werden nun mit dem ersten Börsenkommando zum PPSAM gesendet. Das PPSAM prüft die angegebene Währungseinheit und den noch möglichen zu ladenden Betrag. Als Antwort sendet es drei Datenelemente zum Terminal zurück.

Das Terminal erweitert die vom PPSAM erhaltenen Daten durch den Ladebetrag M_{LDA} sowie die dazugehörige Währung $CURR_{LDA}$ und sendet sie mit dem Kommando INITIALIZE IEP for Load zur IEP-Karte. Diese prüft nun unter anderem, ob das durch den Ladebetrag resultierende neue Börsensaldo den in der Karte gespeicherten Maximalbetrag $BALmax_{IEP}$ für die Börse überschreiten würde. Ist dies nicht der Fall, so erhöht die IEP einen Transaktionszähler NT_{IEP}, berechnet den Sitzungsschlüssel $KSES_{IEP}$ und errechnet eine Signatur S_1. Diese sendet es mit einigen weiteren Datenelementen zum Terminal zurück.

Die Aufgabe des Terminals nach diesem Kommando besteht nur darin, die erhaltenen Datenelemente an das PPSAM weiterzureichen. Dort werden nun die übergebenen Daten auf ihren erlaubten Wertebereich geprüft und sowohl der kartenindividuelle Schlüssel KD_{PPSAM} als auch der Sitzungsschlüssel $KSES_{PPSAM}$ erzeugt.

Verläuft die darauf folgende S_1-Prüfung positiv, so ist die IEP-Karte authentisiert, da sie den geheimen Schlüssel für die S_1-Berechnung kennen muß. Das PPSAM erstellt dann eine Signatur S_2 und sendet diese mit der Schlüsselinformation IK_{PPSAM} zum Terminal. Dort findet wiederum nur eine Durchreichung der Daten zur IEP-Karte statt. Diesmal mit dem Kommando CREDIT IEP.

Die Karte mit der elektronischen Geldbörse prüft nun S_2. Konnte dies positiv abgeschlossen werden, so ist nun auch das PPSAM durch die IEP authentisiert. Daraufhin wird das Saldo BAL_{IEP} in der elektronischen Geldbörse erhöht. Anschließend erstellt die IEP die dritte Signatur S_3, welche zur anschließenden Bestätigung der erfolgreichen Erhöhung des Saldos in der IEP zum Terminal gesendet wird. Im abschließenden

Kommando an das PPSAM wird diese Signatur übergeben, und daraufhin ist die gesamte Aufladetransaktion abgeschlossen.

Der beschriebene Ablauf ist einer von mehreren Varianten. Er wird in der Praxis häufig verwendet, da es durchaus üblich ist, Aufladetransaktionen auf eine elektronische Geldbörse online durchzuführen. Es gibt auch Varianten in der EN 1546, die ein Aufladen an einem speziellen Ladesicherheitsmodul, dem LSAM, beschreiben. Dieses kann dezentral in speziellen Ladeterminals, wie z.B. in Geldausgabeautomaten, eingebaut sein.

Ablauf beim Bezahlen

Im folgenden Beispiel wird das Bezahlen mit den dazu notwendigen Komponenten elektronische Geldbörse IEP, Terminal PDA und Sicherheitsmodul im Terminal PSAM gezeigt.

Nachdem die Börsenkarte in das Terminal gesteckt wurde, fordert dieses über einen Reset sowohl vom PSAM als auch von der IEP einen ATR an. Stimmt der ATR mit dem erwarteten Wert nicht überein, so bricht das Terminal den Bezahlvorgang ab. Entspricht der ATR dem erwarteten Wert, so wird vom Terminal das Börsen-DF in der IEP selektiert. Kann diese Dateiauswahl nicht durchgeführt werden, so wird der Vorgang wiederum abgebrochen. Dies und die allgemeine Fehlerbehandlung ist aber aus Gründen der Übersichtlichkeit grundsätzlich nicht eingezeichnet.

Nach Auswahl des Börsen-DFs in der IEP-Karte sendet das Terminal das Initialisierungskommando für das Bezahlen INITIALIZE IEP for Purchase. Die IEP-Karte empfängt dieses Kommando, erhöht den Transaktionszähler und erstellt schließlich eine Signatur S_1 über verschiedene Datenelemente. Anschließend sendet sie diese und die Signatur zum Terminal.

Das Terminal sendet nun das Initialisierungskommando für das Bezahlen INITIALIZE PSAM for Purchase zum PSAM. Dabei werden lediglich alle Daten, die im vorherigen Kommando von der IEP-Karte empfangen wurden, zum PSAM weitergereicht. Das PSAM prüft nun diese Daten, d.h. es werden Ablaufdatum $DEXP_{IEP}$, Währung $CURR_{IEP}$, verwendeter kryptografischer Algorithmus ALG_{IEP} und andere übergebene Datenelemente mit im PSAM gespeicherten Werten verglichen. Fallen alle diese Vergleiche positiv aus, so wird der Transaktionszähler NT_{IEP} erhöht. Würde auch nur ein Vergleich negativ ausfallen, z.B. das Verfallsdatum der IEP wäre erreicht, dann wird die weitere Kommandoabarbeitung sofort abgebrochen und zum Terminal PDA ein entsprechender Returncode gesandt.

Das PSAM führt nun mit den von der IEP übergebenen Datenelementen eine Schlüsselableitung sowie die Sitzungsschlüsselerzeugung durch und prüft dann die Signatur S_1. Bei Korrektheit von S_1 sind alle übergebenen Datenelemente authentisch, und zugleich ist die IEP durch das PSAM authentisiert. Das PSAM weiß also, daß die Karte mit der elektronischen Geldbörse eine echte und keine gefälschte Karte ist.

Im nächsten Schritt erstellt nun das PSAM ebenfalls eine Signatur S_2, die zusammen mit einigen weiteren Datenelementen zum Terminal gesandt wird. Am Terminal wird nun der zu bezahlende Betrag M_{PDA} sowie die dazugehörige Währung $CURR_{PDA}$

eingegeben. Nun sendet das Terminal den eingegebenen Betrag M_{PDA} und die vorherig vom PSAM erhaltenen Daten mit dem Kommando DEBIT IEP zur Chipkarte mit der elektronischen Geldbörse. Diese prüft nun, ob überhaupt noch genügend Geld auf der Chipkarte für die Bezahlung vorhanden ist. Ist dies der Fall, so wird die übergebene Signatur S_2 geprüft. Ist sie korrekt, dann sind die übergebenen Daten während der Übertragung nicht verfälscht worden, und auch das PSAM ist durch die IEP authentisiert. Das PSAM ist deshalb authentisiert, weil nur ein echtes PSAM den geheimen Schlüssel zur Erstellung der Signatur S_2 haben kann. Nun wird der entsprechende Betrag vom Börsensaldo subtrahiert, eine Protokolldatei aktualisiert und eine Signatur S_3 zur Bestätigung der gerade getätigten Abbuchung erstellt.

Die Signatur S_3 sowie der abgebuchte Betrag gelangen nun durch das Terminal zum PSAM, welches S_3 prüft. Ist diese Signatur korrekt, dann wird der in der IEP abgebuchte Betrag auf ein internes Datenelement $MTOT_{PSAM}$ addiert. In einem weiteren Kommando „PSAM Complete Purchase" wird nun das Saldo des PSAM auf den aktuellen Stand gebracht, indem $MTOT_{PSAM}$ auf das Börsensaldo TM addiert wird. Anschließend erhält das PSAM noch eine Signatur S_4 zur Bestätigung der korrekt verlaufenen Zahlung.

Der dargestellte Ablauf ist eine sehr einfache Variante der verschiedenen in der EN 1546 Norm beschriebenen Bezahlungsabläufe. Es existieren parallel dazu noch zusätzliche Variationen mit speziellem schnelleren Abbuchen für Kartentelefone, sowie auch eine Variante mit einer zusätzlichen Quittungsmöglichkeit am Ende der Transaktion.

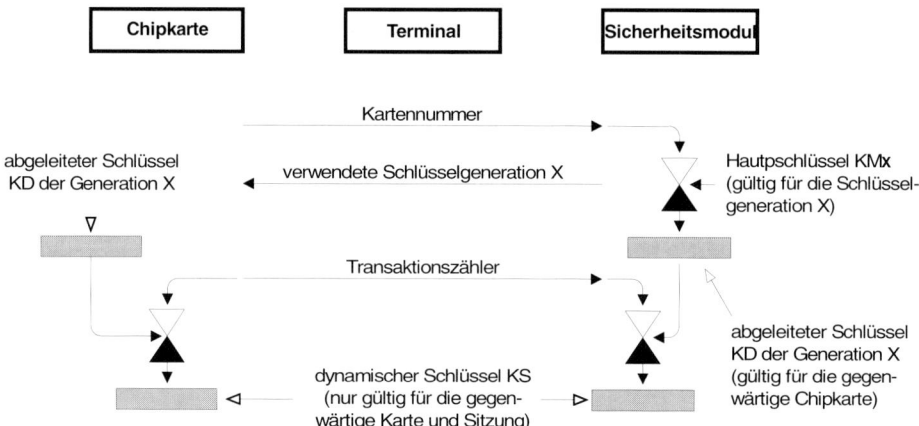

Bild 12.12   Eine mögliche Schlüsselableitung für eine elektronischen Geldbörse nach EN 1546. Der Schlüssel ist abhängig von einer an die Chipkarte zu übergebende Generation eines kartenindividuellen Schlüssels und von einem sitzungsindividuellen Transaktionszähler. Der erzeugte Schlüssel kann beispielsweise für das Bezahlen oder das Aufbuchen von Werteinheiten benutzt werden.

IEP	PDA	PSAM
	C1: RESET	R1: Response (ATR)
R2: Response (ATR)	C2: RESET	
R3: Response (CC$_{IEP}$)	C3: SELECT (DF$_{IEP}$)	
A1: NT$_{IEP}$:= NT$_{IEP}$ + 1 KSES$_{IEP}$ = f (KD$_{IEP}$, DEXP$_{IEP}$, NT$_{IEP}$) S$_1$:= Sign (PP$_{IEP}$ ‖ ID$_{IEP}$ ‖ DEXP$_{IEP}$ ‖ NT$_{IEP}$) Write (EF$_{PLOG}$) R4: Response (PP$_{IEP}$ ‖ ID$_{IEP}$ ‖ ALG$_{IEP}$ ‖ IK$_{IEP}$ ‖ DEXP$_{IEP}$ ‖ CURR$_{IEP}$ ‖ AM$_{IEP}$ ‖ NT$_{IEP}$ ‖ S$_1$ ‖ CC$_{IEP}$)	C4: INITIALIZE IEP for Purchase Parameters ()	
	C5: INITIALIZE PSAM for Purchase Parameters (PP$_{IEP}$ ‖ ID$_{IEP}$ ‖ ALG$_{IEP}$ ‖ IK$_{IEP}$ ‖ DEXP$_{IEP}$ ‖ CURR$_{IEP}$ ‖ AM$_{IEP}$ ‖ NT$_{IEP}$ ‖ S$_1$)	A2: Verify (PP$_{IEP}$) Verify (ID$_{IEP}$) Verify (ALG$_{IEP}$) Verify (IK$_{IEP}$) Verify (DEXP$_{IEP}$) Verify (CURR$_{IEP}$) Verify (AM$_{IEP}$) NT$_{PSAM}$:= NT$_{PSAM}$ + 1 KD$_{PSAM}$ = f (ID$_{IEP}$, VK$_{IEP}$, KM$_{PSAM}$) KSES$_{PSAM}$ = f (KD$_{PSAM}$, DEXP$_{IEP}$, NT$_{IEP}$) Verify (S$_1$) MTOT$_{PSAM}$:= 0 S$_2$:= Sign (PP$_{PSAM}$ ‖ ID$_{PSAM}$ ‖ NT$_{PSAM}$ ‖ MTOT$_{PSAM}$ ‖ ID$_{IEP}$ ‖ AM$_{IEP}$ ‖ NT$_{IEP}$) R5: Response (ID$_{PSAM}$ ‖ NT$_{PSAM}$ ‖ IK$_{PSAM}$ ‖ S$_2$ ‖ CC$_{PSAM}$)
	A3: Input (M$_{PDA}$ ‖ CURR$_{PDA}$)	
A4: Verify (CURR$_{PDA}$) Verify (BAL$_{IEP}$ ≥ M$_{PDA}$) Verify (S$_2$) MTOT$_{IEP}$:= MTOT$_{IEP}$ + M$_{PDA}$ S$_3$:= Sign (PP$_{IEP}$ ‖ ID$_{IEP}$ ‖ AM$_{IEP}$ ‖ NT$_{IEP}$ ‖ ID$_{PSAM}$ ‖ NT$_{PSAM}$ ‖ MTOT$_{IEP}$ ‖ CURR$_{IEP}$) BAL$_{IEP}$:= BAL$_{IEP}$ - M$_{PDA}$ Write (EF$_{PLOG}$) R6: Response (S$_3$ ‖ CC$_{IEP}$)	C6: DEBIT IEP Parameters (ID$_{PSAM}$ ‖ NT$_{PSAM}$ ‖ IK$_{PSAM}$ ‖ S$_2$ ‖ M$_{PDA}$ ‖ CURR$_{PDA}$)	
	C7: CREDIT PSAM Parameters (S$_3$, M$_{PDA}$)	A5: Verify (S$_3$) MTOT$_{PSAM}$:= MTOT$_{PSAM}$ + M$_{PDA}$ R7: Response (CC$_{PSAM}$)
	C8: PSAM Complete Purchase Parameters ()	A6: TM := TM + MTOT$_{PSAM}$ S$_4$:= Sign (PP$_{PSAM}$ ‖ ID$_{PSAM}$ ‖ NC ‖ NI(NC) ‖ TM(NC) ‖ CURR(NC) ‖ CT(NC)) R8: Response (S$_4$, CC$_{PSAM}$)

Bild 12.13   Transaktionsablauf beim Bezahlen mit der elektronischen Geldbörse IEP an einem Terminal PDA und einem Sicherheitsmodul PSAM nach EN 1546.

Die vorangehend für die Chipkarte beschriebenen Dateien, Kommandos und Abläufe sind ebenso für alle wichtigen Komponenten des Systems festgelegt. Dies betrifft vor allem die Sicherheitsmodule, da die Systemsicherheit nur von ihnen abhängt. Um das Gesamtsystem zu überwachen, das bei größeren Anwendungen aus Zehntausenden von Terminals und mehreren hunderttausend Chipkarten bestehen kann, können statistische Methoden benützt werden. Für jede einzelne Chipkarte immer eine komplette Buchführung zu erstellen widerspräche der geforderten Anonymität und wäre im übrigen viel zu rechenintensiv. Mit einer nur auf Stichproben basierenden Überwachung der Zahlungsströme kann aber, wie Versuche beweisen, die Sicherheit des Gesamtsystems laufend mit vertretbarem Aufwand geprüft werden.

Mit der europäischen Norm EN 1546 wurde ein Grundstein für branchenübergreifende elektronische Börsensysteme mit Chipkarten gelegt. Es wurden fast alle zur Zeit üblichen und für sinnvoll erachteten Verfahren und Funktionen in die Norm integriert. Lediglich eine Funktion wurde bislang noch nicht beschrieben, die aber seitens der Kartenbenutzer von sehr großer Bedeutung ist. Es ist die sogenannte Purse-to-Purse-Transaktion, also die Übergabe von elektronischem Geld von einer Geldbörse zu einer anderen. Zur Zeit gibt es im Rahmen von EN 1546 keine Beschreibung eines solchen Geldtransfers. Allerdings wird von verschiedenen Stellen versucht, zusätzlich zu den bisherigen Inhalten diese Art der Zahlungstransaktionen noch in die Norm zu integrieren.

12.3.2   Das Mondex-System

Es gibt weltweit mittlerweile einige große Zahlungsverkehrssysteme, die als zentralen Bestandteil Chipkarten verwenden. Nur sehr wenige dieser Systeme benutzten dabei als Grundlage eine elektronische Geldbörse, d.h. die Geldeinheiten sind bei solch einer Architektur direkt in der Karte und nicht in einem Hintergrundsystem gespeichert. Und nur ein System nimmt für sich in Anspruch, daß es einen elektronischen Zahlungsverkehr zuläßt, der dem von normalem Bargeld entspricht. Es ist dies das Mondex-System.

Die Idee für dieses zur Zeit weltweit einmalige Systemkonzept wurde im Jahr 1990 geboren. Nach fünf Jahren Entwicklungszeit wurde im Juli 1995 ein erster Feldversuch in der südenglischen Stadt Swindon durchgeführt. Dabei waren vom Zeitungsstand, Imbißbude über Supermarkt, Reisebüro bis zu Tankstellen und Telefonen die unterschiedlichsten Kategorien von Händlern abgedeckt. Als Maximalbetrag der Börse wurde für den Feldversuch 500 £ (≈ 1 100 DM) festgelegt, ein Wert, der aber prinzipiell auf eine beliebige Höhe eingestellt werden kann. Seit diesem in der Presse ausführlich dargestellten Test hat es noch weitere Feldversuche in den unterschiedlichsten Regionen gegeben, wobei es aber bislang noch in keinem Staat zu einer landesweiten Einführung des Systems gekommen ist.

Mondex ist ein Konsortium aus drei Firmen: British Telekom, National Westminster Bank und Midland Bank. Der Zweck der Firma ist es, ein Zahlungsmittel zu schaffen, das wie Bargeld benutzt werden kann, aber nicht die Nachteile von Bargeld hat. Das Ergebnis dieser technischen Entwicklung soll dann in einem Franchise-Verfahren an

Banken und Firmen verkauft werden. Mondex ist zur Zeit eines der wenigen Systeme von elektronischen Geldbörsen, die als komplettes System von der Karte bis zum Hintergrundsystem angeboten werden. Dies ist auch der Grund, warum relativ hohe Erwartungen in diese Technik gesteckt werden.

Das Chipkarten-Betriebssystem von Mondex ist nicht nur für elektronische Geldbörsen geeignet, sondern allgemein verwendbar, multifunktional und auch offen für mehrere Anwendungen auf einer Chipkarte. Es hat den Namen Multos und wird vor allem im Sektor des kartengestützten Zahlungsverkehrs von der Firma Maosco [Maosco] international vermarktet. Als Besonderheit unterstützt das Mondex Chipkarten-Betriebssystem im Feld nachladbaren Programmcode einer C ähnlichen Sprache namens MEL (*Multos executable language*), die in der Chipkarte von einem Interpreter abgearbeitet wird.

Das System

Da sich die Mondex-Geldbörse wie echtes Geld verhalten soll, ist es natürlich auch möglich, sogenannte Purse-to-Purse-Transaktionen vorzunehmen. Damit können Kartenbesitzer auch untereinander zahlen, ohne daß eine Bank oder ähnliche Instanz dazwischen ist oder von dieser Buchung erfährt. Das System ist vollständig offen und anonym, und es können beliebig viele Parteien daran beteiligt sein. Die möglichen Geldströme und die beteiligten Instanzen verdeutlicht Bild 12.14.

Die elektronische Geldbörse befindet sich im Chip einer üblichen ID-1 Karte mit Kontakten. Um den Saldo der Börse einzusehen, gibt es einen Schlüsselanhänger in Streichholzschachtelgröße mit Display. Steckt man die Chipkarte in dieses Miniterminal, dann kann man den aktuellen Börsensaldo und die letzten zehn Transaktionen ansehen. Möchte man einem anderen Kartenbesitzer Geld von seiner elektronischen Börse geben, dann benötigt man das sogenannte Wallet. Dies ist ein Taschenrechnerähnliches Gerät mit kleiner Tastatur und Display. Auch besitzt es ein eingebautes Sicherheitsmodul und ein Terminal für die elektronische Geldbörsenkarte. Um nun eine Purse-to-Purse-Transaktion durchzuführen, steckt man als erstes seine Chipkarte in das Wallet. Dann gibt man den zu transferierenden Betrag ein, der anschließend von der elektronischen Börse in das Sicherheitsmodul des Wallets übertragen wird. Anschließend wird die zweite Karte gesteckt und der Betrag vom Sicherheitsmodul in diese übertragen. Damit ist die gesamte Transaktion abgeschlossen.

Als weiteres Gerät zu diesem Zahlungsverkehrssystem gibt es ein Telefon mit eingebautem Terminal. Dies ermöglicht während des Telefonierens einen Geldtransfer über die Telefonleitung. Der typische Anwendungsfall ist beispielsweise die telefonische Bestellung von Artikeln aus einem Versandhauskatalog. Damit kann man zeitgleich mit der Bestellung auch bezahlen. Ebenso läßt diese Technik natürlich das Aufladen der elektronischen Börse über Telefon oder eine Transaktion zwischen zwei Karteninhabern zu. Beim Aufladen der Karte gegenüber einem Bankkonto muß natürlich aus Sicherheitsgründen eine 4-stellige PIN eingegeben werden, um so einen Schutz des Kontoinhabers gegenüber ungerechtfertigten Abbuchungen zu realisieren.

Jede elektronische Geldbörse kann bis zu fünf unterschiedliche Währungen aufnehmen. Sobald der Börsensaldo einer Währung null erreicht hat, ist es möglich, dafür eine neue Währung in die Karte zu laden. Die Börse läßt sich mit einem einfachen Kommando sperren und nach Eingabe einer 4-stelligen PIN wieder entsperren, so daß keine unbefugte Benutzung möglich ist.

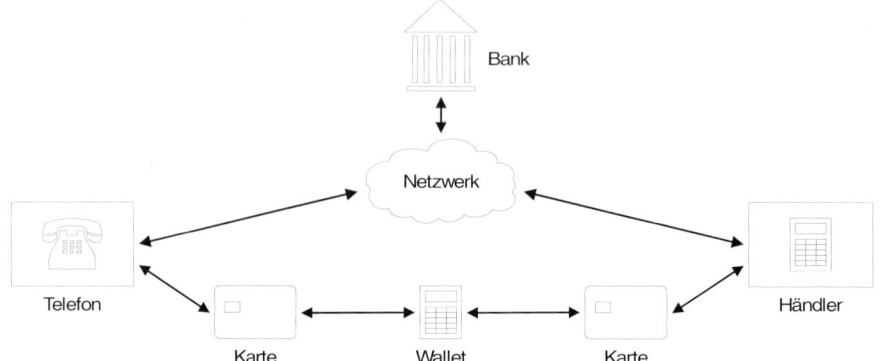

Bild 12.14   Mögliche Zahlungsströme und beteiligte Parteien im elektronischen Zahlungsverkehr des Mondex-Systems.

Bild 12.15   Terminal „Wallet" für Purse-to-Purse-Transaktionen und für Parameteränderungen und „Balance Reader" zur Anzeige der letzten Transaktion und des aktuellen Guthabens auf einer elektronischen Geldbörse von Mondex. (Mondex)

In den Terminals der Händler befinden sich als Sicherheitsmodule die gleiche Art von Chipkarten, die der Kunde hat. Es wäre also auch möglich, mit dem Sicherheitsmodul des Händlers wiederum andere Güter zu bezahlen. Interessanterweise könnte sich dann natürlich auch der Diebstahl einer solchen Karte rentieren, da sie wie eine ganz normale Börsenkarte gehandhabt werden kann. Allerdings hat man das Problem erkannt und dem einen Riegel vorgeschoben. Die Händlerkarten sind dahingehend konfigurierbar, daß sie nur den Empfang von elektronischem Geld zulassen. Ein Abbuchen ist nur im Zuge einer Online-Transaktion mit der Bank des Händlers möglich. Man sieht also, daß elektronisches Geld nicht zwangsläufig immun gegenüber Diebstahl ist. Dies hängt lediglich davon ab, ob es sich entsprechend weiterverwenden läßt. Sofern das Händlerterminal über die Möglichkeit einer (aufbaubaren) Online-Verbindung zur Bank verfügt, kann ab einem bestimmten Betrag auch ein automatisches Umladen von der Händlerkarte zum Konto des Händlers eingestellt werden.

Sicherheitsmechanismen und Zahlungsablauf

Alle Spezifikationen, die den Zahlungsablauf beschreiben, sowie das Sicherheitsmodell des Mondex-Systems sind vertraulich. Damit ist es sehr schwierig, genauere technische Details über das System und die einzelnen Komponenten zu erhalten. Deshalb kann im folgenden nur ein grober technischer Überblick dargestellt werden, der nur einige der Mechanismen und Verfahren des Systems aufzeigt.

Der momentan benutzte Mikrocontroller ist ein Hitachi H8/3102 Chip. Für die Serienproduktion ist ein eigens für Mondex entwickelter Mikrocontroller mit numerischer Recheneinheit und entsprechender Speichergröße geplant, da die Anwendung ca. 5 kByte Platz im EEPROM benötigt. Zur Zeit wird wahrscheinlich ein symmetrischer kryptografischer Algorithmus verwendet, wie z.B. der DES. Aufgrund dessen, daß in Zukunft ein spezieller Mikrocontroller mit Recheneinheit eingesetzt wird, läßt sich vermuten, daß zur Erhöhung der Sicherheit auf einen asymmetrischen Algorithmus übergegangen wird. Es könnte sich dabei beispielsweise um den RSA-Algorithmus handeln. Prinzipiell ist das System aber unabhängig vom verwendeten Kryptoalgorithmus, da es nicht auf speziellen Eigenschaften von bestimmten Algorithmen beruht sondern zur Sicherung der Datenübertragung nur (digitale) Signaturen verwendet. Es unterscheidet sich dabei wenig von der branchenübergreifenden europäischen Geldbörse nach EN 1546.[1]

Da das Mondex-System vollständig dezentral betrieben wird, muß ein besonderes Verfahren zum Wechsel von Schlüsselversionen und Algorithmen vorhanden sein. Jede ausgegebene Karte besitzt mindestens zwei völlig unterschiedliche kryptografische Algorithmen mit mehreren dazugehörigen Schlüsseln. Soll auf eine neue Schlüsselversion weitergeschaltet werden oder es ist gar notwendig, einen anderen kryptografischen Algorithmus zu verwenden, dann wird in allen Chipkarten, die eine Online-Verbindung zum Hintergrundsystem aufbauen, ein entsprechender Parameter gesetzt. Die Karten haben aber wiederum die Fähigkeit, auf allen Karten, mit denen sie eine Zahlungstransaktion durchführen, ebenfalls die Parameter für die neue Schlüssel-

---

[1] siehe auch Abschnitt 12.3.1 CEN-Norm EN 1546

version oder den neuen Algorithmus zu setzen. Dieses Schneeballsystem führt aufgrund der exponentiell wachsenden Informationsweitergabe innerhalb kürzester Zeit zu einem systemweiten Umschalten auf die neuen Rahmenparameter. Dies wäre selbst dann der Fall, wenn man seitens des Hintergrundsystems nur auf einer einzigen Karte den Parameter ändern würde. Dies ist eine sehr effektive, schnelle und einfache Methode, um globale Daten in einem dezentral arbeitenden Zahlungsverkehrssystem zu ändern.

Natürlich muß es auch eine Möglichkeit geben, um bestimmte Chipkarten im Zahlungsverkehrssystem zu isolieren. Dazu gibt es drei verschiedene Vorgehensweisen. Über eine Sperrliste können verdächtige Chipkarten an Automaten erkannt und daraufhin eingezogen werden. Das ist aber meist nur an Geldausgabeautomaten möglich, da nur diese über die technischen Voraussetzungen verfügen, Karten einzubehalten. Die Sperrlisten werden in alle Terminals geladen, die die Fähigkeit haben, Chipkarten zu sperren, so daß sie nicht weiter für Transaktionen genutzt werden können. Alle ausgegebenen elektronischen Geldbörsen lassen grundsätzlich nur eine bestimmte Anzahl von Transaktionen zu, danach sind sie automatisch gesperrt. Diese Sperre kann durch eine Online-Anfrage nach Überprüfung der Sperrlisten wieder aufgehoben werden, so daß die Chipkarte nicht ausgetauscht werden muß. Damit wird sichergestellt, daß eine Chipkarte mit elektronischer Geldbörse nicht unbegrenzt lange ohne Kontrolle durch das Hintergrundsystem betrieben werden kann.

Eine typische Zahlungstransaktion zwischen zwei Chipkarten im Mondex-System gliedert sich in zwei Phasen, welche in Bild 12.16 grafisch dargestellt sind. In der ersten Phase wird eine Registrierung der aktuellen Transaktion vorgenommen und dabei alle für den darauf folgenden Geldtransfer notwendigen Daten ausgetauscht. In der anschließenden zweiten Phase sendet die Chipkarte 2 den gewünschten Betrag zur Chipkarte 1. Der komplette Datensatz ist mit einer digitalen Signatur unterschrieben, so daß er während der Datenübertragung nicht manipuliert werden kann. Nach Erhalt prüft die Chipkarte 1 die Signatur und kann damit zusätzlich zur authentischen Datenübertragung die Authentizität von Chipkarte 2 prüfen. Laufen alle Prüfungen zufriedenstellend ab, so wird in Chipkarte 1 der gewünschte Betrag abgebucht und mit einer digitalen Signatur versehen zur Chipkarte 2 gesendet. Diese prüft nun ihrerseits die digitale Signatur und schließt dadurch die Manipulation der Datenübertragung aus. Gleichzeitig authentisiert sich dadurch Chipkarte 1. Laufen alle Prüfungen erfolgreich ab, dann wird der übertragene Betrag aufgebucht. Anschließend erstellt Chipkarte 2 eine Bestätigung der korrekten Aufbuchung, versieht sie ebenfalls mit einer digitalen Signatur und sendet sie zur Chipkarte 1. Mit dem Empfang dieser Zahlungsbestätigung und einer erfolgreichen Prüfung ist die Transaktion abgeschlossen.

Beide Karten enthalten Protokolldateien und haben entsprechende Verfahren, damit bei einer abgebrochenen Transaktion wieder korrekt an der entsprechenden Stelle aufgesetzt werden kann. Diese Fehlerbehebungsverfahren sind von großer Bedeutung, da es sonst passieren könnte, daß elektronisches Geld durch eine abgebrochene Transaktion vernichtet würde. Beide beteiligten Karten haben jeweils drei verschiedene Protokolldateien, in denen transaktionsrelevante Daten gespeichert werden. In der Transaktionsprotokolldatei (*transaction log*) sind diverse Daten über die letzten zehn erfolgreichen Zahlungstransaktionen gespeichert. Die Protokolldatei für schwebende Transaktionen (*pending log*) enthält alle Daten, die während einer Transaktion anfallen und für ein eventuelles Fehlerbehebungsverfahren notwendig sind. Die dritte Protokolldatei (*exception log*) beinhaltet alle nicht erfolgreich abgeschlossenen Transaktionen. Sind alle Records in dieser Datei beschrieben, dann wird die Chipkarte automatisch gesperrt. Der Karteninhaber muß dann seine Karte durch eine Online-Transaktion wieder entsperren lassen. Dabei werden die Dateieinträge in das Hintergrundsystem geladen, analysiert und daraufhin die Einträge in der Protokolldatei gelöscht.

Bild 12.16   Informationsfluß bei einer Transaktion zwischen zwei Chipkarten im Mondex-System.

Rekapitulation

Das Mondex-System ist zur Zeit das einzige vollständig offene elektronische Zahlungsverkehrssystem mit einer elektronischen Geldbörse. Es läßt alle Transaktionen zu, die auch mit normalem Bargeld möglich sind. Darüber hinaus können auch noch Zahlungstransaktionen über diverse Telekommunikationsmedien, wie z.B. Telefon, abgewickelt werden. Falls die Chipkarte mit der elektronischen Börse verlorengeht, dann ist bei diesem System natürlich auch das in der Börse befindliche Geld verloren, ganz wie bei einer echten Geldbörse mit Bargeld. Allerdings ist damit das System vollständig anonym, was die Benutzerakzeptanz sicherlich noch weiter erhöht. Das Mondex-System ist gewissermaßen die Simulation eines echten Geldkreislaufs.

Da es bei einem solchen System aufgrund des prinzipiellen Aufbaus natürlich nicht möglich ist, für jede einzelne Transaktion eine Gebühr zu verlangen, kommt natürlich sehr schnell die Frage auf, wie sich der Systembetreiber finanziert. Die notwendigen Investitionen für Aufbau und Betrieb sind nicht gerade gering. Im Feldversuch in Swindon wurde von jedem Kartenbenutzer eine nicht allzu hohe monatliche Gebühr (1,5 £ ≈ 3,30 DM) für seine elektronische Geldbörse erhoben. Das gleiche trifft natürlich auch für die Händler zu. Gebühren für das Clearing der Händlerumsätze können zwar erhoben werden, doch steht es aufgrund des vollständig offenen Systems den Händlern natürlich frei, mit dem erhaltenen elektronischen Geld ihrerseits wieder bei anderen Händlern einzukaufen. Der Systembetreiber könnte sich aber auch durch verschiedene Dienstleistungen an den Börseninhabern ebenso wie an den Händlern finanzieren. Der Systembetreiber hat bei Mondex den großen Vorteil, daß die Clearingkosten beinahe null sind, da es im ursprünglichen Sinn nicht mehr notwendig ist. Gerade bei Zahlungen im Kleinstbereich (*micropayments*) können die Clearingkosten im Verhältnis zum getätigten Umsatz sehr groß werden. So bewegen sich bei einigen elektronischen Geldbörsensystemen die Kosten für das vollständige Clearing inklusive Transaktionsaufzeichnung über Schattenkonten von einer einzigen Transaktion im Bereich von 5 Pfennig. Damit betragen die Clearingkosten für den Kauf eines Kaugummis am Automaten (20 Pfennig) immerhin 25 Prozent vom Kaufpreis. Dies ist für einen Händler völlig unakzeptabel. Im Mondex-System würden diese Kosten jedoch nicht entstehen.

Das Mondex-System wird in den nächsten Jahren den Markt für elektronischen Zahlungsverkehr in vielen Punkten beeinflussen. Es gibt auf internationaler Ebene mehrere große Banken, die über eine Einführung eines solchen Zahlungsverkehrssystems nachdenken. Die von vielen Nationalbanken als sicherheitskritisch angesehene Möglichkeit von Purso-to-Purse-Transaktionen ist in den neuen Versionen abschaltbar, wodurch die Akzeptanz stark gestiegen ist. Man darf gespannt die weitere Entwicklung abwarten.

12.4   Das ec-System in Deutschland

Deutschland unterscheidet sich im Zahlungsverkehr mit Karten von anderen Ländern dadurch, daß anstelle von Kreditkarten traditionell sehr viele Debitkarten (ec-Karten) verwendet werden. Mit dieser Art von Karte kann man nach Eingabe einer PIN an vielen Stellen bezahlen, und der dabei fällige Betrag wird dann unmittelbar von einem mit der Karte verbundenen Konto abgebucht. Der Händler muß für jede Zahlungstransaktion einen festen Betrag abführen, der allerdings nicht allzu hoch ist. Die Akzeptanz von Kreditkarten ist im Gegensatz dazu aufgrund der umsatzabhängigen Gebühren in Deutschland nicht sehr hoch. Daneben existiert noch die weit verbreitete Variante, daß der Kunde seine Einwilligung gibt, den Kaufpreis via Lastschrift auf das Konto des Händlers zu überweisen (POS ohne Zahlungsgarantie – POZ). Die ec-Karte dient dabei nur als Referenz zum Kundenkonto, auf das in diesem Fall online eine Bonitätsabfrage durchgeführt wird. Der Händler erhält in diesem Fall allerdings von seiner Bank keine Zahlungsgarantie, wie dies bei Transaktionen mit Kreditkarten und ec-Karten (ec-Cash, Geldkarte) der Fall ist.

Da die ec-Transaktionen in den meisten Fällen online von einem Hintergrundsystem autorisiert werden müssen, fallen zusätzlich noch Kosten für die Datenübertragung bzw. für die Anmietung einer Standleitung an. Da sich dies nur für Händler mit großem Umsatz und vielen Zahlungen mit ec-Karte rechnet, ist man seit einigen Jahren auf der Suche nach Verbesserungen am bestehenden System. Die Akzeptanz im Handel würde schlagartig steigen, wenn die hohen Kosten für die Telekommunikation wegfallen würden. Man benötigt also ein Offline fähiges System.

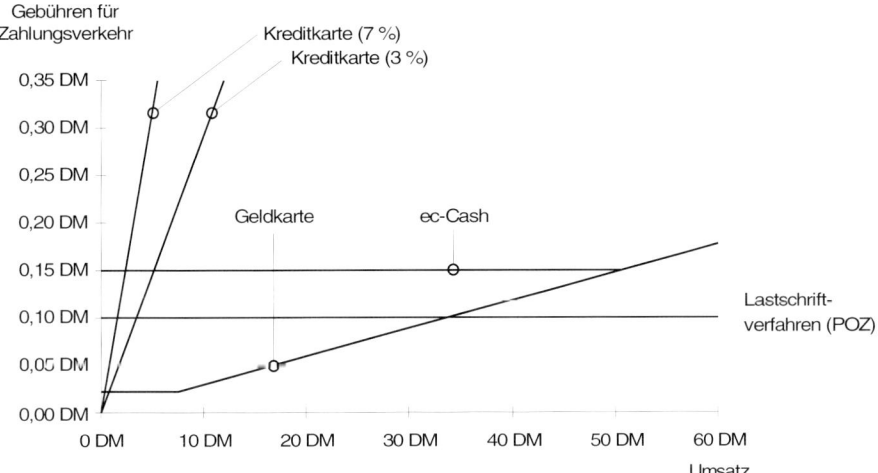

Bild 12.17   Die Gebühren des Händlers für den elektronischen Zahlungsverkehr in Deutschland. Im Lastschriftverfahren (POS ohne Zahlungsgarantie – POZ), werden umsatzunabhängig 10 Pf pro Transaktion verrechnet. Dazu unterschreibt der Kunde die Einwilligung zu einer Lastschrift und die Bank des Händlers kann dann den Kaufbetrag vom Konto des Käufers abbuchen. Bei einem Kauf mit der Geldkarte muß der Händler mindestens 0,3 % des Kaufbetrags, jedoch mindestens 2 Pf bezahlen. Benutzt der Kunde ec-Cash, so muß der Händler 0,3 % vom getätigten Umsatz, mindestens jedoch 15 Pf bezahlen. Bei Kreditkarten muß der Händler je nach Vertrag zwischen 3 % und 7 % des Umsatzes abführen, wobei es vertragsabhängig auch einen Mindestumsatz geben kann.

Der Zentrale Kreditausschuß (ZKA), eine Arbeitsgemeinschaft der Spitzenverbände der deutschen Kreditwirtschaft, beschloß 1993 eine Ausschreibung über ein Konzept einer multifunktionalen Chipkarte (MFC),[1] die für den elektronischen Zahlungsverkehr geeignet sein sollte. Nachdem mehrere Firmen entsprechende Angebote abgegeben hatten, wurde eines davon ausgewählt und die Rechte daran vom ZKA erworben. Aufgrund geänderter technischer Rahmenbedingungen wurde es anschließend stark überarbeitet. Als Ergebnis der Revision gibt es nun insgesamt fünf Schnittstellenspezifikationen für die ec-Karte mit Chip, von denen jede ein bestimmtes Gebiet abgedeckt. Leider sind diese Spezifikationen vertraulich, so daß es nicht möglich ist, detaillierte Informationen aus ihnen zu veröffentlichen. Im folgenden ein kurzer Überblick über die Themenbereiche:

- Datenstrukturen und Kommandos
- Das electronic cash-System
- Elektronische Börse
- Key-Management
- Personalisierung

---

[1] Der Begriff „multifunktionale Chipkarte" wurde in dieser Zeit und in diesem Zusammenhang geprägt.

Diese fünf Papiere beschreiben eine Zahlungsverkehrskarte, deren Funktionalität der heutigen ec-Karte entspricht und noch zusätzlich eine elektronische Geldbörse enthält. Auch ist es nach Ausgabe der Karte möglich, beliebige neue Anwendungen in die Karte nachzuladen.

Vor der bundesweiten Einführung der neuen Karte gab es im Frühjahr 1996 in der Region Ravensburg und Weingarten (Nähe Bodensee) mit einem Einzugsgebiet von 250 000 Einwohnern einen großangelegten Feldversuch mit etwa 100 000 ec-Karten und ungefähr 500 Terminals. Anschließend wurde im Herbst 1996 mit der großangelegten deutschlandweiten Einführung der neuen Karte begonnen. In Deutschland sind mittlerweile etwa 40 Millionen ec-Karten mit Chip ausgegeben, die sukzessive alle drei Jahre ausgetauscht werden. Bis Ende 1998 wurden in Deutschland 250 000 Terminals installiert, an welchen jährlich 300 Millionen Transaktionen stattfinden. Der kumulierte Umsatz der magnetstreifen- und chipbasierten Transaktionen von ec-Cash und Geldkarte beträgt 38 Milliarden Mark pro Jahr. Die 41 000 Geldausgabeautomaten in Deutschland werden ebenfalls Schritt für Schritt mit Chipkartenterminals aufgerüstet. Damit ging aus diesem Feldversuch weltweit eines der größten Zahlungsverkehrssysteme mit Chipkarten hervor.

Funktionen für den Benutzer

Die neue deutsche ec-Karte mit Chip hat für den Benutzer mehrere unterschiedliche Funktionen. Nach Eingabe einer PIN kann mit der Karte on- oder offline an einem entsprechenden Terminal bezahlt werden. Der anfallende Betrag wird dann von einem zugeordneten Kartenkonto bei der herausgebenden Bank abgebucht. Diese Anwendung heißt hier in diesem Kapitel einheitlich ec-Cash, obwohl es auch noch andere Bezeichnungen dafür gibt.

Natürlich kann mit der ec-Karte mit Chip auch Geld an den Geldausgabeautomaten der verschiedenen Banken abgehoben werden, doch gehört dies von der Seite der Funktionalität eigentlich noch in den ec-Cash-Bereich. Daß von der Chipkarte ebenfalls die unterschiedlichen Funktionen der Foyerautomaten, wie beispielsweise Kontoauszugsdrucker, unterstützt werden, ist selbstverständlich. Zusätzlich besitzt die Karte aber noch eine vorbezahlte elektronische Geldbörse namens Geldkarte, mit der auch ohne PIN-Eingabe bezahlt werden kann. Diese Börse existiert in einer anonymen und einer nicht anonymen Variante. Sie kann immer wieder an entsprechenden Ladeterminals (z.B. Terminal am Bankschalter, Geldausgabeautomaten) entweder gegen Bargeld oder gegen eine ec-Cash-Transaktion aufgeladen werden.

Eine grundlegend neue Funktion der ec-Karte ist die Möglichkeit, zusätzliche Anwendungen mit allen dazugehörigen Dateien und Kommandos nach Ausgabe der Karte an den Karteninhaber nachzuladen. Ob und wie dies in Zukunft genutzt wird, bleibt abzuwarten, da für das Nachladen natürlich eine entsprechende Genehmigung der kartenherausgebenden Bank sowie ein Sicherheitsgutachten vorhanden sein muß.

Gesamtsystem im Überblick

Wie bei großen Zahlungsverkehrssystemen üblich, gibt es auch bei der neuen deutschen ec-Karte mit Chip kein zentrales Clearing. Es existieren mehrere (geplant: 4 bis

6) Rechenzentren, die den Abrechnungsvorgang zwischen Händler, Karteninhaber und den beteiligten Kreditinstituten durchführen. Im folgenden Bild 12.17 ist im Überblick das Clearing bei der Anwendung „elektronische Geldbörse" in der nicht anonymen Variante aufgezeigt. Im übrigen heißt die Clearinginstanz in Deutschland „Börsenevidenzzentrale" (BEZ).

Der gesamte Zahlungsverkehr basiert auf zwei Konten: dem Börsenverrechnungskonto, welches immer den Saldo der elektronischen Geldbörse auf der Karte widerspiegelt, und dem Kartenkonto, das beispielsweise das Gehaltskonto des Karteninhabers sein könnte. Das Börsenverrechnungskonto ist ein sogenanntes Schattenkonto (*shadow account*), das parallel zur elektronischen Geldbörse geführt wird. Wird ein Geldbetrag in die elektronische Geldböse geladen, so findet analog und zeitgleich eine entsprechende Buchung auf das Börsenverrechnungskonto/Schattenkonto statt, da dieser Vorgang grundsätzlich online ausgeführt werden muß. Je nachdem, ob der Bezahlvorgang on- oder offline stattgefunden hat, werden zeitgleich oder zeitversetzt die entsprechenden Buchungen auf dem Börsenverrechnungskonto vorgenommen. Der große Vorteil an diesem kontengebundenen System liegt darin, daß der Börsensaldo bei Verlust oder Funktionsunfähigkeit der elektronischen Geldbörse mit einer gewissen zeitlichen Verzögerung rekonstruiert werden kann. Allerdings ist eine Anonymität der Zahlungen nicht mehr gewährleistet. Es gibt aber auch eine anonyme Variante der elektronischen Börse mit einem Schattenkonto, jedoch ohne Bezug zu einem Kundenkonto.

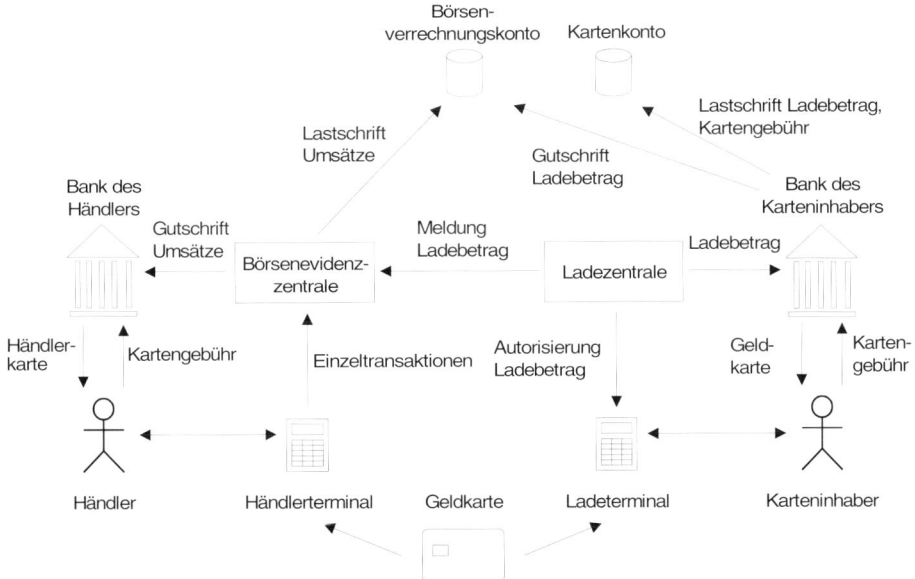

Bild 12.18   Grundlegender Aufbau des Zahlungsverkehrssystems für die deutsche Geldkarte, welche eine kontenbezogene und damit nicht anonyme elektronische Geldbörse ist.

ec-Karte mit Chip
Es gibt im deutschen ec-System mehrere verschiedene Kartentypen. Die Chipkarten für
die normalen Bankkunden gliedern sich aber wiederum in mehrere Untergruppen auf:

- ec-Karte (ec-Cash und Geldkarte mit Kontobezug, d.h. nicht anonym)
- Geldkarte mit Kontobezug (d.h. nicht anonym)
- Geldkarte ohne Kontobezug (d.h. anonym)

In der ec-Karte befinden sich zwei DFs, die jeweils die Anwendung ec-Cash und
Geldkarte enthalten.[1] Bei den Karten mit einer elektronischen Börse fehlt das DF für
ec-Cash. Der Kontobezug, d.h. ob die Karte anonym oder nicht anonym ist, wird lediglich durch bestimmte Datenelemente hergestellt.

Für die Händler gibt es für ihre Terminals eine Händlerkarte im ID-000 Format
(Plug-In) mit allen notwendigen Kommandos und Dateien um geldwerte Transaktionen
abzuwickeln. Dies ist sozusagen das Sicherheitsmodul der Händlerterminals. Dabei
existiert jedoch noch eine Besonderheit, die jedoch technisch durchaus eine gewisse
Attraktivität besitzt. Im deutschen ec-System gibt es nämlich reale und virtuelle Händlerkarten. Die reale Händlerkarte ist die übliche Chipkarte, als Plug-In geformt. Die
virtuelle Händlerkarte ist lediglich die Softwaresimulation einer realen Händlerkarte.
Diese läuft geschützt im Sicherheitsmodul des Händlerterminals ab.

Ursprünglich war diese Lösung ein Kompromiß, damit Terminals ohne Steckplatz
für Plug-In-Karten auch noch für das neue System verwendet werden konnten. Mittlerweile hat sich aber herausgestellt, daß diese Lösung einige technisch sehr positive
Eigenschaften aufweist. Eine virtuelle Händlerkarte läßt sich problemlos über Fern-
wartung austauschen, da sie nur aus Software besteht. Zudem ist ihre Lebensdauer
deutlich höher als die von realen Karten, da der nachteilige Einfluß der beschränkten
Anzahl von EEPROM-Schreibzyklen nicht mehr auftritt. Schließlich ist ein gutes
Hardwaresicherheitsmodul mindestens so sicher wie eine Chipkarte, da aufgrund der
gepufferten Stromversorgung die Sicherheitsmechanismen allzeit aktiv sind.

Das gesamte informationstechnische Konzept sowie das Sicherheitsmodell der Karte
lehnt sich stark an die europäische Norm EN 726-3 an. Ebenfalls sind Elemente aus der
Normenreihe ISO/IEC 7816 enthalten. Zuletzt war auch die EMV-Spezifikation für
Kreditkarten mitbestimmend für die Spezifikationen der ec-Karte. Allerdings gibt es
einige Abweichung zu den genannten Normen, was in Zukunft Probleme mit der Interoperabilität mit anderen System verursachen könnte. So ist beispielsweise das Secure
Messaging anwendungsspezifisch und basiert auf keiner Norm. Der Mechanismus für
die Zuordnung von EFs zu bestimmten Anwendungen ist ebenfalls vollständig unabhängig von der bestehenden Normung.

Bei den technischen Rahmenwerten, die in den Spezifikationen vorgegeben worden
sind, orientiert sich die Karte an vielen vorhandenen Standards. Die Größe entspricht
selbstverständlich ID-1 und somit der heutigen ec-Karte. Weiterhin ist sie als Hybrid-

---

[1] Der Begriff Geldkarte ist doppeldeutig und leider daher nur im jeweiligen Kontext unmißverständlich. „Geldkarte" bezeichnet sowohl die elektronische Geldbörse als Anwendung auf einer
Chipkarte als auch die Chipkarte selber.

karte mit Magnetstreifen und Chip ausgelegt, so daß ein Übergang von den heute übli-
chen Terminals mit Magnetstreifenleser zu den neueren Terminals mit Chipkarten-
kontaktiereinheit ohne Inkompatibilitäten möglich sein wird. Die Karte benutzt das
Übertragungsprotokoll T=1 in der Definition von EMV-1 Version 1 und nicht von
ISO/IEC 7816-3 Amd. 1. Da beide Definitionen nicht vollständig identisch sind, kann
es bei der Verwendung von bestimmten Protokollmechanismen der jeweiligen Norm
Anpassungsprobleme geben. Als kryptografischer Algorithmus findet der Triple-DES
Verwendung. Sicherheitstechnisch ist noch interessant, daß sowohl die komplette
Software als auch die Hardware der Chipkarte mit einem Sicherheitsgutachten anhand
des ZKA-Kriterienkatalogs[1] überprüft werden muß.

Die Dateiverwaltung unterstützt DFs auf mehreren Ebenen, sowie die Selektion mit
Short-FID, FID und AID. Es werden nur die beiden Dateistrukturen „linear fixed" und
„cyclic" unterstützt, die allerdings auch implizit in den dazu passenden Kommandos
selektiert werden können. Die Größe der beiden Record-orientierten Dateistrukturen ist
maximal 254 Records zu je 255 Byte. Dies wird natürlich momentan von keiner existierenden Anwendung ausgenutzt.

Bild 12.19   Der grundlegende Dateibaum in der deutschen ec-Karte mit Chip mit den beiden
                    Anwendungen ec-Cash und Geldkarte.

Das Dateimanagement verwendet einen speziellen Mechanismus für die Zuordnung
von EFs zu bestimmten Anwendungen. Durch diese Funktion, die durch zwei nicht genormte Kommandos realisiert ist, können EFs über die Grenzen von DFs hinweg einer
Anwendung zugeordnet werden. Damit ist es möglich, daß man innerhalb eines DFs
mit der Short-FID ein EF selektiert, das sich in einem anderen DF befindet. Es kann
damit ein EF mehreren unterschiedlichen DFs zugeordnet werden. Dies entspricht im
Prinzip dem Alias-Mechanismus in vielen PC-Betriebssssystemen. Der Zweck ist es,
Dateien mit allgemeinen Informationen mehreren Anwendungen ohne aufwendige Selektion über Anwendungsgrenzen hinweg zur Verfügung zu stellen. Die dadurch verschiedenen Anwendungen zugeordneten EFs können mit Short-FID oder FID selektiert
und nach Erreichen der dazu notwendigen Sicherheitszustände gelesen und geschrieben werden. Alle Dateien haben bestimmte Zugriffszustände, die Lesen und Schreiben
von vorher erreichten Zuständen (z.B. PIN-Eingabe) abhängig machen. Auch ist es mit

---

[1] siehe auch Abschnitt 9.3.1 Evaluierung

diesem objektorientierten System möglich, Zugriffe auf Dateien abhängig von der Sicherung der Datenübertragung zu machen. Das heißt, es gibt Dateiattribute, die einen Zugriff mit Secure Messaging erzwingen können.

Die vorhandenen Kommandos teilen sich in drei Klassen auf. Die Kommandos nach ISO/IEC 7816-4, die aber einen gegenüber der Norm reduzierten Funktionsumfang haben. Die ec-spezifischen Administrationskommandos werden für Verwaltungszwecke der Karte benutzt. Damit können neue Dateien angelegt, vorhandene gelöscht und neue Kommandos in die Chipkarte eingebracht werden. Die dritte Kommandoklasse, die Ergänzungskommandos, benutzt man, um die Funktionalitäten für ec-Cash und Geldkarte zu erreichen. Administrations- und Ergänzungskommandos sind rein ec spezifisch und haben im Prinzip keine Beziehung zur internationalen Normung.

Wie man aus der vorangehenden überblickshaften Beschreibung sieht, hat die ec-Karte einen verhältnismäßig großen Funktionsumfang. Dies führt zwangsläufig zu einem hohen Speicherbedarf. Derzeit benutzt man deshalb als Zielhardware zum Großteil Mikrocontroller mit 16 kByte ROM und 8 kByte EEPROM. Eine reine Börsenkarte ohne ec-Cash-Funktionalität benötigt nur etwa 4 kByte EEPROM. Zusammengefaßt bedeuten diese Speicheranforderungen, daß man die größten zur Zeit auf dem Markt befindlichen Chips verwenden muß, um den umfangreichen Programmcode sowie die jeweils ca. 1,5 kByte Anwendungsdaten für ec-Cash und Geldkarte im Chip unterzubringen. So werden unter anderen die folgenden Mikrocontroller eingesetzt: H8/3102, MC 68HC05 SC28, ST 16SF48, SLE 44C80S.

Zusatzanwendungen

Das Betriebssystem der ec-Karte besitzt Kommandos und Mechanismen, um ausführbaren Programmcode nachzuladen. Dieser muß allerdings individuell für jedes im Einsatz befindliche Betriebssystem und jeden Typ von Mikrocontroller sein, denn es kann nur adressabhängiger Maschinencode nachgeladen werden. Der aufgrund dieser Problematik notwendige logistische Aufwand beim Nachladen neuer Kommandos ist der Haupthinderungsgrund, warum dieser Mechanismus zur Zeit nicht eingesetzt wird.

Für eine Zusatzanwendung müssen jedoch nicht zwangsläufig Programme in die Chipkarte geladen werden. In den meisten Fällen genügt es schon, Dateien mit entsprechenden Zugriffsrechten zur Verfügung zu haben. Die Spezifikation der ec-Karte enthält Kommandos zur Erzeugung von Dateien. Der administrative Aufwand, Zusatzanwendungen individuell für jede Chipkarte online über eine Evidenzzentrale durchzuführen, ist jedoch sehr hoch, was ebenfalls dazu geführt hat, daß dieser Mechanismus sehr selten benutzt wird.

Statt dessen legt man bereits bei der Personalisierung der ec-Karten mehrere Dateien an, in denen zu einem Zeitpunkt nach Ausgabe der ec-Karten neue Anwendungen Platz finden. Die Sparkassenorganisation hat dieses Konzept zur Verwaltung von Dateien für Zusatzanwendungen Space Manager genannt. Die entsprechenden EFs haben die Struktur „linear fixed", besitzen je nach verfügbarem Speicher mehrere Records und eine einheitliche Recordgröße von je 55 Byte. Diese eigentümliche und zumal recht beträchtliche Recordgröße war der Kompromiß zwischen dem Mindestspeicherplatz für elektronische Fahrscheine und dem auf den ersten Implementationen noch freien Speicherplatz. Normale ec-Karten enthalten somit ein EF mit einem Record à 55 Byte und ein weiteres EF mit zwei Records à 55 Byte. Auf kontoungebundenen Geldkarten sind zusätzlich noch drei EFs mit einem, vier und zehn Records à 55 Byte vorhanden. Ein oder mehrere Records einer Datei sind dann für eine Zusatzanwendung vorgesehen. In der Welt der deutschen ec-Karte wird solch ein Record auch noch oft als „Schublade" bezeichnet.

Da sich die Dateien des Space Managers nur auf den Chipkarten der Sparkassenorganisation befinden und die ec-Karten der anderen Banken in der Regel nicht kompatibel zu diesem Konzept sind, wurde unter dem Dach des ZKA eine gemeinsame Lösung aller Banken für Zusatzanwendungen erarbeitet. Dieses Konzept heißt „Leerraumverwalter" und besitzt starke Ähnlichkeit zum Space Manager.

Resümee

Das deutsche ec-Kartensystem ist zur Zeit eines der umfangreichsten und komplexesten Zahlungsverkehrssysteme mit Chipkarten. Dies betrifft nicht nur die Zahlungsabläufe, sondern auch die dahinterstehende Logistik bei Halbleiterherstellung, Personalisierung und Ausgabe der Karten. Immerhin müssen alle drei Jahre etwa 40 Millionen Chipkarten in einem Zeitraum von weniger als drei Monaten beim Kunden sein.

Die sicherheitstechnischen Untersuchungen für die Hardware der Mikrocontroller und die Software der Betriebssysteme und Anwendungen setzen ebenfalls Maßstäbe, da die Zulassungsvoraussetzungen streng sind und laufend an neue Gegebenheiten (z.B.: DFA, DPA u.ä.) angepaßt werden. Interessant sind auch die technisch ausgetüftelten Kompatibilitätstests, die sicherstellen müssen, daß die Software von über zwanzig verschiedenen Masken auf über zehn verschiedenen Mikrocontrollern problemlos mit den ebenfalls über dreißig unterschiedlichen Terminals zusammenarbeitet.

Ob sich dieses große System auf europäischer Ebene ausbreiten oder vielleicht sogar durchsetzen kann, hängt von vielen Randbedingungen ab. Feldversuche in Frankreich, Luxemburg und Polen sind in Planung. Eine weitere Perspektive für dieses System zeichnet sich durch einige Pilotversuche ab, bei denen die Geldkarte als Zahlungsmittel im (deutschen Teil des) Internet(s) benutzt wird. Dazu benötigt der Kunde lediglich am heimischen Surf-PC ein einfaches und kostengünstiges Terminal mit dazugehöriger Software. Der Händler benutzt als Gegenstück ein Sicherheitsmodul oder spezielles Terminal, das über das Internet mit dem PC des Kunden verbunden ist.

Der Einsatz von über 40 Millionen Chipkarten beim deutschen ec-System hat Einfluß auf alle großen Zahlungsverkehrsprojekte mit Chipkarten. Die in Deutschland gemachten Erfahrungen mit dieser Multiapplication-Chipkarte werden sowohl bei zukünftigen Chipkarten-Betriebssystemen als auch bei der dazugehörigen Mikrocontroller-Hardware in vielen Punkten zu einer erheblichen Weiterentwicklung führen.

12.5   Kreditkarten mit Chip

Spezifikationen und Normen für Chipkarten existieren schon seit vielen Jahren für die unterschiedlichsten Anwendungsgebiete. Allerdings war bisher traditionell eine starke Konzentration auf den Bereich der Telekommunikation, also Telefon- und GSM-Karten, vorhanden. Seit zwei bis drei Jahren hat sich dies aber stark gewandelt. Die europäische Geldbörsennorm EN 1546 ist ein gutes Beispiel dafür. Der wichtigste Vertreter im Bereich des Zahlungsverkehrs ist aber die nach ihren drei Initiatoren Europay, Mastercard und Visa genannte EMV-Spezifikation. Diese beschreibt detailliert und in allen Aspekten Kreditkarten mit einem Mikroprozessorchip. Mittlerweile existiert auch eine entsprechende Spezifikation für den dazu passenden Terminaltyp.

Im Herbst 1993 begannen die drei international tätigen Kreditkartenfirmen Europay, Mastercard und Visa mit den ersten Arbeiten an der Spezifikation mit dem Namen „IC Card Specifications for Payment Systems". In verhältnismäßig kurzer Zeit stand eine erste Ausgabe zur Verfügung, die im Oktober 1994 als Version 1 veröffentlicht wurde. Mitte des Jahres 1995 wurde dann die revidierte Spezifikation, nunmehr mit der Versionsnummer 2, fertiggestellt. Ende Juli 1996 wurde die endgültige Spezifikation namens EMV '96 freigegeben, die mit der Version 2 abwärtskompatibel ist. Nach Bereinigung von Unklarheiten und kleineren Fehlern wurde dann im Sommer 1998 eine vollständig überarbeitete und kompatible EMV-Version veröffentlicht. Sie ist auch via Internet erhältlich [Europay, Mastercard, Visa], und man kann jedem Interessierten uneingeschränkt empfehlen, sie zu studieren.

Die Motivation für die drei Herausgeber von Kreditkarten, eine Spezifikation für Kreditkarten mit Chip in so kurzer Zeit zu erstellen, ist vielschichtig. Zum einen können bisherige Kreditkarten mit Magnetstreifen sehr leicht gefälscht werden. Das einzige Hindernis ist mittlerweile nur noch das weitgehend fälschungssichere Hologramm. Alle anderen Kartenelemente lassen sich mit relativ geringem Aufwand duplizieren. Der zweite nennenswerte Stichpunkt sind zusätzliche Funktionen, die eine Mikroprozessorkarte bietet. Elektronische Geldbörse, Bonuspunkte und Telefonfunktionen seien hier nur als Beispiele genannt.

Die Spezifikation für die Kreditkarte mit Chip gliedert sich in drei Teile: Teil eins lehnt sich stark an die Normenreihe ISO/IEC 7816-1/2/3 an und beschreibt die elektromechanischen Eigenschaften, die logische Schnittstelle und die Übertragungsprotokolle. Die Chipkarte hat nach diesem Teil der Spezifikation das ID-1 Format[1] mit ISO-Kontaktposition. Sie muß, neben anderen Werten, eine Versorgungsspannung von $5\,V \pm 0{,}5\,V$, einen maximalen Strom von 50 mA und eine Taktfrequenz von 1 bis 5 MHz haben. Die Kräfte pro Kontakt dürfen 0,6 N nicht überschreiten. Die Datenübertragung auf physikalischer Ebene ist im Grunde genommen identisch mit ISO/IEC 7816-3. Dies betrifft sowohl die Zeitdauer für die einzelnen Bits,[2] den ATR[3] und die

---

[1] siehe auch Abschnitt 3.1.1 Formate
[2] siehe auch Abschnitt 6.1 Physikalische Übertragungsschicht
[3] siehe auch Abschnitt 6.2 Answer to Reset – ATR

beiden Übertragungsprotokolle T=0 und T=1.[1] Die APDU Festlegung[2] ist identisch mit
der in der ISO/IEC 7816-4 beschriebenen.

Im zweiten Teil der Spezifikation sind die Datenelemente und Kommandos festgelegt. Der Inhalt lehnt sich sehr stark an die ISO/IEC 7816-4 an, zusätzlich sind die
EMV-spezifischen Kommandos beschrieben. Der dritte Teil mit Namen „Transaction
Processing" enthält schließlich die Daten und die Abläufe, die für eine Zahlungstransaktion notwendig sind. Eine zusätzliche Rahmenspezifikation behandelt die zu verwendenden Terminals und legt vom Tastaturlayout über Datenelemente bis hin zur Benutzerführung die wesentlichen Parameter fest. Im Anhang befindet sich noch eine zusätzliche Übersicht, die mögliche Terminaltypen definiert. Die ganze Spezifikation ist
sehr allgemein gehalten und legt nur grundlegende Parameter eines Terminals fest.

Da es sich bei der typischen Kreditkarte um einen Massenartikel handelt, dürfen die
Herstellungskosten natürlich nicht hoch sein. Da diese aber zu einem überwiegenden
Teil vom implantierten Mikrocontroller abhängen, wurde von Anfang an die Anwen-
dung „Kreditkarte" auf wenig Speicherverbrauch ausgelegt. Deshalb paßt eine übliche
EMV-Anwendung ohne Zusatzfunktionen auch auf einen Mikrocontroller mit 6 kByte
ROM, 1 kByte EEPROM und 128 Byte RAM. Selbst im Chipkartenbereich sind diese
Werte am unteren Ende der Bandbreite möglicher Chips, doch ermöglichen sie eine
kostengünstige Herstellung.

Die EMV-Spezifikationen sind zum Teil auch Grundlagenpapiere, die den Minimal-
standard für die verschiedenen Kartenherausgeber festlegen. Die zur Zeit aktuelle Version 2 läßt auch noch einige Punkte offen, so ist beispielsweise das Risikomanagement
von Terminal und Chipkarte bei einer Transaktion noch nicht exakt festgelegt. Deshalb
ist die EMV-Anwendung hier auch nur im Überblick beschrieben, da manche Details
entweder noch nicht feststehen oder noch mit Sicherheit geändert werden.

Dateien und Datenelemente

Die Spezifikation für die Kreditkarte mit Chip legt lediglich fest, daß für Dateien eine
Baumstruktur verwendet werden muß.[3] Die Anwendung selber befindet sich in einem
eigenen DF, das mittels einer AID (*application identifier*) selektiert wird und das alle
Datenelemente der Anwendung „Kreditkarte" enthält. Diese sind in EFs mit den beiden Dateistrukturen „linear fixed" und „linear variable" untergebracht. Die FIDs (*file
identifier*) der EFs sind auf maximal 5 Bit beschränkt, so daß sich alle EFs mittels
Short-FID implizit selektieren lassen. Der große Unterschied zu ähnlichen Spezifikationen besteht darin, daß keine bestimmten EFs und ihre FIDs festgelegt sind. Dies ist
für die Funktionalität im Zahlungsablauf auch nicht notwendig, da alle dafür benötigten Daten mit bereitgestellten Kommandos bearbeitet werden können. Direkt unter dem MF befindet sich lediglich eine Datei (EF$_{DIR}$ nach ISO/IEC 7816-4/5), die alle
Informationen über vorhandene Anwendungen der Karte enthält.

---

[1] siehe auch Abschnitt 6.4 Übertragungsprotokolle
[2] siehe auch Abschnitt 6.5 Struktur der Nachrichten – APDU
[3] siehe auch Abschnitt 5.6 Dateien in der Chipkarte

Alle Datenelemente im System Terminal – Karte sind mit eindeutigen Templates und Kennzeichen (*tags*) festgelegt. Mit den festgelegten Kommandos können sie innerhalb der Anwendung angesprochen werden, ohne daß ihre genaue Lage im Dateibaum oder in einer Datei bekannt sein muß. Damit ist es möglich, die Einteilung in Dateien dem Kartenherausgeber zu überlassen, da dies den Ablauf einer Zahlungstransaktion nicht beeinflußt.

Kommandos

Für den eigentlichen Ablauf der Zahlungsfunktionen sind vom technischen Prinzip her nur drei Kommandos notwendig. Allerdings benötigen Personalisierung, Verwaltung, Sonderfunktionen und Zusatzanwendungen durchaus noch weitere Kommandos. Dies fällt jedoch nicht in den Bereich der EMV-Spezifikation. Die folgenden Kommandos müssen aufgrund der Vorgaben der EMV-Spezifikation zur Verfügung stehen, wobei alle verwendeten Returncodes analog ISO/IEC 7816-4 sind:[1]

- EXTERNAL AUTHENTICATE (als Teilmenge von ISO/IEC 7816-4)
- GENERATE APPLICATION CRYPTOGRAM (EMV spezifisch)
- GET DATA (EMV spezifisch)
- GET PROCESSING OPTIONS (EMV spezifisch)
- READ RECORD (als Teilmenge von ISO/IEC 7816-4)
- SELECT (als Teilmenge von ISO/IEC 7816-4)
- VERIFY (als Teilmenge von ISO/IEC 7816-4)

Kryptografie

Die in einer Anwendung verwendeten kryptografischen Mechanismen sind naturgemäß sehr stark von den dazugehörigen Rahmenbedingungen abhängig. Dies ist besonders gut bei der EMV-Anwendung zu sehen. Eine Grundvoraussetzung für die Gestaltung des Systems war von Anfang an, daß die verwendeten Terminals kein Sicherheitsmodul besitzen. Damit können symmetrische Kryptoalgorithmen nicht mehr verwendet werden, da eine Geheimhaltung der Schlüssel nicht möglich ist. Der Grund für die fehlenden Sicherheitsmodule war, daß dies den Preis der Terminals erheblich verteuert hätte und ein weltweites Schlüsselmanagement für teilweise offline betriebene Terminals sehr aufwendig und teuer ist.

Um im Rahmen dieser Voraussetzungen eine Authentisierung der Chipkarte durch das Terminal zu ermöglichen, muß man asymmetrische Kryptoalgorithmen verwenden. Dazu benutzt man bei EMV eine einseitige statische Authentisierung mit kartenindividuellen Schlüsseln[2]. Die Chipkarte besitzt zwar damit keine Möglichkeit, die Authentizität des Terminals zu prüfen, doch besteht bei der EMV-Anwendung dazu auch keine zwingende Notwendigkeit. Dies ist deshalb der Fall, da auf der Karte kein Betrag abgebucht wird, sondern diese lediglich ein Transaktionszertifikat für das Terminal erstellt. Dieses Transaktionszertifikat ist seitens des Karteninhabers nicht an-

---

[1] siehe auch Abschnitt 7.11 Kommandos für Kredit- und Debitkarten
[2] siehe auch Abschnitt 4.10.3 Statische asymmetrische Authentisierung

onym und kann auch nur von einem zugelassenen, d.h. bekannten, Händler beim jeweiligen Kartenherausgeber eingereicht werden. Damit entfallen weitgehend Betrugsmöglichkeiten, da ein gültiges Transaktionszertifikat nur von einem autorisierten und dem Kartenherausgeber bekannten Händler in Geld „umgetauscht" werden kann.

Die verwendeten kryptografischen Algorithmen können im Prinzip beliebig sein, da sowohl die dazugehörigen Datenelemente als auch die Algorithmen selber über TLV-codierte Datenstrukturen eindeutig identifiziert werden. In der Version 2 der EMV-Spezifikation ist als Hash-Algorithmus der SHA-1 nach FIPS 180-1 bzw. ANSI X 9.30-2 vorgesehen.[1] Als kryptografischer Algorithmus wird aber nicht, wie aus der Benutzung von SHA-1 erwartet, der DSS, sondern der RSA-Algorithmus (ANSI X 9.31-1) verwendet.[2] Die Schlüssellänge läßt sich zwischen 512 Bit und 1 024 Bit variieren und wird durch eine entspreche Codierung (Kennzeichen der Signatur) angezeigt. Als öffentlicher Schlüssel werden aus Gründen der Berechnungsgeschwindigkeit kleine Zahlenwerte vorgeschlagen, wie z.B. 3 oder $2^{16}+1$.

Für den Fall, daß die Chipkarte eine Online-Verbindung mit dem Hintergrundsystem aufgebaut hat, ist es möglich, die Datenübertragung mit Secure Messaging nach ISO/IEC 7816-4 abzusichern.[3] Im Falle dieser end-to-end-Kommunikation wird ein symmetrischer kryptografischer Algorithmus benutzt, und zwar der DES. Dies ist in diesem Falle ohne Einschränkung der Systemsicherheit möglich, da sowohl Hintergrundsystem als auch Chipkarte den geheimen Schlüssel sicher aufbewahren können.

System und Transaktionsabläufe

Der Systemaufbau für Zahlungsverkehrssysteme im Kreditkartenbereich ist traditionell sehr zentralistisch ausgelegt. Es gibt üblicherweise mehrere Hintergrundsysteme, die alleine oder mit weiteren Systemen für einen bestimmten Raum (z.B. Deutschland) zuständig sind. Diese mit leistungsfähigen Computern ausgestatteten Rechenzentren sind über das eigenständige Netzwerk des jeweiligen Kreditkartenherausgebers miteinander verbunden. Dies dient zum Datenaustausch für das Clearing und erhöht auch die Betriebssicherheit, da beim Ausfall eines Rechenzentrums andere Hintergrundsysteme die Aufgaben mit übernehmen können. Die öffentlichen Telefon- und Datennetze (z.B. ISDN, X.25) verbinden die einzelnen Terminals mit dem Hintergrundsystem. Dazwischen kann sich noch ein Acquirer befinden, der das Routing und die Zusammenfassung von Transaktionsdaten übernimmt. Dies ist jedoch stark abhängig vom jeweiligen Kartenherausgeber bzw. vom jeweiligen Land. Auf Terminalebene gibt es die folgenden zwei Varianten: direkter Datenaustausch mit dem Acquirer oder Einbindung des Konzentrators des Händlers bzw. der Handelskette. Beide Varianten sind möglich und werden auch eingesetzt.

Der Ablauf einer Zahlung mit der Kreditkarte mit Chip ändert sich nach dem neuen System mit Chipkarten nicht stark. Der Kunde legt an der Kasse seine Kreditkarte vor, und diese wird in ein Chipkarten-Terminal gesteckt. Ist ein solches nicht vorhanden,

[1] siehe auch Abschnitt 4.8 Hash-Funktionen
[2] siehe auch Abschnitt 4.6.2 Asymmetrische Kryptoalgorithmen
[3] siehe auch Abschnitt 6.6 Sicherung der Datenübertragung

kann die Zahlung durch Benutzung des nach wie vor vorhandenen Magnetstreifens oder der Hochprägung auf konventionelle Weise getätigt werden. Ist aber ein Chipkarten-Terminal vorhanden, dann besteht nach wie vor auch die Möglichkeit, durch Leistung einer Unterschrift die Identität des Kartenbesitzers zu prüfen. Der dazugehörige Transaktionsbeleg erhält aber ein Kennzeichen, daß der Kartenbesitzer mittels Unterschrift identifiziert wurde. Die zweite Variante sieht die Eingabe einer vierstelligen PIN vor. Diese kann online vom Hintergrundsystem, aber auch offline von der Chipkarte geprüft werden. Das dazu generierte Transaktionszertifikat enthält dann einen Hinweis über die Art der PIN-Prüfung. Der Ablauf einer Zahlung ist in Bild 12.21 im Überblick dargestellt.

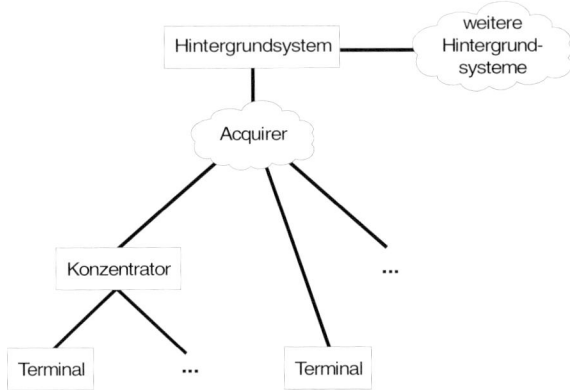

Bild 12.20   Grundlegender Aufbau des Zahlungsverkehrssystems für Kreditkarten mit Chip.

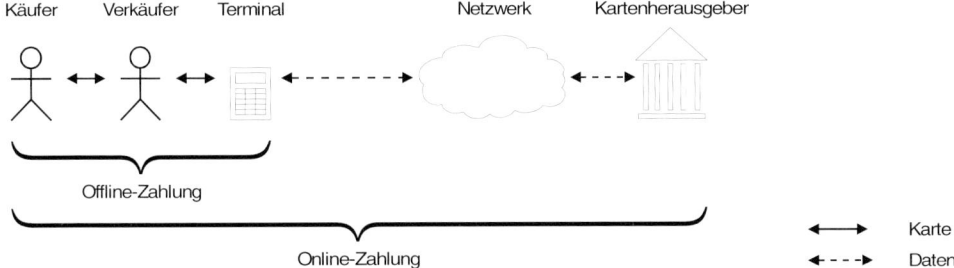

Bild 12.21   Grundlegende Infrastruktur beim Zahlungsablauf mit einer Chipkarte nach der EMV-Spezifikation.

Im Detail sind die einzelnen Funktionen und der Ablauf für eine erfolgreiche Zahlung mit Chipkarte natürlich etwas aufwendiger. Ein Beispiel dazu gibt Bild 12.22, welches die grundlegenden Mechanismen dazu zeigt. Sowohl Chipkarte als auch Terminal berechnen anhand von verschiedenen Transaktionsdaten (z.B. Höhe des Betrags) den genauen Ablauf der Transaktion. Überschreitet beispielsweise der zu zahlende Betrag eine bestimmte Grenze, dann fordert die Chipkarte eine Online-Autorisierung der Zahlung durch das Hintergrundsystem. Das Terminal muß dann eine Verbindung zu diesem aufbauen und sich die Zahlung bestätigen lassen. Erst mit einer zustimmenden Antwort vom Hintergrundsystem erzeugt die Chipkarte ein gültiges Transaktionszertifikat, das der Händler dann zum Clearing einreichen kann. Der Zweck der Online-Autorisierung ist die Minimierung des finanziellen Risikos für den Kartenherausgeber. Dadurch, daß sich eine Kreditkarte mit Chip aufgrund mehrerer Kriterien immer wieder online beim Hintergrundsystem „melden" muß, kann man den maximalen finanziellen Verlust bei gestohlenen oder manipulierten Karten innerhalb genau berechenbarer Grenzen halten.

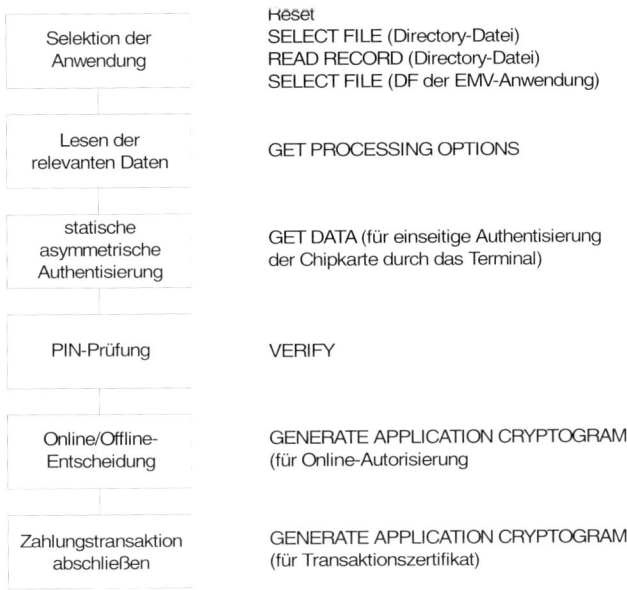

Bild 12.22   Stark schematisierter Zahlungsablauf mit einer Chipkarte nach der EMV-Spezifikation aus Sicht des Terminals.

Zukünftige Entwicklung

Die EMV-Spezifikation läßt in ihrem Aufbau und Inhalten den Kartenherausgebern sehr viel Spielraum für Eigeninitiative, so daß Weiterentwicklungen und eigene Varianten möglich sind. Diese Flexibilität wird in Zukunft sicherlich von den verschiedenen Firmen ausgiebig wahrgenommen, und mittlerweile sind auch schon die ersten Ergänzungen absehbar. So arbeitet jeder der drei an der EMV-Spezifikation beteiligten Kreditkartenherausgeber an einer elektronischen Geldbörse, die als Debit-Anwendung zusätzlich auf der Chipkarte Platz findet[1]. Vor allem im Bereich von Automaten oder bei geringen Beträgen hat eine vorbezahlte elektronische Geldbörse durchaus Vorteile, da die sonst bei Kreditkarten obligatorische Transaktionsgebühr nicht anfällt.

---

[1] siehe auch Abschnitt 12.3.1 CEN-Norm EN 1546

Die fortschreitende kommerzielle Nutzung von weltweiten Netzwerken, wie beispielsweise dem Internet, erfordert schon in naher Zukunft sichere, weltweit verbreitete
und akzeptierte Zahlungsmöglichkeiten. Kreditkarten mit Chip und einigen zusätzlichen Funktionen würden sich sehr gut dafür eignen, da sie schon seit langer Zeit unabhängig von bestimmten Ländern oder Währungen eine internationale Akzeptanz und
Verbreitung haben. Auch daran wird zur Zeit gearbeitet. Der Unterschied zur vorangehend vorgestellten Zahlungstransaktion ist nicht groß, da statt des Acquirers nun beispielsweise das Internet tritt. In erster Linie ist es lediglich notwendig, daß dem Kunden ein Chipkarten-Terminal zur Verfügung steht.

Obwohl die EMV-Spezifikation noch einige Unzulänglichkeiten aufweist und einige
Punkte auch noch offenläßt, hat sie im Chipkartenbereich fast schon die gleiche Bedeutung wie die GSM 11.11 Spezifikation erreicht. Es gibt praktisch keine neuen
Chipkarten-Betriebssysteme am Markt, die nicht für sich in Anspruch nehmen, „EMV-
kompatibel" zu sein. Aufgrund der in Zukunft zu erwartenden Stückzahlen von Kreditkarten mit Chip wird diese Spezifikation wahrscheinlich den Mindeststandard für alle
zukünftigen Anwendungen setzen.

13 Beispielhafte Anwendungen

Auf der Grundlage der vorangegangenen Kapitel, in denen alle relevanten Aspekte der Chipkarten-Technologie behandelt wurden, sind hier beispielhaft Anwendungen aufgeführt und in groben Zügen erklärt. An ihnen sieht man den Umfang und den Komplexitätsgrad von großen Chipkarten-Anwendungen.

Ein Zweck dieses Kapitel ist es auch, Systeme darzustellen, in denen Chipkarten eingesetzt werden und in denen sie nur ein Bestandteil von vielen sind. Funktionalität, Benutzerfreundlichkeit und üblicherweise fast die gesamte Sicherheit dieser Systeme hängt an den verwendeten Chipkarten. Jedoch ist es empfehlenswert, diese Systeme immer ganzheitlich zu betrachten, da sie nur zufriedenstellend funktionieren, wenn alle Komponenten reibungslos zusammenarbeiten.

13.1 Öffentliches Kartentelefon in Deutschland

Ab dem Sommer 1989 wurde in Deutschland von der Telekom mit der bundesweiten Einführung von öffentlichen Kartentelefonen begonnen. Dem gingen mehrere Feldversuche mit Systemen verschiedener Hersteller voraus. Diese begannen schon im Juni 1983 in vier verschiedenen Gebieten mit unterschiedlicher Struktur (Ballungsräume, Städte und ländliche Gebiete) in Deutschland. In diesen Versuchen wurden ebenfalls unterschiedliche Kartentypen, wie Magnetstreifenkarte, Karte mit Hologramm und verschiedene Kartenmaterialien (Papier, Kunststoff) getestet.

Das Ergebnis dieser ersten Feldversuche war, daß Speicherkarten aus Kunststoff der am besten geeignete Kartentyp für Kartentelefone sind. Ausschlaggebend dafür war die damit erreichbare Sicherheit und Aufwärtskompatibilität gegenüber anderen Kartentypen. Im Dezember 1986 und im Juli 1987 startete man dann großangelegte Feldversuche mit einem auf Speicherkarten basierenden System in 16 Großstädten, welche erfolgreich im Mai 1989 abgeschlossen wurden. Heute (Frühjahr 1999) gibt es in Deutschland über 90 000 öffentliche Kartentelefone und über 300 Millionen verkaufte Guthabenkarten seit Einführung des Systems. Weltweit sind es im übrigen über 1,1 Milliarden Karten und 8,3 Millionen Kartentelefone.

Die in Deutschland von der Telekom installierten Kartentelefone können prinzipiell mit zwei verschiedenen Kartentypen betrieben werden. Der erste Kartentyp ist die in sehr großen Stückzahlen produzierte und vertriebene Guthabenkarte, die sich mittlerweile in fast jeder Geldbörse wiederfindet. Sie ist, kaufmännisch gesehen, eine Debitkarte, die vom Kunden vorbezahlt ist. Technisch gesehen ist sie eine Speicherkarte mit einem irreversiblen Zähler, einem Sicherheitsmerkmal und synchroner Datenübertragung.

Die andere Variante der Telefonkarte sind die wenig verbreiteten Buchungskarten. Ihrer Natur nach sind sie Kreditkarten, da der Benutzer seine Einheiten erst nach Inanspruchnahme der Leistung (d.h. nach dem Telefonieren) durch monatliche Abbuchung von seinem Konto bezahlen muß. Technisch realisiert werden die Buchungskarten durch Chipkarten mit Mikrocontroller. Die Datenübertragung zum Kartentelefon findet dabei mit dem blockorientierten asynchronen Datenübertragungsprotokoll T=14 statt. Da diese Karte aber keine große Bedeutung hat, wird sie hier nicht weiter erwähnt.

Das Gesamtsystem der Kartentelefone ist dezentral mit mehreren aufeinander aufbauenden Ebenen von Computern angelegt. Die unteren Ebenen können im Falle eines Systemzusammenbruchs mehrere Tage völlig autark operieren, ohne daß es zu Einschränkungen im Telefonbetrieb kommt. Die beiden Teile des Systems der Telekom, mit denen der normale Benutzer üblicherweise Kontakt hat, also Telefonkarte und Kartentelefon, sind hier im folgenden beschrieben.

Um die sehr harten Einsatzbedingungen möglichst lange zu erfüllen, hat das Kartentelefon ein sehr stabiles Metallgehäuse, in dem Aussparungen für die Bedien- und Anzeigeelemente, wie Tastatur und Display, vorhanden sind. Das Terminal ist von der restlichen Elektronikbaugruppe vollständig galvanisch getrennt und zusätzlich noch kurzschlußfest, um Vandalismus und Zerstörungen, die auf diese Weise versucht werden, abzuwehren.

Gesteuert wird das Kartentelefon von einem leistungsfähigen Mikrocontroller. Die Steuerungssoftware kann über Fernladung auf den neuesten Stand gebracht werden. Damit muß ein Software-Update nicht mehr durch einen Servicetechniker vor Ort durch Austausch von EPROMs durchgeführt werden. Der Steuerrechner des Kartentelefons kann auch während eines Gesprächs mit einem DOV-Modem (*data over voice – DOV*) direkt Informationen mit den übergeordneten Systemebenen austauschen. Dies ist vor allem bei den Buchungskarten notwendig, da hier die anfallenden Gebühren sofort zur Verrechnung an das Hintergrundsystem weitergereicht werden.

Die Kommunikation mit der Guthaben- oder Buchungskarte übernimmt ebenfalls der zentrale Steuerrechner des Kartentelefons. Im Falle einer Buchungskarte korrespondiert er mit dem von der Telekom spezifizierten und nur in Deutschland verwendeten T=14 Protokoll mit der Karte, im anderen Fall mit dem jeweiligen synchronen Protokoll für die Speicherkarte.

Die eingebauten Terminals können die Speicherkarte mit externen Programmierspannungen von 5 Volt bis 25,5 Volt in 255 Schritten versorgen. Da aber praktisch alle neuen Speicherkarten die Programmierspannung für das EEPROM intern aus der normalen Versorgungsspannung mit einem Spannungswandler erzeugen, ist dies technisch eigentlich nicht mehr notwendig. Der Grund dafür liegt in der geforderten Kompatibilität mit den älteren Generationen von Telefonkarten, deren enthaltene Einheiten nach wie vor gültig sind.

Wird eine Buchungskarte verwendet, also eine echte Chipkarte, dann kann das Terminal die Taktfrequenz von 1,2 MHz bis 9,8 MHz wählen. Bei synchronen Karten ist es notwendig, den Takt in den Bereich von 20 kHz abzusenken, um eine funktionsfähige Kommunikation aufzubauen.

Die Terminals haben zum Schutz vor Dummy-Karten einen sehr massiv aufgebauten Shutter. Dieser würde mit einem Schlagmesser gegebenenfalls alle aus dem Einsteckschlitz herausführenden Kabel abtrennen. Damit verhindert man das Abhorchen und die Manipulation während der Kommunikation zwischen Terminal und Karte.

Die für die Telefonkarte eingesetzten Chiptypen haben sowohl ein vom Halbleiterhersteller maskenprogrammierbares ROM als auch EEPROM-Speicher für kartenindividuelle Daten und den Guthabenzähler.

Die Erzeugung der Programmierspannung für das EEPROM übernimmt eine auf dem Chip befindliche Ladungspumpe, so daß es nicht mehr notwendig ist, sie extern anzulegen. Somit genügt für die Versorgung des Chips das Anlegen der Betriebsspannung. Zum Schutz vor Betrug mit Nachahmungen hat der Chip ein Hardware-Sicherheitsmerkmal, dessen Funktion geheim ist. In Zukunft werden auch Speicherchips eingesetzt, die eine einseitige Authentisierung der Karte durch die äußere Welt ermöglichen.

Die neueren Telefonchips haben meist nur noch sechs Kontakte. Der Grund liegt darin, daß für die volle Funktionalität des Speicherchips nur fünf notwendig und somit auch alle weiteren Kontakte nicht belegt sind. Die Verwendung von acht Kontakten erhöht sogar noch die Fertigungskosten, da das Modul größer und damit teurer ist. Weiterhin dauert das Fräsen der Aussparung für das größere Modul länger, was wiederum den Durchsatz in der Maschine senkt und die Stückkosten erhöht. Deshalb haben praktisch alle neuen Telefonkarten nur mehr sechs Kontaktfelder. Die sechs oder acht auf das Kontaktfeld herausgeführten Leitungen des Chips haben die folgende Belegung:

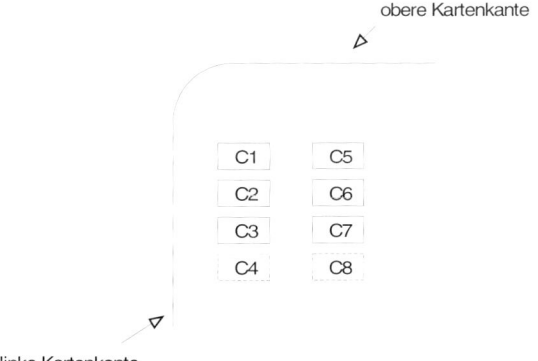

Bild 13.1   Die Belegung der Kontakte einer Telefonkarte. Die nicht aufgeführten Kontakte sind nicht belegt.

C1	Betriebsspannung (5 V ± 5 %)	C2	Steuereingang
C3	Takteingang (ca. 20 kHz)	C5	Masse
C7	Datenübertragung		

Die Guthabenkarte der Telekom enthält im Speicher des Chips die folgenden Daten:

Seriennummer
Die Seriennummer der Telefonkarten ist 7-stellig. Telefonkarten können deshalb bei Verdacht auf Betrug einzeln gesperrt werden. Gespeichert ist die Seriennummer in einem Teil des EEPROMs, das gegen Überschreiben oder Löschen gesperrt ist.

Herstellungsdatum
Während der Produktion der Chips werden in einen EEPROM-Speicherbereich sowohl das Herstellungsjahr wie auch Herstellungsmonat irreversibel geschrieben. Dieses Datum bezieht sich nur auf den implantierten Chip, nicht auf die Karte selber.

Hersteller
Nachdem der Chip in den Kartenkörper implantiert ist, schreibt der Kartenhersteller einen individuellen Code in den Speicher der Karte. Dieser dient als Herstellermerkmal und kann ebenfalls nicht mehr geändert werden.

Anfangswert
In jeder Telefonkarte ist zusätzlich zum aktuellen Guthaben der Anfangswert der Karte gespeichert.

Restguthaben
Dies ist das einzige Datenelement in der Karte, das für die Funktionalität „vorbezahlte Telefonkarte" funktionell notwendig ist. In einem fünfstufigen irreversiblen Oktalzähler im EEPROM werden vom Kartentelefon die einzelnen Einheiten nacheinander abgebucht. Der Zähler besteht damit aus 5 Byte mit je 8 Bit, was einen maximalen Zählbereich von $8^5 = 32\,768$ ergibt. Während der Kartenfertigung setzt man den Zähler auf den gewünschten Wert herab, so daß die Karte den entsprechenden Zählerstand gemessen in Pfennigen aufweist. Danach kann während der Benutzung der Zähler weiter gegen null dekrementiert werden. Hat der Zähler irgendwann den Wert null erreicht, ist die Karte komplett abtelefoniert.

Transaktionsablauf
Steckt man nun eine Telefonkarte in ein Kartentelefon, schließt als erstes der Shutter den Kartenschlitz, und die Kontakte des Terminals setzen sich parallel dazu auf die korrespondierenden Kontaktfelder der Karte. Danach fährt das Kartentelefon eine ISO-Anschaltsequenz und aktiviert so die Karte. Anschließend setzt das Terminal den Adreßzeiger in der Speicherkarte auf null und liest die ersten 16 Bit aus. Verläuft dies positiv, dann ist die Telefonkarte funktionsfähig. Diese 16 Bit werden vom Terminal als eine Art ATR interpretiert, in dem diverse Betriebsparameter für die Karte enthalten sind. Das Terminal prüft nun anhand dieser Parameter, ob die eingesteckte Karte zu den erlaubten Kartenarten gehört und damit überhaupt in allen seinen Funktionen korrekt angesteuert werden kann. Die ebenfalls ausgelesene Kartennummer wird parallel dazu über das DOV-Modem in die nächste übergeordnete Ebene gesendet, wo sie mit

einer Sperrliste verglichen wird. Ist dort kein Eintrag vorhanden, so darf die Karte benutzt werden, und das Kartentelefon erhält eine entsprechende Nachricht.[1]

Nun wird der Adreßzeiger auf den Bereich des Gebührenzählers gesetzt, der noch vorhandene Guthabenbetrag aus dem EEPROM-Speicher ausgelesen und auf dem Display angezeigt. Nach Wahl der Telefonnummer durch den Benutzer und einem erfolgreichen Verbindungsaufbau erhält das Kartentelefon laufend über das DOV-Modem die abzubuchenden Gebühreneinheiten. Das Kartentelefon dekrementiert daraufhin jeweils den Zähler in der Speicherkarte und liest ihn sofort danach wieder aus. Damit kann es kontrollieren, ob der Betrag auch korrekt abgebucht wurde. Ist dies nicht der Fall, wird die Verbindung sofort unterbrochen. Errechnet das Kartentelefon, daß das Guthaben in der Speicherkarte innerhalb der nächsten 20 Sekunden zu Ende geht, ertönt ein Signalton, und die Karte kann ohne Gesprächsabbruch gewechselt werden.

13.2   Kontaktlose Speicherkarte für Flugverkehr

Das in diesem Unterkapitel vorgestellte System ist aus mehreren Gründen unterschiedlich zu den üblichen Anwendungen von Chipkarten. Dies betrifft die zugrundeliegende Systemarchitektur und auch die Datenübertragung und Spannungsversorgung der Karte. Es ist das neue System für Fliegen ohne Ticket der deutschen Fluggesellschaft Lufthansa. Es basiert auf Speicherkarten, die kontaktlos arbeiten und damit nicht mehr in ein Terminal eingeführt werden müssen.[2] Der dahinterstehende Systemgedanke unterscheidet sich ebenfalls von allen hier dargestellten Chipkarten-Anwendungen. Man benutzt die Chipkarte nur als Identifikationsmittel für den Benutzer, alle Daten für die Anwendungen sind im Hintergrundsystem abgelegt.

Schon seit einigen Jahren gibt Lufthansa Karten für Vielflieger und für ihr Bonussystem heraus. Diese Karten besaßen Hochprägung sowie einen Magnetstreifen für die automatische Bearbeitung. Zusätzlich konnten bestimmte Kartentypen noch mit einem Chip für die öffentlichen deutschen Kartentelefone und mit einer Kreditkartenfunktion ausgerüstet werden. Diese bestehende Familie von Karten sollte aufwärtskompatibel durch zusätzliche Anwendungen für den Bereich Boarding und Ticket ergänzt werden. Zusätzlich zur geforderten Kompatibilität war ein zweites Ziel, daß an den bestehenden Systemen sowenig wie möglich geändert werden durfte. Eine einfache Bedienbarkeit durch den Kunden mußte ebenfalls möglich sein.

In der maximalen Ausbaustufe ist das Ergebnis eine Multiapplication-Karte, mit Magnetstreifen, Hochprägung, Hologramm, Speicherchip mit Kontakten und einem kontaktlosen Speicherchip. Mit dieser Karte kann eine große Reihe von unterschiedlichen Anwendungen bedient werden, ohne daß es mit den früher ausgegebenen Karten zu Problemen hinsichtlich der Kompatibilität kommt.

Vor der firmenweiten Einführung wurde ein Feldversuch auf der Strecke Frankfurt a. M. und Berlin durchgeführt. Dabei wurden an 600 völlig unterschiedliche Kunden die neuen Karten ausgegeben und zwischen Mai und Dezember 1995 mehrere tau-

---

[1] Entwertungszyklus einer Speicherkarte, siehe auch Abschnitt 12.2 Vorbezahlte Speicherkarten
[2] siehe auch Abschnitt 2.3.3 Kontaktlose Chipkarten

send Flüge auf dieser Strecke durchgeführt. Für die Benutzung der Karte wurden entsprechende Automaten auf den beiden Flughäfen aufgestellt. Diese auf PC basierten Geräte hatten einen berührungssensitiven Farbbildschirm sowie einen Drucker. An die PC-Steuerung der Automaten war ebenfalls noch ein Sender und Empfänger für die kontaktlose Chipkarte angeschlossen.

Anwendungen auf der Karte
Dem Kunden stehen auf der neuen Karte die unterschiedlichsten Anwendungen zur Verfügung. Hier und auch im folgenden wird immer von der maximal möglichen Ausstattung der Karte ausgegangen. Es gibt natürlich auch einfachere Varianten, so beispielsweise eine Karte, die nur die Funktionen des kontaktlosen Speicherchips enthält. Mit diesem Chip ist ein selbstbedientes Einchecken am Automaten möglich, was natürlich zu einem entsprechend großen Durchsatz und zu weniger Wartezeiten bzw. schnellerer Abfertigung führt. Das Lufthansa Bonussystem ist im Rahmen des kontaktlosen Chips ebenfalls integriert, so daß keine extra Karte oder eine zusätzliche Dateneingabe notwendig ist.

An entsprechenden Automaten am Flughafen kann sich der Kunde einchecken und eine sogenannte „Boarding Information" ausdrucken lassen. Auf dieser sind, analog dem heutigen Ticket, alle wesentlichen Informationen für den gebuchten Flug vorhanden. Falls notwendig, kann am Automaten auch noch der Sitzplatz im Flugzeug gewählt werden. Unter Angabe der auf die Karte geprägten Nummer können Flüge auch telefonisch gebucht werden. Es ist geplant, dies in Zukunft vollständig ohne Tickets aus Papier durchzuführen, da alle relevanten Informationen über die Chipkarte aus dem Hintergrundsystem abgerufen werden können. Dies schließt natürlich Flugbestätigungen per Telefon oder Fax nicht aus, die auch weiterhin wie bisher möglich sind.

Zusätzlich zu diesen Funktionen können auf die neue Karte noch die entsprechenden Daten auf den Magnetstreifen und das Hologramm für eine Kreditkarte aufgebracht werden. Auch besteht die Möglichkeit, einen Chip mit Kontakten an der ISO-Position zu implantieren, was man momentan dazu benutzt, um dort einen Telefonchip anzubringen.

Das Gesamtsystem
Alle Anwendungen, die auf dem kontaktlosen Speicherchip beruhen, sind seitens der Chipkarte sehr einfach aufgebaut. Die Karte wird nur zur Identifizierung benutzt, wobei man hier einen Speicherchip zum Einsatz bringt, der eine dynamische Authentisierung durch das Hintergrundsystem ermöglicht[1]. Nach der Authentisierung liest man alle Daten aus der Karte. Dies sind zur Zeit Kundennummer, Kundenname und Kundenprofil. Mit diesen Daten kann nun das Hintergrundsystem die Karte einer Person zuordnen, und Buchungsdaten, Guthaben im Bonussystem und alle anderen Anwendungen stehen zur Verfügung. Die Karte wird also nur als eine Art Schlüssel verwendet, die zu den verschiedenen Anwendungen gehörigen Daten und Mechanismen befinden sich stets im Hintergrundsystem. Dies hat natürlich in diesem Fall erhebliche

---

[1] siehe auch Abschnitt 4.10.1 Einseitige symmetrische Authentisierung

Vorteile, da das Hintergrundsystem inklusive aller notwendigen Datenbanken, Programme und Schnittstellen schon seit langem vorhanden ist.

Ein weiterer Vorteil dieses Systems ist die Vorgehensweise bei verlorenen oder funktionsunfähigen Karten, eine Problematik, die in fast allen anderen Systemen mit Multiapplication-Karten bisher immer ausgespart wurde. Bei Anwendungen, die nach der Personalisierung in die Karte eingebracht wurden, muß der Karteninhaber mit seiner neu ausgestellten Karte alle Anwendungsbetreiber kontaktieren, damit diese ihre Anwendungen wieder auf seine Karte aufbringen. Durch den zentralistischen Systemaufbau gibt es diese Art von Problemen bei der Lufthansa-Chipkarte nicht. Der Kunde erhält bei Verlust bzw. Funktionsunfähigkeit eine neue Chipkarte, und die alte wird anhand ihrer Nummer systemweit gesperrt. Dies stellt auch logistisch keinen großen Aufwand dar, da alle angeflogenen Flughäfen über das schon seit langem vorhandene Netzwerk von Lufthansa Zugriff auf die notwendigen Daten haben.

Die kontaktlose Karte
Die neue Chipkarte besitzt das international übliche ID-1 Format. Der innerhalb des Kartenkörpers eingebaute Speicherchip benutzt eine induktive Kopplung mit einer Spule für die Energie- und Datenübertragung. Mit dieser Technologie können in einer Entfernung von bis zu 10 cm vom Terminal Daten sowohl gelesen als auch geschrieben werden.[1] Befindet sich die Chipkarte in einer normalen Geldbörse, ist es sogar möglich, den Datenaustausch mit dem Terminal durchzuführen, ohne die Karte aus der Geldbörse zu nehmen. Es reicht, die Geldbörse an das Terminal zu halten. Da sich Chip und Spule im Inneren der Karte befinden, läßt sich davon völlig unbeeinträchtigt das grafische Layout der Karte definieren. Weiterhin gibt es durch die kontaktlose Technik natürlich keine Abnutzungen an Kontaktelementen des Chips, da diese schlichtweg nicht mehr vorhanden sind.

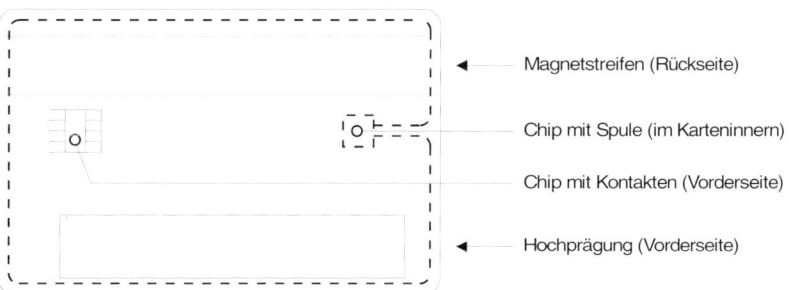

	Magnetstreifen (Rückseite)
	Chip mit Spule (im Karteninnern)
	Chip mit Kontakten (Vorderseite)
	Hochprägung (Vorderseite)

Bild 13.2   Physikalischer Aufbau der neuen Chipkarte von Lufthansa in der maximalen Ausstattung

Die typische Transaktionszeit im vorgestellten System zwischen Terminal und Chipkarte beträgt ca. 100 ms und findet bei einer Frequenz von 13,56 MHz statt. Der verwendete Speicherchip (SLE 44R35) besitzt 1 kByte EEPROM und die Fähigkeit einer

---

[1] siehe auch Abschnitt 3.1.3 Kontaktlose Karte

einseitigen dynamischen Authentisierung durch die äußere Welt. Da sich momentan
nur 48 Byte Daten (Kundennummer, Kundenname, Kundenprofil) im Speicher befinden, können in Zukunft noch weitere Einsatzgebiete erschlossen werden, obwohl man
bei diesem System für eine neue Anwendung bekanntermaßen keinen zusätzlichen
Speicher in der Chipkarte benötigt.

Die Zukunft

Der Feldversuch auf der Strecke Frankfurt a. M.–Berlin verlief sehr erfolgreich. Deshalb ist geplant, ab März 1996 mit der Ausgabe der Serienkarten zuerst an Vielflieger
und dann an alle interessierten Kunden zu beginnen. Dafür wird Zug um Zug an allen
deutschen Flughäfen der Abfertigungsbereich von Lufthansa entsprechend aufgerüstet,
so daß die neue kontaktlose Karte überall verwendet werden kann. Darüber hinaus
plant man, diese neue Technik in Zukunft grundsätzlich an allen von Lufthansa angeflogenen Flughäfen im Abfertigungsbereich zu installieren. Für den Kunden ergeben
sich durch die neue Karte Zeitvorteile beim Einchecken vor dem Flug.

Obwohl diese Chipkarten-Anwendung seitens des Systemaufbaus untypisch ist,
bringt sie doch eine etwas geänderte und interessante neue Betrachtungsweise in die
Chipkartenwelt. Da sich die Daten der Anwendungen im Hintergrundsystem befinden,
sind somit auch alle datenschutzrechtlichen Aspekte in dieses verlagert. Das bedeutet,
daß der Datenschutz, in welchem Land auch immer, keinen Einfluß mehr auf die Dateninhalte der Karte hat. Dadurch geht man ebenfalls den bekannten Speicherplatz-
problemen bei mehreren Anwendungen auf einer Karte aus dem Weg. Denn das Thema, welcher Anwender welche Daten auf die Karte schreiben darf, besteht damit nicht
mehr. Auch ist die Trennung der Anwendungen auf der Karte vollständig, es kann seitens des Systemdesigns keine Interferenzen zwischen den einzelnen Anwendungen geben. Zuletzt ist noch anzumerken, daß die für den Systembetreiber wertvollen Daten
immer sicher in seinem Hintergrundsystem aufbewahrt sind und nicht auf der Chipkarte, auf der sie verlorengehen können.

Das neue System stellt außerdem ein vorbildliches Beispiel für den nahtlosen Übergang von einer Kartentechnologie zur nächsten Generation dar. Diese „sanfte" Migration von einer Technologiestufe zur nächsten ist ein sehr gewichtiges Argument, da
getätigte Investitionen nicht verloren sind und ein System nicht komplett neu aufgebaut werden muß. Allerdings muß man sich diesen Vorteil durch eine noch relativ neue
und teure Kartentechnik erkaufen. Es ist aber durchaus denkbar, daß diese Technik in
dem beschriebenen Bereich sehr großen Einfluß gewinnt, da sie eine schnellere und ef-
fektivere Abfertigung als mit den bisherigen Tickets mit Magnetstreifen ermöglicht.

13.3   Krankenversichertenkarte

In Deutschland haben bis Ende 1994 alle Mitglieder einer gesetzlichen Krankenkasse oder einer Ersatzkasse eine Krankenversichertenkarte (KVK) bekommen. Seit 1996 haben auch die privaten Krankenversichungen damit begonnen, eigene und zu den gesetzlichen KV-Karten kompatible Chipkarten auszugeben. Damit besitzen diese Karten mit über 72 Millionen Stück noch vor den Telefonkarten die höchste Durchdringung aller Karten in der Gesamtbevölkerung von Deutschland.

Ursprünglich war nur die Einführung einer Magnetstreifenkarte geplant, doch entschied man sich in Hinblick auf zukünftige Weiterentwicklungen, Karten mit Chips zu verwenden. Die kostengünstigste Lösung waren dabei Speicherkarten, da momentan Karten mit implantiertem Mikrocontroller viel teurer wären. Jedoch ist das System so ausgelegt, daß in weiteren Ausbaustufen in einigen Jahren Chipkarten die Speicherkarten ablösen können. So ist momentan ein bundesweites System am Entstehen, das die Grundlage für eine spätere Gesundheits-Chipkarte bilden könnte, wenn dies erforderlich wäre.

Die Krankenversichertenkarte für den Versicherten hat zwei grundsätzliche Funktionen. Zum einen dient sie als Ausweis dem behandelnden Arzt gegenüber. Sie ist dadurch ein Ersatz des Krankenscheins aus Papier geworden, der damit auch nicht mehr benötigt wird. Die zweite Funktion ist ein maschinenlesbarer Datenträger für den Praxiscomputer des Arztes. Im Normalfall ist das Terminal an einen PC in der Arztpraxis angeschlossen, der es auch ansteuert. Die Karte kann in dem Terminal ausgelesen, und die so erhaltenen Abrechnungsdaten können maschinell weiterverarbeitet werden. Falls der Arzt seine Praxis mit herkömmlichen Organisationsmethoden, d.h. ohne Computer, verwaltet, kann das Terminal auch direkt die Daten der Krankenversichertenkarte auf einen Drucker und damit auf Formulare übertragen.

Drei verschiedene Stellen können auf die Krankenversichertenkarte zugreifen. Dies ist erstens die Arztpraxis, in der die Daten der Karte nur gelesen werden können. Schreiben von Daten ist nicht vorgesehen und wird durch die Software der Terminals verhindert. Der zweite Platz ist die Krankenkasse selber, in der ebenfalls nur lesend auf den Speicher der Karte zugegriffen werden kann. Dort ist es dem Versichertem möglich, seine persönlichen Daten, die in der Karte gespeichert sind, auszulesen und zu kontrollieren. An speziellen Terminals bei den Krankenkassen können auch Daten in die Karte geschrieben werden. Dies wäre zum Beispiel bei einem Wohnungswechsel möglich, um so die neue Adresse in die Karte einzutragen.

Allerdings sind viele Krankenkassen schon dazu übergegangen, statt dessen dem Versicherten einfach eine neue Karte mit der Aufforderung die alte zu vernichten zuzusenden. Der Grund dafür liegt in der wesentlich einfacheren und damit kostensparenderen Logistik.

In der Anfangsphase des KVK-Projektes standen die verschiedensten Informationen über den Patienten zur Diskussion. Von der Blutgruppe bis zu Allergien sollten Informationen auf die Karte, die dadurch auch eine Art Notfallpaß geworden wäre. Nachdem aber alle datenschutzrechtlichen Bedenken zerstreut waren, blieben nur mehr die folgenden personenbezogenen Informationen im Chip der Karte.

Die in der Karte enthaltenen Daten sind im wesentlichen auch außen auf dem Kartenkörper zu finden, so daß der Versicherte seine Daten genau kennt. Jedoch sind Daten nur insoweit außen vermerkt, als sie unveränderlich und personenbezogen sind. Die Adresse befindet sich nur im Speicher der Karte, so daß bei einem Umzug theoretisch keine neue Karte ausgestellt werden müßte.

Die Kenntnis der in der Karte enthaltenen Daten war auch eine der Voraussetzungen für die Zulassung des gesamten Systems. Es dürfen in der Karte keine geheimen oder dem Versicherten nicht bekannte Daten vorhanden sein. Auch darf keine Möglichkeit bestehen, zu einem späteren Zeitpunkt unautorisiert zusätzliche Daten in den Chip zu schreiben. Um ein Schreiben von Daten schon im Grundansatz zu verhindern, erhalten weder die Arztpraxen noch die Krankenkassen Terminals, die eine solche Fähigkeit aufweisen. Lediglich einige Verwaltungsterminals bei den Kassen können Daten in die Karte schreiben. Dazu benötigt man aber keinen speziellen Schlüssel zur Authentisierung, da die Daten von einem technisch entsprechend ausgerüsteten Terminal ohne weiteres geschrieben werden können.

Tabelle 13.1   Die Datenelemente und ihre TLV-Codierung in der deutschen Krankenversichertenkarte nach der „Technischen Spezifikation der Versichertenkarte" von 1993.

Datenelement	Länge	Kennzeichen (*tag*)
Bundesland	1 – 3 Byte	'8A'
Familienname des Versicherten	2 – 28 Byte	'87'
Geburtsdatum des Versicherten (Format: TTMMJJJJ)	8 Byte	'88'
Gültigkeitsdatum der Karte (Format: MMJJ)	4 Byte	'8D'
Name der Krankenkasse	2 – 28 Byte	'80'
Namenszusatz des Versicherten	1 – 15 Byte	'86'
Nummer der Krankenkasse	7 Byte	'81'
Nummer des Versicherten	6 – 12 Byte	'82'
Ortsname	2 – 22 Byte	'8C'
Postleitzahl	4 – 7 Byte	'8B'
Prüfsumme (XOR) über das gesamte Template	1 Byte	'8E'
Rechtskreis Ost / West	1 Byte	'90'
Status des Versicherten	4 Byte	'83'
Straßenname und Hausnummer	2 – 28 Byte	'89'
Titel des Versicherten	2 – 15 Byte	'84'
Template der Versichertendaten	70 – 212 Byte	'60'
Versichertenkartennummer (VKNR)	5 Byte	'8F'
Vorname des Versicherten	1 – 28 Byte	'85'

Nach außen gesehen verhält sich die Krankenversichertenkarte, als wenn nur eine einzige transparente Datei (EF) vorhanden wäre. Auf diese Datei kann mit einem Offset und einer Längenangabe lesend wahlfrei zugegriffen werden. Bestimmte Verwaltungsterminals können auch in den Speicher schreiben, doch dies ist aus Datenschutzgründen die Ausnahme.

Bei der Festlegung der Anordnung der Datenelemente war es von großer Bedeutung, zukünftige Erweiterungen oder Änderungen ohne Kompatibilitätsprobleme zu ermöglichen. Auf Grund dieser Forderung wurden alle personenbezogenen Daten in der Krankenversichertenkarte in der Datenbeschreibungssprache ASN.1 strukturiert. Sie sind im Speicher der Karte in einer TLV Struktur enthalten. Damit können in Zukunft weitere Datenobjekte hinzugefügt oder die Codierung vorhandener Daten geändert werden. Die zu verwendenden Kennzeichen (*tags*) schreibt eine Spezifikation vor, so daß die Datenelemente aller Krankenversichertenkarten auf der gleichen Grundlage strukturiert sind.

	x0	x1	x2	x3	x4	x5	x6	x7	x8	x9	xA	xB	xC	xD	xE	xF
0y	'A2'	'13'	'10'	'91'	'46'	'0B'	'81'	'15'	'44'	'45'	'47'	'2B'	'44'	'32'	'88'	'F1'
							ATR und Produktionsdaten									
1y	'9F'	'61'	'0B'	'4F'	'06'	'D2'	'76'	'00'	'00'	'01'	'01'	'53'	'01'	'07'	'60'	'81'
				T	L			AID				T	L	V1	T	L1
2y	'88'	'80'	'18'	'56'	65	72	'65'	'69'	'6E'	'74'	'65'	'20'	'4B'	'56'	'20'	'20'
	L2	T	L	"V"	"e"	"r"	"e"	"i"	"n"	"t"	"e"	" "	"K"	"V"	" "	" "
3y	'20'	'20'	'20'	'20'	'34'	'30'	'33'	'33'	'35'	'33'	'31'	'81'	'07'	'30'	'30'	'30'
	" "	" "	" "	" "	"4"	"0"	"3"	"3"	"5"	"3"	"1"	T	L	"0"	"0"	"0"
4y	'30'	'30'	'30'	'30'	'8F'	'05'	'30'	'30'	'30'	'30'	'30'	'82'	'07'	'38'	'31'	'36'
	"0"	"0"	"0"	"0"	T	L	"0"	"0"	"0"	"0"	"0"	T	L	"8"	"1"	"6"
5y	'34'	'35'	'30'	'31'	'83'	'04'	'30'	'30'	'30'	'32'	'90'	'01'	'31'	'85'	'09'	'41'
	"4"	"5"	"0"	"1"	T	L	"0"	"0"	"0"	"2"	T	L	"1"	T	L	"A"
6y	'6C'	'65'	'78'	'61'	'6E'	'64'	'65'	'72'	'87'	'05'	'52'	'61'	'6E'	'6B'	'6C'	'88'
	"l"	"e"	"x"	"a"	"n"	"d"	"e"	"r"	T	L	"R"	"a"	"n"	"k"	"l"	T
7y	'08'	'30'	'31'	'30'	'31'	'31'	'39'	'36'	'35'	'89'	'15'	'50'	'72'	'69'	'6E'	'7A'
	L	"0"	"1"	"0"	"1"	"1"	"9"	"6"	"5"	T	L	"P"	"r"	"i"	"n"	"z"
8y	'72'	'65'	'67'	'65'	'6E'	'74'	'65'	'6E'	'73'	'74'	'72'	'2E'	'20'	'32'	'30'	'30'
	"r"	"e"	"g"	"e"	"n"	"t"	"e"	"n"	"s"	"t"	"r"	"."	" "	"2"	"0"	"0"
9y	'8B'	'05'	'38'	'30'	'30'	'30'	'30'	'8C'	'07'	'4D'	'7D'	'6E'	'63'	'68'	'65'	'6E'
	T	L	"8"	"0"	"0"	"0"	"0"	T	L	"M"	"ü"	"n"	"c"	"h"	"e"	"n"
Ay	'8D'	'04'	'30'	'31'	'30'	'37'	'8E'	'01'	'42'	'C0'	'54'	'20'	'20'	'20'	'20'	'20'
	T	L	"0"	"1"	"0"	"7"	T	L	XOR	T	L					
By	'20'	'20'	'20'	'20'	'20'	'20'	'20'	'20'	'20'	'20'	'20'	'20'	'20'	'20'	'20'	'20'
				nicht genutzter Speicherbereich, gefüllt mit Leerzeichen												
Cy	'20'	'20'	'20'	'20'	'20'	'20'	'20'	'20'	'20'	'20'	'20'	'20'	'20'	'20'	'20'	'20'
Dy	'20'	'20'	'20'	'20'	'20'	'20'	'20'	'20'	'20'	'20'	'20'	'20'	'20'	'20'	'20'	'20'
Ey	'20'	'20'	'20'	'20'	'20'	'20'	'20'	'20'	'20'	'20'	'20'	'20'	'20'	'20'	'20'	'20'
Fy	'20'	'20'	'20'	'20'	'20'	'20'	'20'	'20'	'20'	'20'	'20'	'20'	'20'	'20'	'20'	'00'
																NU

Bild 13.3   Beispielhafter Datensatz einer KV-Karte für Privatversicherte mit Decodierung aller enthaltenen Datenelemente. Die aufgeführten Daten gehören einer nicht existenten Person, und die XOR-Prüfsumme der Karte ist bewußt falsch. Die folgenden Abkürzungen wurden benutzt: T – Kennzeichen; L, L2 – Länge der nachfolgenden Daten; L1 – Kennzeichen innerhalb der Längencodierung, das folgende Byte L2 ist die Länge der nachfolgenden Daten, NU – nicht benutzt (*not used*) und V1 – Kennzeichen des Personalisierers.

Die Krankenversichertenkarte ist keine Mikroprozessorkarte. Sie ist eine Speicherkarte, wie sie mit ähnlicher Hardware auch im Telefonkartenbereich seit Jahren eingesetzt ist. Der dabei verwendet EEPROM-Speicher muß eine Größe von minimal 256 Byte besitzen. Dies ist die Länge aller notwendigen Daten, die sich in der Krankenversichertenkarte befinden. Somit passen die Daten exakt in den Speicher und es ist physikalisch nicht möglich, zusätzliche Informationen unterzubringen, was den datenschutz-rechtlichen Bestimmungen widersprechen würde.

Die zum Takt synchronen Übertragungsprotokolle sind vom jeweils eingesetzten Chiptyp abhängig. Jedes Terminal muß damit alle möglichen Protokolle komplett aus-führen können. Der Kartenkörper kann in einem Spritzgußverfahren oder in Mehr-lagentechnik gefertigt sein. Die Lebensdauer der Krankenversichertenkarte wurde auf 6 Jahre festgelegt. Nach Ablauf dieses Zeitraums erhält der Versicherte automatisch eine neue Karte. Dies führt dazu, daß im Jahr ca. 15 Millionen neue Karten ausgegeben werden.

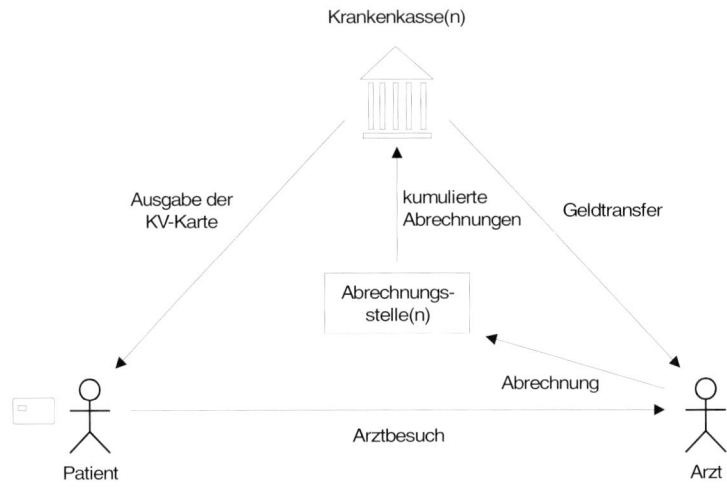

Bild 13.4   Grundlegender Systemaufbau bei der deutschen Krankenversichertenkarte.

Alle Terminals werden von einem optional angeschlossenen Rechner durch das T=1 Übertragungsprotokoll nach ISO/IEC 7816-3 Amd. 1 angesteuert. Dabei gibt es die Einschränkung, daß im Protokoll keine Datenverkettung (*chaining*) verwendet werden darf. Dies brächte der Anwendung keine zusätzliche Funktionalität, sondern nur einen erhöhten Speicherbedarf im Terminal. Im übrigen ist dies ein typisches Beispiel, daß in realen Anwendungen oft nur die notwendigen Teile von Normen verwendet werden, und selten alle geforderten Funktionen einer Norm implementiert sind.

Es gibt nur drei mögliche Kommandos, die das Terminal ausführen kann: Das erste Kommando ist ein Reset der Krankenversichertenkarte mit anschließendem Empfang oder Auslesen des ATRs. Er wird immer am Anfang einer Sitzung zum Anschalten der Krankenversichertenkarte verwendet. Das zweite Kommando ist ein READ BINARY in ISO-Codierung, und mit ihm können über das Terminal selektiv oder gesammelt alle Daten ausgelesen werden. Als drittes Kommando ist ein WRITE BINARY ebenfalls nach ISO/IEC 7816-4, allerdings nur an Verwaltungsterminals, verfügbar. Bei allen anderen Terminals ist dieses Kommando gesperrt. Bei den KV-Karten der privaten Krankenversicherungen besitzen die Karten einen Schreibschutz, welcher über nur den Krankenversicherungen bekannte PINs realisiert ist. Die Karten der gesetzlichen Krankenversicherungen können bei Kenntnis der dazu notwendigen Kommandos frei geschrieben werden.

Damit ist die Funktion des Terminals im Falle einer direkten Computeranbindung im wesentlichen nur eine Protokollumsetzung von T=1 zu den von der Hardware abhängigen synchronen Protokollen der Krankenversichertenkarte. Jedoch sieht man hier deutlich, daß sehr schnell und ohne größeren Aufwand eine Umstellung auf Mikroprozessorkarten möglich ist. Das Terminal muß im Fall von Chipkarten lediglich die vom Praxiscomputer erhaltenen Daten transparent weiterreichen. Die daraufhin von der Chipkarte erhaltene Antwort kann dann ebenfalls transparent, ohne Aufbereitung durch das Terminal, zum ansteuernden Computer gesendet werden.

13.4   Elektronische Mautsysteme

In manchen Ländern ist es üblich, daß für die Benutzung von bestimmten Straßen Maut verlangt wird. Gegenüber einer pauschalen Gebührenerhebung durch den Verkauf einer Vignette ist die Erhebung von Maut benutzungsabhängig, d.h. es ist entsprechend der Benutzungshäufigkeit und der Art des Fahrzeugs ein bestimmter Betrag zu entrichten. Bislang ist es üblich, an Mautstellen in bar zu bezahlen. Vereinzelt kommen schon seit einigen Jahren elektronische Systeme mit verschiedenen Arten von Karten zum Einsatz in Mautsystemen (*road pricing*). Nachteilig ist aber bei allen bisherigen Systemen, daß sie den Verkehrsfluß erheblich beeinträchtigen, da entweder angehalten oder die Geschwindigkeit bis auf Schrittempo gedrosselt werden muß. Auch haben die entsprechenden Mautstationen einen großen Platzbedarf.

Aus diesen Nachteilen heraus hat 1993 das deutsche Bundesministerium für Verkehr beschlossen, einen großangelegten Feldversuch zum Thema automatische Gebührenerfassung (AGE) zu starten. Ausgewählt wurde dabei die Bundesautobahn A555 zwischen Köln und Bonn. Auf dieser Strecke wurden von Mai 1994 bis Juni 1995 verschiedene Systeme von zehn unterschiedlichen Firmen getestet.

Dabei gab es einige nennenswerte Rahmenbedingungen, die als Grundlage für die getesteten Systeme dienten. Der Verkehr sollte normal und ohne Behinderung durch die Gebührenerfassung fließen können. Ein normaler Verkehrsfluß kann aber in Deutschland eine Geschwindigkeit bis zu 250 km/h bedeuten. Es sollte also nicht möglich sein, sich durch zu schnelles Fahren einer Gebührenerhebung zu entziehen. Weiterhin durften keine Mauthäuschen oder Auffangkörbe zur Bezahlung verwendet werden, da man nur Systeme wollte, deren Platzbedarf an der Autobahn sich auf die Installation an Straßen- oder Schilderbrücken beschränkte. Auch mußten die verwendeten Systeme nicht nur eine Fahrspur (*single lane*), sondern auch mehrere parallele Fahrspuren (*multi lane*) unterstützen, da man aus baulichen Gründen keine Auffächerung in einzelne Spuren wollte, da dies wiederum den Verkehrsfluß stark beeinträchtigt hätte.

Im Laufe des Projekts bildete sich noch eine Zusatzanforderung heraus, die ursprünglich aber in dieser Weise nicht vorgesehen war. Sie wurde in der Öffentlichkeit mehr und mehr zum k.o.-Kriterium für den gesamten Feldversuch. Es war die Forderung nach vollständiger Anonymität bei der Gebührenerfassung. Es darf damit keine

Möglichkeit geben, Bewegungsprofile von Fahrzeugen zu erstellen oder die Fahrroute von bestimmten Fahrzeugen zu überwachen. Alle Systeme konnten eine Bezahlvariante vorweisen, bei der die Anonymität des Fahrzeugs aufrechterhalten wurde. Dies aber nur so lange, wie die Gebühren bezahlt wurden. Sobald aber eine Gebührenerhebung fehlschlug, wurde das Fahrzeug fotografisch erfaßt und der Fahrzeughalter ermittelt. Dieser erhielt dann einen entsprechenden Bußgeldbescheid. Dies war natürlich nicht im Feldversuch der Fall, da dort nur mit „Spielgeld" bezahlt wurde.

Fast alle Systeme zur automatischen Gebührenerhebung verwendeten als Träger der elektronischen Währungseinheiten eine Chipkarte. Dies ist auch der Grund, warum hier diese Thematik dargestellt ist, da sie in Zukunft durchaus Bedeutung im Chipkartenbereich bekommen kann.

Die Systeme besaßen ein im Fahrzeug montiertes Bordgerät, welches die Bezeichnung OBU (*on board unit*) oder IVU (*in vehicle unit*) hat, sowie u.U. weitere Zusatzgeräte. Diese Geräte, die über die Autobatterie mit Strom versorgt werden, besitzen im Fahrzeuginnern, an der OBU, ein Chipkartenterminal und ein Display mit einfacher Tastatur. Auch besteht eine Verbindung zur äußeren Welt, die je nach System uni- oder bidirektional sein kann. Die Verbindung wird meist durch Mikrowellen in dem von CEPT für diese Anwendung empfohlenen Frequenzbereich von 5,795 GHz bis 5,805 GHz-Bereich aufgebaut. Alternativ dazu wurden zur Datenübertragung auch Funkwellen im 400 MHz – 500 MHz-Bereich und IR-Übertragung eingesetzt. Letzteres hat natürlich den großen Nachteil, daß die Übertragung stark witterungsabhängig ist. Man denke nur an starken Schneefall oder Nebel. Bei den im Feldversuch beteiligten Systemen betrug der je nach Ausstattung unterschiedliche Abgabepreis der OBU in Großserienproduktion zwischen 100 DM und 300 DM.

Die Kontrollstationen wurden entlang der Autobahn an Straßen- oder Schilderbrücken errichtet. Damit sind keine baulichen Eingriffe in die Straßendecke erforderlich. Die verwendeten Chipkarten enthielten keine aufwendigen elektronischen Geldbörsen, sondern nur sehr einfache, aber schnelle Abbuchungskommandos. Dies war einerseits darauf zurückzuführen, daß man kein echtes Geld verwendete und andererseits auf die zur Verfügung stehende Transaktionszeit. Die Optimierung ging so weit, daß man zum Teil sogar den ATR der entsprechenden Chipkarten auf vier Bytes verkürzte, damit noch genügend Zeit zum eigentlichen Abbuchen blieb. Betrachtet man die Rahmenbedingung des uneingeschränkten Verkehrsflusses, dann wird dies schnell verständlich. Bei Tempo 250 km/h legt ein Fahrzeug in einer Sekunde 70 m zurück. Die Kontrollstationen hatten im 5,8 GHz-Frequenzbereich eine Kommunikationsreichweite von ≈ 5 m. Daraus resultiert eine minimale Verweildauer im Bereich der Gebührenerfassungsstelle von ≈ 70 ms. In dieser Zeit müssen seitens der Chipkarte folgende Abläufe stattfinden:

- Reset der Chipkarte und Aussenden des ATRs (≈ 10 ms)
- eine DES-Verschlüsselung zur Authentisierung der Chipkarte (≈ 12 ms)
- ein EEPROM-Schreibzugriff zur Speicherung des neuen Guthabens ($\approx 2 \cdot 3,5$ ms)
- Datenübertragung von und zur Chipkarte (≈ 30 ms)

Zusätzlich ist noch Zeit für die Datenübertragung zwischen OBU und der elektronischen Mautstation notwendig. Man kann sich ausrechnen, daß die zur Verfügung stehende Zeit sehr knapp bemessen ist. Die benutzten Chipkarten wurden grundsätzlich mit dem maximal zulässigen Takt (meist 5 MHz) versorgt. Die Übertragungsgeschwindigkeiten zwischen OBU und der Mautstation waren mit bis zu 1 MBit/s wesentlich höher als zwischen OBU und Chipkarte, so daß diese Übertragungszeit von geringem Einfluß ist.

Im folgenden sind, stellvertretend für die insgesamt zehn am Feldversuch beteiligten Systeme, drei typische Vertreter dargestellt. Einige der eingesetzten waren bis auf kleinere technische Details nahezu identisch, deshalb sind die drei im folgenden beschriebenen auch nicht namentlich aufgeführt. Sie sind sozusagen typische Vertreter ihrer Art.

System 1

Der nachfolgend vorgestellte Teilnehmer am Feldversuch hat seitens der Infrastruktur den klassischen Aufbau. Zwei kurz hintereinander über die Autobahn führende Fahrbahn- oder Schilderbrücken wurden zur Montage der notwendigen Geräte benutzt. Das System ist natürlich so konzipiert, daß ein Fahrspurwechsel zwischen den beiden Brücken auf die Erfassung keinen Einfluß hat. Es gibt zwei verschiedene Arten der Bezahlung: Im Postpaid-Modus werden die aufgelaufenen Gebühren nach Art von Kreditkarten über ein Bankkonto eingezogen. Dabei ist die Anonymität des Fahrzeugs sehr schwierig zu gewährleisten. Im Prepaid-Modus werden vorausbezahlte Chipkarten verwendet, bei denen bei jeder Gebührenerfassung der entsprechende Betrag abgebucht wird.

Technisch gesehen, wird an der ersten Brücke die OBU mit der Chipkarte aktiviert. Anschließend erfolgt die Gebührenerhebung und eine grobe Vermessung des Fahrzeugs. Dadurch kann die Fahrzeugklasse, also LKW oder PKW, festgestellt werden. Da der Mautbetrag eine unterschiedliche Höhe für jede Fahrzeugklasse aufweist, ist es notwendig, eine Kontrolle der in der Chipkarte vermerkten Fahrzeugklasse durchzuführen. Dazu erstellt man beim Unterfahren der Brücke ein Höhenprofil des Fahrzeugs, welches für eine sichere Klassifizierung ausreicht. Innerhalb der Kommunikationszone an der unmittelbar folgenden zweiten Brücke wird dann wiederum eine Verbindung via OBU zur Chipkarte aufgebaut. Die elektronische Mautstation prüft dort, ob die initiierte Abbuchung erfolgreich durchgeführt werden konnte. War dies nicht der Fall, so wird das Fahrzeug fotografiert. Anhand der so erfaßten Nummernschilder läßt sich mittlerweile vollautomatisch eine eindeutige Identifizierung durchführen. Anschließend erhält der Fahrzeughalter ein entsprechendes Bußgeld.

Das System läßt sich noch beliebig mit unterschiedlichen Verfahren erweitern. So kann beim Bezahlen die Chipkarte noch mit einer Sperrliste verglichen werden, um dadurch gestohlene Karten von der Benutzung auszuschließen. Es wurde auch diskutiert, daß die Erfassungskameras in bestimmten Sonderfällen (z.B. Banküberfall mit Flucht im PKW) alle durchfahrenden Fahrzeuge erfassen, um somit Hinweise über Fluchtwege zu erhalten. Vorteile bietet dieses System durch die einfach aufgebauten und somit preisgünstigen OBUs. Allerdings müssen dem gegenüber die elektronischen Mautstationen um so aufwendiger sein.

System 2

Das zweite hier vorgestellte System basiert nicht auf einer straßenseitig installierten Infrastruktur. Es verwendet im Prinzip virtuelle Mautstationen, die nur als Datenbasis in der OBU des Fahrzeugs sind. Diese Daten beinhalten alle Koordinaten der vorhandenen Mautstationen sowie die entsprechenden Preise für die zu befahrende Autobahnteilstücke. Sobald nun ein Fahrzeug in ein solches Straßenstück einfährt, wird wiederum von einer Chipkarte der dafür zu bezahlende Betrag abgebucht. Dieser Vorgang ist selbstverständlich längst nicht so zeitkritisch wie die in System 1 beschriebene Abbuchung.

Die OBU kennt durch ein angeschlossenes GPS-Modul zu jedem Zeitpunkt die Koordinaten, an denen sich das Fahrzeug befindet. GPS heißt global positioning system und ist ein weltweites System zur Ermittlung der Ortsposition. Es wurde ab 1973 in den USA im Auftrag des Verteidigungsministeriums für militärische Zwecke entwickelt, war 1993 vollständig einsatzfähig und besteht aus 24 Satelliten, die in 20 000 km Höhe codierte Radiosignale abstrahlen. Diese Signale enthalten die Sendezeit, die Satellitenposition und ein Satellitenkennzeichen. Mit entsprechenden Empfängern, welche mittlerweile nur mehr die Größe einer Zigarettenschachtel haben, kann man die Signale im 1,6 GHz-Frequenzband empfangen und die Ortsposition anhand der gesendeten Daten für zivile Anwendungen auf etwa 10 bis 20 Meter genau bestimmen. In einer verbesserten Version mit Differentialmessung (Differential-GPS) kann die Position auf einige wenige Meter ermittelt werden, wozu aber ein terrestrisch ausgestrahltes Zusatzsignal notwendig ist, welches momentan nur in Zentraleuropa empfangen werden kann. Für militärische Anwendungen ist die Genauigkeit der Positionsbestimmung allerdings weltweit im Bereich einiger Meter.

Natürlich ist auch bei diesem Mautsystem eine Überwachung notwendig. Diese wird aber stichprobenartig, ähnlich den heutigen Geschwindigkeitskontrollen, durchgeführt. Das System hat den großen Vorteil, daß keinerlei Installationen an den mautpflichtigen Straßen notwendig sind und die Mauterhebung an virtuellen Punkten stattfindet. Die Kontrolle ist aber schwieriger, und es können keine Chipkarten im Postpaid-Modus verwendet werden, da kein Datenaustausch zwischen OBU und der äußeren Welt stattfindet. Dies hat allerdings wiederum Vorteile hinsichtlich der Anonymität.

System 3

Das hier vorgestellte System 3 ist die technisch anspruchsvollste Lösung einer automatischen Gebührenerfassung für Fahrzeuge. Die Ausrüstung der OBU besteht aus einem GPS-Empfänger und einem GSM-Mobiltelefon. Mittels der GPS-Einheit wird die Position des Fahrzeugs festgestellt und zur Übermittlung von abrechnungsspezifischen Daten benutzt die OBU das Mobiltelefon. Die OBU enthält wie die beiden obig beschriebenen Systeme wiederum ein Terminal mit Chipkarte, die zur Verrechnung der Gebühren herangezogen wird.

Die Mautstationen sind ähnlich dem vorgestellten System 2 nur virtuelle Punkte an Straßen, die anhand von Koordinaten an der Erdoberfläche festgelegt sind. Bei diesem System ist es dem Autobahnbetreiber auch möglich, durch die bidirektionale Kommunikation mit der OBU seine Tarife beliebig zu ändern. Diese können damit abhängig von Ort, Zeit, Fahrzeugklasse und Umweltbedingungen sein. Die Berechnung der anfallenden Gebühren wird in der OBU des Fahrzeugs durchgeführt.

Um nun eine gewisse Anonymität sicherzustellen, werden die von der in der OBU befindlichen Chipkarte abgebuchten Gebühren nicht unmittelbar an das Hintergrundsystem übermittelt, sondern bis zu einem bestimmten Schwellwert in der Chipkarte gesammelt. Ist diese Grenze erreicht, so wird der Summenbetrag per Mobiltelefon zur Kontrolle bzw. Abrechnung übertragen. Aufgrund des zweiseitigen Datenaustausches ist es mit diesem System natürlich möglich, sowohl vorbezahlte elektronische Geldbörsen (*prepaid*) als auch Kreditkarten (*postpaid*) zu verwenden. Allerdings ist die Anonymität bei der nachträglichen Bezahlung nicht mehr zu gewährleisten. Bei vorbezahlten Chipkarten, die somit wie eine elektronische Geldbörse benutzt werden, kann der Autobahnbetreiber durch die Summenbildung der Beträge kein Bewegungsprofil des Fahrzeuges ermitteln. Unabhängig davon ist es natürlich dem GSM-Netzbetreiber möglich, über das ständig aktivierte Mobiltelefon laufend die Koordinaten des sich bewegenden Fahrzeugs zu ermitteln.

Auch bei diesem System ist es natürlich notwendig, eine laufende Überwachung des fließenden Verkehrs zur Prüfung auf Schwarzfahrer vorzunehmen. Dies wird durch automatische Kameras an Brücken oder durch ortsveränderliche Prüfstellen durchgeführt. Die dazugehörigen Überwachungscomputer können via Mobiltelefon das Kennzeichen aus der OBU bzw. Chipkarte auslesen und mit dem am Fahrzeug befindlichen vergleichen. Sind beide unterschiedlich oder konnte zur OBU keine Verbindung aufgebaut werden, so wird das entsprechende Fahrzeug fotografiert und ein Bußgeldverfahren eingeleitet.

Der Vorteil dieses System liegt vor allem darin, daß bis auf die Überwachung keine spezifische Infrastruktur aufgebaut werden muß. Allerdings ist dadurch der Preis der OBU sicherlich höher als bei den beiden vorangehend beschriebenen Systemen. Zwei unterschiedliche Bezahlungsarten (*prepaid/postpaid*) und eine vorhandene Datenübertragung zum Fahrzeug sind ebenfalls gute Argumente für dieses System.

13.5   Global System for Mobile Communications – GSM

Das GSM-Netz, welches in Deutschland den Namen D-Netz trägt, war ursprünglich ein europäischer Standard für Mobiltelefone. Da sich diesem Standard immer mehr Länder und Telekommunikationsgesellschaften anschlossen, blieb er nicht nur auf Europa beschränkt, sondern hat sich mittlerweile über die ganze Welt verbreitet. Die anfängliche Abkürzung des Namens GSM – „Groupe Spécial Mobile" wurde im Zuge der Internationalisierung des gesamten Projekts in „Global System for Mobile Communications" umbenannt. Seit Juli 1991 sind die ersten Teile dieses Netzes in verschiedenen Ländern in Europa in Betrieb. Zur Zeit[1] sind in 120 Ländern insgesamt 293 Mobiltelefonnetze mit über 120 Millionen Teilnehmern nach der GSM-Norm in Betrieb.[2] Die gemeinsame rechtliche Grundlage aller GSM-Netzbetreiber ist dabei das sogenannte Memorandum of Understanding (MoU), das erstmals 1987 von europäischen Netzbetreibern unterschrieben wurde.

Die Spezifikation des GSM-Netzes startete 1982 im Rahmen von CEPT (*Conférence Européenne des Postes et Télécommunications*) und wurde dann auf europäischer Ebene bei ETSI (*European Telecommunications Standards Institute*) weitergeführt. Mit der Spezifikation der Chipkarte für GSM, das SIM (*subscriber identity module*), wurde im Januar 1988 in der SIMEG (*subscriber identity module expert group*) begonnen. Unter Beibehaltung der Aufgaben und Kompetenzen wurde 1994 aus der SIMEG die SMG9 (*special mobile group 9*), welche nunmehr das Mandat der SIM-Spezifikation innehat.

Zum zehnjährigen Bestehen der Normen für das SIM wurde von der SMG9 folgender Leitspruch veröffentlicht: Er zeigt ziemlich deutlich, welche Bedeutung und Größe das Global System for Mobile Communications mittlerweile erreicht hat und wie stolz man auf eines der wesentlichen Elemente des Systems – das Subscriber Identity Module – ist.

Billions of Calls
Millions of Subscribers
Thousands of Different Types of Telephones
Hundreds of Countries
Dozens of Manufactorers ...

... AND ONLY ONE CARD

Bild 13.5   Leitspruch der SMG9 zum zehnjährigen Bestehen der GSM 11.11

Diese Spezifikation ist in einen Teil für generelle funktionelle Eigenschaften mit der Bezeichnung GSM 02.17 (ETS 300 509) und einen ca. 100 Seiten umfassenden Teil mit der Interfacebeschreibung und den logischen Strukturen mit Namen GSM 11.11 aufgeteilt. Im Zuge einer Umstrukturierung erhielten die GSM-Spezifikationen ein neues Nummernschema, so daß beispielsweise die GSM 11.11 Norm jetzt die Bezeichnung prETS 300 608 führt.

Die beiden Spezifikationen führen ein eigenes Fachvokabular ein. Die dabei benutzten Begriffe sind im Rahmen der GSM Spezifikationen technisch genau definiert und haben nur im Bereich von GSM ihre Gültigkeit. Seit 1994 gibt es erweiterte Spezifikationen, die zusammenfassend als Phase 2 bezeichnet werden. Diese beinhalten er-

---

[1] d.h. im Frühjahr 1999

[2] Ende Juli 1998 wurde der 100millionste Teilnehmer gezählt. Einen guten Überblick zu aktuellen Zahlen und allen Netzbetreibern gibt [GSM].

weiterte Datenelemente und Mechanismen, so daß auch Festrufnummern (*fixed dialling numbers – FDN*) und Einheitenzähler (*accumulated call meter – ACM*) unterstützt werden. Zur Zeit arbeitet man an der Spezifikation für die Phase 2+, welche aktuell die Bezeichnung GSM 11.11 Version 7.1.0 hat. GSM-Karten in 3-Volt-Technologie sind ergänzend zur GSM 11.11 in der GSM 11.12 beschrieben.

Neben diesen Normen existiert noch die GSM 11.14 Version 5.6.0 „SIM Application Toolkits", die den Netzbetreibern die Möglichkeit bietet, eigene Anwendungen zur Steuerung des Mobiltelefons über die Luftschnittstelle (*over the air – OTA*) auf die Chipkarte zu laden. In der GSM 11.14 ist im Detail festgelegt, wie beispielsweise die Ansteuerung des Displays, die Abfrage der Tastatur, das Versenden von Kurznachrichten (*short message service – SMS*) und weitere Funktionen zum Zusammenhang mit einer diesbezüglichen Anwendung durchgeführt werden müssen.

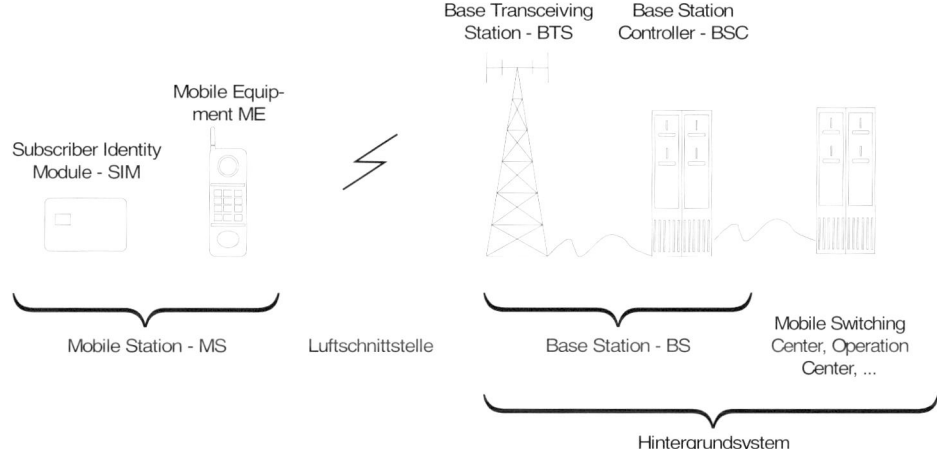

Bild 13.6   Der grundlegende Aufbau der Mobile Station im GSM-Netz.

Das GSM-Netz ist ein im 900 MHz Bereich arbeitendes, digitales Mobiltelefonnetz, das zellular aufgebaut ist. Zellular bedeutet, daß der abzudeckende Bereich in kreisrunde Zellen mit einem Durchmesser von 1 km bis 40 km unterteilt ist. Dabei gibt es je nach potentiellem Gesprächsaufkommen und Gelände unterschiedliche Zellengrößen. Die folgende Auflistung zeigt annähernd, die üblichen Größen: Großzellen (∅: 10 km – 40 km), Makrozellen (∅: 1 km – 10 km), Mikrozellen (∅: 0,1 km – 1 km) und Pikozellen (∅: 50 m – 100 m) Um ein Land der Größe von Deutschland ($\approx 360\,000$ km^2) vollständig zu versorgen, benötigt man ca. 3 000 sich überlappende Zellen.

Mittlerweile wurden die GSM Spezifikationen erweitert und decken nun auch ein im 1 800 MHz arbeitendes System namens DCS1800 (*digital cellular system*) bzw. PCS1900 (*personal communication system*) ab.[1] Aufgrund der höheren Frequenz und einer geringeren Sendeleistung beträgt der Durchmesser einer Zelle bei diesem System

---

[1] DCS1800 heißt in Deutschland E-Netz.

nur maximal 20 km. Das Einsatzgebiet ist aufgrund dessen vor allem in Ballungsgebieten und weniger im ländlichen Bereich mit geringer Teilnehmerdichte. Der hauptsächliche Unterschied zwischen GSM und DCS1800 sind lediglich die Sende- und Empfangsteile beiderseits der Luftschnittstelle (*air interface*).

Im satellitengestützten Inmarsat Mobiltelefonnetz, das sich seit einigen Jahren in Betrieb befindet werden modifizierte GSM-Karten als Grundlage zur Teilnehmeridentifikation benutzt. Ein andere Erweiterung des SIM, die sich durch wenige zusätzliche Dateien und einen speziellen Kryptoalgorithmus auszeichnet, ist die Chipkarte für das weltweite Mobilfunknetz Iridium [Iridium]. Dieses besteht im Endausbau aus 66 in 780 km Höhe kreisenden Satelliten, welche das Äquivalent zu den GSM-Basisstationen sind. Die benutzte Frequenz liegt bei 1 616 MHz.

Der Netzaufbau

Im Mittelpunkt jeder Zelle befindet sich eine sogenannte Base Station (BS), die die Aufgabe hat, einerseits den Kontakt über die Luftschnittstelle mit dem Mobiltelefon herzustellen und andererseits die Einspeisung in das Telefonnetz vorzunehmen. Die Datenübertragung über die Luftschnittstelle ist verschlüsselt, besitzt eine Geschwindigkeit von 13 kBit/s und benutzt ein verlustbehaftetes Kompressionsverfahren mit technisch ausgefeilten Fehlerkorrekturmechanismen (Frequenzsprungverfahren, Faltungscodierung, Interleaving).[1]

Das Mobiltelefon wird bei GSM als MS (*mobile station*) bezeichnet, das aus den physikalisch und logisch getrennten Teilen ME (*mobile equipment*) und SIM (*subscriber identity module*) besteht. Das Mobile Equipment ist das Radio- und Verschlüsselungsteil der Mobile Station, und SIM ist eine andere Bezeichnung für die GSM-spezifische Chipkarte. Beide zusammen ergeben das funktionsfähige Mobiltelefon.

Das Hintergrundsystem von GSM ist informationstechnisch betrachtet zweiteilig: das Switching System und das Base Station System. Dem Base Station System fällt die Aufgabe zu, mittels vieler Base Transceiver Stations auf funktechnischem Weg (d.h. über die Luftschnittstelle) Informationen mit den Mobile Stations auszutauschen. Hier wird neben einigen Verwaltungsdaten dann das eigentliche Telefongespräch abgewickelt. Mehrere Base Transceiver Stations werden wiederum von einem Base Station Controller verwaltet. Falls sich die Mobile Station aus der Senderreichweite entfernt, übernimmt dieser auch die Weitergabe (*handover*) zu einem anderem Base Station System.

Die Verwaltung von mehreren Base Station Systemen wird von einem Mobile Services Switching Center durchgeführt. Dieses übernimmt beispielsweise die Übergabe von Gesprächen an andere Netzwerke, so etwa an das öffentliche Telefonnetz des jeweiligen Landes. Damit ein Gesprächsteilnehmer von einem Anrufer erreicht werden kann, muß dem Mobile Services Switching Center zu jedem Zeitpunkt der Ort, bzw. die entsprechende Base Transceiver Station bekannt sein, in deren Reichweite sich der

---

[1] siehe auch: [Eberspächer 97]

Teilnehmer aufhält. Die Daten über den aktuellen Standort sowie weitere Informationen über die angewählte Mobile Station befinden sich im Home Location Register des
Switching Systems. In einer weiteren Datenbank namens Visitor Location Register befinden sich alle Standorte der im Bereich des jeweiligen Switching Systems aktuell befindlichen Mobile Stations. Hier können auch GSM-Teilnehmer von anderen Netzbetreibern temporär vermerkt sein.

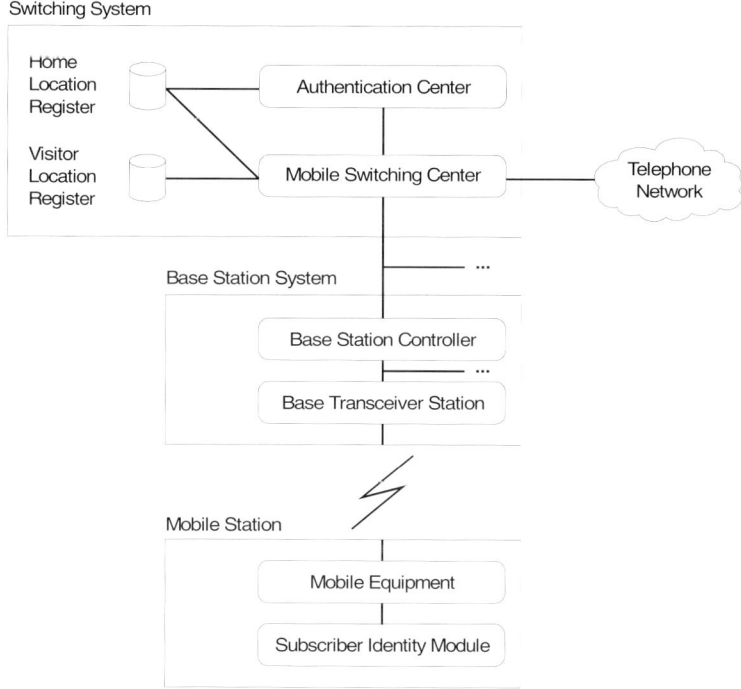

Bild 13.7   Der grundlegende Aufbau des GSM-Netzes bei einem einzelnen Netzbetreiber.

Als oberste Hierarchieebene existiert noch das Authentication Center, welches als
alleinige Instanz über die notwendigen Schlüssel und Algorithmen für die Authentisierung der Mobile Stations (d.h. der SIMs) verfügt. Wird bei Beginn oder während des
Gesprächs ein Teilnehmer authentisiert, so wird dies vom Authentication Center ausgeführt. Dies ist im groben Überblick der Aufbau eines GSM-Systems für einen einzelnen Netzbetreiber. In der Realität sind natürlich noch einige zusätzliche Instanzen und
Datenbanken erforderlich, so beispielsweise für die Abrechnung der Gespräche.

Das SIM kann bei GSM in zwei verschiedenen Kartenformaten vorkommen. Bei
Mobiltelefonen, die einen öfteren Wechsel des SIMs vorsehen, wird das ID-1 Format
verwendet. Mobiltelefone, bei denen das SIM nur sehr selten gewechselt werden soll
und die sehr kleine Abmessungen haben, verwenden ein Plug-In-SIM im ID-000 Format. Die Unterschiede liegen aber nur in der Größe der Karte. In ihren logischen oder
physikalischen Eigenschaften sind beide absolut identisch. Das SIM hat im GSM-Netz

die Aufgabe, den Zugang zum Netz nur berechtigten Personen zu gewähren und dadurch eine funktionsfähige Gebührenabrechnung zu schaffen. Dazu muß es zwei Funktionen ausfüllen können: Daten speichern, den Zugang zu diesen Daten schützen und einen kryptografischen Algorithmus unter sicheren Bedingungen ausführen.

Zum Verständnis dieser Funktionen muß man wissen, daß das SIM und damit das Mobile Equipment vom jeweiligen Netzbetreiber authentisiert wird. Es ist dies eine einseitige Authentisierung des SIMs durch das Hintergrundsystem. Die Daten auf der Luftschnittstelle zwischen Mobile Station und Base Station werden verschlüsselt übertragen, damit ein unbefugtes Abhören der Daten nicht möglich ist. Textinformationen, die als Kurznachrichten (*short messages*) über das Netz kommen, können im SIM abgespeichert und bei Bedarf wieder ausgelesen werden.

Die Identifizierung des SIM geschieht mit einer im gesamten GSM-System einzigartigen Nummer, die maximal 8 Byte lang ist und IMSI (*international mobile subscriber identity*) genannt wird. Anhand dieser Nummer kann der Teilnehmer vom System weltweit in allen GSM-Netzen identifiziert werden. Um die Identität des Teilnehmers im Netz so geheim wie möglich zu machen, wird, wann immer die Möglichkeit besteht, statt der IMSI eine TMSI (*temporary mobile subscriber identity*) verwendet, die nur innerhalb eines Teils des jeweiligen GSM-Netzes gültig ist.

Aus der IMSI können die kartenindividuellen Schlüssel für Authentisierung und Verschlüsselung der Daten auf der Luftschnittstelle abgeleitet werden. Die Verschlüsselung dieser Daten wird allerdings nicht in der Chipkarte, d.h. im SIM geleistet, da die Berechnungs- und Übertragungskapazität einer Chipkarte nicht für die Echtzeitverschlüsselung von Sprachdaten ausreicht. Statt dessen errechnet das SIM einen temporären und abgeleiteten Schlüssel für die Übertragungsverschlüsselung und gibt ihn an das Mobile Equipment weiter. Dieses ist mit einer leistungsfähigen Verschlüsselungseinheit ausgestattet, die die Sprachdaten in Echtzeit ver- und entschlüsseln kann.

Möchte nun ein Teilnehmer ein Gespräch führen, dann stellt seine Mobile Station eine Verbindung zu der am besten zu empfangenden Basisstation her und übergibt dieser die IMSI oder die TMSI aus dem SIM. Ist der Teilnehmer mit seiner IMSI dort registriert, dann erhält daraufhin das Mobile Equipment über die Luftschnittstelle eine Zufallszahl, die an das SIM weitergereicht wird. Diese benutzt die Zufallszahl als Klartextblock für eine Verschlüsselung mit dem Algorithmus A3, deren Schlüssel karten- und teilnehmerindividuell ist und aus der IMSI abgeleitet wird. Das Ergebnis der Verschlüsselung ist ein Schlüsseltextblock, der via Mobile Equipment und Luftschnittstelle zur Base Station übertragen wird.

Das dort über Standleitungen angeschlossene Hintergrundsystem leitet aus der IMSI den kartenindividuellen Schlüssel ab und führt dann im weiteren die gleiche Berechnung wie das SIM aus. Nachdem der Schlüsseltextblock vom SIM beim Hintergrundsystem angelangt ist, muß dieses nur noch den selbst berechneten Schlüsseltext mit dem empfangenen vergleichen, um festzustellen, ob der Teilnehmer authentisch und somit berechtigt ist, ein Gespräch zu führen.

Sowohl das SIM als auch das Hintergrundsystem berechnen mit dem Algorithmus A8 auf der Grundlage der Zufallszahl und des kartenindividuellen Schlüssels einen temporären Schlüssel, der die Grundlage der Datenverschlüsselung über die Luft-schnittstelle ist. Die Verschlüsselung der Daten wird im Mobile Equipment durchge-führt, da die Chipkarte nicht die erforderliche Schnelligkeit für eine Echtzeitver- und -entschlüsselung von Sprachdaten hat. Der errechnete Schlüssel wird dazu vom SIM an das Mobile Equipment übergeben, welches mit dem Algorithmus A5 dann die Sprach-ver- und -entschlüsselung durchführt.

Hält sich das Mobile Equipment im Bereich eines fremden Netzwerks auf, kann auch dort über die dortigen Base Stations telefoniert werden. Dies bezeichnet man als Roa-ming. Zur Authentisierung werden jedoch dem fremden GSM Netz vom Heimatnetz des SIMs weder die geheimen Schlüssel Ki noch der ebenfalls geheime Kryptoalgo-rithmus zur Verfügung gestellt, sondern nur Triple von RND, SRES und Kc. Dies reicht völlig aus, um das SIM zu authentisieren und eine verschlüsselte Verbindung zum Mobile Equipment aufzubauen.

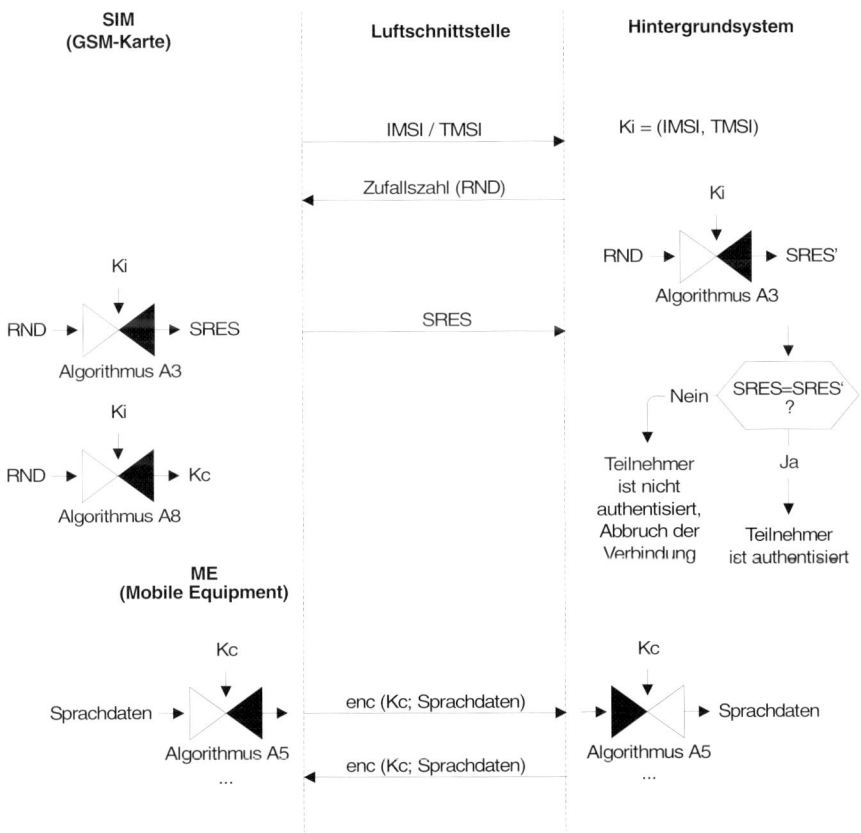

Bild 13.8   Die kryptografischen Funktionen des SIMs im GSM-Netz. Sie werden zur Authenti-sierung des SIM und zur Datenverschlüsselung zwischen Mobile Station und Base Station benutzt.

Das GSM-Netz ist die momentan weltweit größte internationale Chipkarten-Anwendung. Sie war die erste Anwendung überhaupt, bei denen Chipkarten den Ansprüchen von unterschiedlichen nationalen und internationalen Systembetreibern entsprechen müssen. Dieses mittlerweile globale Einsatzgebiet hat in der Chipkartenwelt einen Standard festgesetzt, der sowohl Kommandos als auch die Eigenschaften der Karte selber betrifft. Diese normative Kraft des Faktischen zwingt auch alle Normungsgruppen, zumindest in den wesentlichen Punkten, kompatibel zu GSM zu sein, wenn die entstehende Norm international akzeptiert werden soll. Dies ist auch der Grund, warum hier der Bereich GSM etwas ausführlicher dargestellt ist.

Das Subscriber Identity Module SIM
Das SIM hat ein hierarchisch aufgebautes Dateisystem mit MF und zwei DF, in denen sich die EFs mit den Daten für die Anwendung befinden. Die möglichen Dateistrukturen für die EFs sind transparent, linear fixed und zyklisch. Die GSM 11.11 Spezifikation definiert 22 Kommandos für die Chipkarte, die durch die Class 'A0' identifiziert werden.[1]

Bei der Eingabe der 4-stelligen PIN, die im übrigen bei GSM die Bezeichnung CHV (*chip holder verification*) hat, gibt es eine Besonderheit. Mit einem speziellen Kommando und der richtigen PIN können weitere PIN-Abfragen der Karte vom Benutzer abgeschaltet werden, so daß es nicht mehr notwendig ist, sie vor einem Telefonat einzugeben. Der Nachteil, daß verlorene Karten bis zur Sperrung durch den Netzbetreiber widerrechtlich zum Telefonieren verwendet werden können, liegt in der Verantwortung des Benutzers. Mit einem weiteren Kommando kann der Benutzer die Abfrage der PIN bei Bedarf auch wieder einschalten.

Die Kommunikation zwischen Mobile Equipment und SIM läuft mit dem Übertragungsprotokoll T=0 in den Standardparametern. Allerdings kann die convention der Datenübertragung von der Karte im ATR frei gewählt werden. Ein PTS ist vorgesehen, wird allerdings momentan aufgrund des zwingend vorgeschriebenen Übertragungsprotokolls T=0 nicht benutzt.

Die GSM 11.11 Spezifikation definiert 48 verschiedene EFs für die Anwendungsdaten, die in zwei DFs zusammengefaßt sind. Die File Identifier (FID) der Dateien weisen die Besonderheit auf, daß das erste Byte der DFs immer '7F' ist. EFs direkt unter dem MF müssen als erstes Byte des FIDs den Wert '2F' haben und EFs unter einem DF den Wert '6F'. Zusätzlich zu den spezifizierten Dateien kann der jeweilige Netzbetreiber eigene Dateien für Wartungs- oder Administrationszwecke im SIM speichern.

Direkt unter dem MF befindet sich in einem transparenten EF eine im System einzigartige Identifikationsnummer der Chipkarte. Als Verzeichnisse sind ein DF für GSM-relevante Daten und ein DF für Telekommunikationsdaten vorhanden.

Im GSM DF gibt es beispielsweise ein EF (EF_{LP}), in dem die bevorzugte Sprache gespeichert ist, in der dem Benutzer seine Daten am Display des Mobile Equipments angezeigt werden. Sodann existiert auch ein EF (EF_{IMSI}) mit der IMSI, die zur Identifizierung des Benutzers und zur Abrechnung verwendet wird. In einer weiteren Datei

---

[1] Aufteilung der Befehle siehe auch Abschnitt 6.5.1 Struktur der Kommando-APDUs

(EF$_{TMSI}$) ist die jeweilige TMSI mit einer zusätzlichen Ortsinformation gespeichert. Da diese Datei bei jedem Wechsel einer Basisstation und jedem Gespräch geschrieben werden muß, wird sie vom Betriebssystem der Chipkarte besonders geschützt. Die EEPROM-Seiten mit ihren oftmals nur 10 000 Schreib-/Löschzyklen würden hier nicht ausreichen, da innerhalb der Lebensdauer eines SIM diese Information viel öfter geschrieben werden muß.

Tabelle 13.2   Der auf die wesentlichen Dateien vereinfachte Dateibaum einer GSM-Karte (SIM).

Dateityp	FID	Struktur, Größe	Beschreibung
MF	'3F00'	---	Wurzelverzeichnis
EF$_{ICCID}$	'2FE2'	transparent, 10 Byte	Identifikationsnummer der Chipkarte
DF$_{TELECOM}$	'7F10'	---	DF Telekom
EF$_{ADN}$	'6F3A'	linear fixed, x Byte	Kurzrufnummern (*abbreviated dialling numbers – ADN*)
EF$_{FDN}$	'6F3B'	linear fixed, x Byte	Festrufnummern (*fixed dialling numbers – FDN*)
EF$_{LND}$	'6F44'	cyclic, x Byte	letzte gewählte Rufnummer (*last number dialled*)
EF$_{SMSS}$	'6F43'	linear fixed, x Byte	Zustand der gespeicherten Kurznachrichten (*short message service status*)
EF$_{SMSP}$	'6F42'	linear fixed, x Byte	Einstellungen für die Kurznachrichten (*short message service parameters*)
EF$_{SMS}$	'6F3C'	linear fixed, 176 Byte	Kurznachrichten (*short messages*)
DF$_{GSM}$	'7F20'	---	
EF$_{LP}$	'6F05'	transparent, x Byte	Bevorzugte Sprache
EF$_{KC}$	'6F20'	transparent, 9 Byte	Schlüssel Kc
EF$_{SPN}$	'6F46'	transparent, 17 Byte	Service Provider Name
EF$_{PUCT}$	'6F41'	transparent, 5 Byte	Preis der Einheiten und Währung (*price per unit and currency table*)
EF$_{SST}$	'6F38'	transparent, 4 Byte	SIM service table
EF$_{IMSI}$	'6F07'	transparent, 9 Byte	IMSI
EF$_{LOCI}$	'6F7E'	transparent, 11 Byte	TMSI + Ortsinformation
EF$_{PHASE}$	'6FAE'	transparent	Phaseninformationen über GSM

Im EF$_{PHASE}$ ist die Information über die Phase der GSM 11.11 Spezifikation gespeichert, die das SIM spezifiziert. Dort steht zur Zeit üblicherweise der Wert 2. Das zweite DF im SIM enthält ein EF (EF$_{ADN}$) mit den Kurzrufnummern, so daß der Benutzer mit seinem SIM immer die für ihn wichtigen Rufnummern mitführt. Zusätzlich existiert noch ein EF (EF$_{FDN}$) mit den Festrufnummern. Nach Aktivierung eines Mechanismus in der GSM-Anwendung können nur mehr die Festrufnummern angewählt werden, alle anderen Rufnummern sind blockiert. Die nächsten drei hier aufgeführten Dateien (EF$_{SMS}$, EF$_{SMSS}$ und EF$_{SMSP}$) enthalten die Kurznachrichten, sowie diverse dazugehörige Statusinformationen, die über die Luftschnittstelle empfangen und dann zu einem beliebigen Zeitpunkt aus dem SIM ausgelesen werden können. In der letzten hier genannten Datei (EF$_{LND}$) ist die letzte gewählte Nummer gespeichert.

Ursprünglich war beabsichtigt, die GSM-Chipkarten alle zwei Jahre auszutauschen, um Ausfällen durch die begrenzte Anzahl von Schreib-/Löschzyklen des EEPROM zuvorzukommen. Da sich aber in diesem Bereich bisher wenig Probleme ergaben, ersetzen die meisten Anwendungsanbieter die Chipkarten nur mehr im Falle des Ausfalls. Dies spart dem jeweiligen Anbieter erhebliche Kosten, da sich die Logistik nur mehr um den Austausch defekter Karten kümmern muß. Weiterhin reduziert sich die Anzahl auszutauschender Karten erheblich, da die meisten Karten eine wesentlich höhere Lebensdauer als zwei Jahre haben. Dies senkt die Kosten der Beschaffung, da Chipkarten nur mehr dann durch eine neue ersetzt werden, wenn sie auch wirklich nicht mehr funktionieren.

SIM Application Toolkit und Zusatzanwendungen
Die ursprünglichen Spezifikationen im GSM-System sahen die GSM-Karte lediglich als ein vom Mobiltelefon unabhängiges Medium zur Identifizierung des Benutzers (mittels PIN) und als Authentisierungstoken zwecks Abrechnungssicherheit. Im Laufe der Jahre trat aber immer das Bedürfnis in den Vordergrund, die GSM-Karte noch für weitere Funktionen zu nutzen. So ist ein Mobiltelefon auch ein adäquates Medium zur Abfrage des Kontostands oder zum Empfang von interessanten und eventuell sogar wichtigen Mitteilungen, wie Fußballergebnisse. Es war jedoch mit der bestehenden Funktionalität der GSM-Karte nicht möglich, diese sogenannten Mehrwertdienste (*value added service – VAS*) technisch zu realisieren. Die Reaktion darauf war die Erstellung der GSM-Spezifikation 11.14, SIM Application Toolkit, welche 1996 in der ersten Version von ETSI veröffentlicht wurde und mittlerweile in Version 5.6.0 vorliegt.

Das SIM Application Toolkit ist ein Bausteinsystem, mit dem sich beliebige Anwendungen auf einer GSM-Karte realisieren lassen. In der GSM 11.14 ist im Detail festgelegt, wie beispielsweise die Ansteuerung des Displays, die Abfrage der Tastatur, das Versenden von Kurznachrichten (*short messages*) und weitere Funktionen zum Zusammenhang mit einer Zusatzanwendung durchgeführt werden müssen. Diese Zusatzanwendungen basieren auf Dateien des Typs EF mit „linear fixed"-Dateistruktur. Die Dateninhalte der jeweiligen Records sind über Zeiger miteinander verbunden und enthalten die Anweisungen zur Steuerung des Mobile Equipments.

Es sind für das SIM Application Toolkit nur einige wenige neue Kommandos notwendig. Die eigentliche Funktionalität wird nur über die Daten in den einzelnen Dateien und Records erreicht und nicht etwa über nachgeladenen ausführbaren Programmcode. Diese verbesserte Variante von Zusatzanwendungen ist jedoch eines der mittelfristigen Ziele. Die zur Zeit noch diskutierten Verfahren reichen von nachgeladenen nativen Programmcode bis hin zu interpretierten Sprachen wie Java.[1]

Da jedoch im Kommunikationsprotokoll zwischen Mobile Equipment (d.h. Handy) und SIM nur das Mobile Equipment als Master fungiert, mußte eine Möglichkeit für das SIM geschaffen werden, damit dieses bei Bedarf ebenfalls die Master-Rolle übernehmen kann. Die Problemlösung dazu ist verhältnismäßig unkompliziert. Das Mobile Equipment sendet in regelmäßigen Abständen (üblich sind z.B.: 30 Sekunden) ein Abfragekommando zur GSM-Karte (*polling*). Falls es erforderlich ist, kann die GSM-Karte als Antwort auf das Kommando ein eigenes Kommando an das Mobile Equipment senden.

---

[1] siehe auch Abschnitt 5.10.2 Java Card

Die Master-Slave-Beziehung zwischen Mobile Equipment und SIM wird auf diese Weise de facto umgedreht. Damit ist es nun möglich, daß die Karte von sich aus die Handytastatur abfrägt, eigene Daten und Menüstrukturen auf dem Handydisplay darstellt oder auch den Piepser des Handys auslöst. Auch können über den Mechanismus der Kurznachrichten über die Luftschnittstelle Daten zwischen GSM-Karte mit einem Hintergrundsystem ausgetauscht werden. Beispielsweise läßt sich so ein News-Server regelmäßig abfragen, und das Ergebnis wird als e-Mail oder Kurznachricht auf dem Display des Handy dargestellt.

Bild 13.9   Der erweiterte Protokollablauf zwischen Mobile Equipment und SIM (GSM-Karte) beim SIM Application Toolkit nach GSM 11.14. Die Antwort der Chipkarte an ein (periodisch gesendetes) Kommando enthält im Datenteil ein Kommando an das Terminal. Dieses führt das Kommando aus und gibt die dazugehörige Antwort im Datenteil eines Kommandos an die Chipkarte zurück.

Over The Air (OTA) Kommunikation

Oftmals wird es erst nach der Ausgabe der GSM-Karte erforderlich, eine direkte Verbindung zu ihr aufzunehmen. Vor allem zur Erzeugung von Zusatzanwendungen, die nachträglich mit dem SIM Application Toolkit realisiert werden, ist diese Art der Kommunikation ein unbedingtes Muß. Deshalb sind Mechanismen geschaffen worden, um über die Luftschnittstelle (*air interface*) eine sogenannte End-to-End-Kommunikation zwischen Hintergrundsystem und GSM-Karte aufzubauen. Damit lassen sich dann Over The Air (OTA) beispielsweise Daten im SIM verändern, neue Dateien anlegen oder Dateien löschen.

Da diese Anforderung durch die ursprünglichen GSM-Spezifikationen nicht abgedeckt war und es alles andere als einfach ist Änderungen in einem derartig großen System durchzuführen, hat man für die End-to-End-Kommunikation mit der GSM-Karte einen Trick benutzt. Die im System vorgesehenen Kurznachrichten werden als Container für Nachrichten von und zum SIM verwendet. Damit mußten lediglich im Hintergrundsystem und in den neu ausgegebenen Chipkarten Adaptionen gemacht werden. Alle Systeme dazwischen konnten unverändert beibehalten werden.

Das Funktionsprinzip ist dabei folgendes: Möchte das Hintergrundsystem beispielsweise ein Kommando (z.B.: CREATE FILE) an eine bestimmte GSM-Karte senden, so erzeugt es eine Kurznachricht an die jeweilige Karte und bettet das Kommando unter Zuhilfenahme diverser kryptografischer Schutzmaßnahmen (Sicherung mit einem MAC, Verschlüsselung) darin ein. Sobald sich ein Handy mit der bewußten GSM-Karte im System anmeldet, wird die Kurznachricht über den Servicekanal übermittelt. Ein Verbindungsaufbau für Sprache ist dazu nicht notwendig. Das Handy reicht die erhaltene Kurznachricht automatisch zur Speicherung in der Datei EF_{SMS} an die GSM-Karte weiter. Diese jedoch erkennt die Nachricht anhand ihrer Struktur als Kommando und arbeitet sie wie ein ganz normales Kommando ab. Als Antwort kann nun von der Chipkarte eine Kurznachricht erzeugt werden, die auf ganz gewöhnlichem Wege an das Hintergrundsystem weitergeleitet wird.

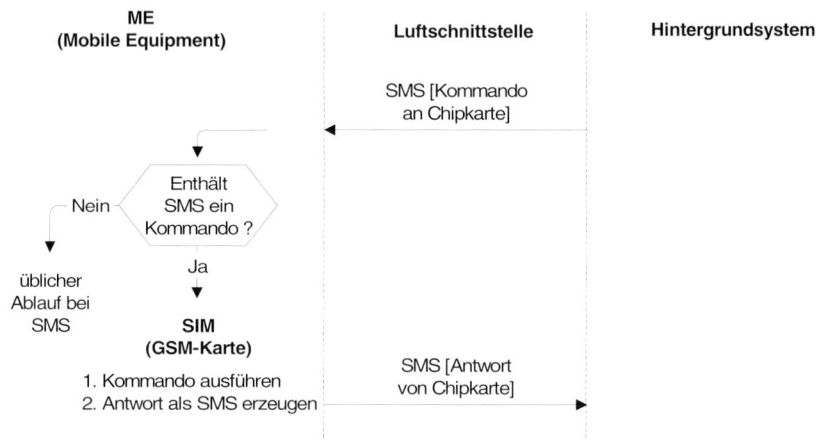

Bild 13.10   Der Ablauf beim Datenaustausch auf der Grundlage von Kurznachrichten zwischen Hintergrundsystem und GSM-Karte. Das Verfahren wird im allgemeinen als OTA (*over the air*) bezeichnet.

Mit diesem Kunstgriff ist es nun möglich, transparent zu allen dazwischenliegenden Systemkomponenten eine bidirektionale End-to-End-Verbindung zwischen Hintergrundsystem und GSM-Karte aufzubauen. Damit kann die GSM-Karte genauso angesprochen werden, als ob sie sich in einem an einen PC angeschlossenen Terminal befinden würde. Dieser Kommunikationskanal kann nun beispielsweise für Änderungen von bestehenden Daten benutzt werden. Die gängigste Anwendung von OTA ist die Anpassung von Kurzrufnummern in der GSM-Karte für Servicefunktionen. Erhält beispielsweise die Telefonauskunft eine neue Telefonnummer, so kann diese automatisch in der GSM-Karte aktualisiert werden. Mit diesem Verfahren lassen sich jedoch auch wesentlich komplexere Themen bearbeiten. So können beispielsweise mit OTA neue Dateien auf der GSM-Karte angelegt oder ausführbarer Programmcode für aufwendige Zusatzanwendungen nachgeladen werden. Die Möglichkeiten, die OTA einem Netzbetreiber bietet, sind beinahe unbeschränkt.

Zukünftige Entwicklung

Die Anwendung GSM hat für Chipkarten den internationalen Durchbruch bedeutet und ist „der" Standard für Karten und Betriebssysteme. Gegenüber den neuesten Entwicklungen auf dem Chipkarten-Sektor mögen die Kommandos und Mechanismen des GSM-Bereichs veraltet erscheinen, doch war und ist dies der Wegbereiter für große und auch internationale Chipkarten-Anwendungen. Letztendlich können alle folgenden Anwendungen von den Erfahrungen und den Problemen dieser Anwendung nur lernen und damit auch profitieren. In vielerlei Hinsicht stellt GSM mit den Spezifikationen 11.11 und 11.14 die Grundlage aller neuen und auch sicherlich aufwendigeren Chipkarten-Anwendungen dar.

Die Entwicklung der Handys schließt neben der reinen Telefonfunktion immer mehr die Funktionen eines PDAs (*personal digital assistant*) ein. Da es zudem verhältnismäßig schwierig ist, die Software in einem Handy von außen zu manipulieren, bietet es sich auch als vertrauenswürdiges Gerät (*trusted device*) an. Die hierdurch entstehenden Auswirkungen kann man bereits bei einigen Servicefunktionen und hardwaremäßig erweiterten Mobiltelefonen beobachten. So besitzen einige Handys eine bidirektionale Infrarotschnittstelle nach der IrDA-Spezifikation, und sogenannte Dual Slot Handys sind ebenfalls schon auf dem Markt.

Damit ist auf seiten der Technik die Möglichkeit geschaffen, an einer entsprechend erweiterten Kasse mit Handy und elektronischer Geldbörse zu bezahlen. Falls eine PIN-Eingabe notwendig sein sollte, kann diese dann in Zukunft auf der relativ manipulationssicheren Handytastatur erfolgen und nicht auf einem unbekannten Terminal. Über die Infrarotschnittstelle werden dazu die entsprechenden Daten ausgetauscht, und es muß nicht einmal eine Telefonverbindung zur nächsten Base Station aufgebaut werden. Auch ist vorstellbar, daß man elektronische Geldbörsen über die zweiten Kartenkontaktiereinheit des Mobiltelefons online wieder auflädt. Natürlich lassen sich auch Kredit- und Debitkarten mit Chip zum Bezahlen verwenden, vielleicht sogar, um die monatlichen Gesprächsgebühren zu bezahlen. Die Möglichkeiten, die sich hierbei eröffnen sind extrem vielfältig und lassen sich zum gegenwärtigen Zeitpunkt nur andeutungsweise absehen.

Auch ein System wie GSM muß weiterentwickelt werden, um neue Anforderungen und zusätzliche Kundenwünsche erfüllen zu können. Dies erfolgt momentan in kleinen Schritten und hat zu den Änderungen und Ergänzungen bei Phase 2, Phase 2 + und der OTA-Funktionalität geführt. Irgendwann wird es jedoch notwendig sein, einen großen Entwicklungsschritt zu machen, um alle Ergänzungen, Veränderungen und Sonderfälle wieder in ein in sich geschlossenes neues System zu überführen. Die Vorarbeiten zu diesem UMTS (*Universal Mobile Telecommunication System*) sind bereits im Gange, und es werden voraussichtlich ab 2001 dazu die ersten größeren Feldversuche stattfinden. Das SIM (*subscriber identity module*) wird umgenannt in UIM (*user identity module*) oder USIM (*universal subscriber identity module*) und benutzt zur gegenseitigen Authentisierung mit dem Hintergrundsystem asymmetrische kryptografische Algorithmen, welche aller Wahrscheinlichkeit nach elliptische Kurven sein werden.

13.6   Digitale Signatur

Die Anwendung von rechtsverbindlichen digitalen Signaturen erfordert zwei grundsätzliche Voraussetzungen: Eine Mikrocontroller-Chipkarte mit einem leistungsfähigen
numerischen Coprozessor und eindeutige gesetzlichen Rahmenbedingungen. Die
Chipkarte wird zur sicheren Aufbewahrung der geheimen Signaturschlüssel und zur
Erstellung der digitalen Signatur benutzt. Das Gesetz schafft für alle an dieser Chipkarten-Anwendung Beteiligten einen verbindlichen Rahmen.

Digitale Signaturen als abgeschlossene Lösung lassen sich natürlich auch völlig unabhängig vor einem gesetzlichen Hintergrund einsetzen. Um jedoch digitale Signaturen
für den Unterschreibenden verbindlich zu machen, ist es in diesem Fall erforderlich,
zwischen den beteiligten Parteien entsprechende Verträge abzuschließen. So ist beispielsweise die Verwendung von digitalen Signaturen im Business-to-business-Bereich
schon seit einigen Jahren üblich. Wird jedoch eine offene Lösung angestrebt, die auch
mit untereinander unbekannten Beteiligten funktioniert, dann sind entsprechende gesetzliche Rahmenbedingungen notwendig. Durch diesen gesetzlichen Rahmen kann die
digitale Signatur einer regulären Unterschrift gleichgesetzt werden, und das Unterschriebene kann im Streitfall vor Gericht, ganz analog einer händischen Unterschrift,
eingeklagt werden.

Die Anwendung von gesetzlich legitimierten und damit den händischen Unterschriften gleichgestellten digitalen Signaturen ist schier unbegrenzt. Im einfachsten
Falle können elektronische Briefe und Bestellungen signiert werden. Jedoch läßt sich
im elektronischen Zahlungsverkehr beispielsweise auch die Einzugserlaubnis für eine
Lastschrift unterzeichnen oder auch Überweisungsaufträge im Homebanking-Bereich.
Den bedeutungsvollsten Einsatz von digitalen Signaturen stellen sicherlich Verträge
aller Art dar.

Die normativen Rahmenbedingungen

Damit digitale Signaturen in einem offenen industriellen Umfeld interoperabel benutzt
werden können, müssen die sicherheitstechnisch relevanten Komponenten verschiedene Normen erfüllen. Soweit es die Signaturkarten betrifft, sind dies die internationalen
Normen ISO/IEC 7816-4 für allgemeine Chipkarten-Kommandos und ISO/IEC 7816-8
für die Signatur-Kommandos. Für Kartenkörper, elektrische Eigenschaften, und Datenübertragung sind die entsprechenden Normen der ISO/IEC 7816 Reihe zu berücksichtigen. Die Authentisierungsverfahren zwischen Chipkarte und dem Rest der Welt
deckt die ISO/IEC 9796-2 ab. Grundlegende Mechanismen und Vorgehensweisen für
digitale Signaturen sind in der ISO/IEC 14 888 behandelt. Weiterhin ist es üblich, daß
die Zertifikate gemäß X.509 aufgebaut und codiert sind.

Mit einer digitalen Signaturkarte kann das Analogon einer echten Unterschrift erzeugt werden. Dies bedeutet, daß abhängig vom unterschriebenen Dokument unter
Umständen große Geld- oder Sachwerte im Spiel sein können. Deshalb müssen die sicherheitsrelevanten Komponenten im Umfeld einer digitalen Signaturanwendung evaluiert sein. Das dazu probate Mittel ist der Kriterienkatalog nach ITSEC.

Die gesetzlichen Rahmenbedingungen in Deutschland

Damit digitale Signaturen als allgemeingültige, verbindliche und auch einklagbare Unterschriften anerkannt werden, ist es unumgänglich, die dazu notwendigen Rahmenbedingungen gesetzlich zu regeln. Der amerikanische Bundesstaat Utah hat 1995 als erster ein diesbezügliches Gesetz verabschiedet. Dieses hatte für viele andere Länder Vorbildcharakter, so auch für das deutsche Signaturgesetz.

Im deutschen Bundestag wurde am 13. Juni 1997 das „Gesetz zur Regelung der Rahmenbedingungen für Informations- und Kommunikationsdienste" (IuKDG) beschlossen. Es ist am 1. August 1997 in Kraft getreten. Dieses Gesetz enthält als Artikel 3 das Gesetz zur digitalen Signatur, in Kurzform Signaturgesetz (SigG) genannt. Der Artikel 3 teilt sich in 16 Paragraphen auf. Im §1, Abs. 1 ist der Zweck des Signaturgesetzes genannt. Er lautet: „Zweck des Gesetzes ist es, Rahmenbedingungen für digitale Signaturen zu schaffen, unter denen diese als sicher gelten und Fälschungen digitaler Signaturen oder Verfälschungen von signierten Daten zuverlässig festgestellt werden können." Diese Aussage zeigt bereits deutlich, daß keine spezielle technische Lösung festgelegt wurde, sondern nur die zur Anwendung von digitalen Signaturen notwendigen Rahmenbedingungen. Dies führt natürlich dazu, daß die gesetzlichen Anforderungen auf relativ abstraktem Niveau beschrieben sind.

Die wesentlichen Forderungen des deutschen Signaturgesetzes sind im folgendem aufgeführt:

- Der Betrieb einer Zertifizierungsstelle (d.h. eines Trustcenters) muß von der zuständigen Behörde genehmigt werden.
- Personen, die ein Zertifikat beantragen, müssen von der Zertifizierungsstelle zuverlässig identifiziert werden.
- Das Signaturschlüssel-Zertifikat darf anstelle des Namens auch ein Pseudonym des Inhabers beinhalten.
- Auf Ersuchen von bestimmten Behörden kann das Pseudonym des Signaturschlüssel-Inhabers aufgedeckt werden.
- Die Zertifizierungsstelle muß die Zertifikate für die öffentlichen Signaturschlüssel so zur Verfügung stellen, daß sie online nachprüfbar sind.
- Ein Zertifikat ist unter bestimmten Voraussetzungen, z. B. wenn der Signaturschlüssel-Inhaber dies verlangt, zu sperren.
- Die technischen Komponenten für Erzeugung und Überprüfung von digitalen Signaturen müssen die Daten, auf die sich die digitale Signatur bezieht, eindeutig darstellen.
- Durch entsprechende Vereinbarungen können auch digitale Signaturen aus anderen Ländern in Deutschland anerkannt werden.

Ein Signaturschlüssel-Zertifikat, üblicherweise nach X.509, muß nach dem Signaturgesetz die nachstehend aufgeführten Angaben enthalten:

- Namen oder Pseudonym des Signaturschlüsselinhabers.
- Den dem Signaturschlüsselinhaber zugeordneten öffentlichen Signaturschlüssel.

- Die Bezeichnung der für dieses Zertifikat benutzbaren Algorithmen (Hash-Algorithmus und Signatur-Algorithmus).
- Die laufende Nummer des Zertifikats.
- Beginn und Ende der Gültigkeit des Zertifikats.
- Den Namen der Zertifizierungsstelle.
- Angaben, ob der Signaturschlüssel nur für bestimmte Anwendungen benutzt werden darf.

Die Regelung und Beschreibung von digitalen Signaturanwendungen kann nicht alleine in einem Gesetz geregelt sein. Dazu ist eine Hierarchie von Anforderungen notwendig, deren oberste Instanz die gesetzliche Regelung – das Signaturgesetz – ist. Dieser folgen die dazugehörigen Ausführungsbestimmungen, in Deutschland Signaturverordnung (SigV) genannt. Auf der nachfolgenden Ebene, die technisch bereits sehr konkret die technischen Anforderungen zur digitalen Signatur beschreibt, befinden sich die Maßnahmenkataloge. Sie werden in Deutschland von der Regulierungsbehörde für Telekommunikation und Post herausgegeben. Diese drei Hierarchieebenen sind für alle Anwendungen von digitaler Signatur in Deutschland verbindlich, sofern die digitalen Signaturen einer regulären Unterschrift entsprechen sollen.

Auf der den Maßnahmenkatalogen nachfolgenden Ebene definieren die technischen Spezifikationen in eindeutig und in nicht interpretierbarer Form die konkreten Lösungen. Diese Spezifikationen sind abhängig vom jeweiligen Anwendungsbetreiber und müssen sich an den drei übergeordneten Hierarchieebenen orientieren. Benötigt jedoch ein Anwendungsbetreiber nicht den gesetzlichen Charakter der digitalen Signatur, so kann er selbstverständlich sein System aufbauen, wie es für seine Zwecke optimal erscheint. Man spricht dann von nicht gesetzeskonformen Lösungen, im Gegensatz zu den gesetzeskonformen Lösungen.

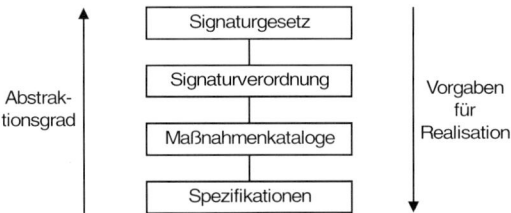

Bild 13.11   Der hierarchische Aufbau der Vorgaben für die Anwendung „digitale Signatur" in Deutschland. Das System wurde top-down gestaltet, deshalb basieren die weiter unten stehenden Dokumente auf den jeweils oberhalb angeführten.

Die Verordnung zur digitalen Signatur (Signaturverordnung – SigV) beinhaltet die Ausführungsbestimmungen zum Signaturgesetz. Sie wurde von der Bundesregierung am 8.10.1997 beschlossen und ist zum 1.11.1997 in Kraft getreten. Sie enthält zu jedem der 16 Paragraphen des Signaturgesetzes detaillierte Beschreibungen, deren Abstraktionsgrad deutlich geringer ist als derjenige des Gesetzes. Unter anderem sind in der Signaturverordnung folgende Aussagen enthalten:

- Der Antragsteller auf ein Zertifikat muß anhand seines Personalausweises, Reisepasses oder auf andere geeignete Weise identifiziert werden.

- Der Datenträger (in der Regel eine Chipkarte mit Signaturschlüssel) ist in persönlichem Gewahrsam zu halten, und die dazugehörigen Identifikationsdaten (z.B. PIN) sind geheimzuhalten.

- Bei der Überprüfung von digitalen Signaturen muß überprüft werden, ob das Signaturschlüsselzertifikat zum Zeitpunkt der Signaturerstellung gültig war oder Beschränkungen der Benutzung enthält.

- Die Gültigkeitsdauer eines Zertifikats beträgt maximal fünf Jahre.

- Die Sperrung eines Zertifikats darf nicht mehr rückgängig gemacht werden.

- Es ist ein Maßnahmenkatalog mit geeigneten Sicherheitsmaßnahmen zu erstellen.

- Die Zertifizierungsstelle (d.h. das Trustcenter) muß von der zuständigen Behörde geprüft werden.

- Die Signaturschlüssel sind so zu erzeugen, daß ein Schlüssel mit an Sicherheit grenzender Wahrscheinlichkeit nur ein einziges Mal vorkommt.

- Der Signaturschlüssel darf nicht dupliziert werden können.

- Alle sicherheitstechnischen Veränderungen an technischen Komponenten müssen für den jeweiligen Benutzer erkennbar sein.

- Der Signaturschlüssel darf erst nach Identifikation des Inhabers durch Besitz und Wissen angewendet werden können.

- Bei der Anwendung des Signaturschlüssels darf dieser nicht preisgegeben werden.

- Im Bundesanzeiger wird eine Liste veröffentlicht, die die geeigneten Algorithmen zur Erzeugung von Signaturschlüsseln, zur Hash-Berechnung über die zu signierenden Daten und zur Erzeugung und Prüfung von digitalen Signaturen angibt. Zusätzlich wird ein Zeitrahmen angegeben, wie lange sie verwendet werden dürfen.

- Sollen mit einer Signatur versehene Daten länger gültig bleiben, als dies die zugelassenen Algorithmen erlauben, so sind diese Daten vor dem Ablauf des Algorithmus mit einer neuen digitalen Signatur inklusive Zeitstempel zu versehen.

- Die wesentlichen Komponenten einer signaturgesetzkonformen Anwendung sind nach ITSEC mit der Mechanismenstärke „hoch" zu prüfen. Die Prüfstufe ist dabei von der jeweiligen Komponente und ihrem Einsatz abhängig. Die Tabelle 13.3 zeigt die Komponenten in Abhängigkeit von der Prüfstufe.

Die Maßnahmenkataloge zum Signaturgesetz und zur Signaturverordnung fixieren die technischen Anforderungen an dieses System und sind in ihrem Inhalt deutlich konkreter als das Signaturgesetz. Die technischen Spezifikationen basieren wiederum auf den Maßnahmenkatalogen und legen im Detail fest, wie die technische Realisierung zu erfolgen hat. Die in Deutschland für die digitale Signatur wichtigste Spezifikation ist die DIN-Spezifikation „Spezifikation der Schnittstelle zu Chipkarten mit digitaler Signatur-Anwendung/Funktion nach SigG und SigV".

In der DIN-Spezifikation sind die folgenden Themenbereiche für Signaturkarten behandelt:

- Answer to Reset (ATR) und Protocol Type Selection (PTS)
- Übertragungsprotokolle (T=0, T=1)
- Dateien, Datenobjekte und Datenformate
- Authentisierung des Karteninhabers
- Berechnung und Überprüfung von Signaturen
- Protokollierung bei der Signaturerstellung
- Ablauf bei Erstellung und Überprüfung von Signaturen
- Zusammenarbeit mit Terminals und dazugehörige Kommandosequenzen

Tabelle 13.3   Gegenüberstellung der verschiedenen Aspekte bei den drei benutzten Verfahren zur Schlüsselgenerierung. Die in der mittleren Spalte dargestellte Vorgehensweise wird in großen realen Anwendungen üblicherweise benutzt.

ITSEC Prüfstufe E2 hoch	ITSEC Prüfstufe E4 hoch
• Komponenten zum Erfassen und Prüfen von Identifikationsdaten und zur Darstellung der zu signierenden Daten	• Komponente zur Schlüsselerzeugung
• Komponenten zur Darstellung der signierten Daten und zur Prüfung von Zertifikaten	• Komponente zur Speicherung und Anwendung des Signaturschlüssels (i. d. R. Chipkarte)
• Komponenten zur Erzeugung von Zeitstempeln	• Komponenten zur Erzeugung und Prüfung von digitalen Signaturen, die geschäftsmäßig Dritten zur Benutzung angeboten werden

Der Systemaufbau

Die beiden wesentlichen Komponenten eines Systems für digitale Signatur sind einerseits das Trustcenter und andererseits die Signaturkarte. Diese beiden Instanzen sind deshalb im Vordergrund, da nur in ihnen die sicherheitstechnisch relevanten Abläufe stattfinden. Grundsätzlich kann dabei in einem System für digitale Signatur zwischen der Kartenausgabe und dem Signieren und Verifizieren unterschieden werden.

Kartenausgabe

Der zukünftige Benutzer einer digitalen Signaturkarte muß sich als erstes bei einer Registrierungsstelle registrieren lassen. Dazu ist es erforderlich, daß er persönlich erscheint und einen anerkannten Identifikationsbeweis – wie seinen Personalausweis – vorlegt. Zu diesem Zeitpunkt kann der zukünftige Benutzer einer digitalen Signaturkarte wählen, ob er an Stelle seines Namens ein Pseudonym benutzt. Die Registrierungsstelle gibt die erhaltenen und geprüften Informationen an die Registrierung des Trustcenters weiter, welche die Schlüsselgenerierung sowie Personalisierung einer Signaturkarte anstößt. Dieser Vorgang kann entweder im Trustcenter geschehen, von einer dritten Instanz oder auch direkt an der Registrierungsstelle durchgeführt werden. Bei diesem Prozeß wird der öffentliche Schlüssel der neuen Chipkarte vom Zertifikatsdienst des Trustcenters signiert und damit als echter öffentlicher Schlüssel anerkannt. Der signierte öffentliche Schlüssel wird im Public-Key-Verzeichnis des Trustcenters anschließend als gültig eingetragen und steht damit jedem Systemteilnehmer für die

Benutzung zur Verfügung. Nachdem dies abgeschlossen ist, erhält der neue Teilnehmer seine digitale Signaturkarte sowie einen PIN-Brief. Damit ist die Kartenausgabe abgeschlossen, und die Karte kann benutzt werden.

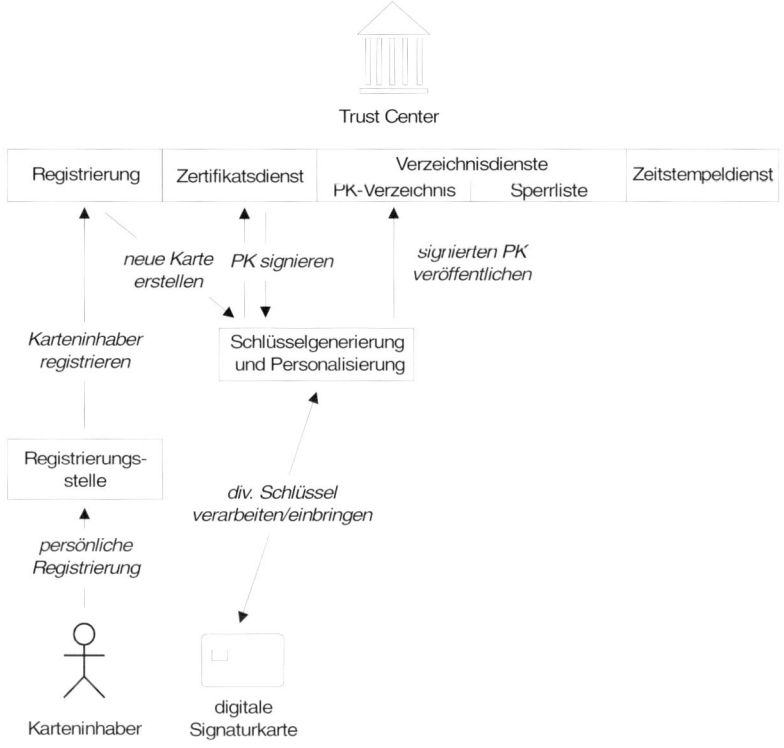

Bild 13.12   Die grundlegenden Abläufe bei der Kartenausgabe in der Anwendung „digitale Signatur".

Signieren und Verifizieren von Dokumenten

Beim Signieren eines elektronischen Dokuments wird dieses zu einem Hash-Wert komprimiert und von der digitalen Signaturkarte mit dem geheimen Schlüssel signiert. Dieser Vorgang kann nur nach eindeutiger Identifizierung des Karteninhabers (d.h. des Signierers) gestartet werden, was momentan bedeutet, daß dieser seine PIN eingeben muß. In Zukunft könnte dies auch die Prüfung eines biometrischen Merkmals (z.B. Fingerabdruck) sein. Die beim Signieren benutzten Komponenten sind Signaturkarte, Terminal und im Regelfall ein PC.

Das digital signierte elektronische Dokument kann nun auf beliebigem Wege verschickt werden. Zur Prüfung dieses Dokuments ist wiederum ein Hash-Wert zu bilden. Bei Bedarf kann nun Online der öffentliche Schlüssel des Signierers vom Public Key Verzeichnis des Trustcenters geholt werden. Mit diesem ist es nun möglich, zu überprüfen, ob die digitale Signatur über das elektronische Dokument echt ist. Um sicherzustellen, daß der geheime Schlüssel des Signierers nicht kompromittiert worden ist, muß bei der Signaturprüfung die Sperrliste (*revocation list*) des Trustcenters gefragt werden. Dies gibt dem Verifizierer die Sicherheit, daß der geheime Schlüssel des Signierers nicht gesperrt ist.

Benötigt der Verifizierer noch eine von dritten überprüfbare Bestätigung dieser Sperrlistenabfrage, so kann er über den Zeitstempeldienst und in Verbindung mit den Verifikationsdaten eine für Dritte nachvollziehbare Bestätigung vom Trustcenter erhalten.

Die Systemstruktur und die dargestellten Abläufe bei Ausgabe, Signieren und Verifizieren mit digitalen Signaturkarten sind Beispiele, die je nach Realisierung Abweichungen aufweisen können. Sie stellen jedoch einen realistischen, wenn auch vereinfachten Überblick über ein typisches digitales Signatursystem dar.

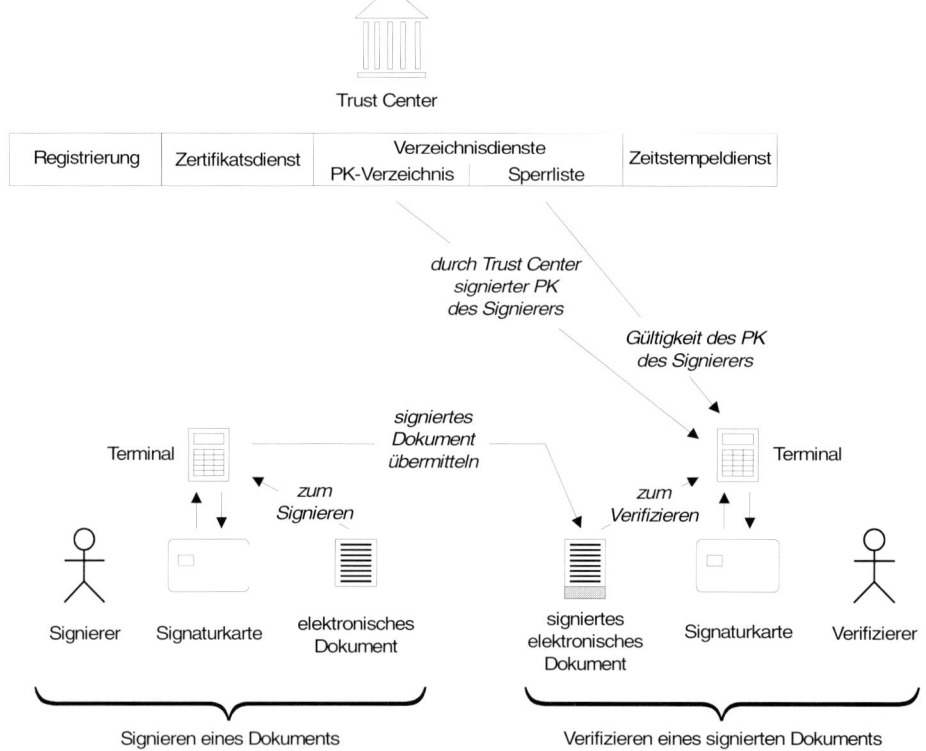

Bild 13.13   Die grundlegenden Abläufe beim Signieren und Verifizieren von signierten Dokumenten in der Anwendung „digitale Signatur".

Das Trustcenter (TC)

Das Trustcenter ist neben der digitalen Signaturkarte das wesentliche Element in einem digitalen Signatursystem. Es hat sechs unterschiedliche Aufgaben: Registrierung von neuen Benutzern (*registry*), Schlüsselgenerierung mit Personalisierung von neuen digitalen Signaturkarten, Zertifikatsdienst (*certification service*), Verzeichnisdienst (*directory service*) für öffentliche Schlüssel (*public key directory service*), Verzeichnisdienst für Sperrlisten (*revocation list*) und Zeitstempeldienst (*time stamp service*).

Die Registrierung dient dazu, die persönlichen Daten und die Identität eines neuen Benutzers für digitale Signaturkarten zu erfassen. Im Regelfall ist zwischen Benutzer und Trustcenter eine Registrierungsstelle geschaltet, damit der Benutzer nicht persönlich beim Trustcenter erscheinen muß. Die Aufgaben Schlüsselgenerierung und Personalisierung müssen nicht zwangsläufig vom Trustcenter getätigt werden, sondern können beispielsweise auch bei einem Kartenhersteller geschehen. Die Schlüsselgenerierung kann sowohl außerhalb als auch innerhalb der Chipkarte stattfinden. Diese Funktion wird jedoch nur bei der Ausgabe von neuen Karten benötigt. Der Zertifikatsdienst eines Trustcenters wird benutzt, um öffentliche Schlüssel von digitalen Signaturkarten mit dem geheimen Schlüssel des Trustcenters zu unterschreiben und damit als echt anzuerkennen. Ein Trustcenter kann natürlich mehr als einen geheimen Schlüssel für seinen Zertifikatsdienst besitzen.

Die beiden Verzeichnisdienste für die öffentlichen Schlüssel und die Sperrlisten enthalten einerseits die vom Trustcenter signierten öffentlichen Schlüssel der digitalen Signaturkarten und andererseits die gesperrten Schlüssel von beispielsweise verlorengegangenen oder kompromittierten digitalen Signaturkarten. Diese Verzeichnisdienste müssen laut Signaturgesetz über allgemein verfügbare öffentliche Netze erreichbar sein.

Der Zeitstempeldienst muß nicht zwangsläufig in einem Trustcenter integriert sein, doch wird es wohl in den meisten Realisationen eines Trustcenters verfügbar sein. Dieser Dienst wird benutzt, um dem Trustcenter übergebene elektronische Informationen mit aktuellem Datum und Uhrzeit zu versehen. Information und Zeitangabe werden dann mit dem geheimen Signaturschlüssel des Zeitstempeldiensts unterschrieben. Damit kann gegenüber Dritten bewiesen werden, daß die vom Zeitstempeldienst unterschriebene Information spätestens zu diesem Zeitpunkt vorhanden gewesen sein muß.

Die digitale Signaturkarte

Zur Aufbewahrung und Benutzung des geheimen Signaturschlüssels benötigt man eine sichere Hardwareumgebung. Chipkarten stellen dafür eine ideale Lösung dar da sie kleine Abmessungen haben, preisgünstig sind und einen hohen Schutz vor Auslesen und Beeinflussung von außen bieten. Man kann ohne Einschränkung behaupten, daß die digitale Signatur erst mit Chipkarten möglich geworden ist.

Die dabei verwendeten asymmetrischen Kryptoalgorithmen bedingen einen Mikrocontroller mit zusätzlicher numerischer Recheneinheit (NPU), damit Signaturen in akzeptabler Zeit erstellt und geprüft werden können. Theoretisch ließe ein signiertes Dokument auch außerhalb der Signaturkarte prüfen, da auch dort alle dazu notwendigen Informationen vorliegen. Ob dies in der Praxis relevant wird, muß abgewartet werden. Sicherheitstechnisch wäre es jedoch günstiger, die Prüfung in der Signaturkarte durchzuführen.

Die Schlüsselgenerierung von öffentlichen und geheimen Schlüsseln für eine digitale Signaturkarte kann entweder zentral oder dezentral erfolgen. In allen Fällen muß jedoch sichergestellt sein, daß sie in einer kryptographisch gesicherten Umgebung, wie z. B. einem Sicherheitsmodul oder einer Chipkarte, abläuft. Wichtig ist weiterhin, daß der generierte öffentliche Schlüssel mit dem geheimen Schlüssel des Trustcenters unterschrieben wird. Nur so ist sichergestellt, daß der geheime und der öffentliche Schlüssel der Signaturkarte vom Trustcenter als echt anerkannt sind. Ohne diese Anerkennung ist es von einem Dritten nicht überprüfbar, ob die digitale Signatur eines elektronischen Dokuments auch von einem echten Teilnehmer eines digitalen Signatursystems stammt.

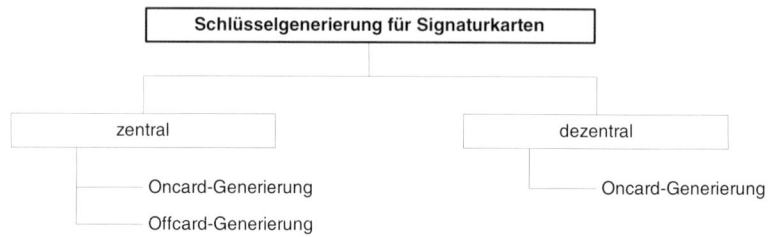

Bild 13.14   Die möglichen Varianten der Schlüsselgenerierung für Signaturkarten.

Die Schlüsselgenerierung läßt sich zentral oder dezentral durchführen. Bei der zentralen Schlüsselgenerierung werden alle Schlüsselpaare an einem Ort gezeugt und unmittelbar danach mit dem geheimen Schlüssel des Trustcenters unterschrieben. Sowohl Schlüsselgenerierung als auch Trustcentersignatur können oncard oder offcard erstellt werden. Die dezentrale Schlüsselgenerierung ist nur oncard möglich, da dies die einzige kryptographisch gesicherte Umgebung in diesem Umfeld ist. Die Vor- und Nachteile der drei Verfahren sind in Tabelle 13.4 dargestellt. In der Praxis wird sich wahrscheinlich eine zentrale Oncard-Schlüsselgenerierung durchsetzen, da diese sehr sicher ist und auch dem bisherigen Herstellungsprozeß von Chipkarten entspricht.

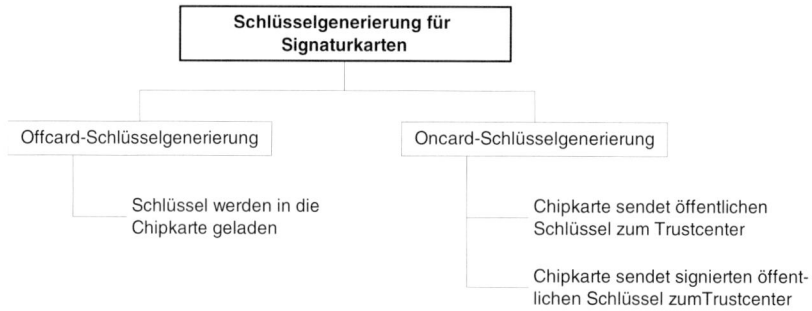

Bild 13.15   Die drei grundlegenden Möglichkeiten bei der Schlüsselgenerierung und Schlüsselverteilung zwischen Signaturkarte und Trustcenter.

Tabelle 13.4   Gegenüberstellung der verschiedenen Aspekte bei den drei benutzten Verfahren zur Schlüsselgenerierung. Die in der mittleren Spalte dargestellte Vorgehensweise wird in großen realen Anwendungen üblicherweise benutzt.

Verfahren	Offcard-Schlüsselgenerierung	Oncard-Schlüsselgenerierung mit Übergabe des öffentlichen Schlüssels zum Trustcenter zwecks Signierung	Oncard-Schlüsselgenerierung mit Übergabe des signierten öffentlichen Schlüssels zum Trustcenter
Vorteile	• schnelle Personalisierung • Nachproduktion von identischen Karten möglich	• der geheime Signaturschlüssel verläßt nie die Chipkarte	• der geheime Signaturschlüssel verläßt nie die Chipkarte
Indifferent	• Key-Escrow technisch problemlos möglich	• Key-Escrow schwierig	• Key-Escrow schwierig
Nachteile	• geheimer Schlüssel wird offcard erzeugt	• öffentlicher Schlüssel muß auf sicherem Weg zum Trustcenter gebracht werden • Nachproduktion von identischen Karten nicht möglich	• geheimer Schlüssel des Trustcenters in der Chipkarte • Nachproduktion von identischen Karten nicht möglich • zeitaufwendige Personalisierung

Das in Deutschland wichtigste Dokument zur Schnittstelle der digitalen Signaturkarte ist die bereits oben erwähnte DIN-Spezifikation. Sie beschreibt ausführlich die benötigten Kommandos, Dateien und Abläufe für eine digitale Signaturkarte.

Die Signaturanwendung befindet sich in einem DF direkt unter dem MF. Die DIN-Spezifikation sieht für diese Anwendungen 9 EFs vor, die alle für diese Anwendungen benötigten Daten enthalten. Alle verwendeten Datenelemente sind TLV-codiert. Die EFs und deren Dateninhalte sind in der Tabelle 13.5 im Überblick beschrieben.

Tabelle 13.5   Der auf die wesentlichen Dateien vereinfachte Dateibaum einer Signaturkarte nach deutschen Signaturgesetz.

Dateityp	FID	Struktur, Größe	Beschreibung
MF	'3F00'	---	Wurzelverzeichnis
EF$_{GDO}$	'2F02'	transparent, x Byte	Seriennummer der Chipkarte, Name des Kartenbesitzers
DF$_{SigG}$	undefiniert	---	DF digitale Signatruanwendung (AID = 'D2 76 00 00 66 01'
EF$_{KEY}$	---	undefiniert, x Byte	PINs, öffentliche/geheime Schlüssel
EF$_{SSD}$	'1F00'	transparent, x Byte	Informationen über Eigenschaften der Signaturkarte (*security service description – SSD*)
EF$_{C.ICC.AUT}$	'C000'	transparent, x Byte	Authentisierungszertifikat der Signaturkarte
EF$_{C.CA.AUT}$	'C008'	transparent, x Byte	Authentisierungszertifikat der Zertifizierungsstelle
EF$_{DM}$	'D000'	transparent, 8 Byte	Anzeigetext für das Terminal, damit der Benutzer dieses als echt erkennen kann (display message – *DM*)
EF$_{C.CH.DS}$	'C100'	transparent, x Byte	Signaturzertifikat der Kartenbesitzers
EF$_{C.CA.DS}$	'C108'	transparent, x Byte	Signaturzertifikat der Zertifizierungsstelle
EF$_{PK.CA.DS}$	'B000'	transparent, x Byte	öffentliche Schlüssel der Zertifizierungsstelle
EF$_{PROT}$	'A000'	cyclic, x Byte	Protokollierung der Signaturerstellung

Die für die Signaturkarte verwendeten Kommandos sind:
- APPEND RECORD
- EXTERNAL AUTHENTICATE
- GET CHALLENGE
- INTERNAL AUTHENTICATE
- MANAGE SECURITY ENVIRONMENT
- PERFORM SECURITY OPERATION
- READ BINARY
- READ RECORD
- SELECT FILE
- UPDATE BINARY
- Optional: MANAGE CHANNEL
- Optional für T=0: GET RESPONSE

Bei der deutschen Signaturkarte sind die folgenden Hash-Funktionen und Signaturalgorithmen vorgesehen: SHA-1, RIPEMD-160, RSA, DSA und ECC. Da die Berechnung eines Hash-Wertes über große elektronische Dokumente in der Chipkarte zu lange dauern würde, besteht die Möglichkeit, den Hash-Wert im PC zu bilden und dann zur Signierung an die Karte zu übergeben. Alternativ dazu kann der Hash-Wert bis auf den letzten Block extern im PC berechnet werden. Anschließend wird der letzte Block mit dem entsprechenden Teil des Dokuments in der Chipkarte gerechnet und signiert. Die vollständige Berechnung eines Hash-Wertes in der Chipkarte ist ebenfalls möglich, wird jedoch oft aus bekannten Performance-Gründen nicht sinnvoll sein.

Resümee und Ausblick
Das Signaturgesetz hat in Deutschland den gesetzlich notwendigen Rahmen geschaffen, digitale Signaturen im Alltagsleben verläßlich zu benutzen. Die Einsatzgebiete werden wahrscheinlich weniger private Kaufverträge über Häuser oder Testamente sein als der tägliche Umgang mit e-Mail, Bezahlung und Bestellung über öffentliche – und damit per se – unsichere Netze.

Man kann sicherlich davon ausgehen, daß es neben den gesetzeskonformen Lösungen auch viele nicht gesetzeskonforme Lösungen geben wird, da diese weitaus kostengünstiger und einfacher zu realisieren sind. Die in Deutschland sehr hoch liegenden Anforderungen für die Sicherheit der eingesetzten Komponenten wird kostengünstige und schnelle Lösungen nicht begünstigen. Andererseits ist dieses Sicherheitsniveau notwendig, da eine elektronische Unterschrift der eigenhändigen Unterschrift gleichgestellt wurde. Käme es zu erfolgreichen Manipulationen, würde das ganze System „digitale Signatur" in Unglaubwürdigkeit gestürzt und müßte im schlimmsten Fall sogar außer Betrieb gehen.

Ein weiterer wichtiger Aspekt in diesem Umfeld ist das Verhalten von weltweit operierenden Organisationen, die wahrscheinlich nicht auf die Gesetze eines einzelnen

Landes Rücksicht nehmen werden. Dadurch könnte es durchaus passieren, daß sich eine nicht gesetzeskonforme Lösung als internationaler Quasi-Standard etabliert.

Trotz dieser Risiken hat die in Deutschland entstehende Lösung für digitale Signaturen weltweiten Einfluß, sowohl auf Gesetzgebung als auch auf technische Realisierung von ähnlichen Projekten. Wird das Potential dieser Lösung genutzt, so wird es in Deutschland eine technisch hochwertige und vorbildhafte Lösung für die Chipkarten-Anwendung „digitale Signatur" geben.

14 Design von Anwendungen

Dieses Kapitel enthält im ersten Teil allgemeine Hinweise und Kennzahlen für den Einsatz von Chipkarten. Diese aus vielen Anwendungen zusammengetragenen Informationen sind direkt für die Konzeption einer Chipkarten-Anwendung verwendbar. Sie geben ebenso einen kurzen Überblick über den heutigen Stand der Technik.

Die möglichen Kartenkörper sind bei einer Konzeption unkritisch, da sich fast jedes Modul in jeden Typ von Kartenkörper einbauen läßt. Problematisch ist oft der verwendete Mikrocontroller wegen seiner Speichergröße. Deshalb ist diese Thematik hier auch stark in den Vordergrund gestellt.

Viele der technischen Angaben sind Werte, die stark abhängig von der verwendeten Hardware sind. Allerdings läßt sich damit trotzdem eine für die Praxis ausreichende Abschätzung für zu projektierende Anwendungen machen. Dies ist unter anderem auch deshalb der Fall, weil die physikalischen und elektrischen Eigenschaften der auf dem Markt angebotenen Chipkarten-Mikrocontroller innerhalb gewisser Grenzen praktisch alle gleich sind. Die Hauptunterschiede liegen eigentlich nur in den angebotenen Speichergrößen.

Im zweiten Abschnitt werden überblickshaft Prinzipien für Werkzeuge vorgestellt, mit denen ohne Programmierung auf einfache und schnelle Art auch komplexe Anwendungen erstellt werden können. In den anschließenden Unterkapiteln sind anhand von zwei Beispielen einige mögliche Anwendungen vorgestellt. Diese werden in systematischer Weise aufgebaut, so daß die Gründe für die verschiedenen Mechanismen und Abläufe leicht nachvollziehbar sind.

Die aufgeführten Hinweise und Beispiele dieses Kapitels sind bewußt so allgemein und flexibel ausgelegt, daß sie als eine Art Design Pattern zur Gestaltung beliebiger Anwendungen benutzt werden können. Zusätzliche Gestaltungshinweise, vor allen in Richtung Sicherheit, finden sich im Abschnitt 8.2.4.2 (Angriffe auf der logischen Ebene).

14.1   Allgemeine Hinweise und Kennzahlen

14.1.1   Mikrocontroller

Produktion

Muß für eine neue Anwendung ein spezielles Betriebssystem für Chipkarten programmiert werden, dann erfordert dies sehr viel Zeit. Ein Richtwert der Dauer für Konzeption, Programmierung und Test eines vollständig neuen Betriebssystems ist etwa 9 Monate. Ist es möglich, Bibliotheksroutinen und schon vorhandene Programmteile zu verwenden, dann benötigt eine einzelne Person immer noch etwa 4 bis 6 Monate dafür. Eine Parallelisierung der Tätigkeiten läßt sich aufgrund der sehr komplexen Programmierung in Assembler nur eingeschränkt vornehmen. Dies führt dazu, daß mit der heutigen Softwaretechnologie selbst mit maximalem Aufwand und Personaleinsatz die Erstellung eines neuen Chipkarten-Betriebssystems mindestens 2 bis 3 Monate dauert.

Nach Produktionsstart des Mikrocontrollers bei einem Halbleiterhersteller dauert es ungefähr 8 bis 10 Wochen, bis fertige Dice in mittleren Stückzahlen (d.h. einige 10 000 Stück) verfügbar sind. Der Einbau der Dice in Module benötigt dann noch zusätzlich ein bis zwei Wochen. Damit beträgt die Durchlaufzeit bei der Herstellung der Mikrocontroller etwa 12 Wochen.

Lebensdauer

Für die Lebensdauer einer Chipkarte sind im wesentlichen die Biegebeständigkeit des Kartenkörpers, die Korrosionsbeständigkeit der Kontakte des Moduls und die Anzahl der Schreib-/Löschzyklen des EEPROMs verantwortlich.

Die Lebensdauer des Kartenkörpers ist stark abhängig vom Einsatzgebiet. Bei typischen GSM-Karten, die sich ständig im Mobiltelefon befinden und nie herausgenommen werden, gibt es seitens des Kartenkörpers praktisch keine Einschränkung. Bei dem anderen Extrem, beispielsweise einem Betriebsausweis, der auch noch für Kantine und Zugangskontrolle verwendet wird, kann es schon zu einem Bruch des Kartenkörpers in zwei bis drei Jahren kommen. Durch das Mitführen der Karte in einer Geldbörse in der Gesäßtasche wird dies noch begünstigt.

Die zweite Beschränkung der Lebensdauer ist die maximale Anzahl der Steckzyklen. Die aus diesem Grund hartvergoldeten Kontakte können etwa 20 000mal kontaktiert werden. Danach ist die Oberfläche so stark verkratzt, daß daran anhaftender Schmutz und Fett eine sichere elektrische Kontaktierung verhindert. Zusätzlich kann aufgrund der dann weitgehend abgetragenen Goldschicht eine Oxidation eintreten, was sich ebenfalls nachteilig auf die elektrische Leitfähigkeit der Kontakte auswirkt. Die Lebensdauer der Kontakte und damit der Chipkarte ist natürlich auch sehr von der Form und den Kräften der Kontaktierungseinheit des Terminals abhängig. Ist dies optimal gestaltet, so kann sich damit eine Erhöhung der Lebensdauer um den Faktor 2 bis 4 ergeben.

Die größte Beschränkung der Lebensdauer einer Chipkarte folgt aus der maximalen Anzahl der Schreib-/Löschzyklen des EEPROMs.[1] Die üblicherweise von den meisten Halbleiterherstellern garantierte Anzahl von Schreib-/Löschzyklen für jede Speicherseite des EEPROM beträgt in der Regel 100 000. In der Praxis fällt das EEPROM bei Raumtemperatur und kleinen Abweichungen der Versorgungsspannung jedoch erst ab 300 000 bis 600 000 Zyklen aus.

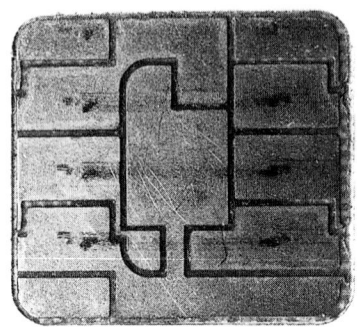

Bild 14.1   Foto eines Moduls nach 50 000 Steckzyklen. Die dabei eingesetzten Kontakte gehörten zu einer für diese Art von Test konstruierten Prüfmaschine und waren sehr hochwertig. In der Praxis kann es, abhängig von der Kontaktierungseinheit, unter Umständen zu einem erheblich schnelleren Verschleiß der Kontaktfelder kommen.

Der Ausfall einer EEPROM-Seite ist dabei nicht schlagartig, sondern allmählich. Ein Anzeichen für den beginnenden Ausfall ist, wenn sich das EEPROM beim ersten Schreibversuch nicht mehr auf den gewünschten Wert setzen läßt und die geschriebenen Daten nach wenigen Stunden nicht mehr im Speicher vorhanden sind. Benutzt man eine solche Speicherseite weiter, dann lassen sich nach einigen weiteren tausend Zyklen überhaupt keine Daten mehr im EEPROM speichern, da es die Inhalte sofort wieder verliert. Betroffen ist dabei aber jeweils nur eine Speicherseite (übliche Größe: 4 Byte oder 32 Byte) des EEPROMs. Andere Speicherseiten sind von dem Ausfall einer Seite nicht betroffen oder beeinflußt. Dies kann im Rahmen der Speicherorganisation für Strategien zur Fehlerüberbrückung genutzt werden.

Die Datenablage im EEPROM funktioniert auf der Grundlage der Speicherung von elektrischen Ladungen in winzigen Kondensatoren. Wie alle Kondensatoren, haben auch diese einen Leckstrom. Dies führt dazu, daß die im Kondensator enthaltene Ladung im Laufe der Zeit abfließt und die gespeicherte Information nicht mehr verfügbar ist. Durch hohe Temperaturen wird dies noch zusätzlich begünstigt. Deshalb ist der Datenerhalt des EEPROMs nicht unbegrenzt, sondern wird von den Halbleiterherstellern nur für 10 Jahre garantiert.

---

[1] siehe auch Abschnitt 3.4.2 Speicherarten

Das Problem bei der zeitlichen Angabe des Datenerhaltes ist, daß die Messung nicht direkt erfolgen kann, da man sonst 10 Jahre warten müßte. Die Entladezeit läßt sich nur über die Ermittlung des Kondensator-Leckstroms berechnen. Da sich auch dies meßtechnisch fast nicht durchführen läßt, ermittelt man den maximalen Datenerhalt durch Variation der Umweltparameter wie Temperatur oder Ladespannung und stellt daraus eine Schlußfolgerung auf. Außerdem hängt der Datenerhalt von der Anzahl der Schreib-/Löschzyklen ab. Die spezifizierten 10 Jahre gelten für die maximale Belastung, so daß in der Regel eine weit höhere Lebensdauer erwartet werden kann. Für die Konzeption einer Anwendung bedeutet dies, daß man von 10 Jahre Datenerhalt ausgehen kann und diesen Maximalwert möglichst nicht erreichen sollte.

Eine grundsätzliche Aussage zur Lebensdauer einer Chipkarte ist nur unter Abwägung aller Rahmenbedingungen möglich. Ein praxisnaher Richtwert für die Lebensdauer ist drei bis fünf Jahre für eine übliche Anwendung, die keine besonderen Anforderungen hat. In manchen Bereichen, wie z.B. GSM, gehen viele Firmen auch dazu über, die Chipkarten nur bei Bedarf, d.h. bei Ausfall, auszuwechseln, was aus wirtschaftlicher Sicht Vorteile bringen kann.

Datenübertragung

Die Geschwindigkeit der Abwicklung von Kommandos an die Chipkarte hängt neben der internen Ausführungsgeschwindigkeit vor allem von der Datenübertragungsrate der Schnittstelle Terminal – Chipkarte ab.[1]

Tabelle 14.1   Typische Datenübertragungsraten von Chipkarten.

Funktion	Durchsatz bei 3,5 MHz Takt	Durchsatz bei 4,9 MHz Takt
Übertragung von Daten mit Teiler 372	9 600 Bit/s	13 212 Bit/s
Übertragung von Daten mit Teiler 512	6 975 Bit/s	9 600 Bit/s
Übertragung von Daten mit Teiler 372, T=0 / T=1	≈ 7 680 Bit/s	≈ 10 570 Bit/s
Übertragung von Daten mit Teiler 372, T=1 und Secure Messaging (Authentic-Modus)	≈ 3 800 Bit/s	≈ 5 200 Bit/s
Übertragung von Daten mit Teiler 372, T=1 und Secure Messaging (Combined-Modus)	≈ 1 900 Bit/s	≈ 2 600 Bit/s

Aufgrund der asynchronen seriellen Schnittstelle muß bei der Übertragung von einem Byte dieses auf 12 Bit verlängert sein, da neben den 8 Bit Nutzdaten noch Startbit, Paritätsbit und Stopbits übertragen werden. Damit kann man bei der Datenübertragung mit einen Richtwert von 1,25 ms/Byte bei einer Übertragungsrate von 9 600 Bit/s arbeiten. Addiert man noch einen zusätzlichen Aufwand für das zwingend notwendige Übertragungsprotokoll von 20 %, dann erhält man einen Wert von 1,5 ms/Byte bei der Datenübertragung. Für die Praxis und zur Abschätzung der Dauer von Datenübertragungen ist die dabei erreichte Genauigkeit ausreichend.

---

[1] siehe auch Abschnitt 6.4 Übertragungsprotokolle

Ausführungsgeschwindigkeiten von Algorithmen

Da Chipkarten oft als geschützte Computer zur Abarbeitung von Algorithmen dienen, sind hier dazu einige Kennzahlen angegeben. Es sind dies durchschnittliche Werte, die von Implementation zu Implementation durchaus variieren können. Für die in der Tabelle aufgeführten Werte wurde ein Takt von 3,5 MHz bzw. 4,9 MHz angenommen.

Alle Werte, bis auf das Schreiben von Daten ins EEPROM, sind direkt proportional der angelegten Taktrate. Damit läßt sich der Durchsatz bei einer Erhöhung des Taktes von 3,5 MHz auf 4,9 MHz um den Faktor 1,4 erhöhen, da die Taktrate von 4,9 MHz mit jedem auf dem Markt befindlichen Mikrocontroller möglich ist. Die Zeit für Schreiben oder Löschen von Speicherseiten im EEPROM ist unabhängig vom angelegten Takt, sie kann also nicht beschleunigt werden.

Tabelle 14.2   Typische Durchsatzraten von Algorithmen in Chipkarten bei Programmierung in Assembler oder hardwarenahem C.

Funktion	Absolute Werte		Durchsatz	
	3,5 MHz Takt	4,9 MHz Takt	3,5 MHz Takt	4,9 MHz Takt
XOR-Berechnung	1 µs/Byte	0,7 µs/Byte	1 MByte/s	1,4 MByte/s
CRC-Berechnung	0,2 ms/Byte	0,14 ms/Byte	5 000 Byte/s	7 100 Byte/s
Schreiben oder Löschen von Daten im EEPROM (Seitengröße 4 Byte)	3,5 ms/4 Byte	3,5 ms/4 Byte	1 142 Byte/s	1 142 Byte/s
Erzeugung einer 8 Byte langen Zufallszahl	26 ms	18,5 ms	---	---
DES-Berechnung (8 Byte Block, ECB-/CBC-Mode)	17 ms/8 Byte	12 ms/8 Byte	470 Byte/s	660 Byte/s
DES-Berechnung eines MAC (8 Byte Block)	17 ms/8 Byte	12 ms/8 Byte	470 Byte/s	660 Byte/s
IDEA-Berechnung (8 Byte Block, ECB-/CBC-Mode)	12,3 ms/8 Byte	8,8 ms/8 Byte	650 Byte/s	910 Byte/s
RSA-Berechnung ohne CRT (512 Bit Schlüssellänge mit NPU)	308 ms/64 Byte	220 ms/64 Byte	208 Byte/s	290 Byte/s
RSA-Berechnung ohne CRT (768 Bit Schlüssellänge mit NPU)	910 ms/96 Byte	650 ms/96 Byte	105 Byte/s	148 Byte/s
RSA-Berechnung ohne CRT (1 024 Bit Schlüssellänge mit NPU)	2 s/128 Byte	1,4 s/128 Byte	64 Byte/s	91 Byte/s

14.1.2   Anwendungen

Neben den spezifischen Belangen des Mikrocontrollers sind bei der Konzeption und Entwicklung einer Chipkarten-Anwendung noch weitere Aspekte zu berücksichtigen. Dies betrifft im Falle der Konzeption vor allem die Gebiete der Schlüsselaufteilung, der Verwaltung von Anwendungsdaten und der grundsätzlichen Prinzipien des Datenaustausches.

Schlüsselmanagement

In allen Anwendungen, die kryptografische Algorithmen benutzen, steckt die Sicherheit in der Geheimhaltung der entsprechenden Schlüssel. Wird ein geheimer Schlüssel

aus irgendeinem Grund bekannt, dann sind alle darauf aufbauenden Sicherheitsmechanismen hinfällig. Da sich dieser Fall prinzipiell nicht mit absoluter Sicherheit
ausschließen läßt, muß man dagegen Vorsorge treffen.[1]

Die trivialste und kostspieligste aller Möglichkeiten ist der Austausch aller Chipkarten, was aber bei größeren Anwendungen wirtschaftlich indiskutabel ist. In der Praxis werden deshalb andere Verfahren benutzt, um die Auswirkungen von bekanntgewordenen Schlüsseln zu minimieren.

Grundsätzlich sollten sich in Chipkarten nur kartenindividuelle Schlüssel befinden.
Jede Chipkarte hat damit individuelle Schlüssel, die im Falle des Bekanntwerdens nur
zum Klonen dieser einen Karte benutzt werden könnten. Der dazugehörige Hauptschlüssel muß aber unter allen Umständen geheim bleiben.

Um auch den Fall der Kompromittierung des Hauptschlüssels abzusichern, kann
man mehrere Generationen von kartenindividuellen Schlüsseln in die Karte einbringen,
so daß man gegebenenfalls auf eine neue Schlüsselgeneration umschalten kann.

Das dritte Prinzip im Zusammenhang mit Schlüsseln ist das Trennen nach dem Verwendungszweck. Die Konsequenz für die Praxis ist, daß z.B. ein Schlüssel für Authentisierung nicht zur Verschlüsselung benutzt werden darf. Damit kann man die Auswirkungen, die ein bekanntgewordenen Schlüssel verursacht, so gering wie möglich
halten.

Die obigen drei Prinzipien sollten bei jeder größeren Anwendung unbedingt Beachtung finden, da sie dem Anwendungsbetreiber ein wesentlich sicheres System garantieren und ihm unter Umständen sehr viel Geld für den Austausch aller Chipkarten ersparen. Eines darf jedoch in diesem Zusammenhang nicht verschwiegen werden: Jede dieser Forderungen führt dazu, daß die Zahl der Schlüssel zunimmt, was sehr schnell zu
Speicherproblemen führt und dann auch eine mehr oder minder aufwendige Schlüssel-
verwaltung erfordert. In der Praxis ist deshalb sehr genau abzuwägen, ob man wirklich
alle drei Forderungen erfüllt bzw. ob man nicht bei bestimmten Mechanismen Kompromisse eingeht.

Daten

Bei der Speicherung von Daten in Chipkarten sollten die gleichen Prinzipien eingehalten werden, wie sie im Bereich der Informationstechnik Standard sind. Dies bedeutet für eine Anwendung, daß klassifizierende Nummernsysteme soweit wie möglich
vermieden werden müssen, da sie oft schon bei kleinen Änderungen oder Erweiterungen „platzen". Identifizierende Nummernsysteme sind im Gegensatz dazu jedoch oft
zu abstrakt, so daß in der Praxis meist Mischnummern vorherrschen.

Ein gutes Beispiel dafür ist das deutsche Telefonnummernsystem. Der erste Teil der
Nummer, die Vorwahl, ist klassifizierend. Man kann bei Kenntnis dieser Nummer genau sagen, in welchem Gebiet der entsprechende Ort liegt. Der zweite Teil, die eigentliche Rufnummer, ist rein identifizierend, da sie, zumindest bei kleineren Städten, keine Informationen über den genauen Ort des Teilnehmers beinhaltet. Die beiden Teile

---

[1] siehe auch Abschnitt 4.7 Schlüsselmanagement

zusammen ergeben eine typische Mischnummer, die bei Erweiterungen weitgehend problemlos ist.

Um Datenelemente flexibel und in mehreren unterschiedlichen Versionen handhaben zu können, eignen sich sehr gut ASN.1-codierte Datenobjekte.[1] Ein Richtwert aus der Praxis für den dazu erforderlichen Overhead an Codierungsaufwand ist etwa 25 % von den Nutzdaten. Dies gilt nur für kleine Datenmengen, wie sie aber gerade im Chipkartenbereich üblich sind.

Eine grundsätzliche Anmerkung in bezug auf die Speicherfähigkeit von Chipkarten muß ebenfalls noch gemacht werden. Anwendungen mit einer Größe der Nutzdaten über 2 kByte sind selten, da der zur Verfügung stehende Speicher in der Regel immer sehr knapp ist.

Bei der Planung einer neuen Anwendung ist zumindest überschlagsmäßig der in der Karte zu reservierende Speicher zu berechnen. Dazu benötigt man aber nicht nur die Größe der Nutzdaten, sondern auch den dafür notwendigen Umfang an Verwaltungsdaten. Bei den neueren Betriebssystemen, die mehrere Anwendungen in einer Chipkarte gleichzeitig zulassen und eine objektorientierte Dateiverwaltung besitzen, ist der Anteil an Verwaltungsdaten relativ hoch. Die Größe der Header pro Dateityp bewegt sich dabei meist im Bereich zwischen 16 Byte und 32 Byte. Die Größe dieser Verwaltungsdaten pro Datei ist aber fest, d.h. sie hängt nicht von der Anzahl der in der Datei enthaltenen Nutzdaten ab. Es hat keinen Einfluß auf die Größe des Headers, ob nun ein Byte oder 200 Byte Nutzdaten vorhanden sind. Das führt dazu, daß man versucht, nicht für jedes Datenelement eine einzelne Datei anzulegen, da sonst zuviel Speicher für die Verwaltung verschwendet würde.

Datenaustausch

Der Datenaustausch zwischen Chipkarte und Terminal erfordert vor allem die Beachtung von zwei Dingen: Die serielle Schnittstelle der Chipkarte ist gemessen an der Leistungsfähigkeit heutiger Rechnersysteme sehr langsam. Die üblichen 9 600 Bit/s führen dazu, daß die Datenübertragung zwar sehr robust gegenüber Störungen ist, doch benötigt der Austausch von Daten auch sehr viel Zeit. Deshalb ist es in jedem Fall empfehlenswert, darauf zu achten, daß sich der Datenaustausch zwischen Terminal und Chipkarte auf das Wesentliche beschränkt. Daten, die das Terminal im Laufe einer Sitzung bereits einmal erhalten hat, sollte dieses nicht noch einmal anfordern. Bei Anwendungen, in denen der Zeitbedarf nur sehr untergeordnete Priorität hat, muß dies natürlich nicht beachtet werden. Sollten aber Personen am Ablauf beteiligt sein, dann erfordert dies auf jeden Fall eine Minimierung des Datenaustausches auf der Schnittstelle.

Im Zusammenhang mit dem Datenaustausch stehen auch die folgenden Punkte: Mit Secure Messaging[2] lassen sich im Prinzip alle Daten auf der Schnittstelle zwischen Terminal und Chipkarte sehr gut schützen. Ein Angriff über die Schnittstelle ist dadurch so gut wie unmöglich. Doch neben diesem Vorteil sinkt die effektive Übertragungsgeschwindigkeit sehr stark. Deshalb sollten Daten nur wenn es für die Sicher-

---

[1] siehe auch Abschnitt 4.1 Strukturierung von Daten
[2] siehe auch Abschnitt 6.6 Sicherung der Datenübertragung

heit des Systems unumgänglich ist, im Rahmen von Secure Messaging übertragen werden.

Mit Ausnahme der geheimen Schlüssel reicht es für fast alle Nutzdaten, wenn sie nur mit einem MAC geschützt sind (Authentic-Modus). Dies reduziert die Übertragungsgeschwindigkeit nicht so stark wie die noch zusätzliche Verschlüsselung im Combined-Modus. Auch ist die Datenübertragung auf der Schnittstelle transparent und kann von außen ohne weiteres überprüft werden. Im Zusammenhang mit dem Datenschutz kann dies notwendig sein, weil sich so jederzeit und ohne Kenntnis von geheimen Schlüsseln überprüfen läßt, welche Daten die Schnittstelle passieren.

14.1.3   System

Sicherheit
In vielen Anwendungen wird der DES als kryptografischer Algorithmus verwendet. Die Gründe dafür sind vielschichtig, aber in den meisten Fällen ist wohl ausschlaggebend, daß der DES sehr bekannt ist und sich damit niemand auf unbekanntes Gebiet wagen muß. Jedoch existieren neben dem DES noch viele andere gute Algorithmen zur Ver- und Entschlüsselung von Daten. Verursacht durch den hohen Bekanntheitsgrad, ist der DES auch den meisten Angriffen ausgesetzt, von denen möglicherweise irgendwann einer erfolgreich ist. Deshalb sollte man bei größeren Chipkartenprojekten die Möglichkeit ins Auge fassen, alternativ zum DES einen anderen kryptografischen Algorithmus einzusetzen. Damit lassen sich die Auswirkungen eines erfolgreichen Angriffs auf den DES minimieren. Ein sehr gutes Beispiel für diese Philosophie sind die aktuellen kryptografischen Algorithmen bei GSM, die spezielle Entwicklungen für diese Anwendung und völlig unabhängig vom DES sind.

Benutzerschnittstelle
Entscheidend für ein erfolgreiches Chipkartenprojekt ist die Akzeptanz durch die Benutzer. Dies hat zwar sehr viel mit der Mensch-Maschine-Schnittstelle am Terminal zu tun, doch auch die Schnittstelle zwischen Terminal und Chipkarte hat darauf Einfluß. Erfahrungsgemäß kann man davon ausgehen, daß es Probleme mit der Benutzerakzeptanz gibt, wenn eine Aktion mehr als eine Sekunde andauert. Der Benutzer glaubt dann oft an einen technischen Defekt und versucht die Chipkarte aus dem Terminal zu ziehen, was zu einem unkontrollierten Abbruch der Sitzung führt. Um dies zu vermeiden, sollte man alle Abläufe zwischen Terminal und Chipkarte dahingehend optimieren, daß deren Zeitdauer unter einer Sekunde ist.

Eines darf man vor allem in diesem Bereich der Schnittstelle Mensch–Maschine nicht übersehen; ist die Akzeptanz unzureichend, dann gibt es auch wesentlich mehr technische Probleme durch nicht vorhersehbare Eingriffe (z.B. vorzeitiges Herausziehen der Chipkarte aus dem Terminal).

Konzeption

Bei der Konzeption eines informationstechnischen Systems mit Chipkarten sollte das Prinzip von Kerckhoff immer Anwendung finden, d.h. die Sicherheit des Systems beruht allein auf den geheimen Schlüsseln.

Die Prüfung eines Systems ist nämlich sehr schwierig, falls die Sicherheit auf der Geheimhaltung von Informationen beruht, weil sie dann nur von einem sehr eingeschränkten Personenkreis vorgenommen werden kann. Da dieser Personenkreis auch noch meist das System konzipierte, kann eine Prüfung auf dieser Grundlage nicht sehr effektiv sein. Eine totale Preisgabe aller internen Informationen ist jedoch auch problematisch, da so ein potentieller Angreifer alle Informationen frei Haus erhält. Es ist also in der Praxis meist ein Mittelweg zu gehen, bei dem die grundlegenden Informationen über das System öffentlich sind, spezielle Dinge aber geheim.

Müssen, ganz im Gegensatz zu Kerckhoff, Sachverhalte innerhalb eines Chipkartenprojektes vertraulich bleiben, dann bietet sich an, daß die Sicherheit nicht auf eine einzelne Person gründet. Eine bessere Vorgehensweise ist, das Wissen auf mehrere Personen zu verteilen, von denen jede nur einen Teil des Systems kennt, aber keine das Ganze.

Im Zusammenhang mit der Konzeption von auf Chipkarten basierenden Systemen muß immer das Gesamtsystem im Auge behalten werden und nicht nur die Chipkarte und deren unmittelbare Systemumgebung. Dies ist der häufigste Fehler, der im Laufe einer Projektierung zu beobachten ist. Es handelt sich aufgrund des aktiven Charakters der Komponente Chipkarte immer um verteilte Systeme, die selbständig agieren müssen und in denen kein reines Master-Slave-Verhalten vorherrscht. Nach der Systemintegration muß das gesamte System reibungslos zusammenarbeiten und nicht nur die Chipkarte mit dem Terminal. Deshalb ist es schon sehr frühzeitig bei der Projektierung notwendig, eine gesamtheitliche Betrachtungsweise zu gewinnen.

14.2   Formelsammlung zur Abschätzung von Ausführungszeiten

Bei der Konzeption von Chipkarten-Anwendungen oder dem Design von neuen Chipkarten-Kommandos müssen oftmals Abschätzungen über den Zeitbedarf gemacht werden. Selbst mit Erfahrung ist es relativ schwierig und ziemlich ungenau, durch Schätzen ausreichend genaue Zahlen zu erhalten. Im folgenden Abschnitt sind die grundlegenden Formeln zur Berechnung von Ausführungszeiten bei Chipkarten-Betriebssystemen und kontaktbehafteter Übertragung zusammengefaßt. Richtig angewandt, führen sie zu Ergebnissen in akzeptabler Genauigkeit. Sie sollten aber keinesfalls als unumstößlich und von unbeschränkter Genauigkeit angesehen werden, da sie für rechnerische Abschätzungen gedacht sind, bei denen sich durchaus Fehler in der Größenordnung von zehn Prozent einstellen können. Deshalb sei hier auch gleich der Ratschlag gegeben, in kritischen Fällen einen entsprechenden Sicherheitsaufschlag hinzuzurechnen.

Die Variablennamen in den aufgeführten Formeln sollten selbsterklärend sein, deshalb sind relativ lange Namen notwendig. Soweit nicht explizit angegeben, sind alle festen Zeiten auf die Standardtaktfreqeunz von 3,5712 MHz ausgelegt. Über den Proportionalitätsfaktor PF aus den Formeln 14.9 und 14.10 können die vorgegebenen Zeiten aber für alle anderen Taktfrequenzen umgerechnet werden. Es wird in allen Fällen angenommen, daß die jeweiligen Kommandos fehlerfrei ausgeführt werden und es sowohl bei der Datenübertragung als auch bei eventuell stattfindenden EEPROM-Operationen keine Fehler auftreten. Bei der Datenübertragung wurde des weiteren angenommen, daß sofort nach Empfang des letzten Bits eines Kommandos mit der Abarbeitung begonnen wird, d.h. daß eine möglichst kleine Zeichenwartezeit CWT gewählt wurde.

Kommandoabarbeitung
Die nachfolgend aufgeführten Formeln sind die Grundlage für alle Zeitberechnungen. Sie trennen die Gesamtzeit in die beiden Zeiten für Datentransfer und eigentlicher Kommandobearbeitung auf.

$$t_{gesamt} = t_{Datentransfer} + t_{ICC\ intern} \qquad\qquad 14.1$$

$$t_{Datentransfer} = t_{Datentransfer\ Kommando} + t_{Datentransfer\ Antwort} \qquad\qquad 14.2$$

$$t_{ICC\ intern} = t_{Kommandointerpreter} + t_{Kommandoabarbeitung} \qquad\qquad 14.3$$

Die Zeit, die der Kommandointerpreter für seine Aktionen benötigt, ist nur von der angelegten Taktfrequenz abhängig und hier für 3,5712 MHz angegeben.

$$t_{Kommandointerpreter} \approx 1{,}5\ ms \qquad\qquad 14.4$$

$$t_{Kommandoabarbeitung} = t_{EEPROM} + t_{Kryptoalgorithmus} + t_{Kommandocode} \qquad 14.5$$

Die exakte Abarbeitungszeit eines Kommandos läßt sich nur durch detaillierte Analyse des Programmablaufs auf Maschinencodeebene ermitteln. Verzweigungen und Schleifen im Programm sowie unterschiedliche Kommandooptionen würden zu höchst komplexen Formeln führen, die für die Praxis unbrauchbar sind. Deshalb wird hier eine einfache Dreiteilung des Zeitbedarfs in Abhängigkeit von der Komplexität des Kommandos verwendet. Die wenigste Zeit benötigen einfache Kommandos, wie beispielsweise SELECT FILE oder READ BINARY. Kommandos mittlerer Komplexität (z.B.: INTERNAL AUTHENTICATE) benötigen für ihren internen Programmablauf schon etwas mehr Zeit, und Kommandos mit hoher Komplexität (z.B.: DEBIT IEP) beanspruchen nochmals mehr Zeit für die interne Abarbeitung. Dabei darf nicht übersehen werden, daß diese pauschalierten Werte nicht etwa die Aufrufe von Kryptoalgorithmen oder EEPROM-Schreibvorgängen abdecken, sondern nur die notwendigen internen Berechnungen und Abfragen.

$$t_{Kommandocode} \approx 5\ ms\ (\text{für Kommandos geringer Komplexität}) \qquad 14.6$$

$$t_{Kommandocode} \approx 12\ ms\ (\text{für Kommandos mittlerer Komplexität}) \qquad 14.7$$

$$t_{Kommandocode} \approx 20\ ms\ (\text{für Kommandos großer Komplexität}) \qquad 14.8$$

Tabelle 14.3 Definition und Beschreibung der Variablen für die Formeln 14.1 bis 14.8.

Variable	Einheit	Beschreibung
$t_{Datentransfer}$	s	Zeitdauer für die Datenübertragung eines Kommandos und der dazugehörigen Antwort.
$t_{Datentransfer\ Antwort}$	s	Zeitdauer für die Datenübertragung einer Antwort auf ein Kommando.
$t_{Datentransfer\ Kommando}$	s	Zeitdauer für die Datenübertragung eines Kommandos.
t_{EEPROM}	s	Zeitdauer für das Schreiben von Daten in das EEPROM.
t_{gesamt}	s	Zeitdauer für Empfang eines Kommandos, Abarbeitung und Senden der Antwort.
$t_{ICC\ intern}$	s	Zeitdauer für die interne Verarbeitung eines Kommandos in der Chipkarte.
$t_{Kommandoabarbeitung}$	s	Zeitdauer für die Abarbeitung des Programmcodes für ein Kommando.
$t_{Kommandocode}$	s	Zeitdauer für die Abarbeitung des Programmcodes für das Kommando.
$t_{Kommandointerpreter}$	s	Zeitdauer für Analyse des Kommandos und Aufruf des dazugehörigen Programmcodes.
$t_{Kryptoalgorithmus}$	s	Zeitdauer für die Ausführung eines kryptografischen Algorithmus.

Proportionalitätsfaktor für vordefinierte Funktionen

Sind bereits Zeitangaben für Funktionen und für eine bestimmte Taktfrequenz vorhanden, dann müssen diese bei Bedarf über einen Proportionalitätsfaktor auf die aktuell verwendete Taktfrequenz umgerechnet werden.

$$PF = \frac{f_{Referenz}}{f_{aktuell}} \qquad 14.9$$

$$t_{aktuell} = t_{Referenz} \cdot PF \qquad 14.10$$

Tabelle 14.4 Definition und Beschreibung der Variablen für die Formel 14.9 und 14.10.

Variable	Einheit	Beschreibung
$f_{aktuell}$	MHz	Aktuelle Taktfrequenz.
$f_{Referenz}$	MHz	Frequenz, für die eine bestimmte taktfrequenzabhängige Zeitdauer angegeben ist.
$t_{aktuell}$	s	Aktuelle Zeitdauer für eine Aktion.
$t_{Referenz}$	s	Zeitdauer, für die eine bestimmte taktfrequenzabhängige Zeit angegeben ist.
PF	---	Proportionalitätsfaktor bei taktfrequenzabhängigen Programmroutinen.

EEPROM-Operationen

Um Daten ins EEPROM zu schreiben, muß dieses je nach Inhalt der zu überschreibenden Daten vorher gelöscht werden. Die beim Löschen benutzte Pagegröße kann bei manchen Chipkarten-Mikrocontrollern unterschiedlich zur Pagegröße beim Schreibvorgang sein. Die folgenden Formeln berücksichtigen dies.

Um festzustellen, ob eine EEPROM-Page vorher gelöscht werden muß, ist es notwendig, den aktuellen Dateninhalt und die neuen Daten zu kennen. Konservativ gerechnet sollte man aber annehmen, daß die zu beschreibenden Pages immer vorher gelöscht werden müssen.

Zur Schreib- und Löschdauer von EEPROM-Operationen sei an dieser Stelle noch ein kleiner Hinweis angebracht. Die zur Zeit gebräuchlichen Mikrocontroller für Chipkarten besitzen keine interne Zeitbasis, so daß einzig und allein die angelegte Taktfrequenz als Referenz vom Betriebssystem verwendet wird. Hat nun ein Chipkarten-Mikrocontroller eine maximale zulässige Taktfrequenz von beispielsweise 5 MHz, dann werden alle EEPROM-Schreibroutinen für diese Maximalfrequenz ausgelegt. Dies führt aber nun dazu, daß bei einer geringeren Frequenz als die Maximale die Schreibdauer proportional länger ist. Für genaue Berechnungen muß man dies über einen Proportionalitätsfaktor berücksichtigen. Da dies jedoch vom Typ des Mikrocontrollers und auch von der im Chipkarten-Betriebssystem parametrisierten maximalen Taktfrequenz abhängt, wurde dieser mögliche Effekt hier nicht berücksichtigt. In Zukunft wird er ohnehin an Bedeutung verlieren, da die neuesten Mikrocontroller über eine interne Zeitbasis verfügen und so die EEPROM-Operationen immer mit der gleichen Zeit und unabhängig von der angelegten Taktfrequenz durchgeführt werden.

$$t_{EEPROM} = t_{EEPROM\ löschen} + t_{EEPROM\ schreiben} \qquad 14.11$$

$$t_{EEPROM\ löschen} = \frac{t_{Page\ löschen}}{PG_{löschen}} \cdot n \qquad 14.12$$

$$t_{EEPROM\ schreiben} = \frac{t_{Page\ schreiben}}{PG_{schreiben}} \cdot n \qquad 14.13$$

Tabelle 14.5   Definition und Beschreibung der Variablen und Formeln 14.11 bis 14.13 für EEPROM-Operationen.

Variable	Einheit	Beispiel	Beschreibung
n	Byte	20 Byte	Anzahl der ins EEPROM zu schreibenden Bytes. Der Wert muß auf die jeweilige Pagegröße aufgerundet werden.
$PG_{löschen}$	Byte	32 Byte	Pagegröße für das Löschen.
$PG_{schreiben}$	Byte	4 Byte	Pagegröße für das Schreiben.
t_{EEPROM}	s	21 ms	Zeitdauer, um n Byte Daten in das EEPROM zu schreiben und dieses bei Bedarf vorher zu löschen.
$t_{EEPROM\ löschen}$	s	3,5 ms	Zeitdauer zum Löschen von n Byte im EEPROM.
$t_{EEPROM\ schreiben}$	s	17,5 ms	Zeitdauer zum Schreiben von n Byte im EEPROM.
$t_{Page\ löschen}$	s/Byte	3,5 ms/4 Byte	Zeitdauer zum Löschen einer EEPROM-Page.
$t_{Page\ schreiben}$	s/Byte	3,5 ms/4 Byte	Zeitdauer zum Schreiben einer EEPROM-Page.

Datenübertragung

Die Zeitdauer, die für die Übertragung von Kommando und nachfolgender Antwort notwendig ist, hängt in erster Linie von der Anzahl der zu übertragenden Daten ab. Der Aufbau von den zugrundeliegenden TPDUs (*transport protocol data unit*) und APDUs (*application protocol data unit*) ist unter „6.2.2 Übertragungsprotokoll T=0" und „6.2.3 Übertragungsprotokoll T=1" im Detail beschrieben.

$$t_{Kommando} = t_{Bytetransfer} \cdot n_{Kommandodaten} \qquad\qquad 14.14$$

$$t_{Antwort} = t_{Bytetransfer} \cdot n_{Antwortdaten} \qquad\qquad 14.15$$

$$n_{Kommandodaten} = n_{Schicht\,2} + n_{Header} + n_{Body} \qquad\qquad 14.16$$

$$n_{Antwortdaten} = n_{Schicht\,2} + n_{Trailer} + n_{Body} \qquad\qquad 14.17$$

Tabelle 14.6   Definition und Beschreibung der Variablen für die Formeln 14.14 bis 14.17.

Variable	Einheit	typ. Wert	Beschreibung
$n_{Antwortdaten}$	Byte	---	Anzahl der übertragenen Daten.
n_{Body}	Byte	---	Anzahl der Byte des Kommando-Bodies bzw. des dazugehörigen Antwort-Bodies. Falls im Kommando ein Body vorhanden ist, enthält er auch eine 1 oder 2 Byte große Längenangabe für Kommando-Body bzw. Antwort-Body.
n_{Header}	Byte	4	Anzahl der Byte für den Header des Kommandos. Für das T=1 Protokoll sind dies die Bytes CLA, INS, P1 und P2.
$n_{Kommandodaten}$	Byte	---	Anzahl der übertragenen Daten.
$n_{Schicht\,2}$	Byte	4	Anzahl der Byte für die Übertragungsschicht 2. Für das T=1 Protokoll sind dies die Bytes NAD, PCB, LEN, EDC.
$n_{Trailer}$	Byte	2	Anzahl der für den Trailer einer Antwort notwendigen Daten. Dies sind die beiden Byte SW1 und SW2.
$t_{Antwort}$	s	---	Dauer der Übertragung für die Antwort auf ein Kommando.
$t_{Bytetransfer}$	s	---	Dauer der Übertragung für ein Byte.
$t_{Kommando}$	s	---	Dauer der Übertragung für ein Kommando.

Tabelle 14.7   Definition und Beschreibung der Variablen für die Formel 14.18.

Variable	Einheit	typ. Wert	Beschreibung
D	Bit·Byte/MHz·ms	1 Bit·Byte /MHz·ms	Bit Rate Adjustment Factor
f	MHz	3,5712 MHz	Taktfrequenz
F	1	372	clock rate conversion factor
n	Bit	12 Bit	Anzahl von Bits pro Byte (1 Startbit, 8 Datenbits, 1 Paritätsbit, 2 Stopbits)
$t_{Bytetransfer}$	ms	1,25 ms	Dauer der Übertragung für ein Byte

$$t_{Bytetransfer} = \frac{1}{D} \cdot \frac{F}{f} \cdot n \qquad\qquad 14.18$$

Rechenbeispiel: Chipkarten-Kommando READ BINARY
Im folgenden soll eine rechnerische Abschätzung für den Zeitbedarf eines einfach auf-
gebauten Chipkarten-Kommandos gemacht werden. Für die Berechnung wird das
Kommando READ BINARY gewählt. Als Rahmenbedingungen seien das Übertra-
gungsprotokoll T=1 mit 372 als Teiler und eine Taktfrequenz von 5 MHz gewählt. Die
Dauer für die Übertragung eines Byte berechnet sich aus der Formel 14.18.

$$t_{Bytetransfer} = \frac{1}{D} \cdot \frac{F}{f} \cdot n = \frac{1}{1 \dfrac{\text{Bit} \cdot \text{Byte}}{\text{MHz} \cdot \text{ms}}} \cdot \frac{372}{5\,\text{MHz}} \cdot 12\,\text{Bit} \approx 0,89\, \frac{\text{ms}}{\text{Byte}}$$

Für die Übertragung mit T=1 werden für Schicht 2 zusätzlich vier Byte zu den Schicht-
7-Daten benötigt. Der Kommando-Header von READ BINARY hat eine Länge von 4
Byte (CLA, INS, P1, P2), der dazugehörige Body eine Länge von einem Byte (Le), und
die Antwort besteht aus den gelesenen Daten der Länge Le und der Trailer aus den
Statuswörtern SW1 und SW2. Damit läßt sich aus 14.16 und 14.17 die Anzahl der zu
übertragenden Daten für Kommando und Antwort in Abhängigkeit von Le errechnen.

$$n_{Kommandodaten} = n_{Schicht\,2} + n_{Header} + n_{Body}$$

$$n_{Kommandodaten} = (4 + 4 + 1)\,\text{Byte} = 9\,\text{Byte}$$

$$n_{Antwortdaten} = n_{Schicht\,2} + n_{Body} + n_{Trailer}$$

$$n_{Antwortdaten} = (4 + Le + 2)\,\text{Byte} = (Le + 6)\,\text{Byte}$$

Daraus kann nun mit Hilfe von 14.14 und 14.15 die jeweilige Zeitdauer für die Übertragung von Kommando und Antwort ermittelt werden.

$$t_{Kommando} = t_{Bytetransfer} \cdot n_{Kommandodaten} = 0,89\, \frac{\text{ms}}{\text{Byte}} \cdot 9\,\text{Byte} = 8,01\,\text{ms}$$

$$t_{Antwort} = t_{Bytetransfer} \cdot n_{Antwortdaten}$$

$$t_{Antwort} = 0,89\, \frac{\text{ms}}{\text{Byte}} \cdot (Le + 6\,\text{Byte}) = 0,89 \cdot (Le + 6\,\text{Byte})\, \frac{\text{ms}}{\text{Byte}}$$

Das Kommando ist von geringer Komplexität, weshalb eine Ausführungszeit von 5 ms
bei 3,5712 MHz angenommen wird. Daraus ergibt sich nach Umrechnung auf 5 MHz
Taktfrequenz (14.9 und 14.10) folgendes:

$$PF = \frac{f_{Referenz}}{f_{aktuell}} = \frac{3,5712\,\text{MHz}}{5\,\text{MHz}} = 0,714$$

$$t_{aktuell} = t_{Referenz} \cdot PF = 5 \text{ ms} \cdot 0,714 = 3,57 \text{ ms}$$

Für READ BINARY müssen weder Daten ins EEPROM geschrieben werden, noch ist es notwendig, einen Kryptoalgorithmus aufzurufen. Deshalb errechnet sich die Zeitdauer für die interne Kommandoabarbeitung wie folgt:

$$t_{Kommandoabarbeitung} = t_{EEPROM} + t_{Kryptoalgorithmus} + t_{Kommandocode}$$

$$t_{Kommandoabarbeitung} = 0 \text{ ms} + 0 \text{ ms} + 3,57 \text{ ms} = 3,57 \text{ ms}$$

Unter der zusätzlichen Annahme, daß der Kommandointerpreter für seine Funktion etwa 1,5 ms bei 3,5712 MHz benötigt, errechnet sich die interne Ausführungszeit des Kommandos.

$$t_{aktuell} = t_{Referenz} \cdot PF = 1,5 \text{ ms} \cdot 0,714 \approx 1 \text{ ms}$$

$$t_{ICC\ intern} = t_{Kommandointerpreter} + t_{Kommandoabarbeitung} = 1 \text{ ms} + 3,5 \text{ ms} = 4,5 \text{ ms}$$

Nun können alle ermittelten Werte in die Formel 14.2 eingesetzt werden, und es ergibt sich eine Formel für die Dauer des READ BINARY-Kommandos in Abhängigkeit der gelesenen Daten.

$$t_{Datentransfer} = t_{Datentransfer\ Kommando} + t_{Datentransfer\ Antwort}$$

$$t_{Datentransfer} = 8,01 \text{ ms} + 0,89 \cdot (Le + 6 \text{ Byte}) \frac{\text{ms}}{\text{Byte}}$$

$$t_{gesamt} = t_{Datentransfer} + t_{ICC\ intern} = 8,01 \text{ ms} + 0,89 \cdot (Le + 6 \text{ Byte}) \frac{\text{ms}}{\text{Byte}} + 4,5 \text{ ms}$$

$$t_{gesamt} = \left(12,51 + 0,89 \cdot (Le + 6) \frac{1}{\text{Byte}}\right) \text{ms} = \left(17,85 + 0,89 \cdot \frac{Le}{\text{Byte}}\right) \text{ms}$$

Dieses rechnerische Ergebnis stimmt größenordnungsmäßig relativ gut mit der empirisch ermittelten Formel 14.21 für READ BINARY für 3,5712 MHz im folgenden Abschnitt überein. Die Differenzen kommen durch zeitliche Abweichungen bei der Datenübertragung und die oben getroffenen Annahmen über den Zeitbedarf für betriebssysteminterne Abläufe zustande.

Rechenbeispiel: Initialisierung einer Chipkarte

In diesem Zahlenbeispiel soll überschlagsmäßig die Dauer der Initialisierung einer Chipkarte berechnet werden. Für die Initialisierung müssen beispielsweise 5 kByte Daten in das EEPROM geschrieben werden. Die Initialisierungsdaten werden mit dem Protokoll T=1 und einem Teiler von 372 übertragen. Die Taktfrequenz beträgt 3,5712 MHz.

Aus Formel 14.18 errechnet sich die Zeitdauer für die Übertragung eines einzelnen Byte:

$$t_{Bytetransfer} = \frac{1}{D} \cdot \frac{F}{f} \cdot n = \frac{1}{1\,\frac{\text{Bit} \cdot \text{Byte}}{\text{MHz} \cdot \text{ms}}} \cdot \frac{372}{3{,}5712\,\text{MHz}} \cdot 12\,\text{Bit} \approx 1{,}25\,\frac{\text{ms}}{\text{Byte}}$$

Unter der Annahme, daß das Kommando zur Initialisierung einen Header von 4 Byte Länge besitzt (CLA, INS, P1, P2), die Längenangabe im Body ein Byte lang ist (Lc), 100 Byte Nutzdaten übertragen werden und die Antwort nur aus SW1 und SW2 besteht, errechnet sich die Anzahl der zu übertragenden Daten für Kommando und Antwort.

$$n_{Kommandodaten} = n_{Schicht\,2} + n_{Header} + n_{Body}$$

$$n_{Kommandodaten} = (4 + 4 + 1 + 100)\,\text{Byte} = 109\,\text{Byte}$$

$$n_{Antwortdaten} = n_{Schicht\,2} + n_{Body} + n_{Trailer} = (4 + 0 + 2)\,\text{Byte} = 6\,\text{Byte}$$

Daraus kann nun wiederum die Zeitdauer für die Übertragung von Kommando und Antwort ermittelt werden.

$$t_{Kommando} = t_{Bytetransfer} \cdot n_{Kommandodaten} = 1{,}25\,\frac{\text{ms}}{\text{Byte}} \cdot 109\,\text{Byte} = 136{,}25\,\text{ms}$$

$$t_{Antwort} = t_{Bytetransfer} \cdot n_{Antwortdaten} = 1{,}25\,\frac{\text{ms}}{\text{Byte}} \cdot 6\,\text{Byte} = 7{,}5\,\text{ms}$$

Es müssen 100 Byte Daten ins EEPROM geschrieben werden. Mit der zusätzlichen Annahme, daß eine EEPROM-Page 4 Byte groß ist und eine Schreibdauer von 3,5 ms per Page besitzt, läßt sich der zeitliche Aufwand für das Schreiben ins EEPROM je Kommando ermitteln.

$$t_{EEPROM\,schreiben} = \frac{t_{Page\,schreiben}}{PG_{schreiben}} \cdot n = \frac{3{,}5\,\frac{\text{ms}}{4\,\text{Byte}}}{4\,\text{Byte}} \cdot 25 = 3{,}5\,\text{ms} \cdot 25 = 87{,}5\,\text{ms}$$

Weiterhin wird angenommen, daß das EEPROM vor dem Schreibvorgang nicht gelöscht werden muß, da dies bereits beim Test des Mikrocontrollers geschehen ist.

$$t_{EEPROM} = t_{EEPROM\,löschen} + t_{EEPROM\,schreiben} = 0\,\text{ms} + 87{,}5\,\text{ms} = 87{,}5\,\text{ms}$$

Für die Initialisierung ist kein Aufruf eines Kryptoalgorithmus notwendig, und das dafür eingesetzte Kommando ist intern einfach aufgebaut. Deshalb kann man für den Kommandocode eine Ausführungszeit von circa 5 ms annehmen.

$$t_{Kommandoabarbeitung} = t_{EEPROM} + t_{Kryptoalgorithmus} + t_{Kommandocode}$$

$$t_{Kommandoabarbeitung} = 87{,}5\,\text{ms} + 0\,\text{ms} + 5\,\text{ms} = 92{,}5\,\text{ms}$$

Nun müssen nur noch die errechneten Werte in die Formeln 14.3 und 14.2 eingesetzt werden, und dann ist die Berechnung des Zeitbedarfs für ein Initialisierungskommando mit 100 Byte Initialisierungsdaten abgeschlossen. Der Kommandointerpreter benötigt dabei zusätzliche 1,5 ms.

$$t_{ICC\ intern} = t_{Kommandoabarbeitung} + t_{Kommandointerpreter} = 92,5\ ms + 1,5\ ms = 94\ ms$$

$$t_{Datentransfer} = t_{Datentransfer\ Kommando} + t_{Datentransfer\ Antwort}$$

$$t_{Datentransfer} = 136,5\ ms + 7,5\ ms = 144\ ms$$

$$t_{gesamt} = t_{Datentransfer} + t_{ICC\ intern} = 144\ ms + 94\ ms = 238\ ms$$

Damit hat man berechnet, daß es 238 ms dauert, um 100 Byte Daten zur Chipkarte zu übertragen, in das EEPROM zu schreiben und dann dem Terminal eine Bestätigung der erfolgreichen Kommandoabarbeitung zukommen zu lassen.

Laut Vorgabe müssen jedoch 5 kByte (= 5 120 Byte) Daten in den Speicher geschrieben werden. Dazu benötigt man vereinfachend etwa die 52-fache Zeitdauer.

$$t_{Initialisierung} = t_{gesamt} \cdot 52 = 238\ ms \cdot 52 = 12,4\ s \approx 13\ s$$

Der Initialisierungsvorgang dauert damit nach obigem Rechenweg 12,4 Sekunden. Unter Zugabe eines kleinen Sicherheitszuschlags kann man daher davon ausgehen, daß die Initialisierung die 13-Sekunden-Marke nicht überschreiten wird. Sollten jedoch beim Initialisierungsvorgang Übertragungs- oder EEPROM-Schreibfehler auftreten, dann ist dies in der Rechnung nicht berücksichtigt. So etwas muß man in der Praxis aber als eine Form von „höherer Gewalt" ansehen, das rechnerisch nur durch statistische Abschätzungen greifbar ist.

14.3   Zeitfunktionen typischer Chipkarten-Kommandos

Die folgenden Formeln beruhen auf Zeitmessungen an echten Chipkarten-Betriebssystemen und anschließender Berechnung von linearen Gleichungen. Die Grundlage für alle Formeln ist ein Chipkarten-Betriebssystem mit T=1 Übertragungsprotokoll, einem Clock Rate Conversion Factor von 372 und einem Bit Rate Adjustment Factor (D) von eins. Der Mikrocontroller wird mit 3,5712 MHz getaktet, und die Schreib-/Löschzeit des EEPROM beträgt 3,5 ms für eine 4 Byte große Page. Es wird auch grundsätzlich davon ausgegangen, daß während der Datenübertragung und eines eventuell notwendigen EEPROM-Schreib-/Löschvorgangs keine Fehler auftreten. Die Formeln sind gültig für alle n zwischen 1 und 254.

Die Formeln 14.19 und 14.20 sind zur Zeitberechnung des Kommandos SELECT FILE mit der Option Selektion mit 2 Byte langer FID oder einem n Byte langem DF-Namen gedacht.

$$t_{gesamt\ SELECT\ FILE\ mit\ FID} \approx 23\ ms \qquad\qquad 14.19$$

$$t_{gesamt\ SELECT\ FILE\ mit\ DF\ Name} \approx (20,75 + 1,26 \cdot n)\ ms \qquad\qquad 14.20$$

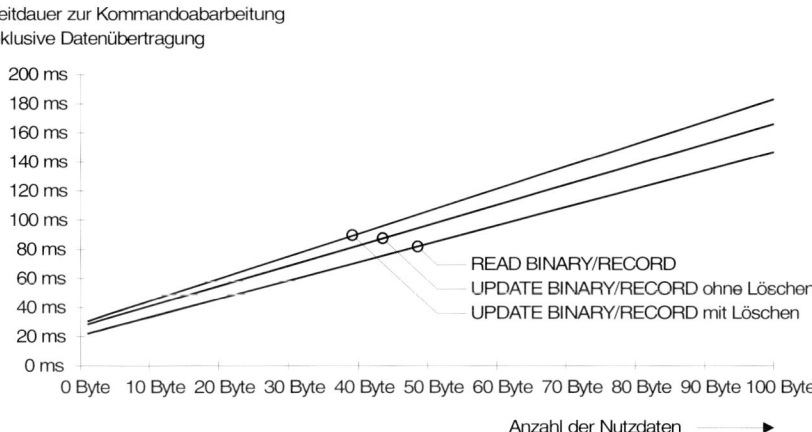

Bild 14.2   Zeitbedarf für Chipkarten-Kommandos in Abhängigkeit der Nutzdaten inklusive der dafür notwendigen Datenübertragung für Kommando und Antwort. Folgende Basis wurde für die Erstellung der Tabelle benutzt: Übertragungsprotokoll T=1, Teiler 372, Taktfrequenz der Chipkarte 3,5712 MHz, 3,5 ms/4 Byte EEPROM-Schreib-/Löschzeit.

Die nachfolgenden Formeln 14.21 bis 14.24 lassen sich zur Abschätzung des Zeitbedarfs für Lesekommandos für Dateien mit transparenter und Record-orientierter Struktur benutzen. Die Variable n ist dabei die Anzahl der zu lesenden Daten in der Einheit Byte. Sollte ein READ BINARY oder READ RECORD mit impliziter Dateiselektion verwendet werden, so können diese Formeln ebenfalls verwendet werden, da die durch den impliziten Selektionsvorgang entstehende Zeitabweichung vernachlässigbar ist.

$$t_{gesamt\ READ\ BINARY} \approx (20{,}77 + 1{,}26 \cdot n)\ \mathrm{ms} \qquad \text{14.21}$$

$$t_{ICC\ intern\ READ\ BINARY} \approx (2{,}02 + 0{,}01 \cdot n)\ \mathrm{ms} \qquad \text{14.22}$$

$$t_{gesamt\ READ\ RECORD} \approx (20{,}70 + 1{,}26 \cdot n)\ \mathrm{ms} \qquad \text{14.23}$$

$$t_{ICC\ intern\ READ\ RECORD} \approx (1{,}95 + 0{,}01 \cdot n)\ \mathrm{ms} \qquad \text{14.24}$$

Die Formeln 14.25 bis 14.32 können für die rechnerische Abschätzung des Kommando UPDATE BINARY und UPDATE RECORD mit und ohne implizite Dateiselektion benutzt werden. Die Zeitdauer hängt vor allem davon ab, ob es notwendig ist, vor dem EEPROM-Schreibvorgang die entsprechenden EEPROM-Pages zu löschen, weshalb die Formeln diesbezüglich aufgeteilt sind. Bei denjenigen Formeln, die ein vorheriges Löschen berücksichtigen, wurde immer davon ausgegangen, daß alle Pages gelöscht werden müssen. Die Anzahl der zu schreibenden Daten wird mit n in der Einheit Byte angegeben.

$$t_{gesamt\ UPDATE\ BINARY\ ohne\ Löschen} \approx (25{,}55 + 1{,}39 \cdot n)\ \text{ms} \qquad 14.25$$

$$t_{ICC\ intern\ UPDATE\ BINARY\ ohne\ Löschen} \approx (6{,}8 + 0{,}14 \cdot n)\ \text{ms} \qquad 14.26$$

$$t_{gesamt\ UPDATE\ BINARY\ mit\ Löschen} \approx (27{,}26 + 1{,}54 \cdot n)\ \text{ms} \qquad 14.27$$

$$t_{ICC\ intern\ UPDATE\ BINARY\ mit\ Löschen} \approx (8{,}51 + 0{,}29 \cdot n)\ \text{ms} \qquad 14.28$$

$$t_{gesamt\ UPDATE\ RECORD\ ohne\ Löschen} \approx (25{,}35 + 1{,}38 \cdot n)\ \text{ms} \qquad 14.29$$

$$t_{ICC\ intern\ UPDATE\ RECORD\ ohne\ Löschen} \approx (6{,}7 + 0{,}14 \cdot n)\ \text{ms} \qquad 14.30$$

$$t_{gesamt\ UPDATE\ RECORD\ mit\ Löschen} \approx (27{,}13 + 1{,}54 \cdot n)\ \text{ms} \qquad 14.31$$

$$t_{ICC\ intern\ UPDATE\ RECORD\ mit\ Löschen} \approx (8{,}4 + 0{,}28 \cdot n)\ \text{ms} \qquad 14.32$$

14.4   Typische Ausführungszeiten von Kommandos

Die Grundlage der Tabellen sind die durchschnittlichen Ausführungszeiten von Kommandos auf einer Chipkarte im Gutfall. Zur Zeitmessung wurden verschiedene Chipkarten mit unterschiedlichen Betriebssystemen herangezogen. Die Werte sind Mittelwerte und können im Einzelfall je nach Betriebssystem stark voneinander abweichen. Gemeinsam war bei allen gemessenen Chipkarten das Übertragungsprotokoll T=1, eine Taktfrequenz von 3,5712 MHz, ein Teiler von 372, eine Schreib-/Löschzeit von 3,5 ms/4 Byte und ein DES-Algorithmus mit einer Geschwindigkeit von 17 ms/8 Byte.

Die Ausführungszeiten der mit „☒" gekennzeichneten Kommandos besitzen eine starke Abhängigkeit von der jeweiligen Art der Implementierung und des unterstützten Funktionsumfangs. Deshalb können Zeitangaben für diese Kommandos stark voneinander abweichen.

Tabelle 14.8   Durchschnittswerte von an unterschiedlichen Chipkarten-Betriebssystemen gemessenen Ausführungszeiten des Kommandos READ BINARY, das ein ähnliches Zeitverhalten wie READ RECORD hat. Die Werte in Klammern sind die Anzahl der gelesenen Daten. Die Meßbedingungen sind im Text beschrieben.

Kommando	Ausführungszeit ohne Datenübertragung	Ausführungszeit mit Datenübertragung
READ BINARY (1 Byte)	2,02 ms	22,02 ms
READ BINARY (2 Byte)	2,03 ms	23,28 ms
READ BINARY (3 Byte)	2,04 ms	24,54 ms
READ BINARY (4 Byte)	2,04 ms	25,79 ms
READ BINARY (5 Byte)	2,05 ms	27,05 ms
READ BINARY (10 Byte)	2,12 ms	33,37 ms
READ BINARY (20 Byte)	2,23 ms	45,98 ms
READ BINARY (50 Byte)	2,54 ms	83,79 ms
READ BINARY (100 Byte)	2,98 ms	146,73 ms

Tabelle 14.9   Durchschnittswerte von an unterschiedlichen Chipkarten-Betriebssystemen gemessenen Ausführungszeiten des Kommandos UPDATE BINARY ohne und mit vorherigem Löschen der betreffenden EEPROM-Pages. UPDATE BINARY hat ein ähnliches Zeitverhalten wie UPDATE RECORD. Die Pagegröße betrug 4 Byte und die Schreib-/Löschzeit 3,5 ms. Die Werte in Klammern sind die Anzahl der geschriebenen Daten. Die sonstigen Meßbedingungen sind im Text beschrieben.

Kommando	Ausführungszeit ohne Datenübertragung	Ausführungszeit mit Datenübertragung
UPDATE BINARY ohne Löschen (1 Byte)	6,95 ms	26,95 ms
UPDATE BINARY ohne Löschen (2 Byte)	7,01 ms	28,26 ms
UPDATE BINARY ohne Löschen (3 Byte)	7,03 ms	29,53 ms
UPDATE BINARY ohne Löschen (4 Byte)	7,11 ms	30,86 ms
UPDATE BINARY ohne Löschen (5 Byte)	7,12 ms	32,12 ms
UPDATE BINARY ohne Löschen (10 Byte)	7,33 ms	38,58 ms
UPDATE BINARY ohne Löschen (20 Byte)	12,33 ms	56,08 ms
UPDATE BINARY ohne Löschen (50 Byte)	18,16 ms	99,41 ms
UPDATE BINARY ohne Löschen (100 Byte)	18,81 ms	162,56 ms
UPDATE BINARY mit Löschen (1 Byte)	9,42 ms	29,42 ms
UPDATE BINARY mit Löschen (2 Byte)	9,51 ms	30,76 ms
UPDATE BINARY mit Löschen (3 Byte)	9,52 ms	32,02 ms
UPDATE BINARY mit Löschen (4 Byte)	9,48 ms	33,23 ms
UPDATE BINARY mit Löschen (5 Byte)	9,62 ms	34,62 ms
UPDATE BINARY mit Löschen (10 Byte)	9,85 ms	41,10 ms
UPDATE BINARY mit Löschen (20 Byte)	17,41 ms	61,16 ms
UPDATE BINARY mit Löschen (50 Byte)	25,87 ms	107,12 ms
UPDATE BINARY mit Löschen (100 Byte)	35,34 ms	179,09 ms

Tabelle 14.10   An unterschiedlichen Chipkarten-Betriebssystemen gemessene Ausführungszeiten von typischen Kommandos. Die Meßbedingungen sind im Text ausführlich beschrieben.

Kommando	Ausführungszeit ohne Datenübertragung	Ausführungszeit mit Datenübertragung
ASK RANDOM (8 Byte Zufallszahl)	26 ms	55 ms
CREDIT ⌧	175 ms	222 ms
DEBIT ⌧	235 ms	270 ms
EXTERNAL AUTHENTICATE	22 ms	51 ms
GET CARD DATA (8 Byte)	4 ms	33 ms
INITIALIZE IEP for Load ⌧	89 ms	173 ms
INITIALIZE IEP for Purchase ⌧	135 ms	201 ms
INTERNAL AUTHENTICATE	26 ms	65 ms
INVALIDATE	15 ms	34 ms
MUTUAL AUTHENTICATE	95 ms	163 ms
REHABILITATE	15 ms	33 ms
SEEK	3 ms	22 ms
SELECT FILE (mit 8 Byte AID)	3 ms	32 ms
SELECT FILE (mit 2 Byte FID)	3 ms	24 ms
VERIFY (8 Byte PIN) ⌧	27 ms	56 ms

14.5   Hilfsmittel zur Anwendungsgenerierung

Für das Design von Chipkarten-Anwendungen existieren mittlerweile Programme auf
PC-Basis. Damit ist es ohne interne Kenntnisse des jeweiligen Betriebssystems der
Chipkarte möglich, schnell und einfach komplette Anwendungen zu erstellen.

Mit den Werkzeugen wird üblicherweise zuerst ein Dateibaum aufgebaut, in dem
sich dann die verschiedenen Anwendungen (d.h. DFs) und die dazugehörigen EFs befinden. Bei den EFs ist es natürlich notwendig, sowohl die Dateistruktur als auch die
dazugehörigen Zugriffsbedingungen festzulegen. Besitzt das Chipkarten-Betriebssystem noch einen Zustandsautomaten für Kommandos, dann kann dieser ebenfalls auf
der grafischen Benutzeroberfläche des PCs definiert werden. Teilweise lassen diese
Konstruktionsprogramme für Anwendungen auch eine Konsistenzprüfung der definierten Zustandsautomaten zu. Da die so festgelegte Anwendung in ihren EFs diverse
Daten und Schlüssel benötigt, kann man abschließend eine Verbindung mit einer Datenbank festlegen. Dadurch sind dann die Inhalte der EFs in den einzelnen Karten mit
Datensätzen der Datenbank verbunden.

Ist die komplette Anwendung im Applikationsgenerator definiert, dann können noch
verschiedene Rahmenparameter für das Betriebssystem der Chipkarte eingestellt werden. Dies ist beispielsweise das Übertragungsprotokoll und der Teiler dafür. Nun kann
die Anwendung versuchsweise in eine oder mehrere Chipkarten mit passender Speichergröße geladen werden. Nachdem so einige Testkarten erstellt wurden, wird man
sie in einem Terminal ausprobieren. Falls sich dabei herausstellt, daß noch Änderungen
notwendig sind, dann ist es möglich, die Anwendung in der Chipkarte zu löschen und
anschließend eine revidierte Version in die Chipkarte zu laden.

Verlaufen alle Tests zufriedenstellend und benötigt man eine größere Stückzahl von
Karten, dann kann in einer regulären Kartenfertigung die gewünschte Anzahl Chip-
karten hergestellt werden. Die mit dem PC-Programm erstellten Anwendungsdaten
(Dateien, Kommandos, Zustände, ...) bilden dabei die Grundlage für Komplettierung,
Initialisierung und Personalisierung der Chipkarten, so daß die Durchlaufzeit in der
Fertigung trotz hoher Flexibilität sehr niedrig bleibt.

Parallel zu obig vorgestellten Werkzeugen für die Gestaltung und Erstellung von
Anwendungen, gibt es ebenfalls noch Chipkarten-Simulatoren. Diese verhalten sich
absolut identisch wie eine normale Chipkarte bestehen aber lediglich aus einer Dummy-Chipkarte mit Anschlußleitungen zu einer PC-Schnittstelle. Auf diesem PC simuliert eine entsprechende Software dann die Chipkarte in Echtzeit. Natürlich lassen sich
am PC ebenfalls alle Anwendungen, wie oben beschrieben, erzeugen und testen. Man
benötigt aber in jedem Falle immer den PC zur Simulation, was in vielen Fällen aufgrund der Größe problematisch ist.

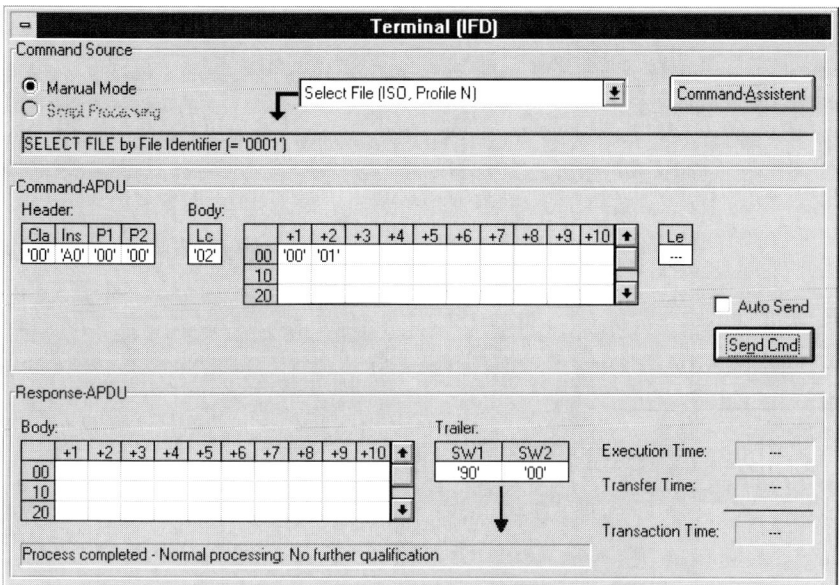

Bild 14.3   Das Terminalfenster des Simulationsprogramms „The Smart Card Simulator"
[Rankl, Hanser].

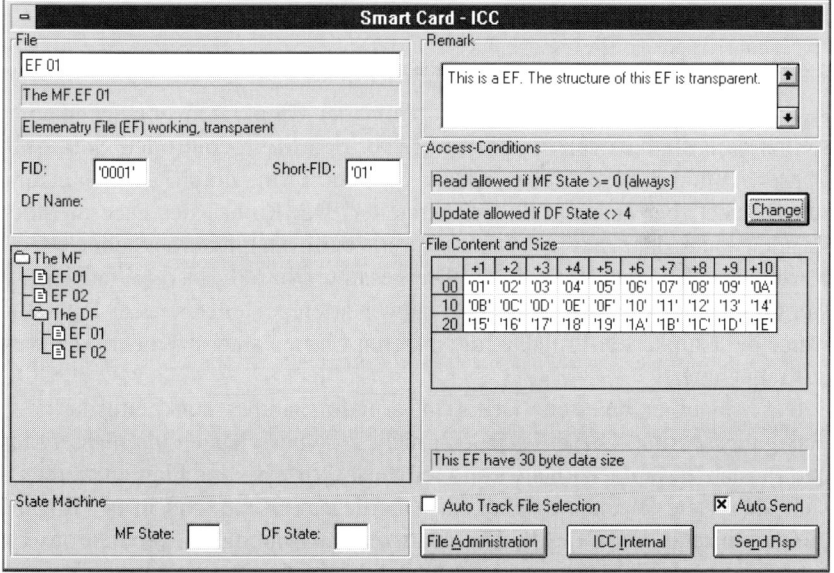

Bild 14.4   Das Chipkartenfenster des Simulationsprogramms „The Smart Card Simulator"
[Rankl, Hanser].

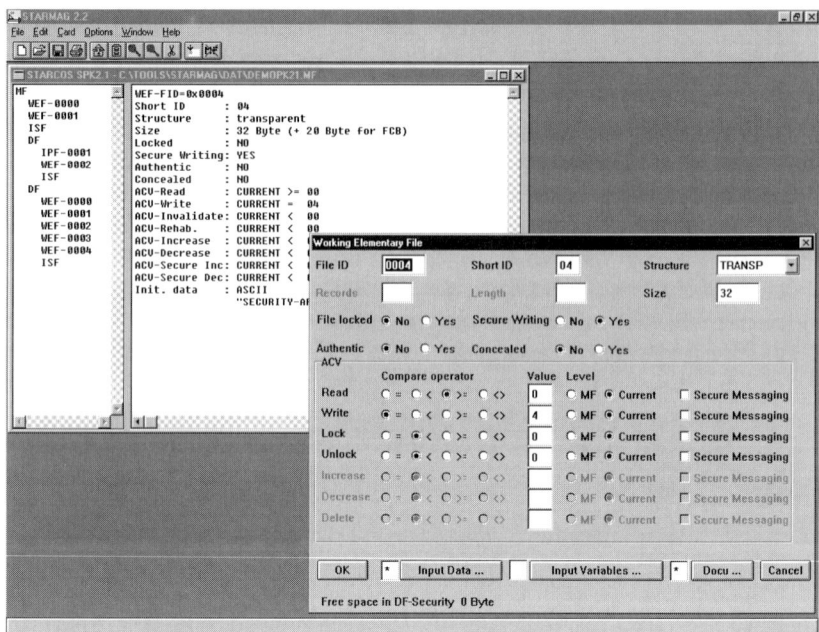

Bild 14.5   Bildschirmausgabe eines PC-gestützten Softwarewerkzeugs (Applikationsgenerator) für die Erstellung von Anwendungen für Chipkarten. (Giesecke und Devrient)

14.6   Ablauf eines Chipkarten-Projekts

Aufgrund der aktuellen Anbietersituation bei Chipkarten entwickeln die Kartenhersteller auch die dazugehörige Software für den Mikrocontroller. Somit führt die erste Phase (A) und die letzte Phase (E) die gleiche Firma durch. Danach erfolgen die Phasen B und C bei einem Halbleiterhersteller. Der Einbau der Dice in Module und das Bonden kann dann entweder noch direkt beim Halbleiterhersteller oder schon beim Kartenhersteller gemacht werden. Die gesamte Phase E, also Initialisierung, Personalisierung usw. erfolgt auf jeden Fall beim Kartenhersteller. Dieser leitet auch üblicherweise die Chipkarten-Projekte; die anderen Firmen sind nur mehr oder weniger Unterauftragnehmer.

Der Ablauf enthält sehr wenig Informationen über den Zeitbedarf der jeweiligen Fertigungsschritte. Dieser ist jedoch nicht zu unterschätzen, da mehrere unterschiedliche Firmen zusammenarbeiten und teilweise Prozesse durchlaufen werden müssen, die sich über viele Wochen erstrecken. Aus diesem Grund sind in der folgenden Tabelle einige typische Werte für die Durchlaufzeit der wichtigsten Produktionsschritte aufgeführt.

Für das Beispiel gelten die folgenden Rahmenparameter. Angenommen sei die fiktive Fertigung von 50 000 Chipkarten. Das Betriebssystem ist zum Großteil auf der Grundlage von vorhandenen Bibliotheken neu aufzubauen. Alle beteiligen Firmen haben mittlere Kapazitäten, und die jeweiligen Fertigungsprozesse können unmittelbar nach Erhalt der notwendigen Teile beginnen.

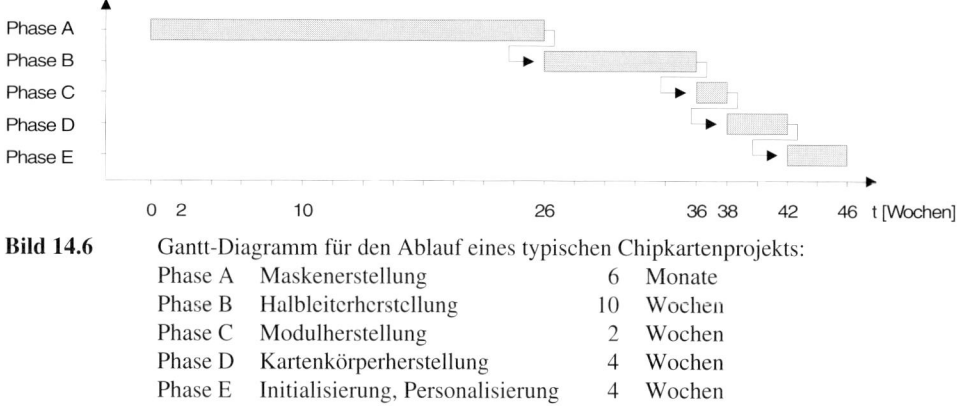

Bild 14.6   Gantt-Diagramm für den Ablauf eines typischen Chipkartenprojekts:

Phase A	Maskenerstellung	6	Monate
Phase B	Halbleiterherstellung	10	Wochen
Phase C	Modulherstellung	2	Wochen
Phase D	Kartenkörperherstellung	4	Wochen
Phase E	Initialisierung, Personalisierung	4	Wochen

14.7   Beispiele für die Konzeption von Chipkarten-Anwendungen

In den folgenden Beispielen werden zwei typische Chipkarten-Anwendungen aufgezeigt. Diese sind im mittleren Bereich der EDV angesiedelt und verlangen keine großen Systemkonzepte. Sie könnten etwa in mittelständischen Unternehmen zum Einsatz kommen. Das dabei verwendete Hintergrundsystem kann ein in einer sicheren Umgebung aufgestellter PC sein. Die Installationskosten und auch die laufenden Kosten sind damit ebenfalls im unteren Bereich angesiedelt.

Anhand dieser einfachen Beispiele kann sehr gut gezeigt werden, wie man eine typische Chipkarten-Anwendung aufbaut. Dies ist Schritt für Schritt erklärt und der stufenweise Aufbau hin bis zur fertigen Anwendung in der Chipkarte demonstriert. Die Seite der Terminals und des Hintergrundsystems ist jeweils immer nur im Überblick abgehandelt, kann jedoch aus den vorhandenen Informationen abgeleitet werden.

Die Grundlage dieser Beispiele ist die Verteilung von Information auf viele individuelle Einzelsysteme. Dies steht oft im Gegensatz zu zentralistisch aufgebauten Großrechnerlösungen, bei denen sich alle Informationen lediglich an einem Ort befinden. Auf Chipkarten-Anwendungen übertragen hieße dies, daß die Karte nur eine Art Identitätsnachweis ist und alle Informationen in einem allwissenden Hintergrundsystem gespeichert sind. Die Erweiterung einer solchen Anwendung führt dann regelmäßig dazu, daß das alles steuernde Hintergrundsystem mit hohem Kosten- und Zeitaufwand ebenfalls ausgebaut werden muß.

Es wurde hier versucht, einen anderen Weg zu gehen. Das Hintergrundsystem ist nur für die Verwaltung und die Konsistenz des Gesamtsystems verantwortlich. Alle weiteren Informationen sind lokal in den Chipkarten abgelegt. Natürlich benötigt man eine globale Datenbasis, um das System zu verwalten, also verlorene oder kaputte Chipkarten mit den enthaltenen Daten neu herstellen zu können. Doch diese Datenbasis darf zum Betreiben des Systems nicht benötigt werden.

Man kann sich ein verzweigtes Chipkarten-System als einen großen Baum vorstellen. Dieser Baum bezieht, wie alle Bäume, seine Energie aus der Photosynthese in den vielen Blättern. Die Energiegewinnung ist also in die vielen Blätter des Baumes verlagert, wo sie parallel stattfindet. Eine effektive und gute Chipkarten-Anwendung verhält sich im übertragenen Sinn genauso. Die Informationen sind dezentral in den Chipkarten gespeichert und damit sicher gegen jegliche Angriffe. Damit belastet diese Informationsmenge auch nicht das Hintergrundsystem, das zentral nur die anfallenden Verwaltungsfunktionen übernimmt. Die eigentlichen Systemabläufe finden, genau wie in den Blättern eines Baumes, parallel und dezentral in den Terminals und Chipkarten vor Ort statt. Damit kann das Gesamtsystem durch zusätzliche Terminals und Chipkarten sehr einfach erweitert werden, ohne daß größere Auswirkungen auf den oder die Hintergrundrechner zu befürchten sind.

Das Gegenteil zu diesem skizzierten System ist, die gesamte anfallende Arbeit zentralistisch im Hintergrundsystem zu erledigen. Im übertragenen Sinne würde man also die Photosynthese von den Blättern des Baumes zum Stamm hin verlagern, was zu einem sehr mächtigen Stamm führen würde. Das Gesamtsystem wäre damit also nicht nur sehr groß und teuer, sondern auch noch extrem anfällig gegenüber Störungen am Hintergrundrechner. Dies sollte man aber soweit wie möglich vermeiden.

Viele zukünftige Systembetreiber machen den Fehler, daß sie in Unkenntnis der Eigenschaften von Chipkarten ein Gesamtsystem von oben nach unten, also top down, entwerfen. In den sicherheitssensiblen Bereichen, nämlich bei den Terminals und den Chipkarten, setzen sie dann oft voraus, daß diese auf eine mehr oder minder unbekannte Weise sicher gemacht werden können.

Die hier vorgestellten Entwürfe vertreten in dieser Hinsicht eine Bottom-up-Strategie, bei der vom untersten Objekt, der Chipkarte, nach oben das System und die erforderlichen Eigenschaften des Systems definiert werden. Die Gefahr von Sicherheitslücken läßt sich so sehr gut minimieren, da von der kleinsten Einheit ausgehend das System sicher nach oben hin aufgebaut wird.

14.7.1   Börse für Spielautomat

Ausgangssituation

Die geforderte Funktionalität dieser Chipkarten-Anwendung soll es ermöglichen, Zahlungen von kleineren Beträgen an Spielautomaten zu tätigen. Das dabei üblicherweise verwendete Münzgeld soll durch Chipkarten ersetzt werden, um so die Betriebskosten zu senken.

Es existieren zwei Arten von Terminals. Das Ladeterminal verfügt über einen Münzeinwurf mit Prüfer und kann elektronische Geldeinheiten in die Chipkarte laden. Am weitgehend autark arbeitenden Abbuchterminal werden die Geldeinheiten von der Chipkarte abgebucht.

Vorgaben

Das gesamte System soll anonym sein, wobei eine Überwachung aller Zahlungsströme möglich sein muß. Bei Verdacht auf Betrug müssen Karten identifiziert und selektiv gesperrt werden können.

Aufgrund der geforderten Anwendung im Zahlungsverkehrsbereich und der Benutzung an vollautomatischen und nicht von Menschen überwachten Geräten sollte ein mittleres Sicherheitsniveau angestrebt werden.

Lösungsvorschlag

Die Lösung basiert auf einer einfachen geschlossenen Börse, welche speziell für diesen einen Anwendungszweck gestaltet ist. Sie könnte natürlich auch für ähnliche Anwendungsfälle mit leicht geänderten Dateien und Abläufen benutzt werden. Der Einsatz einer elektronischen Geldbörse nach CEN EN 1546 wurde hier vermieden, da dies für den Anwendungsbetreiber aufwendiger als die vorgeschlagene Lösung ist. Außerdem soll das Prinzip einer einfachen geschlossenen Börse demonstriert werden.

An zentraler Stelle wird ein Automat aufgestellt, an dem vollautomatisch sowohl Münzen als auch Geldscheine einbezahlt und dann als elektronische Geldeinheiten auf die Chipkarte geladen werden können. Dazu sind weder PIN- noch andere Benutzereingaben erforderlich, da die elektronische Geldbörse anonym ist. Lediglich anhand einer im System einzigartigen Kartennummer findet eine zusätzliche Buchführung der geladenen Beträge statt.

Tabelle 14.11   Dateibaum für die Beispielanwendung „Spielautomat".

Datei		FID	Struktur	Beschreibung und Dateiinhalt
MF		'3F00'	---	Wurzelverzeichnis für die Chipkarte
DF		---	---	Verzeichnis für die Anwendung „Spielautomat"
	EF 1	'0001'	transparent	Ausgabedatum
				Kartennummer
	EF 2	'0002'	cyclic	Betrag
	EF 3	'0003'	linear fixed	Schlüssel 1
				Schlüssel 2
				Schlüssel 3
				Schlüssel 4

Die Verwaltung aller Daten und der Zahlungsströme übernimmt ein PC. Auf diesem befindet sich auch eine Datenbank, in der alle herausgegebenen Chipkarten mit ihren Rahmendaten gespeichert sind. Durch tägliche oder wöchentliche Bilanzierungsrechnung kann geprüft werden, ob die Geldströme des Systems noch geschlossen sind.

Am Bezahlungsterminal werden die geladenen Einheiten von der elektronischen Geldbörse in der Chipkarte abgebucht. Über ein Display an diesem Terminal erhält der Benutzer Informationen über die abgebuchten Beträge. Um den Preis des Terminals möglichst niedrig zu halten, benutzt man zur Sicherung der Datenübertragung keinen Shutter, sondern Secure Messaging. Jedes Terminal besitzt ein Sicherheitsmodul für die geheimen Schlüssel und die Buchführung der nach Kartennummern sortierten Beträge. In regelmäßigen Zeitabständen werden die dabei ermittelten Daten über eine

Leitung oder über eine spezielle Transferkarte zum Verwaltungs-PC übertragen, welcher dann die Auswertung übernimmt. Der Lösungsvorschlag sieht den folgenden Dateibaum in der Chipkarte vor. Die Anwendung benötigt im übrigen je nach Chipkarten-Betriebssystem etwa 100 Byte im EEPROM.

Da in regelmäßigen Zeitabständen ein Datenaustausch zwischen Bezahlungsterminal und Verwaltungsrechner stattfindet, kann damit gegebenenfalls auch eine Sperrliste im Terminal auf dem neuesten Stand gehalten werden. Stellt das Terminal fest, daß sich eine gesteckte Chipkarte auf der Sperrliste befindet, dann blockiert es die Datei EF 2 mit dem elektronischen Geldbetrag. Damit ist ein Bezahlen mit der Chipkarte nicht mehr möglich. Der Benutzer muß an einem Verwaltungsterminal seine Chipkarte entsperren lassen. Dabei kann nun auch überprüft werden, warum diese auf die Sperrliste gesetzt wurde.

Um die Anwendung zu betreiben, sind die folgenden Schlüssel notwendig, wobei auf die Verwendung von abgeleiteten und damit kartenindividuellen Schlüsseln zugunsten eines einfacheren Gesamtsystems verzichtet wurde.

Tabelle 14.12 Notwendige Schlüssel für die Beispielsanwendung „Spielautomat".

Schlüssel	Verwendung	Funktion	Zustandsübergang
Schlüssel 1	MUTUAL AUTHENTICATION	gegenseitige Authentisierung von Terminal und Chipkarte - Bezahlen mit der Börse - Sperren der Börse	$x \rightarrow 1$
Schlüssel 2	MUTUAL AUTHENTICATION	gegenseitige Authentisierung von Terminal und Chipkarte - Entsperren der Börse - Verwaltung der Karte	$x \rightarrow 2$
Schlüssel 3	MUTUAL AUTHENTICATION	gegenseitige Authentisierung von Terminal und Chipkarte - Aufladen der Börse	$x \rightarrow 3$
Schlüssel 4	Secure Messaging	Sicherung der Datenübertragung - Authentic-Modus	---

Die vorgeschlagene Lösung läßt sich sehr gut für die Bezahlung erhaltener Leistungen an Automaten einsetzen. Eine menschliche Überwachung ist dazu nicht notwendig. Der Geldbetrag muß aber nicht unbedingt vollautomatisch an einem speziellen Automaten in die Chipkarte geladen werden, dies kann auch an einer Kasse nach Bezahlung des Aufladebetrags manuell geschehen.

Das hier skizzierte System ließe sich mit geringfügigen Anpassungen auch in einem Waschsalon oder in einer Kantine einsetzen.

Tabelle 14.13 Zugriffsbedingungen für die Anwendung „Spielautomat" (≥ 0: immer, < 0: nie, SM: Secure Messaging).

Datei	Lesen	Schreiben	Sperren	Entsperren	Erhöhen des Betrags	Erniedrigen des Betrags
EF 1	≥ 0	$= 2$	< 0	< 0	< 0	< 0
EF 2	$\geq 0 \wedge SM$	< 0	$= 1$	$= 2$	$= 3$	$= 1$
EF 3	< 0	< 0	$= 1$	$= 2$	< 0	< 0

Beim Laden von elektronischen Geldeinheiten findet der im folgenden grob skizzierte Ablauf statt:

Chipkarte		Terminal	Benutzer
	←→	SELECT FILE (DF)	*Ausgabe* "Geld einwerfen"
	←→	SELECT FILE (EF 1)	
	←→	READ BINARY	
	←→	SELECT FILE (EF 2)	
	←→	READ BINARY	
	←→	ASK RANDOM	
	←→	MUTUAL AUTHENTICATION	
		Secure Messaging anschalten	
	←	INCREASE	
Antwort [... ‖ Return-code]	→	IF (Returncode=ok) THEN Kommando erfolgreich ausgeführt ELSE Abbruch	*Ausgabe* "x DM auf die Chip-karte geladen"

Bild 14.7   Prinzipieller Ablauf der Kommandos beim Laden von elektronischen Geldeinheiten in der Anwendung „Spielautomat".

Chipkarte		Terminal	Benutzer
	←→	SELECT FILE (DF)	
	←→	SELECT FILE (EF 1)	
	←→	READ BINARY	
	←→	SELECT FILE (EF 2)	
	←→	READ BINARY	
	←→	ASK RANDOM	
	←→	MUTUAL AUTHENTICATION	
		Secure Messaging anschalten	
	←	DECREASE	
Antwort [... ‖ Return-code]	→	IF (Returncode=ok) THEN Kommando erfolgreich ausgeführt ELSE Abbruch	*Ausgabe* "x DM auf der Chip-karte abgebucht"

Bild 14.8   Prinzipieller Ablauf der Kommandos beim Abbuchen von elektronischen Geldeinheiten in der Anwendung „Spielautomat".

14.7.2   Zugangskontrolle

Ausgangssituation

Der Zweck dieser Anwendung ist es, eine abgestufte Zugangskontrolle für verschiedene Räume und Rechnersysteme auf der Grundlage von Chipkarten zu schaffen. Es befinden sich also an bestimmten Türen und Rechnern Terminals, die die entsprechenden Türen oder Rechner nach einer Kommunikation mit einer Karte freischalten können. Dabei ist es wichtig, daß die Möglichkeit vorhanden ist, Sicherheitsniveaus zu definieren, zu denen nur ein bestimmter Personenkreis Zutritt erlangen darf. Der Zutritt wird auf der Grundlage einer Authentisierung und eines Identitätsnachweises des Benutzers gewährt. Dieser Nachweis wird zum einen durch den Besitz einer echten Karte und zum anderen durch die Kenntnis der dazugehörigen PIN geführt. Sind diese beiden Kriterien erfüllt, so ist ein Zugang erlaubt. Die Terminals müssen einfache Sperrlisten führen können, um den Zutritt durch „verlorene" Karten zu verhindern und diese Karten dann gegebenenfalls irreversibel zu sperren.

Vorgaben

Um die Akzeptanz der Lösung bei den Benutzern möglichst groß zu halten, darf der Kommunikationsablauf zwischen Terminal und Chipkarte und die darauf folgende Freigabe die Zeitdauer von einer Sekunde nicht signifikant überschreiten. Jeder längere Ablauf würde über kurz oder lang die Akzeptanz der Lösung erheblich stören und die Benutzer dazu verleiten, mit etwaigen Tricks (Keil in der Türe) die Sicherheit zu umgehen. Um auf die Karte geschriebene PINs als Gedächtnisstütze zu vermeiden, muß die PIN vom Benutzer änderbar sein.

Das System sollte auf ein unteres Sicherheitsniveau ausgelegt sein, da mit hoher Wahrscheinlichkeit keine aufwendigen Angriffe oder Analysen gemacht werden. Die Kosten für die Einführung und den Betrieb dürfen nicht wesentlich über einem guten Schlüsselsystem liegen, da dieses sonst eine wirtschaftlich günstigere Alternative darstellen würde. Das System und die Chipkarte muß für die spätere Einbindung der Zeitabrechnung und Kantinenabrechnung ausgelegt sein.

Lösungsvorschlag

An den entsprechenden Türen und Rechnern werden einfache Terminals mit einer Zehn-Ziffern-Tastatur fest montiert. Die Terminals können autark arbeiten und sind mit einem kostengünstigen und austauschbaren Sicherheitsmodul (z.B. Chipkarte im Plug-In-Format) ausgestattet und können bei Berechtigung die jeweilige Tür oder den Computer freischalten. Alle Terminals an zentralen und sicherheitssensiblen Stellen können bei Bedarf über eine Zweidrahtleitung selbständig zu dem als Zentralrechner dienenden PC in Online-Verbindung geschaltet werden. Durch diesen einfachen Aufbau wird die Vorgabe der niedrigen Betriebskosten erfüllt.

Der Zentralrechner ist mit einem einfachen Multitasking-Betriebssystem ausgestattet, so daß er mehrere Aufgaben parallel erledigen kann. Er ist mit einem zusätzlichen Terminal verbunden, das für die gesamte Verwaltung des Systems zuständig ist.

Die verwendete Chipkarte muß ein Betriebssystem besitzen, das mehrere Anwendungen verwalten kann und in der Lage ist, nachträglich Dateien (DFs und EFs) im Dateibaum der Chipkarte zu erzeugen, um damit bei Bedarf weitere Anwendungen nachzuladen. Der für die aktuelle Anwendung und die zukünftig projektierten Anwendungen notwendige EEPROM-Speicher wird 1 kByte nicht überschreiten. Die Chipkarten werden von einem Hersteller komplett mit Betriebssystem bezogen und auf dem Verwaltungsrechner entsprechend eingerichtet.

Alle Karten sind ursprünglich mit einer einheitlichen leicht zu merkenden PIN vorbelegt. Die PIN „0000" ist für diesen Fall am einfachsten. Damit entfällt jeglicher Aufwand der PIN-Generierung und der Zustellung von PIN-Briefen. Jeder Benutzer muß diese Einheits-PIN am Verwaltungsterminal bei Erhalt der Karte ändern, denn die Terminals lassen eine PIN-Eingabe von „0000" nicht zu.

Vergißt der Benutzer seine PIN oder der Fehlbedienungszähler läuft ab, dann kann am Systemterminal nach einer Authentisierung wieder eine neue PIN mit einem auf null zurückgesetzten Fehlbedienungszähler eingetragen werden.

Da das geforderte Sicherheitsniveau im mittleren Bereich liegen und die Verwaltung nicht zu aufwendig sein soll, empfiehlt sich ein stark reduziertes Schlüsselmanagement. Abgeleitete Schlüssel oder mehrere Schlüsselgenerationen finden deshalb keine Verwendung. Die Schlüssel sollten lediglich nach ihrer Funktion getrennt sein, was zur folgenden Aufteilung führt:

Tabelle 14.14 Notwendige Schlüssel für die Anwendung „Zugangskontrolle"

Schlüssel	Verwendung	Funktion	Zustandsübergang
Schlüssel 1	MUTUAL AUTHENTICATION	Verwaltung der Anwendung • Erzeugung neuer Dateien • Schreiben in Dateien • Entsperren der Anwendung	$x \rightarrow 1$
Schlüssel 2	MUTUAL AUTHENTICATION	gegenseitige Authentisierung von Terminal und Chipkarte • Zugangsberechtigung • Sperren der Anwendung	$x \rightarrow 2$
PIN	VERIFY CHV	Identifizierung des Benutzers	$2 \rightarrow 3$

Der folgende Dateibaum muß in der Karte vorhanden sein:

Tabelle 14.15 Dateibaum für die Beispielanwendung „Zugangskontrolle".

Datei		FID	Struktur	Beschreibung und Dateiinhalt
MF		'3F00'	---	Wurzelverzeichnis für die Chipkarte
DF		---	---	Verzeichnis für die Anwendung „Zugangskontrolle"
	EF 1	'0001'	transparent	Name, Vorname, Abteilung
	EF 2	'0002'	linear fixed	Berechtigungen
	EF 3	'0003'	linear fixed	Schlüssel 1 Schlüssel 2 PIN

Für den in der Chipkarte enthaltenen Dateibaum sind die folgenden Zugriffsbedingungen definiert:

Tabelle 14.16 Zugriffsbedingungen für die Beispielanwendung „Zugangskontrolle" (≥ 0: immer, < 0: nie).

Datei	Lesen	Schreiben	Sperren	Entsperren	Erzeugung von DFs und EFs
DF	---	---	---	---	$= 1$
EF 1	≥ 0	$= 1$	< 0	$= 1$	---
EF 2	$= 3$	$= 1$	$= 2$	$= 1$	---
EF 3	< 0	< 0	$= 2$	$= 1$	---

Die Datei EF 2 mit den Berechtigungsdaten für Räume und Rechner ist Record-orientiert aufgebaut. Die Records haben alle einheitliche Länge (linear fixed). Pro Record befindet sich ein Eintrag, der angibt, in welche Räume der Kartenbenutzer Zutritt hat. Damit hier nicht jeder einzelne Raum explizit angegeben werden muß, können auch Sicherheitsniveaus definiert werden. Mit diesen läßt sich der Zutritt dann pauschal auf einen bestimmten Bereich beschränken.

Da erfahrungsgemäß gerade bei der Zugangskontrolle oft Änderungen und Umstrukturierungen notwendig sind, sollten die Dateiinhalte der Records konsequent eine TLV-Struktur haben. Damit können Erweiterungen oder Änderungen auf technisch sehr elegante Weise vorgenommen werden.

Es werden für diese Karte nur Standardkommandos eines auf dem Markt erhältlichen Betriebssystems nach ISO oder ETSI verwendet. Dabei muß in der Chipkarte nichts programmiert werden, was die Anschaffungskosten erheblich senkt. Die für die Karte notwendigen Kommandos sind wie folgt:

ASK RANDOM	CHANGE CHV
CREATE	INVALIDATE
MUTUAL AUTHENTICATION	READ BINARY
REHABILITATE	SELECT FILE
UNBLOCK CHV	VERIFY CHV
WRITE BINARY	

Der typische Ablauf bei der Benutzung der Chipkarte für die Zugangskontrolle funktioniert nach dem anschließenden Bild:

Chipkarte		Terminal	Benutzer
	←	Reset	
ATR	→	IF ATR=ok	
		THEN weiter	
		ELSE Abbruch	
	←→	SELECT FILE (DF)	*Ausgabe*
			"Bitte PIN eingeben"
	←→	VERIFY CHV	
	←→	SELECT FILE (EF 2)	
	←→	READ RECORD	
		Auswertung des Dateiinhalts	
		IF (Erlaubnis=Ja)	*Ausgabe*
		THEN Türöffner betätigen	"Bitte eintreten"

Bild 14.9   Ablauf der Kommandos während der Zugangskontrolle für die Anwendung „Zugangskontrolle".

Falls notwendig, kann das Terminal direkt nach dem ATR den Benutzernamen mit READ BINARY aus der Datei lesen und mit einer Sperrliste vergleichen. Ist der Name darin enthalten, besteht die Möglichkeit, durch Sperrung aller EFs mit INVALIDATE die weitere Benutzung der Chipkarte für die Zugangskontrolle zu unterbinden. Am

Verwaltungsterminal kann dann bei Bedarf nach gegenseitiger Authentisierung mit REHABILITATE die Anwendung wieder reaktiviert werden.

Falls sich der Betreiber des Systems entschließt, die Kantinenabrechnung ebenfalls über die Chipkarte durchzuführen, dann muß eine neue Anwendung mit DF und EFs erzeugt werden. Dazu gibt es zwei Wege: Entweder müssen alle Mitarbeiter mit ihrer Chipkarte zum Verwaltungsterminal kommen, oder die Dateien werden automatisch bei einer Zugangskontrolle nachgeladen. Der zweite Weg ist sicher der benutzerfreundlichere und kostengünstigere, da kein zusätzlicher Aufwand zur Verwaltung anfällt.

Die ebenfalls geforderte Kontrolle des Zugangs zu Computersystemen kann völlig analog zu dem oben beschriebenen ablaufen. Der einzige Unterschied liegt darin, daß kein Türöffner betätigt wird, sondern ein Signal dem Computer mitteilt, daß der Zugang zu gewähren ist.

14.7.3   Prüfung auf Echtheit eines Terminals

Ausgangssituation

Es gibt Szenarien, in denen der Kartenbenutzer die Möglichkeit haben sollte, zu prüfen, ob er es mit einem echten Terminal zu tun hat. Als Beispiel sei hier ein Terminal an einer Supermarktkasse angeführt, in das nach dem Stecken der Chipkarte die PIN eingegeben wird. Ein gefälschtes Terminal könnte nun dazu benutzt werden, um die geheime PIN[1] auszuspähen. Anschließend wird die Chipkarte gestohlen, und der Dieb kann nun durch Kenntnis der PIN damit bezahlen oder sich sogar Bargeld am Geldausgabeautomaten auszahlen lassen.

Im Sommer 1997 wurden mit einem gefälschten Geldausgabeautomaten auf dem Münchner Marienplatz und vergleichbarer Vorgehensweise Magnetstreifendaten mit dazugehöriger PIN ausgespäht. Mit Chipkarten kann durch eine entsprechende Anwendungsgestaltung ein guter Schutz gegen diese Art von Angriffen erreicht werden.

Vorgaben

Es ist ein Teil einer Chipkarten-Anwendung zu konzipieren, der es einem Kartenbenutzer ermöglicht, ein gefälschtes, nicht ein manipuliertes Chipkarten-Terminal zu erkennen. Der Benutzer darf dabei zur Prüfung des Terminals keine zusätzlichen technischen Einrichtungen benötigen.

Lösungsvorschlag

Der im folgenden aufgeführte Lösungsvorschlag sieht vor, daß die Chipkarte ein nur dem Kartenbenutzer bekanntes Erkennungswort in einer Datei enthält. Diese Datei ist für das Terminal nur dann lesbar, wenn es sich erfolgreich mit einem geheimen Schlüssel gegenüber der Chipkarte authentisiert hat.

Das Terminal darf nach diesem Authentisierungsvorgang das Erkennungswort aus der Datei lesen und auf dem Display darstellen. Sobald der Benutzer das nur ihm be-

---

[1] siehe auch Abschnitt 8.1.1 Prüfung einer Geheimzahl

kannte Erkennungswort sichtet und es korrekt ist, kann er annehmen, daß es sich um ein echtes Terminal handelt. Erst dann wird er seine geheime PIN eingeben und damit den weiteren Transaktionsablauf ermöglichen.

Eine wichtige Einschränkung ist jedoch bei dieser Lösung anzuführen. Es kann damit nur ein gefälschtes Chipkarten-Terminal erkannt werden und nicht ein manipuliertes. Ist es möglich, die Terminalsoftware ohne Verlust der geheimen Schlüssel zu verändern, dann ist auch im Manipulationsfall eine korrekte Authentisierung des Terminals gegenüber der Chipkarte möglich, und auch die Kennwortdatei darf anschließend gelesen werden. Diese Restriktion der Lösung ist im jeweiligen Anwendungsfall zu bedenken. Sie ist jedoch im Grunde genommen unproblematisch, da eine derartig große Manipulationsmöglichkeit des Terminals noch wesentlich weitergehende Angriffsvarianten zuläßt als die bloße Ausspähung einer PIN.

Das oben beschriebene Verfahren wird beispielsweise auch in der DIN-Spezifikation für die deutsche Signaturkarte vorgeschlagen, um die Echtheit öffentlicher Signaturterminals für den Kartenbenutzer feststellbar zu machen.[1]

Der nachfolgend mit konkreten Dateien und dazugehörigen Zugriffsbedingungen ausgeführte Lösungsvorschlag ist keine vollständige Chipkarten-Anwendung, sondern ein im Sinne eines Design-Patterns zu sehender Rumpf, der sich in beliebige Anwendungen einflechten läßt. Deshalb sind FIDs, Zustandsübergänge und der aufgeführte Ablauf auch je nach Bedürfnis auf verschiedene Werte oder Abfolgen adaptierbar. Das Beispiel soll vor allem die grundlegende Idee der „Prüfung auf Echtheit eines Terminals" vermitteln und keine konkrete Anwendung.

Tabelle 14.17   Notwendige Schlüssel für die „Prüfung auf Echtheit eines Terminals".

Schlüssel	Verwendung	Funktion	Zustandsübergang
Schlüssel 1	EXTERNAL AUTHENTICATION	Authentisierung des Terminals durch die Chipkarte	$x \rightarrow 1$
PIN	VERIFY CHV	Identifizierung des Benutzers	$1 \rightarrow 2$

Nachdem der Benutzer das Terminal als echt erkannt hat und auch seine PIN von der Chipkarte als die richtige erkannt wurde, sollte man die Möglichkeit schaffen, das Kennwort zu ändern. Dies kann durch entsprechendes Setzen der Zugriffsbedingungen für den schreibenden Zugriff auf die Kennwortdatei problemlos realisiert werden. Der folgende Dateibaum muß in der Karte vorhanden sein:

Tabelle 14.18   Dateibaum und Zugriffsbedingungen für die „Prüfung auf Echtheit eines Terminals" (≥ 0: immer, < 0: nie).

Datei	FID	Struktur	Lesen	Schreiben	Dateiinhalt
EF 1	'0001'	transparent	$= 1$	$= 2$	Kennwort
EF 2	'0002'	linear fixed	< 0	< 0	Schlüssel 1, PIN

Der typische Ablauf bei der Benutzung der Chipkarte für die Zugangskontrolle funktioniert nach dem folgenden Bild:

---

[1] siehe auch Abschnitt 13.6 Digitale Signaturkarte

Chipkarte		Terminal	Benutzer
	←	Reset	
ATR	→	IF ATR=ok	
		THEN weiter	
		ELSE Abbruch	
	←→	EXTERNAL AUTHENTICATE (mit Schlüssel 1)	
	←→	IF (Authentisierung=erfolgreich)	
		THEN weiter	
		ELSE Abbruch	
	←→	SELECT FILE (EF 1)	
	←→	READ BINARY	*Ausgabe des Inhalts der Kennwortdatei*
			IF (Erkennungs-wort=ok)
			THEN Terminal echt
			ELSE Abbruch
	←→	VERIFY CHV	*Ausgabe* "Bitte PIN eingeben"

Bild 14.10   Ablauf der Kommandos während der Zugangskontrolle für die „Prüfung auf Echt-heit eines Terminals".

15 Anhang

15.1 Glossar

Die folgenden Seiten enthalten eine Aufstellung von typischen Begriffen aus der Chipkartenwelt. Ausführliche und exakte Begriffsdefinitionen über Chipkarten finden sich zusätzlich in der ISO/IEC 7816 Normenreihe. Das Äquivalent dazu für den Sektor der elektronischen Geldbörsen ist die EN 1546, die ausführlich und prägnant alle dazugehörigen Fachbegriffe erläutert und definiert.

Größere Sammlungen von allgemeinen Begriffen aus der Informationstechnik finden sich in großer Zahl in der DIN 44 300 und auch in den zahlreichen fachspezifischen EDV-Lexika, wie beispielsweise [Pfaffenberger 97, Dictionary of Computing 91].

1 µm, 0,8 µm, ... -Technologie	Bei der Herstellung von Halbleiterchips wird traditionell die Leistung der verwendeten Technologie durch die Längenangabe für die kleinste mögliche Transistorstruktur auf dem Halbleiter beschrieben. Dies ist meist die Breite des Gateoxids bei Transistoren. Die momentan minimal möglichen Strukturbreiten liegen bei 0,25 µm bzw. 0,18 µm. Größere Strukturen auf dem Chip sind selbstverständlich immer möglich.

µP-Karte	Das Wort µP-Karte ist eine andere Bezeichnung für Mikroprozessorkarte (siehe Mikroprozessorkarte).
3DES	siehe Triple-DES
Acquirer	Eine Instanz, auch Sammelbeauftragter genannt, welche die Errichtung und Verwaltung der datentechnischen Verbindungen und des Datenaustauschs zwischen dem Betreiber eines Zahlungssystems und den einzelnen Service-Anbietern betreibt. Der Acquirer kann die erhaltenen einzelnen Transaktionen zusammenfassen, so daß der Betreiber des Zahlungssystems nur mehr gesammelte Zertifikate erhält.
AFNOR	Die Association Française de Normalisation ist eine französische Normungsorganisation mit Sitz in Paris.
AID (*application identifier*)	Der AID ist ein Kennzeichen für eine Anwendung auf einer Chipkarte und in der ISO/IEC 7816-5 definiert. Ein Teil des AID kann national oder international registriert werden und ist dann für die registrierte Anwendung reserviert und weltweit eindeutig. Der AID besteht aus den beiden Datenelementen RID (*registered identifier*) und PIX (*proprietary identifier*) (siehe auch Abschnitt 5.6.1 Dateitypen).
ANSI	Das American National Standards Institute ist eine US-amerikanische Normungsorganisation mit Sitz in New York.
Antwort-APDU (*response-APDU*)	Eine Antwort-APDU ist die Antwort der Chipkarte auf eine vom Terminal abgesendete Kommando-APDU. Sie setzt sich aus den optionalen Antwortdaten und den obligatorischen 2 Byte langen Statuswörtern SW1 und SW2 zusammen. Eine detaillierte Darstellung findet sich im Abschnitt 6.5 Struktur der Nachrichten – APDUs.
Anwendung	Daten, Kommandos, Abläufe, Zustände, Mechanismen, Algorithmen und Programmcode innerhalb einer Chipkarte, um sie im Rahmen eines bestimmten Systems zu betreiben. Eine Anwendung mit den dazugehörigen Daten befindet sich in der Regel in einem eigenen DF direkt unterhalb des MFs.
Anwendungsbetreiber	Eine Instanz, die eine Anwendung auf Chipkarten betreibt. Im allgemeinen identisch mit dem Anwendungsanbieter.
APDU	Eine APDU (*application protocol data unit*) ist ein softwaretechnischer Datencontainer, in den die Daten einer Anwendung verpackt werden um sie zwischen Terminal und Chipkarte auszutauschen. Eine APDU wird vom Übertragungsprotokoll in eine TPDU (*transport protocol data unit*) umgewandelt und dann über die serielle Schnittstelle von Terminal bzw. Chipkarte verschickt. APDUs lassen sich in Kommando-APDU und Antwort-APDU einteilen. Siehe auch Abschnitt 6.5 Struktur der Nachrichten – APDUs.

API	Ein Application Programming Interface ist eine detailliert spezifizierte Softwareschnittstelle innerhalb eines Programms, um einen standardisierten Zugriff auf Funktionen dieses Programms für Dritte zu ermöglichen.
Applet	Ein Applet ist ein Programm in der Programmiersprache Java, das in der virtuellen Maschine eines Rechners ausgeführt wird. Die Funktionalität eines Applets ist aus Sicherheitsgründen auf die vorher festgelegte Programmumgebung eingeschränkt. Ein Applet wird im Bereich von Chipkarten manchmal auch Cardlet genannt und entspricht in der Regel einer Chipkarten-Anwendung.
ASN.1	Die abstract syntax notation one ist eine Beschreibungssprache für Daten. Durch sie lassen sich Daten unabhängig vom benutzenden Computersystem eindeutig definieren und darstellen. ASN.1 ist durch ISO/IEC 8824 und ISO/IEC 8825 definiert.
Assembler	Als Assembler wird ein Programm bezeichnet, das Assemblerprogrammcode in von einem Prozessor ausführbare Maschinensprache übersetzt. Nach dem Assembliervorgang muß das Programm üblicherweise noch mit einem Linker gelinkt werden. Der Begriff Assembler wird jedoch auch oft als Kurzform von Assemblerprogrammcode benutzt.
ATR	Der Answer to Reset ist eine Sequenz von Bytes welche eine Chipkarte als Antwort auf den (Hardware-)Reset aussendet. Der ATR beinhaltet u.a. diverse Parameter für das Übertragungsprotokoll zur Chipkarte. Siehe auch Abschnitt 6.2 Answer to Reset – ATR.
Auswurfleser	Terminal, das eine gesteckte Karte durch ein elektrisches oder mechanisches Signal automatisch auswerfen kann.
Authentisierung	Eine Authentisierung ist der Vorgang des Nachweises der Echtheit einer Instanz (z.B. einer Chipkarte) durch kryptografische Verfahren. Vereinfacht ausgedrückt stellt man bei der Authentisierung durch ein festgelegtes Verfahren fest, ob jemand auch derjenige ist, der er vorgibt zu sein
Authentizität	Echtheit und Unverändertheit einer Instanz oder Nachricht.
Automat	In der Informationstechnik ein Teil eines Programms, das einen Ablauf auf der Grundlage eines vorher definierten Zustandsdiagramms (d.h. Zustände mit Zustandsübergängen) bestimmt.
Autorisierung	Die Prüfung, ob eine bestimmte Aktion ausgeführt werden darf wird Autorisierung genannt, d.h. jemand wird für etwas ermächtigt. Wird beispielsweise eine Kreditkartentransaktion durch den Kreditkartenherausgeber autorisiert, so sind die Kartendaten auf Korrektheit der Daten, Einhaltung der erlaubten Betragsgrenzen und ähnliche Kriterien geprüft worden und die beabsichtigte Zahlung wird daraufhin zugelassen. Eine Autorisierung kann auf der Authentisierung der betreffenden Instanz (z.B.: einer Chipkarte) zustande kommen. Vereinfacht ausgedrückt erteilt man bei der Autorisierung jemanden die Erlaubnis etwas bestimmtes zu tun.

Bellcore-Angriff (*Bellcore-Attack*)	siehe differentielle Fehleranalyse
Benutzer	Die Person, die eine Chipkarte verwendet. Sie muß nicht unbedingt Karteninhaber sein.
Betriebssystemhersteller	Eine Instanz, die Programmierung und Test eines Betriebssystems durchführt.
big Endian	siehe Endianness
binärkompatibler Programmcode	siehe Nativcode
Black List	siehe Sperrliste
Blackbox Test	Beim Blackbox Test geht man davon aus, daß die testende Instanz keine Kenntnisse über die internen Abläufe, Funktionen und Mechanismen der zu prüfenden Software hat.
Boot-Loader	Ein Boot-Loader ist ein (kleines) Programm, mit dem weitere und umfangreichere Programme, beispielsweise über eine serielle Schnittstelle, nachgeladen werden. Der Boot-Loader wird in der Regel dazu benutzt, den eigentlichen Programmcode in einen neuen Chip oder in ein neues elektronisches Gerät zu laden. Oftmals kann der Boot-Load-Vorgang nur ein einziges Mal ausgeführt werden.
Börsenanbieter (*purse provider*)	Unter einem Börsenanbieter versteht man die Organisation, die für die Gesamtfunktionalität und Sicherheit eines Börsensystems verantwortlich ist. Er ist im Regelfall auch der Herausgeber des elektronischen Kartengeldes und garantiert auch für die Einlösung.
Börseninhaber (*purse holder*)	Ein Börseninhaber ist die Person, welche die Chipkarte mit der elektronischen Geldbörse besitzt.
Brute-force-Angriff	Angriff auf ein kryptografisches System durch die Berechnung aller Möglichkeiten eines Schlüssels.
BSI	Das deutsche Bundesamt für Sicherheit in der Informationstechnik (BSI) wurde 1990 gegründet und ist der Nachfolger der deutschen Zentralstelle für das Chiffrierwesen. Das BSI berät Behörden und setzt Rahmenbedingungen für Kryptografieanwendungen in Deutschland. Daneben bietet es unter anderem auch als Dienstleistung die Bewertung, also die Zertifizierung der Sicherheitseigenschaften von informationstechnischen Systemen an.
Buffern	Typischer Angriff bei Magnetstreifenkarten. Lesen eines Magnetstreifens und Zurückschreiben, nachdem ein Terminal Daten (z.B. den Fehlbedienungszähler) darauf verändert hat.
Bug fix	Ein Bug fix ist in der Softwareentwicklung die Ausbesserung eines bekannten Fehlers durch zusätzlichen Programmcode, z.B.: durch einen work around.

Bytecode	Als Bytecode wird der von einem Java-Compiler aus dem Source-Code erzeugte (d.h. compilierte) Zwischencode für die Java Virtual Machine (JVM) bezeichnet. Der Bytecode ist von der Firma Sun standardisiert und wird vom Interpreter der Java Virtual Machine ausgeführt.
CAP-Datei (*CAP-file*)	Die CAP-Datei (*card appplication file – CAP-file*) ist das Datenaustauschformat zwischen der Java Offcard Virtual Machine und der Java Oncard Virtual Machine.
Cardlet	siehe Applet
Class-Datei (*classfile*)	Die compilierten, d.h. in Bytecode übersetzten, und mit zusätzlichen Informationen versehenen Java-Programme werden in einer sogenannten Class-Datei abgespeichert. Nach dem Laden werden sie von der Java Virtual Machine ausgeführt.
CCITT	Das Comité Consultatif International Télégraphique et Téléphonique war ein internationaler Ausschuß für Telefon- und Telegraphendienste mit Sitz in Genf. Die CCITT ist mittlerweile unter Erweiterung der Aufgaben in ITU umgetauft worden.
CCS	Die Cryptographic Checksum ist eine kryptografische Prüfsumme über Daten, mit der Manipulationen dieser Daten während der Speicherung erkannt werden können. Werden Daten während ihrer Übertragung mit einer CCS geschützt, so spricht man von einem MAC (*message authentication code*).
CEN	Die europäische Normungsorganisation Comité Européen de Normalisation (CEN) in Brüssel, Belgien setzt sich aus den nationalen Normungsorganisationen aller europäischen Länder zusammen und ist die offizielle Institution der EU für europäische Normung.
CEPT	Die Conférence Européenne des Postes et Télécommunications ist eine europäische Normungsorganisation der nationalen Telekommunikationsgesellschaften.
Certificate Authority (CA)	Eine Certificate Authority ist eine Zertifizierungsstelle, die öffentliche Schlüssel für digitale Signaturen beglaubigt, d.h. sich für ihre Echtheit verbürgt. Dazu unterschreibt die CA mit ihrem geheimen Schlüssel die öffentlichen Schlüssel der Anwender und stellt bei Bedarf die signierten öffentlichen Schlüssel in einem Verzeichnis zur Verfügung. Die CA kann die dazu notwendigen Schlüsselpaare (geheimer und öffentlicher Schlüssel) selber generieren.
Chipkarte	Chipkarte ist der allgemeine Begriff für eine Karte, meist auf Kunststoff, die ein oder mehrere Halbleiterchips enthält. Eine Chipkarte kann entweder eine Speicherkarte (siehe Speicherkarte) oder eine Mikroprozessorkarte (siehe Mikroprozessorkarte) sein.
Clearing	Die Funktion der Abrechnung im elektronischen Zahlungsverkehr zwischen dem Akzeptanten einer elektronischen Zahlung (in der Regel ein Händler) und seiner Bank.

Clearingsystem	Ein rechnergestütztes Hintergrundsystem, das die zentrale Abrechnung im Rahmen einer Anwendung für elektronischen Zahlungsverkehr übernimmt.
Combikarte	siehe Dual-Interface-Karte
Compiler	Als Compiler wird ein Programm bezeichnet, das eine Programmiersprache wie BASIC oder C in von einem Prozessor ausführbare Maschinensprache übersetzt. Nach dem Compilationsvorgang muß das Programm üblicherweise noch mit einem Linker gelinkt werden.
COS	Für Chipkarten-Betriebssysteme hat sich in der Vergangenheit weltweit die Bezeichnung COS (*card operating system*) eingebürgert. Sie ist auch häufig in Produktnamen (z.B.: STARCOS, MPCOS, ...) zu finden. Siehe auch Kapitel 5 Chipkarten-Betriebssysteme.
CRC	Der cyclic redundancy check ist ein einfacher und weit verbreiteter Fehlererkennungscode (EDC) zur Sicherung von Daten. Der CRC muß durch einen Startwert und ein Teilerpolynom vor seiner Anwendung festgelegt werden.
Debitkarte	Eine Karte mit oder ohne Chip, die einen Verfügungsrahmen aufweist, bei der aber die Bezahlung zeitgleich nach Erhalt des Gutes oder der Dienstleistung stattfindet. Schlagwort dazu: „pay now". Das typische Beispiel ist die ec-Karte.
Debugging	Debugging ist die Fehlersuche und -beseitigung mit dem Zweck, möglichst viele Fehler einer Software zu erkennen und zu korrigieren. Das Debugging wird in der Regel vom Softwareentwickler durchgeführt und ist nicht identisch mit dem Testing.
Delamination	Als Delamination bezeichnet man das unerwünschte Auseinanderlösen von durch Druck und Hitze miteinander verbundenen (d.h. laminierten) Folien. Die Delamination einer Karte kann beispielsweise durch zu großflächige Aufdrucke mit nicht thermoplastischen Druckfarben (typische Farben für Offsetdruck) zwischen Kern- und Deckfolien verursacht werden.
deterministisch	Als deterministisch wird ein Verfahren oder Algorithmus bezeichnet, der bei identischen Ausgangsbedingungen immer zum gleichen Ergebnis kommt. Das Gegenteil ist probabilistisch.
DF-Name	Der DF-Name ist neben dem FID ein weiteres Merkmal für ein DF und hat eine Länge zwischen 1 und 16 Byte. Er wird zur Selektion des DFs benutzt und kann einen registrierten 5 bis 16 Byte langen AID (*application identifier*) enthalten, der das DF weltweit eindeutig macht.[1]
DF	Ein Dedicated File ist ein Verzeichnis im Dateisystem einer Chipkarte. Eine Variante des DFs ist das Root-Verzeichnis MF.

---

[1] siehe auch Abschnitt 15.5 Registrierungsstellen für RID

Die, Dice	Ein Siliziumkristall in Form eines Plättchens, auf dem sich ein einzelner halbleitertechnisch aufgebauter elektronischer Schaltkreis (z.B.: Mikrocontroller) befindet.
Diensteanbieter (*service provider*)	Eine Diensteanbieter ist die Instanz, welche gegen Bezahlung einen Dienst (z.b.: Verkauf von Gütern oder Dienstleistungen) anbietet.
differentielle Fehleranalyse (DFA)	Das Prinzip der differentiellen Fehleranalyse wurde 1996 von Dan Boneh, Richard A. DeMillo und Richard J. Lipton, die alle drei bei Bellcore angestellt waren, veröffentlicht [Boneh 96]. Das Verfahren basiert darauf, durch die bewußte Einstreuung von Fehlern während der kryptografischen Berechnung den geheimen Schlüssel zu ermitteln. Im ursprünglichem Verfahren wurden nur Public-Key-Algorithmen genannt. Jedoch wurde diese Angriffsmethode innerhalb einiger Monate sehr schnell weiterentwickelt [Anderson 96 a], so daß nunmehr prinzipiell mit der differentiellen Fehleranalyse alle Kryptoalgorithmen angegriffen werden können, sofern sie keine besonderen Schutzmaßnahmen aufweisen.
differentielle Kryptoanalyse	Bei der differentielle Kryptoanalyse werden Klartext-Paare mit bestimmten Unterschieden und gleichem Schlüssel benutzt, um durch die Analyse der Entwicklung dieser Unterschiede über die einzelnen DES-Runden hinweg den geheimen Schlüssel zu errechnen. Diese Analysemethode wurde von Eli Biham und Adi Shamir 1990 veröffentlicht.
digitale Signatur	Die digitale Signatur wird zur Feststellung der Authentizität von elektronischen Nachrichten oder Dokumenten verwendet. Digitale Signaturen beruhen in der Regel auf asymmetrischen Kryptoalgorithmen, wie beispielsweise dem RSA-Algorithmus. Die Rechtswirksamkeit einer digitalen Signatur wird in vielen Ländern durch Gesetz geregelt. In Deutschland beispielsweise durch das Signaturgesetz (siehe Signaturgesetz). Digitale Signaturen werden manchmal auch elektronische Unterschriften genannt.
digitaler Fingerabdruck (*digital fingerprint*)	Der Hash-Wert einer Nachricht (z.B.: mit SHA-1 erstellt) wird oft auch als digitaler Fingerabdruck bezeichnet.
Download	Übertragen von Daten von einem übergeordneten System (Hintergrundsystem, Host) an ein untergeordnetes System (z.B. Terminal). Das Gegenteil ist der „Upload".
DRAM	Ein dynamic random access memory ist ein RAM-Speicher in dynamischer Bauweise und benötigt zum Erhalt des Speicherinhalts eine konstante Stromversorgung sowie eine zyklische Wiederauffrischung des Inhalts. DRAM-Speicher sind aus Kondensatoren aufgebaut. Sie benötigen weniger Platz auf dem Chip als SRAM-Speicher und sind deshalb billiger. Allerdings ist die Zugriffszeit auf SRAMs geringer.

Dual-Interface-Karte	Der Begriff Dual-Interface-Karte ist die Bezeichnung für eine Chipkarte mit kontaktbehafteter und kontaktloser Schnittstelle für die Datenübertragung von und zur Karte. Ein anderer Begriff dafür ist Combikarte.
Dual Slot Handy	Bezeichnung für ein Mobiltelefon, das neben der Benutzerkarte (z.B.: SIM) noch eine von außen zugängliche Kartenkontaktiereinheit für ID-1 Chipkarten besitzt. Mit Dual Slot Handys lassen sich beispielsweise Zahlungen über das Mobilfunknetz mit bestehenden elektronischen Geldbörsen auf Chipkarten abwickeln.
duplizieren	Übertragen von echten Daten auf eine zweite Karte zum Zwecke der Herstellung einer oder mehrerer identischer (geklonter) Karten. Der Begriff ist in der Regel identisch mit „klonen" (siehe klonen).
ECC	Der error correction code ist eine Prüfsumme über Daten. Mit einem ECC können Fehler in den Daten mit einer bestimmten Wahrscheinlichkeit erkannt und ggf. auch fehlerfrei korrigiert werden. Das Kürzel ECC steht auch für Kryptosysteme auf der Grundlage von elliptischen Kurven (*elliptic curve cryptosystem*).
e-Commerce	Unter dem Begriff electronic Commerce versteht man vor allem alle Formen von Dienstleistung, Handel und darauf aufbauenden Zahlungsverkehr in offenen Netzen, d.h. vor allem im Internet.
EDC	Ein error detection code ist ein Prüfsumme über Daten. Mit einem EDC können Fehler in den Daten mit einer bestimmten Wahrscheinlichkeit erkannt werden. Ein typisches Beispiel für einen EDC ist die XOR- oder CRC-Prüfsumme bei verschiedenen Datenübertragungsprotokollen.
EEPROM	Ein electrical erasable read only memory ist eine nichtflüchtige Speicherart, die in Chipkarten Verwendung findet. Ein EEPROM ist in Speicherseiten eingeteilt, und sein Inhalt kann verändert und gelöscht werden, wobei es aber eine physikalisch bedingte Obergrenze der Anzahl der schreibenden bzw. löschenden Zugriffe gibt.
EF	Elementary Files stellen die eigentlichen Datenspeicher im Dateibaum einer Chipkarte dar. Sie können entweder die Eigenschaft „working" (d.h. für den Gebrauch durch das Terminal) oder „internal" (d.h. für den Gebrauch durch das Betriebssystem der Chipkarte) haben und besitzen eine interne Struktur (transparent, linear fixed, linear variable, cyclic, ...).
Einwegfunktion (*one-way function*)	Eine Einwegfunktion ist eine mathematische Funktion, die sich einfach berechnen läßt, deren Umkehrfunktion aber einen sehr großen Rechenaufwand erfordert.
elektronische Geldbörse (*e-purse*)	Eine Karte mit Chip, die vor der Bezahlung mit einem Geldbetrag aufgeladen werden muß. Schlagwort dazu: „pay before". Typische Beispiele sind die deutsche Geldkarte, Visa Cash oder Mondex. Elektronische Geldbörsen können die Eigenschaft von Purso-to-Purse-Transaktionen haben.

Embossing	siehe Hochprägung
EMV	Gemeinsame Spezifikation für Zahlungsverkehrskarten mit Chip sowie dazugehörige Terminals der Firmen Europay, Master Card und Visa. Diese Spezifikationen sind zum weltweiten Industriestandard für Kredit-, Debit und Börsenkarten avanciert und damit das Pendant des Zahlungsverkehrs zur Telekommunikationsnorm GSM 11.11.
EMV-Spezifikation	siehe EMV
Endianness	Die Endianness gibt die Reihenfolge der Byte innerhalb eines Bytestrings an. Big Endian besagt, daß sich das höherwertigste Byte am Anfang und folglich das niederwertigste am Schluß der Kette von Bytes befindet. Bei little Endian ist die Reihenfolge umgedreht, d.h. das niederwertigste Byte ist am Anfang und das höherwertigste Byte am Schluß.
EPROM	Ein erasable read only memory ist eine nichtflüchtige Speicherart, die in Chipkarten nur noch sehr selten Verwendung findet. Ein EPROM kann nur durch UV-Licht gelöscht werden, weshalb es im Chipkartenbereich nur als WORM-Speicher (*write once, read multiple*) verwendet werden kann.
ETS	ETS (European Telecommunication Standard) ist die Bezeichnung der von ETSI herausgegebenen Normen, die sich in erster Linie mit europäischer Telekommunikation beschäftigen.
ETSI	Das European Telecommunications Standards Institute mit Sitz in Sophia Antipolis, Frankreich, ist das Normungsinstitut der europäischen Telekommunikationsgesellschaften und beschäftigt sich mit der Normung im Bereich der europäischen Telekommunikation. Die im Chipkartenbereich wichtigste ETSI-Norm ist die GSM-Normenreihe (GSM 11.11 ff).
etu	Eine elementary time unit ist die Dauer eines Bits bei der Datenübertragung zu Chipkarten. Die absolute Zeitdauer für ein etu ist nicht fix festgelegt, sondern in Abhängigkeit vom an die Chipkarte angelegten Takt und des Clock Rate Conversion Factors definiert.
Falltür (*trap door*)	Vorsätzlich angelegter Mechanismus in einer Software oder in einem Algorithmus, mit dem Sicherheitsfunktionen oder Schutzmechanismen umgangen werden können.
fault tree analysis	Als Fault Tree Analysis wird beim Testen die Methode bezeichnet, bei der zur Fehlersuche jeder mögliche Programmablauf im Programmcode durchlaufen wird.
Fehlbedienungszähler	Zähler, der Schlechtfälle erfaßt und von dem es abhängt, ob ein bestimmtes Geheimnis (PIN oder Schlüssel) weiterhin benutzt werden kann. Erreicht der Fehlbedienungszähler den Maximalwert, so ist das Geheimnis gesperrt und kann nicht mehr verwendet werden. Der Fehlbedienungszähler wird üblicherweise auf null zurückgesetzt, wenn die Aktion erfolgreich verlaufen ist (d.h. im Gutfall).

FID	Der FID (*file identifier*) ist ein zwei Byte großes Merkmal für eine Datei. Sowohl MF als auch DF und EF besitzen einen FID. Der FID des MFs ist immer '3F00'. Siehe auch Abschnitt 5.6 Dateien in der Chipkarte.
FIPS	Der Begriff Federal Information Processing Standard bezeichnet die von NIST herausgegebenen US-amerikanischen Normen.
Floorlimit	Das Floorlimit gibt an, ob eine Zahlung von einer dritten Instanz autorisiert werden muß. Unterhalb dieser Grenze ist eine Autorisicrung nicht notwendig, und oberhalb dieser Grenze muß eine Autorisierung vorgenommen werden, da sonst die Zahlung nicht möglich oder garantiert ist.
flüchtiger Speicher (*volatile memory*)	Eine Speicherart (z.B. RAM), die ihren Inhalt nur bei dauernder Stromzufuhr behält.
Garbage Collection	Die Garbage Collection sammelt den von einer Anwendung nicht mehr benutzten Speicher und stellt ihn wieder als Freispeicher zur Verfügung. Die Garbage Collection wurde früher als Interrupt zum normalen Programmablauf realisiert. In modernen Computersystemen ist die Garbage Collection ein Thread niedriger Priorität, welcher ständig den Speicher auf nicht mehr benötigte Bereiche durchsucht und ihn dann wieder freigibt.
geschlossene Anwendung	Anwendung auf einer Chipkarte, die nur dem Anwendungsbetreiber zur Verfügung steht und nicht allgemein verwendet werden kann.
geschlossene Börse	Realisation einer geschlossenen Anwendung für eine elektronische Geldbörse. Sie kann nur in dem vom Anwendungsbetreiber freigegebenen Rahmen und nicht für allgemeine Zahlungstransaktionen verwendet werden.
Greybox Test	Der Greybox Test ist eine Mischform zwischen Whitebox Test und Blackbox Test. Die testende Instanz kennt dabei teilweise die internen Abläufe, Funktionen und Mechanismen der zu prüfenden Software.
GSM	Das Global System for Mobile Communications ist eine Spezifikation für ein länderübergreifendes, bodengebundenes Mobiltelefonsystem. Ursprünglich für wenige Länder in Zentraleuropa gedacht, hat es sich zu einem Weltstandard für Mobiltelefone entwickelt. Der designierte Nachfolger von GSM wird das UMTS (*Universal Telecommunication System*) sein.
Gutfall	Der Fall bei einer logischen Entscheidung, der zum günstigeren oder beabsichtigten Ergebnis führt.

Hardmaske (*hard mask*)	Der Begriff Hardmaske bedeutet, daß sich der gesamte Programmcode weitgehend im ROM befindet. Dies spart gegenüber einer Softmaske Platz, da ROM-Zellen wesentlich kleiner als EEPROM-Zellen sind. Es hat aber den Nachteil, daß eine echte Belichtungsmaske für die Halbleiterproduktion erstellt werden muß. Die Durchlaufzeit steigt aus diesem Grund erheblich gegenüber einer Softmaske. Hardmasken werden üblicherweise für große Stückzahlen bei weitgehend einheitlicher Funktionalität der Chipkarten verwendet. Das Gegenteil einer Hardmaske ist die Softmaske, bei der wesentliche Funktionen im EEPROM sind.
Hash-Funktion	Eine Hash-Funktion ist ein Verfahren zur Komprimierung von Daten mittels einer Einwegfunktion, so daß die ursprünglichen Daten nicht rückrechenbar sind. Die Hash-Funktion liefert für einen Eingabewert beliebiger Länge einen Ausgabewert fester Länge und ist so beschaffen, daß eine Änderung der Eingangsdaten mit sehr hoher Wahrscheinlichkeit Auswirkungen auf den berechneten Hash-Wert (d.h. den Ausgabewert) hat. Ein typischer Vertreter der Hash-Algorithmen ist der SHA-1. Das Ergebnis einer Hash-Funktion ist der Hash-Wert, der oft auch als digitaler Fingerabdruck bezeichnet wird.
Hintergrundsystem	Alle Computersysteme, die die Verarbeitung und Verwaltung von Daten ab der Hierarchie der Terminals übernehmen.
Hochprägung	Teil der physikalischen Personalisierung, bei der Zeichen in einen Kartenkörper aus Kunststoff in einer solchen Weise geprägt werden, daß sie erhaben sind. Die Hochprägung wird in der Fachsprache auch Embossing genannt.
Hologramm	Eine fotografische Aufnahme bei der Holographie wird als Hologramm bezeichnet. Sie ist ein dreidimensionales Bild des fotografierten Objekts. Je nach Betrachtungswinkel des Beobachters wird das Objekt auf dem Hologramm auch unter verschiedenen Winkeln gesehen. Die bei Karten üblicherweise verwendeten Hologramme sind Prägehologramme, bei denen auch bei alltäglichen Lichtverhältnissen ein halbwegs passables dreidimensionales Bild sichtbar ist.
Hot List	Liste in einer Datenbank, auf der alle Chipkarten vermerkt sind, die wahrscheinlich manipuliert sind und keinesfalls akzeptiert werden dürfen.
Hybridkarte	Hybridkarte ist die Bezeichnung für eine Karte mit zwei unterschiedlichen Kartentechnologien. Typische Beispiele sind eine Karte mit Magnetstreifen und zusätzlichem Chip oder eine Chipkarte mit optischem Speicher an der Kartenoberfläche.
ID-1 Karte	Das Standardformat für Chipkarten (Breite: $\approx$ 85,6 mm, Höhe: $\approx$ 54 mm, Dicke: $\approx$ 0,76 mm).
Identifizierung	Vorgang des Nachweises der Echtheit eines Gerätes oder einer Person durch Vergleich eines übergebenen Paßwortes mit einem gespeicherten Referenzpaßwort.

IEC	Die International Electrotechnical Commission [IEC] wurde 1906 gegründet und hat ihren Sitz in Genf, Schweiz. Die Aufgabe der IEC ist die weltweite Normung im Bereich der Elektrotechnik.
Initialisierer	Die Instanz, die die Initialisierung durchführt.
Initialisierung	Laden der festen und personenunabhängigen Daten einer Anwendung in das EEPROM. Ein Synonym ist die Vorpersonalisierung.
Inlettfolie	Eine Inlettfolie ist die Folie, die sich nach dem Zusammenlaminieren aller Folien im Innern des Kartenkörpers befindet, deshalb heißt sie manchmal auch Kernfolie. In der Regel wird die Inlettfolie zwischen zwei Deckfolien einlaminiert und bildet so mit den beiden äußeren Folien die Karte. Die Inlettfolie ist oft Träger von Sicherheitsmerkmalen oder elektrischen Bauteilen, wie beispielsweise der Spule für kontaktlose Chipkarten.
Intelligente Speicherkarte	Speicherkarte mit erweiterter Logikschaltung für zusätzliche Sicherheitsfunktionen, die den Speicherzugriff überwachen.
Interpreter	Ein Interpreter ist ein Programm, das eine Programmiersprache wie BASIC oder Java zur Laufzeit in von einem Prozessor ausführbare Maschinensprache übersetzt und auch sofort ausführt. Aufgrund des zur Laufzeit stattfindenden Übersetzungsvorgangs sind interpretierte Programme immer langsamer als compilierter Programmcode. Interpreter lassen jedoch wesentlich hardwareunabhängigere Programme als Compiler zu.
ISO	Die International Standardisation Organisation [ISO] wurde 1947 gegründet und hat ihren Sitz in Genf, Schweiz. Die Aufgabe von ISO ist, die weltweite Normung zu unterstützen, um einen ungehinderten Austausch von Gütern und Dienstleistungen zu ermöglichen. Die erste ISO-Norm wurde 1951 veröffentlicht und beschäftigte sich mit Temperaturen bei Längenmessungen.
ITSEC	Die Information Technique System Evaluation Criteria wurden 1991 veröffentlicht und sind ein Kriterienkatalog zur Beurteilung und Zertifizierung der Sicherheit von informationstechnischen Systemen im europäischen Bereich. Die Weiterentwicklung der ITSEC und Vereinheitlichung mit diversen nationalen Kriterienkatalogen sind die Common Criteria.
ITU	Die International Telecommunications Union ist eine internationale Organisation für Koordinierung, Normung und Entwicklung von globalen Telekommunikationsdiensten mit Sitz in Genf. Die Vorgängerorganisation war die CCITT [ITU].

Java	Eine von der Firma Sun entwickelte hardwareunabhängige und objektorientierte Programmiersprache, die im Bereich des Internets stark verbreitet ist. Java Source Code wird mit einem Compiler in einen standardisierten Bytecode übersetzt, der dann üblicherweise mit einer sogenannten virtuellen Maschine auf der jeweiligen Zielhardware (Intel, Motorola, ...) und Betriebssystemplattform (Windows, MacOS, Unix, ...) interpretiert wird. Es gibt bereits erste Prozessoren (Pico Java), die den Bytecode von Java direkt ausführen können.
Kaltreset	siehe Reset
Kartenakzeptant	Eine Instanz, bei der Karten für eine bestimmte Form von Interaktion (z.B.: Bezahlung) verwendet werden können. Das typische Beispiel ist ein Händler, der Kreditkarten zur Bezahlung akzeptiert.
Kartenbenutzer	Der Kartenbenutzer ist die Person, die eine Karte benutzt. Sie ist deshalb der Kartenbesitzer, aber nicht unbedingt der Karteneigentümer.
Kartenbesitzer	Der Kartenbesitzer ist die Person, die die tatsächliche Verfügungsgewalt über eine Karte hat. Der Kartenbesitzer muß nicht zwangsläufig der Karteneigentümer sein.
Karteneigentümer	Der Karteneigentümer ist die natürliche oder juristische Person, die die rechtliche Herrschaft über die Karte hat und mit dieser nach Belieben verfahren kann. Bei Kredit- und Debitkarten sind sehr oft die kartenherausgebenden Banken die Eigentümer der Karten, die kartenbenutzenden Kunden sind dann lediglich die Kartenbesitzer.
Kartenherausgeber, Kartene-mittent (*card issuer*)	Diejenige Instanz, die für die Ausgabe von Karten verantwortlich ist. Bei Monoapplikationskarten ist der Kartenherausgeber zugleich Anwendungsanbieter, muß es aber nicht zwangsläufig sein.
Kartenhersteller	Eine Instanz, die Kartenkörper herstellt und in sie Module einbettet.
Karteninhaber	Besitzer einer Karte, meistens auch der Benutzer.
Kartenkörper	Kunststoffkarte, die als Halbfertigprodukt in nachfolgenden Produktionsschritten weiterverarbeitet wird und u.U. weitere Funktionselemente enthält (z.B. implantierter Chip).
Kartenleser	Ein mechanisch und elektrisch einfach aufgebautes Gerät, das zur Aufnahme und galvanischen Kontaktierung einer Chipkarte dient. Im Gegensatz zu Terminals haben Kartenleser kein Display und keine Tastatur. Unabhängig vom Term „Kartenleser" können Kartenleser in der Regel auch zum Schreiben von Daten in Karten verwendet werden.
Kavität	Als Kavität wird die üblicherweise gefräste Aussparung im Kartenkörper für das zu implantierende Modul bezeichnet.
Kernfolie	siehe Inlettfolie

Kinegramm	Ein Kinegramm zeigt unter verschiedenen Blickwinkeln unterschiedliche Darstellungen. Das Kinegramm kann einen scheinbaren und ruckartigen Bewegungsablauf zeigen, oder es zeigt unterschiedliche Motive in Abhängigkeit vom Betrachtungswinkel. Kinegramme sind ähnlich, aber nicht identisch den Hologrammen, die ein 3-dimensionales Bild zeigen.
klonen	Angriff auf ein Chipkartensystem durch vollständiges Kopieren von ROM und EEPROM eines Mikrocontrollers.
Kommando-APDU (*command-APDU*)	Eine Kommando-APDU ist ein Kommando vom Terminal an die Chipkarte und besteht aus dem Kommando-Header und optional aus dem Kommando-Body. Der Kommando-Header setzt sich wiederum aus Class- , Instruction-, P1- und P2-Byte zusammen. Eine detaillierte Darstellung findet sich im Abschnitt 6.5.1 Struktur der Kommando-APDUs.
komplettieren	Vervollständigen des Betriebssystems durch Laden der EEPROM-Teile. Dies ermöglicht nachträgliche Änderungen und Anpassungen ohne daß eine neue ROM-Maske erstellt werden muß. Beim Komplettieren werden in jede Chipkarte identische Daten geschrieben, es ist also dem Prinzip nach eine Art Initialisierung.
kontaktlose Karte	Karte, bei der die Energie- und Datenübertragung berührungslos durch elektromagnetische Felder erfolgt.
Kreditkarte	Eine Karte mit oder ohne Chip, die einen Verfügungsrahmen aufweist, bei der aber die Bezahlung zeitlich nach Erhalt des Gutes oder der Dienstleistung stattfindet. Schlagwort dazu: „buy now – pay later". Das typische Beispiel sind hochgeprägte Kreditkarten.
kryptografischer Algorithmus	Ein kryptografischer Algorithmus ist eine Rechenvorschrift mit mindestens einem geheimen Parameter (dem Schlüssel), um Daten zu ver- oder entschlüsseln. Es gibt symmetrische Kryptoalgorithmen (z.B.: DES-Algorithmus), die zur Ver- und Entschlüsselung den gleichen Schlüssel benutzen und asymmetrische Kryptoalgorithmen (z.B.: RSA-Algorithmus), die zur Verschlüsselung einen öffentlichen Schlüssel und zur Entschlüsselung einen geheimen Schlüssel verwenden.
Ladebeauftragter (*load agent*)	Der Ladebeauftragte ist diejenige Instanz, welche das Laden von elektronischen Geldeinheiten auf eine elektronische Geldbörse vornimmt. Er ist sozusagen das Gegenstück zum Leistungsanbieter, der die elektronische Geldbörse gegen Bezahlung wieder aufladen kann.
Laminieren	Das Verkleben von dünnen Materialschichten unter Druck und Hitze bezeichnet man als Laminierung.
Lasergravur	Verfahren zur Schwärzung von speziellen Kunststoffschichten durch Verbrennen mit einem Laser. Der Vorgang der Lasergravur wird umgangssprachlich oft auch „lasern" genannt.

Leistungsanbieter (*service provider*)	Der Leistungsanbieter ist in einem Chipkartensystem derjenige, der Leistungen anbietet, die ein Benutzer in Anspruch nimmt und bezahlt. Beim Beispiel eines Zahlungsverkehrssystems mit elektronischen Geldbörsen ist er derjenige, der vom Börseninhaber für seine Ware oder Dienstleistung Geld von einer elektronischen Geldbörse erhält.
Linker	Ein Linker hat die Aufgabe, die symbolischen Speicheradressen eines compilierten oder assemblierten Programmcodes in absolute oder relative Speicheradressen umzusetzen.
little Endian	siehe Endianness
MAC	Der MAC (*message authentication code* – Datensicherungscode) ist eine kryptografische Prüfsumme über Daten, mit der Manipulationen dieser Daten während der Übertragung erkannt werden können. Werden Daten während ihrer Ablage in einem Speicher mit einem MAC geschützt, so spricht man von einer CCS (*cryptographic checksum*).
Magnetkarte	Eine oft verwendete und sachlich nicht korrekte Kurzform des Begriffs Magnetstreifenkarte (siehe Magnetstreifenkarte).
Magnetstreifenkarte	Karte mit einem Magnetstreifen, auf dem Daten geschrieben und wieder gelesen werden können. Der Magnetstreifen enthält meist drei Datenspuren mit unterschiedlicher Datenaufzeichnungsdichte. Spur 1 und 2 werden nach der Ausgabe an den Kartenbenutzer nur mehr gelesen, und Spur 3 darf auch im Feld noch geschrieben werden. Die magnetische Eigenschaft des magnetisierbaren Materials kann entweder hoch- oder niederkoerzitiv sein.
MF	Das Master File im Dateisystem einer Chipkarte ist ein besonderes DF. Es ist das Wurzelverzeichnis des Dateibaums und wird automatisch nach einem Reset der Chipkarte selektiert.
Mikroprozessorkarte	Eine Mikroprozessorkarte ist eine Karte mit Chip, welcher einen Mikrocontroller mit CPU, flüchtigem (RAM) und nichtflüchtigem (ROM, EEPROM, ...) Speicher besitzt. Mikroprozessorkarten können noch einen numerischen Coprozessor (NPU) haben, um Public-Key-Kryptoalgorithmen schnell ausführen zu können. Diese Art von Karten werden manchmal auch Kryptokarten oder Kryptocontrollerkarten genannt.
Modul	Der Träger und die Halterung für ein Die mit darauf angeordneten Kontaktelementen wird als Modul bezeichnet.
Modulhersteller	Eine Instanz, die Dice in Module einbaut und eine elektrische Verbindung durch Bonden mit den Kontaktelementen herstellt.
Monoapplication-Chipkarte	Der Begriff Monoapplication-Chipkarte sagt aus, daß sich auf einer Chipkarte nur eine Anwendung befindet.

monofunktionale Chipkarte	Monofunktionale Chipkarten sind Prozessorchipkarten, deren Betriebssystem nur eine einzige Anwendung unterstützt und unter Umständen sogar auf diese Anwendung hin optimiert wurde. Verwaltungsfunktionen für Anwendungen (z.B.: Generieren und Löschen von Dateien) werden von monofunktionalen Chipkarten entweder überhaupt nicht, oder nur in sehr eingeschränkter Form unterstützt.
MoU	Das Memorandum of Understanding ist die gemeinsame rechtliche Grundlage aller GSM-Netzbetreiber.
Multiapplication-Chipkarte	Der Begriff Multiapplication-Chipkarte sagt, aus, daß sich auf einer Prozessorchipkarte mehrere Anwendungen befinden, z.B. eine Bankkarte mit Telefonfunktion.
multifunktionale Chipkarte	Unter dem Begriff der „multifunktionalen Chipkarte" versteht man üblicherweise Prozessorchipkarten, die mehrere Anwendungen unterstützen und die entsprechende Verwaltungsfunktionen für die Anlage und das Löschen von Anwendungen und Dateien haben. Die Bezeichnung „multifunktional" wird allerdings in so inflationärer Form benutzt, das heute beinahe kein Chipkarten-Betriebssystem mehr existiert, daß nicht mit „Multifunktionalität" aufwarten kann. Spötter meinen manchmal, daß jede Karte grundsätzlich immer mehrere Funktionen hat. Als Eiskratzer für vereiste Autoscheiben läßt sie sich zumindest allemal verwenden.
Multitasking	Computersysteme, die Multitasking unterstützen, ermöglichen es, mehrere Programme quasi gleichzeitig auszuführen. Die parallel ausgeführten Programme befinden sich üblicherweise in einem von den anderen Programmen abgegrenzten und geschützten Adreßraum und können nur über spezielle Mechanismen Daten miteinander austauschen. Multitasking ist nicht dem Multithreading gleichzusetzen, da dort ein einzelnes Programm quasi gleichzeitig mehrere Aufgaben ausführt. Ein Computersystem kann sowohl Multitasking als auch Multithreading unterstützen.
Multithreading	Computersysteme, die Multithreading unterstützen, ermöglichen es einem Programm, quasi gleichzeitig mehrere Aufgaben auszuführen. Die einzelnen Threads eines Programms benutzen dabei üblicherweise einen gemeinsamen Adreßraum. Multithreading ist nicht dem Multitasking gleichzusetzen, da sich dort mehrere individuelle Programme in separierten Adreßräumen parallel in der Ausführung befinden. Ein Computersystem kann sowohl Multithreading als auch Multitasking unterstützen.
Nativcode (*native code*)	Unter Nativcode versteht man ein Programm in dem spezifischen Maschinencode für den Prozessor, auf dem er ausgeführt wird.
NBS	National Bureau of Standards war die frühere (vor 1988) Bezeichnung des NIST.

NCSC	Das US amerikanische National Computer Security Center ist eine Unterorganisation des NSA, zuständig für die Prüfung von Sicherheitsprodukten und Herausgeber von Kriterien für sichere Computersysteme, u.a. der TCSEC.
negative file	siehe Black List
Nibble	Die vier höherwertigen oder niederwertigen Bits eines Bytes.
Nichtabstreitbarkeit (*non-repudiation*)	Unter Nichtabstreitbarkeit einer Nachricht versteht man kryptografische Verfahren, die sicherstellen, daß der Empfänger den Erhalt einer Nachricht nicht leugnen kann. Der Sender der Nachricht kann damit beweisen, daß sie der Empfänger bekommen hat. Nichtabstreitbarkeit ist also das Analogon zum „Einschreiben mit Rückanwort" bei der konventionellen Briefpost.
nichtflüchtige Speicher (*non-volatile memory*)	Eine Speicherart (z.B. ROM, EPROM, EEPROM), die ihren Inhalt auch ohne Stromzufuhr behält.
NIST	Das US-amerikanische National Institute of Standards and Technology ist eine Abteilung des amerikanischen Wirtschaftsministeriums und zuständig für die US-nationale Normung von Informationstechnik. Bis 1988 trug es die Bezeichnung NBS. Das NIST ist der Herausgeber der FIPS-Normen.
Norm	Eine Norm ist ein Dokument, das technische Beschreibungen und/oder genaue Kriterien enthält, die als Regeln und/oder Definition von Eigenschaften verwendet werden, um dadurch sicherzustellen, daß Materialien, Produkte, Prozesse oder Leistungen für ihren Zweck verwendet werden können. In diesem Buch wird der Ausdruck „Norm" durchgehend im Zusammenhang mit einen nationalen oder internationalen Normungsgremium (z.B.: ISO, CEN, ANSI, ETSI) benutzt. Eine Norm ist nicht mit einem Standard gleichzusetzen (siehe auch: Standard).
NSA	Die US-amerikanische National Security Agency ist die offizielle Institution für Kommunikationssicherheit der amerikanischen Regierung. Sie ist direkt dem Verteidigungsministerium untergeordnet und hat u.a. die Aufgabe, ausländische Kommunikation abzuhören und zu dekodieren. Die Entwicklung neuer Kryptoalgorithmen und Beschränkung des Einsatzes von bestehenden fällt ebenfalls in das Aufgabengebiet dieser Behörde.
Nutzdaten	Diejenigen Daten, die direkt für eine Anwendung notwendig sind.
Nutzen	Ein Nutzen ist beim Druck die Zusammenfassung von kleinen zu bedruckenden Teilen (z.B.: eine Karte) auf einem großen Bogen, der nach dem Bedrucken in einzelne Teile getrennt wird. Dadurch kann der Druckvorgang fertigungstechnisch optimiert werden, da die großen Bögen in einem Arbeitsschritt gefertigt werden können, anstatt in vielen einzelnen. Ein typischer Nutzen beim Druck von Karten besteht beispielsweise aus 42 Karten auf einer großen Kunststoffolie.

offene Anwendung	Anwendung auf einer Chipkarte, die unterschiedlichen Leistungs-anbietern (z.B.: Händlern, Dienstleistern) ohne notwendige Rechtsbeziehung untereinander zur Verfügung steht.
offene Börse	Realisation einer offenen Anwendung für eine elektronische Geldbörse. Mit ihr können allgemeine Zahlungstransaktionen für unterschiedliche Leistungsanbieter getätigt werden.
Optische Speicherkarte	Karte, bei der Informationen in einer reflektierenden Schicht auf der Kartenoberfläche eingebrannt sind (analog einer CD).
Padding	Unter Padding versteht man die Erweiterung eines Datenstrings mit Fülldaten mit dem Zweck, diesen Datenstring auf eine bestimmte Länge zu bringen. Meist muß die neue Länge des Datenstrings ein vielfaches einer bestimmten Blocklänge (z.B.: 8 Byte) sein, um dann den Datenstring beispielsweise durch einen Kryptoalgorithmus weiterverarbeiten zu können.
Passivierung	Schutzschicht auf einem Halbleiter, um ihn vor Oxidation und anderen chemischen Vorgängen zu schützen. Vor einer Manipulation des Halbleiters muß sie entfernt werden.
Patch	Ein Patch ist in der Softwareentwicklung ein kurzes Programm, oft direkt in Maschinencode geschrieben, das die Funktionalität eines vorgegebenen Programms ergänzt oder abändert. Patches werden in der Regel zur schnellen und unkomplizierten Korrektur eines Programmfehlers benutzt.
Patent	Ein Patent ist ein Dokument, das einem Erfinder das Recht zur alleinigen Verwertung der Erfindung für einen beschränkten Zeitraum und für ein oder mehrere bestimmte Länder einräumt. Die maximale Laufzeit eines Patents beträgt üblicherweise 20 Jahre.
Pay before	Der Ausdruck „Pay before" bezieht sich auf den Geldfluß bei Karten im Zahlungsverkehr. Vor dem Erhalt der gewünschten Ware oder Dienstleistung fließt das „echte" Geld des Karteninhabers. Typische Vertreter von Pay before sind die elektronischen Geldbörsen, die vor dem Einkauf mit elektronischem Geld geladen werden müssen.
Pay later	Der Ausdruck „Pay later" bezieht sich auf den Geldfluß bei Karten im Zahlungsverkehr. Erst nach dem Erhalt der gewünschten Ware oder Dienstleistung fließt das „echte" Geld des Karteninhabers. Typische Vertreter von Pay before sind die Kreditkarten, bei denen zum Teil erst Wochen nach dem Kauf das Geld vom Konto des bezahlenden auf das Konto des Händlers transferiert wird.
Pay now	Der Ausdruck „Pay now" bezieht sich auf den Geldfluß bei Karten im Zahlungsverkehr. Beim Erhalt der gewünschten Ware oder Dienstleistung fließt das „echte" Geld des Karteninhabers. Typische Vertreter dafür sind alle Debitkarten, wie beispielsweise die ec-Karte, die es ermöglicht, unmittelbar beim Kauf Geld vom Konto des Bezahlenden auf das Konto des Händlers zu transferieren.

Personalisierer	Die Instanz, die die Personalisierung durchführt.
Personalisierung	Vorgang der Zuordnung einer Karte zu einer Person. Dies kann einerseits durch die physikalische Personalisierung (z.B. Hochprägung, Lasergravur) oder auch durch die elektrische Personalisierung (d.h. Laden der personenbezogenen Daten in den Speicher der Chipkarte) geschehen.
PIN-Pad	Ein PIN-Pad ist im ursprünglichem Sinne die mechanisch und kryptografisch besonders geschützte Eingabetastatur bei Terminals. Im allgemeinen Sprachgebrauch wird aber oft auch das ganze Terminal als PIN-Pad bezeichnet.
PKCS #1 ... 11	Die Public Key Cryptografy Standards sind von der Firma RSA Inc. veröffentlichte Regelwerke für die Anwendung von asymmetrischen Kryptoalgorithmen, wie z.B. RSA.
Plug-In	Chipkarte in sehr kleinem Format, die vor allem im GSM-Bereich Verwendung findet (Breite: ≈ 25 mm, Höhe: ≈ 15 mm, Dicke: $\approx 0,76$ mm).
polling	Laufendes programmgesteuertes Abfragen eines Eingabekanals zur Detektion einer eingehenden Nachricht. Polling benötigt je nach Wiederholrate der stattfindenden Abfragen unter Umständen große Rechenleistung. Üblicherweise wird eine von der Rechnerhardware unterstützte Abfrage mittels Interrupt bevorzugt.
Prozessor	Die wichtigste Funktionseinheit auf einem Mikrocontroller. Sie führt die im Programm festgelegten Maschinenbefehle und Speicherzugriffe aus. Der Begriff CPU (*central processing unit*) wird oft als Synonym zu Prozessor gebraucht.
Prozessorkarte	Der Ausdruck Prozessorkarte ist die Kurzform von Mikroprozessorkarte (siehe Mikroprozessorkarte).
Purse-to-Purse-Transaktion	Transaktion von elektronischen Geldeinheiten von einer elektronischen Geldbörse direkt zu einer anderen, ohne den Umweg über ein drittes, übergeordnetes System. Im Regelfall bedeutet diese Funktionalität, daß das Börsensystem anonym arbeiten muß und die elektronischen Geldbörsen für diese Funktion einen gemeinsamen Schlüssel (Hauptschlüssel) benützen müssen.
RAM (*random access memory*)	Eine flüchtige Speicherart, die in Chipkarten als Arbeitsspeicher Verwendung findet Das RAM verliert seinen Inhalt bei Stromausfall. SRAM und DRAM sind RAM-Speicher mit besonderen technischen Eigenschaften.
rauschfreiheit	Eigenschaft eines kryptografischen Algorithmus. Dieser benötigt bei Rauschfreiheit unabhängig von Schlüssel, Klar- und Schlüsseltext für die Ver- und Entschlüsselung immer die gleiche Zeit. Ist ein kryptografischer Algorithmus nicht rauschfrei, so kann durch eine Analyse der Berechnungszeit der Schlüsselraum sehr stark eingeschränkt werden. Dadurch kann der Schlüssel wesentlich schneller als bei einer erschöpfenden Schlüsselsuche gefunden werden.

Record	Ein Record (Datensatz) ist eine bestimmte Anzahl von Daten ähnlich einem String.
Red List	siehe Hot List
Reset	Ein Reset bedeutet das Zurücksetzen eines Computers (in diesem Zusammenhang: einer Chipkarte) auf einen klar definierten Ausgangszustand. Man spricht von einem Kaltreset oder Power-On-Reset, wenn zur Ausführung des Resets die Versorgungsspannung ab- und wieder angeschalten wird. Ein Warmreset wird durch ein Signal auf der Resetleitung zur Chipkarte ausgeführt, die Versorgungsspannung bleibt davon unberührt.
ROM (*read only memory*)	Eine nichtflüchtige Speicherart, die in Chipkarten Verwendung findet. Sie dient vornehmlich zur Speicherung von Programmen und statischen Daten, da sich der Inhalt eines ROM nicht verändern läßt.
ROM-Maske	Halbleitertechnische Belichtungsmaske für die Herstellung des ROM bei der Halbleiterfertigung. Der Ausdruck wird aber ebenfalls für den Dateninhalt des ROMs bei Chipkarten-Mikrocontrollern verwendet.
Sammelbeauftragter	siehe Acquirer
Sandbox	siehe Virtual Machine
Schlechtfall	Der Fall bei einer logischen Entscheidung, der zum ungünstigeren oder ungewollten Ergebnis führt.
Schlüsselmanagement (*key management*)	Unter Schlüsselmanagement versteht man alle Verwaltungsfunktionen für die Erzeugung, Verteilung, Speicherung, Aktualisierung, Vernichtung und Adressierung von kryptografischen Schlüsseln.
Scrambling	Vermischte Anordnung der Busse (Adreß-, Daten- und Steuerbus) auf dem Chip eines Mikrocontrollers, so daß eine Zuordnung nach Funktionen ohne Hintergrundinformationen nicht mehr möglich ist. Statisches Scrambling bedeutet, daß die Busse einer Serie von Mikrocontrollern identisch gescrambelt sind. Beim dynamischen Scrambling sind die Busse chipindividuell gescrambelt.
Secure Messaging	Datenübertragung auf einer Schnittstelle, die gegen Manipulationen (Sicherung mit MAC, d.h. Authentic-Mode) oder Abhören (Verschlüsselung, d.h. Combined-Mode) gesichert ist.
Seitenorientierung	Zusammenfassung von mehreren Bytes in einem Speicher zu sogenannten Seiten, die nur als Ganzes geschrieben oder gelöscht werden können. Eine Seitenorientierung ist bei Chipkarten-Mikrocontrollern nur für das EEPROM vorhanden. Die übliche Größe einer Speicherseite beträgt zur Zeit 4 Byte bzw. 32 Byte. Allerdings gibt es mittlerweile auch Mikrocontroller, die keine fixe Seitenorientierung mehr haben, sondern eine Variable in einem bestimmten Bereich, z.B. 1 Byte bis 32 Byte.

SET

Der Secure Electronic Transaction Standard ist ein Zahlungsverkehrsprotokoll zur Abwicklung von sicheren Kreditkartenzahlungen im Internet. Es wurde von Visa und Mastercard definiert. SET verlangt beim Bezahler nicht zwangsläufig eine Chipkarte, sondern kann dort vollständig in Software auf dem PC realisiert sein. Eine Erweiterung von SET namens C-SET (Chip-SET) ist bislang nur in Frankreich von Relevanz und (noch) nicht international standardisiert.

Short-FID

Der Short-FID ist ein 5 Bit langes Kennzeichen für EFs und hat den Wertebereich 1 bis 31. Er wird zur impliziten Selektion eines EFs innerhalb eines Schreib- oder Lesekommandos (z.B.: READ BINARY) an die Chipkarte benutzt.

Shutter

Mechanische Vorrichtung in Terminals, die gegebenenfalls alle von der Chipkarte aus dem Terminal führenden Drähte abschneidet. Damit soll eine Manipulation der Kommunikation verhindert werden. Falls ein Abscheiden nicht möglich ist, wird die gesteckte Chipkarte elektrisch nicht aktiviert.

Sicherheitsmodul

Ein sowohl mechanisch als auch informationstechnisch abgesichertes Bauteil, das zur Aufbewahrung von geheimen Daten dient (*secure application module – SAM, hardware security module – HSM*).

Signaturgesetz (SigG)

Der Artikel 3 des deutschen „Gesetz zur Regelung der Rahmenbedingungen für Informations- und Kommunikationsdienste (Informations- und Kommunikationsdienste-Gesetz – IuKDG)" vom 13. Juni 1997 wird als Signaturgesetz bezeichnet. Darin sind die Rahmenbedingungen für den Einsatz von digitalen Signaturen für den Einsatz in Deutschland vorgegeben.

Signaturverordnung (SigV)

In der deutschen Signaturverordung vom 8. Oktober 1997 werden die Rahmenbedingungen, die vom Signaturgesetz vorgegeben sind, so weit konkretisiert, daß darauf aufbauend konkrete Maßnahmenkataloge als Vorschläge zur praktischen Anwendung von digitalen Signaturen erstellt werden können. Die Signaturverordnung beschreibt beispielsweise die notwendigen Verfahren für die Erzeugung von Signaturschlüsseln und Identifikationsdaten sowie notwendige Sicherheitskonzepte und die notwendigen Prüfstufen nach ITSEC für die Signaturkomponenten.

SIM

Das Subscriber Identity Module ist eine andere Bezeichnung für die GSM-spezifische Chipkarte. Sie kann die übliche Kreditkartengröße ID-1 haben oder auch als kleine Plug-In-Karte in ID-000 ausgeführt sein. Das SIM ist der Träger der geheimen Authentisierungsinformationen für den Netzbetreiber und enthält zusätzlich noch benutzerspezifische Daten, wie beispielsweise Telefonnummern, für das Mobiltelefon (siehe auch Abschnitt 13.5 Global System for Mobile Communications – GSM). Der Nachfolger des SIM bei UMTS ist das USIM (siehe: USIM).

SIMEG	Die Subscriber Identity Module Expert Group war eine Experten-gruppe, die im Rahmen von ETSI die Spezifikation für die Schnittstelle zwischen Chipkarte und Mobiltelefon festgelegt hat (GSM 11.11). Der Name SIMEG wurde 1994 durch SMG9 ersetzt.
Sitzung	Diejenige Zeitspanne zwischen An- und Abschaltsequenz einer Chipkarte, in der sowohl der gesamte Datenaustausch als auch die dazu notwendigen informationstechnischen Mechanismen ablaufen.
Smart Card	Der Begriff „Smart Card" ist ein anderer Ausdruck für Mikropro-zessorkarte. Er steht für eine Chipkarte, die „smart", also schlau ist, weshalb Speicherkarten nicht mehr unter diesem Überbegriff fallen.
Smartcard	Der Begriff Smartcard ist ein eingetragenes Warenzeichen der ka-nadischen Firma Groupmark [Groupmark].
SMG9	Die Special Mobile Group 9 ist eine Expertengruppe, die im Rah-men von ETSI die Spezifikation für die Schnittstelle zwischen Chipkarte und Mobiltelefon festlegt (GSM 11.11). Sie setzt sich aus Vertretern von Karten-, Mobiltelefonherstellern und Netzbe-treibern zusammen. Der frühere Name der SMG9 war SIMEG.
Softmaske (*softmask*)	Der Begriff Softmaske bedeutet, daß sich aufbauend auf einem Chipkarten-Betriebssystem im ROM ein Teil des Programmcodes im EEPROM befindet. Programme im EEPROM lassen sich durch Überschreiben leicht ändern, sind also „soft". Der Ausdruck „Maske" ist in diesem Zusammenhang eigentlich falsch, da man für ein Programm im EEPROM keine halbleitertechnische Be-lichtungsmaske erstellen muß. Softmasken werden üblicherweise für kleinere Stückzahlen (z.B.: Feldversuche) bei rapid prototy-ping verwendet. Das Gegenteil einer Softmaske ist die Hardmas-ke, bei der die wesentlichen Funktionen Teile des ROMs sind.
Speicherkarte	Eine Karte mit Chip, welcher eine einfache Logikschaltung mit zusätzlichem schreib- und lesbaren Speicher besitzt. Speicherkar-ten können zusätzlich noch Sicherheitsbaugruppen aufweisen, welche beispielsweise eine Authentisierung ermöglichen.
Sperrliste (*black list*)	Liste in einer Datenbank, auf der alle Chipkarten vermerkt sind, die in einer bestimmten Anwendung nicht mehr verwendet werden dürfen.
SRAM (*static random access memory*)	Ein RAM-Speicher in statischer Bauweise benötigt zum Erhalt des Speicherinhalts lediglich eine konstante Stromversorgung und keine zyklische Wiederauffrischung des Inhalts. Die Zugriffszeit auf SRAM-Speicher ist geringer als auf DRAM-Speicher, aller-dings benötigen SRAMs mehr Platz auf dem Chip und sind des-halb auch teurer.

Stack	Ein Stack ist eine Datenstruktur, in dem die zuletzt abgelegten Objekte als letzte wieder entfernt werden können (*last in first out – LIFO*). Der wohl bekannteste Stack ist der Programmstack, auf dem beim Aufruf von Unterprogrammen die Rücksprungadressen abgelegt werden.
Standard	Als Standard werden in diesem Buch alle normungsähnlichen Dokumente bezeichnet, die beispielsweise von Firmen oder im industriellen Umfeld publiziert werden und nicht von einem nationalen oder internationalen Normungsgremium erstellt bzw. veröffentlicht worden sind (siehe auch: Norm). Verwirrenderweise werden in Deutschland die beiden Begriffe Norm und Standard oft gleichwertig verwendet, was in Wirklichkeit nicht korrekt ist.
Steganografie	Der Zweck der Steganografie ist es, Nachrichten in anderen Nachrichten so zu verbergen, daß sie von einem unbedarften Beobachter (Mensch oder Maschine) nicht mehr erkannt werden. Beispielsweise könnte ein Text codiert und in einer Bilddatei versteckt werden, so daß das betreffende Bild sich nur geringfügig ändert, und deshalb die Bildmodifikation praktisch nicht mehr wahrnehmbar ist.
Super Smart Card	Unter dem Begriff „Super Smart Card" versteht man eine Chipkarte mit integrierten aufwendigen Kartenelementen wie Display und Tastatur.
TCSEC	Die Information Technique System Evaluation Criteria wurden 1985 vom NCSC veröffentlicht und sind ein Kriterienkatalog zur Beurteilung und Zertifizierung der Sicherheit von informationstechnischen Systemen im US-amerikanischen Bereich. Der Nachfolger der nationalen TCSEC werden die international gültigen Common Criteria.
TDES	siehe Triple-DES
Teiler	In der Chipkartenwelt gebräuchliche Kurzform von clock rate conversion factor (CRCF). Der CRCF gibt die Dauer eines Bits bei der Datenübertragung in der Anzahl der Takte auf der Clock-Leitung an.
Terminal	Das Gegenstück zur Chipkarte ist das Terminal. Es ist ein Gerät, z.T. mit Tastatur und Display, das die elektrische Versorgung und den Datenaustausch mit der Chipkarte ermöglicht.
Testing	Beim Testing wird ein bereits debugtes Programm auf seine Funktionsfähigkeit geprüft. Das vorrangige Ziel ist nicht die Suche nach Fehlern im Programm, sondern die Prüfung der erwarteten Funktionen. Das Testing ist deshalb nicht identisch mit dem Debugging.
Thread	siehe Multithreading

TLV-Format	Ein Datenformat nach ASN.1, bei dem ein Datum (*value*) durch ein vorangestelltes Kennzeichen (*tag*) und die Länge (*length*) eindeutig beschrieben wird. Das TLV-Format läßt auch verschachtelte Datenobjekte zu.
TPDU	siehe APDU
Transaktionsnummer (TAN)	Eine TAN ist im Gegensatz zu einer PIN nur für eine einzige Transaktion gültig und kann deshalb nur einmal verwendet werden. Üblicherweise erhält man mehrere TANs (z.B.: in Form einer vierstelligen Zahl) ausgedruckt auf Papier, die dann exakt in der vorgegebenen Reihenfolge für die einzelnen Transaktionen bzw. Sitzungen benutzt werden müssen.
Transferkarte	Eine Chipkarte, die als Transportmedium zwischen zwei Instanzen genutzt wird. Dazu besitzt sie einen großen Datenspeicher und in der Regel Schlüssel für eine Authentisierung, ob die zu transferierenden Daten von der jeweiligen Stelle gelesen bzw. geschrieben werden dürfen.
Transportprotokoll	Ein anderer Ausdruck für Übertragungsprotokoll (siehe Übertragungsprotokoll).
Triple-DES	Der Triple-DES, auch TDES und 3 DES genannt, ist eine modifizierte DES-Verschlüsselung durch aufeinanderfolgenden dreifachen Aufruf des DES-Algorithmus mit abwechselnder Ver- und Entschlüsselung. Wird für die drei DES-Aufrufe der gleiche Schlüssel verwendet, dann entspricht die Triple-DES-Verschlüsselung einer normalen DES-Verschlüsselung. Werden hingegen zwei bzw. drei unterschiedliche Schlüssel verwendet, dann stärkt dies die DES-Verschlüsselung erheblich gegenüber einer einfachen DES-Verschlüsselung. Siehe auch Abschnitt 4.6.1 Symmetrische Kryptoalgorithmen.
trojanisches Pferd	Historisch gesehen, das Holzpferd, in dem es Odysseus gelang, sich Zutritt zur stark befestigten Stadt Troja zu erschleichen. In der modernen Fassung ein Programm, das vordergründig eine definierte Aufgabe erfüllt, aber zusätzliche und unbekannte Funktionen ausführen kann. Es wird bewußt in ein Computersystem oder Wirtsprogramm eingebracht und kann sich im Gegensatz zu Viren nicht vermehren.
Übertragungsprotokoll	Als Übertragungsprotokoll werden in der Chipkartenwelt die Mechanismen für das Senden und Empfangen von Daten zwischen Terminal und Chipkarte bezeichnet. Das Übertragungsprotokoll beschreibt im Detail die benutzten OSI-Protokollschichten, den Datenaustausch im Gutfall, Fehlererkennungsmechanismen und Reaktionsmechanismen bei Fehlern. Siehe auch Kapitel 6 Datenübertragung zur Chipkarte.
UIM (*user identity module*)	Veralteter Begriff für UIM (siehe USIM).

Unicode	Unicode ist eine Weiterentwicklung der bekannten ASCII-Codierung von Schriftzeichen. Im Gegensatz zum 7-Bit-ASCII-Code, verwendet Unicode 16 Bit für die Codierung. Dies ermöglicht es, die Schriftzeichen der verbreitetsten Sprachen dieser Welt zu unterstützen. Die ersten 256 Zeichen von Unicode sind mit ASCII nach ISO 8859-1 identisch. Die WWW-Seite des Unicode-Konsortiums ist [Unicode].
Upload	Übertragen von Daten von einem untergeordneten System (z.B. Terminal) an ein übergeordnetes System (Hintergrundsystem, Host). Das Gegenteil ist der „Download".
USIM (*universal subscriber identity module*)	Das Universal Subscriber Identity Module ist eine andere Bezeichnung für die UMTS-spezifische Chipkarte. Sie kann die übliche Kreditkartengröße ID-1 haben oder auch als kleine Plug-In-Karte in ID-000 ausgeführt sein. Das SIM ist der Träger der geheimen Authentisierungsinformationen für den Netzbetreiber und enthält zusätzlich noch benutzerspezifische Daten, wie beispielsweise Telefonnummern, für das Mobiltelefon.
Verwaltungsdaten	Daten, die nur zur Verwaltung von Nutzdaten dienen und für eine Anwendung keinerlei sonstige Bedeutung haben.
Virginalkarte	Karte, die noch nicht mit einem Chip versehen und noch nicht optisch oder elektrisch personalisiert ist. Eine Virginalkarte ist im wesentlichen ein bedruckter, uniformer Kartenkörper, wie er in der Massenproduktion von Karten hergestellt wird.
Virtual Machine (VM)	Eine Virtual Machine ist ein in Software simulierter Mikroprozessor mit u.U. eigenem Opcode für die Maschinenbefehle und einem (ebenfalls simuliertem) Adreßraum. Dadurch wird eine von den Hardwaregegebenheiten unabhängige Gestaltung von Software möglich. So kann beispielsweise der virtuelle Adreßraum einer VM um ein vielfaches größer sein als derjenige, welcher durch die Hardware zur Verfügung gestellt wird. Im Umfeld von Java wird für die geschlossene Umgebung der VM oft auch der Begriff „Sandbox" verwendet.
Visa Easy Entry (VEE)	Visa Easy Entry ist ein Verfahren für die unproblematische Migration von magnetstreifenbasierten Kreditkarten hin zu Kreditkarten mit Mikrocontrollerchip. Dazu werden der Name des Kartenbesitzers und alle Daten der Magnetstreifenspur in einem EF unter einem für Visa reservierten DF abgelegt. Bei einer Kreditkartenbezahlung liest das Terminal die für diese Transaktion notwendigen Daten statt vom Magnetstreifen aus dem Chip. Der Vorteil des Verfahrens ist, daß nur am POS das Terminal mit einer Chipkartenkontaktiereinheit umgerüstet werden muß und das gesamte Hintergrundsystem ohne Änderungen weiter betrieben werden kann.
Vorpersonalisierung	Vorpersonalisierung ist eine andere Bezeichnung für Initialisierung(siehe Initialisierung).
Warmreset	siehe Reset

White List	Liste in einer Datenbank, auf der alle Chipkarten vermerkt sind, die in einer bestimmten Anwendung verwendet werden dürfen.
Whitebox Test	Beim Whitebox Test, oft auch Glassbox Test genannt, geht man davon aus, daß die testende Instanz vollständige Kenntnis über alle internen Abläufe und Daten der zu prüfenden Software hat.
work around	Ein work around ist in der Softwareentwicklung die Umgehung eines bekannten Fehlers durch „Um-den-Fehler-herumprogrammieren". Der Fehler als solcher wird durch einen work around nicht beseitigt, sondern nur seine negativen Auswirkungen auf den Rest des Programms. Typischerweise werden work arounds im EEPROM von maskenprogrammierten Chipkarten-Betriebssystemen gemacht, da sich der Programmcode im ROM nachträglich nicht mehr verändern läßt.
WWW, W3	Das World Wide Web ist ein Teil des weltweiten Internets und vor allem durch die Möglichkeit der beliebigen Verknüpfung von Dokumenten durch Hyperlinks und die Integration von multimedialen Objekten in Dokumente bekannt.
X.509	Die X.509-Norm definiert Aufbau und Codierung von Zertifikaten. Sie ist die weltweit am häufigsten eingesetzte Norm für Zertifikatsstrukturen.
Zertifikat	Ein Zertifikat ist ein von einer vertrauenswürdigen Instanz digital signierter öffentlicher Schlüssel, damit dieser als authentisch anerkannt werden kann. Die verbreitetste und bekannteste Festlegung des Aufbaus und Codierung von Zertifikaten ist die X.509-Norm.
ziffern	Ziffern ist das Aufprägen oder Aufdrucken einer Nummer bei Chipkarten. Dies wird typischerweise bei der Produktion von anonymen Telefonwertkarten durchgeführt, um diesen eine sichtbare und einzigartige Nummer zur eindeutigen Identifizierung zu geben.
ZKA	Der Zentrale Kreditausschuß (ZKA) ist in Deutschland der Koordinator für die elektronischen Zahlungsverfahren der deutschen Banken. Der ZKA setzt sich aus dem Deutsche Sparkassen- und Giroverband (DSGV), dem Bundesverband der Deutschen Volks- und Raiffeisenbanken (BVR), dem Bundesverband deutscher Banken (BdB) und dem Verbund öffentlicher Banken (VÖB) zusammen. Den Vorsitz des ZKA übernimmt jedes Jahr ein anderer der vier Bankenverbände.

15.2   Übersetzung von Fachwörtern

Die beiden Übersetzungtabellen (Deutsch – Englisch, Englisch – Deutsch) auf den folgenden Seiten umfassen Fachbegriffe aus dem Umfeld von Chipkarten und Kryptografie. Die Tabellen sind auch die Referenz für die in diesem Buch benutzten Übersetzungen. Ein ausführliches Abkürzungsverzeichnis befindet sich am Anfang des Buches sowie die entsprechenden Definitionen und Erläuterungen am Ende des Buches im Glossar.

Das Zeichen „★" symbolisiert, daß es keine allgemeinübliche Übersetzung gibt und deshalb im Deutschen der englische Begriff gebraucht wird. Bei möglichen Übersetzungen, die aber in der Praxis nicht oder nicht mehr verwendet werden und im umgangssprachlichen Gebrauch deshalb etwas seltsam klingen, ist dies durch „(unüblich)" gekennzeichnet. So wird beispielsweise in manchen Normen der Begriff „Terminal" als „Datenendgerät" und ein „Message Authentication Code (MAC)" als „Nachrichtenbeglaubigungscode" übersetzt. Dies entspricht aber nicht den in der Chipkartenwelt üblichen Begriffen und ist in den Tabellen deshalb eigens markiert.

Bei möglichen unterschiedlichen Übersetzungen eines Begriffs wurde immer die im täglichen Umgang gängige Form verwendet, bzw. bei zwei gebräuchlichen Übersetzungen wurden beide Begriffe aufgeführt. Übliche Abkürzungen sind bei den jeweiligen Begriffen in Klammern genannt.

15.2.1   Übersetzungsliste Deutsch – Englisch

Abbuchung	billing	Anwendung für Vor-	pre-payment applica-
Ablaufdatum	expiry date	auszahlungsfunktion	tion
Ablaufkontrolle	sequence control	Anwendungsanbieter	application provider
Abnutzung des	wear of magnetic	Anwendungsbezeich-	application identifier
Magnetstreifens	stripe	ner (unüblich) ★	(AID)
Abrechnung	clearing	Anwendungsebene	application level
Abtastzone	test zone	Anwendungsinstanz	application entity
Adhäsion	adhesion	Anwendungsprotokoll	application protocol
aktiver Zustand	active state	Anwendungsschicht	application layer
Aktivierung	activation	Anwendungssicher-	secure application
Aktivierungszustand	activation state	heitsmodul	module (SAM)
Algorithmus mit ge-	secret key algorithm	anwendungsspezi-	application-specific
heimem Schlüssel		fischer Befehlssatz	command set
(unüblich) ★		Anzeige	display
Änderungshäufigkeit	update rate	Architekturentwurf	architectural design
Anfangswartezeit ★	initial waiting time	asymmetrischer	asymmetric algorithm
Anfangszeichen ★	initial character	Algorithmus	
Anforderung	request	asynchron	asynchronous
Angriff	attack	Attribut	attribute
Anpassungsfaktor der	bit rate adjustment	Aufdrückkraft	pushing force
Bitrate (unüblich) ★	factor	Aufforderung	challenge
ansteigende Flanke	rising edge	Auffüllung	padding
Anstiegzeit	rise time	Aufladebevollmäch-	load agent
Antenne	antenna	tigter	
Antwort	response	Aufladeeinrichtung	load device
Anwenderkarte	user card	Aufladeeinrichtungs-	load device applica-
Anwendung	application	anwendung	tion (LDA)
		Aufladeprotokoll	load log

Auflade-SAM	load SAM (LSAM)	Bodensatz	float
Aufzeichnungs-technik	recording technique	boolesch	boolean
		Börsenanbieter	purse provider
Ausfall	failure	Börsenanbieter-SAM	purse provider SAM (PPSAM)
Ausfuhrbeschränkung	export regulation		
Ausfuhrgenehmigung	export license	Börseninhaber	purse holder
Ausgang	output	branchenübergrei-fende elektronische Geldbörse	întersector electronic purse (IEP)
Ausgangszustand	initial state		
äußere Störung	external disturbance		
Austausch	interchange	branchenübergrei-fende Nachricht	interindustry message
Ausweiskarte	ID card, identification card		
		branchenübergrei-fende Umgebung	intersector environ-ment
Ausweissysteme	identification systems		
Auswurf	ejection	branchenübergrei-fendes Kommando	interindustry com-mand
authentisiert	authenticated		
Authentisierung	authentication	Byteprotokoll	byte protocol
Authentizität	authentity		
		Chargennummer	batch number
Bankanwendung	banking application	Chefprogrammierer-team	chief programmer team
Banknachricht	banking message		
Bediener	operator	Chemikalienbestän-digkeit	resistance to chemi-cals
Beendigungscode	completion code		
Beendigungszustand	completion state	chinesischer Rest-klassensatz	chinese remainder theorem (CRT)
Befehl	command		
Befehlsabdeckung	statement coverage	Chipkarte	smart card (SC), integrated chip card (ICC)
Begrenzung	delimitation		
beliebige Daten	discretionary data (DD)		
		Chipkarten-Anwendung	smart card application
Benutzermodus	user mode		
Benutzerschlüssel	user key	Chipkarten-Betriebs-system	smart card operating system
Berechnung	computation		
berechtigte Instanz	entitled authority	Chipkarten-Entwick-lung	smart card develop-ment
Berechtigung	authorisation		
Bestätigung	confirmation	Chipkarten-Hersteller	smart card manu-facturer
Betrag	amount		
Betriebssystem	operating system	Chipkarten-Mikro-controller	smart card micro-controller
Betriebssystem hersteller	operating system manufacturer		
		Chipkarten-Tech-nologie	smart card technology
Betriebssystemkern	kernel of operating system		
		Codeabdeckung	code coverage
Bezeichner	identifier	Codierung	coding
Biegesteifigkeit	bending stiffness		
Bitmap-Codierung	bitmap coding	Datei	file
Bitsynchronisations-folge	bit synchronisation sequence	Dateibezeichner (unüblich) ★	file identifier (FID)
Blockprotokoll	block protocol	Dateimanagement	file management
Blocksicherungszeit (unüblich) ★	block guard time (BGT)	Datenaustausch	data exchange
		Datenelement	data element
Blockverschlüsse-lungsalgorithmus	block cipher algorithm	Datenendgerät (unüblich)	terminal

Datensatz (unüblich) ★	record
Datensatzbezeichner (unüblich) ★	record identifier (RID)
Datenschutzgesetz	data protection law
Datensicherungscode (unüblich) ★	message authentication code (MAC)
Datenspeicher	data storage
Datenteil	data component
Datenübertragung	data transmission
Datenübertragungsgeschwindigkeit	data transmission rate
Datenverbindung	data link
Deaktivierung	deactivation
Deckfolie	overlay film
deterministisch	deterministic
differentielle Fehleranalyse	differential fault analysis (DFA)
differentielle Leistungsanalyse	differential power analysis (DPA)
digitale Signatur	digital signature
digitaler Fingerabdruck	digital fingerprint
Diversifikationsdaten	diversification data
diversifizierter Schlüssel	diversified key
Draht-Bonding	wire-bonding
Dualmodus	dual mode
dynamischer Biegetest	dynamic bending stress
dynamischer Torsionstest	dynamic torsional stress
E/A (unüblich) ★	I/O
E-/A-Kontakte (unüblich) ★	I/O contacts
Ebene	level
Echtheit	authenticity
Echtschlüssel	lifekey
Echtzeit	real-time
ec-Karte	ec card
eigene	proprietary
Eingangskapazität	input capacitance
Eingangsspannung	input voltage
Eingangsstrom	input current
eingebettet	embedded
Einlagenkarte	mono layer card
Einschubleser (unüblich)	internal reader
Einsteckkräfte	insertion forces

Einweg-Authentisierung	one-way authentication
Einwegfunktion	one-way function
einzigartig	unique
Electronic Cash	electronic cash
elektrische Verbindung	electrical link
elektrischer Widerstand der Kontakte	electrical resistance and impedance of contacts
elektromagnetische Felder	electromagnetic fields
elektronische Börse	electronic purse
elektronische Geldbörse	electronic purse
elektronischer Wert	electronic value
elektronisches Signal	electronic signal
elektrostatische Entladung	electrostatic discharge (ESD)
elementare Zeiteinheit (unüblich) ★	elementary time unit (etu)
Elementary File ★	elementary file (EF)
Empfänger	receiver
Ende-zu-Ende-Protokoll	end-to-end protocol
Endgerät (unüblich) ★	terminal
endlicher Automat	finite state machine
Endsumme	total
Entflammbarkeit	flammability
Entscheidungsabdeckung	decision coverage
Entsprechung	equivalence
Erfassung	collection
Erkennung	recognition
Erweiterung	extension
Erzeugung	generation
extern eingeleitet	externally initiated
externe Anwendung	external application
externe Authentisierung	external authenticate
fallende Flanke	falling edge
Falltür	trap door
falscher Block	false block
fälschungssicher	forgery-proof
Fehlbedienungszähler (FBZ)	key fault presentation counter (KFPC), retry counter (RC)
Fehlerbehandlung	error handling

Fehlerbehebung	error recovery	Hash-Algorithmus	hash algorithm
Fehlererkennung	error detection	Hash-Funktion	hash function
Fehlererkennungs- code	error detection code (EDC)	Hash-Wert	hash value
fehlerhafter Block	erroneous block	Hauptschlüssel	master key
Fehlfunktion	malfunction	Heißsiegel-Verfahren	heat-sealing method
Feinentwurf	detailed design	Herausgeber	issuer
Feldwechsel	flux transition	Herausziehkräfte	withdrawing forces
feststehender Schlüssel	fixed key	High-Zustand	high state
		hochohmiger Zustand	high impedance state
flüchtiger Speicher	volatile memory	Hochprägung	embossing
Folgezustand	consecutive state	höchstwertiges Bit	most significant bit
formales Sicherheits- modell	formal model of secu- rity policy	hochzählen	increment
		Höhe der Prägung	embossing relief height of character
Formatzeichen (unüblich)	format character	Höhe und Oberflä- chenprofil des Magnetstreifens	height and surface profile of the magnetic stripe
Funktionalität	functionality	höherwertiges Bit	Most Significant Bit
für spätere Verwen- dung freigehalten (unüblich) ★	reserved for future use (RFU)		(msb)
		I/O-Kontakte	I/O contacts
ganzzahlig	integer	Identifikations- nummer	identification number
geätzte Spule	etched coil		
Gebührenimpuls	charge pulse	Identifikations- nummer des Her- ausgebers	issuer identification number
gedruckte Spule	printed coil		
gegenseitige Authen- tisierung	mutual authentication	IEP-Ausgabezentrum	IEP issuing center
		IEP-Saldo	IEP balance
geheimer Schlüssel	secret key	Implementierung	implementation
Geldausgabeautomat (GAA)	automated teller ma- chine (ATM)	Impulsgenerator	pulse generator
		Impulslänge	pulse duration
Geldeinheit	monetary unit	Initialisierung	initialisation
Generierung	generation	Initialzahl	seed number
gerade Parität	even parity	Instruction Byte (INS) ★	instruction byte (INS)
geschlossenes System	closed system		
geschützt	protected	Integrität	integrity
geschützter Modus	protected mode	Interface Device (IFD) ★	interface device (IFD)
geschütztes Modul	secure module		
gewickelte Spule	wound coil	Irisdruck	rainbow print
gewidmete Datei (unüblich) ★	dedicated file (DF)	Karte einführen	insert card
Grad der Genauigkeit	level of rigour	Karte rücksetzen	card reset
Grenzwert	limit value	Kartenannehmer	card acceptor
Grundzustand	idle state	Kartenausgeber	card issuer
Guillochen	guilloche pattern	Kartenbesitzer	card holder
		Kartenendgerät (unüblich) ★	card accepting device (CAD)
halbduplex	half-duplex		
Handy	mobile telephone	Kartenentnahme	card removal
Hardmaske	hard mask	Kartenfolgenummer	card sequence number
Hardwaresicher- heitsmerkmal	hardware security feature	Kartenformat	dimensions of cards

Kartenherausgeber	card issuer
Karteninhaber	card holder
Kartenkörper	card body
Kartenleser	card reader
Kartenschnittstelle	card interface
Kartenstatus	card status
Kartentelefon	card phone
Kartenterminal	card terminal
Kartenwölbung	card warpage
Kavität	cavity
Kennzeichen	tag
Kernfolien	core foils
Kettung	chaining
Klartext	plaintext
Knotenadresse (unüblich) ★	node address (NAD)
Koerzitivität	coercivity
Kommando	command
Kommando-Antwort-Paar	command response pair
Kommandocode	command code
Kommando-Header	command header
Kommandointerpreter	command interpreter
Kommandoklasse (unüblich) ★	command class
Kommandokopf (unüblich) ★	command header
Kommunikationseinrichtung	communication device
Kommunikationskanal	communication channel
Kommunikationsnetzschnittstelle	communication network interface
Kontaktbelegung	contact assignment
Kontaktiereinheit	contacting unit
Konto	account
Kontonummer	account number
Konzentrator	concentrator
Krankenversicherungskarte (KVK)	health insurance card
Kriterium	criteria
kryptoanalytisch	cryptoanalytic
kryptografische Prüffunktion	cryptographic check function
Kryptogramm	cryptogram
kryptographischer Algorithmus	cryptographic algorithm
kryptographischer Schlüssel	cryptographic key
Kundenkarte	loyalty card
Kurznachricht	short message
Lage der Kontakte	location of contacts
Lasergravur	laser engraving
Last	load
Lastenheft	user's requirement specification
Lebenszyklus	life cycle
Leistungsanbieter	service provider
leitende Farbe	conductive ink
Leseschutz	read protection
Lichtdurchlässigkeit	light transmittance
linear rückgekoppeltes Schieberegister	linear feed shift register (LFSR)
logische Kanäle	logical channels
logische Ressourcen	logical resources
logisches Komplement	logical complement
logisches ODER	logical OR
logisches UND	logical AND
low Pegel	low level
low Zustand	low state
Luftschnittstelle	air interface
MAC-Berechnung	MAC computation
MAC-Überprüfung	MAC verification
Magnetstreifen	magnetic strip, magstripe
Magnetstreifenkarte	magnetic strip card, magstripe card
Mangel	defect
maschinenlesbare Karte	machine-readable card
Maskenprogrammierung	mask programming
Masse	ground
Master File (MF) ★	master file (MF)
Mehrlagenkarte	multi layer card
Mehrwertdienst	value added service (VAS)
Menge	set
Meßfühler	probe
Mikroschrift	microprint
Mobiltelefon	mobile telephone
Modus	mode
Multiapplication-Chipkarte	multiapplication smart card
multifunktional	multifunctional

Münzfernsprecher	coin-operated phone, pay-phone	Personal Unblocking Key (PUK) ★	personal unblocking key (PUK)
		Personalisierung	personalisation
Nachricht	message	Personalisierungs-schema	personalisation scheme
Nachrichtenaustausch	message exchange	Personalisierungs-zentrum	personalisation center
Nachrichtenbeglaubigungscode (unüblich) ★	Message Authentication Code (MAC)	persönliche Identifikationsnummer (PIN)	personal identification number (PIN)
Nachrichtenrückgewinnung	message recovery	physikalischer Angriff	physical attack
Nachsatz	trailer	PIN-Brief	PIN mailer
nachträglich bezahlt	post-paid	PIN-Eingabe	PIN entry
Nachweis	proof	PIN-Pad	PIN pad
Negativliste	black list	PIN-Tastatur	PIN pad
Nettodaten	net data	Point of Sale (POS) ★	point of sale (POS)
nicht umkehrbar	irreversible		
nicht zertifiziertes Kontrollgerät	untrusted monitor	Präfix	prefix
Nichtabstreitbarkeit	non-repudiation	Prägen	embossing
nichtflüchtiger Speicher	non-volatile memory	Primzahl	prime number
niedrigstwertiges Bit	least significant bit (lsb)	Produkthaftung	product liability
		Produktspezifikation	product specification
nur Lesespeicher	read only memory	Programmierspannung	programming voltage
Nutzen	copies from one sheet	Programmierstrom	programming current
		proprietäre	proprietary
Oberflächenprofil der Kontakte	surface profile of contacts	Protokollauswahl (unüblich) ★	protocol type selection (PTS)
Oberflächenrauheit des Magnetstreifens	surface roughness of the magnetic stripe	Protokollauswahlbyte (unüblich) ★	protocol control byte (PCB)
obligatorisch	mandatory	Protokollierung	logging
obligatorische Datei	mandatory file	Protokollschicht	protocol layer
offenes System	open system	Prüfkosten	appraisal costs
öffentlicher Exponent	public exponent	Prüfplanung	inspection planning
öffentlicher Modulo	public modulus	Prüfspezifikation	inspection specification
öffentlicher Schlüssel	public key		
Offline	offline	Prüfsumme	checksum
Offline-Transaktion	offline transaction	Prüfzeichen	check character
Offset	offset		
Online	online	Qualitätsaufzeichnung	quality record
Online-Transaktion	online transaction	Qualitätssicherung (QS)	quality assurance (QA)
optisch variable Druckfarbe	optically variable ink	Quelladresse	source address (SAD)
Parität	parity	Rauschsignal	noise signal
Paritätsbit	parity bit	Realisierung	implementation
Paritätsprüfung	parity check	Rechnerknotenpunkt	computer node
Paßwort	password	rechtmäßiger Kartenbesitzer	genuine card holder
Paßwortprüfung	password verification	Record	record

Restklassensatz	remainder theorem
Resynchronisation	resynchronisation
Risikomanagement	risk management
rohe Gewalt	brute-force
Routine	routine
Rückgewinnung der Nachricht	message recovery
Rücksetzung (unüblich) ★	reset
Rückverfolgbarkeit	traceability
Saldo	balance
Sammelbeauftragter	acquirer
Schattenkonto	shadow account
Scheibennummer (unüblich) ★	wafer number
Schlüssel	key
Schlüsselaufteilung	key separation
Schlüsselbezeichner	key identifier
Schlüsseldiversifikation	key diversification
Schlüsselmanagement	key management
Schlüsselraum	key space
Schlüsseltext	cipher text
Schlüsselzertifizierung	key certification
Schnittstelle	interface
Schreibweise	notation
Schreibzyklus	write cycle
schutzwürdige Daten	sensitive data
Schutzzeit	guardtime
schwarze Liste	black list
Schwingungen	vibrations
Sendebetrieb	transmission mode
Sendefolgezähler	send sequence counter (SSC)
Sender	transmitter
serielle Schnittstelle	serial port
Sicherheitsarchitektur	security architecture
Sicherheitsattribut	security attribute
Sicherheitsdruck	security print
Sicherheitsfaden	security thread
Sicherheitsmechanismus	security mechanism
Sicherheitsmerkmal	security feature
Sicherheitsmodell	security model
Sicherheitsniveau	security level
Sicherheitspolitik	security policy
Sicherheitsprotokoll	security protocol
Sicherheitsprozedur	security procedure
Sicherheitsstruktur	security scheme

Sicherheitsvorgaben	security targets
Sicherungsschicht	data link layer
Signalamplitude	signal amplitude
Signatur	signature
signierte Quittung	signed acknowledgement
Sitzung	session
Sitzungsschlüssel	session key
Smart Card Query Language (SCQL) ★	smart card query language (SCQL)
Softmaske	soft mask
Spannungsüberwachung	voltage watchdog
Speicherbereich	memory range
Speicherkarte	memory card
Speicherplatz	memory space
Sperrliste	revocation list
Sperrliste	black list
Sperrliste	stoplist
Sperrzustand	locked state
Spritzgießen	injection moulding
Spur	track
Stammverzeichnis	root
Stapelspeicher	stack
Startvorderflanke	start rising edge
Statische Elektrizität	static electricity
Status Word (SW) ★	status word (SW)
Statusantwort	status response
Störspannung	noise voltage
Störung	malfunction
Störungsangriff	disruption attack
Stromaufnahme	power consumption
Stromversorgung	power supply
Summierung	accumulation
symmetrischer Algorithmus	symmetric algorithm
Synchronisierungsverlust	loss of synchronisation
Takt	clock
Taktfrequenz	clock frequency
Taktraten Umrechnungsfaktor (unüblich) ★	clock rate conversion factor
Tastatur	keyboard
Tastaturbedienung	key operation
Tastenanordnung	key layout
Tastenblock	keypad
Teilnehmer	participant

Testmodus	test mode	vermeidbarer Abfall	avoidable waste
Testschlüssel	testkey	Verminderung	decrementing
Tischleser	desktop reader	Verminderungs-funktion	decrease function
Transaktions-datensatz	transaction record	Verschlüsselungs-modul	encipherment module
Transaktions-verarbeitung	transaction processing	Version der Schlüsseldatei	key file version
Transaktionsvorgang	transaction process	Versorgungsspannung	power supply voltage
Transportinstanz	transport entity	Versorgungsstrom	supply current
Transportschicht	transport layer	Verträglichkeit (unüblich)	compatibility
Trennung	disconnection	Vertragsüberprüfung	contract review
Übergangsbetrieb	transient mode	vertrauenswürdiges Gerät	trusted device
Übergangszone	transition zone	Vertrauenswürdigkeit	trusted
Überprüfung	verification	vertrauliche Parame-ter	confidential parame-ters
Übertragung im Blockmodus	block mode trans-mission	Vertraulichkeit	confidentiality
Übertragung im Zei-chenmodus	character mode transmission	Vertraulichkeitsver-einbarung	non-disclosure agreement (NDA)
Übertragungsbetrieb (unüblich) ★	transmission mode	Vertreter	agent
Übertragungsfehler	transmission error	Verwaltung	administration
Übertragungsproto-koll	transmission protocol	Verweis	reference
Übertragungsver-fahren	transmission method	Verzeichnis	directory
		Verzeichnisdienst	directory service
umkehrbar	reversible	Verzögerung	delay
Umrechnungsfaktor	conversion factor	vor Inbetriebnahme	pre-operational
unberechtigter Zugriff	unauthorised access	vorausbezahlt	prepaid
ungerade Parität	odd parity	Vorgabewert	default value
unsichtbare UV-Farbe	invisible UV ink	Vorpersonalisierung	pre-personalisation
Unterschriftsstreifen	signature panel	Währungscode	currency code
Unterzeichner	signer	Währungsumrechnung	currency conversion
Urheber	originator	Warenausgabeautomat	vending machine
Ursprungswert	default value	Wärmeableitung	heat dissipation
		Wärmebeständigkeit	heat resistance
Verbindung	link	Wartezeitverlängerung	waiting time exten-sion (WTX)
vereinbarte Berech-nung	agreed calculation	Wasserfallmodell	waterfall model
Vereinzelner	singler	Wechselkurs	exchange rate
Verfahren	procedure	Wert	value
Verfallsdatum	expiry date	wiederaufladbare Karte	reloadable card
Vergleichsprüfung	comparison check	Wiederherstellungs-funktion	recovery function
verkettete Liste	linked list		
Verkettung	chaining	Wiederherstellungs-prozedur	recovery procedure
Verkettungsunter-brechung (unüblich) ★	chaining abort	Wiederholanforder-ung	repetition request
verlegte Spule	embedded coil		

Wiederholungsan-griffe	replay attacks
Wölbung	warping
Working Elementary File (WEF) ★	working elementary file (WEF)
Write Once Read Multiple (WORM) ★	write once read multiple (WORM)
Wurzelverzeichnis	root directory
zahle jetzt	pay now
zahle später	pay later
zahle vorher	pay before
Zähler	counter
Zählerwert	counter value
Zahlungsabbruch	purchase cancellation
Zahlungseinrichtung	purchase device
Zahlungseinricht-ungsanwendung	purchase device application (PDA)
Zahlungsprotokoll	purchase log
Zahlungs-SAM	purchase SAM
Zahlungsverkehrs-terminal	payment terminal
Zeichendarstellung	character representation
Zeichendauer	character duration
Zeichenprotokoll	character protocol
Zeichensatz	character set
Zeichenwartezeit (unüblich) ★	character waiting time (CWT)

Zeichenwiederholung	character repetition
Zeitstempeldienst	time stamp service
Zertifikat	certificate
Zertifikat mit Hilfe eines öffentlichen Schlüssels (unüblich) ★	public key certificate
Zertifikatsdienst	certification service
Zertifizierungsinstanz	certifying authority (CA)
Zieladresse	destination address (DAD)
Zufallszahl	random number (RND)
zugehöriger Schlüssel	related key
Zugriff	access
Zugriffsbedingung	access condition (AC)
Zugriffsberechtigung	access right
Zugriffskontrolle	access control
zusätzliche Daten	additional data
zusätzliche Schutzzeit	extra guardtime
Zustand	state
Zustandsänderung	state transition
Zustandsautomat	state machine
zuteilbarer Speicher	allocable memory
Zuverlässigkeit	reliability
Zuweisung	assignment
zyklisch	cyclic

15.2.2   Übersetzungsliste Englisch – Deutsch

access	Zugriff
access condition (AC)	Zugriffsbedingung
access control	Zugriffskontrolle
access right	Zugriffsberechtigung
account	Konto
account number	Kontonummer
accumulation	Summierung
acquirer	Sammelbeauftragter
activation	Aktivierung
activation state	Aktivierungszustand
active low reset	active low reset ★
active state	aktiver Zustand
additional data	zusätzliche Daten
adhesion	Adhäsion
administration	Verwaltung
agent	Vertreter
agreed calculation	vereinbarte Berechnung
air interface	Luftschnittstelle
allocable memory	zuteilbarer Speicher
amount	Betrag
antenna	Antenne
application	Anwendung
application entity	Anwendungsinstanz
application identifier (AID)	Anwendungsbezeichner
application layer	Anwendungsschicht
application level	Anwendungsebene
application protocol	Anwendungsprotokoll
application provider	Anwendungsanbieter
application-specific command set	anwendungsspezifischer Befehlssatz
appraisal costs	Prüfkosten
architectural design	Architekturentwurf
assignment	Zuweisung
asymmetric algorithm	asymmetrischer Algorithmus
asynchronous	asynchron
attack	Angriff
attribute	Attribut
authenticated	authentisiert
authentication	Authentisierung
authenticity	Echtheit
authentity	Authentizität
authorisation	Berechtigung

automated teller machine (ATM)	Geldausgabeautomat (GAA)
avoidable waste	vermeidbarer Abfall
balance	Saldo
banking application	Bankanwendung
banking message	Banknachricht
batch number	Chargennummer
bending stiffness	Biegesteifigkeit
billing	Abbuchung
bit rate adjustment factor	Anpassungsfaktor der Bitrate (unüblich) ★
bit synchronisation sequence	Bitsynchronisationsfolge
bitmap coding	Bitmap-Codierung
black list	Negativliste, schwarze Liste, Sperrliste
block cipher algorithm	Blockverschlüsselungsalgorithmus
block guard time (BGT)	Blocksicherungszeit (unüblich) ★
block mode transmission	Übertragung im Blockmodus
block protocol	Blockprotokoll
boolean	boolesch
brute-force	rohe Gewalt
byte protocol	Byteprotokoll
card accepting device (CAD)	Kartenendgerät (unüblich) ★
card acceptor	Kartenannehmer
card body	Kartenkörper
card holder	Karteninhaber, Kartenbesitzer
card interface	Kartenschnittstelle
card issuer	Kartenausgeber, Kartenherausgeber
card phone	Kartentelefon
card reader	Kartenleser
card removal	Kartenentnahme
card reset	Karte rücksetzen
card sequence number	Kartenfolgenummer
card status	Kartenstatus
card terminal	Kartenterminal
card warpage	Kartenwölbung
cavity	Kavität

certificate	Zertifikat	communication	Kommunikations-
certification service	Zertifikatsdienst	channel	kanal
certifying authority	Zertifizierungsinstanz	communication	Kommunikations-
(CA)		device	einrichtung
chaining	Kettung, Verkettung	communication net-	Kommunikations-
chaining abort	Verkettungsunter-	work interface	netzschnittstelle
	brechung	comparison check	Vergleichsprüfung
	(unüblich) ★	compatibility	Verträglichkeit
challenge	Aufforderung		(unüblich)
character duration	Zeichendauer	completion code	Beendigungscode
character mode	Übertragung im	completion state	Beendigungszustand
transmission	Zeichenmodus	computation	Berechnung
character protocol	Zeichenprotokoll	computer node	Rechnerknotenpunkt
character repetition	Zeichenwiederholung	concentrator	Konzentrator
character representa-	Zeichendarstellung	conductive ink	leitende Farbe
tion		confidential parame-	vertrauliche Parameter
character set	Zeichensatz	ters	
character waiting	Zeichenwartezeit	confidentiality	Vertraulichkeit
time (CWT)	(unüblich) ★	confirmation	Bestätigung
charge pulse	Gebührenimpuls	consecutive state	Folgezustand
check character	Prüfzeichen	contact assignment	Kontaktbelegung
checksum	Prüfsumme	contacting unit	Kontaktiereinheit
chief programmer	Chefprogrammierer-	contract review	Vertragsüberprüfung
team	team	conversion factor	Umrechnungsfaktor
chinese remainder	chinesischer Rest-	copies from one sheet	Nutzen
theorem (CRT)	klassensatz	core foils	Kernfolien
cipher text	Schlüsseltext	counter	Zähler
clearing	Abrechnung	counter value	Zählerwert
clock	Takt	criteria	Kriterium
clock frequency	Taktfrequenz	cryptoanalytic	kryptoanalytisch
clock rate conversion	Taktraten Umrech-	cryptogram	Kryptogramm
factor	nungsfaktor	cryptographic algo-	kryptographischer
	(unüblich) ★	rithm	Algorithmus
closed system	geschlossenes System	cryptographic check	kryptografische Prüf-
code coverage	Codeabdeckung	function	funktion
coding	Codierung	cryptographic key	kryptographischer
coercivity	Koerzitivität		Schlüssel
coin-operated phone	Münzfernsprecher	currency code	Währungscode
collection	Erfassung	currency conversion	Währungsumrech-
command	Befehl, Kommando		nung
command class	Kommandoklasse	cyclic	zyklisch
	(unüblich)		
command code	Kommandocode	data component	Datenteil
command header	Kommando-Header,	data element	Datenelement
	Kommandokopf	data exchange	Datenaustausch
	(unüblich)	data link	Datenverbindung
command interpreter	Kommandointer-	data link layer	Sicherungsschicht
	preter	data protection law	Datenschutzgesetz
command response	Kommando-Antwort-	data storage	Datenspeicher
pair	Paar	data transmission	Datenübertragung

data transmission rate	Datenübertragungs-geschwindigkeit	electrical resistance and impedance of contacts	elektrischer Wider-stand der Kontakte
deactivation	Deaktivierung	electromagnetic fields	elektromagnetische Felder
decision coverage	Entscheidungs-abdeckung	electronic cash	Electronic Cash
decrease function	Verminderungs-funktion	electronic purse	elektronische Börse
decrementing	Verminderung	electronic purse	elektronische Geld-börse
dedicated file (DF)	gewidmete Datei (unüblich) ★	electronic signal	elektronisches Signal
default value	Ursprungswert, Vorgabewert	electronic value	elektronischer Wert
		electrostatic discharge (ESD)	elektrostatische Ent-ladung
defect	Mangel	elementary file (EF)	Elementary File ★
delay	Verzögerung	elementary time unit (etu)	elementare Zeitein-heit (unüblich) ★
delimitation	Begrenzung	embedded	eingebettet
desktop reader	Tischleser	embedded coil	verlegte Spule
destination address (DAD)	Zieladresse	embossing	Hochprägung, Prägen
detailed design	Feinentwurf	embossing relief height of character	Höhe der Prägung
deterministic	deterministisch		
differential fault analysis (DFA)	differentielle Fehleranalyse	encipherment module	Verschlüsselungs-modul
differential power analysis (DPA)	differentielle Leistungsanalyse	end-to-end protocol	Ende-zu-Ende-Proto-koll
digital fingerprint	digitaler Finger-abdruck	entitled authority	berechtigte Instanz
		equivalence	Entsprechung
digital signature	digitale Signatur	erroneous block	fehlerhafter Block
dimensions of cards	Kartenformat	error detection	Fehlererkennung
directory	Verzeichnis	error detection code (EDC)	Fehlererkennungs-code
directory service	Verzeichnisdienst		
disconnection	Trennung	error handling	Fehlerbehandlung
discretionary data (DD)	beliebige Daten	error recovery	Fehlerbehebung
		etched coil	geätzte Spule
display	Anzeige	even parity	gerade Parität
disruption attack	Störungsangriff	exchange rate	Wechselkurs
diversification data	Diversifikationsdaten	expiry date	Ablaufdatum, Verfallsdatum
diversified key	diversifizierter Schlüssel	export license	Ausfuhrgenehmigung
dual mode	Dualmodus	export regulation	Ausfuhrbeschränkung
dynamic bending stress	dynamischer Biege-test	extension	Erweiterung
		external application	externe Anwendung
dynamic torsional stress	dynamischer Torsionstest	external authenticate	externe Authenti-sierung
		external disturbance	äußere Störung
ec card	ec-Karte	externally initiated	extern eingeleitet
ejection	Auswurf	extra guardtime	zusätzliche Schutzzeit
electrical link	elektrische Verbin-dung		
		failure	Ausfall
		falling edge	fallende Flanke

false block	falscher Block	identification number	Identifikations-nummer
file	Datei	identification systems	Ausweissysteme
file identifier (FID)	Dateibezeichner (unüblich) ★	identifier	Bezeichner
file management	Dateimanagement	idle state	Grundzustand
finite state machine	endlicher Automat	IEP balance	IEP-Saldo
fixed key	feststehender Schlüssel	IEP issuing center	IEP-Ausgabezentrum
flammability	Entflammbarkeit	implementation	Implementierung, Realisierung
float	Bodensatz	increment	hochzählen
flux transition	Feldwechsel	initial character	Anfangszeichen ★
forgery-proof	fälschungssicher	initial state	Ausgangszustand
formal model of secu-rity policy	formales Sicherheits-modell	initial waiting time	Anfangswartezeit ★
format character	Formatzeichen (unüblich)	initialisation	Initialisierung
		injection moulding	Spritzgießen
functionality	Funktionalität	input capacitance	Eingangskapazität
		input current	Eingangsstrom
generation	Erzeugung, Generie-rung	input voltage	Eingangsspannung
		insert card	Karte einführen
genuine card holder	rechtmäßiger Karten-besitzer	insertion forces	Einsteckkräfte
		inspection planning	Prüfplanung
ground	Masse	inspection specifica-tion	Prüfspezifikation
guardtime	Schutzzeit		
guilloche pattern	Guillochen	instruction byte (INS)	Instruction Byte (INS) ★
		integer	ganzzahlig
half-duplex	halbduplex	integrated chip card (ICC)	Chipkarte
hard mask	Hardmaske		
hardware security feature	Hardwaresicher-heitsmerkmal	integrity	Integrität
		interchange	Austausch
hash algorithm	Hash-Algorithmus	interface	Schnittstelle
hash function	Hash-Funktion	interface device (IFD)	Interface Device (IFD) ★
hash value	Hash-Wert		
health insurance card	Krankenversiche-rungskarte (KVK)	interindustry com-mands	branchenübergrei-fende Kommandos
heat dissipation	Wärmeableitung	interindustry message	branchenübergrei-fende Nachricht
heat resistance	Wärmebeständigkeit		
heat-sealing method	Heißsiegel-Verfahren	internal reader	Einschubleser (unüblich)
height and surface profile of the mag-netic stripe	Höhe und Oberflä-chenprofil des Magnetstreifens	intersector electronic purse (IEP)	branchenübergrei-fende elektronische Geldbörse
high impedance state	hochohmiger Zustand	intersector environ-ment	branchenübergreifende Umgebung
high state	High-Zustand		
		invisible UV ink	unsichtbare UV-Farbe
I/O	E/A (unüblich) ★		
I/O contacts	E-/A-Kontakte (unüb-lich), I/O-Kontakte	irreversible	nicht umkehrbar
ID card	Ausweiskarte	issuer	Herausgeber
identification card	Ausweiskarte		

issuer identification number	Identifikations- nummer des Her- ausgebers	logical complement	logisches Komple- ment
		logical OR	logisches ODER
kernel of operating system	Betriebssystemkern	logical resources	logische Ressourcen
		loss of synchronisation	Synchronisierungs- verlust
key	Schlüssel	low level	low Pegel
key certification	Schlüsselzertifizierung	low state	low Zustand
key diversification	Schlüsseldiversifika- tion	loyalty card	Kundenkarte
key fault presentation counter (KFPC)	Fehlbedienungszähler (FBZ)	MAC computation	MAC-Berechnung
		MAC verification	MAC-Überprüfung
key file version	Version der Schlüsseldatei	machine-readable card	maschinenlesbare Karte
key identifier	Schlüsselbezeichner	magnetic strip	Magnetstreifen
key layout	Tastenanordnung	magnetic strip card	Magnetstreifenkarte
key management	Schlüsselmanage- ment	magstripe	Magnetstreifen
		magstripe card	Magnetstreifenkarte
key operation	Tastaturbedienung	malfunction	Fehlfunktion, Störung
key separation	Schlüsselaufteilung	mandatory	obligatorisch
key space	Schlüsselraum	mandatory file	obligatorische Datei
keyboard	Tastatur	mask programming	Maskenprogrammie- rung
keypad	Tastenblock		
		master file (MF)	Master File (MF) ★
laser engraving	Lasergravur	master key	Hauptschlüssel
least significant bit (lsb)	niedrigstwertiges Bit	memory card	Speicherkarte
		memory range	Speicherbereich
level	Ebene	memory space	Speicherplatz
level of rigour	Grad der Genauigkeit	message	Nachricht
life cycle	Lebenszyklus	message authentica- tion code (MAC)	Datensicherungs- code (unüblich) ★
lifekey	Echtschlüssel		
light transmittance	Lichtdurchlässigkeit	Message Authentica- tion Code (MAC)	Nachrichtenbeglau- bigungscode (unüblich) ★
limit value	Grenzwert		
linear feed shift register (LFSR)	linear rückgekoppeltes Schieberegister		
		message exchange	Nachrichtenaustausch
link	Verbindung	message recovery	Nachrichtenrückge- winnung, Rückge- winnung der Nach- richt
linked list	verkettete Liste		
load	Last		
load agent	Aufladebevollmäch- tigter		
		microprint	Mikroschrift
load device	Aufladeeinrichtung	mobile telephone	Handy, Mobiltelefon
load device applica- tion (LDA)	Aufladeeinrichtungs- anwendung	mode	Modus
		monetary unit	Geldeinheit
load log	Aufladeprotokoll	mono layer card	Einlagenkarte
load SAM (LSAM)	Auflade-SAM	most significant bit	höchstwertiges Bit
location of contacts	Lage der Kontakte	Most Significant Bit (msb)	höherwertiges Bit
locked state	Sperrzustand		
logging	Protokollierung	multi layer card	Mehrlagenkarte
logical AND	logisches UND	multiapplication smart card	Multiapplication- Chipkarte
logical channels	logische Kanäle		

multifunctional	multifunktional	personal identifica-tion number (PIN)	persönliche Identifi-kationsnummer (PIN)
mutual authentication	gegenseitige Authen-tisierung	personal unblocking key (PUK)	Personal Unblocking Key (PUK) ★
net data	Nettodaten	personalisation	Personalisierung
node address (NAD)	Knotenadresse (unüblich) ★	personalisation center	Personalisierungs-zentrum
noise signal	Rauschsignal	personalisation scheme	Personalisierungs-schema
noise voltage	Störspannung	physical attack	physikalischer An-griff
non-disclosure agreement (NDA)	Vertraulichkeitsver-einbarung	PIN entry	PIN-Eingabe
non-repudiation	Nichtabstreitbarkeit	PIN mailer	PIN-Brief
non-volatile memory	nichtflüchtiger Speicher	PIN pad	PIN-Pad, PIN-Tasta-tur
notation	Schreibweise		
		plaintext	Klartext
odd parity	ungerade Parität	point of sale (POS)	Point of Sale (POS) ★
offline	Offline	post-paid	nachträglich bezahlt
offline transaction	Offline-Transaktion	power consumption	Stromaufnahme
offset	Offset	power supply	Stromversorgung
one-way authentica-tion	Einweg-Authenti-sierung	power supply voltage	Versorgungsspannung
one-way function	Einwegfunktion	prefix	Präfix
online	Online	pre-operational	vor Inbetriebnahme
online transaction	Online-Transaktion	prepaid	vorausbezahlt
open system	offenes System	pre-payment applica-tion	Anwendung für Vor-auszahlungsfunktion
operating system	Betriebssystem	pre-personalisation	Vorpersonalisierung
operating system manufacturer	Betriebssystem hersteller	prime number	Primzahl
operator	Bediener	printed coil	gedruckte Spule
optically variable ink	optisch variable Druckfarbe	probe	Meßfühler
		procedure	Verfahren
originator	Urheber	product liability	Produkthaftung
output	Ausgang	product specification	Produktspezifikation
overlay film	Deckfolie	programming current	Programmierstrom
		programming voltage	Programmier-spannung
padding	auffüllen		
parity	Parität	proof	Nachweis
parity bit	Paritätsbit	proprietary	eigene, proprietäre
parity check	Paritätsprüfung	protected	geschützt
participant	Teilnehmer	protected mode	geschützter Modus
password	Paßwort	protocol control byte (PCB)	Protokollauswahlbyte (unüblich) ★
password verification	Paßwortprüfung	protocol layer	Protokollschicht
pay before	zahle vorher	protocol type selec-tion (PTS)	Protokollauswahl (unüblich) ★
pay later	zahle später	public exponent	öffentlicher Exponent
pay now	zahle jetzt	public key	öffentlicher Schlüssel
payment terminal	Zahlungsverkehrs-terminal		
pay-phone	Münzfernsprecher		

public key certificate	Zertifikat mit Hilfe eines öffentlichen Schlüssels (unüblich) ★	replay attacks	Wiederholungsangriffe
public modulus	öffentlicher Modulo	request	Anforderung
pulse duration	Impulslänge	reserved for future use (RFU)	für spätere Verwendung freigehalten (unüblich) ★
pulse generator	Impulsgenerator	reset	Rücksetzung (unüblich) ★
purchase cancellation	Zahlungsabbruch		
purchase device	Zahlungseinrichtung	resistance to chemicals	Chemikalienbeständigkeit
purchase device application (PDA)	Zahlungseinrichtungsanwendung	response	Antwort
purchase log	Zahlungsprotokoll	resynchronisation	Resynchronisation
purchase SAM	Zahlungs-SAM	retry counter (RC)	Fehlbedienungszähler (FBZ)
purse holder	Börseninhaber		
purse provider	Börsenanbieter	reversible	umkehrbar
purse provider SAM (PPSAM)	Börsenanbieter-SAM	revocation list	Sperrliste
		rise time	Anstiegzeit
pushing force	Aufdrückkraft	rising edge	ansteigende Flanke
		risk management	Risikomanagement
quality assurance (QA)	Qualitätssicherung (QS)	root	Stammverzeichnis
		root directory	Wurzelverzeichnis
quality record	Qualitätsaufzeichnung	routine	Routine
		secret key	geheimer Schlüssel
rainbow print	Irisdruck	secret key algorithm	Algorithmus mit geheimem Schlüssel (unüblich) ★
random number (RND)	Zufallszahl		
read only memory	nur Lesespeicher	secure application module (SAM)	Anwendungssicherheitsmodul
read protection	Leseschutz	secure module	geschütztes Modul
real-time	Echtzeit	security architecture	Sicherheitsarchitektur
receiver	Empfänger	security attribute	Sicherheitsattribut
recognition	Erkennung	security feature	Sicherheitsmerkmal
record	Datensatz (unüblich), Record	security level	Sicherheitsniveau
record identifier (RID)	Datensatzbezeichner (unüblich) ★	security mechanism	Sicherheitsmechanismus
recording technique	Aufzeichnungstechnik	security model	Sicherheitsmodell
		security policy	Sicherheitspolitik
recovery function	Wiederherstellungsfunktion	security print	Sicherheitsdruck
		security procedure	Sicherheitsprozedur
recovery procedure	Wiederherstellungsprozedur	security protocol	Sicherheitsprotokoll
		security scheme	Sicherheitsstruktur
reference	Verweis	security targets	Sicherheitsvorgaben
related key	zugehöriger Schlüssel	security thread	Sicherheitsfaden
reliability	Zuverlässigkeit	seed number	Initialzahl
reloadable card	wiederaufladbare Karte	send sequence counter (SSC)	Sendefolgezähler
remainder theorem	Restklassensatz	sensitive data	schutzwürdige Daten
repetition request	Wiederholanforderung	sequence control	Ablaufkontrolle
		serial port	serielle Schnittstelle

service provider	Leistungsanbieter
session	Sitzung
session key	Sitzungsschlüssel
set	Menge
shadow account	Schattenkonto
short message	Kurznachricht
signal amplitude	Signalamplitude
signature	Signatur
signature panel	Unterschriftsstreifen
signed acknow- ledgement	signierte Quittung
signer	Unterzeichner
singler	Vereinzelner
smart card	Chipkarte
smart card application	Chipkarten-Anwen- dung
smart card develop- ment	Chipkarten-Entwick- lung
smart card manu- facturer	Chipkarten-Hersteller
smart card microcon- troller	Chipkarten-Mikro- controller
smart card operating system	Chipkarten-Betriebs- system
smart card query lan- guage (SCQL)	Smart Card Query Language (SCQL) ★
smart card technology	Chipkarten-Techno- logie
soft mask	Softmaske
source address (SAD)	Quelladresse
stack	Stapelspeicher
start rising edge	Startvorderflanke
state	Zustand
state machine	Zustandsautomat
state transition	Zustandsänderung
statement coverage	Befehlsabdeckung
static electricity	Statische Elektrizität
status response	Statusantwort
status word (SW)	Status Word (SW) ★
stoplist	Sperrliste
supply current	Versorgungsstrom
surface profile of contacts	Oberflächenprofil der Kontakte
surface roughness of the magnetic stripe	Oberflächenrauheit des Magnetstreifens
symmetric algorithm	symmetrischer Algo- rithmus
tag	Kennzeichen

terminal	Datenendgerät (unüb- lich), Endgerät (un- üblich)
test mode	Testmodus
test zone	Abtastzone
testkey	Testschlüssel
time stamp service	Zeitstempeldienst
total	Endsumme
traceability	Rückverfolgbarkeit
track	Spur
trailer	Nachsatz
transaction process	Transaktionsvorgang
transaction processing	Transaktions- verarbeitung
transaction record	Transaktionsdatensatz
transient mode	Übergangsbetrieb
transition zone	Übergangszone
transmission error	Übertragungsfehler
transmission method	Übertragungs- verfahren
transmission mode	Sendebetrieb, Über- tragungsbetrieb (unüblich)
transmission protocol	Übertragungsprotokoll
transmitter	Sender
transport entity	Transportinstanz
transport layer	Transportschicht
trap door	Falltür
trusted	Vertrauenswürdigkeit
trusted device	vertrauenswürdiges Gerät
unauthorised access	unberechtigter Zugriff
unique	einzigartig
untrusted monitor	nicht zertifiziertes Kontrollgerät
update rate	Änderungshäufigkeit
user card	Anwenderkarte
user key	Benutzerschlüssel
user mode	Benutzermodus
user's requirement specification	Lastenheft
value	Wert
value added service (VAS)	Mehrwertdienst
vending machine	Warenausgabeautomat
verification	Überprüfung
vibrations	Schwingungen
volatile memory	flüchtiger Speicher

voltage watchdog	Spannungsüber-wachung	wire-bonding	Draht-Bonding
		withdrawing forces	Herausziehkräfte
		working elementary file (WEF)	Working Elementary File (WEF) ★
wafer number	Scheibennummer (unüblich) ★	wound coil	gewickelte Spule
waiting time extension (WTX)	Wartezeitverlängerung	write cycle	Schreibzyklus
		write once read multiple (WORM)	Write Once Read Multiple (WORM) ★
warping	Wölbung		
waterfall model	Wasserfallmodell		
wear of magnetic stripe	Abnutzung des Magnetstreifens		

15.3   Literatur

Die nachfolgenden Veröffentlichungen sind mit dem ersten Kriterium nach dem Familiennamen des Autors und als zweitem Kriterium in aufsteigender Reihenfolge des Datums sortiert. Veröffentlichungen in Newsgroups oder Diskussionsforen des Internets sind mit der Quellenangabe Internet gekennzeichnet.

[Anderson 92]	Ross J. Anderson: *Automatic Teller Machines*, Internet, Dezember 1992
[Anderson 96 a]	Ross J. Anderson, Markus G. Kuhn: *Improved Differential Fault Analysis*, Internet, November 1996
[Anderson 96 b]	Ross J. Anderson, Markus G. Kuhn: *Tamper Resistance – a Cautionary Note*, USENIX Workshop, November 1996
[Bellare 95 a]	Mihir Bellare, Juan Garay, Ralf Hause, Amir Herzberg, Hugo Krawczyk, Michael Steiner, Gene Tsudik, Michael Waidner: *iKP – A Family of Secure Electronic Payment Protocols*, Internet, 1995
[Bellare 95 b]	Mihir Bellare, Philip Rogaway: *Optimal Asymmetric Encryption – How to encrypt with RSA*, Internet, 1995
[Bellare 96]	Mihir Bellare, Philip Rogaway: *The Exact Security of Digital Signatures – How to Sign with RSA and Rabin*, Internet, 1996
[Beutelsbacher 93]	Albrecht Beutelsbacher: *Kryptologie*, 3. Auflage, Vieweg Verlag, Braunschweig 1993
[Beutelsbacher 96]	Albrecht Beutelsbacher, Jörg Schwenk, Klaus-Dieter Wolfenstetter: *Moderne Verfahren der Kryptografie*, Vieweg Verlag, Braunschweig 1996
[Biham 91]	Eli Biham, Adi Shamir: *Differential Cryptoanalysis of DES-like Cryptosystems*, Journal of Cryptology, Vol. 4, No. 1, 1991
[Biham 93]	Eli Biham, Adi Shamir: *Differential Cryptoanalysis of the Data Encryption Standard*, Springer Verlag, New York 1993
[Biham 96]	Eli Biham, Adi Shamir: A new cryptoanalytic attack on DES, Internet, 1996
[BIS 96]	Bank for International Settlements: *Security of Electronic Money – Report by the Committee on Payment and Settlement Systems and the Group of Computer Experts of the central banks of the Group on Ten countries*, Basel, August 1996
[Boneh 96]	Dan Boneh, Richard A. DeMillo, Richard J. Lipton: *On the Importance of Checking Computations*, Internet, 1996
[Bronstein 96]	I. N. Bronstein, K. A. Semendjajew: *Taschenbuch der Mathematik*, 7. Auflage, B. G. Teubner Verlagsgesellschaft Leipzig 1997
[Buchmann 96]	Johannes Buchmann: *Faktorisierung großer Zahlen*, Spektrum der Wissenschaft, September 1996
[Common Criteria 98]	Common Criteria, Version 2.0, NIST, Gaitersburg, Oktober 1998

[Dhem 96]   J. F. Dhem, D. Veithen, J.-J. Quisquater: *SCALPS: Smart Card Applied to Limited Payment Systems*, UCL Crypto Group Technical Report Series, Université catholique de Louvain, 1996

[Dictionary of Computing 91]   *Dictionary of Computing*, Oxford University Press, Oxford 1991

[Diffie 76]   Whitfield Diffie, Martin E. Hellman: *New Directions in Cryptography*, Internet, 1976

[Eberspächer 97]   Jörg Eberspächer, Hans-Jörg Vögel: *GSM – Global System for Mobile Communication*, B.G. Teubner Verlag, Stuttgart 1997

[EG 91]   Europäische Gemeinschaften – Kommission: *Kriterien für die Bewertung der Sicherheit von Systemen der Informationstechnik (ITSEC)*, Version 1.2, Juni 1991

[Fenton 96]   Norman E. Fenton, Shari Lawrence Pfleeger: *Software Metrics*, Thomson Computer Press, London 1996

[Finkenzeller 98]   Klaus Finkenzeller: *RFID-Handbuch*, Carl Hanser Verlag, München, Wien 1998

[Franz 98]   Michael Franz: *Java – Anmerkungen eines Wirth-Schülers*, Informatik Spektrum, Springer Verlag, Berlin 1998

[Freeman 97]   Adam Freemann, Darrel Ince: *Active Java – Object Oriented Programming for the World Wide Web*, Addison-Wesley, Reading 1997

[Fumy 94]   Walter Fumy, Hans Peter Ries: *Kryptographie*, 2. Auflage, R. Oldenbourg Verlag, München, Wien, 1994

[Gentz 97]   Wolfgang Gentz: *Die elektronische Geldbörse in Deutschland*, Diplomarbeit an der Fachhochschule München, München 1997

[Glade 95]   Albert Glade, Helmut Reimer, Bruno Struif: *Digitale Signatur*, Vieweg Verlag, Braunschweig 1995

[Gosling 95]   James Gosling, Henry McGilton: *The Java Language Environment – A White Paper*, Sun Microsystems, USA, 1995

[Grün 96]   Herbert Grün: *Card Manufacturing Materials and Environmental Responsibility*, Presentation at CardTech/SecurTech, Atlanta, May 1996

[GSM 95]   Proceedings of the Seminar for Lation America Decision Makers by GSM MoU Association and ECTEL: *Personal Communication Services based on the GSM Standard*, Buenos Aires 1995

[Gutmann 96]   Peter Gutmann: *Secure Deletion of Data from Magnetic and Solid-State Memory*, USENIX Konferenz, San Jose 1996

[Gutmann 98 a]   Peter Gutmann: *Software Generation of Practically Strong Random Numbers*, Internet, 1998

[Gutmann 98 b]   Peter Gutmann: *X.509 Style Guide*, Internet, 1998

[IC Protection 97]   *Common Criteria for IT Security Evaluation Protection Profile – Smartcard Integrated Circuit Protection Profile*, Internet, 1997

[Isselhorst 97]   Hartmut Isselhorst: *Betreiberorientierte Sichrheitsanforderungen für Chipkarten-Anwendungen*, Card-Forum, Lüneburg 1997

[Kaliski 93]   Burton S. Kaliski Jr.: *A Layman's Guide to a Subset of ASN.1, BER and DER*, RSA Laboratories Technical Note, Internet, 1993

[Kaliski 96]   Burton S. Kaliski Jr.: *Timing Attacks on Cryptosystems*, RSA Laboratories, Redwood City 1996

[Karten 97]   Zeitschrift Karten: *Zur Sicherheit der ec-Karte PIN: Das Urteil des OLG Hamm*, Fritz Knapp Verlag, Frankfurt, August 1997

[Knuth 97]   Donald Ervin Knuth: *The Art of Computer Programming, Volume 2, Seminumerical Algorithms*, 3. Auflage, Addison Wesley Longman, Reading, Massachusetts 1997

[Kocher 95]   Paul C. Kocher: *Timing Attacks on Implementations of Diffie-Hellmann, RSA, DSS, and Other Systems*, Internet, 1995

[Kocher 98]   Paul C. Kocher, Joshua Jaffe, Benjamin Jun: *Introduction to Differential Power Analysis and Related Attacks*, Internet, 1998

[Lender 96]   Friedwart Lender: *Production, Personalisation and Mailing of Smart Cards – A Survey*, Smart Card Technologies and Applications Workshop, Berlin, November 1996

[Lindholm 97]   Tim Lindholm, Frank Yellin: *Java – Die Spezifikation der virtuellen Maschine*, Addison-Wesley, Reading 1997

[Massey 88]   James L. Massey: *An Introduction to Contemporary Cryptology*, IEEE, Vol. 76, No. 5, 1988

[Massey 97]   James L. Massey: *Cryptography, Fundamentals and Applications*, 1997

[Meister 95]   Giesela Meister, Eric Johnson: *Schlüsselmanagement und Sicherheitsprotokolle gemäß ISO/SC 27 – Standards in Smart Card – Umgebungen* in: Albert Glade, Helmut Reimer, Bruno Struif: *Digitale Signatur*, Vieweg Verlag, Braunschweig 1995

[Menezes 93]   Alfred J.Menezes: *Elliptic Curve Public Key Cryptosystems*, Kluwer Academic Publishing, Boston 1993

[Menezes 97]   Alfred J. Menezes, Paul C. van Oorschot, Scott A. Vanstone: *Handbook of Applied Cryptography*, CRC Press, Boca Raton 1997

[Merkle 81]   Ralph C. Merkle, Martin E. Hellman: *On the Security of Multiple Encryption*, Internet, 1981

[Meyer 82]   Carl H. Meyer, Stephen M. Matyas: *Cryptography*, John Wiley & Sons, New York 1982

[Meyer 96]   Carsten Meyer: *Nur Peanuts – Der Risikofaktor Magnetkarte*, c't, Juli 1996

[Müller-Maguhn 97 a]   Andy Müller-Maguhn: *„Sicherheit" von EC-Karten*, Die Datenschleuder, Ausgabe 53, 1997

[Müller-Maguhn 97 b]   Andy Müller-Maguhn: *EC-Karten Unsicherheit*, Die Datenschleuder, Ausgabe 59, 1997

[Myers 95]   Glenford J. Myers: *The Art of Software Testing*, 5. Auflage, John
                     Wiley & Sons, New York, 1995

[Nebelung 96]   Brigitte Nebelung: *Das Geldbörsen-Konzept der ec-Karte mit
                     Chip*, debis Systemhaus, Bonn 1996

[Odlyzko 95]   Andrew. M. Odlyzko: *The future of integer factorization*, AT&T
                     Bell Laboratories, 1995

[Otto 82]   Siegfried Otto: *Echt oder falsch? Die maschinelle Echtheits-
                     erkennung*, Betriebswirtschaftliche Blätter, Heft 2, Februar 1982

[Peyret 97]   Patrice Peyret: *Which Smart Card technologies will you need to
                     ride the Information Highway safely?*, Gemplus, 1997

[Pfaffenberger 97]   Bryan Pfaffenberger: *Dictionary of Computer Terms*, Simon &
                     Schuster Macmillan Company, New York 1997

[Piller 96]   Ernst Piller: *Die „ideale" Geldbörse für Europa*, Card-Forum,
                     Lüneburg 1996

[Pomerance 84]   C. Pomerance: *The Quadratic Sieve Factoring Algorithm*,
                     Advances in Cryptology – Eurocrypt 84

[Press 92]   William H. Press, Saul A. Teukolsky, William T. Vetterling, Brian
                     P. Flannery: *Numerical Recipes in C – The Art of Scientific Com-
                     puting*, 2. Auflage, Cambridge University Press, Cambridge 1992

[Rivest 78]   Ronald L. Rivest, Adi Shamir, Leonard Adleman: *Method for
                     obtaining Digital Signatures and Public-Key Cryptosystems*, In-
                     ternet, 1976

[Robertson 96]   James Robertson, Suzanne Robertson: *Vollständige System-
                     analyse*, Carl Hanser Verlag, München, Wien 1996

[Rother 98 a]   Stefan Rother: *Prüfung von Chipkarten-Sicherheit*, Card-Forum,
                     Lüneburg1998

[Rother 98 b]   Stefan Rother: *Prüfung von Chipkarten-Sicherheit* im Tagungs-
                     band Chipkarten, Vieweg Verlag, Braunschweig 1998

[RSA 97]   RSA Data Security Inc.: *DES Crack Fact Sheet*, Internet, 1997

[Schief 87]   Rudolf Schief: *Einführung in die Mikroprozessoren und Mikro-
                     computer*, 10. Auflage, Attempto Verlag, Tübingen 1987

[Schindler 97]   Werner Schindler: *Wie sicher ist die PIN?*, Vortrag bei der Tagung
                     „Kreditkartenkriminalität", Heppenheim, Oktober 1997

[Schlumberger 97]   Schlumberger: *Cyberflex – Programmers Guide*, Version 6d,
                     April 1997

[Schneier 96]   Bruce Schneier: *Applied Cryptography*, 2. Auflage, John Wiley &
                     Sons, New York 1996

[Sedgewick 97]   Robert Sedgewick: *Algorithmen*, 3. Auflage, Addison-Wesley,
                     Bonn München Reading 1997

[SigG 97]   Gesetz zur Regelung der Rahmenbedingungen für Informations-
                    und Kommunikationsdienste (Informations- und Kommunikati-
                    ons-Gesetz – IuKDG), 13. Juni 1997, Artikel 3 – Gesetz zur
                    digitalen Signatur (Signaturgesetz – SigG)

[Silverman 97]   Robert D. Silverman: *Fast Generation of Random, Strong RSA
                    Primes*, RSA Laboratories Crypto Byte, Internet, 1997

[Simmons 92]   Gustavus J. Simmons (Editor): *Contemporary Cryptology*, New
                    York: IEEE Press, 1992

[Simmons 93]   Gustavus J. Simmons: *The Subliminal Channels in the U.S. Digi-
                    tal Signature Algorithm*, Proceedings of Symposium on State and
                    progress of Research in Cryptography, Rom 1993

[Sommerville 90]   Ian Sommerville: *Software Engineering*, Addison-Wesley,
                    Wokingham 1990

[Stix 96]   Gary Stix: *Herausforderung „Komma eins"*, Spektrum der
                    Wissenschaft, Februar 1996

[Stocker 98]   Thomas Stocker: *Java für Chipkarten* im Tagungsband Chip-
                    karten, Vieweg Verlag, Braunschweig 1998

[Tannenbaum 95]   Andrew S. Tannenbaum: *Moderne Betriebssysteme*, 2. Auflage,
                    Carl Hanser Verlag, München, Wien 1995

[Tietze 93]   Ulrich Tietze, Christoph Schenk: *Halbleiter-Schaltungstechnik*,
                    10. Auflage, Springer Verlag, Berlin 1993

[Vedder 97]   Klaus Vedder, Franz Weikmann: *Smart Cards – Requirements,
                    Properties and Applications*, ESAT-COSIC Course, Katholische
                    Universität Leuven, 1997

[Weikmann 92]   Franz Weikmann: *SmartCard-Chips – Technik und weitere
                    Perspektiven*, Der GMD-Spiegel 1'92, Gesellschaft für Mathema-
                    tik und Datenverarbeitung, Sankt Augustin 1992

[Weikmann 98]   Franz Weikmann, Klaus Vedder: *Smart Cards Requirements,
                    Properties and Applications* in: Tagungsband Chipkarten, Vieweg
                    Verlag, Braunschweig 1998

[Wiener 93]   Michael J. Wiener: *Efficient DES Key Search*, Crypto 93, Santa
                    Barbara 1993

[Yellin 96]   Frank Yellin: *Low Level Security in Java*, Internet, 1996

[Zieschang 98]   Thilo Zieschang: *Differentielle Fehleranalyse und Sicherheit von
                    Chipkarten*, Internet, 1998

15.4   Kommentiertes Normenverzeichnis

Der folgende Abschnitt enthält ein ausführlich kommentiertes Verzeichnis der für Karten mit und ohne Chip relevanten Normen und Industriestandards. Das Verzeichnis nimmt vor allem Rücksicht auf internationale und nicht so sehr auf lokale, länderspezifische Normen. Es sind sowohl Normen von offiziellen Normungsorganisationen (z.B.: ANSI, CEN, ETSI, ISO) als auch kartenrelevante Quasi-Normen wie beispielsweise der EMV-Standard oder Internet-RFCs aufgeführt.

Zusätzlich zum kommentierten Verzeichnis zeigt die Tabelle 15.1 eine Übersicht von unter Umständen hilfreichen Aufstellungen, Überblicke und Quellen für themenspezifische Normen und Standards. Vor allem die Industriestandards sind oft kostenlos via WWW erhältlich, was bei den offiziellen Normen in der Regel leider nicht der Fall ist.

Tabelle 15.1   Übersicht über Verzeichnisse und Quellen für im Chipkartenbereich nützliche Normen und Industriestandards.

Thema	Quelle(n)
allgemeiner Normenüberblick	Die folgenden Web-Adressen können gut als Ausgangspunkt für weitere Recherchen genutzt werden: • [ANSI] • [CEN] • [DIN] • [ETSI] • [IEC] • [IEEE] • [ISO] • [ITU] • [SEIS]
Kryptografie	Ein ausführlicher Überblick von Normen aus der Kryptografie findet sich bei [Menezes 97] und [Schneier 96]. Die folgenden Web-Adressen können gut als Ausgangspunkt für weitere Recherchen genutzt werden: • [Ascom] • [Certicom] • [Counterpane] • [Entrust] • [JYA] • [Kocher] • [Kryptocom] • [MIT] • [R3] • [RSA] • [Tatu] • [UCL] • [Uni Siegen]
RFC	Die Web-Adresse [RFC] kann gut als Ausgangspunkt für weitere Recherchen genutzt werden.
GSM	Ein ausführlicher Überblick GSM-spezifischer Normen findet sich bei [Eberspächer 97]. Die Web-Adresse [GSM] kann gut als Ausgangspunkt für weitere Recherchen genutzt werden.

Die für Chipkarten wichtigsten Normen und Standards sind mit dem Symbol „☒" gekennzeichnet. Alle Normen und Standards sind nach der herausgebenden Institution und ihrer Nummer, ohne Berücksichtigung von Präfixen (z.B.: „pr") oder Zustandsbezeichnungen (z.B.: „DIS", ...) geordnet. Das aufgeführte Datum ist das Erscheinungsdatum der aktuell gültigen Ausgabe.

ANSI X 9.9 : 1986	Financial Institution Message Authentication
ANSI X 9.17 : 1985	Financial Institution Key Management
ANSI X 9.19 : 1986	Financial Institution Retail Message Authentication
ANSI X 9.30	Public Key cryptography using irreversible algorithms for the financial services industry
– 1 : 1993	Part 1: The Digital Signature Algorithm (DSA)
– 2 : 1993	Part 2: The Secure Hash Algorithm (SHA-1)
ANSI X 9.31 Part 1 : 1993	Public Key cryptography using irreversible algorithms for the financial services industry – Part 1: The RSA Signature Algorithm
ANSI X 3.92 : 1981	Data Encryption Algorithm *Diese Norm beschreibt den DES-Algorithmus.*
ANSI X 3.106 : 1983	American National Standard for Information Systems – Data Encryption Algorithm – Modes of Operation
IEEE 828 : 1990	Standard for Software Configuration Management Plans
IEEE 1363 : 1998	Standard for RSA, Diffie-Hellman and Related Public-Key Cryptography ⊠ *Dies ist eine sehr ausführliche und umfassende Norm, welche beinahe alle Aspekte, von der Schlüsselgenerierung bis zur Verwendung bei digitaler Signatur, Schlüsselaustausch und Verschlüsselung bei asymmetrischen Kryptoalgorithmen abdeckt.*
ANSI / IEEE 829 : 1991	Standard for Software Test Documentation *Beschreibung der Vorgehensweise und notwendigen Dokumentation beim Test von Software.*
ANSI / IEEE 1008 : 1987	Standard for Software Unit Testing *Beschreibung der grundlegenden Vorgehensweisen beim Test von Software.*
ANSI / IEEE 1012 : 1992	Software Verification and Validation Plans *Festlegung der notwendigen Testaktivitäten und Testpläne für Softwareentwicklungen. Die Grundlage für diese Norm ist das Wasserfallmodell der Softwareproduktion.*
CCITT Z.100 : 1994	Specification and Description Language (SDL)
DIN 44 300 – 1 ...9 : 1988	Informationsverarbeitung – Begriffe *Definition vieler Begriffe aus der Informationstechnik.*
EMV	Integrated Circuit Card [Application/Terminal] Specification for Payment Systems ⊠ *Dies ist die wichtigste Normenreihe für Chipkarten im Zahlungsverkehr und wird gemeinsam von den Firmen Europay, Mastercard und Visa veröffentlicht. Die Reihe besteht aus drei Teilen, die die Chipkarte, die Zahlungsverkehrsanwendung und das dazugehörige Terminal behandeln.*

EMV '96 Version 3.1.1 : 1998 Integrated Circuit Card Specification for Payment Systems
      ☒ Spezifikation der mechanischen und elektrischen Eigenschaften von Chipkarten und Terminals. Definition der An- und Abschaltsequenz, der Datenübertragung auf elektrischer Ebene, des ATRs sowie der dazugehörigen Datenelemente. Weiterhin sind die beiden Übertragungsprotokolle T=0 und T=1 sowie APDU-Aufbau, logischen Kanäle, Secure Messaging, Kartenkommandos, Returncodes und die Datenelemente mit dazugehöriger TLV-Codierung spezifiziert.

EMV '96 Version 3.1.1 : 1998 Integrated Circuit Card Application Specification for Payment Systems
      Spezifikation der Transaktionsabläufe und Sicherheitsfunktionen für Chipkarten im Zahlungsverkehr. Die Abläufe und Arbeitsweisen der Authentisierung, der Benutzerprüfung durch PIN-Eingabe und das Risikomanagement durch das Terminal sind in dieser Spezifikation festgelegt.

EMV '96 Version 3.1.1 : 1998 Integrated Circuit Card Terminal Specification for Payment Systems
      Festlegung der obligatorischen und optionalen Anforderungen für ein Terminal, das Chipkarten nach EMV unterstützt. Dazu gehören mögliche Konfigurationen, funktionale und sicherheitstechnische Anforderungen an das Terminal, mögliche und erlaubte Benutzermeldungen inklusive verwendetem Zeichensatz sowie die Schnittstelle zum Acquirer. Dieser Standard definiert auch in den Grundzügen die Architektur der Terminalsoftware sowie das Modell eines Interpreters für ausführbaren Programmcode für Terminals. Im Anhang befinden sich Hinweise über die technische Gestaltung der Terminals sowie Beispiele für Terminals am Point-of-Sale, an Geldausgabe- und Warenausgabeautomaten.

EMV '96 Errata Version 1.0 : 1998
      ICC Specifications for Payment Systems
      Dieses Papier klärt Zweideutigkeiten und beseitigt bekanntgewordene Fehler des dreiteiligen EMV-Standards.

EN 726-1 : 1994   Identification card systems – Telecommunications integrated circuit(s) card and terminals – Part 1: System overview

EN 726-2 : 1995   Identification card systems – Telecommunications integrated circuit(s) card and terminals – Part 2: Security framework

EN 726-3 : 1994   Identification card systems – Telecommunications integrated circuit(s) card and terminals – Part 3: Application independent card requirements
      ☒ Definition von Dateistrukturen, Kommandos, Returncodes, Dateien für allgemein verwendbare Funktionen und der grundlegenden Mechanismen von Chipkarten für Anwendungen im Bereich der Telekommunikation. Diese Norm ist das ETSI-Gegenstück zur ISO/IEC 7816-4 und der korrespondierende Rahmen zur GSM 11.11.

EN 726-4 : 1994	Identification card systems – Telecommunications integrated circuit(s) card and terminals – Part 4: Application independent card related terminal requirements
EN 726-5 : 1995	Identification card systems – Telecommunications integrated circuit(s) card and terminals – Part 5: Payment methods *Definition von verschiedenen Zahlungsmethoden mit dazugehörigen Dateistrukturen, Datenelementen und Abläufen für Chipkarten. Die Zahlungsmethoden sind für Anwendungen im Bereich der Telekommunikation konzipiert.*
EN 726-6 : 1995	Identification card systems – Telecommunications integrated circuit(s) card and terminals – Part 6: Telecommunication features
EN 726-7 : 1996	Identification card systems – Telecommunications integrated circuit(s) card and terminals – Part 7: Security Module
EN 1038 : 1995	Identification card systems – Telecommunication applications – Integrated circuit(s) card payphone *Definition der Grundlagen für die Anwendung von Chipkarten an öffentlichen Kartentelefonen. Die Norm enthält vor allem Verweise auf bestehende Normen und legt die sinnvollen Varianten fest, an welcher Stelle im System sich das Sicherheitsmodul zur Authentisierung der Telefonkarte befinden soll.*
prEN 1105 : Januar 1995	Identification card systems – General concepts applying to systems using IC cards in inter-sector environments – Rules for inter-application consistency *Definition von grundlegenden Forderungen an eine Chipkarte, um einen anwendungsübergreifenden Einsatz sicherzustellen. Enthält vor allem Verweise auf bestehende Normen sowie diverse Festlegungen für Chipkarten und Terminals.*
prEN 1292 : 1995	Additional Test Methods for IC Cards and Interface Devices *Definition von Tests für die elektrischen Rahmenwerte und die grundlegende Datenübertragung von Chipkarte und Terminal. Diese Norm ist eine Ergänzung zur ISO/IEC 10 373.*
EN 1332	Identification card systems – Man-Machine Interface
- 1 pr : 1995	Part 1: Design principles and symbols for the user interface
- 2 pr : 1995	Part 2: Definition of a Tactile Identifier for ID-1 cards *Festlegung einer fühlbaren Aussparung für ID-1 Karten zur Erkennung der Ausrichtung der Karte.*
- 3 pr : 1995	Part 3: Keypads
- 4 pr : 1995	Part 4: Coding of user requirements for people with special needs
prEN 1545-1 : 1995	Identification card systems – Surface transport applications – Part 1: General
prEN 1545-2 : 1995	Identification card systems – Surface transport applications – Part 2: Transport payment

prEN 1545-3 : 1995	Identification card systems – Surface transport applications – Part 3: Tachograph
prEN 1545-4 : 1995	Identification card systems – Surface transport applications – Part 4: Vehicle and driver licencing
prEN 1545-5 : 1995	Identification card systems – Surface transport applications – Part 5: Freight

EN 1546

Identification card systems – Inter-sector electronic purse

☒ *Die weltweit wichtigste Norm für elektronische Geldbörsen, welche die die Grundlage der meisten Börsensysteme ist. Die Normenreihe ist relativ allgemein gehalten, enthält damit viele Optionen, ist aber eine sehr gute und auch vollständige Beschreibung einer elektronischen Geldbörse.*

- 1 prEN : 1997

Part 1: Definition, concepts and structures
Definition der Begriffe für die gesamte Normenreihe und Beschreibung der grundlegenden Konzepte und Strukturen für die branchenübergreifende elektronische Geldbörse.

- 2 prEN : 1996

Part 2: Security architecture
Beschreibung der verwendeten Notationen für Sicherheitsmechanismen, der Sicherheitsarchitektur und der dazugehörigen Abläufe und Mechanismen bei der branchenübergreifenden elektronischen Geldbörse.

- 3 prEN : 1996

Part 3: Data elements and interchanges
Beschreibung der Datenelemente, Dateien, Kommandos und Returncodes zwischen allen Komponenten der branchenübergreifenden elektronischen Geldbörse.

- 4 prEN : 1997

Part 4: Data objects
Beschreibung des TLV-Mechanismus zum Lesen beliebiger Datenelemente aus Dateien sowie detaillierte Darstellung der Komponenten und der Zustände für die Zustandsautomaten der branchenübergreifenden elektronischen Geldbörse. Ebenfalls ist eine Liste der Kennzeichen (tags) für alle verwendeten Datenelemente vorhanden.

EN 13 343	Identification card systems – Telecommunications IC cards and terminals – Test methods and conformance testing for EN 726-3
- 1 prEN : 1998	Part 1: Implementation Conformance Statement (ICS) proforma specification
- 2 prEN : 1998	Part 2: Test Suite Structure and Test Purposes (TSS & TP)
- 3 prEN : 1998	Part 3: Abstract Test Suite (ATS) and Implementation extra Information for Testing (IXIT) proforma specification
EN 13 344	Identification card systems – Telecommunications IC cards and terminals – Test methods and conformance testing for EN 726-4
- 1 prEN : 1998	Part 1: Implementation Conformance Statement (ICS) proforma specification

| - 2 prEN : 1998 | Part 2: Test Suite Structure (TSS) and Test Purposes (TP) |
| - 3 prEN : 1998 | Part 3: Abstract Test Suite (ATS) and Implementation extra Information for Testing (IXIT) proforma specification |

EN 13 345	Identification card systems – Telecommunications IC cards and terminals – Test methods and conformance testing for EN 726-7
- 1 prEN : 1998	Part 1: Implementation Conformance Statement (ICS) proforma specification
- 2 prEN : 1998	Part 2: Test Suite Structure and Test Purposes (TSS & TP)
- 3 prEN : 1998	Part 3: Abstract Test Suite (ATS) and Implementation extra Information for Testing (IXIT) proforma specification

| PC/SC : Revision 1 : Dezember 1997 | Interoperability Specification for ICCs and Personal Computer Systems |

Diese umfangreiche und detaillierte Spezifikation ist die Grundlage der Anbindung von Chipkarten und Terminals in das Ressourcenmanagement der 16-Bit- und 32-Bit-Betriebssysteme von Microsoft.

- 1	Part 1: Introduction and Architecture Overview
- 2	Part 2: Interface Requirements for Compatible IC Cards and Readers
- 3	Part 3: Requirements for PC-Connected Interface Devices
- 4	Part 4: IFD Design Considerations and Reference Design Information
- 5	Part 5: ICC Resource Manager Definition
- 6	Part 6: ICC Service Provider Interface Definition
- 7	Part 7: Application Domain and Developer Design Considerations
- 8	Part 8: Recommendations for ICC Security and Privacy Devices

| ENV 1257 | Identification card systems – Rules for Personal Identification Number handling in intersector enviroments |

Darstellung und Erläuterung der Sicherheitsaspekte im Umgang mit der PIN, von der Übergabe der PIN zum Kartenbesitzer (PIN-Brief) bis hin zur Eingabe der PIN an einer Tastatur (PIN-Pad).

- 1 prENV : 1997	Part 1: PIN presentation
- 2 prENV: 1997	Part 2: PIN protection
- 3 prENV : 1997	Part 3: PIN verification

| prETS 300 331 : 1993 | Radio Equipment ans Systems; Digital European Cordless Telecommunications; Common interface; DECT Authentication Module |

Beschreibung der Chipkarte für das DECT System. Sie umfaßt alle dazugehörigen Kommandos, Dateien, Zugriffsbedingungen und Authentisierungsabläufe. Die Abmessungen der Kartenformate Mini ID-Karte und Plug-In-Karte sind ebenfalls definiert. Diese Norm lehnt sich stark an die GSM 11.11 Norm an.

| prETS 300 641 | siehe GSM 11.12 (identisch mit dieser Norm) |

| prETS 300 977 | siehe GSM 11.11 (identisch mit dieser Norm) |

FIPS 46 : 1977   Data Encryption Standard (DES)
                                  ☒ *Diese Norm beschreibt den DES-Algorithmus.*

FIPS 74 : 1981   Guidelines for Implementing and Using the NBS Encryption Standard

FIPS 81 : 1980   DES Modes of Operation

FIPS 180-1 : 1994   Secure Hash Standard (SHA-1)
                                  ☒ *Diese Norm beschreibt die SHA-1 Hash-Funktion.*

FIPS 186 : 1994   Digital Signature Standard (DSS)
                                  ☒ *Diese Norm beschreibt den DSS-Algorithmus und die SHA Hash-Funktion, welche jedoch durch die FIPS 180-1 (SHA-1) abgelöst worden ist .*

FIPS 140-1 : 1994   Security Requirements for Cryptographic Modules

GSM 1.04 (ETR 100)   Digital cellular telecommunications systems (Phase 2); Abbreviations and acronyms

GSM 11.11 Version 7.1.0 : 1998
                                  Digital cellular telecommunications system (Phase 2+) – Specification of the Subscriber Identity Module – Mobile Equipment (SIM – ME) interface
                                  ☒ *Vollständige Spezifikation der Schnittstelle zwischen der Chipkarte und dem Mobiltelefon für GSM. Dies beinhaltet die Definition der Kartengrößen ID-1 und Plug-In, der mechanischen Rahmenparameter für die Karte und die Kontakte. Festlegung aller elektrischen Rahmenwerte sowie des ATR und PTS. Definition von Dateistrukturen, Sicherheitsmechanismen, Kommandos und Returncodes. Definition aller für GSM notwendigen Datenelemente und Dateien, sowie der entsprechenden Abläufe für die einzelnen Funktionen. Die GSM 11.11 wird von ETSI als prETS 300 977 herausgegeben.*

GSM 11.12 Version 4.3.1 : 1998
                                  Digital cellular telecommunications system (Phase 2); Specification of the 3 Volt Subscriber Identity Module – Mobile Equipment (SIM – ME) interface
                                  Spezifikation für 3 Volt SIMs inklusive einer Kompatibilitätsliste für SIMs, die nach den Vorgängerspezifikationen programmiert wurden. Diese Norm beinhaltet lediglich Unterschiede und Ergänzungen zu GSM 11.11 in bezug auf 3 Volt SIMs..

GSM 11.14 Version 5.6.0 : 1997
                                  Digital cellular telecommunications system (Phase 2 +); Specification of the SIM Application Toolkit for the Subscriber Identity Module – Mobile Equipment (SIM – ME) interface
                                  Definition und ausführliche Beschreibung des SIM Application Toolkits für GSM-Karten. Das Toolkit bietet einem Netzbetreiber die Möglichkeit, eigene Anwendungen zur Steuerung des Mobiltelefons über die Luftschnittstelle (over the air – OTA) auf die Chipkarte zu laden. In der Norm ist im Detail festgelegt, wie beispiels-

weise die Ansteuerung des Displays, die Abfrage der Tastatur, das Versenden von Short Messages und weitere Funktionen im Zusammenhang mit einer diesbezüglichen Anwendung durchgeführt werden müssen.

GSM 11.17 V 0.5.1 : 1997

Digital cellular telecommunications systems (Phase 2); Subscriber Identity Module (SIM) test specification
Festlegung von Testumgebung, Testausrüstung, Testhierarchie und der einzelnen Testfälle für das Testing von GSM-Karten. Die beschriebenen Tests zielen ausnahmslos auf die elektrischen und informationstechnischen Aspekte der GSM-Karte. Dazu sind Tests von der elektrischen Versorgung über Datenübertragung, Dateiverwaltung, Kommandos bis hin typischen Abläufen in der GSM-Anwendung im Detail festgelegt. Diese Norm zeigt sehr gut und ausführlich, wie zur Zeit GSM-Tests aufzubauen und durchzuführen sind.

ISO 639 : 1997

Codes for the representation of names of languages

ISO 3166 : 1993

Codes for the representation of names of countries

ISO 3309 : 1984

Information processing systems – Data communication – High-level data link control procedures – Frame structure
Definition von Nachrichtenstrukturen für Datenübertragung und deren Schutz durch einen Fehlererkennungscode (CRC).

ISO/IEC 4217 : 1995

Codes for the representation of currencies and funds

ISO 4909 : 1987

Bank cards – Magnetic stripe data contents for track 3.

ISO/IEC 7501

Identification cards – Machine readable travel documents

  - 1 : 1997

Part 1: Machine readable passport

  - 2 : 1997

Part 2: Machine readable visas

  - 3 : 1997

Part 3: Offcial travel documents

ISO 7810 : 1995

Identification cards – Physical characteristics
Beschreibung der wichtigsten physikalischen Eigenschaften einer Karte ohne Chip und Definition der Kartengrößen ID-1, ID-2 und ID-3.

ISO 7811

Identification cards – Recording technique
Diese Normenreihe ist eine wichtige Referenz für die mechanischen Aspekte von Karten und legt für diesen Bereich die wesentlichen Kartenelemente in ihrer Ausführung fest.

  - 1 : 1995

Part 1: Embossing
Exakte Definition der zehn Ziffern sowie der grundlegenden Beschriftungsart für die Hochprägung von Karten.

  - 2 : 1995

Part 2: Magnetic stripe
Definition der Größe und Position des Magnetstreifens einer Karte. Weiterhin sind in dieser Norm die physikalischen Eigenschaften des magnetisierbaren Materials und die Codierung der Zeichen auf dem Magnetstreifen festgelegt.

- 3 : 1995	Part 3: Location of embossed characters on ID-1 cards
	Definition von möglichen Positionen der Hochprägung auf ID-1 Karten.
- 4 : 1995	Part 4: Location of read-only magnetic tracks – Tracks 1 and 2
	Definition der Position der nur lesbaren Spuren 1 und 2 auf einer ID-1 Karte.
- 5 : 1995	Part 5: Location of read-write magnetic track – Track 3
	Definition der Position der schreib- und lesbaren Spur 3 auf ID-1 Karten.
- 6 : 1996	Part 6: Magnetic stripe – High coercivity

ISO 7812   Identification cards

- 1 : 1993   Part 1: Numbering system
Spezifikation eines Numerierungsschemas für die Herausgeber von ID-Karten.

- 2 : 1993   Part 2: Application and registration procedures
Festlegung der Registrierungsinstanz und eines Formulars für die Registrierung von Anwendungen. Enthält außerdem den Algorithmus für die Prüfsumme nach Luhn (Modulo 10 Prüfsumme).

ISO 7813 : 1995   Identification cards – Financial transaction cards
Definition der grundlegenden physikalischen Eigenschaften, Größe und Hochprägung der ID-1 Karte nach ISO 7810 für Karten im Bereich des Zahlungsverkehrs. Ebenfalls sind hier die Dateninhalte von Spur 1 und 2 des Magnetstreifens definiert.

ISO/IEC 7816   Identification cards – Integrated circuit(s) cards with contacts
⊠ *Dies ist die wichtigste ISO-Normenreihe für Mikrocontroller-Chipkarten. Die ersten drei Teile fokussieren vor allem auf die Karten- und Chiphardware. Die nachfolgenden Teile legen beinahe alle Mechanismen und Eigenschaften von Betriebssystemen für Chipkarten und der dazugehörigen Informationstechnik fest.*

- 1 : 1998   Part 1: Physical characteristics
Definition der physikalischen Eigenschaften einer Karte mit einem kontaktbehafteten Chip, sowie der dafür anzuwendenden Tests.

- 2 : 1996   Part 2: Dimensions and location of the contacts
Definition der Größe und Position der Kontaktelemente einer Chipkarte, sowie der möglichen Anordnung von Chip, Magnetstreifen und Hochprägung. Ebenfalls ist die Meßmethode für die Position der Kontakte auf der Chipkarte beschrieben.

- 3 : 1997   Part 3: Electronic signals and transmission protocols
⊠ *Die wichtigste ISO-Norm für die elektrischen Rahmenparameter einer Mikrocontroller-Chipkarte. In dieser Norm sind alle grundlegenden elektrischen Eigenschaften wie Spannungsversorgung (5 Volt und 3 Volt), Anhalten der Taktfrequenz und Resetverhalten (Kalt- und Warmreset) festgelegt. Ebenso sind die Datenelemente, der Aufbau und die möglichen Abläufe von ATR und PTS definiert. Ein großer Teil dieser Norm befaßt sich noch mit den Grundlagen der Datenübertragung auf physikalischer Ebene (z.B. Teiler) und*

die Definition der beiden Übertragungsprotokolle T=0 und T=1 mit
ausführlichen Beispielen des Kommunikationsablaufs.

- 4 : 1995   Part 4: Inter-industry commands for interchange
                             ☒ *Die wichtigste ISO-Norm auf Anwendungsebene für Chipkarten.*
                             Definition der Dateiorganisation, Dateistrukturen, Sicherheits-
                             architektur, TPDUs, APDUs, Secure Messaging, Returncodes und
                             der logischen Kanäle. Den größten Teil nimmt eine ausführliche Be-
                             schreibung der Kommandos für Chipkarten ein. Ebenfalls sind die
                             grundlegenden Mechanismen von Chipkarten für allgemeine Indu-
                             strieanwendungen beschrieben.

- 4 Amd. 1 : 1997   Part 4 – Amendment 1: Use of secure Messaging

- 5 : 1994   Part 5: Numbering system and registration procedure for application
                             identifiers
                             Definition des Numerierungsschemas für die eindeutige Identifizie-
                             rung von nationalen und internationalen Anwendungen in Chip-
                             karten. Außerdem werden die exakte Datenstruktur der AIDs defi-
                             niert und die Registrierungsprozedur für Anwendungen erklärt.

- 5 Amd. 1 : 1996   Part 5 – Amendment 1: Registration of identifiers

- 6 : 1996   Identification cards – Integrated circuit(s) cards with contacts – Part
                             6: Inter-industry data elements
                             Definition von Datenelementen (data objects – DO) und dazugehö-
                             riger TLV-Kennzeichnung für allgemeine Industrieanwendungen.
                             Ebenfalls sind die dazugehörigen TLV-Strukturen erläutert sowie
                             Prozeduren für das Auslesen von Datenobjekten aus Chipkarten.

- 6 Amd. 1 DIS : 1997   Part 6 – Amendment 1: IC Manufacturer registration

- 7 DIS : 1997   Part 7: Interindustry commands for Structured Card Query Langua-
                             ge (SCQL)
                             Definition von zusätzlichen Kommandos für Chipkarten in Ergän-
                             zung zu ISO/IEC 7816-4. In dieser Norm sind die Prinzipien einer
                             an SQL angelehnten Datenbank für Chipkarten definiert. Ebenso
                             legt sie die Kommandos für die dazugehörigen SCQL-Zugriffe auf
                             Chipkarten fest.

- 8 CD : 1998   Part 8: Security related interindustry commands
                             Dieser Teil der Normenreihe ist vollständig dem Thema sicherheits-
                             relevante Funktionen und Kommandos gewidmet. Die Norm defi-
                             niert ergänzend zu ISO/IEC 7816-4 zusätzliche Mechanismen für
                             Secure Messaging. Des weiteren sind umfangreiche Kommandos für
                             kryptografische Funktionen, wie beispielsweise digitale Signatur,
                             Hash Berechnung, MAC-Berechnung, Ver- und Entschlüsselung von
                             Daten beschrieben.

- 9 CD : 1998   Part 9: Enhanced interindustry commands
                             In dieser in drei Teile gegliederten Norm ist am Beginn der Lebens-
                             zyklus von Chipkarten-Anwendungen auf Dateiebene in Form von
                             Zuständen beschrieben . Der nächste große Abschnitt beschäftigt
                             sich mit der Beschreibung von Zugriffskontrollobjekten (access
                             control objects – ACO), die für die Reglementierung von Dateizu-
                             griffen verwendet werden können. Der dritte umfangreiche Teil der
                             Norm definiert Suchkommandos für Dateiinhalte und die für die

Verwaltung von Anwendungen notwendigen Administrationskommandos zum Erzeugen und Löschen von Dateien.

- 10 CD : 1998

Part 10: Electronic signals answer to reset for synchronous cards
Dieser Teil ist für Speicherkarten das Gegenstück zu Teil 3 dieser Normenreihe. Hier werden die wesentlichen elektrischen Rahmenparameter für Speicherkarten festgelegt. Ebenso sind die Datenelemente, der Aufbau und die möglichen Abläufe des ATR für synchrone Karten definiert.

- 11 WD : 1998

Part 11: Card structure and enhanced functions for multi-application use
Dieser Teil der Normenreihe definiert die Stadien des Lebenszyklus einer Chipkarte mit den dazugehörigen Kommandos zur Aktivierung und Deaktivierung von Anwendungen. Zusätzlich werden die Prinzipien und Kommandos für das Laden und die Ausführung von Programmcode in Chipkarten festgelegt.

ISO 8372 : 1992

Modes of Operation for a 64-Bit Block Cipher Algorithm
☒ *Definition der vier Modi für Verschlüsselungsalgorithmen mit 64 Bit Blockgröße (z.B.: DES): Electronic Codebook (ECB), Cipher Block Chaining (CBC), Output Feedback (OFB) und Cipher Feedback (CFB). Die in ANSI X 3.106 und FIPS 81 beschriebenen Modi für Blockverschlüsselungsverfahren sind eine Untermenge dieser Norm.*

ISO 8583 : 1993

Financial transaction card originated messages – Interchange message specifications
Norm für die Datenübertragung zwischen Terminal und Host. In einer angelehnten Form funktioniert auch in Deutschland die Kommunikation zwischen Terminals für Debitkarten und dem Hintergrundsystem.

ISO 8730 : 1990

Banking – Requirements for message authentication
Grundlagen für die Sicherung von Daten bei der Übertragung d.h. Erzeugung und Prüfung von MACs. Im Anhang befinden sich dazu ausführliche Zahlenbeispiele, sowie die Beschreibung eines Pseudozufallszahlengenerators mit dem DES.

ISO 8731
- 1 : 1987

Banking – Approved algorithms for message authentication
Part 1: DEA
Sehr kurze Norm, in der der DEA für MAC-Berechnung als geeignet bezeichnet wird. Weiterhin ist kurz die Paritätsberechnung für DES-Schlüssel beschrieben.

- 2 : 1992

Part 2: Message authenticator algorithm
Definition eines schnellen Algorithmus für die MAC-Berechnung im Bankenbereich. Im Anhang befinden sich Zahlenbeispiele, sowie eine exakte Beschreibung des Algorithmus.

ISO 8732 : 1988

Banking – Key management
Umfangreiche Norm über die Grundlagen und Verfahren des Schlüsselmanagements zwischen zwei oder mehreren beteiligten Instanzen mit Hilfe von symmetrischen Kryptoalgorithmen.

ISO/IEC 8824 : 1990	Information technology – Open Systems Interconnection – Specification of Abstract Syntax Notation One (ASN.1) *Definition der grundlegenden Codierungsregeln von ASN.1.*
ISO/IEC 8825 : 1990	Information technology – Open Systems Interconnection – Specification of Basic Encoding Rules for Abstract Syntax Notation One (ASN.1) *Definition der Datenbeschreibungssprache ASN.1.*
ISO/IEC 9075 : 1992	Information technology – Database languages – SQL2 *Definition der Datenbankabfragesprache Structured Query Language (SQL), welche eine Obermenge der chipkartenbasierten Datenbankabfragesprache SCQL ist.*
ISO/IEC 9126 : 1991	Information technology – Software product evaluation – Quality characteristics and guidelines for their use
ISO 9564	Banking – Personal Identification Number management and security
- 1 : 1991	Part 1: PIN protection principles and techniques *Grundlagen der PIN-Auswahl, des PIN-Managements und des Schutzes der PIN für allgemeine Bankanwendungen. In den Anhängen sind unter anderem generelle Forderungen an Eingabegeräte für PINs definiert. Auch sind dort Vorschläge für das Layout der entsprechenden Tastaturen vorhanden. Weiterhin befinden sich im Anhang Hinweise zum Löschen von sensitiven Daten auf verschiedenen Medien wie Magnetband, Papier oder Halbleiterspeicher.*
- 2 : 1991	Part 2: Approved algorithm(s) for PIN encipherment *Sehr kurze Norm, die den DES als Algorithmus zur PIN-Verschlüsselung definiert.*
ISO/IEC 9646-3 : 1992	Information technology – Open Systems Interconnection – Conformance testing methodology and framework – Part 3: The Tree and Tabular Combined Notation (TTCN) *Umfangreiche Norm, welche eine allgemeine Hochsprache für die Festlegung von Tests beschreibt. TTCN wird vereinzelt im Umfeld von Chipkartentests eingesetzt.*
ISO/IEC 9796	Information technology – Security techniques – Digital signature scheme giving message recovery *Definition von Verfahren zur Erstellung und Überprüfung digitaler Signaturen mit Nachrichtenrückgewinnung. Im Anhang befinden sich mehrere Zahlenbeispiele zur Schlüsselerzeugung, Signaturerstellung und Prüfung der Signatur.*
- 1 : 1999	Part 1: Mechanisms using redundancy
- 2 : 1997	Part 1: Mechanisms using a hash-function
ISO/IEC 9797 : 1994	Information technology – Security techniques – Data integrity mechanism using a cryptographic check function employing a block cipher algorithm *Definition der Berechnung eines Message Authentication Codes (MAC) mit einem Blockverschlüsselungsalgorithmus. Diese Norm*

	ist eine Verallgemeinerung der MAC-Berechnung von ISO 8731, ANSI X9.9 und ANSI X9.19.
ISO/IEC 9798	Information technology – Security techniques – Entity authentication ⊠ *Normenreihe, die im Detail die unterschiedlichen kryptografischen Techniken für die Authentisierung von einer, zwei oder drei beteiligten Instanzen beschreibt. Diese Normenreihe ist die wichtigste Referenz zum Thema Authentisierung.*
- 1 : 1991	Part 1: General model *Festlegung der Bezeichnungen und Notationen für die weiteren Teile der Normenreihe.*
- 2 : 1994	Part 2: Mechanisms using symmetric encipherment algorithms *Festlegung von Authentisierungsverfahren, die auf symmetrischen Kryptoalgorithmen basieren.*
- 3 : 1993	Part 3: Entity authentication using a public key algorithm *Festlegung von Authentisierungsverfahren, die auf asymmetrischen Kryptoalgorithmen basieren.*
- 4 : 1995	Part 4: Mechanisms using a cryptographic check function *Festlegung von Authentisierungsverfahren, die auf kryptografischen Prüffunktionen basieren.*
- 5 : 1997	Part 5: Mechanisms using zero knowledge techniques *Festlegung von Authentisierungsverfahren, die auf Zero-Knowledge-Verfahren basieren.*
ISO 9807 : 1991	Banking and related financial services – Requirements for message authentication (retail)
ISO/IEC 9979 : 1995	Information technology – Security techniques – Procedures for the registration of cryptographic algorithms
ISO 9992	Financial Transaction Cards – Messages between the Integrated Circuit Card and the Card Accepting Device
- 1 : 1990	Part 1: Concepts and structures
- 2 : 1998	Part 2: Functions, messages (commands and responses), data elements and structures *Definition von Kommandos, Abläufen und Datenelementen für Chipkarten im Zahlungsverkehr. Enthält die Definition der Kennzeichen (tags) für Datenelemente im Zahlungsverkehr und viele Querverweise auf bestehende Normen der ISO/IEC 7816 Reihe.*
- 4 DIS : 1993	Part 4: Common data for interchange
- 5 CD : 1991	Part 5: Organization of data elements
ISO/IEC 10 116 : 1995	Information technology – Security techniques – Modes of operation for an n-bit block cipher algorithm *Beschreibung der vier üblichen Modi (ECB, CBC, CFB, OFD), mit denen ein Blockverschlüsselungsalgorithmus betrieben werden kann. Im Anhang befinden sich detaillierte Anmerkungen zur jeweiligen Anwendung der vier Verschlüsselungsmodi sowie in einem weiteren Anhang die entsprechenden Zahlenbeispiele dazu.*

ISO/IEC 10 118	Information technology – Security techniques – Hash functions *Allgemeine Grundlagen zu Hash-Funktionen, sowie dazugehörige* *Padding-Methoden.*
- 1 : 1994	Part 1: General
- 2 : 1999	Part 2: Hash functions using an n-bit block cipher algorithm *Definition von Hash-Funktionen, die einen Blockverschlüsselungs-* *algorithmus als Grundlage benutzen. Es ist ein Algorithmus mit* *einfacher und einer mit doppelter Schlüssellänge beschrieben. Im* *Anhang befindet sich jeweils ein dazu passendes Zahlenbeispiel auf* *der Basis des DES.*
- 3 : 1996	Part 3: Dedicated hash functions
- 4 : 1996	Part 4: Hash-functions using modular arithmetic
ISO/IEC 10 170	Information technology – Security techniques – Key Management
- 1 CD : 1995	Part 1: Key Management Mechanisms Using Asymmetric Techniques
- 2 CD : 1995	Part 2: Key Management Mechanisms Using Symmetric Techniques
ISO 10 202	Financial Transaction Cards – Security Architecture of Financial Transaction Systems using Integrated Circuit Cards
- 1 : 1991	Part 1: Card life cycle
- 2 : 1996	Part 2: Transaction process
- 3 DIS : 1995	Part 3: Cryptographic key relationship
- 4 : 1996	Part 4: Secure application modules
- 5 : 1998	Part 5: Use of algorithms
- 6 : 1994	Part 6: Card holder verification
- 7 : 1998	Part 7: Key Management *Definition von allgemeinen Mechanismen für Schlüsselmanagement* *und zur Schlüsselableitung. Es werden sowohl symmetrische als* *auch asymmetrische Verfahren beschrieben.*
- 8 : 1998	Part 8: General principles and overview
ISO/IEC 10 373 : 1993	Identification cards – Test methods ☒ *Grundlegende Norm zum Test von Karten. Genaue Beschreibun-* *gen von Testmethoden für Kartenkörper und Kartenkörper in Ver-* *bindung mit dem implantierten Chip. Die einzelnen Tests sind mit* *vielen erklärenden Zeichnungen detailliert beschrieben. Die Norm* *wird durch die im folgenen beschriebene Normenreihe abgelöst.*
ISO/IEC 10 373	Identification cards – Test methods
- 1 DIS : 1998	Part 1: General
- 2 DIS : 1998	Part 2: Magnetic stripe technologies
- 3 CD : 1998	Part 3: Integrated circuit cards *Festlegung von Testumgebung, Testmethoden und Testabläufen für* *elektrische Tests von kontaktbehafteten Chipkarten. Dazu sind Ab-* *läufe für die Prüfung der Kontaktpositionen, der elektrischen Ver-* *sorgung und der Datenübertragung bei ATR, PTS und den Übertra-* *gungsprotokollen im Detail festgelegt.*

- 4 CD : 1998	Part 4: Contactless integrated circuit cards
- 5 DIS : 1998	Part 5: Optical memory cards
- 6 WD : 1998	Part 6: Proximity cards
- 7 WD : 1998	Part 7: Vicinity cards

ISO/IEC 10 536	Identification cards – Contactless integrated circuit(s) cards
- 1 : 1992	Part 1: Physical characteristics *Definition der physikalischen Eigenschaften von kontaktlosen Chipkarten sowie der dazugehörigen Testmethoden.*
- 2 : 1995	Part 2: Dimension and location of coupling areas *Spezifikation der Abmessungen und Lage der Koppelflächen für kontaktlose Karten und den Betrieb in Kartenterminals mit Kartenschlitz oder an der Oberfläche.*
- 3 : 1996	Part 3: Electronic signals and reset procedures *Definition der elektrischen Signale der induktiven und kapazitiven Koppelelemente zwischen Terminal und Chipkarte.*
- 4 CD : 1997	Part 4: Answer to reset and transmission protocols *Festlegungen der Datenübertragung auf physikalischer Ebene, des Aufbaus und der Datenelemente von ATR und PTS für kontaktlose Chipkarten. Definition des Übertragungsprotokolls T=2 mit vielen Beispielszenarien für den Protokollablauf.*

ISO 11 568	Banking – Key management
- 1 : 1994	Part 1: Introduction to Key Management
- 2 : 1994	Part 2: Key management techniques for symmetric ciphers
- 3 : 1994	Part 3: Key life cycle for symmetric ciphers
- 4 : 1998	Part 4: Key management techniques for public key cryptosystems
- 5 : 1998	Part 5: Key life for public key cryptosystems
- 6 : 1998	Part 6: Key management schemes

ISO/IEC 11 693 : 1994	Identification cards – Optical memory cards

ISO/IEC 11 694	Identification cards – Optical memory cards and devices – Linear recording method
- 1 : 1994	Part 1: Physical characteristics
- 2 : 1995	Part 2: Dimensions and location of the accessible optical area
- 2 DAM 1 : 1997	Part 2, Amendment 1: Optical card layout
- 3 : 1995	Part 3: Optical properties and characteristics
- 4 : 1996	Part 4: Logical data structures

ISO/IEC 11 770	Information technology – Security techniques – Key management
- 1 : 1996	Part 1: Key management framework
- 2 : 1995	Part 2: Mechanisms using symmetric techniques
- 3 : 1995	Part 3: Key management mechanisms using asymmetric cryptographic techniques

ISO 13 491	Banking – Secure cryptographic devices
- 1 : DIS	Part 1: Concepts, requirements and evaluation methods

- 2 : DIS	Part 2: Audit check lists for devices used in magnetic stripe card systems
ISO/IEC 13 888	Information technology – Security techniques – Non-repudiation
- 1 : 1997	Part 1: General
- 2 : 1998	Part 2: Mechanisms using symmetric techniques
- 3 : 1997	Part 3: Mechanisms using asymmetric techniques
ISO/IEC 14 443	Remote coupling communication cards
- 1 CD : 1998	Part 1: Physical characteristics
- 2 CD : 1998	Part 2: Radio frequency interface
- 3 WD : 1998	Part 3: Initialisation and anticollision
- 4 WD : 1998	Part 4: Transmission protocols
ISO/IEC 14 888	Information technology – Security techniques – Digital signature with appendix

Diese Norm spezifiziert grundlegende Mechanismen und Vorgehensweisen für digitale Signaturen mit Anhang. Die Norm ist unabhängig von einem bestimmten asymmetrischen Kryptoalgorithmus.

- 1 CD : 1997	Part 1: General
- 2 CD : 1997	Part 2: Identity-based mechanisms
- 3 CD : 1997	Part 3: Certificate-based mechanisms
ISO/IEC WD 10 460 : 1995	Identification cards – Integrated circuit(s) cards with contacts – Integrated circuit with voltages lower than 3 volts
ISO/IEC 15 693	Contactless integrated circuit(s) cards – Vicinity cards
- 1 CD : 1998	Part 1: Physical characteristics
- 2 WD : 1998	Part 2: Air interface and initialisation
- 3 WD : 1999	Part 3: Protocols
- 4 WD : 1999	Part 4: Registration of Application issuers
ISO/IEC 15 946	Information technology – Security techniques – Cryptographic techniques based on elliptic curves
- 1 WD :1997	Part 1: General
- 2 WD : 1998	Part 2: Digital signatures
- 3 WD : 1998	Part 3: Key establishment
ITU X.509 : 1997	Information Technology – Open Systems Interconnection – The Directory: Authentication Framework

☒ *Diese Norm legt Aufbau und Codierung von Zertifikaten fest. Sie ist weltweit die meistbenutzteste Grundlage für Zertifikatsstrukturen und identisch mit der ISO/IEC 9594-8.*

Java Card 2.1 : 1998   ☒ *Dieser Industriestandard ist die Grundlage von Java auf Chipkarten, wird vom Java Card Forum erstellt und von der Firma Sun veröffentlicht.*

Application Programming Interfaces

Dieser Teil des Standards nennt die Einschränkungen von Java auf Chipkarten gegenüber der vollen Implementation.

Language Subset and Virtual Machine Specification

Dieser sehr kurze Teil des Standards legt das Rahmenwerk um Java Card fest, zeigt die Gestaltungskonzepte für Chipkartenapplets, die Zusammenarbeit von Java mit APDUs und den Aufbau des Dateisystems bei Java auf Chipkarten.

Programming Concepts

Dieser Teil des Standards legt das Rahmenwerk um Java Card fest, zeigt die Gestaltungskonzepte für Chipkartenapplets, die Zusammenarbeit von Java mit APDUs und den Aufbau des Dateisystems bei Java auf Chipkarten.

PKCS #1 V 1.5 : 1993

RSA Encryption Standard
☒ *Beschreibung der Funktionsweise der Ver- und Entschlüsselung mit dem RSA-Algorithmus.*

PKCS #3 V 1.4 : 1993

Diffie-Hellman Key-Agreement Standard
Beschreibung der Funktionsweise eines Schlüsselaustauschverfahrens zwischen zwei Instanzen nach dem Verfahren von Diffie-Hellman.

PKCS #11 V 2.0 Draft : 1997

Cryptographic Token Interface Standard
☒ *Dies ist die weltweite De-facto-Norm für eine API zum Aufruf von kryptografischen Funktionen. Die API hat den Namen „Cryptoki" (cryptographic token interface) und beinhaltet Funktionen wie RC2, RC4, RC5, MD5, SHA-1, DES, Triple-DES, IDEA, RSA, DSA, MAC-Berechnung und Schlüsselerzeugung für die unterschiedlichen Kryptoalgorithmen.*

RFC 1750 : 1994

Randomness Recommendations for Security
Darstellung der Funktionsprinzipien von unterschiedlichen Zufallszahlengeneratoren. Aufbauend darauf werden Empfehlungen für Verfahren zur Konzeption von hochwertigen Pseudozufallszahlengenerierung für PCs gegeben.

RFC 1115 : 1992

The MD2 Message-Digest Algorithm

RFC 1186 : 1992

The MD4 Message-Digest Algorithm

RFC 1321 : 1992

The MD5 Message-Digest Algorithm

15.5   Registrierungsstellen für RID

Das für die Registrierung eines RID benötigte Formular befindet sich im Anhang der ISO/IEC 7816-5. Der Antrag für eine internationale RID verläuft in der Regel über die jeweilige nationale Registrierungsinstanz und ist kostenpflichtig.

Tabelle 15.2   Registrierungsstellen für RIDs nach ISO/IEC 7816-5.

Bereich	Organisation
International	TeleDanmark KTAS att/ ISO/IEC 7816-5 Registration Authority Teglholmsgade 1 1790 Copenhagen V Dänemark
Deutschland	RID German National Registration Authority c/o GMD Bruno Struif Rheinstraße 75 D - 64 295 Darmstadt

15.6   Veranstaltungen

Die folgenden Veranstaltungen und Messen haben mindestens einen ihrer Schwerpunkte im Bereich der Chipkarten oder in einem den Karten verwandten Gebiet. Die aufgeführten Termine und Orte sind typische Werte der letzten Jahre, die sich aber je nach Veranstalter in der Zukunft verschieben können. Man sieht an dieser Liste, daß ein interessierter Reisender durchaus die Möglichkeit hätte, jeden Monat in einem anderen Land eine Veranstaltung zu besuchen.

Tabelle 15.3   Auswahl von jährlichen stattfindenden Veranstaltungen mit dem Schwerpunkt Chipkarten und Kryptografie.

Name der Messe/Veranstaltung	Ort	Zeitraum
Asia Crypt	Asien	Herbst
Card Tech / Secure Tech [CTST]	USA, Virginia, Arlington	September
Card Tech West [CTST]	USA, Kalifornien, San Jose	Dezember
Cards Africa	Südafrika, Johannesburg	November
Cards Asia	Singapore	Februar
Cards Australia	Australien, Melbourne	August
Cards Latin America	Chile, Santiago de Chile	Juli
Cartes	Frankreich, Paris	Oktober
CeBit	Deutschland, Hannover	März
Crypto	USA, Kalifornien, Santa Barbara	Sommer
Euro Crypt	Europa	Frühjahr
GSM World Congress	irgendwo auf dem Planet Erde	Februar
OmniCard	Deutschland, Berlin	Januar
Smart Card	Großbritannien, London	Februar

15.7   World-Wide-Web-Adressen

Die folgende Liste von World-Wide-Web-Adressen erhebt keinen Anspruch auf Vollständigkeit und sollte als Querschnitt über die unterschiedlichen Firmen und Institutionen gesehen werden, die auf dem Gebiet von Chipkarten aktiv sind. Die genannten Adressen sind dabei durchaus auch als Startpunkte für weitere Recherchen gedacht. Aufgrund der Hypertextstruktur von HTML-Dokumenten befinden sich an vielen der angegebenen Adressen Verbindungen zu anderen interessanten Dokumenten und Plätzen im World Wid Web. Größere Sammlungen von Adressen sind als „Link-Farm" explizit gekennzeichnet.

Es darf bei der Benutzung dieser Liste jedoch nicht vergessen werden, daß die angegebenen Internet-Adressen aufgrund der im Internet herrschenden Dynamik sehr schnell überholt sind. Dies ist auch der Grund, warum keine Referenzen auf einzelne Dokumente gemacht wurden, sondern maximal Unterverzeichnisse angegeben sind. Selbst diese werden aber oft bei Reorganisationen der Webserver geändert, weshalb es sich im Zweifelsfalle empfiehlt, die Adresse bis zum Organisations- bzw. Länderkennzeichen (*.com, *.de, ...) zu benutzen und dann von dieser aus die jeweils gültigen Verzeichnisse auf dem Webserver manuell über die Einstiegsseite zu selektieren.

Die Zuordnung der Adressen bzw. Firmen wurde aufgrund des hauptsächlichen Tätigkeitsbereiches getroffen. Viele der aufgeführten Firmen haben jedoch Aktivitäten in mehreren aufgeführten Gebieten; diese sind in der Regel explizit angegeben. Soweit sinnvoll, ist zusätzlich noch das Land der Firma bzw. der Institution genannt.

In der Regel kann über die Homepage einer Firma auch deren Postanschrift sowie die Telefonnummer eines Ansprechpartners herausgefunden werden, weshalb es kein explizites Verzeichnis von Firmenadressen gibt. Bei konkretem Bedarf an einer bestimmten Information geben wir prinzipiell den Rat, mit den entsprechenden Suchbegriffen und der Zuhilfenahme einer leistungsfähigen Suchmaschine das World Wide Web zu durchkämmen. Damit kann man dann auf jeden Fall sicherstellen, daß man einen aktuellen Querschnitt an Informationen für die Recherche hat.

Tabelle 15.4   Überblick über die verwendeten Kategorien bei der Liste der Web-Adressen.

Kategorie	Erklärung
Entwicklungssysteme	Software-Entwicklunsgsysteme für Chipkarten-Betriebssysteme
Angriffe	Angriffe auf Chipkarten, Chipkartenterminals, Sicherheitsmodule u.ä.
Betriebssysteme	Betriebssysteme für Chipkarten
Biometrie	Benutzerauthentisierung mittels Biometrie
e-Geld	elektronischer Zahlungsverkehr und elektronisches Geld mit und ohne Chipkarten
Forschung	Forschungseinrichtung staatlich oder privat
Halbleiterhersteller	Hersteller von Halbleitern für Chipkarten, Speicherchips und/oder Mikrocontroller
Kartenherausgeber	
Kartenhersteller	Hersteller von Karten mit und/oder ohne Chip
Kryptografie	Kryptografie im Umfeld von Chipkarten
Link-Farm	Sammlung von Links auf weitere Adressen im Internet
Maschinen für Kartenfertigung	Maschinen und Geräte für die Kartenfertigung
Normung	Normung im Umfeld von Chipkarten und Kryptografie
Patente	Patente im Umfeld von Chipkarten
Sicherheitstechnik	Sicherheitstechnik im Umfeld von Chipkarten
Software	PC-Software für Chipkarten, Chipkartensimulationen
Terminals	Hersteller von Terminals für Karten mit und ohne Chip
Universität	Universität oder Institute von Universitäten
Veranstaltungen	Veranstaltungen, Kongresse und Konferenzen im Umfeld von Chipkarten
Verlag	Zeitschriften und Bücher über Chipkarten

[a la Card]   **a la Card**
                     Verlag im Chipkartenbereich
                     http://www.alacard.de/

[ACS]   **Advanced Card Systems Ltd., Hongkong**
                     Chipkarten, Terminals
                     http://www.acs.com.hk/

[Aladdin]   **Aladdin Knowledge Systems Ltd., USA**
                     Terminals, Software, Chipkarten
                     http://www.aks.com/
                     http://www.aladdin.de/

[Aliro]   **Aliro Ltd., Israel**
                     Sicherheitstechnik
                     http://www.aliro.com/

[AM]   **American Magnetics, USA**
                     Terminals
                     http://www.magstripe.com/

[Amazing]   **Amazing Controls Inc., USA**
                     Chipkarten, Terminals
                     http://www.amazingcontrols.com/

[AmEx]   **American Express, USA**
                     Kartenherausgeber
                     http://www.americanexpress.com/

[Anderson]   **Ross Anderson's Home Page, Großbritannien**
                     Informationen über Angriffe auf Chipkarten
                     http://www.cl.cam.ac.uk/users/rja14/

[ANSI]   **ANSI, USA**
                     Normen
                     http://www.ansi.org/

[Ascom]   **Ascom AG, Schweiz**
                     Kryptografie, IDEA, Sicherheitstechnik
                     http://www.ascom.ch/

[Ashling]   **Ashling Microsystems Ltd., Irland**
                     Entwicklungssysteme
                     http://www.ashling.com/

[ASM   **ASM Lithography, Niederlande**
                     Maschinen für die Halbleiterproduktion
                     http://www.asml.com/

[Aspects]   **Aspects Software Ltd., Schottland**
                     Software und Hardware für den Test von Chipkarten und Terminals
                     http://www.aspects-sw.com/

[Atmel]   **Atmel, USA**
                     Chipkarten-Mikrocontroller
                     http://www.atmel.com/

[AU Systems]   **AU-System Ego AB, Schweden**
                     Sicherheitsmodule, Chipkarten, Personalisierungsanlagen
                     http://www.ego.ausys.com/

[BdB]   **Bundesverband deutscher Banken (BdB), Deutschland**
                     http://www.bdb.de/

[Bellcore]   **Bellcore, USA**
                     Sicherheitstechnik, „Bellcore Attack"
                     http://www.bellcore.com/

[Brokat]   **Brokat GmbH, Deutschland**
                       Electronic Commerce, Home Banking
                       http://www.brokat.com/
                       http://www.brokat.de/

[BSI]   **Bundesamt für Sicherheit in der Informationstechnik (BSI), Deutschland**
                       Artikel zum Thema Sicherheit
                       http://www.bsi.bund.de/

[Bull]   **Bull CP8 Smart Card and Terminals, Frankreich**
                       Chipkarten, Terminals
                       http://www.cp8.bull.net/

[Cardshow]   **The Smart Card Cyber Show, Frankreich**
                       http://www.cardshow.com/

[CCC]   **Chaos Computer Club e.V., Deuschland**
                       Angriffe auf Chipkarten, Kryptoalgorithmen
                       http://www.ccc.de/

[CEN]   **CEN**
                       Normen
                       http://www.cenorm.be/

[Certicom]   **Certicom Corp., Kanada**
                       Kryptografie, ECC
                       http://www.certicom.ca/

[Computational]   **Computational Logic Inc., USA**
                       Java
                       http://www.cli.com/

[Counterpane]   **Counterpane, USA**
                       Kryptografie
                       http://www.counterpane.com/

[CTST]   **CardTech/SecurTech Konferenz, USA**
                       Veranstaltungen über Chipkarten
                       http://www.ctst.com/

[Cybercash]   **Cybercash Inc., USA**
                       elektronisches Geld Cybercash
                       http://www.cybercash.com/

[Dai Nippon]   **Dai Nippon Printing Co. Ltd., Japan**
                       Chipkartenhersteller
                       http://www.dnp.co.jp/

[Dallas Semi]   **Dallas Semiconductor, USA**
                       Halbleiterhersteller, Sicherheitsprozessoren
                       http://www.dalsemi.com/
                       http://www.ibutton.com/

[Datacard]   **Datacard, USA**
                       Produktionsmaschinen für Chipkarten
                       http://www.datacard.com/

[De La Rue]   **De La Rue Card Systems, Großbritannien**
                       Chipkartenhersteller
                       http://www.delarue.com/

[DI]   **Digital Instruments, Deutschland**
                       scanning probe microscopes
                       http://www.digmbh.de/

[Diebold]   **Diebold Inc., USA**
                     Systemintegrator, Geldausgabeautomaten
                     http://www.diebold.com/

[Digicash]   **Digicash, Niederlande**
                     elektronisches Geld e-Cash
                     http://www.digicash.com/

[DIN]   **Deutsches Institut für Normung e.V. (DIN), Deutschland**
                     Normen
                     http://www.din.de/

[Diners]   **Diners-Club, USA**
                     Kartenherausgeber
                     http://www.diners-club.com/

[DPA]   **Deutsches Patentamt, Deutschland**
                     Patente
                     http://www.deutsches-patentamt.de/

[Drexler]   **Drexler Technology Corp., USA**
                     Karten mit optisch les- und schreibbarem Bereich
                     http://www.lasercard.com/

[ECC]   **The Error Correcting Codes (ECC) Home Page, Japan**
                     Link-Farm zu Fehlererkennungs- und Korrekturcodes
                     http://imailab.iis.u-tokyo.ac.jp/~robert/codes.html/

[e-Commerce]   **US-Handelsministerium, USA**
                     e-Commerce
                     http://www.ecommerce.gov/

[Entrust]   **Entrust, Kanada**
                     Kryptografie
                     http://www.entrust.com/

[Eracom]   **Eracom Pty. Ltd., Australien**
                     Kryptografie
                     http://www.eracom.com.au/

[ETHZ]   **Eidgenössische Technische Hochschule Zürich**
                     http://www.inf.ethz.ch/

[ETSI]   **ETSI**
                     Normen
                     http://www.etsi.fr/

[Europay]   **Europay International, Belgien**
                     Kartenherausgeber, EMV-Spezifikation, SET-Spezifikation, electronic Commerce
                     http://www.europay.com/

[F&O]   **F & O Electronic Systems GmbH, Deutschland**
                     Desktop Personalisierungsmaschinen
                     http://www.fundo.de/

[Fischer]   **Fischer International Systems Corporation, USA**
                     Terminals
                     http://www.fisc.com/

[GD]   **Giesecke & Devrient GmbH, Deutschland**
                     Chipkarten, Betriebssysteme, Terminals
                     http://www.gdm.de/
                     http://www.gdasia.com/

[Gemplus]   **Gemplus S.C.A., Frankreich**
                     Chipkarten, Betriebssysteme, Terminals
                     http://www.gemplus.com/

[GIS]   **General Information Systems Ltd., Großbritannien**
                         elektronischer Zahlungsverkehr, Terminals
                         http://www.gis.co.uk/

[GMD]   **Gesellschaft für Mathematik und Datenverarbeitung (GMD), Deutschland**
                         Betriebssysteme, digitale Signatur
                         http://www.gmd.de/

[GPT]   **GPT Card Technology, Großbritannien**
                         Chipkarten
                         http://www.gpt.co.uk/

[Groupmark]   **Groupmark Ltd., Kanada**
                         Chipkartenhersteller
                         http://www.groupmark.com/

[GSM]   **GSM MoU Association**
                         Link Farm über GSM
                         http://www.gsmworld.com/

[Gutmann]   **Peter Gutmann's Security and Encryption Links**
                         http://www.cs.auckland.ac.nz/~pgut001/links.html/

[GZS]   **Gesellschaft für Zahlungssysteme (GZS) GmbH, Deutschland**
                         elektronischer Zahlungsverkehr, Clearing
                         http://www.gzs.de/

[Hanser]   **Carl Hanser Verlag GmbH, Deutschland**
                         Handbuch der Chipkarten, The Smart Card Simulator
                         http://www.hanser.de/

[Hekuma]   **Hekuma, Germany**
                         Spritzgußkarten
                         http://www.emedia.com/tech/hekuma/hekuma.html/

[Hitachi]   **Hitachi Ltd. Japan**
                         Chipkarten-Mikrocontroller, Terminals
                         http://www.hitachi.com/
                         http://www.hitachi.co.jp/

[Hypercom]   **Hypercom Corp., USA**
                         Terminals
                         http://www.hypercom.com/

[Hyperion]   **Hyperion, Großbritannien**
                         Beratung
                         http://www.hyperion.co.uk/

[IA]   **Integrity Arts , USA**
                         Java für Chipkarten
                         http://www.integrityarts.com/

[IATA]   **International Air Transport Association (IATA)**
                         http://www.iata.org/

[IBI]   **Institut für Bankinformatik an der Universität Regensburg (IBI), Deutschland**
                         http://www.ibi.de/

[IBM]   **IBM**
                         Chipkartenhersteller, Terminals
                         http://www.ibm.zurich.ch/
                         http://www.chipcard.ibm.com/
                         http://www.research.ibm.com/
                         http://www.zurich.ibm.ch/Technology/Security/publications/1995/rap.html/

[IEC]   **IEC**
                    Normen
                    http://www.iec.ch/

[IEEE]   **IEEE**
                    Normen
                    http://www.ieee.org/

[Ingenico]   **Ingenico, Frankreich**
                    Terminals
                    http://www.ingenico.com/

[Innovatron]   **Groupe Innovatron, Frankreich**
                    Patente, Beratung
                    http://www.innovatron.com/

[Innovonics]   **Innovonics Inc., USA**
                    Zahlungsverkehr mit Chipkarten
                    http://www.innovonics.com/

[Integri]   **Integri, Belgien**
                    Test von Chipkarten-Betriebssystemen
                    http://www.integri.be/

[Intel]   **Intel**
                    Halbleiterhersteller
                    http://www.intel.com/

[Intellect]   **Intellect, Australien**
                    Terminals
                    http://www.intellect.com.au/

[InterNIC]   **Network Information Server für RdW**
                    http://www.internic.net/

[Iridium]   **Iridium, USA**
                    Informationen über das Mobilfunknetz Iridium
                    http://www.iridium.com/

[ISO]   **ISO**
                    Normen
                    http://www.iso.ch/

[ITU]   **ITU**
                    Normen
                    http://www.itu.ch/

[Java Lobby]   **Java Lobby, USA**
                    Java
                    http://www.javalobby.org/

[Javasoft]   **Javasoft, USA**
                    Java, Java für Chipkarten
                    http://www.javasoft.com/

[JCB]   **JCB, USA**
                    Kartenherausgeber
                    http://www.jcb.com/

[JCF]   **Java Card Forum, USA**
                    Java, Spezifikationen für Java auf Chipkarten
                    http://www.javacardforum.org/

[JOS]   **Java Betriebssystem, USA**
                    Java Operating System
                    http://www.jos.org/

[JTC1]	**ISO, Joint Technical Commettee One**
	Internationale Normung
	http://www.jtc1.org/
[JYA]	**JYA, USA**
	Kryptografie
	http://www.jya.com/
[Kaba]	**Kaba Holding AG, Deutschland**
	kontaktlose Chipkarten, Legic
	http://www.kaba.com/
[Keil]	**Keil GmbH, Deutschland**
	Entwicklungssysteme
	http://www.keil.com/
[Kocher]	**Paul Kochers Kryptografie-Seite**
	http://www.cryptography.com/
[Krone]	**Krone GmbH, Deutschland**
	Terminals
	http://www.krone-gmbh.de/
[Kryptocom]	**Kryptokom GmbH, Deutschland**
	Kryptografie
	http://www.kryptokom.com/
[Litronic]	**Litronic Inc., USA**
	Sicherheitssysteme
	http://www.litronic.com/
[Logika]	**Logika Comp Spa, Italien**
	Personalisierungssysteme
	http://www.logika.it/
[MagTek]	**MagTek Inc., USA**
	Terminals
	http://www.magtek.com/
[Maosco]	**Maosco Ltd., Großbritannien**
	Chipkarten-Betriebssystem
	http://www.multos.com/
[Mark Twain]	**Mark Twain Bank, USA**
	elektronisches Geld(e-Cash)
	http://www.marktwain.com/
[Mastercard]	**Master Card International, USA**
	Kartenherausgeber, EMV-Spezifikation; SET-Spezifikation; electronic Commerce
	http://www.mastercard.com/
[Meinen Ziegel]	**Meinen, Ziegel & Co., Deutschland**
	Kartenproduktionsmaschinen
	http://www.royonix.com/
[Micromedia]	**Micromedia AG, Deutschland**
	Biometrie (dynamische Unterschrift)
	http://www.micromedia.de/
[Microsoft]	**Microsoft, USA**
	Crypto-API, PC/SC
	http://www.microsoft.com/
[Mikron]	**Mikron AG, Deutschland**
	kontaktlose Chipkarten
	http://www.mikron.de/

[Millicent]   **Digital Equipment Corp., USA**
                     elektronisches Geld Millicent
                     http://www.millicent.digital.com/

[MIT]   **Massachusetts Institute of Technology (MIT), USA**
                     Kryptografie
                     http://www.mit.edu/

[Mondex]   **Mondex International Ltd., Großbritannien**
                     elektronische Geldbörse, Chipkarten-Betriebssystem
                     http://www.mondex.com/

[Motorola SPS]   **Motorola SPS Inc., USA**
                     Chipkartenhersteller
                     http://www.mot-sps.com/

[Motorola]   **Motorola, USA**
                     Halbleiterhersteller
                     http://design-net.com/csic/SMARTCRD/smartcrd.htm/

[Mühlbauer]   **Mühlbauer GmbH, Deutschland**
                     Maschien für Kartenfertigung
                     http://www.muehlbauer.de/

[NC]   **Network Computer, Inc., USA**
                     Open-Card Framework
                     http://www.nc.com/

[Netscape]   **Netscape**
                     Normen (SSL)
                     http://www.netscape.com/

[NICDE]   **Network Information Server für DE**
                     http://www.nic.de/

[NIST]   **National Institute of Standards and Technology (NIST), USA**
                     Normen (FIPS), Spezifikationen (DES, SHA-1, DSS), Common Criteria for Information
                     Technology Security
                     http://www.csrc.ncsl.nist.gov/
                     http://www.nist.gov/

[NSA]   **National Security Agency (NSA), USA**
                     http://www.nsa.gov/

[Oberthur]   **Oberthur Smart Cards, USA**
                     Chipkarten
                     http://www.oberthurkirk.com/

[Oki]   **Oki, Japan**
                     Mikrocontroller, Terminals
                     http://www.oki.com/
                     http://www.oki.co.jp/

[Orga]   **Orga GmbH, Deutschland**
                     Chipkartenhersteller, Betriebssysteme, Terminals
                     http://www.orga.com/

[OTP]   **Open Trading Protocol**
                     Zahlungsverkehr in offenen Netzen
                     http://www.otp.org/

[PC/SC]   **PC/SC Arbeitsgruppe, USA**
                     Spezifikation PC/SC
                     http://www.smartcardsys.com/

[PGP]   **Pretty Good Privacy**
                     http://www.pgp.com/

[Philips]	**Philips, Deutschland**
	Halbleiterhersteller
	http://www.philips.com/
	http://www.semiconductors.philips.com/

[Protechno]	**Protechno Card GmbH, Deutschland**
	Maschinen für Desktop-Personalisierung
	http://www.protechno-card.com/

[Proton]	**Proton**
	elektronische Geldbörse Proton
	http://www.protonworld.com/

[R3]	**R3 Security Engineering, Schweiz**
	Kryptografie
	http://www.r3.ch/

[Racom]	**Racom Systems Inc., USA**
	Kartenhersteller, Halbleiterhersteller
	http://www.racom.com/

[Rankl]	**Homepage von Wolfgang Rankl**
	Aufgrund der großen Dynamik im Internet kann es eines Tages notwendig sein, daß ich meine Homepage umziehen muß. Eine Referenz auf die dann aktuelle Homepage findet sich in jedem Fall auf der Homepage des Carl Hanser Verlages [Hanser].
	http://www.geocities.com/SiliconValley/Foothills/4710/

[RFC]	**RFC Server**
	Internet Standards RFC
	z.B: http://www.yahoo.com/

[RSA]	**RSA Inc., USA**
	Kryptografie
	http://www.rsa.com/

[SA]	**Strategic Analysis Inc., USA**
	Beratung
	http://www.sainc.com/

[SCARD]	**Smart Card Developer Association, USA**
	Angriffe, Software
	http://www.scard.org/

[Schlumberger]	**Schlumberger Ltd., Frankreich**
	Chipkartenhersteller, Terminals, Betriebssysteme
	http://www.slb.com/

[SE Transaction]	**Secure Electronic Transaction LLC, USA**
	SET Homepage
	http://www.setco.org/

[Secude]	**Secude GmbH, Deutschland**
	Sicherheitstechnik
	http://www.secude.com/

[Security Dynamics]	**Security Dynamics Technologies Inc., USA**
	Sicherheitstechnologie
	http://www.securid.com/

[SEIS]	**SEIS Swedish Secured Electronic Information in Society Specification, Schweden**
	Normen
	http://www.seis.se/

[Semper]	**SEMPER**
	e-Commerce
	http://www.semper.org/

[SEPT]   **SEPT, Frankreich**
                                Normen
                                http://www.sept.fr/

[Siemens]   **Siemens AG, Deutschland**
                                Halbleiterhersteller
                                http://www.siemens.de/
                                http://www.scn.de/
                                http://www.sci.siemens.com/
                                http://www.siemens.de/semiconductor/

[Smart Card Club]   **The Smart Card Club**
                                http://www.smartcardclub.co.uk/

[Smart Card Forum]   **The Smart Card Forum**
                                http://www.smartcardforum.org/

[STM]   **ST Microelectronics, Frankreich**
                                Halbleiterhersteller
                                http://www.st.com/

[Sun]   **Sun, USA**
                                Java, Java Electronic Commerce Framework (JECF)
                                http://www.java.sun.com/

[Tasking]   **Tasking Inc., USA**
                                Entwicklungssysteme
                                http://www.tasking.com/

[Tatu]   **Tatu Ylönen's Security and Encryption Links**
                                Link Farm über Kryptografie
                                http://www.cs.hut.fi/crypto/

[TC]   **TC Trustcenter GmbH, Deutschland**
                                Trustcenter
                                http://www.trustcenter.de/

[Techno Data]   **Techno Data, Deutschland**
                                Magnetstreifenkarten, Chipkarten
                                http://www.technodata-ibk.com/

[Telesec]   **Telesec GmbH, Deutschland**
                                Chipkartenbetriebssysteme
                                http://www.telekom.de/telesec

[Teletrust]   **Teletrust, Deutschland**
                                http://www.teletrust.de/

[Tenth Mountain]   **Tenth Mountain Systems, Inc., USA**
                                SET Compliance Test
                                http://www.tenthmtn.com/

[TI]   **Texas Instruments Inc., USA**
                                Halbleiterhersteller
                                http://www.ti.com/

[TNO]   **TNO – Netherlands Organization for Applied Research, Niederlande**
                                Hardwaretests von Mikrocontrollern
                                http://www.tno.nl/

[TR]   **Report on Smart Cards**
                                http://www.tr.com/

[Ubiq]   **UbiQ Inc., USA**
                                Personalisierung
                                http://www.ubiqinc.com/

[UCL]   **UCL – Microelectronics Laboratory, Belgien**
                         Kryptografie
                         http://www.dice.ucl.ac.be/

[Uni Siegen]   **Universität Siegen, Deutschland**
                         Kryptografie
                         http://www.uni-siegen.de/

[Unicode]   **Unicode Konsortium**
                         http://www.unicode.org/

[Utimaco]   **Utimaco AG, Deutschland**
                         Terminals
                         http://www.utimaco.com/

[UTM]   **University of Tennessee at Martin, USA**
                         Primzahlen
                         http://www.utm.edu/research/primes/

[Verifone]   **Verifone Inc., USA**
                         Terminals
                         http://www.verifone.com/

[Visa]   **Visa International, USA**
                         Kartenherausgeber, EMV-Spezifikation; SET-Spezifikation; electronic Commerce
                         http://www.visa.com/
                         http://www.visa.de/

[W3C]   **World Wide Web Consortium (W3C)**
                         Normung Internet
                         http://www.w3.org/

[Wiley]   **John Wiley & Sons, Inc. , Großbritannien**
                         Smart Card Handbook, The Smart Card Simulator
                         http://www.wiley.co.uk/

[Zeitcontrol]   **Zeitcontrol Cardsystems GmbH, Deutschland**
                         Chipkarten
                         http://www.zeitcontrol.de/

[ZKA]   **Zentraler Kreditausschuß (ZKA), Deutschland**
                         http://www.zka.de/

15.8   Kennwerte und Tabellen

15.8.1   Zeitbereich für den ATR

Diese Tabelle definiert den Zeitraum, in dem der ATR nach einem Reset ausgesendet werden muß.

Tabelle 15.5   Zeitbereich, in dem der ATR von der Chipkarte gesendet werden muß.

Takt	Mindestzeit – 400 Takte	Maximalzeit – 40 000 Takte
1,0000 MHz	0,400 ms	40,000 ms
2,0000 MHz	0,200 ms	20,000 ms
3,0000 MHz	0,133 ms	13,333 ms
3,5712 MHz	0,112 ms	11,201 ms
4,0000 MHz	0,100 ms	10,000 ms
4,9152 MHz	0,081 ms	8,138 ms
5,0000 MHz	0,080 ms	8,000 ms
6,0000 MHz	0,067 ms	6,667 ms
7,0000 MHz	0,057 ms	5,714 ms
8,0000 MHz	0,050 ms	5,000 ms
9,0000 MHz	0,044 ms	4,444 ms
10,0000 MHz	0,040 ms	4,000 ms

15.8.2   Umrechnungstabelle für Datenelemente des ATR

Grundlage für diese Tabelle ist die Definition der Datenelemente CWT und BWT im ATR nach ISO/IEC 7816-3. Die Zeitwerte wurden für eine Taktfrequenz von 3,5712 MHz berechnet.

Tabelle 15.6   Umrechnungstabelle für CWT (alle Zeitangaben beziehen sich auf einen Takt von 3,5712 MHz).

CWI	CWT	CWT (für Teiler 93)	CWT (für Teiler 186)	CWT (für Teiler 372)
0	12 etu	0,313 ms	0,625 ms	1,250 ms
1	13 etu	0,339 ms	0,677 ms	1,354 ms
2	15 etu	0,391 ms	0,781 ms	1,563 ms
3	19 etu	0,495 ms	0,990 ms	1,979 ms
4	27 etu	0,703 ms	1,406 ms	2,813 ms
5	43 etu	1,120 ms	2,240 ms	4,479 ms
6	75 etu	1,953 ms	3,906 ms	7,813 ms
7	139 etu	3,620 ms	7,240 ms	14,479 ms
8	267 etu	6,953 ms	13,906 ms	27,813 ms
9	523 etu	13,620 ms	27,240 ms	54,479 ms
10	1 035 etu	26,953 ms	53,906 ms	107,813 ms
11	2 059 etu	53,620 ms	107,240 ms	214,479 ms
12	4 107 etu	106,953 ms	213,906 ms	427,813 ms
13	8 203 etu	213,620 ms	427,240 ms	854,479 ms
14	16 395 etu	426,953 ms	853,906 ms	1 707,813 ms
15	32 779 etu	853,620 ms	1 707,240 ms	3 414,479 ms

Tabelle 15.7   Umrechnungstabelle für BWT (alle Angaben beziehen sich auf einen Takt von 3,5712 MHz).

BWI	BWT	BWT (für Teiler 93)	BWT (für Teiler 186)	BWT (für Teiler 372)
0	1 011 etu	26,328 msec	52,656 msec	105,313 msec
1	2 011 etu	52,370 msec	104,740 msec	209,479 msec
2	4 011 etu	104,453 msec	208,906 msec	417,813 msec
3	8 011 etu	208,620 msec	417,240 msec	834,479 msec
4	16 011 etu	416,953 msec	833,906 msec	1 667,813 msec
5	32 011 etu	833,620 msec	1 667,240 msec	3 334,479 msec
6	64 011 etu	1 666,953 msec	3 333,906 msec	6 667,813 msec
7	128 011 etu	3 333,620 msec	6 667,240 msec	13 334,479 msec
8	256 011 etu	6 666,953 msec	13 333,906 msec	26 667,813 msec
9	512 011 etu	13 333,620 msec	26 667,240 msec	53 334,479 msec

15.8.3   Tabelle zur Ermittlung der Übertragungsgeschwindigkeit

Tabelle 15.8   Übliche Übertragungsgeschwindigkeiten bei 3,5712 MHz, die sich aus der Verwendung der genormten Werte für den Teiler F und den Übertragungsanpassungsfaktor D ergeben (Teil 1).

Takt	F=372, D=1/64 $\Rightarrow$ 8	F=372, D=1/32 $\Rightarrow$ 16	F=372, D=1/16 $\Rightarrow$ 32	F=372, D=1/8 $\Rightarrow$ 64
1,0000 MHz	125 000 bit/s	62 500 bit/s	31 250 bit/s	15 625 bit/s
2,0000 MHz	250 000 bit/s	125 000 bit/s	62 500 bit/s	31 250 bit/s
3,0000 MHz	375 000 bit/s	187 500 bit/s	93 750 bit/s	46 875 bit/s
3,5712 MHz	446 400 bit/s	223 200 bit/s	111 600 bit/s	55 800 bit/s
4,0000 MHz	500 000 bit/s	250 000 bit/s	125 000 bit/s	62 500 bit/s
4,9152 MHz	614 400 bit/s	307 200 bit/s	153 600 bit/s	76 800 bit/s
5,0000 MHz	625 000 bit/s	312 500 bit/s	156 250 bit/s	78 125 bit/s
6,0000 MHz	750 000 bit/s	375 000 bit/s	187 500 bit/s	93 750 bit/s
7,0000 MHz	875 000 bit/s	437 500 bit/s	218 750 bit/s	109 375 bit/s
8,0000 MHz	1 000 000 bit/s	500 000 bit/s	250 000 bit/s	125 000 bit/s
9,0000 MHz	1 125 000 bit/s	562 500 bit/s	281 250 bit/s	140 625 bit/s
10,0000 MHz	1 250 000 bit/s	625 000 bit/s	312 500 bit/s	156 250 bit/s

Tabelle 15.9   Übliche Übertragungsgeschwindigkeiten bei 3,5712 MHz, die sich aus der Verwendung der genormten Werte für den Teiler F und den Übertragungsanpassungsfaktor D ergeben (Teil 2).

Takt	F=372, D=1/4 $\Rightarrow$ 93	F=372, D=1/2 $\Rightarrow$ 186	F=372, D=1 $\Rightarrow$ 372	F=512, D=1 $\Rightarrow$ 512
1,0000 MHz	10 753 bit/s	5 376 bit/s	2 688 bit/s	1 953 bit/s
2,0000 MHz	21 505 bit/s	10 753 bit/s	5 376 bit/s	3 906 bit/s
3,0000 MHz	32 258 bit/s	16 129 bit/s	8 065 bit/s	5 859 bit/s
3,5712 MHz	38 400 bit/s	19 200 bit/s	9 600 bit/s	6 975 bit/s
4,0000 MHz	43 011 bit/s	21 505 bit/s	10 753 bit/s	7 813 bit/s
4,9152 MHz	52 852 bit/s	26 426 bit/s	13 213 bit/s	9 600 bit/s
5,0000 MHz	53 763 bit/s	26 882 bit/s	13 441 bit/s	9 766 bit/s
6,0000 MHz	64 516 bit/s	32 258 bit/s	16 129 bit/s	11 719 bit/s
7,0000 MHz	75 269 bit/s	37 634 bit/s	18 817 bit/s	13 672 bit/s
8,0000 MHz	86 022 bit/s	43 011 bit/s	21 505 bit/s	15 625 bit/s
9,0000 MHz	96 774 bit/s	48 387 bit/s	24 194 bit/s	17 578 bit/s
10,0000 MHz	107 527 bit/s	53 763 bit/s	26 882 bit/s	19 531 bit/s

15.8.4   Tabelle mit Abtastzeitpunkten

Grundlage für diese Tabelle ist die Datenübertragung nach ISO/IEC 7816-3. Die Zeitwerte wurden für eine Taktfrequenz von 3,5712 MHz berechnet.

Tabelle 15.10   Datenübertragung mit Teiler 372.

	Start	untere Toleranz	Mitte	obere Toleranz	Ende
Startbit	0 Takte	112 Takte	186 Takte	260 Takte	372 Takte
	0,000 µs	31,250 µs	52,083 µs	72,917 µs	104,167 µs
Datenbit 1/8	372 Takte	484 Takte	558 Takte	632 Takte	744 Takte
	104,167 µs	135,417 µs	156,250 µs	177,083 µs	208,333 µs
Datenbit 2/7	744 Takte	856 Takte	930 Takte	1 004 Takte	1 116 Takte
	208,333 µs	239,583 µs	260,417 µs	281,250 µs	312,500 µs
Datenbit 3/6	1 116 Takte	1 228 Takte	1 302 Takte	1 376 Takte	1 488 Takte
	312,500 µs	343,750 µs	364,583 µs	385,417 µs	416,667 µs
Datenbit 4/5	1 488 Takte	1 600 Takte	1 674 Takte	1 748 Takte	1 860 Takte
	416,667 µs	447,917 µs	468,750 µs	489,583 µs	520,833 µs
Datenbit 5/4	1 860 Takte	1 972 Takte	2 046 Takte	2 120 Takte	2 232 Takte
	520,833 µs	552,083 µs	572,917 µs	593,750 µs	625,000 µs
Datenbit 6/3	2 232 Takte	2 344 Takte	2 418 Takte	2 492 Takte	2 604 Takte
	625,000 µs	656,250 µs	677,083 µs	697,917 µs	729,167 µs
Datenbit 7/2	2 604 Takte	2 716 Takte	2 790 Takte	2 864 Takte	2 976 Takte
	729,167 µs	760,417 µs	781,250 µs	802,083 µs	833,333 µs
Datenbit 8/1	2 976 Takte	3 088 Takte	3 162 Takte	3 236 Takte	3 348 Takte
	833,333 µs	864,583 µs	885,417 µs	906,250 µs	937,500 µs
Paritätsbit	3 348 Takte	3 460 Takte	3 534 Takte	3 608 Takte	3 720 Takte
	937,500 µs	968,750 µs	989,583 µs	1 010,417 µs	1 041,667 µs
Guardtime/ Stopbit 1	3 720 Takte	3 832 Takte	3 906 Takte	3 980 Takte	4 092 Takte
	1 041,667 µs	1 072,917 µs	1 093,750 µs	1 114,583 µs	1 145,833 µs
Guardtime/ Stopbit 2	4 092 Takte	4 204 Takte	4 278 Takte	4 352 Takte	4 464 Takte
	1 145,833 µs	1 177,083 µs	1 197,917 µs	1 218,750 µs	1 250,000 µs

15.8.5   Tabelle der wichtigsten Chipkarten-Kommandos

Tabelle 15.11   Überblick über genormte Chipkarten-Kommandos (Teil 1).

Kommando	Funktion	Codierung der INS	Norm
APPEND RECORD	Einfügen eines neuen Records in eine Datei der Struktur „linear fixed". Bei einer Datei der Struktur „cyclic" wird der Record mit der höchsten Recordnummer ersetzt.	'E2'	ISO/IEC 7816-4
APPLICATION BLOCK	Reversibles blocken einer Anwendung	'1E'	EMV `96
APPLICATION UNBLOCK	Entblocken einer Anwendung	'18'	EMV `96
ASK RANDOM	Anforderung einer Zufallszahl von der Chipkarte	'84'	EN 726-3
CHANGE CHV	Ändern der PIN	'24'	GSM 11.11 EN 726-3
CHANGE REFERENCE DATA	Ändern der PIN	'24'	ISO/IEC 7816-8
CLOSE APPLICATION	Rücksetzen aller erreichten Zugriffsbedingungen	'AC'	EN 726-3
CONVERT IEP CURRENCY	Währungsumrechnung	'56'	EN 1546-3
CREATE FILE	Erzeugen einer neuen Datei	'E0'	ISO/IEC 7816-9 EN 726-3
CREATE RECORD	Erzeugen eines neuen Records in einer Record-orientierten Datei	'E2'	EN 726-3
CREDIT IEP	Aufladen der Börse (IEP)	'52'	EN 1546-3
CREDIT PSAM	Bezahlen der IEP gegenüber dem PSAM	'72'	EN 1546-3
DEACTIVATE FILE	Reversibles Blocken einer Datei	'04'	ISO/IEC 7816-9
DEBIT IEP	Bezahlen mit der Börse	'54'	EN 1546-3
DECREASE	Erniedrigen eines Zählers in einer Datei	'30'	EN 726-3
DECREASE STAMPED	Erniedrigen eines Zählers in einer Datei, die mit einer kryptografischen Prüfsumme abgesichert ist	'34'	EN 726-3
DELETE FILE	Löschen einer Datei	'E4'	ISO/IEC 7816-9 EN 726-3
DISABLE CHV	Abschalten der PIN-Abfrage	'26'	GSM 11.11 EN 726-3
DISABLE VERIFICA-TION REQUIREMENT	Abschalten der PIN-Abfrage	'26'	ISO/IEC 7816-8
ENABLE CHV	Einschalten der PIN-Abfrage	'28'	GSM 11.11 EN 726-3
ENABLE VERIFICA-TION REQUIREMENT	Einschalten der PIN Abfrage.	'28'	ISO/IEC 7816-8
ENVELOPE PUT / ENVELOPE	Einbetten eines weiteren Kommandos in ein Kommando zur kryptografischen Absicherung	'C2'	EN 726-3 ISO/IEC 7816-4
ERASE BINARY	Setzen des Inhalts einer Datei der Struktur „transparent" auf den gelöschten Zustand	'0E'	ISO/IEC 7816-4
EXECUTE	Ausführen einer Datei	'AE'	EN 726-3
EXTEND	Erweitern einer Datei	'D4'	EN 726-3
EXTERNAL AUTHENTICATE	Authentisierung der äußeren Welt durch die Chipkarte	'82'	EN 726-3 ISO/IEC 7816-4

Tabelle 15.12   Überblick über genormte Chipkarten-Kommandos (Teil 2).

Kommando	Funktion	Codierung der INS	Norm
GENERATE AUTHORI-SATION CRYPTOGRAM	Erzeugung einer Signatur für eine Zahlungs-transaktion	'AE'	EMV-2
GENERATE PUBLIC KEY PAIR	Erzeugung eines Schlüsselpaares für einen asym-metrischen Kryptoalgorithmus	'46'	ISO/IEC 7816-8
GET CHALLENGE	Anforderung einer Zufallszahl von der Chipkarte	'84'	ISO/IEC 7816-4
GET DATA	Lesen von TLV-codierten Datenobjekten	'CA'	ISO/IEC 7816-4
GET PREVIOUS IEP SIGNATURE	Wiederhole Berechnung und Ausgabe der letzten erhaltenen Signatur von der IEP	'5A'	EN 1546-3
GET PREVIOUS PSAM SIGNATURE	Wiederhole Berechnung und Ausgabe der letzten erhaltenen Signatur vom PSAM	'86'	EN 1546-3
GET RESPONSE	T=0 Kommando zur Anforderung von Daten von der Chipkarte	'C0'	GSM 11.11 EN 726-3 ISO/IEC 7816-4
GIVE RANDOM	Senden einer Zufallszahl zur Chipkarte	'86'	EN 726-3
INCREASE	Erhöhen eines Zählers in einer Datei	'32'	GSM 11.11 EN 726-3
INCREASE STAMPED	Erhöhen eines Zählers in einer Datei, die mit ei-ner kryptografischen Prüfsumme abgesichert ist	'36'	EN 726-3
INITIALIZE IEP	Initialisierung einer IEP für ein nachfolgendes Börsenkommando	'50'	EN 1546-3
INITIALIZE PSAM	Initialisierung eines PSAM für ein nachfolgen-des Börsenkommando	'70'	EN 1546-3
INITIALIZE PSAM for offline Collection	Initialisierung eines PSAM zur Offline-Abrech-nung der Beträge	'7C'	EN 1546-3
INITIALIZE PSAM for online Collection	Initialisierung eines PSAM zur Online-Abrech-nung der Beträge	'76'	EN 1546-3
INITIALIZE PSAM for Update	Initialisierung eines PSAM zur Änderung der Parameter	'80'	EN 1546-3
INTERNAL AUTHENTICATE	Authentisierung der Chipkarte durch die äußere Welt	'88'	EN 726-3 ISO/IEC 7816-4
INVALIDATE	Reversibles Blocken einer Datei	'04'	GSM 11.11 EN 726-3
ISSUER AUTHENTICATE	Überprüfung einer Signatur des Karten-herausgebers	'82'	EMV-2
LOAD KEY FILE	Kryptografisch gesichertes Laden von Schlüsseln in Dateien	'D8'	EN 726-3
LOCK	Irreversibles Sperren einer Datei	'76'	EN 726-3
MANAGE ATTRIBUTES	Ändern der Zugriffsbedungungen auf eine Datei	tbd	ISO/IEC 7816-9
MANAGE CHANNEL	Steuerung der logischen Kanäle einer Chipkarte	'70'	ISO/IEC 7816-4
MANAGE SECURITY ENVIRONMENT	Ändern der Parameter für die Benutzung krypto-grafischer Algorithmen in der Chipkarte	'22'	ISO/IEC 7816-8
MUTUAL AUTHENTICATE	Gegenseitige Authentisierung von Chipkarte und Terminal	'82'	ISO/IEC 7816-8
PERFORM SCQL OPERATION	Ausführen einer SCQL Anweisung	'10'	ISO/IEC 7816-7
PERFORM SECURITY OPERATION	Ausführen eines kryptografischen Algorithmus in der Chipkarte.	'2A'	ISO/IEC 7816-8
PERFORM TRANS-ACTION OPERATION	Ausführen einer Transaktionsanweisung für SCQL	'12'	ISO/IEC 7816-7
PERFORM USER OPERATION	Verwalten von Benutzern im Rahmen von SCQL	'14'	ISO/IEC 7816-7

Tabelle 15.13   Überblick über genormte Chipkarten-Kommandos (Teil 3).

Kommando	Funktion	Codierung der INS	Norm
PSAM COLLECT	Ausführung der PSAM Online-Abrechnung der Beträge	'78'	EN 1546-3
PSAM COLLECT Acknowledgement	Beendigung der PSAM Online-Abrechnung der Beträge	'7A'	EN 1546-3
PSAM COMPLETE	Beendigung der Zahlung einer IEP gegenüber dem PSAM	'74'	EN 1546-3
PSAM VERIFY COLLECTION	Beendigung der PSAM Offline-Abrechnung der Beträge	'7E'	EN 1546-3
PUT DATA	Schreiben von TLV-codierten Datenobjekten	'DA'	ISO/IEC 7816-4
REACTIVATE FILE	Entblocken einer Datei	'44'	ISO/IEC 7816-9
READ BINARY	Lesen aus einer Datei mit „transparenter" Struktur	'B0'	GSM 11.11 EN 726-3 ISO/IEC 7816-4
READ BINARY STAMPED	Lesen aus einer Datei mit „transparenter" Struktur, die mit einer kryptografischen Prüfsumme abgesichert ist	'B4'	EN 726-3
READ RECORD / READ RECORD(S)	Lesen aus einer Datei mit „linear fixed", „linear variable" oder „cyclic" Struktur	'B2'	GSM 11.11 EN 726-3 ISO/IEC 7816-4
READ RECORD STAMPED	Lesen aus einer Datei mit „linear fixed", „linear variable" oder „cyclic" Struktur, die mit einer kryptografischen Prüfsumme abgesichert ist	'B6'	EN 726-3
REHABILITATE	Entblocken einer Datei	'44'	GSM 11.11 EN 726-3
RESET RETRY COUNTER	Rücksetzen eines Fehlbedienungszählers.	'2C'	ISO/IEC 7816-8
RUN GSM ALGORITHM	Ausführen des GSM-spezifischen kryptografischen Algorithmus	'88'	GSM 11.11
SEARCH BINARY	Suchen eines Textes in einer Datei mit „transparenter" Struktur	'A0'	ISO/IEC 7816-9
SEARCH RECORD	Suchen eines Textes in einer Datei mit „linear fixed", „linear variable" oder „cyclic" Struktur	'A2'	ISO/IEC 7816-9
SEEK	Suchen eines Textes in einer Datei mit „linear fixed", „linear variable" oder „cyclic" Struktur	'A2'	GSM 11.11 EN 726-3
SELECT / SELECT (FILE)	Auswahl einer Datei	'A4'	GSM 11.11 EN 726-3 ISO/IEC 7816-4
SLEEP	Nicht mehr benutztes Kommando, um die Chipkarte in einen energiesparenden Zustand zu versetzen	'FA'	GSM 11.11
STATUS	Lesen von verschiedenen Informationen zur aktuell selektierten Datei	'F2'	GSM 11.11 EN 726-3
TERMINATE CARD USAGE	Irreversibles Sperren einer Chipkarte	tbd	ISO/IEC 7816-9
TERMINATE DF	Irreversibles Sperren eines DFs	tbd	ISO/IEC 7816-9
UNBLOCK CHV	Abgelaufenen PIN-Fehlbedienungszähler wieder zurücksetzen	'2C'	GSM 11.11 EN 726-3
UPDATE BINARY	Schreiben in eine Datei mit „transparenter" Struktur	'D6'	GSM 11.11 EN 726-3 ISO/IEC 7816-4
UPDATE IEP PARAMETER	Ändern der Rahmenparameter der Börse	'58'	EN 1546-3

Tabelle 15.14 Überblick über genormte Chipkarten-Kommandos (Teil 4).

Kommando	Funktion	Codierung der INS	Norm
UPDATE PSAM Parameter (offline)	Ausführung der Offline-Änderung von Parametern im PSAM	'84'	EN 1546-3
UPDATE PSAM Parameter (online)	Ausführung der Online-Änderung von Parametern im PSAM	'82'	EN 1546-3
UPDATE RECORD	Schreiben in eine Datei mit „linear fixed", „linear variable" oder „cyclic" Struktur	'DC'	GSM 11.11 EN 726-3 ISO/IEC 7816-4
VERIFY	Überprüfung von übergebenen Daten (z.B. PIN)	'20'	ISO/IEC 7816-4 EMV-2
VERIFY CHV	Überprüfen der PIN	'20'	GSM 11.11 EN 726-3
WRITE BINARY	Schreiben durch logische AND/OR-Verknüpfung in eine Datei mit „transparenter" Struktur	'D0'	EN 726-3 ISO/IEC 7816-4
WRITE RECORD	Schreiben durch logische AND/OR-Verknüpfung in eine Datei mit „linear fixed", „linear variable" oder „cyclic" Struktur	'D2'	EN 726-3 ISO/IEC 7816-4

15.8.6   Übersicht über die verwendeten Instruction-Bytes

Der grau hinterlegte Bereich der ungeraden Zahlen darf nicht für die Codierung von Kommandos verwendet werden, da das Übertragungsprotokoll T=0 diesen Bereich zur Steuerung der Programmierspannung benutzt.[1]

• EMV-2	✈	• ISO/IEC 7816-4	☯
• EN 726-3	☎	• ISO/IEC 7816-7	📄
• EN 1546-3	$	• ISO/IEC 7816-8	✎
• GSM 11.11	(	• ISO/IEC 7816-9	📁

Tabelle 15.15   Überblick über die verwendeten Codierungen des Instruction-Bytes (INS) bei einem Class-Byte (CLA) von '00'.

	x0	x1	x2	x3	x4	x5	x6	x7	x8	x9	xA	xB	xC	xD	xE	xF
0y															☯	
1y	📄		📄		📄											
2y	☯		✎		✎		✎		✎		✎		✎			
3y																
4y	📁				📁		✎									
5y																
6y																
7y	☯															
8y			☯		☯				☯							
9y			✎													
Ay	📁		📁		☯											
By	☯		☯													
Cy	☯		☯								☯					
Dy	☯		☯				☯				☯		☯			
Ey	📁		☎		📁											
Fy																

Tabelle 15.16   Überblick über die verwendeten Codierungen des Instruction-Bytes (INS) bei einem Class-Byte (CLA) von '80'.

	x0	x1	x2	x3	x4	x5	x6	x7	x8	x9	xA	xB	xC	xD	xE	xF
0y																
1y																
2y																
3y																
4y																
5y	$		$		$		$				$					
6y																
7y	$		$		$		$		$		$		$		$	
8y	$		$✈		$		$									
9y																
Ay															✈	
By																
Cy																
Dy																
Ey																
Fy																

---

[1] siehe auch Abschnitt 6.4.2 Übertragungsprotokoll T=0

Tabelle 15.17 Überblick über die verwendeten Codierungen des Instruction-Byte (INS) bei einem Class-Byte (CLA) von 'A0'.

	x0	x1	x2	x3	x4	x5	x6	x7	x8	x9	xA	xB	xC	xD	xE	xF
0y					☎(											
1y																
2y	☎(				☎(		☎(		☎(				☎(			
3y	☎		☎(		☎		☎									
4y					☎(											
5y																
6y																
7y							☎									
8y			☎		☎		☎		☎(							
9y																
Ay			☎(		☎(											
By	☎(		☎(		☎		☎									
Cy	☎(		☎													
Dy	☎		☎		☎		☎(		☎				☎(			
Ey	☎		☎		☎											
Fy			☎(								(					

15.8.7   Codierung von Chipkarten-Kommandos

Die folgenden Tabellen geben die wichtigsten Codierungen für einige beispielhafte Kommandos für Chipkarten an. Der Übersicht halber wurde davon ausgegangen, daß kein Secure Messaging und keine Adressierung über logische Kanäle verwendet wird. Für die vollständige Codierung dieser und weiterer Kommandos sei auf die Norm ISO/IEC 7816-4 verwiesen.[1]

Tabelle 15.18   Codierung des Case-1- und Case-3-Kommandos SELECT FILE mit den wichtigsten Optionen.

Datenelement	Codierung	Bemerkung	
CLA	'00'	Das für ISO/IEC 7816 Kommandos reservierte Class-Byte	
INS	'A4'	Das Instruction-Byte für SELECT FILE, d.h. das Kommando zur Auswahl von Dateien (MF, DFs oder EFs)	
P1	X	$X = '00' \wedge Z = $ leer $\wedge W = $ leer	Selektion des MF
		$X = '00'$	Selektion einer Datei mit dem FID
		$X = '04'$	Selektion eines DF mit dem DF-Name
P2	'00'	---	
Lc	Z	$X = '00'$, $Z = 2$	Selektion einer Datei mit dem FID
		$X = '04'$, $Z = 1 ... 16$	Selektion eines DF mit dem DF-Name
DATA	W	$X = '00'$, $W = $ FID	Selektion einer Datei mit dem FID
		$X = '04'$, $W = $ DF-Name	Selektion eines DF mit dem DF-Name

Tabelle 15.19   Codierung des Case-2-Kommandos READ BINARY nach ISO/IEC 7816-4 mit den wichtigsten Optionen.

Datenelement	Codierung	Bemerkung	
CLA	'00'	Das für ISO/IEC 7816 Kommandos reservierte Class-Byte	
INS	'B0'	Das Instruction-Byte für READ BINARY, d.h. das Kommando zum Lesen von Daten aus einer Datei der Struktur „transparent"	
P1	...	P1.b8 = 0	Lese Daten aus der aktuell selektierten Datei mit Offset; Offset = (P1.b7 ... P1.b1 ‖ P2)
		P1.b8 = 1	Lese Daten nach impliziter Dateiselektion durch Short-FID und mit Offset; Short-FID = (P1.b5 ... P1.b1), Offset = P2
P2	...	P1.b8 = 0	Ein Teil des Offsets zu dem zu lesenden Datenteil.
		P1.b8 = 1	Der Offset zu dem zu lesenden Datenteil.
Le	Z	Z = 0:	Lese alle Daten bis zum Ende der Datei.
		Z > 0:	Z ist die Anzahl der zu lesenden Byte.

Tabelle 15.20   Codierung des Case-3-Kommandos UPDATE BINARY nach ISO/IEC 7816-4 mit den wichtigsten Optionen.

Datenelement	Codierung	Bemerkung	
CLA	'00'	Das für ISO/IEC 7816 Kommandos reservierte Class-Byte	
INS	'D6'	Das Instruction-Byte für UPDATE BINARY, d.h. das Kommando zum Schreiben von Daten in eine Datei der Struktur „transparent"	
P1	...	P1.b8 = 0	Schreibe Daten in die aktuell selektierte Datei mit Offset; Offset = (P1.b7 ... P1.b1 ‖ P2)
		P1.b8 = 1	Schreibe Daten nach impliziter Dateiselektion durch Short-FID und mit Offset; Short-FID = (P1.b5 ... P1.b1), Offset = P2
P2	...	P1.b8 = 0	Ein Teil des Offsets zu dem zu schreibenden Datenteil
		P1.b8 = 1	Der Offset zu dem zu schreibenden Datenteil
Lc	Z	Z ist die Anzahl der zu schreibenden Bytes	
DATA	...	Die zu schreibenden Bytes	

---

[1] siehe auch Abschnitt 6.5.1 Struktur der Kommando-APDUs

Tabelle 15.21 Codierung des Case-2-Kommandos READ RECORD nach ISO/IEC 7816-4 mit den wichtigsten Optionen.

Datenelement	Codierung	Bemerkung	
CLA	'00'	Das für ISO/IEC 7816 Kommandos reservierte Class-Byte	
INS	'B2'	Das Instruction-Byte für READ RECORD, d.h. das Kommando zum Lesen von Daten aus einer Datei mit Record-orientierter Struktur	
P1	...	P1.b3 = °0°	P1 enthält eine Recordnummer
		P1.b3 = °1°	P1 enthält einen Record Identifier
P2	...	P2.b8 ... P2.b4 = °00000°	Lese Daten aus der aktuell selektierten Datei
		P2.b8 ... P2.b4 ≠ °00000°	Lese Daten nach impliziter Dateiselektion durch Short-FID
			Short-FID = (P1.b8 ... P1.b4)
		P2.b3 ... P2.b1 = °000°	Lese den ersten (*first*) Record mit dem Record Identifiern übergeben in P1
		P2.b3 ... P2.b1 = °001°	Lese den letzten (*last*) Record mit dem Record Identifier, übergeben in P1
		P2.b3 ... P2.b1 = °010°	Lese den nächsten (*next*) Record mit dem Record Identifier, übergeben in P1
		P2.b3 ... P2.b1 = °010°	Lese den vorherigen (*previous*) Record mit dem Record Identifier, übergeben in P1
		P2.b3 ... P2.b1 = °100° ∧ P1 = 0	Lese den aktuellen Record
		P2.b3 ... P2.b1 = °100° ∧ P1 ≠ 0	Lese den Record mit der Record-nummer, übergeben in P1
		P2.b3 ... P2.b1 = °101°	Lese alle Records ab der Recordnummer übergeben in P1 bis zum Ende der Datei
		P2.b3 ... P2.b1 = °110°	Lese alle Records vom Ende der Datei bis zur Recordnummer, übergeben in P1
Le	Z	Z = 0: Lese alle Bytes bis zum Ende des Records	
		Z > 0: Z ist die Länge des Records	

Tabelle 15.22 Codierung des Case-3-Kommandos UPDATE RECORD nach ISO/IEC 7816-4 mit den wichtigsten Optionen.

Datenelement	Codierung	Bemerkung	
CLA	'00'	Das für ISO/IEC 7816 Kommandos reservierte Class-Byte.	
INS	'DC'	Das Instruction-Byte für UPDATE RECORD, d.h. das Kommando zum Schreiben von Daten in eine Datei mit Record-orientierter Struktur	
P1	X	P1 = 0 Schreibe den aktuellen Record	
		P1 ≠ 0 Schreibe den Record mit der Recordnummer angegeben in P1	
P2	...	P2.b8 ... P2.b4 = °00000°	Schreibe Daten in die aktuell selektierte Datei
		P2.b8 ... P2.b4 ≠ °00000°	Schreibe Daten nach impliziter Dateiselektion durch Short-FID
			Short-FID = (P1.b8 ... P1.b4)
		P2.b3 ... P2.b1 = °000°	Schreibe den ersten (*first*) Record
		P2.b3 ... P2.b1 = °001°	Schreibe den letzten (*last*) Record
		P2.b3 ... P2.b1 = °010°	Schreibe den nächsten (*next*) Record
		P2.b3 ... P2.b1 = °010°	Schreibe den vorherigen (*previous*) Record
		P2.b3 ... P2.b1 = °100°	Schreibe den Record mit der in P1 über-gebenen Recordnummer
Lc	...	Länge des zu schreibenden Records	
DATA	...	Der zu schreibende Record	

Tabelle 15.23   Codierung des Case-3-Kommandos VERIFY nach ISO/IEC 7816-4 mit den wichtig-sten Optionen.

Datenelement	Codierung	Bemerkung	
CLA	'00'	Das für ISO/IEC 7816 Kommandos reservierte Class-Byte	
INS	'20'	Das Instruction-Byte für VERIFY, d.h. das Kommando zum Vergleich von übergebenen Daten mit Referenzdaten (typischerweise einer PIN)	
P1	'00'	---	
P2	...	P2 = '00'	Explizite Informationen werden nicht übergeben
		P2.b8 = °1°	Es werden für die ganze Chipkarte gültige Referenzdaten verwendet (*global reference data*)
		P2.b8 = °1°	Es werden für eine oder mehrere Anwendungen gültige Referenzdaten verwendet (*specific reference data*)
		P2.b5 ... P2.b1	Nummer der Referenzdaten
Lc	...	Länge des übergebenen Vergleichswertes	
DATA	...	Der übergebene Vergleichswert (in der Regel eine PIN)	

15.8.8   Chipkarten-Returncodes

Die im folgenden beschriebenen Kommandos sind in das Schema für Returncodes nach ISO/IEC 7816-4 eingeteilt.[1] Dabei wurde folgende Kennzeichnung verwendet:

NP   Prozeß ausgeführt, normale Bearbeitung   *(process completed, normal processing)*
WP   Prozeß ausgeführt, Warnung   *(process completed, warning processing)*
EE   Prozeß abgebrochen, Ausführungsfehler   *(process aborted, execution error)*
CE   Prozeß abgebrochen, Prüfungsfehler   *(process aborted, checking error)*

Tabelle 15.24   Ausgewählte und genormte Chipkarten-Returncodes nach ISO/IEC 7816-4 (Teil 1).

Returncode	Status	Bedeutung	Norm
'61xx'	NP	Nur bei T=0: Es können noch xx Daten mit GET RESPONSE angefordert werden	ISO/IEC 7816-4
'6281'	WP	Die zurückgegebenen Daten können u.U. fehlerhaft sein	ISO/IEC 7816-4
'6282'	WP	Es konnten weniger als Le Bytes gelesen werden, da das Dateiende vorher erreicht wurde	ISO/IEC 7816-4
'6283'	WP	Die selektierte Datei ist reversibel gesperrt	ISO/IEC 7816-4
'6284'	WP	Die File Control Information (FCI) ist nicht formatiert.	ISO/IEC 7816-4
'63Cx'	WP	Zähler hat den Wert x erreicht ($0 \leq x \leq 15$) (die genaue Bedeutung ist vom jeweiligen Kommando abhängig)	ISO/IEC 7816-4
'6581'	EE	Speicherfehler (z.B. bei Schreiboperation)	ISO/IEC 7816-4
'6700'	CE	Länge falsch	GSM 11.11 EN 726-3 ISO/IEC 7816-4
'6800'	CE	Funktionen im Class Byte werden nicht unterstützt (allgemein)	ISO/IEC 7816-4
'6881'	CE	Logical Channels werden nicht unterstützt	ISO/IEC 7816-4
'6882'	CE	Secure Messaging wird nicht unterstützt	ISO/IEC 7816-4
'6900'	CE	Kommando nicht erlaubt (allgemein)	ISO/IEC 7816-4
'6981'	CE	Kommando inkompatibel zur Dateistruktur	ISO/IEC 7816-4
'6982'	CE	Sicherheitszustand nicht erfüllt	ISO/IEC 7816-4
'6983'	CE	Authentisierungsmethode gesperrt	ISO/IEC 7816-4
'6985'	CE	Benutzungsbedingungen nicht erfüllt	ISO/IEC 7816-4
'6986'	CE	Kommando nicht erlaubt (kein EF selektiert)	ISO/IEC 7816-4
'6A00'	CE	Falsche Parameter P1/P2 (allgemein)	ISO/IEC 7816-4
'6A80'	CE	Parameter im Datenteil sind falsch	ISO/IEC 7816-4
'6A81'	CE	Funktion wird nicht unterstützt	ISO/IEC 7816-4
'6A82'	CE	Datei wurde nicht gefunden	ISO/IEC 7816-4
'6A83'	CE	Record wurde nicht gefunden	ISO/IEC 7816-4
'6A84'	CE	Ungenügend Speicherplatz	ISO/IEC 7816-4
'6A87'	CE	Lc inkonsistent mit P1/P2	ISO/IEC 7816-4
'6A88'	CE	im Kommando refernzierte Daten nicht gefunden	ISO/IEC 7816-4
'6B00'	CE	Parameter 1 oder 2 falsch	GSM 11.11 EN 726-3 ISO/IEC 7816-4
'6D00'	CE	Kommando (Instruction) wird nicht unterstützt	GSM 11.11 EN 726-3 ISO/IEC 7816-4
'6E00'	CE	Class wird nicht unterstützt	GSM 11.11 EN 726-3 ISO/IEC 7816-4

---

[1] siehe auch Abschnitt 6.5.2 Struktur der Antwort-APDUs

Tabelle 15.25   Ausgewählte und genormte Chipkarten-Returncodes nach ISO/IEC 7816-4 (Teil 2).

Returncode	Status	Bedeutung	Norm
'6F00'	CE	Kommando abgebrochen – Genauere Diagnose nicht möglich (z.B. Fehler im Betriebssystem)	GSM 11.11 EN 726-3 ISO/IEC 7816-4
'9000'	NP	Kommando erfolgreich ausgeführt	GSM 11.11 EN 726-3 ISO/IEC 7816-4
'920x'	NP	Schreiben ins EEPROM nach x-maligem Versuch erfolgreich	GSM 11.11 EN 726-3
'9210'	CE	Ungenügend Speicherplatz	GSM 11.11 EN 726-3
'9240'	EE	Schreiben ins EEPROM nicht erfolgreich	GSM 11.11 EN 726-3
'9400'	CE	kein EF selektiert	GSM 11.11 EN 726-3
'9402'	CE	Adreßbereich überschritten	GSM 11.11 EN 726-3
'9404'	CE	FID nicht gefunden, Record nicht gefunden, Vergleichsmuster nicht gefunden	GSM 11.11 EN 726-3
'9408	CE	Selektierter Dateityp unpassend zum Kommando	GSM 11.11 EN 726-3
'9802'	CE	Keine PIN definiert	GSM 11.11 EN 726-3
'9804'	CE	Zugriffsbedingungen nicht erfüllt, Authentisierung fehlgeschlagen	GSM 11.11 EN 726-3
'9835'	CE	ASK RANDOM / GIVE RANDOM nicht ausgeführt	GSM 11.11 EN 726-3
'9840'	CE	PIN-Prüfung nicht erfolgreich	GSM 11.11 EN 726-3
'9850'	CE	INCREASE / DECREASE kann nicht ausgeführt werden, da Grenzwert erreicht	GSM 11.11 EN 726-3
'9Fxx'	NP	Kommando erfolgreich ausgeführt, und xx Byte Daten sind als Antwort vorhanden	GSM 11.11 EN 726-3

15.8.9   Ausgewählte Chips für Speicherkarten

Die folgenden Tabellen zeigen eine Auswahl von typischen Speicherchips für Chipkarten. Ähnliche Bausteine werden auch von diversen anderen Herstellern angeboten .

Tabelle 15.26   Überblick über ausgewählte Chips für Speicherkarten (Teil 1).

Hersteller und Typ	Speicher		weitere Informationen	
Philips	ROM:	---	Vcc:	5 V
PCB 2032	PROM:	---	Strom:	3 mA
	EEPROM:	256 Byte	W/E-Zykl.:	10 000
			Dauer W/E:	5 ms
			HW:	---
Philips	ROM:	16 Bit	Vcc:	5 V
PCB 7960	PROM:	48 Bit	Strom:	3 mA
	EEPROM:	40 Bit	W/E-Zykl.:	10 000
			Dauer W/E:	5 ms
			HW:	104 Bit Zähler
ST Microelectronics	ROM:	---	Vcc:	3 V – 5,5 V
ST14C02C	PROM:	---	Strom:	2 mA
	EEPROM:	2 kBit	W/E-Zykl.:	1 000 000
			Dauer W/E:	10 ms
			HW:	I^2C-Bus Schnittstelle
ST Microelectronics	ROM:	---	Vcc:	3 V – 5,5 V
ST14C04C	PROM:	---	Strom:	2 mA
	EEPROM:	4 kBit	W/E-Zykl.:	1 000 000
			Dauer W/E:	10 ms
			HW:	I^2C-Bus Schnittstelle
ST Microelectronics	ROM:	---	Vcc:	2,7 V – 5,5 V
ST15E32F	PROM:	---	Strom:	2 mA
	EEPROM:	32 kBit	W/E-Zykl.:	100 000
			Dauer W/E:	10 ms
			HW:	I^2C-Bus Schnittstelle
ST Microelectronics	ROM:	---	Vcc:	5 V
ST1305	PROM:	---	Strom:	2 mA
	EEPROM:	192 Bit	W/E-Zykl.:	1 000 000
			Dauer W/E:	5 ms
			HW:	Zähler für 262 144 Einheiten
ST Microelectronics	ROM:	16 Bit	Vcc:	5 V
ST1333	PROM:	---	Strom:	2 mA
	EEPROM:	272 Bit	W/E-Zykl.:	1 000 000
			Dauer W/E:	5 ms
			HW:	Zähler für 32 767 Einheiten einseitige Authentisierung

Tabelle 15.27   Überblick über ausgewählte Chips für Speicherkarten (Teil 2).

Hersteller und Typ	Speicher		weitere Informationen	
Siemens	ROM:	16 Bit	Vcc:	5 V
SLE 4404	PROM:	144 Bit	Strom:	1,5 mA
	EEPROM:	256 Bit	W/E-Zykl.:	100 000
			Dauer W/E:	5 ms
			HW:	---
Siemens	ROM:	16 Bit	Vcc:	5 V
SLE 4406	PROM:	56 Bit	Strom:	1,5 mA
	EEPROM:	32 Bit	W/E-Zykl.:	10 000
			Dauer W/E:	5 ms
			HW:	Zähler für ≈ 20 000 Einheiten
Siemens	ROM:	---	Vcc:	5 V
SLE 44R35	PROM:	---	Strom:	3 mA
	EEPROM:	1 kByte	W/E-Zykl.:	100 000
			Dauer W/E:	2 ms
			HW:	PIN-Logik für zusätzlichen Schreibschutz einseitige Authentisierung für kontaktlose Speicherkarten
Siemens	ROM:	16 Bit	Vcc:	5 V
SLE 5536	PROM:	185 Bit	Strom:	2,5 mA
	EEPROM:	36 Bit	W/E-Zykl.:	100 000
			Dauer W/E:	3 ms
			HW:	Zähler für ≈ 20 000 Einheiten einseitige Authentisierung
Siemens	ROM:	---	Vcc:	5 V
SLE 4442	PROM:	32 Bit	Strom:	3 mA
	EEPROM:	256 Byte	W/E-Zykl.:	100 000
			Dauer W/E:	2,5 ms
			HW:	---

15.8.10 Ausgewählte Mikrocontroller für Chipkarten

Die folgenden Tabellen zeigen eine Auswahl von typischen Microcontrollern für Chipkarten. Ähnliche Bausteine werden auch von diversen anderen Herstellern angeboten.

Die folgenden Abkürzungen finden in den Tabellen Verwendung:

Vcc:	Spannungsbereich
Takt:	Taktbereich
Strom:	Stromaufnahme des Chips bei der angegebenen Taktfrequenz
	(erster Wert im Betrieb, zweiter Wert im Energiesparzustand mit Takt,
	dritter Wert im Energiesparzustand ohne Takt)
Größe:	Größe eines Die
min. Breite:	minimale Strukturbreite auf dem Chip
EEPROM Pg.:	Größe einer Speicherseite im EEPROM (für schreibenden Zugriff)
W/E-Zykl.:	Anzahl der garantierten Schreib-/Löschzyklen pro EEPROM-Speicherseite
Dauer W/E:	Dauer des Löschens bzw. Schreibens einer EEPROM-Speicherseite
HW:	zusätzliche Hardware auf dem Chip
☹	keine Informationen zu diesem Punkt verfügbar

Tabelle 15.28   Überblick über ausgewählte Mikrocontroller für Chipkarten (Teil 1).

Hersteller und Typ	CPU	Speicher	weitere Informationen	
Atmel AT90 SC1618A	8051	Flash: 16 kByte	Vcc:	2,7 – 5,5 V
		EEPROM: 8 kByte	Takt:	1 MHz – 10 MHz
		RAM: 512 Byte	Strom:	☹, 200 µA (Sleep)
			Größe:	☹
			min. Breite:	0,35 µm
			EEPROM Pg.:	1 – 64 Byte
			EEPROM W/E-Zykl.:	100 000
			EEPROM Dauer W/E:	3,5 ms
			Flash Pg.:	64 Byte
			Flash W/E-Zykl.:	1 000
			Flash Dauer W/E:	1,5 ms
			HW:	RISC CPU, Zufallszahlengenerator, 2 Timer à 16 Bit
Atmel AT90 SC1616C	AVR	Flash: 16 kByte	Vcc:	2,7 – 5,5 V
		EEPROM: 16 kByte	Takt:	1 MHz – 5 MHz
		RAM: 1 kByte	Strom:	☹, 200 µA (Sleep)
			Größe:	☹
			min. Breite:	0,35 µm
			EEPROM Pg.:	1 – 64 Byte
			EEPROM W/E-Zykl.:	100 000
			EEPROM Dauer W/E:	3,5 ms
			Flash Pg.:	64 Byte
			Flash W/E-Zykl.:	1 000
			Flash Dauer W/E:	1,5 ms
			HW:	RISC CPU, NPU, Zufallszahlengenerator, 2 Timer à 16 Bit

Tabelle 15.29   Überblick über ausgewählte Mikrocontroller für Chipkarten (Teil 2).

Hersteller und Typ	CPU	Speicher		weitere Informationen	
Atmel AT90 SC3232C	AVR	Flash:	32 kByte	Vcc:	2,7 – 5,5 V
		EEPROM:	32 kByte	Takt:	1 MHz – 5 MHz
		RAM: 1 kByte		Strom:	☹, 200 µA (Sleep)
				Größe:	☹
				min. Breite:	0,35 µm
				EEPROM Pg.:	1 – 64 Byte
				EEPROM W/E-Zykl.:	100 000
				EEPROM Dauer W/E:	3,5 ms
				Flash Pg.:	64 Byte
				Flash W/E-Zykl.:	1 000
				Flash Dauer W/E:	1,5 ms
				HW:	RISC CPU, NPU, Zufallszahlengenerator, 2 Timer à 16 Bit
Hitachi H8/3153	H8	ROM:	32 kByte	Vcc:	2,7 – 5,5 V
		EEPROM:	16 kByte	Takt:	1 MHz – 10 MHz oder 1 MHz – 5 MHz
		RAM:	1 024 Byte	Strom:	☹
				Größe:	☹
				min. Breite:	0,8 µm
				EEPROM Pg.:	64 Byte
				W/E-Zykl.:	100 000
				Dauer W/E:	5 ms
				HW:	RISC ähnliche CPU, 2 I/O
Hitachi H8/3112	H8	ROM:	24 kByte	Vcc:	2,7 – 5,5 V
		EEPROM:	8 kByte	Takt:	1 MHz – 10 MHz oder 1 MHz – 5 MHz
		RAM:	1 056 Byte	Strom:	☹
				Größe:	☹
				min. Breite:	0,8 µm
				EEPROM Pg.:	1 – 32 Byte
				W/E-Zykl.:	100 000
				Dauer W/E:	5 ms
				HW:	RISC ähnliche CPU, 2 I/O, NPU
Hitachi H8/3114	H8	ROM:	32 kByte	Vcc:	2,7 – 5,5 V
		EEPROM:	16 kByte	Takt:	1 MHz – 10 MHz oder 1 MHz – 5 MHz
		RAM:	2 kByte	Strom:	☹
				Größe:	☹
				min. Breite:	0,5 µm
				EEPROM Pg.:	1 – 32 Byte
				W/E-Zykl.:	10 000
				Dauer W/E:	max.15 ms
				HW:	RISC ähnliche CPU, 2 I/O, NPU
Motorola MC 68HC05 SC24	6805	ROM:	3 kByte	Vcc:	5,0 V ± 10 %
		EEPROM:	1 kByte	Takt:	1 – 5 MHz
		RAM:	128 Byte	Strom:	2,5 mA/5 MHz, 200 µA
				Größe:	10,4 mm^2 (2,8 mm · 3,7 mm)
				min. Breite:	1,2 µm
				EEPROM Pg.:	4 Byte
				W/E-Zykl.:	10 000
				Dauer W/E:	10 ms
				HW:	5 I/O

Tabelle 15.30   Überblick über ausgewählte Mikrocontroller für Chipkarten (Teil 3).

Hersteller und Typ	CPU	Speicher		weitere Informationen	
Motorola MC 68HC05 SC27	6805	ROM:	16 kByte	Vcc:	3 – 5,5 V
		EEPROM:	3 kByte	Takt:	1 – 5 MHz
		RAM:	240 Byte	Strom:	5 mA/5 MHz, 500 µA, 50 µA
				Größe:	21 mm² (4,2 mm · 5,0 mm)
				min. Breite:	1,2 µm
				EEPROM Pg.:	4 Byte
				W/E-Zykl.:	10 000
				Dauer W/E:	10 ms
				HW:	5 I/O
Motorola MC 68HC05 SC28	6805	ROM:	12,5 kByte	Vcc:	3 – 5,5 V
		EEPROM:	8 kByte	Takt:	1 – 5 MHz
		RAM:	240 Byte	Strom:	5 mA/5 MHz, 50 µA
				Größe:	26 mm² (4,9 mm · 5,3 mm)
				min. Breite:	1,2 µm
				EEPROM Pg.:	4 Byte
				W/E-Zykl.:	10 000
				Dauer W/E:	10 ms
				HW:	5 I/O
Motorola MC 68HC05 SC29	6805	ROM:	12,8 kByte	Vcc:	5,0 V ± 10 %
		EEPROM:	4 kByte	Takt:	1 – 5 MHz
		RAM:	512 Byte	Strom:	☹
				Größe:	26 mm²
				min. Breite:	☹
				EEPROM Pg.:	4 Byte
				W/E-Zykl.:	100 000
				Dauer W/E:	10 ms
				HW:	NPU, PLL (nur für NPU), 5 I/O
Philips P83W86x	8051	ROM: 20 / 20 / 20 / 28 kByte		Vcc:	2,7 – 5,5 V
				Takt:	1 MHz – 8 MHz
		EEPROM: 2 / 4 / 8 / 16 kByte (= x)		Strom:	☹
				Größe:	☹
		RAM: 256 / 256 / 384 / 512 Byte		min. Breite:	☹
				EEPROM Pg.:	1 – 32 Byte
				W/E-Zykl.:	100 000
				Dauer W/E:	4,5 ms
				HW:	2 I/O, 2 · 16 Bit Timer, Zufallszahlengenerator, internes Timing für EEPROM-Schreiboperationen
Philips P83W85x	8051	ROM: 20 / 20 / 28 kByte		Vcc:	2,7 – 5,5 V
				Takt:	1 MHz – 8 MHz
		EEPROM: 4 / 8 / 16 kByte (= x)		Strom:	☹
				Größe:	☹
		RAM: 800 / 800 / 1 024 Byte		min. Breite:	☹
				EEPROM Pg.:	1 – 32 Byte
				W/E-Zykl.:	100 000
				Dauer W/E:	4,5 ms
				HW:	2 I/O, 2 · 16 Bit Timer, Zufallszahlengenerator, internes Timing für EEPROM-Schreiboperationen, NPU

Tabelle 15.31   Überblick über ausgewählte Mikrocontroller für Chipkarten (Teil 4).

Hersteller und Typ	CPU	Speicher		weitere Informationen	
Philips SmartXA	8051	ROM: 32 kByte		Vcc:	2,7 – 5,5 V
		EEPROM:		Takt:	1 MHz – 8 MHz
		8 / 16 / 32 kByte (= x)		Strom:	☹
		RAM:		Größe:	☹
		1 568 / 1 568 / 2 048 Byte		min. Breite:	☹
				EEPROM Pg.:	1 – 32 Byte
				W/E-Zykl.:	100 000
				Dauer W/E:	4,5 ms
				HW:	2 I/O, 2 · 16 Bit Timer, Zufallszahlengenerator, internes Timing für EEPROM-Schreiboperationen, NPU
ST Microelectronics ST16SF4x	6805	ROM:	16 kByte	Vcc:	2,7 V – 5,5 V
		EEPROM:		Takt:	1 – 5 MHz
		1,2; 2; 4; 8;16 kByte		Strom:	10 mA/5 MHz, ☹
		(x = 1, 2, 4, 8, F)		Größe:	☹
		RAM:	384 Byte	min. Breite:	1 μm
				EEPROM Pg.:	1 – 32 Byte
				W/E-Zykl.:	100 000
				Dauer W/E:	2,5 ms
				HW:	2 I/O, einfache MMU
ST Microelectronics ST 16CF54B	6805	ROM:	16 kByte	Vcc:	4,5 V – 5,5 V
		EEPROM:	4 kByte	Takt:	5 MHz
		RAM:	512 Byte	Strom:	10 mA/5 MHz, ☹
				Größe:	☹
				min. Breite:	1 μm
				EEPROM Pg.:	1 – 32 Byte
				W/E-Zykl.:	100 000
				Dauer W/E:	2,5 ms
				HW:	NPU, 2 I/O, einfache MMU, PLL für NPU
Siemens SLE 44C10S	8051	ROM:	7 kByte	Vcc:	2,7 – 5,5 V
		EEPROM:	1 kByte	Takt:	1 MHz – 7,5 MHz
		RAM:	256 Byte	Strom:	10 mA/5 MHz, 100 μA
				Größe:	6,1 mm^2 (2,62 mm · 2,31 mm)
				min. Breite:	0,8 μm
				EEPROM Pg.:	1 – 16 Byte
				W/E-Zykl.:	100 000
				Dauer W/E:	3,6 ms
				HW:	---
Siemens SLE 44C42S	8051	ROM:	15 kByte	Vcc:	2,7 – 5,5 V
		EEPROM:	4 kByte	Takt:	1 MHz – 7,5 MHz
		RAM:	256 Byte	Strom:	8 mA/5 MHz, 100 μA
				Größe:	8,1 mm^2 (2,66 mm · 3,06 mm)
				min. Breite:	0,8 μm
				EEPROM Pg.:	1 – 16 Byte
				W/E-Zykl.:	100 000
				Dauer W/E:	3,6 ms
				HW:	---

Tabelle 15.32   Überblick über ausgewählte Mikrocontroller für Chipkarten (Teil 5).

Hersteller und Typ	CPU	Speicher		weitere Informationen	
Siemens SLE 44C80S	8051	ROM:	15 kByte	Vcc:	2,7 – 5,5 V
		EEPROM:	8 kByte	Takt: 1 MHz – 7,5 MHz	
		RAM:	256 Byte	Strom:	8 mA/5 MHz, 100 µA
				Größe:	10 mm^2 (2,66 mm · 3,76 mm)
				min. Breite:	0,8 µm
				EEPROM Pg.:	1 – 32 Byte
				W/E-Zykl.:	100 000
				Dauer W/E:	3,6 ms
				HW:	---
Siemens SLE 44C160S	8051	ROM:	15 kByte	Vcc:	2,7 – 5,5 V
		EEPROM:	16 kByte	Takt:	1 MHz – 7,5 MHz
		RAM:	256 Byte	Strom:	8 mA/5 MHz, 100 µA
				Größe:	10 mm^2 (2,66 mm · 3,76 mm)
				min. Breite:	0,8 µm
				EEPROM Pg.:	1 – 32 Byte
				W/E-Zykl.:	500 000
				Dauer W/E:	3,6 ms
				HW:	---
Siemens SLE 44CR80S	8051	ROM:	15 kByte	Vcc:	2,7 – 5,5 V
		EEPROM:	8 kByte	Takt:	1 MHz – 7,5 MHz
		RAM:	706 Byte	Strom:	10 mA/5 MHz, 100 µA
				Größe:	10 mm^2 (2,66 mm · 3,76 mm)
				min. Breite:	0,8 µm
				EEPROM Pg.:	1 – 32 Byte
				W/E-Zykl.:	100 000
				Dauer W/E:	3,6 ms
				HW:	NPU
Siemens SLE 66C160S	8051-Derivat	ROM:	32 kByte	Vcc:	2,7 – 5,5 V
		EEPROM:	16 kByte	Takt:	1 MHz – 7,5 MHz
		RAM:	1 280 Byte	Strom:	5 mA/5 MHz, 100 µA
				Größe:	21 mm^2
				min. Breite:	0,6 µm
				EEPROM Pg.:	1 – 64 Byte
				W/E-Zykl.:	500 000
				Dauer W/E:	3,6 ms
				HW:	Zufallszahlengenerator, Timer, CRC-Rechenwerk
Siemens SLE 66CX160S	8051-Derivat	ROM:	32 kByte	Vcc:	2,7 – 5,5 V
		EEPROM:	16 kByte	Takt:	1 MHz – 7,5 MHz
		RAM:	1 980 Byte	Strom:	10 mA/5 MHz, 100 µA
				Größe:	21 mm^2
				min. Breite:	0,6 µm
				EEPROM Pg.:	1 – 64 Byte
				W/E-Zykl.:	500 000
				Dauer W/E:	3,6 ms
				HW:	Zufallszahlengenerator, Timer, CRC-Rechenwerk, NPU

Sachverzeichnis

Informationen aus der Industrie

Chip- und Smart Cards im Full-Service

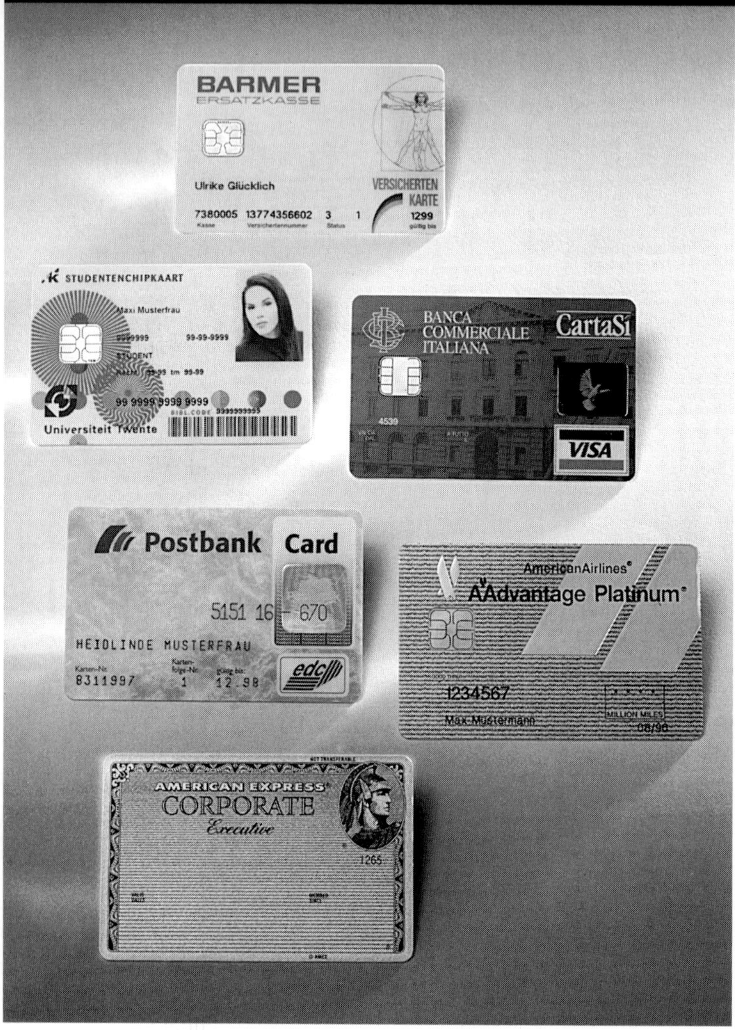

Karten für
Sicherheitsbereiche
mit spezifischen
Betriebssystemen,
aktiven Sicherheitsfunktionen
und Multifunktionalität

für

Bank- und Kreditkarten,
Anwendungen im
Gesundheitswesen,
im öffentlichen
Personen-Nahverkehr,
in Versicherungen und Clubs.

ComCard
meiller
Communication + Card

Meiller ComCard GmbH · Hammerbrücker Straße 3 · 08223 Falkenstein
Telefon 0 37 45/769-203 · Fax 0 37 45/50 69 · E-mail: comcard@comcard.de · Internet: www.comcard.de

Kartenproduktion • Personalisierung • Handling • Mailing • Recycling

Protechno Card

Systeme zur Personalisierung von Plastikkarten

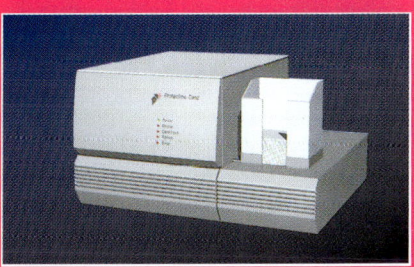

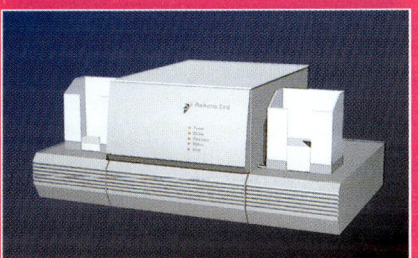

Vollflächiger Farbdruck

Auflösung von 12 dot/mm

Magnetstreifencodierung

Chipcodierung

ID-Farbausweissystem

Druck von Logos, Bildern, Schriften, Barcodes und Graphiken

Druckgeschwindigkeit unter 30 Sekunden inklusive Datenübertragungszeit

Windows-Treiber (WIN 3.11 / WIN 95 und 98 / WIN NT)

Systeme für den automatischen Versand von Plastikkarten

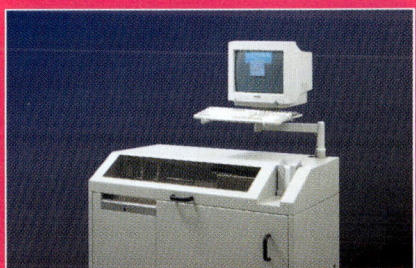

Inserter für ISO-Plastikkarten

Online-Weiterverarbeitung mit Schneiden, Falzen und Kuvertieren

1.700 Karten/Stunde

Protechno Card GmbH
Klingenderstraße 1-3 · D-33100 Paderborn
TEL 0 52 51 - 5 50 35 · FAX 0 52 51 - 54 24 80
E-Mail info@protechno-card.com
Internet www.protechno-card.com

Wir haben ein offenes Ohr ...

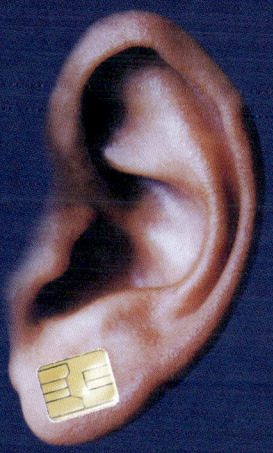

... wenn es
um Ihr ganz spezielles
Kartenprojekt geht.

Kontaktbehaftete Chipkarten und kontaktlose
Chipkarten als Kunden-, Kredit- und
Identifikationskarten.

DATACOLOR
– D C - C a r d - S y s t e m s –

Wilhelm-Fressel-Str. 2 · 21337 Lüneburg
Tel. 0 41 31/8 96-0 · Fax 0 41 31/89 62 24
e-mail: info@datacolor.de
http://www.datacolor.de

security & safety

Lesetechnologie für kontaktlose Chipkarten und Transponder

Cline® -
für den universellen
Einsatz

bioProx® -
mit biometrischer
Sicherheit

proxEntry® -
mit Authentifikation
und Kryptologie

dataLog® -
Managementsysteme für
Werk- und Wachschutz

deister electronic

deister electronic GmbH
Hermann-Bahlsen-Str. 11 - 13
D-30890 Barsinghausen

Tel.:   05105 / 516-01
Fax: 05105 / 516-217
e-mail:info@deister-electronic.de
http://www.deister-electronic.de